제 6 판

Financial Institutions Management

금융회사리스크관리

-A Risk Management Approach-

Anthony Saunders · Marcia Millon Cornett 지음

이상규 · 지홍민 옮김

금융회사 리스크관리
내용의 일부에 오류가 있어 정오표를 참조하도록
준비하였으니 활용하시기 바랍니다.
http://www.sukjungbooks.co.kr/saunders6e

McGraw Hill · SukJung 도서출판 석 정

The McGraw-Hill Companies

Financial Institutions Management: A Risk Management Approach, 6th Edition.

1 2 3 4 5 6 7 8 9 10 Sukjung 09

Original : Financial Institutions Management: A Risk Management Approach, 6th Edition.
By Anthony Saunders, Marcia Cornett
ISBN 978.0.07.721133.2

This book is exclusively distributed in Sukjung Publishing Co.

When ordering this title, please use ISBN 978-89-88806-53-1

Printed in Korea

저자소개

Anthony Saunders

Anthony Saunders는 New York University Stern 경영대학원 재무학과의 석좌교수(John M. Schiff Professor of Finance)이자 학과장이다. Saunders 교수는 London School of Economics에서 박사 학위를 취득하였으며 1978년부터 New York University에서 학부 과목들과 대학원 과목들을 가르치고 있다. 그의 강의 및 연구의 전문분야는 금융회사 경영과 국제금융 분야이다. 그는 INSEAD, Stockholm School of Economics, University of Melbourne을 포함하여 전세계의 많은 대학들에서 객원교수로 활동하였다. 현재 New York University에 있는 Salomon 금융회사연구소의 실행위원회에 참여하고 있다.

Saunders 교수는 연방전국모기지협회의 연구자문위원회뿐만 아니라 연방준비제도이사회의 연구자문위원회에 참여하고 있다. 아울러 Saunders 박사는 통화감독청과 필라델피아 연준은행의 객원학자로 활동하고 있으며 국제통화기금 연구부서에 객원직위를 가지고 있다. 그는 *Financial Management*와 *Journal of Money, Credit and Banking*을 포함한 8개 학술저널들의 편집위원이면서 *Journal of Banking and Finance*, *Journal of Financial Markets, Instruments and Institutions*의 편집위원장이다. 그의 연구결과들은 주요 화폐와 금융 및 재무분야 학술지들과 다수의 서적으로 출판되었다. 가장 최근에 출판한 전공서적으로는 *Credit Risk Measurement: New Approaches to Value at Risk and Other Paradigms*, 2nd edition, John Wiley and Sons, New York, 2002가 있다.

Marcia Millon Cornett

Marcia Millon Cornett는 Southern Illinois University(SIU) at Carbondale의 재무분야 석좌교수(Rehn Professor of Busoness)이다. 그녀는 일리노이주의 Galesburg에 있는 Knox College에서 경제학 학사 학위를 취득하였고 인디아나주의 Bloomington에 있는 Indiana

University에서 MBA와 재무분야 박사 학위를 취득하였다. Cornett 박사는 은행성과, 은행규제, 기업재무분야에서 다수의 논문들을 발표하였다. Cornett 박사의 논문들은 *Journal of Finance, Journal of Money, Credit and Banking, Journal of Financial Economics, Financial Management, Journal of Banking and Finance*와 같은 학술지에 출판되었다. 그녀는 *Financial Management*의 편집위원으로 활동하였으며 현재 *Journal of Banking and Finance, Journal of Financial Services Researech, FMA Online, Multinational Finance Journal, Review of Financial Economics*의 편집위원이다. Cornett 박사는 현재 SIU 신용조합의 이사이며 집행위원회와 재무위원회의 위원이다. 그녀는 University of Colorado, Boston College, Southern Methodist University에서 가르쳤으며 Financial Management Association, American Finance Association, Western Finance Association의 회원이다.

저자서문

금융산업은 계속해서 급격한 변화를 경험하고 있다. 상업은행활동 및 투자은행활동과 같은 전통적인 영업부문 간의 경계가 붕괴되었고 금융산업의 경쟁도 본질적으로 점차 글로벌화되고 있다. 금융혁신, 기술발전, 세금부과, 규제를 포함하는 다양한 요인들이 금융부문 간 그리고 국가 간의 장벽을 없애는데 기여하고 있다. 이 책이 저술된 것은 이러한 상황과 밀접히 관련되어 있다. 이 책에서는 각 금융부문 활동의 전통적인 특성도 분석되지만, 자산증권화(asset securitization), 부외거래은행활동(off-balance-sheet banking), 국제은행활동(international banking)과 같은 새로운 활동분야들이 보다 더 중점적으로 논의된다.

이 책은 제1판이 1994년에 출판되었을 때 리스크의 관점에서 현대 금융회사의 경영을 분석한 최초의 책이었다. 이에 따라 책의 이름은 *Financial Institutions Management: A Modern Perspective*이었다. 그 당시 전통적인 금융회사에 관한 교재들은 대차대조표를 분석하는데 집중하는 한편 경영의사결정과 리스크관리를 소홀히 다루면서 금융부문을 영역별로 개관하는데 그쳤다. 지난 10여년 동안 다른 금융회사에 관한 교재들도 금융산업의 변화를 다루기 시작했고 이에 따라 리스크관리의 관점에서 현대 금융회사를 분석하는 것이 이제 잘 인식되고 있다. 따라서 이 책의 제목은 *Financial Institutions Management: A Risk Management Approach*로 정해졌다.

이 책의 제6판은 제1판부터 제5판까지에서 채택되었던 것과 동일한 창의적인 접근법을 사용하면서 현대 금융회사의 수익과 리스크를 관리하는 문제에 초점을 맞추고 있다. 이 책의 중심주제는 금융회사 경영자는 다양한 리스크에 직면하고 있으며 이러한 리스크들이 관리되는 방법들은 금융회사가 상업은행, 저축은행, 투자은행 또는 보험회사 등 유형에 상관 없이 크게 다르지 않다는 것이다.

주주가 소유하는 기업의 경우와 마찬가지로 금융회사 경영자의 목표는 언제나 금융회사의 가치를 극대화하는 것이어야 한다. 그러나 가치극대화를 추구한다는 것이 리스크관리가 무시될 수 있다는 것을 의미하는 것은 아니다.

실제로 현대 금융회사는 리스크관리에 기초한 영업을 해야 하는 상황에 처해 있다. 이

책에서 논의하는 바와 같이 실제 자본시장들이 완전하고 마찰이 없다면 금융회사는 존재하지 않을 것이고 개인들은 스스로 자기 자신의 금융자산과 포트폴리오를 관리할 것이다. 그러나 현실세계의 금융시장들은 완전하지 않기 때문에 금융회사는 고객을 대신하여 리스크전문가로서 리스크를 통합하고 금융서비스를 제공함으로써 리스크를 감당하고 관리하는 긍정적인 기능을 제공하게 된다.

주요 독자

이 책은 학부의 고학년 학생, MBA 학생, 금융회사 종사자를 위하여 쓰여진 것이다. 이 책에는 어느 정도 기술적인 부분들이 포함되어 있다. 이와 같은 부분들은 강의수준 정도에 따라 논의의 연속성을 해치지 않고 포함되거나 또는 생략될 수 있다.

주요 편집상의 특성

이 책의 독자로 하여금 본문의 내용과 상호작용하는 것을 돕고 본문의 내용을 이해하는데 도움을 주기 위해 여러 가지 특별한 편집상의 특성들을 포함시켰다.

- **예제**. 본문에서 이루어지는 분석을 이해할 수 있도록 수치로 나타낸 예제가 제시된다.
- **고딕체로 표시된 주요 용어와 용어설명**. 본문 중에 나타나는 주요 용어와 개념을 강조하고 설명한다.
- **개념질문**. 독자들이 본문에서 제시된 주요 개념들을 스스로 점검해 볼 수 있게 한다.
- **〈윤리적 딜레마〉, 〈금융산업전망대〉 박스**. 본문의 내용이 현실 세계에서 발생되는 사건들에 적용되는 것을 보여 준다.
- **웹을 활용한 질문과 관련 웹사이트**. 본문의 내용과 관련된 웹사이트가 제시되고 웹을 활용한 질문을 통하여 최신의 데이터에 접하도록 한다.

책의 구성

우리의 초점이 수익성 및 리스크와 이들의 원천이 무엇인가에 맞추어져 있기 때문에 이 책은 현대 금융회사의 경영자가 최선의 수익성과 리스크 결과를 달성하기 위해 주어진 리스크수준하에서 수익성을 증가시킬 수 있는 방법들에 관하여 논의하고 있다.

제1장은 금융회사의 특수한 기능들을 소개하고 금융중개가 어떻게 경제에 효익을 제공하는지에 대해 분석적인 개관을 한다. 제2장은 현대 금융회사가 직면하는 리스크들에 대하여 살펴보면서 리스크측정과 리스크관리에 대한 제2편과 제3편의 논의를 미리 간략히 살펴본다.

제3장과 제4장에서는 이자율 변동성과 자산과 부채의 듀레이션 불일치가 금융회사의 리스크노출도에 미치는 효과에 초점을 맞추면서 금융회사의 수익성과 리스크의 원천으로서 순이자마진(net interest margin)을 자세히 살펴본다. 제5장에서는 금융회사가 적극적으로 채권, 주식, 외환을 거래할 때 발생하는 시장리스크를 분석한다.

제6장에서는 개별 대출과 채권에 대한 신용리스크를 측정하는 방법과 이와 같은 신용리스크가 대출과 부채증권 포트폴리오에 대한 손실과 충당금을 통하여 어떻게 금융회사의 이익에 불리한 영향을 미치는지를 살펴본다. 제7장에서는 대출(자산) 포트폴리오의 리스크와 대출집중이 이와 같은 리스크에 미치는 효과를 살펴본다. 현대 금융회사는 전통적인 만기 불일치와 신용공여를 통하여 수익을 창출하고 리스크를 감당하는 것 이외의 활동을 한다. 현대 금융회사는 수수료 수입 창출을 제고하기 위해 보다 활발하게 부외거래활동(제8장)에 참여하고 있고 외환거래와 해외금융투자활동(제9장)을 수행한다. 또한 현대금융회사는 국가대출과 증권활동(제10장)에 참여하고 비용을 감소시키기 위해 기술투자(제11장)를 한다. 이와 같은 각각의 활동은 금융회사의 이익과 수익의 규모와 변동성에 영향을 미친다. 이에 더하여, 이와 같은 이자율과 신용중개서비스를 제공하는 부산물로 금융회사는 유동성리스크에 직면한다. 제12장은 유동성리스크의 특성을 분석한다.

제13장은 금융회사가 유동성리스크로부터 자기 자신을 격리시킬 수 있는 방법들을 살펴본다. 제14장에서는 유동성리스크를 감소시키는 데 있어서 예금보험과 기타 보증제도의 주요 역할을 살펴본다. 제15장은 금융회사가 리스크를 관리하는 데 있어서 핵심적인 부분으로서 금융회사의 자본규모와 적정성에 초점을 맞추어 논의한다. 제16장과 제17장은 국내외적으로 이루어지는 영업영역과 영업지역의 분산이 어떻게 그리고 왜 금융회사의 수익률과 리스크 성과를 개선시킬 수 있는지와 규제가 분산의 기회집합에 미치는 영향을 분석한다. 제18장부터 제22장까지에서는 금융회사가 3가지의 중요한 리스크형태인 이자율리스크, 신용리스크, 환리스크를 보다 잘 관리할 수 있도록 하기 위해 만들어진 다양한 새로운 시장과 금융상품들을 살펴본다. 이와 같은 목적으로 금융회사가 전략적으로 사용하는 시장들과 금융상품들에는 선물과 선도계약(제18장), 옵션, 캡, 플로어, 칼라(제19장), 스왑(제20장), 대출채권매각(제21장), 증권화(제22장)가 있다.

제6판의 변경사항

제6판의 각 장은 가장 최신의 정보를 반영하기 위해 전면적으로 수정되었다. 각 장의 마지막 부분에 있는 연습문제의 내용도 더 완전한 시험자료를 제공하기 위해 수정되었다.

제6판의 새로운 모습 일부를 소개하면 다음과 같다.

- 〈미니사례분석〉이 제공되었다. 〈미니사례분석〉은 본문에서 제시된 다양한 수치적 개념들을 하나의 종합적인 문제로 전환시킨다.
- 새로운 연습문제들이 추가되었다.
- 제9장에 이자율, 인플레이션, 환율의 상호작용에 대한 상세한 논의가 추가되었다.
- 국내업무지역분산과 해외업무지역분산은 각각 독립적인 활동이 아니라 금융회사의 전반적인 확장전략으로 간주하여 제17장에서 통합하여 논의되었다.
- 1999년 금융서비스현대화법(1999 Financial Services Modernization Act)하에서 이루어진 금융서비스 지주회사의 성장이 강조되어 논의되었다. 금융서비스 지주회사는 다양한 금융서비스들을 제공하는 하나의 지주회사 형태로서 다수의 금융산업 부문들을 결합한다.
- 윤리적 딜레마는 계속적으로 금융회사들의 중요한 이슈가 되고 있다. 금융회사들(상업은행, 투자은행, 뮤추얼펀드 등)이 관련된 많은 윤리적 쟁점들에 대한 논의가 제공되었다.
- 2006년에 실행된 새로운 자본적정성 규칙(Basel II)과 관련된 최신 내용들이 제15장에서 상세하게 논의되었다. 2007년에 실행된 예금보험과 기타 채무보증과 관련한 변화사항들이 제14장에서 논의되었다.
- 모든 장들의 표와 그림들이 가장 최근의 데이터를 포함하도록 수정되었다.

다음과 같은 특성들은 유지하면서 새롭게 정리되었다.

- 이 책의 기본적인 체제인 제1편 서론, 제2편 리스크의 측정, 제3편 리스크의 관리 구조는 그대로 유지하였다.
- 제11장에서 전자기술과 인터넷이 금융서비스에 미친 영향에 관한 내용을 보강하였다. 지난 10년 동안 발생한 기술변화는 금융회사가 국내외 고객들에게 금융서비스를 제공하는 방식을 변화시켰다.

- KMV, CreditMetrics, CreditRisk+과 같은 새로운 신용리스크 모형들에 대한 내용들에 대하여 보다 상세하게 논의하였다.
- 업무영역의 분산을 다루는 제16장과 업무지역의 분산을 다루는 제17장에 최근의 동향을 포함시켰다. 이것은 은행들이 점차 보험활동을 증가시키는 것, 미국 내에서 전국적으로 영업활동을 전개하는 방향으로 이행되는 것, 미국 내에서 외국은행들과 기타 금융회사들의 활동이 급속히 증가하는 것을 반영한 것이다.
- 각 장의 마지막 부분에 많은 연습문제들과 웹사이트를 활용한 질문들이 제공되었으며 이것을 통하여 독자들은 본문에서 배운 내용들을 활용하면서 문제해결능력을 함양할 수 있다.

감사의 글

마지막으로 우리는 이 책의 이전 판들을 출간하는데 도움을 주었던 많은 동료들에게 감사한다. 무엇보다도 고통스러운 논평과 권고를 해 준 이 책의 제1판부터 제5판의 검토자들에게 감사한다. 또한 우리는 제6판의 검토자들이 제공해 준 기여에 진심으로 감사한다.

Michael H. Anderson
Suffolk University

M. E. Bond
University of Memphis

Yen Mow Chen
San Francisco State University

Jeffrey A. Clark
Florida State University

Robert A. Clark
Butler University

S. Steven Cole
University of North Texas

Paul Ellinger
University of Illinois

James H. Gilkeson
University of Central Florida

John H. Gilkeson
Auvurn University

Alan C. Hess
University of Washington—Seattle

Kevin Jacques
Georgetown Unicersity and Office of the Comptroller of the Currency

Julapa Jagtiani
Federal Reserce Bank of Chicago

Craig G. Johnson
California State University—Hayward

Nelson J. Lacey
University of Massachusetts at Amherst

Robert Lamy
Wake Forest University

Rick LeCompte
Wichita State University

Patricia C. Matthews
Mount Union College

Robert McLeod
University of Alabama

Rose M. Prasad
Central Michigan University

Tara Rice
Boston College

Don Sabbarese
Kennesaw State University

Daniel Singer
Towson University

Richard Stolz
California State University—Fullerton

James A. Verbrugge
University of Georgia

Sonya Williams-Stanton
University of Michigan—Ann Arbor

우리는 McGraw-Hill/ Irwin의 Michele Janicek, Katherine Mau, Julie Phifer, Cathy Tepper, Mary Conzachi, Debra Sylvester, Mathew Baldwin에게 진심으로 감사한다. 또한 우리의 비서들과 조교들인 Robyn Vanterpool, Ingrid Persaud, Anand Srinivasan, Sharon Moore에게도 감사한다.

Anthony Saunders

Marcia Millon Cornett

역자서문

금융산업은 규제완화, 기술발전, 글로벌화가 본격적으로 진전됨에 따라 심대한 변화를 경험하고 있다. 상업은행활동, 투자은행활동, 보험활동 간의 업무영역 경계선이 붕괴되고 있으며 부외거래활동, 자산유동화, 국제은행활동과 같은 새로운 업무영역이 중요한 부문으로 대두되고 있다. 이러한 금융환경의 변화 속에서 금융회사는 이자율리스크, 시장리스크, 신용리스크, 부외거래리스크, 기술 및 운영리스크, 환리스크, 국가리스크, 유동성리스크, 지급불능리스크 등과 같은 다양한 위험들에 직면하고 있다. 수익창출을 위한 금융회사 간의 경쟁은 가일층 치열해지는 양상을 보이고 있으며 이러한 다양한 리스크들을 효율적으로 관리하는 것이 금융회사의 성과를 결정하는 핵심요소가 되고 있다.

Anthony Saunders와 Marcia Millon Cornett가 공저한 금융회사 리스크관리(*Financial Institutions Management: A Risk Management Approach*)는 리스크관리의 관점에서 금융회사의 경영 문제를 분석한 전문서적이다. 이 책은 금융회사들이 직면한 다양한 리스크들을 측정하고 관리하는 기법들에 대하여 매우 쉽고 체계적으로 이해할 수 있도록 설명하고 있으며 다양한 예제들을 통하여 리스크관리능력을 함양시키고 있다. 이 책은 수학적 기술방법을 가급적 피하고 직관적인 이해를 돕기 위해 서술되어 있기 때문에 독자들은 이 책을 어렵지 않게 읽어 나갈 수 있으며 이러한 과정을 통하여 금융회사가 직면한 리스크들의 측정과 관리에 대하여 상당히 깊이 있게 이해하게 될 것이다. 이러한 장점 때문에 이 책은 전세계적으로 현대 금융회사의 경영문제를 리스크관리의 관점에서 다루는 학부와 MBA 과정의 핵심 교재이자 최고경영자에서 실무담당자에 이르기까지 금융회사의 경영을 책임지고 있는 직원들이 반드시 읽어야 하는 필독도서로 확고하게 자리 매김하고 있다.

아무쪼록 역자들은 이 번역서를 통하여 보다 많은 학생들, 금융회사의 임직원들, 일반 독자들이 금융회사의 경영문제에 대한 이해의 폭이 깊어지고 우리나라 금융회사의 리스크 관리능력이 한층 더 향상되기를 기대한다. 역자들은 더 좋은 번역서를 만들기 위해 독자들의 지적과 비판을 적극적으로 수용하면서 *금융회사 리스크관리*의 미흡한 점들을 보완해 나갈 것을 약속드리며 독자들의 많은 격려를 부탁드린다. 이 번역서의 기획에서 출판에 이르기까지 아낌없이 지원해 주신 도서출판 석정의 황의민 사장님과 편집의 전문성을 발휘해 준 편집부 직원들에게 깊은 감사의 마음을 전한다.

2009년 2월

이 상 규 (경희대학교 경영대학, sklee@khu.ac.kr)
지 홍 민 (이화여자대학교 경영대학, zih@ewha.ac.kr)

차 례

제1편 서 론

제 6 장 신용리스크: 개별대출의 리스크 187

제9장 환리스크 315

제10장 국가리스크 345

제 3 편 리스크의 관리

제16장 업무영역의 분산 591

제19장 옵션, 캡, 플로어, 칼라 707

PART 1 서 론

제 1 장

금융회사 특수성의 이해

1.1 서 론

과거 75년 동안 금융서비스산업은 하나의 완전한 순환과정을 보이고 있다. 초기에는 은행산업이 직접 또는 간접적으로 모든 금융서비스(상업은행, 투사은행, 주식투자, 보험 등)를 제공하였다. 그러나 1930년 초반 경제와 산업이 붕괴되면서 이러한 활동들이 분리되었다. 1970년대 및 1980년대에는 상대적으로 규제가 덜한 새로운 금융서비스(예를 들어 뮤추얼펀드, 중개펀드 등)들이 탄생하게 되어 이미 분리된 금융서비스 기능이 보다 강화되었다. 그러나 21세기에 들어오면서 규제완화, 기술의 발전, 그리고 금융혁신 등의 덕택으로 이러한 통합적인 금융서비스가 다시 단일 금융회사에 의해서 제공될 수 있는 방향으로 변화하고 있다. 전통적인 산업부문 간의 경계가 모호해질 뿐만 아니라 전세계를 대상으로 경쟁이 심화되고 있다. 경쟁의 환경이 변화하면 이익, 특히 리스크에 대한 관심은 보다 증가한다. 이 책의 핵심은 금융회사(Financial institution, 또는 FI)들의 리스크를 측정하고 관리하는 것이다. 은행, 신용조합, 보험회사, 뮤추얼펀드 등 금융회사들은 잉여자금을 가지고 있는 주체(자금공급자)로부터 자금이 부족한 주체(자금사용자)에게 자금을 이전시키는 핵심적인 기능을 수행한다. 2007년 현재 미국 금융회사들이 보유하고 있는 자산규모는 약 37조 4,600만 달러이다. 반면 미국의 자동차 완성차 및 부품회사들의 보유자산은 약 4,700만 달러이다.

금융회사의 범주에는 생명보험회사, 은행, 파이낸스회사 등 매우 다양한 회사들이 포함된다. 하지만 이렇게 다양한 금융회사들에게도 공통적으로 적용되는 여러 유형의 리스크가 존재한다. 일반적으로 금융회사들은, 첫째, 채무불이행리스크(또는 신용리스크)에 노출된 일

표 1-1 서비스제공과 관련하여 금융회사들이 지니는 특수성

정보비용(Information costs) 금융회사들에게 자금이 집중되면 이들은 고객(기업 등)에 대한 정보를 수집하고 감시하려는 동기가 더 커지게 된다. 금융회사는 개인보다 상대적으로 규모가 크기 때문에 이러한 정보의 수집에 소요되는 비용이 평균적으로 더 낮아진다(소위 규모의 경제).

유동성 및 가격리스크(Liquidity and price risk) 금융회사는 가계(저축자)에게 유동성이 매우 높고 가격리스크가 낮은 금융청구권을 제공한다.

거래비용 서비스(Transaction cost services) 정보생산비용에서의 규모의 경제가 나타나는 것처럼 금융회사는 거래비용에서도 규모의 경제를 실현시킬 수 있다.

만기중개(Maturity intermediation) 금융회사는 자산과 부채의 만기가 일치하지 않는데서 발생하는 리스크를 보다 잘 감내할 수 있다.

통화공급의 파급경로(Transmission of monetary supply) 중앙은행이 실시하는 통화정책은 예금금융회사들을 통하여 금융시스템과 전체 경제에 영향을 미친다.

신용할당(Credit allocation) 금융회사들은 농업, 중소기업, 주거용 부동산 등의 특정경제분야를 지원하는 중요한 (때로는 유일한) 자금의 원천이다.

세대간 부의 이전(Intergenerational wealth transfer) 금융회사들은(특히 생명보험회사와 연기금) 저축자들에게 다음 세대로 부를 이전할 수 있는 능력을 제공해 준다.

지급결제서비스(Payment services) 직접적인 수표결제기능 등 예금금융회사들은 지급결제기능을 효율적으로 제공함으로써 경제에 순기능을 제공한다.

금액중개(Denomination intermediation) 뮤추얼펀드 등의 금융회사들은 소규모 투자자들도 최소매입단위가 매우 큰 자산에 투자할 수 있도록 해 준다.

부 자산을 보유하고 있으며, 둘째, 정도의 차이는 있으나 보유하고 있는 자산과 부채의 만기가 일치하지 않아 이로 인해 이자율리스크에 노출되어 있다. 또한 모든 금융회사들은 어느 정도의 자금인출리스크(또는 유동성리스크)에 노출되어 있는데, 이러한 리스크는 부채보유자에게 판매한 금융청구권의 형태에 의하여 결정된다. 이에 더하여, 대부분의 금융회사들은 증권의 매각이나 또는 부내외거래 형태로 체결된 다양한 신용보증 때문에 발생되는 언더라이팅리스크에 노출되어 있다. 마지막으로, 금융서비스를 생산하려면 실물자원과 백오피스 지원체제를 사용(금융서비스를 제공하기 위한 노동과 기술의 결합)해야 하기 때문에 모든 금융회사들은 운영비용리스크에 노출되어 있다.

이와 같은 다양한 리스크와 금융시스템에서의 역할 때문에 금융회사들은 특별한 규제의 대상이 되고 있다. 이 장에서는 금융회사의 특수성과 관련된 질문들을 먼저 검토한다. 특히, 예금금융회사(은행, 저축금융회사, 신용조합 등)와 비예금금융회사(보험회사, 증권회사, 투자은행, 파이낸스회사, 뮤추얼펀드)들을 포함하는 금융회사들이 수행하는 특별한 기능은 무엇이고, 경제에 어떻게 도움을 주는가에 관한 검토가 이루어진다. 〈표 1-1〉은 금융회사의 기능

을 요약하고 있다. 둘째, 특정한 영역에 있어 어떤 금융회사들이 다른 금융회사들보다 더 특별한가에 대해서도 알아본다. 셋째, 실제로 금융회사들의 기능들이 얼마나 독특하고 얼마나 오래된 것인가 하는 것도 아울러 살펴본다.

1.2 금융회사의 특수성

금융회사의 중요한 경제적 기능을 이해하기 위해 금융회사가 존재하지 않는 세계를 상상해 보자. 이러한 세계에서는 소득보다 소비가 적어 저축을 할 수 있는 가계는 현금을 보유하거나 또는 기업이 발행한 증권에 투자하는 선택을 할 수 있다. 일반적으로 기업은 실물자산 투자에 필요한 자금을 조달하고 투자계획과 내부조달자금(예를 들어 유보이익 등) 간의 차이를 보충하기 위하여 증권을 발행한다.

[그림 1-1]에서 보는 바와 같이, 이러한 세계에서 저축자금은 가계로부터 기업으로 흘러갈 것이다. 그 대가로 금융청구권(주식과 부채증권)이 기업으로부터 가계저축자에게로 전해질 것이다.

금융회사가 없는 경제에서 가계부문과 기업부문 간의 자금이동수준은 매우 낮을 가능성이 있다. 여기에는 몇 가지의 이유가 있다. 가계가 기업이 발행한 금융청구권을 매입하고 자금을 기업에게 빌려 주면 가계는 그 기업의 활동을 감시하거나 견제할 필요가 있다. 가계는 기업의 경영자가 자금을 가지고 도주하거나 또는 순현재가치가 낮거나 음인 프로젝트에 자금을 낭비하지 않는다는 것을 확신하여야 한다. 고품질의 정보를 수집하기 위한 이러한 감시활동은 상당한 시간과 지출을 요구하기 때문에, 기업에 대한 감시활동은 가계저축자의 투자금액을 고려할 때 가계에게 비용이 매우 많이 소요되는 활동이다. 이러한 상황에서 가계들은 이와 같은 감시활동을 다른 가계에게 미룰 가능성이 있다. 따라서 결

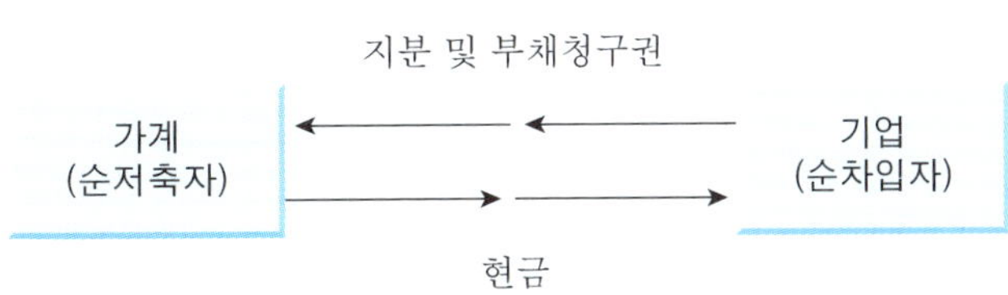

그림 1-1 금융회사가 없는 세계에서의 자금흐름

국에는 감시활동이 거의 이루어지지 않을 것이다. 이와 같이 감시활동이 결과적으로 이루어지지 못하게 되면 기업의 부채와 주식에 대한 투자매력은 감소되고 투자리스크는 증가할 것이다.

기업의 소유지분과 부채는 상대적으로 장기적 특성을 지닌다. 이것은 가계투자자들이 기업이 발행한 금융청구권을 직접 보유하는 것을 어렵게 만드는 이유, 즉 부정적 유인(negative incentive)이 된다. 특히, 가계가 저축으로 현금과 장기증권 보유 간에 선택해야 할 때, 특히 가까운 미래에 소비지출에 필요한 자금으로 저축을 사용하고자 한다면 **유동성(liquidity)** 때문에 당연히 현금을 보유하게 될 것이다.

마지막으로, 금융시장이 존재하여 (금융회사는 없지만) 가계가 기업 채권과 주식들을 거래할 수 있도록 유동성 서비스를 제공한다하더라도, 투자자들은 또한 증권의 매매에 따른 **가격리스크(price risk)**에 직면한다. 아울러 증권이 거래되는 2차 시장(유통시장)은 다양한 거래비용을 수반한다. 즉, 가계투자자가 뉴욕주식시장(New York Stock Exchange)과 같은 유통시장에서 증권을 매도할 수 있는 가격은 처음에 그 증권을 매입한 가격과 당연히 차이가 날 수 있다.

(1) 감시비용, (2) 유동성비용, (3) 가격리스크 때문에 보편적인 가계저축자는 기업증권에 대한 직접투자를 매력적이지 못하다고 여기고, 저축하지 않거나 또는 저축을 현금형태로 보유하는 것을 선호할 수 있다.

▶**유동성(liquidity)**

자산을 현금으로 전환할 때의 용이성.

▶**가격리스크(price risk)**

자산의 매도가격이 자산의 매입가격보다 낮아질 리스크.

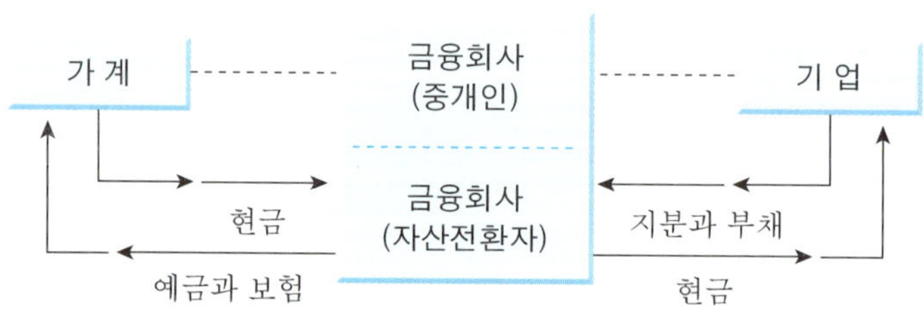

그림 1-2 금융회사가 있는 세계에서의 자금흐름

그러나 실제 경제사회에서 가계저축을 기업부문으로 전달하기 위한 대체적이고 간접적인 방법이 개발되었다. 이것이 금융회사를 통한 저축의 이전이다. 이후에 설명되는 다른 이유와 함께 감시비용, 유동성비용, 가격리스크 때문에 저축자는 기업이 발행한 금융청구권보다는 금융회사가 발행한 금융청구권을 선호한다.

우리가 살고 있는 세계의 경제에서 자금이 흐르는 방식을 보다 가깝게 표현하고 있는 [그림 1-2]를 살펴보자. 금융회사가 가계부문과 기업부문 사이에서 어떻게 자금을 중개하는지를 눈여겨 보라. 이러한 금융회사들은 2가지 기능을 수행한다. 금융회사에 따라 한 가지 기능에 전문화할 수 있거나 두 가지 기능을 모두 수행할 수 있다.

■중개인 기능

첫 번째 기능은 중개인 기능(brokerage function)이다. 순수한 중개인으로서의 금융회사는 정보와 거래서비스를 제공함으로써 저축자를 위한 대리인으로서 행동한다. 예를 들면, 종합서비스 증권회사(예를 들면, Merill Lynch)는 커미션수수료를 위해 증권을 매입 또는 매도할 뿐만 아니라 투자에 관한 리서치를 수행하고, 소매고객(또는 가계고객)을 위한 투자자문을 한다. 할인중개회사(예를 들면, Charles Schwab)는 가계저축자가 스스로 거래할 때보다 더 유리한 가격과 높은 효율성으로 증권을 거래한다. 이러한 효율성은 결과적으로 거래비용이 감소 또는 **규모의 경제(economies of scale)**를 발생시킨다(자세한 논의를 위해서 제16장 참조). 독립적인 보험중개인은 가계저축자의 저축과 퇴직계획에 적합한 최선의 보험계약조건을 판별한다. 중개인 기능을 수행하는데 있어서 금융회사는 거래비용과 정보비용을 감소시키거나 가계와 기업 간의 불완전성을 감소시키는 매우 중요한 역할을 수행한다. 따라서 금융회사는 보다 더 높은 저축률이 달성되도록 유도한다.[1)]

표 1-2 기업과 금융회사의 간단한 대차대조표

기 업		금융회사	
자산	부채	자산	부채
실물자산 (공장, 기계)	본원적 증권 (부채, 지분)	본원적 증권 (부채, 지분)	2차 증권 (예금, 보험)

1) 최근에는 선물, 옵션, 스왑 등 새로운 파생상품시장이 도입됨에 따라, 이러한 시장에 참여하는 금융회사들은 리스크헤지를 원하는 기업이나 개인고객들을 위해 거래 및 정보비용을 경감시킨다. 따라서 금융회사가 존재함으로써 존재하지 않을 때보다 리스크관리가 더 효과적으로 수행된다.

■자산전환자 기능

두 번째 기능은 자산전환기능(asset-transformation function)이다. **자산전환자(asset transformer)**로서 행동하는데 있어서 금융회사는 기업이 직접 발행하는 금융청구권보다 더 매력적인 금융청구권을 가계저축자에게 발행한다. 즉 많은 가계에게 있어서 금융회사 발행 금융청구권은 감시비용, 유동성비용, 가격리스크 등이 모두 낮기 때문에 기업이 발행하는 금융청구권보다 우월하다. 자산전환자 기능을 수행하기 위해 금융회사는 기업이 발행한 금융청구권, 즉 **본원적 증권(primary securities)**이라고 불리는 주식, 채권, 기타 부채청구권을 매입하는데, 이 매입자금은 예금, 보험 및 기타 다양한 형태의 금융청구권을 가계부문과 기타 부문에 판매함으로써 조달한다. 금융회사가 발행한 금융청구권은 기업이 발행하고 궁극적으로 실물자산에 투자되는 본원적 증권을 기초로 하기 때문에 **2차 증권(secondary securities)**이라고 부른다.

기업과 금융회사의 간단한 대차대조표가 〈표 1–2〉에 제시되어 있다. 현실에서 금융회사는 자산의 일부분만을 은행지점건물과 같은 실물자산의 형태로 보유한다. 〈표 1–2〉에 제시된 간단한 대차대조표는 기업과 금융회사 간의 운영상의 차이를 어느 정도 정확히 반영하고 있다.

금융회사는 어떻게 기업이 발행한 본원적 증권을 매입하여 이들 증권을 가계저축자에게 이익이 되도록 보다 매력적인 2차 증권으로 전환시킬 수 있는가? 이 질문이 경제에서 금융회사를 중요하게 만드는 핵심이 된다. 그 답은 저축자가 기업이 발행한 증권에 직접 투자할 때 직면하는 3가지 비용을 금융회사가 보다 잘 해결할 수 있는 데서 찾을 수 있다.

▶**규모의 경제(economies of scale)**
금융회사가 증권거래와 기타 거래서비스를 수행할 때 효율성의 증가로 인해 평균비용이 거래규모가 증가함에 따라 감소하는 현상.

▶**자산전환자(asset transformer)**
금융회사는 기업이 직접 발행하는 금융청구권보다 더 매력적인 금융청구권을 가계에게 발행하는 주체라는 것.

▶**본원적 증권(primary securities)**
기업이 발행하고 기업의 실물자산에 의하여 지원되는 증권.

▶**2차 증권(secondary securities)**
금융회사가 발행하고 본원적 증권에 의하여 지원되는 증권.

정보비용

보편적인 저축자가 기업의 금융청구권에 직접 투자할 때 직면하는 한 가지 문제는 정보수집의 비용이 크다는 것이다. 가계저축자는 증권을 매입한 후에 기업의 행동을 시의적절하고 완벽하게 감시하여야만 한다. 감시의 실패는 투자자들을 **대리인비용(agency costs)**, 즉 기업의 소유자 또는 경영자가 저축자의 돈을 가지고 증권계약상의 조항에 어긋나는 행동을 할 리스크에 노출시킨다. 감시비용은 대리인비용의 일부이다. 대리인비용은 불완전한 정보로 인해 정보수집에 따른 비용이 발생하는 세계에서 경제주체가 계약을 체결할 때마다 발생한다. 정보를 수집하는 것이 어렵고 비용이 많이 들수록 계약이 지켜지지 않을 가능성이 커진다. 이러한 경우에 저축자(소위 주인(principal))는 차입기업(소위 대리인(agent))이 취하는 행동에 의하여 손해를 볼 수 있다.

■위임감시자 기능

이러한 문제를 해결하기 위한 한 가지 방법은 많은 소액 저축자들이 그들의 자금을 하나의 금융회사에 집중시키는 것이다. 이 금융회사는 이 자금들을 모아서 기업이 발행한 본원적 증권에 투자한다. 이와 같은 자금의 집적은 많은 문제들을 해결하여 준다. 첫째, 대형 금융회사는 정보를 수집하고 기업의 행동을 감시하는데 있어 소규모의 개별 가계들보다 더 큰 인센티브를 가진다. 이것은 소규모 가계저축자가 정보를 수집하고 기업의 행동을 감시하는 것을 다른 소규모 가계저축자에게 미룸으로써 발생하는 무임승차문제를 완화시켜 주기 때문이다. 어떤 의미에서 소규모의 가계저축자는 금융회사를 그들을 대신하여 행동할 **위임감시자(delegated monitor)**로 지정한다.[2] 금융회사는 정보를 수집할 더 큰 인센티브를 가질 뿐만 아니라 정보수집의 평균비용도 더 낮다. 예를 들면, 중개회사 보고서를 구매하는데 따른 100달러의 비용은 1만 달러를 투자하고자 하는 소액투자자에게 지나치게 비싼 것일 수 있다. 그러나 1,000만 달러를 관리하는 금융회사에게 있어서 그 비용은 비싼 것이 아닐 것이다. 이와 같이 정보의 생산과 수집에 따른 규모의 경제로 인해 직접 투자하는 것보다 금융회사를 이용하는 것이 저축자에게는 더 득이 된다.

■정보생산자 기능

둘째, 감시에 대한 인센티브와 비용과 관련하여 금융회사는 감시를 보다 효과적으로 수행할 수 있는 새로운 2차 증권을 개발할 수 있다. 따라서 금융계약의 메뉴가 다양해지면서 금융회사의 감시능력이 향상될 수 있다. 이와 관련된 고전적인 예는 은행대출이다. 은행대출은 일반적으로 채권보다 만기가 짧은 부채이다. 이와 같은 대출의 단기 만기특성은 금융회사가 차입자에 대한 감시와 통제를 보다 효과적으로 발휘할 수 있게 해 준다. 특히 금융회사가 보유하는 기업에 관한 정보는 대출 경신이 이루어짐에 따라 자주 최신의 것으

---

2) 위임감시자 기능에 관한 이론적인 모형을 위해서는 D. W. Diamond, "Financial Intermediaries and Delegated Monitoring," Review of Economic Studies 51 (1984), pp. 393–414; A. Winton, "Competition among Financial Intermediaries When Diversification Matters," *Journal of Financial Intermediation* 6 (1997), pp. 307–346 참조.

로 교체된다. 대출이 매우 단기일 때 은행은 기업 내부자만큼 기업의 경영과 재무상황에 대해 정보를 보유하게 된다. 실제로 이와 같이 빈도가 잦은 감시는 때때로 채권계약상에서 발견되는 상대적으로 신축적이지 못하고 시행하기 어려운 조항들을 대체할 수 있다. 따라서 금융회사는 위임감시자로서 행동하는 동시에 보다 질이 높고 적절한 정보를 생산함으로써 자금공급자와 자금사용자 간에 존재하는 정보의 불완전성과 비대칭을 경감시키는 기능을 한다.

▶ **대리인비용(agency costs)**
저축자의 자금을 차입한 소유자와 경영자가 이 자금을 가지고 저축자의 이해에 반하는 행동을 취할 리스크와 관련된 비용.

▶ **위임감시자(delegated monitor)**
소규모의 저축자들을 대신하여 정보를 수집하고 자금을 투자하는 것을 위임받은 경제주체.

유동성과 가격리스크

정보의 흐름과 질을 개선시키는 것과 함께 금융회사는 가계저축자에게 금융청구권 또는 2차 청구권을 제공한다. 때때로 이러한 청구권들은 기업주식과 채권같은 본원적 증권들과 비교하여 유동성이 더 높다. 예를 들면, 은행과 저축금융회사는 원금과 때때로 보장된 이자가 가계저축자의 요구에 의하여 즉각적으로 인출될 수 있는 거래계정예금을 발행한다.[3] 머니마켓 뮤추얼펀드는 보통 투자수익률이 은행예금 이자율보다 높은 반면에 저축자가 거의 고정된 원금(예금과 유사한)을 가질 수 있도록 하고 생명보험회사조차도 보험가입자들이 보험회사에 보험료를 담보로 긴급한 차입을 할 수 있도록 허용한다. 진짜 수수께끼는 예금금융회사와 같은 금융회사가 어떻게 자산측면에서 기업이 발행한 상대적으로 유동성이 약하고 가격리스크가 높은 증권에 투자하면서, 대차대조표의 부채측면에서 유동성이 높고 가격리스크가 낮은 증권을 저축자에게 제공할 수 있는가 하는 것이다. 이에 더하여 금융회사는 리스크가 있는 자산포트폴리오에 투자하면서 어떻게 투자자와 저축자에게 유동성 서비스를 제공하는 것을 확신할 수 있는가? 그리고 저축자와 투자자가 투자자산의 유동성에 대해 금융회사의 약속을 믿는 이유는 무엇인가?

이러한 질문들에 대한 대답은 금융회사가 자산포트폴리오의 리스크 전부는 아니지만 일부를 **분산(diversification)**시킬 수 있는 능력을 보유하고 있다는데 있다. 분산의 개념은 금융을 공부한 모든 학생들에게 익숙할 것이다. 기본적으로 상이한 투자들에 대한 수익률들이 서로 완벽한 양의 상관관계를 가지지 않는 한, 규모의 이익을 활용하면서 금융회사

3) 아울러 세계적인 대형 은행들은 스왑시장을 형성하여 기업들이 장부상의 다양한 리스크(이자율 또는 환리스크)를 헤지하도록 해 준다.

는 자산포트폴리오리스크, 특히 어느 특정 증권을 발행한 기업고유리스크의 상당부분을 분산시킬 수 있다. 실제로 미국과 영국에서의 실험결과는 15개의 증권으로 투자를 분산시키는 것이 금융회사와 포트폴리오 관리자에게 상당한 분산이익을 가져다 줄 수 있다는 것을 보여 준다. 아울러 자산포트폴리오에 있는 증권의 수가 증가함에 따라 포트폴리오리스크는 감소하지만 감소율은 체감한다.

▶ **분산(diversification)**
경제주체가 포트폴리오를 구성할 때 다수의 증권을 보유함으로써 리스크를 감소시키는 것.

중요한 것은 많은 가계저축자들은 규모가 작기 때문에 상대적으로 분산되지 않은 포트폴리오를 보유할 수밖에 없는 반면에, 금융회사는 투자에 있어서 대수의 법칙(law of large numbers)을 활용할 수 있다는 것이다. 이와 같은 리스크분산은 금융회사가 자산포트폴리오에 대한 기대수익률을 보다 정확하게 예측할 수 있게 해 준다. 국내에서 또는 전세계적으로 분산투자한 금융회사는 자기자산에 대하여 거의 무위험수익률을 얻을 수 있다. 그 결과 금융회사는 가계에게 가격리스크 또는 자본가치리스크가 없는 유동성이 높은 금융청구권을 공급한다는 약속에 신뢰를 부여할 수 있다. 이것의 좋은 예가 은행이 자산으로서 리스크가 있는 대출에 투자하는 동시에 부채로서 고정된 원금가치를 지니는 유동성이 높은 요구불예금을 제공할 수 있다는 것이다. 금융회사가 분산투자와 감시기능으로부터 이익을 얻을 수 있는 만큼 충분히 규모가 크다면 금융회사의 청구권은 소규모 저축자에게 자본시장에 직접 투자하는 것보다 유동성이 높고 더 매력적으로 여겨질 가능성이 있다.

기타 특별 서비스

지금까지의 논의는 금융회사가 제공하는 3가지 리스크 서비스, 즉 가계저축자의 감시비용 감소, 가계저축자의 유동성 증가, 가계저축자의 가격리스크 감소에 집중되었다. 다음에는 금융회사에 의하여 제공되는 2가지의 특별한 서비스, 즉 거래비용의 감소와 만기중개 또는 자산변환에 대해 알아보자.

■ 거래비용의 감소

금융회사는 정보수집에 있어서 잠재적인 규모의 경제를 제공하는 것처럼 거래비용에 있어서도 잠재적인 규모의 경제를 제공한다. 예를 들어, 1975년 5월 1일부터 뉴욕증권거래소(NYSE)의 주식거래에 대한 고정수수료가 폐지되었다. 그 결과 소매매입자는 도매매입자보다 더 높은 수수료 또는 거래비용을 지불하게 되었다. 가계저축자들은 뮤추얼펀드와 연기금처럼 대규모로 자산을 매입하는 금융회사에 그들의 자산을 집적함으로써 자산매입에 따른 거래비용을 감소시킬 수 있다. 이에 더하여 매입-매도 스프레드(bid-ask spread)는 일반적으로 대량으로 거래되는 자산의 경우에 더 작아진다.

■만기중개

분산투자를 통하여 리스크를 감소시키는 능력 때문에 금융회사는 소규모 가계저축자보다 자산과 부채의 만기가 일치하지 않아 발생하는 리스크를 보다 잘 감당할 수 있다. 따라서 금융회사는 경제 전체에 만기중개(maturity intermediation)서비스를 제공한다. 특히 금융회사는 만기불일치를 통하여 단기부채계약으로 자금을 조달하면서 가계에게는 장기 모기지대출과 같은 새로운 형태의 계약을 제공할 수 있다. 더욱이 이러한 만기불일치는 금융회사를 이자율리스크에 직면하게 만들 수 있지만(제3장과 제4장 참조), 대형 금융회사는 대출채권매각(loan sales)과 증권화(securitization) (제21장과 제22장 참조), 선물(제18장 참조), 스왑(제20장 참조), 옵션, 캡, 플로어, 칼라(제19장 참조) 등을 이용하여 이러한 리스크를 보다 잘 관리할 수 있다.

개념질문

1. 증권을 직접 매입할 때 가계저축자가 직면하는 세 가지의 주요 리스크는 무엇인가?
2. (증권브로커와 같은) 브로커와 (상업은행과 같은) 예금금융회사의 두 가지 중요한 차이점은 무엇인가?
3. 본원적 증권과 2차 증권은 무엇인가?
4. 자산분산투자와 예금의 유동성 간에는 어떠한 관계가 있는가?

1.3 금융회사의 기타 특수성

실제로 학자, 정책입안자, 규제당국들은 개별 금융회사 또는 금융회사 전체의 일반적인 특수성 이외에 기타 특수성들을 언급한다. 이제 이러한 기타 특수성에 관하여 논의해 보자.

통화정책의 파급경로

은행과 저축금융회사(예금금융회사)의 예금은 유동성이 높다는 특성 때문에 경제의 일반 주체들이 교환의 매개수단으로 가장 널리 사용한다. 가장 일반적으로 사용되는 통화의 정의, 즉 M1과 M2에 예금금융회사의 예금계약이 포함된다.[4] 예금금융회사의 부채들은 인플레이션에 영향을 주는 통화공급의 중요한 요소이기 때문에 연방준비제도로부터 나머지 경제로의 통화정책 파급경로에서 핵심적인 역할을 한다. 즉 예금금융회사는 통화정책활동이 나머지 금융부문과 일반적인 경제 전체에 영향을 미치는 경로이다. 통화정책활동으로는 공개시장조작(미국 재무부증권의 매입과 매각), 재할인율(연방준비제도로부터 차입하는 이자율)의 설정과 필요지급준비금(부채로 보유되는 예금을 지원하기 위해 예금융금회사가 보유하여야 하는 준비금의 최소수준)의 설정이 있다.

신용할당

금융회사가 특별하다고 여겨지는 다른 이유는 사전적으로 자금지원이 특별히 필요하다고 판단되는 특정경제부문에 대한 자금지원의 중요한 원천(때로는 유일한)이기 때문이다. 미국, 영국과 같은 많은 국가들의 정책입안자들은 주거용 부동산은 특별보조가 필요한 부문으로 여기고 있다. 미국에서는 저축금융회사들이 전통적으로 주거용 부동산 부문의 신용수요를 지원하고 있다. 이와 유사하게 농업부문은 사회적 후생측면에서 매우 중요한 경제의 한 부문이다. 미국정부는 금융회사들이 연방농업신용은행(Federal Farm Credit Banks)을 직접 창설하여 농업부문의 활동에 대한 금융지원을 전문적으로 수행하도록 권장하고 있다.

세대간 부의 이전 또는 시간 중개

저축자가 청년층과 노년층 그리고 세대간 부를 이전시킬 수 있는 능력은 한 국가의 사회복지에 매우 중요하다. 따라서 이러한 필요성을 지원하고 수용하기 위해 생명보험과 연기금은 특별세금경감과 기타 보조제도들의 지원을 받고 있다.

지급결제서비스

은행 및 저축금융회사와 같은 예금은행들은 그들이 효율적으로 제공하는 지급결제서비스가 직접적으로 경제에 이익이 된다는 점에서 특별하다. 2가지 중요한 지급결제서비스는

---

4) M1은 2007년 1월 현재 1조 3,657억 달러이고, (1) 재무부, 연방준비은행들, 그리고 예금금융회사들의 금고 밖에 있는 현금, (2) 비은행 회사들이 발행한 여행자수표, (3) 상업은행의 요구불예금(예금금융회사, 정부, 외국은행, 공공기관들로부터의 요구불예금 제외), (4) 기타 수표발행가능예금 등으로 구성된다. M2는 2007년 1월 현재 7조 210억 달러이고, M1에 (1) 저축예금과 10만 달러 미만의 소액정기예금, (2) 예금금융회사의 기타 비예금 채무 등의 합으로 구성된다.

수표청산서비스(check-clearing services)와 전자이체서비스(wire transfer services)이다. 예를 들면, 하루에도 수십 조 달러의 지급결제가 미국의 2대 대형 지급결제시스템인 Fedwire와 CHIPS에 의하여 이루어진다. 이러한 시스템들의 붕괴는 지급결제제도의 정체를 초래할 것이고 결과적으로 경제에 해로운 영향을 미칠 것이다.

금액중개

머니마켓 뮤추얼펀드와 자본시장 뮤추얼펀드는 금액중개(denomination intermediation)와 관련된 서비스를 제공한다는 점에서 특별하다. 많은 자산들은 거액으로 매매되기 때문에 개별저축자들이 매입할 수 없거나 궁극적으로 매우 분산되지 않은 자산 포트폴리오를 보유하는 결과가 초래된다. 예를 들면, 양도성예금증서(CD)의 최소거래금액은 10만 달러이고, (단기기업부채인) 기업어음(commercial paper)은 최소 25만 달러 이상으로 판매된다. 개인저축자는 이러한 금융상품들을 매입할 수 없을 것이다. 그러나 다른 소규모 투자자들과 함께 머니마켓 뮤추얼펀드의 지분을 매입함으로써 가계저축자는 최소거래금액이 매우 크다는 자산매입의 제약조건을 극복할 수 있다. 이들 시장에 대한 간접적 접근을 통하여 소규모 저축자들은 그들의 포트폴리오에 대하여 보다 높은 수익률을 실현할 수 있다.

개념질문

1. 금액중개가 필요한 이유는 무엇인가?
2. 신용할당에서 사회가 특별한 관심을 가질만한 가치가 있다고 여기는 2가지 주요 부문들은 무엇인가?
3. 통화정책이 은행시스템을 통하여 파급되는 이유는 무엇인가?

1.4 금융회사의 특수성과 규제

앞에서 금융회사는 경제의 여러 부문들에 대하여 제공하는 다양한 서비스들 때문에 특별하다는 것을 살펴보았다. 이러한 서비스를 제공하는데 실패하거나 효율적으로 제공하지 못하게 되면 저축의 공급자인 가계와 저축의 사용자인 기업 모두가 추가로 비용을 부담할 수 있다. 금융부문에서 무엇인가 잘못되었을 때 기업과 가계에 영향을 주는 **외부불경제(negative externalities)**[5] 때문에 규제가 필요하다. 즉 위에서 논의한 서비스들의 제공이 어렵게 되고 이것이 경제와 사회 전체에 부과하는 비용을 피하기 위해 금융회사에 대한 규제가 필요하다. 예를 들면, 은행의 파산은 가계의 저축을 붕괴시키는 동시에 기업의 자금조달을 제한할 수 있다. 보험회사의 파산은 가계로 하여금 노년에 치명적인 질병과 은퇴 후 소득이 감소되는 리스크에 노출되게 만들 수 있다. 이에 더하여 개별 금융회사의 파산은 전체 금융회사의 안정성과 지불능력에 관하여 불신을 조장하여 금융공항을 발생시키고 건전한 금융회사에 대한 자금인출사태를 발생시킬 수도 있다. 그리고 인종, 성, 연령에 따른 또는 모기지 **특정경계지역지정(redlining)**과 같은 차별행위는 시장으로부터 일부 잠재적인 금융서비스 고객들을 불공평하게 배제시킬 수 있다.

이와 같은 형태의 시장실패는 규제에 의하여 교정될 필요가 있다. 규제는 사회적으로 이익이 될 수 있지만 개별 금융회사와 경영자에게 사적 비용(private costs) 또는 규제부담(regulatory burden)을 부과한다. 따라서 규제는 금융회사서비스의 제공에 따른 사회적 후생 이익을 증가시키고 사회적 비용을 감소시키기 위한 조치이다. 금융회사서비스의 생산자에게 주어지는 규제의 사적 비용과 사적 이익의 차이를 소위 **순규제부담(net regulatory burden)**[6] 이라고 부른다.

▶ **외부불경제negative externalities)**
한 경제주체의 행동이 다른 경제주체들에게 비용을 부과하는 것.

▶ **특정경계지역지정(redlining)**
특정지역에 사는 주민들에게 대출하는 것을 거부하는 조치.

▶ **순규제부담(net regulatory burden)**
금융서비스의 생산자들에 주어지는 규제의 사적 비용과 사적 이익의 차이.

금융회사서비스의 사회적 순후생이익(net social welfare benefits)을 증가시키기 위해 6가지 형태의 규제가 이루어진다. 6가지 형태의 규제는 (1) 안전성과 건전성 규제(safety and soundness regulation), (2) 통화정책적 규제(monetary policy regulation), (3) 신용할당 규제(credit allocation regulation), (4) 소비자 보호 규제(consumer protection regulation), (5) 투자자 보호 규제(investor protection regulation), (6) 진입 및 인가 규제(entry and chartering regulation)이다. 금융회사의 형태에 따라서 규제의 정도가 다르다. 예를 들면, 예금금융회사는 금융회사들 중에서 가장 강한 규제를 받는다. 다른 한편, 파이낸스회사는

---

5) 외부불경제에 관한 하나의 좋은 예는 하나의 은행 밖에 없는 마을에서 그 은행이 파산하면 마을의 소기업들이 지불하여야 하는 비용이다. 이 소기업들은 다른 곳에서 자금을 조달하는 것이 어려울 수 있고, 이 기업들의 고객들도 이와 유사하게 불이익을 당할 수 있다. 그 결과 그 은행의 파산은 판매, 생산, 고용을 감소시키면서 마을 전체의 경제에 부정적인 또는 연쇄적인 악영향을 미칠 수 있다.

6) 가스회사 및 전기회사들과 같은 다른 기업들도 경영에 순규제부담을 부과하는 복잡한 규제조치에 직면하고 있다.

훨씬 약한 규제를 받는다. 규제는 연방정부 또는 주정부차원에서 부과되기도 하고 경우에 따라서는 은행의 자기자본규제와 같은 경우처럼 국제적인 차원에서도 부과될 수 있다.

마지막으로 이들 규제들 중 일부는 지급결제서비스 등 특정 기능을 수행하는 모든 금융회사에 적용되는가 하면 일부는 특정한 금융회사에만 적용된다. 역사적으로 미국의 금융회사시스템은 분리되어 있기 때문에 많은 규제들은 특정한 금융회사에만 적용된다. 예를 들어 소비자보호규제는 지역사회에 대한 은행의 신용할당에 적용된다. 그러나 금융회사별로 적용되는 규제들은 점점 완화되고 있다.

안전성과 건전성 규제

금융회사의 파산리스크로부터 예금자와 차입자를 보호하기 위해 규제당국은 여러 층의 보호장치를 개발하였다. 이러한 보호장치의 목적은 금융회사의 안전성과 건전성을 보증하여 차입자와 대출자에게 금융회사의 신뢰성을 유지시키고자 하는데 있다. 첫 번째의 보호장치는 금융회사로 하여금 자산을 분산투자하도록 요구하는 것이다. 따라서 은행은 어느 한 기업 또는 어느 한 차입자에게 자기자본의 10%를 초과하는 규모의 대출을 하여서는 안 된다. 자기자본비율이 총자산의 6%인 (총자산의 94%는 예금에 의하여 조달되는) 은행은 어느 한 당사자에게 총자산의 0.6% 이상을 대출할 수 없다.

두 번째 보호장치는 금융회사의 소유주가 금융회사 운영에 필요한 자금으로 사용할 수 있는 자기자본의 최소수준에 관한 것이다. 예를 들면, 은행, 저축금융회사, 보험회사의 규제당국들은 (리스크기준) 자기자본의 최소비율을 규제한다. 금융회사의 소유주에 의하여 조달된 자기자본비율이 높으면 높을수록 예금자, 보험가입자와 같은 외부 부채청구권 보유자들에 대한 보호의 정도는 커진다. 그 이유는 자산포트폴리오의 분산이 이루어지지 못하여 발생되는 자산포트폴리오의 손실은 법적으로 자기자본에 의하여 우선 변제되고, 그 후에 나머지 자기자본이 외부부채의 변제에 사용되기 때문이다.[7] 따라서 법적으로 규정된 자기자본의 수준을 변화시킴으로써 금융회사 규제당국은 직접적으로 금융회사의 외부 부채청구권 보유자들이 직면하는 리스크노출도에 영향을 미칠 수 있다(금융회사에서 자기자본의 역할에 관한 자세한 논의를 위해서는 제15장 참조).[8]

7) 따라서 금융회사 자산에 대하여 주식보유자는 후순위 청구권자이고, 부채보유자는 선순위 청구권자이다.

8) 소위 바젤Ⅱ라고 하는 새로운 자본규제가 유럽의 상업은행에 대해 실시되고 있다. 그러나 미국에서는 여러 가지 이유 때문에 (제15장 참조) 2006년 말 현재 새로운 자본규제의 시행은 적어도 1년 이상 연기되었다.

세 번째 보호장치는 보증기금(guaranty fund)을 제공하는 것이다. 여기에는 예금금융회사에 대한 예금보험기금(Deposit Insurance Fund; DIF), 증권회사에 대한 증권투자자보호공사(Security Investors Protection Corporation; SIPC)), 생명보험 및 손해보험산업에서 소액청구권 보유자에 대한 지불불능 손실을 보전해 주기 위해 설립된 주별 보증기금 등이 있다(제14장 참조). 금융회사가 파산하고 소유자의 자기자본 또는 순자산이 소진될 때, 금융회사의 청구권보유자를 보호하는 이러한 기금들의 원천을 보호하기 위해 부보 금융회사들에 대한 규제가 요구된다(보다 상세한 논의를 위해 제14장 참조). 예를 들면, 연방예금보험공사(Federal Deposit Insurance Corporation; FDIC)는 DIF에 참여하는 금융회사들을 감시하고 규제한다.

네 번째 규제는 금융회사에 대한 감시(monitoring)와 감독(surveillance)이다. 규제당국은 은행, 증권회사, 또는 보험회사 등 모든 금융회사들에 대하여 정도의 차이는 있지만 감시와 감독을 한다. 이를 위해 금융회사들은 현장조사(on-site examiantion)를 받아야 하고 정기적으로 비현장평가(off-site evaluation)를 위한 재무제표들과 보고서를 제출하여야 한다. 저축자가 금융회사를 차입자의 행태와 행동을 평가하기 위한 위임감시자로 지정한 것처럼 사회는 규제당국에게 금융회사의 행태와 성과를 감시하는 일을 하도록 위임한다.

마지막으로 규제는 피규제자들에게 비용을 발생시킨다는 사실을 주목하라. 예를 들면, 규제당국은 금융회사가 자기 자신이 최적이라고 믿는 것보다 더 많은 자기자본을 가질 것을 요구할 수 있다. 이와 유사하게 규제당국에 의하여 요구되는 정보를 생산하는 일에는 경영자, 변호사, 회계사의 시간이 들어가야 하기 때문에 비용이 많이 소요된다. 또한 사회적으로 최적인 정보의 양은 금융회사 개별차원에서 최적인 정보의 양과 다를 수 있다.[9)]

앞에서 언급한 바와 같이 (보험보증기금과 같은) 규제를 받음에 따라 금융회사에 귀속되는 사적 이익과 (검사와 같은) 규제를 준수하기 위해 금융회사에 발생되는 사적 비용의 차이를 순규제부담이라 부른다. 금융회사의 순규제부담이 클수록 금융회사 소유주의 관점에서 금융회사는 주어진 금융서비스를 보다 더 비효율적으로 생산하게 된다.

통화정책적 규제

금융회사에 대한 규제가 필요한 또 하나의 이유는 연방준비제도(중앙은행)로부터 경제 전체로 통화정책이 파급되는 경로에서 은행이 특별한 역할을 수행한다는 데 있다. 문제는 중앙은행은 지폐와 동전 등, 소위 **외부화폐(outside money)**의 양만을 직접적으로 통제하

9) 또한 규제로부터 발생되는 사회적 비용은 예금보험과 기타 보증기금이 금융회사와 금융회사의 부채보유자에게 리스크를 고려한 적정가격(actuarially fair price)보다 낮은 가격으로 리스크회피수단을 제공할 때 발생되는 금융회사의 잠재적 리스크증가행위(소위 도덕적 해이(moral hazard)라고 부름)를 포함한다.

는 반면, 통화공급량의 대부분을 차지하고 있는 것은 예금, 즉 소위 **내부화폐(inside money)**라는 것이다. 이론적으로 중앙은행은 현금 또는 외부화폐의 양을 변화시킬 수 있고 은행의 포트폴리오를 공식적으로 규제하지 않고도 은행의 대출, 예금, 지급준비 수준을 직접적으로 변화시킬 수 있다. 실제적으로 규제당국은 이러한 수단에 대해 공식적으로 통제권을 행사하고 있다.[10] 대부분의 국가들에서 규제당국은 일반적으로 예금과 관련하여 보유하여야 하는 필요지급준비율을 규정하고 있다. 일부 사람들은 이와 같은 지급준비율의 부과는 통화공급량의 통제와 통화공급의 파급경로를 보다 예측 가능하게 만든다고 주장한다. 또한 이러한 지급준비율이 금융회사가 자신의 유동성관리에 필요하다고 믿는 것보다 높은 수준이라면 금융회사의 순규제부담은 증가한다. 일반적으로 은행이든 보험회사든 모든 금융회사들은 고객의 유동성과 거래니즈를 직접적으로 충족시키기 위해 이자발생이 전혀 없을지라도 약간의 현금지급준비를 보유하고자 한다. 그러나 경영이 잘 되는 금융회사의 경우에 중앙은행(또는 기타 규제당국)이 필요지급준비에 대하여 이자를 지불하지 않는다면 이와 같은 지급준비의 최적수준은 일반적으로 낮다. 그 결과 금융회사는 때때로 지급준비금을 유사 세금이나 금융중개를 수행하는데 따른 비용으로 인식한다.[11]

신용할당 규제

신용할당 규제는 금융회사가 주택 및 농업과 같이 사회적으로 중요한 부문에 대하여 대출하도록 하는 것이다. 이와 같은 규제는 금융회사가 경제의 특정부문에 보유하여야 하는 자산의 최소규모와 특정부문을 보조하기 위한 이자율, 가격 또는 수수료의 상한설정을 요구할 수 있다. 자산 제한의 예로는 저축금융회사가 주택관련 모기지 자산으로 자산의 65%를 보유하도록 요구하는 저축금융회사 대출자격기준(qualified thrift lender test; QTL)과 뉴욕주의 경우처럼 보험회사가 해외 자산에 투자할 수 있는 상한선을 규정하고 있는 보험회사 규제가 있다. 이자율제한의 예에는 모기지와 소비자대출에 부과할 수 있는 최대이자율을 설정하고 있는 많은 주들의 이자율법과 정기예금 및 저축성예금에 대하여 최대이자율을 규정했던(현재는 폐지된) 연방준비제도의 레귤레이션 Q와 같은 규제가 있다.

---

10) 전통적인 중앙은행이론에 의하면 은행예금의 양(D)은 예금에 대한 필요지급준비율(r)의 역수와 은행지급준비(R)의 곱으로 결정된다. 이 때 R은 지폐와 동전의 양과 중앙은행에 예치되어 있는 은행지급준비의 합이다. 즉 $D=(1/r)\times R$이다. 따라서 지급준비율(r)이 상대적으로 안정적이라면 중앙은행은 R을 변화시킴으로써 통화공급의 큰 부분을 차지하고 있는 예금 또는 내부화폐인 D에 직접적으로 영향을 미칠 수 있다. 규제에 의하여 요구받지 않더라도 은행은 갑작스러운 예금의 인출 또는 새로운 대출수요의 발생에 대비하여 유동성을 예비하는 차원에서 일부 현금지급준비를 보유한다.

11) 미국에서는 중앙은행(연방준비제도)에 예치된 은행지급준비에 대하여 이자를 지급하지 않는다. 일부 다른 국가들에서는 은행지급준비에 대하여 "규제에 의한 세금(regulatory tax)" 효과를 낮추기 위해 이자지급이 이루어지고 있다.

이러한 가격과 금액의 제한조치는 특히 사회가 주택과 농업부문의 지원을 선호한다면 사회적 후생차원에서 정당화될 수 있다. 그러나 이러한 제한조치는 규제충족에 수반되는 사적 비용을 지불하여야 하는 금융회사에게는 해가 될 수 있다. 이러한 제한조치의 사적 순비용이 양의 값이 된다면 금융회사는 중개비용을 그만큼 증가시키고 효율성을 감소시킬 것이다.

소비자 보호 규제

미국 의회는 대출에서의 차별을 방지하기 위해 지역사회재투자법(Community Reinvestment Act; CRA)과 주택모기지정보공개법(Home Morgage Disclosure Act; HMDA)을 통과시켰다. 예를 들면, 1975년 이후 HMDA는 은행과 기타 모기지대출 금융회사들이 지역사회의 수요를 충족시키는지를 결정함으로써 지역주민들을 지원해 왔다. HMDA는 특히 연령, 인종, 성, 소득에 기초한 차별에 대하여 우려한다. 1990년 이후 저축금융회사는 대출신청이 수락되거나 기각된 이유를 표준화된 양식에 작성하여 연방규제당국에 보고하고 있다. 이 분야에서 규제를 준수하는데 따른 정보생산비용을 약간 이해하기 위한 예를 들어 보자. 연방금융회사검사위원회(Federal Financial Institutions Examination Council; FFIEC)는 2006년 8,800개 이상의 금융회사들에서 의해 이루어진 3,100만 건의 모기지 거래에 관한 정보를 처리했다(이 위원회는 연방준비제도, 연방예금보험공사, 통화감독청(Office of the Comptroller of the Currency)의 회원 금융회사들로 구성되어 있다).[12]

많은 분석가들은 지역사회보호법과 소비자보호법이 모기지와 대출시장에 대한 접근을 용이하게 한다는 사회적 이익을 제공하는 반면, 금융회사들에게는 그 이상의 순규제부담을 부과한다고 생각한다. 그러나 규제완화가 가속화되고 합병과 유니버설뱅킹으로 추세가 진전됨에 따라 이러한 법들의 적용이 은행 이외에도 현재 CRA 지역사회 대출요건의 적용을 받지 않는 보험회사 등 다른 금융회사들로 확대될 가능성이 있다.

투자자 보호 규제

증권을 직접 매입하기 위해 투자은행을 이용하거나 뮤추얼펀드 또는 연금에 투자하여 간접적으로 증권시장에 접근하려는 투자자들을 보호하는 법들도 많이 있다. 이와 같은 법

12) FFIEC는 또한 CRA와 HMDA의 자료에 대한 주요 통계와 분석자료를 발간한다. 연방준비제도와 기타 규제당국은 또한 은행들의 규제준수에 대하여 순위평가를 한다. 예를 들면, 2006년에 연방준비제도는 검토대상 은행들의 17.0%는 CRA 규범을 아주 잘 준수하고 있고, 78.6%는 만족스럽게 준수하고 있고, 4.4%는 개선이 필요하거나 준수하지 않고 있다고 판정하였다.

들은 내부거래, 공시결여, 명백한 불법행위, 신탁책임의 불이행과 같은 남용행위에 대응하여 투자자를 보호한다. 투자은행과 뮤추얼펀드에 영향을 주는 중요한 법들로는 1933년과 1934년의 증권법(Securities Acts)과 1940년의 투자회사법(Investment Company Act)이 있다. 소비자보호법의 경우와 마찬가지로 이 법들을 준수하는 것은 금융회사에게 순규제부담이 될 수 있다.[13)]

진입 규제

금융회사의 진입과 활동도 규제된다. 금융부문으로의 진입비용을 증가 또는 감소시키는 것은 금융산업 내에서 이미 경쟁하고 있는 기업들의 수익성에 영향을 미친다. 따라서 높은 직접 진입비용(예를 들면, 자본금 수준)과 높은 간접 진입비용(예를 들면, 금융회사를 설립할 수 있는 개인에 대한 제한)에 의해 신규진입에 대하여 크게 보호받는 산업의 기존기업들은 진입이 상대적으로 용이한 산업의 기존기업들보다 더 큰 이익을 얻을 수 있다. 이에 더하여 규제는 설립인가시 활동범위를 규정한다. 허용되는 금융서비스 활동이 넓으면 넓을수록 그 인가가치는 증가한다. 따라서 진입장벽과 활동범위를 규정하는 규제가 금융회사의 인가가치(charter value)와 순규제부담 크기에 영향을 미친다.

개념질문

1. 다른 형태의 기업들보다 금융회사들에 대하여 보다 많은 규제가 부과되어야 하는 이유는 무엇인가?
2. 순규제부담의 개념을 정의하라.
3. 금융회사들이 직면하는 6가지 주요 규제는 무엇인가?

13) 현재 헤지펀드는 100인 미만의 "현명한" 투자자들로 구성되어 있다면 이러한 규제를 벗어날 수 있다. 하지만 이러한 규제를 헤지펀드로 확대적용하려는 많은 시도가 계속되고 있다.

1.5 금융회사 특수성의 변화

각 금융회사는 어느 한 시점에서 일련의 금융서비스(중개인 기능, 자산전환기능, 또는 이 두 기능 모두와 관련된 서비스)를 제공한다. 특정 금융서비스에 대한 수요는 소비자의 선호와 기술의 변화에 의해 변화하며, 이에 따라 어떤 금융서비스 분야는 수익성이 떨어지게 된다. 마찬가지로 규제가 변화함에 따라 특정분야에서 금융서비스를 공급하는데 요구되는 순규제부담도 증가 또는 감소하게 된다. 수요, 비용 규제의 변화에 의해 일부 금융서비스 부문들은 축소되고, 또 다른 금융서비스 부문들은 확장되면서 금융서비스 부문들의 시장점유율이 변화한다. 생존과 번영을 희망하는 금융회사는 후퇴하는 금융서비스 부문으로부터 성장하는 금융서비스 부문으로 이동하기 위해 신축적이어야 한다. 만일 활동제한 규제로 인해 금융회사가 서비스의 생산믹스를 변경할 수 없게 된다면 이러한 규제는 금융회사의 경쟁력은 물론 금융서비스가 전달되는 효율성도 감소시킬 것이다. 즉, 금융산업 내에서의 활동장벽은 금융회사의 분산투자 능력을 감소시키고, 금융회사에게 순규제부담을 증가시킬 수 있다.

표 1-3 미국 금융회사별 자산비율의 변화추이 (1860-2007)

	1860	1880	1900	1912	1922	1929	1939	1948	1960	1970	1980	2000	2005	2007*
상업은행	71.4%	60.6%	62.9%	64.5%	63.3%	53.7%	51.2%	55.9%	38.2%	37.9%	34.8%	35.6%	26.5%	26.2%
저축금융 회사	17.8	22.8	18.2	14.8	13.9	14.0	13.6	12.3	19.7	20.4	21.4	10.0	7.0	7.1
보험회사	10.7	13.9	13.8	16.6	16.7	18.6	27.2	24.3	23.8	18.9	16.1	16.8	15.9	15.7
투자회사	—	—	—	—	0.0	2.4	1.9	1.3	2.9	3.5	3.6	17.0	23.7	24.2
연기금	—	—	0.0	0.0	0.0	0.7	2.1	3.1	9.7	13.0	17.4	10.7	14.6	13.9
파이낸스 회사	—	0.0	0.0	0.0	0.0	2.0	2.2	2.0	4.6	4.8	5.1	7.9	5.3	5.0
증권사	0.0	0.0	3.8	3.0	5.3	8.1	1.5	1.0	1.1	1.2	1.1	1.5	6.1	6.9
부동산투자 신탁	—	—	—	—	—	—	—	—	0.0	0.3	0.1	0.2	0.9	1.0
합계(%)	100.0%	100.0%	100.0%	100.0%	100.0%	100.0%	100.0%	100.0%	100.0%	100.0%	100.0%	100.0%	100.0%	100.0%
합계(1조 달러)	.001	.005	.016	.034	.075	.123	.129	.281	.596	1.328	4.025	14.75	35.18	37.46

자료: Randall Kroszner, "The Evolution of Universaal Banking and Its Regulation in Twentieth Century America," chap. 3 in Anthony Saunders and Ingo Walter, eds., *Universal Banking Financial System Design Reconsidered*(Burr Ridge, IL: Iiwin, 1996); and Federal Reserve Board, "Flow of Fund Accounts," various issues, *www.federalreserve.gov*

*2007년 3월기준

미국 금융서비스 산업의 변화추세

〈표 1-3〉은 1860년부터 2007년까지 미국 금융서비스산업의 총자산 점유율 변화추세를 보여 준다. 몇 가지의 중요한 변화추세가 분명하게 드러나는데, 가장 두드러진 것은 제2차 세계대전 이후에 예금금융회사의 비중이 감소하는 것이다. 특히 상업은행의 비중은 1948년에서 2007년 기간 동안 55.9%에서 26.2%로 감소하였고 저축금융회사(저축은행, 저축조합, 신용조합)의 비중도 같은 기간 동안에 12.3%에서 7.1%로 하락하였다. 이와 유사하게 생명보험회사의 비중도 24.3%에서 15.7%로 지속적으로 감소하였다. 따라서 예금금융회사들이 제공하는 서비스(지급결제서비스, 거래 및 정보비용 서비스)들은 금융회사들이 제공하는 총서비스 중에서 상대적 중요성이 감소된 것을 알 수 있다.

가장 극적인 증가추세를 보인 것은 투자회사(뮤추얼펀드와 머니마켓 뮤추얼펀드)의 비중이다. 투자회사의 비중은 1948년에서 2007년 기간 동안에 1.3%에서 24.2%로 증가하였다. 투자회사는 저축자들이 본원적 증권시장에 보다 저렴하게 접근할 수 있도록 해 준다는 점에서 은행이나 보험회사와는 다르다. 투자회사는 만기전환과 같은 금융청구권 전환보다는 규모와 분산투자의 비교우위를 이용하여 이러한 일을 수행한다. 개방형 뮤추얼펀드는 금융시장에서 직접 주식과 채권을 매입하고, 그 가치가 뮤추얼펀드 자산포트폴리오의 가치와 직접적인 비율방식으로 연결되어 있는 지분을 저축자에게 발행한다. 이와 유사하게 머니마켓 뮤추얼펀드는 기업어음, CD, 재무부 단기증권에 투자하고 기본포트폴리오의 가치와 직접적으로 연결되는 지분을 발행한다. 뮤추얼펀드들은 효율적으로 분산투자하는 만큼 가격리스크가 낮고 유동성이 높다.

뮤추얼펀드에 의하여 발행된 금융청구권의 만기와 수익률은 투자하는 주식과 채권의 만기 및 수익률과 유사하다. 반면에 은행, 저축금융회사, 보험회사는 자산포트폴리오의 만기와 부채의 만기 간에 낮은 상관관계를 가진다. 따라서 은행은 요구불예금을 이용하여 10년만기 기업대출을 할 수 있다. 저축금융회사는 3개월만기 정기예금을 이용하여 30년만기의 모기지대출을 할 수 있다.[14]

금융서비스 시장이 효율적이고 이러한 변화가 수요와 공급을 반영한다면 뮤추얼펀드는 현재의 트렌드를 나타낸다. 저축자는 전통적으로 금융회사가 제공하는 2차 금융청구권보다는 본원적 증권시장에 대한 분산투자를 밀접하게 모방하는 투자방식을 더 선호한다. 또한 이러한 변화추세는 또한 은행 및 보험회사와 같은 전통적인 금융회사에 부과되는 순규제부담이 투자회사에 부과되는 순규제부담보다 크다는 것을 의미할 수 있다. 그 결과

14) 뮤추얼펀드와 연기금은 자산의 성과와 부채의 성과 간의 밀접한 연관관계 때문에 "투명한(transparent)" 금융회사로 불린다. 반면에 은행, 저축금융회사, 보험회사는 자산의 성과와 부채의 성과 간의 낮은 상관관계 때문에 "불투명한(opaque)" 금융회사로 불린다.

전통적인 금융회사들은 이전에 사용했던 비용을 가지고 그들의 금융서비스를 생산할 수 없다는 것을 의미한다.

미국 의회는 이러한 변화추세를 인식하여 상업은행, 보험회사, 투자은행 간의 경계를 정한 Glass-Steagall법을 폐지하는 1999년 금융서비스현대화법(Financial Service Modernization Act of 1999)을 통과시켰다. 금융회사의 70년 규제 역사상 가장 큰 변화로 간주되는 이 법은 은행업, 보험업, 증권업을 모두 할 수 있는 "금융지주회사"의 탄생을 가능케 했다. 따라서 미국에서 70년만에 1933년 이전이나 다른 나라들에서만 존재하는 종합금융회사의 설립이 가능하게 되었다. 〈표 1-3〉은 금융회사들의 자산규모가 기능에 따라 분류되어 있지만, 총자산을 기준으로 볼 때 이러한 기능을 결합할 수 있는 금융지주회사 형태의 자산규모가 가장 크다고 할 수 있다.

미래의 추이

투자자문회사, 브로커, 은행들에 대한 대중의 신뢰와 확신이 줄어드는 반면 투자자들은 본원적 증권에 직접투자하는 것을 더 선호함에 따라 뮤추얼펀드가 성장하고 있다. 뮤추얼펀드의 성장은 저축자가 차입자에게 자금을 전달하는 가장 효율적인 방식이 금융중개로부터 다른 방식으로 이전되는 추세의 시작을 의미하는 것일 수 있다. 이러한 변화추세는 리스크와 수익률에 대한 투자자의 선호변화를 반영하는 한편, 금융회사를 통한 투자비용과 비교하여 직접 투자하는 비용이 상대적으로 더 저렴해지는 현상도 반영하는 것일 수도 있다. 이와 같은 비용의 감소로 인해 금융회사의 다양한 생산물들이 "상품화되어(commoditized)" 금융시장에서 직접 판매되는 결과가 초래되었다. 예를 들어 초기에는 금융회사가 장외시장에서 제공했던 다양한 옵션상품들이 거래물량이 증가하고 거래조건들이 표준화됨에 따라 옵션거래소로 이동하게 되었다. Merton이 지적한 것처럼, "상품이 표준화된 조건을 가지고, 많은 고객들의 요구를 충족시키며, 거래자들이 어려움없이 상품의 가격을 평가할 수 있을 정도로 상품이 복잡하지 않다면, 금융시장은 금융회사를 대체하는 효율적인 대안이 될 수 있다. 금융회사는 거래물량이 적은 상품들에 보다 적합하다."

표 1-4 미국의 사모시장규모 (단위 10억 달러)

	1990	1995	2000	2005	2006*
144A 사모시장	3.7	71.3	325.5	755.5	487.5
총사모시장	128.6	132.6	483.2	838.6	542.9

*6월까지의 합.

자료: *Investment Dealer's Digest*, various issues; and Thompson Financial Securities Data. *www.thomson.com*

1999년 금융산업현대화법같이 최근 미국에서 이루어지고 있는 규제변화는 금융회사들이 전통적인 금융상품의 경계와 범주를 넘나들도록 허용함으로써 순규제부담을 완화시키고 있다(제16장 참조). 그 결과 상업은행과 투자은행 간에 상당수의 인수합병이 이루어졌다. 예를 들어 Citicorp는 광범위한 보험업무와 Smith Barney 및 Salomon Brothers를 보유하고 있던 Travellers Group과 830억 달러의 합병을 추진했고, 스위스 상업은행인 UBS는 미국 투자은행인 Paine Webber를 인수하였다. 이와 함께 은행지주회사 등 은행조직들은 합병이나 기타 방법을 통하여 규모를 키웠다(예를 들어 J. P. Morgan과 Bank One의 합병). 규모의 증가는 리스크를 분산시키고 평균비용을 낮추어 은행의 잠재능력을 증가시키는 한편 보다 다양한 서비스를 제공할 수 있게 해 준다.[15]

그 결과, 1990년대 말과 2000년대 초의 은행수익성은 (경기후퇴, 2001년 9월 세계무역센터와 미국 국방부에 대한 테러공격, Enron과 같은 기업에 대한 대출을 둘러싼 이해관계 등에도 불구하고) 1990년대 초보다 상당히 우수하다.

게다가 직접 금융시장 또한 빠르게 진화하고 있다. 기술의 발전 덕분에 저축자가 금융시장을 직접 이용하는 비용이 하락하고 있는 반면, 금융회사를 통한 투자가 개인저축자에게 주는 이익은 감소하고 있다. 전통적인 주식중개인을 활용하고 수수료를 지불하는 것보다 인터넷을 이용하여 전자거래(e-trading)를 활용하는 것이 거래비용을 더욱 감소시킬 수 있으며, 이러한 이유로 금융회사들이 주식중개서비스를 담당할 필요성은 줄어들고 있다. [그림 1-3]은 1998년부터 2006년 기간 동안 인터넷을 이용한 주식거래비율이 얼마나 증가하였는가를 보여 주고 있다. 이에 더하여 많은 회사들이 투자자가 중개회사를 이용하지 않고 자사의 주식을 직접 사도록 하고 있다. 이러한 방식의 주식매입을 시행한 유명 회사들로는 Bell Atlantic, Bell/South, IBM, Walt Disney 등이 있다. 마지막 예로는 발행 기업이 증권을 투자자에게 직접 판매하는 사모시장(private placement market)을 들 수 있다. 사모방식은 인수기관(underwriter)이 필요 없고 발행회사에 대한 최소 수준의 공시만으로 충분하다. 사모방식으로 발행되는 채권과 주식은 전통적으로 가장 유동성이 낮은 증권들이고, 초대형 금융회사나 기관투자자들만이 유통시장이 없는 상태에서 이러한 증권들을 보유하였다. 1990년 4월에 증권거래위원회(Securities and Exchange Commission; SEC)는 144A규정을 수정하였다. 이에 따라 일반적으로 SEC가 공모발행에 대하여 부과하는 엄격한 공시와 정보요건들을 충족시키지 않을지라도, 대규모 투자자들이 그들 사이에서 사모증권을 거래하는 것이 허용되었다. SEC는 사모증권을 거래할 수 있는 대규모 투자자를 가장 부유한 가계저축자들을 거의 제외시킬 정도인 자산규모 1억 달러 이상의 투자자로 정의하였지만, 이와 같은 자산규모의 제한이 얼마나 오랫동안 유효할 것인지는 의문이다. 투자자

15) 미국의 은행 수는 1990년의 12,230개에서 2007년 초의 7,450개로 39% 감소하였다. 1990년-2007년 기간 동안에 2,247개의 신규은행들이 인가되었다는 점과 관련하여 보면 이러한 은행 수의 감소는 매우 극적인 것이다.

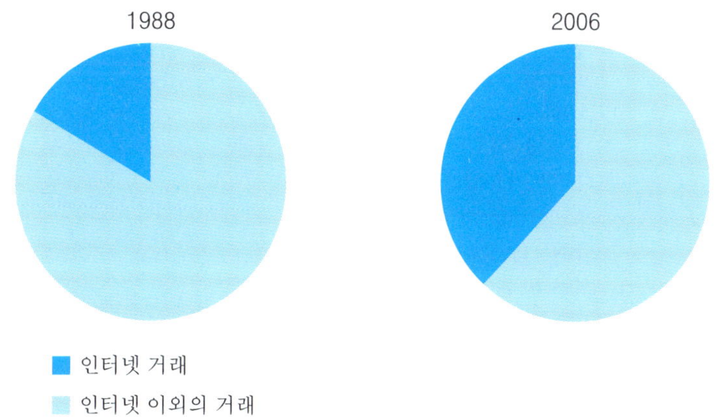

자료: Investment Company Institute, "Ownership of Mutual Funds and Use of Internet, 2006." *www.ici.org*

그림 1-3 인터넷 주식거래 비율

들이 보다 현명해지고 정보수집비용이 감소함에 따라, 소규모 투자자들도 사모시장 참여를 더욱 요구할 것이나. 이러한 세계에서 저축자는 금융회사가 발행하는 2차 증권들과 기업이 공개적으로 발행하는 본원적 증권들 사이에서 선택을 할 뿐만 아니라, 공모증권들과 사모증권들 사이에서도 선택을 할 수 있을 것이다. 144A규정에 따른 사모시장의 최근 성장추이가 〈표 1-4〉에 제시되어 있다.

▶ **전자거래(e-trading)**
인터넷상에서 주식을 거래하는 것.

글로벌 이슈들

이러한 국내 추세와 더불어, 미국의 금융회사들은 국내의 다른 금융회사들뿐만 아니라 유사한 서비스를 제공하는 외국의 금융회사들과도 경쟁해야 한다. 한 예로 〈표 1-5〉는 2007년 총자산을 기준으로 한 세계 10대 대형은행들의 리스트인데, 미국 은행은 단 2개 밖에 없다. 〈표 1-6〉은 1992년부터 2006년 동안 미국에 보유하고 있는 국내은행 지점과 외국계은행 지점의 자산 규모이다. 이 기간의 외국은행들의 자산은 1992년 5,093억 달러로부터 2006년 8,096억 달러로 증가하였으며, 계속적으로 국내은행 자산의 10% 이상(많으면 17.2%까지) 유지되고 있는 것을 알 수 있다.

표 1-5 세계 10대 은행 (단위: 100만 달러)

	총자산
1. Barclays Bank(영국)	$ 1,591.5
2. United Bank of Switzerland(스위스)	1,567.6
3. Mitsubshi UFJ Financial Group(일본)	1,508.8
4. HSBC Holdings(영국)	1,502.0
5. Citigroup(미국)	1,494.0
6. BNP Paribas(프랑스)	1,484.1
7. Credit Agricole Groupe(프랑스)	1,380.6
8. Royal Bank of Scothland(영국)	1,337.5
9. Bank of America(미국)	1,291.8
10. Mizuho Financial Group(일본)	1,226.6

자료: *The Banker*, Fedruary 2007. *www.thebanker.com*

표 1-6 미국 내에서 보유하고 있는 미국 은행과 외국은행의 자산규모(단위: 10억 달러)

	1992	1994	1996	1998	2000	2005	2006
외국은행							
금융자산규모	$509.3	$589.7	$714.8	$806.3	$779.9	$77.9	$809.6
미국 은행							
금융자산규모	2,775.2	3,122.9	3,444.5	4,094.2	4,773.1	6,903.9	7,285.1

자료: Federal Reserve Board, "Flow of Fund Accounts," Statistical Releases, Varoous dates *www.fedralreserve.gov*

개념질문

1. 미국의 금융회사 총자산 중에서 은행과 저축금융회사들이 차지하는 비율이 증가하고 있는가?
2. 미국에서 가장 빠르게 성장하는 금융회사들은 무엇인가?
3. 사모증권을 정의하라.
4. 2000년대 초에 미국 금융회사들이 직면하고 있는 글로벌 이슈들에 대하여 설명하라.

요 약

이번 장에서는 금융회사에 영향을 주는 다양한 요인들과 금융회사가 제공하는 서비스의 특수성에 대해 알아보았다. 이러한 요인들은 자산전환과 유동성의 제공과 같은 전통적인 특정 기능들을 수행하여 이익을 창출해 왔던 금융회사는 미래에는 자산관리, 보험, 인수업무와 같은 직접 증권시장거래와 연결된 금융서비스들을 제공할 필요가 있다는 것을 의미한다. 이것은 전문 금융회사 또는 틈새시장 금융회사가 생존할 수 없다는 것을 의미하는 것이 아니라 전문 금융회사의 인가가치가 감소함에 따라 가장 효율적인 금융회사만이 번창할 것이라는 것을 의미한다.

이 책의 중심 주제는 금융회사가 직면한 리스크들의 측정과 관리이다. 특히 금융회사들을 보험회사, 은행, 파이낸스회사 등등으로 구분되지만, 금융회사들은 공통적인 리스크를 가지고 있다. 특히 대부분의 금융회사들은 (1) 잠재적으로 채무불이행리스크 또는 신용리스크를 가지는 자산들을 보유하고, (2) 정도의 차이는 있지만 자산과 부채의 만기가 일치되지 않음으로써 이자율리스크에 노출되어 있다. 더욱이 모든 금융회사들은 부채보유자에게 판매되는 금융청구권의 유형에 따라서 어느 정도의 예금인출리스크 또는 유동성리스크에 노출되어 있다. 그리고 대부분의 금융회사들은 부내거래 또는 부외거래 방식으로 다양한 형태의 신용부증서를 발행함으로써 특정 형태의 인수리스크에 노출되어 있다. 마지막으로 금융서비스의 생산은 실물자원과 후방 사무지원시스템의 사용을 요구하기 때문에 모든 금융회사들은 운영비용리스크에 노출되어 있다.

이 책의 제2장부터 제22장까지 보다 경쟁적으로 변화하는 시장환경에서 금융회사의 경영자가 소유지분을 극대화하는데 필요한 다양한 리스크들의 측정과 관리방법들이 논의될 것이다.

연습문제

1. 금융회사들에 공통적으로 발생하는 5가지 리스크는 어떤 것들인가?
2. 금융회사가 존재하지 않는다면 자금의 저축자인 가계와 자금의 사용자인 기업 간의 경제적 거래가 어떻게 발생하게 되는지 설명하라.
3. 금융회사가 존재하지 않는다면 자금의 저축자인 가계와 자금의 사용자인 기업 간의 자금흐름을 방해할 수 있는 경제적 요인들을 3가지만 언급해 보라.
4. 가계(저축자)와 기업(사용자) 간의 자금흐름을 원활하게 할 수 있도록 금융회사가 전문적으로 제공하는 2가지 기능을 설명하라.
5. 기업의 금융청구권은 *본원적 증권(primary securities)*으로 여겨지는 반면에 금융회사의 금융청구

권은 *2차 증권(secondary securities)*이라고 여겨지는 이유는 무엇인가? 금융중개과정은 저축자에게 미치는 리스크(경제적인 부정적 유인들을)를 어떻게 감소시키는가?

6. 금융회사가 어떻게 위임감시자의 역할을 수행하는지 설명하라. 이와 같은 감시과정 때문에 전체 금융시스템에 발생하는 부수 이익에는 어떤 것들이 있는가?
7. 금융회사의 특수성은 경제에 대해 다양한 서비스를 제공함으로써 실현되는데 일반적으로 언급되는 이 5가지의 특수성에는 어떤 것들이 있는가?
8. 금융회사는 가계저축자가 기업이 발행하는 증권에 직접 투자할 때 발생되는 정보비용과 이에 관련된 *대리인비용(agency costs)* 문제를 어떻게 해결하는가? 대리인비용은 무엇인가? *무임승차자(free-rider)* 문제는 무엇인가?
9. 대형 금융회사가 정보문제를 해결해 주는 것이 대출자, 차입자, 금융시장에 어떠한 이익을 주는가?
10. 금융회사는 증권투자를 원하는 투자자가 직면하는 유동성 문제를 어떻게 완화시키는가?
11. 금융회사는 개별 저축자의 포트폴리오리스크 분산에 어떤 도움을 줄 수 있는가?
12. 금융회사는 어떻게 저축자들이 제공하는 저위험 부채를 이용하여 고위험 자산에 투자할 수 있는가?
13. 개별 저축자는 금융자산 투자에 소요되는 거래비용을 감소시키기 위해 어떻게 금융회사를 활용할 수 있는가?
14. *만기중개(maturity intermediation)*는 무엇인가? 금융회사가 만기중개리스크를 관리하는 방법들에는 어떤 것이 있는가?
15. 금융회사의 유형에 따라 특성의 차이를 보이는 5가지 분야에는 어떤 것들이 있는가? 또한 어떤 유형의 금융회사들이 서비스 공급자의 역할을 가장 잘 수행하는가?
16. 상업은행과 같은 예금금융회사는 어떻게 통화정책의 실행을 보조하는가?
17. 신용할당 규제는 무엇을 의미하는가? 이와 같은 규제가 제공하고자 하는 사회적 이익은 무엇인가?
18. 어떤 금융회사가 세대 간 부의 이전기능을 가장 잘 수행하는가? 이와 같은 부의 이전과정은 어떻게 진행되는가?
19. 금융회사가 제공하는 가장 중요한 2가지 지급결제서비스는 무엇인가? 이와 같은 서비스는 얼마나 효율적으로 경제사회에 이익을 제공하는가?
20. 금액중개는 무엇인가? 금융회사는 이러한 과정에서 어떤 보조를 하는가?
21. *외부불경제*란 무엇인가? 외부불경제의 존재는 왜 금융회사들에 대한 규제강화를 정당화하는가?
22. 만일 금융시장이 완벽하고 비용의 수반 없이 작동한다면 금융회사가 필요한가?
23. 모기지 특정경계지역지정(mortgage redlining)이란 무엇인가?
24. 금융산업은 왜 가장 많이 규제를 받는 산업인가? 순규제부담이 양(正)이 되는 때는 언제인가?
25. 규제당국은 금융회사의 안전성과 건정성을 확보하기 위해 어떠한 형태의 보호와 규제를 시행하는가?
26. 통화정책의 파급과정에서, *내부화폐(inside money)*와 *외부화폐(outside money)*의 차이는 무엇인가? 연방준비제도는 어떻게 내부화폐를 통제하는가? 이와 같은 규제는 어떤 방식으로 예금금융회사에게 비용을 발생시키는가?

27. 신용할당 규제의 몇 가지 예를 들어 보라. 사회적 이익을 발생시키기 위한 이와 같은 시도는 어떤 방식으로 민간금융회사들에게 비용을 발생시키는가?
28. 주택모기지정보공개법(Home Mortgage Disclosure Act)의 목적은 무엇인가? 이와 같은 법이 기대하는 사회적 이익은 무엇인가? 이러한 법의 실행이 어떻게 금융회사에 순규제부담을 발생시키는가?
29. 증권매입을 위해 직간접적으로 투자은행을 이용하는 투자자들을 보호하기 위해 통과된 법은 무엇인가? 이와 같이 특정대상의 보호를 위해 법이 제정된 남용행위들을 몇 가지 제시하라.
30. 진입장벽이나 활동영역허용 등에 관련된 규제는 금융회사의 *인가가치(charter value)*에 어떤 영향을 미치는가?
31. 연기금과 투자회사들이 "전통적인" 은행이나 보험회사들의 희생의 결과로 성장하는 이유는 무엇인가?
32. 은행들이 순규제부담을 감소시키기 위해 선택한 방법에는 어떤 것들이 있는가? 이러한 방법들이 은행들의 수익성에 어떠한 영향을 미치는가?
33. 금융시장이 금융회사들의 효율적인 대체안이 되기 위해서는 금융상품들이 어떠한 특성을 지녀야 하는가? 과거에는 금융회사의 독점적 소유물이었으나 이제는 보편화된 금융상품들의 예를 몇 가지 제시해 보라.
34. 증권거래위원회의 144A규정은 어떠한 방식으로 금융회사의 비금융화를 유도하고 있는가?

Web을 활용하는 질문

35. 연방준비제도이사회의 웹사이트인 www.federalreserve.gov를 방문하여 M1과 M2에 대한 최근 수치를 찾아보라. 이들 통화공급량의 지표들은 일 년 전에 비하여 몇 % 증가하였는가?
36. 연방준비제도이사회의 웹사이트인 www.federalreserve.gov를 방문하여 다양한 유형의 금융회사들이 보유하고 있는 금융자산의 규모를 파악해 보라.

관련 웹사이트

기관명	웹사이트
The Banker	www.thebanker.com
Board of Governors of the Federal Reserve	www.federalreserve.gov
Federal Deposit Insurance Corporation	www.fdic.gov
Federal Financial Institutions Examination Council	www.ffiec.gov
Investment Company Institue	www.ici.ora
Office of the Comptroller of the Currency	www.occ.treas.gov
Securities and Exchange Commission	www.sec.gor
Securities Investors Protection Corporation	www.sipc.org
The Wall Street Journal	www.wsj.com
Thompaon Financial Securities Data	www.thomson.com

제 2 장

금융중개에서의 리스크

2.1 서 론

금융회사 경영의 주요 목적은 금융회사 소유자를 위해 수익을 증가시키는 것이다. 그러나 많은 경우 수익의 증가는 리스크의 증가라는 비용을 대가로 지불해야 한다. 이번 장은 금융회사가 직면하는 다양한 리스크를 소개한다, 이러한 리스크에는 이자율리스크(interest rate risk), 시장리스크(market risk), 신용리스크(credit risk), 부외거래리스크(off-balance-sheet risk), 기술 및 운영리스크(technology and operational risk), 환리스크(foreign exchange risk), 국가리스크(country or sovereign risk), 유동성리스크(liquidity risk), 지급불능리스크(insolvency risk) 등이 있다. 일반적으로 리스크의 측정과 관리는 정량적인 주제이다. 앞으로 정교한 계량적인 모형을 학습하게 될 것이지만 그에 앞서 이번 장에서는 각 리스크 형태별로 간단한 개념을 익히도록 한다. 이번 장을 마치면 금융회사경영을 처음 접하는 독자들도 현대 금융회사들의 경영자가 직면하고 있는 다양하고 복잡한 리스크에 대한 기초 지식을 갖게 될 것이다. 다음 장부터 이러한 리스크들의 계량적인 측정과 관리에 대해 보다 자세하게 알아볼 것이다. 앞으로 이러한 리스크들을 효과적으로 관리하는 것이 금융회사의 성과를 결정하는 핵심이라는 것을 알게 될 것이다.[1)] 실제로 금융회사의 주요 업무는 이러한 리스크들을 잘 관리하는 것이라고 말할 수 있다.

1) 이러한 리스크들은 반드시 금융회사들에게만 발생되는 것은 아니다. 모든 글로벌 비금융회사들도 이러한 리스크에 직면하고 있으며, 이러한 회사들의 경영자들도 금융회사 경영자들처럼 이러한 리스크들에 대처해야 한다.

표 2-1 금융회사에게 발생하는 리스크 종류

- 이자율리스크(interest rate risk): 보유한 자산과 부채의 만기가 일치하지 않음으로써 금융회사에 발생되는 리스크
- 시장리스크(market risk): 이자율, 환율, 기타 자산 가격의 변화 때문에 금융회사의 거래계정에 있는 자산과 부채의 가치변화로 발생되는 리스크
- 신용리스크(credit risk): 금융회사가 제공한 대출과 보유한 증권에 약속되어 있는 현금흐름이 완전히 상환될 수 없는 리스크
- 부외거래리스크(off-balance-sheet risk): 대차대조표에 나타나지 않는 조건부 자산과 부채에 관련된 활동 때문에 금융회사에게 발생되는 리스크
- 환리스크(foreign exchange risk): 환율변화로 인해 외국통화로 표시된 금융회사의 자산과 부채의 가치가 영향을 받을 수 있는 리스크
- 국가리스크(country or sovereign risk): 특정 국가 정부의 제재, 간섭, 방해 등으로 인해 외국 채권자나 투자자에게 지급되어야 할 상환이 중단되는 리스크
- 기술리스크(technology risk): 기술투자가 예상했던 비용절감을 초래하지 못할 때 금융회사에게 발생되는 리스크
- 운영리스크(operational risk): 기존 기술, 감사, 감시 및 기타 지원시스템이 잘못 작동하거나 고장나는 경우 금융회사에게 발생되는 리스크
- 유동성리스크(liquidity risk): 부채의 갑작스러운 인출로 인해 금융회사가 아주 짧은 기간 내에 자산을 적정가격 미만으로 청산해야 하는 리스크
- 지급불능리스크(insolvency risk): 금융회사가 갑작스러운 자산가치의 하락에 대비하여 자기자본을 충분히 보유하지 못하는 리스크

2.2 이자율리스크

제1장은 금융회사의 주요 기능으로서 자산변환기능을 논의하였다. 자산변환기능은 금융회사가 1차 증권을 매입하고 이러한 1차 증권의 매입에 필요한 자금을 조달하기 위해 2차 증권을 발행함으로써 이루어진다. 금융회사가 매입하는 1차 증권은 금융회사가 매도하는 2차 증권과는 만기와 유동성 특성이 상이하다. 금융회사가 자산변환기능을 수행하는 과정에서 자산과 부채의 만기가 일치하지 않게 되고 이것이 금융회사를 이자율리스크(interest rate risk)에 노출시킨다.

금융회사는 이자율이 변동할 때 잠재적인 재조달리스크 또는 재투자리스크에 직면하며 아울러 *시장가치리스크(market value risk)*에도 직면하게 된다. 자산 또는 부채의 시장가치는 현재와 미래에 자산 또는 부채로부터 발생되는 현금흐름의 현재가치이다. 따라서 이자율의 상승은 현재와 미래의 현금흐름에 적용되는 할인율을 상승시켜 자산 또는 부채의 시장가치를 하락시킨다. 이와 반대로 이자율의 하락은 자산과 부채의 시장가치를 상승시킨다. 더

예제 2-1 **자산의 만기가 부채의 만기보다 장기일 때 이자율의 상승이 금융회사의 이익에 미치는 영향**

금융회사가 2년만기의 자산을 1억 달러 구매하기 위한 자금을 조달하기 위해 1년만기의 부채를 1억 달러 발행한다고 하자. 이러한 상황이 아래의 그림에 나타나 있다.

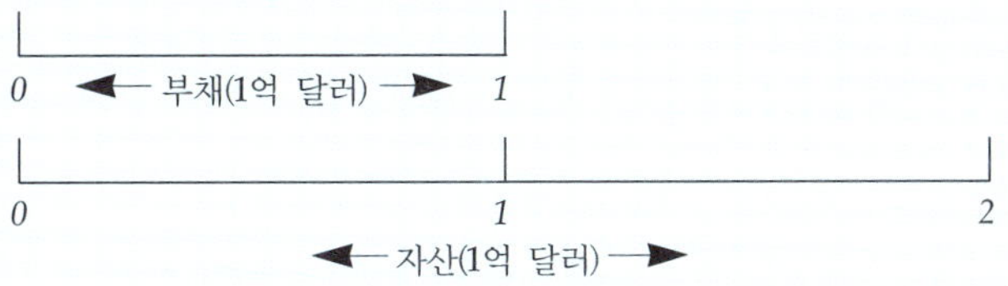

이 그림에서 금융회사가 단기자금을 조달한다는 것을 알 수 있다. 즉 부채의 만기가 자산의 만기보다 짧다. 금융회사가 조달하는 자금(부채)의 비용은 연간 9%이고, 자산의 이자수익률은 연간 10%라고 하자. 1차년도에 금융회사는 단기자금을 차입하여 장기대출을 수행함으로써 1%의 이익스프레드(10%−9%)×1억 달러의 이익을 확보할 수 있다. 따라서 1차년도의 이익은 100만 달러(=0.01×1억 달러)이다.

그러나 2차년도의 이익은 불확실하다. 이자율의 변동이 없다면 금융회사는 9%에 자금을 재조달할 수 있고 2차년도 동안에도 1%의 이익, 즉 100만 달러의 이익을 확보할 수 있다. 그러나 1차년도와 2차년도 사이에는 이자율이 변동할 리스크가 항상 존재한다. 만일 2차년도에 이자율이 상승하여 금융회사가 새로운 1년만기 부채를 11%로만 차입할 수 있다면 2차년도의 이익스프레드는 실제로 음, 즉 10%−11%=−1%가 될 것이다. 즉 금융회사의 손실은 100만 달러(−0.01×1억 달러)이다. 부채보다 장기인 자산을 보유하여 금융회사가 1차년도에 확보한 양의 이익스프레드는 2차년도의 음의 이익스프레드에 의하여 상쇄된다. 따라서 금융회사가 부채보다 상대적으로 장기인 자산을 보유할 때 금융회사는 **재조달리스크(refinancing risk)**에 노출된다. 재조달리스크는 자산투자의 수익률보다 자금의 재차입비용이 클 수 있는 리스크이다. 이와 같은 형태의 만기불일치를 보여 주는 고전적 예는 1980년대의 미국 저축금융회사들을 들 수 있다.

욱이 부채보다 장기인 자산을 보유하여 만기를 불일치시킨다는 것은 이자율이 상승할 때 금융회사가 보유한 자산의 시장가치가 부채의 시장가치보다 더 크게 하락한다는 것을 의미한다. 이러한 현상은 금융회사를 경제적 손실 또는 지급불능리스크에 노출시킨다.

만일 만기가 일치하지 않는 자산과 부채를 보유하는 것이 금융회사를 재투자리스크(또는 재조달리스크)와 시장가치리스크에 노출시킨다면 금융회사는 자산과 부채의 만기를 일치시킴으로써 이자율리스크를 헤지(hedge)하거나 이자율리스크로부터 보호될 수 있다.[2] 이러한 사실은 만기일치야 말로 금융회사가 이자율리스크를 방지하기 위한 최선의 정책이라는 일반적인 견해를 초래하였다. 그러나 만기일치는 금융회사의 적극적인 자산변환기능과 반드시 일치하는 것은 아니라는 점을 주목하여야 한다. 즉 금융회사는 자산전환자(예를 들면,

2) 이러한 주장은 금융회사가 자산과 부채의 만기를 직접 "통제"할 수 있다는 것을 가정하고 있다. 이자율이 하락할 때 많은 모기지 차입자들은 그들이 가지고 있는 대출을 "미리 상환"하고 보다 낮은 이자율로 자금을 재조달하고자 한다. 이자율의 움직임과 직접적으로 관련되어 있는 이와 같은 조기상환리스크(prepayment risk)는 추가적인 이자율 관련 리스크로 볼 수 있다. 조기상환리스크는 제22장에서 상세히 논의된다.

예제 2-2 **부채의 만기가 자산의 만기보다 장기일 때 이자율의 하락이 금융회사의 이익에 미치는 영향**

금융회사가 투자하는 1억 달러 자산의 만기보다 장기인 1억 달러의 부채를 차입하는 경우를 살펴보자.

아래의 그림에서 보는 바와 같이 금융회사는 장기자금을 조달한다. 부채의 만기가 자산의 만기보다 길다. 금융회사가 2년 동안 연간 9%로 자금을 차입하고, 이 자금을 1년 동안 10%의 수익을 내는 자산에 투자한다고 하자. 이러한 상황이 아래의 그림에 나타나 있다.

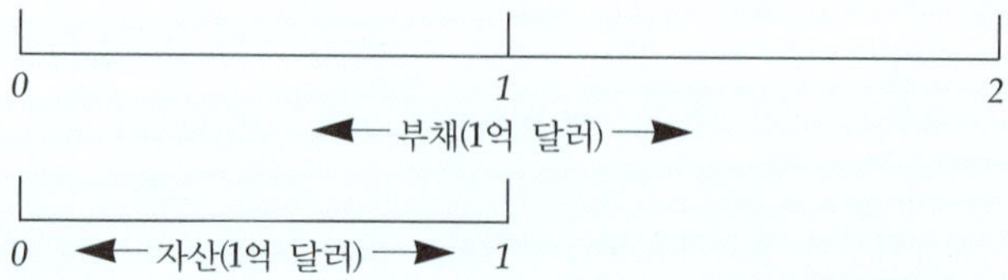

이 경우에도 금융회사는 이자율리스크에 노출된다. 부채보다 상대적으로 단기인 자산을 보유함으로써 금융회사는 2차년도에 자금을 재투자할 때 이자율에 대한 불확실성에 직면한다. 〈예제 2-1〉에서처럼 금융회사는 1차년도에 1%의 이익스프레드를 확보할 수 있다.

1차년도 말에 자산의 만기가 도래하고 2년 동안 빌린 자금은 재투자되어야 한다. 이자율이 1차년도와 2차년도 사이에 하락하여 2차년도에 1억 달러를 새로운 1년만기 자산에 투자하는데 따른 수익률이 8%라고 하자. 금융회사는 2차년도에 1%(= 8%의 자산수익률 − 9%의 차입자금비용)의 손실 또는 음의 스프레드에 직면할 것이다. 즉 금융회사의 손실은 100만 달러(−0.01×1억 달러)이다. 부채보다 단기인 자산을 보유하여 금융회사가 1차년도에 획득한 양의 이익스프레드는 2차년도의 음의 이윤스프레드에 의하여 상쇄된다. 따라서 금융회사는 **재투자리스크(reinvestment risk)**에 노출된다. 부채보다 상대적으로 단기인 자산을 보유함으로써 금융회사는 장기간 빌린 자금을 재투자하는 이자율의 불확실성에 직면한다.

이와 같이 금융회사가 재투자리스크에 노출된 최근의 좋은 예는 은행들이 고정이자 예금을 기반으로 이자율이 자주 변동되거나 조정되는 변동금리대출을 행한 경우이다.

단기예금을 장기대출로 전환시키는 것)이자 동시에 만기일치자 또는 이자율리스크 방어자일 수 없다. 만기일치는 이자율리스크에 대한 노출도를 감소시키는 반면에 리스크가 동반되는 자산전환자로 활동하는 것을 배제시키기 때문에 금융회사의 수익성을 감소시킬 수 있다. 따라서 일부 금융회사들은 다른 금융회사들보다 자산과 부채의 만기불일치를 더 강조한다. 예를 들면, 은행과 저축금융회사는 전통적으로 부채보다 장기인 자산을 보유하는 한편, 생명보험회사는 장기자산과 장기부채를 일치시키려는 경향을 가지고 있다. 끝으로 만기일치는 완벽한 것이 아니라 근사적으로만 이자율리스크를 헤지한다. 그 이유는 자산과 부채의 듀레이션(duration)과 만기가 차이가 나고 금융회사가 부채뿐만 아니라 자기자본에 의하여 부분적으로 자금을 조달한다는 점과 관련 있는 기술적인 문제 때문이다. 앞에서 제시된 간단한 예에서 금융회사는 차입자금만을 사용하며 자산을 매입하였다. 현실에서 금융회사는 자산을 구매하기 위해 부채와 자기자본을 혼합하여 사용한다. 자산과 부채가 일치하지 않을 때 리스크를 헤지하는 일은 자산과 부채의 만기를 정확하게 일치시키지 않아도 달성될 수 있다. 이자율리스크의 원인들과 이자율리스크를 측정하기 위해 사용하는 방법들은 제3장과 제4장에서 상세하게 논의된다. 아울러 제18장부터 제20장까지에서 이자율리스크를 헤지하기 위해 사용되는 방법과 수단들을 논의한다.[3)]

▶**재조달리스크(refinancing risk)**
자금의 재차입비용이 자산투자의 수익률 이상으로 상승할 리스크.

▶**재투자리스크(reinvestment risk)**
재투자의 수익률이 자금의 차입비용보다 낮아질 리스크.

개념질문

1. 재조달리스크(refinancing risk)는 무엇인가? 어떤 금융리스크가 1980년대에 재조달리스크를 가장 잘 보여 주었는가?
2. 이자율의 상승이 왜 자산과 부채 모두의 시장가치를 감소시키는가?
3. 만기일치의 개념을 설명하라.

2.3 시장리스크

시장리스크(market risk)는 금융회사가 장기투자, 자금조달, 헤징목적으로 자산과 부채를 보유하기보다는, 적극적으로 이러한 자산, 부채, 파생상품들을 거래할 때 발생한다. 시장리스크는 이자율, 주식수익률, 환율과 관련된 리스크들과 밀접히 관련되어 있다. 이것은 이러한 리스크들이 증가하거나 감소함에 따라 금융회사 전체의 리스크가 영향을 받기 때문이다. 그러나 시장리스크는 거래활동과 관련된 것이 추가적으로 포함된다. 시장리스크는 이자율리스크, 환리스크, 주식수익률리스크가 (특히 하루같이 짧은 거래기간을 가지는) 적극적

3) 주어진 예에서 이자는 각 연도의 말에만 지불되고, 그 때에만 이자율이 변경될 수 있다고 가정하였다. 현실에서 많은 대출이자율과 예금이자율은 자주 조정되거나 시장이자율이 변동함에 따라 변경된다. 예를 들면, 은행이 연말에 원금과 이자를 지불하는 1년만기 CD를 발행하여 조달한 자금으로 이자율이 각 분기마다 조정되는 1년만기의 대출을 한다고 하자. 대출과 CD의 만기가 1년으로 같을지라도, 그 해의 이자율변화는 대출의 현금흐름에는 영향을 주나 예금의 현금흐름에는 영향을 미치지 않기 때문에 금융회사의 이자율리스크는 현금흐름의 측면에서 완전히 헤지되지 않는다. 특히 만일 이자율이 하락하면 금융회사는 순이자수익기준(이자수익−이자지출)으로 대출손실을 볼 수 있다. 이러한 손실이 발생하는 이유는 대출의 현금흐름은 예금에 지불되는 현금흐름보다 평균적으로 일찍 받게 되어 현금흐름의 측면에서 대출의 평균만기(듀레이션)가 예금의 평균만기보다 짧기 때문이다.

인 거래전략과 결합될 때 금융회사에게 발생되는 추가적인 리스크이다. 개념적으로 보면 금융회사의 거래포트폴리오는 투자기간이나 2차 시장의 유동성 등을 고려할 때 투자포트폴리오와는 성격이 다르다. 거래포트폴리오(은행의 경우 트레이딩북(trading book)이라고 함)는 조직화된 금융시장에서 신속하게 매입 또는 매도할 수 있는 자산, 부채, 파생상품 등으로 구성된다. 투자포트폴리오(은행의 경우 뱅킹북(banking book)이라고 함)는 상대적으로 유동성이 낮고 장기 보유하는 자산과 부채로 구성되어 있다. 〈표 2-2〉는 가상적인 뱅킹북과 트레이딩북의 자산과 부채를 분리한 것이다. 뱅킹북은 대부분의 대출과 예금, 비유동자산을 포함하고 있다. 트레이딩북에는 채권, 상품, 외환, 주식, 파생상품들의 매입과 매도포지션이 포함되어 있다.

은행대출이 점점 증권화됨에 따라 자산의 유동성과 시장성은 증가되었다. 물론 시간이 경과하면 모든 자산과 부채는 매각될 수 있다. 일반적으로 규제당국에서는 1년 미만 보유할 목적인 자산들을 거래성 자산으로 간주하지만, 민간 금융회사들은 거래성 자산을 지칭할 때는 1년보다 짧은 기간을 택한다. 특히 금융회사들은 1일 정도의 짧은 기간 동안의 거래계정에 포함된 자산과 부채들의 가치변동(Value at risk; VAR)에 관심을 가지고 있으며, 특히 이러한 가치변동이 금융회사의 지급능력에 영향을 미칠 때는 더욱 그러하다.

적극적인 거래에 수반되는 리스크의 형태를 이해하기 위해 1995년 2월 거래손실로 파산한 200년 역사의 영국 종합금융회사 Barings의 경우를 살펴보자. Barings(보다 정확하게는 한 사람의 거래자인 Nick Leeson)는 일본의 Nikkei 주가지수가 상승할 것이라고 기대하고 (약 80억 달러에 상당하는) 선물지수를 매입하였다. 그러나 Kobe지진을 포함한 여러 가지 이유로 인해 그 지수는 실제로 하락하였다. 그 결과 1개월 동안 Barings는 거래포지션에서 12억 달러의 손실을 입었고, 이로 인하여 지급불능상태에 처하게 되었다.[4] 즉 선물포지션

표 2-2 상업은행의 뱅킹북과 트레이딩북

	자 산	부 채
뱅킹북	현금 대출 부동산과 설비 기타고정자산	예금 기타장기차입금 자본
트레이딩북	채권(매입) 상품(매입) 외환(매입) 주식(매입) 파생상품(매입)	채권(매도) 상품(매도) 외환(매도) 주식(매도) 파생상품(매도)

파생상품은 부외거래 항목임.

상의 손실이 은행의 자기자본을 초과하였다. 물론 Nikkei지수가 실제로 상승하였다면 Barings는 대규모 이익을 얻었을 것이고 여전히 영업을 계속하였을 것이다. 다른 좋은 예는 2002년 7월 미국 주식시장이 폭락했을 때 상업은행, 투자은행, 뮤추얼펀드, 기타 금융회사들에게 발생하였던 시장리스크이다. 2002년 7월 9일부터 7월 20일까지 다우존스산업평균지수는 9,274.90에서 8,019.26로 13.54%나 하락하였다.

위의 예들이 보여 주는 바와 같이 거래리스크 또는 시장리스크는 금융회사가 (상품과 파생상품뿐만 아니라) 채권, 주식, 외환에 대하여 리스크를 헤지하지 않은 매입(long(buy)) 또는 매도(short(sell)) 포지션을 가지고 있고, 가격이 기대한 것과는 반대방향으로 변동할 때마다 발생한다. 따라서 이러한 금융상품들이 거래되는 시장에서 자산가격이 크게 변동할수록 헤지하지 않은 거래포지션을 가진 금융회사는 보다 큰 시장리스크에 직면하게 된다. 이러한 사실은 금융회사의 경영자(와 규제당국)가 거래자의 포지션을 제한하든지 매일매일 금융회사의 시장리스크노출도를 측정하는 모형을 개발하여야 한다는 점을 의미한다. 이와 같은 시장리스크의 측정모형들은 제5장에서 논의될 것이다.

개념질문

1. 거래리스크 또는 시장리스크는 무엇인가?
2. 오늘날의 어떤 상황들이 금융회사의 시장리스크를 증가시키는가?

2.4 신용리스크

신용리스크(credit risk)는 금융회사가 보유한 대출과 채권같은 금융청구권상에 약속된 현금흐름이 완전하게 지급되지 못할 가능성 때문에 발생한다. 실제로 모든 형태의 금융회사들은 이와 같은 리스크에 직면한다. 그러나 일반적으로 만기가 긴 대출을 하고 채권을 매입하는 금융회사는 만기가 짧은 대출을 하고 채권을 매입하는 금융회사보다 신용리스크에 더 노출된다. 이것은 은행, 저축금융회사, 생명보험회사가 머니마켓 뮤추얼펀드와 손해보험회사보다 신용리스크에 더 노출되어 있다는 것을 의미한다. 만일 금융회사가 보유한 모든 금융청구권의 원금이 만기에 모두 상환되고 이자가 약속된 날짜에 지급되면 금융회사는 항상 원금과 이자수익을 받게 된다. 즉 금융회사는 신용리스크에 직면하지 않는다.

4) 1995년에 Barings는 네덜란드은행인 ING의 자회사로 인수되었고, 2000년에 ING에 완전히 통합되었다.

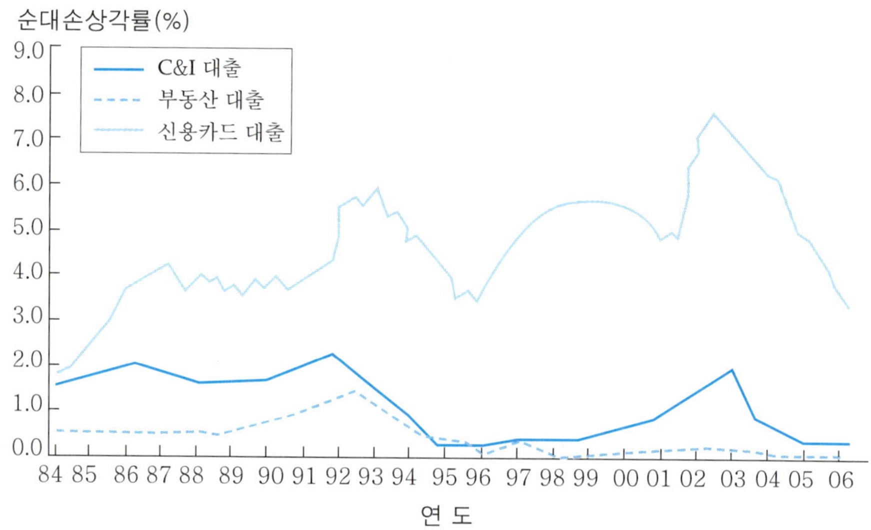

자료 : FDIC, Quarterly Banking Profile, various issues, *www.fdic.gov*

그림 2-1 상업은행 대출유형별 대손상각률, 1984-2006

그러나 만일 차입자가 채무를 불이행하면 대출원금과 이자지급은 리스크에 처하게 된다. 따라서 금융회사가 보유하고 있는 많은 기업발행 금융청구권은 높은 확률의 확정수입(원금과 이자)과 그보다 낮은 확률의 큰 손실(원금과 약속된 이자)의 특성을 가진다. 이와 같은 수익률과 리스크의 교환관계를 가지는 금융청구권의 좋은 예가 기업이 발행하는 고정이표채(fixed-income coupon bonds)와 은행대출(bank loans)이다. 이들 금융청구권들을 자산으로 보유하고 있는 금융회사는 차입자의 채무불이행이 발생하지 않으면 채권의 이표 또는 대출의 약속된 이자를 받게 된다. 그러나 차입자의 채무불이행이 발생하면 금융회사는 자산에 대한 이자를 받지 못하고, 파산과 부도의 법적 절차를 통하여 차입자의 자산 일부에 청구권을 행사할 수 있는 능력에 따라서 원금의 전부 또는 일부를 회수할 수 있다. 따라서 금융회사의 주요 역할은 신용을 제공할 가치가 가장 높은 대출을 하기 위해서 대출신청자를 심사하고 감시하는 것이다(제6장 참조).

신용리스크의 영향은 상업은행들의 대출유형별 대손상각률을 보여 주는 [그림 2-1]에 명확히 나타나 있다. 특히, 1980년대, 대부분의 1990년대, 2000년대 초기에 신용카드대출의 대손상각률이 높은 점에 주목할 필요가 있다. 실제로 상업은행의 신용카드 대손상각률은 1980년대 중반부터 1993년까지, 그리고 1995년부터 1998년 초까지 지속적으로 상승하였다. 1998년에 이르러서는 신용카드 대손상각률은 안정되었고, 1998년 이후부터 하락하였다. 그

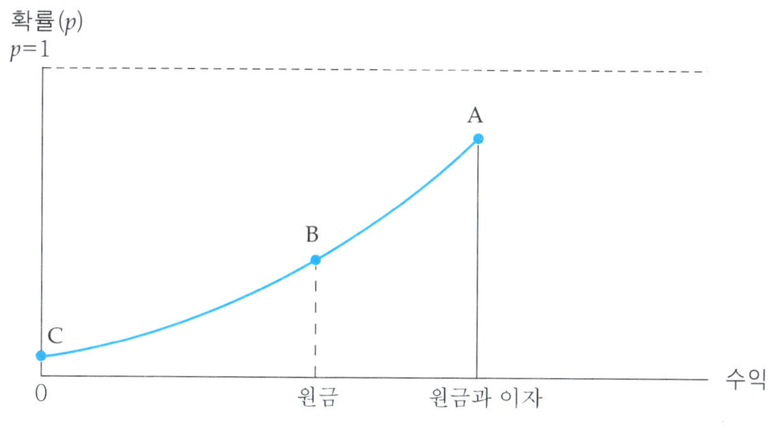

그림 2-2 위험부채(대출, 채권)에 대한 수익의 확률분포

러나 경기침체와 파산법의 변경으로 인하여 2000년대 초기에 신용카드 대손상각률은 다시 상승하였다.[5] 이와 같은 손실에도 불구하고, 상업은행의 신용카드대출은 1997년 3월 1조 8,560억 달러에서 2006년 6월 4조 66억 달러로 계속 증가하였다.

[그림 2-2]는 금융회사가 투자하는 리스크가 있는 대출 또는 채권에 대한 수익의 확률분포를 제시한다. 확률분포함수의 점 A는 원금과 이자가 완전히 상환되는 확률이 (1보다는 작지만) 가장 높은 점을 나타낸다. 차입자의 현금흐름과 관련하여 발생되는 문제는 다양한 채무불이행리스크로 나타낸다. 이자의 일부 또는 전부에 대한 채무불이행이 발생하는 구간은 [그림 2-2]의 점 A와 점 B 사이의 구간이고, 대출원금의 일부 또는 전부에 대한 채무불이행이 발생하는 구간은 점 B와 점 C의 구간이다. 원금과 이자지급이 모두 상환불능이 되는 경우(점 C)의 확률은 매우 작음을 알 수 있다. 그럼에도 불구하고, 원금과 이자지급의 일부 또는 전부가 상환되지 못할 가능성이 존재하기 때문에 금융회사는 이러한 자산들의 예상 상환불능(부도)리스크를 추정해야 하며 리스크노출에 해당하는 리스크프리미엄을 요구해야 한다. 예를 들어 어떤 기업고객이 대출신청을 하면 은행의 대출담당자는 대출을 해 줄 정도로 상환불능리스크가 낮은지 결정해야 하며, 만일 낮다면 그 리스크에 해당하는 대출이자율을 정해야 하는 것이다.

금융회사가 대출로부터 잠재적인 손실을 입을 수 있다는 것은 금융회사가 차입자를 감시하고 차입자에 대한 정보를 수집하여야 할 필요가 있다는 것을 의미한다. 따라서 경영

5) 2000년대 초기에 미국 의회는 개인의 파산선언을 보다 어렵게 만드는 법안을 통과시켰다. 이러한 의회의 결정으로 인해 법안이 효력을 발휘하기 전에 개인의 파산신청이 급격히 증가하였다.

감시의 효율성과 신용리스크 관리전략은 대출포트폴리오의 수익률과 리스크에 직접적으로 영향을 미친다. [그림 2-2]의 신용리스크분포는 1개 자산에 대한 투자의 채무불이행리스크를 나타낸다. 금융회사가 개별투자자에 비하여 가지는 장점 중 하나는 대수의 법칙을 이용하여 자산포트폴리오를 구성함으로써 신용리스크를 분산시키는 능력을 소유하고 있는 점이다(제1장 참조). [그림 2-2]의 구조에서 신용리스크에 노출되어 있는 자산들 간의 분산투자는 자산포트폴리오의 총신용리스크를 감소시키고 그 결과 원금과 이자의 상환확률을 증가시킨다. 즉 수익확률분포의 긴 꼬리부분에서 발생하는 손실리스크를 감소시킨다.

금융회사는 모든 채권과 대출이 이자와 원금을 완전히 상환할 때 최대의 수익을 얻게 된다. 현실에서는 이자를 지급하지 않거나, 원금이 상환되지 않거나 또는 이자와 원금이 모두 지급되지 않는 경우가 존재한다. 따라서 자산포트폴리오의 평균수익률은 자산포트폴리오에서 가능한 최대수익률보다 낮다. 리스크분산의 효과는 포트폴리오에서 나쁜 결과가 발생할 가능성을 없애거나 제한하는 것이다. 사실 분산투자는 Enron 또는 WorldCom의 채권 또는 대출을 보유하는 데 따른 리스크와 같은 **기업고유 신용리스크(firm-specific credit risk)**를 감소시켜 주지만 금융회사는 여전히 모든 기업의 채무불이행리스크를 동시에 증가시키는 요인들(예를 들면, 경기후퇴)에 의한 **체계적 신용리스크(systematic credit risk)**에 노출된다. 제6장에서는 채권과 대출같이 기업이 발행한 금융청구권의 채무불이행리스크를 측정하는 방법을 설명한다. 제7장에서는 기업이 발행한 금융청구권으로 구성된 포트폴리오의 리스크를 측정하는 방법을 검토한다. 제21장은 신용리스크 노출을 보다 잘 관리하고 통제하기 위한 다양한 방법들, 예를 들면, 대출채권매각(loan sales), 채무재조정(rescheduling), 굳뱅크-배드뱅크 구조(good bank-bad bank structure) 등을 논의하는 한편, 제18장에서 제20장까지는 신용리스크를 헤지하는데 있어서 최근에 개발된 신용 파생상품시장의 역할을 논의한다.

▶**기업고유 신용리스크(firm-specific credit risk)**
수행하는 프로젝트 고유의 리스크와 관련된 차입기업의 채무불이행리스크.

▶**체계적 신용리스크(systematic credit risk)**
모든 차입자들에 영향을 주는 일반적인 경제 전체 또는 거시경제적 상황과 관련된 채무불이행리스크.

개념질문

1. 금융회사의 신용리스크는 왜 존재하는가?
2. 분산투자는 금융회사의 신용리스크노출도에 어떻게 영향을 미치는가?

2.5 부외거래리스크

많은 금융회사들에게 있어서 가장 두드러진 변화 중 하나는 부외거래활동과 이에 따른 **부외거래리스크(off-balance-sheet risk)**가 증가하고 있는 점이다. 모든 금융회사들이 어느 정도의 부외거래활동을 하고 있지만 은행, 특히 대형은행의 부외거래활동이 관심의 대상이다. 이와 대조적으로 소형 예금금융회사들과 보험회사들에게 부외거래활동은 큰 관심사항은 아니다. 부외거래활동은 현재의 *본원적 증권*을 보유하거나 현재의 *2차 증권*을 발행하는 활동을 수반하지 않기 때문에 현재의 대차대조표 상에는 나타나지 않는다. 그 대신 부외거래활동은 미래에 대차대조표 상에 나타날 수 있는 조건부 자산과 부채를 만들어 낸다. 이러한 이유로 회계사들은 금융회사의 대차대조표를 작성할 때 부외거래활동을 대차대조표의 마지막 줄 아래에 기술한다. 부외거래활동의 좋은 예는 지방채의 발행을 지원하기 위해 보험회사와 은행이 **지급보증서(letter of credit)**를 발행하는 것이다. 상당수의 주정부와 지방정부는 미래의 채무를 지급하지 못할 때 은행 또는 보험회사가 원금과 이자지급을 투자자에게 약속하는 *지급보증서* 없이 채권을 발행할 수 없다. 따라서 지급보증서는 지방정부(예를 들면, 뉴욕주)가 이자와 채권의 원금을 지급하는 데 문제가 생기면 원금과 이자지급을 보증한다. 만일 지방정부의 현금흐름이 발행한 부채의 원금과 이자를 지급하기에 충분히 양호하다면 금융회사의 지급보증서는 사용되지 않고 종료된다. 이러한 경우에 금융회사의 대차대조표 상에는 현재뿐만 아니라 미래에도 아무것도 나타나지 않는다. 그러나 지급보증서의 발행에 따른 수수료는 금융회사의 손익계산서상에 나타난다.

▶ **지급보증서(letter of credit)**
금융회사가 수수료를 위해 발행하는 신용보증으로 미래 특정사건이 발생하면 금융회사는 지급의무를 가지게 됨.

따라서 대차대조표에 나타나지 않으면서 수수료를 수취할 수 있는 것은 금융회사가 부외거래활동을 하는 중요한 동기이다. 불행하게도 부외거래활동은 리스크를 수반한다. 이제 지방정부가 발행한 채권의 원금과 이자에 대하여 채무불이행 상태가 발생하였다고 하자. 금융회사가 발행한 조건부 부채 또는 지급보증은 대차대조표에 나타나는 실제의 부채가 된다. 즉 금융회사는 지방채에 투자한 투자자를 보상하기 위해 자기자본을 사용해야만 한다. 마치 채무불이행리스크와 이자율리스크로 인한 상당한 손실이 금융회사를 파산하게 만들 수 있는 것처럼 부외거래활동에서의 상당한 손실은 금융회사를 파산하게 만들 수 있다.

지급보증서는 부외거래활동의 하나의 예일 뿐이다. 이 밖에도 부외거래활동에는 은행의 대출약정(loan commitment), 저축금융회사의 모기지변제계약(mortgage servicing contracts),

거의 모든 대형은행의 선도, 선물, 스왑, 옵션, 기타 파생상품들의 포지션이 있다. 이러한 것들 중 일부는 신용리스크, 이자율리스크, 환리스크에 대한 금융회사의 노출을 감소시키기 위해 사용되지만, 이러한 상품들을 잘못 관리하거나 투기적으로 사용하면 금융회사에게 상당한 손실이 발생할 수 있다. 제8장에서는 부외거래리스크의 특성이 보다 자세히 논의될 것이다.

개념질문

1. 지급보증서는 왜 부외활동인가?
2. 금융회사는 왜 부외거래활동을 하고자 하는가? 부외거래리스크는 무엇인가?

2.6 환리스크

금융회사들은 해외 직접투자와 해외 포트폴리오투자를 함으로써 국내투자로만 가능했던 운영 및 금융상의 효과를 증대시킬 수 있다는 점을 점점 더 인식하고 있다. 따라서 미국의 연기금은 1990년대 초에 자산의 5% 정도를 해외증권으로 보유하고 있었으나 현재에는 10% 가까이 해외증권으로 보유하고 있다. 일본의 연기금은 현재 자산의 30%를 해외증권으로, 자산의 10%를 외환예금으로 보유하고 있다. 동시에 많은 미국 대형은행, 투자은행, 뮤추얼펀드는 글로벌 영업활동을 증가시키고 있다. 국내투자의 수익률과 해외투자의 수익률이 불완전한 상관관계를 가지기 때문에 해외자산의 보유와 해외부채의 조달을 확대하는 것이 금융회사들에게는 잠재적인 이익이 된다.

국내와 해외의 직접투자 수익률과 포트폴리오투자 수익률은 2가지 이유로 완전한 상관관계를 가지고 있지 않다. 첫째는 다양한 경제활동을 하는 기업들이 상이한 것처럼, 다양한 경제구조의 기반기술들이 상이하기 때문이다. 예를 들면, 한 경제구조는 농업에 기초할 수 있는 반면에 다른 경제구조는 제조업에 기초할 수 있다. 경제의 기반구조가 상이하기 때문에 한 경제는 축소되는 반면에 다른 경제는 확대될 수 있다. 예를 들면, 2000년대 초에 미국경제는 급속히 확대되고 있었던 반면에 유럽경제는 정체상태에 있었다. 둘째는 환율변화가 국가들 간에 완전한 상관관계를 가지고 있지 않기 때문이다. 이것은 달러-엔(dollar-yen) 환율은 하락하는 반면에 달러-유로(dollar-euro) 환율은 상승할 수 있다는 것을 의미한다.

금융회사가 점차 글로벌화되는데 따른 하나의 잠재적 효과는 지점설치와 인수, 또는 국내증권들뿐만 아니라 해외증권들을 포함하는 금융자산포트폴리오를 개발함으로써 직접적인 해외 확장을 할 수 있다는 것이다. 그렇지만 해외투자는 금융회사를 환리스크(foreign exchange risk)에 노출시킨다. 환리스크는 환율변화가 외국통화로 표시된 금융회사의 자산과 부채가치를 감소시키는 방향으로 영향을 미칠 수 있는 리스크이다.

환리스크가 어떻게 발생하는지를 살펴보기 위해 미국의 한 금융회사가 영국의 한 회사에 파운드(pound(£))로 대출한다고 하자. 만일 영국 파운드가 미국 달러에 대하여 가치가 하락한다면 미국의 투자자가 받게 되는 원금과 이자는 달러 단위로 감소할 것이다. 만일 투자기간 동안 영국 파운드의 가치하락이 매우 크면 현금흐름을 달러로 전환할 때 투자의 총수익률은 마이너스가 될 수도 있다. 즉 원금과 이자를 파운드로부터 달러로 전환할 때 환손실은 투자가 이루어졌던 시점의 환율로 나타낸 자국통화 이자가치를 상쇄시킬 수 있다.

일반적으로 금융회사는 외국통화로 표시된 자산을 보유하고 외국통화로 표시된 해외부채를 발행할 수 있다. 미국의 금융회사가 1억 영국 파운드 대출을 자산으로 보유하고 이 중에서 8,000만 영국 파운드를 CD로 발행하여 조달하였다고 하자. 나머지 2,000만 영국 파운드는 미국 달러 CD를 발행하여 조달되었다고 하자. [그림 2-3]을 참조하라. 이 경우 미국의 금융회사는 해외자산으로 2,000만 영국 파운드의 *순매입포지션(net long position)*을 보유하게 된다. 즉 미국의 금융회사는 해외부채보다 해외자산을 더 많이 보유하게 된다. 만일 투자기간 동안 달러에 대한 파운드의 환율이 절하되면 미국의 금융회사는 손실을 입게 된다. 달러단위로 파운드 대출자산의 가치는 파운드 CD 부채의 가치보다 더 많이 하락할 것이다. 즉 이 금융회사는 해외자산과 해외부채에 대해 포지션을 취할 때 보다 더 낮은 환율로 순해외자산을 청산하여야 하는 리스크에 노출된다.

이와는 달리 미국의 금융회사가 해외자산보다 해외부채를 2,000만 영국 파운드만큼 더 많이 보유할 수도 있을 것이다. 이 경우, 이 금융회사는 [그림 2-4]에서 보는 바와 같이 해외자산으로 *순매도포지션(net short position)*을 보유하게 된다. 이러한 상황에서 만일 투자기간 동안 영국 파운드가 미국 달러에 대하여 절상되면 미국의 금융회사는 환리스크에

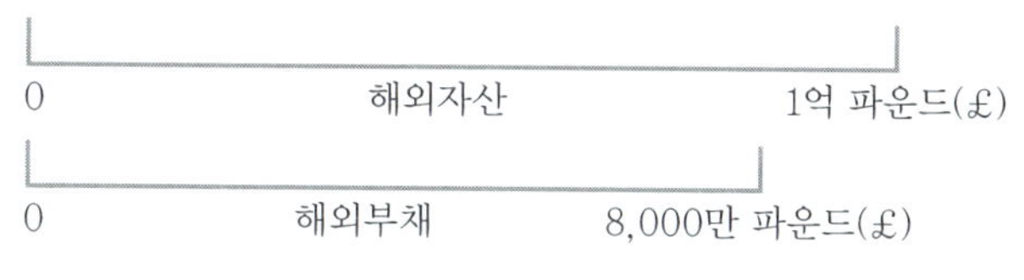

그림 2-3 해외자산과 해외부채 포지션: 파운드(£)표시 순매입자산포지션

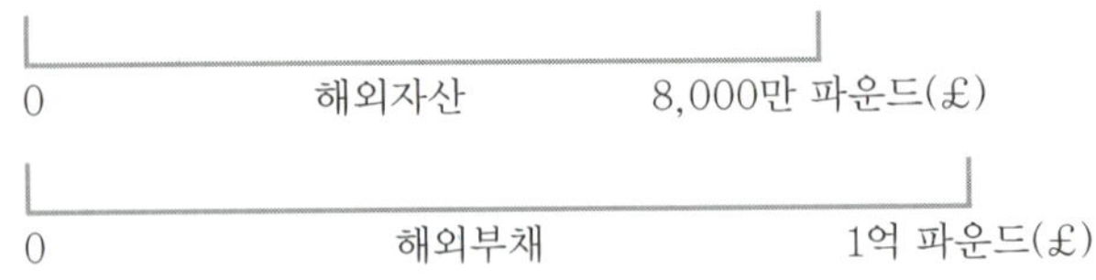

그림 2-4 해외자산과 해외부채 포지션: 파운드(£)표시 순매도자산포지션

노출된다. 이것은 달러표시 영국 파운드 부채의 가치가 영국 파운드 자산의 수익률보다 빠르게 증가하기 때문이다. 따라서 환리스크를 회피하기 위해서 이 금융회사는 각 외국통화로 표시된 자산과 부채의 규모를 일치시켜야만 한다.

만일 금융회사가 정확히 동일한 만기의 해외자산과 해외부채를 보유하면 환리스크를 완전히 헤지할 수 있다는 점을 주목하자.[6] 만일 금융회사가 해외자산과 해외부채의 규모는 일치시키나 (영국 파운드 자산 = 영국 파운드 부채 = 1억 £) 영국 파운드 자산의 만기는 6개월이고 영국 파운드 부채의 만기는 3개월이 되도록 해외자산과 해외부채의 만기를 일치시키지 않으면 어떠한 일이 발생하는지를 살펴보자. 이 때 금융회사는 해외 이자율리스크, 즉 3개월 말에 1억 영국 파운드의 CD를 재발행할 때 영국 이자율이 상승할 리스크에 노출된다. 따라서 주어진 통화로 표시된 자산과 부채의 크기와 만기를 일치시킨 금융회사는 환리스크와 해외 이자율리스크로부터 헤지되거나 면역화된다. 금융회사가 해외자산과 해외부채의 크기와 만기를 일치시키지 못하는 정도에 따라서 금융회사는 환리스크와 해외 이자율리스크 모두에 직면한다. 이미 지적한 바와 같이 국가들 간 환율과 이자율변화가 완전한 상관관계를 가지고 있지 않다면 금융회사는 분산투자를 통하여 환리스크의 일부를 제거할 수 있다. 제9장에서는 금융회사의 환리스크노출의 측정과 평가에 대하여 상세히 논의할 것이다.

개념질문

1. 국내 포트폴리오 투자의 수익률과 해외 포트폴리오 투자의 수익률이 왜 완전한 상관관계를 지니지 않는가를 설명하라.
2. 한 미국 은행이 유럽자산에 순매입포지션을 보유하고 있다. 만일 유로화가 달러에 대하여 절상하면, 이 은행은 이익을 얻는가 또는 손실을 입는가?

---

6) 기술적으로 말하면 헤지는 자산과 부채의 단순한 만기의 일치가 아니라 듀레이션의 일치를 요구한다(제4장 참조).

3. 한 미국 은행이 유럽자산에 순매도포지션을 보유하고 있다. 만일 유로화가 달러에 대하여 절상하면, 이 은행은 이익을 얻는가 또는 손실을 입는가?

2.7 국가리스크

앞 절에서 지적한 바와 같이 해외자산과 해외부채의 규모와 만기를 일치시키지 않고 글로벌 영업을 하는 금융회사는 환리스크와 해외 이자율리스크에 노출된다. 이러한 경우가 아니라 달러로 투자할 때도 외국에 자산을 보유하는 것은 금융회사를 소위 국가리스크(country or sovereign risk)라는 또 다른 유형의 해외투자리스크에 노출시킨다.

국가리스크는 외국기업의 채권이나 대출같은 자산을 매입하는 금융회사가 직면하는 다른 유형의 신용리스크이다. 예를 들면, 국내기업이 대출을 상환할 수 없거나 상환하려 하지 않을 때 금융회사는 일반적으로 국내파산법정에 소송하고 결과적으로 채무불이행 기업의 자산이 청산되거나 구조조정될 때 최초투자금의 일부를 회수할 수 있다. 이와는 대조적으로 해외기업이 대출원금과 이자를 상환하기를 원해도 상환하지 못할 수 있다. 가장 일반적인 경우로 기업이 소재하고 있는 국가의 정부가 외환부족과 정치적 이유로 부채상환을 금지하거나 제한할 수 있다.

예를 들어, 미국, 유럽, 일본 은행들은 아르헨티나, 러시아, 태국, 한국, 말레이시아, 인도네시아 등의 국가들에서 국가리스크가 증가하는 것을 경험하였다. 이들 국가들에 대한 국제통화기금(International Monetary Fund), 세계은행 그리고 미국, 일본, 유럽국가 정부들의 금융지원 때문에 이 은행들은 발생가능한 손실의 상당부분을 피할 수 있었다. 그럼에도 불구하고, 인도네시아는 일부 부채상환에 대하여 지불불능을 선언했고, 러시아는 단기 정부채권에 대한 지급을 이행하지 못하였다. 1999년에 일부 은행들은 부채 1달러당 5센트 미만을 받기로 하고 러시아 정부와 부채청구권을 정리하기로 합의하였다. 2001년에는 1990년대 초 이래로 미국 달러에 페소를 1 대 1로 고정시켰던 아르헨티나 정부는 페소의 과대평가와 이것이 수출과 외환표시 수익에 미친 역효과 때문에 정부부채에 대하여 지급불능을 선언했다. 2001년 12월에 아르헨티나는 정부발행 채권 중 1,300억 달러에 대한 지급을 하지 못하였고, 2002년에는 해외 채권자가 보유한 300억 달러의 기업부채에 대하여 불이행을 선언하는 법률을 통과시켰다. 아르헨티나의 경제적 문제는 2003년에도 계속되고 있는데 9월에는 국제통화기금에 상환하기로 되어 있는 30억 달러도 지급되지 못했다.

정부에 의한 부채상환에 대한 제한조치, 채무재조정, 또는 금지조치가 있는 경우에 채권을 보유하고 있는 금융회사는 해당국가의 파산법정 또는 국제민간법정에 소송을 제기할 수는 있지만 실제로는 거의 아무것도 할 수 없다. 금융회사가 취할 수 있는 주요 조치는 상환확률을 증가시키기 위해 미래에 해당국가에 대한 대출 또는 자금의 공급을 통제하는 것이다. 그러나 이러한 조치는 해당국가의 통화와 정부가 붕괴되는 상황에 직면하는 경우에 매우 취약한 조치일 수밖에 없다. 제10장은 국가리스크의 측정방법과 글로벌영업을 하는 금융회사가 가지는 국가리스크 노출문제를 해결하기 위한 금융시장 방안을 살펴본다.

개념질문

1. 한 은행이 AAA급 또는 최우량의 해외기업들에게만 대출하는 경우에도 국가리스크에 노출될 수 있는가?
2. 금융회사가 대출을 상환하지 않겠다고 위협하는 국가를 규율할 수 있는 주요 방법은 무엇인가?

2.8 기술 및 운영리스크

기술리스크와 운영리스크는 밀접히 관련되어 있고 최근에 금융회사 경영자와 규제당국 모두에게 중요한 관심사항이 되었다. 세계 주요 국가들의 중앙은행들 기구인 국제결제은행(Bank of International Settlements; BIS)은 (기술리스크를 포함하는 개념으로) 운영리스크를 "부적절하거나 작동하지 않는 내부과정, 인력, 시스템 또는 외부의 사건들 때문에 발생하는 직접적 또는 간접적인 손실리스크"라고 정의하고 있다.[7] 많은 금융회사들은 평판리스크(reputational risk)와 (예를 들면, 합병실패에 기인한) 전략리스크(strategic risk)를 포함하여 운영리스크를 보다 넓게 정의한다.

최근 기술혁신은 금융회사의 주요 성장분야이다. 1990년대와 2000년대에 은행, 보험회사, 투자회사 모두는 내외부 통신시스템, 컴퓨터, 기술기반시설확충에 투자하여 운영효율성을 개선하고자 노력하였다. 예를 들어, 대부분의 은행들은 예금자들에게 가정의 개인컴퓨터를 통하여 계좌잔고를 확인하고, 계좌 간에 자금을 이체하고, 재정을 관리하고, 청구서를 지불할 수 있도록 하는 등등의 서비스를 제공한다. 도매금융수준에서 ACH(Automated Clearing House), CHIPS(Clearing House Interbank Payment Systems)와 같

7) Basel Committee on Bank Supervision, "Sound Practices for the Management and Supervision of Operational Risk," July 2002, p. 2, Basel, Switzerland.

은 전자자금이체결제망을 통한 이체시스템이 개발되었다. Citigroup과 같은 글로벌 금융서비스회사는 자신이 소유한 인공위성을 이용하여 100개국 이상에서 실시간으로 영업활동을 전개하고 있다.

기술기반을 확충하는 주요 목적은 운영경비를 감소시키고 이익을 증대시키며 새로운 시장을 확보하기 위해서이다. 오늘날의 용어로 말하면 기술기반을 확충하는 주요 목적은 금융회사가 자기의 산출물을 판매하는데 있어서 잠재적인 규모의 경제와 범위의 경제를 가능한 한 충분히 활용할 수 있도록 하는 것이다. **규모의 경제(economies of scale)**는 금융회사가 금융서비스의 생산량을 증가시킬 때 평균운영비용을 감소시킬 수 있는 것을 의미한다. **범위의 경제(economies of scope)**는 동일한 투입요소들을 사용하여 두 종류 이상의 산출물들을 생산함으로써 비용시너지를 발생시킬 수 있다는 것을 의미한다. 예를 들면, 금융회사는 대출상품과 보험상품의 판매를 증대시키기 위해 자신의 컴퓨터에 저장된 고객에 대한 동일한 정보를 사용할 수 있다. 즉 동일한 정보(예를 들면, 연령, 직업, 가족수, 소득)가 잠재적인 대출고객과 생명보험고객들을 판별해 낼 수 있다. 사실 이러한 범위의 경제를 보다 잘 활용하기 위한 의도가 은행, 증권 및 보험 분야에서 1억 명 이상의 고객을 가지고 있는 Citigroup을 탄생시킨 Citicorp와 Travelers의 합병과 같은 초대형 합병의 동기이다.

기술리스크(technology risk)는 기술투자가 규모의 경제 또는 범위의 경제 형태로 기대되었던 비용절감을 창출하지 못할 때 발생한다. 예를 들면, 규모의 비경제(diseconomies of scale)는 과다한 용량규모, 불필요한 기술, 금융회사의 규모가 커지면서 악화되는 조직차원의 비효율성, 관료적 비효율성 때문에 발생한다. 범위의 비경제(diseconomies of scope)는 금융회사가 신규투자를 통하여 예상된 시너지 또는 비용절감을 창출하지 못할 때 발생한다.

제11장은 금융회사에 존재하는 규모의 경제와 범위의 경제 측정과 이에 대한증거를 설명한다. 기술리스크는 금융회사의 경쟁효율성을 크게 약화시킬 수 있으며, 궁극적으로는 금융회사의 파산을 야기시킬 수 있다. 이와 유사하게 기술투자는 금융회사로 하여금 장기적 생존 가능성을 증가시키는 새롭고 혁신적인 상품을 개발할 수 있도록 할 뿐만 아니라, 경쟁금융회사보다 우월한 경영성과를 창출할 수 있게 해 준다.

▶**규모의 경제(economies of scale)**
금융회사의 서비스 생산량이 증가함에 따라 금융서비스를 생산하는데 들어가는 금융회사의 평균단위비용이 감소하는 것.

▶**범위의 경제(economies of scope)**
금융회사가 다수의 금융서비스 생산물들을 생산함으로써 비용절감을 창출할 수 있는 것.

운영리스크(operational risk)는 부분적으로는 기술리스크와 연관되어 있으며, 기존 기술이 오작동하거나 백오피스지원시스템이 붕괴할 때 발생할 수 있다. 2001년 9월 Citigroup의 자회사인 Citibank의 ATM이 장기간 정지하여 백오피스시스템이 작동하지 않은 것은 그 한 예이다. 은행의 전국적인 2,000여개의 ATM과 함께, 직불카드기능과 온라인 뱅킹시스템이 거의 2영업일이나 작동하지 않았던 것이다. 보다 최근인 2005년 2월에는 BOA(Bank of America)가 안전한 데이터 저장소로 자료를 이전하던 중 1,200만 명 연방정부직원들의 이름과 사회보장번호 등의 개인정보를 담은 컴퓨터 백업 테이프를 분실했다고 발표하였다. BOA는 매우 고도화된 장치와 기술 없이는 이 테이프로부터 계좌번호나 주소 등 내용을 추출하지는 못할 것이라고 했지만, 이 분실된 테이프가 비합법적으로 거래될 수 있다는 가능성을 배제할 수는 없었다. 이러한 컴퓨터시스템의 고장이나 자료분실은 자주 발생하지는 않지만, 한 번 발생하면 해당 금융회사들에게는 큰 혼란을 야기시키고, 심하면 전체 금융시스템을 마비시킬 수도 있다.

운영리스크는 기술적인 실패 이외의 요인 때문에 발생할 수 있다. 예를 들어 종업원의 사기나 오류는 금융회사의 명성을 떨어뜨리는 운영리스크의 한 유형이다(제11장 참조). 제1장에서 잠깐 언급한 바와 같이 주요 투자은행들의 직원들이 저지른 일련의 증권업무의 위반은 지방 및 연방검사들에 의해 증권법 위반으로 고소를 당하기도 했다. 특히 수 년간의 검찰조사 후 2006년 8월 미 법무부는 전직 직원이 회사 고객들의 부정한 뮤추얼펀드 거래를 도와준 혐의를 받고 있는 Prudential Financial에게 6억 달러의 벌금을 부과하기도 했다. 다른 예로서, 미 연방판사는 이익이 난 거래는 자기 계정에 넣고 손실이 난 거래는 고객의 계정에 넣은 죄로 기소된 펀드매니저 Alan Bond에게 징역판결을 내렸다. 금융회사 직원들의 이러한 사기행위는 금융회사들의 명성을 실추시키며 따라서 영업도 저해하는 결과를 초래한다.

개념질문

1. 규모의 경제와 범위의 경제의 차이점은 무엇인가?
2. 운영리스크는 어떻게 기술리스크와 관련되어 있는가?
3. 기술기반확충은 금융회사가 규모의 경제와 범위의 경제를 보다 잘 활용하는 것을 어떻게 도와주는가?

2.9 유동성리스크

유동성리스크(liquidity risk)는 예금자 또는 보험계약자와 같은 금융회사부채의 보유자들이 그들의 금융청구권에 상응하는 현금인출을 요구할 때, 또는 대출약정(loan commitments: 또는 신용한도(credit lines))의 보유자들이 갑자기 그들의 차입권리를 행사할 때 발생한다. 최근 연방준비제도는 부채와 자산 측면에서 유동성리스크에 대한 우려를 표시하였다.[8] 예를 들면, 부채보유자들이 즉시 현금을 요구할 때, 즉 그들의 금융청구권을 금융회사에 행사할 때, 금융회사는 자금인출에 대한 요구를 충족시키기 위해 추가적으로 자금을 차입하거나 자산을 매각하여야 한다. 자산 중에서 유동성이 가장 높은 자산은 금융회사가 부채보유자의 요구를 충족하기 위해 사용할 수 있는 현금이다. 금융회사는 현금보유에 따른 이자수입이 없기 때문에 현금을 최소한도로 보유하지만 일반적으로 현금을 적게 보유하는 자체는 문제가 되지 않는다. 부채보유자에 의한 1일 현금인출규모는 통상 예측가능하고 금융회사는 갑작스러운 현금부족에 필요한 추가적인 자금을 장 · 단기금융시장에서 조달가능하다.

그러나 금융회사가 유동성위기에 직면할 때가 있다. 금융회사에 대한 신뢰가 떨어지거나 또는 예기치 않게 현금이 필요한 경우 부채보유자들은 정상보다 큰 규모의 현금인출을 요구할 수 있다. 전체 또는 상당수의 금융회사들이 비정상적으로 큰 현금인출수요에 직면하게 되면 차입자금의 비용은 상승하고 자금의 공급도 제한된다. 그 결과 금융회사는 부채보유자의 인출수요를 충족시키기 위해 보유하고 있는 유동성이 낮은 자산의 일부를 매각하여야만 한다. 이것이 보다 심각한 유동성리스크를 야기시킬 수 있다. 거래가 적은 시장의 일부 자산의 가격은 금융회사가 매각을 협상할 시간이 충분한 경우보다 매각이 즉시 이루어져야 할 때 더 낮게 형성된다. 그 결과 저가 또는 특가(자산이 정상적인 시장가격보다 낮은 가격으로 청산되어야 할 때 금융회사가 받게 되는 자산가격)에 의한 일부 자산의 청산은 금융회사의 수익성과 지불능력을 위협할 수 있다. 유동성이 낮은 자산의 좋은 예로는 소기업에 대한 은행대출이 있다. 이와 같은 심각한 유동성 문제는 모든 부채보유자들이 금융회사가 가까운 장래에 부채보유자들의 현금인출요구를 충족시킬 수 없을 것이라고 우려하여 궁극적으로 모든 부채보유자들이 금융회사로부터 동시에 인출하고자 하는 예금인출사태(bank run)를 야기시킬 수 있다. 이것은 금융회사의 유동성 문제를 지급불능문제로 전환시키고 금융회사의 파산을 야기시킬 수 있다.[9]

---

8) "Regulators Press for Safeguards"와 "Years of Living Dangerously Set to Haunt Banks," *Financial Times, June* 4, 2001 참조.

9) 1985년에 발생한 일부 오하이오 저축금융회사들의 상황은 유동성리스크의 극단적인 예이다. 70개의 오하이오

앞으로 제12장은 정상적인 유동성리스크, 비정상적인 유동성리스크, 예금인출사태형 유동성리스크 그리고 이러한 유동성리스크가 은행, 저축금융회사, 보험회사, 기타 금융회사에 미치는 영향을 보다 상세히 살펴본다. 이에 더하여 제13장은 금융회사가 유동성과 부채리스크를 보다 잘 관리할 수 있는 방법들을 살펴본다. 제14장은 예금(부채)인출사태를 방지하는데 필요한 예금보험과 기타 부채보증제도들의 역할을 논의한다.

▶ **유동성리스크(liquidity risk)**
부채인출이 갑자기 증가하는 것이 금융회사의 자산을 매우 짧은 시간 안에 저렴한 가격으로 청산해야만 하는 상황에 처하게 만들 수 있는 리스크.

개념질문

1. 금융회사는 왜 갑작스러운 유동성위기에 직면할 수 있는가?
2. 어떤 상황에서 금융회사들은 낮은 가격으로 자산을 청산할 수밖에 없는가?

2.10 지급불능리스크

지급불능리스크(insolvency risk)는 전술한 이자율리스크, 시장리스크, 신용리스크, 부외거래리스크, 기술리스크, 환리스크, 국가리스크, 유동성리스크들 중의 하나 또는 그 이상의 결과로 발생한다. 기술적으로 지급불능은 금융회사소유자의 자기자본이 전술한 리스크들 중의 하나 또는 그 이상의 결과로 발생한 손실 때문에 0에 이르거나 거의 0에 이를 때 발생한다. 1984년에 Continental Illinois National Bank and Trust Company가 파산한 경우를 살펴보자. 1970년대 말과 1980년대 초의 Continental의 전략은 특히 석유와 가스 부문에 공격적으로 대출하여 자산규모를 증가시키는 것이었으며 Continental의 대출포트폴리오는 1977년에서 1981년까지 연평균 19.8%로 증가하였다. 1980년대 초 미국 경기의 하강

저축금융회사들은 민간기금인 Ohio Deposit Guarantee Fund(ODGF)에 가입하고 있었다. 이들 저축금융회사들 중 하나인 Home State Savings Bank(HSSB)는 플로리다에 있는 국채딜러인 EMS Government Securities에 지나치게 투자하였다. EMS Government Securities는 결국 HSSB의 부채에 대하여 채무불이행하였다(신용리스크와 유동성리스크의 상호작용을 주목하라). 이것이 HSSB가 고객의 예금인출을 충족시키는 것을 어렵게 만들었다. 실제로 EMS Government Securities의 채무불이행으로 인한 HSSB의 손실은 매우 커서 ODGF는 이러한 손실을 부담할 수 없었다. HSSB는 예금인출을 감당할 수 없었을 뿐만 아니라 ODGF에 가입되어 있었던 다른 오하이오 저축금융회사들이 감당할 수 없을 정도로 예금인출이 쇄도하였다. 그 결과 ODGF에 가입되어 있었던 저축금융회사들은 일시적으로 폐쇄되었고 오하이오주 입법부는 예금자의 청구권을 처리하기 위해 개입하여야만 했다.

때문에 이러한 대출들 중 상당수가 채무불이행이 되었다(신용리스크). 이에 더하여 Continental은 핵심예금(core deposits; 이자비용이 거의 없거나 낮은 예금)을 매우 적게 가지고 있는 대신 페더럴펀드, RP(환매조건부채권), 유로달러예금같은 매입자금과 차입자금에 의존하였다. Continental의 대출포트폴리오에서 채무불이행건수의 증가는 부채지급에 대한 은행의 능력에 불신을 초래하였고 많은 주요 대출자들이 Continental에 대출한 단기자금의 경신 또는 연장을 거부하는 결과를 초래하였다(유동성리스크). Continental의 대출에서 발생한 상당한 채무불이행이 이 은행이 새로운 자금을 차입하거나 기존자금을 유지할 수 없게 되는 일과 결합되면서 자본포지션은 급속히 악화되는 결과가 초래되었다(지급불능리스크). Continental은 더 이상 생존할 수 없었고 연방규제당국이 1984년에 은행을 떠맡았다.

일반적으로 금융회사가 차입자금 대비 자기자본을 더 많이 가질수록, 즉 부채가 적을수록 금융회사는 예상과 반대방향으로의 이자율변화, 예기치 않은 신용손실, 또는 다른 이유로 인한 손실을 더 잘 감당할 수 있다. 따라서 금융회사경영자와 규제당국은 금융회사의 지급능력과 다양한 리스크에 대처하는 주요 지표의 하나로 자기자본과 자기자본의 적정성을 중요시한다. 금융회사의 전반적인 리스크를 관리하기 위한 적정 자기자본 수준에 대한 쟁점은 제15장에서 논의된다.

▶ **지급불능리스크(insolvency risk)**
금융회사가 부채가치에 대비한 자산가치의 갑작스러운 하락을 상쇄하기 위해 충분한 자기자본을 가지지 못할 수 있는 리스크.

개념질문

1. 지급불능리스크는 언제 발생하는가?
2. 지급불능리스크는 전술한 다른 유형의 리스크들과 어떤 연관성이 있는가?

2.11 기타 리스크 및 리스크의 상호작용

이 장에서 금융회사 경영자의 의사결정과정과 리스크관리전략에 지속적으로 영향을 주는 10가지 중요한 리스크들을 집중적으로 살펴보았다. 이들은 이자율리스크, 시장리스크, 신용리스크, 부외거래리스크, 기술리스크와 운영리스크, 환리스크, 국가리스크, 유동성리스크, 지급불능리스크이다. 각각의 리스크가 독립적으로 논의되었지만, 실제로 이 리스크들은 상호의존적이다. 예를 들면, 이자율이 상승할 때 기업들과 소비자들은 부채를 약속대로 상환하는 것이 보다 어렵다고 여긴다. 따라서 어떤 이자율의 범위에서 신용리스크와 이자율리스크는 양의 상관관계를 가진다. 이에 더하여 금융회사는 대출로부터의 수취금액을 이용하여 유동성 관리를 시도할 수 있다. 따라서 유동성리스크도 이자율리스크 및 신용리스크와 상관관계를 가진다. 고객이 약속된 상환을 하지 못하면 금융회사의 수입과 이익에 영향을 미치고 결과적으로 금융회사의 자기자본포지션에 영향을 미친다. 따라서 각 리스크와 다른 리스크들과의 상호작용은 궁극적으로 지급불능리스크에 영향을 미친다. 이와 유사하게 환율변화와 이자율변화도 높은 상관관계를 가진다. 연방준비제도가 통화정책수단을 통하여 페더럴펀드 이자율과 같은 기준 이자율을 변화시킬 때 환율도 함께 변화할 가능성이 있다.

앞에서 지적한 바와 같이 많은 사람들은 이산적 또는 사건발생 형태의 리스크들을 운영리스크의 일부로 여기지만, 이러한 기타 리스크들도 금융회사의 수익성과 리스크노출에 영향을 미친다. 규제정책의 갑작스러운 변화같이 금융회사의 외부에서 발생하는 사건은 이산적 리스크에 포함된다. 그 예로 대출규제나 진입장벽의 폐지 또는 상품규제의 완화 등 규제정책의 변화들을 들 수 있다(제16장 참조). 1997년 이후 각 주마다 은행지점설치를 허용하는 1994년의 규제변화라든지, 1999년의 금융서비스현대화법(1999 Financial Services Modernization Act)도 좋은 예이다. 기타 이산적인 리스크들로는 전쟁, 혁명, 또는 1929년과 1987년의 주식시장붕괴, 또는 미국에서 발생한 2001년 9월 테러리스트 공격에 기인한 금융시장상황의 예기치 못한 변화 등을 들 수 있다. 이러한 것들은 금융회사의 리스크노출에 매우 중요한 영향을 준다. 기타의 사건발생 형태의 리스크로 사기, 절도, 지진, 폭풍, 불법행위, 신탁책임의 위반 등이 포함될 수 있다. 이러한 것들은 모두 궁극적으로 금융회사를 파산시키거나 심각한 타격을 입힐 수 있다. 그러나 각각의 개별 리스크는 모형화하고 예측하기가 쉽지 않다.

마지막으로 물가상승률의 수준 및 변동성 증가, 실업증가 등 일반적인 거시적인 리스크는 직간접적으로 금융회사의 이자율리스크, 신용리스크, 유동성리스크노출에 영향을 줄 수 있다. 예를 들면, 미국에서 1979년–1982년 동안 물가상승률의 변동성이 매우 높았다. 이자율은 이러한 물가상승률의 변동성을 반영하였다. 물가상승률과 이자율 수준 및 변동성이 이렇게 높은 동안 자산과 부채의 만기불일치로 인한 이자율리스크는 증가하는 경향이 있다. 물가상승률과 이자율이 갑자기 상승하면 확정가격상품 형태로 계약을 맺은 차입기업들은 대출금액의 원금 및 이자를 상환하기가 더 어려워진다. 따라서 신용리스크도 함께 증가한다.

개념질문

1. 사건리스크(event risk)는 무엇을 의미하는가?
2. 금융회사에 영향을 주는 사건리스크들과 일반적인 거시경제리스크들의 몇 가지 예를 들어 보라.

요 약

이 장은 현대 금융회사가 직면하는 10가지의 중요한 리스크들을 개관하였다. 금융회사는 보유한 자산과 부채의 만기가 일치하지 않을 때 *이자율리스크*에 직면한다. 만일 이자율, 환율 또는 기타 자산가격들이 예상과 반대방향으로 움직인다면 금융회사는 자산과 부채를 거래하는데 따른 *시장리스크를* 가진다. 금융회사는 고객이 대출과 기타 채무에 대하여 채무불이행하게 되면 *신용리스크* 또는 채무불이행리스크에 직면한다. 현대 금융회사는 *부외거래리스크*, 즉 조건부 자산 및 부채리스크에 노출시키는 수많은 부외거래활동에 참여한다. 발달된 기술과 자동화의 도입은 금융회사를 *기술리스크와 운영리스크* 모두에 노출시킨다. 만일 금융회사가 해외영업을 한다면 *환리스크와 국가리스크*의 영향을 받는다. *유동성리스크*는 과도한 인출 또는 자금재조달이 문제 때문에 발생하는 심각한 자금인출사태에 의해 야기될 수 있다. 마지막으로 금융회사의 자본이 자산가치의 상대적인 하락을 감당하기에 불충분할 때 *지급불능리스크가* 발생한다. 이와 같은 리스크들을 효과적으로 관리하는 것이 현대 금융회사의 성공 또는 실패를 결정한다. 다음 장부터는 이자율리스크를 시작으로 이러한 리스크들을 개별적으로 보다 더 상세하게 분석한다.

연습문제

1. 금융회사가 수행하는 *자산전환(asset transformation)*의 과정은 무엇인가? 이 과정은 왜 때때로 *이자율리스크(interest rate risk)*를 발생시키는가? 이자율리스크는 무엇인가?
2. *재조달리스크(refinancing risk)*는 무엇인가? 재조달리스크는 어떻게 이자율리스크의 일부가 되는가? 만일 금융회사가 단기부채발행으로 장기자산매입에 필요한 자금을 조달한다면 이자율의 상승이 금융회사의 수입에 미치는 영향은 무엇인가? 이자율이 하락하는 경우는 어떠한가?
3. *재투자리스크(reinvestment risk)*는 무엇인가? 재투자리스크는 어떻게 이자율리스크의 일부가 되는가? 만일 금융회사가 장기부채발행으로 단기자산매입에 필요한 자금을 조달한다면 이자율의 하락이 금융회사의 수입에 미치는 영향은 무엇인가? 이자율이 상승하는 경우는 어떠한가?
4. 뮤추얼펀드의 판매문서에서는 이 뮤추얼펀드가 전적으로 지급불능이 없는 국채에 투자되기 때

문에 리스크노출이 없다고 주장한다. 이 주장은 옳은가? 왜 옳은지 또는 왜 옳지 않은지 설명하라.

5. 이자율리스크는 어떤 방법으로 금융회사의 경제적 가치에 부정적인 영향을 미칠 수 있는가?
6. 한 금융회사가 다음과 같은 대차대조표를 가지고 있다.

자 산		부채와 자본	
현금	$ 1,000	예금증서(CD)	$ 10,000
채권	10,000	자기자본	1,000
총자산	$ 11,000	총부채와 자본	$ 11,000

채권은 10년만기와 10%의 고정이표율을 가진다. 양도성 예금증서(CD)는 1년만기와 6%의 고정이표율을 가진다. 금융회사는 추가적인 자산의 증가를 예상하지 않는다.

a. 첫 해 말에 순이자수익(net interest income)은 얼마가 될 것인가? 순이자수익은 이자수익에서 이자지출을 뺀 것이다.

b. 만일 첫 해 말에 시장이자율이 100베이시스포인트(bp) 상승한다면 두 번째 해의 순이자수익은 얼마가 될 것인가? 이 결과는 재투자리스크 또는 재조달리스크에 의하여 발생된 것인가?

c. 시장이자율이 1% 상승한다고 가정하면 채권의 가격은 첫 해 말에 9,446달러가 될 것이다. 금융회사가 보유하고 있는 자기자본의 시장가치는 얼마인가?

d. 만일 시장이자율이 첫 해 말에 100bp 하락한다면 자기자본의 시장가치는 1,000달러보다 높을 것인가 또는 낮을 것인가? 그 이유는?

e. 어떤 요인들이 금융회사의 경영성과와 시장가치를 변화시키는가?

7. 자산의 만기와 부채의 만기를 일치시키는 정책은 어떻게 (a) 이자율리스크를 최소화하고 (b) 금융회사 자산전환기능을 방해하는가?
8. 회사채는 일반적으로 반 년 단위로 이자를 지급한다. 만일 어떤 기업이 반 년 이자지급에서 연간 이자지급으로 바꾼다면 회사채의 이자율리스크에 어떻게 영향을 미치는가?
9. 만기 이전에 현금화될 수 있는 2개의 10년만기 채권들이 투자대상으로 고려되고 있다. 첫 번째 채권은 이표율이 요구수익률보다 높은 10년만기 할증채이고, 두 번째 채권은 보유기간 중에 이자지불이 없고 10년 후에 일괄금액으로 지불하는 무이표채이다. 어느 채권이 더 큰 이자율리스크를 가지는가? 즉 어느 채권의 가격이 주어진 이자율변화에 대하여 더 크게 변화하는가?
10. 9번 문제의 2개의 채권들을 다시 고려하라. 만일 투자목적이 자녀의 교육 또는 은퇴를 위해 자산을 만기까지 그대로 보유하는 것이라면 두 채권들 어느 것이 더 큰 이자율리스크를 가지는가? 이자율리스크의 원인은 무엇인가?
11. 한 머니마켓 뮤추얼펀드가 6개월 전에 100만 달러어치의 2년만기 재무부증권을 매입하였다. 이 기간 동안 채권의 가격은 상승하였으나 세금 때문에 이 뮤추얼펀드는 두 달 동안 채권의 매각을 연기하기 원한다. 이 뮤추얼펀드는 앞으로 두 달 동안 어떤 유형의 리스크에 직면하는가?
12. 한 은행이 연간 10%의 이자를 지급하는 2년만기 자산에 5,000만 달러를 투자하고 동시에 연간 8%의 이자를 지급하는 1년만기 부채를 5,000만 달러 발행하였다. 만일 첫 해 말에 모든 이자율이 1%만큼 상승한다면 이 은행의 순이자수익에 미치는 영향은 어떠한가?

13. *시장리스크(market risk)*는 무엇인가? 이 리스크의 결과는 금융회사의 경영성과에 어떻게 나타나는가? 이 리스크의 영향을 최소화하기 위해 금융회사는 어떤 행동을 취할 수 있는가?

14. *신용리스크(credit risk)*는 무엇인가? 어떤 금융회사들이 이와 같은 리스크에 보다 더 노출되어 있는가? 그 이유는?

15. *기업고유 신용리스크(firm-specific credit risk)*와 *체계적 신용리스크(systematic credit risk)*의 차이는 무엇인가? 금융회사는 기업고유 신용리스크를 어떻게 완화시킬 수 있는가?

16. 1980년대에 파산한 많은 은행들과 저축금융회사들은 Louisiana, Texas, Oklahoma에 있는 석유회사들에 대출하였다. 석유가격이 하락하였을 때 이 회사들, 지역경제, 은행들, 저축은행들 모두 자금상의 어려움을 경험하였다. 이들 은행들과 저축금융회사들에 의하여 이루어진 대출에는 어떤 형태의 리스크가 내재되어 있었는가?

17. 부외거래활동의 특성은 무엇인가? 금융회사는 이러한 활동들로부터 어떻게 이익을 얻는가? 이러한 활동들이 금융회사에 발생시키는 리스크들을 지적하고 이러한 리스크가 이 후에 금융회사에 어떻게 자금압박을 줄 수 있는지를 설명하라.

18. 국내경제를 넘어서 해외로 자산보유과와 부채조달을 확장하는 금융회사에게 잠재적인 이익을 제공하는 2가지 요인들은 무엇인가?

19. *환리스크(foreign exchange risk)*는 무엇인가? 이것이 해외자산에서 순매입포지션을 가지고 있는 금융회사에게 무엇을 의미하는가? 이것이 해외자산에서 순매도포지션을 가지고 있는 금융회사에게 무엇을 의미하는가? 각 경우에 금융회사에게 손실을 발생시키기 위해 환율에 어떤 일이 발생해야 하는가?

20. 만일 조만간 스위스 프랑이 평가절하할 것이라고 예상한다면 베른시에 있는 미국 금융회사는 자산포지션에서 순매입을 선호할 것인가 또는 순매도를 선호할 것인가?

21. 만일 국제자본시장이 잘 통합되고 효율적으로 운영된다면 금융회사는 환리스크에 노출될 것인가? 금융회사에게 있어서 환리스크의 원인들은 무엇인가?

22. 만일 한 금융회사가 동일한 통화로 표시된 같은 금액의 해외자산과 해외부채를 가지고 있다면, 이 금융회사는 이와 같은 국제거래에 포함되어 있는 리스크를 완전히 제거한 것인가? 설명하라.

23. 한 미국보험회사는 파운드표시 사모채권에 100만 달러를 투자한다. 각 채권은 20년 동안 매년 300파운드를 이자로 지불한다. 만일 현재 환율이 달러당 1.7612파운드라면, 이 보험회사의 환리스크의 특성은 무엇인가? 특히 어떠한 환율변화가 이 보험회사에게 우려가 되는가?

24. 한 은행이 연평균 8%를 지불하는 1억 5,000만 파운드의 자산을 독일에 가지고 있다고 하자. 이 은행은 연평균 6%를 지불하는 1억 파운드의 부채를 가지고 있다. 현재 환율은 달러당 1.50파운드이다.

    a. 만일 그 해 말에 환율이 달러당 2.00파운드이면 달러는 파운드에 대하여 절상된 것인가 또는 절하된 것인가?

    b. 환율의 변화가 주어지면 달러로 나타낸 해외자산과 해외부채의 보유에 따른 순이자수익에 미치는 영향은 무엇인가? 순이자수익은 이자수익에서 이자지출을 뺀 것이다.

    c. 달러로 표시한 자산과 부채의 가치에 환율변화가 미치는 영향은 무엇인가?

25. 6개월 전에 Qualitybank LTD는 1년만기 유로표시 CD를 1억 달러어치 발행하였다. 같은 날, 6,000만 달러는 유로표시 대출에 투자되었고 4,000만 달러는 미국 재무부 단기채권에 투자되었

다. 이 날의 환율은 달러당 1.7382유로였다. 원금의 상환은 없고 현재 환율은 달러당 1.3905유로라고 가정하라.

a. 유로표시 CD 원금의 현재가치는 달러표시와 유로표시로 얼마인가?

b. 유로대출원금의 현재가치는 달러표시와 유로표시로 얼마인가?

c. 미국 재무부 단기채권의 현재가치는 달러표시와 유로표시로 얼마인가?

d. 이러한 거래로부터 발생하는 Qualitybank의 이윤과 손실은 달러표시와 유로표시로 얼마인가?

26. 당신이 연간 8%의 이표를 지불하는 10년만기 AAA급 스위스채권을 매입한다고 하자. 이 채권의 액면가격은 1,000스위스 프랑(Sf)이다. 이 채권의 매입시점에 환율은 달러당 1.50Sf이다. 그 해 말에, 이 채권의 등급은 AA로 하향조정되고 그 수익률은 10%로 상승한다. 이에 더하여 Sf는 달러당 1.35Sf로 절상된다.

a. 일 년 동안 이 채권을 보유하고 있는 스위스 투자자에게 발생하는 손실 또는 이익은 얼마인가? 이러한 손실 또는 이익의 어느 정도가 환리스크로부터 기인된 것인가? 어느 정도가 이자율리스크로부터 기인된 것인가?

b. 일 년 동안 이 채권을 보유하고 있는 미국 투자자에게 발생하는 손실 또는 이익은 얼마인가? 이러한 손실 또는 이익의 어느 정도가 환리스크로부터 기인된 것인가? 어느 정도가 이자율리스크로부터 기인된 것인가?

27. *국가리스크*(country or sovereign risk)는 무엇인가? 금융회사는 국가나 통화가 붕괴된다면 현실적으로 어떤 대비책을 가지고 있는가?

28. *기술리스크(technology risk)*는 무엇인가? *규모의 경제(economies of scale)*와 *범위의 경제(economies of scope)*의 차이는 무엇인가? 규모의 경제와 범위의 경제가 금융회사에게 어떻게 이익을 창출할 수 있는가? 규모의 경제와 범위의 경제가 금융회사에게 어떻게 해로울 수 있는가?

29. *기술리스크와 운영리스크(operational risk)*의 차이점은 무엇인가? 은행 간 지급결제시스템을 국제화하는 것이 어떻게 운영리스크를 증가시키는가?

30. 다음 금융회사거래들이 어떠한 리스크(들)의 노출을 수반하는지 아래에 열거된 리스크들 중 하나 또는 그 이상을 선택하여 답하라.

a. 이자율리스크 *b*. 신용리스크 *c*. 부외거래리스크 *d*. 기술리스크 *e*. 환리스크 *f*. 국가리스크

(1) 한 은행이 1년만기 CD를 판매하여 자금을 조달하고 1,000만 달러의 6년만기 고정이자대출을 한다.

(2) 한 보험회사는 장기 도시공채 포트폴리오에 보험료를 투자한다.

(3) 한 프랑스 은행은 어떤 영국기업에게 2년만기 고정이자대출을 하기 위해 2년만기 고정이자증권을 판매한다.

(4) 한 일본 은행은 청산업무를 용이하게 하기 위해 어떤 오스트리아 은행을 인수한다.

(5) 한 뮤추얼펀드는 조건부 선도계약을 사용하여 이자율리스크를 완전히 헤지한다.

(6) 한 채권딜러는 저개발국채권시장에서 멕시코채권을 사기 위해 자기자본을 사용한다.

(7) 한 증권회사는 모기지담보부증권으로서 한 패키지의 모기지대출들을 판매한다.

31. 4가지 형태의 리스크들, 즉 신용리스크, 환리스크, 시장리스크, 국가리스크를 고려하자. 이 리스크들은 2쌍의 리스크유형으로 분리될 수 있다. 각 쌍은 2가지의 관련된 리스크들로 구성되고, 한 리스크는 다른 리스크의 부분집합이다. 당신은 어떻게 리스크유형들을 쌍으로 만들 것이며, 어떤

리스크유형이 다른 리스크유형의 부분집합으로 여겨질 수 있는가?

32. *유동성리스크(liquidity risk)*는 무엇인가? 정상적인 경제활동이 이루어지는 시기에는 어떤 운영요소들이 금융회사로 하여금 이 리스크를 다룰 수 있게 하는가? 극단적인 유동성위기의 시기에는 어떤 시장현실이 금융회사에게 심각한 자금상의 어려움을 만들 수 있는가?

33. *지급불능리스크(insolvency risk)*는 왜 다른 유형의 리스크의 결과로 나타날 수 있는가?

34. 은행리스크노출의 다른 원인들 간 상호관계를 논하라. 한 유형의 리스크를 측정하고 관리하는 은행리스크 관리모형을 만드는 것은 어떤 면에서 불완전한가?

관련 웹사이트

기관명	웹사이트
Bank for International Settlements	www.bis.org
Federal Deposit Insurance Corporation	www.fdic.gov

PART 2 리스크의 측정

제3장

이자율리스크 I

3.1 서 론

제2장에서 금융회사가 자산전환기능을 수행할 때 자산과 부채의 만기가 일치되지 않는 경우가 자주 발생한다는 것을 알았다. 이런 경우 금융회사는 이자율리스크에 노출된다. 예를 들어, 1980년대에 이자율이 예기치 않게 상승하였을 때 많은 저축금융회사들이 경제적 지급불능(economic insolvency)에 처하게 되었다(말하자면 금융회사의 **순자산(net worth)** 또는 자기자본이 잠식되었다). 모든 금융회사들은 어느 정도 자산의 만기와 부채의 만기를 불일치시키는 경향이 있다. 그러나 만기불일치의 크기만으로 이자율리스크의 노출도를 측정하는 것은 잘못된 것일 수 있다. 다음 두 장은 금융회사들이 이자율리스크의 노출도를 측정하는 기법에 대해 설명한다.

이 장은 먼저 이자율리스크의 중심적인 결정요인인 연방준비제도의 통화정책을 논의한다. 이 장은 또한 금융회사의 이자율리스크를 측정하는 보다 간단한 방법인 *재가격모형(repricing model)*을 분석한다. 재가격모형, 즉 자금갭모형(funding gap model)은 이자율변화가 금융회사의 이자수입과 이자지출의 차이인 순이자수익(net interest income ; NII)에 미치는 영향을 주로 분석하는 것이다. 재가격모형은 매우 단순하기 때문에 대부분 저축금융회사들을 포함한 작은 금융회사들은 아직도 이 모형을 이자율리스크측정을 위한 주된 모형으로 사용하고 있다. 최근까지 미국의 은행규제당국은 재가격모형에 기초하여 은행의 이자율리스크노출도를 평가하였다. 그러나 후반부에서 설명하는 바와 같이 재가격모형은 몇 가지의 심각한 약점들을 가지고 있다. 최근 국제결제은행(BIS)(주요국들의 중앙은행들의 기구)은 은행의 이자율리스크를 평가하는 데 표준모형을 사용할 것을 제안하는 자문문서[1]를 발간하였다. 제안된 방법은 재가격모형보다는 시장가치회계와 듀레이션모형(duration model) (제4장 참조)에 기초하고 있다. 규제당국들이 이러한 모형을 채택하게 되면서 규모가 큰 은행들은 이러한 모형들을 이자율리스크를 측정하는 주요 모형으로 채택하게 되었다. 더욱이 필요하다면 은행들은 장부상의 이자율리스크를 평가하기 위해 자기 자신의 리스크가치(value-at-risk) 모형을 사용할 수 있다(제5장 참조)[2] 이 장의 부록은 만기를 제외한 모든 특성들은 같다고 가정하면서 증권의 시장수익률 또는 이자율을 비교하는 이자율의 기간구조를 살펴본다. 수익률곡선(yield curve)의 모습을 설명하는 이론들이 또한 이 장의 부록에서 논의된다.

▶**순자산(net worth)**
자산의 시장가치에서 부채의 시장가치를 뺀 것으로 정의되는 금융회사의 소유지분 가치.

3.2 이자율 수준과 변화

이자율의 변화가 순이익과 시장가치에 영향을 미치기 때문에, 금융회사의 경영자들은 일정 시점의 이자율의 수준 및 일정 기간의 이자율변화에 영향을 미치는 요인들을 파악하기 위하여 상당한 시간과 노력을 사용하고 있다. 이자율 수준 및 변화를 설명하기 위해 자주 사용되는 모형 중 하나가 대부자금이론(loanable fund theory)이다. 이 이론에 따르면 금융시장에서의 이자율 수준은 대부자금의 수요와 공급에 영향을 미치는 요인들에 의하여 결정된다. 이것은 일반적으로 재화와 서비스의 가격이 시장의 수요와 공급에 의해 결정된다는 것과 유사하다. [그림 3-1]에서 보듯이 자금의 총공급량은 이자율과 양(+)의 관계를 지니는 반면, 자금의 총수요량은 음(−)의 관계를 지닌다. 금융시장에서 경쟁의 힘이 자유롭게 작동한다면 자금의 총공급량과 총수요량은 E에서 만나게 되는데 이 때의 자금량은 Q^*이며 균형이자율은 i^*가 된다.

그림에서의 균형이자율은 일시적인 균형일 뿐이다. 대부자금의 수요와 공급을 좌우하는 요인들의 변화로 인해 자금의 수요곡선과 공급곡선은 연속적으로 이동하게 된다. 이러한 불균형이 초래되면 시장의 힘이 작동하여 시장에서 거래되는 자금의 균형이자율과 자금량

1) Basel Committee on Banking Supervision, "Principles for the Management and Supervision of Interest Rate Risk," Bank for International Settlements, Basel, Switzerland, January 2001.

2) 이 경우 거래상에서의 이자율리스크를 측정하기 위해 사용하는 시간(예를 들면, 1일)보다 더 긴 시간(예를 들면, 1년)이 시간단위로 사용될 수 있다.

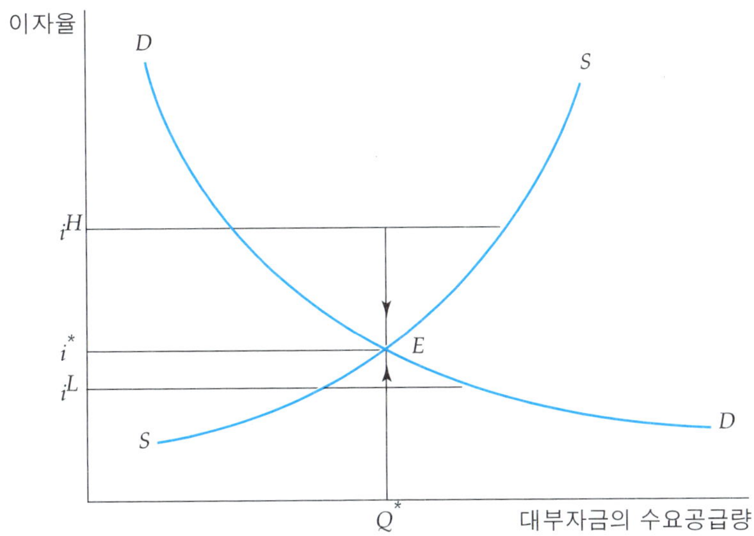

그림 3-1　균형이자율 결정

에 변화가 생긴다. [그림 3-2]의 (a)는 대부자금의 공급곡선이 *SS*에서 *SS*″로 상향하는 효과(그 결과 이자율은 i^*에서 $i^{*\prime\prime}$로 감소)를 보여 주며, [그림 3-2]의 (b)는 대부자금의 수요가 *DD*에서 *DD*″로 감소(균형이자율은 i^*에서 $i^{*\prime\prime}$로 증가)하는 효과를 보여 준다.

많은 요인들이 이자율의 수준과 변동에 영향을 주지만, 그 중 가장 중요한 것은 금융회사의 자금비용과 자산수익률에 영향을 주는 중앙은행의 통화정책이다. 미국의 중앙은행은 연방준비제도(Federal Reserve System; Fed)이다. 연방준비제도는 장단기 국채를 사고 파는 매일의 공개시장조작을 통하여 통화공급량, 인플레이션율, 이자율(특히 단기이자율)에 영향을 미친다. 이자율의 변화는 소비와 저축같은 경제적 의사결정에 영향을 준다. 연방준비제도는 경기를 진정시킬 필요가 있다고 판단하면 이자율을 상승시키는 긴축적 통화정책을 수행한다. 이러한 긴축적 통화정책의 정상적인 결과는 (특히 신용 또는 차입에 의하여 조달되는) 기업과 가계의 지출감소로 이어진다. 이와 반대로 연방준비제도가 경기를 진작시킬 필요가 있다고 판단할 정도로 기업과 가계의 지출이 감소하면 연방준비제도는 이자율을 하락시키고(확장적 통화정책) 이것은 차입과 지출을 촉진시킨다. 예를 들면, 미국 경제가 후퇴하는 징후를 보였던 2001년에 연방준비제도는 이자율을 공격적으로 인하하기 시작하였다. 경제가 2001년에 경기후퇴로 진입하기 시작하고 2001년 9월에 세계무역센터와 펜타곤에 대한 테러공격 후에 연방준비제도는 계속하여 11차례나 이자율을 인하하는 공격적인 조치

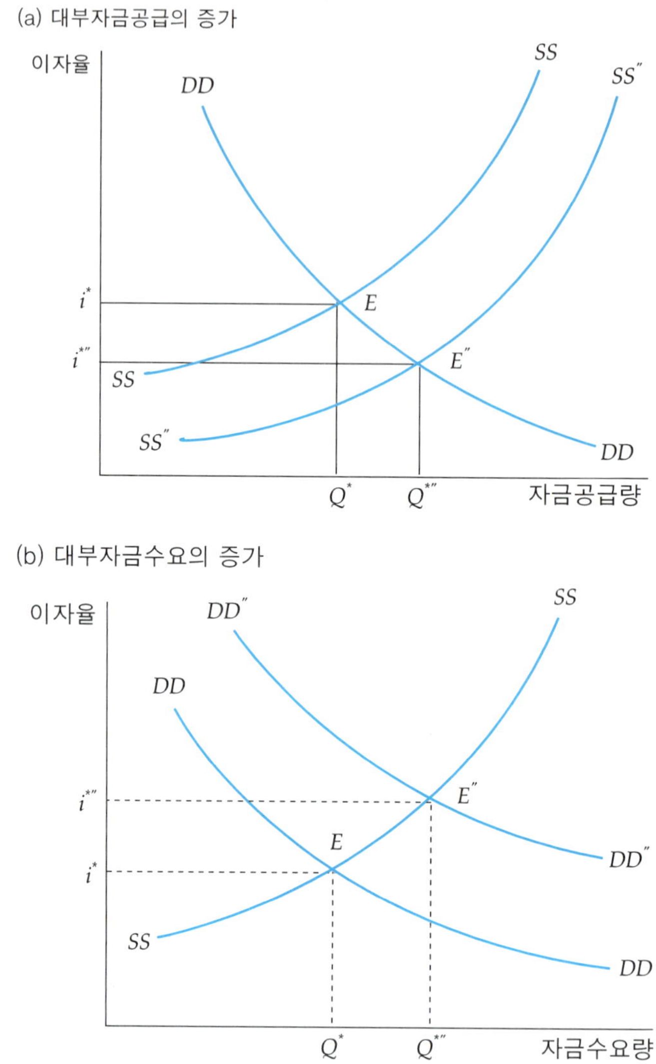

그림 3-2 대부자금의 수요와 공급곡선의 이동으로 인한 이자율 효과

를 취하였다.

2003년 여름부터 경기 상승국면이 시작한 후에도 연방준비제도는 이자율을 낮게 유지해 왔다. 2004년 여름까지 경기는 빠른 속도로 회복되었으며 연방준비제도의 가장 큰 고민은 어떻게 인플레이션을 억제하는 것이 되었다. 2004년 6월부터 2006년 8월까지 연방준비제도는 각 0.25%씩 17번에 걸쳐 이자율을 인상시켰다. 금융산업전망대에서는 이러한 이자율인

금융산업전망대 **미끼이자율로 유혹하는 은행들**

연방준비제도가 곧 이자율상승세를 끝낼 것으로 기대됨에 따라, 은행들은 한동안 고객들이 보게 될 가장 높은 수준의 이자율로 적극적으로 예금을 유치하고 있다. 새로운 미끼이자율은 대부분 온라인 은행을 통해 제공되고 있는데, 그 이유는 온라인 은행들은 지점네트워크를 유지하는 고정비용이 발생하지 않기 때문이다.… 전통적인 오프라인 은행들 또한 특별예금을 제공하고 있다. 예금에 신규 가입하거나 새 당좌예금계좌를 여는 고객들을 위해, Citigroup의 씨티은행은 6개월 CD 이자율로 4.25%를 제공하고 있는데, 이것은 1년만기 정기예금이나 3년만기 CD 이자율보다도 높은 수준이다.

연방준비제도는 어제 14번 연속하여 단기 이자율을 인상하여 페더럴펀드의 이자율은 이제 4.5%가 되었다. 그러나 연방준비제도는 머지않아 이자율상승이 종결될 것이라는 지금까지 해 왔던 것 중 가장 강한 힌트도 동시에 주었기 때문에, 애널리스트들은 이는 단기 시장이자율이 안정기에 가까이 왔거나 현재가 안정기임을 의미하는 것일 거라고 말하고 있다.…

이자율을 조금씩 인상하는 것은 오랫동안 은행들이 사용할 수 있는 가장 믿을 수 있는 자산 증대 수단들 중 한 방식이었고, 실제 현재 몇몇 은행들은 이자율을 증가하여 예금가입률의 하락에 대처하고 있다. 그 이유는, 주택시장의 침체로 인해 고객들은 과거 주택담보 재융자와 주택자기자본대출 등을 통한 것보다 가용현금이 줄어들었기 때문이다. 게다가 고객들은 머니마켓 뮤추얼펀드같은 고수익 금융상품들(예금보험의 대상이 아니지만)에 상당한 현금을 투자하고 있다.…

자료: Jane J. Kim, The *Wall Street Journal*, February 1, 2006, p. D1. Reprinted by permission of The *Wall Street Journal*. *www.wsj.com*

상이 은행의 자금비용에 어떠한 영향을 미치게 되었는가를 설명하고 있다. [그림 3-1]은 1965년-2007년 동안 미국의 만기 3개월 단기 재무부증권(T-bill) 이자율의 변화를 보여 준다. 연방준비제도의 조치는 대부분 단기이자율(특히, 페더럴펀드이자율)을 목표로 하지만, 단기이자율의 변화는 통상 전체 이자율의 기간구조에 영향을 미치게 된다. 단기이자율과 장기이자율의 관계와 이자율의 기간구조에 관한 이론들은 부록에 설명되어 있다.

연방준비제도가 통화정책을 통하여 이자율에 영향을 미치는 것과 함께, 지난 10여년 이상 이루어진 금융시장통합도 이자율에 영향을 미쳐 왔다. 금융시장통합 때문에 이자율의 변화와 변동성이 국가들 간에 확산되는 속도가 증가하게 되어, 미국의 연방준비제도가 이자율을 통제하는 것은 이전보다 더 어렵고 불확실한 작업이 되고 있다. 최근에 금융시장의 글로벌화가 강화되면서 이자율리스크의 측정과 관리는 오늘날 금융회사가 직면하고 있는 중요한 우려사항이 되었다. 예를 들어, 전세계의 투자자들은 주의 깊게 (연방준비제도이사회 의장인) Ben Bernanke의 의회증언을 분석하고 있다. 미국에서의 이자율 인상에 대한 암시조차도 환율과 주가처럼 세계 각국의 이자율에 중요한 영향을 미칠 수 있다.

이자율의 수준, 변동성 그리고 세계금융시장의 통합화는 이자율리스크의 측정과 관리를 오늘날 금융회사가 직면한 가장 중요한 이슈들 중 하나로 만들었다. 게다가 국제결제은행(BIS)은 예금은행들로 하여금 이자율변화가 수익과 경제적 가치에 어느 정도 영향을 줄 수

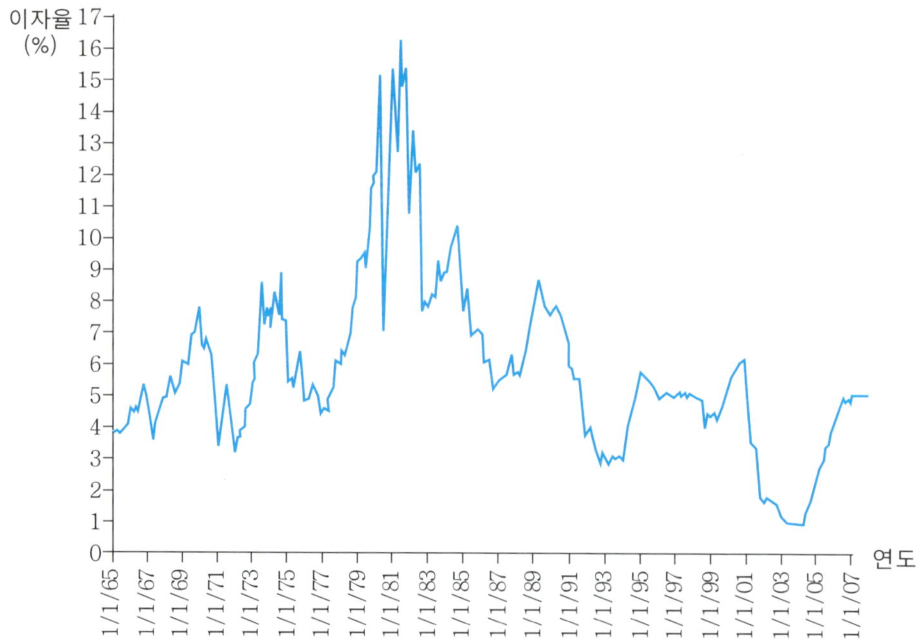

자료: Federal Reserve Board Web site, various dates. *www.federalreserve.gov*

그림 3-3 미국의 91일물 재무부채권의 이자율, 1965년-2007년

있는가를 측정할 수 있는 이자율측정시스템을 갖출 것을 요구하고 있다. 이러한 시스템은 예금은행들의 현재 이자율리스크수준을 측정하고 발생가능한 초과 리스크가 어느 정도 되는지 파악할 수 있어야 한다(제15장 참조). 이 장과 다음 장에서는 이자율의 변화에 따라 자산과 부채의 만기가 일치하지 않는 상황이 발생할 때 리스크노출을 측정하기 위해 금융회사가 사용할 수 있는 방법들에 대해 알아본다. 특히, 금융회사의 자산-부채 만기 갭노출을 측정하는 2가지 모형, 즉 재가격모형(repricing model) 또는 자금갭모형(funding gap model)과 듀레이션모형(duration model)이 중심적으로 설명된다.

개념질문

1. 대부자금이론이란 무엇인가?
2. 연방준비제도의 통화정책은 금융회사가 직면하고 있는 이자율의 불확실성과 어떻게 연결되어 있는가?
3. 금융시장통합은 이자율변동에 어떤 영향을 미치고 있는가?

3.3 재가격모형

본질적으로 재가격 또는 자금갭모형은 일정한 기간 동안 금융회사가 자산에 기초하여 수취하는 이자수입과 부채에 대하여 지불하는 이자지출의 **재가격갭(repricing gap)**(또는 순이자수익)에 대한 장부가치 회계기준의 현금흐름분석이다. 이 모형은 이 장의 후반과 제4장에서 논의되는 시장가치에 기초한 만기모형 및 듀레이션모형과 비교된다.

최근에 연방준비제도는 상업은행이 다음과 같은 만기를 지닌 자산과 부채의 재가격갭을 분기별 콜보고서에서 보고할 것을 요구하였다.

1. 1일
2. 1일 초과 3개월까지
3. 3개월 초과 6개월까지
4. 6개월 초과 12개월까지
5. 1년 초과 5년까지
6. 5년 초과

재가격갭모형의 접근법하에서 은행은 대차대조표 상의 **이자율민감자산(Rate-Sensitive Asset; RSA)**과 **이자율민감부채(Rate-Sensitive Liability; RSL)**를 계산하여 각 만기 영역의 갭을 보고한다. 여기서 이자율민감도(rate sensitivity)는 특정한 만기영역 내에서 현재의 이자율 또는 이에 가까운 이자율로 가격이 다시 설정된다는 것을 의미한다. 재가격은 자산이나 부채의 만기상환연장 때문에 발생할 수도 있고(예를 들어 대출은 만기 또는 그 전에 상환되고 이 자금은 현재 시장 이자율로 다시 대출됨), 자산이나 부채가 변동금리에 따르기 때문에 발생할 수도 있다(예를 들어 변동모기지 이자율은 우대금리의 변화에 따라 매분기마다 재조정됨).

〈표 3-1〉은 위에서 정의된 6개의 만기영역에 해당하는 금융회사의 자산과 부채 재가격갭을 보여 준다. 전체 대차대조표 상의 누적 재가격갭은 정의상 0이어야 하지만 (〈표 3-1〉의 4열 참조), 재가격모형의 장점은 서로 다른 만기영역에서 이자율의 변화에 대한 금융회사의 순이자수익노출도(net interest income exposure 또는 이익노출도(profit exposure))를 간단하게 보여 주는데 있다.3)

3) 만일 자기자본이 (5년 초과의) 장기부채에 포함된다면.

표 3-1 재가격갭 (100만 달러)

만기구분	1 자산	2 부채	3 갭	4 누적 갭
1. 1일	$ 20	$ 30	$ −10	$ −10
2. 1일 초과−3개월	30	40	−10	−20
3. 3개월 초과−6개월	70	85	−15	−35
4. 6개월 초과−12개월	90	70	+20	−15
5. 1년 초과−5년	40	30	+10	−5
6. 5년 초과	10	5	+5	0
	$260	$260		

▶ **재가격갭(repricing gap)**
일정한 미래기간 안에 이자율이 변화되는 자산과 부채의 장부가치 차이.

▶ **이자율민감자산/부채(rate-sensitive asset/liability)**
하나의 만기영역 안에서 현재의 시장이자율 또는 현재의 시장이자율과 가까운 이자율로 다시 가격이 설정되는 자산 또는 부채.

예를 들면, 금융회사가 1일(1일 만기영역) 내에 가격이 다시 설정되는 자산과 부채의 차이로 −1,000만 달러를 가지고 있다고 하자. 가격이 매일 재설정되는 자산과 부채는 페더럴펀드시장 또는 환매조건부 채권시장에서 발생하는 은행 간 차입일 것이다. 따라서 음의 갭(RSA < RSL)은 금융회사가 이 만기영역에서 이자율민감자산보다 이자율민감부채를 많이 보유하고 있기 때문에 단기이자율의 상승이 금융회사의 순이자수익을 감소시키는 것이라는 것을 의미한다. 즉 RSA와 RSL의 이자율들이 같은 크기로 변화한다고 가정하면 이자지출이 이자수입보다 많이 증가할 것이다. 다음과 같이 변수들을 정의해 보자.

ΔNII_i = i번째 만기영역에서 순이자수익의 변화

GAP_i = i번째 만기영역에서 이자율민감자산의 장부가치와 이자율민감부채의 장부가치 차이(갭)

ΔR_i = i번째 만기영역에서 자산과 부채에 영향을 주는 이자율수준의 변화분

따라서

$$\Delta NII_i = (GAP_i)\Delta R_i = (RSA_i - RSL_i)\Delta R_i$$

첫 번째 만기영역에서 갭이 −1,000달러이고(페더럴펀드이자율과 환매조건부채권이자율같은) 단기이자율이 1% 상승하면 연간기준으로 나타낸 금융회사의 순이자수익의 변화는[4]

$$\Delta NII_i = (-1,000\text{만 달러}) \times 0.01 = -10\text{만 달러}$$

이 방법은 매우 간단하고 직관적이다. 그러나 제2장으로부터 이자율이 상승할 때 자본가치 또는 시장가치의 손실도 발생한다는 것을 기억하자. 이 장의 후반부와 제4장에서 살펴보는 만기모형과 듀레이션모형에 의하여 측정되는 자본손실효과는 재가격모형에서 고려되지 않는다. 그 이유는 재가격모형에서 적용되는 장부가치회계에서 자산과 부채가치는 이들의 역사적 가치(historic values) 또는 역사적 비용(historic costs)으로 보고되기 때문이다. 따라서 이자율의 변화는 대차대조표 상에 있는 자산과 부채의 시장가치보다는 현재의 이자수입 또는 이자지출, 즉 금융회사의 손익계산서상에 있는 순이자수익에만 영향을 미친다.[5]

금융회사는 또한 여러 개의 재가격 만기영역상에 나타나는 누적갭(cumulative gap ; *CGAP*)을 추정할 수 있다. 일반적으로 측정되는 누적갭은 1년기간 재가격갭이다. 〈표 3-1〉에서 추정되는 1년기간 재가격갭은 다음과 같다.

$$\begin{aligned} CGAP &= (-1,000\text{만 달러}) + (-1,000\text{만 달러}) + (-1,500\text{만 달러}) + 2,000\text{만 달러} \\ &= -1,500\text{만 달러} \end{aligned}$$

만일 ΔR_i가 1년 내에 가격이 다시 설정될 수 있는 자산과 부채에 영향을 주는 평균적인 이자율변화분이라면, 이 은행의 순이자수익에 미치는 누적적 영향은 다음과 같다.[6]

$$\begin{aligned} \Delta NII_i &= (CGAP)\Delta R_i \\ &= (-1,500\text{만 달러})(0.01) = -15\text{만 달러} \end{aligned} \quad (1)$$

이제 금융회사가 대차대조표로부터 1년기간 누적갭을 어떻게 계산하는지를 살펴보자. 금융회사의 경영자는 자산 또는 부채의 이자율이 향후 1년 내에 변화할 것인지 고려할 것이다. 만일 그 대답이 예이면, 이 자산 또는 부채는 이자율민감자산 또는 이자율민감부채가 된다. 만일 그 대답이 아니오이면, 이 자산 또는 부채는 이자율민감자산 또는 이자율민감부채가 아니다.

금융회사의 경영자가 〈표 3-2〉와 같은 간단한 대차대조표를 가지고 있다고 하자. 최초의 만기 대신에 금융회사의 경영자가 고려하는 만기는 재가격갭이 추정되는 시점에서 계

4) 또한 "평균"갭("average" gap)도 계산될 수 있다. 만일 자산과 부채의 이자율이 평균적으로 기간 중간에 다시 설정된다면, 평균갭은 1년 기준으로 측정된 갭을 2로 나누어 계산된다.

5) 예를 들면, 10년 전 이자율이 13%일 때 매입한 30년만기 채권은 이자율이 7%일 때와 동일한 장부가치를 가지는 것으로 보고된다. 시장가치를 사용하면 이자율의 변화에 따라 자산과 부채가치의 이득과 손실이 대차대조표에 반영될 것이다.

6) 이자율민감자산과 부채의 금액이나 구성이 변하면 순이익도 변화한다.

표 3-2 **금융회사의 간단한 대차대조표** (100만 달러)

자 산		부 채	
1. 단기소비자대출(1년만기)	$ 50	1. 자기자본(고정)	$ 20
2. 장기소비자대출(2년만기)	25	2. 요구불예금	40
3. 3월만기 재무부 단기채권	30	3. 패스북저축예금	30
4. 6월만기 재무부 단기채권	35	4. 3개월 CD	40
5. 3년만기 재무부 중기채권	70	5. 3개월 은행인수어음	20
6. 10년만기 고정이자부 모기지	20	6. 6개월 기업어음	60
7. 30년만기 변동이자부 모기지	40	7. 1년만기 정기예금	20
(9개월마다 이자율 조정)		8. 2년만기 정기예금	40
	$270		$270

산된 자산과 부채의 잔존만기이다.

이자율민감자산

〈표 3-2〉에 있는 대차대조표의 자산항목으로부터 1년만기영역의 이자율민감자산(RSA)을 정리하면 다음과 같다.

1. **단기 소비자대출 : 5,000만 달러.** 이 자산의 이자율은 연말에 다시 설정된다.
2. **3개월만기 재무부 단기채권 : 3,000만 달러.** 이 자산의 이자율은 매 3개월마다 만기에 다시 설정된다.
3. **6개월만기 재무부 단기채권 : 3,500만 달러.** 이 자산의 이자율은 매 6개월마다 만기에 다시 설정된다.
4. **30년만기 변동이자부 모기지 : 4,000만 달러.** 이 자산의 이자율(모기지 이자율)은 매 9개월마다 다시 설정된다. 따라서 이와 같은 장기자산도 1년 내에 가격이 다시 설정되는 만기영역을 가진 재가격모형에서는 이자율민감자산이 된다.

이 4가지 자산들을 합하면 1년기간 이자율민감자산(RSA)은 1억 5,500만 달러이다. 나머지 1억 1,500만 달러의 자산들은 1년 내에 가격이 다시 설정되는 이자율민감자산들이 아니다. 즉 이자율수준의 변화가 앞으로 1년 내에 이들 자산들에 의하여 생기는 이자수입의 크기에 영향을 미치지 않을 것이다.[7]

장기소비자 대출, 3년만기 재무부 중기채권과 10년만기 고정이자부 모기지에 해당하는

7) 이들 자산들은 앞으로 1년 동안 지불을 청구할 수 없고 모기지의 조기상환(이자 및 중도상환원금)이 없을 것이라고 가정한다.

1억 1,500만 달러는 이자수입을 발생시키지만, 이들 자산들에 적용되는 이자율들이 앞으로 1년 안에 변화하지 않을 것으로 예상되기 때문에 이자수입 규모는 앞으로 1년 동안 변하지 않을 것이다.

이자율민감부채

〈표 3-2〉의 부채항목들로부터 1년만기 영역의 이자율민감부채(RSL)를 정리하면 다음과 같다.

1. **3개월 양도성예금증서(CD) : 4,000만 달러.** 이 부채는 3개월마다 만기에 이르고 이자율이 다시 설정된다.
2. **3개월 은행인수어음(bankers acceptance) : 2,000만 달러.** 3개월 양도성예금증서와 같이 이 부채는 3개월마다 만기에 이르고 이자율이 다시 설정된다.
3. **6개월 기업어음(commercial paper) : 6,000만 달러.** 이 부채는 매 6개월마다 만기에 이르고 자율이 다시 설정된다.
4. **1년만기 정기예금(time deposits) : 2,000만 달러.** 이 부채의 이자율은 1년 갭기간의 말에 바로 재설정된다.

이 4가지 부채들을 합하면 1년기간 이자율민감부채(RSL)는 1억 4,000만 달러이다. 나머지 1억 3,000만 달러의 부채들은 1년 내에 가격이 다시 설정되는 이자율민감부채들이 아니다. 2,000만 달러의 자기자본과 4,000만 달러의 요구불예금은 이자를 지급하지 않기 때문에 이자지급이 없는 부채로 분류된다. 3,000만 달러의 패스북저축(passbook savings)과 4,000만 달러의 2년만기 정기예금은 앞으로 1년 동안 이자지급을 발생시키나 일반적인 이자율의 수준이 변화하더라도 발생되는 이자의 크기는 변화하지 않을 것이다. 따라서 이 부채들은 이자율에 민감하지 않은 부채로 분류된다.

요구불예금(또는 일반적인 거래계정)은 RSL에 포함되지 않았다. 요구불예금을 이자율민감부채에 포함시키는 것을 찬성하는 주장과 반대하는 주장이 대립하고 있다.

■ 반대논거

요구불예금에 대한 명시적 이자율은 규제에 의하여 0이다. 더욱이 NOW 계정과 같은 거래계정에 대하여는 명시적 이자가 지급되지만 금융회사에 의하여 지급되는 이자는 거의 변동이 없다. 이에 더하여 요구불예금은 장기자금의 원천이 된다는 의미에서 금융회사의 **핵심예금(core deposits)** 역할을 한다.

■ 찬성논거

요구불예금에 대하여 명시적 이자를 지급하지 않을지라도 금융회사는 수표발행서비스의 비용을 완전히 충당할 수 있는 수수료를 별도로 부과하지 않기 때문에 요구불예금에 대하여 암묵적 이자를 지불한다. 더욱이 이자율이 상승하면 개인들은 요구불예금을 인출하여 수익률이 높고 이자를 발생시키는 이자율 민감 자금으로 대체시킨다. 대체금융상품들의 이자율이 높을 때 이와 같은 일이 발생할 가능성이 높다. 이와 같은 환경에서 요구불예금 계정에 자금을 보유할 때의 기회비용은 이자율이 낮은 환경에서보다 더 높을 것이다.

▶ 핵심예금(core deposits)
금융회사에서 장기자금의 원천역할을 하는 예금.

자유인출저축(retail passbook saving) 계정들을 이자율민감부채에 포함시키는 것을 찬성하거나 또는 반대하는 논거도 이와 유사하다. 이 계정들에 대하여 부과되는 이자율의 최고한도를 규제하는 연방준비제도 레귤레이션 Q가 1986년 3월에 폐지되었지만 은행들은 여전히 이 계정들의 이자율을 가끔 조정한다. 그러나 예금자들은 이자율이 상승할 때 이 계정들로부터 자금을 인출하는 경향이 있으므로, 이것이 은행으로 하여금 패스북저축을 보다 비싼 자금으로 대체하도록 만든다.[8)]

이자율이 다시 설정되는 4가지 부채들의 합은 1억 4,000만 달러이고, 이자율이 다시 설정되는 4가지 자산들의 합은 1억 5,500만 달러이다. 따라서 이 은행의 1년기간 누적갭(*CGAP*)은 다음과 같다.

$$\begin{aligned} CGAP &= \text{1년기간 이자율민감자산} - \text{1년기간 이자율민감부채} \\ &= RSA - RSL \\ &= \text{1억 5,500만 달러} - \text{1억 4,000만 달러} = \text{1,500만 달러} \end{aligned}$$

이자율민감도는 누적갭을 자산(*A*)에 대한 퍼센트, 즉 갭비율(*gap ratio*)로 나타낸 것이다.

$$\frac{CGAP}{A} = \frac{\text{1,500만 달러}}{\text{2억 7,000만 달러}} = 0.056 = 5.6\%$$

8) 이 예에서 본 것처럼 연방준비제도의 재가격 관련보고서는 전통적으로 거래계정과 패스북저축계정을 이자율에 민감하지 않은 부채로 간주한다. 그러나 인터넷의 발전과 머니마켓 뮤추얼펀드로부터의 경쟁 때문에 이들 자금의 이동은 은행과 기타 비은행금융회사(머니마켓 뮤추얼펀드 등)가 지급하는 (상대적인) 이자율에 매우 민감하다. *Financial Times*, June 4, 2001 참조.

표 3-3 RSA의 이자율변화가 RSL의 이자율변화와 동일할 때 누적갭이 이자율변화와 순이자수익변화의 관계에 미치는 영향

	누적갭	이자율변화	이자수입변화		이자지출변화	NII변화
1	>0	⇑	⇑	>	⇑	⇑
2	>0	⇓	⇓	>	⇓	⇓
3	<0	⇑	⇑	<	⇑	⇓
4	<0	⇓	⇓	<	⇓	⇑

재가격갭을 이와 같은 방식으로 나타내는 것은 매우 유용하다. 그 이유는 갭비율이 (1) 이자율리스크 노출의 방향(양 또는 음의 누적갭)과 (2) 이자율리스크 노출의 규모를 말해 주기 때문이다. 위의 예에서 은행은 1년기간 만기영역에서 총자산의 퍼센트로 RSL보다 RSA를 5.6% 더 보유하고 있다.

RSA와 RSL 이자율변화가 동일할 때

누적갭은 금융회사의 이자율민감도에 대한 측정지표이다. 〈표 3-3〉은 RSA의 이자율변화가 RSL의 이자율변화와 같을 때 누적갭과 *NII*변화의 관계를 보여 준다. 예를 들면, 누적갭(또는 갭비율)이 양일 때(또는 금융회사가 RSL보다 RSA를 많이 보유할 때), 이자율이 상승하면 이자수입은 이자지출보다 많이 증가하기 때문에 *NII*는 증가할 것이다.

〈예제 3-1〉에서 보는 바와 같이 누적갭의 절대값이 클수록 *NII*의 변화폭이 커진다(말하자면 이자지출과 비교한 이자수입의 증가 또는 감소가 커진다)는 것은 분명하다. 일반적으로 누적갭이 양일 때 *NII*의 변화는 이자율의 변화와 양의 관계를 가진다. 이와 반대로 누적갭(또는 갭비율)이 음일 때 RSA의 이자율과 RSL의 이자율이 같은 크기로 상승하면(금융회사는 RSA보다 RSL을 보다 많이 보유하고 있기 때문에) *NII*는 하락할 것이다. 따라서 금융회사는 이자율의 상승이 예상될 때 누적갭이 양이기를 원한다. 이와 유사하게 만일 RSA의 이자율과 RSL의 이자율이 같은 크기로 하락하면 누적갭이 음일 때 *NII*는 증가할 것이다. 이자율들이 하락함에 따라 이자지출이 이자수입보다 더 많이 감소한다. 일반적으로 누적갭이 음일 때 *NII*의 변화는 이자율의 변화와 음의 관계를 가진다. 따라서 금융회사는 이자율이 하락할 것으로 예상될 때 누적갭이 음이기를 원할 것이다. 이와 같은 관계를 **누적갭효과(CGAP effects)**라고 말한다.

▶**누적갭효과(CGAP effects)**
이자율의 변화와 순이자수익 변화의 관계.

예제 3-1 **누적갭이 양일 때 이자율변화가 순이자수익에 미치는 영향**

RSA의 이자율과 RSL의 이자율이 1%만큼씩 상승한다고 하자. 누적갭은 연간기준으로 예상되는 은행의 순이자수익 변화를 근사적으로 다음과 같이 예측한다.

$$\Delta NII = CGAP \times \Delta R$$
$$= 1{,}500\text{만 달러} \times 0.01$$
$$= 150{,}000\text{달러}$$

이와 유사하게, 만일 RSA의 이자율과 RSL의 이자율이 같은 크기로 하락하면(〈표 3-3〉의 2행), 누적갭이 양일 때 *NII*는 감소할 것이다. 이자율들이 하락함에 따라 이자수입이 이자지출보다 많이 감소한다. 따라서 *NII*는 감소한다. RSA의 이자율과 RSL의 이자율이 1%만큼씩 하락한다고 하자. 누적갭은 *NII*가 근사적으로 다음과 같은 크기로 감소할 것이라고 예측한다.

$$\Delta NII = CGAP \times \Delta R$$
$$= 1{,}500\text{만 달러} \times (-0.01)$$
$$= -150{,}000\text{달러}$$

RSA와 RSL 이자율변화가 상이할 때

전 절은 RSA의 이자율변화와 RSL의 이자율변화가 정확히 동일하다고 가정하면서(즉, RSA와 RSL의 이자율스프레드가 변화없이 유지된다고 가정하면서) 이자율변화에 따른 순이자수익의 변화를 살펴보았다. 그러나 이것은 현실적이지 못하다. RSA의 이자율변화는 일반적으로 RSL의 이자율변화와 상이하다(즉 자산과 부채에 대한 이자율스프레드가 자산과 부채의 이자율변화에 따라 변화한다). 1990년-2006년 기간 동안 분기별 CD 이자율(부채)과 우대대출이자율(자산)을 표시한 [그림 3-2]를 보라. 두 이자율은 일반적으로 같은 방향으로 움직이지만, 완전한 상관관계를 가지고 있지 않다는 점을 주목할 필요가 있다. 이러한 경우 이자율의 변화의 차이가 *NII*에 미치는 영향을 고려해야 하기 때문에 은행은 누적갭효과에 추가하여 스프레드효과(spread effect)를 가지게 된다.[9)]

만일 이자율이 상승(하락)할 때 RSA 이자율과 RSL 이자율 간 스프레드가 증가하면 이자수입은 이자지출보다 많이(적게) 증가(감소)한다. 그 결과로 *NII*가 증가한다. 이와 반대로 이자율이 상승(하락)할 때 RSA 이자율과 RSL 이자율 간 스프레드가 감소하면, 이자수입은 이자지출보다 적게(많이) 증가(감소)하고 *NII*는 감소한다. 일반적으로 **스프레드효과(spread effect)**는 이자율의 변화방향과는 관계 없이 스프레드의 변화와 *NII*의 변화 간에 양의 관계가 발생한다는 것이다. 스프레드가 증가(감소)할 때마다 *NII*는 증가(감소)한다.

9) 따라서 스프레드효과는 금융회사에게 일종의 베이시스리스크를 발생시킨다. RSA의 이자율과 RSL의 이자율의 차이(베이시스)가 변화함에 따라 금융회사의 순이자수익은 변화한다. 제19장은 베이시스리스크에 대하여 상세하게 논의한다.

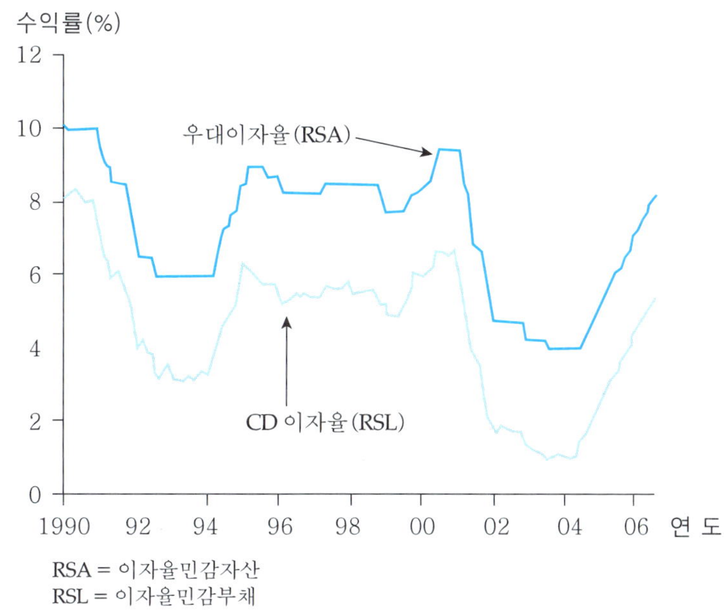

자료 : Federal Reserve Bulletin, various issues. *www.federalreserve.gov*

그림 3-4 1990년-2006년 기간 동안의 3개월 CD 이자율과 우대이자율

▶ **스프레드효과(spread effect)**

이자율이 변화함에 따라 RSA의 이자율과 RSL의 이자율 간의 스프레드변화가 순이자수익에 미치는 효과.

예제 3-2 스프레드효과가 순이자수익에 미치는 영향

스프레드효과를 이해하기 위해 일시적으로 RSA와 RSL의 금액이 1억 5,500만 달러로 같다고 가정하자. RSA의 이자율은 1.2% 상승하고 RSL의 이자율은 1% 상승한다(즉 RSA 이자율과 RSL 이자율 간의 스프레드가 0.2%(=1.2%−1.0%)만큼 증가한다)고 하자. 이에 따른 *NII*의 변화는 다음과 같이 계산된다.

$$\begin{aligned}\Delta NII &= (RSA \times \Delta R_{RSA}) - (RSL \times \Delta R_{RSL}) \\ &= \Delta \text{ 이자수입 } - \Delta \text{이자지출} \\ &= (\text{1억 5,500만 달러} \times 1.2\%) - (\text{1억 5,500만 달러} \times 1.0\%) \\ &= \text{1억 5,500만 달러} \times (1.2\% - 1.0\%) \\ &= \text{31만 달러}\end{aligned}$$

표 3-4 RSA의 이자율변화와 RSL의 이자율변화가 다를 때 누적갭이 이자율 변화와 순이자수익변화의 관계에 미치는 영향

	누적갭	이자율변화	스프레드변화	NII
1	>0	⇑	⇑	⇑
2	>0	⇑	⇓	⇑⇓
3	>0	⇓	⇑	⇓⇑
4	>0	⇓	⇓	⇓
5	<0	⇑	⇑	⇓⇑
6	<0	⇑	⇓	⇓
7	<0	⇓	⇑	⇑
8	<0	⇓	⇓	⇑⇓

〈표 3-4〉는 누적갭 및 스프레드변화와 이들이 *NII*에 미치는 효과에 대한 다양한 조합들을 보여 준다. 〈표 3-4〉의 처음 4개 행들은 양의 누적갭을 가진 금융회사를 대상으로 하고 있고 마지막 4개 행들은 음의 누적갭을 가진 금융회사를 대상으로 하고 있다. 누적갭과 스프레드효과 모두는 같은 방향으로 움직일 때 *NII*에 동일한 효과를 가질 수 있다는 것을 〈표 3-4〉에서 살펴보라. 이러한 경우들에서 금융회사 경영자는 이자율이 변화함에 따라 *NII*의 변화방향을 정확하게 예측할 수 있다. 그러나 2개의 효과들이 다른 방향으로 작동할 때 누적갭의 크기와 예상 스프레드의 변화를 알지 못하고는 *NII*의 변화를 예측할 수 없다.

어떤 금융회사들은 자산규모와 비교해서 상대적으로 매우 큰 이자율리스크노출도를 가진다. 예를 들면, Macatawa Bank Corp.의 평균 1년기간 재가격갭은 2005년 말에 −5.23%이었다(즉 이 은행은 RSA보다 RSL을 상당히 많이 보유하고 있었다). 만일 이자율이 2006년 1월부터 7월 사이에 상승하였다면, 보다 높은 이자율로(RSA와 비교하여) RSL의 상당한 금액을 재조달하는데 따른 비용 때문에 대규모의 순이자 손실에 노출되었을 것이다. 최근에 상업은행들은 RSA와 RSL의 갭을 상당히 감소시키면서 이자율리스크노출도에 매우 높은 관심을 가지게 되었다.

재가격갭은 금융회사가 역사적으로 사용했던 이자율리스크의 측정지표이고 소형 지역은행들과 저축금융회사들에 의하여 아직도 사용되는 중요한 이자율리스크의 측정지표이다. 다음 부분과 제4장에서 논의되는 이자율리스크에 대한 시장가치기준모형들과는 대조적으로 재가격갭 모형은 개념적으로 이해하기 쉽고 이자율의 변화크기가 주어졌을 때 수익성의 변화를 예측하는데 쉽게 활용될 수 있다. 재가격갭 모형은 금융회사가 예상되는 이자율변화를 이용하기 위해 자산과 부채의 구조를 조정하는 데도 사용될 수 있다. 그러나 재가격갭 모형은 몇 가지의 중요한 약점들을 가지고 있어서 규제당국은 이자율리스크를 측

정하기 위해 보다 포괄적인 모형들(예를 들면, 듀레이션모형)의 사용을 요구하고 있다. 다음에는 재가격모형의 중요한 단점들에 대하여 논의가 진행된다.

개념질문

1. 자산의 퍼센트로 재가격갭을 나타내는 것이 왜 유용한가? 이것은 어떠한 정보를 제공하는가?
2. 은행은 재가격갭의 크기와 방향을 어떻게 변화시킬 수 있는가?
3. 요구불예금을 이자율민감부채에 포함시키는 것에 대한 찬성논거와 반대논거를 요약하라.

3.4 재가격모형의 단점

재가격모형은 4가지의 중요한 단점을 가지고 있다. (1) 재가격모형은 이자율변화의 시장가치 효과를 무시한다. (2) 재가격모형은 지나치게 통합적이다. (3) 재가격모형은 이자율민감자산과 부채의 이자 및 중도상환원금(runoffs)과 조기상환(prepayments)문제를 다루지 못한다. (4) 재가격모형은 부외거래활동에서 발생하는 현금흐름을 무시한다. 이제부터 이와 같은 재가격모형의 단점들을 보다 자세하게 설명해 보자.

시장가치효과

금융회사의 리스크들에 대한 개관(제2장)에서 논의한 바와 같이, 이자율변화는 소득효과와 함께 자산과 부채 가치가 변화하는 시장가치효과를 발생시킨다. 즉 이자율이 변화함에 따라 자산과 부채에 대하여 받거나 지불하는 이자가 즉각적으로 영향을 받을 뿐만 아니라 자산과 부채로부터 발생하는 현금흐름의 현재가치도 변화한다. 실제로 이자율이 변화함에 따라 금융회사의 대차대조표 상에 있는 모든 자산과 부채의 현재가치가 변화한다. 재가격모형은 암묵적으로 장부가치 회계방식을 따르기 때문에 시장가치효과를 무시한다. 이와 같은 측면에서 재가격갭은 금융회사의 이자율노출에 대한 부분척도일 뿐이다. 앞으로 시장가치효과를 고려하지 않는 경우 금융회사의 전반적인 이자율리스크를 측정하는데 어떤 문제점이 발생하는지에 대해 논의할 것이다.

과도한 통합(overaggregation)

특정 만기영역을 정할 때 발생하는 문제는 특정 만기영역 내의 자산과 부채의 분포에 관한 정보를 무시하는 것이다. 예를 들면, 어느 만기영역 내에서 RSA와 RSL의 금액은 동일할 수 있다. 그러나 평균적으로 부채의 이자율은 만기영역의 끝부분에서 다시 설정되는 반면에 자산의 이자율은 만기영역의 초기 부분에서 다시 설정된다. 이러한 경우, 이자율의 변화는 재가격갭 방법에 의하여 정확하게 측정되지 않는 자산과 부채의 현금흐름에 영향을 미친다.

[그림 3-3]에서 3개월 초과 6개월 이하의 만기영역에 대하여 제시된 예를 살펴보자. 3개월과 4개월 기간 사이에서 RSA가 RSL보다 5,000만 달러 더 많이 가격재설정이 이루어지는 반면에 5개월과 6개월 기간 사이에서 RSL이 RSA보다 5,000만 달러 더 많이 가격재설정이 이루어진다. 이 은행은 콜보고서상에 3개월 초과 6개월 이하의 만기영역에서 0의 재가격갭(+5,000 + (−5,000) = 0)을 가진다. 그러나 쉽게 알 수 있듯이 이 은행의 자산과 부채는 이 만기영역 내에서 만기가 일치하지 않는다. 재가격갭이 계산되는 만기영역의 범위가 짧으면 짧을수록 이와 같은 문제는 더 줄어든다. 만일 금융회사경영자가 1일 단위로 만기구분을 계속해 나가면서 재가격갭을 계산하면 이자율변화에 대한 순이자수익의 노출도에 대한 측정이 보다 정확하게 얻어질 것이다. 실제로 많은 대형은행들은 이와 같은 방식으로 미래의 어느 1일(252일의 기간, 1,329일의 기간 등등)에 해당하는 재가격갭을 계산하는

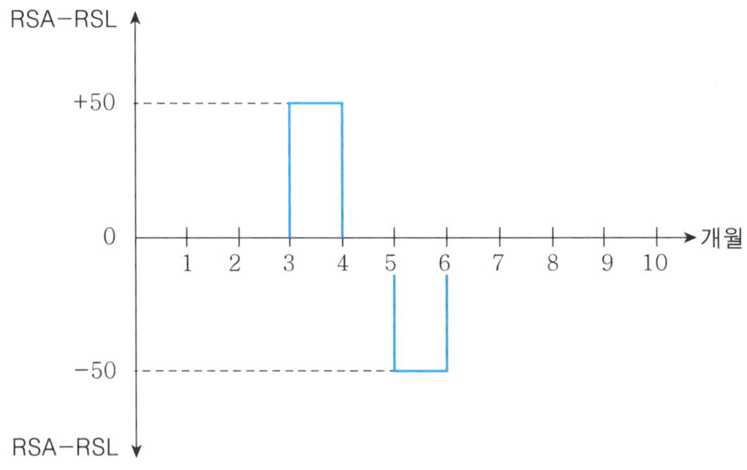

그림 3-5 과도한 통합의 문제: 3개월 초과−6개월 이하 만기영역 (100만 달러)

내부시스템을 가지고 있다. 이것은 규제당국이 상대적으로 기간이 긴 만기영역에 대하여 재가격갭을 보고하도록 요구하고 있지만, 금융회사는 재가격갭의 미래일별추세를 보고하는 내부시스템을 작동시킬 수 있다는 것을 의미한다.

런오프의 문제

위에서 논의한 간단한 재가격모형에서는 모든 소비자대출은 1년 내에 만기에 이르고 모든 전통적인 모기지는 30년 내에 만기에 이른다고 가정하였다. 실제로는 금융회사는 계속적으로 예금을 창출하고 해지시키는 것처럼 소비자대출과 모기지대출을 창출하고 해지시킨다. 예를 들면, 일부 30년만기 모기지들은 만기에 이르기까지 잔여기간이 1년 밖에 되지 않을 수도 있다. 즉 이 모기지들은 처음 발행된 해로부터 29년째 해에 접어들어 있다. 또한 어떤 자산 또는 부채가 이자율에 민감한 자산 또는 부채가 아닐지라도 실제로 모든 자산들과 부채들(예를 들면, 장기 모기지)은 어느 특정 해에 금융회사에 일부 중도상환원금과 이자를 지불한다. 결과적으로 이 금융회사는 보유하고 있는 이자율에 민감하지 않은 포트폴리오로부터 발생되어 현재의 시장이자율로 재투자될 수 있는 **런오프(runoff, 중도상환원금과 이자)** 형태의 현금흐름을 받게 된다.

이와 같이 이자율에 민감하지 않은 자산 또는 부채로부터 발생하는 중도상환원금과 이자형태의 현금흐름은 그 자체가 이자율에 민감하다. 금융회사의 경영자는 각 자산과 부채항목에 대하여 앞으로 1년 내에 발생할 것으로 추정되는 이와 같은 현금흐름의 규모를 판별하고, 이 금액을 이자율민감자산가격과 이자율민감부채가치에 추가함으로써 재가격모형에서 이 문제를 쉽게 다룰 수 있다.

▶**런오프(runoff)**
전통적인 모기지대출같은 장기자산으로부터 발생되는 이자 및 중도상환원금 등의 정기적 현금흐름.

부외거래활동으로부터의 현금흐름

재가격모형에서 사용되는 RSA와 RSL은 일반적으로 대차대조표 상에 있는 자산과 부채만을 포함한다. 이자율의 변화는 많은 부외거래상품들에 대한 현금흐름에 영향을 미칠 것이다. 예를 들면, 금융회사는 이자율선물계약을 이용하여 이자율리스크를 헤지할 수 있다(제18장 참조). 이자율이 변화함에 따라 이와 같은 선물계약들로부터 대차대조표 상의 갭노출도를 상쇄시킬 수 있는 현금흐름이 발생한다. 선물계약으로부터 발생되는 이와 같은 현금흐름은 간단한 재가격모형에서는 무시되어 있으나 보다 정확한 측정을 위해서는 포함되어야 한다.

개념질문

1. 재가격모형의 4가지 단점들은 무엇인가?
2. 런오프란 무엇을 의미하는가?

요 약

이 장에서는 금융회사의 이자율리스크노출을 측정할 수 있는 한 방법인 재가격모형에 대해 설명하였다. 이 모형은 이자율리스크를 측정하기 위하여 이자율민감자산과 이자율민감부채의 차이, 즉 갭을 살펴보는 것이다. 아울러 재가격모형은 금융회사의 이자율리스크를 정확히 측정하는 데는 한계가 있다는 것도 설명하였다. 특히, 이 모형은 이자율변화의 시장가치효과를 고려하지 못하고 있다. 금융회사의 리스크를 보다 정확히 측정할 수 있는 수단이 듀레이션과 듀레이션갭이며 이들은 다음 장에서 설명할 것이다.

연습문제

1. 대부자금의 공급과 수요가 어떻게 이자율을 결정하는가?
2. 중앙은행의 통화정책이 어떻게 이자율에 영향을 미치는가?
3. 금융시장의 통합정도는 어떻게 이자율에 영향을 미치는가?
4. 재가격갭(repricing gap)은 무엇인가? 이자율리스크를 측정하기 위해 이 모형을 사용하는데 있어서 이자율민감도(rate sensitivity)란 무엇을 의미하는가? 재가격모형(repricing model)은 어떤 금융변수에 초점을 맞추는가? 설명하라.
5. 재가격모형에서 만기영역이란 무엇인가? 재가격모형을 사용하는데 있어서 자산과 부채의 가격(이자율)을 재설정하기 위해 선택되는 시간의 길이가 왜 중요한가?
6. 누적갭은 무엇인가? 누적갭효과에 따르면 누적갭이 양(+)일 때 이자율변화와 순이자수익과의 관계는 어떠한가? 누적갭이 음(−)이라면 어떠한가?
7. 은행의 경영자가 향후 6개월 이내에 이자율이 상승할 것이라고 확신한다면 이 상승기회를 이용하기 위해 은행의 6개월 재가격갭을 어떻게 조정해야 하는가? 은행의 경영자가 향후 6개월 이내에 이자율이 하락한다고 믿으면 어떠한가?
8. 한 금융회사의 대차대조표 항목들이 다음과 같을 때 물음에 답하라.
   - 이자율민감자산 = 2억 달러, 이자율민감부채 = 1억 달러
   - 이자율민감자산 = 1억 달러, 이자율민감부채 = 1억 5,000만 달러
   - 이자율민감자산 = 1억 5,000만 달러, 이자율민감부채 = 1억 4,000만 달러

a. 각 경우에 이자율이 1% 증가하는 경우 순이자수익에 미치는 영향을 계산하라.

b. 각 상황에서 이자율이 1% 하락하면 순이자수익에 어떤 영향이 미치는가?

c. 당신은 이러한 결과들로부터 재가격모형에 대하여 어떠한 결론을 도출할 수 있는가?

9. 상업은행에 재가격모형을 적용하는데 요구불예금을 이자율민감부채로 포함하지 않는 이유는 무엇인가? 이자율민감부채 총액에 요구불예금을 포함하여야 하는 중요한 이유는 무엇인가? 동일한 주장을 자유인출저축예금계정에 대하여도 할 수 있는가?

10. 갭비율(gap ratio)은 무엇인가? 이자율리스크 관리자와 규제당국에게 있어서 갭비율의 가치는 무엇인가?

11. 다음의 자산 또는 부채 중 어느 것이 1년기간 이자율민감자산 또는 이자율민감부채인가?

- 3개월만기 미국 재무부 단기채권
- 1년만기 미국 재무부 중기채권
- 20년만기 미국 재무부 장기채권
- 매년마다 가격재설정이 이루어지는 20년만기 변동이자부 회사채
- 매 2년마다 가격재설정이 이루어지는 30년만기 변동이자부 모기지
- 매 6개월마다 가격재설정이 이루어지는 30년만기 변동이자부 모기지
- 1일만기 페더럴펀드
- 9개월만기 고정이자부 CD
- 1년만기 고정이자부 CD
- 매년마다 가격재설정이 이루어지는 5년만기 변동이자부 CD
- 보통수

12. 스프레드효과란 무엇인가?

13. 은행의 경영자가 향후 6개월 이내에 이자율이 하락할 것이라고 확신한다면 이 하락기회를 이용하기 위해 은행의 6개월 재가격갭과 스프레드를 어떻게 조정해야 하는가? 은행의 경영자가 향후 6개월 이내에 이자율이 상승한다고 믿으면 어떠한가?

14. 다음에 주어진 WatchoverU Savings, Inc.의 대차대조표(100만 달러)를 고려하라.

자 산		부채와 자본	
변동이자부 모기지(현재 연간 10%)	$ 50	1년정기예금(현재 연간 6%)	$ 70
30년 고정이자부대출(현재 연간 7%)	50	3년정기예금(현재 연간 6%)	20
		자기자본	10
총자산	$100	총부채와 자본	$ 100

a. 연말에 WatchoverU의 예상순이자수익은 얼마인가?

b. 만일 이자율이 2% 상승하면 연말에 순이자수익은 얼마가 될 것인가?

c. 누적 재가격갭모형(cumulative repricing gap model)을 사용하면, 이자율이 2% 상승한 경우 예상되는 순이자수익은 얼마인가?

15. 가상적인 국채 딜러인 M. P. Jorgan에 관한 다음 정보를 이용하라. 시장수익률은 괄호 안에 쓰여 있고 금액은 100만 달러 기준이다.

자 산		부채와 자본	
현금	$ 10	1일 RP	$170
1월만기 T-bills(7.05%)	75	후순위채권	150
3월만기 T-bills(7.25%)	75	(7년만기 고정(8.55%))	
2년만기 T-notes(7.50%)	50		
8년만기 T-notes(8.96%)	100		
5년만기 지방채(변동)	25		
(8.20%, 매 6개월마다 재설정)		자기자본	15
총 자 산	$335	총부채와 자본	$335

a. 계획기간이 30일일 때 자금갭 또는 재가격갭은 얼마인가? 계획기간이 3개월일 때 자금갭 또는 재가격갭은 얼마인가? 계획기간이 2년일 때 자금갭 또는 재가격갭은 얼마인가? 현금은 이자발생이 없는 자산이라는 것을 기억하라.

b. 모든 이자율들이 50bp 상승하면 앞으로 30일 동안의 순이자수익에 어떤 영향을 미치는가? 모든 이자율들이 75bp 하락하면 앞으로 30일 동안의 순이자수익에 어떤 영향을 미치는가?

c. 2년만기 T-notes로부터 1,000만 달러와 8년만기 T-notes로부터 2,000만 달러의 1년기간 런오프가 발생할 것으로 예상된다. 1년기간 재가격갭은 얼마인가?

d. 런오프를 고려하면 이자율이 50bp 상승할 때 연말 순이자수익에 미치는 영향은 얼마인가? 75bp 하락한다면?

16. 한 은행이 다음과 같은 대차대조표를 가진다.

자 산		평균이자율	부채/자본		평균이자율
이자율민감	$ 550,000	7.75%	이자율민감	$ 375,000	6.25%
고정	755,000	8.75	고정	805,000	7.50
무수익	265,000		무이자	390,000	
합계	$1,570,000		합계	$1,570,000	

이자율민감자산의 평균수익률이 45bp, 이자율민감부채의 평균수익률이 35bp 상승하도록 이자율이 하락한다고 가정하자.

a. 은행의 누적갭과 갭비율을 계산하라.

b. 은행의 자산구성이 변화가 없다고 가정할 때, 은행의 이자수익, 이자비용, 순이자수익을 계산하라.

c. 누적갭과 스프레드효과가 어떻게 위와 같이 순이자수익을 증가시키는지 설명하라.

17. 재가격모형의 단점들은 무엇인가? 대형은행들은 재가격을 위한 최적기간을 선택하는 문제를 어떻게 해결하고 있는가? 런오프 현금흐름(runoff cash flow)은 무엇이고 이 금액이 재가격모형의 분석에 어떻게 영향을 미치는가?

18. 만기갭은 무엇인가? 만기모형은 금융회사의 포트폴리오를 면역화시키기 위해 어떻게 사용될 수 있는가? 만기일치가 금융회사의 대차대조표를 변화시키는데 성공하려면 어떤 조건이 필요한가?

19. Nearby Bank가 다음과 같은 대차대조표(100만 달러)를 가지고 있다.

자 산		부채와 자본	
현금	$ 60	요구불예금	$ 140
5년만기 T-notes	60	1년만기 CD	160
30년만기 모기지	200	자기자본	20
총자산	$320	총부채와 자본	$320

Nearby Bank의 만기갭은 얼마인가? Nearby Bank는 이자율의 상승 또는 하락 중 어떤 리스크에 더 노출되어 있는가? 그 이유를 설명하라.

20. County Bank는 다음과 같은 시장가치 대차대조표(100만 달러, 연간이자율)를 가지고 있다. 모든 채권은 장부가치와 동일한 액면가에 거래된다.

a. County Bank의 만기갭은 얼마인가?

b. 모든 자산과 부채의 이자율들이 1% 상승하면 만기갭은 얼마인가?

자 산		부채와 자본	
현금	$ 20	요구불예금	$ 100
15년만기 상업대출	160	5년만기 CD	210
(10% 이자율, 만기원금상환)		(6% 이자율, 만기원금상환)	
30년만기 모기지	300	20년만기 무보증사채(7% 이자율)	120
(8% 이자율, 매월균등상환)		자기자본	50
총자산	$480	총부채와 자본	$480

c. 자기자본의 시장가치는 어떻게 변하는가?

21. 만일 은행경영자가 이자율이 앞으로 6개월 이내에 상승할 것이라고 확신하면, 이자율상승을 이용하기 위해 이 은행의 만기갭을 어떻게 조정하여야 하는가? 이 은행경영자가 이자율이 하락할 것이라고 믿는다면 어떻게 하여야 하는가?

22. Consumer Bank는 2,000만 달러의 현금과 1억 8,000만 달러의 대출포트폴리오를 가지고 있다. 이와 같은 자산들의 자금은 1,800만 달러의 요구불예금, 1억 6,200만 달러의 CD, 2,000만 달러의 자기자본에 의하여 조달되었다. 대출포트폴리오는 2년의 만기를 가지고, 연간 7%의 이자를 수취하며 매월 균등상환(amortization)하도록 되어 있다. 이 은행은 CD에 7%의 연간이자를 지급하나 CD가 2년의 만기에 이를 때까지 이자는 지급되지 않는다.

a. Consumer Bank의 만기갭은 얼마인가?

b. Consumer Bank는 이자율의 변화에 대하여 면역화 또는 보호되어 있는가? 그 이유는?

c. Consumer Bank는 이자율리스크에 직면하는가? 만일 시장이자율이 1% 상승하거나 하락하면 자기자본가치는 어떻게 변하는가?

d. 이자율의 하락은 어떻게 리스크를 야기시키는가?

23. FI International은 7년만기의 Acme International 채권과 2년만기의 Beta Corporation 채권을 보유하고 있다. 현재의 시장상황에서 Acme 채권은 12%의 만기수익률, Beta 채권은 14%의 만기수익률을 가지고 있다.

a. FI International이 보유하고 있는 채권포트폴리오의 40%는 Acme 채권이고 나머지 60%는 Beta 채권이면 FI International이 보유하고 있는 채권포트폴리오의 가중평균만기(weighted-average maturity)는 얼마인가?

b. 13.5%의 가중평균수익률을 가지기 위해 Acme 채권과 Beta 채권의 보유비율은 각각 얼마이어야 하는가?

c. 이와 같은 가중평균수익률이 실현된다면 이 채권포트폴리오의 가중평균만기는 얼마인가?

24. 한 보험회사가 다음과 같은 확정수입채권에 투자하고 있다. 이 보험회사는 (a) 5%의 이자를 지불하고 액면가격에 판매되는 5년만기 T-notes에 1,000만 달러, (b) 7%의 이자를 지불하고 600만 달러의 액면가격을 가지고 있는 10년만기 채권에 580만 달러, (c) 9%의 이자를 지불하고 600만 달러의 액면가격을 가지고 있는 20년만기 후순위 무보증사채(subordinated debentures)에 620만 달러를 투자하고 있다.

a. 이와 같은 자산포트폴리오의 가중평균만기는 얼마인가?

b. 모든 채권들의 수익률이 1% 하락하도록 이자율이 변화하면, 이 자산포트폴리오의 가중평균만기는 어떻게 변화하는가?

c. 모든 채권들의 수익률이 1% 상승하면 이 자산포트폴리오의 가중평균만기는 어떻게 변화하는가?

d. 이 보험회사는 다른 자산들을 보유하고 있지 않다고 가정하라. 만일 이자율이 b나 c와 같이 변화하면 이 보험회사가 보유한 자기자본의 시장가치는 어떻게 변하는가?

25. 다음은 금융회사의 간단한 대차대조표이다.

자 산		부채와 자본	
대 출	$1,000	예 금	$ 850
		자기자본	150
총자산	$1,000	총부채와 자본	$1,000

대출의 평균만기는 4년이고 예금의 평균만기는 2년이다. 대출과 예금잔고는 장부가치로 보고되어 있다고 가정하라.

a. 대출과 예금 모두의 이자율이 9%라고 가정한다면 자기자본의 시장가치는 얼마인가?

b. 자기자본의 시장가치를 0이 되도록 만드는 예금이자율은 얼마이어야 하는가? 이러한 상황이 발생되려면 어떠한 경제적 시장상황이 존재하여야 하는가?

c. 대출과 예금 모두의 이자율이 9%라고 가정하라. 자기자본의 시장가치가 0이 되도록 만드는 예금의 평균만기는 얼마이어야 하는가?

26. Gunnison Insurance는 다음과 같은 대차대조표(1,000달러)를 보고하였다. 모든 증권들은 장부가치와 같은 가격으로 판매되고 있다. 2년만기 T-notes의 수익률은 5%이고, 15년만기 지방채의 수익률은 9%이다. 1년만기 기업어음은 4.5%를 지불하고 5년만기 채권은 8%를 지불한다. 모든 채권들은 연간기준으로 이자를 지불한다.

자 산		부채와 자본	
2년만기 T-notes	$175	1년만기 기업어음	$135
15년만기 지방채	165	5년만기 채권	160
		자기자본	45
총자산	$340	총부채와 자본	$340

a. Gunnison이 보유한 자산의 가중평균만기는 얼마인가?

b. Gunnison이 보유한 부채의 가중평균만기는 얼마인가?

c. Gunnison의 만기갭은 얼마인가?

d. c에 대한 당신의 답은 Gunnison Insurance의 이자율리스크노출도에 대해 무엇을 의미하는가?

e. 모든 이자율이 2% 상승한다고 가정하면서 Gunnison Insurancedm 대차대조표에 있는 모든 4가지 채권들의 시장가치를 계산하라. 총자산가격과 총부채가격의 금액변화는 얼마인가? 이와 같은 가격들의 % 변화는 얼마인가?

f. Gunnison의 자기자본 시장가치에 미치는 영향은 얼마인가? 자기자본시장가치의 % 변화는 얼마인가?

g. 만일 부채들이 연간이 아니라 반 년마다 이자를 지불한다면 Gunnison이 보유한 자기자본의 시장가치에 미치는 영향은 어떠한가?

27. Scandia Bank는 6%의 이자를 지불하는 1년만기 대출에 필요한 자금을 조달하기 위하여 5.75%의 이자를 지불하는 1년만기 CD를 100만 달러어치 발행하였다. 대출의 원금은 2번으로 나누어 6개월 후에 50만 달러와 연말에 나머지 50만 달러가 상환된다.

a. Scandia Bank의 만기갭은 얼마인가? 만기모형에 의하면, 이 만기갭은 Scandia Bank가 직면한 이자율리스크노출도에 대해 무엇을 의미하는가?

b. 1년 말에 예상되는 순이자수익은 얼마인가?

c. 대출이 이루어진 직후에 발생한 2%의 이자율상승이 연간 순이자수익에 미치는 영향은 무엇인가? 대출이 이루어진 직후에 발생한 2% 이자율 하락이 연간 순이자수익에 미치는 영향은 무엇인가?

d. 이러한 결과들은 이자율리스크에 대하여 포트폴리오를 면역화시키는 만기모형의 효과에 대하여 어떤 의미를 지니는가?

28. EDF Bank는 매우 간단한 대차대조표를 가지고 있다. 자산에는 LIBOR 이자율 + 4%의 연간이자율을 지불하는 2년만기 대출이 100만 달러가 포함되어 있다. 이 대출에 필요한 자금은 LIBOR 이자율 + 3.5%의 연간이자율을 지불하는 2년만기 예금에 의하여 조달된다. LIBOR 이자율은 현재 4%이고 대출과 예금의 원금은 만기까지 지불되지 않는다.

a. 이 대차대조표의 만기갭은 얼마인가?

b. 1년차와 2년차에 예상되는 순이자수익은 얼마인가?

c. 2년차 시작 직전에 LIBOR 이자율이 6%로 상승하였다. 2년차에 예상되는 순이자수익은 얼마인가? 2%의 LIBOR 이자율하락이 2년차에 예상되는 순이자수익에 미치는 영향은 무엇인가?

이 장의 부록에 있는 내용에 기초하여 다음 문제들에 답하라.

29. 1년만기 T-bill의 현재 이자율이 5.2%이고 지금부터 12개월 후에 예상되는 1년만기 T-bill의 이자율은 5.8%이다. 불편기대이론(unbiased expectations theory)에 의하면 2년만기 재무부증권의 현재 이자율은 얼마인가?

30. 현재 1년만기 현물이자율과 2, 3, 4년의 기대선도이자율은 다음과 같다.

$$_1R_1 = 6\%, \quad E(_2r_1) = 7\%, \quad E(_3r_1) = 7.5\%, \quad E(_4r_1) = 7.85\%$$

불편기대이론을 사용하여 1, 2, 3, 4년만기를 지닌 국채의 현물이자율을 계산하고, 수익률곡선을 그려 보라.

31. *Wall Street Journal*은 최근에 3년만기, 4년만기, 5년만기, 6년만기의 T-notes 이자율들이 각각 6%, 6.35%, 6.65%, 6.75%라고 공시하였다. 불편기대이론에 의하면 4년차, 5년차, 6년차에 기대되는 1년 이자율들은 얼마인가?

32. *Wall Street Journal*은 3년과 4년만기 T-notes의 수익률이 각각 5.60%와 5.65%로 공시하였다. 불편기대가설에 따르면, 시장은 지금부터 3년째에 적용되는 1년만기 기대이자율, 즉 $E(_3r_1)$을 얼마로 예상하는가?

33. 이자율 기간구조에 관한 유동성프리미엄이론(liquidity premium theory)은 불편기대이론과 어떻게 다른가? 정상적인 경제환경, 즉 우상향 수익률곡선 상황이라면 미래 연속적인 기간들의 유동성프리미엄은 어떤 관계를 가지는가?

34. 경제학자의 예측과 분석에 기인한 1년만기 T-bill의 이자율과 향후 4년 간의 유동성프리미엄의 예측치가 다음과 같다.

$$R_1 = 5.65\%$$
$$E(_2r_1) = 6.75\%, \quad L_2 = 0.05\%$$
$$E(_3r_1) = 6.85\%, \quad L_3 = 0.10\%$$
$$E(_4r_1) = 7.15\%, \quad L_4 = 0.12\%$$

유동성프리미엄가설을 이용하여 현재 수익률곡선을 그려 보라.

35. *Wall Street Journal*은 3년과 4년만기 T-notes의 수익률이 각각 5.25%와 5.50%로 공시하였다. 지금부터 3년째에 적용되는 1년만기 기대이자율, 즉 $E(_3r_1)$은 6.10%이다. 유동성프리미엄가설에 따르면 4년만기 T-note의 유동성프리미엄인 L_4는 얼마인가?

36. *Wall Street Journal*에 채권의 수익률이 다음과 같이 공시되었다. 불편기대가설에 따르면, 지금부터 2년 후 시작되는 1년만기 선도이자율, 즉 $_2f_1$은 얼마인가?

만기	수익률
1일	2.00%
1년	5.50
2년	6.50
3년	9.00

[미니사례분석] 이자율계산

아래는 State Bank의 대차대조표이다. 괄호 안은 시장수익률이며, 금액은 100만 달러이다.

자 산		부 채	
현금	$ 20	요구불예금	$ 250
페더럴펀드 (5.05%)	150	저축예금 (1.5%)	20
3개월 T-bills (5.25%)	150	MMDA (4.5%)	
2년 T-notes (6.5%)	100	(최소요구잔액없음)	490
8년 T-notes (7.5%)	200	3개월 CD (4.2%)	120
5년 지방채(변동)		6개월 CD (4.3%)	220
(8.2%, 6개월재조정)	50	1년 CD (4.5%)	375
6개월 소비자대출 (6%)	250	2년 CD (5%)	425
1년 소비자대출 (5.8%)	300	4년 CD (5.5%)	330
5년 자동차대출 (7%)	350	5년 CD (6%)	200
7개월 C&I대출 (5.8%)	200	페더럴펀드 (5%)	225
2년 C&I대출 (변동)		일일 RP (5%)	290
(5.15%, 6개월재조정)	275	6개월 CP (5.05%)	300
15년 변동모기지		후순위채권:	
(6.1%, 6개월재조정)	200	(3년 고정이자율, 6.55%)	200
15년 변동모기지		후순위채권:	
(5.8%, 6개월재조정)	400	(7년 고정이자율, 7.25%)	100
15년 고정모기지 (7.85%)	300	총부채	$3,545
30년 변동모기지			
(6.3%, 3개월재조정)	225		
30년 변동모기지			
(6.4%, 1개월재조정)	355		
30년 고정모기지 (8.2%)	400		
부동산 및 설비	20	자기자본	400
총자산	$3,945	총부채와 자기자본	$3,945

1. 계획기간이 30일이면 재가격갭은 얼마인가? 6개월이면? 1년이면? 2년이면? 5년이면?
2. RSA의 이자율이 60bp 상승하고 RSL의 이자율이 40bp 상승하는 경우 향후 60일 동안 순이자수익의 변화분은 얼마인가?
3. RSA의 이자율이 60bp 상승하고 RSL의 이자율이 40bp 상승하는 경우 향후 1년 동안 순이자수익의 변화분은 얼마인가?

관련 웹사이트

기관명	웹사이트
Bank for international Settlements	www.bis.org
Board of Governors of the Federal Reserve	www.federalreserve.gov
The Wall Street Journal	www.wsj.com

부록 3A 이자율의 기간구조

예상치 않은 단기이자율의 변화가 전체 이자율의 기간구조에 미치는 영향을 추정하기 위한 과정을 설명하기 위해, 금융회사는 이자율 기간구조(term structure of interest rates) 이론 또는 수익률곡선(yield curve)을 사용한다. 이자율 기간구조는 만기를 제외한 모든 채권들의 특성(채무불이행리스크, 이표율 등)이 동일하다고 가정하면서, 만기가 다른 채권들의

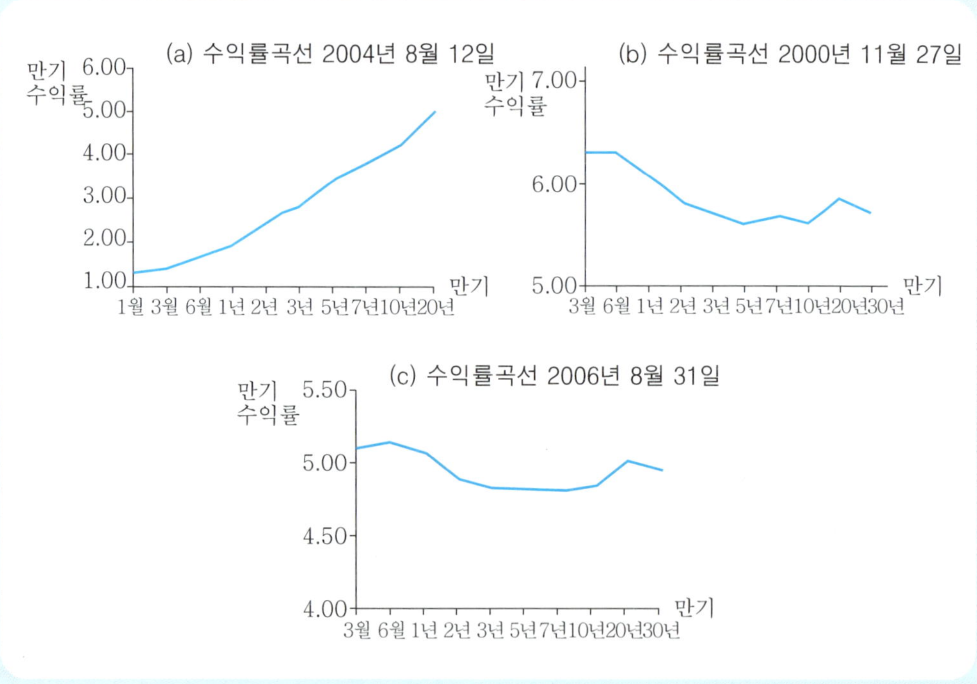

그림 3A-1 미 국채 수익률곡선 형태

시장수익률 또는 이자율을 비교하는 것이다. 채권 만기의 변화에 따른 이자율의 변화를 만기프리미엄(maturity premium)이라고 한다. 이 만기프리미엄은 만기를 제외하고 다른 특성들이 동일한 채권들의 요구수익률의 차이이며 양, 0, 음의 어떤 값도 가능하다. 수익률곡선 중 미국 재무부채권들에 대한 수익률곡선이 가장 일반적으로 공시되고 분석된다. 이 채권들의 수익률곡선 모습은 지난 수 년 동안 다양한 형태를 보여 왔지만, 가장 일반적인 3가지 모습들은 [그림 3A-1]에 나타나 있다. 그래프 (a)의 2004년 8월 12일 수익률곡선은 만기에 따라 점차적으로 우상향하고 있다. 이것이 가장 일반적으로 나타나는 수익률곡선형태이다. 그래프 (b)의 2000년 11월 27일 수익률곡선은 만기에 따라 하락하는 우하향 형태를 보이고 있다. 일반적으로 이러한 형태의 수익률곡선은 장기간 지속되지 않는다. 마지막으로 그래프 (c)의 2006년 8월 31일 수익률곡선은 만기의 영향을 거의 받지 않는 평평한 형태를 보인다. 수익률곡선의 형태에는 주로 3가지 이론들에 의해 설명되는데, 이들은 불편기대이론(unbiased expectations theory), 유동성프리미엄이론(liquidity premium theory), 시장분할이론(market segmentation theory)이다.

불편기대이론

이자율의 기간구조에 관한 불편기대이론에 의하면, 어느 시점에 수익률곡선은 미래 단기이자율에 대한 현재의 시장기대치를 반영한다. 따라서 우상향 수익률곡선은 단기이자율들이 일정 시간 내내 상승할 것이라는 시장의 기대를 반영한다(예를 들면, 연방준비제도가 미래에 긴축통화정책을 수행할 것으로 예상). 이와 유사하게 평평한 수익률곡선은 단기이자율들이 일정 시간 내내 변화없이 일정하게 유지될 것이라는 기대를 반영한다. [그림 3A-2]에서 나타나듯이 불편기대이론의 직관은 만일 투자자가 4년의 투자기간을 가지고 있다면 투자자는 현재 4년만기의 채권을 사서 매년 4년만기 채권에 대한 현재 수익률(만기까지 보유하면, $_1R_4$)을 받거나, 또는 4년간 1년만기 채권을 연속적으로 투자할 수 있다(투자자는 현재

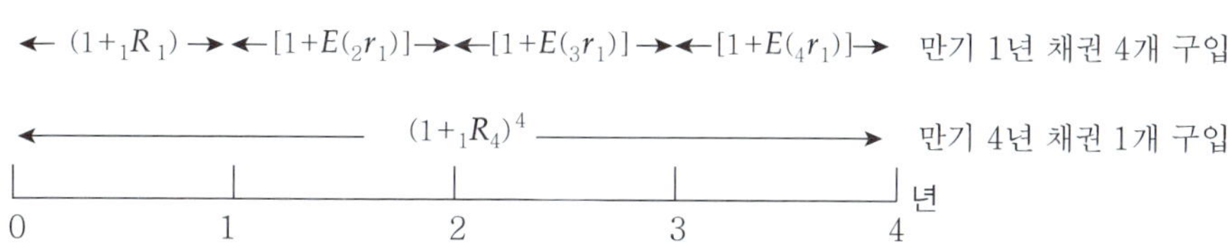

그림 3A-2 불편기대이론

1년만기 수익률 ($_1R_1$)만 알고 있고 미래의 단기이자율들에 대하여 예상할 뿐이다)는 것이다.

균형에서 4년만기 채권을 만기까지 보유하는데 따른 수익률은 4년 동안 연속적으로 1년만기 채권을 보유하는 데 따른 기대수익률과 일치하여야 한다. 이와 유사하게 3년만기 채권의 수익률은 3년 동안 연속적으로 1년만기 채권을 보유하는데 따른 기대수익률과 일치하여야 한다. 만일 미래의 1년 이자율들이 연속적으로 미래에 상승할 것으로 예상되면 수익률곡선은 우상향할 것이다. 특히 4년만기 채권의 현재 수익률이 3년만기 채권의 현재 수익률보다 높고 3년만기 채권의 현재 수익률이 2년만기 채권의 현재 수익률보다 높을 것이다. 이와 유사하게 만일 미래의 1년 이자율들이 연속적으로 미래에 일정하게 유지될 것으로 예상되면 4년만기 채권의 수익률은 3년만기 채권의 수익률과 같을 것이다. 즉 이자율의 기간구조는 특정 시간 동안에 일정하게 수평으로 유지될 것이다. 특히 불편기대이론에서 장기이자율은 현재이자율과 예상되는 단기이자율의 기하평균(geometric average)이라고 가정한다. 즉 연속적인 단기증권들에 대한 투자 수익률과 동일한 만기를 가진 장기증권의 수익률을 일치시키는 이자율은 미래의 단기이자율들에 대한 시장의 기대를 반영한다. 이러한 관계를 나타내는 식은 다음과 같다.

$$(1+{}_1R_N)^N = (1+{}_1R_1)[1+E({}_2r_1)] \cdots [1+E({}_Nr_1)]$$

여기서 $_1R_N$ = 만기 N년인 채권의 현물이자율, N= 만기까지의 기간, $_1R_1$= 만기 1년 현물이자율, $E({}_tr_1)]$ = t기 기간에 기대되는 1년 (선도) 수익률.

대문자로 표현한 $_1R_t$는 오늘 매입되는 만기 t년인 채권의 현물이자율이라는 것을 주목하라. 소문자로 표현한 $_tr_1$은 미래의 t년차에 시작하는 미래의 1년 이자율의 추정치이다. 예를 들면, 만기 1년 현물이자율과 그 이후 3년 동안(말하자면, 2년차, 3년차와 4년차)에 기대되는 만기 1년 T-bill들의 이자율이 다음과 같다고 하자.

$$_1R_1 = 2.94\%,\ \ E({}_2r_1) = 4.00\%,\ \ E({}_3r_1) = 4.74\%,\ \ E({}_4r_1) = 5.10\%$$

이것은 연방준비제도가 점차 긴축통화정책을 수행할 것으로 시장이 예상하는 상황과 일치한다. 불편기대이론에서는 만기 1년, 2년, 3년과 4년의 재무부채권에 대한 현물이자율들은 다음과 같아야 한다.

$_1R_1 = 2.940\%$

$_1R_2 = [(1+0.0294)(1+0.04)]^{1/2}-1 = 3.469\%$

$_1R_3 = [(1+0.0294)(1+0.04)(1+0.0474)]^{1/3}-1 = 3.891\%$

$_1R_4 = [(1+0.0294)(1+0.04)(1+0.075)(1+0.051)]^{1/4}-1 = 4.192\%$

이 경우 수익률곡선은 다음과 같은 형태를 보인다.

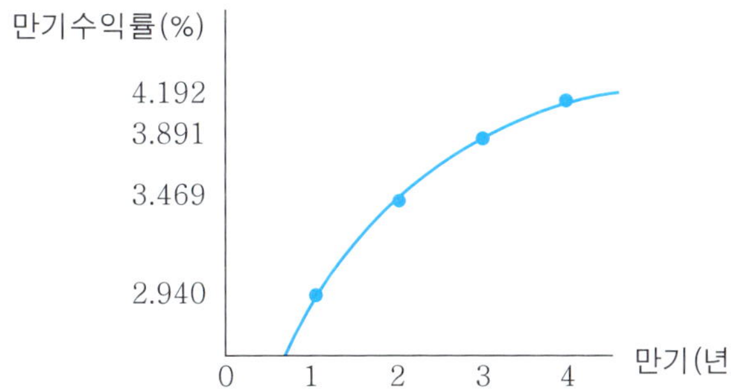

따라서 우상향 수익률곡선은 미래에 1년 (단기) 이자율들이 계속 상승할 것이라는 시장의 기대를 반영한다.

유동성프리미엄이론

불편기대이론은 선도이자율이 미래이자율에 대한 완벽한 예측치가 아니라는 사실을 간과한다는 단점을 지니고 있다. 만일 선도이자율이 미래이자율에 대한 완벽한 예측치라면, 재무부채권들의 미래가격은 확실하게 알려지게 된다. 이 경우 일정 투자기간 동안의 수익률은 확정적일 것이고, 수익률은 매입한 증권의 만기나 채권의 청산시점과는 무관할 것이다. 그러나 미래이자율(아울러 미래의 통화정책)과 이에 따른 미래채권가격들에 대한 불확실성 때문에 재무부채권들은 리스크를 포함하고 있는 증권이다. 달리 말하면, 수익률에 대한 미래의 불확실성 때문에, 장기증권들을 보유하는데 리스크가 존재하고 이 리스크는 채권의 만기가 길어질수록 커지게 된다.

이자율의 기간구조에 대한 유동성프리미엄이론(liquidity premium theory)은 이와 같은 미래의 불확실성을 고려한다. 이 이론은 자산의 만기에 따라 증권가격에 내재되어 있는 불확실성이 증가하므로, 이러한 미래 불확실성을 보상하는 프리미엄이 제공될 때에만 투자자들이 장기증권들을 보유할 것이라는 견해에 기초한다. 특히 불확실성의 세계에서는 일반적으로 단기증권들이 장기증권들보다 유동성이 높은 반면 자본손실의 리스크는 낮다. 그 결과 투자자들은 현금화하기 쉽기 때문에 단기증권을 선호하게 된다. 따라서 투자자가 자본손실리스크가 큰 장기증권을 매입하기 위해서는 이에 따른 유동성프리미엄을 요구하게 된다. 이러한 가격차이 또는 유동성리스크 차이는 장기증권들이 단기증권들에 비하여 이자율변화에 더욱 민감하다는 사실과 직접적으로 관련이 있다. 이에 대해서는 다음 장의 부록에 설명되어 있는 채권의 만기에 따른 이자율민감도를 참조하라. 만기가 길어질수록 리

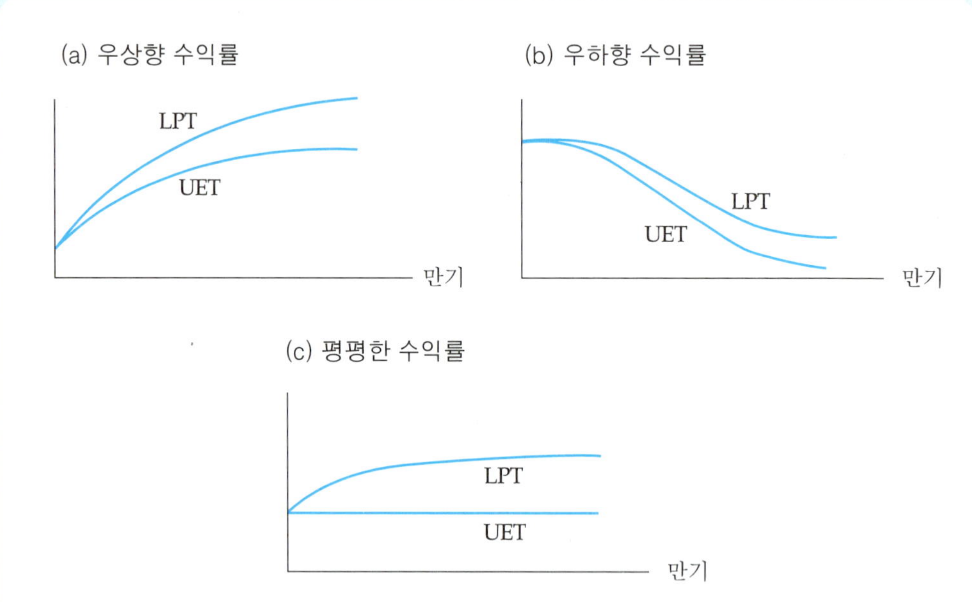

그림 3A-3 불편기대이론(UET)과 유동성프리미엄이론(LPT)하에서의 수익률곡선

스크가 증가하기 때문에 유동성프리미엄도 만기에 따라 증가하게 된다.

유동성프리미엄이론은 장기이자율은 현물이자율과 미래의 단기 기대이자율에 유동성프리미엄을 합한 것과의 기하평균과 같다고 주장한다. [그림 3A-3]은 불편기대이론과 유동성프리미엄이론하에서의 수익률곡선의 차이를 보여 주고 있다. 예를 들어, 유동성프리미엄이론에 따르면, 우상향 수익률곡선은 미래의 단기이자율들이 상승하거나, 변동이 없거나, 또는 하락할 것이라는 투자자의 기대를 모두 반영할 수 있으나, 유동성프리미엄은 만기가 길어짐에 따라 증가하기 때문에 결과적으로 수익률곡선은 만기에 따라 증가할 것이다. 유동성프리미엄이론은 다음과 같은 식으로 나타낼 수 있다.

$${}_1R_N = \{(1+{}_1R_1)[1+E({}_2r_1)+L_2] \;\cdots\; [1+E({}_Nr_1)+L_N]\}^{1/N}-1$$

여기서 L_t = 기간 t의 유동성프리미엄이며 $L_2 < L_3 < \cdots < L_N$

예를 들어, 1년만기 현물이자율과 그 이후 3년(즉, 2년차, 3년차, 4년차)의 1년만기 재무부채권들의 기대이자율이 다음과 같다고 가정하자.

$${}_1R_1 = 2.94\%,\; E({}_2r_1) = 4.00\%,\; E({}_3r_1) = 4.74\%,\; E({}_4r_1) = 5.10\%$$

아울러 다음과 같이 중기채권에 대해 유동성프리미엄을 요구한다고 하자.

$$L_2 = 0.10\%,\ L_3 = 0.20\%,\ L_4 = 0.30\%$$

유동성프리미엄이론을 적용하면 1, 2, 3, 4년만기 현물이자율은 각각 다음과 같이 계산된다.

$${}_1R_1 = 2.94\%$$
$${}_1R_2 = [(1+0.0294)(1+0.04+0.001)]^{1/2} - 1 = 3.52\%$$
$${}_1R_3 = [(1+0.0294)(1+0.04+0.001)(1+0.0474+0.002)]^{1/3} - 1 = 3.99\%$$
$${}_1R_4 = [(1+0.0294)(1+0.04+0.001)(1+0.0474+0.002)(1+0.051+0.003)]^{1/4} - 1 = 4.34\%$$

시장분할이론

시장분할이론은 개별투자자들은 특정한 만기를 선호한다고 주장한다. 따라서 서로 다른 만기를 가진 채권들은 시장분할이론하에서 완전대체재가 아니다. 그 대신 개별투자자들은 자산과 부채의 특성에 따른 특정 투자기간을 선호한다. 예를 들어, 은행들은 보유하고 있

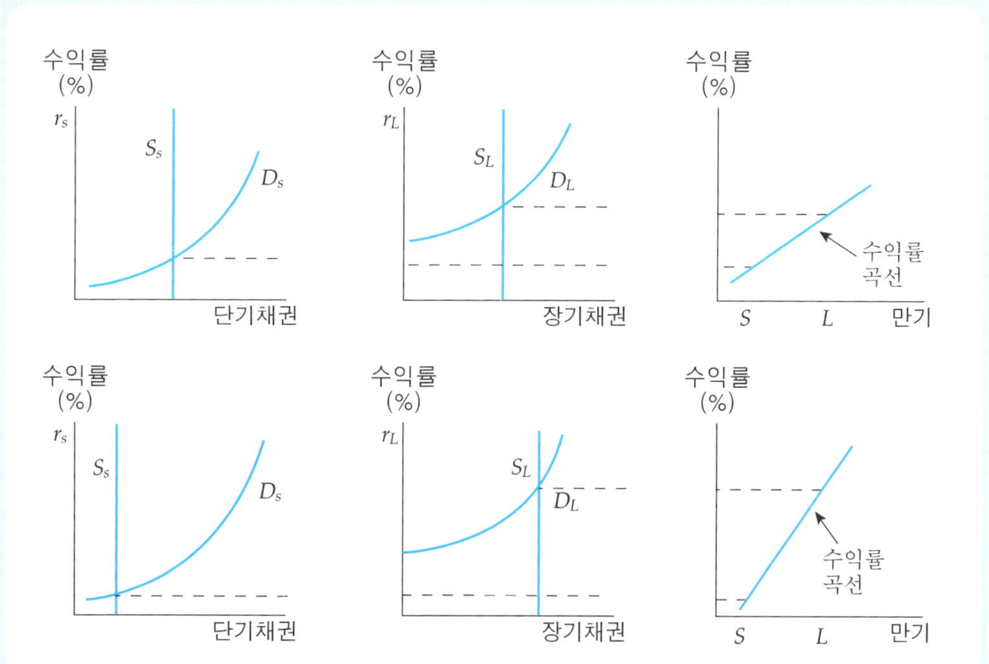

그림 3A-4 시장분할과 수익률곡선의 기울기

는 예금부채가 단기특성을 가지기 때문에 상대적으로 단기의 재무부채권을 선호할 수 있는 반면, 보험회사는 보유하고 있는 생명보험 계약부채들의 장기특성 때문에 장기 재무부채권을 선호할 수 있다. 결과적으로 이자율은 하나의 특정한 만기 또는 분할된 시장(예를 들면, 단기시장과 장기시장)에서 결정된다. 시장분할이론은 투자자 또는 차입자들은 수익률의 변화로부터 발생하는 기회를 활용하기 위해 하나의 만기영역에서 다른 만기영역으로 이동하지 않는다고 가정한다. [그림 3A-4]는 단기채권 또는 장기채권의 공급곡선변화가 어떻게 수익률곡선의 형태를 변화시키는지를 보여 준다. 이러한 변화는 미국 재무부가 단기채권의 공급을 감소시키고 장기채권의 공급을 증가시키는 경우(말하자면 정부부채잔고의 평균만기를 증가) 발생할 수 있다. 특히 [그림 3A-4]에서 채권의 수익률들이 높으면 높을수록 이들에 대한 수요는 더 증가한다. 따라서 채권의 공급이 단기시장에서 감소하고 장기시장에서 증가하면 수익률곡선의 기울기는 보다 급격해진다. 만일 단기채권의 공급이 증가하는 반면 장기채권의 공급이 감소하면 수익률곡선은 보다 평평해진다(수익률곡선이 우하향할 수도 있다). 실제로 2000년에 미국 재무부가 T-bond를 대규모로 재매입한 것이 2000년 2월에 우하향 수익률곡선이 나타나게 된 중요한 원인이었다.

제 4 장

이자율리스크 II

4.1 서 론

제3장에서 설명한 것처럼, 재가격모형의 단점은 자산과 부채의 시장가치가 아닌 장부가치에 의존하는 것이라고 할 수 있다. 대부분 국가에서 금융회사들은 장부가치 회계를 이용하여 대차대조표를 보고한다. 이 방법은 증권, 대출, 부채매각 등에 역사적 가격을 사용한다. 예를 들어, 미국 은행들은 거래를 목적으로 보유하는 자산들은 시장가치로 기록하지만 투자자산(만기까지 보유하려고 하는)들은 장부가격으로 기록하고 있다.[1] 시장가치로 기록하는 것은 자산과 부채가 현재 시장상황을 반영하도록 재평가되는 것을 의미한다. 따라서 이자율이 낮을 때 액면가 100달러인 고정이표채권을 100달러에 매입하였다면, 이자율의 상승은 채권의 현금흐름의 현가를 감소시키게 되므로, 유통시장에서의 채권의 현재 가격도 하락하게 된다. 즉 시장가치 회계는 자산과 부채가 과거 얼마에 매입 또는 매도되었는가를 나타내는 것이 아니라 금융회사가 지금 증권들의 가격으로 청산된다면 수취와 지급이 가능한 자산과 부채의 실제 가치를 반영하게 된다. 이렇게 현재 시장가치로 증권의 가격을 평가하는 것을 시장평가(marking to market)라고 한다. 장부가치와 시장가치 회계의 차이, 그리고 각 방법이 금융회사의 가치에 미치는 영향에 대해서는 제15장에서 자세히 설명

1) 정확히 말하면, 이 자산들은 역사적 가격과 현재가격 중 낮은 것으로 보고된다. 그러나 증권거래위원회와 재무회계기준위원회(FASB) 모두 금융회사들이 조만간 시장가치회계로 변경할 것을 적극 주장하고 있다. 현재 FASB 115조에서는 금융회사들은 특정 채권들을 시장가치로 보고하게 되어 있지만 대출에 대해서는 요구하지 않고 있다.

할 것이다. 채권가격의 결정과 가격변동성은 기초 재무과목에서 배우게 되나, 복습을 원하는 독자는 이 장의 부록 4A를 참조하기 바란다.

이자율리스크 측정에 관한 두 번째 장에서는 이자율리스크를 관리하는 시장가치기준모형인 듀레이션모형을 살펴본다. 독자들은 *듀레이션(duration)*의 개념을 이해하고 듀레이션과 듀레이션갭(duration gap)이 제3장에서 살펴본 단순한 만기갭모형보다 금융회사의 이자율리스크를 보다 정확히 측정할 수 있는 지표라는 것을 알게 될 것이다. 재가격모형과는 달리 듀레이션갭은 금융회사가 보유한 자산과 부채의 시장가치 및 만기분포를 고려한다. 아울러 듀레이션갭은 자산과 부채의 현금흐름 발생시점은 물론 대차대조표 상의 레버리지 정도도 고려한다. 따라서 이 장에서 논의되는 듀레이션갭은 금융회사의 이자율리스크에 대한 보다 종합적인 측정지표이다. 그 결과 규제당국은 이자율리스크에 노출된 금융회사의 적정자본수준을 결정하기 위해 이 모형에 초점을 맞추고 있다(제15장 참조). 이 장은 자산 또는 부채의 듀레이션을 계산하기 위해 필요한 기본적인 공식을 제시하면서 시작한다. 이어서 듀레이션의 경제적 의미를 분석할 것이다. 자산 또는 부채의 평균만기를 측정하는 듀레이션 값은 해당 자산 또는 부채가격의 이자율민감도(또는 이자율 탄력성)라는 경제적 의미를 가진다. 다음으로, 듀레이션이 이자율리스크로부터 금융회사를 보호하기 위해(또는 금융회사의 포트폴리오를 면역화시키기 위해) 어떻게 사용될 수 있는지를 살펴본다. 마지막으로, 듀레이션 측정지표를 현실의 금융회사 대차대조표에 적용하는데 발생되는 문제점들을 검토한다. 이러한 문제들과 관련된 보다 복잡한 이슈들은 부록 4B에서 논하기로 한다.

4.2 듀레이션의 기초

듀레이션은 자산 또는 부채의 만기뿐만 아니라 모든 현금흐름의 발생시점을 고려하기 때문에 자산 또는 부채의 이자율민감도에 대한 보다 완전한 측정지표이다. 다음과 같은 은행의 대출을 예로 들어 보자. 주어진 대출은 6개월 후에 15%의 이자율(연간)에 따른 이자와 원금 100달러의 반을 상환하고 15%의 이자율(연간)에 따른 이자와 나머지 원금의 반은 1년 말에 상환하도록 되어 있다. 6개월 말과 1년 말에 차입자로부터 금융회사가 수취하는 현금흐름(CF)이 [그림 4-1]에 그려져 있다.

$CF_{1/2}$는 6개월 말에 이루어지는 50달러의 원금상환금과 7.50달러의 약속된 이자(100달러 $\times 1/2 \times 15\%$)의 합이다. CF_1은 1년 말에 받게 되는 약속된 현금으로 50달러의 원금상환금과 3.75달러의 약속된 이자(50달러$\times 1/2 \times 15\%$)의 합이다. 이와 같은 두 현금흐름의 상대적 크기를 비교하기 위해 두 현금흐름은 같은 시점에서 평가되어야 한다. 1년 말에 받는 1달러

의 원금 또는 이자는 화폐의 시간가치기준 때문에 6개월 말에 받는 1달러의 원금 또는 이자보다 가치가 작다. 현재 이자율이 연간 15%라고 가정하면 [그림 4-2]에 나타낸 두 현금흐름의 현재가치(present value: *PV*)는 다음과 같이 계산된다.

$$CF_{1/2}=\$57.5 \qquad PV_{1/2}=\$57.5/(1.075)=\$53.49$$
$$CF_1=\$53.75 \qquad PV_1=\$53.75/(1.075)^2=\$46.51$$
$$CF_{1/2}+CF_1=\$111.25 \qquad PV_{1/2}+PV_1=\$100.00$$

6개월 말에 발생하는 현금흐름 $CF_{1/2}$는 보다 먼저 받기 때문에 $\left(1+\frac{1}{2}R\right)$에 의하여 할인된다는 점에 주목하라. 여기서 R은 대출에 대한 현재의 연간이자율이다. 이 할인율은 1년 말에 발생하는 현금흐름에 대한 할인율인 $\left(1+\frac{1}{2}R\right)^2$보다 작다.[2] [그림 4-2]는 주어진 대출로부터 발생하는 현금흐름의 현재가치를 요약하고 있다.

기술적으로 말하면 **듀레이션(duration)**은 현금흐름의 상대적인 현재가치를 가중치로 사용하여 계산된 대출의 *가중평균만기(weighted-average time to maturity)*이다. 듀레이션은 화폐의 시간가치에 기초하여 대출에 대한 최초 투자금을 회수하기 위해 필요한 시간을 측정

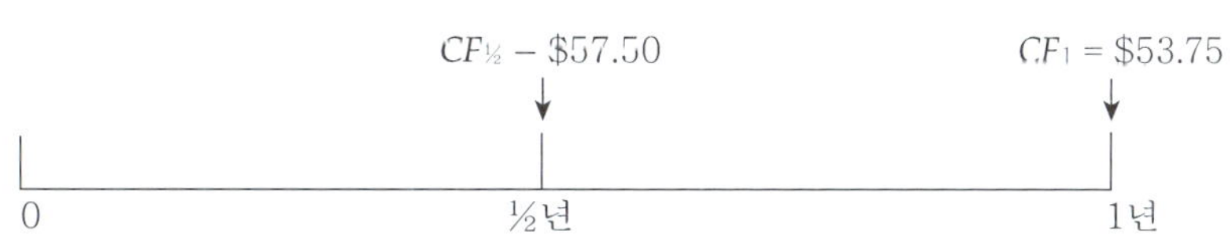

그림 4-1 1년만기 대출에서 발생되는 약속된 현금흐름

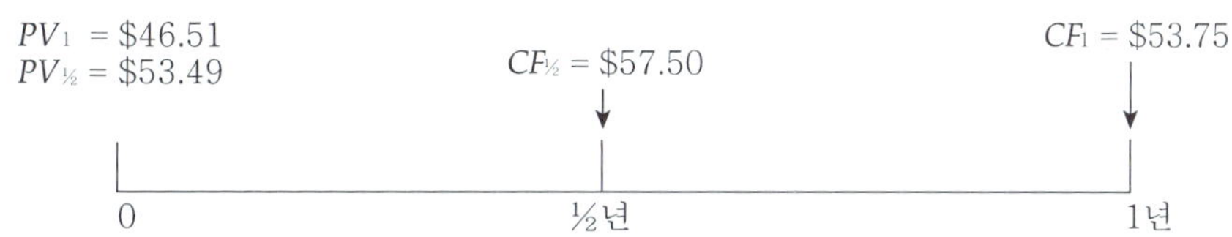

그림 4-2 1년만기 대출에서 발생하는 현금흐름의 현재가치

2) 여기서 현금흐름을 반 년마다 지급하는 증권으로부터 발생하는 현금흐름의 현재가치를 계산하기 위하여 미국 재무부 공식을 사용하고 있다. 이 방법은 반 년 단위 지급과 복리를 반영하기 때문에 보다 정확하다.

한다. 대출의 듀레이션 이전에 받는 현금흐름은 최초 투자금의 회수를 반영하는 반면 대출의 듀레이션 이후와 만기 이전에 받는 현금흐름은 금융회사의 수익이다. [그림 4-2]가 보여 주는 바와 같이 금융회사는 6개월 말에 일부 현금흐름과 1년 말에 일부 현금흐름을 받는다. 듀레이션 분석은 각 시점에서 발생하는 현금흐름의 현재가치로 상대적 중요도를 부여하면서 현금흐름이 발생하는 시점을 가중화한다. 현재가치기준으로 $t=1/2$년과 $t=1$년에 발생하는 현금흐름의 상대적 중요도는 다음과 같이 계산된다.

시간 (t)	가중치 (X)
1/2년	$X_{1/2} = \dfrac{PV_{1/2}}{PV_{1/2}+PV_1} = \dfrac{53.49}{100.00} = .5349 = 53.49\%$
1년	$X_1 = \dfrac{PV_1}{PV_{1/2}+PV_1} = \dfrac{46.51}{100.00} = .4651 = 46.51\%$
	$1.0 \quad 100\%$

▶ **듀레이션(duration)**
현금흐름의 상대적인 현재가치를 가중치로 사용하여 측정되는 자산 또는 부채의 가중평균만기.

즉 현재가치기준으로 금융회사는 6개월 말 $\left(t=\frac{1}{2}\right)$에 현금흐름의 53.49%와 1년 말($t=1$)에 현금흐름의 46.51%를 받는다. 정의상 현재가치로 측정된 현금흐름의 가중치 합은 1이어야 한다.

$$X_{1/2} + X_1 = 1$$
$$0.5349 + 0.4651 = 1$$

이제 현금흐름의 현재가치를 가중치로 사용하면서 대출의 듀레이션(D) 또는 가중평균만기를 계산할 수 있다.

$$D_L = X_{1/2}\left(\frac{1}{2}\right) + X_1(1)$$
$$= 0.5349\left(\frac{1}{2}\right) + 0.4651(1) = 0.7326\text{년}$$

따라서 대출의 만기는 1년인 반면 대출의 듀레이션 또는 현금흐름기준의 평균수명은 0.7326년이다. 화폐의 시간가치기준으로 대출의 최초 투자금은 0.7326년 후에(실현되지는 않을 수 있지만) 회수된다. 이 시점 이후에 금융회사는 대출에 따른 수익을 수취한다. 현재가치기준으로 현금흐름의 53.49%가 6개월 말에 발생하기 때문에 듀레이션은 대출의 만기보다 짧다. 현금흐름의 시점을 현금흐름의 상대적인 현재가치의 중요도에 의하여 가중평균하

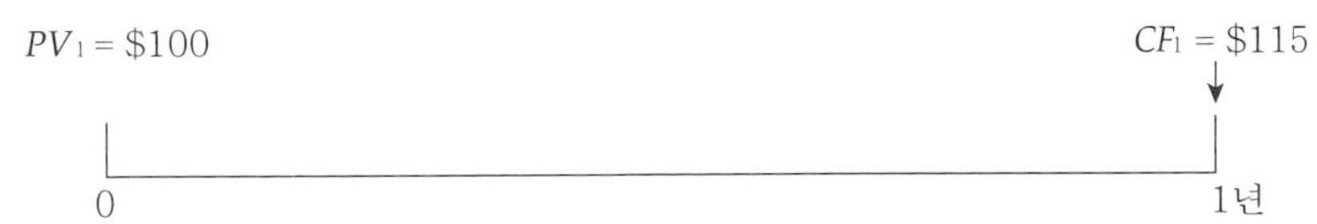

그림 4-3 예금에서 발생하는 현금흐름의 현재가치

기 때문에 듀레이션은 연단위로 측정된다는 점에 주목하라.

만기모형하에서 만기일치가 이루어져도 금융회사는 왜 여전히 이자율리스크에 노출되는지를 이해하기 위해 15%의 이자율을 가지는 100달러의 1년만기 CD의 듀레이션을 계산해보자. 금융회사는 예금자에게 1년 말에 한 차례의 현금지급을 약속한다. 즉 예금자에게 약속된 현금흐름은 원금($100)과 이자($15)를 합하여 CF_1=$115이다. 현재가치기준으로 가중치가 계산되기 때문에[3)]

$$CF_1 = \$115 \qquad\qquad PV_1 = \$115/1.15 = \$100$$

[그림 4-3]이 이것을 보여 준다. 모든 현금흐름이 1년 말에 한 번만 발생하기 때문에 $X_1 = PV_1/PV_1 = 1$이고 예금의 듀레이션은 다음과 같이 계산된다.

$$D_D = X_1 \times (1)$$
$$D_D = 1 \times (1) = 1\text{년}$$

따라서 모든 현금흐름이 중간에 발생하지 않고 1년 말에 한 번 발생할 때에만 듀레이션은 만기와 일치한다. 또한 이 예는 대출과 예금의 만기갭이 0인 반면 듀레이션갭(duration gap)은 음이라는 것을 보여 준다.

$$M_L - M_D = 1 - 1 = 0$$
$$D_L - D_D = 0.7326 - 1 = -0.2674\text{년}$$

향후 설명을 통하여 분명해질 것이지만 이자율리스크를 측정하고 헤지하기 위해 금융회사는 만기갭보다는 듀레이션갭을 관리할 필요가 있다.

---

3) CD는 연간 이표채와 같기 때문에 연간할인율은 1/(1+R)=1/1.15이다.

개념질문

1. 듀레이션은 왜 만기보다 자산 또는 부채의 이자율민감도에 대한 보다 완전한 측정지표인가?
2. 언제 자산의 듀레이션은 만기와 일치하는가?

4.3 듀레이션의 일반공식

다음의 일반공식을 사용하여 연단위로 이자를 지급하는 확정수입증권의 듀레이션(또는 Macauley 듀레이션[4])을 계산할 수 있다.

$$D = \frac{\sum_{t=1}^{N} CF_t \times DF_t \times t}{\sum_{t=1}^{N} CF_t \times DF_t} = \frac{\sum_{t=1}^{N} PV_t \times t}{\sum_{t=1}^{N} PV_t} \quad (1)$$

여기서

D = 연단위로 측정된 듀레이션

CF_t = t기 말에 증권으로부터 발생하는 현금흐름

N = 현금흐름이 발생하는 마지막 기간(만기)

DF_t = 할인율 = $1/(1+R)^t$, R은 연간 만기수익률 또는 현재의 시장이자율

PV_t = t기 말에 증권으로부터 발생하는 현금흐름의 현재가치로 $CF_t \times DF_t$와 일치한다.

반 년 단위로 이자를 지급하는 채권의 듀레이션을 구하는 방정식은 다음과 같다.[5]

---

4) 듀레이션 개념을 최초로 발전시킨 경제학자의 이름을 따른 것임.

5) 일반적으로 듀레이션 방정식은 다음과 같이 나타낼 수 있다.

$$D = \frac{\sum_{t=1/m}^{N} \frac{CF_t \times t}{(1+R/m)^{mt}}}{\sum_{t=1/m}^{N} \frac{CF_t}{(1+R/m)^{mt}}}$$

여기서 m = 연간이자율이 지불되는 횟수이다.

표 4-1 듀레이션 : 정의 및 특징

듀레이션의 정의
1. 특정 증권의 가중평균만기
2. 이자율의 작은 변화에 대한 증권가격의 탄력성

듀레이션의 특징
1. 듀레이션은 확정수입증권의 만기가 길수록 증가하나, 증가비율은 감소한다.
2. 듀레이션은 증권의 수익률이 증가함에 따라 감소한다.
3. 듀레이션은 이표나 이자지급이 증가함에 따라 감소한다.

듀레이션을 이용한 리스크관리
1. 듀레이션은 면역화된 증권의 만기와 일치한다.
2. 금융회사는 전체 대차대조표의 이자율리스크를 측정하고 관리하기 위하여 듀레이션갭을 사용한다.

$$D = \frac{\sum_{t=1/2}^{N} \frac{CF_t \times t}{(1+R/2)^{2t}}}{\sum_{t=1/2}^{N} \frac{CF_t}{(1+R/2)^{2t}}} \tag{2}$$

여기서 $t = \frac{1}{2},\ 1,\ 1\frac{1}{2},\ \cdots,\ N.$

Macauley 듀레이션의 주요 가정은 수익률곡선이 평평하며, 이자율이 변화하면 수익률곡선들은 평행하게 움직인다는 것이다. 아울러 이 간단한 듀레이션식은 채권의 발행자가 이자와 원금을 원래 정한대로 지급한다는, 즉 채권의 신용리스크가 없다는 것을 가정하고 있다. 이 장의 본문에서 듀레이션모형의 이론과 분석을 진행할 때는 Macauley 모형을 사용한다. 부록 4B에서는 이러한 가정들이 완화되며 식도 조금 변화한다. 하지만 본문의 직관과 전반적인 특성은 대동소이하다.

듀레이션 공식의 분모는 증권에서 발생되는 현금흐름들의 현재가치(효율시장에서 현재가치는 현재시장가치와 일치한다)라는 것을 주목하라. 분자는 증권에서 발생하는 각 현재흐름의 현재가치를 해당되는 현금흐름을 받기 위해 요구되는 시간의 길이를 곱한 것이다. 당신이 이 공식을 완전히 이해하는 것을 돕기 위해 몇 가지 예를 살펴보자. 〈표 4-1〉은 듀레이션의 정의와 특징을 요약하고 있다.

표 4-2 8%의 이표율과 수익률을 가진 6년만기 유로본드의 듀레이션

t	CF_t	DF_t	$CF_t \times DF_t$	$CF_t \times DF_t \times t$
1	80	0.9259	74.07	74.07
2	80	0.8573	68.59	137.18
3	80	0.7938	63.51	190.53
4	80	0.7350	58.80	235.20
5	80	0.6806	54.45	272.25
6	1,080	0.6302	680.58	4,083.48
			1,000.00	4,992.71

$$D = \frac{4,992.71}{1,000} = 4.993\text{년}$$

표 4-3 8%의 이표율과 12%의 수익률을 가진 2년만기 미국 재무부채권의 듀레이션

t	CF_t	DF_t	$CF_t \times DF_t$	$CF_t \times DF_t \times t$
$^1/_2$	40	.9434	37.74	18.87
1	40	.8900	35.60	35.60
$1^1/_2$	40	.8396	33.58	50.37
2	1,040	.7921	823.78	1,647.56
			930.70	1,752.40

$$D = \frac{1,752.40}{930.70} = 1.883\text{년}$$

이자지급 채권의 듀레이션

예제 4-1 6년만기 유로본드의 듀레이션

유로본드는 연단위로 이표를 지불한다. 연간이표율이 8%, 액면가격이 1,000달러, 현재의 만기수익률 (R)이 8%라고 하자. 〈표 4-2〉는 유로본드의 듀레이션 계산방법을 보여 준다.

〈표 4-2〉에서 보는 바와 같이 유로본드의 듀레이션 또는 가중평균만기는 4.993년이다. 달리 말하면 화폐의 시간가치기준으로 최초의 1,000달러 투자금은 4.993년 후에 회수된다. 4.993년과 만기(6년) 사이에 유로본드는 투자자에게 수익을 창출한다.

예제 4-2 2년만기 미국 재무부채권의 듀레이션

미국 재무부채권은 반 년 단위로 이표를 지불한다. 연간 이표율이 8%, 액면가격이 1,000달러이고 연간 만기수익률은 12%라고 하자. 이 채권의 듀레이션 계산을 위해서는 〈표 4-3〉을 보라.[6] 듀레이션의 계산에서 보는 바와 같이 이 채권의 듀레이션 또는 가중평균만기는 1.883년이다. 〈표 4-4〉는 만일 연간 이표율이 6%로 하락하면, 이 채권의 듀레이션은 1.909년으로 증가한다는 것을 보여 준다. 6%의 이표율은 8%의 이표율보다 낮기 때문에 채권의 최초 투자금을 회수하는데 더 오래 걸린다. 〈표 4-5〉에서 만기수익률이 16%로 증가하는 경우 8%의 이표율을 가진 이 채권의 듀레이션이 계산된다. 채권의 듀레이션은 1.883년(〈표 4-3〉)에서 1.878년으로 짧아진다. 채권의 만기수익률이 높으면 높을수록 이표를 재투자하여 투자자는 더 많이 벌게 되고 최초 투자금을 회수하는데 걸리는 시간은 더 짧아진다. 마지막으로 채권의 만기가 〈표 4-6〉에서처럼 1년이 되면, 이 채권의 듀레이션은 0.980년이 된다. 따라서 채권의 만기가 단기일수록 최초 투자금도 더 빨리 회수된다.

표 4-4 6%의 이표율과 12%의 만기수익률을 가진 2년만기 재무부채권의 듀레이션

t	CF_t	DF_t	$CF_t \times DF_t$	$CF_t \times DF_t \times t$
1/2	30	0.9434	28.30	14.15
1	30	0.8900	26.70	26.70
$1^1/_2$	30	0.8396	25.19	37.78
2	1,030	0.7921	815.86	1,631.71
			896.05	1,710.34

$$D = \frac{1{,}710.34}{896.05} = 1.909\text{년}$$

표 4-5 8%의 이표율과 16%의 만기수익률을 가진 2년만기 재무부채권의 듀레이션

t	CF_t	DF_t	$CF_t \times DF_t$	$CF_t \times DF_t \times t$
1/2	40	0.9259	37.04	18.52
1	40	0.8573	34.29	34.29
$1^1/_2$	40	0.7938	31.75	47.63
2	1,040	0.7350	764.43	1,528.86
			867.51	1,629.30

$$D = \frac{1{,}629.30}{867.51} = 1.878\text{년}$$

6) 여기서 반 년 단위의 이표를 가진 할인채를 위해 미국 재무부 공식을 사용한다. 할인율은 $1/(1+R/2)^X$이고 여기서 X는 반 년 단위 이표지급의 횟수이다. 따라서 $t=1/2$에서 할인율은 1/(1.06)이고 $t=1$에서 할인율은 $1/(1.06)^2$이다.

표 4-6 **8%의 이표율과 12%의 만기수익률을 가진 1년만기 재무부채권의 듀레이션**

t	CF_t	DF_t	$CF_t \times DF_t$	$CF_t \times DF_t \times t$
1/2	40	0.9434	37.74	18.87
1	1,040	0.8900	925.60	925.60
			963.34	944.47

$$D = \frac{944.47}{963.34} = 0.980\text{년}$$

이번에는 듀레이션을 이해하는데 필요한 2가지 다른 형태의 채권들을 살펴보자.

무이표채의 듀레이션

미국 재무부는 증권회사들과 투자자들이 정상적인 재무부증권의 이표와 원금을 분해해서 이들을 독립적인 증권들로 판매할 수 있도록 하는 무이표채를 만들었다. 유로본드시장과 같은 금융시장에서 기업들은 할인채 또는 무이표채를 직접 발행하고 있다. 미국 재무부 단기채권(Treasury bills)과 기업어음은 일반적으로 할인기준으로 발행되는 할인채의 예들이다. 이 채권들은 발행시 액면가격으로부터 할인된 가격으로 판매되고 만기에 액면가격이 지불되며 발행시점과 만기시점 사이에 이표지급과 같은 중간 현금흐름이 발생하지 않는다. 이러한 채권에 대하여 투자자가 지불하고자 하는 현재가격은 만기에 한 번 지급받는 액면가격(F)의 현재가치와 같다. 즉

$$P = \frac{F}{(1+R)^N}$$

여기서 R은 복리로 계산된 만기수익률이고 N은 만기까지의 연수이며 P는 가격이다. 발행시점과 만기시점 사이에 이표와 같은 중간 현금흐름이 없기 때문에 이 채권의 듀레이션은 만기와 동일하다.

$$D_B = M_B$$

즉 무이표채의 듀레이션은 무이표채의 만기와 같다. 무이표채의 경우에만 듀레이션과 만기가 일치한다는 점에 주목하라. 만기 이전에 일부의 현금흐름이 지불되는 채권의 듀레이션은 만기보다 짧아진다.

영구채의 듀레이션

영구채는 미국에서 아직 발행되지 않았지만 만기와 듀레이션의 차이를 살펴보는데 이론

적으로 흥미가 있는 채권이다. **영구채(consol bond)**는 매년 고정된 이표를 지불한다. 이 채권의 특성은 결코 만기에 이르지 않는다는 것이다. 즉

$$M_C = \infty$$

실제로 영구채는 1890년대에 남아프리카에서 발생한 Boer 전쟁의 비용을 조달하기 위해 영국정부에 의하여 발행되었고 아직도 이 영구채의 이표지급이 계속되고 있다. 그러나 영구채의 만기는 이론적으로는 무한대이지만 듀레이션은 다음 식과 같다.[7]

$$D_c = 1 + \frac{1}{R}$$

여기서 R은 만기수익률이다. $R = 5\%$(연간)이면 영구채의 듀레이션은 다음과 같다.

$$D_c = 1 + \frac{1}{0.05} = 21\text{년}$$

따라서 만기는 무한대인 반면에 듀레이션은 유한하다. 이 경우 화폐의 시간가치 기준으로 이와 같은 영구채에 대한 최초 투자금이 회수되는데 21년이 걸린다. 21년 후에 이 채권은 채권보유자에게 이윤을 창출한다. 더욱이 이자율이 상승함에 따라 영구채의 듀레이션은 짧아진다. 예를 들면, 장기국채에 대한 수익률이 거의 20%로 상승하였던 1979–1982년 기간을 생각해 보라. 이 때 영구채의 듀레이션은

$$D_c = 1 + \frac{1}{0.2} = 6\text{년이다.}$$

▶ **영구채(consol bond)**
매년 고정된 이표를 영구히 지급하는 채권.

개념질문

1. 듀레이션 방정식의 분모는 무엇을 측정하는가?
2. 듀레이션 방정식의 분자는 무엇을 측정하는가?
3. 이표를 분기마다 지급하는 1년만기, 8% 이표율, 10% 만기수익률을 가진 채권의 듀레이션을 계산하라.
4. 무이표채의 듀레이션은 얼마인가?
5. 다른 채권들과 비교하여 영구채의 특성은 무엇인가?

7) 지면관계상 여기에 공식적인 증명을 제시하지 않는다. 관심 있는 독자는 G. Hawawini, "Controling the Interest Rate Risk of Bonds: An Introduction to Duration Analysis and Immunization Strategies," *Financial Markets and Portfolio Management*, 1 (1986-87), pp. 8-18을 참조하라.

4.4 듀레이션의 특성

앞의 예들로부터 증권의 만기, 만기수익률, 이표율과 관련한 듀레이션의 3가지 중요한 특성들을 도출할 수 있다.

듀레이션과 만기

〈표 4-3〉, 〈표 4-6〉, 〈표 4-7〉을 비교하면 확정수입자산 또는 부채의 만기가 증가하면 듀레이션은 증가하나 그 증가율은 감소하는 것을 알 수 있다. 즉[8)]

$$\frac{\partial D}{\partial M} > 0 \qquad \frac{\partial D^2}{\partial^2 M} < 0$$

이것을 살펴보기 위해 모두 12%의 만기수익률과 (4%의 반 년 단위 이표지급) 연간 8%의 이표율을 가지고 있는 1년만기, 2년만기, 3년만기의 미국 재무부증권들의 듀레이션을 만기에 대하여 그린 [그림 4-4]를 보라. 이 채권의 만기가 1년에서 2년으로 증가함에 따라(〈표 4-6〉과 〈표 4-3〉), 듀레이션은 0.980년에서 1.883년으로 0.903년 증가한다. 만기를 2년에서 3년으로 1년 더 증가시키면(〈표 4-3〉와 〈표 4-7〉) 듀레이션은 1.883년에서 2.709년으로 0.826년 증가한다.

표 4-7 8%의 이표율과 12%의 만기수익률을 가진 3년만기 미국 재무부채권의 듀레이션

t	CFt	DF_t	$CF_t \times DF_t$	$CF_t \times DF_t \times t$
1/2	40	0.9434	37.74	18.87
1	40	0.8900	35.60	35.60
1 1/2	40	0.8396	33.58	50.37
2	40	0.7921	31.68	63.36
2 1/2	40	0.7473	29.89	74.72
3	1,040	0.7050	733.16	2,199.48
			901.65	2,442.40

$$D = \frac{2{,}442.40}{901.65} = 2.709\text{년}$$

8) 대부분 증권에서는 이와 같은 관계가 파악된다. 그러나 액면가 미만으로 거래되는 채권의 경우, 듀레이션은 어느 정도까지 증가율이 감소하다가, 그 이후에는 듀레이션이 감소하기 시작한다.

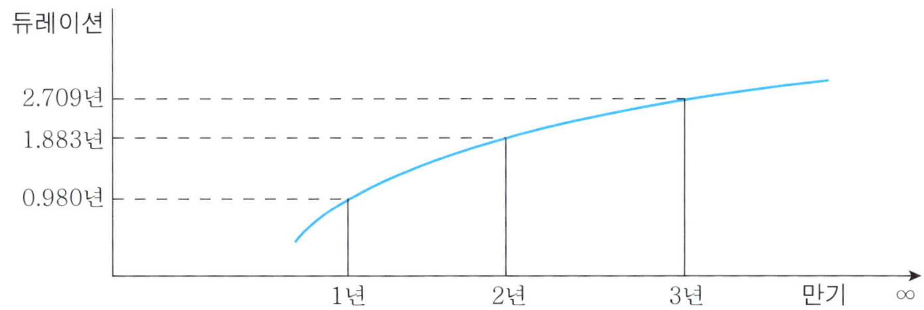

그림 4-4 듀레이션과 만기

듀레이션과 만기수익률

〈표 4-3〉와 〈표 4-5〉를 비교하면 수익률이 증가하면 듀레이션은 감소하는 것을 알 수 있다. 즉

$$\frac{\partial D}{\partial R} < 0$$

재무부채권의 수익률이 12%에서 16%로 상승함에 따라(〈표 4-3〉과 〈표 4-5〉), 이 채권의 듀레이션은 1.883년에서 1.878년으로 감소한다. 만기수익률이 높을수록 후반부의 현금흐름들이 보다 많이 할인되고 전반부의 현금흐름과 비교하여 후반부 현금흐름들의 상대적 중요도 또는 가중치가 감소하기 때문에 이와 같은 결과가 도출된다.

듀레이션과 이표율

〈표 4-4〉와 〈표 4-3〉을 비교하면 증권의 이표 또는 약속된 이자지급이 많을수록 증권의 듀레이션은 짧아지는 것을 알 수 있다. 즉

$$\frac{\partial D}{\partial C} < 0$$

〈표 4-4〉와 〈표 4-3〉에서 미국 재무부채권에 대한 표면이자율이 6%에서 8%로 상승할 때, 이 채권의 듀레이션은 1.909년에서 1.883년으로 감소한다. 이것은 이자지급이 많을수

록 투자자는 더 빨리 현금흐름을 수취하며, 듀레이션 계산에서 이들 현금흐름들의 현재가치 가중치가 더 커지기 때문이다. 화폐의 시간가치 기준으로 보면 투자자는 이표지급이 많을 때 보다 빠르게 최초 투자금을 회수할 수 있다.

개념질문

1. 30년만기, 8%의 만기수익률을 가진 무이표채와 30년만기, 8%의 이표율을 가진 영구채 중에서 어느 채권의 듀레이션이 더 긴가?
2. 증권의 듀레이션과 만기수익률 간의 관계는 무엇인가?
3. 이표율이 높은 채권이 장기 듀레이션을 가지는가 또는 단기 듀레이션을 가지는가?

4.5 듀레이션의 경제적 의미

지금까지 서로 다른 확정수입자산과 부채의 듀레이션을 계산하였다. 이제 연단위로 측정된 듀레이션의 값과 자산 또는 부채(또는 금융회사의 전체 포트폴리오)의 이자율민감도 간의 직접적 관계를 살펴보도록 하자.

듀레이션은 현금흐름을 기준으로 계산된 자산 또는 부채의 평균만기에 대한 측정치라는 것 이외에도 자산 또는 부채의 이자율민감도(interest sensitivity) 또는 이자율탄력성(interest elasticity)의 직접적인 측정지표이다. 달리 말하면 D의 값이 클수록 해당 자산 또는 부채의 가격은 이자율의 변화에 대하여 더 민감해진다.

채권의 현재가격이 발생하는 이표와 원금의 현재가치와 동일하다는 것을 보여 주는 다음 방정식을 생각해 보자.

$$P = \frac{C}{(1+R)} + \frac{C}{(1+R)^2} + \dots + \frac{C+F}{(1+R)^N} \tag{3}$$

P = 채권의 가격, C = 연간 이표, R = 만기수익률,
N = 만기까지의 기간 수, F = 채권의 액면가격.

만기수익률(R)이 상승할 때 채권의 가격(P)은 하락한다. 이와 같은 채권가격의 하락크기에 대한 직접적인 측정치(말하자면 채권가격의 민감도)를 원한다고 하자.

채권가격(P)을 만기수익률에 대하여 미분하면 다음 식을 얻는다.[9)]

$$\frac{dP}{dR} = -\frac{1}{1+R}(P \times D)$$

이 식으로부터 다음과 같은 식이 구하여진다.

$$\frac{dP}{dR} \times \frac{1+R}{P} = -D$$

또는 미분대신 차분기호를 사용하면[10]

$$\frac{\frac{dP}{P}}{\frac{dR}{(1+R)}} = -D \qquad (4)$$

식 (4)의 경제적 해석은 D는 작은 이자율변화에 대한 증권 가격의 **이자율탄력성(interest elasticity)** 또는 이자율민감도라는 것이다. 즉 D는 주어진 만기수익률의 변화($\Delta R/(1+R)$)에 대한 채권가격의 % 하락($\Delta P/P$)을 나타낸다.

식 (4)는 이자율민감도로 해석하는데 유용하며 다음과 같이 다시 정리될 수 있다.

---

9) $$\frac{dP}{dR} = \frac{-C}{(1+R)^2} + \frac{-2C}{(1+R)^3} + \ldots + \frac{-N(C+F)}{(1+R)^{N+1}}$$

이 식을 다시 정리하면 다음 식을 얻는다.

$$\frac{dP}{dR} = -\frac{1}{1+R}\left[\frac{C}{(1+R)} + \frac{2C}{(1+R)^2} + \ldots + \frac{N(C+F)}{(1+R)^N}\right] \qquad (A)$$

듀레이션은 현금흐름의 현재가치를 가중치로 사용하면서 측정되는 가중평균만기이다.

$$D = \frac{1 \times \frac{C}{(1+R)} + 2 \times \frac{C}{(1+R)^2} + \ldots + N \times \frac{(C+F)}{(1+R)^N}}{\frac{C}{(1+R)} + \frac{C}{(1+R)^2} + \ldots + \frac{(C+F)}{(1+R)^N}}$$

듀레이션 방정식의 분모는 채권에서 발생되는 현금흐름들의 현재가치와 일치하는 채권의 가격(P)이기 때문에

$$D = \frac{1 \times \frac{C}{(1+R)} + 2 \times \frac{C}{(1+R)^2} + \ldots + N \times \frac{(C+F)}{(1+R)^N}}{P}$$

이 방정식의 양변을 P로 곱하면 다음 식을 얻는다.

$$P \times D = 1 \times \frac{C}{(1+R)} + 2 \times \frac{C}{(1+R)^2} + \ldots + N \times \frac{C+F}{(1+R)^N} \qquad (B)$$

식 (B)의 오른쪽 변은 식 (A)의 대괄호 안의 항과 같다. 식 (B)를 식 (A)에 대입하면 다음 식을 얻는다.

$$\frac{dP}{dR} = -\frac{1}{1+R}[P \times D]$$

10) 아래의 논의에서 이자율변화는 무한히 작다기보다는 이산적인(discrete) 경향을 가진다는 것을 인식해서 (도함수 표시인) d기호대신에 (변화표시인) Δ기호를 사용한다. 예를 들면, 실제의 금융시장에서 관찰되는 가장 작은 이자율변화는 일반적으로 1베이시스포인트, 즉 1%의 1/100이다.

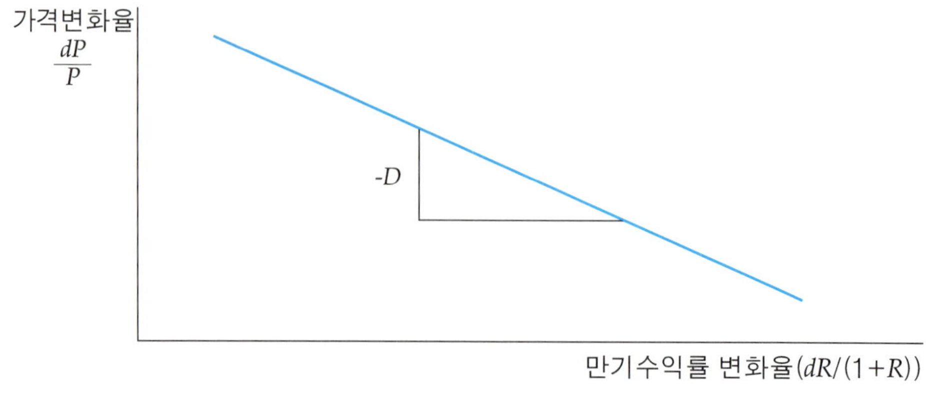

그림 4-5 듀레이션모형이 의미하는 채권의 가격변화율과 만기수익률변화율의 비례적 관계

$$\frac{\Delta P}{P} = -D\left[\frac{\Delta R}{1+R}\right] \tag{5}$$

▶ **이자율탄력성(interest elasticity)**
주어진 이자율의 변화에 대한 채권가격의 %변화.

식 (5)와 이것을 그림으로 나타낸 [그림 4-5]는 이자율의 변화에 대하여 채권가격은 D의 크기에 비례하여 반대방향으로 변화한다는 것을 보여 준다. 주어진 이자율변화에 대하여 장기의 듀레이션을 가진 증권이 단기의 듀레이션을 가진 증권보다 이자율이 상승(하락)하면 더 큰 자본손실을 입는다(자본이득을 얻는다). 암시하는 바와 같이 듀레이션모형에서 자본손실과 자본이득은 *대칭적(symmetric)*이다. 즉 이자율이 연단위로 1bp(반 년 단위로 1/2 베이시스포인트)만큼 하락한다고 가정하면서 위에 제시된 예들에 적용해 보면 채권가격의 % 변화($\Delta P/P$)는 D에 비례적일 것이다. 이에 더하여 자본이득은 동일한 크기의 이자율상승의 경우에 발생하는 자본손실의 대칭적 이미지가 된다. 듀레이션 방정식은 D와 $(1+R)$을 하나의 변수 $D/(1+R)$로 정의되는 **수정듀레이션(modified duration ; MD)**을 사용하면 다음과 같은 식으로 다시 정리될 수 있다.

$$\frac{\Delta P}{P} = -MD\Delta R$$

여기서 $MD = \dfrac{D}{1+R}$

이 식에서는 일반적인 듀레이션 방정식에서처럼 이자율의 할인된 변화를 듀레이션에 곱하는 것이 아니라 MD에 단순히 이자율의 변화를 곱하기 때문에 이 식이 보다 직관적으로 이해하기 쉽다. 이제 자산 또는 부채의 이자율민감도를 측정하기 위해 듀레이션을 사용해 보자.

▶ **수정듀레이션(modified duration)**
듀레이션(D)을 $(1+R)$로 나눈 것.

예제 4-3 6년만기 유로본드

8%의 이표율과 8%의 만기수익률을 가진 6년만기의 유로본드에 관한 〈예제 4-1〉을 생각해 보자. 〈표 4-2〉에서 이 채권의 듀레이션이 약 D=4.993년이라고 측정하였다. 수익률이 8%에서 8.01%로 1 베이시스포인트(1%의 1/100)만큼 상승한다고 하자. 그러면

$$\frac{dP}{P} = -(4.993)\left[\frac{.0001}{1.08}\right]$$
$$= -0.000462$$
$$\text{또는} \quad -0.0462\%$$

이 채권의 가격은 8%의 이표율과 8%의 만기수익률을 가진 6년만기 채권의 현재가치와 일치하는 1,000달러였다. 그러나 듀레이션모형은 채권의 가격이 만기수익률이 1bp 상승한 후에 999.538달러로 하락할 것이라고 예측한다.[11]

예제 4-4 영구채

연단위로 8%의 이표지급, 8%의 만기수익률, 13.5년의 듀레이션 (D_c=1+1/0.08 = 13.5)을 가진 영구채를 생각해 보자. 만기수익률의 1bp 상승(8%에서 8.01%로 상승)이 있는 경우

$$\frac{\Delta P}{P} = -(13.5)\left[\frac{.0001}{1.08}\right]$$
$$= -0.00125$$
$$\text{또는} \quad -0.125\%$$

11) 즉 채권의 가격은 0.0462%만큼, 즉 0.462달러만큼 하락할 것이다. 가격의 금액변화를 계산하기 위해 듀레이션 방정식을 다음과 같이 다시 쓸 수 있다.
$\Delta P = (P)(-D)(\Delta R/(1+R)) = (\$1{,}000)(-4.993)(0.0001/1.08) = -\$0.462$

이와 같이 일정한 수익률의 변화에 대하여 장기 듀레이션을 가진 증권은 단기 듀레이션을 가진 증권보다 더 큰 자본손실을 입거나 더 큰 자본이득을 얻는다.

반 년 단위의 이표

이자지급이 반 년 단위 또는 연 1회보다 더 많은 빈도로 이루어지는 확정수입자산 또는 부채의 경우 식 (5)의 식은 수정이 필요하다. 반 년 단위의 이자지급이 있는 경우

$$\frac{\Delta P}{P} = -D\left[\frac{\Delta R}{1+\frac{1}{2}R}\right] \tag{6}$$

식 (6)과 식 (5)의 유일한 차이는 반 년 단위의 이자지급을 고려하기 위해 할인율 항에서 $\frac{1}{2}$을 사용한 것이다.

예제 4-5 반 년 단위 이표지급과 2년만기를 가진 재무부채권

반 년 단위로 이표를 지급하는 2년만기 재무부채권의 듀레이션은 연간 만기수익률이 12%일 때 〈표 4-3〉에서 보는 바와 같이 1.883년이다.

1bp의 이자율상승은 채권의 가격에 다음과 같은 영향을 미칠 것이다.

$$\frac{\Delta P}{P} = -1.883\left[\frac{0.0001}{1.06}\right] = -0.000178$$

즉 채권의 가격은 930.70달러에서 930.53달러로 0.0178%만큼 하락할 것이다.[12)]

개념질문

1. 채권의 듀레이션은 이자율탄력성과 어떤 관계를 가지는가?
2. 분기마다 이표가 지급되는 경우와 매달 이표가 지급되는 경우를 고려하려면 식 (6)은 각각 어떻게 조정되어야 하는가?

---

12) 가격의 금액변화를 계산하기 위해 듀레이션 방정식을 다음과 같이 다시 쓸 수 있다.
$\Delta P = (P)(-D)(\Delta R/(1+R/2)) = (\$930.70)(-1.883)(0.0001/1.06) = -\$0.17$

4.6 듀레이션과 이자율리스크

지금까지 듀레이션을 계산하는 방법을 배웠다. 아울러 듀레이션은 자산 또는 부채가격의 이자율탄력성을 의미하기 때문에 듀레이션 측정값은 경제적 의미를 가진다는 것을 이해하였다. 듀레이션은 금융회사의 이자율리스크를 관리하기 위한 측정지표가 된다는 점에서 중요하다. 또한 듀레이션은 금융회사가 이자율리스크에 대하여 대차대조표 전체 또는 일부를 면역화하는데 중요한 역할을 한다. 이제 면역화 목적으로 듀레이션 측정지표를 어떻게 사용할 수 있는지를 보여 주는 2가지의 예를 살펴보자. 첫 번째 예는 미래의 특정시점에 보험가입자 또는 수익자에게 약속된 현금흐름을 지급하기 위해 보험회사 경영자와 연기금 경영자가 듀레이션을 사용하는 예이다. 두 번째 예는 이자율리스크에 대하여 금융회사의 대차대조표 전체를 면역화시키기 위해 듀레이션을 사용하는 예이다.

개별증권에 대한 듀레이션과 이자율리스크관리

연기금과 생명보험회사 경영자들은 미래의 특정 시점에 보험가입자들에게 약속한 현금을 지불할 수 있도록 자산투자를 관리해야 하는 문제에 직면한다. 고전적인 예로 은퇴연령에 이르면 보험가입자에게 일시금을 지불하는 보험을 들 수 있다. 생명보험회사 경영자가 직면한 리스크는 보험가입자의 보험료를 투자한 자금으로부터의 이자율이 하락할 수 있으며 투자한 보험료의 누적 수익이 목표금액 또는 약속금액에 미치지 못할 수 있다는 것이다. 이러한 경우 보험회사는 지급약속을 지키기 위해 보유한 준비금과 순자산을 감소시켜야 할 것이다.

현재 2010년이고 보험회사는 5년 후인 2015년에 보험가입자에게 약속한 금액을 지급해야 한다고 하자. 논의를 간단히 하기 위해 약속한 금액은 은퇴일시금으로 지급되어야 하며 1,000달러를 5년간 연간 8%의 복리로 투자할 경우와 같은 1,469달러라고 가정하자. 물론 실제 지급금은 이보다 더 많을 수 있으나 이 예에서 제시하고 있는 기본원리는 금액의 많고 적음에 따라 변화하지 않는다.

이자율리스크에 대하여 자신을 면역화하기 위해 보험회사는 어떤 투자가 미래 이자율변화에 상관 없이 5년 후 정확히 1,469달러의 현금흐름을 창출할 것인지를 결정할 필요가 있다. 보험회사가 5년만기와 5년 듀레이션을 가진 무이표채에 투자하든지, 또는 5년 듀레이션을 가진 이표채에 투자하면 미래 이자율변화에 상관 없이 5년 후 1,469달러의 현금흐름이 창출될 것이다. 이제 5년만기 할인채와 5년 듀레이션의 이표채를 매입하는 2가지 전략에 대하여 살펴보자.

■5년만기의 할인채매입

할인채의 액면가격이 1,000달러이고 수익률이 8%이며 연간 복리를 가정하면 5년만기 할인채의 현재 시장가치는 다음과 같이 채권 단위당 680.58달러이다.

$$P = 680.58 = \frac{1,000}{(1+1.08)^5}$$

만일 보험회사가 2010년에 총 1,000달러의 비용으로 1.469단위의 할인채를 사면, 이 투자는 5년 후 만기시에 정확히 1,469달러가 될 것이다($\$1,000 \times (1.08)^5 = \$1,469$). 그 이유는 이 채권의 듀레이션이 보험회사가 보유하고 있는 보험가입자에 대한 미래부채의 목표기간과 정확히 일치하기 때문이다. 직관적으로 보면 중도의 현금흐름 또는 이표가 무이표채의 발행자에 의하여 지불되지 않기 때문에 미래의 이자율변화가 재투자수입 효과를 가지지 못하기 때문이다. 따라서 이 할인채의 수익은 중간의 이자율변화에 의하여 영향을 받지 않는다.

5년만기 할인채가 존재하지 않는다고 하자. 그러면 포트폴리오관리자는 이자율리스크를 헤지하기 위한 적정한 듀레이션을 가진 이표채에 투자할 수 있다. 이 예에서 적정한 투자대상은 5년의 듀레이션을 가진 이표채이다.

■5년 듀레이션의 이표채매입

〈표 4-2〉에서 8%의 만기수익률과 8%의 이표율을 가지고 있는 6년만기의 유로본드의 듀레이션은 4.993년, 즉 거의 5년이라는 것을 살펴보았다. 만일 2010년에 이와 같은 6년만기, 5년 듀레이션을 가진 이표채를 매입하여 2015년까지 5년 동안 보유하면, 그 기간은 보험회사의 목표기간과 정확히 일치한다. 5년차 말에 창출되는 현금흐름은 이자율이 8%에서 유지되든지 또는 순간적으로(즉각적으로) 9%로 상승하든지 또는 7%로 하락하든지 간에 1,469달러가 될 것이다. 따라서 듀레이션이 보험회사의 투자기간과 정확히 일치하는 이표채를 매입하는 것이 이자율변화에 대하여 보험회사를 면역시킨다.

다음에 이 채권은 보험회사의 목표기간과 일치하는 5년의 듀레이션을 가지고 있기 때문에 이자율이 즉각적으로 7%로 하락하거나 9%로 상승하더라도 이 채권으로부터 기대되는 현금흐름은 여전히 정확하게 1,469달러가 된다. 즉 5년차 말에 이표 + 재투자수입 + 원금은 면역화되므로 이 채권으로부터 발생하는 현금흐름은 이자율변화에 대하여 보호된다.

예제 4-6 이자율이 8%에서 유지되는 경우

5년 내내 이자율이 8%에서 유지되는 경우에 이 채권에 투자하여 보험회사가 받는 현금흐름은 다음과 같다.

1. 이표 5×$80	$ 400
2. 재투자수입	$ 69
3. 5년 후 채권매각대금	$1,000
	$1,469

이 채권 투자로부터 발생하는 수입을 구성하는 3가지 요소들을 다음과 같이 계산된다.

1. **이표.** 이표로 발생한 400달러는 5년 동안 매년 말에 받는 80달러의 연간이표를 합한 것이다.
2. **재투자수입.** 이표는 연단위로 지급되기 때문에 이표가 지급되는 즉시 8%의 이자율로 재투자될 수 있고 이것이 69달러의 추가적인 현금흐름을 창출한다.[13]
3. **채권매각대금.** 채권판매로부터의 수입은 이 채권이 5년차 말에 보험회사에 의하여 매각될 때 6년 만기 채권은 만기까지 1년을 가지게 된다는 점을 고려하여 계산된다. 즉

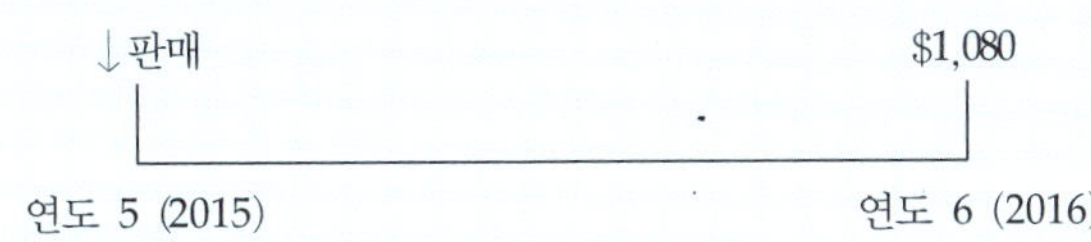

만기까지 1년이 남아 있는 채권을 5년차 말에 매각할 때 보험회사가 받으리라 예상할 수 있는 시장가격은 얼마인가? 구매자는 남아 있는 1년 후에 받게 되는 마지막 이표와 액면가격의 합인 1,080달러의 현재가치를 기꺼히 지불하고자 할 것이다.

$$P_5 = \frac{1,080}{1.08} = \$1,000$$

따라서 보험회사는 이 채권 만기에 받게 되어 있는 1,080달러의 현금흐름을 1,000달러에 매각할 수 있을 것이다.

---

13) 80달러의 연간이표를 받는 것은 80달러의 연금을 받는 것과 같다. 주어진 연도의 기간 동안 매년 받는 1달러를 주어진 이자율로 재투자할 때의 가치를 계산하는 표들과 공식들이 있다. 5년 동안 매년 1달러를 받아서 8%의 이자율로 재투자할 때 받게 되는 적정한 최종가치는 연금의 미래가치표(Future Value of an Annuity Factor (FVAF) Tables)로부터 얻을 수 있다. FVAF의 일반공식은

$$FVAF_{n,R} = \left[\frac{(1+R)^n - 1}{R}\right]$$

우리의 예에서

$$FVAF_{5,8\%} = \left[\frac{(1+0.08)^5 - 1}{0.08}\right] = 5.867$$

따라서 연간 80달러 이표의 재투자수입은

재투자수입=(80×5.867)−400=469−400=69

이미 이표수입을 계산하였기 때문에 400달러를 차감하였다는 점에 주목하라.

예제 4-7 이자율이 7%로 하락한 경우

이자율이 7%로 하락한 경우 5년 동안의 현금흐름들은 다음과 같다.

1. 이표 5×$80	$ 400
2. 재투자수입	$ 60
3. 5년 후 채권매각대금	$1,009
	$1,469

5년 동안의 총수입은 이자율이 8%일 때의 총수입과 같다. 그 이유를 살펴보기 위해 이자율이 7%로 하락하였을 때 현금흐름에 어떠한 일이 발생하는지 생각해 보자.

1. **이표**. 보험회사가 받는 5번의 연간이표 80달러로 400달러를 받기 때문에 변화가 없다.
2. **재투자수입**. 이표는 이제 7% 이자율로 재투자될 수 있다. 재투자수입은 60달러이다.[14)]
3. **채권매각대금**. 6년만기 채권이 나머지 1,080달러의 현금흐름을 가지면서 5년차 말에 매각될 때 이표채의 가격은 1,009달러이다.

$$P_5 = \frac{1,080}{1.07} = \$1,009$$

즉 이 채권은 이자율이 8%일 때보다 9달러 더 많이 받고 매각될 수 있다. 그 이유는 처음의 채권은 8%의 만기수익률로 발행된 반면에 투자자는 새로 발행된 채권으로부터 7%의 수익을 얻을 수 있기 때문이다.

재투자수입과 채권매각대금을 비교하면 이자율의 하락은 9달러의 채권매각대금을 증가시키나 더 낮은 이자율로 재투자됨으로써 발생하는 9달러의 재투자수입손실을 상쇄시킨다. 따라서 총현금흐름은 1,469달러로 변화가 없다.

예제 4-8 이자율이 9%로 상승하는 경우

이자율이 9%로 상승한 경우, 채권투자로부터 발생하는 5년 동안의 현금흐름은 다음과 같다.

1. 이표 5×$80	$ 400
2. 재투자수입 [(5.985×80)−400]	$ 78
3. 5년 후 채권매각대금	$ 991
	$1,469

이자율이 8%에서 9%로 상승해도 최종 현금흐름은 1,469달러에서 변화하지 않는다는 점에 주목하라. 이자율의 상승은 추가적인 재투자수입($78−$69)을 창출하였으나 5년차 말에 채권이 매각될 수 있는 가격은 1,000달러에서 991달러로 9달러의 자본손실만큼 하락하였다. 따라서 재투자수입의 증가는 채권매각에서 발생한 자본손실에 의하여 정확하게 상쇄된다.

---

14) $$FVAF_{5,7\%} = \left[\frac{(1+0.07)^5 - 1}{0.07}\right] = 5.751$$

재투자수입 = (80×5.751) − 400 = 60은 이자율이 8%일 때보다 9달러 적다.

이와 같은 예들은 이표채(또는 대출 또는 모기지같은 고정이자부 금융상품)의 듀레이션을 금융회사의 목표기간 또는 투자기간에 일치시키면 이자율의 예기치 않은 작은 변화에 대하여 금융회사를 *면역시킬 수 있다*는 것을 보여 준다. 이자율의 변화로부터 발생하는 재투자수입의 증가 또는 감소는 채권의 매각으로부터 발생하는 손실 또는 이득에 의해 정확히 상쇄된다.

듀레이션과 금융회사 대차대조표 전체에 대한 이자율리스크관리

지금까지 미래의 연금지급과 같은 약속된 부채들을 가지고 있는 보험회사와 연기금같은 금융회사를 보호하기 위해 개별적인 채권형 증권들을 선택하는 방법을 살펴보았다. 듀레이션모형은 금융회사의 전반적인 이자율리스크노출도, 즉 대차대조표의 **듀레이션갭(duration gap)**을 측정할 수 있다.

▶**듀레이션갭(duration gap)**
금융회사의 전반적인 이자율리스크노출도에 대한 측정지표.

■금융회사의 듀레이션갭

금융회사의 전반적인 듀레이션갭을 측정하기 위해 먼저 금융회사가 보유한 자산포트폴리오(*A*)의 듀레이션과 부채포트폴리오(*L*)의 듀레이션을 결정해야 한다. 자산포트폴리오의 듀레이션과 부채포트폴리오의 듀레이션은 다음과 같이 계산될 수 있다.

$$D_A = X_{1A}D_1^A + X_{2A}D_2^A + \ldots + X_{nA}D_n^A$$

$$D_L = X_{1L}D_1^L + X_{2L}D_2^L + \ldots + X_{nL}D_n^L$$

여기서 $$X_{1j} + X_{2j} + \ldots + X_{nj} = 1,\ j = A, L$$

식에서 X_{ij}는 자산포트폴리오 또는 부채포트폴리오에 속하는 각 자산 또는 부채의 시장가치 비중이다. 따라서 만일 30년만기 재무부채권이 생명보험회사가 보유한 포트폴리오의 1%(가격기준)이고 이 채권의 듀레이션 D_1^A가 9.25년이면 $X_{1A}D_1^A = (0.01)(9.25) = 0.0925$이다. 즉, 자산포트폴리오 또는 부채포트폴리오의 듀레이션은 금융회사의 대차대조표 상에 있는 자산 또는 부채의 개별적인 듀레이션들을 시장가치기준으로 가중평균한 것이다.[15]

15) 이와 같이 금융회사의 듀레이션갭을 측정하는 것은 G. Kaufman, "Measuring and Managing Interest Rate Risk: A Primer," Federal Reserve Bank of Chicago, *Economic Perspectives*, 1984, pp. 16–29를 따른 것이다.

다음과 같은 금융회사의 간단한 시장가치기준 대차대조표를 생각해 보자.

자 산 (100만 달러)	부 채 (100만 달러)
A = 100	L = 90
	E = 10
100	100

대차대조표로부터 A = L + E이므로 다음과 같은 식이 구해진다.

$$\Delta A = \Delta L + \Delta E$$

또는 $$\Delta E = \Delta A + \Delta L$$

즉 이자율이 변화할 때 금융회사가 보유한 자기자본 또는 순자산(E)의 변화는 대차대조표의 양변에 있는 자산시장가치의 변화와 부채시장가치의 변화 간의 차이이다. 이러한 사실은 제3장에서 이루어진 만기모형의 논의로부터 알 수 있다. 차이점은 금융회사 순자산의 민감도(ΔE)를 만기불일치가 아니라 듀레이션갭과 연결시키려 한다는 것이다. 이미 살펴본 바와 같이 듀레이션은 만기보다 자산 또는 부채의 이자율민감도에 대한 보다 정확한 측정 지표이다.

$\Delta E = \Delta A + \Delta L$이기 때문에 ΔA와 ΔL, 즉 대차대조표 상에 있는 자산시장가치의 변화와 부채시장가치의 변화가 듀레이션과 어떻게 연결되어 있는지를 결정할 필요가 있다. (연간복리를 가정하면서) 듀레이션모형으로부터 다음과 같은 식들이 얻어진다.

$$\frac{\Delta A}{A} = -D_A \frac{\Delta R}{(1+R)}$$

$$\frac{\Delta L}{L} = -D_L \frac{\Delta R}{(1+R)}$$

여기서 채권가격의 % 변화인 $\Delta P/P$를 자산시장가치 또는 부채시장가치의 % 변화인 $\Delta A/A$ 또는 $\Delta L/L$로 대체하였고 채권, 예금 또는 대출의 듀레이션인 D_i를 금융회사가 보유한 자산포트폴리오 또는 부채포트폴리오의 듀레이션인 D_A 또는 D_L로 대체하였다. $\Delta R/(1+R)$항은 이전처럼 이자율변화를 반영한다.[16] 금액변화를 보기 위해 이들 식들은 다음과 같이 다시 쓸 수 있다.

$$\Delta A = -D_A \times A \times \frac{\Delta R}{(1+R)} \tag{7}$$

16) 여기에서 자산과 부채에 적용되는 이자율 수준과 변화율이 모두 동일하다고 가정한다. 이 가정은 금융회사의 스프레드(수입발생자산들과 이자발생부채들의 이자율 차이)가 0이라는 것을 의미한다. 그러나 금융회사가 이자발생부채보다 수입발생자산을 더 많이 보유하고 있다면 순이자수입은 양의 값을 가질 것이다.

$$\Delta L = -D_L \times L \times \frac{\Delta R}{(1+R)} \tag{8}$$

$\Delta E = \Delta A - \Delta L$이기 때문에, 위의 두 식을 이 방정식에 대입하여 다음의 식을 얻게 된다.[17)]

$$\Delta E = \left[-D_A \times A\frac{\Delta R}{(1+R)}\right] - \left[-D_L \times L \times \frac{\Delta R}{(1+R)}\right] \tag{9}$$

여기서 $k = L/A$는 금융회사의 레버리지(leverage), 즉 금융회사가 보유한 자산포트폴리오에 필요한 자금으로 사용되는 차입자금 또는 부채의 비중이다. 이자율의 변화가 금융회사가 보유한 자기자본의 시장가치변화에 미치는 효과는 다음 3가지로 분해된다.

1. 레버리지조정 듀레이션갭(the leverage adjusted duration gap) = $[D_A - D_L k]$.

레버리지조정 듀레이션갭은 연단위로 측정되고 보유한 자산포트폴리오와 부채포트폴리오의 듀레이션 불일치 정도를 반영한다. 특히 절대값으로 평가된 레버리지조정 듀레이션갭이 클수록 금융회사는 이자율리스크에 더 노출된다.

2. 금융회사의 규모

A는 금융회사의 자산규모를 나타낸다. 금융회사의 규모가 클수록 이자율변화에 대한 순자산변화의 크기는 증가한다.

3. 이자율의 변화율 = $\Delta R/(1+R)$.

이자율의 변화율이 클수록 금융회사는 이자율리스크에 더 노출된다.

---

17) 먼저 식 (7)과 식 (8)을 $\Delta E = \Delta A - \Delta L$에 대입한다.

$$\Delta E = \left[-D_A \times A\frac{\Delta R}{(1+R)}\right] - \left[-D_L \times L \times \frac{\Delta R}{(1+R)}\right]$$

자산들과 부채에 적용되는 이자율수준과 이자율변화가 같다고 가정하면

$$\Delta E = [-D_A A + D_L L]\frac{\Delta R}{(1+R)}$$

또는

$$\Delta E = -[D_A A - D_L L]\frac{\Delta R}{(1+R)}$$

이해하기 쉽게 식을 다시 정리하기 위해 식의 오른쪽 변에 A를 곱하고, $D_A A$와 $D_L L$을 A로 나눈다.

$$\Delta E = -\left[D_A\frac{A}{A} - D_L\frac{L}{A}\right] \times A \times \frac{\Delta R}{(1+R)}$$

또는 $\Delta E = -[D_A - D_L k] \times A \times \frac{\Delta R}{(1+R)}$

따라서 이자율변화에 대한 금융회사가 보유한 순자산의 변화는 다음과 같이 표현할 수 있다.

$$\Delta E = -[\text{레버리지조정 듀레이션갭}] \times \text{자산규모} \times \text{이자율의 변화율}$$

이자율의 변화율(이자율쇼크)은 대체로 금융회사에게는 외생적이며 흔히 중앙은행의 통화정책 변화(제3장의 첫 번째 절에서 논의됨)에 의하여 결정된다. 그러나 듀레이션갭의 크기와 금융회사의 크기는 금융회사 경영자의 통제하에 있다(금융산업전망대 참조).

한 예를 들어 금융회사가 이자율리스크에 대하여 순자산을 면역화하기 위해 요구되는 대차대조표를 재조정하기 위해(말하자면 예상되는 이자율의 변화에 대하여 ΔE이 음이 되지 않도록 이자율의 변화 이전에 대차대조표를 조정하는데) 금융회사의 듀레이션갭에 관한 정보를 어떻게 이용할 수 있는지를 설명해 보자.

이자율의 상승은 금융회사의 순자산/자산 비율을 10%(=10/100)에서 8.29%(=7.91/95.45)로 하락시킨다. 이러한 효과에 대응하기 위해 금융회사경영자는 금융회사의 레버리지조정 듀레이션갭을 감소시킬 수 있다. 극단적인 경우에 이 갭은 0으로 감소될 수 있다.

$$\Delta E = -[0] \times A \times \Delta R/(1+R) = 0$$

이렇게 하기 위해 자산(A)이 차입부채(L)와 일치하지 않는 사실, 즉, k가 1이 아니라는 사실을 무시하고 금융회사가 직접 $D_A = D_L$이 되도록 설정해서는 안 된다. 레버리지의 중

금융 산업전망대 **MUDD, 포트폴리오의 역할 옹호**

Fannie Mae의 CEO인 Daniel Mudd는 지난 주 열린 컨퍼런스콜에서, 포트폴리오사업은 이자율리스크가 낮으며 미국 모기지시장을 안정시키는데 일조를 한다고 하면서, 회사의 현재 포트폴리오사업을 강하게 옹호하였다. 그는 포트폴리오 이자율리스크노출에 대한 주요 측정방법인 Fannie Mae의 듀레이션갭이 현재 0개월이며, 이 갭은 그의 재직기간 중에는 ±1개월의 범위에서 유지되어 왔다고 말하였다. 또한 그는 UBS가 주최한 컨퍼런스콜에서 "듀레이션이 이렇게 낮은 상태로 영원히 지속될 것 같지는 않다"라고 덧붙였다.

Mudd씨는 회사의 이사회와 감독당국이 지속적으로 이자율리스크노출을 감시하고 있다고 언급하며, 이자율리스크를 낮게 유지하는 Fannie Mae의 업무에 대해 "우연적인 것은 아니다"라고 말하였다.... 그는 Fannie Mae의 포트폴리오 사업이 주택자금시스템에 안정성과 유동성을 더하는데 도움을 준다고 언급하며, 이는 Fannie Mae가 다른 투자자들의 수요가 줄었을 때 시장에 참여하여 모기자를 매입할 수 있는 것이 가능하기 때문이라고 말하였다. 또한 그는 "우리 회사의 확정수입증권이 견실하게 유지되어 기쁘게 생각한다. 미국과 외국인 투자자들 모두 자금을 미국의 주택시장에 지속적으로 투자하고 있다. 좋은 시기이든 어려운 시기이든 자본은 항상 미국 모기지시장에 존재하고 있으며, 이것은 이 시장에 안정성을 공급하고 있다"라고 언급하였다.

자료: *Mortgage Servicing News*, 2006년 8월, 17쪽.

예제 4-9 **듀레이션갭의 측정과 이자율리스크노출도**

금융회사의 D_A =5년, D_L =3년이라고 하자. 금융회사의 경영자는 경제예측회사로부터 이자율이 조만간 10%에서 11%로 상승할 것으로 예상된다는 것을 알고 있다. 즉

$$\Delta R=1\%=0.01,\quad 1+R=1.10$$

금융회사의 초기 대차대조표는 다음과 같다고 가정하자.

자 산 (100만 달러)	부 채 (100만 달러)
A = 100	L = 90
	E = 10
100	100

금융회사는 이자율상승에 대한 예측이 사실로 판명되면 금융회사의 순자산(E)에 발생하는 잠재적인 손실을 다음과 같이 계산한다.

$$\Delta E=-(D_A-kD_L)\times A\times\frac{\Delta R}{(1+R)}$$
$$=-(5-(.9)(3))\times\$100,000,000\times\frac{0.01}{1.1}=-\$2,090,000$$

만일 이자율이 1% 상승하면 금융회사는 209만 달러의 순자산 손실을 입을 수 있다. 금융회사는 처음에 1,000만 달러의 자기자본을 가지고 있었기 때문에 209만 달러의 손실은 거의 초기 자기자본의 21%이다. 이자율이 1% 상승한 후 금융회사의 시장가치기준 대차대조표는 다음과 같다.[19)]

자 산 (100만 달러)	부 채 (100만 달러)
A = 95.45	L = 87.54
	E = 7.91
95.45	95.45

요성을 살펴보기 위해 금융회사가 자산포트폴리오의 듀레이션은 그대로 두고 부채포트폴리오의 듀레이션을 5년으로 증가시켰다고 가정하자. 그러면

$$\Delta E=-[5-(0.9)(5)]\times 100\times(0.01/1.1) = -0.45$$

금융회사는 이자율이 1% 상승할 때 45만 달러의 순자산 손실에 노출된다. 이에 대한 적절한 전략 중 하나는 $D_A=kD_L=5$년이 될 때까지 D_L을 변화시키는 것이다.

19) 시장가치기준 대차대조표 상에 있는 수치들은 다음과 같이 계산된다(100만 달러 기준).

$$\Delta A/A=-5(0.01/1.1)=-0.04545=-4.545\%$$
$$A=100+(-0.04545)100=95.45$$

그리고

$$\Delta L/L=-3(0.01/1.1)=-0.02727=-2.727\%$$
$$L=90+(-0.02727)90=87.54$$

예를 들면,

$$\Delta E = -[5-(0.9)(5.55)]\times 100\times(0.01/1.1) = 0$$

이 경우에 금융회사는 자산의 90%만이 차입부채에 의하여 조달되고 나머지 10%는 자기자본으로 조달된다는 사실을 반영하여 $D_A = 5$년보다 약간 긴 $D_L = 5.55$년을 설정한다. 금융회사 경영자는 레버리지조정 듀레이션갭을 0으로 만들기 위해 적어도 다음과 같은 3가지의 방법들을 가지고 있다.

1. D_A를 감소시킨다. D_A를 5년에서 2.7년으로 감소시켜

$[D_A - kD_L] = [2.7-(0.9)(3)]=0$이 되게 한다.

2. D_A를 감소시키고 D_L를 증가시킨다. 자산들의 듀레이션을 감소하고 동시에 부채들의 듀레이션을 길게 만든다. 예를 들어 D_A를 4년으로 감소시키고 D_L를 4.44년으로 증가시켜

$[D_A - kD_L] = [4-(0.9)(4.44)]=0$이 되게 한다.

3. k와 D_L를 변화시킨다. k값을 0.9에서 0.95로 증가시키고 D_L를 3년에서 5.26년으로 증가시켜

$[D_A - kD_L] = [5-(0.95)(5.26)] = 0$이 되게 한다.

개념질문

1. 〈예제 4-6〉, 〈예제 4-7〉, 〈예제 4-8〉의 보험회사 예에서 이자율이 6%로 하락하였다고 하자. 이 보험회사의 포트폴리오는 면역될 것인가? 이자율이 10%로 상승하였다면 어떻게 되는가?
2. 금융회사의 전반적인 듀레이션갭은 어떻게 계산되는가?
3. 금융회사는 이자율리스크에 대하여 대차대조표를 면역시키기 위해 듀레이션갭에 관한 정보를 어떻게 사용할 수 있는가?
4. $D_A = 3$년, $D_L = 6$년, $k = 0.8$, $A = 1,000$만 달러라고 하자. $\Delta R/(1+R)$의 1% 상승이 금융회사의 순자산에 미치는 영향은 얼마인가?

4.7 면역화와 규제시 고려사항

전 절에서 금융회사 경영자는 이자율의 변화로부터 금융회사의 순자산(E)을 면역시키기 위해 자산들과 부채들의 듀레이션을 조정하기를 원한다고 가정하였다. 그러나 규제당국은

금융회사의 지급능력 또는 순자산포지션을 정기적으로 감시한다. 자본적정성에 대해서는 제15장에서 보다 상세히 논의하겠지만 규제당국은 은행의 순자산에 대한 최소의 목표비율을 설정한다. 가장 간단한 것은 은행자산에 대한 은행자본(순자산)의 비율, 즉

$$\frac{E}{A} = \text{자기자본비율}$$

이다.

이 목표비율은 일반적으로 예금금융회사들에 대하여는 장부가치회계기준으로 측정되고, 투자은행들에 대하여는 시장가치회계기준으로 측정된다. 또한 증권거래위원회(SEC)는 오랫동안 미국은행들에 대하여 시장가치회계에 기초한 자기자본비율을 권고해 왔다.

최소자기자본비율에 대한 이러한 규제가 존재하면, 금융회사의 경영자는 자기자본금액의 변화보다는 자기자본비율의 변화를 면역시키는 것에 더 관심을 기울이게 된다.

금융회사가 규제에 의하여 요구되는 최소의 자기자본비율(예를 들면, 4%)을 가지고 있고 이자율이 상승할 때 자기자본비율의 하락을 면역시키기 원한다고 하자.[20] 즉 이자율이 변화할 때 면역화 목표는 $\Delta E=0$이 아니라 $\Delta(E/A)=0$이라고 하자.

분명히 ΔE를 면역시키는 것은 $\Delta(E/A)$를 면역시키는 것과 같은 전략일 수 없다. 결과적으로 금융회사 경영자는 한 가지 문제를 가지게 된다. ΔE를 면역시키기 위해 만들어진 포트폴리오는 $\Delta(E/A)$를 면역시키기 위해 요구되는 포트폴리오와는 상이한 듀레이션을 가지게 될 것이다. 간단히 말하면 금융회사경영자는 금융회사의 주주들과 규제당국을 동시에 만족시킬 수 없다.

보다 특정한 경우를 살펴보면 목표가 $\Delta E=0$을 설정하여 ΔE를 면역하는 것일 때 금융회사의 경영자는 $D_A=kD_L$이 성립하도록 대차대조표를 변경시켜야만 한다. 이와는 달리 $\Delta(E/A)=0$을 설정하여 순자산비율을 면역화시키기 위해 금융회사는 $D_A=D_L$이 성립되게 만들 필요가 있다.[21] 이와 같은 시나리오에서 레버리지 조정효과(k)는 배제된다. 만일 $D_A=5$년이면 순자산비율을 면역시키기 위해서는 $D_L=5$년으로 설정해야 한다.

---

20) 실제로 은행들은 3가지의 자기자본비율 규제에 직면해 있다. 이 예에서 사용된 4% 규제는 레버리지비율에 해당되는 것이다(보다 자세한 논의는 제15장 참조).

21) 증명에 관하여는 Kaufman, "Measuring and Managing Interest Rate Risk : A Primer," 참조.

$$\text{for} \quad \Delta\left(\frac{E}{A}\right)=0, \quad D_A=D_L$$

개념질문

1. 규제당국이 은행의 순자산비율(시장가치기준 자기자본비율)을 측정하기 위해서 어떤 최소자기자본비율이 일반적으로 사용되는가?
2. 은행의 순자산을 면역시키는 것은 은행의 순자산비율을 면역시키는 것과 동일한가? 만일 동일하지 않다면, 그 이유는 무엇인가?

4.8 듀레이션모형의 적용상 문제점

듀레이션모형을 비판하는 사람들은 실제상황에서 듀레이션모형을 적용하는 것은 어렵다고 주장한다. 그러나 듀레이션 척도와 면역화전략은 대부분의 실제상황에서 유용하다. 사실 은행의 이자율리스크 선택을 감독하기 위해 국제결제은행(BIS)에 의하여 제안된 모형은 듀레이션모형에 기초하고 있다. 이제 듀레이션모형에 대한 비판들을 살펴보고 오늘날의 금융회사가 이러한 비판들을 어떻게 다룰 수 있는지 알아보자. 이 장의 부록에서는 듀레이션모형의 단점과 관련된 보다 복잡한 이슈들을 논할 것이다.

듀레이션을 일치시키는데 비용이 많이 든다

듀레이션모형을 비판하는 사람들은 원칙적으로 금융회사의 경영자는 이자율리스크에 대하여 금융회사를 면역시키기 위해 D_A와 D_L을 변화시킬 수 있지만, 복잡한 대형금융회사의 대차대조표를 재조정한다는 것은 시간이 걸릴 뿐만 아니라 비용이 많이 든다는 점을 지적한다. 이 주장은 역사적으로 보면 사실일 수 있지만 구매자금, 자산증권화, 대출채권매각시장의 성장은 대차대조표 재조정의 속도를 크게 증가시켰고 대차대조표 재조정에 따른 거래비용을 크게 낮추었다(이와 같은 전략들에 대한 논의를 위해서 제21장과 제22장 참조). 더욱이 금융회사의 경영자는 이자율리스크를 면역시키기 위해 직접적인 포트폴리오 재조정이 아닌 다른 방법들을 사용함으로써 듀레이션모형을 사용하여 이자율리스크노출을 관리할 수 있다. 금융회사의 경영자들은 선물(futures)과 선도(forwards)(제18장), 옵션(options), 캡(caps), 플로어(floors), 칼라(collars)(제19장), 스왑(swaps)(제20장)과 같은 파생증권 시장에서 헤징포지션을 취함으로써 듀레이션 일치와 같은 결과를 얻을 수 있다.[22]

22) 특히 양의 듀레이션갭($D_A > D_L$)에 대하여 직접적으로 면역화하는 대신에 금융회사의 경영자는 선물(선도)을 팔거나 이자율스왑의 고정이자율포지션을 취하거나 채권에 대한 풋옵션을 사거나 또는 이자율갭을 살 수 있다.

면역화는 동적인 문제이다

듀레이션모형에서 면역화는 제대로 이해되지 않는 측면이 있다. 앞에서 살펴본 면역화 문제의 예를 다시 보도록 하자. 이 예에서 보험회사가 이자율이 어떻게 변화하더라도 5년 후에 1,469달러의 현금흐름을 받는 채권을 구입하고자 하였다. 6년만기와 8% 연이표율을 가지는 5년 듀레이션의 채권을 사는 것이 이자율의 즉각적인(instantaneous) 변화에 대하여 보험회사를 면역시킨다는 것을 살펴보았다. 여기에서 즉각적인(instantaneous)이라는 단어는 매우 중요하다. 이것은 이자율의 변화가 채권을 구매한 직후에 변화한다는 것을 의미한다. 그러나 이자율은 채권을 보유하는 기간 중 어느 시점에서도 변화할 수 있다. 게다가 채권의 듀레이션은 시간이 흐름에 따라, 즉 만기 또는 목표기간의 종료시점이 가까워짐에 따라 변화한다. 또한 듀레이션은 실제의 시간이 변화하는 것과는 다른 속도로 변화한다.

이와 같은 시간효과를 이해하기 위해 보험회사가 2015년에 1,469달러의 현금흐름 목표를 달성하기 위해 5년 듀레이션과 8% 연간이표율을 가진 채권을 2010년에 구매한 초기 헤지포지션을 생각해 보자. 경영자는 보험회사의 포지션은 완전히 헤지되어 있다고 믿으면서 이 채권을 책상의 가장 밑에 있는 서랍에 넣어 두고 1년 동안 이 채권에 대하여 생각하지 않는다고 하자. 1년이 지난 후(2011년), 이자율이 8%에서 7%로 하락하고 경영자는 책상서랍을 열고 넣어 둔 채권을 챙겨본다고 하자. 목표기간이 이제 4년 남았다는 것을 알고 있는 경영자는 이 채권의 듀레이션을 다시 계산해 본다. 경영자가 7%의 만기수익률과 만기까지 5년이 남은 8%의 연이표율을 가진 채권의 듀레이션이 4.33년이라는 것을 발견하고 얼마나 놀랄 것인지를 상상해 보라. 이것은 보험회사는 더 이상 헤지되어 있지 않는다는 것을 의미한다. 이 채권포트폴리오의 4.33년 듀레이션은 4년의 투자기간보다 길다. 그 결과 경영자는 계속해서 면역화되기 위해 채권포트폴리오를 재조정하여야 한다. 이렇게 하기 위한 한 가지 방법은 5년만기(4.33년 듀레이션)를 가진 채권 일부를 팔고 이 보다 짧은 듀레이션을 가진 채권 일부를 사서 투자포트폴리오의 듀레이션이 4년이 되도록 만드는 것이다.

예를 들면, 보험회사가 4.33년의 듀레이션을 가진 5년만기 채권의 50%를 팔아 얻은 수입금을 3.67년의 듀레이션과 같은 만기를 가진 무이표채에 투자하였다고 하자. 이렇게 하여 구성된 자산포트폴리오의 듀레이션은

$$D_A = [4.33 \times 0.5] + [\ 3.67 \times 0.5] = 4\text{년}$$

이다.

이러한 간단한 예는 듀레이션에 기초한 면역화는 동태적인 전략이라는 것을 보여 준다. 이론적으로 말하면 이 전략은 포트폴리오 관리자가 투자포트폴리오의 듀레이션과 투자기

간(말하자면 부채의 듀레이션)을 정확히 일치시키도록 계속적으로 포트폴리오를 재조정해야 한다는 것을 의미한다. 포트폴리오를 계속적으로 재조정하는 것은 쉬운 일이 아닐 수 있고 거래수수료 지불을 발생시키기 때문에 대부분의 포트폴리오 관리자들은 분기와 같은 시간간격을 가지면서 포트폴리오를 재조정함으로써 이자율리스크에 대하여 포트폴리오를 동태적이지만 근사적으로만 재조정한다. 즉 포트폴리오를 완전히 면역시키는 것과 동적인 면역화에 필요한 거래비용 간에는 교환관계가 존재한다.

큰 폭의 이자율변화와 볼록성

듀레이션은 1bp 단위의 작은 이자율변화에 대해 확정수입증권의 가격민감도를 정확하게 측정한다. 그러나 이자율변화가 2% 또는 200bp만큼 매우 크다고 하자. 이러한 경우 듀레이션은 증권가격이 얼마나 변화할 것인가에 대하여 정확하지 않은 측정지표이고 결과적으로 이자율민감도에 대한 부정확한 측정지표가 된다. [그림 4-6]을 보면, 그 이유를 이해할 수 있다. 먼저 듀레이션모형에 의하여 계산된 만기수익률 변화에 따른 채권가격의 변화를 살펴보고 이어서 정확한 현재가치 계산방식을 사용하여 계산된 채권가격의 변화를 살펴보라.

듀레이션모형은 이자율변화와 채권가격변화 간의 관계는 듀레이션 D에 비례한다고 예측한다. 그러나 채권가격의 실제 변화를 정확히 계산해 보면, 이자율이 크게 상승한 경우에 듀레이션모형은 채권가격의 하락을 과대하게 예측하는 반면, 이자율이 크게 하락한 경우에

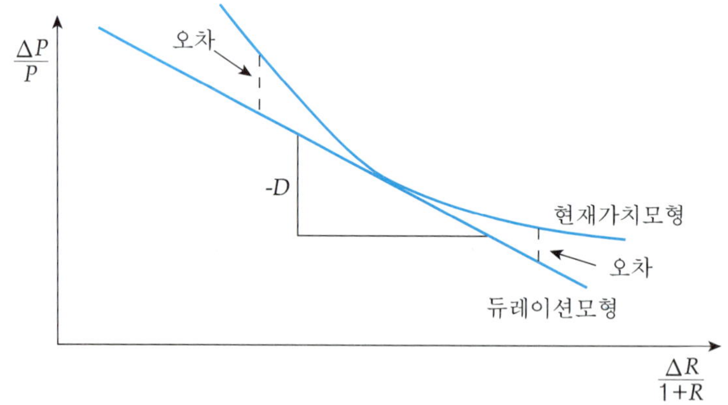

그림 4-6 듀레이션모형과 현재가치모형에 의한 채권가격의 변화

듀레이션모형은 채권가격의 상승을 과소하게 예측한다는 것을 발견하게 된다. 듀레이션모형은 이자율상승과 이자율하락이 채권가격에 미치는 영향을 대칭적으로 예측한다. [그림 4-6]이 보여 주는 바와 같이 실제로 이자율상승의 경우에 발생하는 *자본손실효과(capital loss effect)*는 이자율하락의 경우에 발생하는 *자본이득효과(capital gain effect)*보다 작다. 이것은 채권가격과 만기수익률의 관계는 기본적인 듀레이션모형이 가정하고 있는 *선형성(linearlity)*이 아닌 ***볼록성(convexity)***을 지니고 있기 때문이다.

▶**볼록성(convexity)**
임의의 이자율수준 주위에서 평가되는 가격-만기수익률곡선의 곡률(curvature).

볼록성은 금융회사의 경영자가 자산포트폴리오에서 발견하는 하나의 바람직한 특성이다. 증권가격과 만기수익률의 관계를 나타내는 곡선의 볼록성이 큰 채권이나 자산포트폴리오를 매입하는 것은 부분적으로 이자율리스크에 대한 보험을 매입하는 것과 같다. 특히 볼록성이 크다는 것은 이자율이 같은 크기로 크게 상승하거나 하락하는 경우(예를 들면, 이자율이 2% 상승하거나 2% 하락하는 경우) 이자율 하락의 자본이득효과가 이자율상승의 자본손실효과를 상쇄하고 남는다는 것을 의미한다. 다음의 논의에서 살펴보겠지만 모든 확정수입 자산 또는 부채는 가격과 만기수익률의 관계에서 어느 정도의 볼록성을 가지고 있다.[23)]

큰 폭의 이자율변화가 금융회사가 보유한 포트폴리오의 가격에 미치는 영향을 평가하는 데 있어서 볼록성의 효과를 고려하는 것은 중요하다. 이것을 이해하기 위해 8%의 이표율과 8%의 만기수익률을 가진 6년만기 유로본드를 생각해 보자. 〈표 4-2〉에 의하면, 이 채권의 듀레이션은 4.993년이고 8%의 수익률에서 이 채권의 현재가격 P_0는 1,000달러이다.

$$P_0 = \frac{80}{(1.08)} + \frac{80}{(1.08)^2} + \frac{80}{(1.08)^3} + \frac{80}{(1.08)^4} + \frac{80}{(1.08)^5} + \frac{1,080}{(1.08)^6} = \$1,000$$

이것이 [그림 4-7]에 그려져 있는 가격-만기수익률곡선상의 점 A이다.

만일 이자율이 8%에서 10%로 상승하면 듀레이션모형은 이 채권의 가격은 9.2463%만큼 하락할 것이라고 예측한다.

---

23) 보다 정확하게 말하면 수의상환채권(callable bonds), 모기지담보부증권(morgage-backed securities)과 같은 특별한 옵션들이 포함되지 않는 채권형 증권들의 경우에 해당된다. 수의상환채권은 일부 모기지담보부증권들처럼 음의 볼록성(즉 오목성(concavity))을 보여 주는 경향이 있다.

$$\frac{\Delta P}{P} = -4.993\left[\frac{.02}{1.08}\right] = -9.2463\%$$

즉 이 채권의 가격은 1,000달러에서 907.537달러([그림 4-7]의 점 B)로 하락할 것이라고 예측한다. 그러나 이자율이 10%로 상승한 후 이 채권의 가격변화를 정확하게 계산하면 우리는 이 채권의 실제 가격은 912.895달러라는 것을 알게 된다.

$$P_0 = \frac{80}{(1.1)} + \frac{80}{(1.1)^2} + \frac{80}{(1.1)^3} + \frac{80}{(1.1)^4} + \frac{80}{(1.1)^5} + \frac{1,080}{(1.1)^6} = \$912.895$$

이것은 [그림 4-7]의 점 C이다. 이와 같이 실제의 채권가격은 듀레이션모형에 의하여 예측되는 채권가격보다 5.358달러만큼 덜 하락한다. 이것은 우리가 살펴본 예에서 듀레이션모형을 사용하는 경우 0.5% 이상의 오차가 발생한다는 것을 의미하는데 그 이유는 만기수익률이 상승함에 따라 가격-만기수익률곡선에서 나타나는 볼록성 때문이다.

반대방향으로 실험을 해 보면 만기수익률이 8%에서 6%로 하락하는 경우에 듀레이션모형은 채권의 가격이 9.2463%만큼 상승하여 1,092.463달러가 될 것이라고 예측한다([그림 4-7]의 점 D). 이와 비교하기 위해 6%의 만기수익률하에서 이 채권의 현재가치를 추정한 실제

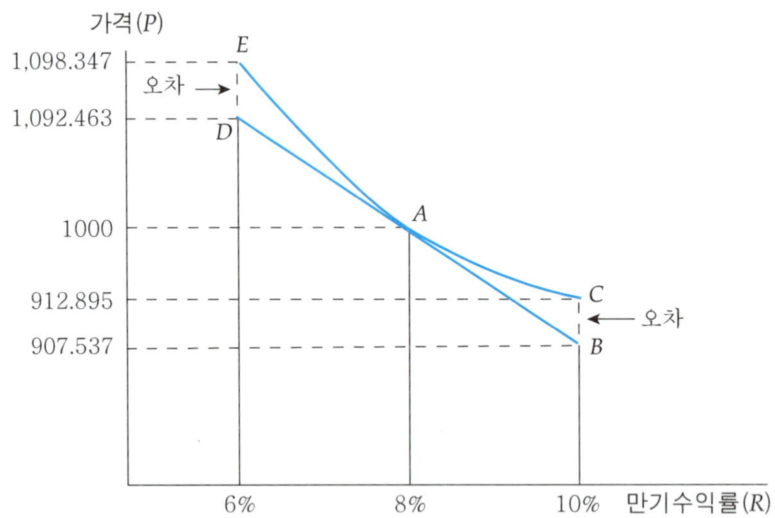

그림 4-7 **6년만기 유로본드의 가격-만기수익률곡선**

가격은 1,098.347달러이다([그림 4-7]의 점 *E*). 듀레이션모형은 채권가격의 상승을 5.884달러 만큼 또는 실제 채권가격상승의 0.5% 이상 작게 예측한다.

금융회사에게 제기되는 하나의 중요한 질문은 0.5%의 오차가 충분히 우려할 만큼 큰 오류이냐 하는 것이다. 이것은 이자율의 변화크기와 관리되고 있는 포트폴리오의 크기에 따라 다르다. 큰 수치의 0.5%는 분명히 큰 수치일 수 있다!

요 약

이 장은 이자율리스크를 측정하는 듀레이션모형 접근법을 분석하였다. 듀레이션모형은 하나의 간단한 이자율리스크 측정지표 속에 만기효과뿐만 아니라 현금흐름들의 시점을 포함하고 있다는 점에서 단순한 만기모형보다 우수하다. 듀레이션 척도는 금융회사의 전체 대차대조표는 물론 특정한 부채를 면역시키기 위해 사용될 수 있다. 듀레이션모형은 어느 정도 견고성을 가지고 있고 신용리스크, 볼록성, 변동이자율, 불확실한 만기 등의 복잡한 측면을 다룰 수 있다는 장점이 있다.

연습문제

1. 장부가치회계와 시장가치회계의 차이점은 무엇인가? 각 방법에서 이자율이 변화할 때 자산과 부채의 가치에 어떤 영향을 미치는가? 시장평가란 무엇인가?
2. 듀레이션 개념에 대한 2가지 상이한 일반적인 해석들은 무엇이고 듀레이션모형의 기술적인 정의는 무엇인가? 듀레이션은 만기와 어떻게 다른가?
3. 금융시장에서 매입할 수 있는 2가지 채권이 있다. 첫 번째 채권은 연간 이표를 10% 지급하는 2년만기와 1,000달러 액면가를 가진 채권이다. 두 번째 채권은 2년만기와 1,000달러 액면가를 가진 무이표채이다.
   a. 만일 현재 만기수익률(YTM)이 8%이면, 이표채의 듀레이션은 얼마인가? 만기수익률이 10%와 12%이면 이표채의 듀레이션은 각각 얼마인가?
   b. 현재 만기수익률의 변화가 이표채의 듀레이션에 어떻게 영향을 미치는가?
   c. 만기수익률이 8%, 10%, 12%일 때, 무이표채의 듀레이션을 계산하라.
   d. 만기수익률의 변화가 무이표채의 듀레이션에 어떻게 영향을 미치는가?
   e. 만기수익률의 변화가 무이표채에 미치는 영향은 왜 이표채에 미치는 영향과 다른가?
4. 12%의 시장이자율로 1년만기의 10만 달러 대출이 이루어진다고 하자. 이 대출에서 6개월 후에 발생되는 이자와 원금의 절반이 지불되어야 하고 나머지 원금과 이자는 1년 후에 지불되어야 한다.

a. 6개월 및 1년 후에 발생하는 현금흐름은 각각 얼마인가?

b. 시장이자율로 할인되는 각 현금흐름의 현재가치는 얼마인가? 이 대출의 총현재가치는 얼마인가?

c. 현금흐름의 총현재가치 중에서 몇 %가 6개월 후에 발생하는가? 현금흐름의 총현재가치 중에서 몇 %가 1년 후에 발생하는가?

d. 이 대출의 듀레이션은 얼마인가?

5. 이표 10%(반 년마다 지급), 만기 5년, 액면가격 1,000달러이며 현재 액면가에 거래되는 재무부채권의 듀레이션은 얼마인가? 12%의 만기수익률로 거래되면 이 채권의 듀레이션은 얼마인가? 14%의 만기수익률로 거래되면 이 채권의 듀레이션은 얼마인가? 듀레이션과 만기수익률 간의 관계에 대해서 어떤 결론을 내릴 수 있는가? 그 관계를 도표로 나타내라. 왜 이러한 관계가 존재하는가?

6. 각 재무부채권이 10%의 반 년 단위 이표를 가지고 액면가에서 거래되는 경우 다음 물음에 답하라.

   a. 4년만기, 3년만기, 2년만기를 가진 이 채권들의 듀레이션을 계산하라.

   b. 듀레이션과 만기간의 관계에 대해서 어떤 결론을 내릴 수 있는가? 그 관계를 도표로 나타내라.

7. 6년만기와 1만 달러 액면가격을 가진 CD가 연간 단위로 6%의 이자를 지불한다. 이 CD의 듀레이션은 얼마인가? 만일 이자가 반 년 단위로 지불된다면 이 CD의 듀레이션은 얼마인가? 이자지불의 상대적인 횟수와 듀레이션의 관계는 무엇인가?

8. 8%의 만기수익률로 판매되는 영구채의 듀레이션은 얼마인가? 10%의 만기수익률로 판매되는 영구채의 듀레이션은 얼마인가? 12%의 만기수익률로 판매되는 영구채의 듀레이션은 얼마인가? 영구채는 무엇인가? 10%의 만기수익률로 거래되는 영구채는 같은 만기수익률로 거래되는 20년만기를 가진 무이표채보다 듀레이션이 길다. 그 이유는?

9. Maximum Pension Fund는 관리하고 있는 포트폴리오들 중 하나의 수지균형을 맞추고자 한다. 이 연기금회사는 만기 5년이며 9%의 만기수익률에 거래되는 3개의 채권들이 있는 것을 파악하였다. 이 채권들의 이표율은 각각 7%, 9%, 11%라는 점에서만 다르다.

   a. 각 채권의 듀레이션은 얼마인가?

   b. 듀레이션과 이표이자액 간의 관계는 무엇인가? 그 관계를 도표로 나타내라.

10. 한 보험회사가 3가지 채권들을 분석하고 있으며 이자율의 측정지표로서 듀레이션을 사용하고 있다. 3가지 채권들은 모두 10%의 만기수익률에서 거래되고 있고 액면가는 1만 달러이다. 이들 채권들은 연간 이표이자의 크기에서만 각각 8%, 10%, 12%로 다르다.

    a. 각 5년만기를 가진 채권의 듀레이션은 얼마인가?

    b. 듀레이션과 표면이자 금액 간의 관계는 무엇인가?

11. 당신은 2년 동안 10%의 이자율로 10만 달러의 대출을 받을 수 있다. 아울러 2년 후에 원금을 상환하거나 아니면 매년 이자와 원금의 합을 같은 크기로 지불하는 할부상환(amortization)을 선택할 수 있다. 이 대출의 가격은 액면가격으로 설정되어 있다.

    a. 2가지의 상환방법 하에서 이 대출의 듀레이션은 각각 얼마인가?

    b. 이 두 결과의 차이를 설명하라.

12. 듀레이션은 확정수입증권의 이자율탄력성과 어떤 관계를 가지고 있는가? 듀레이션과 확정수입증권의 가격 간의 관계는 무엇인가?

13. 당신은 YTM이 9.75%에서 9.25%로 하락하였을 때 채권의 가격이 975달러에서 995달러로 상승하였다는 것을 발견하였다. 이 채권의 듀레이션은 얼마인가?

14. 10%의 연이표를 지급하고 14%의 수익률에 거래되는 2년만기와 1,000달러 액면가격을 가진 채권의 듀레이션을 계산하라. 이자율이 0.50%(50bp)만큼 하락하면 이 채권의 가격 변화는 얼마인가?

15. 10%의 반 년 단위 이표를 지급하고 액면가격에서 거래되고 있는 만기 11년, 액면가 1,000달러인 미국 재무부채권의 듀레이션이 6.9년으로 추정되었다.

   a. 이 채권의 수정듀레이션($=D/(1+R)$)은 얼마인가?

   b. 만일 시장이자율이 0.10% 상승하면 채권의 가격변화는 얼마인가? 만일 시장이자율이 0.20% 하락하면 채권의 가격변화는 얼마인가?

   c. 현재가치에 의한 채권가격결정방법을 사용할 때 위의 (b)에 있는 각 이자율변화 상황에서 채권의 실제가격은 얼마인가? 각 경우에 오차의 금액은 얼마인가?

16. 당신이 만기 5년, 연이표율 15%, 액면가 1,000달러, 만기수익률 9%인 채권을 구매한다고 하자.

   a. 이표를 연 1회 지급하는 이 채권의 듀레이션이 4년이라는 것을 보여라.

   b 만일 이자율이 내년에 10%로 상승하고 투자기간이 현재부터 4년이면, 투자수익률이 9%인 것을 보여라.

   c. 만일 이자율이 내년에 8%로 하락하는 경우에도 여전히 수익률이 9%인 것을 보여라.

17. 투자자가 채권의 듀레이션보다 길게 채권을 보유하는 경우를 생각해 보자.

   a. 만일 시상이사율이 상승히면, 실현수익률은 초기의 요구수익률을 초과하는가 또는 이에 미치지 못하는가? 설명하라.

   I. 만일 시장이자율이 하락하면, 실현수익률에 어떠한 일이 발생하는가?

   c. 이 문제의 (*a*)와 (*b*)에 대한 당신의 답을 증명하기 위해, 이 채권이 5년 동안 보유된다고 가정하면서 문제16의 (*b*)와 (*c*)를 다시 계산하라.

   d. 만일 (*c*)에서 구한 수익률이 처음의 요구수익률보다 크다면, 투자자는 왜 이 채권의 듀레이션과 자기의 투자기간을 일치시키려 하는가?

18. 두 은행들이 대차대조표 상의 이자율 민감도를 결정하기 위해 규제당국의 검사를 받고 있다. Bank A는 만기 10년, 이자율 12%의 100만 달러 대출을 자산으로 가지고 있다. 이 자산에 필요한 자금은 만기 10년, 이자율 10%의 100만 달러 CD에 의하여 조달되고 있다. Bank B는 현재 시장가격이 894,006.20달러이고 만기(원금)가격이 1,976,362.88 달러인 만기 7년, 수익률 12%의 무이표채를 자산으로가지고 있다. 이 채권의 자금은 만기수익률이 10%인 만기 10년, 이표율 8.275%, 액면가 100만 달러의 CD에 의하여 조달되고 있다. 대출과 CD는 이자를 연 1회 지불하고, 원금은 만기에 상환한다.

   a. 만일 시장이자율이 1% 상승하면, 각 은행이 보유하고 있는 자산과 부채의 시장가치는 얼마나 변화하는가? 각 은행이 보유하고 있는 자기자본의 시장가치에 미치는 순효과는 얼마인가?

   b. 두 은행들이 보유하고 있는 자기자본의 시장가치 변화에 차이가 발생하는 것은 무엇 때문인가?

   c. 각 은행이 보유하고 있는 자산과 부채의 듀레이션을 계산하여 위 문제들에 대한 당신의 답을

증명하고 기대되는 이자율의 변화에 대한 자기자본의 시장가치 변화를 추정하라. 결과를 요약해 보라.

19. 만일 당신이 포트폴리오를 면역화시키기 위해 듀레이션만을 사용한다고 가정하면, 이자율이 변화할 때 금융회사의 순자산 변화에 영향을 주는 3가지 요인들은 무엇인가?

20. 금융회사 XY는 액면가에 거래되는 만기 30년, 반 년마다 이자를 지급하는 이표율 10%의 재무부채권에 100만 달러를 투자하고 있다. 이 채권의 듀레이션은 9.94년으로 추정되었다. 이 자산의 매입에 필요한 자금은 자기자본과 90만 달러의 액면가에 거래되는 만기 2년, 이표율(반 년마다 이자지급) 7.25%의 증권으로 조달되었다.

a. 금융회사 XY의 레버리지조정 듀레이션갭은 얼마인가?

b. 만일 모든 시장이자율이 상대적으로 20bp 하락하면 [말하자면, $\Delta R/(1+R)=-0.002$], XY의 자기자본의 시장가치에 미치는 영향은 얼마인가?

c. 당신이 (a)와 (b)에서 계산한 정보를 사용하면서, 이자율이 상승하거나 하락할 것이 예상되는 경우, 금융회사에게 적절한 듀레이션갭에 대한 일반적인 원칙을 제시해 보라.

d. 모든 시장이자율이 상대적으로 30bp 상승한다고 가정하고 이것이 XY의 자기자본의 시장가치에 미치는 영향을 계산하여 당신의 추론을 증명하라.

e. 시장이자율의 변화로부터 자기자본의 시장가치를 면역화시키기 위해 필요한 자산의 듀레이션은 얼마인가?

21. Gotbucks Bank, Inc. (GBI)의 대차대조표가 아래와 같이 제시되어 있다 (단위 100만 달러).

자 산		부채와 자본	
현금	\$ 30	핵심예금	\$ 20
페더럴펀드	20	페더럴펀드	50
대출(변동이자부)	105	유로 CD	130
대출(고정이자부)	65	자기자본	20
총 자 산	\$220	총부채와 자본	\$220

주: 페더럴펀드 이자율은 8.5%이고, 변동이자부 대출이자율은 LIBOR+4%이며 현재 LIBOR는 11%이다. 고정이자부 대출은 만기 5년이고 액면가에 판매되며 12%의 연간 이자를 지불한다. 핵심예금은 만기에 원금이 지급되며 2년 동안 연간 8%를 지불하는 고정이자부 예금이다. 유로 CD의 원금은 만기에 지급되며 현재 수익률은 9%이다.

a. Gotbucks Bank가 보유하고 있는 고정이자부 대출포트폴리오의 듀레이션은 얼마인가?

b. 만일 변동이자부 대출과 페더럴펀드 자산의 듀레이션이 0.36년이면, GBI가 보유하고 있는 자산포트폴리오의 듀레이션은 얼마인가?

c. 핵심예금의 가격이 액면가격에 설정된다면 핵심예금의 듀레이션은 얼마인가?

d. 만일 유로CD와 페더럴펀드 부채의 듀레이션이 0.401년이면, GBI가 보유하고 있는 부채포트폴리오의 듀레이션은 얼마인가?

e. GBI의 듀레이션갭은 얼마인가? GBI의 이자율리스크노출도는 얼마인가?

f. 만일 모든 시장이자율이 상대적으로 1% 상승하면 [말하자면, $\Delta R/(1+R)=-0.01$] GBI의 자기자본의 시장가치에 미치는 영향은 얼마인가?

g. 만일 모든 시장이자율이 상대적으로 0.5% 하락하면 [말하자면, $\Delta R/(1+R)=-0.005$] GBI의 자

기자본의 시장가치에 미치는 영향은 얼마인가?

h. 이 은행을 면역화시키기 위해 GBI가 사용할 수 있는 변수들은 무엇인가? 각 변수는 듀레이션갭이 0이 되도록 하기 위해 얼마나 변화할 필요가 있는가?

22. Hands Insurance Company는 1년차 말에 한 번의 8% 이표를 추가적으로 지불하는 1년만기의 무이표채를 9,000만 달러어치 발행하였다. 이 금액은 10%의 연간 이자를 받는 만기 2년, 1억 달러의 기업대출을 행하기 위해 사용되었다. 이와 같은 거래들이 동시에 이루어진 직후 모든 시장 이자율은 1.5% 상승하였다.

a. 이자율이 변화한 후 대출과 부채의 시장가치는 얼마인가?

b. 이와 같은 대출과 부채 시장가치의 변화는 금융회사가 보유하고 있는 자기자본의 시장가치에 어떠한 영향을 미치는가?

c. 발행시점에서 대출과 부채의 듀레이션은 얼마인가?

d. 이자율의 1.5% 상승이 예상되는 경우, 예상되는 대출과 부채의 시장가치 변화를 계산하기 위해 대출과 부채의 듀레이션 값들을 사용하라.

e. 자산과 부채를 발행한 후 Hands Insurance Company의 듀레이션갭은 얼마가 되는가?

f. 이자율의 1.5% 상승이 예상되는 경우, 이 듀레이션갭에 의하여 예상되는 자기자본 시장가치의 변화는 얼마인가?

g. 만일 대출과 부채가 협상되고 있는 동안 이자율 변화가 예상된다면, 당신은 이 보험회사의 자기자본에 미칠 수 있는 영향을 감소시키기 위해 어떤 제안을 할 것인가? 제시된 제안을 실행할 때의 어려움은 어떤 것들이 있겠는가?

23. 한 금융회사에 대한 다음과 같은 대차대조표 정보가 주어져 있다고 하자(금액은 1,000달러 기준, 듀레이션은 연단위 기준).

	금액	듀레이션
T-bills	$ 90	0.50
T-Notes	55	0.90
T-Bonds	176	x
대출	2,724	7.00
예금	2,092	1.00
페더럴펀드	238	0.01
자기자본	715	

T-bonds는 반 년 단위로 6%의 이표를 지불하고 액면가격에 판매되는 만기가 5년남은 채권들이다.

a. T-bond 포트폴리오의 듀레이션은 얼마인가?

b. 자산의 평균 듀레이션은 얼마인가?

c. 부채의 평균 듀레이션은 얼마인가?

d. 레버리지조정 듀레이션갭은 얼마인가? 이자율리스크노출도는 얼마인가?

e. 수익률곡선 전체가 윗쪽방향으로 0.5% 상대적으로 이동한 것 [말하자면, $\Delta R/(1+R)=0.0050$]이 자기자본의 시장가치에 미치는 영향은 얼마인가?

f. 만일 수익률곡선이 아랫쪽 방향으로 0.25% 이동 [말하자면, $\Delta R/(1+R)=-0.0025$] 하면, 이것이 자기자본의 시장가치에 미치는 영향은 얼마인가?

g. 금융회사가 대차대조표를 면역화시키기 위해 사용할 수 있는 변수들은 무엇인가? 각 변수는 듀레이션갭이 0이 되도록 하기 위해 얼마나 변화할 필요가 있는가?

24. 금융회사 규제당국들의 한 가지 목표가 총자산에 대한 자기자본의 비율을 면역화시키는 것, 즉, $\Delta(E/A)=0$이라고 가정해 보자. 이 목표가 금융회사의 적절한 듀레이션갭을 어떻게 변화시키는지를 설명하라. 이 목표가 총자기자본을 면역화시키기 위해 필요한 듀레이션갭과 왜 다른가? 만일 총자산에 대한 자기자본비율을 면역화시키는 것이 목표라면, 문제 21의 (h)와 문제 23의 (g)에 대한 당신의 답은 어떻게 변할 것인가?

25. 금융회사의 포트폴리오를 면역화시키기 위해 듀레이션모형을 사용하는 것에 대한 3가지 비판들에 대해 논하라.

26. 금융시장에서 어떤 변화들이 발생하여 금융회사들이 그들의 목표를 달성하기 위해 대차대조표를 보다 빨리 그리고 효율적으로 재조정할 수 있게 되었는가? 면역화된 포트폴리오를 가지고 있는 투자관리자가 포트폴리오를 정기적으로 다시 면역시키기 위해 원하는 투자기간을 일치시키는 것이 왜 중요한가? 볼록성은 무엇이며 왜 바람직한 특성인가?

27. 한 금융회사가 2년 9.5개월의 투자기간을 가지고 있다. 이 금융회사는 모든 자산들을 10%의 만기수익률에 거래되는 연이표율 8%, 만기 3년, 액면가 1,000달러인 채권 포트폴리오로 전환시켰다. 이 채권들은 연단위로 이자를 지급한다. 포트폴리오 관리자는 이 자산들이 이자율변화에 대하여 면역화되어 있다고 믿고 있다.

a. 이 포트폴리오는 채권 구매시점에 면역화되어 있는가? 이 채권의 듀레이션은 얼마인가?

b. 1년 후에 이 포트폴리오는 면역화 될 것인가?

c. 1년 후에 만기 1년, 만기수익률 8%인 무이표채가 존재한다고 가정하라. 이 포트폴리오를 다시 면역시키기 위해 처음 포트폴리오의 몇 %를 무이표채로 바꾸어야 하는가?

28. 만기 12년, 연이표율 12%이며 요구수익률이 10%, 액면가 1,000달러인 채권을 고려해 보자.

a. 이 채권의 가격은 얼마인가?

b. 이자율이 11%로 상승하면 채권의 가격은 얼마인가?

c. 채권가격은 몇 %가 변화하였는가?

d. 만기 16년의 채권에 대해서 위의 (*a*), (*b*), (*c*) 문제들을 반복해 보라.

e. 각 채권의 변화로부터 무엇을 알 수 있는가?

29. 만기 5년, 연이표율 15%이며 액면가 1,000달러인 채권을 고려해 보자. 현재 만기수익률은 12%이다.

a. 이 채권의 가격은 얼마인가?

b. 이자율이 1% 상승하면 채권의 가격은 얼마인가?

c. 위의 문제들에서 이자율이 1% 상승함에 따라 채권가격은 몇 %가 변화하는가?

d. 이자율이 1% 하락하는 경우 위의 (*b*)와 (*c*) 문제들을 반복해 보라.

e. 위의 문제로부터 고정이자율자산의 수익률-가격의 관계가 어떠하다는 것을 알 수 있는가?

30. 연이표율 10%이며 액면가 1,000달러, 만기(N) 10년인 채권을 고려해 보자. 현재 만기수익률(YTM)은 10%이다.

a. 아래 표의 빈칸을 채워 보라.

변화					
N	이표율	YTM	가격	액면가와의 차이($)	액면가와의 차이(%)
8	10%	9%			
9	10	9			
10	10	9			
10	10	10			
10	10	11			
11	10	11			
12	10	11			

b. 이 정보를 이용하여 고정이자율자산이 지니는 다음과 같은 이자율과 가격 간의 관계를 확인해 보라.

(규칙 1) 고정이자율자산의 이자율과 가격은 반대로 움직인다.

(규칙 2) 자산의 만기가 길수록 이자율의 일정한 변화에 따른 가격의 변화폭이 증가한다.

(규칙 3) 자산의 가치변화는 만기에 따라 증가하지만 증가율은 감소한다.

(규칙 4) 이자율의 상승 및 하락의 변화폭이 동일한 경우 이자율하락에 따른 가격의 증가폭은 이자율상승에 따른 가격의 감소폭보다 크다.

31. MLK Bank는 액면가에 판매되는 만기 30년, 연이표율 8% (연 1회 이자지급), 액면가 1,000달러의 채권으로 1억 달러 보유하고 있다.

a 만일 시장수익률이 +/− 0.10% 변화하면, 이 채권의 가격은 얼마가 될 것인가? 만일 시장수익률이 +/− 2.00% 변화하면, 이 채권의 가격은 얼마가 될 것인가?

b. 이 채권의 듀레이션은 12.1608년이다. 듀레이션 방법을 사용하는 경우 (*a*)의 4가지 경우 각각에서 예상되는 채권의 가격들은 얼마인가? 듀레이션 방법에 의한 예상가격들과 실제 시장가격들 간의 오차는 얼마인가?

c. 볼록성이 212.4일 때, 듀레이션과 볼록성을 함께 사용하는 경우 (*a*)의 4가지 경우 각각에서 예상되는 채권의 가격들은 얼마인가? 듀레이션과 볼록성을 함께 고려하는 방법에 의한 예상가격들과 실제 시장가격들 간의 오차는 얼마인가?

d. (*a*), (*b*) 및 (*c*)의 결과를 한 그림에 그려 보라.

32. 8%의 만기수익률에서 거래되고 1,000달러의 액면가격을 가지고 있는 아래 3가지 채권들의 볼록성의 값을 추정하라.

만기 7년의 무이표채

만기 7년과 연이표율 10%의 이표채

만기 10년, 연이표율 10%, 듀레이션 6.994년인 이표채

볼록성 값을 기준으로 이 채권들의 순위를 정하고 만기와 듀레이션이 동일한 경우에 무이표채와 이표채 간의 볼록성 관계를 나타내라.

33. 만기 10년, 연이표율 10%, 액면가 1,000달러의 채권이 8%의 만기수익률에 거래되고 있으며 듀레이션은 6.994년이다. 이 채권의 수정듀레이션은 얼마인가? 수정듀레이션을 계산하는 실용값은 얼마인가? 수정듀레이션은 가격민감도를 추정하기 위해 듀레이션 관계식을 사용한 결과를 변화시키는가?

관련 웹사이트

기관명	웹사이트
Bank for International Settlements	www.bis.org
Securities and Exchange Commission	www.sec.gov

부록 4A 현실에서 금융회사 대차대조표에 듀레이션모형을 적용하는데 발생하는 문제점들

볼록성의 3가지 특성은 다음과 같다.[1)]

1. **볼록성은 바람직한 특성이다.** 하나의 증권 또는 증권포트폴리오의 볼록성이 클수록, 금융회사는 이자율의 상승에 대하여 보다 더 큰 보호를 받게 되며 이자율의 하락에 대하여 보다 더 큰 잠재적 이득을 가지게 된다.
2. **볼록성과 듀레이션.** 이자율의 변화가 클수록 그리고 확정수입증권 또는 포트폴리오의 볼록성이 클수록, 금융회사가 이자율의 변화에 대하여 이자율리스크의 면역을 위해 듀레이션만을 사용하면 오차가 더 커지게 된다.
3. **모든 확정수입증권들은 볼록성을 가진다.**[2)] 이것을 보기 위해 6년만기, 8% 연이율표, 8% 만기수익률을 가지는 채권에 대하여 2가지의 극단적인 가격-만기수익률 관계들을 살펴보자. 만기수익률이 0으로 하락하면 이 채권의 가격은 얼마이고 만기수익률이 무한대와 같은 매우 큰 값으로 상승하면 이 채권의 가격은 얼마인가?

$R=0$ 일 때,

$$P=\frac{80}{(1+0)}+\ldots+\frac{1,080}{(1+0)^6}=\$1,480$$

이 가격은 이표와 액면가격에 대하여 할인하지 않은 값의 합이다. 만기수익률은 0 미만로 내려가지 않기 때문에 1,480달러는 최대채권가격이다.

---

1) 이 부록의 내용은 기술적인 것을 포함하고 있으므로 독자의 수준에 따라 생략해도 무방하다.
2) 이것은 콜과 풋과 같은 특별한 옵션 특성이 없는 확정수입증권에 적용된다.

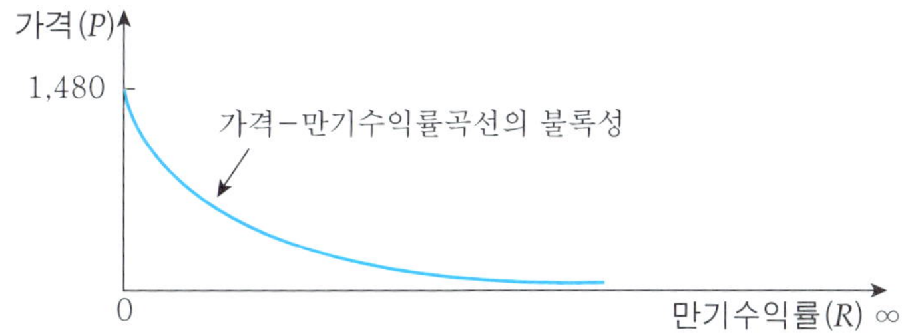

그림 4A-1 채권의 볼록성

$R = \infty$일 때,

$$P = \frac{80}{(1+\infty)} + \ldots + \frac{1,080}{(1+\infty)^6} \simeq 0$$

만기수익률이 무한대로 접근함에 따라 채권의 가격은 점근적으로 0으로 하락하나 정의상 채권의 가격은 음이 될 수 없다. 따라서 0이 최소 채권가격이다([그림 4A-1] 참조).

볼록성은 자산이 갖는 바람직한 특성이기 때문에 금융회사의 경영자는 다음과 같은 질문을 할 수 있다. 볼록성을 측정할 수 있는가? 볼록성 때문에 발생하는 오차를 조정하거나 상쇄하기 위해 듀레이션모형 속에 볼록성의 측정치를 포함시킬 수 있는가? 이 두 질문들에 대한 대답은 그렇다이다.

이론적으로 말하면 듀레이션은 가격–만기수익률곡선의 기울기이고, 볼록성은 가격–만기수익률곡선의 기울기변화이다. 이자율의 변화가 채권의 가격에 미치는 총효과는 많은 독립적인 효과들로 분해된다. 이들 독립적인 효과들에 대한 정확한 수학적인 도출은 테일러 시리즈 확장(Taylor series expansion)에 기초하여 이루어진다. 본질적으로 이자율변화가 채권의 가격에 미치는 제1계 효과(dP/dR)는 가격–만기수익률곡선의 기울기 효과이고, 듀레이션에 의하여 측정된다. 제2계 효과(dP^2/d^2R)는 가격–만기수익률곡선의 기울기 변화이다. 이것이 곡률 효과 또는 볼록성 효과이다. 테일러 시리즈 확장에서 제3계, 제4계, 더 높은 계의 효과들이 존재하나 실용적인 목적을 위해서는 이들 효과들은 무시될 수 있다.

특히 이자율이 큰폭으로 변화할 때 가격–만기수익률곡선의 곡률을 무시하는 것이 자산포트폴리오와 부채포트폴리오의 이자율민감도 예측에 있어 오류를 발생시킬 수 있다는 것을 살펴보았다. 따라서 주어진 점 주위에서 가격–만기수익률곡선의 기울기변화를 측정하여 만기수익률 변화의 제2계 효과를 명시적으로 고려함으로써 이와 같은 오류를 조정할 수 있다. D(듀레이션)가 기울기 효과(dP/dR)를 측정하는 것처럼, 가격–만기수익률곡선의 곡률 효과(dP^2/d^2R)를 측정하기 위해 새로운 모수 CX를 도입하자.

볼록성을 고려한 증권의 가격변화를 예측하기 위한 방정식은 다음과 같이 나타낼 수 있다.

$$\frac{\Delta P}{P} = -D\frac{\Delta R}{(1+R)} + \frac{1}{2}CX(\Delta R)^2 \quad (1)$$

또는

$$\frac{\Delta P}{P} = -MD\Delta R + \frac{1}{2}CX(\Delta R)^2 \quad (2)$$

식 (1)의 첫 번째 항은 큰 폭의 이자율변화에 대하여 가격변화를 과대예측 또는 과소예측하는 듀레이션모형이고 두 번째 항은 이자율 변화의 제2계 효과, 즉 볼록성 또는 곡률 조정항이다. 식 (1)에서, 첫 번째 항 D를 $1+R$로 나누면 *수정듀레이션(MD)*이 된다. 식 (2)는 MD를 R의 할인된 변화($\Delta R/(1+R)$)로 곱하는 것이 아니라 R의 변화(ΔR)로 곱하기 때문에 보다 직관적으로 이해하기 쉽다. 볼록성 조정항에서 1/2과 $(\Delta R)^2$은 이자율변화의 제2계 효과라는 사실로부터 나온 것이다. 모수 CX는 현재 수익률수준에서 가격-만기수익률곡선의 곡률, 즉 같은 크기의 만기수익률 상승과 하락에 의하여 발생하는 자본이득효과가 자본손실효과를 초과하는 정도를 반영한다. 금융회사의 경영자는 CX의 모수측정치를 사용해서 곡률효과를 근사시킬 수 있다. 미적분학은 무한히 작은 변화에 기초하지만 금융시장에서 가장 작은 수익률의 변화는 일반적으로 1%의 1/100인 1베이시스포인트의 변화이다.

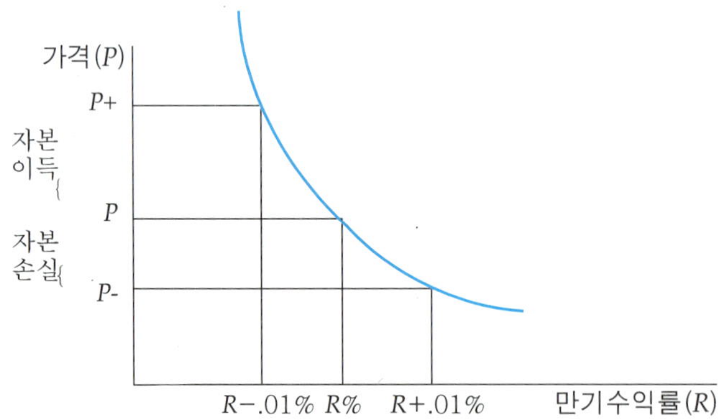

그림 4A-2 볼록성과 가격-만기수익률곡선

CX를 측정하는 한 가지 방법을 살펴보자. 방금 논의한 바와 같이 볼록성 효과는 현재의 이자율 수준에서 같은 크기의 이자율상승과 이자율하락으로부터 발생되는 자본이득효과가 자본손실효과를 상쇄시키는 정도이다. [그림 4A-2]에서 만기수익률이 1bp 상승한 점(R+0.01%)과 1bp 하락한 점(R−0.01%)이 표시되어 있다. 볼록성은 현재의 이자율수준(R) 주위에서의 가격-만기수익률곡선의 곡률을 측정하기 때문에 직관적으로 볼록성은 작은 만기수익률 하락에 의한 자본이득효과가 작은 만기수익률 상승에 의한 자본손실효과를 능가하는 정도를 측정한다.[3] 이와 같은 정의에 입각하면 CX는 다음과 같이 측정될 수 있다.

CX = (단위조정요소)[1bp의 이자율상승에 의한 자본손실
+1bp의 이자율하락에 의한 자본이득]

대괄호 안에 있는 2항들의 합은 1bp의 이자율상승과 하락에서 발생하는 자본이득효과가 자본손실효과를 능가하는 정도를 반영한다. 단위조정요소는 CX가 이자율의 1% 변화를 나타낼 수 있도록 표준화하기 위한 요소이다. 이자율이 크게 변화할 때 볼록성 효과를 측정하는 것이 중요하다는 점을 기억하라. 일반적으로 사용되는 단위조정요소는 10^8이며[4] 이에 따라

$$CX = 10^8\left[\frac{\Delta P-}{P} + \frac{\Delta P+}{P}\right]$$

이다.

*CX*의 계산

가격이 1,000달러이고 8%의 이표와 8%의 만기수익률을 가지는 6년만기 유로본드의 볼록성을 계산하면 다음과 같다.[5]

$$CX = 10^8\left[\frac{999.53785-1,000}{1,000} + \frac{1,000.46243-1,000}{1,000}\right]$$
$$CX = 10^8[0.00000028]$$
$$CX = 28$$

---

3) 이론적으로 고려해야 하는 이자율의 변화는 무한히 작으나(dR), 현실에서 관찰되는 가장 작은 이자율변화는 1bp(ΔR)이다.

4) 이것은 이자율의 1% 변화효과를 나타내는 것과 같다.

5) 999.53785달러는 이자율이 8.01%일 때 6년만기 유로본드의 가격이고, 1,000.46243달러는 이자율이 7.99%로 하락하였을 때 이 채권의 가격이라는 것을 쉽게 확인할 수 있다. 우리가 매우 작은 수를 다루고 있고, 볼록성은 소숫점 이하의 수치에 민감하기 때문에 자본이득 또는 자본손실을 계산할 때 적어도 소숫점 5자리까지를 사용하는 것이 바람직하다. 사실 소숫점 이하 자릿수를 더 많이 사용할수록 CX의 정확도는 더 높아진다.

표 4A-1 볼록성의 특성

1. 채권의 만기가 증가할수록 볼록성은 증가한다			2. 만기가 같은 경우 이표채는 무이표채보다 볼록성이 작다		3. 듀레이션이 같은 경우 이표채가 무이표채보다 볼록성이 크다.	
예			예		예	
A	B	C	A	B	A	B
N=6	N=18	N=∞	N=6	N=6	N=6	N=5
R=8%	R=8%	R=8%	R=8%	R=8%	R=8%	R=8%
C=8%	C=8%	C=8%	C=8%	C=0%	C=8%	C=0%
D=5	D=10.12	D=13.5	D=5	D=6	C=5	D=5
CX=28	CX=130	CX=312	CX=28	CX=36	CX=28	CX=25.72

이와 같은 *CX*의 값이 볼록성을 고려한 채권가격의 예측을 위해 식 (2)에 사용된다.

$$\frac{\Delta P}{P} = -MD\Delta R + \frac{1}{2}(28)\Delta R^2$$

*R*의 2% 상승(8%에서 10%로)을 가정하면

$$\frac{\Delta P}{P} = -\left[\frac{4.993}{1.08}\right].02 + \frac{1}{2}(28)(.02)^2$$
$$= -.0925 - .0056 = -.0869 \quad \text{또는} \quad -8.69\%$$

단순한 듀레이션모형(첫 번째 항)은 2%의 이자율상승이 채권가격을 9.25% 하락시킬 것이라고 예측한다. 그러나 이자율의 상승이 큰 경우에 듀레이션모형은 가격하락을 과대하게 예측한다. 제2계 볼록성 조정항을 가진 듀레이션모형은 채권가격이 8.69% 하락할 것이라고 예측한다. 이 모형은 볼록성 효과 때문에 0.56%의 가격하락부분을 조정한다. 이와 같은 채권의 가격하락은 이 채권으로부터 발생하는 이표와 액면가격을 할인하기 위해 10%를 사용하여 계산한 채권의 가격하락과 매우 유사하다. 이 채권의 실제 가격하락은 8.71%이다. 즉 볼록성 조정항을 사용하는 것이 채권가격의 예측치와 실제값 간의 오차를 크게 감소시킨다.[6]

〈표 4A-1〉에서, 볼록성의 여러 가지 특성들을 살펴보자. 〈표 4A-1〉에서 *N*=만기, *R*=만기수익률, *C*=연간이표, *D*=듀레이션, *CX*=볼록성이다. 〈표 4A-1〉의 1부분은 채권의 만기(*N*)가 증가함에 따라 채권의 볼록성(*CX*)이 증가한다는 것을 보여 준다. 결과적으로 장기채권은 단기채권보다 (바람직한 특성인) 더 큰 볼록성을 가진다. 이 특성은 듀레이션이 가지

6) 이와 같이 작은 가격하락의 예측오차(8.71% − 8.69%=0.02%)를 보다 더 감소시키기 위해 테일러 시리즈 확장의 제3 모멘트를 사용할 수 있다. 실제로 사람들은 거의 이렇게 하지는 않는다.

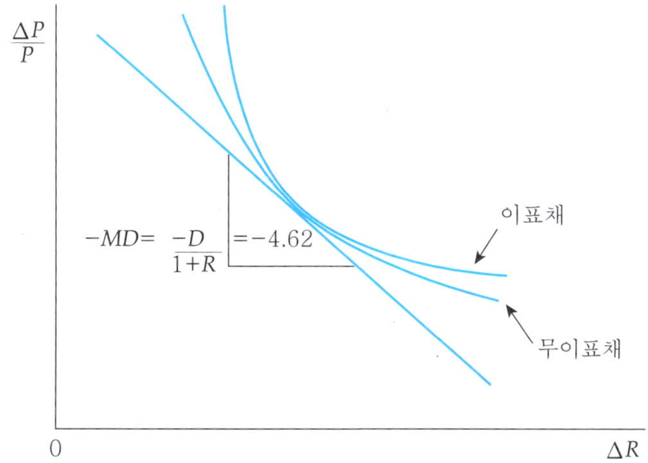

그림 4A-3 동일한 듀레이션을 가진 이표채와 무이표채의 볼록성

는 특성과 유사하다.[7]

〈표 4A-1〉의 2부분은 동일한 만기를 가지는 이표채는 무이표채보다 작은 볼록성을 가진다는 것을 보여 준다. 그러나 〈표 4A-1〉의 3부분은 동일한 듀레이션을 가진 이표채와 무이표채의 경우에 이표채가 무이표채보다 큰 볼록성을 가진다는 것을 보여 준다. [그림 4A-3]에서 동일한 듀레이션을 가진 이표채와 무이표채의 볼록성이 그려져 있다.

마지막으로 볼록성에 관한 논의를 마무리하기 전에 보험회사, 연기금, 뮤츄얼펀드의 경영자들이 볼록성의 개념을 사용하는 예를 살펴보자. 볼록성이 이자율리스크에 대한 보험이라는 것을 고려하면서 금융회사의 경영자는 볼록성이 가지는 바람직한 효과를 극대화하기 위한 자산포트폴리오를 구성할 수 있다. 한 예로 15년의 지급기간을 가진 연기금의 경영자를 생각해 보자. 이자율변화의 리스크를 면역시키기 위해 연기금의 경영자는 15년의 듀레이션을 가진 채권을 구매한다. 이러한 목적을 달성하기 위한 2가지의 대안전략들은 다음과 같다.

전략 1: 8%의 만기수익률을 가진 만기 15년의 무이표채에 100%를 투자한다.

전략 2: 초단기 머니마켓 페더럴펀드에 50%, 8%의 만기수익률을 가진 만기 30년의 무이표채에 50%를 투자한다.

---

7) *CX*의 측정치는 이자율의 수준에 따라서 다르다는 점에 주목하라. 예를 들면, 〈표 4A-1〉은 만기수익률이 8%일 때 *CX*를 측정하고 있다. 만일 만기수익률이 12%이면, *CX*의 값이 변화할 것이다. 이것은 직관적으로 이해가 된다. 왜냐 하면, 가격-만기수익률곡선의 곡률은 가격-만기수익률곡선상의 각 점에서 다르기 때문이다. 듀레이션도 이자율의 수준에 따라서 변화하는 점에 주목하라.

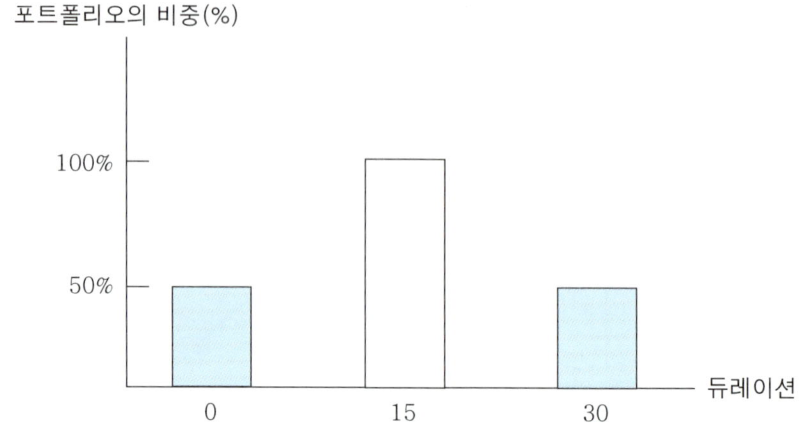

그림 4A-4 바벨전략

이들 자산포트폴리오의 듀레이션(*D*)과 볼록성(*CX*)은 다음과 같다.[8]

$$\text{전략 1: } D=15,\ CX=206$$

$$\text{전략 2: } D=\tfrac{1}{2}(0)+\tfrac{1}{2}(30)=15$$

$$CX=\tfrac{1}{2}(0)+\tfrac{1}{2}(797)=398.5$$

전략 1과 전략 2는 같은 듀레이션을 가지나 전략 2의 볼록성이 더 크다. 전략 2는 음영된 막대들에 의하여 나타낸 [그림 4A-4]에서 보는 바와 같이 흔히 바벨포트폴리오(barbell portfolio)라고 부른다.[9] 전략 1은 음영되어 있지 않은 막대로 표시되어 있다. 볼록성이 가격에 반영되지 않는 만큼 바벨전략(전략 2)은 듀레이션을 직접적으로 일치시키는 전략(전략 1)보다 우월하다.[10]

일반적으로 금융회사는 [그림 4A-5]에서 보는 바와 같이 부채포트폴리오보다 자산포트폴리오에서 더 큰 볼록성을 원할수 있다. 그 결과 이자율의 상승과 하락 모두가 금융회사

8) 1일만기 페더럴펀드의 듀레이션과 볼록성은 거의 0이다.

9) 이것은 역도경기에서처럼 듀레이션 범위의 양쪽 끝에 중량이 같은 크기로 실려 있기 때문에 바벨이라고 부른다.

10) 볼록성이 가격에 반영된다면 장기인 30년만기의 채권가격은 구매자들이 구성하고자 하는 바벨자산포트폴리오에 보다 더 볼록성이 큰 채권을 포함시키고자 경쟁하는 것을 반영하여 상승할 것이다. 따라서 바벨포트폴리오의 형태로 채권보험을 사는 것은 금융회사에게 추가적인 비용을 발생시킬 것이다. 듀레이션과 볼록성 양쪽 모두 헤지하기 위해서 금융회사는 자산포트폴리오의 볼록성을 부채포트폴리오의 볼록성과 일치시키지 않고 자산포트폴리오의 볼록성만을 선택해서는 안 된다.

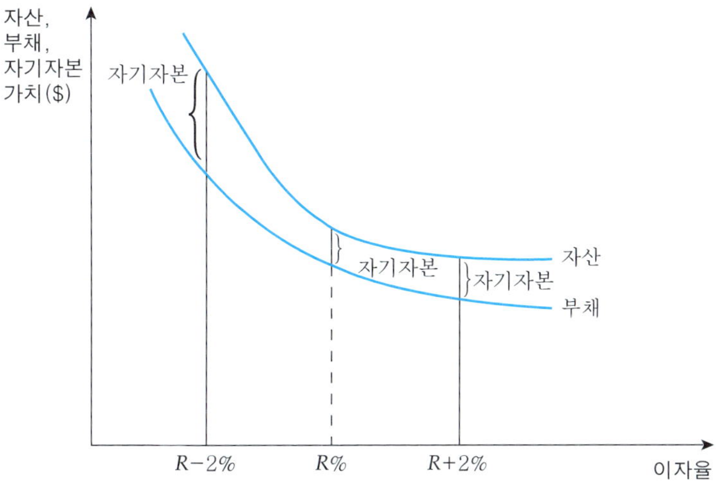

그림 4A-5 자산이 부채보다 더 큰 볼록성을 가지는 경우

의 순자산을 증가시킨다.[11)]

평평한 수익률곡선의 문제

지금까지 단순 듀레이션 또는 Macauley 듀레이션을 계산하였다. 단순 듀레이션모형의 핵심적인 가정은 수익률곡선 또는 이자율의 기간구조가 평평하고 이자율이 변화할 때 수익률곡선이 평행 이동한다는 것이다. [그림 4A-6]은 이것을 그린 것이다.

실제로 수익률곡선은 많은 형태를 가질 수 있다. 만일 수익률곡선이 평평하지 않다면 단순 듀레이션을 사용하는 것은 자산과 부채의 이자율민감도를 예측하는데 있어서 잠재적인 오류의 원천일 수 있다. 많은 모형들이 이 문제를 다루고 있으며 이들 모형들은 가정하고 있는 수익률곡선의 모습과 이자율변화에 따라서 차이가 있다.

---

11) 다른 하나의 전략은 금융회사가 부채로 수의상환채권(callable bonds)을 발행하는 것이다. 수의상환채권은 이자율이 낮은 수준까지 하락하면 발행자는 만기 이전에 채권을 다시 매입하는 권리를 행사하고 새로 이표가 작은 채권을 재발행하기 때문에 제한적인 자본이득을 가진다. 이 채권가격에 대한 제한적인 자본이득 잠재력의 영향은 가격-만기수익률곡선이 음의 볼록성을 가진다는 것이다. 따라서 만일 자산투자가 양의 볼록성을 가지고 부채가 음의 볼록성을 가진다면(양이든 음이든) 만기수익률의 변화는 금융회사에게 순자산이득을 발생시킬 가능성이 있다.

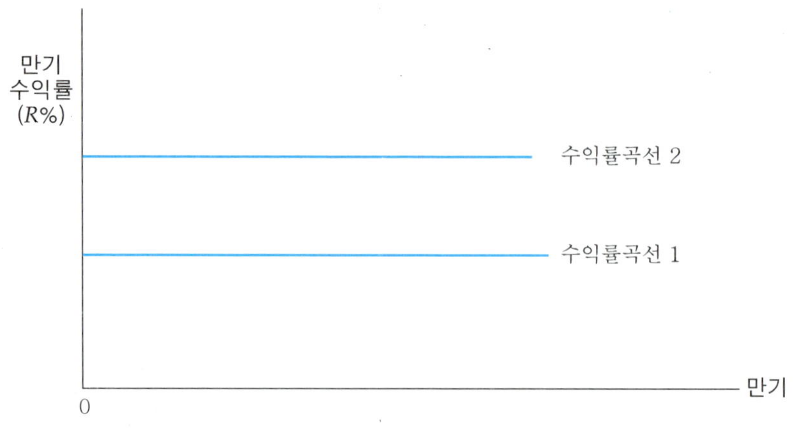

그림 4A-6 Macauley 듀레이션의 기반이 되는 수익률곡선

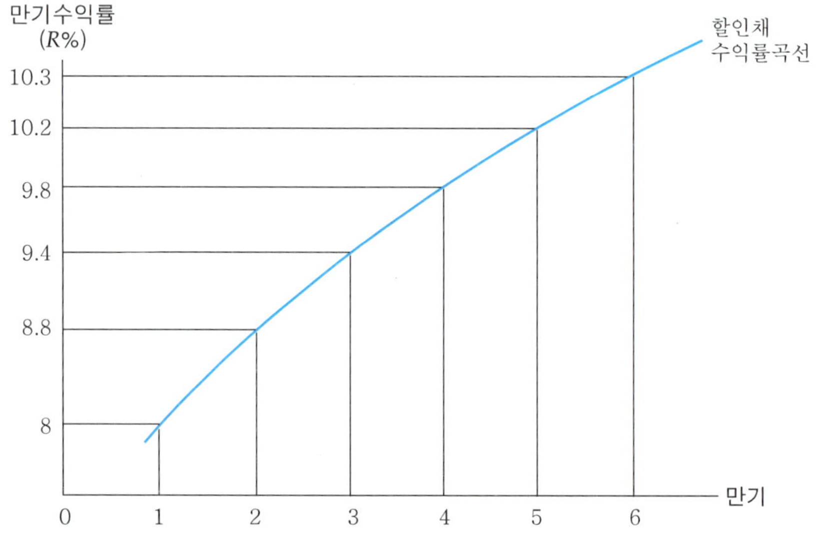

그림 4A-7 평평하지 않은 수익률곡선

수익률곡선은 평평하지 않지만 만기가 다른 할인채에 대한 수익률들이 비례적으로 변화한다고 하자.[12] 수익률곡선이 8%에서 수평이 아닐 때 6년만기 유로본드의 듀레이션을 계산해 보는 문제를 생각해 보자. 예를 들어 수익률곡선이 [그림 4A-7]과 같다고 하자.

1년만기 할인채의 수익률이 상승하고 장기할인채의 수익률변화가 1년만기 할인채의 수익률변화 정도만큼 비례적으로 변화한다고 가정하자. 즉

$$\frac{\Delta R_1}{1+R_1} = \frac{\Delta R_2}{1+R_2} = \dots = \frac{\Delta R_6}{1+R_6}$$

이 경우 이 채권의 적정한 듀레이션(D^*)은 이 채권의 이표들과 원금을 할인율 또는 적정한 만기를 가진 무이표채의 수익률로 할인함으로써 계산될 수 있다. [그림 4A-7]의 할인채 수익률곡선이 주어지면 D^*는 〈표 4A-2〉와 같이 계산된다.

8%에서 평평한 수익률곡선의 가정하에 계산된 Macauley 듀레이션(D)은 4.993년인 반면 D^*는 4.916년이라는 것에 주목하라. D^*와 D가 서로 다른 것은 전자의 경우에 현금흐름이 Macauley 듀레이션의 기반이 되는 평평한 수익률곡선을 가정하고 있는 후자의 경우보다 큰 수익률로 할인되기 때문이다.

금융회사가 직면한 문제에서 D대신에 D^*를 사용하는 것은 자산과 레버리지 조정 부채간의 갭, 즉 $D_A^* - kD_L^*$를 구한다는 점을 제외하고는 문제의 기본 성격을 변화시키지 않는다. 그러나 D^*는 수익률곡선에 대한 매우 제한적인 가정하에서 계산되었다는 것을 기억하라. 만일 이러한 가정이 변화하면 D^*의 값도 변화한다.[13)]

채무불이행 리스크의 문제

지금까지 살펴본 모형들과 듀레이션 계산방법들은 채권의 발행자 또는 대출의 차입자가 약속된 이자와 원금을 확실히 지급한다고 가정한다. 즉 현금흐름의 지급에 채무불이행이 발생하거나 지연되는 일이 없다고 가정한다. 그러나 현실에서는 원금과 이자지급에 대한 문제들이 발생하고, 이러한 문제들 때문에 은행과 채권수탁자는 차입자와 재협상하면서 부채에 대한 채무재조정(rescheduling)과 워크아웃(workout)이 이루어진다. 즉 차입자는 즉각적인 채무불이행보다는 이자와 원금지급을 재조정하거나 재계약한다. 만일 채무불이행리스크를 현금흐름의 발생 일자를 미래로 이연시키는 것과 같은 것으로 간주하면 이 문제를 듀레이션모형에서 다룰 수 있다.

8년만기, 8% 이표율, 8% 만기수익률를 가진 유로본드를 생각해 보자. 이 채권의 발행자가 어려움에 처하여 첫 번째 이표를 지급할 수 없다고 하자. 그 대신 차입자와 금융회사

12) 증권에서 발생하는 현금흐름의 현재가치와 증권의 듀레이션을 계산하기 위해 현금흐름의 할인율로 할인채의 수익률을 사용할 수 있다.

13) 많은 학자들이 보다 복잡한 수익률곡선의 모습들과 이동하는 형태들에 해당되는 기타의 비표준적인 듀레이션 척도를 제시하였다. 예를 들면, Bierwag, G. O., G. G. Kaufman, and A. Toevs, "Duration: Its Development and Use in Bond Portfolio Management," *Financial Analysts Journal* 39 (1983), pp. 15-35 참조.

는 지급하지 못한 이자를 2년차에 지급할 수 있도록 합의할 수 있다. 이것은 차입자에 대한 현금흐름에 따른 압박을 부분적으로 완화하는 반면에 금융회사의 관점에서 보면 이 채권의 듀레이션을 증가시킨다(〈표 4A-3〉 참조). 첫 번째 이자지급을 재조정한 것은 이 채권의 듀레이션을 5년에서 5.08년으로 증가시킨다.

일반적으로 미래의 채무불이행리스크 때문에 현금흐름에 대하여 확신이 없는 금융회사의 경영자는 약속된 현금흐름(CF_t)에 상환확률(p_t)을 곱하여 t년차에 발생될 것으로 기대되

표 4A-2 우상향 수익률곡선을 가진 경우의 듀레이션 계산

t	CF	DF	$CF \times DF$	$CF \times DF \times t$
1	80	$\frac{1}{(1.08)} = 0.9259$	74.07	74.07
2	80	$\frac{1}{(1.088)^2} = 0.8448$	67.58	135.16
3	80	$\frac{1}{(1.094)^3} = 0.7637$	61.10	183.30
4	80	$\frac{1}{(1.098)^4} = 0.6880$	55.04	220.16
5	80	$\frac{1}{(1.102)^5} = 0.6153$	49.22	246.10
6	1,080	$\frac{1}{(1.103)^6} = 0.5553$	599.75	3,598.50
			906.76	4,457.29

$$D^* = \frac{4,457.29}{906.76} = 4.91562\text{년}$$

표 4A-3 듀레이션과 채무재조정

t	CF	DF	$CF \times DF$	$CF \times DF \times t$
1	0	.9259	0	0
2	160	.8573	137.17	274.34
3	80	.7938	63.51	190.53
4	80	.7350	58.80	235.21
5	80	.6806	54.45	272.25
6	1,080	.6302	680.58	4,083.48
			994.51	5,055.81

$$D^* = \frac{5,055.81}{994.51} = 5.0837\text{년}$$

는 현금흐름($E(CF_t)$)을 계산할 수 있다.[14)]

$$E(CF_t) = p_t \times CF_t$$

제6장은 이와 같은 상환확률을 계산하기 위한 많은 방법들을 제안한다. 현금흐름이 채무불이행리스크와 관련하여 조정되면 듀레이션은 $E(CF_t)$가 CF_t를 대체한다는 점을 제외하고 Macauley 공식 (또는 D^*)와 같은 방법으로 계산될 수 있다.[15)]

변동이자부 대출과 채권

지금까지 살펴본 듀레이션모형은 대출이자율 또는 채권의 이표율이 발행시점에 고정되고 만기까지 변화하지 않는다고 가정한다. 그러나 많은 채권과 대출은 변동이자율을 적용한다. 이러한 예들로는 LIBOR(London Interbank Offered Rate)에 연계된 대출이자율과 재무부증권 수익률 또는 기타 증권 수익률에 연계된 조정가능 이자부 모기지(adjustable rate mortgages; ARM)가 있다. 더욱이 1980년대에 많은 은행들과 증권회사들은 영구 변동이자부채권(perpetual floating-rate notes)을 발행하였거나 인수하였다. 이 증권들은 결코 만기에 이르지 않는 영구채와 같은 채권들이다. 영구채와는 달리 이 채권의 이표율은 시장이자율에 따라서 변동한다. 전반적인 갭노출도를 분석하기 원하는 금융회사의 경영자는 다음과 같은 질문을 할 수 있다. 이와 같은 변동이자부증권의 듀레이션은 얼마인가? 변동이자부증권의 듀레이션은 일반적으로 증권의 구매시점과 차기 이표 또는 이자가 현재의 이자율상황을 반영하여 재조정되는 시점 사이의 시간간격이다. 이 시간간격을 금융상품의 가격이 재설정되는 시간간격이라고 부른다.

예를 들면, 투자자가 영구 변동이자부증권을 매입했다고 하자. 각 연도의 초에 금융회사는 그 연도의 말에 지급되는 이표율을 설정한다. 투자자는 첫 연도의 초가 아닌 중간($t=\frac{1}{2}$)에 이 채권을 산다고 하자([그림 4A-8] 참조).

매입시점에서 이 채권의 현재가치는 다음과 같다.[16)]

---

14) 상환확률은 0과 1 사이이다.

15) 다른 방법으로 약속된 현금흐름은 무위험 재무부증권에 대한 적정한 할인수익률과 적정한 신용리스크스프레드의 합으로 할인될 수 있다. 즉 $CF_t/(1+d_t+S_t)^t$, 여기서 CF_t는 t년차에 지불하기로 약속된 현금흐름, d_t는 t년만기 무이표 재무부채권의 수익률, S_t는 신용리스크프리미엄이다.

16) 이 공식은 한 번의 이표가 지불되는 기간보다 적은 기간 안에 받는 현금흐름은 단순이자율을 사용하여 할인된다는 유럽식 전통에 따른 것이다. 따라서 위의 예에서 첫 번째 이표의 현금흐름에 대하여 $(1+R)^{1/2}$이 아닌 $1+\frac{1}{2}R$을 사용한다. R.A.Grobel, "Understanding the Duration of Floating Rate Notes," MIMED (New York: Saloman Brother, 1986) 참조.

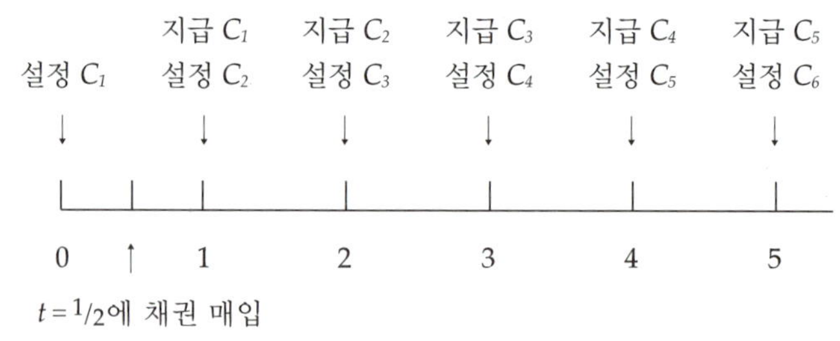

그림 4A-8 변동이자부채권

$$P = \frac{C_1}{\left(1+\frac{1}{2}R\right)} + \frac{C_2}{\left(1+\frac{1}{2}R\right)(1+R)} + \frac{C_3}{\left(1+\frac{1}{2}R\right)(1+R)^2} + \frac{C_4}{\left(1+\frac{1}{2}R\right)(1+R)^3} + \frac{C_5}{\left(1+\frac{1}{2}R\right)(1+R)^4} + \dots + \frac{C_\infty}{\left((1+\frac{1}{2}R)\right)(1+R)^{\infty-1}}$$

이제 현재가치식의 3가지 중요한 점들을 주목하라. 첫째, 투자자는 첫 번째 이표를 받기 위해 반 년을 기다려야 하고 이에 따라 첫 번째 이표에 대한 할인율은 $(1+\frac{1}{2}R)$이다. 둘째, 투자자는 그 당시의 이자율을 반영하기 위해 첫 번째 이표가 지불되는 기간의 초에 미리 설정된 첫 번째 이표의 크기 C_1만 확실하게 알고 있다. 금융회사는 투자자가 이 채권을 매입하기 6개월 전에 첫 번째 이표를 결정하였다. 셋째, 이 채권에서 발생되는 다른 이표들 C_2, C_3, C_4, $C_5, \cdots$, C_∞는 이자율이 다시 설정되는 시점에서의 이자율수준에 의존하기 때문에 이 채권이 구매되는 시점에 알려져 있지 않다([그림 4A-8] 참조).

이 채권의 듀레이션을 계산하기 위하여 반 년이 지난 후부터 발생하는 현금흐름의 현재가치를 정리하면 다음과 같다.

$$P=\frac{C_1}{\left(1+\frac{1}{2}R\right)}+\frac{1}{\left(1+\frac{1}{2}R\right)}$$

$$\left[\frac{C_2}{(1+R)}+\frac{C_3}{(1+R)^2}+\frac{C_4}{(1+R)^3}\right]$$

$$\left[\frac{C_5}{(1+R)^4}+\ldots+\frac{C_\infty}{(1+R)^{\infty-1}}\right]$$

여기서 P는 이 채권의 매입시점인 6개월 시점에서의 이 채권의 현재가치(채권가격)이다. 대괄호 안의 항은 이 채권이 두 번째 이표기간의 초인 1년차 말에 매각될 때 이 채권의 현재가치(P_1)이다. 이표들의 크기가 변동하는 이자율에 정확하게 일치하는 한 대괄호 안의 항에 있는 현금흐름의 현재가치는 이자율의 변화에 영향을 받지 않는다. 따라서

$$P=\frac{C_1}{\left(1+\frac{1}{2}R\right)}+\frac{P_1}{\left(1+\frac{1}{2}R\right)}$$

C_1은 투자자가 이 채권을 사기 전에 미리 설정된 고정된 현금흐름이고 P_1은 현재가치 항에서 고정된 현금흐름이기 때문에 이 채권을 매입하는 것은 6개월만기를 가진 2개의 무이표채들을 매입하는 것과 유사하다. 무이표채의 듀레이션은 무이표채의 만기와 같기 때문에 고려하고 있는 변동이자부채권의 듀레이션은 $D=\frac{1}{2}$년이다. 위에서 알 수 있는 바와 같이 반 년은 이 채권이 구매되는 시점과 이 채권의 가격이 첫 번째로 재설정되는 시점 사이의 시간간격이다.[17)]

17) 다른 경우는 금융회사가 이표가 변동하나 고정된 원금을 상환하는(많은 대출의 가격은 이와 같이 설정된다) 채권을 매입한 경우일 수 있다. 이 채권 또는 대출의 듀레이션을 계산하는 것은 간단하다. 첫째, 이 채권 또는 대출을 2개의 채권들, 즉 매년 변동하는 이표(C)를 지불하는 변동금리부채권과 만기에 고정된 금액(F)을 지불하는 무이표채로 생각해야 한다. 첫 번째 채권의 듀레이션은 이 채권의 구매시점과 이표가 다시 설정되는 첫 번째 시점 간의 시간간격, 즉 위의 예에서 $D=\frac{1}{2}$년이다. 무이표채의 듀레이션은 무이표채의 만기와 같기 때문에 3년만기 무이표채의 듀레이션은 3년이다. 이 채권의 듀레이션은 총현금흐름의 현재가치(이표 현금흐름의 현재가치와 액면가격 현금흐름의 현재가치의 합)에 대한 이표 현금흐름의 현재가치와 액면가격 현금흐름의 현재가치의 비중, 즉 w_1과 $1-w_1$을 각각 가중치로 하는 반 년만기 채권의 듀레이션과 3년만기 채권의 듀레이션의 가중평균이다. 따라서 $D=w_1(\frac{1}{2})+w_2(3)$이다.

요구불예금과 패스북저축예금

많은 은행들과 저축금융회사들은 거액의 당좌계좌와 패스북 계좌(passbook accounts) 부채를 보유하고 있다. 이러한 상황은 특히 소형은행들에게 해당된다. 부채청구권들의 듀레이션을 계산하는데 따른 문제는 이와 같은 부채청구권들은 만기가 없는 개방형이고 상당수의 요구불예금은 매우 자주 회전되지 않는다는 것이다. 요구불예금은 예금보유자들이 즉시 현금인출을 요구할 수 있도록 허용되어 있지만(이것은 요구불예금의 만기가 매우 짧다는 것을 의미한다), 많은 고객들은 상당히 긴 기간 동안 요구불예금의 잔고를 유지하는 경향이 있다. 은행의 용어로 말하면 요구불예금은 은행의 핵심예금(core deposits)이다. 증권의 듀레이션은 증권의 만기를 정의해야 정의되기 때문에 문제가 발생한다. 그러나 요구불예금은 만기가 정해져 있지 않다. 금융회사의 경영자가 이 문제를 해결하기 위한 한 방법은 금융회사가 보유하고 있는 요구불예금과 자유인출저축예금의 중도상환율 또는 회전율을 분석하는 것이다. 예를 들면, 금융회사가 요구불예금계정에 있는 1달러가 평균적으로 1년에 5번 회전한다는 사실을 안다고 하자. 이 사실은 요구불예금의 1달러당 평균회전율 또는 만기는 약 73일이라는 것을 의미한다.[18]

둘째 방법은 요구불예금을 현금을 대가로 즉각적으로 은행에 매도될 수 있는 채권으로 간주하는 것이다. 이 경우 요구불예금의 듀레이션은 거의 0에 가깝다.

세 번째 방법은 이자율민감도의 척도로서 듀레이션의 의미에 보다 직접적으로 일치시키는 방법이다. 즉 이자율의 변화(ΔR)에 대한 요구불예금의 %변화($\Delta DD/DD$)를 살펴보는 것이다. 패스북저축예금은 낮은 명시적 이자를 지불하거나 수표발행수수료를 보조하는 형태를 취하는 묵시적 이자를 지불한다. 따라서 이자율이 상승함에 따라 요구불예금의 인출이 늘어나고 요구불예금은 수익률이 높은 금융상품들로 이동된다. 이와 같은 요구불예금의 이자율 민감도를 검정하기 위해 선형과 비선형 시계열회귀분석과 같은 많은 계량적 분석 방법을 사용할 수 있다.

네 번째 방법은 시뮬레이션분석을 사용하는 것이다. 이것은 미래이자율의 예측치들과 미래의 일정한 기간 동안 예금자들이 보유하고 있는 요구불예금으로부터의 순인출에 기초한 분석이다. 이와 같은 현금흐름들의 할인된 현재가치를 구하면 듀레이션이 계산될 수 있다.[19]

---

18) 즉 365일/5=73일.

19) 이와 같은 방법에 입각한 매우 정교한 모형에 관하여는 "The OTS Market Value Model" (Washington, D.C.: OTS, 1994) 참조.

모기지와 모기지담보부증권

모기지와 모기지담보부증권의 듀레이션을 계산하는 것은 조기상환리스크 때문에 쉽지 않다. 특히 이자율의 수준이 하락함에 따라 모기지 보유자는 기존의 모기지를 조기상환하고 보다 낮은 이자율의 새로운 모기지로 전환하는 옵션을 가진다. 금융용어를 사용하면 고정이자부 모기지와 모기지담보부증권은 내재적 옵션(embedded option)을 지닌다. 듀레이션을 계산하기 위해 자산에서 발생하는 미래의 현금흐름들을 예측할 필요가 있다. 결과적으로 모기지의 듀레이션을 계산하기 위해 모기지 보유자들의 조기상환 행태를 모형화할 필요가 있다. 이와 같은 방법들은 모기지 자산 증권화에 관하여 논의하는 제22장에서 다루어진다.

선물, 옵션, 스왑, 캡, 기타 조건부 청구권

이자율이 변화할 때 선물, 옵션, 스왑, 캡과 같은 파생상품들의 가격들도 변화한다(제8장 참조). 이와 같은 파생상품들의 시장가치 이득과 손실도 금융회사의 자기자본에 영향을 미칠 수 있다. 파생상품들의 듀레이션에 관한 계산은 제18장부터 제20장까지에서 논의된다. 그러니 금융회사이 완전한 듀레이션갭 모형은 대차대조표 상의 자산과 부채의 듀레이션뿐만 아니라 금융회사가 보유한 파생상품 포트폴리오의 듀레이션을 고려해야 한다. 금융회사들이 파생상품계약의 포지션을 보다 많이 보유하는 오늘날과 같은 상황에서는 이 점이 더욱 강조된다.

제 5 장

시장리스크

5.1 서 론

시장리스크(market risk 또는 value at risk)는 자산가격, 이자율, 시장변동성, 시장유동성과 같은 시장상황의 변화로부터 기인되는 금융회사 수익의 불확실성과 관련된 리스크로 정의된다.[1)2)] 따라서 이자율리스크(제3장과 제4장)와 환리스크(제9장) 등은 시장리스크에 영향을 미친다. 그러나 시장리스크는 금융회사가 장기투자, 자금조달, 헤징목적으로 자산과 부채를 보유하는 대신 활발하게 거래할 때 발생하는 리스크를 주로 의미한다.

개념적으로, 금융회사의 거래포트폴리오(트레이딩북(trading book)이라고도 칭함)는 투자기간과 유동성 측면에서 투자포트폴리오와 구별될 수 있다. 거래포트폴리오는 조직화된 금융시장에서 신속하게 구매 또는 판매될 수 있는 자산, 부채 및 파생상품계약들로 구성된다(예를 들어, 채권에서의 매입 또는 매도포지션, 상품, 외환, 주식, 이자율스왑, 옵션 등). 아울러, 은행대출의 증권화가 활발해짐에 따라 자산의 유동성 및 시장성은 보다 높아지고 있다. 투자포트폴리오(은행의 경우 뱅킹북(banking book)이라고 칭함)는 상대적으로 유동성이 낮고 장기간 보유되는 자산 및 부채들로 구성된다(예를 들어 소비자 및 기업대출, 소액예금 등). 〈표 5-1〉은 가상 은행의 뱅킹북과 트레이딩북의 자산과 부채 항목들을 나타내고 있다. 금융회사

---

1) J. P. Morgan, *Introduction to RiskMetrics*(New York: October 1994), p.2.

2) 금융회사의 경영자와 규제당국이 사용하는 시장리스크는 증권시장의 투자자들이 분석하는 체계적 시장리스크와 동의어가 아니다. 체계적 시장리스크란 특정 증권과 시장포트폴리오의 공조화를 의미하는 것으로서 증권의 베타에 반영된다.

의 자기자본은 뱅킹북 또는 트레이딩북으로부터 발생하는 손실에 대한 완충역할을 한다는 점에 주목하라(제15장 참조).

거래활동으로부터 발생하는 수입은 점차적으로 예금과 대출같은 전통적인 금융회사 활동으로부터의 수입을 대체하고 있다. 결과적으로 수익의 불확실성은 하루같이 짧은 기간, 또는 1년같이 긴 기간에 대해서도 측정될 수 있다. 규제당국이 거래가능 자산들의 보유기간을 보통 1년 이내로 간주하는데 반하여, 민영금융회사들은 이보다 더 단기로 간주한다. 특히 금융회사들은 하루같이 짧은 기간 동안의 거래계정자산들과 부채들의 가격변동에 따른 리스크, 즉 value at risk(VAR) [소위, daily earnings at risk(DEAR)]에 대하여 관심을 가지고 있는데, 이러한 변화가 지불능력에 영향을 미칠 때는 더욱 그러하다. 시장리스크는 절대값으로 금액크기로 표현될 수도 있고 어떤 값에 대한 상대적인 금액크기로 표현될 수도 있다. 예를 들어, KeyCorp의 2005년 연차보고서(41쪽)는 "경영진은 이자율, 환율, 주가, 신용스프레드의 변화가 회사의 거래포트폴리오의 공정가치에 어떠한 영향을 미치는가를 측정하기 위해 시뮬레이션 VAR(value at risk) 모형을 사용한다"라고 표기되어 있다.

최근 금융회사들의 시장리스크는 규제당국자들 사이에 상당한 우려를 제기하였다. 예를 들어, 1995년 2월 영국의 종합금융회사인 Barings 은행은 일본주가지수 선물거래의 손실결과로 파산에 처하지 않을 수 없었다. 역사적으로 가장 큰 거래손실은 1996년 6월 일본의 Sumitomo Corp.가 상품선물거래에서 26억 달러의 손실을 입은 것이다. 보다 최근에는 Allied Irish Bank의 미국 지점인 Allfirst에서 한 명의 거래담당직원이 외환거래로 7억 달러의 손실을 발생시키기도 했다. 시장리스크가 금융회사의 생존에 미치는 영향은 너무 지대하여 1998년 이후 미국 규제당국은 금융회사가 보유해야 할 자본보유량 산정에 시장리

표 5-1 상업은행의 뱅킹북과 트레이딩북

	자 산	부 채
뱅킹북	현금 대출 고정자산 기타 고정자산	예금 기타 장기차입금 자본
트레이딩북	채권(매입) 상품(매입) 외환(매입) 주식(매입) 모기지담보부증권(매입) 파생상품*(매입)	채권(매도) 상품(매도) 외환(매도) 주식(매도) 파생상품*(매도)

* 파생상품은 부외거래항목임(제2장 참조).

스크를 포함시키고 있다.[3)]

〈표 5-2〉에는 시장리스크를 측정할 때 얻을 수 있는 다양한 효과를 정리해 놓았다. 다음에는 절대금액으로 시장리스크를 측정하는 방법에 대해 논하기로 한다. 이러한 방법에는 RiskMetrics, 역사적 또는 후방 시뮬레이션, 그리고 몬테칼로 시뮬레이션 등 세 가지가 있다. 아울러 시장리스크와 필요자본 수준을 어떻게 연계시킬 것인가 하는 것도 논의될 것이다.

▶**시장리스크(market risk 또는 value at risk)**
시장상황의 변화로 인해 거래포트폴리오로부터 발생하는 금융회사 수익의 불확실성과 관련된 리스크.

표 5-2 시장리스크측정의 효과

1. **경영정보 제공.** 시장리스크의 측정치는 금융회사의 경영자에게 거래상대방이 채택하고 있는 리스크노출도에 관한 정보를 제공한다. 이에 따라 금융회사의 경영자는 이와 같은 시장리스크노출도를 금융회사가 보유하고 있는 자기자본과 비교할 수 있다.
2. **거래상한 설정.** 시장리스크의 측정치는 거래의 각 분야에서 거래자가 관리하는 포트폴리오의 시장리스크를 고려하여 거래자당 경제적으로 타당한 포지션 한도를 설정하게 한다.
3. **자원 배분.** 시장리스크의 측정치는 서로 다른 분야의 거래들의 시장리스크 대비 수익률을 비교할 수 있게 하여 준다. 따라서 리스크단위당 잠재수익률이 높은 분야들을 식별하여 이들에 보다 많은 자본과 자원을 배분하는 것이 가능하다.
4. **성과 평가.** 시장리스크의 측정치는 보다 합리적인 보상시스템이 작동할 수 있도록 할 수 있는 거래자의 수익-리스크 비율을 고려한다. 즉, 최대의 수익률을 올린 거래자들은 단순히 최대의 리스크를 선택한 거래자들일 수 있으므로, 이들이 보다 낮은 수익률과 보다 낮은 리스크노출도를 부담한 거래자들에 비하여 더 높은 보상을 받아야 하는지는 분명하지 않다.
5. **규제 대응.** 국제결제은행(BIS)과 중앙은행들이 현재 자기자본규제를 통하여 시장리스크를 규제하는 상황에서 규제당국이 일부 리스크의 가격을 과도하게 설정할 수 있기 때문에, 민간부문의 기준들이 중요하다. 금융회사가 측정하는 시장리스크는 건전성 규제의 결과가 잠재적으로 자원배분을 잘못하는지를 지적하는데 사용될 수 있다. 이러한 이유로 인해 일부의 경우 규제당국은 은행들이 자기자본의 규제수준을 계산하기 위해 은행의 내부 모형들을 사용하는 것을 허용하고 있다.[4)]

3) EU에서는 이와 같은 요구사항이 1996년에 도입되었다.

4) 규제당국은 금융회사의 파산 또는 지급불능이 가지는 전이효과와 기타 외부효과 등 사회적 비용에 대하여 우려한다. 따라서 규제모형들은 일반적으로 파산의 민간비용만 우려하는 민간은행들의 모형들보다 보수적인 경향이 있다.

5.2 시장리스크노출도의 계산

대형 상업은행, 투자은행, 보험회사, 뮤추얼펀드들은 모두 시장리스크모형들을 개발하였다. 이러한 모형들, 소위 내부모형들을 개발하는데 주로 다음과 같은 3가지의 방법들이 채택되었다.

- RiskMetrics(또는 분산/공분산 방법)
- 역사적 또는 후방 시뮬레이션
- 몬테칼로(Monte Carlo) 시뮬레이션

RiskMetrics[5]를 먼저 살펴보고 이어서 RiskMetrics와 역사적 또는 후방 시뮬레이션과 같은 다른 내부모형들을 비교해 보도록 하자.

5.3 RiskMetrics 모형

시장리스크 측정모형의 궁극적인 목적은 J. P. Morgan(JPM)의 전회장인 Dennis Weatherstone이 "매일 영업이 종료되는 시점에 모든 영업분야와 지역별로 시장리스크가 얼마인지를 나에게 보고하라"고 언급한 것으로부터 이해될 수 있다. 간단히 말하면 J. P. Morgan의 회장은 New York 시간으로 오후 4시 15분에, 특히 다음 날이 나쁜(불리한) 날이 된다는 가정하에서 계산된 그 다음 날의 J. P. Morgan의 시장리스크노출도를 말해 주는 하나의 금액수치를 원했다.

이 금액을 계산하는 것은 JPM의 거래영업 규모를 감안하면 쉬운 일이 아니었다. JPM이 RiskMetrics 모형을 개발하였을 때 이 회사는 일일 총거래금액이 500억 달러를 초과하고 확정수입증권, 외환, 상품, 파생상품, 신흥시장증권, 특허자산을 거래하는 120개의 독립적인 단위조직들을 가지고 있었다. 이와 같은 거래규모와 다양한 활동내용들은 주요 초대형은행들, 대형 외국은행들(예를 들면, Deutsche Bank와 Barclays), 대형 보험회사들, 투자은행들에게는 전형적인 것이다.

이 절에서는 RiskMetrics 방법을 사용하여 금융회사의 1일 기준 시장리스크노출도를 측

---

5) J. P. Morgan(JPM)은 1994년에 RiskMetrics를 처음 개발하였다. 1998년에 개발그룹은 부분적으로 JPM이 소유한 독립적인 회사를 만들었다. 이 장에서 제시된 자료는 RiskMetrics 모형에 대한 개관이다. 보다 자세한 사항, 추가적인 논의, 예시들을 위해서는 J. P. Morgan Chase의 웹사이트인 *www.jpmorganchase.com* 또는 *www.riskmetrics. com*의 "Return to RiskMetrics: The Evolution of a Standard," April 2001 참조.

정하는 것을 주로 설명할 것이다. 후에 논의될 것이지만, 1일보다 긴 기간의 시장리스크 노출도 측정은 (몇몇 가정들하에서) 1일 시장리스크노출도를 단순 전환하여 얻을 수 있다.

본질적으로 금융회사는 만일 내일 시장상황이 불리하게 전개된다면 얼마나 손실을 입을 것인가에 대하여 우려한다. 즉 '시장리스크=불리한 상황에서 발생할 수 있는 잠재적 손실의 추정치'이다.

보다 구체적으로 말하면 금융회사의 1일 시장리스크를 의미하는 **DEAR(daily earnings at risk)**는 3가지의 구성요소를 가지며 다음과 같이 나타낼 수 있다.

$$DEAR = \text{포지션의 시장가격} \times \text{포지션의 가격민감도} \times \text{수익률의 불리한 변화정도}$$

포지션의 가격민감도(price sensitivity $=(\Delta P/P)/\Delta R$)와 수익률의 불리한 변화정도(ΔR)의 곱은 자산의 가격변동성(price volatility $=\Delta P/P$)을 의미하기 때문에 위의 식은 식 (1)과 같이 다시 쓸 수 있다.

$$DEAR = \text{포지션의 시장가격} \times \text{가격변동성} \qquad (1)$$

가격민감도와 수익률의 불리한 변화를 어떻게 측정할 것이냐는 잠재적인 수익률의 불리한 변화가 정확히 무엇이냐에 대한 견해와 가격민감도모형의 선택에 달려 있다.

3가지의 거래분야인 확정수입증권, 외환, 주식에서 RiskMetrics 모형이 어떻게 DEAR를 계산하는지를 집중적으로 살펴보자.[6)]

▶**DEAR (daily earnings at risk)**
앞으로 24시간 동안의 시장리스크노출도.

확정수입증권의 시장리스크

한 금융회사가 액면가격 1,631,483달러, 만기 7년의 무이표채에 100만 달러의 시장가치 포지션을 가지고 있다고 하자.[7)] 이 무이표채의 현재 수익률은 연간 7.243%이다. 이 무이

---

6) 위에서의 논의로부터 이자율리스크는 시장리스크의 한 부분이라는 것은 분명하다. 그러나 시장리스크 모형들에서 우리는 금융회사의 활발한 거래포트폴리오의 한 부분으로 보유하고 있는 확정수입증권들의 이자율민감도에 대하여 관심을 가진다. 많은 확정수입증권들은 금융회사의 투자포트폴리오의 한 부분으로 보유된다. 후자는 이자율리스크에 직면하지만, 이들 채권들은 시장리스크 계산에는 포함되지 않는다.

7) 이 채권의 액면가격은 1,631,483달러이고, 이 채권의 시장가격은 $1{,}631{,}483/(1.07243)^7$ =1,000,000달러이다. 원래의 모형에서 가격은 이산적 수익률 R_i를 사용하여 결정된다. "Return to RiskMetrics: The Evolution of a Standard," April 2001에서 가격은 연속적 복리수익률 e^{-rt}를 사용하여 결정된다. 이러한 변화는 연속 복리가 수학적 처리를 용이하게 하는 특성들을 가지고 있기 때문이다. 예를 들면, 무이표채에 대한 로그수익률은 이자율의 차이와 이 채권의 만기를 곱한 것과 같다. 즉

$$\log\left(\frac{e^{-\tilde{r}t}}{e^{-rt}}\right)=-(\tilde{r}-r)t$$

여기서 $\tilde{r}$은 기대수익률이다.

표채는 거래포트폴리오의 일부로 보유된다. 따라서

$$\text{포지션의 달러 시장가치} = 100\text{만 달러}$$

예제 5-1 확정수입증권의 DEAR

"불리한" 수익률변화를 채권에 대하여 매입포지션을 가지고 있기 때문에 다음 날의 수익률상승이 이 크기보다 클 확률이 5%인 변화로 정의한다고 하자.

만일 수익률변화가 정규분포를 따른다고 가정하면[8] 이와 같은 불리한 수익률변화 크기에 대한 추정치를 얻기 위해 최근 7년만기 무이표채 수익률변화들의 히스토그램을 정규분포로 근사시킬 수 있다. 통계학으로부터, 정규분포 아래에 있는 면적의 90%는 평균(μ)으로부터 ±1.65 표준편차(σ), 즉 $\pm 1.65\sigma$ 안에 있는 면적이라는 것을 알고 있다. 지난 해 7년만기 무이표채의 1일 수익률변화의 평균은 0%이고[9] 표준편차는 10베이시스포인트(bp)라고 하자. 따라서 1.65σ는 16.5bp이다.[10] 달리 말하면 지난 해 7년만기 무이표채의 1일 수익률은 주어진 기간 동안의 10%만이 16.5bp 이상(양의 방향 또는 음의 방향으로) 변동하였다. 수익률의 불리한 변화는 증권의 가치를 감소시키는 수익률의 변화이다(말하자면 수익률이 상승하는 변화이다). 이러한 불리한 수익률의 변화가 주어진 기간 동안의 5%에서, 또는 20일에 1일로 발생하였다. 이것이 [그림 5-1]에 그려져 있다.

이제 식 (2)를 사용하면서 7년만기 무이표채에 대한 1일 가격변동성을 다음과 같이 계산할 수 있다.

$$\begin{aligned}\text{가격변동성} &= (-MD)\times(\text{수익률의 1일 변화})\\ &= (-6.527)\times(0.00165)\\ &= -0.01077\text{또는 } -1.077\%\end{aligned}$$

이와 같은 가격변동성과 초기 7년만기 무이표채의 시장가치가 주어지면 다음과 같이 DEAR를 계산하기 위해 식 (1)이 사용될 수 있다.[11]

$$\begin{aligned}DEAR &= (\text{포지션의 달러 시장가치})\times(\text{가격변동성})\\ &= (\$1{,}000{,}000)\times\ (0.01077)\\ &= \$10{,}770\end{aligned}$$

즉, 만일 20일 중에 하루 발생하는 불리한 날이 내일이라면, 100만 달러의 무이표채포지션에 발생하는 잠재적인 1일 손실은 10,770달러이다.

---

8) 실제로 환율과 이자율같은 많은 자산수익률들의 분포는 "두터운 꼬리"("fat tails") 부분을 가진다. 따라서 정규분포는 극단적인 결과들을 과소추정하는 경향을 가진다. 이것은 RiskMetrics 모형에 대한 중요한 비판 중 하나이다.

9) 만일 평균이 0이 아니면 (예를 들면, −1bp), 수익률변화를 예측하기 위해 이 값이 16.5bp에 더하여질 수 있다.

10) RiskMetrics 모형은 과거 관측치보다는 최근 관측치에 보다 높은 가중치를 부여한다(이것을 지수적 가중치부여(exponential weighting)라고 부른다). 이것은 보다 최근 뉴스들이 σ를 계산하는데 더 중요하게 반영된다는 것을 의미한다. 일반적인 σ계산에서는 모든 과거 관측치들에 대하여 동일한 가중치가 부여된다.

11) 손실을 계산하기 때문에 마이너스부호는 생략된다.

다음 날 불리한 시장움직임 때문에 이자율이 금융회사에 불리하게 변화할 때, 금융회사 경영자가 금융회사가 직면하게 될 잠재적 리스크노출도를 알기 원한다고 하자. 이 금융회사가 얼마나 손실을 볼 것이냐는 채권의 가격변동성에 달려 있다. 제4장에서 살펴본 듀레이션모형으로부터 다음과 같은 사실을 알고 있다.[12)]

1일 가격변동성 = 수익률의 작은 변화에 대한 가격민감도 × 수익률의 1일 변화
= (−MD) × 수익률의 1일 변화 **(2)**

이 채권의 수정듀레이션(MD)은 수익률이 $R = 7.243\%$이면 다음과 같다.[13)]

$$MD = \frac{D}{1+R} = \frac{7}{(1.07243)} = 6.527$$

가격변동성을 추정하기 위해 이 채권의 MD와 수익률의 1일 변동기대치를 곱한다.

우리는 2일, 3일, $\cdots, N$일의 기간 동안에 발생하는 잠재적인 손실을 계산하기 위해 이와 같은 분석을 확장할 수 있다. 만일 수익률변화가 독립적이고 1일 변동성(volatility)이 거의 일정하며[14)] 금융회사가 N일 동안 이 자산을 보유하여야만 한다면 N일 시장리스크(VAR)은 1일 시장리스크(DEAR)에 $\sqrt{N}$을 곱하여 구하여진다. 즉

$$VAR = DEAR \times \sqrt{N} \tag{3}$$

수익률이 금융회사에게 불리하게 변화하는 경우 리스크에 처하게 되는 금융회사의 수익은, 1일 동안 리스크에 처하게 되는 수익(DEAR)과 유동성이 낮은 시장특성 때문에 금융회사가 증권들을 보유하여야 하는 기간의 제곱근을 곱한 것과 같다. DEAR는 금융회사가 모든 채권들을 내일 하락한 새로운 가격에 판매할 수 있다고 가정한다. 실제로 금융회사가 보유하고 있는 포지션을 모두 처분하는 데는 여러 날이 걸릴 수 있다. 이와 같은 유동

---

12) 이 식에 대해서는 제4장을 참조하라.

13) 논의를 단순하게 하기 위해 연간복리를 가정한다.

14) 1일 변동성(volatility)이 일정하고 수익률변화들 간에 자기상관(autocorrelation)이 없다는 가정은 강한 가정이다. 최근의 많은 연구들은 수익률변화들은 상대적으로 긴 기간 동안의 경우 자기상관을 가지는 것을 보이고 있다. 우리가 N의 제곱근을 채택하는 이유를 이해하기 위해 5일의 보유기간을 생각해 보자. 자산수익률 변화들의 5일 분산 σ_5^2은 1일 수익률변화의 분산 σ_1^2이 일정하고 수익률변화들 간에 자기상관이 존재하지 않는다는 가정하에서 1일 분산에 5를 곱한 것과 같다. 즉 $\sigma_5^2 = \sigma_1^2 \times 5$. 이 방정식의 표준편차는 $\sigma_5 = \sigma_1 \times \sqrt{5}$. 또는 RiskMetrics의 용어로 나타내면 5일 시장리스크(VAR_5)은 $VAR_5 = DEAR \times \sqrt{5}$이다.

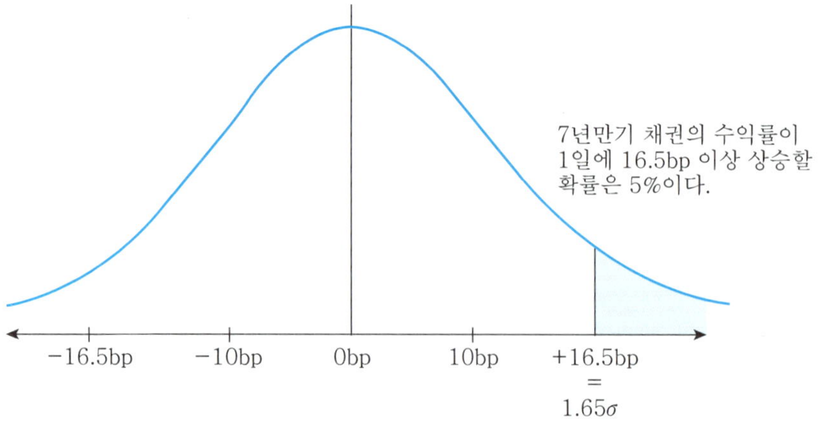

그림 5-1 7년만기 채권의 불리한 수익률변동

성이 낮은 채권은 금융회사를 더 큰 손실(N의 제곱근에 의하여 측정됨)에 노출시킨다.[15] 만일 N이 5일이면

$$VAR = \$10,770 \times \sqrt{5} = \$24,082$$

만일 N이 10일이면[16]

$$VAR = \$10,770 \times \sqrt{10} = \$34,057$$

위의 계산에서 수정듀레이션을 사용하여 가격민감도를 추정하였다. 그러나 RiskMetrics 모형은 일반적으로 수정듀레이션보다 가격민감도로 현금흐름변화들의 현재가치를 사용하는 것을 선호한다. 본질적으로 각 현금흐름은 1일 시장리스크를 측정하기 위해 적정한 무이표채의 수익률로 할인된다. 만일 우리가 살펴본 예의 경우에서 직접적인 현금흐름 계산방식을 사용하면 1일 시장리스크는 10,771.2달러가 된다.[17] 이 경우 2가지 방법에 의한 추정치들이 매우 가깝다.

---

15) 실무에서 많은 금융회사들은 N=($ 증권의 포지션)/(1일 거래규모의 중앙값)으로 N을 구한다.

16) BIS 1998의 시장리스크에 따른 자기자본규제에서는 시장리스크노출도를 측정하기 위해 10일 보유기간(N=10)이 가정된다.

17) 7년만기 무이표채의 초기 시장가격은 $1,000,000(=$1,631,483/(1.07243)^7)이었다. 이자율이 7.243%에서 7.253%로 1bp 상승한 것이 이 채권에 투자한 1달러의 시장가격에 미치는 영향(손실)은 0.0006528달러이다. 그러나 이자율의 불리한 변화가 16.5bp이다. 따라서 $DEAR$=($1,000,000)×(0.0006528)×(16.5) =$10,771.2

외환의 시장리스크

다른 금융회사들처럼 J. P. Morgan Chase는 외환(foreign exchange ; FX)을 활발하게 거래한다. *DEAR* = 포지션의 시장가치 × 가격변동성이라는 것을 기억하라.

예제 5-2 외환계약의 DEAR

한 금융회사가 어느 특정일 영업종료시에 현물 유로화로 €160만을 가지고 있다고 하자. 이 금융회사는 이와 같이 보유하고 있는 외환포지션에 대한 1일 시장리스크(DEAR)를 계산하기 원한다(말하자면 다음 날이 달러에 대한 유로화의 가치가 외환시장에서 "불리한" 날인 경우, 이 외환포지션의 시장리스크노출도를 계산하기 원한다).

첫 단계는 이 외환포지션에 대한 달러가치를 계산하는 것이다.

포지션의 달러가치 = (*FX*포지션) × (유로화당 달러의 현물환율)

만일 이 날 영업종료시에 현물환율이 €1.60/$1 또는 $0.625/€ 면

포지션의 달러가치= (€1,600,000) × ($0.625/€) = $1,000,000

지난 1년 동안 유로화당 달러 환율의 1일 변화를 살펴보면서 이 현물환율의 1일 변화의 변동성 또는 표준편차(σ)가 56.5bp라는 것을 발견하였다고 하자. 그러나 이 금융회사는 유로화당 달러 환율의 불리한 변화, 즉 주어진 시간 동안의 5% 이상 또는 매 20일에 1일 이상 발생하지 않는 유로화당 달러 환율의 불리한 변화에 관심이 있다고 하자. 통계학적으로 말하면, 만일 환율의 변화가 역사적으로 정규분포를 따른다면 현물환율의 변화가 매 20일에 1일만 발생할 것으로 여겨지기 위해 이 현물환율은 불리한 방향으로 1.65σ(1.65×56.5bp)만큼 변화하여야 한다.[18]

FX 변동성= 1.65 × 56.5bp = 93.2bp

달리 말하면 지난 해의 5%에 해당되는 날에 유로화당 달러의 가치는 93.2bp만큼 하락하였다. 결과적으로,

DEAR = (포지션의 달러가치) × (*FX* 변동성)
= ($1,000,000) × (0.00932)
= $9,320

이것이 이 금융회사가 유로화당 달러 환율이 불리하게 변화할 경우 160만 유로화를 보유하는데 대한 잠재적인 1일 리스크(손실)노출도이다.

---

18) 기술적으로 말하면 정규분포함수의 아래 면적 중 90%는 평균으로부터 ±1.65σ 사이에 있다. 이것은 주어진 시간 중 5% 동안, 1일 환율변화가 1.65σ 이상 증가하거나 1.65σ 이상 감소한다는 것을 의미한다. 이 경우 환율의 불리한 변화(달러화에 대한 유로화의 1.65σ만큼 절하)가 관심의 대상이다.

주식의 시장리스크

많은 대형 금융회사들은 주식포지션을 보유한다. CAPM(Capital Asset Pricing Model)에 의하면 개별주식 i에 대한 주식포지션에는 2가지 형태의 리스크가 존재한다.[19]

$$\text{총리스크} = \text{체계적 리스크} + \text{비체계적 리스크}$$
$$\sigma_{it}^2 = \beta_i^2 \sigma_{mt}^2 + \sigma_{eit}^2$$

체계적 리스크는 시장포트폴리오와 개별주식의 동시 변동을 반영하는(개별주식의 베타(β_i)와 시장포트폴리오의 변동성(σ_{mt})에 반영되어 있다) 반면, 비체계적 리스크는 주식을 발행한 기업 자체로부터 발생되는 리스크(σ_{eit})이다.

매우 잘 분산된 포트폴리오에서 비체계적 리스크(σ_{eit}^2)는 대체로 분산되어 사라지고(말하자면 0과 같고), (분산시킬 수 없는) 체계적 시장리스크($\beta_i^2\sigma_{mt}^2$)만이 존재한다. 만일 금융회사의 거래포트폴리오가 주식시장지수 포트폴리오이면 금융회사의 포트폴리오 수익률은 시장포트폴리오 수익률과 1:1로 대응하여 변동하기 때문에 금융회사 거래포트폴리오의 베타는 1이고[20] 표준편차(σ_{it})는 주식시장지수의 표준편차(σ_{mt})와 같다.

잘 분산되어 있지 않은 포트폴리오 또는 개별주식들의 포트폴리오에서는 비체계적 리스크(σ_{eit})가 거래포지션의 시장가격에 미치는 영향이 추가적으로 고려되어야 한다. 더욱이

예제 5-3 주식의 DEAR

한 금융회사가 미국 주식시장지수(예를 들면, Wilshire 5000)를 반영하는 주식들에 100만 달러의 포지션을 보유하고 있다고 하자. 이 경우 β=1이고 보유한 주식들의 DEAR는 다음과 같다.

$$DEAR = (\text{포지션의 달러 시장가치}) \times (\text{주식시장수익률의 변동성})$$
$$= (\$1{,}000{,}000) \times (1.65\sigma_m)$$

만일 지난 1년 동안 주식시장지수의 1일 수익률의 표준편차(σ_m)가 2%였다면 $1.65\sigma_m = 3.3\%$이다(말하자면 주식시장지수의 1일 수익률의 불리한 변화 또는 감소는 지난 1년 동안의 5%에서만 3.3%를 초과하였다). 따라서 이 경우의 DEAR는 다음과 같이 계산된다.

$$DEAR = (\$1{,}000{,}000) \times (0.033) = \$33{,}000$$

즉, 만일 주식시장지수의 수익률변화가 내일 불리하게 실현된다면, 이 금융회사는 적어도 수익에서 33,000달러를 잃을 가능성에 직면해 있다.

---

19) 체계적 리스크(systematic risk)와 비체계적 리스크(unsystematic risk)는 서로 독립이라고 가정한다.

20) 만일 대부분의 개별주식들의 경우에서처럼 $\beta \neq 1$이면, $DEAR$=포지션의 달러가치$\times\beta_i\times1.65\sigma_m$이다. 여기서 β_i는 주식 i의 체계적 리스크를 반영하는 베타이다.

CAPM이 APT(arbitrage pricing theory)에 비하여 자산가격에 대한 적정한 이론이 되지 못하면 DEAR의 계산상에서 어느 정도의 오차가 발생할 것이다.[21]

포트폴리오의 시장리스크

지금까지 개별 거래포지션의 1일 시장리스크(DEAR)를 분석하였다. 살펴본 예들은 7년 만기 무이표채(100만 달러 시장가치), 현물 유로의 포지션(100만 달러 시장가치), 미국 주식시장지수의 포지션(100만 달러 시장가치)이다. 이들 포지션들의 DEAR는 다음과 같다.

1. 7년만기 무이표채 = $10,770
2. 현물 유로 = $9,320
3. 미국 주식시장지수 = $33,000

그러나 금융회사의 CEO는 전체 거래포지션의 총체적인 리스크를 알기 원한다고 하자. 이와 같은 전체 거래포지션의 총체적인 리스크를 계산하기 위해 단순히 계산된 3개의 DEAR들을 합(즉 $10,770 + $9,320 + $33,000 = $53,090)할 수 없다. 왜냐 하면 이것은 채권, 외환, 주식 포지션들 간에 존재하는 공분산(covariance) 또는 상관관계(correlation)를 무시하기 때문이다. 특히 이들 자산들의 수익률변화의 일부는 음의 상관관계를 가질 수 있다. 현대 포트폴리오이론으로부터 잘 알려져 있는 바와 같이 자산수익률변화 간에 존재하는 음의 상관관계는 포트폴리오의 리스크를 감소시킨다.

표 5-3 자산수익률들 간의 상관계수(ρ_{ij})

	7년만기 무이표채	€ /$1	미국주가지수
7년만기 무이표채	—	−0.2	0.4
€ /1$		—	0.1
미국주가지수			—

21) 서론에서 지적한 것처럼 파생상품들도 거래의 목적으로 사용된다. 파생상품의 DEAR를 계산하기 위해 파생상품은 기초자산(예를 들면, 채권, 외환 또는 주식)의 포지션으로 전환되어야 한다.

22) 3개의 자산들로 구성된 포트폴리오의 리스크 또는 표준편차는 개별자산수익률들의 분산과 2개 자산들 간의 공분산을 2배하여 합한 것의 제곱근과 같다는 것은 현대 포트폴리오이론의 기본적인 관계이다. 3개 자산들이 있는 경우에 3개의 공분산이 존재한다. 여기서 2개 자산들의 수익률 간 상관계수와 각 자산수익률들의 표준편차를 곱한 것은 2개 자산들의 수익률 간의 공분산과 같다는 사실을 이용한다. DEAR는 달러단위로 계산되고 표준편차와 같은 단위를 가진다는 것에 주목하라. 제7장에서 보다 상세하게 현대 포트폴리오이론을 논의한다.

예제 5-4 포트폴리오의 DEAR 계산

〈표 5-3〉은 7년만기 무이표채의 1일 수익률변화, 달러당 유로 현물환율의 1일 변화, 미국 주식시장지수(Wilshire 5000) 수익률의 1일 변화 간에 존재하는 가상적인 상관계수행렬이다. 〈표 5-3〉으로부터 7년만기 무이표채의 1일 수익률변화와 달러당 유로 현물환율의 1일 변화 간의 상관계수($\rho_{z,€}$)는 (−0.2)인 반면 7년만기 무이표채의 1일 수익률변화와 미국 주식시장지수 수익률의 1일 변화 간의 상관계수($\rho_{z,u.s.}$)와 7년만기 무이표채의 1일 수익률변화와 스위스프랑당 달러 현물환율의 1일 변화 간 상관계수($\rho_{u.s.,€}$)는 각각 0.4와 0.1이다.

개별자산포지션들의 DEAR들과 이와 같은 상관계수행렬을 사용하면서 전체 거래포트폴리오의 1일 시장리스크를 다음과 같이 계산할 수 있다.[22]

$$DEAR_{portfolio} = \begin{bmatrix} [(DEAR_z)^2 + (DEAR€)^2 + (DEAR_{u.s})^{\frac{1}{2}} \\ (2 \times \rho_z €) \times DEAR_z \times DEAR€) \\ + (2 \times \rho_{z,u.s.} \times DEAR_z \times DEAR_{u.s.}) \\ + (2 \times u.s. € \times DEAR_{u.s.} \times DEAR€] \end{bmatrix}^{1/2}$$

이것은 *DEAR*들은 표준편차들과 유사하기 때문에 현대 포트폴리오이론을 직접 적용한 것이다. 계산된 개별적인 *DEAR*들을 이 방정식에 대입하면 다음과 같이 포트폴리오의 *DEAR*를 구할 수 있다.

$$DEAR_{portfolio} = \begin{bmatrix} [(10,770)^2 + (9,320)^2 + (33,000)^2 + 2(-0.2)(10,770)(9,320)] \\ +2(0.4)(10,770)(33,000) + 2(0.1)(9,320)(33,000) \end{bmatrix}^{1/2}$$
$$= \$39,969$$

이 방정식은 개별포지션들의 수익률들 간 상관계수 행렬과 각 개별거래포지션의 시장리스크를 고려하면 포트폴리오의 시장리스크($39,969)는 개별포지션들의 시장리스크들을 합한 것($53,090)보다 작다는 것을 보여 준다. 만일 개별거래포지션들의 수익률이 완전한 양의 상관관계를 가진다면(말하자면, ρ_{ij}=1), 포트폴리오의 DEAR는 53,090달러라는 것을 확인할 수 있다. 분명히 비정상적인 시장상황에서조차 자산들의 수익률들이 완전히 양의 상관관계를 가진다고 가정하는 것은 실제의 시장리스크노출도를 과대추정하게 만들 것이다.

〈표 5-4〉는 J. P. Morgan Chase와 같은 금융회사들이 DEAR를 계산하기 위해 사용하는 스프레드쉬트이다. 이 예에서 13개국 통화표시 채권과 8가지 만기에 대해 포지션이 가능하다.[23] 이 예에서 금융회사는 환리스크에 노출되어 있지 않지만(환리스크에 관한 항목들 모두가 비어 있다), 13개국 시장에 대한 환리스크를 나타내는 열이 존재한다.

---

23) 다른 만기일(예를 들면, 6년)을 가진 채권들은 2개의 채권들로 분해되고 다음과 같은 3가지 기준들을 사용하면서 8개의 만기구분들 중 가장 가까운 2개의 만기구분들(예를 들면, 5년과 7년)로 배분된다.

1. 결과적으로 발생하는 2개의 현금흐름들의 현재 시장가치의 합은 원래 현금흐름의 시장가치와 일치하여야 한다.
2. 2개의 현금흐름들을 가진 포트폴리오의 시장리스크는 원래 현금흐름의 전체 시장리스크와 같아야 한다.
3. 2개의 현금흐름들은 원래 현금흐름과 같은 부호를 가진다.

J. P. Morgan, RiskMetrics-Technical document, November 1994와 Return to RiskMetrics: The Evolution of a Standard, April 2001 참조(*www.jpmorganchase.com* 또는 *www.riskmetrics.com* 참조).

표 5-4 **포트폴리오 DEAR 스프레드쉬트**

	이자율리스크 명목금액(100만 미국 달러)									FX리스크		합계	
	1월	1년	2년	3년	4년	5년	7년	10년	이자 DEAR	현물 FX	FX DEAR	포트폴리오 총효과	DEAR
호주										AUD			
브라질										BRL			
캐나다										CAD			
덴마크	19			−30				11	48	DKK			48
EU	−19			30				−11	27	EUR			27
홍콩										HKD			
일본										YEN			
멕시코										MXN			
싱가포르										SGD			
스웨덴										SEK			
스위스										CHF			
영국										GBP			
미국						10		10	76	USD			76
합계						10		10	151				151
						포트폴리오 효과			(62)				(62)
						총 DEAR(1,000달러)			89				89

자료 : J. P. Morgan, RiskMetrics(New York: 1994), *www.jpmorgan.com*, *www.riskmetrics.com*

〈표 5-4〉의 예에서 금융회사는 덴마크채권과 유로본드는 모두에 서로 상쇄되는 매입포지션과 매도포지션을 가지고 있는 한편 덴마크채권과 유로본드는 각각 48,000달러와 27,000달러의 시장리스크들에 노출되어 있다(이자 DEAR행 참조). 이러한 일은 EU의 수익률곡선이 덴마크 수익률곡선보다 더 변동성이 크고 다른 만기구분에 속하는 수익률변화가 같지 않기 때문에 발생한다. 2,000만 달러의 미국채권 매입포지션에 대한 DEAR의 값은 76,000달러이다. 이와 같은 3개 포지션들의 DEAR들을 합하면 151,000달러가 된다. 그러나 이 수치는 덴마크, EU, 미국의 수익률변화들이 완전한 양의 상관관계를 가지고 있지 않다는 사실을 무시하고 구해진 값이다. 분산효과를 고려하면, 총 DEAR는 89,000달러가 되며 이 수치가 금융회사의 고위경영자에게 보고되는 수치이다. 〈표 5-5〉는 2005년 말에 미국 대형상업은행들의 평균, 최소, 최대 DEAR 값들을 보여 준다. Citigroup은 2005년에 최대 1억 5,700만 달러의 시장리스크에 노출되어 있었다.

현재 Citigroup의 거래자들이 담당하는 시장의 수와 이들 시장들 간의 상관계수들의 수는 25만 개 이상의 변동성추정치들(σ)과 상관계수들(ρ)을 매일 추정하고 새로 수정하는 작업을 요구한다. 실제로 이러한 자료들은 매일 새롭게 수정된다(금융산업전망대 참조).

금융 산업전망대 **매매 포트폴리오리스크**

Value at Risk(VAR)는 정상적인 시장조건하에서 1일의 보유기간 동안, 포트폴리오 또는 포지션의 잠재적인 가치하락을 99%의 신뢰수준에서 통계적으로 예측한다. VAR 방법은 매매 포트폴리오 요소들의 상관관계와 변동성과 함께 요소들의 민감도를 반영한다. Citigroup의 VAR는 채권과 주식의 발행회사들의 특정 리스크를 포함하여 약 250,000개의 시장리스크 요소들 사이의 변동성과 상관관계에 의해 계산된다. … 매매 포트폴리오의 시장리스크로 인한 추가자본은 연간 VAR 수치에 근거하며 매일의 거래활동에 따라 조정된다. 매매업무로 인한 총수익은 고객의 주문 체결 등으로 인한 고객관련 수익, 현물과 파생상품에서의 은행의 자기매매, 그리고 순이자수익으로 구성된다. 모든 매매 포지션들은 시장평가되어 이익에 반영된다. 2005년을 기준으로 볼 때 매매와 관련된 순손실이 발생한 날은 총 253 거래일 중 34일로 기록되어 있다. 아울러 순손실이 기록된 34일 중 3,000만 달러보다 큰 손실이 발생한 날은 단지 9일뿐이었다. …

Citigroup은 VAR의 정밀도를 체크하기 위해 정기적으로 다양한 백테스팅을 실시한다. 백테스팅은 시험 포트폴리오의 1일 VAR와 실제 발생한 포트폴리오 가치의 1일 변화량을 비교하는 작업이며 99% 신뢰수준의 유효성을 확인하기 위해 행하여진다. 서로 다른 리스크 집중도를 가진 가상의 시험 포트폴리오들은 이러한 통계적 기준을 충족한다. 특정 시점에서 주어진 가격리스크노출의 수준은 시장환경, 미래가격에 대한 기대, 시장의 상황에 따라 차이가 있으며, 또한 기간별로 변화할 것이다. Citigroup의 주요 거래센터에서 매매 포트폴리오의 세전 VAR의 총계는 2005년 12월 31일에 9,300만 달러, 2004년 12월 31일에 11,600만 달러였다. 1일 노출금액의 평균은 2005년 10,900만 달러이고, 그 값은 7,800만 달러에서부터 15,700만 달러까지의 범위를 가지고 있다.

특정 리스크 구성요소는 채권과 주식을 발행하는 회사들과 관련된 발행자 고유리스크로 VAR에 포함되어 있다. Citigroup의 특정 리스크 모형은 연방준비제도가 승인한 "승수에 4를 곱하는 방법"을 따르며, 광범위한 백테스팅이 매년 시행되도록 되어 있다. 아래의 표는 2004년과 2005년에 나타난 매매 포트폴리오의 VAR 수치의 범위를 나타내고 있다.

(단위: 백만 달러)	2005		2004	
	최저	최고	최저	최고
이자율	$62	$155	$76	$133
외환	9	23	8	29
주식	27	63	15	180
상품	5	24	8	22

자료: Citigroup 2005 연차보고서, 2005년 3월, pp. 90–91.

표 5-5 **2005년 미국 대형상업은행들의 DEAR** (100만 달러)

은행명	2005년 평균 DEAR	2005년 최소 DEAR	2005년 최대 DEAR
Bank of America	$ 62	$38	$ 92
Citigroup	109	78	157
Wachovia	19	12	28
J. P. Morgan Chase	86	53	130
KeyCorp	2	1	5
Wells Fargo	18	11	24

* DEAR 수치는 각 은행의 내부모형에 기초하여 계산됨.

개념질문

1. 시장리스크 측정모형들의 궁극적인 목표는 무엇인가?
2. [예제 5-1]에서, 만일 σ가 15bp이면 DEAR은 얼마인가?
3. [예제 5-4]에서, 만일 3개 자산들의 수익률이 서로 독립적이라면 포트폴리오의 DEAR는 얼마인가?

5.4 역사적 또는 후방 시뮬레이션방법

RiskMetrics 모형에 대한 하나의 중요한 비판은 모든 자산 수익률들은 대칭적인 (정규) 분포를 가진다고 가정하고 있다는 것이다.[24] 분명히 옵션과 단기증권들(채권들)과 같은 일부 자산들에 대하여 이러한 가정은 매우 문제가 된다. 예를 들면, 투자자가 주식에 대한 콜옵션을 매입할 때 투자자가 입을 수 있는 최대손실은 콜프리미엄이다. 그러나 투자자가 얻을 수 있는 잠재적인 이익은 제한이 없다. 통계학적인 의미에서 콜옵션의 수익률은 양의 방향으로 기울어져 있기 때문에 정규분포를 따르지 않는다.[25]

이와 같은 점과 아래에서 논의되는 고려사항들 때문에 시장리스크모형을 개발한 대부분의 대형금융회사들은 역사적 또는 후방 시뮬레이션방법(historic or back simulation

---

24) 다른 하나의 비판은 RiskMetrics와 같은 VAR모형들은 금융회사가 보유하고 있는 부채증권들로부터 발생되는 이자지급(이자지급의 리스크)을 무시한다는 것이다. 따라서 VAR모형들은 채무불이행확률과 이러한 리스크에 대응하여 보유하여야 하는 자기자본의 적정한 수준을 과소추정한다(P. Kupiec, "Risk Capital and VAR," *Journal of Derivatives*, Winter 1999, pp. 41-52 참조). 또한 Johansson, Seiles and Tjarnberg는 수익률 분포에 대한 가정 때문에 RiskMetrics는 잘 분산되어 있는 포트폴리오를 가진 금융회사의 손실리스크에 대하여는 적정한 추정치를 제공하지만 소규모이며 분산되어 있지 않은 포트폴리오를 가진 금융회사들은 RiskMetrics를 사용하면 진정한 시장리스크노출도를 과소추정하게 된다는 것을 발견하였다(F. Johansson, M. J. Seiles and M. Tjarnberg, "Measuring Downside Portfolio Risks," *Journal of Portfolio Management*, Fall 1999, pp. 96-107 참조). 마지막으로 연구자들은 많은 자산수익률 분포들은 "두터운 꼬리"("fat tails")를 가지기 때문에 정규분포를 가정하는 RiskMetrics는 극심한 손실리스크를 과소추정한다고 주장한다. 예를 들면, Salih F. Neftci, "Value at Risk Calculations, Extreme Events and Tail Estimations," *Journal of Derivatives*, Spring 2000, pp. 23-37 참조. "두터운 꼬리" 문제를 다루는 한 가지 방법은 극단치이론(extreme value theory)이다. 간단히 말하면 한 자산수익률의 분포는 2개의 분포들로 설명되는 것으로 간주할 수 있다. 예를 들면, 정규분포는 95%의 수준까지의 수익률을 설명할 수 있으나 이 수준을 넘어서는 손실들에 대하여는 일반 파레토분포와 같이 다른 분포가 99% 이상의 손실 결과들을 보다 잘 설명할 수 있다. 간략히 말하면 정규분포는 결과적으로 VAR모형들이 추정하고자 하는 이 분포의 꼬리부분에 있는 관측치들의 중요성과 크기를 과소추정할 가능성이 있다(Alexander J. McNeil, "Extreme Value Theory for Risk Managers," Working Paper, Department of Mathematics, ETH Zentrom, Ch-8092, Zurich, Switzerland, May 17, 1999).

25) 정규분포의 경우 두터운 제3모멘트인 비대칭도는 0이다.

approach)을 채택하고 있다. 이 방법의 장점은 (1) 간단하고 (2) 자산수익률이 정규분포를 가져야 한다는 것을 요구하지 않으며 (3) 자산수익률 간의 상관계수 또는 표준편차의 계산이 필요하지 않다는 것이다.

이 방법의 중요한 아이디어는 자산들(외환, 채권, 주식 등)로 구성된 현재의 시장포트폴리오를 과거로 소급하여 어제, 그저께 등등에 실제로 존재하였던 자산들의 실제가격들로 현재의 시장포트폴리오 가치를 재설정하는 것이다. 흔히 금융회사들은 과거 500일 동안 매일 존재하였던 자산가격들에 기초하여 현재 포트폴리오의 시장리스크 또는 가격리스크를 계산한다. 그리고 금융회사는 5%의 최악의 경우, 즉 500개의 포트폴리오 가치들 중에서 25번째로 가장 낮은 포트폴리오의 가치를 계산한다. 환율, 주가, 이자율변화 등 최근의 역사적 경험에 기초할 때 금융회사 포트폴리오의 시장가치는 500일 중에서 25일만 (또는 주어진 기간 중에서 5%에 해당하는 기간 동안만) 500개 중 25번째로 낮은 포트폴리오의 가치 이하가 될 것이다.

〈표 5-6〉에 제시되어 있는 간단한 예를 생각해 보자. 한 미국의 금융회사가 2개의 통화, 즉 일본 엔화와 스위스 프랑화를 거래하고 있다. 2009년 12월 1일 거래종료시에 이 금융회사는 5억 일본 엔의 매입포지션과 2,000만 스위스 프랑의 매입포지션을 가지고 있다. 이 금융회사는 보유하고 있는 통화포지션들에 대한 VAR를 계산하기 원한다. 즉 만일 내일이 매 20일마다 하루에 해당되는 불리한 날일 경우(5%), 이 금융회사는 보유하고 있는 총통화포지션으로부터 얼마나 손실을 볼 것인가? 〈표 5-6〉에서 보는 바와 같이 이 금융회사가 보유하고 있는 통화포트폴리오에 대한 VAR를 계산하기 위해 6단계를 거쳐야 한다. 해당되는 자산들의 시장가격이 충분히 긴 과거의 기간 동안에 존재하는 한 이 방법은 어느 자산, 부채, 파생상품(채권, 옵션 등)의 VAR를 계산하는 데에도 사용될 수 있다.

• **1단계: 노출도의 측정.** 현재 보유하고 있는 외환포지션을 현재의 환율을 이용하여 달러금액으로 전환한다. 따라서 2009년 12월 1일에 금융회사가 보유하고 있는 외환포지션을 달러금액으로 평가하면 금융회사는 엔으로 3,846,154달러의 매입포지션과 스위스 프랑으로 14,285,714달러의 매입포지션을 가지고 있다.

• **2단계: 민감도의 측정.** 포지션의 델타(delta)를 계산함으로써 각 외환포지션의 민감도를 측정한다. 델타는 엔 또는 스위스 프랑이 달러에 대하여 1% 절하할 때 각 외환포지션의 달러가치 변화를 측정한다. 〈표 5-6〉의 6열에서 보는 바와 같이 일본 엔 포지션에 대한 델타는 −38,081달러이고 스위스 프랑 포지션에 대한 델타는 −141,442달러이다.

• **3단계: 리스크의 측정.** 과거 500일 동안의 매일 달러당 엔 환율과 달러당 스위스 프랑 환율의 실제 %변화를 살펴본다. 2009년 11월 30일에 달러에 대한 엔은 0.5%의 가치가 하락한 한편 달러에 대한 스위스 프랑은 0.2%의 가치가 하락하였다(만일 엔과 스위스 프

랑이 달러에 대하여 가치가 상승하면, 〈표 5-6〉의 7열에 있는 수치의 부호는 음일 것이다. 즉 그 날에 1달러를 사기 위해 이전보다 보다 적은 단위의 외환이 필요할 것이다). 8열에서 보는 바와 같이 델타와 환율의 % 변화를 곱한 것은 외환보유에 따른 손실을 의미하는 것으로 금융회사가 2009년 11월 30일에 5억 엔과 2,000만 스위스 프랑의 포지션을 보유하였을 때 발생될 수 있는 총손실은 47,328.9달러라는 것을 의미한다.

표 5-6 2009년 12월 1일 현재 2개의 외환을 보유하는 경우의 역사적 또는 후방 시뮬레이션방법의 가상적인 예

	엔	스위스 프랑
1단계 : 노출도의 측정		
1. 2009년 12월 1일 종료포지션	500,000,000	20,000,000
2. 2009년 12월 1일 환율	¥130/$1	SF1.4/$1
3. 2009년 12월 1일 달러환산포지션	3,846,154	14,285,714
2단계 : 민감도의 측정		
4. 1.01×현재 환율	¥131.3	SF1.414
5. 재평가된 포지션의 달러가치	3,808,073	14,144,272
6. 포지션의 델타(달러기준) (환율의 1% 불리한 변화에 대한 민감도, 5열-3열)	-38,081	-141,442
3단계 : 과거 500일 동안 매일 환율을 사용하여 2009년 12월 1일 종료포지션의 리스크측정		
2009년 11월 30일	**엔**	**스위스 프랑**
7. 2009년 11월 30일 환율변화	0.5%	0.2%
8. 리스크(델타×환율변화)	-19,040.5	-28,288.4
9. 리스크의 합계=$47,328.9		

4단계 : 나머지 499일의 각 일에 대하여 3단계의 반복

2009년 11월 29일
⋮
2008년 4월 15일
⋮
2007년 11월 30일

5단계 : 리스크 기준으로 순위결정

날짜	리스크(달러)
1. 2008년 5월 6일	-$105,669
2. 2009년 1월 27일	-$103,276
3. 2007년 12월 1일	-$90,939
⋮	⋮
25. 2009년 11월 30일	-$47,328.9
⋮	⋮
499. 2009년 4월 8일	+$98,833
500. 2008년 7월 28일	+$108,376

6단계 : VAR(과거 500일 중에서 25번째 손실이 큰 날의 리스크)

VAR = -$47,328.9(2009년 11월 30일)

• **4단계: 제3단계의 반복.** 4단계는 2009년 11월 29일, 2009년 11월 28일, 차례대로 과거 매일의 실제 환율변화를 사용하면서 엔과 스위스 프랑에 대하여 3단계와 같은 리스크의 측정을 반복한다. 즉 외환시장이 폐장되는 주말과 휴일을 제외하고 과거 500거래일의 각 일에 외환의 손실과 이익을 계산한다. 이러한 작업은 2년 동안의 과거로 돌아가는 것이다. 이들 각 일에 발생한 환율의 실제변화가 계산되고(7열) 계산된 환율변화와 각 외환포지션의 델타(〈표 5-6〉의 6열에 있는 수치)가 곱하여진다. 이렇게 구하여진 2개 값들이 과거 500일 동안 각 일의 총리스크측정치를 구하기 위해 합하여진다.

• **5단계: 리스크측정치를 기준으로 한 순위결정.** 이렇게 구하여진 리스크측정치들은 최악에서 최선까지 순위가 정하여진다. 최악의 손실은 105,669달러가 발생한 2008년 5월 6일에 발생하였다. 이와 같은 최악의 경우에 해당하는 시나리오가 금융회사의 관심사항이지만, 5%의 최악의 경우, 즉 500일 중에서 25일(25÷500=5%) 이상 발생하지 않는 손실에 관심이 있다고 하자. 우리의 예에서 500개의 리스크측정치 중에서 25번째 최악의 손실은 2009년 11월 30일에 발생하였다. 이 날의 손실은 47,328.9달러이다.

• **제6단계: *VAR*의 계산.** 만일 최근 과거의 환율변화의 확률분포가 미래의 환율변화의 확률분포를 정확하게 반영한다면, 즉 환율변화가 "안정적인"(stationary) 확률분포를 가지면 47,328.9달러는 2009년 12월 1일에 금융회사의 외환시장리스크(VAR)로 여겨질 수 있다. 만일 내일(2009년 12월 2일)이 외환시장에서 불리한 하루이고 금융회사가 5억 엔의 매입포지션과 2,000만 스위스 프랑의 매입포지션을 가진다면 금융회사는 5%의 확률로 47,328.9달러(이상)의 손실을 볼 것으로 예상할 수 있다. 이와 같은 VAR 측정치는 외환포지션과 델타가 변화함에 따라 매일 새로운 값으로 변경될 수 있다. 예를 들면, 외환거래의 특성상 2009년 12월 5일에 보유한 외환포지션은 2009년 12월 1일에 보유한 외환포지션과 매우 다를 수 있다.[26]

역사적(후방) 시뮬레이션 모형과 RiskMetrics

역사적 또는 후방 시뮬레이션방법의 한 가지 분명한 장점은 〈표 5-6〉의 9열에 있는 포트폴리오 리스크를 계산하기 위해 자산수익률 변화들의 표준편차와 상관계수를 계산할 필요가 없다(또는 자산수익률 변화들이 정규분포를 가진다고 가정할 필요가 없다)는 것이다.[27] 두 번째의 장점은 이 방법은 5단계에서 보는 바와 같이 최악의 경우에 발생하는 손실값, 즉

---

26) RiskMetrics에서처럼, 이 경우에 금융회사가 보다 긴 보유기간을 가질 수밖에 없다고 가정함으로써 시장의 비유동성에 대한 조정이 이루어질 수 있다. 예를 들면, 금융회사가 보유한 외환포지션을 판매하는데 5일이 걸린다고 추정되면 금융회사는 과거의 주간 환율변화(말하자면 5일 거래기간 동안의 환율변화)에 관심을 가질 것이다. 이 경우 제기되는 한 가지 문제는 과거 500거래일을 가지고는 단지 100개의 주만이 존재하게 되고, 이에 따라 VAR추정치의 통계적 유의성이 감소된다는 것이다.

105,669달러의 손실값을 직접 제공한다는 것이다. RiskMetrics는 자산수익률은 정규분포를 가진다(수익률은 양의 무한대와 음의 무한대가 될 수 있다)고 가정하기 때문에 이와 같은 최악의 경우에 발생하는 손실값을 제공하지 못한다.[28]

후방 시뮬레이션방법의 단점은 500개의 관측치들을 기초로 구한 5%의 VAR수치에 대하여 우리가 가지는 확신의 정도에 관한 것이다. 통계학적으로 말하면 500개의 관측치들은 매우 많은 것이 아니며 따라서 추정치(우리의 예에서 47,328.9달러) 주위에 매우 넓은 신뢰구간(또는 표준오차)이 존재한다. 이 문제에 대한 한 가지 해결방법은 500일 이상의 과거기간을 설정하고 (예를 들어 1,000개나 10,000개의) 1일 관측치들에 기초하여 5%의 VAR를 추정하는 것이다. 문제는 과거기간으로 멀리 내려 감에 따라 과거 관측치들은 미래의 VAR를 예측하는데 관련성이 감소할 수 있다는 것이다. 예를 들면, 10,000개의 관측치들은 금융회사가 과거 40년 동안의 외환데이터를 분석할 것을 요구한다. 이 기간 동안 상당수의 매우 다른 환율제도가 존재하였다. 환율제도는 1950년-1970년 동안 상대적으로 고정환율제도였고, 1970년대에는 상대적으로 변동환율제도였으며, 1980년대와 1990년에는 관리변동환율제도였다. 2002년 1월에 유럽국가들에서는 환율이 폐지되고 유로화가 도입되었다. 분명히 고정환율제도에서의 환율행태와 리스크는 변동환율제도에서 리스크를 분석하는 외환거래자 또는 시장리스크관리자에게 거의 참고사항이 되지 못한다.

이것이 시장리스크관리자에게 모형화 문제를 어렵게 만드는 것처럼 보인다. 그러나 이 문제를 해결하기 위한 적어도 2가지 방법이 존재한다. 첫 번째 방법은 보다 가까운 과거 관측치들에 보다 높은 가중치를 부여하면서 후방 시뮬레이션에서 과거 관측치들에 상이한 가중치를 부여하는 것이다.[29] 두 번째 방법은 최근의 역사적 경험과 일관성을 가지는 추가적인 관측치들을 생성하는 몬테칼로(Monte Carlo) 시뮬레이션방법을 사용하는 것이다. 후자의 방법은 사실 인공적인 거래일들과 환율변화들을 생성하는 것이다.

몬테칼로 시뮬레이션방법[30]

실제의 관측치들 수가 제한되는 데서 발생되는 문제점을 극복하기 위해 추가적인 관측치

27) 이와 같은 이유는 역사적 또는 후방 시뮬레이션방법은 묵시적으로 주어진 날의 실제 환율을 사용하기 때문이다.

28) RiskMetrics에서 5% 수치는 매 100일 중에서 5일만 이 금액보다 더 많이 손실을 입을 것이라는 것을 말해준다. 이 수치는 손실을 입을 수 있는 최대금액을 의미하지 않는다. 본문에서 지적한 바와 같이 이론적으로 말하면 정규분포를 가정하는 경우에 이 수치는 무한대의 금액이 될 수 있다.

29) L. Allen, J. Boudoukh, and A. Saunders, Understanding Market, Credit and Operational Risk: The Value at Risk Approach (New York: Blackwell, 2004), 1-3장 참조.

30) 이 부분은 상당히 기술적이므로 난이도에 따라 생략할 수 있음.

들(우리의 예에서는 환율변화)이 생성될 수 있다 일반적으로 이와 같은 추가적인 관측치들의 시뮬레이션은 생성되는 수익률 또는 환율이 최근의 과거기간 동안 발생되었던 확률을 반영하도록 이루어진다. 첫 단계는 과거 환율변화들의 분산-공분산 행렬(Σ)을 계산하는 것이다. 이어서 이 행렬은 2개의 대칭행렬들인 A와 A'로 분해된다.[31] A와 A'의 유일한 차이점은 A행의 수는 A'의 열의 수라는 것이다. 이와 같은 분해를 통하여 A'행렬과 임의수치벡터 z를 곱하여 외환포지션의 "시나리오"를 생성할 수 있다.[32] z에 관한 10,000개의 임의 수치들이 각 환율에 대하여 추출된다.[33] 환율들 간의 과거 상관계수를 반영하는 A'행렬이 임의로 추출된 z값과 곱하여질 때 현실적인 환율시나리오들이 생성된다. 현재 보유하고 있는 외환포지션의 VAR는 이 방법에서는 10,000개의 생성된 손실들 중에서 500번째 최악의 손실이라는 점만을 제외하고 〈표 5-6〉에서처럼 계산된다.[34]

개념질문

1. 시장리스크를 측정하는데 역사적 또는 후방 시뮬레이션방법이 RiskMetrics과 비교하여 가지는 장점들은 무엇인가?
2. 시장리스크를 측정하기 위한 역사적 또는 후방 시뮬레이션방법의 단계들은 무엇인가?
3. 시장리스크를 측정하기 위한 몬테칼로 시뮬레이션방법은 무엇인가?

5.6 BIS의 표준규제모형

J. P. Morgan Chase와 같은 금융회사들이 내부적 시장리스크모형을 개발한 것은 부분적으로는 거래포트폴리오에 상응한 자기자본규제를 부과함으로써 시장리스크를 측정하고 규제하려는 국제결제은행(BIS)의 1993년 제안에 대한 반응이었다.[35] 제2장에서 지적한 바와 같이 BIS는 세계의 대형중앙은행들로 구성된 조직이다. 수 년 동안 이러한 제안을 다듬은

---

31) 이러한 과정은 Cholesky분해(Cholesky decomposition)라고 부른다. 이 경우에 $\Sigma = AA'$.

32) z는 기대치 0과 표준편차 1을 갖는 표준정규분포를 따른다고 가정한다.

33) 기술적으로 정리하기 위해 y를 하나의 환율시나리오(환율변화)라고 하자. 이 때 $y=A'z$이다. 각 환율에 대하여 10,000개의 y값들을 생성하기 위해 10,000개의 z값들이 임의로 생성된다. 이렇게 생성된 y값들은 외환포지션의 가치를 재설정하고 이익과 손실을 계산하기 위해 사용된다.

34) 예를 들면, J. P. Morgan, *RiskMetrics*, Technical Document, 4th ed., 1997 참조.

35) BIS, Basel Committee on Banking Supervision, "The Supervisory Treatment of Market Risks," Basel,Switzerland, April 1993; "Proposal to Issue a Supplement to the Basel Accord to Cover Market Risks," Basel, Switzerland, April 1995; and "The New Basel Capital Accord: Third consultative Paper," Basel, Switzerland, April 2003. 참조.

후 BIS는 시장리스크를 측정하는 최종적인 방법과 금융회사가 시장리스크손실을 감내하고 생존하기 위해 필요한 자기자본의 수준을 결정하였다. 시장리스크노출을 보호하기 위한 이러한 자본요구액은 신용리스크 목적으로 보유해야 하는 은행의 최소요구자본에 추가적으로 더해진다. 1998년 1월부터[36] BIS의 회원국가들에 있는 은행들은 2가지 방법 중 하나로 시장리스크노출도를 계산할 수 있다. 첫째 방법은 (아래에서 논의되는) 간단한 표준모형을 사용하는 것이다. 둘째 방법은 규제당국의 승인하에 앞에서 설명한 모형들과 유사한 자기자신의 내부모형을 사용하는 것이다. 그러나 만일 내부모형이 금융회사가 보유하여야 하는 자기자본수준을 계산하는데 사용하는 것이 승인되면 규제당국의 감시와 일정한 제약조건들이 적용된다. 이와 같은 제약조건들을 살펴보기 전에 확정수입증권, 외환, 주식 각각에 대한 BIS의 표준모형을 살펴보자. 이 모형에 대한 상세한 추가적 논의는 BIS 웹사이트(www.bis.org)에서 찾아볼 수 있다.

확정수입증권

BIS에 의하여 제시된 한 전형적인 금융회사의 예를 사용하면서 확정수입증권 거래포트폴리오의 시장리스크를 측정하기 위한 BIS의 표준모형을 살펴보자(〈표 5-7〉 참조). 〈표 5-7〉의 패널 A는 금융회사가 거래계정에 보유하고 있는 증권들을 열거하고 있다. 이 금융회사는 1개월에서 20년 이상의 만기를 가지는(열 (1)) 다양한 증권들(열 (2))에 대한 매입 및 매도포지션(열 (3))을 보유하고 있다. 매입포지션은 양의 값을 가지고 있고 매도포지션은 음의 값을 가지고 있다. 이와 같은 거래포트폴리오의 리스크를 측정하기 위해 BIS는 2가지 형태의 자본부담금(capital charges), 즉 특정리스크를 위한 자본부담금(열 (4)와 열 (5))과 일반 시장리스크를 위한 자본부담금(열 (6)과 열 (7))을 사용한다.

■특정리스크 자본부담금

특정리스크 자본부담금(specific risk charge)은 보유기간 동안 거래포트폴리오의 유동성 또는 신용리스크의 질이 감소할 리스크를 측정한다. 〈표 5-7〉에 있는 패널 A의 열 (4)에서 보는 바와 같이 재무부증권들은 0의 리스크가중치를 가지고 있는 반면 정크본드(예를 들면, 10년-15년만기의 투기등급 기업부채)는 8%의 리스크가중치를 가진다. 〈표 5-7〉에서 보는 바와 같이 이들 증권들의 매입포지션과 매도포지션의 달러금액과 특정리스크 가중치(열 (4))를 곱하면, 각 포지션에 대한 특정리스크에 요구되는 자본부담금(열 (5))이 구하여진다. 특정리스크를 위한 개별 자본부담금들을 합하여 229달러의 총특정리스크 자본부담금이 구

36) 유럽연합에서 이와 같은 규제는 1996년 초에 도입되었다.

표 5-7 BIS 시장리스크 계산의 예

패널 A : 금융회사의 증권보유와 리스크부담금

			특정리스크		일반시장리스크	
(1)	(2)	(3)	(4)	(5)	(6)	(7)
만기구분	발행자	포지션(달러)	가중치(%)	자본부담금	가중치(%)	자본부담금
0- 1월	재무부	5,000	0.00%	0.00	0.00%	0.00
1- 3월	재무부	5,000	0.00	0.00	0.20	10.00
3- 6월	투자등급기업	4,000	0.25	10.00	0.40	16.00
6-12월	투자등급기업	(7,500)	1.00	75.00	0.70	(52.50)
1- 2년	재무부	(2,500)	0.00	0.00	1.25	(31.25)
2- 3년	재무부	2,500	0.00	0.00	1.75	43.75
3- 4년	재무부	2,500	0.00	0.00	2.25	56.25
3- 4년	투자등급기업	(2,000)	1.60	32.00	2.25	(45.00)
4- 5년	재무부	1,500	0.00	0.00	2.75	41.25
5- 7년	투자등급기업	(1,000)	1.60	16.00	3.25	(32.50)
7-10년	재무부	(1,500)	0.00	0.00	3.75	(56.25)
10-15년	재무부	(1,500)	0.00	0.00	4.50	(67.50)
10-15년	투기등급기업	1,000	8.00	80.00	4.50	45.00
15-20년	재무부	1,500	0.00	0.00	5.25	78.75
> 20년	투자등급기업	1,000	1.60	16.00	6.00	60.00
특정리스크 자본 부담금				229.00		
잔여 일반시장리스크						66.00

패널 B : 자본부담금의 계산

(1)	(2)	(3)	(4)	(5)	(6)	(7)
						자본부담금
1. 특정리스크						229.00
2. 동일만기구분 내에서의 수직적 상쇄						
만기구분	매입포지션	매도포지션	잔여포지션	상쇄금액	비공제율	자본부담금
3 -4년	56.25	(45.00)	11.25	45.00	10.00%	4.50
10-15년	45.00	(67.50)	(22.50)	45.00	10.00	4.50
3. 동일만기구분 내에서의 수평적 상쇄						
만기구분 1						
0- 1월	0.00					
1- 3월	10.00					
3- 6월	16.00					
6 -12월		(52.50)				
만기구분 1 합계	26.00	(52.50)	(26.50)	26.00	40.00%	10.40
만기구분 2						
1-2년		(31.25)				
2-3년	43.75					
3-4년	11.25					
만기구분 2 합계	55.00	(31.25)	23.75	31.25	30.00%	9.38

표 5-7 **(계속)**

만기구분	매입포지션	매도포지션	잔여포지션	상쇄금액	비공제율	자본부담금
만기구분 3						
4- 5년	41.25					
5- 7년		(31.50)				
7-10년		(56.25)				
10-15년		(22.50)				
15-15년	78.75					
〉20년	60.00					
만기구분 3 합계	180.00	(111.25)	68.75	111.25	30.00%	33.38
4. 만기구분 간의 수평적 상쇄						
만기구분 1과 2	23.75	(26.50)	(2.75)	23.75	40.00%	9.50
만기구분 1과 3	68.75	(2.75)	66.00	2.75	150.00%	4.12
5. 총자본부담금						
특정리스크						229.00
수직적 비공제						9.00
수평적 비공제						
동일한 만기구분 내의 상쇄						53.16
만기구분 간의 상쇄						13.62
모든 상쇄가 이루어진 후 잔여 일반시장리스크						66.00
합 계						370.78

하여진다.[37]

▶**특정리스크 자본부담금(specific risk charge)**
거래포트폴리오의 유동성 또는 신용리스크의 질이 감소하는 리스크를 반영하는 자본부담금.

■일반시장리스크 자본부담금

일반시장리스크 자본부담금(general market risk charges) 또는 가중치(열 (6))는 각 만기에 대하여 수정듀레이션과 기대되는 이자율변화를 곱한 것을 반영한다.[38] 〈표 5-7〉에 있

37) 특정리스크를 계산하기 위한 리스크가중치는 분명한 이론, 실증연구 또는 과거경험에 의하여 결정된 것이 아니라는 것에 주목하라. 이와는 달리 이들 가중치들은 모형이 만들어질 때 가중치의 적정성에 대한 규제당국의 인식에 의하여 결정되었다.

38) 예를 들면, 〈표 5-7〉에서 15년-20년만기 재무부증권의 경우 수정듀레이션이 8.75년이고 기대되는 이자율변화가 0.60%라고 가정하자. 이 증권에 대한 일반시장리스크 가중치는 〈표 5-7〉에서 보는 바와 같이 8.75×0.6=5.25이다. 이 증권의 1,500달러 매입포지션과 리스크가중치 5.25를 곱하여 78.75달러의 일반시장리스크 부담금이 구하여진다. 3개월만기 재무부증권과 같은 단기증권들에 대하여 가정되는 이자율변화는 보다 장기인 증권들에 가정되는 이자율변화들보다 크다는 것에 주목하라. 이것은 단기이자율이 통화정책에 보다 더 영향을 받는다는 사실을 반영한다. 마지막으로 표준모형은 시장리스크가중치를 계산하기 위해 동일하지 않은 이자율변화와 추정된 수정듀레이션을 결합시킨다는 것에 주목하라. 기술적으로 말하면, 이것은 각 만기에서 수평의 수익률변화를 가정하는 듀레이션모형의 기본가정을 위반하는 것이다.

는 가중치는 0-1개월만기 재무부증권들에 대하여 부과되는 0으로부터 20년 이상의 만기를 가진 우량기업채권들에 대하여 부과되는 6%까지의 범위를 가진다. 각 증권포지션의 달러 가격(열 (3))과 일반시장리스크 가중치(열 (6))를 곱하여 개별증권의 일반시장리스크 자본부담금(열 (7))이 결정된다. 이들 값들을 합하면 전체 확정수입 포트폴리오에 대한 66달러의 총일반시장리스크 자본부담금이 구하여진다.

▶**일반시장리스크 자본부담금(general market risk charges)**
각 만기에 대한 수정듀레이션과 이자율변화를 반영하는 자본부담금.

■수직적 상쇄

BIS모형은 동일한 만기구분에 속해 있으나 서로 다른 금융증권들의 매입포지션과 매도포지션은 서로 완전히 상쇄시킬 수 없다고 가정한다. 따라서 66달러의 일반시장리스크 자본부담금은 이자율 또는 가격리스크노출도를 과소추정하는 경향을 가진다. 예를 들면, 금융회사가 67.50달러의 시장리스크 자본부담금을 가지는 10년-15년만기의 미국 재무부증권에 1,500달러의 매도포지션을 가지고 있고 45달러의 시장리스크 자본부담금을 가지는 10년-15년만기의 정크본드에 매입포지션을 가지고 있다고 하자. 그러나 베이시스리스크, 즉 재무부증권과 정크본드의 이자율들이 정확하게 함께 변동하지 않는다는 사실 때문에, 정크본드의 45달러 매도포지션이 동일한 만기를 가진 재무부증권의 45달러 가격을 헤징하고 있다고 가정할 수 없다. 이와 유사하게 금융회사는 56.25달러의 일반시장리스크 자본부담금을 가진 3년-4년만기 재무부증권에 2,500달러의 매입포지션을 가지고 있고 45달러의 일반시장리스크 자본부담금을 가진 3년-4년만기 투자등급 기업부채에 2,000달러의 매도포지션을 가지고 있다. 이러한 점을 고려하여 BIS는 **수직적 상쇄(vertical offsets)** 또는 비공제요소(disallowance factors)라 부르는 베이시스리스크에 대하여 추가적인 자본부담금을 요구한다. 〈표 5-7〉의 패널 B의 2.부분에서 이와 관련된 계산을 살펴보자.

▶**수직적 상쇄(vertical offsets)**
동일한 만기구분에 속하나 서로 다른 증권들의 매입포지션과 매도포지션은 서로 완전히 상쇄시킬 수 없기 때문에 부과되는 추가적인 자본부담금.

패널 B에서 열 (1)은 금융회사가 매입포지션과 매도포지션을 모두 보유하고 있는 기간구분을 나타낸다. 열 (2)와 열 (3)은 이러한 포지션들을 보유하는데 따른 일반시장리스크 자본부담금을 나타내고 열 (4)는 일반시장리스크 자본부담금들의 차이를 나타낸다. 열 (5)는 각 기간구분에서 최소의 시장리스크부담금을 나타낸다. 열 (6)에 나타낸 것처럼 BIS는 45달러의 재무부증권을 헤징하는데 회사채에 대한 45달러 포지션의 10%를 공제하지 않는다.[39] 이에 따라 4.50달러($45×10%)의 추가적인 자본부담금이 요구된다.[40] 모든 수직적 상쇄에 대한 총자본부담금은 9달러이다.

■동일만기구분 내에서의 수평적 상쇄

이에 더하여 부채 거래포트폴리오는 3개의 만기구분, 즉 (1) (1개월에서 12개월), (2) (1년 초과 4년까지)와 (3) (4년 초과 20년 이상까지)로 나누어진다. 베이시스리스크(말하자면 만기가 다른 증권들의 이자율 간 불완전한 상관관계) 때문에 이 만기구분 안에 있는 서로 다른 만기를 가진 증권들의 매도포지션과 매입포지션은 서로 완전히 헤지되지 않는다. 이에 따라 40%(만기구분 1), 30%(만기구분 2), 30%(만기구분 3)의 추가적인 비공제율이 적용된다.[41] 〈표 5-7〉에 있는 패널 B의 3부분이 이에 관한 계산을 보여 준다. **수평적 상쇄(horizontal offsets)**는 각 만기구분에 속하는 매입포지션들과 매도포지션들의 일반시장리스크 자본부담금들의 합(열 (2)와 열 (3))을 이용하여 계산된다. 수직적 상쇄의 경우처럼 매입포지션의 일반시장리스크 자본부담금의 합과 매도포지션의 일반시장리스크 자본부담금의 합중에서 작은 금액이 비공제율이 적용되는 "상쇄"금액이다. 예를 들면, 만기구분 1에서 매입포지션의 총시장리스크 자본부담금은 26달러이고 매도포지션의 총시장리스크부담금은 52달러이다. 이들 2가지 금액들 중 작은 금액의 40%의 비공제금액 10.40달러($26×40%)가 자본부담금으로 부과된다. 3개의 만기구분 각각에 대하여 이와 같은 계산과정을 반복하면 53.16달러의 추가적인(수평적 상쇄) 자본부담금이 구하여진다.

▶**수평적 상쇄(horizontal offsets)**
동일한 만기구분 내에 속하는 만기가 다른 증권들의 매입포지션들과 매도포지션들이 서로 완전히 헤지시키지 못하기 때문에 부과되는 추가적인 자본부담금.

■만기구분 간의 수평적 상쇄

마지막으로 단기만기부채의 이자율들과 장기만기부채의 이자율들은 정확하게 함께 변동하지 않기 때문에 각 만기구분에 있는 잔여 매입포지션 또는 매도포지션은 다른 만기구분 안에 있는 상쇄포지션을 부분적으로만 헤지할 수 있다. 이에 따라 〈표 5-7〉에 있는 패널 B의 4부분에서 보는 바와 같은 만기구분 간 상쇄금액과 비공제율이 고려된다. BIS모형은 만기구분 1의 잔여포지션 자본부담금(26.50달러)과 만기구분 2의 잔여포지션 자본부담금(23.75달러)을 비교한다. 두 잔여포지션 자본부담금 간의 차이(2.75달러)가 만기구분 3의 잔여

---

39) 이와 같은 비공제율은 규제당국에 의하여 주관적으로 설정되었다는 것에 주목하라.

40) 직관적으로 말하면, 이것은 장기 미국 재무부증권 수익률과 장기 정크본드 수익률은 약 90%의 상관관계를 가진다는 것을 의미한다. 그러나 최종제안에서 수직적 비공제율은 반으로 삭감되었다. 따라서 비공제율은 10%에서 5%로 조정되었다.

41) 만기구분도 규제당국에 의하여 주관적으로 설정되었다.

포지션 자본부담금(68.75달러)과 비교된다. 각 만기구분의 비교에서 작은 금액이 인접만기구분에 대하여는 40%[42], 인접하지 않은 만기구분에 대하여는 150%[43]의 비공제율이 부과되는 "상쇄"금액으로 사용된다. 여기서 발생되는 추가적인 자본부담금은 총 13.62달러이다.

특정리스크 자본부담금(229달러), 일반시장리스크 자본부담금(66달러), 베이시스리스크 또는 비공제 자본부담금(9달러+53.16달러+13.62달러)을 합하여 구하여지는 금융회사가 보유하고 있는 확정수입 거래포트폴리오에 대한 총자본부담금은 370.78달러이다.[44]

외 환

BIS 표준모형은 금융회사가 각 외국통화, 즉 엔, 유로 등의 순포지션을 계산하고 현재의 현물환율로 이것을 달러금액으로 전환할 것을 요구한다. 〈표 5-8〉에서 보는 바와 같이 금융회사는 5,000만 달러에 해당되는 엔, 1억 달러에 해당되는 유로, 1억 5,000만 달러에 해당되는 영국 파운드의 순매입포지션을 가지고 있는 한편 2,000만 달러에 해당되는 호주 달러, 1억 8,000만 달러에 해당되는 스위스 프랑의 순매도포지션을 가지고 있다. 금융회사가 보유하고 있는 통화매입포지션은 3억 달러이고 통화매도포지션은 2억 달러이다. BIS 표준모형은 총매입포지션과 총매도포지션 중 큰 포지션의 절대값의 8%에 해당되는 자본금을 부과한다. 이 예에서 8%와 3억 달러를 곱하면 요구되는 자본금은 2,400만 달러이다. 이와 같이 외환의 시장리스크를 계산하는 방법은 서로 다른 통화들에 대하여 보유하는 상반되는 매입포지션 또는 매도포지션을 보유하는데 따른 통화리스크의 완전한 상쇄가 아닌

표 5-8 환리스크를 측정하기 위한 BIS 표준모형의 예 (100만 달러)

은행이 각 외국통화표시 순포지션을 계산한 후 각 포지션을 공시통화(예, 달러)로 전환하고 아래처럼 리스크척도(자본부담금)를 계산한다.

엔*	유로	영국 파운드	호주 달러	스위스 프랑
+50	+100	+150	−20	−180
	+300		−200	

자본부담금은 총매입포지션과 총매도포지션 중 큰 포지션(300)의 8%이다.

*모든 통화는 달러로 환산한 것임.

42) 예를 들면, 만기구분 1과 만기구분 2는 만기기준으로 서로 인접하여 있다. 만기구분 1과 만기구분 3은 서로 인접하여 있지 않다.

43) 이후에 150%는 100%로 감소되었다.

44) 이 수치는 투자계정의 리스크조정자산과 비교하기 위해 리스크조정자산으로도 다시 계산될 수 있다. 따라서 만일 리스크조정자산의 8%가 최소의 자기자본비율이라면 \$370.78×(1/0.08)=\$4,634.75가 이와 같은 자기자본규제에 의하여 지원되는 리스크조정 거래자산금액에 해당된다.

표 5-9 주식에 대한 BIS 자기자본규제 ($x+y$ 방법의 예) (100만 달러 기준)

주식	매입포지션	매도포지션	x요소		y요소		요구되는 자본부담금 (x와 y의 합)
			총포지션 (매입포지션과 매도포지션의 합)	총포지션의 4%	순포지션 (매입포지션과 매도포지션의 차이)	순포지션의 8%	
1	100	0	100	4	100	8	12
2	100	25	125	5	75	6	11
3	100	50	150	6	50	4	10
4	100	75	175	7	25	2	9
5	100	100	200	8	0	0	8
6	75	100	175	7	25	2	9
7	50	100	150	6	50	4	10
8	25	100	125	5	75	6	11
9	0	100	100	4	100	8	12

자료 : BIS, 1993. *www.bis.org*

부분적인 상쇄만을 가정한다.

주 식

RiskMetrics 모형에서 논의한 바와 같이 주식을 보유하는데 발생하는 리스크의 2가지 요소는 (1) 기업고유 또는 비체계적 리스크요소와 (2) 시장 또는 체계적 리스크요소이다. BIS 모형은 주어진 주식의 매입포지션과 매도포지션을 합하고 이와 같이 구해진 이 주식의 총포지션에 대하여 4%의 자본부담금을 적용하여 비체계적 리스크에 대한 자본부담금(x요소라고 부른다)을 부과한다. 〈표 5-9〉에서 주식 2가 IBM 주식이라고 하자. 금융회사는 이 주식에 1억 달러의 매입포지션과 2,500만 달러의 매도포지션을 가지고 있다. 비체계적(기업고유) 리스크에 노출되어 있는 총포지션은 1억 2,500만 달러이고, 이 금액의 4%에 해당되는 500만 달러가 비체계적 리스크에 대한 자본부담금이다.

시장 또는 체계적 리스크는 순매입포지션 또는 순매도포지션에 반영된다. IBM 주식의 경우, 이 리스크는 7,500만 달러(1억 달러 매입포지션 − 2,500만 달러 매도포지션)이다. 이 리스크에 대한 자본부담금(y요소라고 부른다)은 7,500만 달러의 8%인 600만 달러이다. 총자본부담금(x요소+y요소)은 이 주식에 대하여 1,100만 달러이다.

이와 같은 방법은 기본적으로 모든 주식에 대하여 동일한 체계적 리스크요소, 즉 동일한 β를 가정한다는 점에서 매우 정교하지 못하다. 또한 이 방법은 포트폴리오의 분산으로부터 발생하는 이익을 충분히 고려하지 않는다(말하자면 비체계적 리스크는 분산투자로 사라지지 않는다).

개념질문

1. 거래포트폴리오 리스크를 측정하는데 있어서 BIS 특정리스크와 일반시장리스크의 차이는 무엇인가?
2. BIS모형은 외환거래 리스크노출도를 계산하기 위해 어떤 방법을 제안하는가?
3. 금융회사가 보유한 주식의 비체계적 리스크와 체계적 리스크는 BIS 모형에서 측정되는 자본부담금에 어떻게 반영되는가?

5.6 BIS 규제와 대형은행의 내부모형

위에서 논의한 바와 같이 1998년 1월에 도입된 시장리스크에 대한 BIS 자본규제는 대형은행들이(규제당국의 허가하에) 표준모형 대신에 시장리스크를 계산하기 위해 자기 자신의 내부모형을 사용하는 것을 허용한다(제15장에서 자기자본규제를 통한 은행리스크의 통제에 관하여 BIS와 주요 중앙은행들이 취한 조치들을 보다 상세하게 살펴볼 것이다). 그러나 요구되는 자기자본은 내부모형에 의하여 산정된 자기자본과 비교하여 상대적으로 보수적이어야 한다. 대형은행들에 대하여 RiskMetrics의 방법을 적용한 내부모형을 사용하는 경우와 BIS 자기자본규제를 비교하면 특히 다음과 같은 사항들이 지적된다.

1. DEAR를 계산할 때 금융회사는 이자율의 불리한 변화를 95퍼센타일이 아니라 99퍼센타일로 정의하여야 한다(이자율의 불리한 변화를 RiskMetrics에서처럼 1.65σ가 아닌 2.33σ를 사용하여야 한다)
2. 금융회사는 최소보유기간을 10일로 가정하여야 한다(이것은 RiskMetric의 DEAR에 $\sqrt{10}$을 곱하여야 한다는 것을 의미한다).

금융회사는 다음 2가지 중에서 큰 값을 자기자본부담금으로 설정하여야 한다.

1. 직전 일의 VAR(또는 DEAR $\times \sqrt{10}$)
2. 이전 60일 동안의 평균 10일 *VAR* (=DEAR $\times \sqrt{10}$)와 최소 승수 3을 곱한 값(말하자면 자본부담금=(DEAR)$\times(\sqrt{10})\times(3)$). 일반적으로 승수는 요구되는 자기자본의 값을 내부모형에 의한 VAR 값보다 상당히 크게 만든다.

그러나 자기자본부담금의 부담을 감소시키기 위해 자기자본부담금을 충족시키기 위한 추가적인 형태의 자기자본이 금융회사에 의하여 조달될 수 있다. 예를 들면, 1%의 최악의 경우(또는 99퍼센타일의 경우)에 포트폴리오의 DEAR가 1,000만 달러라고 하자.[45] 이 경우 자기자본부담금은 2의 방식을 적용하면 다음과 같을 것이다.[46]

$$\text{자기자본부담금} = (\$10{,}000{,}000)\times(\sqrt{10})\times 3 = \$94{,}860{,}000$$

제2장과 제15장에서 설명되어 있는 바와 같이 자기자본은 손실이 발생하는 경우에 금융회사, 금융회사의 예금자들, 기타 부채 보유자들, 보험기금(예를 들면, 연방예금보험공사기금)을 보호하기 위한 내부적 보험자금이다. BIS는 자기자본규제를 충족시키기 위해 금융회사가 3가지 형태의 자기자본, 즉 Tier 1 자본(기본자본), Tier 2 자본(보완자본 1), Tier 3 자본(보완자본 2)을 보유할 수 있도록 허용한다. Tier 1 자본은 내부유보(retained earnings)와 보통주(common stock), Tier 2 자본은 (5년 이상의) 장기후순위부채(long-term subordinated debt), Tier 3 자본은 최소 2년의 최초만기를 가진 단기후순위부채이다. 따라서 위의 예의 자기자본부담금인 9,486만 달러는 다음과 같은 2가지의 제약조건들하에서 3가지 형태의 자기자본 중 어느 것으로도 조달될 수 있다. (1) Tier 3 자본은 Tier 1 자본의 250%로 제한되고 (2) Tier 2 자본은 Tier 3 자본으로 Tier 1 자본의 250%까지 대체될 수 있다. 예를 들면, Tier 1 자본이 2,710만 달러이고 금융회사가 6,776만 달러의 단기 Tier 3 자본 부채를 발행한다고 하자. 이 때 250% 한도는 Tier 1 자본의 추가조달 없이 Tier 3 자본 (또는 Tier 2 자본) 부채는 9,486만 달러($27,100,000+$27,100,000×250%=$94,860,000) 이상의 자기자본 목표를 충족시키기 위해 더 이상 발행될 수 없다는 것을 의미한다. 이와 같은 시장리스크에 대한 자기자본부담금과 신용리스크와 조작리스크 등을 위한 자기자본부담금이 합하여져야 금융회사의 요구되는 총자본이 구하여진다. 여러 가지 형태의 자본규제는 제15장에서 보다 상세하게 논의된다.

〈표 5-10〉은 2006년 6월 현재 미국 은행지주회사들에게 요구되는 총자본 대비 시장리스크자본의 비율을 보여 준다. 이들 은행지주회사들의 경우에 요구되는 시장리스크자본이 요구되는 총자본에 비하여 매우 적다는 것에 주목하라. J. P. Morgan만이 4% 이상의 비율을 가지고 있다. 10개 은행지주회사들의 요구되는 총자본에 대한 요구되는 시장리스크자본의 평균비율은 단지 1.95%이다.[47] 더욱이 초대형은행들이 아닌 경우에는 시장리스크노출도를 전혀 보고하지 않는다.

---

45) 1.65σ대신에 2.33σ를 사용한다.

46) 3과 같은 최소승수를 사용하는 것은 "인센티브 부합적" (incentive compatible) 체계를 만들기 위한 것이다. 특히 내부모형을 사용하는 금융회사가 시장리스크노출도를 충족시키기에 필요한 자기자본의 양을 일정하게 과소추정한다면 규제당국은 승수를 4로 상승시킴으로써 그러한 금융회사를 견책할 수 있다. 이러한 반응은 금융회사로 하여금 효과적으로 거래비지니스를 그만두게 할 수 있다. 승수가 3을 초과하여 상승되는 정도는 이전해 동안 금융회사의 모형이 금융회사의 시장리스크를 과소추정하는 일 수에 의하여 결정된다. 예를 들면, 과거 250일 중에서 10일 이상에서 과소추정오류가 발생하면 승수는 4로 상승되는 결과가 초래될 수 있다.

표 5-10 내부모형을 사용하는 은행지주회사들의 총자본대비 시장리스크자본의 비율

은행명	총자본요구액 대비 시장리스크자본요구액비율(%)
Bank of America	0.414%
Bank of New York	0.503
Suntrust	0.854
Wells Fargo	0.964
KeyCorp	0.978
PNC Financial	1.705
Citigroup	2.240
HSBC North America	2.820
Wachovia	3.640
J. P. Morgan Chase	5.420

자료: Federal Reserve Beserve Board FR Y-9C Reports, 2002.

개념질문

1. 시장리스크를 측정하기 위한 BIS 표준모형은 무엇인가?
2. 95퍼센타일(5%의 최악의 경우)보다 99퍼센타일(1%의 최악의 경우)를 사용하는 것이 금융회사의 리스크노출도 측정치에 어떤 영향을 미치는가?

47) D. Hendricks and B. Hirtle, "Bank Capital Requirements for Market Risk: The Internal Models Approach," Federal Reserve Bank of New York, *Economic Policy Review*, December 1997, pp. 1-12는 내부모형들을 사용하면서 요구되는 자기자본비율에 미치는 시장리스크 자본부담금의 영향은 작다는 것을 발견하였다. 그들은 일반적인 시장리스크요소 때문에 요구되는 자기자본비율의 수준은 그들이 검토한 은행들의 경우에 1.5%에서 7.5% 사이의 범위에서 증가한다고 계산하였다. B. Hirtle, "What Market Risk Capital Reporting Tells Us about Bank Risk," Federal Reserve Bank of New York, *Economic Policy Review*, September 2003, pp. 37-54는 1998년 초에 시장리스크 자기자본기준이 실행된 후 시장리스크 자기자본규제에 적용되는 은행지주회사들은 모든 미국은행들이 보유한 거래포지션의 98% 이상을 보유하고 있다는 것을 발견하였다. 이들 은행지주회사들의 경우 시장리스크자본은 평균 은행에 요구되는 총자본의 1.9%를 차지하였다.

요 약

이 장에서는 금융회사의 시장리스크노출도 측정에 대하여 논의하였다. 시장리스크의 중요성은 보다 많은 대출과 이전에 유동성이 낮았던 자산들의 시장유통이 가능해지고, 상업은행, 보험회사, 투자은행의 전통적인 영업활동이 위축됨에 따라 계속해서 증가할 가능성이 있다. 이에 따라 민간 금융회사들과 규제당국 모두는 시장리스크노출도를 측정하고 추적하기 위한 모형개발에 많은 투자를 하고 있다. 금융회사가 시장리스크를 측정하기 위해 사용하고 있는 3가지 방법, 즉 RiskMetrics, 역사적 또는 후방 시뮬레이션방법, 몬테칼로 시뮬레이션방법을 상세하게 살펴보았다. 이 3가지의 방법은 단순성과 정확성의 기준에 의하여 비교되었다. 또한 시장리스크는 규제당국의 관심사항이다. 1998년 1월부터 미국 은행들은 거래포지션의 리스크에 대응하는 자기자본을 보유해야만 한다. 시장리스크 규제의 독특한 특징은 연방준비제도와 기타 중앙은행들이 규제당국의 승인하에 대형금융회사들에게 규제모형이 아닌 자기자신의 내부모형에 기초하여 자기자본요구액을 계산하는 선택권을 부여한 것이다.

연습문제

1. *시장리스크(market risk)*란 무엇을 의미하는가?
2. 시장리스크의 측정이 금융회사에게 왜 중요한가?
3. 1일 *시장리스크(daily earnings at risk(DEAR))*은 무엇을 의미하는가? DEAR를 계산하기 위한 3가지 측정요소들은 무엇인가? 가격변동성(price volatility)은 무엇인가?
4. Follow Bank는 액면가격이 1,402,552달러인 5년만기 무이표채에 1,000,000달러의 포지션을 가지고 있다. 이 채권은 7%의 만기수익률에 거래되고 있다. 역사적인 1일 수익률변화의 평균은 0.0%이고, 표준편차는 12bp이다.
   a. 이 채권의 수정듀레이션은 얼마인가?
   b. 수익률변화가 이 값보다 클 확률이 5% 이상이 되지 않기를 원한다면 최대로 불리한 1일 수익률변화는 얼마인가?
   c. 이 채권의 가격변동성은 얼마인가?
   d. 이 채권의 DEAR는 얼마인가?
5. VAR*(value at risk)*는 무엇을 의미하는가? VAR는 J. P. Morgan Chase의 RiskMetrics 모형에 있는 DEAR와 어떻게 관련되어 있는가? 10일 기간 동안 문제 4에 있는 채권의 VAR는 얼마인가? 우리의 분석에는 어떠한 통계적인 가정이 필요한가? 이와 같은 가정은 얼마나 중요한가?
6. 한 은행의 DEAR는 8,500달러이다. 10일 기간 동안의 VAR는 얼마인가? 20일 기간 동안의 VAR는 얼마인가? 20일 기간 동안의 VAR는 왜 10일 기간 동안의 VAR보다 2배만큼 크지 않은가?

7. 지난 해 동안 15년만기의 무이표채에 대한 1일 수익률변화의 평균이 5bp이고 표준편차는 15bp였다. 1일 수익률변화는 정규분포를 가진다고 가정하라.

   a. 만일 90%의 신뢰한도(confidence limit)가 요구된다면, 즉 불리한 수익률변화가 매 20일에 하루 이상 발생하지 않는다면 기대되는 최대수익률변화는 얼마인가?

   b. 만일 95%의 신뢰한도가 요구된다면 기대되는 최대수익률변화는 얼마인가?

8. 듀레이션은 어떤 의미에서 시장리스크의 척도인가?

9. Bank Alpha는 액면가격이 4억 달러인 AAA등급, 15년만기의 무이표채를 가지고 있다. 이 채권의 만기수익률은 현재 장외시장에서 7%이다.

   a. 이 채권의 수정듀레이션은 얼마인가?

   b. 만일 잠재적인 불리한 수익률변화가 25bp이면 가격변동성은 얼마인가?

   c. DEAR는 얼마인가?

   d. 만일 가격변동성이 신뢰한도가 90%이고 역사적인 1일 수익률변화의 평균이 0.0%에 기초한다면, 이로부터 알 수 있는 1일 수익률변화의 표준편차는 얼마인가?

10. Bank Two는 2억 달러의 시장가격을 가지는 채권을 가지고 있다. 이 채권의 가격변동성 추정치는 0.95%이다. 이 채권의 DEAR는 얼마이고 10일 기간 동안의 VAR는 얼마인가?

11. Bank of South Vermont는 시장리스크에 직면해 있는 2,000만 유로와 2,500만 영국 파운드를 보유하고 있다. 현물환율은 각각 유로당 0.40달러와 영국 파운드당 1.28달러이다. 과거 6개월 동안의 현물환율의 1일 변동에 기초하여 측정한 1일 유로와 영국 파운드 현물환율 변화의 표준편차는 각각 65bp와 45bp이다. 두 통화들에 대한 10일 기간의 VAR를 계산하라. 불리한 환율변화는 95퍼센타일에서 결정된다고 가정하라.

12. Bank of Alaska는 1,000만 달러의 시장가격을 가진 주식포트폴리오를 가지고 있다, 이 주식포트폴리오의 베타(β)는 시장포트폴리오를 근사시킨다. 시장포트폴리오 수익률의 표준편차(σ_m)는 1.5%로 추정된다. 99퍼센타일에서 불리한 수익률변화를 결정하면서 이 주식 포트폴리오에 대한 5일 기간의 VAR는 얼마인가?

13. Choice Bank의 영업담당 부사장인 Jeff Resnick은 대출(L), 외환(FX), 보통주(EQ)로 구성된 은행의 자산포트폴리오에 대한 총 DEAR를 추정하고 있다. 개별적인 DEAR의 값들은 각각 $300,700, $274,000, $126,700이다. 만일 L과 FX, L과 EQ, FX와 EQ의 상관계수(ρ_{ij})가 각각 0.3, 0.7, 0.0이면 총포트폴리오의 DEAR는 얼마인가?

14. 다음과 같은 포트폴리오에 대한 DEAR를 상관계수를 고려하지 않는 경우와 상관계수를 고려하는 경우로 나누어 계산하라.

자 산	DEAR 추정치	($\rho_{S,FX}$)	($\rho_{S,B}$)	($\rho_{FX,B}$)
주식(S)	$300,000	−0.10	0.75	0.20
외환(FX)	200,000			
채권(B)	250,000			

자산들 간에 완전한 양의 상관관계가 존재하지 않는 경우에 발생되는 리스크감소금액은 얼마인가?

15. 시장리스크를 측정하기 위해 후방 시뮬레이션방법을 사용하는데 따른 장점들은 무엇인가? 이 방

법은 어떻게 실행되는지를 설명하라.

16. Export Bank는 일본 엔과 스위스 프랑에 거래포지션을 가지고 있다. 2월 4일 영업종료시점에 이 은행은 3억 엔과 1,000만 스위스 프랑을 가지고 있었다. 최근 6일 동안의 환율들은 아래의 표에 제시되어 있다.

	2/4	2/3	2/2	2/1	1/29	1/28
달러당 일본 엔	112.13	112.84	112.14	115.05	116.35	116.32
달러당 스위스 프랑	1.4140	1.4175	1.4133	1.4217	1.4157	1.4123

a. 2월 4일의 환율을 사용하여 계산되는 외환포지션의 달러금액은 얼마인가?

b. 외환포지션과 관련되는 델타(delta)의 정의는 무엇인가?

c. 각 외환포지션의 민감도는 얼마인가? 즉 2월 4일에 각 통화의 델타값은 얼마인가?

d. 5일 기간 동안 각 통화에 대한 환율의 1일 %변화는 얼마인가?

e. 각 일에 이 은행이 직면한 총리스크는 얼마인가? 가장 최악인 날의 총리스크는 얼마인가? 가장 최선인 날의 총리스크는 얼마인가?

f. 당신이 2월 4일 이전의 500거래일들에 대한 데이터를 가지고 있다고 가정하라. 당신은 95%의 신뢰도를 가지고 최악의 경우에 관한 시나리오를 어떻게 식별할 것인지를 설명하라.

g. 5%의 VAR 포지션은 2월 5일의 영업에 대하여 어떻게 해석되는지를 설명하라.

h. 이와 같은 시뮬레이션은 2월 5일의 영업종료 시에 어떻게 변화할 것인가? 분석에서 어떤 변수들과 어떤 과정들이 변화할 것인가? 어떤 변수들과 어떤 과정들이 변화하지 않을 것인가?

17. 시장리스크를 측정하는데 있어서 후방 시뮬레이션방법의 주요 단점은 무엇인가? 이러한 단점에 대한 보완책으로 보다 많은 관측치들을 포함시키는 것은 어떤 영향을 미치는가? 이와 같은 단점을 처리하기 위해 어떤 다른 보완책들이 사용될 수 있는가?

18. 후방 시뮬레이션방법의 단점을 다루는 데 있어서 몬테칼로 시뮬레이션은 얼마나 유용한가? 몬테칼로 시뮬레이션방법을 사용하는데 기반이 되는 중요한 통계적 가정은 무엇인가?

19. 은행의 확정수입 포트폴리오의 리스크노출을 규제하기 위한 BIS 표준모형에서 *특정리스크(specific risk)와 일반시장리스크(general market risk)*는 무엇을 의미하는가? 일반시장리스크에 대한 자본부담금은 왜 진정한 이자율 또는 가격리스크노출도를 과소추정하는가? 이 분석에서 어떤 추가적인 상쇄 또는 비공제 요소들이 포함되는가?

20. 한 금융회사가 자기의 포트폴리오에 다음과 같은 채권들을 가지고 있다. 이 금융회사는 1년만기 미국 재무부증권의 4,000만 달러 매입포지션, 3년만기 재무부채권의 1,000만 달러 매도포지션, 3년만기 AAA급 회사채의 2,500만 달러 매입포지션, 12년만기 B급 (투기등급) 채권의 1,000만 달러 매입포지션을 가지고 있다. 〈표 5-7〉을 사용하면서, 다음의 내용들을 결정하라.

a. 특정리스크를 위한 자본부담금

b. 일반시장리스크를 위한 자본부담금

c. 베이시스리스크를 위한 자본부담금. 단, 동일만기구분 안에서의 수직적 상쇄(말하자면, 수평적 상쇄는 무시하라)만을 고려하라.

d. a에서 c까지의 정보를 사용하면 총자본부담금는 얼마인가?

21. 환리스크를 위한 자본부담금은 BIS 표준모형에서 어떻게 계산되는지를 설명하라. 만일 금융회사

가 유로의 8,000만 달러 매입포지션, 영국 파운드의 4,000만 달러 매도포지션, 스위스 프랑의 2,000만 달러 매입포지션을 가지고 있다면 외환의 시장리스크를 위해 요구되는 자본부담금은 얼마인가?

22. 포트폴리오에 다양한 주식들을 보유하고 있는 금융회사의 비체계적 리스크와 체계적 리스크를 위한 BIS 자본부담금을 어떻게 계산하는지를 설명하라. 다음과 같은 주식포트폴리오를 가지고 있는 금융회사에게 요구되는 총자기자본부담금은 얼마인가? 이와 같은 주식포트폴리오의 리스크를 측정하는 방법에 대한 비판들은 무엇인가?

회사명	매입(100만 달러)	매도(100만 달러)
Texaco	$45	$25
Microsoft	$55	$12
Robeco	$20	
Cifra		$15

23. 대형은행들이 시장리스크를 측정하기 위해 내부모형을 사용하는 것을 허용하기 위해 BIS가 1998년 어떤 조건들을 도입하였는가? 요구되는 자본부담금을 충족시키기 위해 어떤 형태의 자본들이 보유될 수 있는가?

24. Dark Star Bank는 이전 60일 동안의 평균 VAR를 3,550만 달러로 추정하였다. 직전 일의 DEAR는 3,020만 달러였다.

a. 최근의 BIS기준하에서 시장리스크를 위해 보유하여야 하는 자기자본은 얼마인가?

b. Dark Star Bank는 1,500만 달러의 Tier 1 자본, 3,750만 달러의 Tier 2 자본, 5,500만 달러의 Tier 3 자본을 가지고 있다. 이와 같은 자기자본의 크기는 충분한가? 만일 충분하지 않다면 최소 얼마의 새로운 자기자본이 조달되어야 하는가? 어떤 형태의 자기자본이 조달되어야 하는가?

관련 웹사이트

기 관 명	웹사이트
Bank for International Settlement	www.bis.org
Board of Governors of the Federal Reserve	www.federalreserve.gov
J.P.Morgan Chase	www.jpmorganchase.com
RiskMetrics	www.riskmetrics.com

제6장

신용리스크: 개별대출의 리스크

6.1 서 론

제1장에서 논의한 바와 같이 금융회사들은 가계저축자들의 금융청구권을 효율적으로 기업, 개인 및 정부에 대하여 발행되는 금융청구권으로 전환시킬 수 있는 능력을 보유하고 있다. 금융회사는 정보의 평가와 차입자에 대한 통제 및 감시 능력이 있기 때문에 이러한 금융청구권을 모든 당사자들에게 가장 낮은 비용으로 전환시킬 수 있다. 제1장에서 논의한 금융청구권 전환의 특정 형태 중 하나는 신용할당이다. 즉 금융회사는 (예금의 형태로 보유하고 있는) 가계저축자들의 금융청구권을 기업, 개인과 정부에게 발행하는 대출로 전환시킨다. 금융회사는 가계저축자들에게 지불하는 자금조달비용(예를 들면, 예금 유치비용)과 대출에 수반되는 신용리스크를 감당할 정도로 충분한 수익률의 교환을 통하여 대출과 관련된 신용리스크를 인수한다.

신용리스크에 관한 첫 장인 이번 장에서는 개별대출(과 채권)에 대한 신용리스크(credit risk) 또는 부도(채무불이행)리스크(default risk)를 분석하고 측정하는 방법들을 논의한다. 다음 장에서는 대출포트폴리오의 리스크 또는 대출집중리스크를 평가하는 방법들을 살펴본다. 신용스왑과 같은 파생상품을 이용하여 금융회사의 신용리스크를 헤징하고 관리하는 방법은 제17장부터 제21장까지에서 논의된다. 금융회사의 경영자가 (1) 개별대출(또는 채권)의 가격을 정확하게 책정하고, (2) 어느 한 차입자에게 제공하는 신용 금액의 한도나 수용할 수 있는 손실의 노출규모에 대한 적정한도를 설정하고자 하는 경우에는 개별대출 또는 개별채권에 대한 신용리스크를 측정하는 것이 매우 중요하다.

〈윤리적 딜레마〉는 한 주요 차입자인 WorldCom의 채무불이행이 수많은 금융회사들의 가치와 명성에 얼마나 심각한 영향을 줄 수 있는가를 명백히 보여 주고 있다. 마찬가지로 하나의 중요한 경제적 사건이 수많은 금융회사들의 대출포트폴리오에 손실을 입힐 수도 있다. 예를 들어, 2005년의 허리케인 Katrina와 Rita로 인하여 해당지역의 주요 은행들의 대출이 13억 달러 이상이나 상환불능이 되는 결과가 초래되었다. 따라서 금융회사는 어느 한 차입자의 부도(채무불이행)가 금융회사 전체에 심각한 영향을 미치지 않는 방식으로 대출포트폴리오를 관리할 필요가 있다. 대출포트폴리오 전체를 관리하는 것도 개별대출을 관리하는 것 못지 않게 중요하다. 최근에 일본 금융회사들은 부동산과 아시아지역에 과도하게 대출을 집중하였기 때문에 발생한 손실로 큰 어려움을 겪었다. 실제로 2000년대 초반기

윤리적 딜레마 은행들의 WorldCom 리스크, Enron 때보다는 작아

에너지 거래회사인 Enron사의 파산으로 인한 부실 대출의 기억을 가지고 있는 투자자들은 수요일에 WorldCom의 분식회계 혐의에 반응하여 은행 주식들에 대한 투자를 망설이지 말라고 충고한 애널리스트들의 의견을 무시하였다. 화요일 오후 미시시피주의 클린턴시를 기반으로 하며 미국 제2위의 장거리 전화회사인 MCI를 운영한 바 있는 WorldCom이 39억 달러의 비용을 부당하게 회계처리했다고 언급하였다. 일부 소식통은 파산신청을 해야 할 것이라고 말하였다....

WorldCom은 현재 26억 5천만 달러를 대출받고 있으며 미국 금융회사들의 약 3분의 1 정도가 그 대출에 관련이 되어 있다. 애널리스트들은 미국의 모든 은행들이 리스크에 노출되었다는 것에는 동의하지 않으면서도, 그 액수는 6억 7,000만 달러에서 9억 9,500만 달러에 이를 것이라고 예측한다. 애널리스트들은 수요일 내내 은행들의 리스크노출금액의 측정치를 계속해서 수정하였다. 그들은 WorldCom의 분식이 대출연장을 해 준 상업은행들에게 미칠 영향에 대해서 그 규모가 줄어들 것이라고 했는데, 이 은행들은 Mellon Financial Corp., J. P. Morgan Chase &Co., Citigroup Inc., FleetBoston Financial Corp., Bank of America Corp, 그리고 Wells Fargo & Co. 등을 포함하고 있다.

대부분의 은행들이 고객의 기밀을 유지해야 한다며, 그들이 노출된 리스크에 대해서 언급을 회피한 반면, Mellon은행은 WorldCom과 관련된 리스크는 1,000만 달러라고 밝혔다. Goldman Sachs Group의 애널리스트인 Lori Appelbaum은 그 액수는 Mellon은행의 올해 연도의 주당순이익을 12센트(6%) 낮출 것이며, 국제적으로 신용을 제공하고 있는 미국 금융회사들 중 규모에 비례하여 판단할 때 Mellon은행이 가장 리스크노출이 크다고 언급하였다..... 수요일에 간행된 리포트에서 그녀는 WorldCom 관련 리스크로 인해 Morgan Chase의 주당순이익은 5센트(약 2%), Fleet는 5센트, Bank One은 3센트(1%), Bank of America는 5센트(1%), Wells Fargo는 2센트(0.7%), Citi는 1센트 또는 0.3%가 낮아질 것이라고 추정하였다. 또한 그녀는 몇몇의 은행들은 지급준비금으로 대손상각손실을 처리할 수 있을 것이라고 말하였다.

Citigroup 산하 Salomon Smith Barney의 애널리스트인 Runchi Madan의 분석에 따르면, Morgan Chase가 1억 3,300만 달러의 대출과 2억 6,800만 달러의 대출약정을 보유함으로써 WorldCom에 관련된 리스크노출이 가장 크다. 수요일에 그녀는 보고서에서 WorldCom의 대출약정금액은 54억 달러가 될 것이라고 예측하였다. 그 회사는 변칙적인 회계를 시인했기 때문에 신용공여 한도가 줄어드는 것을 막을 수 있었다....

자료: Veronica Agossta, The American Banker, June 27, 2002, p.20, *www.americanbanker.com*

에 일본 은행들의 무수익여신규모는 전체 자산의 8.4%나 되었다. 그 후 경기가 살아나고 신용리스크관리를 적극적으로 한 결과 2006년 중반 2.9%로 하락하였다.

이번 장은 미국 금융회사들이 행하는 대출의 종류(기업대출, 부동산대출, 개인대출, 소비자대출 등)와 특성을 살펴보는 것으로 시작된다. 이어서 대출수익률을 계산하기 위해 이자와 수수료가 어떻게 포함되는지를 살펴본다. 다음에는 금융회사가 도매(기업)금융대출과 소매(소비자)금융대출에 대한 결정을 하기 위해 대출수익률과 신용의 크기를 어떻게 사용하는지에 대한 논의가 이루어진다. 마지막으로 신용리스크를 측정하기 위한 다양한 모형들, 즉 정성적 모형, 신용평점모형, 그리고 새로운 신용리스크 측정모형들을 살펴본다. 실제로 최근에 신용리스크의 측정과 관리 분야의 진보와 새로운 모형의 등장은 기술적인 발전이 하나의 원동력이 되었다.

6.2 신용의 질 문제

지난 20년 동안 많은 금융회사들의 대출과 투자 결정에서 신용의 질은 큰 관심의 대상이었다. 1980년대에 저축금융회사들과 은행들의 주택 및 농업용 모기지대출뿐만 아니라 개도국에 대한 대출에는 상당한 문제점이 있었다. 1990년대 초에는 관심이 (Moody's 또는 Standard & Poors와 같은 신용평가회사들에 의하여 투기등급으로 판정된) **정크본드(junk bonds)** 뿐만 아니라 은행, 저축금융회사, 보험회사 모두가 관련되어 있었던 기업부동산대출의 문제로 이전되었다. 1990년대 후반에는 저등급 자동차대출과 신용카드의 급격한 성장, 그리고 대출연체가 증가함에 따른 기업대출기준의 하락 등으로 관심이 이동하였다. 1990년대 말과 2000년대 초에는 통신회사, 신기술기업, 그리고 아르헨티나, 브라질, 한국 등의 국가 등이 관심의 대상이 되었다. 마지막으로 2000년대 중반부터는 서브프라임 모기지의 급격한 연체율 상승이 관심의 초점이 되었다.

▶ **정크본드(junk bonds)**
Moody's 등 신용평가회사에 의하여 투기등급으로 판정된 채권.

그럼에도 불구하고 1990년대의 대부분 기간 동안 미국 금융회사들 대부분의 신용의 질은 대출의 증가가 장기적으로 지속되는 가운데서조차도 계속해서 개선되었다([그림 6-1] 참조). 총여신에 대한 무수익여신[1]의 비율이 1991년의 3.9%에서 2000년의 0.74%로 감소한 데

---

1) 무수익여신은 이자지불기한이 90일 이상 초과하거나 또는 이자가 발생하지 않는 대출이다.

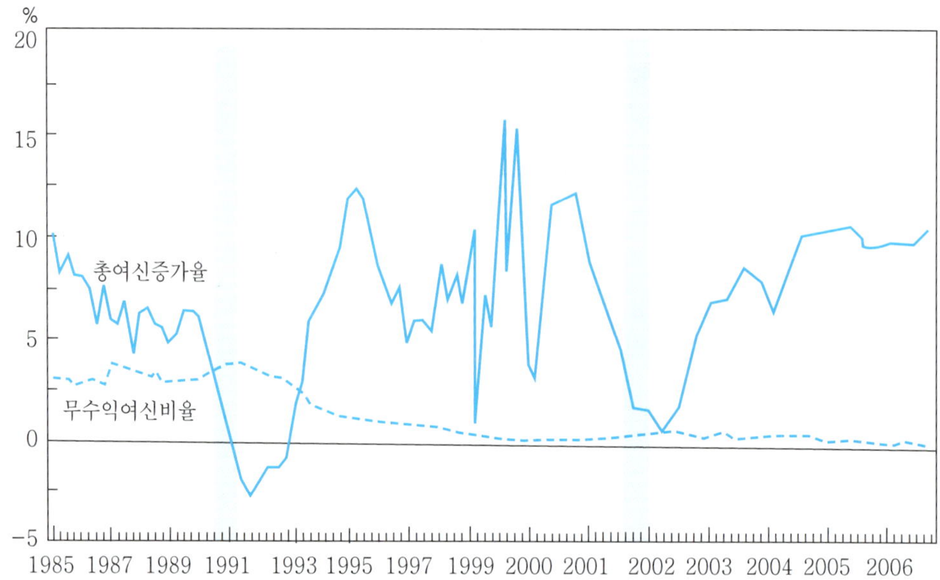

대출증가율은 전년대비 단순증가율임
음영된 부분은 경기침체기를 나타냄
자료: Federal Reserve Bank of St. Louis, Monetaty Trendss, April 1998 and Federal Deposit Insurance Corporation, Quarterly Banking Profile, various issues. *www. frb.org* and *www.fdic.gov*

그림 6-1 대출 증가와 자산의 질

서 나타나는 바와 같이 이러한 자산 품질의 개선은 금융회사들이 신용리스크를 측정하고 관리하는 방식을 개선한 것과 1990년대 미국경제가 살아난 것에 기인한 것이었다. 그러나 2000년대 초에 발생한 미국경제의 경기후퇴로 인해 이러한 추이가 반전되었으며 무수익여신의 비율은 1.5%로 증가하였다. 예를 들면, J. P. Morgan Chase와 Citigroup은 Enron이 2001년 12월에 파산을 선언하였을 때 이 회사에 14억 달러의 대출잔고를 가지고 있었다.

미국경제가 2000년 중반 다시 살아나자 무수익여신비율은 1% 미만으로 하락하였다. 실제로 2006년 2/4분기 미국 은행산업의 자산대비 비유동여신비율은 역대 가장 낮은 0.7%였다.

신용의 질 문제는 최악의 경우에 금융회사를 지급불능상태로 만들거나 자기자본[2]과 순

---

2) 손실은 손익계산서의 "대손충당금"을 통하여 자기자본을 감소시킨다. 대손충당금은 당기 채무불이행리스크가 있는 대출에 대한 금융회사의 예측을 나타내는 세금공제가능 비현금지출이다. 신용의 질 문제가 발생함에 따라 금융회사는 결과적으로 자기자본을 감소시키는 이 항목의 지출을 부기함으로써 예상되는 부실대출을 인식한다. 대손충당금은 대차대조표 상의 대출손실을 위한 공제항목으로 배정된다. 대출과 리스손실의 공제액은

자산의 상당한 감소를 초래하여 금융회사의 성장전망과 경쟁능력에 불리한 영향을 미칠 수 있다.[3]

그러나 신용리스크는 대출 및 채권투자와 같은 전통적인 분야에만 적용되는 것은 아니다. 은행이나 기타 금융회사들이 신용보증활동과 기타 부외거래활동을 확대함에 따라(제8장 참조), 새로운 유형의 신용리스크가 발생하여 금융회사의 경영자와 규제당국에 우려를 제기하고 있다. 따라서 신용리스크분석은 이제 금융회사들과 거래상대방들 간에 이루어지는 다양한 형태의 계약에서 그 중요성이 더해 가고 있다.[4]

개념질문

1. 지난 20년 동안 금융회사가 직면한 신용의 질 문제들은 무엇인가?
2. 오늘날의 금융회사들에게 신용리스크를 발생시키는 새로운 활동들은 무엇인가?

6.3 대출의 종류

대부분의 금융회사들이 대출을 하지만, 대출에는 여러 종류가 있고 각 대출의 특성은 상당히 다르다. 여기에서는 미국의 상업은행에서 이루어지는 중요한 대출의 종류를 분석한다. 그러나 저축금융회사, 파이낸스회사, 보험회사와 같은 다른 금융회사들도 특히 부동산 부문에서 대출에 크게 참여하고 있다는 것을 기억할 필요가 있다. 또한 기타 금융회사들이 보유하고 있는 대출포트폴리오의 중요한 특징들을 논의한다.

총대출에 대한 금융회사에게 상환되지 않을 대출의 비율의 누적추정치이다. 대손충당금의 최대금액은 세법에 의하여 영향을 받지만 금융회사는 실제로 대출증가율과 최근 대출손실 경험에 기초하여 그 수준을 결정한다. 대출손실을 위한 공제액은 금융회사의 경영자가 추가적인 부실대출의 가능성을 인식하고 이와 같은 손실에 대비한 적정한 충당금을 적립함에 따라 매기 조정되는 누적충당금이다. 누적대출 및 리스손실 충당금잔고로부터 실제의 대출손실은 공제되고 회수된 금액은 추가된다.

3) 금융회사가 보유하고 있는 대출포트폴리오에서 발생하는 신용의 질 문제는 금융회사의 자기자본 장부가치에 영향을 미칠 뿐만 아니라 일부 연구들이 밝힌바와 같이 대출을 받은 차입자들의 파산과 채무불이행이 공표되면 상업은행의 보통주에 대한 수익률은 크게 감소한다. See S. Dahiya, A. Saunders, and A. Srinivasan, "Financial Distress and Bank Lending Relationships," *Journal of Finance*, February 2003, pp.375–401.

4) 이것이 은행규제당국이 신용리스크에 대비하여 최저자기자본을 설정하는 이유 중 하나이다(제15장 참조).

〈표 6-1〉은 미국 상업은행들의 총대출포트폴리오를 4개 부문, 즉 기업대출, 부동산대출, 소비자대출, 기타 대출로 구분한 후 최근의 동향을 나타낸 것이다. 이와 같은 대출들 차례대로 간략하게 살펴보자.

기업대출

〈표 6-1〉에 있는 수치들은 기업대출(commercial and industrial loans; C&I대출)포트폴리오에 있는 상당히 많은 특성 차이를 숨기고 있다. 기업대출은 수 주만큼 짧은 기간에서 8년 이상의 긴 기간 동안 이루어진다. 전통적으로 단기기업대출(만기가 1년 이하인 기업대출)은 기업의 운전자금 수요와 기타 단기자금조달 수요를 지원하기 위해 사용되는 반면에, 장기기업대출은 실물자산(기계)의 매입, 새로운 벤처기업의 창업비용, 운전자금의 영구적 증가와 같은 1년 이상의 기간이 필요한 자금수요를 지원하기 위해 사용된다. 기업대출은 소기업에 대하여 10만 달러와 같은 소액으로 이루어지거나, 대기업들에게 일괄적으로 1,000만 달러 이상의 거액으로 이루어질 수 있다. 거액의 C&I대출은 흔히 신디케이트대출로 이루어진다. **신디케이트대출(syndicated loan)**은 한 대출자가 아닌 한 집단의 금융회사들에 의하여 제공된다. 신디케이트대출은 선도금융회사(또는 대리인)와 차입자에 의하여 만들어진다. 대출조건(이자율, 수수료, 약관조항들)이 결정되면 신디케이트대출의 일부 금액들이 다른 금융회사들에게 매도된다. 이에 더하여 C&I대출은 담보형태의 대출 또는 무담보대출 형태가 될 수 있다. **담보대출(secured loan)** (또는 자산담보대출(asset-backed loan))은 차입자의 특정한 자산에 의하여 담보가 제공되는 대출이다. 만일 차입자가 채무를 이행하지 못하면 금융회사는 담보로 제공된 자산들에 대하여 제1순위 유치권 또는 청구권을 가진다. 금융용어로 담보부채는 채무불이행이 발생하면 차입자의 자산에 대하여 일반적인 청구권만을 가지는 **무담보대출(unsecured loan)** (또는 후순위 부채)보다 우선한다. 이 장에서 설명하는 바와 같이 일반적으로 대출의 안전성 또는 담보제공과 금융회사가 부과하는 대출이자율 또는 리스크프리미엄 간에는 교환관계(trade-off)가 존재한다.

▶**신디케이트대출(syndicated loan)**
한 금융회사가 아니라 금융회사들의 그룹에 의하여 제공되는 대출.

▶**담보대출(secured loan)**
채무불이행이 발생하면 차입자의 자산(담보)에 대한 제1순위 유치권에 의하여 지원되는 대출.

▶**무담보대출(unsecured loan)**
채무불이행이 발생하면 차입자의 자산에 일반적인 청구권만을 가지는 대출.

이에 더하여 기업대출은 고정이자율 또는 변동이자율로 이루어질 수 있다. 고정이자 대

표 6-1 **미국 은행대출의 종류** (2006년 9월 현재, 10억 달러)

	금액	%
총대출*	$5,838.8	100.0%
기업대출	1,444.3	24.7
부동산대출	3,120.9	53.5
소비자대출	721.4	12.3
기타 대출	552.2	9.5

*은행 간 대출을 제외시킴

자료: Federal Reserce Board, *Assets and Liabilities of Commercial Banks*, September 2006; *www.federalreserve.gov*

출은 계약기간의 시작 시점에 이자율이 설정된다. 이 이자율은 시장이자율에 어떠한 변화가 발생하든지 관계 없이 대출계약기간 동안 그대로 유지된다. 예를 들면, IBM이 1년 동안 10%의 이자율로 1,000만 달러를 차입하였으나 금융회사의 자금비용은 대출기간 동안 상승하였다고 하자. 이 대출은 고정이자대출이기 때문에 금융회사가 모든 이자율리스크를 부담한다. 이것이 많은 대출이 변동이자율 계약조건을 가지는 이유이다. 이자율리스크의 상당부분이 금융회사로부터 차입자에게 이전되도록 대출이자율은 일정한 공식에 따라 정기적으로 조정될 수 있다. 예상할 수 있는 바와 같이 장기대출은 단기대출보다 변동이자율 계약으로 이루어질 가능성이 크다.[5)]

대출은 즉시대출 또는 대출약정으로 이루어질 수 있다. **즉시대출(spot loan)**은 금융회사에 의하여 이루어지고 차입자는 즉시 대출액 전체를 사용한다. 이와는 대조적으로 **대출약정(loan commitment)** 또는 신용한도(line of credit)의 경우 금융회사는 1,000만 달러와 같은 사용가능신용의 한도를 설정하고 차입자는 약정기간 동안 원하는 시점에 1,000만 달러 이내에서 어느 금액만큼이라도 사용할 수 있는 선택권을 가진다. 고정이자 대출약정에서 인출금액에 대하여 지급불되어야 하는 이자율은 대출약정계약이 시작될 때 결정된다. 변동이자 대출약정에서 차입자는 대출이 이루어질 때의 대출이자율을 지급하여야 한다. 예를 들면, 1,000만 달러의 IBM 대출이 1년 기간의 대출약정으로 이루어졌다고 하자. 대출약정이 시작될 때(말하자면 2009년 1월), IBM은 전혀 차입하지 않는다. 그 대신 IBM은 6개월이 지나서 1,000만 달러 전체를 인출한다. 이 계약은 변동이자율 계약이기 때문에 IBM은 2009년 7월의 대출이자율을 지불하여야 한다. 제8장에서 대출약정의 특성들에 대하여

5) 그러나 다른 계약조건들이 동일하다면 변동이자대출은 고정이자대출보다 신용리스크가 크다. 그 이유는 변동이자대출은 이자율리스크를 차입자에게 전가시키기 때문이다. 따라서 이자율이 상승하면 변동이자 차입자들은 차입금에 이자를 지급하지 못하고 지급불능이 될 수 있다. 변동이자대출의 장점은 금융회사들이 예금 등 부채에 대한 이자율 상승을 헤지하기가 쉽다는 것이다. 이것은 이자율리스크를 통제하려면 신용리스크를 개선해야 한다는 것을 의미한다.

보다 충분히 논의할 것이다.

C&I대출의 기본 특성을 파악하기 위해 연방준비제도는 각 분기마다 400개 이상의 은행들을 서베이한다. 〈표 6-2〉는 최근의 대출 서베이에서 파악되는 중요한 특성을 보여 준다. 보는 바와 같이 단기(1년 미만)의 C&I대출이 장기의 C&I대출보다 많다. 또한 단기대출은 장기대출보다 대출약정의 형태로 이루어질 가능성이 크고 담보가 설정될 가능성이 적다.

마지막으로 은행의 대출포트폴리오에서 기업대출의 중요성은 감소하고 있다. 이러한 현상의 주요 원인은 특히 기업어음과 같은 비은행 대출대체재들이 증가하였기 때문이다. **기업어음(commercial paper)**은 머니마켓 뮤추얼펀드같은 금융시장의 매입자들에게 기업이 직접 발행하거나 인수자를 통하여 발행되는 무담보 단기부채이다. 기업은 은행의 이자율보다 낮은 이자율로 자금을 조달하기 위해 은행대출 대신 기업어음을 사용할 수 있다. 2006년 9월 현재, C&I대출잔고는 1조 4,443억 달러이고 총기업어음잔고는 1조 9,023억 달러였다.[6] 더욱이 대기업들만이 기업어음시장을 활용할 수 있기 때문에 은행들은 C&I대출시장에서 점차적으로 보다 규모가 작고 리스크가 높은 차입자들을 대상으로 영업해야만 한다. 예를 들면, 미국경제가 2000년대 초에 후퇴하기 시작함에 따라 비유동 C&I대출은 1999년 4/4분기의 140억 달러에서 2003년 2/4분기의 210억 달러 이상으로 증가하였다. 2000년 중반 경제가 회복됨에 따라 이 수치는 24억 달러로 줄어들었다.

▶ **즉시대출(spot loan)**
대출금액이 차입자에 의하여 즉각적으로 인출되는 대출.

▶ **대출약정(loan commitment)**
차입자가 자금을 인출할 수 있는 최대금액과 최대기간을 가지는 대출.

표 6-2 기업대출포트폴리오의 특성 (2006년 9월)

	장기대출	단기대출			
		0*	1일	2-3일	31-365일
잔고($10억)	$4.24	$20.10	$20.98	$12.00	$15.46
대출평균규모($1천)	$299	$230	$1,924	$597	$850
대출약정하의 대출비율	76.1%	93.2%	59.6%	84.4%	87.0%
담보대출비율	59.2%	57.0%	12.9%	29.1%	35.7%

*언제라도 재설정이 가능한 변동이자율대출
자료: Federal Reserce Board web site, Septmbeer 2006. *www.federalreserve.gov*

6) 1987년 법 20조의 세부사항이 제안함에 따라, 대규모 은행들은 과거 은행의 증권인수업무가 Glass-Steagall법에 위배된다는 증권사들의 저항을 받지 않고 CP 등 증권의 인수업무에 영향력을 행사하기 시작하였다. 1999년의 금융서비스현대화법이 통과되고 Glass-Steagall법이 폐지됨에 따라 은행대출을 CP인수의 불완전한 대체제로 사용하려는 필요성은 보다 줄어들고 있다.

▶ **기업어음(commercial paper)**
기업에 의하여 발행되는 무담보 단기부채.

그러나 2001년 말과 2002년 초, 미국 경제의 쇠퇴도 일부 대형 CP발행자들의 등급 하향에 기인한다. 예를 들면, GM과 Ford가 1등급에서 2등급으로 등급이 하향된 것은 CP시장에 큰 영향을 미쳤다. 또 다른 대형 CP발행자였던 Tyco International은 1등급에서 사실상 전혀 수요가 없는 3등급으로 강등되었다. 그 결과 이러한 CP발행자들은 현금을 확보하기 위해 CP의 비용효과를 포기하고, 은행대출시장이나 장기부채시장의 문을 두드려야 했다. CP가 여전히 가장 큰 단기금융시장의 도구였던 반면, 2001년에서 2003년 사이 CP 발행가능 기업들의 수가 감소하여 40년 만에 처음으로 CP 시장의 규모가 감소하였다. 그러나 미국 경제가 회복되던 2000년대 중반, 이 시장은 빠른 속도로 회복되었다. 2005년 말, CP의 발행규모는 또다시 현저히 증가하였고, 이러한 추세는 2006년까지 계속되었다.

부동산대출

부동산대출은 주로 모기지대출(mortgage loan)과 주택자기자본대출(home equity loan)(2006년 9월 현재 부동산대출의 약 14%)이다.[7] 〈표 6-3〉은 2006년 2/4분기 동안 미국 은행들의 모기지부채의 분포를 보여 준다. (저축은행은 물론) 은행의 경우에 주택모기지는 여전히 부동산대출 중에서 가장 큰 부분이다. 그러나 최근까지는 기업부동산대출이 부동산대출 중에서 가장 빠르게 성장하는 부분이었다. 더욱이 기업부동산대출은 생명보험회사의 부동산대출의 80% 이상을 차지하고 있다. 이와 같은 부동산대출은 은행, 저축은행, 보험회사들에게 1990년대 초에 상당한 채무불이행상태와 신용리스크문제를 야기시켰다.

C&I대출처럼 주택모기지대출들의 특성도 크게 다르다. 이러한 특성들로는 대출의 규모, 재산가격에 대한 대출의 비율(대출가격비율 또는 대출가치비율), 모기지의 만기가 있다. 다른 중요한 특성들은 모기지이자율, 모기지대출을 받기 위해 차입자 또는 매도자가 지불하는 수수료, 할인료, 포인트와 같은 모기지대출과 관련된 수수료와 부과금이 있다.[8] 이에 더하여 모기지 이자율은 모기지가 고정이자율 또는 변동이자율, 즉 소위 조정가능이자율을 가지느냐에 따라서 다르다. **조정가능이자 모기지(adjustable rate mortgages; ARMs)**는 1년 만기 재무부채권 이자율과 같은 어떤 기초지표 이자율에 따라서 계약이자율이 정기적으로 조정되는 모기지이다. 금융회사의 포트폴리오에서 조정가능이자 모기지에 대한 고정이자 모기지의 비율은 이자율의 순환적인 변화에 따라 달라진다. 이자율이 낮은 기간에 차입자

7) 주택자기자본대출에서 차입자들은 그들의 주택을 대출의 담보로 사용한다. 주택자기자본대출의 최근 동향에 대하여는 *Federal Reserve Bulletin*, April 1998, pp. 241-253 참조.
8) 포인트는 차입자가 금융회사에게 수수료로서 선수금으로 지급하며 대출금액의 일정 % 금액이다.

표 6-3 미국 상업은행의 부동산모기지 채무분포 (2006년 2/4분기)

	%
1-4인 가계주택	70.5%
다세대주택	3.2
상업모기지	24.7
농업모기지	1.6
	100.0%

자료: Federal Deposit Insurance Corporation Web site, September 2006. *www.fdic.gov*

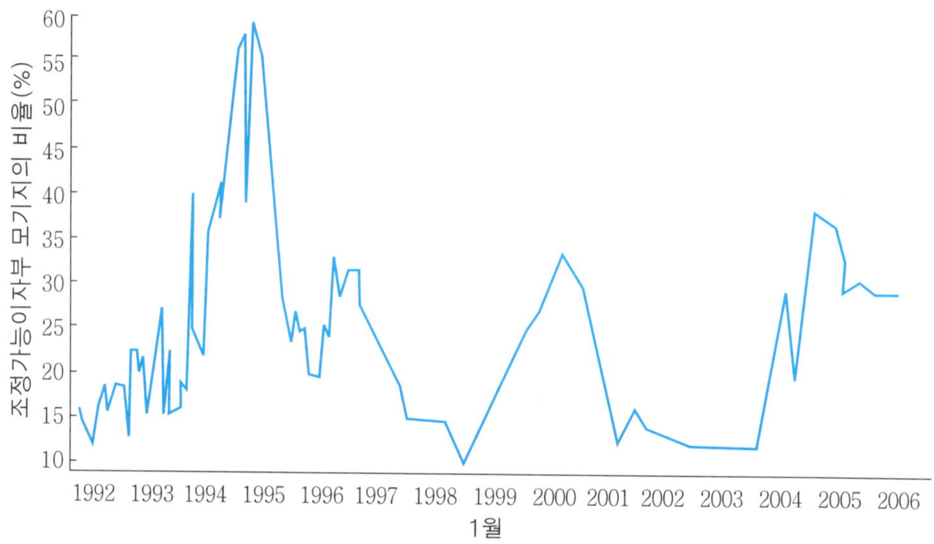

자료: Federal Housing Finance Board Web site, September 2006, *www.fhfb.gov*

그림 6-2 조정가능이자 모기지 비율의 변화 (1992년-2006년)

표 6-4 전통적인 신규 주택모기지의 계약조건 (2006년 6월)

매입가격(1,000달러)	\$355.5
대출금액(1,000달러)	\$258.5
대출금/주택가격 비율(%)	75.0%
만기(년)	29.4
수수료와 부과금(대출금에서 차지하는 비율 %)	0.70%
계약 이자율(%)	6.69%

자료: *Federal Reserve Bulletin*, Septemer 2006, Table 1.53. *www.federalreserve.gov*

들은 조정가능이자 모기지보다 고정이자 모기지를 선호한다. 이 결과 고정이자 모기지에 대한 조정가능이자 모기지의 비율은 상당히 변화할 수 있다. [그림 6-2]에서 이자율이 상승하고, 하락하며 다시 상승하는 최근 1992년에서 2002년까지의 이자율의 순환기간 동안의 조정이자 모기지 비율의 변화추이를 살펴보라. 〈표 6-4〉는 2006년 6월 현재 전통적인 고정이자 모기지들의 계약조건들을 요약하여 정리한 것이다.

주택모기지는 약 29년의 평균 만기를 가진 장기대출이다. 주택가격이 대출잔고 금액 이하로 하락하는 정도에 따라서, 즉 주택가격에 대한 대출잔고(loan-to-value)의 비율이 상승하는 정도에 따라서 주택모기지 포트폴리오는 채무불이행리스크에 민감할 수 있다. 예를

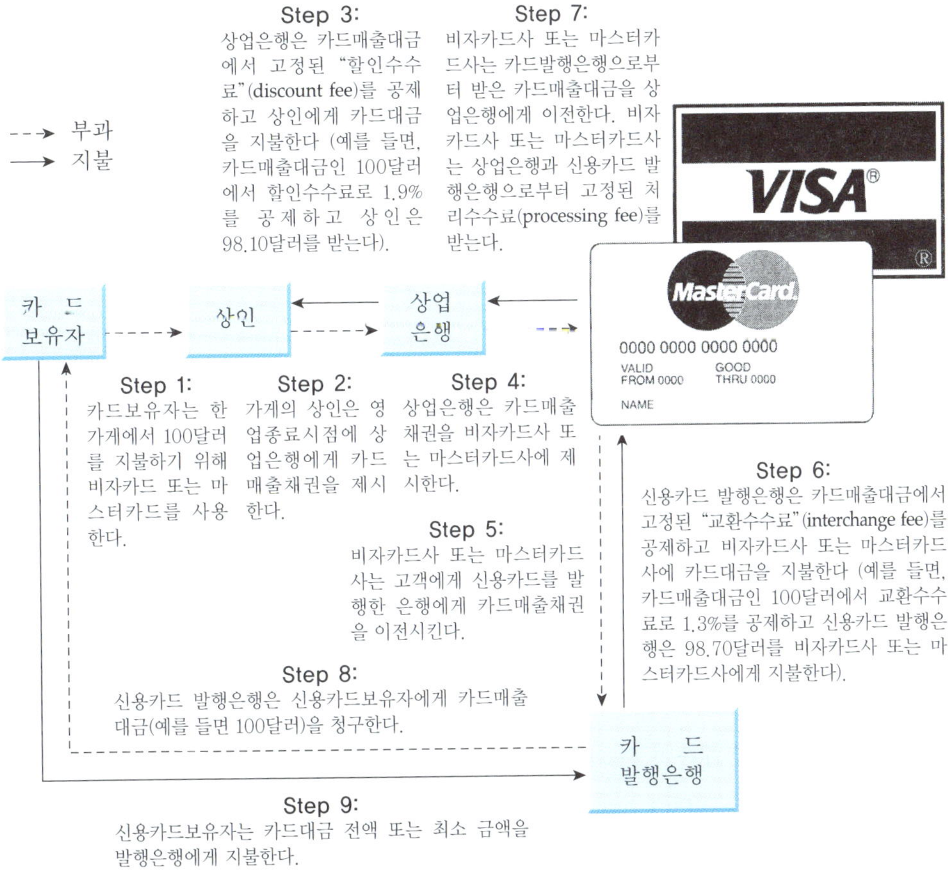

자료: GAO(1994)(GAO/GGD-94-23), p. 57.

그림 6-3 전형적인 신용카드거래의 지불과정

들면, 1980년대 말 Texas의 Houston에서 부동산가격이 폭락하는 동안 상당수 주택들의 가격은 실제로 1980년대 초의 주택가격 이하로 하락하였다. 이러한 현상은 채무불이행상태에 이르러 은행들과 저축금융회사들에 의하여 결국 저당물처분이 이루어진 부실 모기지 비율을 급격히 증가시켰다. 최초 이자율이 상승함에 따라 서브프라임모기지 시장의 악화는 모기지대출에 급격한 지급불능사태를 초래하였다.

▶**조정가능이자 모기지(adjustable rate mortgages; ARMs)**
모기지이자율이 기초적인 시장지표이자율의 변화에 따라 조정되는 모기지.

소비자대출

또 다른 주요 대출 중 한 형태는 개인대출 및 자동차대출과 같은 소비자대출이다. 상업은행, 금융회사, 소매업자, 저축금융회사, 신용조합, 석유회사들은 Visa, MasterCard와 같은 신용카드와 Sears와 AT&T에 의하여 발행된 기업발행 신용카드를 통하여 소비자대출금융을 제공한다. 전형적인 신용카드 거래는 [그림 6-3]에서 보는 바와 같이, 신용카드소지자의 사용(Step 1)에서 시작되어, 신용카드 청구서의 지급(Step 9)으로 이루어진다. 신용카드 거래는 전형적으로 카드소지자의 거래 은행에서 허가된다. 따라서 신용의 확인은 각 거래마다 이루어진다. 거래 과정 중에 고정된 수수료가 상인, 상인의 거래은행, 그리고 카드발행자에서 부과된다. 이 수수료는 데이터 처리와 회전식 신용거래 과정의 완료 확인에 필요한 기술적 서비스 등을 포함한다. 2006년의 5대 신용카드 발행회사들과 카드잔고가 〈표 6-5〉에 정리되어 있다.

〈표 6-6〉에는 미국 은행들의 2가지 중요한 소비자대출 형태가 정리되어 있다. 이 중 더 큰 소비자대출의 형태는 신차와 중고차대출, 이동주택대출(mobile home loans), 24개월 개인대출 등 고정기간 소비자대출을 포함하는 비회전 소비자대출(nonrevolving consumer loans)이다. 다른 소비자대출의 형태는 신용카드 부채와 같은 회전대출이다. **회전대출(revolving loan)**의 경우 차입자는 신용계약기간 동안 일정한 최대금액까지 상환하는 것뿐만 아니라 인출할 수 있는 신용한도를 가진다. 최근에 은행들은 일반적으로 신용카드 부채잔고에 대하여 4%에서 8% 사이의 대손상각률을 가지고 있다. 특히 2005년 10월 파산개혁법(Bankruptcy Reform Act)이 제정된 점을 주목하자. 이 법은 소비자가 파산을 선고하기 더 어렵게 만들었다. 결과적으로 새 법안이 효력을 갖기 바로 직적인 2005년 여름과 초가을에 파산신고가 쏟아져 나왔다. 이와 같은 신용카드 대손상각률은 기업대출의 대손상각률보다 훨씬 더 높다([그림 6-4] 참조). 이와 같이 상대적으로 높은 신용카드 채무불이행률은 다시 한 번 신용결정 이전 수행해야 할 신용리스크평가의 중요성을 상기시켜 준다.

표 6-5 2005년 12월 현재 5대 신용카드회사의 현황

카드발행사	총잔고(10억 달러)	전년대비 증가율(%)
J. P. Morgan Chase	$138.9	+2%
Citigroup	136.5	−2
MBNA America	104.9	+2
Bank of America	60.8	+3
Capital One Financial	49.5	+1

자료: Card Source One Web site, September 2006. *www.cardsourceone.com*

표 6-6 미국 상업은행들의 소비자대출 형태 (2006년 7월)

	비중(%)
회전대출	35.8%
비회전대출	64.2
	100.0%

자료: Federal Reserve Board Web site, Consumer Credit, September 2006. *www.federalreserve.gov*

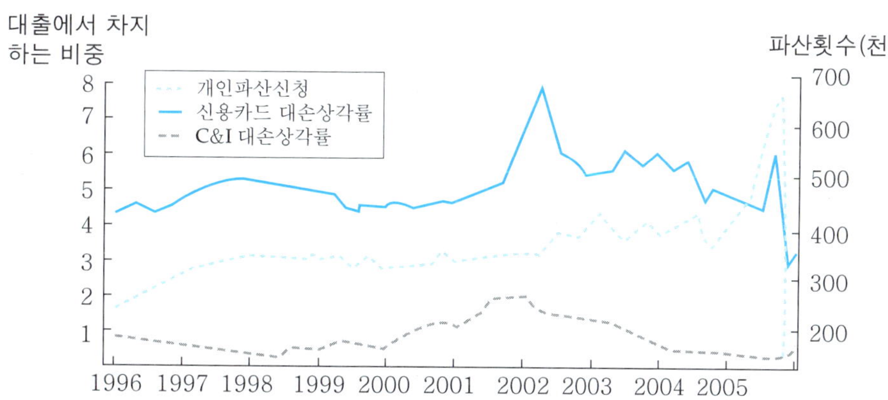

자료: Federal Deposit Insurance Corporation, *Quarterly Banking Profile*, various issues. *www.fdic.gov*

그림 6-4 대출에 대한 연간 순대손상각률

표 6-7 소비자대출의 이자율 (2006년 5월)

	이자율(%)
48개월 자동차대출	7.53%
24개월 개인대출	12.63
신용카드대출	13.14

자료: Federal Reserve Board website, Consumer Credit, Iune 2001. *www.federalreserve.gov*

〈표 6-7〉에 2006년 8월 현재 자동차대출, 개인대출, 신용카드대출의 이자율이 제시되어 있다. 이들 이자율은 담보제공정도, 만기, 채무불이행 경험, 수수료와 같은 특성들에 따라서 크게 다르다. 이에 더하여 연방정부, 주정부 또는 시가 부과하는 **이자율상한(usury ceiling)**(즉 금융회사가 소비자 부채와 모기지 부채에 부과할 수 있는 최대이자율)과 각 시장의 경쟁상황 모두 소비자대출의 이자율 구조에 영향을 미친다. 예를 들어 2006년에 전국적으로 영업활동을 할 수 있는 신용조합들의 최대 대출이자율은 15%였다.

▶**회전대출(revolving loan)**
차입자가 대출계약기간 동안 인출하고 상환할 수 있는 신용한도를 가진 대출.

▶**이자율상한(usury ceiling)**
금융회사가 소비자대출과 모기지대출에 대하여 부과할 수 있는 최고이자율에 대한 상한규제.

기타 대출

기타 대출에는 매우 다양한 차입자들과 대출 유형이 있다. 기타 대출에는 농업종사자, 기타 은행들, 비은행금융회사들(투자은행에 제공되는 콜론(call loans)), 중개인 마진대출(margin loans)(개별투자포트폴리오의 1%를 지원하는 대출), 주정부와 지방정부들, 외국은행들, 해외정부들에 대한 대출들이 포함된다.[9] 제11장에서는 국가대출(sovereign loans)에 대해 논의할 것이다.

9) 수의상환대출(callable loan)은 대출자(예를 들면, 은행)가 계약기간 중의 어느 시점에 대출의 상환을 요청할 수 있는 대출계약이다. 수의상환불가대출(noncallable loan)은 대출의 만기에 따라 차입자에게 상환시점이 부여되는 대출이다. 예를 들면, 투자은행에 대한 중개인 대출 대부분은 하루 안에 청구될 수 있고 대출은행의 요청에 따라 즉각적으로 상환되어야 한다.

개념질문

1. 미국의 상업은행들에 의하여 이루어지는 4가지 중요한 대출들은 무엇인가? 각 대출의 기본적인 특성들은 무엇인가?
2. 조정가능이자 모기지는 이자율이 낮은 환경에서 더 많이 발행되는가 또는 이자율이 높은 환경에서 더 많이 발행되는가? 이유를 설명하라.
3. 〈표 6-5〉에서 신용카드 대출이자율이 왜 자동차 대출이자율보다 훨씬 높은지 설명하라.

6.4 대출의 수익률 계산

일단 대출결정이 이루어지면 신용관리과정에서 중요한 다른 요소는 대출의 가격결정이다. 대출의 가격결정은 대출관련 수수료와 담보제공수준은 물론 차입자의 신용리스크 또는 채무불이행리스크에 대한 조정을 포함한다.[10] 이 절은 대출의 수익률을 계산하는 방법, 즉 전통적인 *자산수익률방법(return on asset approach)*을 제시한다. 기업대출의 예를 사용하면서 대출의 수익률을 계산하는 방법이 제시되지만, 이와 같은 방법은 물론 다른 형태의 대출(신용카드 또는 모기지대출)수익률을 계산하기 위해서도 사용될 수 있다.

대출의 약정수익률

지금까지의 대출에 관한 논의에서 알 수 있듯이 많은 요소들이 금융회사가 대출에 대하여 얻게 되는 약정수익률(promised return)에 영향을 미친다. 이들 요소들로는 다음과 같은 것들이 있다.

1. 대출이자율
2. 대출관련 수수료
3. 대출에 부과되는 신용리스크프리미엄
4. 대출을 위한 담보제공수준
5. 기타 비가격 조건들(특히 보상잔고(compensating balances)와 필요지급준비율(reserve requirements))

10) 금융회사들은 최근에 관계에 따른 가격결정프로그램을 개발했다. 이 가격모형은 고객들에게 해당 금융회사가 제공하는 서비스의 총사용량이나 금융회사에 유치된 고객의 투자자금의 규모에 따라 대출이자율을 할인해 준다. 이 관계기준 가격결정은 보다 전통적인 거래기준 가격결정방식과는 차이가 있는데, 후자는 고객들이 해당 은행과 거래한 비대출업무의 규모와 상관없이 제공받는 서비스에 대해 확정된 가격을 부담하는 방식이다.

먼저 C&I대출의 약정수익률을 계산하는 방법을 보여 주는 한 예를 살펴보자. 금융회사가 1년만기의 100만 달러를 즉시대출한다고 하자. 대출이자율은 다음과 같이 설정된다.

$$\begin{array}{r} \text{기본대출이자율 } (BR) = 12\% \\ + \text{ 신용리스크프리미엄 또는 마진 } (m) = 2\% \\ \hline BR + m = 14\% \end{array}$$

기본대출이자율(BR)은 기업어음이자율, 페더럴펀드 이자율 또는 **LIBOR(London Interbank Offered Rate**, 즉 주어진 만기를 가진 유로달러시장에서 이루어지는 은행 간 달러대출이자율)와 같은 금융회사가 조달한 자본의 가중평균비용 또는 한계비용을 반영한다. 유로달러시장의 중심지는 London이다. 이와는 다르게 기본대출이자율은 **우대대출이자율(prime lending rate)**을 반영할 수 있다. 〈표 6-2〉에서 보는 바와 같이 우대대출이자율은 장기대출의 가격으로 사용되는 반면 페더럴펀드 이자율과 LIBOR는 일반적으로 단기대출의 가격으로 사용된다. 전통적으로 우대대출이자율은 리스크가 가장 낮은 고객들에게 부과되는 이자율이었으나, 이제는 양 또는 음의 리스크프리미엄이 기본대출이자율에 합하여질 수 있다. 즉 최우량이면서 대형 차입자들은 기업어음시장과 경쟁하기 위해 종종 우대대출이자율 이하의 이자율을 지불한다.

대출과 관련되는 직접 및 간접 수수료와 부과금은 다음과 같은 3가지 범주에 속한다.

1. 대출신청을 처리하기 위하여 차입자에게 부과되는 대출수수료(f).
2. 이자 발생이 없는 요구불예금으로 보유하도록 요청되는 보상잔고(b). **보상잔고(compensating balances)**는 차입자가 지출을 위해 적극적으로 사용할 수 없는 대출의 일정한 비율이다. 이와 같은 잔고는 대출을 시행하는 금융회사에 예금으로 보유되어야 한다. 예를 들면, 100달러의 대출을 10%의 보상잔고조건으로 받는 차입자는 대출금융회사에 예금(전통적으로 요구불예금)으로 10%를 보유하여야 하고 차입된 100달러 중 90달러만을 사용할 수 있다. 이와 같은 보상잔고조건은 차입자가 실제로 대출금액보다 적게 사용하고 보상잔고에 대한 예금이자율은 차입이자율보다 낮기 때문에 차입자에게 부과되는 대출의 유효비용을 상승시킨다. 따라서 보상잔고는 금융회사에게 있어서 추가적인 대출의 수익원 역할을 한다.[11)]
3. 금융회사(특히 예금금융회사)의 요구불예금에 대하여 연방준비제도가 부과하는 지급준비율(RR).

---

11) 보상잔고는 또한 보다 안정적인 예금의 공급원이 되고 금융회사의 유동성문제를 완화시킨다.

신용리스크는 궁극적으로 대출의 수익률에 영향을 미치는 가장 중요한 요소일 수 있지만 다른 요소들도 대출의 수익성과 리스크를 평가하는데 무시되어서는 안 된다. 사실 금융회사는 보다 높은 명시적인 대출이자율 또는 리스크프리미엄을 부과하거나 또는 신용의 양을 제한하는 것 이외에 다양한 방법으로 높은 신용리스크를 보상시킬 수 있다. 특히 높은 대출수수료, 많은 보상잔고, 많은 담보요구 등은 대출리스크에 대하여 금융회사에게 보상하는 묵시적 및 간접적인 방법들이다.

▶**LIBOR(London Interbank Offered Rate)**
유로달러시장에서 이루어지는 은행 간 주어진 만기의 달러대출에 부과되는 이자율.

▶**우대대출이자율(prime lending rate)**
은행에 의하여 정기적으로 설정되는 기본대출이자율.

▶**보상잔고(compensating balances)**
차입자가 대출금융회사에 보유하여야 하는 대출의 일정비율에 해당되는 예금에 해당되는 예금

대출의 총약정수익률(k) 또는 대출의 자산수익률(ROA)은 다음과 같다.[12)]

$$1+k=1+\frac{of+(BR+m)}{1-[b(1-RR)]}$$

이 공식은 약간의 설명이 필요하다. 분자는 직접적인 대출수수료(of)와 대출이자율($BR+m$)의 합을 반영하는 것으로 대출 1달러당 금융회사에게 발생되는 약속된 총현금흐름이다. 금융회사는 대출 1달러당 보상잔고로 b를 보유한다. 따라서 $1-b$는 필요지급준비율을 무시하는 경우 금융회사으로부터 차입자가 받는 대출 1달러당 실제 대출금이다. 그러나 차입자는 보상잔고 b를 금융회사의 요구불예금으로 보유하기 때문에 연방준비제도는 예금금융회사가 이와 같은 보상잔고의 RR만큼을 이자가 발생하지 않는 지급준비금으로 보유하도록 요구한다. 따라서 보상잔고를 보유하는데 따른 금융회사의 순이익을 계산하는데 이자가 발생하지 않는 필요지급준비금을 보유하는데 따른 비용이 고려되어야 한다. 대출 1달러당 금융회사가 실제로 행하는 순현금유출은 $1-[b(1-RR)]$ 또는 1−지급준비조정 보상잔고이다.

수수료(of)가 0이고 보상잔고(b)가 0인 특별한 경우 대출의 약정수익률 공식은 다음과 같다.

$$1+k=1+(BR+m)$$

---

12) 이 공식은 현재가치의 측면을 고려하지 않고 있으나, 이는 쉽게 해결할 수 있다. 예를 들면, 수수료는 할인될 필요가 없는 선수금으로 받는 반면에 이자지불과 리스크프리미엄은 일반적으로 대출만기에 지불되기 때문에 금융회사의 자본비용에 의하여 할인되어야 한다.

예제 6-1 대출에 대한 ROA의 계산

한 은행이 다음과 같은 조건으로 대출을 한다고 하자.

1. 대출이자율은 14%로 설정한다(BR=12%와 m=2%).
2. 차입자에게 대출금액의 1/8%(또는 0.125%)를 대출수수료로 부과한다.
3. 이자가 발생하지 않는 요구불예금의 10%의 보상잔고를 부과한다.
4. 예금의 10%를 연방준비제도에 보유되어야 하는 지급준비금으로 부과한다.

주어진 수치들을 대출의 수익률 공식에 대입하면[13)]

$$1+k=1+\frac{0.00125+(0.12+0.02)}{1-[(0.10)(0.9)]}$$

$$1+k=1.1552 \text{ 또는 } k=15.52\%$$

물론 이 수치는 단순한 대출의 약정수익률인 $BR+m$=14%보다 크다.

즉 신용리스크프리미엄 또는 마진(m)은 기본 대출이자율이 결정되면 대출의 약정수익률을 결정하는 주된 요인이다.

기업대출시장이 보다 경쟁적이 됨에 따라 대출수수료(of)와 보상잔고(b)는 상대적으로 덜 중요해지고 있다. 예를 들면, 보상잔고가 여전히 부과되는 경우 은행은 이제 보상잔고를 정기예금으로 보유하도록 요구할 수 있고 보상잔고에 대한 이자를 지급한다. 그 결과 보상잔고를 보유하는 데서 발생하는 차입자의 손실은 대출이자율과 보상잔고 정기예금이자율의 차이로 감소된다. 아울러 보상잔고의 요구는 유로달러 대출과 같은 국제적인 대출에는 거의 없다.[14)]

---

13) 만일 수수료와 이자지불에 대하여 현재가치효과를 고려하고 은행의 재할인율(d)이 $12\frac{1}{2}$%이면 수수료는 할인되지 않는 반면 $BR+m$항은 $1+d=1.125$로 할인할 필요가 있다. 이 경우 k는 13.81%이다.

14) 간단한 공식을 사용하는 흥미로운 많은 예들에 대하여는 J. R. Brick, *Commercial Banking: Text and Readings*(Haslett, Mich: Systems Publications Inc., 1984), Chapter 4 참조. 만일 보상잔고가 8%(r_d=8%)의 이자를 지불하는 예금으로 보유되면 주어진 예에서 은행의 현금유입(공식의 분자)은 $b \times r_d$만큼(여기서 $r_d=0.08$, $b=0.1$) 감소된다. 이 경우 k=14.64%이다. 이 경우는 정기예금으로 보유되는 보상잔고에 대한 필요지급준비율(RR)이 10%라는 것을 가정한 것이다. 그러나 현재 요구불예금에 대한 필요지급준비율은 10%인 반면 정기예금에 대한 필요지급준비율은 0%이다. RR=0과 보상잔고에 대한 8%의 이자율을 가정하면서 재계산하면 k=14.81%이다.

대출의 기대수익률

차입자와 대출자가 계약상에 합의한 대출의 약정수익률$(1+k)$은 대출이자율은 물론 수수료와 같은 비이자율요소들도 포함한다. 그러나 대출의 약정수익률은 채무불이행리스크 때문에 대출의 기대수익률(expected return on a loan) 또는 대출의 실현수익률(actual return on a loan)과 다를 수 있다. **채무불이행리스크(default risk)** 또는 부도리스크는 차입자가 대출계약에서 약속한 조건들을 이행할 수 없거나 이행할 의사가 없는 리스크이다. 정도의 차이는 있지만 일반적으로 채무불이행리스크는 모든 대출에 존재한다. 따라서 대출이 이루어진 시점에서 대출의 기대수익률$[E(r)]$은 대출의 약정수익률과 다음의 관계를 가진다.

$$1+E(r)=p(1+k)+(1-p)0$$

여기서 p는 대출의 상환확률(probability of repayment)이다(채무불이행이 발생하면 대출원금과 이자의 회수가 전혀 이루어지지 않는다고 가정한다). 따라서 $E(r)=p(1+k)-1$이다. p의 값이 1보다 작을수록 채무불이행리스크는 커진다. 이것은 금융회사가 (1) 채무불이행리스크를 보상하기에 충분히 높은 리스크프리미엄(m)을 부과하여야 하고 (2) 높은 수수료와 기본대출이자율뿐만 아니라 높은 리스크프리미엄을 설정하는 것은 실제로 대출의 상환확률(p)을 감소시킬 수 있다는 것을 의미한다. 즉 k와 p는 독립적이 아니다. 실제로 특정 구간에서 수수료와 대출이자율이 상승함에 따라 차입자가 약정된 수익률을 지불할 확률이 감소할 수 있다(말하자면 k와 p는 서로 음의 관계를 가질 수 있다). 그 결과 금융회사는 일반적으로 2가지 차원, 즉 가격 또는 약정수익률(k) 차원과 대출의 양 또는 신용가용 차원에서 신용리스크를 통제하여야 한다. 차입자의 부도확률에 따라 대출이자율을 조정한 후에도 금융회사가 실제로 약속된 금액을 수취하게 된다는 보장은 없다. 이번 장에서 설명하는 신용리스크의 측정 및 가격결정방법들은 대출(또는 채권)로부터 약속된 금액이 회수되는 확률에 기초하여 신용리스크를 고려하는 것이다. 실제로 대출로부터 수취되거나 지급불능이 되는 예상확률과는 차이가 있을 것이다. 일반적으로 도매금융(예를 들면, C&I)대출과 비교하여 소매금융대출의 경우에는 가격차원보다는 대출의 양이 신용리스크의 차이를 통제한다. 다음 절에서 그 이유들을 논의한다. 그 다음 절에서는 금융회사가 대출의 리스크프리미엄(m)의 적정한 크기를 추정할 수 있는 여러 가지 방법들이 논의된다. 이것은 도매금융대출과 부채리스크노출도의 가격을 정확하게 결정하는 데 핵심적인 요소가 된다.

▶ **채무불이행리스크(default risk)**
차입자가 대출계약에서 약속한 조건들을 이행할 수 없거나 이행할 의사가 없는 리스크.

개념질문

1. 기본 대출이자율이 13%, 리스크프리미엄이 2%, 보상잔고가 5%, 수수료가 $\frac{1}{2}$%, 필요지급준비율이 10%일 때 대출의 약정수익률(k)을 계산하라.(답: 16.23%)
2. 채무불이행확률이 5%일 때 주어진 대출의 기대수익률은 얼마인가?(답: 10.42%)

6.5 소매신용과 도매신용의 결정

소매신용

금융회사의 전체 투자포트폴리오에서 볼 때 소매신용의 규모가 작고 가계차입자들(소비자들)에 관한 정보를 수집하는데 비용이 많이 든다는 점 때문에 소매수준에서 이루어지는 대부분의 대출결정은 허용 또는 기각의 형태로 이루어지는 경향이 있다. 대출이 허용되는 차입자들에 대해서는 동일한 대출이자율, 즉 동일한 신용리스크프리미엄이 부과된다. 예를 들면, Rolls-Royce의 매입자금을 조달하기 위해 신용조합으로부터 차입하는 부유한 고객과 Honda의 매입자금을 조달하기 위해 신용조합으로부터 차입하는 덜 부유한 고객에게 동일한 자동차 대출이자율이 부과된다. 금융용어를 사용하면 소매신용 고객들은 가격 (또는 이자율) 차이가 아니라 대출의 크기에 대한 제약으로 분류되는 경향이 있다.[15] 즉 소매수준에서 금융회사는 이자율 또는 가격을 사용하는 것이 아니라 **신용할당(credit rationing)**에 의하여 신용리스크를 통제한다. 따라서 금융회사는 부자에게 최대 60,000달러까지, 그리고 부자가 아닌 개인에게 최대 10,000달러까지 동일이자율로 대출할 것이다. 주택모기지대출은 또 하나의 좋은 예이다. 두 차입자에게 모기지대출이 허락되는 경우 금융회사는 두 차입자에게 다른 모기지 이자율을 책정하는 것이 아니라 구입되는 주택의 시장가격에 대한 대출의 비율에 의하여 두 차입자를 차별한다.[16]

▶ **신용할당(credit rationing)**
개인차입자에게 이루어지는 대출의 크기를 제한하는 것.

---

15) 이것이 금융회사별로 이자율이 동일하다는 것을 의미하는 것은 아니다.

16) 그러나 정보수집비용이 하락하고, 개별가계의 신용도에 관한 방대한 데이터베이스가 개발됨에 따라 단일이자율의 적용이 최적인 대출의 규모는 감소할 것이다.

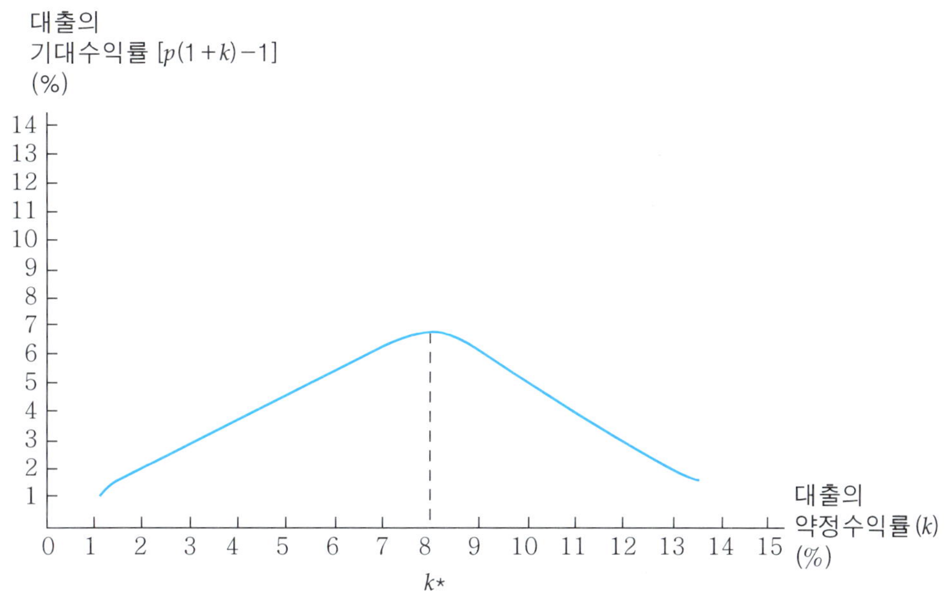

그림 6-5 대출의 약정수익률과 기대수익률의 관계

도매신용

소매고객들과는 달리 도매수준에서 금융회사는 신용리스크를 통제하기 위해 이자율과 신용의 크기를 함께 사용한다. 따라서 금융회사가 C&I 차입자에게 우대대출이자율(BR)을 적용할 때 리스크가 작은 차입자에게는 우대대출이자율보다 낮은 대출이자율을 부과할 수 있다. 리스크가 큰 차입자에게는 추가적인 신용리스크에 대하여 금융회사에게 보상하기 위해 신용리스크프리미엄(m)이 추가적으로 부과된다.

특정 범위의 신용수요에 대하여 충분히 높은 이자율(또는 신용리스크프리미엄)로 보상받는다면, 금융회사는 리스크가 큰 도매차입자에게도 자금을 기꺼이 대출할 수 있다. 그러나 앞에서 논의한 바와 같이 대출의 약정수익률(k)의 증가는 차입자가 약속된 수익률을 지불할 확률(p)을 감소시킬 수 있다. 예를 들면, 10%의 우대대출이자율과 5%의 신용리스크프리미엄의 합인 15%의 이자율로 대출을 받은 차입자는 대출받은 자금을 리스크가 높은 프로젝트에 투자하는데 사용함으로써만 대출에 대하여 약속된 지불을 할 수 있다. 그러나 정의상 리스크가 높은 프로젝트는 큰 보수가 실현되지 못할 확률이 상대적으로 높다. 만일 큰 보수가 실현되지 못하면 차입자는 대출을 상환하지 못할 수 있다. 극단적인 경우 금융회사는 약속된 이자와 수수료는 물론 대출원금을 받지 못한다. 이것은 실제로 높은 대출이자율은 차입자로 하여금 리스크가 높은 프로젝트에 투자하도록 유도하기 때문에 매우 높은 계약상의 대출이자율 부과는 실제로 대출의 기대수익률을 감소시킨다는 것을 의미한다.[17] 다른 측면에서 보면 리스크가 높은 프로젝트에 투자하기 위해 차입자금을 사용할 의도를 가진 차입자들만이 금융회사로부터 높은 이자율로 차입하는데 관심을 가질 수 있다. 리스크가 낮은 차입자는 높은 이자율로 차입하려는 집단에 포함되지 않는다. 이것은 차입자 집단의 평균적인 질을 감소시킨다. 이와 같은 효과들을 [그림 6-5]에서 살펴볼 수 있다.

매우 낮은 약정수익률(k)에서 차입자들은 자금을 사용하는데 높은 리스크를 선택할 필요가 없고 상대적으로 안전한 투자프로젝트를 가진 차입자들이 금융회사로부터 조달한 자금을 사용한다. 이자율이 상승함에 따라 적정히 낮은 리스크와 낮은 수익률의 프로젝트를 가진 차입자는 더 이상 금융회사로부터 차입하는 것이 이익이 된다고 생각하지 않고 잠재적인 차입자 집단에서 빠진다. 이와는 달리 차입자들은 대출을 보상할 수 있는 가능성이 낮은 (리스크가 높은) 투자프로젝트에 차입한 자금을 사용할 수 있다. [그림 6-5]에서 이자율이 k^*(예를 들면, 8%) 이상으로 상승하면, 보다 높은 약정수익률(k)을 부과함으로써 금융회사가 얻게 되는 추가적인 기대수익은 대출의 채무불이행확률($1-p$)의 증가에 의하여 점차적으로 상쇄된다. 달리 말하면 약정수익률이 높을 때 채무불이행확률이 잠재적으로 증가하기 때문에 도매차입자에게 9%에서 15% 사이의 이자율을 부과하는 금융회사는 8%의 이자율을 부과하는 경우보다 기대수익률이 낮을 수 있다.

이와 같은 대출의 약정이자율과 기대수익률의 관계는 특정 이자율수준 이상에서 금융회사는 도매대출을 신용할당방식으로 실행하는 것이 최선일 수 있다는 점을 제시한다. 금융회사는 가격에 의하여(차입자들에게 점차 더 높은 리스크프리미엄을 부과함으로써) 신용할당을 하기보다는 대출의 기대수익률을 극대화하기 위해 기꺼이 대출하고자 하는 대출규모의 상한을 설정할 수 있다.[18] [그림 6-5]에서 차입자들에게 8%까지의 이자율이 부과될 수 있으며, 금융회사는 어느 특정 이자율에서 가장 리스크가 높은 차입자에 대하여 대출규모의 한도를 부과할 수 있다.

---

17) 전 절에 따르면 높은 기본대출이자율(BR)과 높은 리스크프리미엄(m)을 반영하는 대출의 약정수익률(k)은 대출의 상환확률(p)을 감소시키고, 이에 따라 대출의 기대수익률을 감소시킬 수 있다. 사실 k가 매우 높으면 대출의 기대수익률은 음이 될 수도 있다.

18) 실제로 은행 신용의 크기는 이자율뿐만 아니라 차입자의 신용의 질에 의존한다는 점이 발견되었다. 특히 은행들은 때때로 대출의 기대수익률을 극대화하기 위해 신용기준을 강화한다(보다 높은 이자율이 부과되는 경우조차도 리스크가 더 높은 대출을 포기한다). C. S. Lown, D. P. Morgan, and S. Rohatgin, "Listening to Loan Officers: The Impact of Commercial Credit Standards on Lending and Output," *FRBNY Economic Policy Review*, July 2000, pp. 1-16 참조.

개념질문

1. 금융회사가 대출이자율을 인하하면 대출포트폴리오에 대한 금융회사의 기대수익률은 증가할 수 있는가?
2. 만일 금융회사가 낮은 이자율 환경에서 대출수수료와 보상잔고를 없애면 도매대출의 기대수익률에는 어떤 일이 발생할 수 있는가?

6.6 신용리스크의 측정

대출약정과 같은 부외거래계약에 있는 신용리스크노출도를 평가하고 신용 및 투자 의사결정의 부도(채무불이행)리스크노출도를 정확히 측정하기 위해 금융회사는 차입자의 부도확률을 측정할 필요가 있다. 금융회사가 이러한 일을 할 수 있는 능력은 보유하고 있는 차입자에 관한 정보의 양에 따라 결정된다. 소매금융의 경우 차입자에 관한 정보가 내부적으로 수집되든지 외부신용회사로부터 구매된다. 도매금융의 경우 차입자에 관한 정보는 공시되는 재무제표, 주식 및 채권가격, 애널리스트들의 보고서와 같은 공개된 정보로 수집된다. 따라서 상장회사의 경우 보다 많은 정보가 확보된다. 정보수집의 평균비용이 적고 이용가능한 정보가 많을수록 금융회사는 소규모 차입자들에 비하여 대규모 차입자들의 부도확률을 평가하는데 보다 정교하고 정량적인 방법들을 사용할 수 있다. 그러나 기술수준과 정보수집의 발전으로 소규모 차입자들에 대한 정량적인 평가도 점차적으로 가능해지고 이에 따른 비용도 감소하고 있다.[19]

원칙적으로 금융회사는 채권과 대출 모두에 대한 부도확률을 측정하기 위해 유사한 방법과 모형을 사용할 수 있다. 채권은 다수의 투자자들이 보유하는 반면, 대출은 소수의 대출자와 특정 차입자가 포함되는 경향이 있다. 대출과 채권 모두는 본질적으로 미래에 일정한 간격으로 확정된 지불을 약속한 계약이다. 또한 대출과 같이 채권은 상환확률을 증가시키기 위해 여러 가지 행동들을 제약하거나 권장하는 계약조항(covenants)을 가진다. 계약조항으로는 대출 또는 채권이 변제되지 않은 동안 차입자가 실행할 수 있는 신규부채, 투자, 자산매각의 유형과 규모에 대한 제한조항들이 있다. 또한 부채비율 또는 유동비율과 같은 차입자의 재무비율의 변화를 제한하는 조항들도 부과된다. 예를 들면, 채권과 대출계약에 포함되어 있는 일반적인 계약조항은 기업이 주주에게 지급할 수 있는 배당의

19) 이와 같은 기술수준과 정보수집의 발전의 예로는 Dun & Bradstreet같은 회사들에 의하여 제공되는 자동신용평가를 위한 데이터베이스 서비스와 소프트웨어가 있다.

크기를 제한한다. 아울러 도매대출이자율과 같이 채권수익률에도 차입자의 신용의 질과 부채에 대한 담보 또는 증권제공 정도에 따라 리스크프리미엄이 부과된다. 이러한 경우 금융회사는 대출에 관한 의사결정을 하거나 회사채 투자를 고려할 때 채무불이행확률을 분석하는 다양한 모형들을 사용할 수 있다.

개념질문

1. 금융회사가 상장회사의 부도리스크노출도를 평가하는 것과 소규모 개인회사의 부도리스크노출도를 평가하는 것 중에서 어느 것이 더 비용이 많이 드는가?
2. 대출에 관한 계약조항은 부도리스크에 대하여 금융회사를 보호하는데 얼마나 도움이 되는가?

6.7 부도리스크 모형

경제학자, 애널리스트, 금융회사경영자들은 대출과 채권에 대한 부도(채무불이행)리스크를 평가하기 위해 다양한 모형들을 사용하고 있다. 이들 모형들은 정성적인 모형에서 매우 정량적인 모형에 이르기까지 매우 다양하다. 이에 더하여 이들 모형들은 금융회사가 신용의 가격 또는 대출금액의 할당에 관한 의사결정을 하기 위해 1개 이상의 모형들을 사용할 수 있다는 점에서 상호배타적이지 않다. 아래에서 보다 상세하게 논의될 것이지만 최근에 금융회사들은 매우 기술적인 신용리스크평가모형을 구축하는데 상당한 시간과 노력을 투입하고 있다. 이들 중 많은 모형들은 제5장에서 논의한 시장리스크모형들과 유사한 아이디어와 기법을 사용한다. 이제 정성적 평가모형, 신용평점모형, 그리고 최신 모형에 대해 알아보자.

정성적 평가모형

차입자의 신용 특성에 관한 공시된 정보가 없는 경우 금융회사는 신용 및 예금파일과 같은 사적인 정보원으로부터 정보를 수집하여야 하고 신용등급 평가기관과 같은 외부정보원으로부터 정보를 구매하여야만 한다. 이러한 정보는 금융회사가 차입자의 부도확률을 판단하고 대출 또는 부채의 가격을 정확하게 결정하는 데 도움을 준다.

일반적으로 수집되는 정보의 양은 잠재적인 부채규모와 정보수집의 비용에 따라 다르다. 그러나 수많은 중요한 정보들이 신용의사결정에 반영된다. 이들 정보에는 (1) 개별차입자 고유의 차입자 관련 정보(borrower-specific factors)와 (2) 신용의사결정을 하는 시점에 모든 차입자들에게 영향을 주는 시장 관련 정보가 있다. 금융회사는 종합적인 신용의사결정에 이르기 위해 이 정보들을 심사숙고한다. 이와 같은 모형들은 금융회사의 주관적인 판단에 의존하기 때문에 때때로 전문가시스템이라고도 부른다.

■차입자 관련 정보

평판. 차입자의 평판은 대출신청자의 차입 및 대출경력에 의하여 결정된다. 만일 차입자가 오랜기간 동안 대출상환을 신속하고 시의적절하게 수행한 평판을 가지고 있다면, 이러한 평판은 금융회사에 대한 차입자의 매력을 증가시킨다. 차입자와 금융회사 간의 오랜 고객관계는 이들의 관계를 설정하는 공식적이고 명시적인 법적 계약을 넘어서는 차입과 상환에 관한 **암묵적 계약(implicit contract)**을 형성한다. 오랜기간 동안 상환과 관찰에 의해서만 형성될 수 있는 평판은 소규모 신규차입자에게 불리하게 작용한다. 이것이 기업공개(initial public offering)가 이루어지는 소기업의 부채증권 수익률이 기존 기업들보다 더 높은 이유 중 하나이다.

▶**암묵적 계약(implicit contract)**
평판에 기초하여 형성되는 차입자와 금융회사 간의 장기적 고객관계.

부채비율. 차입자의 **부채비율(leverage)** 또는 자본구조, 즉 자기자본에 대한 부채의 비율은 차입자의 부도확률에 영향을 미친다. 이것은 채권 및 대출과 같은 부채는 차입자의

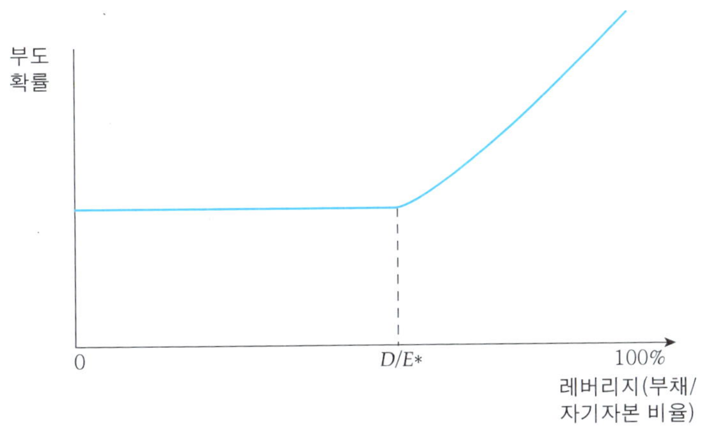

그림 6-6 **부도확률과 부채비율의 관계**

이자부담을 증가시키고 부채의 현금흐름에 대한 청구권을 증가시키기 때문이다. [그림 6-6]에서 보는 바와 같이 상대적으로 낮은 부채비율은 부채상환확률에 심각한 영향을 미치지 않을 수도 있다. 그러나 부채비율이 어느 수준을 넘어서면 금융회사에 대한 이자 또는 원금의 일부가 손실로 발생할 확률이 증가하기 때문에 부도리스크는 증가한다. 따라서 정크본드 또는 투자등급 미만의 부채로 조달한 자금으로 차입매입(leveraged buyout; LBO)에 참여한 기업들처럼 부채비율이 매우 높은 기업은 처음에 신용할당이 이루어지지 않으면 차입에 대하여 보다 높은 리스크프리미엄을 지불해야 할 것이다.[20]

▶**부채비율(leverage)**
자기자본에 대한 부채의 비율.

수익변동성. 주어진 부채구조하에서 수익의 변동성이 크면 차입자가 고정된 이자와 원금을 지불하지 못할 확률이 증가된다. 따라서 매우 심한 수익변동성을 가지는 신기업들 또는 하이테크산업의 기업들은 장기간 안정적인 수익을 창출하는 기업들보다 신용리스크가 크다.

담보. 앞에서 논의한 바와 같이 금융회사의 대출의사와 가격결정에 있어서 한 가지 중요한 요소는 대출의 안정성을 지원하는 담보 또는 자산의 정도이다. 많은 대출과 채권에는 차입자가 상환의무를 이행할 수 없는 경우에 대비하여 특정자산에 의하여 담보가 설정되어 있다. 모기지채권은 채권보유자에게 차입자 재산의 일부, 즉 일반적으로 기계 또는 건물에 대하여 1순위 청구권을 부여한다. 무담보사채는 채권보유자에게 차입자의 자산에 대하여 보다 일반적이고 리스크가 높은 청구권을 부여한다. 후순위채는 채무불이행 차입자의 자산에 대한 청구권이 모기지채권 보유자와 무담보사채 보유자 모두의 청구권보다 후순위이기 때문에 훨씬 더 리스크가 높다. 이와 유사하게 대출도 담보부 또는 무담보부로 이루어질 수 있다.[21]

■시장 관련 정보

경기순환. 경기순환국면으로 규정되는 경제상황은 금융회사가 차입자의 부도확률을 평가

20) 그러나 S. J. Grossman과 O. D. Hart는 많은 부채(레버리지)는 경영효율성에 대한 신호일 수 있고 파산확률을 감소시킬 수 있다고 주장한다. 정크본드에 의한 차입매입(LBO)에서 경영자의 효율성 동기가 존재한다는 유사한 주장들이 있다. 즉 부채가 많은 기업은 상환약속을 지키기 위해 "군살이 없이 경영을 잘하여야"만 한다는 것이다. S. J. Grossman and O. D. Hart, "Corporate Financial Structure and Managerial Incentives," in *The Economics of Information and Uncertainty*, ed. by J. McCall(Chicago: Chicago University Press, 1982) 참조.

21) 그러나 담보부 대출은 매우 충분한 담보가 제공되지 않는다면 여전히 부도리스크에 노출될 수 있다. 부채의 액면가치를 초과하는 시장가치를 지닌 자산들이 담보로 제공된다. 담보를 제공하는 것이 차입자의 리스크에 대한 신호인가에 대하여는 약간의 논란이 있다. 하지만 가장 좋은 차입자는 신용리스크가 없기 때문에 담보를 제공할 필요가 없는 반면 더 높은 리스크의 차입자는 담보를 제공할 필요가 있다. 즉 담보를 제공하는 것이 신용리스크가 적다는 것보다는 신용리스크가 크다는 신호일 수 있다.

하는 데 있어서 매우 중요하다. 예를 들면, 경기후퇴기 동안에는 자동차, 냉장고, 주택 등의 내구소비재를 생산하는 기업은 담배와 식품 등의 비내구소비재를 생산하는 기업에 비하여 경영성과가 좋지 않다. 사람들은 경기후퇴기 동안 사치품들에 대한 지출을 감소시키지만 식품과 같은 필수품들에 대한 지출을 감소시킬 가능성은 적다. 따라서 경기후퇴기에 내구소비재를 생산하는 기업들이 특히 부도리스크에 직면할 가능성이 높다. 경기순환에 대한 우려 때문에 금융회사는 경기후퇴 국면에 신용할당을 증가시키는 경향을 가진다. 이것은 특히 기업어음시장과 같은 대체적인 신용시장에의 접근이 불가능하거나 제한되어 있는 소규모 차입자들에게 불리한 결과를 야기시킨다.[22]

이자율수준. 높은 이자율은 중앙은행이 긴축적인 통화정책을 시행한다는 것을 의미한다. 금융회사는 대출에 필요한 자금조달이 보다 어려워는 것에 직면하게 될 뿐만 아니라 높은 이자율수준은 일반적으로 보다 높은 신용리스크와 관련되어 있다는 것을 인식하여야만 한다. 앞에서 논의한 바와 같이 높은 이자율수준은 차입자들이 과도한 리스크를 선택하도록 하고 리스크가 높은 고객이 차입하게 만든다.

지금까지, 금융회사가 대출과 채권의 부도확률을 결정하는데 고려할 수 있는 차입자 및 경제상황 관련 정성적인 정보들 중 일부를 설명하였다.[23] 금융회사는 의사결정과정에서 이와 같은 정보들을 전적으로 주관적인 방식으로 투입하는 대신 객관적이거나 또는 정량적인 방법으로 분석할 수 있다. 이어서 신용리스크를 측정하기 위해 사용되는 정량적인 신용평점모형들을 논의한다. 자주 사용되는 차입자 및 경제상황관련 정보원은 Robert Morris Associates(RMA)이다. 400개 이상의 산업들에 대한 대차대조표와 손익계산서, 규모별 기업그룹과 산업별로 계산된 일반적인 비율들, 10만 개 이상의 기업차입자들에 대한 5년기간의 추세데이터와 재무제표데이터를 제공하는 RMA 자료는 수천 개 금융회사들에게 표준적인 참고자료가 되고 있다.

개념질문

1. 모기지대출을 하기 전에 평가하는 10개의 중요한 차입자 관련 정보들을 열거하라.
2. 만일 차입자의 부채비율이 감소하면 대출에 대한 리스크프리미엄은 어떻게 영향을 받는가?

---

22) 경기순환에 대한 미국의 산업별 부도율의 민감도에 관한 논의를 위해서는 J. D.. Taylor, "Cross-Industry Differences in Business Failure Rates: Implications for Portfolio Management," *Commercial Lending Review*, 1998, pp. 36-46 참조.

23) 일반적으로 주관적인(정성적인) 신용분석에서 고려되어야 할 신용과 관련된 5가지의 C로 시작되는 요인들, 즉 특성(character; 지불할 의사), 능력(capacity; 현금흐름), 자본(capital; 부), 담보(collateral; 안전성), 조건(condition; 경제상황)이 제시된다.

신용평점모형

신용평점모형(credit scoring model)은 대출신청자의 부도확률을 나타내는 평점을 계산하기 위해 또는 차입자들을 부도리스크 그룹별로 분류하기 위해 차입자 특성들을 사용하는 정량적 모형이다. 차입자 관련 경제 및 재무정보들을 선택하고 결합함으로써 금융회사는 다음과 같은 일들을 할 수 있다.

1. 어느 요인들이 부도리스크를 설명하는데 중요한가를 수치화할 수 있다.
2. 차입자 관련 경제 및 재무정보들의 상대적 크기 또는 중요도를 평가할 수 있다.
3. 부도리스크의 가격결정방법을 개선할 수 있다.
4. 불량한 대출신청자들을 보다 잘 선별할 수 있다.
5. 예상되는 미래의 대출손실을 감당하기 위해 필요한 충당금을 보다 정확히 계산할 수 있다.

▶**신용평점모형(credit scoring model)**
대출신청자의 부도확률을 나타내는 평점을 계산하거나 또는 차입자들을 부도리스크 그룹으로 분류하기 위해 대출신청자의 특성들을 사용하는 정량적 모형.

신용평점의 중요한 기능은 신용공여자가 차입자의 성과를 다른 정보 없이도 더 정확하게 예측할 수 있게 해 준다는 것이다. 모든 규제관련 변수를 고려한 기업대출 신용평점모형은 평균적으로 85%의 정확도를 보여 준다. 신용평점 전문가들에 따르면[24], 이러한 모형을 사용하게 될 경우 대출을 받은 기업들의 부도나 대손상각의 정도가 줄어든다고 한다. 실제로 많은 기업신용 공여자들은 리스크관리와 기업의 지배구조에 대한 가이드라인인 2002년의 Sarbanes-Oxley 법을 준수하는 방식으로 신용평점모형을 사용하고 있다. 이러한 방법으로 신용평점모형을 사용하기 위해 금융회사는 특정한 차입자 그룹에 대한 객관적인 경제 및 재무적 리스크측정치들을 판별하여야만 한다. 소비자대출의 경우 신용평점모형에서 사용되는 객관적인 특성변수들은 소득, 자산, 연령, 직업, 지역 등을 포함할 수 있다. 기업대출의 경우 현금흐름정보, 부채비율 등과 같은 재무비율들이 일반적으로 사용되는 중요한 변수들이다. 이와 같은 데이터가 선별된 후, 통계적인 기법을 사용하여 부도리스크확률 또는 부도리스크분류가 계량적으로 측정되거나 평점으로 결정된다. 신용평점모형에는 크게 3가지 종류, 즉 (1) 선형확률모형(linear probability model), (2) 로짓모형(logit model), (3) 선형판별분석모형(linear discriminant analysi model)이 있다. 여기에서는 기업대출을 평가하기 위해 이 모형들이 어떻게 사용되는지 알아본다.

---

24) "Credit Scoring Heats Up," *Collections and Credit Risk*, September 2003, p. 34 참조.

예제 6-2 선형확률 신용평점모형에 의한 대출의 상환확률 추정

과거 차입자들의 채무불이행에 영향을 주는 2가지 요인으로 부채비율(부채/자기자본 비율(D/E))과 매출액/자산 비율(S/A)이 있다고 하자. 과거 부도경험에 기초하여 선형확률모형이 다음과 같이 추정되었다.

$$PD_i = 0.5(D/E_i) + 0.1(S/A_i)$$

대출신청자가 $D/E = 0.3$과 $S/A = 2.0$의 값을 가진다고 가정할 때, 예상되는 대출신청자의 예상부도확률은 다음과 같이 추정된다.

$$PD_i = 0.5(0.3) + 0.1(2.0) = 0.35$$

■ 선형확률모형과 로짓모형

선형확률모형은 과거 대출에 대한 상환경험을 설명하기 위해 모형의 투입변수들로 재무비율과 같은 과거 데이터를 사용한다. 과거의 상환성과를 설명하는데 사용되는 변수들의 상대적 중요도가 신규대출의 상환확률을 예측한다. 즉 과거의 상환성과를 설명하는데 중요한 역할을 하는 변수들이(대출의 리스크프리미엄을 결정하는데 또는 대출의 양을 결정하는데 중요한 변수인) 상환확률(p)과 부도확률(PD)을 평가하는데 사용될 수 있다.

간단히 말하면, 과거 대출들(i)을 2가지의 관측 가능한 그룹, 즉 채무불이행이 발생한 대출들($PD_i = 1$)과 채무불이행이 발생하지 않은 대출들($PD_i = 0$)로 분류한다. 이어서 이와 같은 관측치들을 부채비율 또는 이익과 같은 차입자 i의 정량적인 정보를 반영하는 변수들(X_{ij})과 선형회귀방법으로 연결시킨다. 다음과 같은 선형회귀방정식을 추정한다.[25]

$$Z_i = \sum_{j=1}^{n} \beta_j X_{ij} + error$$

여기서 β_j는 과거 상환경험을 설명하는 변수 j의 중요도를 나타낸다. 이제 대출신청자에 대하여 β_j의 추정치들과 관찰된 설명변수 X_{ij}들을 곱하면, 대출신청자에 대하여 예상되는 PD_i의 값을 계산할 수 있다. 이 수치는 차입자의 부도확률로 해석될 수 있다. $E(PD_i) = (1 - p_i)$ =예상부도확률, 여기서 p_i는 대출에 대한 상환확률이다.

X_{ij}들에 관한 최신의 정보가 존재한다면 이 기법은 간단하지만, 이 기법의 중요한 약점은 추정되는 부도확률이 0과 1 사이의 구간 밖으로 벗어날 수 있다는 것이다. 로짓모형은 부도확률의 추정구간을 0과 1 사이로 제한함으로써 이와 같은 약점을 극복한다.

25) G. Turvey, "Credit Scoring for Agricultural Loans: A Review with Applications," *Agricultural Finance Review* 51 (1991), pp. 43-54 참조.

본질적으로 이와 같은 일은 선형확률모형에서 추정된 PD_i값(우리의 예에서 $PD_i = 0.35$)을 다음과 같은 공식에 대입시킴으로써 이루어진다.

$$F(PD_i) = \frac{1}{1+e^{PD_i}}$$

여기서 e는 지수이고 ($e = 2.718$), $F(PD_i)$는 PD_i를 로지스틱함수로 전환한 값이다.

■선형판별분석모형

선형확률모형과 로짓모형은 대출이 이루어질 때 예상되는 부도확률의 값을 예측하는 반면 판별모형은 차입자들을 관측되는 특성변수들(X_j)에 의해서 부도확률이 높은 차입자 그룹과 부도확률이 낮은 차입자 그룹으로 분류한다.

예를 들면, 미국에서 상장된 제조기업들을 대상으로 E. I. Altman에 의하여 개발된 판별분석모형을 살펴보자. 지시변수 Z는 기업차입자의 채무불이행리스크를 분류하는 종합적인 지표이다.[26] 이 지시변수는 차입자의 여러 가지 재무비율들의 값들(X_j)과 판별분석모형에 의하여 도출되는 채무불이행을 한 차입자들과 채무불이행을 하지 않은 차입자들의 과거 경험에 기초한 이들 변수들의 중요도에 의하여 결정된다.[27]

Altman의 판별함수(신용분류모형)는 다음과 같은 형태를 가진다.

$$Z = 1.2X_1 + 1.4X_2 + 3.3X_3 + 0.6X_4 + 1.0X_5$$

X_1 = 운전자본[28] / 총자산 비율
X_2 = 이익잉여금 / 총자산 비율
X_3 = 이자 및 세금 공제전 이익 / 총자산 비율
X_4 = 주식의 시장가치/장기부채의 장부가치 비율
X_5 = 매출액/총자산 비율

Altman의 선형별분석모형에 따르면 Z의 값이 1.81 미만의 기업은 부도리스크가 높은 기업, 1.18과 2.99 사이는 부도리스크를 확정할 수 없는 기업, 2.99보다 크면 부도리스크가 낮은 기업으로 간주된다.

---

26) Z값은 부도지표이지 직접적인 부도확률측정치는 아니다.

27) E. I. Altman, "Managing the Commercial Lending Process." in *Handbook of Banking Strategy*, eds. R. C. Aspinwall and R. A. Eisenbeis (New York: John Wiley & Sons, 1985), pp. 473-510 참조.

28) 운전자본은 유동자산에서 유동부채를 뺀 것이다.

예제 6-3 Altman의 Z-평점 계산

어떤 차입기업의 재무비율들이 다음과 같은 값을 가진다고 하자.

$X_1 = 0.2$
$X_2 = 0$
$X_3 = -0.2$
$X_4 = 0.1$
$X_5 = 2.0$

X_2가 0이고 X_3가 음이라는 것은 이 기업이 최근에 손실을 기록하였다는 것을 의미한다. 또한 X_4의 값은 이 기업의 부채비율이 높다는 것을 의미한다. 그러나 운전자본/총자산 비율(X_1)과 매출액/총자산 비율(X_5)의 값들은 이 기업이 적정하게 유동자산을 보유하고 있으며 매출액을 유지하고 있다는 것을 의미한다. Z의 값은 차입자의 채무불이행을 설명하는데 과거의 중요성에 의하여 이와 같은 5가지 요인들을 결합하여 고려하기 때문에 차입자의 신용리스크에 대한 종합적인 지표이다. 이 차입기업의 경우

$Z = 1.2(0.2) + 1.4(0) + 3.3(-0.2) + 0.6(0.1) + 1.0(2.0)$
$Z = 0.24 + 0 - 0.66 + 0.06 + 2.0$
$Z = 1.64$

Z평점이 1.81 미만이므로 금융회사는 차입기업의 수익성이 향상될 때까지 대출을 해서는 안 된다.

신용리스크를 평가하기 위해 판별분석모형을 사용하는 데는 많은 문제점들이 있다.[29] 첫 번째로 이 모형은 일반적으로 차입자들을 극단적인 2가지 그룹, 즉 채무이행 그룹과 채무불이행 그룹으로만 판별한다는 것이다. 제2장에서 논의한 바와 같이 실제세계에서는 이자지불의 지연(무수익자산)으로부터 약속된 모든 이자와 원금에 대한 완전한 채무불이행에 이르기까지 다양한 채무불이행이 존재한다. 이러한 문제점은 판별분석모형에서 보다 정교하게 측정된 차입자 분류가 이루어질 필요가 있다는 것을 의미한다.

두 번째 문제점은 판별함수에서의 가중치(회귀계수)가 어느 주어진 짧은 기간 동안 일정하다고 가정할 명백한 경제적 이유가 존재하지 않는다는 것이다. 설명변수들(X_j)에도 동일한 우려가 적용된다. 특히 변화하는 실물 및 금융시장상황 때문에 새로운 차입자 관련 재무비율들이 부도확률을 설명하는데 점차 중요해질 수 있다. 아울러 선형판별분석모형은 설명변수들(X_j)이 서로 독립적이라고 가정한다.[30]

세 번째 문제점은 신용평점모형들은 채무불이행에 관한 의사결정에 있어서 중요하지만 정량화하기 어려운 요인들을 무시한다는 것이다. 예를 들면, 경기순환의 국면이 중요한 거시적 요인일 수 있는 것처럼 차입자의 평판과 장기적 차입자와 금융회사 관계의 특성도

29) 이와 같은 비판들의 대부분은 선형확률모형과 로짓모형에도 적용된다.

30) 최근의 비선형판별분석 작업은 이와 같은 가정을 완화하였다. 더욱이 Z의 분류를 개선하기 위해 설명변수들(X_j) 간의 상관관계를 탐구하는 복잡한 컴퓨터 알고리즘인 신경망(neural network)에 의한 작업은 장래성이 있어 보인다. P. K. Coats and L. F. Fant, "Recognizing Financial Distress Patterns: Using a Neural Network Tool," *Financial Management*, Summer 1993, pp. 142-155와 "New Tools for Routing Jobs," *The Financial Times*, September 24, 1994 참조.

중요한 차입자 관련 특성들일 수 있다. 이와 같은 변수들이 신용평점모형들에서 무시된다. 더욱이 전통적인 신용평점모형들은 차입자가 발행한 채권이나 주식의 가격과 같은 공개된 가용정보를 사용하지 않는다.[31)]

네 번째 문제점은 금융회사가 보유하고 있는 부도에 관한 기록과 관련된다. 현재 부도가 발생한 기업대출에 관한 통합적인 데이터베이스가 존재하지 않는다. 상업은행, 보험회사, 컨설팅기업의 컨소시움에 의하여 만들어진 특별작업팀이 현재 이와 같은 데이터베이스를 구축하고 있다. 그러나 이와 같은 데이터베이스가 개발되려면 많은 기간이 소요될 것이다. 이러한 것이 대규모 기업대출을 위해 전통적인 신용평점모형들(과 일반적인 정량적 모형들)을 사용하는 금융회사의 능력을 제한한다. 반면에 보다 잘 만들어진 중앙집중식 데이터베이스가 존재하는 신용카드대출같은 소규모 소비자대출분야에서는 전통적인 모형들이 효과적으로 사용되고 있다.

새로운 신용리스크모형들은 부채와 대출에 대한 부도확률에 관한 추론을 하기 위해 금융이론과 함께 광범위하게 이용가능한 금융시장 데이터를 사용한다. 결과적으로 이들 모형들은 보다 규모가 큰 기업차입자들에 대한 대출을 평가하는데 적합하다. 이 분야에서는 현재 많은 연구가 진행되고 있다. 앞으로 다음과 같은 새로운 신용리스크모형들에 관하여 살펴볼 것이다.

1. 이자율기간구조를 활용한 신용리스크의 측정방법[32)]
2. 사망률 방법
3. RAROC 모형
4. 옵션모형(KMV 신용감시모형을 포함)[33)]

이들 모형들 중 일부는 신용리스크의 상이한 측면들에 초점을 맞추고 있지만, 이들 모형들은 모두 현대금융이론과 금융시장데이터에 크게 의존한다는 점에서 서로 연결되어 있다.[34)]

---

31) 예를 들면, 3년간의 낮은 또는 음의 주가수익률은 파산확률을 유용하게 예측할 수 있다는 분석결과를 제시한다. 사실 이와 같이 시장상황에 기초한 방법은 이 장의 후반부에서 설명할 시장관련 정보를 사용하는 방법에 대하여 보완적이다. S. C. Gilson, K. John and L. Lang, "An Empirical Study of Private Reorganization of Firms in Default," *Journal of Financial Economics*, 1990, pp. 315-353 참조.

32) 이 모형들은 축약형모형(reduced-form model)으로 불린다. D. Duffie and K. Singleton, "Modeling Term Structure of Defaultable Bonds," *Review of Financial Studies* 12, 1999, pp. 687–720; R. Jarrow, D. Lando, and S. Turnbull, "A Markov Model for the Term Structure of Credit Risk Spread," *Review of Financial Studies*, 1997, pp. 481–525 참조.

33) 이 모형들은 기업이 왜 부도가 나는가 하는 경제모형에 기초하기 때문에 구조모형(Structural Model)이라고 불린다. R. C. Merton, "On the Pricing of Corporate Debt," *Journal of Finance* 29, 1974, pp. 449–70 참조.

34) 새로운 모형들에 대한 자세한 내용은 A. Saunders and L. Allen, *Credit Risk Measurement; New Approaches to Value at Risk and Other Paradigms*, 2nd ed. (John Wiley and Sons: New York, 2002) 참조.

개념질문

1. 추정된 선형확률모형이 $Z=0.3X_1+0.1X_2+\text{error}$라고 하자. 여기서 X_1=부채/자기자본 비율, X_2=총자산/운전자본 비율이다. 대출대상 차입자의 경우 $X_1=1.5$과 $X_2=3.0$이라고 하자. 이 차입자의 부도확률에 대한 예측치는 얼마인가? (답: 75%)
2. 〈예제 6-3〉에서 $X_3=0.5$라고 하자. 이것이 차입자의 채무불이행 그룹을 어떻게 변경시키는지 보여라.(답: $Z=3.95$)
3. 신용리스크를 평가하기 위해 판별분석모형을 사용하는데 따른 2가지 문제점들은 무엇인가?

6.8 새로운 신용리스크 측정과 가격결정모형

이자율기간구조를 활용한 신용리스크의 측정

신용리스크노출도와 부도확률을 측정하기 위한 시장기초방법 중 하나는 유사한 리스크등급을 가진 차입자가 발행한 회사채 또는 대출과 관련된 리스크프리미엄을 현재의 수익률곡선에 내재되어 있는 리스크프리미엄을 통하여 분석하는 것이다. Standard & Poors(S&P)와 같은 신용평가회사들은 신용의 내용에 따라서 적어도 7가지의 주요 등급으로 회사채 발행자들을 분류한다.[35] 처음 4개의 등급, 즉 AAA, AA, A, BBB등급들은 투

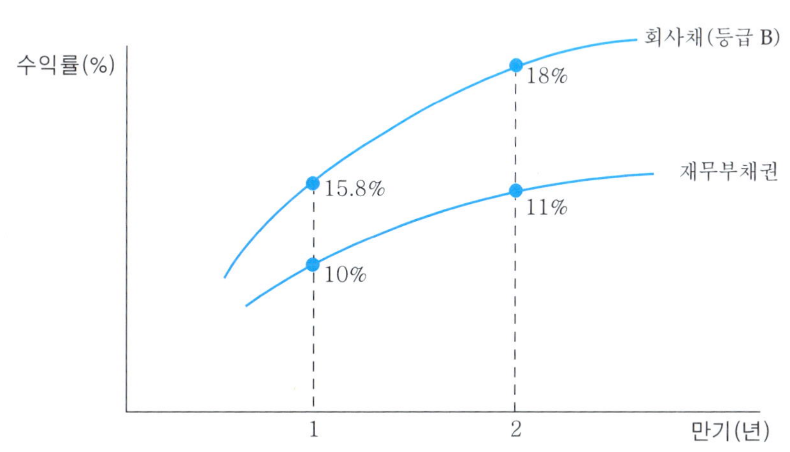

그림 6-7 회사채 수익률곡선과 재무부채권의 수익률

자등급 차입자들이라는 것을 의미한다. 예를 들면, 전국은행들을 규제하는 통화감독청(Office of the Comptroller of the Currency)은 전국은행들이 투자등급 이외의 등급이 부여된 증권들을 매입하는 것을 제한한다. 이와 비교해서 보험회사 규제당국은 보험회사들이 BB, B, CCC의 등급을 가진 비투자등급 증권들을 구매하는 것은 허용하나, 포트폴리오에 포함할 수 있는 총금액에 대해서는 제한한다. 이러한 비투자등급의 증권들은 고수익채권(high-yield bonds) 또는 정크본드로 알려져 있다. 신용등급의 차이는 회사채 수익률이 신용리스크가 없는 재무부채권의 수익률을 초과하는 만큼 반영된다.

[그림 6-7]에서 유사한 만기를 가진 무이표 재무부채권(재무부 스트립(Treasury strips)이라 부른다)과 B등급을 가진 무이표채의 스프레드를 살펴보자. **재무부 스트립과 무이표 회사채(Treasury strips and zero-coupon corporate bonds)**는 지급이 한 번 이루어지는 할인채이다. 따라서 이자율에 대한 실제 시장 데이터로부터 요구되는 리스크프리미엄과 이로부터 시사되는 부도확률을 도출하는 것이 가능하다. 즉 재무부가 발행하는 무위험 할인채와 기업차입자가 발행하는 할인채 간의 스프레드는 미래의 시점에 원금상환에 대한 기업차입자의 신용리스크노출도를 반영한다.

다음으로 금융회사가 1년만기 채권을 리스크가 있는 차입자로부터 매입하거나 또는 리스크가 있는 차입자에게 대출을 할 때 차입자의 부도확률을 계산하는 간단한 경우를 살펴보자. 이어서 만기가 짧은 대출과 채권의 경우를 고려해 보자. 각 경우에 대하여 시장이 제시하는 개별차입자의 신용리스크, 즉 예상되는 부도확률을 계산할 수 있다는 것을 알게 된다.

금융회사는 기존 차입자에게 추가대출을 해 줄 것인가를 결정하기 위해 이러한 기존대출의 신용리스크 확률을 사용할 수 있다. 부도확률을 추정하는 시장기초모형들은 금융회사 자신에 의한 것이 아닌 외부 신용평가회사들의 신용등급정보를 사용하는 것에 유의해야 한다. 따라서 시장기초모형을 사용하는 것은 금융회사를 정보처리자로 인식하는 것이라 할 수 있다. 즉, 금융회사의 고유한 역할은 시장기초 정보를 이용하여 부도확률을 추정하는 것이다.

▶**재무부 스트립과 무이표 회사채(Treasury strips and zero-coupon corporate bonds)**
이표가 없고 만기에 액면가격만을 지불하는 채권. 이 채권들은 액면가격으로부터 할인되는 가격으로 발행된다. 또한 이 채권들은 고할인채라고도 부른다.

■1기간 부채의 부도확률

금융회사는 1년만기 회사채의 기대수익률이 적어도 1년만기 채무부채권의 무위험수익률과 동일할 것을 요구한다고 가정하자. p를 회사채의 원금과 이자가 모두 상환될 확률이라

35) 신용평가회사들은 채권에 대한 신용평가시 다양한 요소들을 고려한다. 예를 들어 그들은 채권발행자의 유동성, 수익성, 부채비율, 그리고 최근에는 기업지배구조 등도 고려한다.

예제 6-4 이자율기간구조를 활용한 신용리스크의 측정방법에 의한 1년만기 채권(대출)의 부도확률 계산

[그림 6-7]에서 보는 바와 같이 1년만기 무이표 재무부채권과 1년만기 B등급 무이표 회사채의 이자율이 각각 i=10%와 k=15.8%라고 하자.

이것은 시장이 인지하고 있는 회사채의 상환확률(p)은 다음과 같다는 것을 의미한다.

$$p = \frac{1+i}{1+k} = \frac{1.100}{1.158} = 0.95$$

만일 상환확률이 0.95이면 부도확률(1-p)은 0.05이다. 따라서 이와 같은 간단한 1기간 모형에서 회사채(또는 대출)의 부도확률이 5%라는 것은 금융회사가 5.8%의 리스크프리미엄(ϕ)를 설정하여야 한다는 것을 의미한다.[36]

$$\phi = k - i = 5.8\%$$

상환확률(p)이 하락하고 부도확률(1-p)이 증가함에 따라 요구되는 스프레드($\phi = k-i$)는 증가한다.

고 하자. 따라서 1-p는 부도확률이다. 만일 차입자가 부도가 나면 금융회사는 아무것도 받지 못한다고 하자(즉, 회수율이 0이거나 부도손실률(loss given default)이 100%이다).[37] 1년만기 회사채의 약정수익률을 $1+k$로 나타내고 무위험 1년만기 재무부증권의 약정수익률을 $1+i$로 나타내면 금융회사는 회사채의 기대수익률이 무위험 재무부증권의 수익률과 같을 때, 즉

$$p(1+k) = 1+i$$

일 때 회사채와 재무부증권에 대하여 무차별하게 된다.[38]

이와 같은 분석은 기업차입자가 부도가 나는 경우 이자나 원금 중 일부가 회수되는 보다 현실적인 경우로 쉽게 확장될 수 있다. 현실적으로 금융회사는 차입자가 파산하더라도 부분적인 상환을 기대할 수 있다. 예를 들면, Altman and Bana는 2002년에 기업들이 채권에 대하여 부도가 났을 때 투자자는 평균적으로 달러당 74.7센트의 손실을 입었다(말하자면 달러당 약 25.3센트를 회수하였다)고 추정하였다.[39] 〈표 6-8〉은 1988년-2004년 기간 동

36) 현실에서 은행은 리스크프리미엄에 의해서만이 아니라 높은 수수료와 보상잔고를 이와 같이 요구되는 스프레드에 포함시켜 부과할 수 있다. 이와 같은 간단한 예에서, 보상잔고와 수수료부분은 고려되지 않았다. 그러나 수수료와 보상잔고는 모형 속에 쉽게 포함될 수 있다.

37) 이것은 매우 중요한 가정이다. 만일 회수율(recovery rate)이 0이 아니라면 회사채 수익률과 재무부채권의 수익률은 부도확률과 부도손실률을 모두 포함할 것이다.

38) 이것은 금융회사의 경영자가 위험회피적(risk averse)이 아니라 위험중립적(risk-neutral)이라는 것을 가정한다. 따라서 도출된 부도확률은 위험중립적 확률이라고 부른다. 일반적으로 이와 같은 위험중립적 확률은 채무불이행에 관한 과거 데이터로부터 추정되는 부도확률과는 다르다. Saunders and Allen, 제5장 참조.

39) E. I. Altman and G. Bana, "Defaults and Returnss on High-Yield Bonds; The Year 2002 in Review and the Market Outlook," Working Paper, New York University Salomon Center, February 2003.

표 6-8 지급불능부채의 회수율

부채유형	회수율	건 수
은행부채	77.1%	1,023
선순위담보채권	63.3	259
선순위무담보채권	42.7	587
상위후순위채권	31.2	433
후순위채권	30.1	374

자료: E. I. Altman, "The Link between Defailt and Recovery Rates," Working Paper, New York University Salomon Centeer, May 2006

안 채무불이행 부채의 회수율을 청구권순위(seniority)별로 정리한 것이다. 이 장의 앞부분에서 논의한 바와 같이 많은 대출과 채권들은 차입자가 채무를 이행하지 못하면 다양한 재산 또는 실물자산에 대한 1차적 청구권에 의하여 담보의 지원을 받는다.

γ를 부도시 회수될 수 있는 대출원금과 이자의 비율이라고 하자. γ는 일반적으로 양이다. 금융회사는 다음과 같은 방법으로 대출의 기대수익률을 무위험증권의 수익률과 같도록 설정할 것이다.

$$[(1-p)\gamma(1+k)]+[p(1+k)]=1+i$$

여기서 새로운 항은 $(1-p)\gamma(1+k)$이다. 이것은 차입자가 채무불이행하는 경우에 금융회사가 기대하는 수입이다.

예상할 수 있는 바와 같이 만일 대출이 $\gamma>0$인 담보를 가지고 있으면, 이 대출에 대한 리스크프리미엄은 주어진 부도확률$(1-p)$에 대하여 더 작을 것이다. 담보요구는 부도리스크를 통제하는 한 방법이다. 담보는 대출이자율을 설정하는데 리스크프리미엄의 직접적인 대체재 역할을 한다. 이것을 살펴보기 위해 위의 식을 리스크프리미엄$(\phi=k-i)$에 대하여 풀면 다음과 같다.

$$k-i=\phi=\frac{(1+i)}{(\gamma+p-p\gamma)}-(1+i)$$

만일 이전처럼 $i=10\%$이고 $p=0.95$이나 금융회사가 부도발생시 약속된 이자와 원금의 90%를 회수할 것$(\gamma=0.9)$으로 기대한다면 요구되는 리스크프리미엄은 $\phi=0.6\%$이다.[40]

40) 예를 들어 1987년의 선순위 담보채권의 평균회수율은 90.86%였다. 채권의 회수율은 보통 두 가지 방법으로 계산된다. 하나는, 부도 후 유통시장에서의 채권이나 대출 가격을 참조하는 방법이고, 다른 하나는, 부도 후 회수될 것으로 예상되는 현금흐름의 순현재가치를 계산하는 방법이다.

흥미롭게도, 이 간단한 모형에서 γ와 p는 서로 완전대체재인 것을 알 수 있다. 즉 γ=0.7과 p=0.8을 가진 담보채권 또는 대출은 γ=0.8과 p=0.7을 가진 담보채권 또는 대출과 동일한 리스크프리미엄을 가진다. 담보의 증가(γ의 증가)는 부도리스크의 증가(말하자면 p의 감소)에 대한 직접적 대체재이다.

■다기간 부채의 부도확률

이와 같은 분석은 장기대출 또는 장기채권 시장에서 발생하는 부도리스크를 측정하기 위해 확장될 수 있다. 이제 금융회사는 첫 번째 연도에 채권이 부도가 나지 않을 확률의 조건하에서 둘째 연도에 채권이 부도가 날 확률을 추정하여야 한다. 어느 연도에 채권이 부도가 날 확률은 분명히 이전에 채무불이행이 발생하지 않았다는 사실에 대한 조건부 확률이다. 채권이 어느 연도 t에 부도가 날 확률은 그 연도의 **한계부도확률(marginal default probability)**인 $1-p_t$이다. 그러나 2년만기 채권의 경우, 연도 2의 한계부도확률($1-p_2$)은 연도 1에서의 한계부도확률($1-p_1$)과 다를 수 있다. 이러한 한계부도확률을 사용한다면 연도 1의 초와 연도 2의 말 사이의 **누적부도확률(cumulative default probability)**은 다음과 같다.

$$C_p = 1-[(p_1)(p_2)]$$

이미 1년만기 채권에 대한 수익률 스프레드로부터 연도 1에서의 부도확률을 측정하는 방법을 살펴보았다. 이제 연도 2, 연도 3, 기타 연도들에서의 부도확률을 측정하기로 하자. [그림 6-7]에서 수익률곡선은 재무부증권과 회사채의 경우 모두 우상향한다. 이와 같은 수

예제 6-5 **이자율기간구조를 활용한 신용리스크의 측정방법에 의한 다기간 만기 채권(대출)의 부도확률 계산**

금융회사가 2년만기 채권의 부도확률을 알기 원한다고 하자. 1년만기 채권의 경우, $1-p_1$=0.05는 연도 1에서의 한계부도확률이면서 누적확률(C_p)이다. 이 장의 뒷 부분에서 금융회사가 p_2를 추정할 수 있는 방법들이 설명되지만 우선 $1-p_2$=0.07이라고 가정하자. 그러면,

$1-p_1$=0.05=연도 1에서의 한계부도확률
$1-p_2$=0.07=연도 2에서의 한계부도확률

따라서 현재(시간 0)부터 연도 2의 말까지 부도가 발생하지 않고 차입자가 살아남을 확률은 $p_1 \times p_2 = (0.95)(0.93) = 0.8835$이다. 현재부터 연도 2의 말 사이의 어느 시점에 채무불이행이 발생할 누적부도확률은

$$C_p = 1-[(0.95)(0.93)] = 0.1165$$

즉, 이 기간 동안에 부도가 발생할 확률은 11.65%이다.

익률 곡선들로부터 등급 B로 분류된 기업차입자에 대한 다기간 부도확률의 시장기대치를 측정하기 원한다.[41)]

먼저 재무부채권의 수익률곡선을 살펴보자. 시장이 효율적이어서 **차익거래가 존재하지 않는다면(no arbitrage)** 2년만기 재무부할인채를 매입하여 만기까지 보유하여 얻는 수익률은 현재 1년만기의 재무부할인채에 투자하고 연도 1의 말에 연도 2의 1년 **선도이자율(forward rate)**로 새로운 1년만기 재무부할인채에 원금과 이자를 재투자하여 얻을 것으로 기대되는 수익률과 같아야 한다. 즉

$$(1+i_2)^2 = (1+i_1)(1+f_1) \tag{1}$$

왼쪽의 항은 2년만기 할인채를 현재 매입하여 만기까지 보유할 때의 수익률이다. 오른쪽의 항은 2개의 1년만기 할인채에 연속적으로 투자할 때 기대되는 수익률이다. 여기서 i_1은 현재 1년만기 채권의 수익률이고 f_1은 다음 해에 기대되는 1년만기 채권의 수익률, 즉 선도이자율이다. 재무부채권의 수익률곡선으로부터 1년만기 및 2년만기 재무부할인채들의 현재 수익률을 직접 알 수 있기 때문에, 다음 연도의 1년만기 재무부채권의 수익률에 대한 시장의 기대치, 즉 1년 선도이자율 f_1을 직접 계산할 수 있다.

$$1+f_1 = \frac{(1+i_2)^2}{(1+i_1)} \tag{2}$$

회사채(우리의 예에서 B등급 회사채)의 1년 선도이자율을 추정하기 위해 회사채 수익률곡선을 이용하여 동일한 유형의 분석을 할 수 있다. 1년 후에 기대되는 1년만기 회사채수익률(c_1)은 f_1에 영향을 주는 보다 일반적인 요인들과 함께 이 등급에 속하는 차입자의 부도확률리스크에 대한 시장의 기대를 반영한다. 즉

$$1+c_1 = \frac{(1+k_2)^2}{(1+k_1)} \tag{3}$$

이제 1년 후에 기대되는 1년만기 회사채와 재무부채권의 수익률을 이용하여 1년 후 1년만기 회사채에 대한 상환확률(p_2)을 추정할 수 있다. $p_2(1+c_1) = 1+f_1$이므로,

---

41) 이 모형을 사용하기 위해, 차입자들을 어느 하나의 등급구분으로 분류하여야 한다. 등급이 없는 기업들에 대하여 등급구분을 하는 한 방법은 이 기업들에 대한 Z비율을 계산하기 위해 Z평점모형을 사용하는 것이다. E. I. Altman은 Z평점과 Standard & Poor' s와 Moody' s 채권등급 간에 높은 상관관계가 존재한다는 분석결과를 제시하였다. 기업이 Z평점모형에 의하여 어느 한 채권등급그룹(예를 들면, 등급 B)으로 일단 분류되면 이 자율 기간구조모형이 미래의 시점에 예상되는 차입자의 부도확률을 추정하기 위해 사용될 수 있다.

예제 6-6 이자율기간구조를 활용한 신용리스크의 측정방법에 의한 다기간 만기 채권(대출)의 부도확률 계산

[그림 6-7]의 수익률곡선으로부터 1년만기와 2년만기 재무부채권들의 현재 수익률들이 각각 i_1=10%와 i_2=11%라는 것을 직접 알 수 있다. 이제 식 (2)를 사용하면 1년 선도이자율 f_1은 다음과 같다.

$$1+f_1=\frac{(1.11)^2}{(1.10)}=1.12 \text{ 또는 } f_1=12\%$$

1년 이자율이 올해 10%(i_1)에서 내년 12%(f_1)로 상승하리라는 기대는 인플레이션과 화폐의 시간가치에 직접적으로 영향을 주는 기타 요인들에 대한 투자자들의 인식을 반영한다.

추가적으로 [그림 6-7]에서, 회사채 수익률곡선은 현재 1년만기 회사채의 수익률은 k_1=15.8%이고 2년만기 수익률은 k_2=18%라는 것을 제시한다. 식 (3)을 이용하면, 1년 후에 기대되는 1년만기 회사채의 수익률(c_1)은 다음과 같다.

$$1+c_1=\frac{(1.18)^2}{(1.158)}=1.202$$

$$\text{또는 } c_1=20.2\%$$

이와 같은 계산들의 결과가 〈표 6-9〉에 요약되어 있다. 표에서 볼 수 있는 바와 같이, 1년 후에 기대되는 1년만기 회사채와 재무부채권 간의 스프레드는 현재 1년만기 회사채와 재무부채권 간의 스프레드보다 크다. 따라서 부도리스크프리미엄은 회사채의 만기가 증가함에 따라 커질 것으로 예상된다.

1년 후에 기대되는 이러한 채권들의 수익률들을 이용하면, 1년 후 1년만기 회사채에 대한 상환확률(p_2)의 기대치는 다음과 같다.

$$p_2=\frac{1.12}{1.202}=0.9318$$

그리고 연도 2에 기대되는 회사채의 부도확률은 다음과 같다.

$$1-p_2=1-0.9318=0.0682, \text{ 또는 } 6.82\%$$

$$p_2=\left[\frac{1+f_1}{1+c_1}\right] \tag{4}$$

따라서, 연도 2에 기대되는 회사채의 부도확률은 다음과 같다

$$1-p_2 \tag{5}$$

동일한 방법으로, 2년 후에 기대되는 1년만기 수익률인 p_3는 재무부채권 수익률곡선과 회사채 수익률곡선으로부터 추정될 수 있다. 이와 같은 방법을 계속해서 적용하면 p_4, …, p_N이 추정될 수 있다.

▶**한계부도확률(marginal default probability)**
차입자가 어느 주어진 연도에 채무를 이행하지 못할 확률.

표 6-9 재무부채권과 회사채의 수익률과 수익률스프레드

	현재 1년 이자율	1년 선도이자율
재무부채권	10.0%	12.0%
회사채(B등급)	15.8	20.2
스프레드	5.8	8.2

▶**누적부도확률(cumulative default probability)**
차입자가 특정한 다년도 기간 동안에 채무를 이행하지 못할 확률.

▶**차익의 거래 비존재(no arbitrage)**
리스크를 선택하지 않고는 이익을 얻을 수 없는 상황.

▶**선도이자율(forward rate)**
미래의 어느 시점에 발행된 채권에 대하여 현재 시점에서 기대되는 1년 이자율.

추정된 확률들은 이전 기에 부도가 나지 않는다는 조건하에서 얻어지는 한계부도확률들이다. 또한 어느 특정 기간 동안 대출 또는 채권의 부도가 발생할 누적부도확률의 개념에 관하여도 논의하였다. 우리의 예에서 등급 B의 회사채의 향후 2년 동안 누적부도확률은 다음과 같이 추정된다.

$$C_p = 1-[(p_1)(p_2)]$$
$$C_p = 1-[(0.95)(0.9318)] = 11.479\%$$

신용평점모형과 같이, 이 모형을 사용하는 경우에도 몇 가지 문제점이 발생한다. 이 모형의 중요한 장점은 미래지향적이고 시장의 예상에 기초한다는 것이다. 더욱이 재무부 스트립과 회사채를 위한 유통시장이 잘 발달되어 있으면 기대되는 회사채의 부도확률을 쉽게 추정할 수 있고, 이 추정치를 채권의 가격을 설정하는데 사용할 수 있다. 그러나 재무부 스트립 시장은 매우 크지만 회사채 시장은 매우 작다. 회사채의 할인 수익률곡선은 회사채 이표 수익률곡선으로부터 수학적으로 도출될 수 있지만, 이 채권들은 활발하게 거래되지 않고 가격들도 매우 투명하지 못하다. 이것을 감안하면 금융회사는 초대형 기업차입자들을 제외하고 부도확률을 도출하기 위해 채권 또는 대출데이터를 이용하는 다른 방법을 생각해야만 한다. 다음 절들에서 이러한 방법을 살펴볼 것이다.

개념질문

1. 한계부도확률과 누적부도확률의 차이는 무엇인가?
2. 차입자가 담보를 제공하는 경우 대출의 리스크프리미엄에 어떤 영향을 미치는가?

신용리스크의 사망률 측정

금융회사는 현재의 이자율 기간구조로부터 기대되는 부도율을 측정하는 대신 유사한 질적 특성을 가진 채권과 대출의 역사적 또는 과거 부도율, 즉 **사망률(mortality rates)**을 분석할 수 있다. 신용리스크의 사망률 모형을 사용하여 p_1과 p_2를 계산하는 문제를 생각해 보자. 여기서 p_1은 등급 B의 회사채 또는 대출이 발행된 첫 번째 연도 동안 생존할 확률이다. 따라서 $1-p_1$은 등급 B의 회사채 또는 대출이 발행된 첫 번째 연도 동안에 부도가 날 확률, 즉 **한계사망률(marginal mortality rate)**이다. p_2는 첫 번째 연도에 채무불이행이 발생하지 않았을 경우에 채권 또는 대출이 두 번째 연도에 생존할 확률이고 $1-p_2$는 두 번째 연도 동안 채권 또는 대출의 한계사망률이다. 따라서 기업차입자의 질적 특성에 의한 등급별 한계사망률(MMR)곡선은 채권 또는 대출이 발행된 후 특정한 등급에 속하는 채권의 역사적 부도율을 보여 준다.

[그림 6-8]에서 등급 B 채권의 경우 연수가 증가함에 따라 부도날 확률이 증가한다는 것에 주목하라. 물론 현실에서는 어느 형태의 사망률곡선도 가능하다. MMR 곡선은 수평이거나 시간이 흐름에 따라 감소할 수도 있다. 또한 MMR 곡선은 더 복잡한 형태를 보일 수도 있다. 이와 같은 한계사망률은 채권과 대출의 채무불이행에 관한 실제 데이터로부터

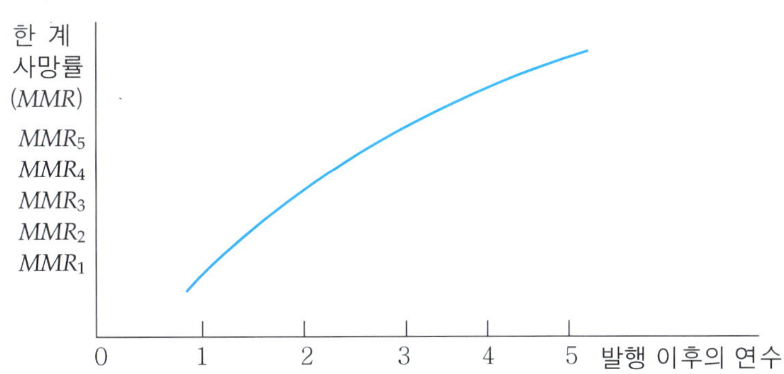

자료: Excerpted, with permission, from *Default Risk, Mortality Rates, and the Performance of Corporate Bonds*, 1989. Copyright 1989. Association for Investment Management and Research, Charlottesville, VA. All rights reserved.

그림 6-8 등급 B 회사채의 가상적 한계사망률곡선

표 6-10 회사채의 등급별 사망률 (1971년-2002년)

		발행 이후의 연수									
		1	2	3	4	5	6	7	8	9	10
AAA	한계	0.00%	0.00%	0.00%	0.00%	0.03%	0.00%	0.00%	0.00%	0.00%	0.00%
	누적	0.00	0.00	0.00	0.00	0.03	0.03	0.03	0.03	0.03	0.03
AA	한계	0.00	0.00	0.33	0.17	0.00	0.00	0.00	0.00	0.03	0.02
	누적	0.00	0.00	0.33	0.50	0.50	0.50	0.50	0.50	0.53	0.55
A	한계	0.01	0.10	0.02	0.09	0.04	0.10	0.05	0.20	0.11	0.06
	누적	0.01	0.11	0.13	0.22	0.26	0.36	0.41	0.61	0.72	0.78
BBB	한계	0.25	3.42	1.52	1.44	0.92	0.57	0.80	0.26	0.17	0.35
	누적	0.25	3.66	5.13	6.49	7.35	7.88	8.62	8.85	9.01	9.33
BB	한계	1.23	2.62	4.53	2.15	2.49	1.14	1.67	0.67	1.76	3.78
	누적	1.23	3.82	8.17	10.15	12.39	13.39	14.83	15.40	16.89	20.03
B	한계	3.19	7.14	7.85	8.74	6.22	4.28	3.88	2.39	2.07	0.87
	누적	3.19	10.10	17.16	24.40	29.10	32.14	34.77	36.33	37.65	38.19
CCC	한계	6.70	14.57	16.16	11.28	3.36	10.26	5.35	3.25	0.00	4.18
	누적	6.70	20.29	33.17	40.71	42.70	48.58	51.33	52.92	52.92	54.88

*채권발행시점에서 S&P 등급

자료: E. I. Altman and G. Bana, "Defaults and Returns on High-Yield Bonds: The Year 2002 in Review and the Manket Outlook" Working Paper, New York University Saloman Center, February 2003.

추정될 수 있다. 예를 들어 등급 B의 채권의 경우에는 MMR은 다음과 같이 계산된다.

$$MMR_1 = \frac{\text{발행 1차년도에 부도가 발생한 등급 B 채권의 총금액}}{\text{발행 1차년도에 등급 B 채권잔고의 총금액}}$$

$$MMR_2 = \frac{\text{발행 2차년도에 부도가 발생한 등급 B 채권의 총금액}}{\begin{array}{l}\text{발행 2차년도에 등급 B 채권잔고의 총금액}\\ \text{이전 연도에 발생한 채무불이행, 지불청구,}\\ \text{감채기금상환, 만기에 대하여 조정된 금액}\end{array}}$$

▶**사망률(mortality rates)**
채권 또는 대출의 역사적 부도율.

▶**한계사망률(marginal mortality rate)**
주어진 특정 연도에 채권 또는 대출이 부도가 발생할 확률.

〈표 6-10〉은 1971년-2002년 기간 동안 1,513개의 등급부여 회사채 표본에 대한 한계사망률과 누적사망률의 추정치들을 보여 준다. 〈표 6-10〉으로부터 채권의 등급이 낮을수록 사망률은 더 높다는 것을 알 수 있다.

사망률모형은 많은 개념적인 문제점들과 적용상의 문제점들을 가지고 있다. 이러한 문제점들 중에서 가장 중요한 것은 신용평점모형과 같이 사망률모형은 역사적 또는 후방지향적 측정치라는 것이다. 또한 부도율의 추정치들과 이로부터 시사되는 미래의 부도율은 금융회사가 MMR을 계산하는 기간에 따라 매우 민감해지는 경향을 가진다. 아울러 사망률 추정치는 각 투자등급에 속하는 발행채권의 수와 상대적 규모에 민감하다.[42]

개념질문

1. 〈표 6-10〉에서 CCC등급 회사채의 3년 동안의 누적사망률이 33.17%이다. 각 연도의 한계사망률을 이용하여 이 수치를 확인하라.
2. 금융회사가 누적사망률이 33.17%인 대출채권을 매입하는 이유는 무엇인가?

RAROC 모형

시장데이터에 기초하여 신용리스크를 평가하기 위해 사용되는 모형으로 점차 인기가 증가하고 있는 모형이 RAROC 모형이다. RAROC(risk-adjusted return on capital) 모형은 Bankers Trust(1998년에 Deusche Bank에 의하여 인수되었다)에 의하여 개발되었고 은행들간 상당한 차이가 있지만 실제로 현재 미국과 유럽의 모든 대형 은행들에 의하여 활용되고 있다.

RAROC 모형의 핵심적인 아이디어는 대출담당자는 실제 또는 계약상에 약속된 대출의 연간 ROA, 즉 순이자와 수수료를 대출금액으로 나눈 값을 평가하기보다는 대출리스크에 대응한 이자 및 수수료 수입이 확보되느냐를 평가하여야 한다는 것이다. 따라서 연간대출수입을 단순히 자산으로 나누기보다는 (기대하지 않은) 대출손실은 금융회사의 자본에 의하여 상각되어야 하기 때문에 대출리스크의 지표 또는 소위 자본리스크(capital at risk)로 나눈다.[43] RAROC은 다음과 같이 정의된다.

$$RAROC = \frac{\text{대출로부터 발생되는 연간수입}}{\text{대출리스크 또는 자본리스크}}$$

대출은 RAROC이 벤치마크 자기자본이익률(ROE)에 비해 상대적으로 충분히 클 때에만

42) 예를 들면, 〈표 6-10〉에 있는 추정치들은 1,513개의 채권들에 의하여 계산된 것이지만, 이 추정치들은 매우 넓은 신뢰구간을 가진다. Saunder and Allen, Credit Rate Measurement, 제8장 참조.

43) 전통적으로 기대되는 대출손실은 은행의 손실충당금에 의하여 상각되는 반면 기대되지 않은 또는 극단적인 대출손실은 은행의 자기자본에 의하여 상각된다.

승인된다. 여기서 ROE는 주주들이 금융회사에게 주식투자에 대하여 요구하는 수익률이다. 핵심은 대출의 리스크조정자본이익률(RAROC)이 금융회사의 주주들이 요구하는 ROE로 측정되는 자기자본 가치를 증가시킬 때에만 대출이 이루어져야 한다는 것이다. 따라서 만일 금융회사의 ROE가 15%이면 RAROC의 추정치가 금융회사의 주주들이 요구하는 15% 보다 큰 경우에만 대출이 이루어져야 한다. 달리 말하면 만일 기존대출에 대한 RAROC 이 금융회사의 RAROC 기준 이하로 하락하면 대출담당자는 대출의 수익성을 높이기 위해 대출 조건을 조정하여야만 한다.

RAROC의 분자는 상대적으로 측정이 용이하다. 특히 대출의 연간순수입은 다음과 같이 계산할 수 있다.

$$\text{대출의 연간 순수입} = (\text{스프레드} + \text{수수료}) \times \text{대출금액}$$

금융회사는 대출의 연간 순수입 계산시 간접비와 세금비용을 공제할 수도 있다. 그러나 RAROC을 측정할 때 어려운 것은 식의 분모인 대출리스크의 측정이다. 대출리스크 측정에는 듀레이션모형을 사용하는 방법과 대출의 부도율을 사용하는 방법이 있다.

RAROC의 분자는 상대적으로 측정이 용이하다. 특히 대출의 연간순수입은 다음과 같이 계산할 수 있다. 듀레이션을 논의한 제4장에서 대출자산의 시장가치 % 변화 ($\Delta LN/LN$)는 대출의 듀레이션과 이자율변화의 크기($\Delta R/(1+R)$)와 다음과 같이 연관되어 있다는 것을 살펴보았다.

$$\frac{\Delta LN}{LN} = -D_{LN}\frac{\Delta R}{1+R}$$

이자율변화가 신용의 질 변화(또는 신용리스크프리미엄의 변화)로 대체된다는 점 이외에 동일한 개념이 여기서 적용된다. 따라서 대출리스크 또는 대출의 자본리스크를 추정하기 위해 듀레이션 방정식을 다음과 같이 쓸 수 있다.

$$\Delta LN = -D_{LN} \times LN \times \frac{\Delta R}{1+R}$$

■ 듀레이션을 사용하는 방법

대출의 듀레이션(예를 들어 2.7년)과 대출금액(예를 들어 100만 달러)은 쉽게 추정되지만, 다음 연도 동안 대출의 신용리스크프리미엄의 최대 변화크기를 추정하는 것은 어려운 일이다. 공개적으로 이용 가능한 대출리스크프리미엄에 관한 자료는 거의 없기 때문에 대출리스크프리미엄을 추정하기 위해 공개적으로 이용가능한 회사채 시장자료를 이용한다. 우선 S&P 신용등급(AAA, AA, A 등)이 차입자에게 부과된다. 다음으로 지난 연도 동안 특

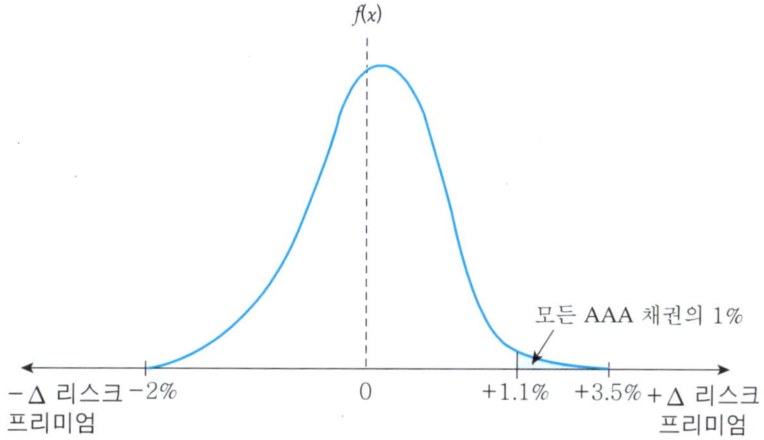

그림 6-9 2009년 동안 모든 AAA등급 채권의 수익률스프레드 변화의 가상적인 확률분포

정한 신용등급에 속하여 거래된 모든 채권들의 신용리스크프리미엄 변화가 분석된다. RAROC 방정식에서 ΔR은 다음과 같다.

$$\Delta R = \text{Max}\,[\Delta(R_i - R_G) \rangle 0]$$

여기서 $\Delta(R_i - R_G)$는 지난 연도 동안 신용등급 i의 회사채수익률(R_i)과 동일한 듀레이션을 가지는 국채수익률(R_G)의 수익률 차이인 수익률스프레드의 변화이다. 가장 최악의 상황만을 고려하기 위해 수익률스프레드의 평균변화가 아니라 수익률스프레드의 최대 변화가 선택된다. 일반적으로 1%의 최악의 경우나 신용리스크변화의 99번째 백분위수가 선택된다.

■부도율을 사용하는 방법

금융회사들은 자기 자신의 RAROC 모형에서 ΔLN을 계산하는 데 다양한 방법들을 사용하고 있다. 일부 금융회사들, 즉 일반적으로 매우 좋은 대출 부도율 데이터베이스를 가지고 있는 경우에는 1달러의 대출로부터 발생하는 연간수입을 예상치 않은 부도율(unexpected default rate)과 부도손실률(loss given default)이라고 하는 채무불이행시 발생하는 대출손실의 비율을 곱한 것으로 나눈다.

$$RAROC = \frac{\text{1달러의 대출로부터 발생되는 연간수입}}{\text{예상치 않은 부도율} \times \text{부도손실률}}$$

대출 1달러당 기대되는 수입이 0.3센트 또는 0.003달러라고 하자. 이 유형의 차입자들의

예제 6-7 대출의 RAROC 계산

듀레이션이 2.7년인 100만 달러 대출의 신용리스크를 평가하기 원한다고 하자. 이 등급에는 현재 400개의 상장회사들의 채권들(말하자면 차입자와 유사한 신용등급을 가진 기업들이 발행된 채권들)이 존재한다고 가정하자. 첫 단계는 지난 연도(이 예에서는 2009년) 동안 이들 채권들 각각의 신용리스크프리미엄(R_i−R_G)의 실제변화들을 평가하는 것이다. 이들의 변화가 [그림 6-9]에 확률분포로 그려져 있다. 신용리스크프리미엄의 변화는 −2%의 감소로부터 3.5%의 증가에 이르는 범위를 가진다. 최대의 증가분은 매우 극단적인 값일 수 있기 때문에 99%의 최악의 상황 시나리오가 선택된다(말하자면 400개 중에서 4개의 채권들만이 99%의 최악의 경우를 초과하는 신용리스크프리미엄의 증가를 가진다). [그림 6-9]에서 이에 해당되는 신용리스크프리미엄의 변화는 1.1%이다.

현재 AAA등급 채권의 평균수익률(R)이 10%라고 가정하면 대출리스크의 추정치는 다음과 같이 계산된다.

$$\begin{aligned}\Delta LN &= -D_{LN} \times LN \times \frac{\Delta R}{1+R} \\ &= -(2.7)(\$1,000,000)\left(\frac{0.011}{1.1}\right) \\ &= -\$27,000\end{aligned}$$

따라서 대출금액의 액면가격은 100만 달러인 반면 신용의 질이 감소하는 데 기인한 리스크 금액 또는 대출의 시장가치변화는 27,000달러이다.

이 대출을 해 줄만한 가치가 있는가를 결정하기 위해 추정된 대출리스크를 대출의 수입(금융회사의 대출스프레드와 대출수수료를 합한 것과 비교한다. 예측된 스프레드와 대출수수료의 합은 다음과 같다고 하자.

$$\begin{aligned}\text{스프레드} &= 0.2\% \times \$1,000,000 = \$2,000 \\ \text{수수료} &= 0.1\% \times \$1,000,000 = \$1,000 \\ & \qquad\qquad\qquad\qquad\quad \overline{\$3,000}\end{aligned}$$

이 대출의 RAROC은 다음과 같다.

$$RAROC = \frac{\text{대출로부터 발생되는 연수입}}{\text{대출리스크 또는 리스크자본}(\Delta LN)} = \frac{\$3,000}{\$27,000} = 11.1\%$$

99번째 백분위수인 역사적 부도율이 4%이고 회수될 수 없는 대출손실의 비율은 80%이다. 이 경우 RAROC은 다음과 같이 계산된다.[44]

---

44) 예기치 않은 부도율을 계산하기 위해 같은 유형을 가지는 대출의 연간부도율의 표준편차를 계산하고, 이와 같은 표준편차와 99%(또는 99% 이상) 부도율 또는 부도율부분이 자기자본에 의하여 충당되는 비율을 나타내는 값을 곱하는 것이 일반적이다. 예를 들면, 만일 손실분포가 정규분포이면 극단적인 99%의 부도율을 계산하기 위해 부도율의 표준편차와 2.33이 곱하여진다. 많은 금융회사들의 경우 부도율의 분포는 오른쪽으로 기울어져 있고 두터운 꼬리부분을 가진다. 이것은 극단적인 99%의 부도율을 계산하기 위해 표준편차와 곱하여지는 값이 2.33보다 훨씬 커야 한다는 것을 의미한다. 예를 들면, 99.97%의 부도율을 계산하기 위해 Bank of America는 역사적으로 6의 승수를 사용하였다. 마지막으로 분모는 주어진 대출과 나머지 금융회사의 포트폴리오의 상관관계의 정도를 반영하여 조정될 수도 있다. Edward Zaik, et al., "RAROC at Bank of America: From Theory to Practice," *Journal of Applied Corporate Finance*, Summer 1996, pp. 83-93 참조.

$$RAROC = \frac{0.003}{(0.04)(0.8)} = 9.375\%$$

개념질문

1. RAROC 모형의 기본개념을 설명하라

채무불이행리스크의 옵션모형[45]

■ 기본이론

노벨경제학상 수상자들인 Merton, Black, Scholes 등의 선구적인 업적을 통하여 우리는 이제 기업이 채권을 발행하거나 또는 은행대출을 증가시켜서 자금을 조달할 때 기업은 매우 가치 있는 채무불이행 또는 채무상환옵션을 가진다는 것을 알고 있다.[46] 만일 차입자의 투자프로젝트가 실패하여 차입자가 채권보유자 또는 은행에게 상환할 수 없으면 차입자는 부채상환에 대한 채무를 이행하지 못하고 남은 자산들을 부채보유자에게 넘겨 주는 옵션을 가진다. 주주의 유한책임 때문에 차입자의 손실은 기업에 투자된 자기자본의 금액으로

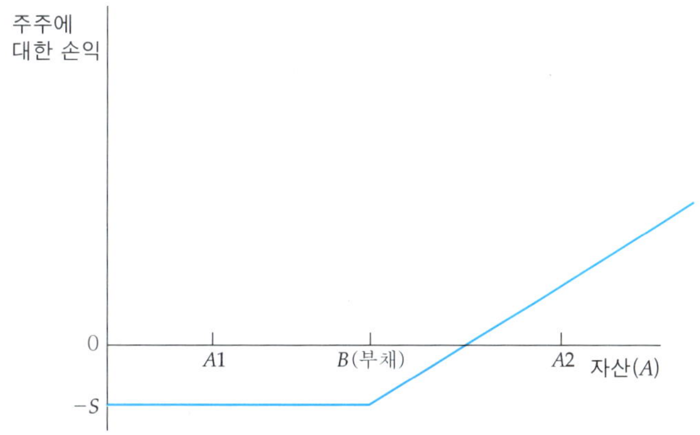

그림 6-10 기업차입자(주주)의 손익함수

---

45) 이 부분은 매우 전문적인 내용을 포함하고 있으므로 경우에 따라 생략할 수 있음.

46) R. C. Merton, "On the Pricing of Corporate Debt: The Risk Structure of Interest Rates," *Journal of Finance* 29 (1974), pp. 449-470과 F. Black and M. Scholes, "The Pricing of Options and Corporate Liabilities," *Journal of Political Economy* 81 (1973), pp. 637-659 참조.

제한된다.[47] 반면에, 만일 차입자의 투자프로젝트가 성공하면 차입자는 부채에 대하여 약속된 원금과 이자를 지급한 후 자산 투자의 수입 대부분을 가질 수 있다. KMV Corporation(2002년에 Moody's에 의하여 인수되었다)은 이와 같이 상대적으로 간단한 아이디어를 신용감시모형(credit monitoring model)으로 전환시켰다. 미국의 대형 금융회사들 대부분은 현재 대기업들의 예상부도확률(expected default frequency ; EDF)을 결정하기 위해 이 모형을 사용하고 있다.[48] KMV 신용감시모형을 살펴보기 전에 부도리스크를 추정하기 위한 옵션모형의 기초이론을 살펴보자.

■대출로부터의 차입자 손익

[그림 6-10]에 있는 차입자의 손익함수(payoff function)를 살펴보라. 그림에서 S는 기업의 최초 자기자본 투자규모이고, B는 채권 또는 대출의 잔고가치이며(간단한 논의를 위해 할인채으로 발행되었다고 가정한다) A는 기업이 보유한 자산의 시장가치이다.

만일 [그림 6-10]에서 투자가 결과적으로 잘못되어 기업의 자산가치가 A_1이 되면 기업의 소유주인 유한책임을 가진 주주는 기업의 부채를 상환하지 못하여 자기의 자산(A_1)을 부채보유자에게 넘겨 주며, 이에 따라 최대 기업의 최초 자기자본(S)만큼 손실을 입게 된다. 이와는 달리 기업의 투자가 성공적이고 기업의 자산가격이 A_2로 높으면 기업의 주주는 기업의 부채를 지불하고 그 차이(A_2-B)를 가진다. 분명히 A_2가 B에 비하여 상대적으로 크면 클수록 기업의 주주는 보다 크게 보상받는다. 차입자가 채권 또는 대출을 발행하는 것은 투자가 실패하면 자기자본만큼 제한된 손실리스크에 직면하는 반면 투자가 성공적이

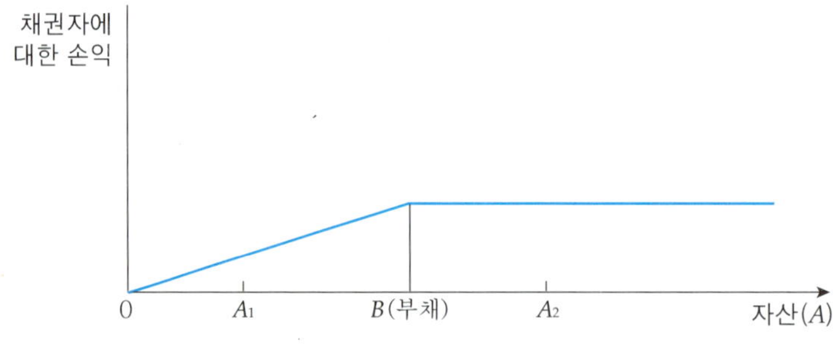

그림 6-11 채권자의 손익함수

47) 개인파산에서 발생한 손실에 대한 책임한도 때문에 유사한 분석이 소매대출과 소비자대출에 적용될 수 있다.

48) KMV Corporation Credit Monitor, KMV Corporation, San Francisco, 1994; Saunders and Allen *Credit Risk Management*, *Chapter 4* 참조.

면 매우 큰 잠재적 이익을 얻을 수 있다는 점에서 마치 기업의 자산에 대한 콜옵션을 매입하는 것과 같다.

■대출로부터의 채권자 손익

금융회사 또는 채권보유자의 관점에서 동일한 대출 또는 채권을 생각해 보자. 금융회사 또는 채권자가 회수할 수 있는 최대금액은 약속된 상환금액인 B이다. 그러나 채무불이행 옵션 또는 상환옵션을 가지고 있는 차입자는 $A>B$이면, 즉 자산의 시장가치가 약속된 부채상환의 시장가치를 초과하면 당연히 부채를 상환할 것이다. 반면에 자산의 시장가치가 B 미만이면 차입자는 채무를 이행하지 못하고 남은 자산을 채권자에게 넘길 것이다. 채권의 손익함수는 [그림 6-11]에 그려져 있다.

투자가 이루어진 후 기업의 자산가치가 A_2와 같이 부채의 액면가치인 B의 오른쪽에 있는 점이 되면 채권자 또는 금융회사는 부채 전체인 B를 상환받을 것이다. 반면에 자산가치가 A_1과 같이 B의 왼쪽에 있으면 채권자는 담보로 남아 있는 자산만을 회수할 것이고, 이에 따라 $(B-A_1)$의 손실을 입는다. 따라서 금융회사의 관점에서 대출의 가치는 항상 B와 A 중의 최소값, 즉 $\min[B, A]$이다. 즉 채권자의 손익함수는 부채의 액면가치인 B를 행사가격(exercise price)으로 가진 차입자의 자산가치에 대한 풋옵션(put option)을 발행하는 것과 같다. 만일 $A>B$이면 대출은 상환되고 채권자는 할인채의 묵시적 이자율인 고정수익률(풋옵션의 프리미엄과 유사하다)을 번다. 만일 $A<B$이면 차입자는 채무불이행하게 되고 채권자는 이자와 원금을 잃게 된다. 만일 아무런 자산을 남기지 않은 기업의 채무불이행이 이루어지면 채권자는 모든 원금과 이자를 잃는다. 실제로 파산의 비용이 존재하면 채권자는 잠재적으로 원금과 이자 이상을 잃을 수 있다.

■부도리스크프리미엄 계산을 위한 옵션모형의 적용

Merton은 이상과 같은 옵션모형을 사용하여 금융회사가 차입자에게 행하는 위험대출의 시장가치를 다음과 같이 간단하게 나타낼 수 있다는 것을 보였다.[49]

$$F(\tau) = Be^{-i\tau}[(1/d)N(h_1) + N(h_2)] \tag{6}$$

τ = 대출만기까지의 잔여기간; 즉 $\tau=T-t$, T는 만기시점이고 t는 현재시점이다.

d = $Be^{-i\tau}/A$로 측정되는 차입자의 부채비율. 여기서 부채의 시장가치는 무위험 이자율인 i로 결정된다.

49) Merton, "On the Pricing of Corporate Debt." 참조.

예제 6-8 옵션모형을 이용한 대출의 가격과 이자율 계산

다음과 같은 값들이 주어져 있다고 하자.

$$B=\$100{,}000,\ \tau=1\text{년},\ i=5\%,\ d=90\%\ \text{또는}\ 0.9,\ \sigma=12\%$$

즉 자산가치의 변동성(σ)뿐만 아니라 기업이 보유한 자산의 시장가치(이에 따라 $d=Be^{-i\tau}/A$)를 측정할 수 있다고 하자. 이어서 이 값들을 h_1과 h_2를 계산하기 위한 방정식에 대입하여 h_1과 h_2를 구하고, 이 값들을 이용하여 표준정규분포함수의 아래에 있는 면적을 구하면

$$h_1=\frac{-[1/2(0.12)^2-\ln(0.9)]}{0.12}=-0.938$$

$$h_2=\frac{-[1/2(0.12)^2+\ln(0.9)]}{0.12}=+0.818$$

이므로

$$N(h_1)=0.174120$$
$$N(h_2)=0.793323$$

따라서 이 대출의 현재 시장가치는

$$\begin{aligned}F(\tau)&=Be^{-i\tau}[(1/d)N(h_1)+N(h_2)]\\&=\frac{\$100{,}000}{1.05127}[(1.1111)(0.17412)+0.793323]\\&=\frac{\$100{,}000}{1.05127}[0.986788]\\&=\$93{,}866.18\end{aligned}$$

이고 요구되는 리스크스프레드 또는 리스크프리미엄은

$$\begin{aligned}k(\tau)-i&=(-1/\tau)\ln[N(h_2)+(1/d)N(h_1)]\\&=(-1)\ln[0.986788]\\&=1.33\%\end{aligned}$$

따라서 무위험이자율(i)이 5%일 때 위험대출의 이자율 $k(\tau)$은 6.33%으로 설정되어야 한다.

$N(h)$ = 표준정규분포표에서 계산되는 값. 이 값은 표준정규변수의 값이 h보다 작을 확률을 나타낸다.

$$h_1=-\left[\left(\frac{1}{2}\right)\sigma^2\tau-ln(d)\right]/\sigma\sqrt{\tau}$$

$$h_2=-\left[\left(\frac{1}{2}\right)\sigma^2\tau+ln(d)\right]/\sigma\sqrt{\tau}$$

σ^2 = 차입자가 보유한 자산리스크의 정도. 기술적으로 말하면 σ^2은 차입자가 보유한 기초자산의 가치 변화율의 분산이다.

이에 더하여 차입자에게 부과되어야 하는 균형 부도리스크프리미엄은 수익률스프레드의 크기를 이용하여 다음과 같이 측정될 수 있다.

$$k(\tau)-i=(-1/\tau)\ln[N(h_2)+(1/d)N(h_1)]$$

$k(\tau)$ = 리스크부채에 대하여 요구되는 수익률(약정수익률)

ln = 자연로그

i = 같은 만기를 가진 부채에 대한 무위험이자율

결과적으로 Merton은 대출자는 d와 σ^2이 변화함에 따라, 즉 부채비율과 자산리스크가 변화함에 따라 요구되는 리스크프리미엄을 조정하여야 한다는 것을 보였다.

이론적으로 말하면 이 모형은 신용리스크프리미엄과 부도확률을 도출하기 위한 훌륭한 도구이다. 이 모형은 또한 신용리스크의 측정에서 초점을 맞추어야 할 대상이 어떤 변수들(예를 들면, 기업이 보유한 자산의 시장가치(A)와 자산리스크(σ^2))인지에 관한 중요한 개념적인 의미를 가지고 있다. 그럼에도 불구하고, 이 모형은 실제로 적용하는데 많은 문제점이 나타난다. 아마도 가장 중요한 것은 기업이 보유한 자산의 시장가치(A)와 자산가치의 변동성(σ^2) 어느 것도 직접적으로 관측되지 않는다는 사실이다.

■KMV 옵션모형과 예상부도확률

KMV 모형은 기업이 보유한 자산의 시장가치(A)와 자산가치의 변동성(σ^2)을 측정하기 위해 옵션가격모형(option pricing model; OPM)을 사용하는 데서 발생하는 이와 같은 문제를 인식한다. KMV 모형은 주주의 관점에서 기업의 자기자본의 시장가치를 기업의 자산에 대한 콜옵션을 보유하는 것과 동등한 것으로 사용한다. 기업이 보유한 자기자본의 시장가치와 자산의 시장가치 사이의 관계로부터 기업의 자산가치 변동성(σ)과 기업이 보유한 자산의 시장가치(A)를 구하는 것이 가능하다.[50] 이와 같이 구한 σ와 A를 사용하면서 다음 연도 동안 기업이 보유하고 있는 현재 부채잔고와 비교하여 기업이 보유하고 있는 자산 가치의 분포가 계산될 수 있다. [그림 6-12]에서 보는 바와 같이 계산되는 예상부도확률(expected default frequency; EDF)은 기업이 보유하고 있는 자산의 시장가치(A)가 1년 내에 기업이 보유하고 있는 단기부채(B)의 상환금액 이하로 하락할 확률을 반영한다. 만일

50) 보다 정확하게 말하면 해당기업 주식의 시장가치(E)와 주식의 시장가치 변동성(σ_E)이 사용된다. 자기자본은 기업의 자산에 대한 콜옵션으로 간주할 수 있고 기업의 자기자본 시장가치의 변동성은 기초자산의 부채조정 변동성(leverage adjusted volatility)을 반영하기 때문에, 다음과 같은 2개의 방정식을 가지게 된다. $\overline{E}=f(A, \sigma, \overline{B}, \overline{r}, \overline{\tau})$과 $\overline{\sigma_E}=g(\sigma)$, 여기서 변수 위의 바는 직접적으로 측정이 가능한 값들을 나타낸다. 2개의 방정식과 2개의 미지수(A, σ)를 가지기 때문에 A와 σ에 대하여 이 방정식들을 풀고 예상부도확률(EDF)을 계산하기 위해 기업의 단기부채잔고 또는 유동부채에 관한 데이터와 함께 이들 값들을 사용한다.

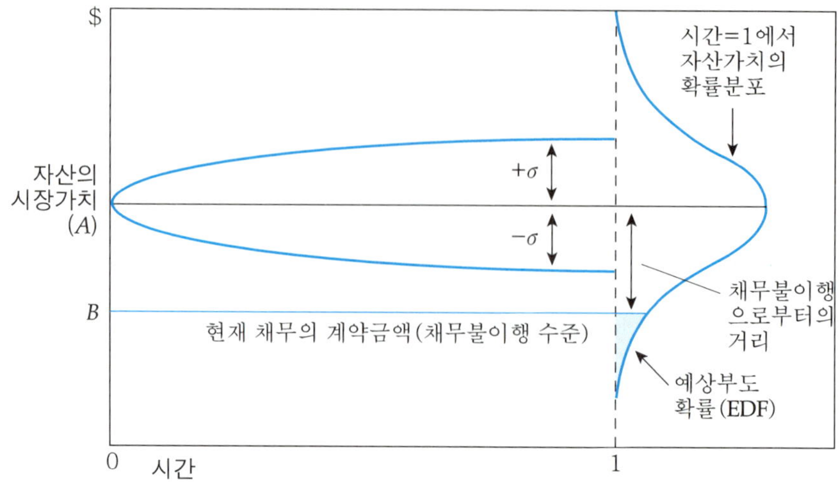

자료: KMV Corporation Credit Monitor. Reprinted by permission of KMV Corporation. *www.kmv.com*

그림 6-12 KMV 모형을 사용하여 계산되는 예상부도확률

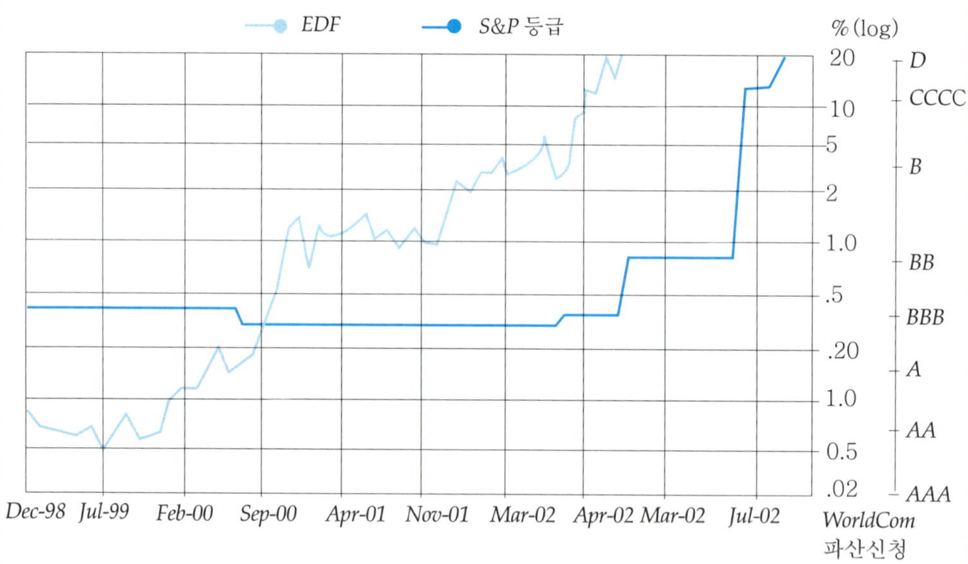

자료: KMV Corporation San Francisco, Califormia. *www.kmv.com*

그림 6-13 WorldCom에 대한 KMV와 S&P의 등급판정비교

기업자산의 시장가치가 기업의 단기부채 이하로 하락하면, 이 기업은 경제적으로 지급불능 상태에 있는 것으로 여겨질 수 있다.

기업의 자산가치(A)가 0 시점에 1억 달러이고, 단기부채의 가치가 8,000만 달러라고 가정하자. 또한 자산가치의 내재변동성(σ)은 1,212만 달러로 추정되며, 자산가치의 변화는 정규분포를 따른다고 가정하자. 기업은 자산가치가 8,000만 달러 이하로 떨어질 때만 파산에 이르게 된다. 1.65σ만큼의 하락이면, 1.65×1,212만 달러 =2,000만 달러가 된다. 통계적으로 볼 때, 정규분포에서 평균을 중심으로 ±1.65σ보다 큰 구간은 이론적으로 각각 5%의 확률로 해석된다. 따라서 KMV 모형은 기업이 다음 해에 파산에 이를 이론적 확률이 각각 5%일 경우를 상정한다. 그러나 KMV는 시간에 따른 자산가치(A)의 진정한 분포를 모르기 때문에, 실증적으로 EDF를 계산한다. 이 모형은 근본적으로 다음과 같은 질문을 한다: 실제로 자산가치가 파산기준으로부터 1.65σ의 거리만큼([그림 6-12] 참조) 떨어진 상태로 올해를 시작한 기업 중 얼마나 많은 기업이 올해 말에 파산하는가? 이 값은 5%일 수도 있고 아닐 수도 있다.

KMV의 시뮬레이션 결과는 EDF 모형이 기업의 파산을 예측하는 모형으로서 Z평점 유형의 모형들이나 *S&P* 등급변동보다 더 월등하다는 것을 보여 주고 있다.[51] 2002년 7월 21일 파산보호를 신청한 WorldCom의 예는 [그림 6-13]에서 볼 수 있다. KMV 점수(EDF)는 신용평가회사가 기업의 부채등급을 하향하는 것보다 빨리 상승하는 것을 알 수 있다. 실제로 신용평가회사의 등급은 WorldCom의 리스크증가에 반응이 매우 늦거나 또는 너무나 둔감하다. KMV 점수는 WorldCom이 파산하기 1년 전부터 상승하기 시작했다. 따라서 KMV EDF 점수는 파산이 임박한 회사들에 대해 더 나은 조기경보를 제공하는 것을 알 수 있다.[52] WorldCom같이 리스크가 높은 기업들에게 높은 등급을 부여하는 신용평가회사들을 통제하기 위해 2006년 9월 신용평가회사개혁법(Credit Rating Agency Reform Act)이 통과되었다. 이 법은 증권거래위원회에게 신용평가회사들에 대한 규제감독권을 주었으며 경쟁을 통하여 신용평가회사들의 태만을 억제하려는 목적을 지니고 있다.

개념질문

1. 이 장에서 논의된 모형들 중에서 어느 것이 실제로 미래를 예측하는 신용리스크모형인가?
2. 만일 차입자의 부채비율과 이익변동성이 감소하면 대출의 리스크프리미엄은 어떤 영향을 받는가?
3. 기업이 보유하고 있는 자산가치의 변동성과 기업의 기대부도확률 간의 관계는 무엇인가?

51) KMV는 6,000개 이상의 미국기업들과, 50,000개 이상의 상장된 세계기업들, 그리고 2,200,000개 이상의 비상장 세계기업들의 월별 EDF를 제공한다.

52) 이에 대한 한 가지 이유는 KMV 점수는 기업의 미래전망에 대한 새로운 정보에 매우 민감한 주식시장 자료로부터 도출되기 때문이다.

요 약

이 장에서는 개별대출(또는 채권)의 신용리스크 또는 부도리스크를 측정하는 여러 가지 방법들을 논의하였다. 먼저 금융회사가 제공하는 대출의 종류와 기본적인 특성들을 검토하였다. 대출의 기대수익률은 대출수수료, 보상잔고, 이자율, 만기와 같은 요소들에 의해서 결정된다는 것을 살펴보았다. 부도리스크를 평가하기 위한 여러 가지 모형들로는 정성적인 모형들과 정량적인 모형들이 있다. 정성적인 모형들은 일반적으로 평판 및 부채비율과 같은 기업관련 요인들과 경기순환 및 이자율수준과 같은 시장관련 요인들을 고려한다. 선형확률모형, 로짓모형, 선형판별분석모형과 같은 정량적인 모형들은 예상되는 부도리스크에 의하여 대출의 순위를 결정하고 대출을 분류할 수 있는 신용평점을 제공한다. 보다 엄밀한 정량적 모형들은 금융이론과 금융데이터를 사용한다. 이러한 모형들로는 이자율 기간구조모형, 사망률모형, RAROC 모형, 옵션모형이 있다. 다음 장에서는 대출포트폴리오리스크 또는 대출집중리스크를 측정하기 위한 방법들을 살펴본다.

연습문제

1. 신용리스크 분석은 왜 금융회사 리스크관리의 중요한 요소인가? 최근 금융회사의 어떤 활동들이 신용리스크 평가를 금융회사의 경영자와 규제당국 모두에게 보다 어렵게 만들고 있는가?
2. 담보대출과 무담보대출을 구별하라. 고정이자 대출에서 신용리스크의 대부분을 누가 부담하는가? 금융회사는 왜 특히 장기대출에 대하여 변동이자율 부과를 선호하는가?
3. 즉시대출은 대출약정과 어떻게 다른가? 대출약정을 통한 차입의 장점과 단점은 무엇인가?
4. 미국에서 왜 기업대출의 중요성이 감소하는가? 기업대출의 중요성이 감소하면 전체 기업대출 활동에 어떠한 영향을 미치는가?
5. 주택모기지 대출의 주요 특성들은 무엇인가? 경제 전체에서 고정이자 모기지에 대한 변동이자 모기지의 비율은 왜 이자율순환에 따라 변화하는가? 언제 이 비율이 가장 높은가?
6. 미국 은행들에서 중요한 2가지 소비자대출들은 무엇인가? 회전대출(revolving loans)은 비회전대출(nonrevolving loans)과 어떻게 다른가?
7. 신용카드 거래과정은 금융회사의 신용감시기능을 어떻게 돕는가? 전형적인 신용카드거래에서 누가 수수료를 받는가? 서비스제공이 관련된 수수료의 지불을 보장하는가?
8. 보상잔고는 무엇인가? 보상잔고 요구조건과 금융회사에 대한 대출 수익률의 관계는 어떠한가?
9. County Bank는 9%의 이자율을 가진 1년만기 대출을 제공하면서 10%의 보상잔고를 요구하고 있다. 차입자에게 이 대출의 실제 비용은 얼마인가? 만일 15%의 보상잔고가 요구되면, 이 비용은 얼마나 변화하는가? 만일 20%의 보상잔고가 요구되면, 이 비용은 얼마나 변화하는가?
10. Metrobank는 기본 대출이자율이 9%인 1년만기 대출을 제공하면서 0.25%의 대출수수료와 10%

의 보상잔고를 부과하며 연방준비제도에 6%의 지급준비금을 지불하여야 한다. 이 대출은 만기에 상환된다.

a. 만일 고객에 대한 리스크프리미엄이 2.5%이면, 이 대출의 단순 약정이자수익률은 얼마인가?

b. 이 대출의 약정 총수익률은 얼마인가?

c. 수수료 항목들 중에서 어느 것이 이 대출의 약정 총수익률에 영향을 미치는가?

11. 대부분의 소매차입자들은 왜 동일한 이자율, 즉 동일한 리스크프리미엄을 부과받는가? 신용할당(credit rationing)은 무엇인가? 신용할당은 소매대출과 도매대출의 신용리스크를 통제하기 위해 어떻게 사용되는가?

12. 대출의 리스크프리미엄이 증가할 때 금융회사의 기대수익률이은 왜 낮아질 수 있는가? 리스크프리미엄 이외에 금융회사는 도매대출의 기대수익률을 어떻게 증가시킬 수 있는가?

13. 대출협약에서 제한적 계약조항(covenants)이란 무엇인가? 이러한 계약조항들의 목적은 무엇인가? 네거티브와 포지티브 계약조항들은 어떤 것이 있는가?

14. 신용의사결정에서 고려되는 차입자 관련 정보와 시장 관련 정보를 구별하고 정의하라. 각 정보는 리스크프리미엄에 어떠한 영향을 미치는가?

a. 이러한 정보들 중 어느 것이 금융회사의 신용평가과정에서 대기업보다 소기업에 불리한 영향을 미칠 가능성이 큰가?

b. 높은 부채비율은 차입자의 리스크에 어떻게 영향을 미치는가? 높은 부채비율은 부도리스크(또는 금융경색리스크)를 감소시킬 수 있는가? 설명하라.

c. 차입자 수익의 변동성은 왜 금융회사에게 중요한가?

15. 대출협약에서 규정되는 담보의 정도는 금융회사에게 왜 중요한가? 만일 담보의 장부가치가 대출금액보다 크면 금융회사의 신용리스크는 완전히 회피되는가? 그 이유는?

16. 금융회사는 자기가 영업하는 시장에서 예상되는 경제활동수준에 왜 계속 관심을 가지는가? 연방준비제도의 통화정책은 왜 금융회사에게 중요한가?

17. 신용평점모형들의 목표는 무엇인가? 이 모형들이 신용을 보다 잘 관리할 수 있도록 금융회사에게 어떻게 도움을 줄 수 있는가?

18. 추정된 선형확률모형이 $PD=0.3X_1+0.2X_2+0.5X_3+\varepsilon$라고 하자. 여기서 $X_1=0.75$는 차입자의 부채/자기자본 비율, $X_2=0.25$는 차입자 수익의 변동성, $X_3=0.10$은 차입자의 수익성 비율이다.

a. 차입자의 기대상환확률은 얼마인가?

b. 만일 부채/자기자본 비율이 3.5이면 차입자의 기대상환확률은 얼마인가?

c. 선형확률모형의 주요 약점은 무엇인가?

19. 선형판별분석모형이 어떻게 작동하는지를 설명하라. 신용리스크평가를 위해 이러한 모형을 사용하는데 대한 비판을 정리하고 논의하라.

20. 미국의 상장 제조기업인 MNO는 다음과 같은 재무정보를 제공하면서 대출을 신청하고 있다.

자 산		부채와 자본	
현금	$ 20	지급어음	$ 30
받을 어음	90	지급증권	90
재고	90	미지급비용	30
		장기부채	150
공장과 장비	500	자기자본(유보이익=0)	400
총자산	$700	총부채와 자본	$700

매출액=$500, 매출원가=$360, 세금=$56, 지급이자=$40, 순이익=$44라고 가정하자. 배당지급율은 50%이고, 자기자본의 시장가치는 장부가치와 같다.

a. MNO를 위한 Altman 판별함수값은 얼마인가? 순운전자본=유동자산－유동부채, 유동자산=현금+받을어음+재고자산, 유동부채=지급어음+미지급비용+받을어음, EBIT=수익－매출원가－감가상각비, 세금=(EBIT－이자)×세율, 순이익=EBIT－이자－세금, 유보이익=순수익(1－배당지급률)이라는 것을 기억하라.

b. MNO 거래은행은 500달러의 자본확충을 위한 MNO의 대출신청을 승인할 수 있는가?

c. 만일 MNO의 매출액이 300달러이고, 자기자본의 시장가치가 장부가치의 반이며 매출원가와 이자가 변화 없으면 MNO의 순이익은 얼마인가? 기업의 다른 부서들의 세금부채(tax liabilities)를 상쇄시키기 위해 세금환급(tax credits)이 사용될 수 있다고 가정하라. MNO의 거래은행신용의사결정이 변할 것인가?

d. 다른 산업들에 있는 기업들이 대상이라면 판별함수는 변화할 것인가? 판별함수는 미국의 다른 지역에서의 소매대출이 대상이라면 변화할 것인가? 금융회사가 이러한 종류의 모형들을 사용하는 데 있어서의 유의점들은 무엇인가?

21. Altman Z점수의 계수들을 생각해 보자. 어떤 비율이 대출신청자의 신용을 평가하는데 가장 중요한지 계수의 크기로 말할 수 있는가?

22. 만일 1년만기 재무부증권의 이자율이 현재 6%이면, 다음과 같은 두 증권들의 상환확률은 얼마인가? 대출이 채무불이행되면 회수금액은 없다고 가정하라. 시장이 결정하는 각 증권의 부도확률에 상응하는 프리미엄은 얼마인가?

a. 수익률이 9.5%인 1년만기 AA등급 채권

b. 수익률이 13.5%인 1년만기 BB등급 채권

23. 한 은행이 10%의 이자율로 대출을 하였다. 은행은 5%의 채무불이행확률을 예상하고 있다. 만일 이 대출이 회수불능이되면, 은행은 담보의 매각을 통하여 50%를 회수할 것으로 예상한다. 이 대출의 기대수익률은 얼마인가?

24. 1년만기 재무부증권의 수익률은 현재 5.5%이고 1년만기 AAA등급 할인채의 수익률은 8.5%라고 가정하라.

a. 만일 채무불이행이 발생하는 경우 담보로부터 예상되는 회수율이 원금과 이자의 50%이면 AAA등급 채권의 상환확률은 얼마인가? 부도율은 얼마인가?

b. 만일 채무불이행이 발생하는 경우 담보로부터 예상되는 회수율이 원금과 이자의 94.47%이면 AAA등급 채권의 상환확률은 얼마인가? 부도율은 얼마인가?

c. 대출이 상환불능되면 부도율과 원금과 이자의 회수율의 관계는 어떠한가?

25. *한계부도율(marginal default probability)*은 무엇을 의미하는가? 한계부도율은 *누적부도율(cumulative default probability)*과 어떻게 다른가? 이 용어들은 어떻게 연관되어 있는가?

26. 다음과 같은 재무부증권 수익률곡선과 회사채(할인채) 수익률곡선으로부터의 현재 수익률을 사용하면서 3년 동안의 부도율의 기간구조를 계산하라. 연간 한계부도율과 누적부도율을 계산하라.

	현물 1년	현물 2년	현물 3년
재무부채권	5.5%	6.1%	7.0%
BBB등급 채권	7.0	8.2	9.3

27. 만기 93일과 175일을 가진 미국 재무부채권과 A등급 회사채의 수익률이 아래와 같이 주어져 있다.

	39일	175일
미국 재무부채권	8.07%	8.11%
A등급 회사채	8.42	8.66
스프레드	0.35	0.55

a. 93일 후에 시작되는 82일만기 재무부채권과 A등급 채권의 선도이자율은 각각 얼마인가? 365일을 1년으로 하는 복리를 사용하라.

b. 앞으로 93일 동안 A등급 회사채의 부도율은 얼마인가? 앞으로 175일 동안 A등급 회사채의 부도율은 얼마인가?

c. 93일 후에 발행되는 82일만기 A등급 채권의 부도율은 얼마인가?

28. 채권 또는 대출의 사망률(mortality rate)이란 무엇인가? 발행채권의 부도율을 결정하기 위해 사망률 방법을 사용하는데 따른 문제점에는 어떤 것이 있는가?

29. 다음 표는 기업 및 모기지대출들에 대하여 금융회사의 경영자가 경험한 역사적 채무불이행률이다.

대출유형	발행 후 연수				
	1년	2년	3년	4년	5년
기업대출:					
연간부도율	0.00%	____	0.50%	____	0.30%
누적부도율	____	0.10%	____	0.80%	____
모기지대출:					
연간부도율	0.10%	0.25%	0.60%	____	0.80%
누적부도율	____	____	____	1.64%	____

a. 표의 빈칸들을 채워라.

b. 각 형태의 대출이 5년 후에 상환불능이 아닐 확률은 얼마인가?

c. 4년 후에 기업대출과 모기지대출의 누적부도율 추정치의 차이는 얼마인가?

30. 아래의 표는 과거 5년 동안 매년 채권잔고의 달러금액과 이에 상응하는 채무불이행 금액을 보여준다. 채무불이행 금액은 백만 달러기준이고 채권잔고금액은 10억 달러기준이다. 잔고금액은 채무불이행 금액과 채권회수 금액의 합계이다.

대출유형	발행 후 연수				
	1년	2년	3년	4년	5년
A등급: 연간채무불이행(100만 달러)	0	0	0	\$ 1	\$ 2
잔고(10억 달러)	\$100	\$95	\$93	\$91	\$88
B등급: 연간채무불이행(100만 달러)	0	\$ 1	\$ 2	\$ 3	\$ 4
잔고(10억 달러)	\$100	\$94	\$92	\$89	\$85
C등급: 연간채무불이행(100만 달러)	\$ 1	\$ 3	\$ 5	\$ 5	\$ 6
잔고(10억 달러)	\$100	\$97	\$90	\$85	\$79

위 채권들의 연간부도율과 누적부도율은 얼마인가?

31. RAROC은 무엇인가? 이 모형은 대출의 리스크노출도를 측정하기 위해 듀레이션의 개념을 어떻게 이용하는가? 기대되는 신용리스크프리미엄의 변화는 어떻게 측정되는가? RAROC 방정식에서 ΔLN은 정확히 무엇인가?

32. 한 은행이 철강산업에 속하는 한 기업에게 5,000,000달러를 대출하려고 계획하고 있다. 이 대출에는 1.5%의 선수금수수료와 50bp의 서비스수수료가 부과될 것으로 예상된다. 이 대출은 8년 만기와 7.5년의 듀레이션을 가진다. 이 은행의 자금비용(RAROC의 기준비용)은 10%이다. 이 은행은 과거 2년간의 역사적 데이터에 기초하여 철강부문에 대한 리스크프리미엄의 최대 변화는 약 4.2%가 될 것으로 추정하였다. 철강부문에의 대출을 위한 현재 시장이자율은 12%이다.

a. RAROC 모형을 사용하면서 이 은행이 위의 대출을 하여야 하는지를 결정하라.

b. 이 대출이 승인되기 위해 이 대출의 듀레이션은 얼마인가?

c. 이 대출의 듀레이션은 변화될 수 없다고 가정한다면 대출이 승인되기 위해 얼마만큼의 추가적인 이자와 수수료 수입이 필요한가?

d. 위의 수입과 듀레이션이 주어진 경우 이 대출이 승인되기 위해 대출이자율이 어떻게 조정되어야 하는가?

33. 어떤 기업이 200,000달러의 2년만기 부채를 발행하고 있다. 회사 자산의 현재 시장가치는 300,000달러이다. 무위험이자율은 6%이고 차입회사 가치변화율의 표준편차는 10%이다. 옵션모형을 사용하여 다음 사항을 결정하라.

a. 대출의 현재 시장가격

b. 대출에 부과되어야 하는 리스크프리미엄

34. 어떤 기업이 200,000달러의 자산과 총 175,000달러의 부채를 가지고 있다. 옵션가격모형을 사용하면 기업자산가치의 내재변동성은 10,730달러로 추정된다. KMV방법하에서(자산가격변화에 대하여 정규분포를 가정하면서) 기대되는 채무불이행확률은 얼마인가?

35. Carman County Bank(CCB)는 80%의 총자산부채비율을 가지고 있는 한 기업에게 변동금리 대출로 5,000,000달러를 대출하였다. 현재 무위험이자율은 6%이고, 이 대출의 만기까지 기간은 정확히 $\frac{1}{2}$년이다. 기초자산가치 변화율의 표준편차로 측정되는 차입자의 자산리스크는 12%이다.

정규분포함수의 값들이 아래의 표에 주어져 있다.

h	N(h)	h	N(h)
−2.55	0.0054	2.50	0.9938
−2.60	0.0047	2.55	0.9946
−2.65	0.0040	2.60	0.9953
−2.70	0.0035	2.65	0.9960
−2.75	0.0030	2.70	0.9965

a. Merton의 옵션가격모형을 사용하여 이 대출의 시장가치를 결정하라.

b. 마지막 6개월 동안 이 대출의 이자율은 얼마가 되어야 하는가?

Web을 활용하는 질문

36. 연방준비제도이사회(Federal Reserve Board)의 웹사이트인 www.federalreserve.gov로 가서 〈표 6-1〉을 최신 정보로 바꾸어라.

37. 연방주택금융이사회(Federal Housing Finance Board)의 웹사이트인 www.fhfb.gov로 가서 전통적인 변동이자 단일가계 모기지의 비율에 관한 가장 최근의 데이터를 찾아보라.

38. 연방준비제도이사회의 웹사이트에 가서 〈표 6-7〉을 최신 정보로 바꾸어라.

관련 웹사이트

기관명	웹사이트
American Banker	www.americanbanker.com
Board of Governors of the Federal Reserve	www.federalreserve.gov
Card Source One	www.cardsource.com
Federal Deposit Insurance Corporation.	www.fdic.gov
Federal Housing Finance Board	www.fhfb.gov
Federal Reserve Bank of St. Louis	www.stls.frb.org
KMV Corporarion	www.moodyyskmv.com
Moody's	www.moodys.com
Office of the Comptroller of the Currency	www.occ.treas.gov
Risk Metrice Group	www.riskmertic.com
Risk Management Association	www.rmahq.org
Standard & Poor's	www.standdandandpoors.com

제 7 장

신용리스크 : 대출포트폴리오 리스크와 대출집중리스크

7.1 서 론

제6장에서는 금융회사가 대출 및 채권과 같은 *개별 부채*의 채무불이행리스크를 측정할 수 있는 여러 가지 방법에 대하여 논의하였다. 이번 장은 개별 대출의 신용리스크가 아니라, 금융회사가 대출(자산)*포트폴리오*의 신용리스크를 어떻게 측정하고, 대출의 분산화를 통하여 어떻게 이익을 얻을 수 있는가를 주로 다룰 것이다. 즉, 전체 대출포트폴리오의 리스크를 측정하는 다양한 모형들을 설명하고 예를 들 것이다. 전체 대출포트폴리오의 리스크-수익의 특성은, 개별대출들의 일부 리스크는 분산이 됨에도 불구하고, 금융회사 전체의 신용리스크노출에 영향을 미친다. 아울러 어떤 사업부문이나 차입부문에 대한 대출집중의 최대한도(차입한도)를 설정하는데 대출포트폴리오 모형이 어떻게 사용될 수 있는지도 알아본다.

이번 장은 또한 포트폴리오의 채무불이행리스크를 측정하는 규제방법들을 논의한다. 특히 1991년의 FDIC개선법(FDIC Improvement Act)은 은행규제당국이 은행의 지급불능리스크를 평가하는 데 신용집중리스크를 포함할 것을 요구하였다. 아울러 이러한 규제가 어떻게 실현될 수 있는지에 관한 논쟁이 은행들과 규제당국들 간에 현재에도 진행되고 있다. 한 가지 가능성은 과도한 대출집중으로부터 발생하는 지급불능리스크에 대비하기 위해 요구되는 자기자본규모를 계산하기 위해 (부록에서 논의되는) CreditMetrics, CreditRisk+, (이 장에서 논의되는) KMV의 Portfolio Manager와 같은 은행자신들의 내부모형을 사용할 수 있도록 허용하는 것이다. 또한 전국보험감독협회(National Association of Insurance

Commissioners ; NAIC)는 보험회사의 포트폴리오에서 자산 종류와 차입자별 한도를 설정하는 방법, 즉 소위 비둘기장 방법(pigeonhole approach)을 개발하였다.

7.2 대출집중리스크를 측정하는 간단한 모형들

금융회사들은 "이미 이 차입자에게 과도한 대출을 했다"라고 주관적으로 판단하는 수준을 넘어서 대출포트폴리오의 신용리스크집중도를 측정하는 2가지 간단한 모형들을 광범위하게 사용하고 있다.[1] 첫 번째 모형은 대출담당자가 어떤 대출들의 풀(pool) 또는 특정 부문(예를 들면, 공작기계부문)에 대한 S&P, Moody's 또는 내부에서 정한 신용등급을 추적해가는 **전이분석(migration analysis)**이다. 만일 특정 부문 또는 특정 신용등급군에 속하는 많은 기업들의 신용등급이 역사적으로 경험한 것보다 빠르게 하락하면 금융회사는 이 부문 또는 이 신용등급군에 대한 대출을 감소시키게 된다.

▶ **전이분석(migration analysis)**
특정한 부문에 속하는 기업들의 신용등급 또는 예외적으로 하락하는 신용등급군을 추적함으로써 대출집중리스크를 측정하는 방법.

대출전이행렬(loan migration matrix)은 시간이 흐름에 따라 발생하는 신용등급전이에 의하여 대출풀의 역사적 경험을 나타낸다. 따라서 이 행렬은 어느 새로운 대출풀의 신용전이 양상을 비교할 수 있는 기준으로 사용될 수 있다. 〈표 7-1〉은 대출이 3가지의 신용등급으로 분류되는(대부분의 금융회사들은 10개 또는 13개의 신용등급 분류를 사용한다) 가상적인 신용전이행렬을 보여 준다.[2] 〈표 7-1〉의 행은 대출포트폴리오가 시작된 연초의 신용등급을 나타내고 열은 그 연도 말의 신용등급을 나타낸다. 표에 있는 수치들을 전이확률이라고 부른다. 전이확률은 그 연도에 시작된 대출들의 평균적인 역사적 경험, 예를 들면, 등급 BB가 등급 AA로 상승하거나, 등급 BB를 유지하거나, 등급 CC로 하락하거나 또는 채무불이행하는 확률을 나타낸다.

---

1) Board of Governors of the Federal Reserve, "Revisions to Risk-Based Capital Standards to Account for Concentration of Credit Risk and Risks of Non Traditional Activities," Section 305, FDICIA, Washington, D. C., March 26, 1993 참조.

2) 금융회사들의 신용포트폴리오관리에 관한 최근 설문조사에 따르면 신용등급의 범위는 5부터 22까지이다. "2002 Survey of Credit Portfolio Management Practice," International Association of Credit Portfolio Managers, International Swaps and Derivatives Association, and Risk Management Association, October 2002.

표 7-1 가상적인 신용등급전이행렬

		연말의 신용등급			
		AAA-A	BBB-B	CCC-C	D*
연초의 신용등급	AAA-A	0.85	0.10	0.04	0.01
	BBB-B	0.12	0.83	0.03	0.02
	CCC-C	0.03	0.13	0.80	0.04

*D=채무불이행

예를 들어, 어느 연도에 등급 BBB-B로 시작한 대출들의 경우, 역사적으로(평균적으로) 12%는 등급 AAA-A로 등급상승되었고, 83%는 등급 BBB-B를 유지하였으며, 3%는 등급 CCC-C로 등급하락하였고, 2%는 그 연도의 말까지 채무불이행상태가 되었다. 금융회사가 등급 BBB-B의 차입자가 보유한 현재 대출포트폴리오의 신용리스크를 평가하고 있고, 지난 수 년 동안 역사적 대출전이행렬에서 시사하는 것보다 더 높은 %(말하자면, 5%)가 등급 CCC-C로 등급하락하였으며, 더 높은 %(말하자면 3%)가 채무불이행상태가 되었다고 하자. 금융회사는 등급 AAA-A의 대출에 자기의 대출포트폴리오를 집중시키면서, 보다 낮은 질의 대출들(예를 들면, 등급 BBB-B와 등급 CCC-C의 대출)의 공급을 제한하려 할 수 있다.[3] 최소한 금융회사는 보다 낮은 질(등급)의 대출에 대하여 보다 높은 리스크프리미엄을 부과하여야 한다. 대출전이분석은 기업대출 포트폴리오를 평가하기 위해 사용될 뿐만 아니라 신용카드포트폴리오와 소비자대출을 분석하기 위해서도 사용된다.

두 번째 모형은 금융회사의 경영자가 개별차입자 또는 개별부문에 이루어질 대출의 최대금액에 대해 어떤 한도를 설정하는 것이다. 금융회사는 차입자의 현재 포트폴리오, 영업계획, 경제예측, 전략계획 등을 평가함으로써 특정고객에게 대출해 줄 수 있는 대출포트폴리오의 비율에 대해 **집중한도(concentration limit)**를 결정한다. 전형적으로 금융회사는 특정 산업들에 대한 리스크노출도를 감소시키고 다른 산업들에 대한 리스크노출도를 증가시키기 위해 집중한도를 설정한다. 2개 산업부문의 성과가 높은 상관관계를 보인다면 금융회사는 이들 산업부문의 한도의 합보다 더 작은 총한도를 설정할 수 있다. 또한 금융회사는 전형적으로 지역별 한도를 설정한다. 금융회사는 산업부문별 한도와 지역별 한도의 총포트폴리오 한도를 설정할 수 있다.

▶ **대출전이행렬(loan migration matrix)**
일정한 기간 동안 대출의 신용등급이 상승하거나, 하락하거나 또는 채무불이행 상태로 되는 확률을 나타내는 행렬.

3) 판단기준으로서(역사적 데이터에 기초한) 평균 1년 전이행렬을 사용하는 것에 기반을 둔 이론은 실제의 전이확률이 이와 같은 평균적인 전이확률 주위에서 임의로 변동할 것이라는 것을 전제한다. 통계학의 용어로 말하면 실제의 전이확률은 안정적인 Markov (chain) 과정을 따른다.

예제 7-1 **대출포트폴리오의 집중한도 계산**

금융회사가 어느 특정한 부문에 자기자본의 10%를 초과하는 손실을 허용하지 않으려 한다고 하자. 만일 금융회사가 이 부문에서 발생하는 상환불능 대출 1달러당 손실금액이 40센트라고 추정하면 자기자본의 %로 나타낸 이 부문에 대한 최대 대출한도, 즉 집중한도는 다음과 같다.

$$\text{집중한도} = \text{자기자본의 \%로 나타낸 최대손실금액} \times \frac{1}{\text{손실률}}$$

$$= 10\% \times \left[\frac{1}{0.40} \right]$$

$$= 25\%$$

▶**집중한도(concentration limit)**
개별차입자에게 이루어질 수 있는 최대 대출규모에 대하여 설정되는 한도.

최근에 은행규제당국은 개별차입자에 대한 대출집중을 은행 자기자본의 최대 10%로 제한하였다.[4]

개념질문

1. 부실대출의 손실률이 달러당 25센트이면 집중한도는 얼마인가?
2. (자기자본의 %로 나타낸) 최대손실이 10% 대신 15%이면 집중한도는 얼마인가?

7.3 대출포트폴리오의 분산과 현대 포트폴리오이론

다음에는 집중한도를 설정하기 위해 보다 정교한 포트폴리오이론에 기초한 모형들을 사용하는 방법을 살펴본다. 이 모형들은 상당한 잠재력을 가지고 있지만, 최근까지 자료의 이용가능성과 기타 실행상의 문제점들이 이러한 모형들의 사용을 방해하였다. 기본적인 아이디어는 어느 주어진 리스크수준에서 대출포트폴리오의 수익률을 극대화하는 (또는 어느 주어진 수익률 수준에서 포트폴리오의 리스크크기를 극소화하는) 대출포트폴리오를 선택하는 것이다.

4) 칠레와 같은 일부 국가에서는 섹터나 산업별로 한도가 설정되어 있다.

금융회사의 경영자가 활발히 거래되는 대출들과 채권들을 자산으로 보유하고 있다면 포트폴리오 분산모형은 금융회사의 총신용리스크노출도를 측정하고 통제하기 위해 사용될 수 있다. 금융회사의 경영자가 금융회사가 보유한 포트폴리오 안에 있는 개별 대출 또는 채권의 기대수익률($\bar{R}_i$)을 추정할 수 있다고 하자.

개별 증권들의 수익률을 계산한 후 금융회사의 경영자는 자산포트폴리오의 기대수익률($\bar{R}_p$)을 다음과 같이 계산할 수 있다.

$$\bar{R}_p = \sum_{i=1}^{N} X_i \bar{R}_i , \sum_{i=1}^{N} X_i = 1\text{이다.} \tag{1}$$

아울러 포트폴리오 수익률의 분산 또는 포트폴리오의 리스크는 다음과 같이 계산될 수 있다.

$$\sigma_p^2 = \sum_{i=1}^{N} X_i^2 \sigma_i^2 + \sum_{i=1}^{N} \sum_{\substack{j=1 \\ i \neq j}}^{N} X_i X_j \sigma_{ij} \tag{2}$$

또는[5)]

$$\sigma_p^2 = \sum_{i=1}^{N} X_i^2 \sigma_i^2 + \sum_{i=1}^{N} \sum_{\substack{j=1 \\ i \neq j}}^{N} X_i X_j \rho_{ij} \sigma_i \sigma_j \tag{3}$$

$\bar{R}_p$ = 사산포트폴리오의 기대수익률

Σ = 합의 기호

$\bar{R}_i$ = 포트폴리오 안에 있는 i번째 자산의 기대수익률

X_i = i번째 자산에 투자된 자산포트폴리오의 비율(바람직한 집중한도)

σ_i^2 = i번째 자산 수익률의 분산

σ_{ij} = i번째 자산과 j번째 자산수익률 간의 공분산

ρ_{ij} = i번째 자산과 j번째 자산수익률 간의 상관계수

현대 포트폴리오이론의 기본적인 교훈은 금융회사가 규모의 장점을 이용하여 자산의 수익률이 불완전한 상관관계를 가지는 경우 상당한 정도로 신용리스크를 분산시킬 수 있다는 것이다.[6)]

---

5) 상관계수(ρ)는 자산수익률 또는 대출의 경우에는 채무불이행리스크의 움직이는 방향을 반영하고 0과 1 사이의 값($-1 \le \rho \le 1$)을 가진다. 식 (2)와 식 (3)에서 볼 수 있는 바와 같이 어느 두 자산수익률 간 공분산(σ_{ij})은 상관계수와 다음과 같은 관계, 즉 $\sigma_{ij} = \rho_{ij}\sigma_i\sigma_j$를 가진다.

6) 대출에 대하여 현대 포트폴리오이론을 사용하는데 대한 한 반대논거는 개별대출들의 수익률들은 정규분포 또는 대칭분포를 가지지 않는다는 것이다. 특히 대부분의 대출들은 제한된 수익을 가지는 동시에 긴 꼬리를 가지는 손실리스크를 가진다(이번 장의 부록에 있는 CreditMetrics에 관한 논의와 Saunders and Allen, Credit Risk Measurement의 제9장 참조). 또한 전통적인 고객들과의 관계를 유지하는데 대한 우려가 대출을 분산하는 금융회사의 능력을 제한한다. 포트폴리오 분산에 대한 관계금융의 제약은 “신용의 역설”(“paradox of credit”)

예제 7-2 두 자산포트폴리오의 수익률과 리스크계산

금융회사는 다음과 같은 특성들을 가진 2개의 대출들을 보유하고 있다고 하자.[7)]

대출 i	X_i	$\overline{R}_i$	σ_i	σ_i^2	
1	0.40	10%	0.0857	0.007344	$\rho_{12}=-0.84$
2	0.60	12	0.0980	0.009604	$\sigma_{12}=0.007058$

이 대출포트폴리오의 기대수익률은

$$\overline{R}_p=0.4(10\%)+0.6(12\%)=11.2\%$$

인 반면 이 대출포트폴리오의 리스크는

$$\sigma_p^2=(0.4)^2(0.007344)+(0.6)^2(0.009604)+2(0.4)(0.6)(-0.84)(0.0857)(0.0980)$$
$$=0.0012462$$

이다. 따라서 $\sigma_p=\sqrt{0.0012462}=3.53$

포트폴리오의 리스크(수익률의 표준편차), σ_p(3.53%)는 개별자산리스크들(각각 9.8%와 8.57%) 중 어느 것보다도 작다. 두 대출들의 수익률 간 음의 상관계수는 이 2개의 대출들이 금융리스크의 포트폴리오 안에 통합될 때 전체 리스크를 감소시킨다.

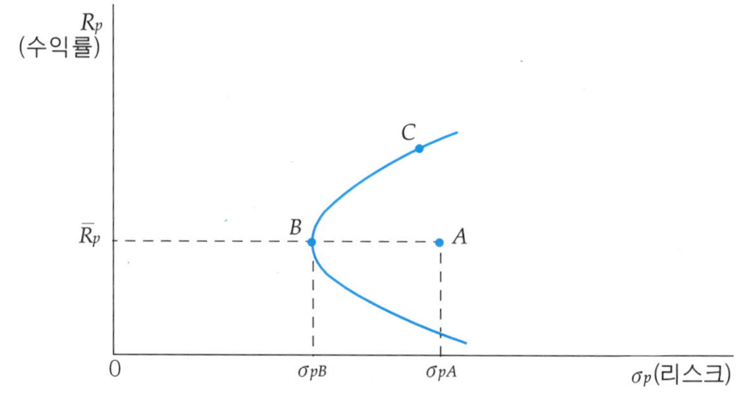

그림 7-1 금융회사 포트폴리오의 분산

이라고 부른다. 즉 은행은 그들의 핵심적인 고객들을 감시하고 고객들에 대한 정보를 생성하는데 전문화되어 있으나(제1장 참조), 이와 같은 감시전문화가 매우 집중된 대출포트폴리오를 초래할 수 있다. 즉 관계금융에 대한 우려는 대출포트폴리오가 뮤추얼펀드의 주식포트폴리오 관리와 유사하게 관리되는 것을 방해할 수 있다.

7) 분산(σ^2)은 %제곱으로 측정되고 표준편차(σ)는 %로 측정된다는 것을 주목하라.

식 (2)에서 σ_p^2를 생각해 보라. 만일 많은 대출들의 수익률 간의 공분산 또는 상관계수가 음이라면, 즉 한 차입자의 대출이 부실화되고 다른 차입자의 대출은 성공적인 경우 독립적으로 살펴본 대출들의 개별 신용리스크의 합은 전체 포트폴리오의 리스크를 과대추정하게 된다. 이것은 투자자금들을 결합한다는 것을 의미하는 것이며, 금융회사는 투자의사결정에서 대수의 법칙을 활용하여 리스크를 감소시킬 수 있다.

[그림 7-1]에서 대출분산의 장점을 생각해 보자. A는 소수의 대출 또는 채권들에만 과도한 투자집중이 이루어진 분산되지 않은 포트폴리오이다. 금융회사는 수익률 간 상관계수가 음이거나 기존의 포트폴리오에 있는 채권 또는 대출들과 낮은 양의 상관관계를 가지는 채권 또는 대출들을 충분히 이용함으로써 동일한 기대수익률을 얻으면서 포트폴리오 신용리스크를 σ_{pA}에서 σ_{pB}까지 낮출 수 있다. 즉 포트폴리오 B는 포트폴리오 수익률수준 $\overline{R}_p$와 관련된 효율적 포트폴리오(efficient portfolio)(리스크가 가장 낮은 포트폴리오)이다. 요구되는 포트폴리오의 수익률수준 $\overline{R}_p$를 아래와 위로 변화시키면서 금융회사의 경영자는 대출과 채권들로 구성된 효율적 포트폴리오들의 프론티어 전체를 구할 수 있다. 효율적 프론티어 상에 있는 각 포트폴리오는 가능한 포트폴리오 수익률에서 금융회사의 경영자에게 가장 낮은 리스크를 제공한다는 의미에서 효율적이다. 그러나 [그림 7-1]에서 볼 수 있는 바와 같이 생성될 수 있는 모든 가능한 효율적인 포트폴리오들 중에서 포트폴리오 B의 리스크가 가장 낮다. 즉 포트폴리오 B는 금융회사의 경영자가 σ_{pB} 아래로 포트폴리오의 리스크를 감소시킬 수 없도록 함으로써 모든 대출과 채권들을 분산시키는 데서 얻는 이익을 극대화한다. 이러한 이유로 B는 일반적으로 **최소리스크 포트폴리오(minimum risk portfolio)**라고 부른다.

B는 분명히 최소리스크 포트폴리오이지만 B의 수익률은 최대가 아니다. 결과적으로 B는 유일한 목적이 포트폴리오의 수익률에 관계없이 포트폴리오의 리스크를 최소화하는 것인 가장 리스크회피적인 금융회사의 경영자에 의해서만 선택될 수 있다. 대부분의 포트폴리오 관리자는 마음 속에 어떤 바람직한 수익률-리스크 교환관계를 가지고 있다. 그들은 더 높은 기대수익률로 보상된다면 더 높은 리스크를 선택할 용의가 있다.[8] 이러한 하나의 가능

8) 선택되는 점은 경영자의 리스크회피정도와 소유와 경영의 분리정도에 의하여 결정된다. 만일 금융회사가 기업가치를 극대화하는 임무를 수행하는 대리인들에 의하여 경영된다면, 그들은 리스크중립적인 대리인으로 행동한다. 그들은 주주들이 분산투자를 통하여 차입자 관련 리스크를 제거하기 위해 많은 기업들의 주식들을 보유할 수 있다는 것을 안다. 따라서 경영자들은 리스크선택행위에 대한 규제상의 제약조건들 하에서 기대수익률을 극대화하고자 할 것이다(말하자면, 그들은 아마도 [그림 7-1]에서 C점을 선택할 것이다). 그러나 만일 경영자들이 금융회사에 투자한 인적자본 때문에 리스크회피적이고 주주의 이해보다는 자기 자신의 선호에 기초하여 대출의사결정을 한다면, 그들은 상대적으로 리스크가 낮은 포트폴리오, 즉 최소리스크 포트폴리오에 가까운 포트폴리오를 선택할 가능성이 크다. 대리인 문제와 은행의 리스크선택에 관한 추가적인 논의는 A. Saunders, E. Strock, and N. G. Travlos, "Ownership Structure, Deregulation, and Bank Risk Taking," *Journal of Finance* 45 (1990), pp. 643-654 참조.

성이 [그림 7-1]에서 포트폴리오 C이다. C는 금융회사가 보다 높은 기대수익률 수준에서 최소 포트폴리오리스크를 생성하는 대출비율(X_i)을 선택한다는 점에서 효율적인 포트폴리오다. 이 포트폴리오의 리스크는 동일한 기대수익률을 창출할 수 있는 모든 다른 포트폴리오들의 리스크들보다 작다.[9]

▶**최소리스크 포트폴리오(minimum risk portfolio)**
포트폴리오 수익률의 표준편차를 가능한 가장 낮은 수준까지 감소시키는 자산포트폴리오.

포트폴리오이론은 매우 매력적인 도구이다. 그러나 여전히 은행, 보험회사, 금융회사에 이 이론을 어떻게 적용시킬 것인가 하는 질문이 제기된다. 이들 금융회사들은 때때로 상당한 정도의 지역적으로 특화된 거의 거래되지 않는 대출과 채권들을 보유하고 있기 때문이다.

개념질문

1. 대출포트폴리오 리스크에 포트폴리오이론을 적용할 때 중요한 점은 무엇인가?
2. 금융회사가 최소리스크포트 폴리오를 항상 선택하지는 않는 이유는 무엇인가?

KMV 포트폴리오매니저모형

많은 대출들이 거래되지 않음에도 불구하고, 최근 대출을 위한 포트폴리오모형 개발을 위해 상당한 연구들이 이루어졌다. 이제부터 KMV Corporation(2002년에 Moody' s에 의하여 인수되었다)에 의하여 개발된 방법인 **KMV 포트폴리오매니저(portfolio manager)**를 살펴보자.[10]

▶**KMV 포트폴리오매니저(portfolio manager)**
대출포트폴리오에 현대 포트폴리오이론을 적용한 모형.

[그림 7-1]에서처럼 대출을 위한 효율적 프론티어와 차입자별로 이루어지는 대출의 최

9) [그림 7-1]의 C처럼 경영자의 리스크회피를 반영하는 효율적 프론티어상의 점을 택하는 대신, 금융회사경영자는 기업가치를 극대화하는 점을 선택하려 할 것이다. 이 점은 포트폴리오의 수익률에서 무위험이자율을 제한 후 포트폴리오 수익률의 표준편차로 나눈 값, 즉, Sharpe 비율이 극대화되는 점이 될 것이다. 그림으로 표현하면 y축의 무위험이자율 절편으로부터의 직선이 효율적 프론티어와 접하는 점이된다. 이 점에서는 리스크-수익률의 교환비율을 더 이상 개선시키는 것이 불가능하다.

10) CreditMetrics, Credit Risk+, Credit Portfolio View(McKinsey and Company)와 다른 포트폴리오 모형들이 개발되었다. Saunders and Allen, Credit Risk Measurement 참조.

적의 비율(X_i)을 추정하고자 하는 모형은 3가지를 측정해야 한다. 즉 차입자 i에게 이루어진 대출의 기대수익률($\overline{R_i}$), 차입자 i에게 이루어진 대출의 리스크(σ_i), 차입자 i와 차입자 j에게 이루어진 대출들의 채무불이행리스크상관계수(ρ_{ij})가 이 3가지이다[식 (1), (2), (3) 참조)].

특히 KMV 포트폴리오매니저모형에서 포트폴리오의 수익률과 리스크는 1년 동안 대출들의 가치 변화정도와 이 변화가 포트폴리오 내의 다른 대출들과 같이 움직이는 정도(상관관계)에 영향을 받는다. 대출들의 가치변화는 차입자의 신용등급의 변화(제6장에서 설명한 EDF로 측정)와 대출의 미회수금액(LGD로 측정)에 의해 결정된다. 상관계수를 계산하기 위하여 KMV는 세계경제, 지역, 산업, 국가들을 반영한 120개의 상이한 체계적 요소들의 종합적 효과를 고려한다.

가장 단순한 형태의 KMV 포트폴리오매니저 모형은 이와 같은 3가지를 다음과 같이 측정한다.

$$\overline{R_i} = AIS_i - E(L_i) = AIS - \left[EDF_i \times LGD_i\right] \quad (4)$$

$$\sigma_i = UL_i = \sigma_{Di} \times LGD_i = \sqrt{EDF_i(1-EDF_i)} \times LGD_i \quad (5)$$

$$\rho_{ij} = \begin{matrix}\text{차입자 } i\text{와 차입자 } j\text{의 자산수익률의} \\ \text{체계적 수익률 간 상관계수}\end{matrix}$$

이 들 각각에 대하여는 약간의 설명이 필요하다.

대출의 기대수익률($\overline{R_i}$)

대출의 기대수익률은 금융회사가 대출로부터 수취하는 연간수수료와 차입자가 지불하는 대출이자율에서 금융회사의 자금비용을 공제한 연간스프레드를 합한 것인 소위 연간 총스프레드(all-in-spread(AIS))로부터 대출의 기대손실률[$E(L_i)$]이 공제된다. 대출의 기대손실률은 다음 연도 동안 차입자의 채무불이행 기대확률, 즉 차입자의 기대채무불이행빈도[EDF_i](제6장 참조)와 차입자가 채무불이행하는 경우 금융회사가 입을 손실률[LGD_i]을 곱한 것과 같다. 또한 필요하다면 대출의 기대수익률은 동일한 만기를 가진 증권의 무위험이자율을 공제하여 초과수익률의 형태로 나타낼 수도 있다.

대출의 리스크(σ)

대출의 리스크는 대출의 채무불이행률의 변동성(σ_{Di})과 채무불이행발생시의 손실률(LGD_i)를 곱한 것으로 나타낸다. 채무불이행률의 변동성과 LGD_i를 곱한 것은 대출의 "예기치 않은" 손실("unexpected" loss, UL_i)이라 부르고 대출의 리스크 또는 σ_i에 대한 척도이다. 채무불이행률의 변동성을 측정하기 위해 대출은 상환될 수 없거나 또는 상환될 수 있다고 가정한다. 채무불이행은 이항분포(binomial distribution)을 가지며 i번째 차입자의 채무불이행률의 표준편차(σ_i)는 채무불이행률과 1−채무불이행률을 곱한 것의 제곱근이다 ($\sqrt{(EDF_i)(1-EDF_i)}$).

■ 상관계수(ρ_{ij})

임의의 두 차입자들 간 관측할 수 없는 채무불이행리스크의 상관계수를 측정하기 위해 KMV 포트폴리오매니저모형은 두 차입자들의 체계적 자산수익률 요소를 사용하며, 이들 수익률 간의 역사적 변동추이에 기초하여 상관계수를 계산한다. KMV에 의하면 채무불이행 상관계수는 일반적으로 작으며, 0.002에서 0.15 사이의 값을 가지는 경향이 있다. 이것은 직관적으로 이치에 맞는다. 예를 들면, IBM과 General Motors 모두 동시에 파산할 확률은 얼마인가? 두 기업 모두 다음 해 동안에 동시에 각 기업의 자산가치가 부채가치 이하로 하락하여야만 할 것이다. 매우 극단적인 경기후퇴시 또는 각 기업의 단기부채잔고가 극단적으로 높게 증가하는 경우를 제외하고 이러한 가능성은 낮다. 차입자들의 채무불이행 리스크 간 상관계수가 일반적으로 작은(양의) 값을 가진다는 것은 금융회사의 경영자가 상당수의 차입자들에게 대출을 분산시킴으로써 대출포트폴리오의 리스크를 상당히 감소시킬 수 있다는 것을 의미하기 때문에 금융회사의 경영자에게는 좋은 소식이다.[11] 상당수 대형

---

11) KMV 포트폴리오매니저모형은 또한 어느 특정 차입자에게 많은 대출을 하는 리스크를 평가하기 위해 사용될 수 있다. 만일 특정 차입자에게 많은 대출이 실행되면(대출의 총량이 고정되어 있다고 가정하면) 다른 차입자들에게는 대출이 줄어들 것이다. 기술적으로 말하면 대출포트폴리오의 분산은

$$UL_p^2 = \sum_{i=1}^{N} X_i^2 UL_i^2 + \sum_{i=1}^{N}\sum_{\substack{i=1 \\ i\neq j}}^{N} X_i X_j UL_i UL_j \rho_{ij}$$

이기 때문에 차입자 i에 대하여 이루어지는 적은 금액의 추가적인 대출이 한계적으로 포트폴리오의 리스크에 기여하는 정도(한계리스크기여도)는 다음과 같이 계산될 수 있다.

$$\text{한계리스크기여도} = \frac{dUL_p}{dX_i}$$

UL_p는 대출포트폴리오 수익률의 표준편차이다. 분명히 차입자 i에 대한 추가적인 대출의 한계리스크기여도는 대출 i의 리스크뿐만 아니라 (i) 대출 i와 다른 대출들 j 간의 상관계수들, (ii) 다른 대출들 j의 리스크들, (iii) 대출 i를 증가시키는 자금이 어디서 조달되는지(특히 만일 $dX_i > 0$이면, 나머지 모든 대출 비율들의 합은 새로운 자금이 조달되지 않으면 감소하여야만 한다)에도 의존한다. 자금조달의 제약,

즉 $\sum_{j=1, i\neq j}^{N} dX_j < 0$이 존재하는 경우 핵심적인 교훈은 BBB등급의 차입자에게 이루어진 대출이 A등급의 차입자에게 이루어진 대출보다 다른 대출들과 보다 낮은 상관계수를 가진다면 금융회사에게 더 가치가 높을 수 있다는 것이다. 말하자면 중요한 것은 총포트폴리오의 리스크에 대한 대출의 한계리스크기여도이지 대출자체의 리스크가 아니다.

금융회사들은 대출포트폴리오를 적극적으로 관리하기 위해 KMV 포트폴리오매니저모형(과 기타 유사한 모형들)을 사용하고 있는 것으로 알려져 있다.

예제 7-3 KMV 포트폴리오매니저모형을 사용한 자산포트폴리오의 수익률과 리스크계산

금융회사(FI)가 다음과 같은 특성을 지닌 2개의 대출을 보유하고 있다고 하자.

대출 i	X_i	대출이자율과 FI의 자금비용 간 연간스프레드	연간수수료	채무불이행시 FI의 손실률	기대채무불이행 확률
1	0.40	5.0%	2.0%	25%	3%
2	0.60	4.5	1.5	20	2
$\rho_{12} = -0.25$					

대출 1의 기대수익률과 리스크는 다음과 같다.

$$\overline{R_1} = (.05 + .02) - [.03 \times .25] = 0.0625 \text{ 또는 } 6.25\%$$

$$\sigma_1 = \left[\sqrt{.03(.97)}\right] \times .25 = .04265 \text{ 또는 } 4.265\%$$

대출 2의 기대수익률과 리스크는 다음과 같다.

$$\overline{R_2} = (.045 + .015) - [.02 \times .20] = 0.056 \text{ 또는 } 5.60\%$$

$$\sigma_2 = \left[\sqrt{.02(.98)}\right] \times .20 = .028 \text{ 또는 } 2.80\%$$

대출포트폴리오의 기대수익률과 리스크는 다음과 같다.

$$\overline{R_p} = 0.6(6.25\%) + 0.4(5.60\%) = 5.99\%$$

$$\sigma_p^2 = (0.6)^2(4.265\%)^2 + (0.4)^2(2.80\%)^2 + 2(0.6)(0.4)(-0.25)(4.265\%)(2.80\%) = 0.0006369$$

따라서 $\sigma_p = \sqrt{0.0006369} = 2.52\%$

개념질문

1. KMV 포트폴리오매니저모형은 대출의 수익률을 어떻게 측정하는가?
2. 만일 $EDF = 0.1\%$이고 $LGD = 50\%$이면 대출의 기대손실(σ_i)은 얼마인가?
3. KMV 포트폴리오매니저모형은 대출채무불이행 상관계수를 어떻게 계산하는가?

대출규모에 기초한 모형들

위에서 논의한 바와 같이 대출같은 많은 자산들은 공식적인 거래시장에서 거래되지 않기 때문에 자산들의 시장가격에 관한 정보가 부족한 금융회사들이 현대 포트폴리오이론을 직접 적용하는 것은 어려운 일이다. 그러나 대출규모에 관한 자료가 충분히 활용된다면 금융회사의 경영자는 금융회사 전체의 집중리스크노출도 또는 신용리스크노출도를 분석하기 위해 현대 포트폴리오이론을 수정하거나 또는 부분적으로 적용할 수 있다.[12] 이와 같은 대출에 관한 데이터는 다음과 같은 자료들에 포함되어 있다.

1. 상업은행 콜보고서(commercial bank call reports). 연방준비제도에 제출되는 이 보고서는 대출을 부동산대출, 농업대출, 기업(C&I)대출, 예금금융회사대출, 개인대출, 주별 및 정치적으로 구분된 지역별대출, 국제대출로 분류한다. 개별은행별로 생산되는 이와 같은 자료는 범주나 유형별로 할당되는 대출규모를 추정하기 위해 통합될 수 있다.[13]

2. Shared National Credit(SNC) 데이터베이스. 표준산업분류 두 자리 기준별 대출규모를 정리한 기업대출에 관한 국가 전체의 데이터베이스가 존재한다. 예를 들면, SIC번호 49에 이루어진 대출은 공공서비스산업에 이루어진 대출이다. 이 데이터베이스는 산업부문별로 대출이 할당되어 있는 국가전체 모습을 제공하기 때문에 마치 기업대출의 시장포트폴리오와 유사하다.

3. 상용 데이터베이스. Loan Pricing Corporation사의 Dealscan이 제공하는 100,000개 이상의 대출에 대한 정보를 사용할 수 있다.[14]

따라서 이들 데이터는 개별 금융회사가 부동산대출과 기업대출과 같은 부문별 대출의 내부 할당비율을 비교할 수 있는 시장기준을 제공한다. 예를 들면, SNC 데이터베이스는 산업 또는 차입자별 대출할당비율에 관한 시장기준을 제공한다.

금융회사의 대출할당비율, 즉 어느 특정분야에 이루어진 대출의 비율(X_{ij})을 국가 전체의 대출할당비율(X_i, 여기서 i는 서로 다른 대출그룹을 나타낸다)과 비교함으로써 금융회사는 자기 자신의 포트폴리오가 시장포트폴리오 기준으로부터 이탈되어 있는 정도를 측정할 수 있다.

---

12) 이와 같은 포트폴리오이론의 부분적인 적용은 L. B. Morgan에 의하여 처음 제안되었다. L. B. Morgan, "Managing a Loan Portfolio Like an Equity Fund," *Bankers Magazine*, January-February 1989, pp. 228-235 참조.

13) 이탈리아와 같은 일부 국가들은 산업 및 지역 집중에 관한 데이터를 포함하여 은행의 대출포트폴리오를 보다 상세하게 분류한다.

14) Dealscan은 신규대출의 가격에 대한 자료도 제공하고 있다. E. Altman, A. Gande, and A. Saunders, "Informational Efficiency of Loan versus Bonds: Evidence from Secondary Market Prices," Stern School of Business Working Paper, 2003; 그리고 Dahiya et al., "Financial Distress and Bank Lending Relationship," *Journal of Finance*, 2003, pp. 375-90 참조. 이러한 데이터베이스가 확장 될수록, 대출에 현대 포트폴리오이론을 적용하는 것이 더욱 쉬워질 것이다.

이것은 금융회사의 부문별 대출집중정도 또는 상대적으로 포트폴리오가 분산되지 않은 정도를 의미한다.

한 예로 〈표 7-2〉를 생각해 보자. 표는 4가지 종류의 대출, 즉 부동산대출, 기업(C&I) 대출, 개인대출, 기타 대출에 대한 가상적인 수치를 보여 준다. 열 (1)은 모든 은행들을 포함한 전국 수준에서의 대출할당비율이며 시장포트폴리오 할당비율이다. 열 (2)는 은행 A가 선택한 대출할당비율이고 열 (3)은 은행 B가 선택한 대출할당비율이다.

은행 A는 전국 평균보다 부동산대출에 보다 많이 대출을 집중시키고 있는 반면 은행 B는 개인대출에 보다 많이 대출을 집중시키고 있다. 각 은행이 전국 기준으로부터 이탈되어 있는 정도를 계산하기 위해 전국 기준으로부터 은행 A와 은행 B의 대출할당비율이 이탈되어 있는 표준편차를 사용한다. 물론 전국 기준은 매우 소형인 지역은행, 보험회사 또는 저축금융회사의 시장포트폴리오를 평가하는데 적정하지 않을 수 있다. 이 경우 금융회사는 미국 남서부와 같은 특정 지역에 있는 은행들의 콜보고서를 이용하여 지역 기준을 설정하거나, 또는 유사한 자산규모와 지역에 있는 은행들로 구성된 그룹기준을 설정할 수 있다.

상대적인 대출할당비율의 이탈정도는 다음과 같이 계산된다.[15]

$$\sigma_j = \sqrt{\frac{\sum_{i=1}^{4}(X_{ij} - X_i)^2}{N}} \tag{6}$$

σ_j = 전국 기준으로부터 이탈한 정도를 나타내는 은행 j의 자산할당비율의 표준편차

X_{ij} = 은행 j의 자산할당비율

X_i = 전국 자산할당비율

N = 대출종류의 수, $N = 4$

표 7-2 부문별 대출포트폴리오의 할당비율(%)

	(1) 전국	(2) 은행 A	(3) 은행 B
부동산대출	45%	65%	10%
기업대출	30	20	25
개인대출	15	10	55
기타 대출	10	5	10
	100%	100%	100%

15) 이 경우와 같은 작은 표본의 경우에는 식 (6)의 분모로 N보다는 $N-1$이 더 적정하다.

예제 7-4 대출할당편차계산

〈표 7-2〉를 참조하라. 은행 A의 대출포토폴리오에 식 (6)을 적용하면 다음과 같은 편차를 얻는다.

$$(X_{1A}-X_1)^2 = (0.65-0.45)^2 = 0.0400$$
$$(X_{2A}-X_2)^2 = (0.20-0.30)^2 = 0.0100$$
$$(X_{3A}-X_3)^2 = (0.10-0.15)^2 = 0.0025$$
$$(X_{4A}-X_4)^2 = (0.05-0.10)^2 = 0.0025$$

그리고

$$\sum_{i=1}^{4}(X_{iA}-X_i)^2 = 0.0550$$

따라서 $\sigma_A=((0.0550/4)^{1/2}=11.73\%$, 은행 B에 대해서도 같은 방법을 사용하면

$$(X_{1B}-X_1)^2 = (0.10-0.45)^2 = 0.1225$$
$$(X_{2B}-X_2)^2 = (0.25-0.30)^2 = 0.0025$$
$$(X_{3B}-X_3)^2 = (0.55-0.15)^2 = 0.1600$$
$$(X_{4B}-X_4)^2 = (0.10-0.10)^2 = 0.0000$$

그리고

$$\sum_{i=1}^{4}(X_{iB}-X_i)^2 = 0.2850$$

따라서 $\sigma_B=(0.2850/4)^{1/2}=26.69\%$, 은행 B는 개인대출에 집중하고 있기 때문에 은행 A보다 전국기준으로부터 훨씬 더 벗어나 있는 것을 알 수 있다.

전국 기준으로부터 이탈되어 있는 것이 반드시 나쁜 것은 아니다. 은행이(아마도 은행의 규모 또는 위치 때문에) 개인대출의 정보수집과 감시에 비교우위를 가지고 있다면 이 분야의 대출에 전문화할 수 있다. 계산된 표준편차는 단순히 금융회사의 경영자에게 대출포트폴리오 구성이 전국 평균 또는 전국 기준으로부터 이탈되어 있는 정도를 알려 준다. 그럼에도 불구하고 모든 은행들의 경우를 합한 것이기 때문에 전국적으로 도출된 자산비율(X_i)은 개별은행의 자산비율(X_{ij})보다 가장 효율적인 포트폴리오구성비율에 가까울 가능성이 크다. 이와 같은 현대 포트폴리오이론의 부분적 사용은 금융회사의 경영자에게 자산포트폴리오의 대출집중이 상대적으로 어느 정도인가에 대한 감을 제공한다. 이와 같은 분석은 은행의 대출포트폴리오에 적용되었지만, 어느 금융회사도 자산의 거래여부에 따라 특정 자산그룹 또는 전체 자산포트폴리오에 이러한 포트폴리오이론을 적용할 수 있다. 따라서 투자결정을 해야 하는 지역 또는 전국 규모의 금융회사들로 구성된 전체 집단의 할당비율이 가장 핵심적인 자료이다.

대출손실률에 기초한 모형

두 번째 현대 포트폴리오이론을 부분적으로 적용한 것은 과거의 대출손실률에 기초한 모형이다. 이 모형은 금융회사의 총대출포트폴리오의 대출손실리스크에 대하여 특정부문 또는 특정산업의 **체계적 대출손실리스크(systematic loan loss risk)**을 추정하는 것이다. 이와 같은 체계적 대출손실리스크는 분기자료를 이용하여 금융회사의 총대출손실률에 대한 산업부문 i의 손실률을 다음과 같이 시계열 회귀분석을 통해 추정할 수 있다.

$$\left(\frac{\text{부문 } i\text{의 대출손실}}{\text{부문 } i\text{에 대한 대출}}\right) = \alpha + \beta_i \left(\frac{\text{총대출손실}}{\text{총대출}}\right) + \varepsilon_i$$

예제 7-5 대출손실률계산

과거 10년 동안 한 금융회사는 기업대출, 소비자대출, 그리고 전체 대출에서 다음과 같은 손실률을 기록했다.

년	기업대출	소비자대출	전체 대출
2009	0.02175	0.03625	0.0250
2008	0.02318	0.03862	0.0269
2007	0.02340	0.03900	0.0272
2006	0.02535	0.04225	0.0298
2005	0.02437	0.04062	0.0285
2004	0.02415	0.04025	0.0282
2003	0.02400	0.04000	0.0280
2002	0.02370	0.03950	0.0276
2001	0.02325	0.03875	0.0270
2000	0.02212	0.03688	0.0255

이 금융회사는 이러한 손실자료에 회귀분석을 적용하여 다음 식을 추정하였다.

$$X_{C\&I} = 0.003 + 0.75X_L \quad \text{and} \quad X_{con} = 0.005 + 1.25X_L$$

여기서 $X_{C\&I}$ = 기업대출부문의 손실률, X_{con} = 소비자대출부문의 손실률, 그리고 X_L = 전체 대출포트폴리오의 손실률. 이 금융회사의 전체 손실률이 15% 상승한다면 기업부문의 예상손실률은 다음과 같이 증가한다.

$$X_{C\&I} = 0.003 + 0.75(.15) = 11.55\%$$

그리고 소비자 대출부문은 다음과 같다.

$$X_{con} = 0.005 + 1.25(.15) = 19.25\%$$

이러한 손실증가를 막기 위하여 금융회사는 소비자대출의 집중도를 낮춰야 한다.

여기서 α는 총대출손실률에 민감하지 않은 대출손실률을 측정하고, β_i는 총대출손실률에 대한 부문 i의 체계적인 손실민감도를 측정한다. 예를 들면, 소비자부문의 β추정치는 0.2이고 부동산부문의 β추정치는 1.4라면 부동산부문의 대출손실률이 금융회사의 총대출손실률에 비하여 체계적으로 높다는 것을 의미한다(정의상, 전체 대출포트폴리오의 손실률 β는 1이다). 이와 유사하게 소비자부문의 대출손실률은 금융회사의 총대출손실률에 비하여 체계적으로 낮다. 결과적으로 특히 경기가 후퇴하고 총대출손실률이 상승하기 시작할 때 소비자부문과는 반대로 부동산부문에 대하여 대출한도를 낮게 유지하는 것이 현명하다. 이 모형의 시사점은 낮은 β를 가진 부문들은 높은 β를 가진 부문들보다 더 높은 대출집중한도를 가질 수 있다는 것이다. 왜냐 하면 낮은 β부문의 대출손실리스크는 보다 덜 체계적이기 때문, 즉 포트폴리오의 관점에서 보다 더 분산화가 가능하기 때문이다.[16]

▶**체계적 대출손실리스크(systematic loan loss risk)**
금융회사의 대출포트폴리오 손실률에 대한 특정 산업의 대출손실민감도 측정치.

규제모형

서론에서 지적한 바와 같이 은행과 보험 규제당국들도 대출집중리스크를 측정하기 위한 방법들을 연구해 왔다. 여러 가지 정량적인 방법들을 검토한 후 연방준비제도는 1994년에 신용집중리스크의 척도에 대한 최종결정을 공표하였다. 채택된 방법은 전반적으로 주관적이며 감독자의 재량에 의존하는 방식이다. 보다 기술적인 모형들을 거부한 이유는 (1) 그 당시에는 신용집중리스크를 식별하는 방법들이 충분히 발전되지 못하였고 (2) 보다 정량적인 모형을 추정하기에 필요한 자료가 충분히 없었기 때문이었다. 제15장에서는 예금금융회사의 자기자본수준을 결정하기 위해 신용리스크가 어떻게 사용될 수 있는가에 대하여 보다 자세하게 살펴본다.

2006년 6월 국제결제은행(BIS)은 신용리스크측정과 대출가치의 측정에 대한 지침을 발표하였다. 이 지침은 대출과 관련하여 공동으로 보유하고 있는 자료들이 신용리스크를 측정하고, 대출의 가치하락을 설명하고, 규제상의 필요자본을 결정하는데 어떻게 사용될 수 있는가를 다루고 있다. 또한 이 지침은 두 가지 커다란 범주에 속하는 10개의 원칙을 따르고 있는데, 그 범주는 신용리스크 측정과 대출가치평가에 대한 감독기관의 기대, 그리고 대출의 신용리스크측정, 통제, 자본적정성 등에 대한 감독기관의 평가를 의미한다.

생명 및 손해보험 규제당국도 특정산업이나 차입자에 대해 대출이 집중되는 것에 대하

16) 이와 같은 접근방법은 (다요인 모형의 방식을 따라서) 확장이 가능하다는 것을 의미한다. 기본적으로 이 방법은 어느 부문의 요인민감도가 가장 큰가를 파악하기 위해 SIC부문의 손실률을 여러 가지 요인들(시장리스크, 이자율리스크 등)에 회귀분석하는 것이다.

여 관심을 가져왔다. 각주의 규제당국들을 위하여 전국보험감독협회(NAIC)가 정립한 Model Act(보험회사는 주 차원에서 규제된다)는 보험회사가 특정회사의 증권 또는 부채를 보유할 수 있는 최대투자규모를 설정하고 있다.[17] 이와 같은 소위 **총투자 분산한도(general diversification limits)**는 생명 또는 의료보험회사의 경우 3%, 손해보험회사의 경우 5%로 설정되어 있다. 이것은 상이한 주식 또는 채권들의 종류가 생명 또는 의료보험회사의 경우에는 최소 33개, 손해보험회사의 경우에는 최소 20개라는 것을 의미한다. 이러한 간단한 법칙은 최소 15개 이상의 주식들에 동일한 금액으로 분산투자한 포트폴리오가 수익률의 분산은 감소시키며 상당한 이익을 얻을 수 있게 한다는 현대 포트폴리오이론에 따른 것이다.

▶**총투자 분산한도(general diversification limits)**
보험회사가 어느 한 발행자의 증권을 보유할 수 있는 최대 투자금액.

개념질문

1. 서로 다른 대출들의 수익률이 독립적이라고 하자. 대출포트폴리오의 분산으로부터 어떤 이익이 존재하는가?
2. 당신은 현대 포트폴리오이론모형에서 최소리스크 대출포트폴리오를 어떻게 찾을 수 있는가?
3. 금융회사의 경영자는 최소리스크 대출포트폴리오를 선택하여야만 하는가? 왜 그런가 또는 왜 그렇지 않은가?
4. 신용집중리스크를 측정하는데 정량적인 방법보다는 주관적인 방법에 의존하도록 한 1994년 연방준비제도의 결정 이유를 설명하라. 그 견해가 오늘날에도 타당한가?

요 약

이 장은 신용포트폴리오리스크와 신용집중리스크를 측정하기 위해 금융회사가 이용할 수 있는 다양한 방법들을 논의하였다. 먼저 포트폴리오분산이 금융회사의 대출리스크노출도를 어떻게 감소시킬 수 있는지를 살펴보았다. 대출집중리스크를 감소시키기 위한 2가지의 간단한 방법, 즉 바람직한 대출집중과 바람직하지 않은 대출집중에 관한 정보를 제공하기 위해 신용등급의 변화에 의존하는 등급전이분석과 대출부문별 금융회사의 자기자본노출도에 기초하여 대출집중한도를 설정하는 모형도 논의되었다. 신용(대출)집중 문제에 대하여 현대 포트폴리오이론을 적용하는 것에 대한 분석이 이루어졌으며 KMV 포트폴리오매니저모형에 대한 논의도 이루어졌다. 이에 더하여 대출집중률을 결정하기 위해 부문별 대출손실률에 포트폴

17) Investments of Insurers Model Act, NAIC, draft, Washington D.C., August 12, 1994 참조.

리오이론을 적용하는 모형이 논의되었다. 마지막으로 대출집중을 측정하기 위한 연방준비제도 및 NAIC와 같은 규제당국이 택한 방법이 설명되었다.

연습문제

1. 대출포트폴리오리스크는 개별적인 대출리스크와 어떻게 다른가?
2. 등급전이분석(migration analysis)은 무엇인가? 금융회사는 신용리스크집중을 측정하기 위해 이 방법을 어떻게 사용하는가? 이 방법의 단점들은 무엇인가?
3. 대출집중리스크는 무엇인가?
4. 금융회사의 경영자는 자기자본의 5%를 초과하여 손실을 발생시키는 산업에 속한 기업에게 대출을 하지 않기로 하였다.
   a. 만일 자동차산업의 역사적인 평균손실률이 8%이면 금융회사의 경영자가 자동차산업에 속한 기업에게 대출할 수 있는 최대금액은 총자본의 몇 %인가?
   b. 만일 광산업의 역사적인 평균손실률이 15%이면 금융회사의 경영자가 광산업에 속한 기업에게 대출할 수 있는 최대금액은 총자본의 몇 %인가?
5. 금융회사가 개별기업에 대한 대출의 집중한도를 설정하기 위한 기준으로서 총자본의 12%를 최대손실로 설정하였다. 만일 금융회사가 한 기업에게 25%의 대출집중한도를 설정하였다면, 이 기업의 기대손실률은 얼마인가?
6. 금융회사가 보유한 포트폴리오의 신용리스크를 낮추기 위해 현대 포트폴리오이론이 어떻게 사용될 수 있는지를 설명하라.
7. The Bank of Tinytown은 다음과 같은 특성을 가진 2개의 2만 달러 대출채권을 가지고 있다. 대출 A는 10%의 기대수익률과 10%의 수익률 표준편차를 가지고 있다. 대출 B의 기대수익률과 수익률 표준편차는 각각 12%와 20%이다.
   a. 만일 대출 A와 대출 B의 수익률 간 공분산이 0.15이면, 이 포트폴리오의 기대수익률과 수익률 표준편차는 얼마인가?
   b. 만일 대출 A와 대출 B의 수익률 간 공분산이 −0.15이면, 이 포트폴리오의 수익률 표준편차는 얼마인가?
   c. 수익률 간 공분산 또는 상관계수는 현대 포트폴리오이론의 리스크감소 기능에서 어떤 역할을 하는가?
8. 소형은행들과 저축금융회사들이 현대 포트폴리오이론을 이용하여 신용리스크를 측정하는 것이 왜 어려운가?
9. 최소리스크 포트폴리오는 무엇인가? 최소리스크 포트폴리오는 왜 일반적으로 수익률과 리스크의 교환관계를 최적화하기 위해 금융회사가 선택하는 포트폴리오가 아닌가?
10. 분산된 대출포트폴리오를 보유하면 하나의 사건이 은행에 상당한 손실을 발생시키지 않도록 리스크노출이 분산된다. 대출포트폴리오를 분산시키지 않을 때는 어떤 이익이 존재하는가?
11. 당신은 다음과 같은 3개의 대출포트폴리오를 리스크와 수익률의 교환관계를 기준으로 순위를 정

하려 하고 있다. 당신은 이 3개의 포트폴리오들을 어떻게 순위를 매길 것인가? 3개의 포트폴리오들은 다음과 같은 정보를 가지고 있다.

포트폴리오	기대수익률	표준편차
A	10%	8%
B	12	9
C	11	10

12. CountrySide Bank는 포트폴리오에 포함된 대출의 리스크와 수익률 특성을 평가하기 위해 KMV 포트폴리오매니저모형을 사용한다. 한 100만 달러의 대출은 수수료로 연간 2%를 수취하고 대출가격은 은행의 자금비용보다 4% 높은 스프레드로 결정되어 있다. 차입자가 담보 때문에 채무불이행하는 경우 이 은행에서 발생되는 손실은 대출액면가치의 20%이다. 채무불이행확률이 3%이면 이 대출의 기대수익률은 얼마인가? 이 대출의 리스크는 얼마인가?

13. 전국적인 차원과 지역적인 차원에서 대출에 관한 정보를 포함하고 있는 데이터베이스에는 어떤 것들이 있는가?

14. 시장부문별 대출포트폴리오의 할당비율에 관한 정보가 다음과 같이 주어져 있다.

시장부문별 대출포트폴리오의 할당비율(%)

부문	전국	은행 A	은행 B
기업대출	30%	50%	10%
소비자대출	40	30	40
부동산대출	30	20	50

은행 A와 은행 B가 보유하고 있는 포트폴리오가 전국 평균으로부터 얼마나 이탈되어 있는지를 추정하기 원한다.

a. 어느 은행이 전국 평균으로부터 더 이탈되어 있는가?

b. 이와 같은 모형을 사용하는 은행의 경우 표준편차가 큰 것이 반드시 나쁜 것인가?

15. 주로 모기지대출에 참여하는 연방정부 인가은행들은 평균적으로 주택부문 20%, 기업부문 30%, 국제부문 20%, 모기지담보부증권 30%의 비율로 자산을 분산시키고 있다고 가정하자. 한 지역은행은 주택부문 30%, 기업부문 40%, 국제부문 30%의 비율로 자산을 보유하고 있다. 이 지역은행은 자산분산에서 연방정부 인가은행과 어떻게 다른가?

16. 역사적 대출손실률에 관한 회귀분석을 사용하면서 한 은행은 다음과 같은 추정결과를 얻었다.

$$X_C = 0.002 + 0.8X_L \text{ 그리고 } X_h = 0.003 + 1.8X_L$$

X_C = 기업부문의 대출손실률, X_h = 소비자(가계)부문의 대출손실률,
X_L = 총대출포트폴리오의 손실률.

a. 만일 이 은행의 총대출손실률이 10%만큼 증가하면 기업부문과 소비자부문의 기대손실률의 증가는 얼마인가?

b. 이 은행은 어느 부문에서 대출을 제한하여야 하는가? 왜 그런가?

17. 연방준비제도가 신용집중리스크를 평가하는데 정량적인 모형 대신에 주관적인 방법의 사용을 권

고하는 이유는 무엇인가?

18. NAIC는 신용집중에 대하여 어떠한 규칙을 제안하였는가? 이 규칙은 현대 포트폴리오이론과 어떻게 관련되어 있는가?

19. 한 금융회사가 특정 발행자의 증권을 8% 이상 보유하는 것이 제한되어 있다. 이 금융회사가 이와 같은 요구조건을 충족시키기 위해 최소한 몇 종류 이상의 상이한 증권을 보유해야 하는가? 만일 이 요구조건이 2%, 4%, 7%라면 이 금융회사가 보유하여야 하는 증권의 종류는 각각 최소 얼마인가?

다음의 문제들은 부록 7A와 7B와 관련되어 있다. 문제 20번과 문제 21번은 부록 7A에 있는 정보를 참고하라.

20. 〈표 7A-1〉에서 대출등급상승의 확률과 대출등급하락의 확률은 얼마인가?
   a. 등급상승 또는 등급하락의 영향은 무엇인가?
   b. 신용사건이 발생한 후에 할인율은 어떻게 결정되는가?
   c. 대출가격의 확률분포는 왜 음의 방향으로 기울어져 있는가?
   d. CreditMetrics에 의하여 요구되는 자기자본은 BIS와 연방준비제도의 자기자본규제와 어떻게 다른가?

21. 1억 달러의 5년만기 고정이자부 대출의 연 이자율이 7%이다. 차입자는 BB등급을 가지고 있다. 가상적인 과거 자료에 기초하여 만들어진 아래의 확률분포는 다음 해 동안에 등급상승, 등급하락, 등급유지 및 채무불이행 가능성을 의미한다. 현재 재무부증권 수익률곡선의 선도이자율들과 BBB등급 채권들의 다양한 만기별 연간 신용스프레드들에 관한 정보도 주어져 있다.

신용등급	확률분포	신규 대출가치 + 이표 (100만 달러)	t시점에서의 선도이자율과 이자율스프레드		
			t	r_t%	s_t%
AAA	0.01%	$114.82	1	3.00%	0.72%
AA	0.31	114.60	2	3.40	0.96
A	1.45	114.03	3	3.75	1.16
BBB	6.05		4	4.00	1.30
BB	85.48	108.55			
B	5.60	98.43			
CCC	0.90	86.82			
채무불이행	0.20	54.12			

   a. 차입자가 BB등급에서 BBB등급으로 등급상승이 있는 경우 1년 기간 말에 대출의 현재가치는 얼마인가?
   b. 연도 1의 말에 대출의 평균가치(기대가치)는 얼마인가?
   c. 연도 1의 말에 대출가치의 변동성은 얼마인가?
   d. 대출가치의 정규분포를 가정하여 대출의 5% VAR와 1% VAR를 계산하라.
   e. 대출가치의 실제 분포와 확률을 사용하여 대출의 약 5% VAR와 약 1%의 VAR를 추정하라.

f. d와 e에서 계산된 1% VAR에 의하여 요구되는 자기자본은 BIS와 연방준비제도의 자기자본 규제와 어떻게 비교되는가?

22. Credit Suisse Financial Products의 Credit Risk+모형은 J. P. Morgan Chase의 CreditMetrics 모형과 어떻게 다른가?

23. 한 금융회사가 각 10,000달러의 10,000개 대출로 구성된 대출포트폴리오를 가지고 있다. 이 대출들은 4%의 역사적 평균채무불이행률을 보이며 손실의 정도는 1달러당 40센트이다.
   a. 다음 해 동안 채무불이행이 2%, 3%, 4%, 5%, 8%일 확률은 얼마인가?
   b. 채무불이행이 4%와 8%일 때 대출포트폴리오의 손실금액은 얼마인가?
   c. 1%의 최악의 손실시나리오에 대비하기 위해 얼마만큼의 자기자본이 필요한가? 이와 같은 자기자본은 대출포트폴리오 가치의 몇 %인가?

관련 웹사이트

기관명	웹사이트
Bank for International Settlements	www.bis.org
Board of Governors of the Federal Reserve	www.federalreserve.gov
KMV Corporation	www.moodyskmv.com
Moody's	www.moodys.com
National Association of Insurance Commissioners	www.naic.org
Standard & Poor's	www.standardpoors.com

부록 7A[1] CreditMetrics

CreditMetrics는 대출이나 사모채권과 같은 비거래 자산들의 가치와 리스크를 결정하기 위한 VAR 모형으로 1997년에 J. P. Morgan(www.creditmetrics.com)과 공동후원자들(Bank of America, Union Bank of Switzerland 등)에 의하여 도입되었다.[2] 따라서 RiskMetrics는 "만일 내일이 불리한 날이면 주식, 채권과 같은 거래자산들에 대하여 얼마나 손실을 입을 것인가?"에 대한 답을 구하는 반면, CreditMetrics는 "만일 내년이 불리한 연도이면 대출과 대출포트폴리오에 대하여 얼마나 손실을 입을 것인가?"에 대한 답을 구

1) 이 부록의 내용은 난이도가 높으므로 필요에 의해 생략해도 무방하다..

2) CreditMetrics, *Technical Document*, New York, April 2, 1997과 Saunders and Allen, *Credit Risk Measurement*, Chapter 6 참조.

한다.[3]

RiskMetrics의 경우(제5장 참조), 주어진 자산의 시장가치가 내일 어떤 주어진 값 이하로 하락할 확률을 계산하기 위해(예를 들면, 5%), 이 자산의 시장가치 또는 가격과 이 자산의 가격 또는 수익률의 변동성을 살펴보면서 이와 같은 질문에 답한다. RiskMetrics의 경우 주어진 자산수익률 변동의 표준편차 추정치(σ)에 1.65를 곱하고, 주어진 자산포지션의 현재 시장가치가 1.65σ만큼 하락할 가능성이 있다고 추정한다. 즉 이 자산에 대한 하루의 VAR(또는 DEAR)는 다음과 같다.

$$\text{VAR} = P \times 1.65 \times \sigma$$

불행하게도 대출은 공개적으로 거래되지 않기 때문에 P(대출의 시장가치)와 σ(관심 있는 기간 동안(CreditMetrics에서는 대출과 채권의 경우 1년으로 가정된다) 대출가치의 변동성)을 관측하지 못한다. 그러나 (1) 차입자의 신용등급에 관한 자료, (2) 다음 연도 동안 차입자의 신용등급 변화확률, (3) 채무불이행대출의 회수율, (4) 채권시장에서의 수익률스프레드를 사용하면 거래되지 않는 대출 또는 채권에 대한 가상적인 P와 σ를 계산하고 개별대출과 대출포트폴리오의 VAR 값을 계산하는 것이 가능하다.

5년만기이고 6%의 연이자율을 가진 1억 달러의 고정이자부 대출의 예를 생각해 보자.[4] 차입자는 BBB등급을 가지고 있다고 하자.

신용등급이전

S&P, Moody' s, 기타 채권 애널리스트들에 의하여 수집된 역사적 자료에 기초할 때

표 7A-1 1년기간 동안 BBB등급 차입자의 신용등급이전확률

신용등급	전환확률	
AAA	0.02%	
AA	0.33	
A	5.95	
BBB	86.93	◀──── 동일한 등급을 유지할 확률이 가장 높음
BB	5.30	
B	1.17	
CCC	0.12	
채무불이행	0.18	

3) 2002년 J. P. Morgan은 신용리스크를 측정하는 세 번째 모형인 CreditGrades를 소개하였다. 이 모형은 신용시장과 주식시장을 연계시킨다.

4) CreditMetrics, *Technical Document*, April 2, 1997에서 사용된 예에 기초한 것이다.

표 7A-2 T-bond와 연간 신용스프레드

년	r_t	S_t
1	3.00%	0.72%
2	3.57	0.75
3	4.05	0.88
4	4.40	0.92

BBB등급의 차입자가 다음 연도 동안 BBB등급을 그대로 유지할 확률은 86.93%로 추정된다. 또한 차입자가 신용등급상승(예를 들면, A등급으로)을 하거나 신용등급하락(예를 들면, CCC등급으로) 또는 채무불이행에 이르게 될 작은 확률이 존재한다. 실제로 다음 연도 동안 차입자가 할 수 있는 신용등급상승, 신용등급하락, 신용등급유지, 채무불이행을 포함한 8가지의 가능한 신용등급전이가 존재한다. 이러한 8가지 신용등급전이의 확률추정치가 〈표 7A-1〉에 제시되어 있다.

가치평가

신용등급상승과 신용등급하락은 대출에 요구되는 신용리스크 스프레드 또는 프리미엄에 영향을 주고, 이에 따라 대출의 시장가치(또는 현재가치)에 영향을 준다. 만일 대출의 신용등급이 하락하면 요구되는 신용스프레드는 상승해야만 한다(우리의 예에서 대출이자율은 6%에서 고정되어 있다는 것을 기억하라). 즉 금융회사에 대한 대출의 현재가치는 하락해야만 한다. 신용등급상승의 경우는 이 반대가 성립한다.

기술적으로 말하면, 만일 신용등급의 변동이 첫해에 발생하면, 첫 해 말에 5년만기이고 6%의 연이자율을 가진 1억 달러의 대출가치는 재설정되기 때문에 (100만 달러 기준으로 측정된) 대출의 가격은 다음과 같다.

표 7A-3 연도 1의 말 기준 신용등급별 대출의 가치

연말의 신용등급	대출가치(1차년도 이표포함)
AAA	109.37
AA	109.19
A	108.66
BBB	107.55
BB	102.02
B	98.10
CCC	83.64
채무불이행	51.13

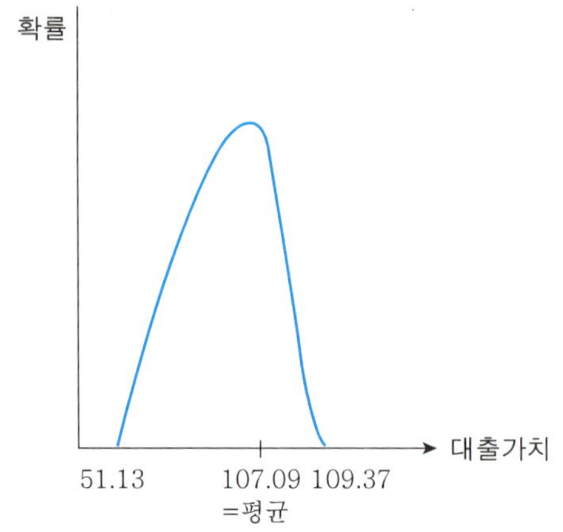

그림 7A-1 **연도 1의 말 기준 5년만기 BBB등급 대출의 가치분포**

$$P = 6 + \frac{6}{(1+r_1+s_1)} + \frac{6}{(1+r_2+s_2)^2} + \frac{6}{(1+r_3+s_3)^3} + \frac{106}{(1+r_4+s_4)^4}$$

여기서 r_i는 미래의 연도 i에 존재할 것으로 기대되는 재무부채권의 무위험이자율이고(말하자면 이 이자율은 현재 재무부채권의 수익률로부터 도출되는 선도이자율이다), s_i는 연도 i에 적용되는 특정 신용등급에 속하는 대출에 대한 연간신용스프레드이다(연간신용스프레드는 회사채시장에서 관찰되는 스프레드로부터 도출된다). 향후 4년간의 무위험이자율과 신용스프레드가 결정되어 있다. 600만 달러의 첫 번째 이표 또는 이자지급액은 할인되지 않으며 이것은 채권 또는 대출에 대하여 수취하는 발생이자와 같은 것으로 생각할 수 있다.

차입자의 신용등급이 다음 연도 동안에 BBB에서 A로 상승한다고 하자. 그러면 100만 달러 기준으로 측정된 연도 1의 말에 대출의 현재가치 또는 시장가치는 다음과 같다.

$$P = 6 + \frac{6}{(1.0372)} + \frac{6}{(1.0432)^2} + \frac{6}{(1.0493)^3} + \frac{106}{(1.0532)^4}$$

$$\text{즉} \quad P = \$108.66$$

만일 연도 1의 말에 대출차입자의 신용등급이 BBB에서 A로 상승하면 (장부가치)로 1억 달러인 대출은 1억 866만 달러의 시장가치를 가진다(이 가치는 금융회사가 첫 번째 발생되는 이표가 600만 달러인 이 대출을 연도 1에 다른 금융회사에게 매도한다면 받을 수 있는 이론적인 가치이다). 〈표 7A-3〉은 신용등급전이가 발생할 경우 대출의 가치들을 보여 준다. 대출의 시장가치는(차입자의 신용등급이 AAA로 상승하는 경우) 최대인 1억 937만 달러가 되고, (차입자가 채무불이행하는 경우) 최소 5,113만 달러가 된다는 점에 주목하라. 대출의 최소가치는 차입자가 파산을 선언할 때 추정되는 대출의 회수가치이다.

대출가치의 확률분포가 [그림 7A-1]에 그려져 있다. 그림에서 보는 바와 같이 대출의 가격분포는 음의 방향으로 기울어져 있다. 분명히 대출의 가치는 대칭분포가 아니다(정규분포를 가지지 않는다). 따라서 CreditMetrics는 다음과 같은 2가지의 VAR 값을 제공한다.

1. 대출가치의 정규분포에 기초한 VAR 값
2. 대출가치의 실제분포에 기초한 VAR 값

VAR의 계산

〈표 7A-4〉는 5% 최악의 경우와 1% 최악의 경우 모두에 대해 각 방법에 기초한 VAR의 계산을 보여 준다.

VAR를 계산하는 첫 번째 단계는 연도 1에서 대출가치의 평균, 즉 대출가치의 기대치를 계산하는 것이다. 대출가치의 기대치는 연도 1의 말에 가능한 각 대출가치와 이 대출가치

표 7A-4 BBB등급 대출의 VAR 계산

연말신용등급	확률 (a)	대출가치 (b)	(a×b)	대출가치−μ (c)	(a×c²)
AAA	0.02%	$109.37	$0.02	$2.28	0.0010
AA	0.33	109.19	0.36	2.10	0.0146
A	5.95	108.66	6.47	1.57	0.1474
BBB	86.93	107.55	93.49	0.46	0.1853
BB	5.30	102.02	5.41	(5.06)	1.3592
B	1.17	98.10	1.15	(8.99)	0.9446
CCC	0.12	83.64	1.10	(23.45)	0.6598
채무불이행	0.18	51.13	0.09	(55.96)	5.6358
		평균 = $107.09 = μ			분산 = 8.94777
					σ = 표준편차 = $2.99

정규분포가정 { 5% VAR=1.65×σ = $4.93
1% VAR=2.33×σ = $6.97

실제분포가정* { 5% VAR=실제분포의 95%=$107.09−$102.02=$5.07
1% VAR=실제분포의 99%=$107.09−$98.10=$8.99

*5% VAR는 6.77% VAR (5.3%+1.17%+0.12%+0.18%)에 의해 근사적으로 추정되고 1% VAR는 1.477% VAR (1.17%+0.12%+0.18%)에 의해 추정된다.

가 실현될 전이확률을 곱하여 합한 것이다. [그림 7A-1]에서 보는 바와 같이 이 대출의 평균값은 1억 709만 달러이다. 그러나 금융회사는 손실 또는 가치의 변동성을 우려한다. 특히 다음 연도가 불리한 연도이면 금융회사는 얼마나 손실을 볼 것으로 예상하는가? 불리한 연도를 매 20년마다 한 번 발생하는(5%의 VAR) 연도, 또는 매 100년마다 한 번 발생하는(1%의 VAR) 연도로 정의할 수 있다. 따라서 신용리스크의 경우 고려대상의 시간이 더 길다는 점을 제외하고는 시장리스크 VAR와 유사하다는 것을 알 수 있다(신용리스크의 경우에는 시장리스크 DEAR에서처럼 1일이 아닌 1년이 고려된다).

대출가치가 정규분포를 따른다고 가정하면 대출가치의 평균주위에서 대출가치의 분산은 894만 7,700만(달러)^{2}이고, 대출가치의 표준편차 또는 변동성은 299만 달러이다. 따라서 이 대출의 5% VAR는 1.65 × \$2,990,000 = \$4,930,000이고 대출의 1% VAR는 2.33 × \$2,990,000 = \$6,970,000이다. 그러나 [그림 7A-1]에서 보는 바와 같이 대출가치의 분포는 분명히 정규분포가 아니기 때문에 이 값은 대출의 실제 VAR를 과소추정할 가능성이 있다. 특히 대출가치의 분포는 음의 왜도 또는 손실 쪽으로 긴 꼬리를 가진다. 대출가치와 확률의 실제분포를 사용하면, 〈표 7A-4〉로부터 대출가격이 1억 202만 달러 이하로 하락할 확률은 6.77%이다. 이것은 "근사적으로" 5%의 실제 VAR는 \$107,090,000 − \$102,020,000 = \$5,070,000라는 것을 의미한다. 대출가격이 9,810만 달러 이하로 하락할 확률은 1.47%이다. 이것은 "근사적으로" 1%의 실제 VAR는 \$107,090,000 − \$98,100,000 = \$8,990,000라는 것을 의미한다. 이와 같은 실제 VAR 값들은 정확한 5%와 1% VAR 값들을 구하기 위해 선형보간법(linear interpolation)을 사용함으로써 보다 정확하게 구할 수 있다. 예를 들면, 1.47퍼센타일은 98,100,000달러이고 0.3퍼센타일은 83,640,000달러이므로 선형보간법을 사용하면 1퍼센타일은 92,290,000달러이다. 이것은 실제 1% VAR는 \$107,090,000 − \$92,290,000 = \$14,800,000이라는 것을 의미한다.

필요자기자본

이와 같은 VAR의 값들과 현재 연방준비제도와 BIS에 의해 요구되는 필요자기자본을 비교하는 것은 흥미로운 일이다. 이와 같은 자기자본규제는 제15장에서 보다 상세하게 설명되지만, 은행은 예기치 않은 손실에 대비한 자기자본으로 대출장부가치의 8%를 보유하여야 한다는 것이다. 1억 달러의 장부가치를 가지는 BBB등급 대출의 경우 자기자본규제에 의한 자기자본은 800만 달러이다. 이것은 위에서 개발된 2개의 시장기반 VAR 측정치들과 대조를 이룬다. 정규분포에 기초한 1% VAR를 사용하면 697만 달러의 자기자본이 요구되

5) 제15장에서 논의하는 바와 같이, 8% 자기자본비율과 모든 기업대출들에 대한 100%의 리스크가중치는 2006년에 수정되었다. 제안된 방법에서는 각 대출마다 개별적으로 자기자본요구액이 결정된다.

는 반면 실제분포에 기초한 1% VAR를 사용하면 1,480만 달러의 자기자본(BIS의 자기자본 규제 규모보다 훨씬 크다)이 요구된다

CreditMetrics 방법하에서 모든 대출은 서로 다른 VAR 값을 가지고 이에 따라 필요자기자본이 달라질 가능성이 높다는 것에 주목하여야 한다.[5] 이것은 상이한 신용등급(AAA에서 CCC까지)과 상이한 만기를 가진 모든 민간부문대출에 대하여 동일하게 8%의 자기자본 규제가 적용된다는 현재의 BIS규제와 대조를 이룬다.

부록 7B[1] CreditRisk+

CreditRisk+는 Credit Suisse Financial Products(CSFP)에 의하여 개발된 모형이다.[2] 완전한 VAR모형을 개발하고자 하는 CreditMetrics와는 달리 CreditRisk+는 어느 수준 이상의 손실에 대비하기 위해 필요자기자본을 계산하는데 초점을 맞추어 대출의 기대손실과 손실의 분포를 추정하고자 한다.

이 모형의 핵심적인 아이디어는 보험문헌(특히 화재보험)으로부터 온 것이다. 보험회사에게 발생되는 손실은 2가지 측면, 즉 (1) 기옥이 화재손실을 입을 확률(보험회사가 사건의 "빈

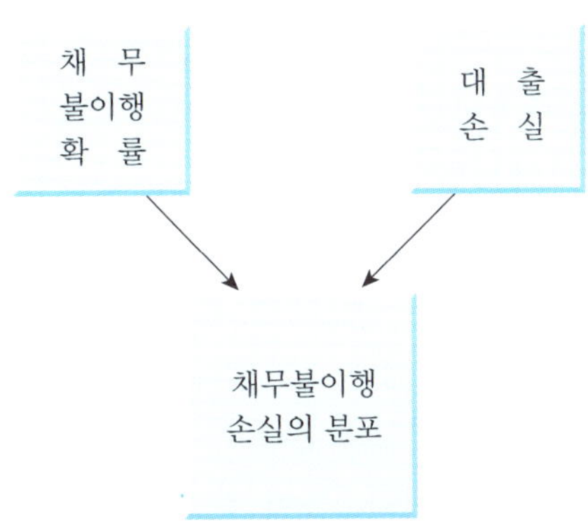

그림 7B-1 CreditRisk+ 모형에서 대출손실의 결정요인

1) 이 부록의 내용은 난이도가 높으므로 필요에 의해 생략해도 무방하다.

2) Credit Suisse Financial Products, "CreditRisk+; Credit Risk Management Framework," October 1997, New York/London 과 Saunders, *Credit Risk Measurement*, Chapter 7 참조.

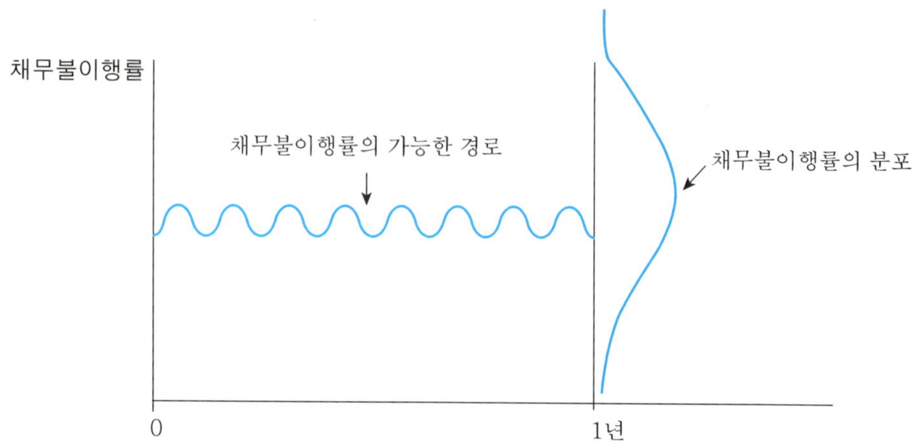

그림 7B-2 CreditRisk+ 모형이 가정하고 있는 대출의 채무불이행빈도

도"("frequency")라고 부르는 것)과 (2) 가옥이 타 버릴 경우 손실된 가옥의 가치(보험회사가 "손실의 심도"("severity of the loss")라고 부르는 것)를 반영한다. 대출포트폴리오의 손실분포는 대출채무불이행의 발생빈도와 대출채무불이행의 심도를 반영하므로 대출에 동일한 아이디어가 적용될 수 있다. 이 모형은 [그림 7B-1]에 제시되어 있다.

다음 기의 대출의 채무불이행확률이 확정되어 있다(대출의 채무불이행에 관한 역사적 전이확률에 의하여 정의된다)고 가정하는 CreditMetrics와는 달리 가장 간단한 CreditRisk+ 모형은 (1) 대출포트폴리오를 구성하는 각 개별대출의 채무불이행확률은 무작위적이고 (2) 모든 한 쌍의 대출의 채무불이행 간 상관관계는 0이라고(말하자면 개별대출의 채무불이행확률은 독립적이라고) 가정한다. 따라서 이 모형은 소수의 대규모 대출들로 구성된 포트폴리오보다는 소규모 대출들(예를 들면, 소기업대출, 모기지, 소비자대출)로 구성된 대규모 포트폴리오의 채무불이행리스크를 분석하기에 가장 적합하다. 채무불이행확률(빈도)에 관한 이 모형의 가정들은 [그림 7B-2]에 제시되어 있다.

개별대출들의 채무불이행확률이 작고 이 확률이 포트폴리오 내에 있는 대출들 사이에 독립일 때 채무불이행확률들의 빈도분포는 Poisson분포에 의하여 모형화될 수 있다. 아래의 예를 살펴보자.

다음과 같이 가정하자.

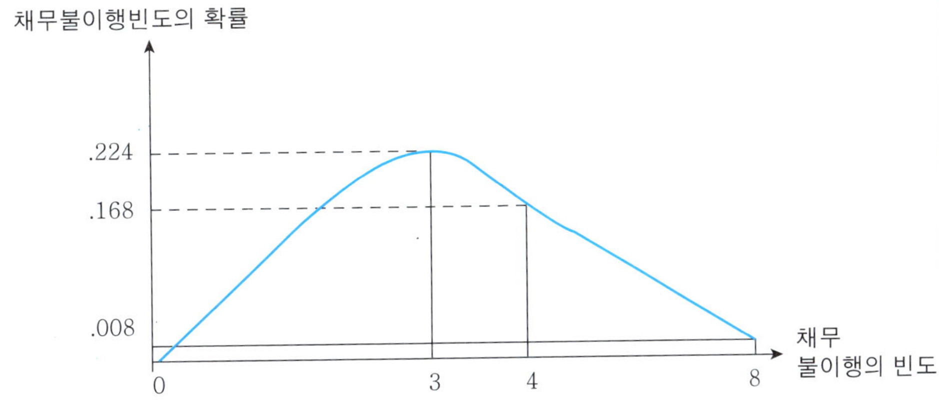

그림 7B-3　채무불이행빈도의 확률분포

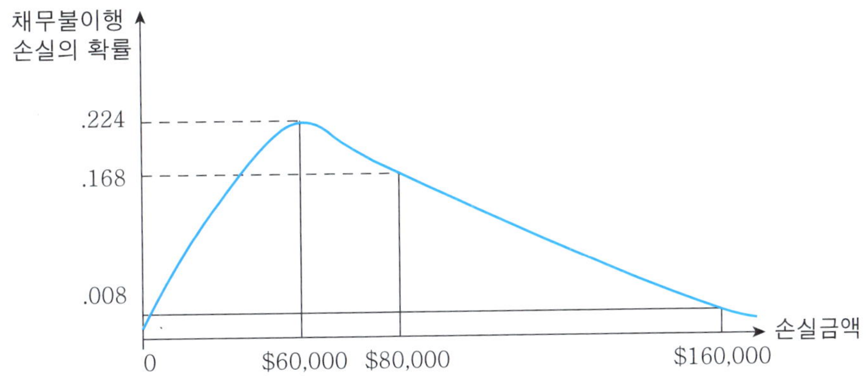

그림 7B-4　대출포트폴리오 손실의 확률분포

1. 금융회사는 각 대출이 10만 달러인 100개의 대출들을 실행한다.
2. 역사적으로 대출들 중 3%가 평균적으로 채무불이행하였다.
3. 채무불이행이 발생한 경우, 이들 대출들 각각에 대하여 손실의 심도는 1달러당 20센트(또는 10만 달러의 대출당 2만 달러)로 동일하다.

채무불이행률의 빈도분포

Poisson분포로부터 (100개의 대출포트폴리오에서) 채무불이행건수의 발생확률을 다음과 같이 쉽게 계산할 수 있다.

$$n\text{개의 채무불이행이 발생할 확률} = \frac{e^{-m}m^{n}}{n!}$$

여기서, e는 지수(2.71828), m은 이러한 형태의 대출들에 대한 역사적 평균채무불이행건수(100개 중 3개 또는 3%), n은 채무불이행확률을 결정하고자 하는 대출의 수, n!은 n 팩토리얼(factorial)이다.

예를 들면, 다음 연도 동안에 100개의 대출들 중에서 3개가 채무불이행할 확률은

$$\frac{(2.71828)^{-3} \times 3^{3}}{1 \times 2 \times 3} = 0.224$$

즉 3개의 대출이 채무불이행할 확률은 22.4%이다. 또한 100개의 대출들 중에서 4개가 채무불이행할 확률은

$$\frac{(2.71828)^{-3} \times 3^{4}}{1 \times 2 \times 3 \times 4} = 0.168$$

또는 16.8%이다. 채무불이행빈도의 분포는 [그림 7B-3]에 그려져 있다.

채무불이행건수와 손실의 심도를 곱하여 대출손실금액의 분포를 다음과 같이 도출할 수 있다.

$$3\text{개 대출이 채무불이행하는 경우의 손실금액} = 3 \times 0.20 \times \$100,000 = \$60,000$$

$$4\text{개 대출이 채무불이행하는 경우의 손실금액} = 4 \times 0.20 \times \$100,000 = \$80,000$$

손실금액의 분포는 [그림 7B-4]에 그려져 있다.

CreditMetrics 모형에서처럼 무엇이 1% 최악의 경우(100년 중에서 99번째 최악의 연도에 발생한 손실)인가를 물을 수 있다. Poisson분포로부터 100개의 대출 중에서 8개의 채무불이행이 발생할 확률은 약 1%이다. 따라서 160,000달러의 손실을 입을 확률은 1%이다.[3)]

CreditRisk+ 모형에서 금융회사는 미예상(1%)손실과 평균 또는 예상손실(3건의 채무불이행과 관련된 손실)의 차이를 충족시키기 위해 자기자본을 보유한다. 우리의 예에서 필요자기자본은 $160,000 - $60,000 = $100,000, 또는 포트폴리오 금액의 약 1%이다. 이 경우에 자기자본이 적은 한 가지 이유는 손실의 심도가 적고(말하자면 20%) 모든 경우에 동일한 금액으로 가정되어 있기 때문이다. 만일 포트폴리오에 있는 대출 각자의 채무불이행이 발생한 경우에 80%의 손실을 입으면 필요자기자본은 대출포트폴리오 금액의 4%로 증가한다.

아울러 일반적으로 손실의 심도 자체도 분포를 가질 수 있다. 예를 들면, 한 개의 대출이 채무불이행이면 금융회사는 1달러 중에서 20센트의 손실을 입을 수 있는 반면 2개의 대출이 채무불이행이면 금융회사는 1달러 중에서 30센트의 손실을 입을 수 있다. 평균채무불이행률 자체가 변수가 되도록 허용하는 것이 CreditRisk+ 모형 안에서 쉽게 수용될 수 있듯이 채무불이행건수뿐만 아니라 손실의 심도에 대한 분포도 CreditRisk+ 모형 안에서 쉽게 허용될 수 있다.[4)]

3) 실제에서 8개의 대출이 채무불이행할 확률은 0.8%이다.

4) 만일 가변적인 평균채무불이행률이 모형 속에 포함되면 금융회사는 경기후퇴기와 경기확장기에 발생하는 예기치 않은 대출손실을 분석할 수 있다.

제 8 장

부외거래리스크

8.1 서 론

금융회사 경영자가 직면하는 가장 중요한 선택 중의 하나는 금융회사의 부내거래활동(on-balance-sheet activities)과 부외거래활동(off-balance-sheet activities)의 상대적 규모이다. 부내거래활동은 금융회사가 발표하는 대차대조표에 나타나기 때문에 대부분의 사람들은 부내거래활동을 알고 있다. 예를 들면, 금융회사의 예금, 채권, 대출 보유는 부내거래활동이다. 이와 비교하면 부외거래활동은 덜 분명하고 정보를 가장 잘 알고 있는 투자자 또는 규제당국을 제외하고 모든 사람들에게 보이지 않는 경우도 많다. 회계학적으로 보면 부외거래항목들(off-balance-sheet items)은 일반적으로 재무제표의 각주로 "대차대조표의 마지막 줄 아래"에 나타난다. 그러나 경제학적으로 보면 부외거래항목들은 금융회사 대차대조표의 현재 모습이 아닌 미래 모습에 영향을 주는 **조건부 자산과 부채(contingent assets and liabilities)**이다. 이와 같이 부외거래항목은 금융회사의 미래 수익성과 성과에 직접적 영향을 미친다. 결과적으로 현대 금융회사의 전반적인 리스크노출을 통제하는데 있어서 이와 같은 부외거래항목들을 효율적으로 관리하는 것이 중요하다.

▶**조건부 자산과 부채(contingent assets and liabilities)**
잠재적으로 금융회사의 미래 현금흐름을 증가시키거나 또는 감소시킬 수 있는 부외거래항목인 자산과 부채.

가치평가의 관점에서 보면 부외거래자산과 부채는 미래의 현금흐름을 증가시키거나 또는 감소시킬 수 있는 가능성을 지닌다. 부외거래활동으로부터 발생되는 수수료는 많은 금융회사들, 특히 대형이면서 가장 신뢰받는 금융회사들의 비이자수입의 주요 원천이다.[1] 예를 들면, 2006년 상반기 중에 미국 상업은행들이 벌어들인 파생증권 거래수입은 1996년 상반기의 39억 달러로부터 179.5% 증가한 109억 달러로 급증하였다. 이에 더하여 금융회사는 부외거래활동이 없는 경우보다 더 우월한 방법으로 이자율리스크, 환리스크, 신용리스크노출을 감소시키기 위해 (선도, 선물, 옵션, 스왑과 같은) 부외거래활동을 수행한다. 그러나 부외거래활동은 금융회사의 전반적인 리스크노출을 증가시킬 수 있다. 따라서 금융회사가 보유하고 있는 자본 또는 순자산의 진정한 가치는 단순히 현재 대차대조표 상에 존재하는 자산 및 부채의 시장가치 차이일 뿐만 아니라 부외거래 또는 조건부 자산 및 부채의 시장가치 차이를 반영한다.

이 장은 〈표 8-1〉에 열거되어 있는 금융회사의 다양한 부외거래활동을 살펴본다. 먼저 부외거래활동이 금융회사의 리스크노출, 수익성, 지급능력에 미치는 효과를 논의한다. 이

표 8-1 부외거래활동의 주요 종류

Schedule L 활동*

- 대출약정(loan commitment): 미래에 주어진 이자율에 정해진 금액까지 대출을 허용하는 계약적 약정
- 신용보증서(letters of credit): 보증 매입자의 성과를 인수하기 위해 금융회사가 매도하는 조건부 보증상품
- 파생상품계약(derivative contract): 미래의 특정한 일자에 사전에 결정된 가격으로 자산의 표준규모를 교환하기로 두 거래 당사자 간에 이루어진 합의
- 발행이전증권거래(When-issued trading): 증권의 실제 발행일 이전에 이루어지는 증권의 거래
- 대출채권매각(loans sold): 금융회사가 발행한 대출이 다른 투자자에게 매각되고 대출의 신용등급이 악화되면 미래에 대출을 발행한 금융회사에 환매될 수 있음

Non-Schedule L 활동*

- 결제리스크(settlement risk): CHIPS wire 이체활동과 관련되어 발생할 수 있는 일중 신용리스크
- 자회사리스크(affiliate risk): 지주회사의 일부 자회사들의 파산 가능성 때문에 지주회사의 다른 자회사들에 부과되는 리스크

* 제8장의 후반부에서 논의하는 바와 같이 Schedule L 활동은 은행이 분기 콜보고서(Call Report)에 포함시켜 연방준비제도에 보고해야 하는 활동이다. Non-Schedule L 활동은 이와 같은 요구조건의 적용을 받지 않는 활동이다.

---

1) 이와 같은 수수료 수입은 다른 영업분야의 수입을 증가시키는 직접적 효과(예를 들면, 지급보증서 판매에 의한 수수료수입)와 (고객관계의 개선을 통한) 간접적 효과 모두를 발생시킬 수 있다. 고객들이 달러인 금융회사로부터 매입한 파생상품들에 대하여 만족하지 못하는 경우 부외거래활동은 수수료와 기타 수입의 미래흐름에 대하여 불리한 영향을 미치는 부정적 평판효과를 발생시킬 수 있다.

어서 여러 가지 형태의 부외거래활동들과 관련된 리스크를 살펴본다. 부외거래활동은 지급불능리스크를 야기시킬 수 있기 때문에 규제당국은 이와 같은 부외거래활동에 대하여 요구자본을 부과한다. 마지막으로 부외거래활동이 금융회사의 리스크를 증가시킬 수 있다는 점을 강조하면서 동시에 금융회사의 리스크를 감소시키는 데 있어서 부외거래활동의 역할을 논의한다.

8.2 부외거래활동과 금융회사의 지급능력

조건부 사건이 발생할 때 어느 한 항목 또는 활동이 대차대조표 상의 자산으로 나타나면 이 항목 또는 활동은 **부외거래자산(off-balance-sheet asset)**이다. 이와 달리 조건부 사건이 발생할 때 어느 한 항목 또는 활동이 대차대조표 상의 부채로 나타나면, 이 항목 또는 활동은 **부외거래부채(off-balance-sheet liability)**이다. 예를 들면, 앞으로 보다 상세하게 논의하는 바와 같이 금융회사는 다양한 성과보증상품들(performance guarantees), 특히 그들의 고객이 금융채권과 기타 채권에 대하여 채무불이행하지 않을 것이라는 것을 보증하는 상품들을 판매한다. 이와 같은 보증상품들로는 신용장(letter of credit)과 지급보증서(standby letter of credit)가 있다. 고객의 채무불이행이 발생하면 금융회사의 조건부 부채는 실제의 부채가 되고 대차대조표 상의 부채로 나타난다. 실제로 금융회사경영자와 규제당국은 부외거래활동의 리스크와 금융회사의 가치에 미치는 효과를 인지하고 측정하기 시작하고 있다.

▶**부외거래자산(off-balance-sheet asset)**
조건부 사건이 발생할 때 대차대조표 상의 자산으로 나타나는 항목.
▶**부외거래부채(off-balance-sheet liability)**
조건부 사건이 발생할 때 대차대조표 상의 부채로 나타나는 항목.

부외거래리스크는 부분적으로 이자율리스크, 신용리스크, 기타 리스크들과 관련되어 있지만, 부외거래항목들은 또한 금융회사가 관리해야 하는 특정한 리스크를 만들어 낸다. 실제로 영국 투자은행인 Barings의 도산, (Procter & Gamble과 Gibson Greeting Cards가 포함된 스왑거래와 관련되어 있는) Bankers Trust의 법적 문제, 상품선물거래에서 일본의 Sumitomo Corp가 입은 26억 달러의 손실, 미국 캘리포니아주 오렌지카운티의 15억 달러 손실과 궁극적인 파산 등은 금융회사의 파생상품 부외거래활동과 관련되어 있다. 예를 들면, 1998년 5월에 Credit Suisse First Boston은 리스크가 높은 증권과 파생상품 거래에 오

표 8-2 파생상품거래로부터 대행손실이 발생한 사건들

- 1994년 9월 ~ 10월: Bankers Trust는 Gibson의 2,100만 달러에 이르는 파생상품 손실과 Procter & Gamble의 2억 달러 결제건 때문에 Gibson과 Procter & Gamble에 의해 소송을 당하였다.
- 1995년 2월: 영국의 가장 오래된 투자은행인 Barings는 싱가포르에서 Nicholas Leeson에 의한 파생상품거래와 관련하여 궁극적으로 총 13억 8,000만 달러에 이르는 손실을 입었다고 발표하였다.
- 1996년 12월: NatWest Bank는 투자은행부문에서 파생상품의 가격을 잘못 설정함으로써 7,700만 달러의 손실을 발견하였다. 전 거래자인 Kyriacos Papouis는 2년에 걸친 승인받지 못한 거래로 이와 같은 손실을 발생시켰다. 그러나 NatWest 시장책임자인 Martin Owen은 이 사건 때문에 사임하였다.
- 1997년 3월: Midland Bank 뉴욕 지점의 전 거래자인 Damian Cope는 이자율 파생상품 거래 활동과 관련한 허위장부기록 때문에 연방준비제도에 의하여 추방되었다. Midland 모회사인 HSBC는 이 사건과 관련된 금액은 크지 않다고 말했다.
- 1997년 11월: Chase Manhattan은 신흥시장 부채에 대한 거래로 2억 달러만큼 손실을 입은 것을 발견하였다. 이 문제는 복잡한 파생상품을 통하여 신흥시장리스크에 노출된 데서 비롯되었다.
- 1998년 1월: Union Bank of Switzerland는 정확하게 파악되지 않은 파생상품손실을 입은 것으로 보고하였다. UBS는 후일에 완전한 공시를 약속하였다.
- 1998년 8월~9월: 파생상품과 기타 증권에 1조 2,500억 달러 이상을 투자한 헤지펀드인 Long-Term Capital Management는 36억 5,000만 달러의 지분을 추가적으로 이 펀드에 투입한 상업은행들과 투자은행들의 컨소시움에 의해 구제되어야만 했다.
- 2001년 7월: J. P. Morgan Chase와 Citigroup은 파산한 Enron에 대하여 발행한 신용파생상품으로 22억 5,000만 달러의 손실을 입었다.
- 2001년 12월~2002년 1월: Allied Irish Banks는 악한 거래자인 John Rusnak에 의한 외환거래로 7억 5,000만 달러의 손실을 입었다.
- 2006년 9월: Amaranth Advisors는 천연가스선물에 대한 투자로 인해 60억 달러의 손실을 입었다. 손실 전의 총자산은 90억 달러였다.

자료: Dan Atkinson, "UBS Pledged Derivatives Explanation," *Manchester Guardian*, 1998; 저자의 자료정리.

렌지카운티가 투자한 것에 부분적으로 책임이 있다고 주장하는 소송사건을 해결하기 위해 오렌지카운티에 5,200만 달러를 지불하였다. 다른 20개의 은행들과 증권회사들도 유사하게 소송을 당하였다. 〈표 8-2〉는 금융회사가 파생상품거래로부터 대형손실을 입은 사건들을 열거한 것이다(파생상품들[선물, 선도, 옵션, 스왑]은 제18장부터 제20장까지에서 상세하게 논의되며 파생상품들의 정의는 〈표 8-3〉에 정리되어 있다).

부외거래항목들은 조건부 자산들과 부채들이고 1 이하의 확률을 가지고 대차대조표 상에 나타나기 때문에 부외거래항목들의 가치평가는 어렵고 매우 복잡한 경우가 많다. 많은

표 8-3 금융회사의 부외거래항목으로 보유되는 파생상품

- 선도계약(forward contract): 미래의 정해진 시점에 표준화되지 않은 자산과 현금을 교환할 것을 매입자와 매도자 간에 현재(0) 시점에 합의하는 것. 자산과 선도계약 만기시점에 지불되어야 하는 가격의 상세한 내용이 현재(0) 시점에 설정된다. 선도계약의 가격은 계약기간 동안에 고정된다.
- 선물계약(futures contract): 미래의 정해진 시점에 표준화된 자산과 현금을 교환할 것을 매입자와 매도자 간에 현재(0) 시점에 합의하는 것. 각 계약은 표준화된 만기를 가지며 거래는 거래소 시장에서 이루어진다. 선물의 기초자산의 시장가격이 변동함에 따라 선물계약의 가격은 매일 변화한다.
- 옵션(option): 보유자에게 정해진 기간 내에 정해진 가격에 기초자산을 매입하거나 또는 매도할 의무가 아닌 권리를 부여하는 계약.
- 스왑(swap): 정해진 기간 동안 정해진 시점마다 자산 또는 일련의 현금흐름을 교환할 것을 두 계약 당사자들이 합의하는 것.

부외거래항목들은 옵션 특성을 가지고 있기 때문에 이 항목들의 가치를 평가하기 위한 가장 일반적인 방법은 조건부 청구권/옵션가격이론모형들을 적용하는 것이다. 예를 들면, 부외거래 옵션포지션의 가치를 추정하기 위한 상대적으로 간단한 한 가지 방법은 **옵션의 델타(delta of an option)**를 계산하는 것이다. 옵션의 델타는 기초자산의 단위가격변화에 대한 옵션가치의 민감도를 의미한다(옵션의 델타는 0과 1 사이의 값을 가진다). 금융회사가 1억 달러의 액면가치 또는 **명목가치(notional value)**를 가지는 채권에 대한 콜옵션을 매입하고 옵션의 델타가 0.25라고 하자.[2] 이 경우 이와 같은 옵션포지션의 조건부 자산가치는 2,500만 달러이다. 즉

$$d = \text{옵션의 델타} = \frac{\text{옵션가격의 변화}}{\text{기초자산가격의 변화}} = \frac{dO}{dS} = 0.25$$

$$F = \text{옵션의 명목가치} = 1\text{억 달러}$$

따라서 조건부 자산가치 = 델타 × 옵션의 명목가치 = 0.25 × 1억 달러 = 2,500만 달러이다.

2) 콜옵션의 기초자산인 채권의 가격이 1센트 변화하면 옵션의 가격이 0.25센트만큼 변화한다.

3) 예를 들면, 내가격 콜옵션의 경우 기초자산의 가격은 옵션의 행사가격보다 높다. 외가격 콜옵션의 경우 기초자산의 가격은 옵션의 행사가격보다 낮다. 일반적으로 옵션가치와 기초자산가치의 관계는 비선형이다. 따라서 옵션의 시장가치를 도출하기 위한 델타방법을 사용하는 것이 옵션의 시장가치를 계산하는 최선의 방법이다. 옵션손익의 비선형성을 다루기 위해 일부 애널리스트들은 옵션의 델타뿐만 아니라 감마도 고려한다(감마는 기초자산의 가격변화에 따른 델타의 변화를 측정한다). 예를 들면, 옵션의 시장리스크를 계산하기 위해 사용되는 BIS의 표준모형은 옵션의 델타, 감마, 베가(변동성 리스크의 척도)를 포함하고 있다. Bank for International Settlement, *Standardized Model for Market Risk* (Basel, Switzerland, BIS, 1996)와 J. P. Morgan, *RiskMetrics*, 4th ed., 1996 참조.

물론 옵션의 델타값을 추정하기 위해 Black-Scholes 모형 또는 이항모형(binomial model)과 같은 옵션가격모형이 사용된다. 일반적으로 옵션의 델타는 기초자산의 가격이 내가격(in the money)과 외가격(out of money)으로 이동함에 따라 기초자산의 가격수준에 따라 변화한다.[3] 즉 $0 < d < 1$.[4] 금융회사가 옵션을 매도하면 매도한 옵션은 조건부 부채로 가치평가된다.[5]

▶**옵션의 델타(delta of an option)**
기초자산의 단위가격변화에 대한 옵션가치의 변화.

▶**명목가치(notional value)**
부외거래항목의 액면가치.

대출약정(loan commitment)과 신용장(letter of credit)도 옵션 특성을 가지고 있는 부외거래활동이다. 대출약정 보유자가 신용한도에 따라 인출하기로 결정한다는 것은 대출약정의 보유자가 *차입옵션(option to borrow)*을 행사하는 것이다. 보증상품(guaranty)의 매입자가 채무불이행하는 것은 보증상품의 매입자가 *채무불이행옵션(default option)*을 행사하는 것이다. 이와 마찬가지로 파생상품의 거래상대자가 지불의무를 충족시킬 수 없거나 또는 충족시키고자 하지 않는 것(예를 들면, 스왑의 경우)은 파생상품의 거래상대자가 채무불이행 옵션을 행사하는 것이다.

스왑, 선물, 선도에 대한 일반적인 접근방법은 이와 같은 파생상품 포지션을 동등한 기초자산의 가치로 환산하는 것이다. 예를 들면, 금융회사가 8%의 연간고정이자를 반 년마다 20번 받고 LIBOR에 연동된 변동이자를 반 년마다 지불하는 2,000만 달러의 명목가치, 10년의 만기, 고정/변동 이자율스왑은 2,000만 달러의 채권 포지션을 2개 대차대조표 상에 가지고 있는 것과 동등한 것으로 간주될 수 있다. 즉 금융회사는 8%의 표면금리를 가진 10년만기 채권으로 2,000만 달러의 매입포지션을(자산으로) 보유하고 이자율이 반 년마다 조정되는 10년만기의 변동이자채권으로 2,000만 달러의 매도포지션을(부채로) 보유하고 있다고 볼 수 있다.[6] 스왑의 시장가치는 고정이자채권의 현금흐름과 변동이자채권의 예상현금흐름 차이의 현재가치로 볼 수 있다. 이와 같은 시장가치는 일반적으로 스왑의 명목가치의 매우 작은 퍼센트를 차지한다. 주어진 예에서 2,000만 달러 스왑의 시장가치는 이와

---

4) Black-Scholes 모형에 의하면 콜옵션의 델타값은 $d = N(d_1)$이다. $N(d_1)$은 누적 정규분포함수이고 $d_1 = [\ln(S/X) + (r + \sigma^2/2)T]/\sigma\sqrt{T}$이다.

5) 캡(cap)과 플로어(floor)는 개별옵션들의 집합인 하나의 복합옵션이라는 것에 주목하라(제19장 참조).

6) 이자율스왑은 고정이자채권과 변동이자채권의 원금이 서로 상쇄되는 경우 일반적으로 만기에 원금상환을 수반하지 않는다.

7) 이와 같은 계산은 J. Kambhu, F. Keane, and C. Benadon, "Price Risk Intermediation in the Over-The-Counter Derivatives Markets: Interpretation of a Global Survey," Federal Reserve Bank of New York, *Economic Policy Review*, April 1996, pp. 1-5에 기초한 것이다.

표 8-4 부외거래항목을 보유한 경우와 보유하고 있지 않은 경우 금융회사의 순자산가치계산

패널 A: 전통적인 방법에 의한 금융회사의 순자산가치계산

자 산		부 채	
자산의 시장가치(A)	100	부채의 시장가치(L)	90
		순자산(E)	10
	100		100

패널 B: 부내거래활동과 부외거래활동을 보유한 금융회사의 순자산가치계산

자 산		부 채	
자산의 시장가치(A)	100	부채의 시장가치(L)	90
		순자산(E)	5
조건부 자산의 시장가치(CA)	50	조건부 부채의 시장가치(CL)	55
	150		150

같은 명목가치의 약 3%인 60만 달러이다.[7]

이와 같은 가치평가방법을 적용하면 각 부외거래자산과 부채의 시장가치와 이것이 금융회사의 지급능력에 미치는 영향을 근사적으로 계산할 수 있다. 〈표 8-4〉의 패널 A에서 금융회사의 순자산(E)의 가치는 전통적인 방법에 의해 대차대조표 상에 있는 자산의 시장가치(A)와 부채의 시장가치(L)의 차이로 계산된다. 제3장에서 논의한 바와 같이

$$E = A - L$$
$$10 = 100 - 90$$

이와 같은 계산하에서 금융회사 주주지분의 시장가치는 10이고 금융회사의 자기자본비율은 10%이다. 규제당국들과 금융회사들은 종종 간단한 지급능력의 척도로서 이와 같은 자기자본비율을 사용한다(보다 상세한 논의를 위해서 제15장 참조).

금융회사의 진정한 경제적 지급능력을 파악하려면 부내거래활동과 부외거래활동의 시장가치를 모두 고려하여야 한다. 〈표 8-4〉의 패널 B에서와 같이, 금융회사 경영자는 현재의 자산과 부채뿐만 아니라 조건부 자산과 부채 청구권들의 가치를 평가하여야 한다. 주어진 예에서 금융회사가 보유한 조건부 자산의 현재 시장가치(CA)는 50이고 조건부 부채의 현재 시장가치(CL)는 55이다. 조건부 부채의 시장가치가 조건부 자산의 시장가치보다 5만큼 크기 때문에 이 차이가 금융회사의 순자산에 대한 추가적인 청구권이다. 즉 금융회사 주주의 진정한 순자산(E)은 실제로 다음과 같다.

$$\begin{aligned} E &= (A - L) + (CA - CL) \\ &= (100 - 90) + (50 - 55) \\ &= 5 \end{aligned}$$

금융회사 주주의 진정한 순자산은 부외거래활동을 무시하고 계산되었던 10이 아니라 5이다. 따라서 경제학적으로 말하면 조건부 자산과 부채는 금융회사의 경제적 가치에 직접적으로 영향을 미치는 계약청구권이다. 실제로 주주와 규제당국 모두의 관점에서 보면 부외거래 부채가치의 급격한 증가는 이자율갭의 불일치에 의한 손실과 부내거래활동으로부터 발생하는 채무불이행 또는 신용손실과 마찬가지로 금융회사를 경제적으로 지급불능에 이르게 할 수 있다.

예를 들면, 1998년에 J. P. Morgan은 통화스왑에서 5억 8,700만 달러가 무수익 상태에 처하게 되었음을 알았다. 이 중에서 4억 8,900만 달러는 한국의 투자회사인 SK가 참여한 통화스왑과 관련되어 있었다. 통화스왑은 태국의 바트와 일본의 엔을 교환하는 것이었고 태국의 바트 가치가 상승하면 SK는 이익을 얻었을 것이다. 이와 같은 계약이 체결된 직후 바트의 가치는 폭락하였고 SK는 이와 같은 계약의 적법성에 관하여 항의하였다.[8] 보다 최근인 2006년 6월에 Huntington Bancshares는 3,890만 달러의 일시대출약정에 대한 대손충당금을 보유하게 되었다. 이와 같은 금액은 Huntington Bancshares의 총대손충당금의 12%이었다.

개념질문

1. 조건부 자산과 조건부 부채를 정의하라.
2. 어떤 금융회사가 시장가치가 95인 자산과 88인 부채를 보유하고 있다고 하자. 이에 더하여 금융회사는 시장가치가 10인 조건부 자산과 7인 조건부 부채를 보유하고 있다. 금융회사의 진정한 순자산포지션은 얼마인가?

8.3 부외거래활동의 수익과 리스크

1980년대에 개도국과 동유럽국가 대출로부터의 손실증가, 이자율 변동성의 증가, 그리고 비은행 금융회사들과의 경쟁으로 인한 부내거래대출의 이자수입 압박 등은 이 많은 대형

8) "J. P. Morgan in Korean Battle on Derivatives," *New York Times*, February 27, 1998, p. D1 참조.

표 8-5 미국 상업은행들의 부외거래 대출약정과 조건부 금융상품의 총규모 (10억 달러)

	1992	2006*	비중(2006)	J. P. Morgan Chase 2006*
대출약정	$1,272.0	$6,591.2	5.1%	$ 349.0
선물과 선도계약(FX 제외)				
상품과 주식	26.3	187.1	0.1	114.7
이자율	1,738.1	7,761.9	6.0	3,708.9
신용파생상품의 명목금액				
은행이 보증자인 경우	4.1	3,297.6	2.5	1,795.0
은행이 수혜자인 경우	4.5	3,271.8	2.5	1,791.9
지급보증서와 기타 옵션계약				
이자율 옵션계약 매도	504.7	9,436.6	7.3	4,817.1
이자율 옵션계약 매입	508.0	9,776.8	7.5	4,996.4
외환 옵션계약 매도	245.7	1,585.6	1.2	700.4
외환 옵션계약 매입	249.1	1,583.2	1.2	674.3
상품 옵션계약 매도	30.9	1,058.0	0.8	847.7
상품 옵션계약 매입	29.4	1,006.6	0.8	789.6
현물과 선도 FX(미국 달러 포함)매입약정	3,015.5	7,738.4	6.0	2,216.6
지급보증서와 해외사무소 보증	162.5	562.3	0.4	121.1
(파티시페이션을 통하여 매각된 금액)	(14.9)	(212.9)		(32.2)
상업신용장(LC)	28.1	29.1	0.0	5.4
매입된 인수어음의 파티시페이션	0.2	0.1	0.0	0.0
대출증권	96.4	1,615.4	1.2	306.9
기타 중요한 약정과 조건부 상품	19.5	95.7	0.1	17.8
모든 이자율, FX, 상품 스왑 잔고의 명목가치	2,122.0	74,438.4	57.3	37,054.9
상환청구권을 가지고 있는 모기지 판매				
모기지 판매 또는 스왑의 원금잔고	10.7	2.5	0.0	0.0
모기지에 대한 상환청구위험 금액	6.3	0.3	0.0	0.0
합계(비고항목 포함)	$10,200.3	$130,038.6	100.0%	$60,218.0
총자산(대차대조표의 항목)	$3,476.4	$ 9,602.3		$ 1,328.0

FX=Foreign exchange, LC=Letter of credit, * 2/4분기
자료: FDIC *Statistics on Banking*, various issues. *www.fdic.gov*

상업은행들이 수익성 있는 부외거래활동을 추구하도록 만들었다. 은행들은 부외거래활동으로 이동하면서 전통적인 대출업무로부터의 이자마진 또는 이자스프레드가 감소하는 것을 상쇄시킬 수 있는 수수료 수입을 더 많이 벌기를 원했다. 동시에 요구준비금, 예금보험료, 자기자본규제가 부외거래활동에는 부과되지 않기 때문에 은행들은 규제비용을 피할 수 있었다. 따라서 은행들은 부외거래활동을 수행할 수입이나 규제상의 동기를 모두 가지고 있었다.[9)]

9) 제21장은 대출채권매각과 관련된 동기에 대하여 상세하게 논의한다.

표 8-6 **미국 상업은행들이 보유한 파생상품계약 규모** (10억 달러)*

	1992	1996	2000	2004	2006(2/4분기)
선물과 선도	$ 4,780	$ 8,041	$ 9,877	$ 11,343	$ 13,788
스왑	2,417	7,601	21,949	56,411	74,438
옵션	1,568	4,393	8,292	17,750	24,447
신용파생상품	—	—	426	2,347	6,569
합계	$ 8,765	$ 20,035	$ 40,544	$ 87,880	$119,243

자료: Office of the Comptroller of the Currency Website, various dates, *www.occ.treas.gov*

* 선물, 거래소 옵션, 장외시장 옵션, 선도, 스왑의 명목가치. 1994년 이후의 데이터는 파생상품의 명목금액에 현물 FX를 포함하지 않고 있음에 유의하라. 신용파생상품은 1997년 1/4분기에 처음 보고되었다. 현재 콜보고서는 상품별로 신용파생상품을 구별하지 않고 있으며 따라서 신용파생상품은 분리된 범주로 추가되었다.

이와 같은 부외거래활동의 급격한 증가는 연방준비제도로 하여금 1983년에 부외거래활동을 추적하는 시스템을 도입하도록 만들었다. 은행들은 분기별 콜보고서의 내용으로 부외거래활동의 명목 규모와 종류를 열거한 스케쥴 L(Schedule L)을 제출하기 시작하였다. 〈표 8-5〉는 1992년과 2006년 미국 상업은행들의 부외거래활동과 분포 및 성장을 보여 준다. 또한 〈표 8-5〉는 2006년 J. P. Morgan Chase의 부외거래활동 내용도 포함하고 있다.

〈표 8-5〉에서 부외거래활동의 상대적 성장 추이를 살펴보라. 1992년에 미국 상업은행의 부외거래활동 명목가치는 10조 2,003억 달러였던 반면 부내거래활동 금액은 3조 4,764억 달러였다. 2006년 2/4분기에 미국 상업은행들의 부내거래활동금액은 (14년 동안에 115% 증가한) 9조 6,023억 달러였던 반면 부외거래활동 명목가치는 (14년 동안에 1,175% 증가한) 130조 386억 달러였다. 2006년에 J. P. Morgan Chase는 1조 3,280억 달러의 부내자산금액을 보유하였던 반면에 60조 2,180억 달러의 부외거래활동 명목가치를 보유하였으며 이 중에서 59조 990억 달러는 (선물, 선도, 스왑, 신용파생상품과 같은) 파생상품계약이었다. 〈표 8-6〉에서 보는 바와 같이 1992년~2006년 기간 동안에 이와 같은 부외거래활동증가의 대부분은 파생상품계약에 기인한 것이었다. 미국 상업은행들의 파생상품계약 보유금액은 1992년의 8조 7,650억 달러로부터 2006년 2/4분기의 119조 2,430억 달러로 1,260 % 증가하였다. 이와 같은 부외거래활동의 대부분은 소수의 은행들에 의해 수행되었다. 예를 들면, 2006년에 7,480개 미국 은행들 중 약 900개 은행들이 〈표 8-5〉에 열거되어 있는 부외거래 파생상품들을 보유하였으며 25개 대형은행들이 파생상품잔고의 99.6%를 보유하였다. 이미 지적한 바와 같이 부외거래항목들의 명목가치는 부외거래항목들의 현재 조건부 청구권 가치를 과다추정하고 있지만 부외거래활동의 성장은 놀라운 상황이다. 실제로 이와 같은 놀라운 부외거래활동의 증가는 규제당국으로 하여금 부외거래활동에 대한 자본규제를 부과하도록 만들었고, 부외거래활동으로부터 발생되는 금융회사의 지급능력리스크를 명시적으로 인식

하도록 만들었다. 이와 같은 자본규제는 1993년 1월에 발효되었다. 이에 대한 논의는 제15장에서 이루어진다.

〈표 8-5〉와 〈표 8-6〉을 보면 미국 상업은행들의 주요 부외거래활동형태는 다음과 같다.

- 대출약정(loan commitments)
- 지급보증서와 신용장(standby letter of credit, letter of credit)
- 선물, 선도계약, 스왑, 옵션(futures, forward contracts, swaps, options)
- 발행이전거래증권(when issued securities)
- 대출채권매각(loans sold)

대형 저축금융회사들과 보험회사들도 이와 같은 부외거래활동의 대부분에 참여한다.

다음 절에서는 이와 같은 부외거래활동들을 더 상세하게 분석하고 금융회사가 부외거래활동들에 참여할 때 직면하는 리스크의 형태들을 살펴본다. 앞에서 논의한 바와 같이 이와 같은 조건부 자산들과 부채들의 정확한 시장가치평가는 복잡한 청구권 특성들과 옵션 특성들 때문에 매우 어려울 수 있다. 금융회사 경영자는 적어도 주요 부외거래 자산과 부채와 관련된 리스크들의 일반적인 특성뿐만 아니라 각 리스크가 어떻게 금융회사의 수익과 수익성에 영향을 미치는지를 이해하여야 한다.

대출약정

오늘날 대부분의 기업대출(C&I대출)은 즉시대출(spot loans)의 형태보다는 사전에 결정된 신용한도 또는 대출약정을 인출하는 형태로 이루어진다(C&I대출에 대한 제6장의 논의 참조). 2006년 8월에 모든 C&I대출의 80% 이상이 약정계약(commitment contracts)하에서 이루어졌다.[10] **대출약정합의(loan commitment agreement)**는 금융회사가 정해진 이자율(예를 들어 12%)로 정해진 금액(예를 들어 1,000만 달러)까지 기업에게 대출하기로 합의한 약정계약이다. 대출약정합의는 차입자가 대출을 인출하는 옵션을 가지는 기간도 정의한다. 금융회사는 이와 같은 대출약정을 하는 대가로 약정금액의 일정한 %(예를 들어 1/8%, 따라서 12,500달러)를 **선수수료(up-front fee)**로 부과할 수 있다. 이에 더하여 금융회사는 약정된 기간 동안(예를 들어 1년)의 어느 시점에도 약정된 최대금액(예를 들어 1,000만 달러)을 공급할 준비를 하고 있어야 한다. 이 기간 동안 차입자는 0달러와 1,000만 달러 사이의 어느 금액이든지 인출할 수 있는 가치 있는 옵션을 가진다. 금융회사는 또한 차입자에게 약정기간의 말에 약정한도 중에서 사용하지 않은 잔고에 대하여 **미사용잔고 수수료(back-end fee 또**

10) Board of Governors of The Federal Reserve Web site. *"Survey of Terms of Business Lending,"* Septermber 2006 참조.

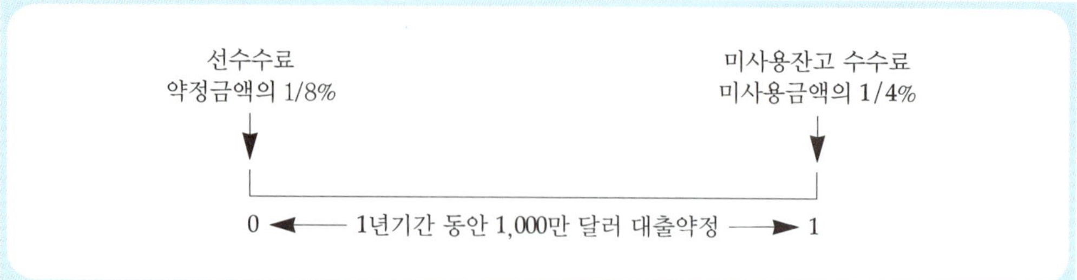

그림 8-1 대출약정의 구조

자료: Credit Suisse Group Web site, *www.credit-suisse.com*

는 commitment fee)를 부과할 수 있다.[11]

주어진 예에서 만일 차입자가 약정기간 동안 800만 달러만을 인출하고 미사용잔고 수수료가 1/4%이면 금융회사는 200만 달러×1/4%, 즉 5,000달러의 수입을 추가적으로 창출할 수 있다. [그림 8-1]은 이와 같은 대출약정의 구조를 요약해서 보여 준다.

▶ **대출약정합의(loan commitment agreement)**
미래에 정해진 이자율로 정해진 금액까지 대출하기로 합의한 약정계약.

▶ **선수수료(up-front fee)**
대출약정을 통하여 자금을 조달할 수 있게 하는 것에 대하여 부과되는 수수료.

▶ **미사용잔고 수수료(back-end fee 또는 commitment fee)**
대출약정 한도 중에서 사용하지 않은 잔고에 대하여 부과되는 수수료.

차입자가 실제로 대출약정을 인출할 때에만 대출약정하에서의 대출이 대차대조표 상에 나타난다는 점을 주목하라. 따라서 800만 달러가 1년의 대출약정기간 중(예를 들어 6개월 후)에 인출될 때에만 대차대조표 상에 800만 달러의 신규대출이 이루어진 것이 나타난다. 1,000만 달러의 대출약정이 시점 0에 이루어질 때 대차대조표 상에는 아무것도 나타나지 않는다. 그럼에도 불구하고 금융회사는 1년의 대출약정기간 중 어느 시점이든지 1,000만 달러의 대출이 이루어질 수 있다는 것에 대비하여야 한다. 시점 0에 금융회사의 자금에 대한 신규 조건부 청구권이 만들어진다.

대출약정과 관련하여 다음과 같은 질문이 제기된다. 대출약정에 의해 만들어지는 조건부 리스크는 무엇인가? 적어도 4가지 형태의 리스크, 즉 이자율리스크, 약정대출인출리스크(takedown risk), 신용리스크, 총자금조달리스크(aggregate funding risk)가 대출약정과 관련되어 있다.

---

11) 이와 같은 미사용잔고에 대한 수수료는 초과금액약정에 대한 부과금으로 간주될 수 있다.

■ 이자율리스크

이자율리스크는 금융회사가 (1) 고정이자 대출약정에 의한 고정이자율 또는 (2) 변동이자 대출약정에 의한 변동이자율로 약정기간 동안 차입자에게 대출이 가능하도록 사전에 약속한다는 사실로부터 발생하는 조건부 리스크이다. 금융회사가 1년 동안 12%의 고정이자율로 최대 1,000만 달러를 대출하기로 사전에 약정하고 금융회사의 자금조달비용이 상승한다고 하자. 자금조달비용은 12%의 약정이자율과 금융회사의 자금조달비용 간의 스프레드가 음이 되거나 또는 매우 작은 수준까지 상승할 수 있다. 더욱이 12%는 고객이 현재의 이자율 조건으로 즉시대출시장에서 차입해야 하는 경우 지불하여야 하는 이자율보다

예제 8-1 대출약정의 약정수익률 계산

대출약정의 독특한 특성이 대출의 약정수익률에 어떻게 영향을 미치는지를 보이는 것은 매우 쉬운 일이다. 제6장에서 즉시대출(spot loan)의 약정수익률을 결정하기 위한 모형을 제시하였다. 이 모형은 대출약정에서 일반적으로 발견되는 부분인출, 선수수료, 미사용잔고 수수료를 반영하면서 확장될 수 있다. 다음과 같은 정보가 주어져 있다고 하자.

BR = 대출이자율 = 12%
m = 리스크프리미엄 = 2%
f_1 = 약정금액에 대한 선수수료 = 1/8 %
f_2 = 미사용잔고 수수료 = 1/4 %
b = 보상잔고 = 10%
RR = 요구준비율 = 10%
td = 대출약정의 기대(평균)인출률($0 < td < 1$) = 75%

따라서 대출약정의 약정수익률($1+k$)을 계산하기 위한 공식은 다음과 같다.[12)]

$$1+k=1+\frac{f_1+f_2(1-td)+(BR+m)td}{td-[b(td)(1-RR)]}$$

$$1+k=1+\frac{0.00125+0.0025(0.25)+(0.12+0.02)(0.75)}{0.75-[(0.10)(0.75)(0.9)]}$$

$$1+k=1+\frac{0.106875}{0.682500}=1.1566 \text{ 또는 } k=15.66\%$$

12) 이와 같은 공식은 John R. Brick, *Commercial Banking; Text and Readings* (Haslett, MI: S.P.I., 1984), Chapter 4에 있는 공식에 매우 가깝다. 논의의 편의를 위해 할인되지 않은 현금흐름을 사용하였다는 점에 주목하라. 화폐의 시간가치를 고려한다는 것은 약정기간 말에 지불되는 f_2와 $BR+m$을 할인할 필요가 있다는 것을 의미한다. 만일 할인율이 d=10%이면, k=14.25%이다.

훨씬 낮을 수 있다. 이자율이 약정기간 동안 상승할 때 금융회사는 차입자들이 시장이자율 이하로 차입할 수 있는 옵션을 최대금액까지 행사함에 따라 고정이자 대출약정의 포트폴리오에서 손실을 입을 수 있다.[13)]

금융회사가 이와 같은 리스크를 통제할 수 있는 한 가지 방법은 예를 들어 우대이자율(prime rate)에 연동시켜 즉시대출이자율이 적용되는 변동이자 대출약정을 하는 것이다. 만일 약정기간 동안 우대이자율이 상승하면 차입자가 지불하여야 하는 약정대출의 비용도 상승한다. 즉 차입자는 실제로 대출약정이 인출될 때의 시장이자율을 지불한다. 그럼에도 불구하고 이와 같은 방법이 대출약정의 이자율리스크를 완전히 제거시키지 못한다. 예를 들면, 우대이자율이 1% 상승하지만 자금조달비용은 1.25% 상승한다고 하자. 시장이자율연동 약정대출과 자금조달비용 간의 스프레드는 0.25%만큼 좁아진다. 이와 같은 스프레드리스크는 종종 **베이시스리스크(basis risk)**라고 부른다.[14)]

▶**베이시스리스크(basis risk)**
대출이자율과 차입이자율 또는 임의의 두 이자율 또는 가격 간의 스프레드 변동으로부터 발생되는 손실.

■약정대출인출리스크

다른 하나의 조건부 리스크는 약정대출인출리스크이다. 특히 금융회사는 대출약정을 하면서 약정한도의 최대금액인 1,000만 달러를 항상 공급할 준비를 하여야 한다. 차입자는 약정기간 동안 어느 시점에도 0달러와 1,000달러 사이의 금액을 차입할 수 있는 신축적인 옵션을 가지고 있다. 이것이 금융회사를 미래의 유동성리스크 또는 불확실성에 노출시킨다(제12장 참조). 금융회사는 약정기간 동안 차입자가 언제 1,000만 달러 전체 또는 일부를 현금으로 요구할지에 대하여 결코 확신할 수 없다.[15)] 예를 들면, 2002년 2월에 Tyco International은 투자자들이 회계관행에 대하여 의심하기 시작하여 기업어음시장으로부터의 자금조달이 봉쇄된 후 Bank of America와 J. P. Morgan Chase같은 은행들로부터 신용한도 내에서 예기치 않게 144억 달러를 인출하였다. 미사용잔고 수수료는 차입자가 이와 같

13) 옵션의 의미에서 대출은 차입자에게 내가격 상태(in the money)이다.

14) 대출이자율과 예금이자율은 시간이 흐름에 따라 완벽한 상관관계를 가지고 변동하지 않기 때문에 베이시스리스크가 발생한다.

15) 실제로 차입자는 약정기간 동안 다른 시점들에 은행에 가서 다른 금액들을 인출할 수 있다(1개월 후에 100만 달러, 2개월 후에 200만 달러 등등). 유일한 제한은 1,000달러 한도이다. 제12장에서 이와 같은 대출약정의 유동성리스크가 추가적으로 논의된다.

16) E. Asarnow and J. Marker, "Historical Performance of the U. S. Corporate Loan Market 1988-1993," *Journal of Commercial Lending*, Spring 1995, pp. 13-22 참조. Asarnow and Marker는 평균대출약정 인출률은 차입자의 신용등급에 따라서 크게 다르다는 것, 즉 평균대출약정 인출률은 AAA등급 차입자의 경우 0.1%, BBB등급 차입자의 경우 20%, CCC등급 차입자의 경우 75%라는 것을 보여 주었다.

은 수수료 지불을 피하기 위해 신용한도를 전부 인출하도록 하는 인센티브를 제공하기 위해 부과된다. 그러나 실제로 대출약정은 부분적으로만 인출되고 있다.[16]

■ 신용리스크

금융회사는 또한 대출약정의 이자율을 결정하는데 있어서 조건부 신용리스크에 직면한다. 특히 금융회사는 종종 차입자의 신용도 평가에 기초하여 리스크프리미엄을 추가한다. 예를 들면, 차입기업의 신용등급이 대출약정시점에 우대이자율에 1%의 이자율이 추가되는 AA등급이었으나 1년의 약정기간 동안 차입기업이 어려움에 처한다고 하자. 이에 따라 차입기업의 수익은 감소하고 차입기업의 신용등급은 BBB등급으로 낮아졌다고 하자. 이 경우 금융회사는 대출약정에 부과된 신용리스크프리미엄이 1년의 약정기간 동안 AA등급 차입기업에 대하여 설정된데 따른 문제에 직면하게 된다. 약정기간 동안 차입자 신용등급의 급격한 하락에 노출되는 것을 피하기 위해 대부분의 금융회사들은 대출약정을 취소하거나 또는 가격을 재설정할 수 있는 *불리한 상황변화조항*(*adverse material change in conditions clause*)을 계약에 포함시킨다. 그러나 이와 같은 조항을 행사하는 것은 차입기업으로 하여금 영업을 중단하게 하고 비용이 많이 드는 계약위반에 대한 법적 청구권을 발생시킬 수 있기 때문에 금융회사의 최종적인 수단이라고 할 수 있다.[17]

■ 총자금조달리스크

GM, Ford, IBM과 같은 많은 대형 차입기업들은 미래의 신용경색에 대비하기 위한 보험으로서 많은 금융회사들과 다수의 대출약정을 가지고 있다.[18] 신용경색시에 연방준비제도의 제한적인 통화정책조치 때문에 차입자에 대한 즉시대출의 공급은 제한된다. 또한 금융회사의 대출회피가 증가하기 때문에 차입자에 대한 즉시대출의 공급은 감소될 수 있다. 즉 금융회사의 대출공급함수는 모든 이자율수준에서 왼쪽으로 이동한다. 신용경색시에 장기의 대출약정을 가지고 있는 차입자들은 대출약정이 없는 차입자들만큼 신용제약을 받지 않는다. 그러나 이것은 금융회사의 차입조건 및 자금조달 상황이 가장 비용이 많이 들고 어려울 때 대출약정을 인출하려는 차입자의 총수요는 최대가 될 가능성이 있다는 것을 의미한다. 어려운 신용경색 상황에서 많은 금융회사들이 대출약정에 의한 인출을 충족시키기 위한 자금을 조달하려고 경쟁하기 때문에 자금조달비용은 정상적인 수준 이상으로 상승할

---

17) 차입기업이 대출약정계약에 의한 대출이 취소되어 영업을 중단하면 잠재적 손실청구권이 상당히 클 수 있다. 대출약정을 취소하는데 따른 평판비용(reputational costs)도 고려하여야 한다.

18) 최근 Donald, P. Morgan, "The Credit Effects of Monetary Policy: Evidence Using Loan Commitments," *Journal of Money, Credit and Banking* 30 (February 1998), pp. 102-118는 이와 같은 형태의 보험효과에 대한 증거를 발견하였다. 특히 신용경색의 시기에 즉시대출은 감소할 수 있으나 대출약정하의 대출은 감소하지 않을 수 있다.

수 있다. 이것은 많은 시장에서 모든 참여자들이 동시에 함께 행동함에 따라 각 개별참여자의 비용에 불리하게 영향을 미치는 외부효과와 유사하다.

지금까지 살펴본 4가지의 조건부리스크, 즉 이자율리스크, 대출약정인출리스크, 신용리스크, 총자금조달리스크는 대출약정활동에 참여하는 금융회사의 지급불능노출을 증가시킨다. 그러나 이와 반대의 견해는 대출약정계약은 금융회사들을 대출약정계약에 참여하지 않은 금융회사들보다 리스크에 보다 적게 노출시킬 수 있다고 주장한다. 이 견해는 금융회사는 수수료를 부과하고 대출약정 또는 이와 동등한 신용할당보험을 판매할 수 있기 위해서 차입자에게 미래에 필요한 신용을 제공할 것이라는 것을 확신시켜야 한다고 주장한다. 금융회사가 미래에 필요한 대출약정을 제공할 것이라는 것을 차입자에게 확신시키기 위해서 금융회사는 지금 리스크가 낮은 포트폴리오를 선택해야만 한다. 금융회사는 리스크가 낮은 포트폴리오를 채택함으로써 금융회사가 모든 장기 부내거래채권과 부외거래채권에 대한 지불의무를 충족시킬 수 있는 확률을 증가시킨다. 흥미롭게도 실증연구들은 대출약정을 더 많이 제공하는 은행들은 상대적으로 적은 수준의 대출약정을 제공하는 은행들보다 더 낮은 대차대조표 상의 포트폴리오리스크 특성을 가진다는 것, 즉 더 건전한 은행들이 대출약정을 더 많이 제공하는 경향을 가진다는 것을 확인하였다.

상업신용장과 지급보증서

금융회사는 조건부 미래 부채로서 **상업신용장(commercial letters of credit; LC)**과 **지급보증서(standby letters of credit; SLC)**를 매도한다. 신용장과 지급보증서는 모두 본질적으로 보증상품 매입자(기업)의 성과를 인수하기 위해 금융회사가 매도하는 보증상품들이다. 경제적 의미로 보면 신용장과 지급보증서를 매도하는 금융회사는 특정한 미래 사건의 발생빈도 또는 심각성에 대비하기 위한 보험을 매도하고 있는 것이다. 이에 더하여 손해보험회사가 매도하는 보험상품들과 마찬가지로 신용장과 지급보증서 계약들도 리스크노출의 심각성과 빈도에 따라서 다르다. 이제 신용장과 지급보증서 부외거래활동에 참여할 때 나타나는 금융회사의 리스크에 대하여 살펴보자.

▶ **상업신용장(commercial letters of credit)**
보증상품매입자의 거래 또는 상업적 성과를 인수하기 위해 금융회사가 매도하는 조건부 보증상품.

▶ **지급보증서(standby letters of credit)**
거래관련 또는 상업신용장하에서 보호되는 조건부 상황들보다 잠재적으로 더 심각하고 덜 예측가능한 조건부 상황들을 보호하기 위해 발행되는 보증상품.

■상업신용장

상업신용장은 국내교역과 국제무역 모두에서 널리 사용되고 있다. 예를 들면, 상업신용장은 아이오와의 농부와 뉴올리온즈의 매입자 간의 곡물선적을 용이하게 하고 미국 수입업자와 외국 수출업자 간의 재화선적을 용이하게 한다. 금융회사의 역할은 선적되거나 또는 매도되는 재화에 대한 지불이 재화매입자의 채무불이행여부와 관계 없이 이루어질 것이라는 것을 공식적으로 보증하는 것이다. 미국의 수입업자와 독일의 수출업자 간에 이루어지는 국제무역의 경우를 통하여 매우 간단한 상업신용장에 관한 예를 [그림 8-2]로 살펴보자.

[그림 8-2]의 화살표 1로 표시되어 있는 바와 같이 미국의 수입업자가 독일의 수출업자에게 1,000만 달러의 기계에 대한 주문서를 보냈다고 하자. 그러나 독일의 수출업자는 기계가 선적되면 대금이 지불될 것이라는 어떤 확신 또는 보증없이 기계를 선적하는 것을 꺼릴 수 있다. 미국의 수입업자는 90일 후에 기계에 대하여 지불할 것을 약속할 수 있다. 그러나 독일의 수출업자는 미국 수입업자의 신용도에 대하여 알지 못하거나 또는 미국의 수입업자가 낮은 신용등급(말하자면 B등급 또는 BB등급)을 가지고 있기 때문에 불안하게 느낄 수 있다. 독일의 수출업자가 기계를 선적하도록 설득하기 위해 미국의 수입업자는 오랜기간 동안 고객관계를 가지고 있는 미국의 대형 금융회사에 의존하지 않을 수 없다. 미국의 금융회사는 대부자이자 감시자로서 미국 수입업자의 신용도에 대하여 더 잘 평가할 수 있다. 미국의 금융회사는 미국의 수입업자를 대신하여 독일의 수출업자에게 조건부 지불보증상품, 즉 신용장을 발행할 수 있다. 이에 대한 대가로 미국의 수입업자는 신용장발행에 대한 수수료를 지불한다.[19] 주어진 예에서 미국의 금융회사는 독일의 수출업자에게 미국 수입업자의 채무불이행여부와 관계 없이 90일 후에 수출대금을 지불할 것을 보증하는 신용장을 보낸다([그림 8-2]의 화살표 2 참조). 미국의 금융회사는 자기 자신의 신용리스크 보증상품으로 미국 수입업자의 신용리스크를 대체한다. 이와 같은 신용리스크의 대체가 효과적으로 작동하기 위해 미국의 금융회사는 지불을 보증하는데 있어서 미국의 수입업자

19) 미국의 금융회사는 독일의 수출업자에게 인도조건을 충족시킨 후 수출업자가 거래하는 독일의 금융회사에서 신용장을 근거로 정기어음을 인출할 수 있다고 통보한다. 주문한 수출재화가 선적된 후 독일의 수출업자는 자기가 거래하는 독일의 금융회사에게 정기어음과 선적서류를 제시하고, 독일의 금융회사는 정기어음과 선적서류를 미국의 수입업자가 거래하는 금융회사에게 보낸다. 미국의 금융회사는 정기어음을 인수한다는 스탬프를 찍고 정기어음은 대차대조표 상에 은행인수어음으로 기재된다. 이 시점에 미국의 금융회사는 스탬프를 찍은 정기어음(은행인수어음)을 독일의 수출업자가 거래하는 금융회사에게 보내고 만기일(예를 들면, 90일)에 지불이 이루어지거나 또는 은행인수어음의 할인가치를 독일의 금융회사에게 즉각 지불한다. 어느 경우이든 독일의 금융회사는 독일의 수출업자에게 수출대금을 지불한다. 은행인수어음의 만기가 되면 미국의 수입업자는 기계의 매입대금을 미국의 금융회사에게 지불하여야 하고 미국의 금융회사는 미국의 수입업자에게 선적서류를 보낸다.

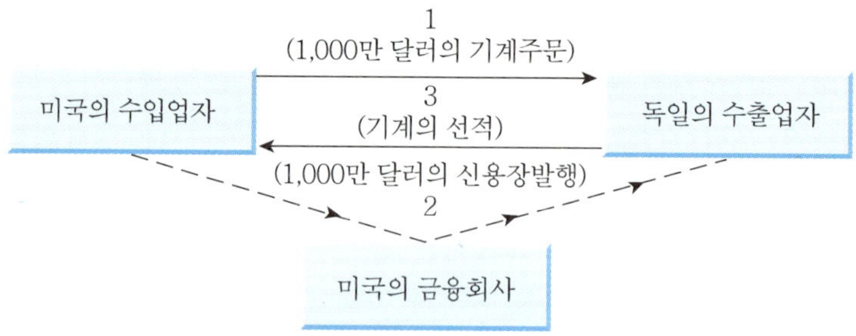

그림 8-2 신용장의 거래구조

보다 더 높은 신용등급 또는 더 좋은 신용평판을 가지고 있어야 한다.[20] 미국의 금융회사가 신용장을 발행하여 독일의 수출업자에게 보내면 [그림 8-2]의 화살표 3으로 나타낸 것과 같이 독일의 수출업자는 기계를 미국의 수입업자에게 선적한다. 90일 후에 미국의 수입업자가 기계를 보낸 독일의 수출업자에게 지불하고 미국의 금융회사가 신용장 발행에 따른 수수료를 이윤으로 얻을 확률은 매우 높다. 주어진 예에서 신용장발행에 따른 수수료는 신용장 액면가치의 10bp이고 10,000달러이다.

지급보증서

지급보증서는 상업 및 무역 신용장과 유사한 보험기능을 수행한다. 그러나 지급보증서에 의해 보호되는 리스크의 구조와 형태는 다르다. 금융회사는 잠재적으로 더 심각하고 예측할 수 없거나 또는 자주 발생하지 않고 무역과 반드시 관련되지 않는 조건부 상황들을 보호하기 위해 지급보증서를 발행할 수 있다. 이와 같은 조건부 상황들에는 금융회사가 부동산개발이 일정한 시간 후에 완성될 것이라고 보증하는 성과채권보증(performance bond guarantees)이 포함된다. 이 외에도 금융회사는 기업어음 또는 지방수입채권의 발행을 지원하기 위해 채무불이행시 지불보증(default guarantees)을 제공하여 증권발행자들이 더 높은 신용등급과 더 낮은 자금조달비용을 가질 수 있도록 해 준다.

예를 들면, 많은 기업들은 신용제고 없이 기업어음시장에서 차입할 수 없거나 또는 더 높은 자금조달비용으로 차입하여야 한다. 최고의 신용을 가지는 기업어음을 발행하는 P1

20) 실제로 한 연구는 시장이 금융회사의 고객에게 신용한도가 부여된 것을 알게 되면 금융회사의 고객은 자신의 주가가 상당히 상승하는 것을 경험하게 된다는 것을 발견하였다. M. Mosebach, "Market Responses to Banks Granting Lines of Credit," *Journal of Banking and Finance* 23 (1999), pp. 1701-1723 참조.

차입자는 차등의 신용등급을 가지는 P2 차입자보다 40bp 적게 지불한다. 금융회사는 발행기업이 25bp를 수수료로 지불하고 채무를 지불할 수 없을 경우 기업어음 매입자의 원금과 이자를 만기에 지불하는 것을 보증한다. 이와 같은 기업어음발행에 대한 지급보증서 지원은 일반적으로 기업어음 공모를 최저의 채무불이행리스크군(P1)으로 분류되게 만들고 기업어음 발행자가 발행비용의 15bp(40bp 스프레드(P2-P1 스프레드) - 25bp(SLC 수수료))를 절약하게 만든다.

금융회사들은 지급보증서를 매도하는 데 있어서 다른 부외거래상품인 대출약정과 직접적으로 경쟁한다는 점에 주목하라. 기업은 기업어음을 발행하기 위해 금융회사로부터 지급보증서를 매입하는 대신 대출약정을 공급하는 금융회사에게 수수료를 지불할 수도 있다. 예를 들면, 대출약정의 최대금액과 기간을 1억 달러의 한도와 45일의 만기를 가지는 기업어음의 발행규모와 만기를 일치시킬 수 있다. 만일 기업어음 발행자가 만기에 기업어음 보유자들에게 상환할 충분한 자금을 가지고 있지 않으면, 기업어음 발행자는 1억 달러의 대출약정을 인출하여 그 자금으로 기업어음을 상환할 수 있는 권리를 가질 수 있다. 종종 이와 같은 대출약정을 위한 선수수료는 지급보증서에 부과되는 수수료보다 적다. 따라서 많은 기업어음 발행기업들은 대출약정을 사용하는 것을 선호한다.

미국 은행들만이 지급보증서의 유일한 발행자가 아니라는 것을 강조할 필요가 있다. 성과채권보증과 금융채권보증은 손해보험회사들의 중요한 영업분야라는 것은 놀라운 일이 아니다. 이와 같은 영업분야에서 손해보험회사들의 성장은 미국 은행들의 지급보증서 시장 참여를 배제시키고 있다. 더욱이 외국은행들이 점점 미국시장을 잠식하고 있다. 미국 은행들이 지급보증서 시장을 빼앗기는 이유는 지급보증서와 같은 보증상품을 매도하기 위해서 매도자가 고객보다 더 양호한 신용등급을 가지고 있어야 하기 때문이다. 최근 AA신용등급을 가지고 있는 미국 은행들 또는 그들의 모 지주회사들은 거의 없었다. 반면 기타 미국 금융회사들과 외국은행들은 더 많이 AA등급을 가지고 있었다. 이와 같이 높은 신용등급은 매입자의 관점에서 보증상품들을 더 매력적으로 만들 뿐만 아니라 신용등급이 낮은 금융회사들보다 자금조달비용을 더 저렴하게 만들기 때문에 보증기관을 더 경쟁력 있게 만든다.

신용장/지급보증서와 관련된 리스크

신용장의 매도로부터 발생되는 금융회사의 리스크는 신용장의 매입자가 약속한대로 계약의무를 수행하지 못할 수 있다는 것이다. 예를 들면, 앞에서 설명한 상업신용장의 경우 미국의 수입업자가 90일 후에 1,000만 달러를 채무불이행할 확률은 낮다. 미국의 수입업자가 채무불이행하면 미국의 금융회사는 수출대금을 보증해야 할 채무를 가지게 된다. 이와 같은 채무불이행의 비용은 미국의 금융회사가 독일의 수출업자에게 지불하여야 하는 1,000

만 달러이다. 미국의 금융회사는 이와 같은 손실을 상쇄시키기 위해 미국의 수입업자 자산에 대하여 신용공급자의 청구권을 가진다. 마찬가지로 지급보증서의 경우에 CP 발행자가 만기에 약속한 1억 달러를 CP 보유자에게 지불하지 못하게 될 확률은 낮다. CP 발행자가 채무불이행하면 금융회사는 CP 발행자를 대신하여 CP 보유자(투자자)에게 1억 달러를 지불해야 할 채무를 가지게 된다. 분명히 신용장/지급보증서 발행 수수료는 신용장/지급보증서에 대한 기대 채무불이행리스크보다 커야 한다. 신용장/지급보증서에 대한 기대 채무불이행리스크는 보증대상자에 의한 채무불이행확률과 채무불이행자의 자산에 대한 청구권을 집행할 금융회사의 능력과 감시비용을 조정한 후의 신용장/지급보증서에 대한 기대순지불금의 곱과 같다.[21]

파생상품계약: 선물, 선도, 스왑, 옵션

금융회사는 헤지 및 기타 목적을 위해 파생상품계약의 사용자(제18장-제20장 참조)가 되거나 또는 수수료를 위해 고객의 거래상대방으로 활동하는 파생상품계약의 딜러가 될 수 있다. 2006년에 900개 이상의 미국 은행들이 파생상품의 사용자였고 J. P. Morgan Chase, Bank of America, Citigroup과 같은 3대 대형딜러은행들이 파생상품의 사용은행들이 보유한 119조 2,430억 달러의 약 90%를 보유하고 있었다(〈표 8-6〉 참조). 2006년 2/4분기에 이와 같은 900개 이상의 미국 은행들은 파생상품 포트폴리오의 거래수입으로 47억 달러 이상을 벌었다. 그러나 〈표 8-2〉에서 보는 바와 같이 이와 같은 파생상품 보유에 따른 리스크는 대규모 손실을 발생시킬 수 있다.

금융회사가 선도, 선물, 스왑, 옵션의 포지션을 확대할 때 조건부 신용리스크가 존재할 가능성이 있다. 조건부 신용리스크는 파생상품계약의 상대방이 지불의무를 불이행할 수 있다는 사실과 관련되어 있다. 파생상품계약의 상대방이 채무불이행하면 금융회사는 신용리스크에 노출되고 현재의 이자율, 가격 또는 환율로 해당 계약을 대체하여야 한다.[22] 이에 더하여 파생상품계약의 채무불이행은 상대방이 해당 계약으로 크게 손실을 입고 있거나 또는 금융회사가 해당 계약에 대하여 내가격상태에 있을 때 발생할 가능성이 가장 크다.

---

21) Hassan은 주주들은 은행의 상업신용장활동을 리스크감소활동으로 간주한다는 것을 발견하였다. M. K. Hassan, "The Market Perception of Riskiness of Large U.S. Bank Commercial Letters of Credit," *Journal of Financial Services Research* 6 (1992), pp.207-21 참조.

22) 실제로 J. F. Sinkey, Jr., and D. A. Carter, "The Reaction of Bank Stock Prices to News of Derivative Losses by Corporate Clients," *Journal of Banking and Finance* 23 (1999), pp. 1725-1743은 대형 비금융기업들이 파생상품거래로부터 발생한 손실을 발표할 때 파생상품의 딜러역할을 하는 금융회사는 상당한 주가하락을 경험한다는 사실을 발견하였다. 따라서 금융회사는 (파생상품계약의 직접적 상대자가 아닌 제3자로서 활동하는) 파생상품딜러로서 뿐만 아니라 파생상품계약의 참여자로서 부외거래리스크에 노출되어 있다.

이미 지적한 바와 같이 J. P. Morgan은 1998년에 보유한 파생상품포지션에 대한 채무불이행리스크가 크게 증가하여 어려움을 겪었다. 이와 같은 채무불이행리스크는 선물계약의 경우보다 선도(와 스왑)계약의 경우에 훨씬 더 심각하다. 그 이유는 **선도계약(forward contracts)**은 2개 금융회사들과 같은 협상당사자들 상호간에 체결되는 표준화되지 않은 계약이고 모든 현금흐름은 계약만기일에 한 번 지불되도록 되어 있기 때문이다.[23] 따라서 선도계약은 본질적으로 계약의 한 당사자가 계약을 불이행하는 경우에 외부의 보증이 없는 장외(over-the-counter) 거래상품이다. 예를 들면, 선도계약 매도자는 선도계약의 만기가 되었을 때 약속한 파운드의 인도를 위한 1파운드 매입비용이 1.60달러이면 3개월 후에 1파운드당 1.40달러로 1,000만 파운드를 인도하기로 한 선도환계약을 불이행할 수 있다. 이와 대조적으로 **선물계약(futures contracts)**은 뉴욕상품거래소에 소속되어 있는 뉴욕선물거래소(New York Futures Exchange)와 같은 조직화된 거래소에 의해 보증되는 표준화된 계약이다. 선도계약과 마찬가지로 선물계약도 미래의 특정 일에 외환(또는 다른 자산)의 인도를 약속한다. 그러나 만일 계약 상대방이 선물계약을 불이행하면 거래소는 계약불이행 당사자의 포지션과 지불의무를 인수한다. 예를 들면, 영국의 종합금융회사인 Barings가 1995년에 싱가포르선물거래소(SIMEX)에서 거래된 Nikkei 지수선물에 대한 추가증거금 납부요청(margin call)을 충족시킬 수 없었을 때 싱가포르선물거래소는 Barings의 80억 달러 선물계약포지션을 인수하고 어느 계약당사자도 손실을 보지 않도록 보증하였다. 따라서 체계적 금융시장붕괴가 거래소 자체를 위협하지 않는 한 선물계약의 채무불이행리스크는 본질적으로 제로이다.[24] 이에 더하여 채무불이행리스크는 선물계약의 일일 시장가치평가에 의해 감소된다. 이것은 선도계약의 경우에 발생하는 손실과 이익의 누적을 막는다. 선도계약과 선물계약의 차이점들은 제18장에서 더 상세하게 논의된다.

▶**선도계약(forward contracts)**
미래에 자산을 인도하고 지불할 것을 약속한 두 당사자들 간에 이루어지는 비표준계약.

▶**선물계약(futures contracts)**
미래에 자산을 인도하고 지불할 것을 조직화된 거래소에 의해 보증되는 표준화된 계약.

옵션은 보유자에게 정해진 기간 동안 사전에 결정된 가격으로 기초자산을 매입하거나(콜옵션) 또는 매도할 수 있는 (풋옵션) 의무가 아닌 권리를 부여하는 계약이다. 옵션계약은 또한 장외시장 또는 거래소에서 거래되며 금융회사에 의해 매입되거나 또는 매도될 수 있

23) 개념적으로 말하면 스왑계약은 연속적인 선도계약들로 여겨질 수 있다.

24) 보다 구체적으로 말하면 선물계약의 채무불이행리스크가 선도계약의 채무불이행리스크보다 낮은 적어도 4가지의 이유가 있다. 4가지 이유는 (1) 선물계약의 일일 시장가치평가, (2) 보증채권의 역할을 하는 선물계약에 대한 증거금예치, (3) 극단적 가격변동을 분산시키기 위한 가격제한, (4) 채무불이행시 선물거래소 자체의 보증이다.

다. 만일 옵션이 거래소 시장에서 거래되는 채권옵션(bond options)과 같은 표준화된 옵션이면, 이와 같은 옵션의 채무불이행리스크는 본질적으로 제로이다.[25] 만일 옵션이 이자율캡(interest rate cap)과 같은 장외시장에서 거래되는 특수 옵션(제19장 참조)이면, 이와 같은 옵션은 채무불이행리스크가 존재한다.[26]

스왑은 기초 금융상품 또는 가격(예를 들면 채권의 고정이자율 또는 변동이자율)에 기초하여 미래에 정해진 정기적인 현금흐름을 교환하기로 두 거래상대방 간에 합의된 계약이다. 옵션과 유사하게 스왑은 일반적으로 거래상대방 리스크에 취약할 수 있는 장외시장 금융상품이다(제20장 참조). 만일 이자율(또는 환율)이 크게 변화하면, 한 거래상대방은 미래에 상당한 손실에 노출될 수 있고 이것이 채무불이행의 동기를 제공할 수 있다.

신용파생상품은 1996년 이후에 매년 5,000% 이상 규모가 증가하고 있는 인기 있는 파생상품이다. 금융회사는 (선도, 옵션, 스왑을 포함하는) 신용파생상품을 활용하여 신용리스크를 헤지할 수 있다. 신용파생상품은 개별 대출과 채권, 대출과 채권 포트폴리오의 신용리스크를 헤지하기 위해 사용될 수 있다. 예를 들어, 만일 차입자가 파산신청을 하면, 금융회사는 차입자의 대출을 신용파생상품 매도자와 액면가격으로 교환할 수 있는 권리를 행사할 수 있고 이에 따라 명목금액상의 손실로부터 자신을 보호할 수 있다. 이에 대한 대가로 금융회사는 신용파생상품 매도자에게 파생상품에 대한 보호기능을 유지하기 위해 정기적인 지불뿐만 아니라 선수수료를 지불한다. 신용파생상품시장은 지난 수 년 동안에 급속히 성장하였다. 〈표 8-6〉에서 보는 바와 같이 2006년에 미국 상업은행들은 신용파생상품으로 2조 3,400억 달러의 명목가치를 보유하였다. 많은 금융회사들이 이자율리스크 또는 환리스크노출보다는 신용리스크노출 때문에 파산하였기 때문에 이와 같은 새로운 신용파생상품의 등장은 중요하다. 이와 같은 신용파생상품에 대한 상세한 논의는 제18장부터 제20장까지에서 이루어진다.

■파생증권과 관련된 신용리스크우려

일반적으로 장외시장계약의 채무불이행(또는 신용)리스크는 계약의 만기가 길수록 증가하고 기초가격, 이자율, 환율의 변동이 클수록 증가한다.[27] 대부분의 실증적 증거는 파생상품계약은 일반적으로 금융회사의 리스크를 감소시키거나 또는 금융회사가 영향을 받지 않게

---

25) 이와 같은 옵션도 여전히 이자율리스크에 직면할 수 있는 점에 주목하라. 채권옵션의 델타에 관한 논의를 참조하라.

26) 이자율캡에서 매도자는 수수료를 받는 대가로 이자율이 어떤 수준 이상으로 상승하면 매입자에게 보상할 것을 약속한다. 만일 이자율이 예상한 것보다 상당히 높게 상승하면, 이자율캡의 매도자는 손실을 줄이기 위해 채무불이행할 동기를 가질 수 있다. 따라서 이자율캡을 매도하는 것은 금융회사가 이자율리스크보험을 매도하는 것과 유사하다(보다 상세한 논의를 위해서 제20장 참조).

27) 평판에 대한 고려와 헤지를 위한 미래의 시장접근필요성이 채무불이행의 동기를 억제한다(제21장 참조).

만든다는 점을 제시한다.[28)]

신용리스크는 파생상품계약에서 거래상대방이 지불의무에 대하여 채무불이행할 가능성 때문에 발생한다. 이 경우에 금융회사는 손실을 보고 파생상품계약을 현재 시장가격, 이자율, 환율로 대체하여야 한다.[29)] 이와 같은 거래상대방의 채무불이행리스크는 거래소에서 거래되는 파생상품계약보다는 장외시장에서 거래되는 파생상품계약에서 대부분 발생된다. 장외시장 파생상품계약은 일반적으로 표준화되어 있지 않거나 또는 외부보증상품을 가지고 있지 않은 독특한 계약이다. 이와 같은 파생상품계약들의 채무불이행은 일반적으로 금융회사가 이익을 얻고 거래상대방이 손실을 입을 때 발생한다.

파생상품시장의 성장은 1993년 1월에 BIS 리스크기준 자본규제가 부과된 중요한 요인 중의 하나이다(제15장 참조). 장기 파생상품계약에서 외가격 상황에 처한 거래상대방, 즉 현재 현금흐름상에 불리한 상황에 처한 거래상대방은 현재와 미래 손실을 막기 위해 이와 같은 파생상품계약에 대하여 채무불이행할 동기를 가진다는 우려가 제기되었다. 따라서 BIS는 예금금융회사에게 파생상품의 보유에 대하여 요구자본을 부과하였다.[30)]

발행이전증권의 선도매입과 선도매각

은행들과 기타 금융회사들, 특히 투자은행들은 매우 빈번하게 발행이전증권을 매입하고 매도하는 약정에 참여한다. 이것은 **발행이전증권거래(when issued(WI) trading)**라고 부른다. 이와 같은 부외거래약정이 금융회사를 조건부 이자율리스크에 노출시킬 수 있다. 상업은행들은 종종 선도계약의 한 부분으로 발행이전증권을 포함시킨다.

---

28) 예를 들면, L. Angbazo, "Commercial Bank Net Interest Margins, Default Risks, Interest Rate Risk and Off-Balance-Sheet Banking," *Journal of Banking and Finance* 21 (January 1997), pp. 55-87은 이자율리스크와 금융회사의 파생상품사용 간의 연계가 없다는 것을 발견하였다. N. Y. Naik and P. K. Yadav, "Risk Management with Derivatives by Dealers and Market Quality in Government Bond Markets," *Journal of Finance* 58 (2003), pp. 1873–1904는 금융회사는 자신의 현물 포지션을 상쇄시키거나 또는 헤지하기 위해 선물계약을 사용한다는 점을 발견하였다. 그들은 대형금융회사들은 소형금융회사들보다 시장리스크를 더 많이 선택하고 자신의 현물 리스크노출을 더 적게 헤지한다는 점을 발견하였다. 그들은 대형금융회사들이 소형금융회사들보다 리스크선택으로부터 더 많은 이익을 얻는다는 점을 발견하지 못하였다.

29) 예를 들면, 새로운 대체계약이 (원래 변동이자율을 지불하여야 하는) 거래상대방이 채무불이행하기 이전의 가격인 8% 이자율보다 불리한 가격을 가지면 (예를 들어, 대체이자율스왑이 은행에게 LIBOR에 기초하여 10%의 고정이자율을 지불하도록 요구하면), 금융회사는 손실을 보고 파생상품계약을 대체하여야 한다.

30) 규제당국들과 시장참여자들 모두는 신용리스크에 대하여 더욱 더 중요하게 인식하게 되었다. Merrill Lynch와 Salomon Brothers는 파생증권시장의 주요 참여자이다. 예를 들면, 그들은 대부분의 파생증권거래에서 거래상대방 보증인으로 활동한다. 거래상대방 보증인으로 성공적으로 활동하고 시장점유율을 유지하기 위해 최고는 아니더라도 높은 신용등급이 요구되기 시작하였다. 예를 들면, Merrill Lynch와 Salomon Brothers는 1993년에 A의 신용등급을 가지고 있었다. AAA등급을 획득하기 위해 각 금융회사는 스왑 업무를 수행하기 위해 독립적인 자본을 보유한 자회사를 설립하였다. Merrill Lynch는 자신의 스왑자회사에 3억 5,000만 달러를 투자하였고 Salomon Brothers는 자신의 스왑자회사에 1억 7,500만 달러를 투자하였다.

그림 8-3 미국 재무부 단기채권 경매의 시간경로

발행이전증권약정(WI commitments)의 좋은 예는 미국 재무부 단기채권 경매결과의 발표 이전 주에 신규발행 미국 재무부 단기채권에 대하여 이루어지는 약정이다. 매 화요일마다 연방준비제도는 재무부을 대신하여 그 다음 월요일에 배분되는 신규발행 3개월만기와 6개월만기 재무부 단기채권의 경매규모를 발표한다([그림 8-3] 참조). 화요일의 총경매규모 발표와 다음 주 월요일의 낙찰된 단기채권 배분발표 사이에 주요 재무부 단기채권딜러들은 WI 계약을 매도한다.

■발행이전증권과 관련된 리스크

일반적으로 대형 투자은행들과 상업은행들이 주요 WI 재무부 단기채권딜러들이다(현재 약 40개의 딜러들이 있다). 재무부 단기채권딜러들은 유통시장에서 고객들에게 선도인도를 위해 발행경매시에 지불하여야 할 것으로 예상되는 가격에 약간의 마진을 붙인 가격으로 발행예정인 재무부 단기채권을 매각한다. 만일 국채전문딜러(primary dealer)가 선도 WI 계약을 이행하는데 필요한 재무부 단기채권을 적정한 가격으로 경매에서 취득하면, 이들은 WI 재무부 단기채권의 매도를 통하여 수익을 낼 수 있다. 그러나 만일 이들은 국채전문딜러가 경매에서(이자율수준을 제시하는 데 있어서) 실수하면, 이들은 손실을 입고 WI 약정을 이행해야 하는 리스크에 직면한다. 금융회사가 실제 주간증권경매 이전에 고객을 대신하여 재무부 단기채권을 매입할 때, 금융회사는 가격을 낮게 결정할 리스크가 발생한다. 재무부 단기채권이 배분되는 날에 높은 수요 때문에 재무부 단기채권가격이 예상보다 훨씬 더 높을 수 있다. 금융회사는 예상보다 더 높은 가격에 재무부 단기채권을 매입해야 하고 이에 따라 발행 이전에 선도약정한 재무부 단기채권을 인도하기 위해 재무부 단기채권으로부터의 손실을 감수해야만 한다.[31]

---

31) 이와 같은 문제는 Salomon Brothers가 1990년에 신규발행 2년만기 미국 재무부채권시장을 압박하였을 때 발생하였다. 경매원칙하에서, 어느 매입수요자도 신규발행 채권물량의 35% 이상 매입을 신청할 수 없었다. 그러나 자기 자신의 이름으로 매입신청을 할 뿐만 아니라 고객들이 알지 못한 상태에서 고객들의 이름을 사용하여 매입신청을 함으로써 Salomon Brothers는 35%의 매입신청한도를 크게 초과하였다. 이와 같은 일은 다른 국채전문딜러들을 극단적으로 압박하였고, 이에 따라 그들은 그들의 발행이전채권 매도약정을 충족시킬 수 없었다.

▶**발행이전증권거래(when issued (WI) trading)**
실제로 발행되기 이전에 이루어지는 증권의 거래.

대출채권매각

제21장에서 금융회사가 매각하는 대출채권의 형태, 대출채권을 매각하는 동기, 대출채권이 매각될 수 있는 방법들이 상세하게 논의된다. 은행들과 기타 금융회사들은 대차대조표상에 기재되는 대출을 시행하지만 이와 같은 대출채권들을 만기까지 보유하기보다는 신속하게 외부의 투자자들에게 매각하고 있다. 대출채권을 매입하는 외부투자자는 은행, 보험회사, 뮤추얼펀드, 일반 기업이다. 금융회사는 대출의 시행자이자 대출채권의 매각자로서 활동하면서 전통적인 자산전환자로서보다는 점점 더 대출중개자로서 활동하고 있다(제1장 참조).

외부투자자가 대출채권의 매각자에 대한 절대적 **상환청구권(recourse)** 없이 대출채권을 매입할 때 대출이 결과적으로 부실해지는 경우 매각된 대출채권은 금융회사에게 있어 더 이상 부외거래 조건부 부채가 아니다. 특히 상환청구권이 없다는 것은, 금융회사가 시행한 대출이 부실해지면 대출채권의 매입자는 손실리스크 전부를 부담하여야 한다는 것을 의미한다([그림 8-4]의 화살표 1). 대출채권의 매입자는 부실대출채권을 대출채권매각자 또는 대출시행 은행에게 되돌려 줄 수 없다.

■ 대출채권매각과 관련된 리스크

대출채권이 상환청구권과 함께 매각되었다고 하자. 이와 같은 대출채권매각은 매각자에게 장기 조건부 신용리스크를 발생시킨다. 본질적으로 대출채권의 매입자는 매입한 대출채

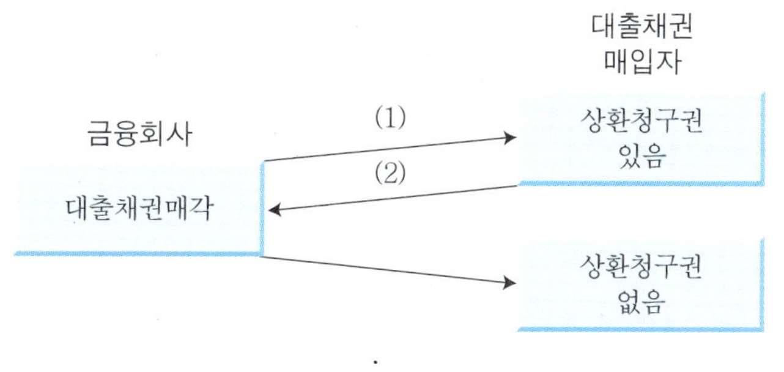

그림 8-4 상환청구권이 있는 대출채권매각과 상환청구권이 없는 대출채권매각

권의 신용등급이 악화되면 대출채권을 매각자에게 되돌려 주는 옵션을 행사할 수 있다([그림 8-4]의 화살표 2). 현실적으로 대출채권의 상환청구권이 있느냐 또는 없느냐가 명료하지 않다. 예를 들면, 일부 연구자들은 금융회사들은 일반적으로 고객에 대한 평판을 유지하기 위해 상환청구권이 없는 부실대출을 기꺼이 재매입하고 있다고 주장하였다. 평판에 대한 고려가 부외거래활동을 위한 금융회사의 조건부 부채 매각규모를 증가시킬 수 있는 것은 분명하다.

▶**상환청구권(recourse)**
매각되는 자산 또는 대출채권의 신용등급이 악화되는 경우 매각자에게 자산 또는 대출채권의 상환을 청구할 수 있는 권리.

개념질문

1. 대출약정과 관련되어 있는 4가지 리스크는 무엇인가?
2. 상업신용장(commercial letter of credit)과 지급보증서(standby letter of credit)의 중요한 차이점은 무엇인가?
3. 선도계약에서 거래상대방 리스크(counterparty risk)는 무엇인가?
4. 상환청구권이 있는 대출채권매각과 상환청구권이 없는 대출채권매각 중에서 어느 것이 금융회사에게 더 높은 리스크를 부과하는가?

8.4 Nonschedule L 부외거래활동리스크

지금까지 은행들이 콜보고서의 Schedule L 섹션으로 매분기마다 연방준비제도에 보고하여야 하는 5가지의 부외거래활동들에 대하여 살펴보았다. 많은 금융회사들이 이와 같은 부외거래활동들에 참여한다는 것을 기억하라. 따라서 저축금융회사, 보험회사, 투자은행 모두는 다양한 형태의 선물, 선도, 스왑, 옵션 거래에 참여한다. 생명보험회사는 상업 모기지의 대출약정에 주로 참여하고, 손해보험회사는 대규모의 금융보증상품을 인수하며, 투자은행은 발행이전증권거래에 참여한다. 더욱이 앞에서 논의한 5가지의 부외거래활동들만이 금융회사에게 조건부 부채 또는 조건부 리스크를 창출할 수 있는 부외거래활동들이 아니다. 이 절에서는 금융회사에게 조건부 리스크를 창출할 수 있는 다른 2가지의 부외거래활동들을 간략히 소개한다. 이와 같은 부외거래활동에 대한 상세한 논의는 다음의 장들에서 이루어진다.

지급결제리스크

금융회사들은 Fedwire와 CHIPS(Clearing House InterBank Payment System)같은 자금이체시스템을 통하여 거액의 자금을 보낸다. 연방준비제도는 국내자금 이체망인 Fedwire를 가지고 있다. CHIPS는 55개 정도의 참여은행들 또는 회원은행들이 소유하고 있는 민간 국제자금 이체망이다. 현재 이와 같은 두 개의 자금이체망은 하루에 3조 6,000억 달러를 이체한다.

국내의 Fedwire와는 달리 하루 중에 CHIPS를 통하여 보내지는 지급메시지는 하루의 종료시점에만 최종적으로 결제되는 잠정적인 메시지이다. 예를 들면, 은행 X가 미국동부표준시간(EST) 오전 11시에 은행 Z에게 자금이체 지급메시지를 보낸다. 은행 X와 은행 Z의 실제적인 현금지급결제와 자금의 물리적 이체는 일반적으로 연방준비은행들에 개설되어 있는 지준계좌에 있는 현금을 이체하는 방식으로 하루의 종료시점에 이루어진다. 자금의 이체가 하루의 종료시점까지 최종적으로 처리되지 않기 때문에 지급메시지를 받는 은행 Z는 하루 중에 **지급결제리스크(settlement risk)**에 직면한다. 특히 은행 Z는 오전 11시에 은행 X로부터 받은 자금이체메시지에 기초하여 그 날의 종료시점에 실제의 자금인도가 이루어질 것이라고 가정하고 오전 11시 15분에 은행 Y에게 그 자금을 대출할 수 있다. 그러나 은행 X가 그 날의 종료시점에 약속한 자금을 인도(결제)하지 않으면 은행 Z는 심각한 순자금적자포지션에 처할 수 있고 이에 따라 은행 Y에 대한 지급약속을 충족시킬 수 없게 될 수 있다. 경우에 따라서 은행 Z의 순부채포지션은 기술적으로 지급불능상태에 이르게 만들 정도로 자기자본과 지급준비금을 초과하기에 충분할 만큼 클 수 있다. 중요한 사기사건이 그 날 동안에 은행 X의 장부에서 발견되고 은행규제당국이 같은 날 은행 X를 폐쇄시키면 이와 같은 일이 발생할 수 있다. 이와 같은 상황은 그 날의 종료시점에 은행 Z에 대한 지급을 불가능하게 만들 것이다. 이와 달리 은행 X는 "시장에서의 명성"을 존속시키고자 하여 그 날 늦게 자금을 조달하여 자금을 이체할 수 있다. 그러나 다른 은행들은 그 날 동안 은행 X의 신용한도를 수정할 수 있고 이런 경우 은행 X는 은행 Z에게 약속한 모든 자금을 인도하지 못할 수 있다.

지급결제리스크의 본질적인 특성은 금융회사를 대차대조표 상에 나타나지 않는 일중 신용리스크에 노출시킨다는 것이다. 금융회사의 대차대조표는 기껏해야 하루의 종료시점 포지션만을 포함하게 된다. 따라서 일중 지급결제리스크는 민간의 거액자금이체 시스템망에 참여하는 금융회사들이 직면하는 추가적인 형태의 부외거래활동 리스크이다(이와 같은 리스크를 감소시키기 위해 고안된 최근의 정책변화들에 대한 상세한 분석을 위해서 제11장 참조).

▶ **지급결제리스크(settlement risk)**
CHIPS 자금이체 활동과 관련된 일중 신용리스크.

자회사리스크

많은 금융회사들은 지주회사형태로 운영된다. 지주회사는 다른 기업들의 주식을 (일반적으로 25% 이상) 소유하고 있는 기업이다. 예를 들면, Citigroup은 Citibank의 모든 주식을 소유하고 있는 단일은행 지주회사(one-bank holding company; OBHC)이다. Citigroup은 독립적으로 분리된 투자자회사 또는 직접 소유하고 있는 회사를 통하여 데이터처리와 같은 허용된 비은행 활동들에 참여한다. 이와 유사하게 많은 지주회사들은 다수의 은행들의 주식을 소유하고 있는 복수은행 지주회사(multibank holding company; MBHC)들이다. Bank One Corp.는 전국적으로 퍼져 있는 복수은행들의 주식을 소유하고 있는 복수은행 지주회사이다. 이와 같은 단일은행 지주회사와 복수은행 지주회사의 조직구조가 [그림 8-5]에 제시되어 있다.

법률적으로 말하면 단일은행 지주회사의 경우 은행과 비은행자회사들은 독립된 회사들이다. 이것은 복수은행 지주회사의 경우 은행 1과 은행 2가 독립된 회사들인 것과 마찬가지이다. 따라서 [그림 8-5]에서 비은행자회사와 은행 2의 파산이 각각 단일은행 지주회사의 은행과 복수은행 지주회사의 은행 1의 재무자원에 영향을 미치지 않는다. 이것이 미국에서 법적 기업의 제한된 책임에 기초하고 있는 기업분리의 원칙이다. 그러나 현실적으로 자회사 또는 은행자회사의 파산은 지주회사 구조에 포함되어 있는 다른 은행에게 여러 가지 방법으로 **자회사리스크(affiliate risk)**를 부과한다. 자회사 리스크가 부과되는 2가지 방법들에 대하여 논의하도록 하자.

첫째, 파산한 자회사에 대한 신용공여자들은 생존은행이 이름 또는 활동의 측면에서 보

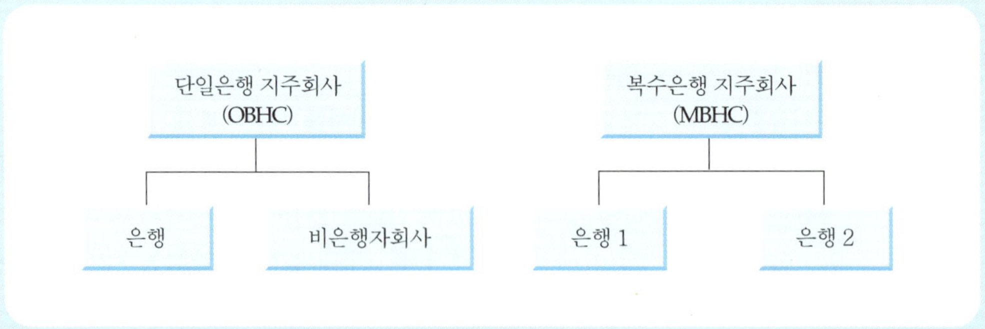

그림 8-5 **단일은행 지주회사와 복수은행 지주회사의 구조**

면 파산한 자회사와 실제로 분리된 회사가 아니라는 이유로 생존은행의 자원에 대한 청구권을 행사할 수 있다. 이와 같은 "금반언 논거"(estoppel argument)(먼저 한 진술을 부인하거나 또는 그에 반대되는 진술을 하는 것을 금지한다는 원칙의 논거)는 파산한 자회사의 고객들은 상대적으로 그들의 금융문제에 대해서 순진하다는 아이디어에 기초하고 있다. 파산한 자회사의 고객들은 아마도 이름의 유사성 또는 어떤 유사한 이유 때문에 파산한 자회사와 생존한 자회사를 구별하지 못할 수도 있다.[32] 둘째, 규제당국들은 최근 대형 복수은행 지주회사의 파산에 대하여 능력자 지원원칙(a source of strength doctrine)을 적용하고자 하였다. 기업분리의 원칙을 정면으로 도전하는 이와 같은 원칙하에서 건전한 은행들의 자원은 파산은행들을 지원하기 위해 사용될 수 있다. 그러나 규제당국들은 능력자 지원원칙을 실행하고자 하였으나 법원은 일반적으로 이러한 원칙의 실행을 막았다.[33]

만일 기업분리원칙의 위반이 법적으로 지지되면 비은행자회사의 활동 또는 자회사 은행의 활동과 관련된 리스크는 건전한 은행에게 추가적인 부외거래 부채가 된다. 이와 같은 일은 은행들에게 해당될 뿐만 아니라 보험회사, 투자은행, 기업분리가 의심스러운 지주회사 조직구조를 채택하고 있는 금융서비스 기업집단과 같은 많은 다른 금융회사들에게도 해당될 수 있다.[34]

1999년에 미국 의회는 금융서비스현대화법(Financial Services Modernization Act; FSMA)(제16장 참조)을 통과시켰다. 거의 70년만에 금융회사에 대한 규제의 최대 변화로 여겨지는 이 법은 은행활동, 증권인수활동, 보험활동을 동시에 참여할 수 있는 "금융지주회사"(financial holding company)가 만들어지는 것을 허용하였다. 이 법이 통과되기 전에 상업은행활동과 기타 금융활동들의 겸업은 엄격히 제한되었었다. 이 법의 결과로 종합금융서비스회사들의 설립이 증가하였고 이에 따라 자회사리스크가 증가하였다. 2006년 현재(ABN AMRO, Citigroup, Charles Schwab같은) 647개의 금융회사들이 금융지주회사로 전환되었다. 이들 금융지주회사 모두가 현재 FSMA가 허용하는 모든 영역의 금융활동을 수행하는 것은 아니나 이와 같은 새로운 기업조직구조하에서 허용되는 모든 가능성을 활용하고자 할 것이라는 것은 분명하다.

---

32) 예를 들면, 파산한 비은행자회사의 이름은 Town Data Processing이고 생존한 은행의 이름은 Town Bank라고 가정해 보라.

33) 그럼에도 불구하고 능력자 지원원칙을 적용하고자 하는 규제당국의 시도는 다수의 자회사들을 가지고 있는 지주회사의 지분가치(equity value)에 부정적인 영향을 미친 것으로 나타났다. 또한 연방준비제도가 능력자 지원원칙을 부과하고자 시도했던 첫 해인 1987년 이후 매년 지주회사들의 많은 자회사들이 파산하였다.

34) 하나의 좋은 예가 1991년 2월에 발생한 Drexel Burnham Lambert의 파산이다. 이 경우의 자회사 리스크에 대한 훌륭한 논의를 위해서 W. S. Haraf, "The Collapse of Drexel Burnham Lambert: Lessons for Bank Regulators," *Regulation*, Winter 1991, pp. 23-25 참조.

▶ **자회사리스크(affiliate risk)**

지주회사의 다른 자회사들의 파산 가능성 때문에 지주회사의 특정 자회사에 부과되는 리스크.

개념질문

1. CHIPS 지급결제시스템에 존재하는 지급결제리스크의 원천은 무엇인가?
2. 자회사리스크의 2가지 주요 원천은 무엇인가?

8.5 부외거래활동의 리스크 감소역할

이 장에서 부외거래활동은 금융회사의 리스크를 증가시킬 수 있다는 점을 강조하였다. 실제로 대부분의 조건부 자산과 부채는 금융회사의 채무불이행리스크와 이자율리스크를 증가시킬 수 있는 다양한 특성을 가지고 있다. 그럼에도 불구하고 금융회사는 이자율리스크, 환리스크, 신용리스크를 감소시키거나 또는 관리하기 위해 선도, 선물, 옵션, 스왑같은 부외거래상품들을 사용한다.[35) 이와 같은 부외거래상품들은 대차대조표 상에 존재하는 이자율리스크, 환리스크, 신용리스크를 헤지하기 위해 사용될 때 실제로 금융회사의 전반적인 지급불능리스크를 감소시킬 수 있다.[36) 제18장부터 제20장까지에서 금융회사의 지급불능리스크를 감소시키는데 있어서 헤지수단으로서 부외거래상품들의 역할에 대하여 상세하게 논의하기로 하고 여기서는 부외거래활동과 부외거래상품에 대한 과도한 규제가 가지고 있는 본질적인 리스크를 살펴보도록 하자. 예를 들면, 계약상대방이 선도환계약에 대하여 채무불이행할 리스크는 매우 낮다. 이와 같은 리스크는 바람직하지 않은 환율의 변동에 대응하여 보유하고 있는 외화자산들을 헤지하기 위해 선도계약을 사용하지 않을 때 금융회사가 직면하는 지급불능리스크보다 훨씬 더 낮다(제9장과 제18장 참조).

금융회사들이 보유하고 있는 부외거래 파생상품들의 리스크감소 특성에도 불구하고, 파생상품의 사용증가는 많은 규제당국들로 하여금 파생상품들의 리스크증가 특성과 이와 같은 리스크가 글로벌 금융시장에 미칠 수 있는 부정적 효과에 대하여 초점을 맞추게 하였

35) 제18장에서 논의하는 바와 같이 직접적 헤지보다 다른 목적으로 파생상품을 사용하는 것에 대하여 세금부과를 해야 하는 강한 동기가 존재한다.

36) 예를 들면, 런던국제금융선물옵션거래소(London International Financial Futures and Options Exchange; LIFFE)는 2001년에 결제가격이 스왑시장이자율과 관계 없이 결정되는 선물계약인 스왑노트(swapnote)를 도입하였다. 스왑노트는 금융회사가 최소의 베이시스리스크를 가지고 이자율리스크를 헤지할 수 있는 하나의 효과적인 방법이다(제20장 참조).

다. 그 결과로 부외거래활동에 대한 규제가 증가하였다. 예를 들면, 1994년의 파생상품 안전성과 건전성 감독법(Derivatives Safety and Soundness Supervision Act of 1994)은 금융회사의 파생상품보유에 대한 감독규제를 강화시켰다. 이 법은 금융회사의 자기자본, 공시, 책임성에 대한 규제를 증가시켰고 리스크관리과정에 대한 감독을 강화시켰으며 추가적인 보고의무를 부과하였다. 또한 1994년에 미국회계감독청(General Accounting Office; GAO)은 금융회사의 파생상품 사용에 대한 의회보고서와 금융시스템의 건전한 상태를 유지하기 위해 필요한 규제조치들을 발표하였다. GAO는 특히 은행조직의 규제받지 않는 증권자회사들과 보험자회사들의 파생상품 거래활동은 1개 이상의 기존 규제당국들의 감독을 받아야 할 것을 권고하였다. 미국 의회와 규제당국들이 부외거래활동이 규제되어야 하는 정도에 대하여 최종적으로 결정하지 못하는 동안 Bankers Trust(1994년), Barings(1995년), Long Term Capital Management(1998년)같은 금융회사들이 거래한 파생상품으로부터 발생한 대규모 손실은 추가적인 규제가 긴급하게 필요하다는 인식을 증가시켰다. 이와 같은 우려의 결과로 리스크헤지의 규제비용이 증가하였다(예를 들면, 특별 요구자본의 부과 또는 부외거래 상품들의 사용에 대한 제한(제15장 참조)). 이에 따라 금융회사들은 헤지를 과소하게 하는 경향을 가질 수 있고, 이것이 금융회사의 지급불능리스크를 감소시키기보다는 증가시킬 수 있다.

마지막으로 부외거래활동으로부터 발생하는 수수료는 많은 금융회사들, 특히 대형이고 신용도가 높은 금융회사들에게 있어서 중요한 비이자수입원이다. 대형은행들에 대한 비이자수입의 중요성은 제11장의 〈표 11-1〉에 제시되어 있다. 대형은행들에게 있어서 비이자수입의 중요성은 부외거래리스크의 증가를 보상할 수 있고 실제로 금융회사들의 지급불능확률을 감소시킬 수 있다.[37]

개념질문

1. 부외거래상품들은 금융회사의 리스크를 증가시킬 수 있다는 점을 인지하면서 동시에 금융회사의 전반적인 지급불능리스크를 감소시키기 위해 어떻게 작동하는지를 설명하라.
2. 리스크헤지와 투기 이외에 금융회사가 부외거래활동에 참여하는 것은 어떤 이유들 때문인가?

37) 이에 더하여 파생상품은 리스크회피 경영자들이 리스크를 헤지할 수 있게 함으로써 보다 더 가치극대화 투자전략을 추구할 수 있게 만들 수 있다. 즉 파생상품은 리스크 선택수준에 대한 경영자와 주주 간의 갈등을 감소시킬 수 있다.

요 약

이 장에서는 금융회사의 순자산은 전통적인 부내거래활동의 가치뿐만 아니라 부외거래활동의 조건부 자산 및 부채가치와 연결되어 있다는 것을 살펴보았다. 일부의 부외거래항목들, 즉 대출약정, 상업신용장과 지급보증서, 선물, 옵션, 스왑과 같은 파생상품계약, 선도매입, 발행이전증권매각, 대출채권매각의 수익과 리스크에 대하여 상세하게 논의하였다. 분명히 모든 경우에 있어 이와 같은 금융상품들은 금융회사의 미래 수익성과 리스크에 중요한 영향을 미친다. 부외거래활동과 관련된 리스크들인 지급결제리스크와 자회사리스크에 대하여도 논의하였다. 부외거래활동은 리스크를 증가시킬 수 있지만 또한 금융회사의 리스크를 감소시키고 수수료 수입을 창출하도록 부내거래리스크를 헤지하기 위해 사용될 수 있다는 점을 지적하면서 이 장을 마무리한다.

연습문제

1. 다음 항목들을 (i) 대차대조표 자산항목, (ii) 대차대조표 부채항목, (iii) 부외거래 자산항목, (iv) 부외거래 부채항목, (v) 자본계정항목으로 분류하라.
   a. 대출약정
   b. 대손충당금
   c. 신용장
   d. 은행인수어음(bankers acceptance)
   e. 재할인된 은행인수어음(rediscounted bankers acceptance)
   f. 상환청구권이 없는 대출채권매각
   g. 상환청구권이 있는 대출채권매각
   h. 선도계약 매입
   i. 선도계약 매도
   j. 스왑
   k. 대출채권분할매각(loan participation)
   l. 차입증권(securities borrowed)
   m. 대출증권(securities lent)
   n. 손해사정비용계정(loss adjustment expense account)(손해보험회사)
   o. 순보험계약준비금(net policy reserves)
2. 부외거래 자산과 부외거래 부채는 어떻게 구분되는가?
3. Contigent Bank는 다음과 같은 시장가치기준의 대차대조표(100만 달러)를 가지고 있다.

자 산		부 채	
현금	$ 20	예금	$ 220
모기지	220	자기자본	20
총자산	$ 240	총부채와 자본	$ 240

이에 더하여 은행은 1억 달러의 시장가치를 가지고 있는 조건부 자산과 8,000만 달러의 시장가치를 가지고 있는 조건부 부채를 가지고 있다. 진정한 주주의 순자산은 얼마인가? *조건부(contingent)*라는 용어의 의미는 무엇인가?

4. 옵션은 왜 조건부 자산 또는 조건부 부채인가? 옵션의 델타는 무엇을 의미하는가? *명목가치(notional value)*라는 용어는 무엇을 의미하는가?
5. 한 금융회사가 5억 달러의 명목가치를 가지고 있는 채권에 대한 옵션을 매입하고 4억 달러의 명목가치를 가지고 있는 채권에 대한 옵션을 매도하였다. 매입 옵션은 0.25의 델타를 가지고 있고 매도 옵션은 0.30의 델타를 가지고 있다.
   a. 이와 같은 포지션의 조건부 자산가치는 얼마인가?
   b. 이와 같은 포지션의 조건부 부채가치는 얼마인가?
   c. 순자산의 조건부 시장가치는 얼마인가?
6. 1980년대부터 2000년대 초까지 미국 금융회사들의 부외거래활동을 증가시킨 요인들은 무엇인가?
7. Schedule L은 부외거래활동을 보고하는데 있어서 어떤 역할을 하는가? 〈표 8-5〉를 참조하라. 1992년~2006년의 15년 동안 대차대조표항목들과 비교하여 부외거래항목들의 명목가치 연간증가율은 얼마였는가? 어떤 조건부 상품들이 가장 급속히 성장하였는가?
8. 금융회사가 고객에게 발행할 수 있는 대출약정의 특성들은 무엇인가? 대출약정은 어떤 측면에서 그리고 누구에게 옵션인가? 옵션프리미엄의 가능한 구성부분들은 무엇인가? 이와 같은 옵션 또는 대출약정은 언제 금융회사와 차입자에게 대차대조표항목이 되는가?
9. 한 금융회사가 50bp의 선수수료와 25bp의 미사용 대출약정분에 대한 수수료를 가지는 250만 달러의 대출약정을 발행하였다. 대출약정의 기대인출비율은 50%이다.
   a. 대출약정이 이루어질 때 금융회사는 얼마의 총수수료를 버는가?
   b. 미래가치기준으로 연말에 금융회사가 수취하는 총수수료는 얼마인가? 금융회사의 자금조달비용은 6%라고 가정하라.
10. 한 금융회사가 25bp의 선수수료로 200만 달러의 1년기간 대출약정을 발행하였다. 대출약정의 미사용분에 대한 수수료는 10bp이다. 금융회사는 요구불예금으로 5%의 보상잔고를 요구한다. 금융회사의 자금조달비용은 6%이고 대출이자율은 10%이며 요구불예금에 대한 요구준비율은 8%이다. 대출약정을 받는 고객은 연초에 대출약정의 80%를 인출할 것으로 예상된다.
    a. 미래가치를 고려하지 않을 경우 대출의 기대수익률은 얼마인가?
    b. 미래가치를 사용하면 대출의 기대수익률은 얼마인가? 순수수료(net fee)와 이자수입(interest income)은 대출이 만기가 되는 연말에 지불된다.
    c. 만일 요구불예금에 대한 필요지준율이 0이면 (*b*)에서 대출의 기대수익률은 어떻게 영향을 받는가?

d. 만일 보상잔고에 대하여 5%의 이자율이 지불되면 (*b*)에서 구한 대출의 기대수익률은 어떻게 영향을 받는가?

e. 5.5%의 이자율을 가지며 요구준비금을 요구하지 않는 예금증서(certificates of deposit)로 요구불예금을 대체하는 경우 미래가치를 사용하면서 구하여지는 대출의 기대수익률은 얼마인가?

11. Suburb Bank는 50%의 선수수료로 1,000만 달러의 1년기간 대출약정을 발행하였다. 미사용 대출약정분에 대한 수수료는 20bp이다. 은행은 요구불예금으로 10%의 보상잔고를 요구하고 은행의 자금조달비용은 7%이다. 은행은 대출에 대하여 9%의 이자율을 부과하고 요구불예금에 대하여 10%의 요구준비금을 유지하여야 한다. 대출약정의 고객은 대출약정의 60%를 인출할 것으로 예상된다.

a. 이와 같은 대출의 기대수익률은 얼마인가?

b. 만일 대출약정의 인출이 6개월 말까지 발생하지 않으면 대출의 연간기대수익률은 얼마인가?

12. 금융회사가 대출약정을 제공할 때 어떻게 이자율리스크에 노출되는가? 금융회사는 어떤 방법으로 이와 같은 리스크를 통제할 수 있는가? 베이시스리스크는 이자율리스크를 통제하는데 어떻게 영향을 미치는가?

13. 금융회사는 대출약정을 제공할 때 어떻게 신용리스크에 노출되는가? 신용리스크는 이자율리스크와 어떻게 관련되어 있는가? 금융회사가 신용리스크를 막기 위한 목적으로 사용할 수 있는 통제방법들은 무엇인가? 이와 같은 통제를 실행하기 위한 현실적인 기회는 무엇인가?

14. 금융회사는 어떻게 대출약정인출리스크(takedown risk)와 총자금조달리스크(aggregate funding risk)에 노출되는가? 이와 같은 2가지의 조건부 리스크들은 어떻게 관련되어 있는가?

15. 이자율리스크, 대출약정인출리스크, 신용리스크, 총자금조달리스크와 같은 조건부 리스크들은 금융회사의 지급불능리스크를 증가시키는 경향을 가지고 있는가? 왜 그런가 또는 왜 그렇지 않은가?

16. 신용장(letter of credit)은 무엇인가? 신용장은 어떻게 보험계약과 같은가?

17. 한 독일은행이 미국으로부터 10만 달러의 재화를 수입하고자 하는 독일에 있는 고객을 대신해서 3개월만기의 신용장을 발행하였다. 은행은 100bp의 선수수료를 부과한다.

a. 은행은 얼마의 선수수료를 버는가?

b. 미국 수출업자의 신용장을 독일 은행이 접수한 후 할인하기로 결정했을 때 이자율이 현재 5%이고 만기까지 90일이 남아 있다고 가정하면 미국의 수출업자는 얼마를 받는가? (힌트: 증권을 할인하기 위해, $PV = FV[1 - (\text{만기까지의 일수}/365)]$ 공식을 사용하라.)

c. 독일 은행은 신용장을 발행할 때 어떤 리스크를 발생시키는가?

18. 지급보증서(standby letters of credit)와 무역신용장(trade letters of credit)은 어떻게 다른가? 지급보증서는 어떤 다른 유형의 금융회사 상품들과 경쟁하는가? 어떤 유형의 금융회사들이 지급보증서를 발행하는가?

19. 한 기업이 5%의 유효수익률로 270일만기의 기업어음을 100만 달러 발행하려고 한다. 이 기업은 이와 같은 기업어음 발행을 위해 담보로서 지급보증서 또는 대출약정을 사용함으로써 30bp의 이자율을 절약할 수 있을 것으로 예상하고 있다.

a. 만일 한 은행이 기업어음의 발행을 지원하기 위해 20bp의 선수수료로 270일 기간을 가지는 지급보증서를 제공하기로 동의하면 기업의 순절약 금액은 얼마인가?

b. 만일 어떤 은행이 기업어음의 발행을 지원하기 위해 270일 기간을 가지는 대출약정을 제공하기로 동의하면 기업의 순절약 금액은 얼마인가? 은행은 선수수료로 10bp를 부과하고 미사용 대출약정분 수수료로 10bp를 부과한다.

20. 선도, 선물, 스왑, 옵션과 같은 파생상품계약의 사용이 어떻게 금융회사에게 조건부 신용리스크를 만들어 내는지를 설명하라. 왜 장외시장에서 거래되는 파생상품계약이 거래소에서 거래되는 파생상품계약보다 더 큰 조건부 신용리스크를 가지는가? 장외시장에서 거래되는 파생상품계약의 채무불이행리스크는 기초자산의 만기, 가격변동성, 이자율변동성과 어떻게 관련되어 있는가?

21. 발행이전증권거래(when issued trading)는 무엇을 의미하는가? 발행이전 미국 재무부 단기채권의 선도매입(forward purchase)이 어떻게 금융회사를 조건부 이자율리스크에 노출시킬 수 있는가?

22. 상환청구권을 가지고 있는 대출채권매각과 상환청구권이 없는 대출채권매각을 구별하라. 은행들은 왜 상황청구권을 가지고 있는 대출채권을 매각하기 원하는가? 대출채권매각이 어떻게 은행들을 조건부 이자율리스크에 노출시킬 수 있는지를 설명하라.

23. Shakey Bank의 경영자는 Trust Bank에게 오전 10시에 CHIPS를 통하여 200만 달러의 자금이체 지급메시지를 보낸다. 같은 날 그 이후에 Trust Bank는 Hope Bank에게 CHIPS를 통하여 200만 달러의 자금이체 지급메시지를 보낸다. 어떤 형태의 리스크가 이와 같은 거래에 내재되어 있는가? 이와 같은 리스크는 어떻게 현실적으로 나타나는가?

24. 지급결제리스크(settlement risk)가 은행 간 지급제도에서 어떻게 발생하는지와 지급결제리스크가 어떻게 부외거래리스크의 한 형태인가를 설명하라.

25. 단일은행 지주회사와 복수은행 지주회사의 차이는 무엇인가? 기업분리의 원칙은 한 은행이 자회사의 파산으로부터 안전하다는 것을 어떻게 보증하는가?

26. 한 자회사의 파산이 지주회사 또는 자회사들이 분리되어 있도록 만들어졌어도 자회사들에 어떻게 영향을 미칠 수 있는지를 논의하라.

27. 부외거래활동은 금융회사가 여러 가지 형태의 리스크에 노출되게 만들지만 금융회사의 리스크를 감소시킬 수 있다는 주장의 논거를 설명하라.

Web을 활용하는 질문

28. 연방예금보험공사(FDIC)의 웹사이트에 가서 가장 최근 분기 동안 FDIC가입 상업은행들의 미사용 약정, 상업신용장의 총금액, 이자율스왑의 명목가치에 관한 데이터를 찾아보아라.

29. 통화감독청(OCC)의 웹사이트에 가서 〈표 8–6〉를 최신 정보로 바꾸어라.

관련 웹사이트

기관명	웹사이트
American Banker	www.americanbanker.com
Bank of America	www.bankofamerica.com
Board of Governors of the Federal Reserve	www.federalreserve.gov
Citigroup	www.citigroup.com
Clearing House InterBank Payment System	www.chips.org
Federal Deposit Insurance Corp.	www.fdic.gov
J. P. Morgan Chase	www.jpmorgan.com
New York Board of Trade	www.nybot.com
Office of the Comptroller of the Currency	www.occ.treas.gov
U.S.Treasury	www.ustreas.gov

제 **9** 장

환리스크

9.1 서 론

금융서비스 산업의 세계화는 금융회사들이 점차적으로 환리스크에 더 노출된다는 것을 의미한다. 환리스크는 외국통화로 대출하고(기업에게 영국 파운드화로 대출을 하는 것) 해외에서 발행된 외국통화표시증권(영국 파운드표시 채권 또는 독일 유로표시 국채)을 사는 것과 같이 외국통화들로 거래하는 결과로 직접적으로 발생하거나 또는 자금조달을 위해 외국통화표시부채(파운드표시 양도성예금증서)를 발행한 결과로 발생할 수 있다. 극단적인 환리스크는 외환위기가 아시아에서 발생하였던 1997년에 나타났다. 아시아의 외환위기는 태국 바트(baht)가치가 미국 달러에 대하여 거의 50% 정도 하락하였던 1997년 7월 2일에 시작되었다. 이와 같은 태국 바트의 가치하락은 다른 아시아 통화들의 가치를 연쇄적으로 하락시켰고, 궁극적으로 아시아가 아닌 다른 나라들의 통화들(예를 들면, 브라질 헤알(real)과 러시아 루블(ruble))에도 영향을 미쳤다. 예를 들면, 바트의 가치하락이 발생한 5개월 후인 1997년 11월 20일에 한국 원화가치는 미국 달러에 대하여 상대적으로 10%만큼 하락하였다. 이와 같은 갑작스러운 통화가치의 하락결과 일부 미국 금융회사들의 수익은 타격을 입었다. 예를 들면, 1997년 11월에 Chase Manhattan Corp.는 외국통화 거래와 외국통화표시 채권보유로 인하여 10월에 1억 6,000만 달러의 손실을 입었다고 발표하였다. 최근에 Allfirst Bank의 한 거래자는 외환거래로부터 발생한 2억 1,100억 달러의 손실을 숨겼다. 이와 같은 손실은 숨겨진지 5년 후인 2002년에 발견되었다. 아래에 제시되어 있는 〈윤리적 딜레마〉에 관한 기사는 몇 명의 외환거래자들에 의해 이루어진 불법적 외환거래에 대하여 논평하고 있다. 2004년 2월에 주요 유럽국가들은 이자율리스크를 통제하기 위해 미국에게 가치가 하락하는 달러를 안정화시키기 위한 보다 더 공격적인 조치를 취하라고 압박하였다. 특히 미국 달러 가치의 하락이 자국의 경제성장을 위축시킴에 따라 유럽 국가들과 일본은 미국 달러화의 가치하락을 막기 위한 조치를 촉구하였다.

이 장은 금융회사가 보유한 자산과 부채가 (국내 통화는 물론) 외국통화로 표시되어 있을 때와 금융회사가 현물 및 선도 외환시장에서 거래자로서 포지션을 보유하고 있을 때 금융회사가 직면하는 리스크들을 평가하고 측정하는 방법들을 살펴본다.

윤리적 딜레마 외환거래자들의 사기행위

18개월 동안 정부의 함정수사를 통하여 J. P. Morgan Chase & Co와 UBS AG와 같은 유명한 딜러 금융회사들에 근무하는 5명의 외환거래자들이 허위 거래로 고용주들을 속였다는 주장을 포함하여 규제가 약한 외환시장에서 발생한 일련의 사기 소송이 제기되었다. 이와 같은 추정 사기사건들에 약 3,000만 달러가 관련되어 있었고 이 금액은 외환시장에서 매일 거래되는 수 억 달러의 일부이다. 47명의 거래자들과 임원들이 체포된 후에 고소당하였고 이 사건은 화요일 오후에 시작된 일제 검거를 기민하게 감시하고 있었던 텔레비전 뉴스 기자들에 의해 방송되었다.

주요 딜러 금융회사들에 근무하는 5명의 외환거래자들은 고객들에게는 이익을 만들어 주는 반면 고용주들에게는 손실을 입히는 거래를 한 것으로 주장되고 있다. 미국 변호사 James Comey가 이끄는 규제당국이 어제 제출된 소장에 의하면, 이와 같은 거래를 한 후에 이들 외환거래자들은 비밀리에 고객들의 이익 중 총 65만 달러를 리베이트 형태로 되돌려 받았다. 리베이트 방법의 공모, 은행사기, 전신이체사기로 고소된 외환거래자들 중의 한 사람은 1980년대 중반에 뉴욕연방준비은행(Federal Reserve Bank of New York)의 외환위원회 멤버였던 Itradecurrency USA LLC의 CEO인 Stephen Moore였다 ….

또한 통화시장에서 거래하고자 했던 900명 이상의 고객들로부터 2,500만 달러 이상을 모았으나 모은 돈의 상당부분을 잘못 사용한 것으로 추정되는 4개의 소위 "보일러 룸 활동"(특정회사의 발행주식을 판매하기 위한 고강도 판촉활동)들에 대하여 상품선물거래위원회(Commodity Futures Trading Commission)가 민사사건고발을 하였다……. 증권거래위원회도 의심받고 있는 기업의 가치 없는 주식의 사기 공모를 수행한 이유로 United Currency Group Inc.와 이 회사의 CEO인 Adam Swickle에 대하여 민사사건고발을 한 소송사건에 참여하였다.

James Comey 변호사는 이번 조사를 통하여 두 개의 명백한 음모를 밝혀 냈다고 말했다. 한 음모에서는 외환판매촉진 운영자들이 강압적 판매 전략을 통하여 부부투자자들을 속였다……. 두 번째 음모에서는 J. P. Morgan과 UBS와 같은 대형금융회사들에 근무하는 직위가 낮은 외환거래자들이 리베이트를 대가로 급조된 거래에 참여하였다…….

자료: Randall Smith and Kara Scannell, *The Wall Street Journal*, November 20, 2003, p. C1. Reprinted by permission of *The Wall Street Journal*, *www.wsj.com*

9.2 환율과 외환거래

환율

환율은 한 통화(예를 들면, 미국 달러)가 다른 통화(예를 들면, 스위스 프랑)와 교환될 수 있는 가격이다. 〈표 9-1〉은 미국동부표준시간으로 2006년 10월 19일과 10월 18일 현재 미국 달러와 기타 통화들 간의 환율을 제시하고 있다. 환율은 2가지 방식, 즉 외국통화단위당 미국 달러로 나타내는 **직접호가방식(direct quote)**과 달러 단위당 외국통화로 나타내는 **간접호가방식(indirect quote)**으로 제시된다. 예를 들면, 2006년 10월 19일 현재 캐나다 달러에 대한 미국 달러의 환율은 0.8866(US$/C$)이었다. 즉, 캐나다 1달러에 대해 0.8866달러를 받을 수 있었다. 이와는 반대로 미국 달러에 대한 캐나다 달러의 환율은 1.1279(C$/US$)이었다. 즉, 미국 1달러에 대해 1.1279 캐나다 달러를 받을 수 있었다.

▶**직접호가방식(direct quote)**
외국통화 단위당 자국통화로 나타내는 환율방식.

▶**간접호가방식(indirect quote)**
자국통화 단위당 외국통화로 나타내는 환율방식.

외환거래

2가지 종류의 환율과 외환거래가 존재한다. **현물환거래(spot foreign exchange transactions)**는 현재(현물)환율로 이루어지는 통화들 간의 즉각적 교환거래이다. 현물환거래는 상업은행의 외환부서 또는 비은행 외환딜러를 통하여 이루어진다. 예를 들면, 2006년 10월 19일에 지역은행을 통하여 영국 파운드를 사기 원하는 미국 투자자는 0.5325파운드당 1달러 또는 1파운드당 1.8778달러에 그의 은행계좌로부터 파운드 매도자의 달러 계좌로 달러 금액을 이체한다.[1] 동시에, 파운드는 판매자의 계좌로부터 미국 투자자가 지정한 계좌로 이체된다. 만일 미국 달러가 파운드에 대하여 절하하면 (예를 들면, 0.5284파운드당 1달러 또는 1파운드당 1.8925달러), 미국 달러로 환산되는 파운드 투자의 가치는 증가한다. 만일 미국 달러가 파운드에 대하여 절상하면 (예를 들면, 0.5344파운드당 1달러 또는 1파운드당 1.8713달러), 미국 달러로 환산되는 파운드 투자의 가치는 감소한다.

한 국가 통화의 절상(또는 다른 통화들과 비교하여 상대적인 한 국가 통화 가치의 상승)은 해

1) 현실적으로 결제 (통화의 교환)는 일반적으로 거래 2일 후에 이루어진다.

표 9.1 **환율(2006년 10월 19일)**

Country	U.S. $ Equivalent Thu	U.S. $ Equivalent Wed	Currency Per U.S $ Thu	Currency Per U.S $ Wed
Argentina(Peso)-y	.3238	.3236	3.0883	3.0902
Austalia(Dollar)	.7598	.7546	1.3161	1.3252
Bahrain(Dinar)	2.6525	2.6526	.3770	.3770
Brazil(Real)	.4671	.4679	2.1409	2.1372
Canada(Dollar)	.8866	.8799	1.1279	1.1365
1-month forward	.8874	.8807	1.1269	1.1355
3-month forward	.8891	.8823	1.1247	1.1334
6-month forward	.8914	.8847	1.1218	1.1303
Chile(Peso)	.001901	.001894	526.04	527.98
China(Renminbi)	.1265	.1265	7.9082	7.9077
Colombia(Peso)	.0004277	.0004259	2338.09	2347.97
Czech. Rep.(Koruna)				
Commercial rate	.04467	.04430	22.385	22.573
Denmark(Krone)	.1694	.1681	5.9032	5.9488
Ecuador(US Dollar)	1.0000	1.0000	1.0000	1.0000
Egypt(Pound)-y	.1742	.1744	5.7399	5.7356
Hong Kong(Dollar)	.1284	.1285	7.768	7.7840
Hungary(Forint)	.004804	.004721	208.16	211.82
India(Rupee)	.02211	.02208	45.228	45.290
Indonesia(Rupoah)	.0001094	.0001092	9141	9149
Israel(Shekel)	.2339	.2339	4.2753	4.2753
Japan(Yen)	.008463	.008408	118.16	118.92
1-month forward	.008500	.008444	117.65	118.43
3-month forward	.003569	.008517	116.70	117.41
6-month forward	.008670	.008615	115.34	116.08
Jordan(Dinar)	1.4116	1.4114	.7084	.7085
Kuwait(Dinar)	3.4580	3.4583	.2892	.2892
Lebanon(Pound)	.0006612	.0006612	1512.40	1512.40
Malaysia(Ringgit)-b	.2721	.2724	3.6751	3.6711
Malta(Lira)	2.9414	2.9193	.3400	.3425

Country	U.S. $ Equivalent Thu	U.S. $ Equivalent Wed	Currency Per U.S $ Thu	Currency Per U.S $ Wed
Mexico(Peso)				
Floating rate	.0925	.0922	10.8073	10.8460
New Zealand(Dolar)	.6688	.6634	1.4952	1.5074
Norway(Krone)	.1495	.1476	6.6890	6.7751
Pakistan(Rupee)	.01649	.0165	60.643	60.606
Peru(new Sol)	.3089	.3084	3.2373	3.2425
Philippines(Peso)	.02000	.02003	50.000	49.925
Poland(Zloty)	.3264	.3218	3.0637	3.1075
Russia(Ruble)-a	.03724	.03711	26.853	26.947
Saudl Arabia(Riyal)	.2666	.2666	3.7509	3.7509
Sigapore(Dollar)	.6356	.6345	1.5733	1.5760
Solvak Rep.(Koruna)	.03451	.03415	28.977	29.283
South Afruca(Rand)	.1331	.1314	7.5131	7.6104
South Korea(Won)	.0010446	.0010467	957.30	955.38
Sweden(Krona)	.1367	.1354	7.3153	7.3855
Swizeland(Franc)	.7954	.7870	1.2572	1.2706
1-month forward	.7979	.7894	1.2533	1.2668
3-month forward	.8025	.7942	1.2461	1.2591
6-month forward	.8091	.8006	1.2359	1.2491
Taiwan(Dollar)	.03014	.03009	33.179	33.234
Thailand(Baht)	.02680	.02675	37.313	37.383
Turkey(New Lira)-d	.6855	.6814	1.4588	1.4675
U.K.(Pound)	1.8778	1.8676	.5325	.5354
1-month forward	1.8784	1.8682	.5324	.5353
3-month forward	1.8792	1.8691	.5321	.5350
6-month forward	1.8800	1.8696	.5319	.5349
United Arab(Dirhanm)	.2723	.2723	3.6724	3.6724
Uroguay(Peso)				
Financial	.04200	.04200	23.810	23.810
Venezuela(Bollvar)	.000466	.000466	2149.92	2145.92
SDR	1.4709	1.4699	.6799	.6803
Euro	1.2628	1.2534	.7919	.7978

자료: *The Wall Street Journal*, October 20, 2006, p. B8. Reprinted by permission of *The Wall Street Journal*. *www.wsj.com*.

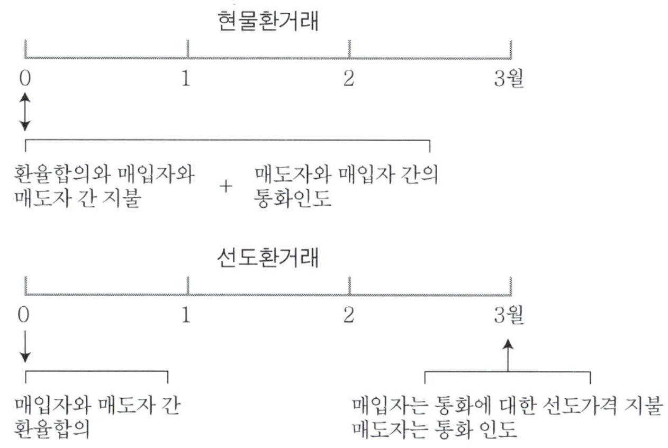

그림 9-1 현물환거래와 선도환거래

당 국가의 재화가 외국 매입자들에게 더 비싸지고 외국 재화는 해당 국가의 매입자들에게 더 싸진다는 것을 의미한다. 따라서 한 국가의 통화가 절상한다는 것은 국내 제조업자들은 자신들의 재화를 외국에 매도하기가 더 어려워지고 외국 제조업자들은 그들의 재화를 국내 매입자들에게 매도하기가 더 쉬워진다는 것을 이미한다. 이와 반대로, 한 국가이 통화가 절하한다는 것은 자국의 재화는 외국 매입자들에게 더 싸지고 외국재화는 국내 매입자들에게 더 비싸진다는 것을 의미한다.

선도환거래(forward foreign exchange transaction)는 [그림 9-1]에 예시되어 있는 것처럼 미래의 정해진 일자에 정해진 환율(또는 선도환율)로 이루어지는 통화들 간의 교환거래이다. 예를 들면, 3개월 후에 주어진 선도 환율에 달러를 파운드로 교환하는 거래를 오늘 합의하는 것이다. 선도계약은 일반적으로 1개월, 3개월, 또는 6개월 기간에 대하여 이루어지나 실제로는 임의의 기간에 대하여도 이루어질 수 있다.

▶ **현물환거래(spot foreign exchange transactions)**
현재(현물)환율로 이루지는 통화들 간의 즉각적 교환 거래.

▶ **선도환거래(forward foreign exchange transaction)**
미래의 정해진 일자에 정해진 환율로 이루어지는 통화들 간의 교환 거래.

개념질문

1. 현물환거래와 선도환거래의 차이는 무엇인가?

9.3 환리스크노출의 원인

대형 상업은행들은 외환거래의 주요 참여자들이다. Citigroup과 J. P. Morgan Chase와 같은 대형 머니센터은행들은 해외자산과 해외부채로 상당한 포지션을 가지고 있다(외환계약의 VAR를 계산하는 방법을 살펴보았던 제5장 참조). 〈표 9-2〉는 1994년부터 2006년 6월까지 기간 동안 미국 은행들이 보유한 해외자산과 해외부채의 달러표시잔고를 보여 준다. 2006년 6월 말 현재 미국 은행들의 해외자산은 1,079억 달러이고 해외부채는 1,004억 달러이었다. 당신이 보는 바와 같이 해외부채와 해외자산 모두는 1997년까지 증가하였고 그 이후 1998년부터 2000년까지 감소하였다. 1997년과 1998년의 아시아와 러시아 금융위기와 2000년대 초의 아르헨티나 금융위기가 이 기간 동안 해외자산과 해외부채의 감소를 야기시킨 원

표 9-2 미국 상업은행들의 부외거래대출약정들과 조건부 금융상품들의 총규모 (10억 달러)

항목	1994	1995	1996	1997	1998	2000	2005	2006*
은행의 부채	$89,284	$109,713	$103,383	$117,524	$101,125	$76,120	$85,841	$100,448
은행의 청구권	60,689	74,016	66,018	83,038	78,162	56,867	93,290	107,859
예금	19,661	22,696	22,467	28,661	45,985	22,907	43,868	48,724
기타 청구권	41,028	51,320	43,551	54,377	32,177	33,960	49,422	59,135
은행 국내고객의 청구권†	10,878	6,145	10,978	8,191	20,718	29,782	54,698	88,716

주 : 은행의 청구권에 관한 통계에는 미국 통화당국들이 보유하고 있는 외국통화들이 제외되어 있음.

*2006년 데이터는 6월 말 기준임

†미국 내에 위치한 은행들의 고객들이 보유한 자산으로 국내고객의 계좌에 들어 있고 은행들이 보유하고 있는 외국통화표시 청구권

자료 : *Federal Reserve Bulletin*, Table 3.16, various issues. *www.federalreserve.gov*

표 9-3 미국 은행들의 외국통화별 월간 해외자산과 해외부채 포지션 (2006년 6월)

	(1) 자산	(2) 부채	(3) FX매입*	(4) FX매도*	(5) 순포지션†
캐나다 달러(100만)	167,922	149,903	505,810	516,196	4,463
일본 엔(10억)	63,441	63,875	297,203	295,494	1,257
스위스 프랑(100만)	69,993	70,944	546,074	552,858	−7,735
영국 파운드(100만)	355,843	303,614	725,150	736,071	41,308
유로(100만)	1,520,413	1,411,160	3,051,598	3,042,657	118,194

*현물, 선물, 선도계약들이 포함되어 있음.

†순포지션=(자산−부채)+(FX매입−FX매도)

자료 : *Treasury Bulletin*, September 2006, pp. 93-103. *www.ustreas.gov*

인이었을 수 있다.

〈표 9-3〉은 2006년 6월 현재 모든 미국 은행들이 보유한 주요 통화별 외국통화포지션을 보여 준다. (1)열과 (2)열은 미국은행들이 포트폴리오 상에 보유하고 있는 외국통화표시 자산과 부채를 나타낸다. (3)열과 (4)열은 해외통화 거래활동(각 주요 통화별 **현물환시장** 및 **선도환시장(spot market for FX** and **forward market for FX)**에서 이루어지는 계약의 매입 및 매도 포지션)을 나타낸다. 외환거래규모는 직접적인 포트폴리오투자규모를 능가한다. 총거래포지션의 규모는 매우 크게 보이지만(예를 들면, 미국 은행들은 297조 2,030억 엔을 매입하였다), 순포지션은 상대적으로 작을 수 있다(예를 들면, 미국 은행들이 보유한 엔표시 순포지션은 1조 2,750억 엔이었다).

어느 주어진 통화에 대한 금융회사의 외환노출은 **순포지션노출(net position exposure)**로 측정될 수 있다. 순포지션노출은 〈표 9-3〉의 (5)열에서 다음과 같이 측정된다.

$$\text{순포지션노출}_i = (\text{해외자산}_i - \text{해외부채}_i) + (\text{외환매입포지션}_i - \text{외환매도포지션}_i)$$
$$= \text{순해외자산}_i + \text{순외환매입포지션}_i$$

아래첨자 i는 i번째 통화를 나타낸다.

분명히 금융회사는 외환 순포지션노출을 0으로 만들어 환리스크를 피하기 위해, 주어진 통화에 대하여 외국통화자산과 외국통화부채를 일치시키고 거래장부에서 매입포지션과 매도포지션을 일치시킬 수 있다. 또한 금융회사는 주어진 통화의 순포지션노출도가 0이 되도록 거래장부에서 반대로 포지션 불균형을 보유함으로써 해외자산과 해외부채의 불균형을 상쇄시킬 수 있다. 이에 더하여, 금융지주회사들은 자신의 외환포지션노출을 합할 수 있다. 금융지주회사들은 모든 자회사들에 대하여 순외화포지션노출을 감소시킬 수 있는 하나의 우산 아래 상업은행, 보험회사, 연기금 모두를 보유하고 있을 수 있다. 예를 들면, 2005년 말에 Citigroup은 부외거래항목으로 2조 6,000억 달러 이상의 외환파생증권을 보유하였다. 그러나 Citigroup은 외환노출에 의한 VAR를 1,400만 달러, 또는 보유포지션의 0.0005 퍼센트로 추정하였다.

▶ **현물환시장(spot market for FX)**
외국통화의 즉각적인 인도를 위해 외환이 거래되는 시장.

▶ **선도환시장(forward market for FX)**
외국통화의 미래 인도를 위해 외환이 거래되는 시장.

▶ **순포지션노출(net position exposure)**
한 금융회사가 주어진 통화로 보유하고 있는 순매입 또는 순매도 포지션의 정도.

〈표 9-3〉에서 미국 은행들은 2006년 6월에 5개의 주요 통화들 중에서 4개 통화에 대하여 양의 순외환포지션노출을 가지고 있었다는 점에 주목하라[2]. 양의 순포지션노출은 한 미국 금융회사가 **특정통화의 순매입(net long in a currency)**(말하자면 미국 금융회사가 매도한 것보다 많은 외국통화를 매입하였다) 상태이고 외국 통화가 국내통화인 미국 달러에 대하여 가치가 하락할 리스크에 직면해 있다는 것을 의미한다. 음의 순포지션노출은 미국 금융회사가 **특정통화의 순매도(net short in a currency)**(말하자면 미국 금융회사가 매입한 것보다 많은 외국통화를 매도하였다) 상태이고 외국통화가 미국 달러에 대하여 가치가 상승할 리스크에 직면해 있다는 것을 의미한다. 따라서 어느 주어진 통화에 대하여 완전히 균형된 포지션을 가지지 못하는 것이 미국 금융회사를 달러에 대한 주어진 통화의 환율변동리스크에 노출시킨다. 사실 어느 주어진 순포지션노출하에서 환율의 변동성이 클수록 금융회사가 보유한 외환포트폴리오 가치의 변동성은 더 커진다(시장리스크를 논의한 제5장 참조).

▶**특정통화의 순매입(순매도)(net long(net short) in a currency)**
하나의 주어진 통화로 표시된 부채보다 자산을 많이 (적게) 보유하는 것.

지금까지 미국 은행들의 외환노출만을 살펴보았으나 대부분의 대형 비은행 금융회사들도 자산/부채보유 또는 통화거래를 통하여 약간의 외환노출을 가지고 있다. 이와 같은 비은행 금융회사들의 외환노출 절대규모는 주요 미국 대형은행들보다 적다. 그 이유는 보다 적은 자산규모, 개인의 건전성우려[3], 규제[4] 때문이다. 예를 들면, 미국 연기금은 자산포트폴리오의 약 15%를 해외증권에 투자하고 미국 생명보험회사는 일반적으로 자산의 10% 미만을 해외증권으로 보유한다. 흥미롭게도 미국 금융회사들이 보유한 해외자산은 일본과 영국 금융회사들이 보유한 해외자산보다 적다. 예를 들면, 영국에서 연기금은 전통적으로 기금의 20% 이상을 해외자산에 투자하였다.

금융회사들이 보유한 외국통화 자산과 포지션 수준은 최근에 증가하였지만 외국통화 거래규모는 감소하였다. 예를 들면, 국제결제은행(Bank of International Settlements)은 외환시장의 일일 평균 거래액은 1998년의 1조 9,900억 달러에서 2003년의 1조 2,000억 달러로 감소하였다고 보고하였다. 이와 같은 외환거래규모의 감소는 높은 리스크회피와 글로벌유동성감소로 특징지어지는 유로의 도입, 은행산업에서의 그룹화, 전자중개활동의 성장, 기

2) A. D. Martin and L. J. Mauer, "Exchange Rate Exposures of US Banks: A Cash Flow-based Methodology," *Journal of Banking and Finance* 27 (2003), pp. 851-865는 1988년~1998년 기간 동안 105개 미국 은행들의 환리스크노출을 검토하였다. 그들은 표본에서 국제영업지향 은행들의 72%와 국내영업지향 은행들의 88%가 적어도 5개 주요 통화 쌍들 중 하나에 상당한 환리스크노출을 가지고 있다는 것을 발견하였다. 그들은 국내 은행들은 환리스크의 영향에 노출되어 있고 이에 대하여 우려하여야 한다고 결론짓고 있다.

3) 개인의 건전성우려는 연기금에 있어서 특별히 중요하다.

4) 예를 들면, 뉴욕주는 뉴욕주 보험회사들의 해외자산보유를 자산의 10% 미만으로 제한하고 있다.

업부문의 합병, 다수국가들에서 발생한 거시경제적 사건들(예를 들면, 아시아 금융위기)을 포함하여 다수의 요인들에 의한 결과였다. 그러나, 일일 평균 거래규모는 2004년에 1조 9,000억 달러로 다시 증가하였다. 이와 같은 일일 외환거래규모는 1998년과 2001년 사이에 발생한 글로벌 무역규모의 감소를 반전시키는 이상의 규모였다. 이와 같은 일일 외환거래규모의 증가가 이루어진 이유 중 하나는 단기자금 관리자들과 부채조달에 의한 투자자들이 외환거래를 통한 수익률을 추구하였기 때문이다. 그들은 주식과 채권의 대안 역할을 하는 자산으로 외환에 점차 더 관심을 가지게 되었다.

환율변동성과 외환노출

시장리스크에 관하여 제5장에서 논의한 바와 같이 대차대조표 상의 자산, 부채, 통화거래 불일치와 이와 관련된 환율의 변동성을 분석함으로써 금융회사의 잠재적 외환노출정도를 측정할 수 있다. 특히 다음과 같은 방정식이 사용될 수 있다.

통화 i의 달러 손실/이익 = [미국 달러로 측정된 외국통화 i표시 순노출]
× [외국통화 i당 미국 달러 환율의 변동성]

한 외국통화로 표시된 금융회사의 순노출이 클수록 그리고 외국통화 환율의 변동성이 클수록[5] 금융회사의 잠재적 달러 손실 또는 이익은 커진다(말하자면 DEAR는 커진다). 환율변동성의 근본적 원인은 한 국가 통화에 대한 수요와 공급의 변화를 반영한다. 즉 개념적으로 환율은 어느 재화의 가격과 같이 수요가 많거나 또는 공급이 적을 때 다른 통화들에 비하여 상대적으로 가치가 상승한다. 예를 들면, 1998년 10월에 달러의 가치는 하루에 달러당 121엔에서 달러당 112엔으로 7% 이상 하락하였다. 이와 같은 일이 발생한 중요한 이유는 헤지펀드들이 1998년 초에 낮은 이자율로 차입한 엔화 대출을 일본은행들에게 상환하기 위해 엔을 매입하고 달러를 매각하였기 때문이었다. 2000년대 초에 미국 달러 가치는 엔에 대하여 상대적으로 거의 20%만큼 하락하였고(달러당 엔 환율은 2002년 초에 달러당 134.0엔이었으나 2003년 10월에 달러당 107.8엔이었다) 이와 같은 미국 달러 가치 하락의 대부분은 일본경제의 회복과 일본중앙은행의 개입에 의한 것이었다. 마지막으로 2002년에 아르헨티나 페소의 절하는 Citigroup에 5억 9,500만 달러의 손실을 발생시켰다. 외환노출을 측정하는 것에 관한 상세한 논의를 위해서는 제5장을 참조하라.

5) RiskMetrics의 경우 변동성 척도는 해당 통화의 달러 환율의 역사적 변동성(표준편차)에 1.65를 곱한 것과 같다. 이와 같은 변동성과 (달러로 측정된) 해당 통화에 대한 순노출을 곱한 값은 내일이 매 20일에 하루 불리한 날이 되는 경우 금융회사의 손실에 대한 추정치가 된다(보다 자세한 논의를 위해서 제5장 참조).

개념질문

1. 금융회사의 순외환노출은 어떻게 측정되는가?
2. 만일 한 은행이 영국 파운드에 대하여 매입포지션을 보유하고 있으면, 달러가 파운드에 대하여 절상하는 경우 은행은 이득을 얻는가 또는 손실을 보는가?
3. 한 은행이 자산으로 1,000만 파운드와 부채로 700만 파운드를 보유하고 있다. 은행은 또한 외국통화거래로 5,200만 파운드를 매입하였다. 은행의 파운드 순노출은 얼마인가?

9.4 외환거래

전세계의 외환시장은 모든 금융시장 중에서 가장 큰 시장 중 하나가 되었다. 전세계적으로 2005년에 85조 달러 이상의 외환계약이 거래되었다. 외환시장에서 영업하는 상위 3대 은행은 Deutsche Bank(외환시장의 19.26% 점유), UBS(11.68% 점유), Citigroup(10.39% 점유)이다. 최근 일일 평균 외환거래규모는 1조 9,000억 달러이며 이와 같은 거래규모는 뉴욕증권거래소(New York Stock Exchange)의 일일 거래규모의 90배에 이른다. 런던은 최대의 외환시장이고 뉴욕과 도쿄가 그 다음으로 큰 외환시장이다[6]. 외환거래의 엄청난 거래규모와 어느 특정 금융회사가 시장의 방향을 통제할 수 없다는 사실 때문에 외환시장은 세계에서 가장 경쟁적인 시장으로 불리운다. 전문가들은 글로벌 외환거래를 시장으로 언급하지만 글로벌 외환거래는 전통적인 단어의 의미에서 보면 시장이 아니다. 외환거래가 이루어지는 중심 위치가 존재하지 않는다. 더욱이 외환시장은 하루 내내 도쿄, 런던, 뉴욕으로 이동하는 24시간 열려 있는 시장이다. 따라서 환율의 변동과 이에 따른 외환거래리스크의 노출은 다른 금융회사들의 영업이 종료되어 있는 밤에도 계속된다. 분명히 이것이 외환포지션 불일치로부터 발생하는 리스크에 추가적인 리스크를 부과한다. 거래금액의 대부분은 전세계의 대기업들로부터 정부들에 이르기까지 모든 경제주체들을 위한 통화거래를 수행하는 상위 국제 은행들 간에 거래된다. 온라인 외환거래도 증가하고 있다. 전자외환거래규모는 2003년의 7,000억 달러에서 2005년의 1조 6,000억 달러 이상으로 두 배 이상 증가하였다. 은행의 전자외환거래는 총증가규모 중 6,000억 달러를 차지하여 전자외환거래증가의 주요 원천이었다. 이와 같은 전자외환거래의 증가는 기존의 전자외환거래 사용자들이 전자적으로 수행하는 총거래규모의 비율을 2003년의 43%로부터 2005년의 48%로 증가시킨데 기인하

6) 전세계 기준으로 약 30%의 외환거래는 런던에서 발생한다. 외환거래의 16%는 뉴욕에서 그리고 외환거래의 10%는 도쿄에서 발생한다. 나머지는 전세계에 널리 퍼져서 거래된다.

였다. 자금의 전자교환이 가지는 국제거래 특성은 안전성이다. 이와 같은 안정성을 확보하기 위해 인터넷 기반 거래는 이상적인 방식이 되고 있다. 통화거래가 수행되는 터미널인 온라인 포털은 저비용으로 현물환거래와 선도환거래를 수행할 수 있는 도구이다.

외환거래 활동

외환시장에서 금융회사의 포지션은 일반적으로 4가지의 거래활동을 반영한다.

1. 고객들이 참여하는 국제상업 무역거래를 완성하기 위해 필요한 외국통화의 매입과 매도.
2. 고객들이(또는 금융회사들이) 해외 실물 및 금융투자를 위해 포지션을 확보하기 위한 외국통화의 매입과 매도.
3. 주어진 통화에 대한 고객(또는 금융회사)의 노출을 상쇄시키기 위한 헤지 목적으로 이루어지는 외국통화의 매입과 매도.
4. 환율의 예측을 통한 투기적 목적으로 이루어지는 외국통화의 매입과 매도.

처음의 두 활동에서 금융회사는 일반적으로 수수료를 얻기 위해서 고객들의 대리인으로 활동하고 환리스크 자체를 가지지 않는다. Citigroup은 미국과 전세계에서 소매고객들에 대한 외환의 최대공급자이다. 2005년 현재, Citigroup의 외환계약 원금 총액은 2조 5,750억 달러였다. 세 번째 활동에서 금융회사는 환리스크노출을 감소시키기 위해 헤저로서 방어적으로 활동한다. 예를 들면, 금융회사는 주어진 외환의 매입포지션을 상쇄시키기 위해 매도포지션을 가질 수 있다. 따라서 환리스크노출은 본질적으로 네 번째 활동인 투기적 목적으로 금융회사가 보유하는 **개방포지션(open position)**과 관련된다. 금융회사는 일반적으로 다른 금융회사들과의 외환거래에서 헤지되지 않은 외국통화의 포지션을 보유함으로써 개방포지션을 만든다.

연방준비제도는 5개의 주요 통화시장을 만드는 약 30개의 상업 및 투자은행들을 포함하여 200개의 금융회사들을 미국 외환시장의 적극적인 외국통화 시장조성자로 추정한다. 금융회사들은 다른 금융회사들과 직접적으로 투기적 거래를 하거나 또는 전문 외환브로커들을 통하여 투기적 거래를 할 수 있다. 뉴욕연방준비은행은 투기적 또는 개방포지션 거래의 약 44%는 금융회사들 간 거래를 마련해 주고 수수료를 받는 전문브로커들을 통하여 이루어진다고 추정한다. 투기적 거래는 다양한 외환상품들을 통하여 이루어질 수 있다. 금융회사들이 사고 파는 가격차이(매입/매도 호가의 동태적 변화)로부터 이윤을 얻으려고 하는 현물환거래가 가장 일반적인 방법이다. 그러나 금융회사들은 또한 외환선도계약, 선물, 옵션으로도 투기적 포지션을 가질 수 있다.

▶**개방포지션(open position)**
리스크회피가 이루어지지 않은 (헤지되지 않은) 특정한 통화의 포지션.

외환거래의 수익성

외환거래에 의한 대부분의 이익 또는 손실은 통화에 대해 개방포지션 또는 투기적 포지션을 가짐으로써 발생한다는 것을 기억하라. 시장조성활동(매입/매도 스프레드 수입을 추구하는 활동) 또는 소매 또는 도매 고객들을 위한 대리인 활동으로부터 얻는 수입은 일반적으로 2차적 수입이다.

〈표 9-4〉에서 주요 대형 미국 은행들의 외환거래수입을 살펴보자. 10대 주요 미국 은행들의 외환거래활동수입은 1995년의 18억 1,960달러로부터 2005년의 54억 5,250만 달러로 10년 동안 200% 증가하였다. 지배적인 외환거래은행은 Citigroup과 J. P. Morgan Chase이다. 이와 같은 외환거래이익의 증가는 유럽국가들 간 환율변동성이 감소하였는 데도 불구하고 발생하였다. 이와 같은 유럽국가들 간 환율변동성의 감소는 부분적으로 아시아 통화들의 환율변동성 증가에 의해 상쇄되었다. 유럽국가들 간 환율변동성 감소는 두 가지 요인에 의한 결과이다. 첫째 요인은 유럽국가들의 인플레이션율 감소이고 두 번째 요인은 유럽국가들이 완전한 통화동맹으로 이행함에 따른 유럽국가들 간에 이루어진 환율고정과 유로

표 9-4 주요 미국 은행들의 외환거래수입 (100만 달러)

	1995	2000	2005
1. ABN AMRO	$ 5.2	$ −6.7	$ 37.9
2. Bank of America	303.0	524.0	769.8
3. Bank of New York	42.0	261.0	266.0
4. Citigroup	1,053.0	1,243.0	2,519.0
5. J. P. Morgan Chase	253.0	1,456.0	997.0
6. KeyCorp	8.0	19.6	38.6
7. State Street B&TC	140.7	386.5	468.5
8. Suntrust	0.0	16.9	5.7
9. Wachovia	6.8	69.0	111.0
10. Wells Fargo	7.9	122.9	239.0
합 계	$ 1,819.6	$ 4,092.2	$ 5,452.5

자료: FDIC, *Statistics on Depository Institutions*, various dates. *www.fdic.gov*

7) 이들 국가들은 오스트리아, 벨기에, 핀란드, 프랑스, 독일, 아일랜드, 이탈리아, 룩셈부르그, 네덜란드, 포르투갈, 스페인이었다.

에 의한 개별국가통화의 대체이다. 특히 1998년 5월 유럽연합(European Union)의 11개국들[7]은 서로의 환율을 고정시켰고 1999년 1월 이들 국가들에 있는 모든 금융회사들과 주식거래소들은 (전자적으로) 유로를 사용하기 시작하였다. 2002년 1월 1일 유로는 실제적으로 유통되었고 2002년 7월 1일 개별국가통화들은 더 이상 사용되지 않았다. 위에서 지적한 바와 같이 태국, 인도네시아, 말레이시아[8]같은 많은 신흥시장국가들에서 환율변동성이 증가하였지만, 주요 금융회사들의 외환거래활동에서 이들 국가 통화들의 중요성은 상대적으로 적다.

개념질문

1. 4가지의 주요 외환거래활동들은 무엇인가?
2. 어떤 거래에서 금융회사는 일반적으로 대리인으로 활동하고 어떤 거래에서 금융회사는 주인으로 활동하는가?
3. 외환거래에서 중요한 이익발생원천 또는 손실발생원천은 무엇인가? 어떤 외국통화활동들이 2차적 수입원인가?

9.5 해외자산과 해외부채 포지션

두 번째 차원의 금융회사의 외환노출은 해외금융자산과 해외금융부채 포트폴리오의 불일치로부터 발생한다. 앞에서 논의한 바와 같이 금융회사는 한 외국통화로 표시된 자산이 부채보다 많으면 해당되는 외국통화의 매입(long)상태인 한편 한 외국통화로 표시된 부채가 자산보다 많으면 해당되는 외국통화의 매도(short)상태이다. 해외금융자산으로는 스위스 프랑표시 채권, 영국 파운드표시 증권, 또는 페소표시 멕시코 채권이 포함된다. 해외금융부채로는 영국 파운드 CD 또는 유로시장에서 엔 자금을 조달하기 위해 발행되는 엔 표시 채권이 포함된다. 금융시장의 글로벌화는 자국통화가 아닌 다른 국가 통화들로 자금을 조달할 수 있는 매우 다양한 가능성들을 만들어 냈다. 이러한 현상은 자금의 원천과 용도를 분산시킬 뿐만 아니라 보다 높은 자산수익률과 보다 낮은 자금비용에 대한 기회를 만들어 내는 해외은행시장들의 불완전성을 이용하기 원하는 금융회사들에게 중요하다.

8) 예를 들면, 1997년에 이들 국가 통화들의 가치는 달러에 비하여 50% 이상 하락하였다. 1998년 가을, 말레이시아는 자본통제와 자국통화거래의 제한조치를 취하였다.

해외투자의 수익과 리스크

이 절에서는 금융회사의 포트폴리오에 외국통화자산과 외국통화부채를 추가시키는데 따른 수익과 리스크에 관하여 논의한다. 국내자산과 국내부채처럼 수익은 증권으로부터의 약정수입과 증권에 대하여 지불하는 비용의 차이로부터 발생한다. 그러나 해외자산과 해외부채의 경우 수익은 환율이 변화하면 영향을 받는다.

예제 9-1 한 미국 금융회사의 외환거래 수익률 계산

한 미국 금융회사가 다음과 같은 자산과 부채를 보유하고 있다고 하자.

자산	부채
1억 달러 달러표시 미국대출(1년)	2억 달러 달러표시 미국 CD(1년)
1억 달러 상당의 파운드표시 영국 대출(1년)	

미국 금융회사는 달러로 2억 달러 부채(1년만기 CD)를 조달하여 50%를 미국 달러자산(1년만기 대출)에 그리고 나머지 50%를 영국 파운드 자산(1년만기 대출)에 투자하고 있다.[9] 주어진 예에서 금융회사는 자산의 듀레이션과 부채의 듀레이션을 일치시켰으나($D_A = D_L$ =1년), 자산과 부채포트폴리오의 통화구성을 일치시키지 않았다. 약정한 1년만기 미국 CD 이자율은 8%이고 1년 후에 달러로 지불되어야 하며, 신용리스크가 없는 1년만기 미국 대출이자율은 9%라고 하자. 금융회사는 국내투자로부터 1% 포인트의 양의 스프레드를 가진다. 그러나 신용리스크가 없는 1년만기 영국 대출이자율은 15%라고 하자.

금융회사는 보유한 2억 달러의 자금 중 50%를 미국 달러대출을 하고 나머지 50%를 1년만기 영국 파운드 대출을 하기로 결정하였다. 영국에서 1억 달러에 해당하는 1년만기 대출을 하기 위해 미국 금융회사는 다음과 같은 거래를 한다.

1. 투자기간의 초에 현물환시장에서 파운드를 사기 위해 1억 달러를 매각한다. 만일 환율이 1파운드당 1.60달러이면, 1억 달러는 6,250만 파운드(1억 달러/1.60 = 6,250만 파운드)가 된다.
2. 6,250만 파운드를 가지고 15%의 이자율로 1년만기 영국 대출을 한다.
3. 투자기간의 말에 영국 파운드 대출로부터 창출되는 파운드 금액은 7,187만 5,000파운드(= 6,250만 파운드×(1.15))이다.[10]
4. 미국 금융회사는 투자기간 말의 현물환율로 외환시장에서 달러를 사기 위해 7,187만 5,000파운드를 매각한다.

현물환율이 투자기간 동안 변동하지 않았다고 하자. 즉 현물환율이 1파운드당 1.60달러로 고정되어 있다고 하자. 그러면 영국 투자로부터 발생한 달러 금액은

9) 논의를 간단하게 하기 위하여, 미국 금융회사가 보유한 포트폴리오의 레버리지 또는 순자산 측면을 무시한다.
10) 채무불이행리스크가 없다고 가정한다.

$$£71,875,000 \times \$1.60/£ = \$115,000,000$$ 이고

영국 투자로부터 발생한 달러수익률은

$$\frac{\$115,000,000 - \$100,000,000}{\$100,000,000} = 15\%$$ 이다

이 경우, 미국 금융회사의 투자포트폴리오 가중평균수익률은 다음과 같다.

$$(0.5)(0.09) + (0.5)(0.15) = 0.12 \text{ 또는 } 12\%$$

이 수익률은 미국 금융회사가 CD에 지불하는 비용을 4%(=12%−8%)만큼 초과한다.

그러나 투자기간의 말에 영국 파운드의 가치가 달러에 대하여 상대적으로 하락하였다고 하자. 영국 대출의 수익률은 이자율리스크 또는 신용리스크가 없어도 15% 미만이 될 수 있다. 예를 들면, 환율이 투자기간의 초에 파운드당 1.60달러에서 금융회사가 대출원금과 이자를 회수할 필요가 있는 투자기간의 말에 파운드당 1.45달러로 하락하였다고 하자. 파운드당 1.45달러의 환율에서 투자기간의 말에 파운드 대출의 달러금액은

$$£71,875,000 \times \$1.45/£ = \$104,220,000$$ 이고

영국 투자로부터 발생한 달러수익률은

$$\frac{\$104,220,000 - \$100,000,000}{\$100,000,000} = 4.22\%$$ 이다

이 경우, 금융회사의 투자포트폴리오 가중평균수익률은 다음과 같다.

$$(0.5)(0.09) + (0.5)(0.0422) = 0.0661 \text{ 또는 } 6.61\%$$

이 경우, 금융회사는 실제로 손실을 입는다. 즉 금융회사는 대차대조표 상의 투자에서 음의 이자마진(6.61%−8%=−1.39%)을 가진다.

이와 같이 손실이 발생한 이유는 파운드의 가치가 파운드당 1.60달러에서 1.45달러로 하락한 것이 국내 대출에 비하여 매력적으로 높은 영국 파운드 대출의 수익률을 상쇄시켰기 때문이다. 만일 파운드의 가치가 이와는 달리 투자기간 동안 달러에 대하여 상승하였다면 예를 들어 파운드당 1.70달러로 상승하였다면, 미국 금융회사는 영국 대출로부터

$$£71,875,000 \times \$1.70 = \$122,188,000$$

을 회수하게 되어 22.188%의 수익률을 얻게 된다. 이 경우, 미국 금융회사는 영국에 투자하여 이중의 이익, 즉 영국 대출에 따른 높은 수익률과 1년의 투자기간 동안 발생한 영국 파운드의 가치상승에 의한 이익의 합을 얻게 된다.

리스크와 헤지

금융회사는 사전에 파운드/달러 현물환율이 투자기간의 말에 얼마가 될 것인지를 알 수 없기 때문에, 금융회사가 1억 달러 상당의 파운드표시 순매입포지션(£62,500,000)을 가지는 포트폴리오 불균형전략 또는 포트폴리오 투자전략은 리스크가 높은 전략이다. 앞에서 논의한 바와 같이 영국대출은 파운드의 가치가 파운드당 1.60달러에서 1.70달러로 상승하면 22.188%의 수익률을 창출하지만 파운드의 가치가 파운드당 1.60달러에서 1.45달러로 하락하면 4.22%의 수익률만을 창출한다.

원칙적으로 금융회사의 경영자는 2가지의 중요한 방법, 즉 대차대조표 상의 헤지와 부외활동에 의한 헤지로 환리스크노출의 크기를 보다 잘 통제할 수 있다. 대차대조표 상의 헤지와 환리스크로부터 금융회사의 이익을 보호하기 위해 대차대조표 상의 자산과 부채를 변화시키는 것이다. 부외활동에 의한 헤징은 대차대조표를 변화시키지 않고 환리스크를 헤지하기 위해 선도증권 또는 기타 파생상품의 포지션을 보유하는 것이다.

■ 대차대조표 상의 헤지

다음의 예는 금융회사가 대차대조표를 변경시킴으로써 어떻게 환리스크노출을 통제할 수 있는지를 보여 준다.

예제 9-2 대차대조표 상의 헤지

금융회사의 경영자가 미국 CD를 가지고 15%의 이자율을 가진 영국 대출에 필요한 1억 달러의 자금을 조달하는 대신에 11%의 이자율을 가진 1년만기 파운드 영국 CD로 영국 대출에 필요한 1억 달러 상당의 자금을 조달한다고 하자. 이 경우, 금융회사의 대차대조표는 다음과 같을 것이다.

자산	부채
1억 달러 달러표시 미국 대출 (1년, 9%)	1억 달러 달러표시 미국 CD (1년, 8%)
1억 달러 상당의 파운드표시 영국 대출(1년, 15%)	1억 달러 상당의 파운드표시 영국 CD (1년, 11%)

이 경우, 금융회사는 만기와 통화가 일치된 해외자산과 해외부채를 가진다. 이제 2가지의 시나리오, 즉 첫째, 파운드의 가치가 투자기간 동안 파운드당 1.60달러에서 1.45달러로 하락한 경우와 둘째, 파운드의 가치가 투자기간 동안 파운드당 1.60달러에서 1.70달러로 상승하는 경우에 금융회사의 수익성 또는 자산수익률과 자금조달비용 간의 스프레드를 검토할 수 있다.

파운드의 가치가 하락하는 경우

파운드의 가치가 파운드당 1.45달러로 하락하는 경우 영국 대출의 수익률은 4.22%이다. 이 경우 파운드표시 부채인 1억 달러 상당의 비용에 달러기준으로 어떠한 일이 발생하는지를 생각해 보자.

1. 투자기간의 초에, 금융회사는 11%의 약정이자율로 1년만기 파운드 CD를 발행하여 1억 달러 상당금액을 차입한다. 이것은 파운드당 1.60달러의 환율로 6,250만 파운드(1억 달러/1.60=6,250만 파운드)을 차입한 것에 해당된다.
2. 투자기간의 말에, 금융회사는 파운드 CD 보유자들에게 원금과 이자를 합하여 6,937만 5,000파운드(=6,250만 파운드×(1.11))를 상환하여야 한다.
3. 만일 파운드의 가치가 투자기간 동안 파운드당 1.45달러로 하락한다면 달러 기준 상환금은 £69,375,000×$1.45/£1=$100,590,000이고 자금의 달러 기준 비용은 0.59%이다.

따라서 투자기간의 말에 다음과 같은 결과가 발생한다.

자산의 평균수익률 :

(0.5)(0.09)+(0.5)(0.0422)=0.0661=6.61%

미국 자산의 수익률+영국 자산의 수익률=자산의 평균수익률

자금의 평균비용 :

(0.5)(0.08)+(0.5)(0.0059) = 0.04295 = 4.295%

미국 자금의 비용+영국 자금의 비용=자금의 평균비용

순수익률 :

자산의 평균수익률－자금의 평균비용=순수익률

6.61%－4.295% = 2.315%

파운드의 가치가 상승하는 경우

파운드의 가치가 투자기간 동안 파운드당 1.60달러에서 1.70달러로 상승하는 경우 영국 대출의 수익률은 22.188%이다. 이 경우 미국 금융회사가 투자기간의 말에 CD보유자들에게 원금과 이자를 상환하여야 하는 1년만기 영국 파운드 CD의 달러비용을 생각해 보자. 이 비용은

£69,375,000 × $1.70/£1 = $117,937,5000

이고 자금의 달러비용은 17.9375%이다. 따라서 투자기간의 말에

자산의 평균수익률:

(0.5)(0.09) + (0.5)(0.22188) = 0.15594 = 15.594%

자금의 평균비용:

(0.5)(0.08) + (0.5)(0.179375) = 0.12969 = 12.969%

순수익률:

15.594% － 12.969% = 2.625%

대차대조표 상의 순외환노출이 0일 때 금융회사가 양의 수익률을 창출하고 있을지라도, 순수익률은 여전히 변동적이라는 점에 주목하라. 따라서 금융회사는 여전히 환리스크에 노출되어 있다. 그러나 금융회사는 대차대조표 상의 외화자산과 외화부채를 일치시킴으로써 환율이 투자기간 동안에 어느 방향으로 변화하든지 간에 양의 수익률 또는 양의 이익을 창출할 수 있다. 예를 들면, 국내은행영업이 상대적으로 이익이 낮은 활동일지라도 (말하자면, 국내은행영업에서 자산수익률과 자금비용 간 스프레드가 작더라도), 금융회사는 전체적으로 상당한 수익성을 가질 수 있다. 특히, 금융회사는 해외시장에서 예금이자율과 대출이자율 간 큰 양의 스프레드를 확보할 수 있다. 주어진 예에서 국내영업의 경우는 1%의 스프레드만 존재하지만 투자기간 동안 환율이 변동하지 않으면 1년만기 영국대출이자율과 영국예금이자율 간에는 4%의 양의 스프레드가 존재한다.

국내 스프레드와 해외 스프레드 간의 이와 같은 불균형이 상당한 기간 동안 지속되는 상황에서 금융회사들이 해외시장에 진입하는데 상당한 장벽에 직면한다는 것에 주목하라. 특히 실물자본과 금융자본이 자유롭게 이동하면 금융회사들은 미국시장으로부터 점점 더 인출하여 영국에서 영업을 강화하려 할 것이다. 경쟁이 약화되면서 미국에서 대출과 예금의 이자율스프레드는 확대될 것이고 경쟁이 강화되면서 영국에서 대출과 예금의 이자율스프레드는 해외금융회사들의 활동에 의해 이익기회가 사라질 때까지 축소될 것이다. 국제간 금융 및 실물투자활동에 참여할 수 있는 금융회사의 능력과 한계에 대하여 제17장에서 보다 더 상세하게 논의할 것이다.[11)]

■부외활동에 의한 헤지

1억 달러의 해외자산포지션과 1억 달러의 해외부채포지션을 일치시키는 대신에 금융회사는 대차대조표 상에서 헤지되지 않은 상태가 유지되는 것을 선택할 수 있다.[12)] 그 대신

---

11) 주어진 예에서 금융회사가 또한 해외자산과 해외부채의 듀레이션을 일치시키고 있다고 가정하고 있다. 금융회사는 1년 듀레이션을 가진 파운드대출에 필요한 자금을 조달하기 위해 1년 듀레이션을 가진 파운드 CD를 발행하고 있다. 이와는 달리 금융회사가 금액에서는 1억 달러로 일치하나 3개월만기를 가진 11%의 파운드 CD로 1년만기를 가진 15%의 파운드대출에 필요한 자금을 조달한다고 하자. 즉

$$D_{£A} - D_{£L} = 1 - 0.25 = 0.75\text{년}$$

따라서 파운드자산은 파운드부채보다 장기 듀레이션을 가진다. 만일 영국 이자율이 투자기간 동안 변화하면 파운드자산의 시장가치는 파운드부채의 시장가치보다 더 많이 변화할 것이다. 이와 같은 효과는 제4장에서 배운 바와 같다. 보다 중요한 것은 금융회사는 영국이자율의 변화 때문에 발생하는 파운드자산과 파운드부채의 자본이득과 자본손실에 잠재적으로 노출되어 있는 정도를 고려하여야 하기 때문에 외국통화자산과 외국통화부채의 크기를 일치시킴으로써 더 이상 고정된 수익률을 확보할 수 없다. 금융회사는 특정한 통화로 표시된 해외자산과 해외부채의 크기와 듀레이션을 일치시킬 때에만 환리스크와 해외이자율리스크에 대하여 헤지된다.

12) 금융회사는 또한 외국통화에 대한 선물, 스왑, 옵션의 부외포지션을 가짐으로써 대차대조표 상의 환리스크를 헤지할 수 있다. 이와 같은 전략들은 제18장부터 제20장까지에서 상세하게 논의된다.

예제 9-3 선도계약에 의한 헤지

금융회사가 1년만기 파운드대출로부터 발생할 것으로 기대되는 자금을 즉각적으로 선도환시장에서 매도함으로써 환리스크를 헤지하기 위한 거래단계를 생각해 보자.

1. 미국 금융회사는 오늘 시점의 현물환율로 파운드를 사기 위해 1억 달러를 매각하여 6,250만 파운드(=1억 달러/1.6)를 받는다.
2. 금융회사는 즉각적으로 한 영국 고객에게 1년 동안 15%의 이자율로 6,250만 파운드를 대출한다.
3. 금융회사는 또한 파운드대출로부터 기대되는 원금과 이자를 1년 후의 인도를 위해 오늘 시점의 선도환율로 달러를 사기 위해 미리 매도한다. 현재 1년 후 선도환율이 파운드당 1.55달러라고 하자. 이것을 % 할인율로 계산하면

   $$(\$1.55 - \$1.60) / \$1.60 = -3.125\%.$$

   이것은 파운드의 선도매입자는 금융회사가 선도매입자에게 대출로부터 발생한 자금인 71,875,000 파운드를 인도할 때 금융회사에게

   $$£62,500,000 \times (1.15) \times \$1.55/£1 = £71,875,000 \times \$1.55/£1 = \$111,406,000$$

   를 지불할 것을 약속한다는 것을 의미한다.
4. 1년 후에 영국의 차입자는 금융회사에게 대출원금과 이자로 71,875,000파운드을 상환한다.
5. 금융회사는 71,875,000파운드를 1년 선도계약의 매입자에게 인도하고 약속된 111,406,000달러를 받는다.

파운드차입자의 대출에 대한 채무불이행 또는 선도계약 매입자의 약속불이행이 없다면 금융회사는 투자기간의 최초시점부터 영국대출의 보증수익률로

$$\frac{\$111,406,000 - \$100,000,000}{\$100,000,000} = 0.11406 = 11.406\%$$

를 확보할 수 있다.
특히, 이 수익률은 대출투자의 1년기간 동안 발생하는 어떠한 달러/파운드 환율의 변화에 대하여도 완전히 헤지된다. 영국 대출에 대한 이와 같은 수익률이 주어지면, 금융회사가 보유한 자산포트폴리오의 전체 기대수익률은

$$(0.5)(0.09) + (0.5)(0.11406) = 0.10203 = 10.203\%$$

이다.

금융회사가 미국 CD로 2억 달러를 조달한 자금의 비용은 8%이기 때문에 금유회사는 최초의 해외(대출)투자와 1년 후 해외대출자금의 환수가 이루어지는 기간 동안 발생한 어떠한 현물환율의 변화에 관계없이 2.203%의 연간 무위험수익률을 확보할 수 있다.

비용감소의 한 대안으로서 금융회사는 외국통화의 선도시장, 즉 달러를 사기 위해 파운드를 파는 1년만기 선도시장에서 포지션을 가짐으로써 환리스크를 헤지할 수 있다. 제18장에서는 선도계약의 특성과 금융회사의 선도계약 이용에 관하여 보다 종합적으로 논의한다. 그러나 여기서는 선도계약이 금융회사의 환리스크를 어떻게 차단할 수 있는지를 보이기

위해 선도계약을 소개한다. 선도포지션은 대차대조표 상에 나타나지 않는다. 선도포지션은 제8장에서 논의한대로 대차대조표의 아래 주석에 조건부 부외청구권(contingent off-balance-sheet claim)으로 나타난다. 선도환계약의 역할은 1년 투자기간 말의 미래 파운드 현물환율에 관한 불확실성을 제거하는 것이다. 불확실한 현물환율로 파운드를 달러로 전환하기 위해 투자기간의 말까지 기다리는 대신에 금융회사는 투자기간의 말에 파운드자금을 선도계약의 매입자에게 인도하는 조건으로 현재시점에 알려져 있는 달러/파운드의 **선도환율(forward exchange rate)**로 대출로부터 기대되는 원금과 이자를 미리 매도하는 계약을 체결할 수 있다. 본질적으로 파운드대출로부터 기대되는 자금을 미리 알려져 있는 환율(선도환율)로 매도함으로써 금융회사는 미래 현물환율의 불확실성을 제거하고 영국 대출의 투자수익률과 관련된 불확실성을 제거한다.

▶**선도환율(forward exchange rate)**
미래에 통화를 인도하기 위해 현재시점에 합의된 환율.

〈예제 9-3〉에서 헤지된 해외대출의 달러수익률이 11.406%로 국내대출수익률인 9%보다 훨씬 높기 때문에 금융회사가 미국 대출을 점차 줄이고 헤지된 영국 대출에 늘려 투자하는 것이 이익일 수 있다. 금융회사가 영국 대출에 보다 많이 투자하고자 함에 따라, 금융회사는 보다 많은 현물 파운드를 사야 할 필요가 있다. 이것은 달러기준 파운드의 현물가격을 파운드당 1.60달러 이상으로 상승시킬 것이다. 이에 더하여 금융회사는 달러를 사기 위해 파운드대출부터 발생한 자금인 파운드를 미리 많이 매도하여야 할 필요가 있고, 이것은 선도환율을 파운드당 1.55달러 이하로 하락시킬 것이다. 이 결과는 파운드의 달러 선도환율과 현물환율 간의 격차를 확대시켜서 선도계약에 의한 파운드투자를 전보다 덜 매력적으로 만들 것이다. 이와 같은 과정은 미국의 자금비용이 선도계약에 의해 헤지된 영국 대출의 수익률과 같아질 때까지 계속될 것이다. 즉 금융회사는 미국 달러를 차입하여 선도계약에 의해 헤지된 영국 대출에 투자함으로써 더 이상 이윤을 창출하지 못할 수 있다.

다수의 외국통화표시 해외자산과 해외부채 포지션

지금까지 해외자산과 해외부채의 일치 및 불일치와 관련하여 하나의 외국통화가 사용된 예를 살펴보았다. 은행, 뮤추얼펀드, 연기금과 같은 많은 금융회사들은 다수의 외국통화표시 해외자산과 해외부채를 보유하고 있다. 다수의 외국통화표시 거래포트폴리오의 경우 많은 자산과 부채시장으로의 분산투자는 잠재적으로 포트폴리오 수익률리스크와 자금비용을 감소시킬 수 있다. 국내이자율과 해외이자율 또는 주식수익률들이 시간이 흐름에 따라 밀접하게 함께 변동하지 않는 한 자산-부채 포트폴리오의 분산으로부터 발생하는 잠재적 이익은 개별통화표시 자산–부채 포지션의 불일치로부터 발생하는 리스크를 상쇄시킬 수 있다.

이론적으로 말하면 어느 특정한 국가에서 채권형 증권(확정수입증권)의 1기간 명목이자율(r_i)은 2가지의 중요한 요소를 가진다. 첫째, 실질이자율(real interest rate)은 기초적인 실물부문 수요와 해당국가 통화표시 자금의 공급을 반영한다. 둘째, *기대인플레이션율*(*expected inflation rate*)은 대출기간 동안 예상되는 재화가격의 상승 때문에 금융회사가 대출하는 자금의 원금(또는 실질)가치가 감소되는 것을 보상하기 위해 차입자에게 요구하는 추가적인 이자율을 반영한다. 이것을 공식으로 나타내면,[13)]

$$r_i = rr_i + i_i^e$$

r_i = 국가 i의 명목이자율

rr_i = 국가 i의 실질이자율

i_i^e = 국가 i의 1기간 기대인플레이션율

만일 인플레이션 기대뿐만 아니라 실질저축과 투자의 수요와 공급이 국가들 간에 밀접히 연결되어 있거나 통합되어 있다면, 명목이자율들은 금융시장들 간에 매우 높은 상관관계를 가질 것으로 예상된다. 예를 들면, 만일 투자자금에 대한 강한 수요 때문에 독일의 실질이자율이 상승하면, 다른 국가들로부터 독일로 자본유출이 발생할 수 있다. 정책결정자들과 차입자들이 자본유출의 크기를 완화시키려 하기 때문에 이것은 다른 국가들의 실질이자율과 명목이자율들을 상승시키는 결과를 초래할 수 있다. 다른 한편 세계 자본시장이 매우 잘 통합되어 있지 않다면 자금의 국제적인 이동을 균형화시키는 일이 발생하기 전에 명목이자율들과 실질이자율들의 상당한 차이가 존재할 수 있다. 이에 따라 해외자산 또는 해외부채의 수익률들은 상대적으로 매우 약한 상관관계를 가질 가능성이 있기 때문에 상당한 분산투자의 기회가 존재할 수 있다.

〈표 9–5〉는 2000년대 초 주요국들 간 주식과 채권수익률의 상관계수를 정리한 것이다. 해외채권시장수익률과 미국채권시장수익률의 상관계수를 보면, 캐나다와 미국 간의 0.452와 같이 높은 값으로부터 캐나다와 독일 간의 0.068과 같이 낮은 값에 이르기까지 다양하다. 이에 더하여 이와 같은 상관계수들은 모두 양이다.[14)]

13) 이 방정식은 명목이자율, 실질이자율, 기대인플레이션율 간의 가설적 관계를 처음 공표하였던 경제학자의 이름을 따라서 피셔(Fisher) 방정식이라고 부른다. 식에서 보는 바와 같이 실질이자율과 기대인플레이션율 간의 곱한 값은 작기 때문에 무시한다.

14) 피셔방정식으로부터 추론해 보면 이와 같은 높은 상관계수의 값은 실질이자율과 인플레이션 기대 간의 높은 상관계수에 기인한 것일 수 있다.

표 9-5 자국통화로 측정된 주식과 채권수익률의 상관계수

	미국	영국	독일	캐나다
주식시장				
미 국	1.000	.495	.432	.692
영 국	.495	1.000	.562	.463
독 일	.432	.562	1.000	.399
캐나다	.692	.463	.399	1.000
채권시장				
미 국	1.000	.249	.221	.452
영 국	.249	1.000	.656	.167
독 일	.221	.656	1.000	.068
캐나다	.452	.167	.068	1.000

자료: L. Cappiello, R. F. Engle, and K. Sheppard, "Asymmetric Dynamics in the Correlations of Global Equity and Bond Returns," Working Paper, Stern School of Business, New York University, 2005.

개념질문

1. 1년만기 미국 달러 CD의 비용은 8%, 1년만기 미국 달러 대출이자율은 10%이고 영국 파운드 대출이자율은 15%이다. 달러/파운드 현물환율은 $1.50/£1이고 1년 선도환율은 $1.48/£1이다. 1년만기 미국 달러대출은 1년만기 영국 파운드 대출보다 더 매력적인가 또는 덜 매력적인가?
2. 금융회사가 환리스크를 통제할 수 있는 두 가지 방법은 무엇인가?

9.6 이자율, 인플레이션율, 환율의 상호작용

글로벌 금융시장의 상호연계가 점차적으로 증가함에 따라, 이자율, 인플레이션율, 환율 간의 상호연계도 점차적으로 증가하고 있다. 예를 들면, 국내이자율의 상승은 해외금융투자를 끌어들일 수 있고 국내통화의 가치에 영향을 미칠 수 있다. 이 절에서는 한 국가의 인플레이션율이 자국의 환율에 미치는 영향을 논의하는 구매력평가이론(purchasing power parity: PPP)을 살펴본다. 또한 국내이자율과 해외이자율, 현물환율과 선도환율의 연계에 대하여 논의하는 이자율평형이론(interest rate parity: IRP)에 대하여도 살펴보도록 하자.

구매력평가이론

한 국가와 다른 국가 간의 환율에 영향을 미치는 한 가지 요인은 각 국가의 상대적 인플레이션율이다. 아래에서 살펴보는 바와 같이 각 국가의 상대적 인플레이션율은 각 국가의 상대적 이자율과 직접적으로 관련되어 있다. 이와 같은 관계를 식으로 나타내면 다음과 같다.

$$r_{us} = i_{us} + rr_{us}$$

$$r_s = i_s + rr_s$$

r_{us} = 미국의 이자율

r_s = 스위스의 이자율(또는 특정한 외국의 이자율)

i_{us} = 미국의 인플레이션율

i_s = 스위스의 인플레이션율(또는 특정한 외국의 인플레이션율)

rr_{us} = 미국의 실질이자율

rr_s = 스위스의 실질이자율(또는 특정한 외국의 실질이자율)

실질이자율이 국가들 간에 동일하다($rr_{us} = rr_s$)고 가정하면,

$$r_{us} - r_s = i_{us} - i_s$$

미국과 스위스 간의 명목이자율 차이는 두 국가 간의 인플레이션율 차이와 같다.

상대적 인플레이션율(과 상대적 이자율)이 변화함에 따라, 정부규제를 받지 않는 환율은 두 국가 간의 물가수준의 상대적 차이를 반영하여 조정되어야 한다. 이와 같은 조정이 어떻게 이루어지는지를 설명하는 하나의 이론이 **구매력평가이론(purchasing power parity; PPP)**이다. PPP에 의하면, 소비자들과 수입업자들은 상대적으로 높은 인플레이션율을 가지고 있는 국가로부터 상대적으로 낮은 인플레이션율을 가지고 있는 국가로 재화에 대한 그들의 수요를 전환시키기 때문에, 두 국가 간의 환율은 각 국가의 물가수준 변화를 반영하여 조정된다. 특히 PPP이론은 두 국가 통화 간의 환율변화는 두 국가의 인플레이션율 차이에 비례한다고 제시한다.

$$i_{Domestic} - i_{Foreign} = \Delta S_{Domestic/Foreign} / S_{Domestic/Foreign}$$

$S_{Domestic/Foreign}$ = 해외통화에 대한 국내통화의 현물환율 (예를 들면, 스위스 프랑당 미국 달러)

$\Delta S_{Domestic/Foreign}$ = 1기 환율의 변화

따라서 PPP에 의하면, 개방경제에서 환율을 결정하는 가장 중요한 요인인 가격들의 차이가 무역흐름을 결정하고 따라서 통화에 대한 수요와 공급을 결정한다.

▶**구매력평가이론(purchasing power parity; PPP)**
국가들의 인플레이션율 변화에 의해 환율의 변화를 설명하는 이론.

예제 9-4 구매력평가이론의 적용

러시아 루블에 대한 미국 달러의 현재 현물환율($S_{us}/_R$)이 0.17이라고 하자. 러시아산 재화의 가격이 10%만큼 상승하고 (말하자면, 러시아의 인플레이션율(i_R)은 10%이다) 미국의 물가지수가 4%만큼 증가한다(말하자면, 미국의 인플레이션율(i_{us})은 4%이다)고 하자. PPP에 의하면, 미국산 재화 가격의 4% 상승과 비교하여 상대적으로 러시아산 재화 가격이 10% 상승한 것은 러시아 루블의 6%만큼 절하를 발생시킨다. 특히, 다음의 식에서 보는 바와 같이 러시아 루블에 대한 미국 달러의 환율은 하락하여야만 한다[15].

미국의 인플레이션율 - 러시아의 인플레이션율
= 러시아 루블에 대한 미국 달러의 현물환율변화/러시아 루블에 대한 미국 달러의 현물환율

또는

$$i_{us} - i_R = \Delta S_{us/R}/S_{us/R}$$

이 식에 주어진 인플레이션율들과 환율을 대입하면,

$$0.04 - 0.10 = \Delta S_{us/R}/S_{us/R} = \Delta S_{us/R}/0.17$$

그러므로 $\Delta S_{us/R} = -(0.06) \times 0.17 = -0.0102$

따라서 1루블을 받기 위한 달러 비용은 1.02센트 감소한다(말하자면, 1루블의 달러비용은 15.98센트(= 17센트 - 1.02센트이다). 러시아 루블의 가치는 미국 달러에 대하여 6% 절하한다[16].

이자율평형정리

앞에서 현물환리스크는 선도환계약에 의해 감소될 수 있다는 점을 논의하였다. 일반적으로 어느 주어진 통화에 대하여 현물환율과 선도환율은 다르다. 예를 들면, 2006년 10월 19일에 영국 파운드당 미국 달러의 현물환율은 1.8778이었다. 이것은 2006년 10월 19일에 1파운드는 1.8778달러로 교환될 수 있다는 것을 의미한다. 그러나 2006년 10월 19일에 두

15) 이것은 상대적 PPP이론이라고 부른다. 절대적 PPP이론과 일물일가의 법칙과 같은 형태의 PPP이론도 존재한다. 그러나, 〈예제 9-4〉에서 제시된 상대적 PPP이론이 가장 일반적으로 사용된다.

16) 처음 루블당 달러의 환율이 0.17이고 루블의 가치가 6% 하락하면, 새로운 루블당 달러의 환율은 0.1598이 된다.

예제 9-5 이자율평형정리의 적용

$r_{ust}^{D}=8\%$와 $r_{urt}^{L}=15\%$라고 하자. 금융회사가 영국 대출을 보다 많이 시행함에 따라 파운드를 사기 위한 현물환율이 파운드당 1.60달러에서 파운드당 1.63달러로 상승한다고 하자. 균형에서 선도환율은 미국 금융회사의 경영자에게 제공되는 영국투자의 매력을 완전히 제거하기 위해 파운드당 1.5308달러로 하락하여야만 한다. 즉

$$(1.08)=\left(\frac{1}{1.63}\right)[1.15](1.5308)$$

이 식은 헤지된 해외투자의 달러수익률이 금융회사가 지불하는 국내 CD 자금의 비용과 일치한다는 점에서 무차익거래관계(no-arbitrage relationship)를 나타낸다. 이것을 재정리하면 IRPT는 다음과 같이 나타낼 수 있다.

$$\frac{r_{ust}^{D}-r_{ukt}^{L}}{1+r_{ukt}^{L}}\simeq\frac{F_t-S_t}{S_t}$$

$$\frac{0.08-0.15}{1.15}\simeq\frac{1.5308-1.63}{1.63}$$

$$-0.0609\simeq-0.0609$$

즉 국내이자율과 해외이자율 간의 할인스프레드는 균형에서 선도환율과 현물환율 간의 % 스프레드와 같다.

통화 간의 3월물 선도환율은 1.8792이었다. 이와 같은 선도환율은 현물환율과 두 국가 간의 이자율 차이에 의해 결정된다. 현물환율, 이자율들, 선도환율을 연결시키는 특별한 관계는 **이자율평형정리(interest rate parity theorem; IRPT)**에 의해 나타낼 수 있다. 직관적으로 말하면, 이자율평형정리는 투자자는 선도환시장에서 헤지함으로써 국내에서 투자하거나 또는 해외에서 투자하거나 동일한 수익률을 실현한다고 제시한다. 즉 헤지된 해외투자의 달러수익률은 국내투자의 달러수익률과 같다는 것을 의미한다. 국내투자의 수익률과 헤지된 해외자산의 수익률이 같다는 것, 즉 IRPT는 다음과 같이 표현될 수 있다.

$$1+r_{ust}^{D}=\frac{1}{S_t}\times\left[1+r_{ukt}^{L}\right]\times F_t$$

미국 투자의 수익률=헤지된 해외(영국) 투자의 수익률

$1+r_{ust}^{D}=$ t시점에서 1과 미국 CD 이자율의 합
$S_t=$ t시점에서 $/£현물환율
$1+r_{ukt}^{S}=$ t시점에서 1과 영국 대출이자율의 합
$F_t=$ t시점에서 $/£선도환율

▶ **이자율평형정리(interest rate parity theorem)**

국내이자율과 해외이자율 간의 할인스프레드는 선도환율과 현물환율 간의 % 스프레드와 같다는 정리.

앞의 예에서 미국의 정기예금 연간 이자율이 8.1%라고 하자. 이 경우에 투자자는 영국 예금보다는 미국 예금에 추가자금을 투입하는 것이 이익이 될 것이다. 실제로 차익거래기회가 존재하면 영국의 정기예금으로부터 미국의 정기예금으로 자금이동이 발생한다. IPRT에 의하면, 이와 같은 자금흐름은 미국의 정기예금으로부터 발생하는 잠재적 이익기회가 제거될 때까지 신속하게 달러당 파운드의 환율을 상승시킬 것이다.

IRPT가 시사하는 바는 예금, 대출, 외환시장이 경쟁시장인 경우 금융회사의 경영자에게 있어 해외투자로부터의 잠재적인 이익기회는 일시적으로만 존재할 가능성이 있다는 것이다.[17] IRPT가 장기적으로 성립하지 않는 상황은 국제적인 자금흐름의 장벽과 같이 국제적인 예금, 대출, 기타 금융시장에서 불완전성이 존재하는 경우에만 발생할 가능성이 있다.

개념질문

1. 구매력평가이론은 무엇인가?
2. 이자율평형정리는 무엇인가? 이자율평형정리는 차익거래기회의 존재여부와 어떻게 관련되어 있는가?

요 약

이 장에서는 금융회사의 경영자가 직면하는 환리스크의 원인들을 분석하였다. 이와 같은 리스크는 개별통화들로 표시된 외국통화 거래의 불일치와 해외자산-부채 포지션의 불일치로부터 발생한다. 만일 환율의 예측이 정확하다면 이와 같은 불일치는 이익이 될 수 있지만 예상치 않은 환율의 변화와 변동성은 금융회사에게 상당한 손실을 발생시킬 수 있다. 이와 같은 손실은 금융회사의 수익성을 위협하고 궁극적으로 이자율리스크, 부외거래리스크, 기술리스크과 유사하게 금융회사의 지급불능을 야기시킬 수 있다. 이 장에서는 이와 같은 리스크들을 완화시키기 위해 사용가능한 방법들, 즉 해외자산과 해외부채의 규모와 듀레이션을 일치시키는 직접적인 헤지, 선도계약을 통한 헤지, 해외자산과 부채포트폴리오 분산을 통한 헤지에 대하여 논의하였다.

---

17) 대출, 예금, 외환시장이 완전히 경쟁적인 경우에 미국 예금이자율은 헤지된 영국 대출의 수익률(주어진 예에서 8%)과 일치할 뿐만 아니라, 미국의 대출이자율은 또한 9%에서 8%로 하락하여 미국 CD 이자율과 같게 될 것이라는 것에 주목하라.

연습문제

1. 금융회사가 직면하는 4가지 환리스크는 무엇인가?
2. 현물환시장은 무엇인가? 선도환시장은 무엇인가? 한 통화의 순매입포지션은 무엇인가?
3. 〈표 9-1〉을 참조하라.
   a. 2006년 10월 19일에 미국 달러에 대한 캐나다 달러의 현물환율은 얼마인가?
   b. 2006년 10월 19일에 미국 달러에 대한 캐나다 달러의 6월물 선도환율은 얼마인가?
   c. 2006년 10월 18일에 스위스 프랑에 대한 미국 달러의 3월물 선도환율은 얼마인가?
4. 〈표 9-1〉을 참조하라.
   a. 2006년 9월 19일에 미국 달러당 파운드의 환율은 0.5410이었고 당신은 100만 달러에 해당하는 영국 파운드표시 CD를 매입하였다. 오늘은 2006년 10월 19일이다. 영국 파운드와 비교하여 상대적으로 미국 달러는 절상하였는가 또는 절하하였는가?
   b. *a*의 정보를 사용하면서, 당신이 영국 파운드표시 CD 투자로부터 받은 이익 또는 손실은 얼마인가?
5. 2006년 10월 19일에 당신은 현물환시장에서 50만 달러의 미국 달러를 일본 엔으로 바꾸고 엔을 달러로 바꾸기 위한 1개월만기 선도계약을 매입하였다. 만기 시점에 당신은 얼마만큼의 달러를 받게 되는가? 이 문제를 풀기 위해 〈표 9-1〉의 데이터를 사용하라.
6. X-IM Bank는 자산으로 1,400만 엔과 부채로 2,300만 엔을 보유하고 있고 외국통화거래에서 800만 엔을 매도했다. X-IM Bank의 순포지션노출은 얼마인가? 어떤 환율의 변화가 이와 같은 순포지션노출 때문에 X-IM Bank를 위험에 처하게 만드는가?
7. 어떤 2가지 요인이 직접적으로 금융회사가 보유한 외국통화포지션의 수익성에 영향을 미치는가?
8. 다음의 표는 달러로 표시된 한 금융회사의 외국통화포지션을 나타낸다.

통화	자산	부채	FX매입	FX매도
스위 스프랑(SF)	$125,000	$50,000	$10,000	$15,000
영국 파운드(£)	50,000	22,000	15,000	20,000
일본 엔(¥)	75,000	30,000	12,000	88,000

   a. 금융회사의 스위스 프랑 순노출은 얼마인가?
   b. 금융회사의 영국 파운드 순노출은 얼마인가?
   c. 금융회사의 일본 엔 순노출은 얼마인가?
   d. 만일 스위스 프랑 환율이 1% 절상하면 예상되는 손실 또는 이익은 얼마인가?
   e. 만일 파운드 환율이 1% 절상하면 예상되는 손실 또는 이익은 얼마인가?
   f. 만일 일본 엔 환율이 2% 절상하면 예상되는 손실 또는 이익은 얼마인가?
9. 금융회사가 수행하는 4가지 외환거래활동은 무엇인가? 금융회사는 이러한 활동들로부터 어떻게 이익을 얻는가? 주요 유럽국가들 간 환율의 변동성이 감소하였는 데도 불구하고 주요 미국 은행들의 경우 외환거래활동의 이익이 증가한 이유는 무엇인가?
10. City Bank는 6.50%의 이자율로 미국에서 2억 달러의 1년만기 CD를 발행하였다. 은행은 이 돈의 일부인 1억 달러를 연간 7%의 이자율로 한 미국 기업에 의하여 발행된 1년만기 채권을 매입

하는데 투자하였다. 나머지 1억 달러는 연간 8%의 이자율을 지불하는 1년만기 브라질 국채에 투자되었다. 거래시점의 환율은 1달러당 1 브라질 헤알이었다.

a. 만일 브라질 헤알과 미국 달러 간의 환율이 변화없이 유지된다면 이와 같은 2억 달러 투자의 순수익률은 얼마인가?

b. 만일 브라질 헤알과 미국 달러 간의 환율이 달러당 1.20브라질 헤알로 변화한다면, 이와 같은 2억 달러 투자의 순수익률은 얼마인가?

c. 만일 브라질 헤알과 미국 달러 간의 환율이 달러당 0.80브라질 헤알로 변화한다면, 이와 같은 2억 달러 투자의 순수익률은 얼마인가?

11. Sun Bank USA는 연간 12%의 이자율을 지불하는 1,600만 달러의 1년만기 유로대출을 시행하였다. 스위스 프랑의 현물환율은 달러당 1.60스위스 프랑이다. Sun Bank는 이와 같은 대출에 필요한 자금을 연간 10%의 이자율로 같은 금액과 만기를 가진 영국 파운드 예금으로 조달하였다. 영국 파운드의 현재 현물환율은 파운드당 1.60달러이다.

a. 만일 투자기간의 말에 현물환율이 Sf1.70/$와 $1.85/£이면 이와 같은 1년기간의 거래에서 달러로 나타낸 순이자수익은 얼마인가?

b. 은행이 4%의 순이자마진을 벌기 위해 영국 파운드와 미국 달러 간의 현물환율은 얼마이어야 하는가?

c. *a*에 대한 당신의 답은 달러가 파운드에 대하여 절상하여야 한다는 것 또는 절하하여야 한다는 것을 의미하는가?

d. *a*에서와 같이 투자기간 말의 환율이 주어지면 이와 같은 거래가 순이자수익과 원금에 미치는 총효과는 얼마인가?

12. Bank USA는 최근에 연간 10%의 이자율을 지불하는 1,000만 달러의 1년만기 대출을 시행하였다. 이 대출에 필요한 자금은 연간 8%의 이자율로 스위스 프랑표시 1년만기 예금으로 조달되었다. 현재 현물환율은 Sf1.60/$이다.

a. 만일 투자기간의 말에 현물환율이 Sf1.58/$이면 달러로 나타낸 1년만기 대출의 순이자수익은 얼마인가?

b. 자산에 대한 순이자수익률은 얼마인가?

c. 이 거래가 Bank USA에 손실을 발생시키려면 스위스 프랑이 얼마나 절상되어야 하는가?

d. *a*에서와 같이 투자기간 말의 환율이 주어지면 이와 같은 거래가 순이자수익과 원금에 미치는 총효과는 얼마인가?

13. 어떤 이유로 금융회사들이 환리스크노출을 헤지하는가? 환리스크노출을 헤지하는데 따른 한계는 무엇인가?

14. 금융회사가 환리스크를 헤지하는 2가지의 중요한 방법은 무엇인가? 대차대조표 상의 완전한 헤지를 달성하기 위해 필요한 2가지 조건은 무엇인가? 대차대조표 상의 헤지와 비교하여 부외거래활동에 의한 헤지의 장점과 단점은 무엇인가?

15. North Bank는 미국시장에서 차입하여 환리스크을 발생시키는 해외대출을 시행하였다. 최근 거래에서 은행은 6% 이자율로 200만 달러의 1년만기 CD를 발행하여 조달한 자금을 8% 이자율로 1년만기 유로표시 대출을 하였다. 거래 시점에 유로달러의 현물환율은 €1.45/$이었다.

a. 거래종료 직후에 얻은 정보에 의하면 유로는 투자기간 말까지 €1.47/$로 절하할 것으로 예

상된다. 만일 이 정보가 맞는다면 유로대출로부터 실현되는 스프레드는 얼마인가? 2%의 스프레드를 유지하기 위해 대출에 대한 은행이자율은 얼마이어야 하는가?

b. 은행은 1년 선도 유로를 €1.46/$로 매도할 기회를 가지고 있다. 만일 은행이 환리스크노출을 선도계약으로 헤지한다면 대출의 스프레드는 얼마인가?

c. 만일 은행이 선도계약으로 환리스크를 헤지하고자 한다면 2%의 스프레드를 유지하기 위해 대출이자율은 얼마로 변화하여야 하는가?

16. 한 은행이 연간 6.5%의 이자율로 6개월만기의 100만 유로달러 예금(Eurodollar deposit)을 받는다. 은행은 이 자금을 연간 7.5%의 이자율을 지불하는 6개월만기의 스웨덴 크로네 채권(Swedish krone bond)에 투자한다. 현재 현물환율은 $0.18/SK이다.

a. 스웨덴 크로네의 6월물 선도환율은 $0.1810/SK이다. 만일 은행이 선도환시장을 사용하여 환리스크노출을 회피하고자 한다면 은행이 투자로부터 획득하는 순스프레드는 얼마인가?

b. 스프레드를 연간 1%로 만드는 선도환율은 얼마인가?

c. 스프레드의 증가에 반응하여 선도환율과 현물환율은 모두 어떻게 변화할 것인지를 설명하라.

d. 이자율평형조건이 일반적으로 양국간 이자율 차이에 의하여 발생되는 차익거래의 기회를 제거시킴에도 불구하고 은행은 왜 여전히 1%의 스프레드를 얻을 수 있는가?

17. 국제금융시장들 간의 경제적 수익률들이 완전한 상관관계를 가지지 않는다는 것이 다수의 외국통화 표시 자산과 부채를 보유하고 있는 금융회사의 수익/리스크 기회에 어떻게 영향을 미치는가? 〈표 9–5〉를 참조하라. 어떤 두 국가들이 장기국채수익률 간에 가장 높은 상관계수를 가지는가?

18. 구매력평가이론은 무엇인가?

19. 호주 달러에 대한 미국 달러의 현재 현물환율($S_{US\$/A\$}$)은 0.7590이다(말하자면, 1 호주 달러를 미국 달러와 교환하면 75.9 미국 센트를 받는다). 호주산 재화의 가격이 5%만큼 상승하고 (말하자면, 호주의 인플레이션율(i_A)은 5%이다) 미국의 물가지수는 3%만큼 증가한다(미국의 인플레이션율(i_{US})은 3%이다). 이와 같은 인플레이션율의 차이로부터 도출되어야 하는 새로운 호주 달러에 대한 미국 달러의 환율을 계산하라.

20. 이자율평형의 개념을 설명하라. 이 개념은 국제시장에서 투자로부터 발생하는 장기이익기회에 대하여 무엇을 의미하는가? 이 개념이 타당하기 위해 어떠한 시장조건들이 성립하여야 하는가?

21. 연간 이자율이 미국에서 8%이고 일본에서 4%라고 가정하라. 한 금융회사는 이와 같은 이자율들로 차입(CD를 발행하여)하거나 또는 대출(CD를 매입하여)할 수 있다. 현물환율은 $0.60/¥이다.

a. 만일 선도환율이 $0.64/¥이면, 금융회사는 100만 달러를 사용하면서 어떻게 차익거래를 할 수 있는가? 기대되는 스프레드는 얼마인가?

b. 어떤 선도환율이 차익거래의 기회를 없애는가?

22. 어느 특정한 국가에서 실질이자율, 기대인플레이션율, 채권형 증권(확정수입증권)의 명목이자율 간의 관계는 무엇인가? 〈표 9–5〉에서 어떤 요인들이 상관계수를 상대적으로 높게 만드는가?

23. 경제통합은 무엇인가? 국제시장의 경제통합은 금융회사의 투자기회에 어떠한 영향을 미치는가?

24. 한 금융회사는 영국 파운드로 10만 달러 순포지션과 스위스 프랑으로 –3만 달러의 순포지션을 가지고 있다. 환율변화의 결과로 발생되는 순포지션의 표준편차는 스위스 프랑의 경우 1%이고 파운드의 경우 1.3%이다. 스위스 프랑과 파운드 환율변화 간의 상관계수는 0.80이다.

a. 파운드/달러 환율의 변동에 대한 금융회사의 리스크노출은 얼마인가?

b. 스위스 프랑/달러 환율의 변동에 대한 금융회사의 리스크노출은 얼마인가?

c. 만일 스위스 프랑 포지션과 파운드 포지션을 통합한다면 금융회사의 리스크노출은 얼마인가?

25. 한 머니마켓 뮤추얼펀드(momey market mutual fund) 매니저는 수익성이 있는 투자기회를 찾고 있으며 1년만기 국채이자율과 환율이 다음과 같다는 것을 관측하고 있다. r_{US} =12%, r_{UK} =9%, S=\$1.50/£, F=\$1.60/£, 여기서 S는 현물환율이고 F는 선도환율이다. 2개의 국채 중 어느 것이 더 좋은 투자대상인가?

Web을 활용하는 질문

26. 미국 재무부의 웹사이트(www.ustreas.gov)에 가서 〈표 9-3〉을 최신 정보로 바꾸어라.

27. 미국 연방예금보험공사의 웹사이트(www.fdic.gov)에 가서 J. P. Morgan Chase와 Citigroup의 외환거래수입에 관한 가장 최근 정보를 찾아보라.

관련 웹사이트

기관명	웹사이트
Bank for International Settlements	www.bis.org
Board of Governors of the Federal Reserve	www.federalreserve.gov
Citigroup	www.citigroup.com
Federal Deposit Insurance Corporation	www.fdic.gov
J.P.Morgan chase	www.jpmorganchase.com
U.S.Treasury	www.ustreas.gov
The Wall Street Journal	www.wsj.com

제 10 장

국가리스크

10.1 서 론

1970년대에 미국과 다른 국가들의 상업은행들은 동유럽, 남미, 기타 개도국들에 대한 대출을 급속히 증가시켰다. 이와 같은 대출은 이들 국가의 개발을 돕기 위해 세계은행(World Bank)과 국제통화기금(IMF)에 의해 제공된 자금을 초과하는 자금수요를 충족시키기 위한 것이었고, 대출을 시행한 상업은행들이 사우디아라비아와 같은 대규모 달러보유국의 석유달러를 재순환시킬 수 있게 하였다. 많은 경우에 이와 같은 대출은 차입자가 거주하는 국가의 신용의 질 또는 차입자가 (Pemex와 같은) 정부지원 조직이든 민간 기업이든 거의 고려하지 않고 이루어졌다.

1982년 가을에 발생한 멕시코와 브라질정부의 **채무상환유예(debt moratoria)** 선언은 대출상업은행들의 대차대조표와 수익성에 매우 심각한 장기적인 영향을 미쳤다. 실제로 1982년의 채무상환유예 시점에 10대 미국 머니센터은행들은 560억 달러의 국가리스크노출을 가지고 있었고, 이 중에 80%는 남미국가들에 대한 국가리스크노출이었다. 그 결과 Citicorp(현재 Citigroup)와 같은 대형은행들은 포트폴리오에서 대출가치를 감소시켜야 했기 때문에 **대손충당금(loan loss reserves)**을 적립해야만 했다. 예를 들어, 1987년에 20개 이상의 미국 은행들은 대손충당금을 크게 증가시켰다고 공표하였다. Citicorp 혼자서만 대손충당금으로 30억 달러를 증가시켰다.

▶ **채무상환유예(debt moratoria)**

채무에 대한 이자와 (또는) 원금의 상환을 지연시키는 것.

▶ **대손충당금(loan loss reserves)**

부실대출을 상각하기 위해 대차대조표 상에 만들어지는 특별충당금.

미국과 기타 국가들의 금융회사들은 10년 전에 개발도상국들에 대한 대출로 어려움을 경험하였음에도 불구하고, 1980년대 후반과 1990년대 초에 다시 신흥시장국가들에게 상당한 규모의 투자를 하기 시작했다. 이와 같은 투자는 대출이 아니라 부채와 지분 청구권에 집중되었다. 그러나 페소의 과대평가 때문에 무역적자가 증가하고 외환보유액이 감소하면서 멕시코는 1994년 12월 20일에 페소를 절하하였다.[1)]

12년 전 멕시코의 대출상환유예와 더불어 멕시코의 페소절하는 기타 신흥시장들뿐만 아니라 멕시코 자본시장을 단기적으로 황폐화시키는 결과를 초래하였다. 신흥시장 부채와 지분시장에서의 자금인출사태는 클린턴 정부와 IMF에 의해 약 500억 달러에 이르는 멕시코를 위한 국제적 지원이 이루어진 후에 겨우 개선되었다. 특히 미국은 멕시코 채무의 재조정을 돕기 위해 3년에서 5년의 200억 달러 대출보증을 제공하였다. IMF와 국제결제은행(BIS)은 각각 178억 달러와 100억 달러의 대출을 제공하였다. 멕시코의 석유수입이 미국의 금융보증에 대한 담보로 제공되었다. 1997년 1월에 이르러 멕시코 경제는 멕시코정부가 미국정부에 모든 대출을 상환할 수 있을 정도로 개선되었다.

금융시장으로 보면 상대적으로 소국인 태국에서 발생한 경제 및 금융위기가 전세계적인 반응을 발생시켰던 1997년에 아시아의 신흥시장국가들은 비틀거렸다. 7월 초 태국 바트의 절하는 (인도네시아, 싱가포르, 말레이시아, 한국을 포함한) 동아시아 국가 통화들을 연속적으로 절하시켰고 이와 같은 통화들의 절하는 결과적으로 남미와 러시아까지 확산되었다. 홍콩은 자국통화의 환율을 미국 달러에 고정시켰기 때문에 홍콩 통화당국은 이자율을 인상시키는 예비적 조치를 취하고 홍콩 달러의 가치를 안정시키기 위해 중국의 대외준비자산을 사용해야만 했다. 러시아정부가 자국 국채에 대하여 채무불이행하지 않을 것이며 또한 러시아의 주요 기업들이 발행한 채권에 대하여 채무불이행하지 않게 할 것이라는 믿음 때문에 러시아에서 금융투기가 확산되었다.

아마도 1980년대에 남미국가들에 대한 대출을 통하여 경험한 사건들에 대한 반응과 국가리스크평가방법의 개선으로 미국의 금융회사들은 (1990년대 중반과 후반에) 일본과 유럽은행들에 의해 이루어진 투자의 1/3정도를 아시아에 투자하였다. [그림 10-1]에서 보는 바와 같이(태국의 위기가 시작되기 직전인) 1997년 6월에 외국은행들은 아시아의 신흥시장국가들에 대출과 기타 부채잔고로 3,890억 달러를 보유하고 있었다. 모든 미국 금융회사들이 아시아

1) 멕시코의 외환보유액은 1993년 말 250억 달러에서 1994년 말 60억 달러로 감소하였다.

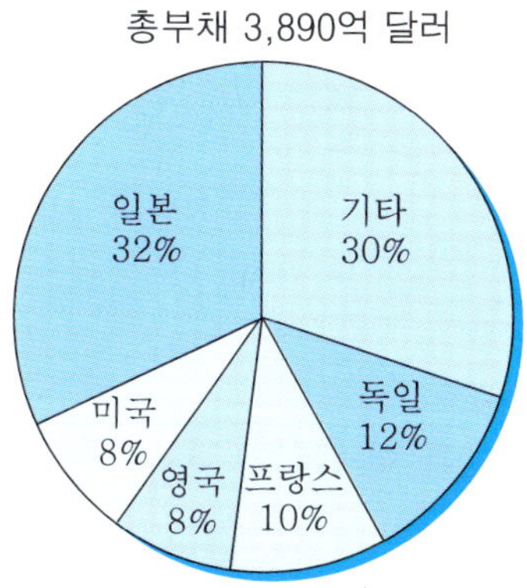

자료 : Bank for International Settlements, June 1997, *www.bis.org*

그림 10-1 1997년 6월 말 현재 아시아채무에서 외국은행이 차지하는 비율 (싱가포르와 홍콩 제외)

신흥국가들에 대한 투자를 제한한 것은 아니었다. 예를 들어, 1997년 11월에 Chase Manhattan Corp는 신흥시장증권보유로부터 1억 5,000만 달러에서 2억 달러의 손실을 입었다고 발표하였다. 이어서 J. P. Morgan도 이와 유사하게 수익이 좋지 않다고 발표하였다. 1999년에 Bank of America, Republic New York Corp, Chase Manhattan(현재는 J. P. Morgan Chase)과 같은 미국 은행들은 러시아 증권에 대하여 달러당 5센트 이하를 지불받게 됨에 따라 수천만 달러를 손실로 상각하였다.

아시아 통화들이 붕괴함에 따라 미국 금융회사들과는 달리, 일본과 홍콩의 금융회사들은 파산하거나, 합병 또는 구조조정을 하지 않을 수 없었다. 일본의 네 번째 대형 증권회사인 Yamaichi Securities와 홍콩의 최대투자은행 중 하나인 Peregrine Investment Holdings, Ltd.와 같은 투자은행들이 통화가치가 하락함에 따라 파산하였다. 동남아시아 국가들에 대규모의 대출을 하였던 일본과 홍콩의 상업은행들도 기록적인 수로 파산하였다. 일본 은행들이 보유한 부실대출은 1997년 8월 초에 2,100억 달러였으나 1997년 9월에 5,775억 달러로 증가하였다. IMF와 미국, 일본, 유럽국가 정부들이 이들 국가들에 제공한 금융지원 덕분에 은행들은 가능한 손실을 피할 수 있었다. 그럼에도 불구하고 인도네시아는 일부 채무에 대한 상환을 유예한다는 선언을 해야만 했고 러시아는 단기 국채에 대한 지불을 이행하지 못하였다.

가장 최근인 2000년대 초에 아르헨티나와 터키의 채무이행 능력과 이것이 기타 신흥시장국가들에 미칠 영향에 대한 우려가 제기되었다. 예를 들어, 2001년 12월에 아르헨티나는 1,300억 달러의 정부부채에 대하여 채무불이행했으며 2002년에 해외채권자들이 보유한

표 10-1 아르헨티나의 대외채무잔고 (2003년 6월과 2006년 3월 현재)

채무 종류	대외채무잔고 (100만 미국 달러 기준)	
	2003	2006
은행대출	$ 25,052	$10,470
해외발행부채증권	84,740	69,210
브래디채권	6,846	487
다국청구권	30,798	15,273
합 계	$147,436	$95,440

자료: World Bank, Joint BIS-IMF-OECD-World Bank Statistics on External Debt, November 2003, October 2006. *www.worldbank.org*

300억 달러의 회사채에 대하여 채무불이행을 허용하는 법안을 통과시켰다. 상황은 계속적으로 악화되었고 2002년 11월에 아르헨티나 정부는 세계은행에 대하여 (30일 이상 연체되었던) 8억 500만 달러의 상환금 중에서 7,950만 달러만을 지불하였다. 이에 더하여 2003년 12월에 한 미국 법정은 아르헨티나가 채무불이행한 2개의 채권계열로 35억 달러를 보유하고 있었던 신용공여자들이 법적 보상을 받을 수 있도록 아르헨티나에 대한 집단소송발의를 승인하였다. 〈표 10-1〉은 2003년 6월 현재 아르헨티나의 총대외채무잔고를 보여 준다. 2004년 1월에 아르헨티나 정부는 대외채무 문제를 해결하고 채무재조정을 위해 채무불이행한 채권을 보유하고 있는 신용공여자들을 자발적으로 등록하도록 하였다. 그러나 아르헨티나는 대외채무위기로부터 벗어나면서 채권보유자들에게 달러당 25센트만을 제공하였다. 재정흑자 유도에 초점을 맞춘 효과적인 거시경제관리가 아르헨티나 경제를 회복시키는데 핵심적인 역할을 하였다. 그 결과 2000년대 중반에 이르러서 아르헨티나는 2001년과 2002년의 경제 및 사회위기로부터 급속하게 회복되었다. 아르헨티나의 경제성장률은 2003년~2005년 기간 동안에 평균 9%이었고 2006년에 7.5%~8%에 이를 것으로 예상되었다. 또한 〈표 10-1〉은 2006년 3월 현재 아르헨티나의 대외채무잔고를 보여 준다. 아르헨티나의 대외채무는 2003년 1,474억 3,600만 달러로부터 2006년 954억 4,000만 달러로 감소하였다.

이와 같이 되풀이 되는 경험들은 대출 또는 해외채권이나 지분매입 등의 투자결정을 하기 전에 차입국가의 국가리스크를 측정하는 것이 중요하다는 것을 확인시켜 준다. 이번 장에서는 먼저 국가리스크를 정의하고 이어서 금융회사 경영자가 대출 또는 기타 투자결정을 하기 전에 심사방법으로 사용할 수 있는 국가리스크 측정방법들에 대하여 살펴보자. 이 장의 부록에서는 금융회사가 국가리스크문제에 대응하는 방법들을 살펴본다. 이러한 방법들로는 **다년간 채무재조정합의(multiyear restructuring agreements; MYRAs)**, 부채/지분스왑, 대출채권매각, **브래디채권(Brady bonds)** 전환이 있다.

▶**다년간 채무재조정합의(multiyear restructuring agreements; MYRAs)**
국가대출채무조정에 대한 공식적 용어.

▶**브래디채권(Brady bonds)**
개도국 대출잔고와 스왑되는 개도국 발행 채권.

10.2 신용리스크와 국가리스크

국가리스크와 대출 또는 채권의 신용리스크 간의 차이를 이해하기 위해 대출에 대하여 상환하기를 거부하거나 또는 상환할 수 없는 한 국내기업에 어떤 일이 발생하는지를 생각해 보자. 금융회사는 아마도 미래에 갚아야 할 대출의 약정이자와 원금에 대하여 차입자와 **채무재조정(rescheduling)**을 함으로써 대출의 상환이 이루어지도록 노력할 것이다. 궁극적으로 지불능력이 없거나 또는 지불할 의사가 없는 경우에 기업은 파산절차를 밟게 되고 기업의 자산은 결과적으로 청산된다. 다음으로 한 미국 금융회사가 한 인도네시아 민간기업에게 제공한 달러 대출을 생각해 보자. 이 기업은 우량기업으로 과거에 항상 부채를 상환하였다고 하자. 그러나 인도네시아 경제와 인도네시아정부의 달러 대외준비자산포지션이 아주 나쁜 상대라고 하자. 그 결과로 인도네시아정부는 국외채권자들에게 달러로 부채를 지불하지 못하게 할 수 있다. 이와 같은 조치는 인도네시아 차입기업 자체로 볼 때는 우량한 신용리스크를 가지고 있다 하더라도 인도네시아 차입기업이 자동적으로 채무를 이행하지 못하게 만든다. 이와 같은 인도네시아정부의 결정은 차입자에게 제공된 개별 대출의 신용상태와는 독립적으로 발생하는 *주권리스크(sovereign risk) 또는 국가리스크(country risk)*이다. 더욱이 금융회사가 지방파산법정에서 법적인 구제절차를 진행할 수 있는 미국의 상황과 달리 인도네시아정부에 대하여 조치를 취할 수 있는 국제파산법정이 존재하지 않는다. 즉 주권국가의 채무불이행 또는 채무동결결정을 상쇄시키기 위한 금융회사의 법적 구제조치는 매우 제한적으로만 이루어질 수 있다. 예를 들어, 금융회사는 미국법정에서 법적구제조치를 취할 수 있으나 이와 같은 구제조치는 미국 내에 존재하는 인도네시아정부 또는 인도네시아 기업의 자산으로 한정된다.

이와 같은 상황은 외국에 있는 차입 신청자에 대한 대출의사결정은 2단계의 결정으로 이루어진다는 것을 제시한다. 첫째, 금융회사는 정상적인 국내 대출에서 하는 것과 같이 적정한 신용리스크프리미엄 또는 신용한도(제6장 참조)를 결정하기 위해 차입자 신용의 질을 평가하여야 한다. 둘째, 금융회사는 차입자가 거주하는 국가의 국가리스크를 평가하여야 한다. 차입자의 신용리스크 또는 신용의 질은 좋게 평가되나 국가리스크가 나쁘게 평가되면 금융회사는 차입신청자에게 대출을 해서는 안 된다. 국제대출 또는 외국채권 투자 결정을 할 때 금융회사 경영자는 차입자의 신용리스크보다 국가리스크를 더 중요하게 고려하여야 한다.

세계은행은 몇 가지의 척도들에 기초하여 국가리스크를 평가한다. 이와 같은 척도들에는 정치경제리스크(강력한 이해그룹이 개혁의 실행을 봉쇄하거나, 개혁의 이익을 장악하거나 또는 개혁조치를 되돌림으로써 개혁목적을 훼손시킬 수 있는 리스크), 외생적 리스크(가난한 사람들에게 타격을 입힐 수 있는 자연재해 또는 지역경제위기와 같은 외부환경쇼크의 리스크), 기타 국가리스크(효율적인 정책실행을 약화시킬 수 있는 정치적 불안정 또는 사회적 긴장증가의 위협)가 포함된다.[2] 이 장에서 살펴보는 바와 같이 금융회사 경영자는 대출을 시행하는데 있어서 국가리스크를 평가하기 위해 다양한 척도들을 사용한다.

▶**채무재조정(rescheduling)**
만기와 이자지불같은 대출의 계약조건을 변화시키는 것.

개념질문

1. 신용리스크와 국가리스크의 차이점은 무엇인가?
2. 외국에 거주하는 차입신청자에 대한 대출여부를 결정할 때 금융회사가 평가하여야 하는 2가지 고려사항은 무엇인가?

10.3 채무지불거부와 채무재조정

국가리스크사건의 특성에 대해서는 많은 오해가 존재한다. 일반적으로 국가채무 또는 공기업과 민간기업 채무에 관한 주권국가의 부정적인 의사결정은 채무지불거부와 채무재조정이라는 2가지 형태로 이루어질 수 있다.

● *채무지불거부.* **채무지불거부(debt repudiation)**는 차입자의 현재와 미래의 모든 해외부채 및 지분채무를 단순히 취소하는 것이다. 제2차 세계대전 이후 중국(1949), 쿠바(1961), 북한(1964)만이 이와 같은 조치를 취하였다.[3] 채무지불거부가 적은 것은 최근의 극

2) "A User's Guide to Poverty and Social Impact Analysis," World Bank, 2003 참조.
3) 지분채무지불거부는 민간부문 자산에 대한 직접적 국유화 형태로 이루어질 수 있다.

빈국에 대한 국제정책 때문이다. 특히 1996년의 가을에 세계은행, 국제통화기금, 주요국의 정부들은 채무가 매우 많은 극빈국들(HIPCs: heavily indebted poorest countries)의 대외채무를 면제하기로 합의하였다. 이와 같은 HIPC 프로그램은 심각한 빈곤감소를 목표로 하는 경제 및 사회개혁을 추구하는 국가들의 채무를 제거시킴으로써 새로운 지평을 열었다. 2003년까지 6개국이 HIPC 프로그램에 의해 취소할 수 없는 채무구제조치를 받았고 추가적으로 20개국이 잠정적 채무구제조치를 받기 시작하였다. 이에 따라 이와 같은 국가들은 400억 달러가 감소된 채무잔고를 가지게 되었다. 약 35개국이 궁극적으로 HIPC 지원을 받을 수 있을 것으로 예상된다. 이 장의 후반부분에서 논의하는 바와 같이 채무지불거부는 제2차 세계대전 이전에는 훨씬 더 일반적으로 행하여졌다.

▶**채무지불거부(debt repudiation)**
차입자의 현재와 미래의 모든 부채 및 지분채무를 단순히 취소하는 것.

● *채무재조정.* **채무재조정(debt rescheduling)**은 국가리스크사건에 의해 이루어지는 가장 일반적인 형태이다. 특히 한 국가(또는 한 국가의 채무자 그룹)가 현재 및 미래의 채무에 대하여 상환유예를 선언하거나 또는 상환을 지연하기로 선언하고 채무의 만기와 이자율과 같은 계약조건을 재조정하여 신용조건을 완화시키고자 한다. 채무의 상환지연은 채무의 원금과 이자에 대하여 이루어질 수 있다(1998년 1월의 한국과 2001년의 아르헨티나가 채무재조정을 한 최근의 예들이다).

국제 금융서비스의 제공과 관련하여 한 가지 흥미로운 질문은 왜 제2차 세계대전 이전에는 대외채무문제의 대부분이 채무지불거부를 발생시킨 반면 제2차 세계대전 이후에는 대외채무문제가 일반적으로 채무재조정으로 해결되었는가 하는 것이다. 이와 같은 차이에 대한 한 가지 기본적인 이유는 제2차 세계대전 이전에는 국제채무가 대부분 *외화채권(foreign bonds)*이었으나 제2차 세계대전 이후 최근까지 이루어진 대부분의 국제채무는 *은행대출(bank loans)*이었다는 것이다.

대출과 채권계약의 본질적인 특성 때문에 외환채권보다 국제대출에 대하여 채무재조정이 이루어질 가능성이 높다. 첫째, 수천의 채권보유자들은 지역적으로 퍼져 있는 반면 국제대출의 신디케이트에는 일반적으로 소수의 금융회사들이 참여한다. 차입자 또는 채권신탁회사가 수천의 채권보유자들과 채권계약조건의 조정을 합의하는 경우보다 국제대출의 금융회사들이 상대적으로 소수라는 점이 채무의 재협상 또는 재조정을 보다 용이하게 하고 비용지불을 적게 만든다.[4]

4) 1998년 1월에 이루어진 한국 대출의 채무재조정의 경우에서는 100개 이상의 은행들이 합의하여야만 했다.

둘째, 많은 국제대출 신디케이트는 동일한 유형의 금융회사 그룹으로 구성된다. 이 점이 대출 재협상에서 금융회사의 응집력을 높이고 합의도출의 가능성을 증가시킨다. 예를 들어, Citigroup이 멕시코와 한국의 채무재조정에서 뿐만 아니라 1980년대에 이루어진 5개의 중요한 대출 채무재조정에서 다른 은행들에 의해 대표협상은행으로 선정되었다. J. P. Morgan Chase는 2002년 아르헨티나의 대출 채무재조정에 참여한 대표은행이었다.

셋째, 많은 국제대출계약은 교차채무불이행조항(cross-default provisions)을 포함하고 있다. 교차채무불이행조항은 만일 한 국가가 어느 하나의 대출에 대하여 채무불이행하게 되면 이 국가가 가지고 있는 모든 다른 대출들도 자동적으로 채무불이행된다는 것을 의미한다. 교차채무불이행조항은 한 국가가 채무불이행하기 위해 특별히 약한 금융회사 그룹을 선택하지 못하게 하고 어느 개별대출의 채무불이행 결정이 잠재적으로 차입자에 대하여 매우 높은 비용을 지불하게 만든다.

채무재조정이 대출에 대하여 발생할 가능성이 높은 다른 하나의 이유는 금융회사 국가들의 정부와 규제당국의 행위와 관련되어 있다. 최근 두드러진 공공정책목적 중 하나는 미국, 일본, 독일, 영국과 같은 국가들에 있는 대형 금융회사들의 도산을 막는 것이다. 따라서 세계은행/국제통화기금의 보증 또는 브래디플랜(Brady Plan)에 의하여 직접 또는 간접적으로 마련된 개도국을 위한 정부주도 구제패키지들은 대형 금융회사들을 지원하고 개도국들이 그들의 대출에 대하여 채무불이행할 동기를 감소시키는 방법들이다. 대부은행의 정부들은 해외국가 차입자들이 그들의 부채계약을 채무불이행하거나 또는 채무이행을 거부할 가능성을 감소시키기 위한 정치적 및 경제적 방법들을 모색할 수 있다. 정부들과 규제당국들은 대출의 채무불이행에 따른 사회적 비용보다 채권의 채무불이행에 따른 사회적 비용에 대하여 덜 우려한다. 그 이유는 채권의 채무불이행에 따른 영향은 지역적으로 또는 금액규모에서 더 많이 분산될 가능성이 크고 채권보유자들은 국내경제와 세계경제에 대한 유동성서비스를 제공하는데 중심적인 역할을 수행하고 있지 않기 때문이다. 그러나 IMF와 정부들이 차입국가와 간접적으로 미국, 일본, 유럽의 주요 금융회사들에 구제금융을 제공하는 것에 대하여 비판이 없는 것이 아니라는 점에 주목하여야 한다. 특히 대출을 시행한 금융회사들과 차입국가들이 궁극적으로 견책을 받지 않는다면, 그들이 미래에 유사한 리스크를 피할 동기를 가지지 못할 것이라는 주장이 있다. 이것이 국가채무위기가 계속해서 발생하는 한 가지 이유이다.

개념질문

1. 채무지불거부(debt repudiation)와 채무재조정(debt rescheduling)의 차이점은 무엇인가?
2. 국가대출(soveriegn loans)이 채무지불거부되기보다는 채무재조정되는 4가지 이유를 들어라.

10.4 국가리스크의 평가

금융회사는 국가리스크를 평가하기 위해 매우 정량적인 방법들로부터 매우 정성적인 방법들에 이르기까지 다양한 방법들을 사용할 수 있다. 더욱이 국내 차입신청자에 대한 신용분석에서처럼 금융회사는 외부기관들의 평가서비스에 의존하거나 또는 내부평가모형들 또는 국가리스크모형들을 개발할 수 있다. 물론 국가리스크에 대한 다양한 측정치들이 상호 배타적이지 않기 때문에 최종적인 평가를 위해 많은 모형들과 국가리스크 평가기관들의 척도들이 동시에 사용될 수 있다.

먼저 투자자들과 금융회사들이 이용할 수 있는 3개의 국가리스크지수, 즉 *Euromoney Index*, *Economist Intelligence Unit Index*, *Institutional Investor Index*를 살펴보자. 이어서 금융회사 경영자가 국가리스크를 내부적으로 평가하는 방법들을 살펴보자.

외부 평가모형

■유로머니지수

1979년에 처음 발표되었을 때 유로머니지수(*Euromoney Index*)는 유로시장에서 발행규모와 발행민기를 조정하여 측정된 국가부채에 대하여 요구되는 이자율이 **LIBOR**(런던 은행 간 이자율)보다 높은 정도를 의미하는 스프레드에 기초하여 작성되었다. 그러나 최근에 이 지수는 국가리스크 문제를 인지하는데 필요한 가중치가 주관적으로 부여되는 다수의 경제적 및 정치적 요인들이 반영된 지수로 대체되었다.

▶**LIBOR(London Interbank Offered Rate)**
유로달러시장에서 은행 간 우대대출에 부과되는 이자율.

■EIU 지수

*The Economist*의 자매지인 *Economist Intelligence Unit(EIU)*는 경제적 및 정치적 리스크를 결합하여 국가리스크를 100(최대)점 기준으로 평가한다. 이 수치가 높으면 높을수록, 그 국가의 국가리스크가 더 높다. 2006년에 발표된 EIU 국가리스크평가가 [그림 10-2]에 제시되어 있다.

■인스티튜셔널 인베스터 지수

통상적으로 1년에 2번 발표되는 이 지수는 주요 다국적 은행들의 대출담당자들에 대한 서베이에 기초하여 작성된다. 주요 다국적 은행들의 대출담당자들이 주어진 국가들의 신용

자료 : Country Risk Service Risk Ratings, firsb quarter 2006, *The Economist*. *www. eiu.com*

그림 10-2 EIU의 국가리스크평가

리스크에 대하여 주관적인 점수를 부여한다. 원래 점수는 10점 기준이었으나 1980년부터 100점 기준이 되었다. 0점은 확실한 채무불이행을 의미하고 100점은 채무불이행 가능성이 없음을 의미한다. Institutional Investor는 서베이한 대출담당자들로부터 받은 점수들을 주어진 국가에 대한 각 은행의 노출에 의해 조정한다. 〈표 10-2〉는 2006년 9월 현재 Institutional Investor의 국가신용리스크 평가결과를 정리한 것이다. 예를 들면, 2006년 9월에 전세계의 대출담당자들은 스위스를 채무불이행확률이 가장 낮은 국가로 평가한 반면 리베리아를 채무불이행확률이 가장 높은 국가로 평가하였다.

표 10-2 Institutional Investor의 2006년 국가신용평가

순위 200.6 3	순위 2006. 9	국 가	신용등급	6개월 변화	1년 변화	순위 2006. 3	순위 2006. 9	국가	신용등급	6개월 변화	1년 변화
1	1	스위스	96.1	0.6	1.7	144	145	이디오피아	16.9	−2.3	−1.7
2	2	노르웨이	95.4	0.8	1.2	147	146	사오토메프린시프	16.4	−2.4	−1.2
6	3	룩셈부르크	94.9	1.2	1.6	151	147	나이지리아	16.0	−1.7	−1.0
9	4	네덜란드	94.8	1.3	2.2	150	148	말라위	15.4	−3.1	−2.6
3	5	핀란드	94.6	0.4	1.8	152	149	챠드	15.3	−2.4	−1.0
4	6(*)	영국	94.5	0.4	1.4	153	150(*)	에리트리아	15.1	−1.7	−0.7
7	7(*)	스웨덴	94.5	0.9	2.0	142	151(*)	하이티	15.1	−5.0	−1.0
8	8(*)	미국	94.5	1.0	2.0	154	152	토고	14.2	−2.5	−3.9
5	9	덴마크	94.4	0.4	1.7	157	153	콩고	14.1	−1.2	−1.1
13	10	독일	94.3	1.5	2.9	137	154	동티모르	13.8	−7.5	−8.0
11	11	프랑스	94.1	1.0	2.0	140	155	타자키스탄	13.0	−7.8	−5.1
12	12	오스트리아	93.9	1.0	2.5	158	156	미얀마	12.7	−2.1	−1.4
10	13	캐나다	93.7	0.5	1.9	156	157	아이보리코스트	12.5	−3.2	−1.3
14	14	아일랜드	93.2	1.7	2.4	162	158(*)	쿠바	12.2	−1.5	−4.8
17	15	싱가포르	91.0	2.1	2.0	159	159(*)	기니아	12.2	−2.2	−4.4
15	16	벨기에	90.9	0.4	1.5	160	160	코모로스	11.5	−2.8	−4.7
16	17	스페인	90.2	0.8	1.7	155	161	루완다	11.1	−4.7	−2.9
18	18	호주	87.9	2.0	0.7	163	162	아프카니스탄	10.9	−2.8	−0.4
19	19	일본	87.8	2.5	2.5	168	163	콩고공화국(자이레)	10.6	−0.1	2.2
21	20	뉴질랜드	85.9	1.8	1.9	161	164(*)	수단	10.4	−3.7	−1.6
20	21	이탈리아	84.3	−0.3	1.1	166	165(*)	키니아−비소	10.4	−1.7	−6.0
23	22	포르투갈	83.4	0.2	2.0	172	166(*)	이라크	10.4	1.0	0.7
22	23	아이슬랜드	80.8	−2.7	0.5	164	167	중앙아프리카공화국	10.1	−3.0	−4.7
24	24	대만	79.4	0.3	1.8	165	168	부룬디	9.5	−3.2	−3.4
25	25	홍콩	78.8	0.1	2.8	167	169	시에라레온	9.3	−2.3	−4.5
27	26	슬로베니아	77.6	0.3	2.6	173	170	북한	7.8	0.2	1.2
26	27	그리이스	77.2	−0.1	2.4	170	171	짐바브웨	7.0	−3.2	−3.5
28	28	한국	76.0	−0.7	2.9	171	172	소말리아	6.1	−3.8	−3.5
29	29	몰타	74.1	−0.6	3.3	169	173	리베리아	5.7	−4.9	−2.8
30	30	칠레	73.2	−0.4	1.6			세계 평균	43.9	−1.2	−0.2

*순위는 사사오입하기 전의 실제결과에 의해 결정됨.

자료: Institutional Investor, September 2006. *www.institutionalinvestor.com*

내부 평가모형

■통계모형

대형 금융회사들이 국가리스크를 평가하는 가장 일반적인 방법은 제6장에서 논의한 국내 신용평점모형들과 유사하게 각 국가의 주요 경제비율들에 기초하는 국가리스크 평점모형들을 사용하는 것이다. 금융회사 애널리스트는 먼저 한 국가의 채무재조정확률을 설명하는데 중요하다고 판단되는 일련의 거시경제변수들과 미시경제변수들을 선택한다. 이어서 어느 변수들이 채무재조정이 있었던 국가들과 채무재조정이 없었던 국가들을 가장 잘 판별하는지를 파악하기 위해 채무재조정이 있었던 국가들과 채무재조정이 없었던 국가들의 과거통계자료들을 사용한다. 이러한 과정은 채무재조정을 가장 잘 설명하는 일련의 주요 변수들과 이들 변수들의 상대적 중요도를 나타내는 가중치들을 찾아 내는데 도움을 준다. 예를 들어, 국내신용리스크분석에서 기업도산확률을 나타내는 Z-점수를 계산하기 위해 판별분석(discriminant analysis)을 사용하는 것처럼, 국가리스크분석에서 한 국가의 채무재조정확률을 측정하기 위한 Z-점수모형을 개발할 수 있다(Z-점수모형에 대한 논의를 위해서 제6장 참조).[5]

국가리스크분석(country risk analysis; CRA)의 첫 단계는 채무재조정확률을 설명하는데 중요한 일련의 변수들을 선정하는 것이다. 많은 경우 애널리스트들은 40개 이상의 변수들을 선택한다. 여기서 국가리스크확률모형(sovereign risk probability models)에 가장 공통적으로 포함되는 변수들을 살펴보도록하자.[6]

채무상환능력비율(DSR)

$$DSR = \frac{\text{채무의 이자와 균등상환금 합계}}{\text{수출}}$$

한 개발도상국의 수출은 달러 및 기타 경화들을 창출하는 일차적인 방법이다. 수출과 비교하여 경화들로 상환하여야 하는 채무가 크면 클수록 이 국가의 채무에 대하여 채무재조정을 하여야 할 확률은 더 커진다. 따라서 **채무상환능력비율(debt service ratio)**과 채무

5) 이 외에도 애널리스트들은 선형확률모형, 로짓모형 또는 프로빗(probit)모형들을 사용할 수 있다.

6) 예를 들어, A. Saunders and L. Allen, *Credit Risk Measurement: New Approaches to Value at Risk and Other Paradigms*, John Wiley and Sons, New York, 2002 (2nd edition)과 R.Brooks, R.W.Faff, and D. Hillier, "The National Market Impact of Sovereign Rating Changes," *Journal of Banking and Finance* 28 (2004), pp. 233–50 참조.

표 10-3 2006년 주요 국가들의 채무상환능력비율

국 가	채무상환능력비율	국 가	채무상환능력비율
아르헨티나	510%	멕시코	77
브라질	258	필리핀	124
칠레	141	폴란드	121
중국	46	러시아	120
콜롬비아	204	터키	221
코스타리카	70	우루과이	351
인도네시아	175	베네쥬엘라	125

자료: "2006 World Development Indicators," World Bank Web site. *www.worldbank.org*

재조정확률 간에 양의 관계가 존재한다. 〈표 10-3〉은 주요 국가들의 채무상환능력비율을 보여 준다. 일부 국가들은 수출의 몇 배에 이르는 채무를 상환하고 있는 점에 주목하라(예를 들면, 아르헨티나의 채무상환능력비율은 510%이고, 브라질의 채무상환능력비율은 258%이다).

▶**채무상환능력비율(debt service ratio)**
한 국가의 수출에 대한 채무의 이자와 균등상환금의 비율.

수입비율(IR)

$$IR = \frac{\text{총수입}}{\text{총대외준비자산}}$$

많은 개도국들은 부적정한 사회기반시설이 재화의 생산을 제한하기 때문에 재화를 수입해야 한다. 식량이 부족한 경우에는 식량까지도 주요 수입재가 된다. 수입에 대하여 지불하기 위해 개도국은 경화, 즉 대외준비자산을 감소시켜야 한다. 특히 주요 수입재가 많으면 많을수록 국가는 자기가 보유하고 있는 대외준비자산을 더 빠르게 소진시킬 것으로 예상된다. 예를 들면, 2006년에 브라질의 수입비율은 113%이었고 이것은 브라질이 지불하기 위해 보유하고 있는 대외준비자산보다 더 많은 재화와 서비스를 수입했다는 것을 의미한다. 대외준비자산을 우선 주요 수입재를 사기 위해 사용하여야 하기 때문에 대외준비자산에 대한 수입의 비율이 높으면 높을수록 개도국이 채무상환을 재조정하여야 할 확률이 더 높아진다. 왜냐 하면 국가가 해외 채권자들에게 상환하는 것을 자국민들에게 주요 수입재를 공급하는 것보다 중요하지 않게 여기기 때문이다. 따라서 **수입비율(import ratio)**과 채무재조정확률은 양의 관계를 가진다.

▶**수입비율(import ratio)**
한 국가의 총대외준비자산에 대한 수입의 비율.

투자비율(INVR)

$$INVR = \frac{\text{실질투자}}{\text{GNP}}$$

투자비율(investment ratio)은 한 국가가 자원을 소비가 아닌 공장, 기계 등과 같은 실질투자에 배분하는 정도를 측정한다. 투자비율이 높을수록, 경제는 미래에 더 생산적이 될 것이고 국가가 채무를 재조정할 확률은 더 낮아진다. 이것은 INVR과 채무재조정확률 간에 음의 관계가 존재한다는 것을 의미한다. 이와 반대되는 견해는 투자비율이 높다는 것은 개도국이 투자기반시설을 구축할 수 있게 된다는 것이다. 높은 투자비율은 미래에 개도국의 해외자금의존도를 낮추고 해외 금융회사 신용할당위협에 대한 개도국의 우려를 감소시키기 때문에 개도국은 대외신용공여자들에 대하여 보다 강한 협상력을 가지게 된다. 이와 같은 견해에 의하면 특히 개도국이 수입경쟁산업에 집중적으로 투자하는 경우 투자비율과 채무재조정확률은 양의 관계를 가지게 될 수 있다. (1990년대 중반에) 경제가 붕괴하기 직전 태국과 말레이시아의 투자비율은 각각 34%와 26%이었던 반면 브라질의 투자비율은 거의 0이었다. 2000년대 중반에 영국의 투자비율은 평균적으로 17%이었다.

▶ **투자비율(investment ratio)**
한 국가의 GNP에 대한 실질투자의 비율.

수출액 분산(VAREX)

$$VAREX = \sigma_{ER}^2$$

개도국의 수출액은 2가지 리스크요인들 때문에 심하게 변동할 수 있다. 수량리스크(quantity risk)는 개도국이 해외에 파는 1차상품, 예를 들어 커피 또는 설탕의 생산이 공급과잉 또는 부족에 직면할 수 있다는 것을 의미한다. 가격리스크(price risk)는 개도국이 수출하는 1차상품의 국제달러가격이 1차상품의 수요와 공급이 변화함에 따라 심하게 변동할수있다는 것을 의미한다. 개도국의 수출액이 심하게 변동하면 할수록 신용공여자는 개도국이 미래에 채무의 상환약속을 이행할 수 있을 것이라는 것에 대하여 확신할 수 없다. σ_{ER}^2과 채무재조정확률 간에는 양의 관계가 존재한다.

국내통화공급증가율(MG)

$$MG = \frac{\Delta M}{M}$$

개도국의 통화공급증가율[$\Delta M/M$ = 통화량의 처음 수준(M)에 대한 통화량의 변화분(ΔM) 비율]이 높으면 높을수록 개도국인플레이션율은 더 높아지고 개도국의 통화는 국내시장과 국제시장에서 더 약세화된다.[7] 한 국가의 통화가 교환의 매개수단으로서 신뢰성을 상실하면, 이 국가의 실질생산은 부정적인 영향을 받고 이 국가는 국내 및 국제 결제 모두를 위해 경화에 점차 더 의존하여야 한다. 이와 같은 인플레이션, 생산, 결제효과는 국내 통화공급증가율과 채무재조정확률 간에 양의 관계가 존재한다는 것을 제시한다.

이와 같은 5가지의 주요 경제변수들과 국가의 채무재조정확률(p) 간의 예상되는 관계는 다음과 같이 요약될 수 있다.

$$p = f(\underset{+}{DSR},\ \underset{+}{IR},\ \underset{+/-}{INVR},\ \underset{+}{VAREX},\ \underset{+}{MG}, \cdots)$$

주요 변수들을 선택한 후 금융회사 경영자는 일반적으로 국가들을 2개의 그룹으로 분류한다.

P_1 = 불량 국가리스크 국가군(채무재조정이 필요한 국가군)
P_2 = 우량 국가리스크 국가군(채무재조정이 필요 없는 국가군)

이어서 금융회사는 어느 변수들이 채무재조정이 필요한 국가와 채무조정이 필요 없는 국가를 가장 잘 구별하는지를 찾기 위해 판별분석과 같은 통계방법론을 사용한다. 주요 변수들과 이들 변수들의 상대적 중요도 또는 가중치가 구해지면 판별함수가 DSR, IR과 같은 현재의 관측치들을 사용하면서 현재의 국가 대출 또는 국가 대출신청자들이 우량한지 또는 불량한지를 분류할 수 있다. 이와 같은 방법론은 제6장에서 논의한 신용평점모형들과 매우 유사하다.

■CRA 통계모형의 문제점

CRA 모형은 금융회사들이 국가리스크분석을 하기 위해 사용하는 가장 일반적인 모형

7) 구매력평가(PPP)이론은 한 국가의 인플레이션율이 상대적으로 높을수록 다른 국가들의 통화들에 대하여 이 국가의 통화가치가 절하한다고 주장한다.

이지만, 많은 문제점들을 가지고 있다. 이 절에서는 전통적인 CRA 모형을 사용하는데 제기되는 6가지의 주요 문제점들을 논의한다. CRA 모형의 문제점을 논의하는 목적은 이 모형이 사용되어서는 안 된다고 지적하고자 하는 것이 아니라 금융회사 경영자는 CRA 모형을 사용하는데 내재되어 있는 잠재적인 문제점들을 이해하여야 한다는 점을 제시하는 데 있다.

변수의 측정문제

금융회사 경영자가 가지고 있는 한 국가의 DSR 또는 IR에 대한 정보는 데이터수집의 지연과 데이터측정상의 오류로 매우 자주 시대에 뒤떨어진다. 예를 들어, 국제결제은행(BIS)은 국별 총대출규모에 관한 데이터를 수집한다. 이와 같은 정보는 공표되기 6개월 이전의 정보이다. 현재 시점에 Citigroup은 현재의 인도네시아에 대한 대출잔액을 알 수 있으나 세계의 모든 금융회사들이 가지고 있는 인도네시아의 총대외대출잔액을 정확하게 알 수는 없다. 더욱이 금융회사 경영자가 DSR과 IR과 같은 주요 변수들의 미래값 또는 예측값을 가지고 채무재조정확률을 예측하는 통계모형을 사용할 때 이와 같은 측정상의 문제가 예측오류와 결합되어 매우 잘못된 결과가 제시될 수 있다.

모집단의 문제

일반적으로 애널리스트들은 채무재조정이 필요한 국가와 채무재조정이 필요 없는 국가와 같이 2가지 가능한 결과들을 구별하기 위한 변수들을 찾고자 한다. 현실적으로 보다 더 정교한 구별이 필요할 수 있다. 예를 들어, 이자지불에 대해서만 상환유예를 선언하는 국가와 이자 및 원금 모두에 대해서 상환유예를 선언하는 국가를 구별할 필요가 있다. 1980년대 초에 총부채상환규모를 수출액의 작은 비율로 유지시켰던 페루는 단기적인 외환부족으로 수개월 동안 채무에 대한 이자지불을 지연시켰던 국가보다 리스크가 더 높은 국가일 수 있다.

정치적 리스크요인

전통적으로 CRA 통계모형에는 경제변수들만이 포함되어 있다. 통화공급증가율과 채무재조정 간에는 강한 상관관계가 존재하지만 CRA 통계모형은 *파업, 선거, 부패, 혁명*과 같은 순전히 정치적인 리스크를 포착하지 못할 수 있다. 예를 들어, 민족주의적인 성향이 강한 정치인의 당선은 채무상환확률을 감소시키고 채무재조정확률을 증가시킬 수 있다. 이와 유사하게 동남아시아의 부채상환과 은행위기 문제가 발생한 중요한 이유는 연고주의와 부패 때문이었다.

1995년부터 헤리티지재단(Heritage Foundation)이 작성하여 발표하는 경제자유지수

(Index of Economic Freedom)는 전세계 160개 이상 국가들의 경제적 자유정도를 집약한 척도를 제공한다. 헤리티지재단은 경제적 자유를 "정부가 시민들이 자유 자체를 보호하고 유지하기 위해 필요한 정도를 넘어서서 재화와 서비스의 생산, 배분, 소비에 대하여 억압 또는 제한하지 않는 상태"로 정의한다.[8] 경제자유지수는 무역정책, 정부의 재정부담, 경제에 대한 정부개입, 통화정책, 자본흐름과 해외투자, 은행영업과 금융, 임금과 가격, 지적재산권, 규제, 암시장활동에 관한 척도들을 포함한다. 각 국가에게 10개 요인들 각각에 대하여 1에서 5까지의 점수와 이들 요인들에 부여된 점수의 평균에 기초하여 부여되는 종합점수가 주어진다. 1은 경제적 자유가 가장 높다는 것을 의미하고 5는 가장 경제적 자유가 없다는 것을 의미한다. 〈표 10-4〉는 2006년 현재 상위 10대 및 하위 10대 국가의 경제자유지수를 정리한 것이다.

다른 하나의 국가리스크 정량지표는 국제투명성기구(Transparency International)에 의해 작성되는 부패인식지수(Corruption Perception Index)이다. [그림 10-3]은 2006년 현재 작성된 158개국들 중에서 18개국에 대한 부패지수를 보여 준다. 가장 부패하지 않은 국가에게는 10점이 부여되고 가장 부패한 국가에게는 0점이 부여된다.[9]

포트폴리오 측면

전통적인 CRA 모형은 각 국가를 분리해서 고려한다. 그러나 LDC(개발도상국) 리스크노출 또는 국가리스크노출을 가지고 있는 많은 대형 금융회사들은 LDC 대출포트폴리오를 보유하고 있다. 포트폴리오의 측면에서 보면 잘 분산된 LDC 국가대출포트폴리오를 보유하는 리스크는 원유생산이 없는 LDC 대출에 크게 집중되어 있는 포트폴리오를 보유하는 리스크보다 낮을 수 있다. 특히 금융회사들은 많은 국가들에 걸쳐 상환확률에 체계적 영향을 미치는 주요 리스크변수들과 한 국가 또는 소수 국가들에만 영향을 줌으로써 비체계적 영향을 미치는 주요 리스크변수들을 구별할 수 있다. 이와 같은 문제를 다루는 한 가지 방법은 국가리스크분석을 위해 포트폴리오 분석모형을 사용하는 것이다. 이와 같은 분석은 모든 차입국가들의 상환확률에 체계적 영향을 주는 변수들과 특정국가에 한정되어 비체계적 영향을 미치는 변수들을 구별한다. 금융회사가 실제로 관심을 가져야 하는 변수들은 체계적 변수들이다. 왜냐 하면 체계적 변수들은 다수국가 대출포트폴리오를 통하여

---

8) 2004 Index of Economic Freedom (Washington, D.C: Heritage Foundation, 2004), Chap. 5, p.50 참조.

9) J. deHaan and W. J. Kooi, "Does Central Bank Independence Really Matter? New Evidence for Developing Countries Using a New Indicator," *Journal of Banking and Finance*, 24 (2000), pp. 643-664은 중앙은행총재가 바뀌는 빈도는 연구대상국가들의 경제건강도(결과적으로 국가리스크)에 영향을 주게 되는 중앙은행의 독립성을 측정하는 지표라는 점을 발견하였다. C. Pantzalis, D. A. Stangeland and H. J. Turtle, "Political Elections and the Resolution of Uncertainty: The International Evidence," *Journal of Banking and Finance*, 24(2000), pp. 1575-1604는 정치선거에서 반대파가 승리하거나 또는 현정부가 패배했을 때 주식시장은 자유도가 낮은 국가들에서 긍정적으로 반응한다는 것을 발견하였다.

표 10-4 상위 10대 및 하위 10대 국가들의 경제자유지수 (2006년)

국 가	경제자유지수	국 가	경제자유지수
홍콩	1.28	투르크메니스탄	4.04
싱가포르	1.56	라오스	4.08
아일랜드	1.58	쿠바	4.10
룩셈부르크	1.60	벨라루스	4.11
영국	1.74	베네쥬엘라	4.16
아이슬란드	1.74	리비아	4.16
에스토니아	1.75	짐바브웨	4.23
덴마크	1.78	버마	4.46
호주	1.84	이란	4.51
미국	1.84	북한	5.00

자료: The Heritage Foundation Web site, November 2006. *www.heritage.org*

분산될 수 없기 때문이다. 이와 대조적으로 비체계적 리스크 또는 국가고유리스크는 다수 국가 대출포트폴리오를 통하여 분산될 수 있다. 다음과 같은 모형을 생각해 보자.

$$X_i = a_i + b_i\overline{X} + e_i$$

X_i = 국가 i의 주요 변수 또는 국가리스크 지표변수(예를 들어, 국가 i의 DSR)

$\overline{X}$ = 금융회사가 대출하는 모든 국가리스크 지표변수의 가중지수(예를 들어, 금융회사의 포트폴리오에서 각 국가의 대출비중을 가중치로 각 국가의 DSR을 가중평균한 값)

e_i = X_i에 영향을 미치는 다른 요인들

$\overline{X}$와 e_i가 독립이라고 가정하면서 이 방정식을 분산의 형태로 나타내면 다음과 같은 식이 얻어진다.

$$\underset{\text{총리스크}}{VAR(X_i)} = \underset{\text{체계적 리스크}}{b_i^2\,VAR(\overline{X})} + \underset{\text{비체계적 리스크}}{VAR(e_i)}$$

이 방정식으로부터 한 국가의 총리스크, 즉 나이지리아의 DSR과 같은 한 국가의 주어진 리스크지표변수의 분산은 이 국가의 DSR이 모든 다른 채무 국가들의 DSR들에 따라 움직이는 정도를 측정하는 체계적 리스크요소와 독립적으로 나이지리아의 DSR에만 영향을 미치는 비체계적 리스크 요소로 구분될 수 있다. 체계적 요소와 비교하여 상대적으로 비체계적 요소의 크기가 크면 클수록 비체계적 요소는 LDC 대출을 넓게 배분함으로써 분산될 수 있기 때문에 DSR이라는 변수는 금융회사에게 덜 중요하다.

L. S. Goodman은 1970~1983년 동안 수출액 분산(VAREX)처럼 DSR은 국가들 간에 높

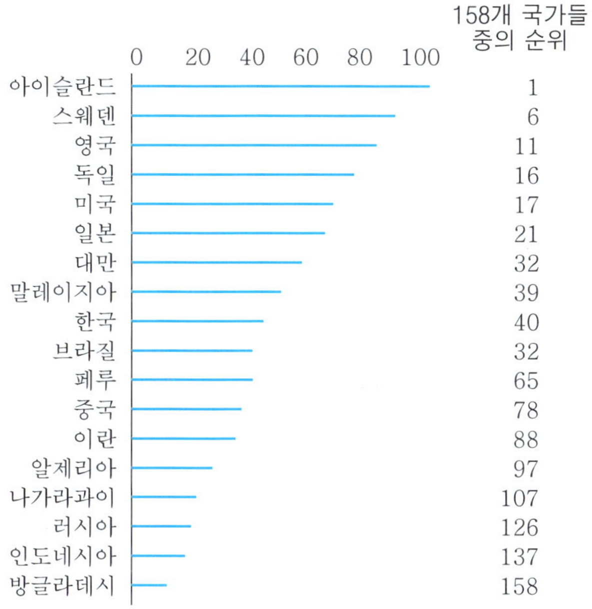

자료 : Transparency International, Novermber, 2006. *www.transparency.org*

그림 10-3 2006년의 부패인식지수

은 체계적 요소를 가지고 있다는 것을 발견하였다.[10] 이것은 한 LDC 국가가 수출과 비교하여 상대적으로 채무부담의 증가를 경험할 때 모든 다른 국가들도 그와 같다는 것을 의미한다. 이와 유사하게 1차상품의 가격 또는 세계수요가 한 부채국가의 1차상품의 수출을 감소시켰을 때 같은 일이 다른 채무국가들에게도 발생하였다. DSR의 체계적 리스크가 높은 이유는 DSR이 선진국들(또는 대부국들)의 명목이자율과 실질이자율의 상승에 민감하기 때문이다. 제9장에서 논의한 바와 같이 나라별 이자율은 시간이 흐름에 따라 양의 상관관계를 가지는 경향이 있다. 이와 같이 수출액 분산의 체계적 리스크가 높은 이유는 1차상품들의 가격과 세계수요가 선진국들의 경기후퇴 및 경기확장과 같은 경제적 상황을 동시에 반영하는 경향이 있기 때문이다.

이와는 달리 통화공급증가율($\Delta M/M$)과 수입비율(IR)은 낮은 체계적 요소를 가지고 있는 것 같다.[11] 이것은 놀라운 일이 아니다. 왜냐 하면, 개도국들은 화폐공급의 통제와 국내

10) L. S. Goodman, "Diversifiable Risks in LDC Lending; A 20/20 Hindsight View," *Studies in Banking and Finance* 3 (1986), pp. 249–62 참조.

11) Ibid.

예제 10-1 금융회사의 대출포트폴리오를 위한 국가리스크 계산

일단의 국가 그룹들의 평균 투자비율 분산 σ^2_{INVR}은 20%로 추정되었다. 포트폴리오에 포함되어 있는 두 국가인 벨기에와 홍콩의 개별 투자비율(INVR)은 각각 10%와 20%로 추정되었다. 개별국가 INVR을 평균 INVR에 대하여 회귀분석한 결과 베타계수추정치가 다음과 같이 추정되었다.

$$\beta_B = \text{벨기에의 베타} = 0.75$$
$$\beta_{HK} = \text{홍콩의 베타} = 0.60$$

개별 INVR추정치에만 기초하는 경우, 홍콩의 INVR(20%)이 벨기에의 INVR(10%)보다 더 높기 때문에 홍콩의 리스크프리미엄이 더 높게 부과되어야 한다. 그러나 금융회사가 리스크프리미엄의 추정을 위해 체계적 리스크를 고려하면, 홍콩에 대한 대출을 증가시키는 것이 금융회사 해외대출포트폴리오의 총체계적 리스크를 감소시킨다. 이 경우에 금융회사 대출포트폴리오의 비체계적 리스크는 대출분산으로 제거될 수 있기 때문에 대출국가군에 홍콩을 추가하는 것이 금융회사에게 이익이 된다.

지급준비를 어느 정도 재량적으로 사용할 수 있기 때문이다. 따라서 아르헨티나는 연간 50%의 통화공급증가율을 선택할 수 있는 반면 칠레정부는 연간 10%의 통화공급증가율을 목표로 선택할 수 있다. 이와 유사하게 아르헨티나와 칠레 경제는 매우 다른 수입 수요를 가질 수 있고 중요한 수입재들의 규모도 개도국별로 매우 크게 다를 수 있다. 이와 같은 형태의 분석을 사용함으로써 금융회사는 LDC 대출포트폴리오의 리스크에 영향을 미치는 소수의 변수들(예를 들어, DSR과 수출분산)에 초점을 맞출 수 있다.

1974~1987년 동안 리스크지표변수로서 나라별 인스티튜셔널 인베스터 지수를 사용하면서 54개의 개도국들을 대상으로 수행한 한 연구는 체계적 리스크와 비체계적 리스크요소가 아르헨티나의 97%와 3%로부터 러시아의 41%와 59%까지 상이하다는 것을 발견하였다.[12] 2002년에 러시아의 채무불이행과 2003년에 아르헨티나의 채무불이행을 겪은 금융회사의 경험은 포트폴리오 접근법의 타당성과 특히 같은 위기상황이 전염되는 경우에 비체계적 국가리스크분산에 대한 금융회사의 능력에 의문을 제기하지만, 이것은 다른 조건이 일정한 경우 금융회사는 아르헨티나 대출보다 러시아 대출을 보다 많이 보유해야 한다는 것을 의미한다. 최근에 VAR(value at risk) 모형이 네덜란드 국채의 포트폴리오에 적용되었다.[13] 제7장의 논의와 유사하게 이와 같은 연구방법은 최악의 경우 (말하자면 1%의 가능성을 가지는 최악의 경우) 정부 채무포트폴리오의 총손실을 추정한다.[14]

---

12) M. Palmers and T. B. Sanders, "A Model for Diversifying International Loan Portfolios," *Journal of Financial Services Research*, 1996, pp. 359-71 참조.

13) P. J. G. Vlaar, "Value at Risk Models for Dutch Bond Portfolios," *Journal of Banking and Finance*, 24, 2000, pp. 1131-54 참조.

14) VAR 모형은 또한 쇼크 또는 위기를 감당할 수 있는 국가의 능력을 평가하기 위해 국가의 외환수입에도 적용될 수 있다.

인센티브 측면

CRA 통계모형은 차입자와 금융회사가 가지는 채무재조정에 대한 인센티브 분석에 기초하지 않은 변수들을 사용한다. CRA 통계모형에서는 다음과 같은 질문들이 제기되지 않는다. 개도국이 채무재조정을 원하는 동기 또는 효익은 무엇인가? 금융회사가 채무재조정을 허용하는 동기 또는 효익은 무엇인가? 즉 무엇이 개도국의 채무재조정에 대한 수요와 금융회사의 채무재조정의 공급을 결정하는가? 양 당사자들 모두에게 채무재조정의 순이익이 비용보다 클 때에만 채무재조정은 발생할 것이다. 차입자와 금융회사가 가지는 채무재조정의 이익과 비용을 살펴보자.

차입자의 이익

- 차입자는 채무를 재조정함으로써 외부 금융회사에 대하여 이루어지는 경화에 의한 미래지불의 현재가치를 감소시킨다. 이것이 수입재의 소비를 증가시키고 국내투자율을 증가시킬 수 있다.

차입자의 비용

- 차입자는 채무를 재조정함으로써 미래의 대출시장에서 자기 자신을 배제시킬 수 있다. 이에 따라 차입자가 미래에 더 높은 성장을 가져올 수 있는 투자기회에 직면하더라도 이와 같은 투자에 필요한 자금을 조달하는 것이 어렵거나 또는 불가능할 수 있다.
- 채무재조정은 무역의 비용을 더 저렴하게 만드는 신용장과 같은 수단들에의 접근을 어렵게 할 수 있기 때문에 차입자의 국제무역에 심각한 방해를 초래할 수 있다.[15]

금융회사의 이익

- 대출이 일단 이루어지면 채무불이행보다 채무재조정이 더 좋다. 채무재조정이 이루어지면 금융회사는 대출원금과 이자의 일부 현재가치 손실을 예상할 수 있다. 만일 즉시 채무불이행이 이루어지면 금융회사는 대출원금과 미래 이자상환 모두를 잃게 된다.
- 금융회사는 채무재조정 대출에 적용될 수수료, 다양한 기타 담보 및 옵션조건들을 재협상할 수 있다.
- 채무재조정이 이루어진 개도국 대출포트폴리오 가치의 상각 또는 손실을 계상하는 금융회사에게 세금상의 이익이 있을 수 있다.[16]

---

15) 신용장에 관하여는 제8장 참조.

16) 예를 들어, 1998년에 Deutsche Bank는 아시아 대출포트폴리오에 대하여 약 8억 달러의 대손충당금을 계상하였다(*New York Times*, January 30, 1998, p. D1 참조).

금융회사의 비용

- 채무재조정을 통하여 대출은 장기채권 또는 지분과 유사하게 되고 금융회사는 특정한 형태의 대출포트폴리오 구조에 묶이게 된다.
- 거액의 채무재조정된 대출을 가지고 있는 금융회사는 더욱더 규제당국의 관심 대상이 된다. 예를 들면, 미국에서 이와 같은 금융회사는 규제당국의 문제금융회사 명단에 올려질 수 있다.[17)]

이와 같은 경제적 동기들은 채무재조정에 대한 수요와 공급을 결정한다. 그러나 단순한 CRA 통계모형이 이와 같은 복잡한 동기들을 어떻게 포함하고 있는지는 분명하지 않다. 가장 최소한의 수준에서라도 CRA 통계모형은 채무재조정의 기초 이론들을 반영하여야 한다.

안정성

CRA 모형이 가지고 있는 마지막 문제는 안정성이다. 어떤 주요 변수들이 과거에 채무재조정을 설명할 수 있었다는 사실이 이 변수들이 미래에도 채무재조정을 잘 예측할 것을 의미하지 않는다. 시간이 흐름에 따라 새로운 변수들과 동기들이 채무재조정의 의사결정에 영향을 미치고 주요 변수들의 상대적 중요도도 변화한다. 이것은 금융회사 경영자는 지속적으로 현재 이용가능한 모든 정보를 포함하면서 가능한 한 최선의 예측력을 가지는 CRA 모형을 새롭게 만들어야 한다는 것을 의미한다. 이것은 중국 및 인도와 같은 국가들에서 이루어지고 있는 생산기술의 변화와 더불어 무역이 확대되고 경쟁이 치열해지는 오늘날과 같은 새로운 글로벌 환경에서 특히 그러하다.

리스크측정을 위한 시장데이터 사용: LDC 부채의 유통시장

1980년대 중반부터 LDC 부채를 거래하는 유통시장이 뉴욕과 런던에 있는 대형 상업은행들과 투자은행들 간에 발전되었다. LDC 부채거래규모는 참여 금융회사들의 고수익(또는 정크본드)부문에서 이루어지는 거래를 포함하여 1984년의 약 20억 달러로부터 현재의 약 6조 달러로까지 엄청나게 증가하였다. LDC 부채거래 규모는 러시아 채무의 채무불이행 이후인 1998년과 브래디채권(Brady bond)에 대한 에콰도르의 이자상환 실패 이후인 1999년에 420억 달러로 감소하였다. LDC 부채거래는 브래디채권을 국내 국채와 스왑하고자 하

15) 신용장에 관하여는 제8장 참조.

16) 예를 들어, 1998년에 Deutsche Bank는 아시아 대출포트폴리오에 대하여 약 8억 달러의 대손충당금을 계상하였다(*New York Times*, January 30, 1998, p. D1 참조).

17) 문제금융회사들은 규제당국의 특별한 관심대상이 된다. 일반적으로 규제당국은 문제금융회사를 1(양호)에서 5(불량)의 스케일에서 4 또는 5로 등급을 부여한다.

는 투자자들을 확보하기 위한 신흥시장국가들의 조치들에 의해 불리한 영향을 받았다. 2000년대 초에 브라질의 급속한 경제회복, 멕시코의 투자등급으로 신용등급상승, 러시아의 성공적인 채무재조정에 힘입어 LDC 부채거래가 증가하고 신흥시장에 대한 투자자 신뢰가 증가하였다.

LDC 부채 유통시장은 금융회사가 CRA를 위해 사용할 수 있는 LDC 대출채권과 부채상품들에 대한 가격정보를 제공한다. 이와 같은 일이 어떻게 이루어질 수 있는지를 살펴보기 전에 먼저 LDC 대출채권과 부채상품들의 시장수요와 공급을 결정하는 요인들과 LDC 대출채권과 부채상품들이 거래되는 시장구조와 발전과정을 살펴보자.

■ 시장의 구조

LDC 부채의 유통시장은 은행과 기타 금융회사의 대차대조표 상에 있는 LDC 대출의 유동성을 크게 증가시켰다.[18] LDC 대출채권과 부채상품 유통시장의 시장참여자들은 다음과 같다.

판매자

- 대차대조표 상에서 LDC 대출을 상각하고자 하는 대형 금융회사
- LDC 대출시장으로부터 퇴출하기를 원하는 소형 금융회사
- 국가리스크노출의 포트폴리오를 재조정하기 위해 한 국가의 LDC 부채를 다른 국가의 LDC 부채로 전환하기를 원하는 금융회사

구매자

- 부채-지분 스왑 또는 투기적 투자에 참여하기를 원하는 부유한 투자자, 헤지펀드, 금융회사
- LDC 부채구조를 재조정하고자 하는 금융회사

■ 국가부채의 초기 시장

LDC 대출채권시장이 상대적으로 초기발전단계에 있었던 1988년 5월 2일 Salomon Brothers의 LDC 대출채권가격 호가표를 살펴보자. 〈표 10-5〉에서 보는 바와 같이 투자은행들과 주요 상업은행들과 같은 금융회사들은 LDC 대출채권의 매입가격과 매도가격을 호

18) 신용제공자가 LCD 대출채권 구매자에게 모든 미래의 이자상환과 원금상환에 대한 권리를 양도할 때 LDC 대출채권의 소유자가 바뀐다. 대부분의 초기 시장거래에서 대출채권의 구매자는 LDC 대출채권의 새로운 소유자가 되기 전에 채무국가의 허락을 받아야 했다. 그 이유는 채무국가가 LDC 대출채권 구매자가 초기 대부자만큼 채무재조정의 형태로 새로운 거래를 할 의사가 있는지에 대하여 우려할 수 있기 때문이었다. 그러나 대부분의 최근 채무재조정은 차입자(채무국가)로부터의 동의 없이 이루어지고 있다. 이것이 LDC 대출채권시장의 유동성을 증가시켰다.

가하면서 시장조성자로서 활동한다.[19] 따라서 금융회사 또는 투자자는 1988년 5월에 Salomon의 100달러 페루 대출채권을 액면가치의 91% 할인하여 9달러에 살 수 있었다. 그러나 투자자가 Salomon에게 동일한 대출채권을 매각하는 경우 100달러당 93%를 할인하여 7달러만을 받았을 수 있었다. 이 시기에 일부 국가에 대하여 이루어진 대출채권의 매입-매도 스프레드는 매우 컸다. 예를 들면, 수단대출채권의 경우 매입가격은 2달러이고 매도가격은 10달러였다. 이것은 많은 국가들에 대한 대출채권의 시장수요가 거의 없었다는 것을 예시한다.

표 10-5 LDC 은행대출채권의 가격

국가	기준현금가격	
	매입	매도
알제리아	$91.00	$93.00
아르헨티나	29.00	30.00
볼리비아	10.00	13.00
브라질	53.00	54.00
칠레	60.50	61.50
콜롬비아	67.00	68.00
코스타리카	13.00	16.00
도미니카공화국	17.00	20.00
에콰도르	31.00	33.00
온두라스	25.00	28.00
아이보리코스트	30.00	33.00
자메이카	33.00	36.00
멕시코	52.50	53.50
모로코	50.00	51.00
니카라과이	3.00	4.00
나이지리아	28.50	30.50
파나마	20.00	23.00
페루	7.00	9.00
필리핀	52.00	53.00
폴란드	43.25	44.50
루마니아	82.00	84.00
세네갈	40.00	45.00
수단	2.00	10.00
터키	97.50	99.00
우루과이	59.50	61.50
베네쥬엘라	55.00	55.75
유고슬라비아	45.50	47.00
자이레	19.00	23.00

자료: Salomon Brothers Inc, May 2, 1988.

19) 주요 시장조성자는 ING bank, Lehman, Citigroup, J. P. Morgan, Bankers Trust, Merrill Lynch이다.

■국가부채의 최근 시장

최근 LDC 부채시장의 구조에 많은 변화가 있었다. 현재에는 4개의 시장, 즉 브래디채권시장, 국가채권시장, 수익대출채권시장, 무수익대출채권시장으로 분할되어 있다

브래디채권

LDC 부채시장 중에서 첫 번째 시장은 **브래디채권(Brady bonds)** 시장이다. 이 시장에서 미국과 기타 국갸의 금융회사들은 달러표시 LCD 대출채권을 관련된 개도국들에 의해 발행되는 달러표시 채권으로 교환한다. 브래디채권은 처음의 대출보다 만기가 길고 이자율이 낮은 표면이자율을 가진다. 그러나 브래디채권의 원금은 일반적으로 발행국가가 미국 재무부채권을 매입하여 특수목적 에스크로우(escrow) 계좌로 보유함으로써 담보지원을 받는다. 브래디채권을 발행한 국가가 브래디채권에 대하여 채무불이행하면, 채권의 구매자들은 담보로 보유되어 있는 달러표시 채권에 대한 청구권을 행사할 수 있다. 이와 같이 채무재조정을 위해 대출을 채권으로 전환하는 방법은 부채-부채 스왑이라고 부르며 미국 재무부의 1989년 브래디플랜(Brady Plan)과 IMF와 같은 국제기관들의 후원하에 개발되었다. 일단 은행들과 다른 금융회사들에 의해 대출이 채권으로 스왑되면 대출채권은 유통시장에서 매각될 수 있었다. 예를 들면, 2002년 3월에 30년만기 브라질 브래디할인채는 100달러의 액면가격당 90.75달러의 매입가격을 가지고 있었다. 이 채권의 원금상환은 미국 재무부채권이 담보로 지원되었다. 〈표 10-6〉은 2003년과 2006년 주요국의 브래디채권 잔고를 정리한 것이다. 세계경제가 호황을 누리면서 브래디채권 잔고는 2003년부터 2006년기간 동안에 감소한 점에 주목하라.

국가채권

LDC 부채시장 중 두 번째 시장은 국가채권(sovereign bond)시장이다. 일부 개도국들의 부채포지션과 경제가 개선됨에 따라 1996년 5월부터 브래디채권의 재매입이 시작되었다. 예를 들면, 2003년 4월에 멕시코는 미국 달러표시 브래디채권을 재매입하기 위한 자금을 조달하기 위해 25억 달러의 국가채권을 매각하였다. 브래디채권과 국가채권의 차이는 브래디채권의 가치는 부분적으로 원금과 이자의 기초담보인 미국 재무부채권의 가치를 반영한다는 것이다. 반면에 국가채권은 담보지원이 없으며, 국가채권의 가격은 발행하는 국가의 신용리스크등급을 반영한다. 국가채권 발행국가가 가지는 이익은 미국 재무부채권을 담보로 제공할 필요가 없는데 따른 절약이다. 국가채권 발행국가가 지불하는 비용은 보다 높은 이자스프레드이다. 브라질에 의해 1997년 7월에 발행된 28억 달러의 30년만기 달러표시 채권(S&P에 의해 BB등급을 받음)은 발행시점에 미국 재무부채권보다 거의 4% 높은 수익

표 10-6 **브래디채권과 은행대출잔고 (2003년과 2006년 6월 현재, 10억 달러 기준)**

국 가	2003		2006	
	브래디채권잔고	은행대출잔고	브래디채권잔고	은행대출잔고
아르헨티나	$ 6.8	$ 25.0	$ 0.5	$ 10.5
브라질	17.8	58.2	0.0	57.5
불가리아	2.4	0.8	0.0	3.9
코스타리카	0.4	3.0	0.1	2.9
아비보리코스트	2.2	2.2	2.1	3.8
도미니카공화국	0.5	2.7	0.4	1.8
에콰도르	0.0	1.8	0.0	2.2
멕시코	1.3	45.7	0.0	38.9
나이지리아	1.4	2.0	1.3	4.0
페루	2.5	4.2	2.3	4.7
필리핀	1.2	12.2	0.8	17.2
폴란드	2.8	16.8	1.3	23.4
러시아	0.0	35.3	0.0	87.6
우루과이	0.5	2.1	0.1	1.9
베네쥬엘라	7.7	11.2	0.0	8.7

자료: World Bank Web site, January 2004 and November 2006. *www.worldbank.org*

률 스프레드를 가지고 판매되었다.[20] 2001년 7월에 J. P. Morgan 신흥시장채권지수(Emerging Market Bond Index)가 미국 재무부채권보다 거의 10% 이상 높은 스프레드를 보이고 있을 때 아르헨티나 국가채권은 미국 재무부채권보다 15% 이상 높은 스프레드로 거래되었다. 이것은 아르헨티나의 심각한 경제문제와 다른 국가채권시장에 미치고 있는 전염효과를 반영한 것이었다.

수익대출채권

LDC 부채시장의 세 번째 시장은 수익을 창출하고 있는 LDC 대출채권이 거래되는 시장이다. 수익대출채권은 대출받은 국가가 현재 금융회사 또는 채권보유자에게 약속된 상환을 유지하고 있는 원래의 국가대출이거나 또는 채무재조정된 국가대출잔고이다. 수익대출

20) A. Gande and D. Parsley("New Spillovers in the Sovereign Debt Market," *Journal of Financial Economics*, forthcoming)은 한 국가의 국가부채에 대한 신용등급은 다른 국가들의 국가부채에 대한 신용등급과 이에 따른 수익률 스프레드에 영향을 미칠 수 있다는 것을 발견하였다. 그들은 예를 들면, 한 등급의 신용등급 하락(예를 들어 BB로부터 B로 신용등급 하락)은 국가채권의 수익률 스프레드를 12bp 증가시켰으나 긍정적인 신용등급 변화는 국가채권에 인식할 수 있는 정도의 영향을 미치지 못하였다는 것을 발견하였다. 이에 더하여 D. Duffie, L. H. Pedersen, and K. J. Singleton, "Modelling Sovereign Yield Spreads: A Case Study of Russian Debt," *Journal of Finance* 58 (February 2003), pp. 119–59는 1990년대와 2000년에 러시아 국가채권 수익률 스프레드는 (정치적 사건들에 반응하면서) 시간이 흐름에 따라 크게 변동하였고 러시아의 외화준비자산과 유가와 음의 상관관계를 가지고 있었다는 것을 발견하였다. 그들의 모형은 러시아 국가채권은 1997년 9월에 과대평가되었을 수 있다는 것을 제시한다.

채권이 100%로부터 크게 할인되어 거래된다는 것은 해당국가가 미래에 상환문제에 직면할 수 있다는 예상을 반영하는 것이다. 〈표 10-6〉은 2006년 3월 현재 주요국의 해외은행대출잔고를 정리한 것이다. 2003년부터 2006년까지 브래디채권잔고는 감소한 반면 은행대출잔고는 증가한 점을 주목하라.

무수익대출채권

LDC 부채시장의 네 번째 시장은 무수익 LDC 대출채권이 거래되는 시장이다. 무수익 LDC 대출채권은 현재 이자 또는 원금상환이 이루어지지 않는 LDC 대출채권이다. 이와 같은 무수익대출채권은 일반적으로 100%로부터 크게 할인되어 거래된다.

LDC 부채시장가격과 국가리스크분석

금융회사는 LDC 부채가격을 주요 변수들과 연결시킴으로써 미래상환문제를 예측할 수 있다. 예를 들면, 멕시코, 브라질과 같은 국가들에 대한 LDC 부채가 매우 많이 거래되는 시장에서 LDC 부채가격은 국가대출에 대한 현재 현금흐름과 예상되는 현금흐름에 대한 시장컨센서스, 채무재조정확률 또는 채무지불거부확률을 반영한다.

LDC 대출채권의 시장가격이 1985년부터 월간으로 이용 가능하기 때문에 금융회사는 어떤 주요 경제 및 정치 변수들 또는 요인들이 LDC 대출채권의 유통시장가격의 변화를 발생시키는지를 분석하기 위한 CRA 통계모형을 구축할 수 있다. 이와 같은 CRA 통계모형은 LDC 대출채권가격을 이 절의 앞 부분에서 언급한 주요 변수들에 대하여 회귀분석한 결과를 이용하여 LDC 대출채권가격을 예측한다. 〈표 10-7〉은 1985년 7월에서 1988년 7월까지의 32개월 동안 10개의 LDC 대출채권의 유통시장가격을 결정하는 요인들에 관한 E. Boehmer and W. L. Megginson(1990)의 연구결과를 제시한 것이다.

우리가 보는 바와 같이 이 기간 동안 LDC 대출채권매각가격(P)에 영향을 주는 가장 통계적으로 유의한 변수들은 LDC 국가의 채무상환비율(TDGNP와 TDEX), 수입비율(NIRES), 연체된 누적부채(ARR), 금융회사가 보유하고 있는 LDC 대출에 대한 대손충당금(USP)이다. 페루와 브라질의 경우에는 채무상환유예를 반영하고 부채/지분 스왑 프로그램이 있느냐 여부를 나타내는 변수들(PDUM, BDUM)이 중요하다. 흥미롭게도 부채/지분 스왑 프로그램은 가격을 하락시키는 것으로 보인다(이 장의 부록에서 부채/지분 스왑 프로그램에 대하여 상세하게 논의한다).

금융회사 경영자는 이와 같은 통계모형을 추정한 후에 LDC 대출채권가격의 변화를 예측하기 위해 주어진 LDC의 채무상환비율과 기타 주요 변수들에 대한 예측치들과 함께 모수(회귀계수)들(β_1, β_2, ⋯, β_n)의 추정치를 이용할 수 있다. 이와 같은 방법으로 금융회사는 많은 국가채무자들에 대한 국가리스크노출의 변화를 예측할 수 있다.

국가리스크를 예측하기 위해 사용되는 전통적인 통계모형과 마찬가지로 이와 같은 방법에 대하여 동일한 비판들이 적용된다. 특히 이 모형의 모수들은 불안정할 수 있다. 금융회사는 DSR과 수입비율과 같은 변수들을 측정하는데 오차를 가질 수밖에 없다. LDC 대출

표 10-7 LDC 대출채권의 유통시장가격에 영향을 주는 변수

다음의 회귀방정식이 추정된다.

$$P_{it} = \beta_1 + \beta_2 \times TDGNP_{it} + \beta_3 \times TDEX_{it} + \beta_4 \times NETDS_{it} + \beta_5 \times NIRES_{it} + \beta_6 \times INT_{it} + \beta_7 \times ARR_{it} + \beta_8 \times USP_t + \beta_9 \times BDUM_{it} + \beta_{10} \times PDUM_{it} + \beta_{11} CONVDUM_{it} + U_{it}$$

P = LDC 대출채권의 유통시장가격
$TDGNP$ = 총장기부채/GNP 비율
$TDEX$ = 총장기부채/수출 비율
$NETDS$ = 순수출/부채이자와 균등상환금 비율
$NIRES$ = 순수입/경화대외준비자산 비율
INT = 월간 런던은행간대출이자율(단기이자율)
ARR = 발생된 연체지불금수준
USP = 미국 금융회사들의 누적 LDC 대출 대손충당금
$BDUM$ = 채무지불유예의 효과를 포착하기 위한 더미변수로 1987년 1월에서 12월까지 브라질의 경우에 1이고 그 외의 경우는 0
$PDUM$ = 일방적 부채상환지불의 제한을 고려하기 위한 더미변수로 전체 표본기간 중 페루의 경우에 1이고 그 외의 경우는 0
$CONVDUM$ = 부채/지분 스왑의 허용여부를 고려하기 위한 더미변수로 이것이 허용되는 국가의 경우에 해당기간에 1이고 그 외의 경우는 0

회귀계수	추정치	t-통계량
상수	88.51760	13.47
TDGNP	−18.11610	−4.75
TDEX	−0.10437	−3.57
NETDS	−0.30754	−0.50
NIRES	5.79548	1.28
INT	0.22825	0.30
ARR	−0.00574	−2.68
USP	−0.00100	−13.69
BDUM	−10.92820	−6.61
PDUM	−36.07240	−8.31
CONVDUM	−5.43157	−6.75

Degrees of freedom = 309
Ajusted $R^2 = 0.96$

자료: E. Boehmer and W. L. Megginson, "Determinants of Secondary Market Prices for Developing Country Syndicated Loans," *Journal of Finance* 45(1990), pp. 1517-40.

채권시장은 가격측면에서 효율적이지 않을 수 있다.[21] 아울러 이와 같은 주요 변수들과 유통시장가격의 변화 간의 관계는 미래에 부채의 채무재조정 또는 채무지불거부에 참여하는 차입자와 금융회사의 인센티브이론 측면에서 보면 일종의 블랙박스이다.

예제 10-2 LDC 대출채권의 유통시장가격 계산

한 금융회사가 브라질에 있는 한 기업에 대한 대출을 고려하고 있다. 브라질의 국가리스크를 추정하기 위해 금융회사는 LDC 대출채권의 유통시장가격을 결정하기 위한 Boehmer and Megginson 모형을 사용한다. 현재 브라질 대출채권의 유통시장가격은 액면가격의 65%이다. 금융회사는 이와 같은 브라질 대출채권의 유통시장가격이 내년 동안에 액면가격의 70% 이상으로 상승할 것으로 예상되면 고려중인 대출을 시행할 것이다. 금융회사의 대출담당자는 내년 동안 적용될 수 있는 브라질에 대한 거시경제변수들을 다음과 같이 추정하였다.

총장기부채/GNP비율(TDGNP) = 0.87
총장기부채/수출 비율(TDEX) = 0.50
순수출/부채이자와 균등상환금 비율(NETDS) = 0.75
순수입/경화대외준비자산 비율(NIRES) = 1.55
월간 LIBOR(INT) = 5.50
발생된연체지불금수준(ARR) = 0.10
미국 금융회사들의 누적 브라질대출 대손충당금(USP) = 0.50
브라질에 대한 더미변수(BDUM) = 1
페루에 대한 더미변수(PDUM) = 0
부채/지분 스왑의 허용여부 더미변수 (CONVDUM) = 0

이와 같은 추정치들을 사용하면서 금융회사는 브라질 부채의 유통시장 예상가격을 다음과 같이 계산한다.

$$88.51760-(18.11610\times 0.87)-(0.10437\times 0.50)-(0.30754\times 0.75)+$$
$$(5.79548\times 1.55)+(0.22825\times 5.5)-(0.00574\times 0.10)-(0.00100\times 0.50)-$$
$$(10.92820\times 1)-(36.07240\times 0)-(5.43157\times 0) = 71.782848$$

브라질 부채의 유통시장 예상가격은 액면가격의 71.782848%가 될 것이라는 추정치에 기초하여 금융회사는 고려중인 대출을 승인한다.

---

21) 그러나 S. H. Lee, H. M. Sung, and J. L. Urrutia, "The Behavior of Secondary Market Prices of LDC Syndicated Loans," *Journal of Banking and Finance* 20 (1996), pp. 537-54는 유통시장에서 거래되는 LDC 대출채권의 수익률은 효율시장에서 존재할 것으로 기대되는 수익률과 일치한다는 것을 제시하고 있다. 최근 연구는 일반적으로 국제시장, 특히 신흥국가시장은 점차 효율시장으로 이행하고 있다는 것을 발견하였다. B. Eftekhari and S. E. Satchell, "International Investors' Exposure to Risk in Emerging Markets," *Journal of Financial Research*, Spring 1999, pp. 83-106 참조.

개념질문

1. Institutional Investor 신용등급방식에서 국가신용등급은 미래지향적인가 과거지향적인가?
2. 국가리스크예측모형들에서 가장 일반적으로 포함되는 변수들은 어떤 변수들인가? 각 변수들은 무엇을 측정하는가?
3. 전통적인 CRA 모형들과 방법들을 사용하는데 제기되는 중요한 문제점들은 무엇인가?
4. 어떤 국가리스크지표들이 대형 금융회사에게 가장 중요한가?
5. 왜 브래디채권의 공급이 감소하는가?

요 약

이 장은 국가리스크에 노출됨에 따라 금융회사가 직면하는 문제점들을 개관하였다. 국가리스크는 외국정부가 사법적 권한 내에 있는 자국차입자들이 해외금융회사에게 부채의 원금과 이자상환을 제한하거나 또는 금지하는 리스크이다. 최근에 이와 같은 리스크는 개발도상국들, 라틴아메리카, 아시아 국가들에 대출한 미국 은행들에게 엄청난 문제를 야기시켰다. 이 장에서 *Euromoney*, *The Economist Intelligence Unit*, *Institutional Investor*와 같은 외부감시기관들의 모형들과 내부적인 평가목적으로 금융회사에 의해 구축될 수 있는 다양한 국가리스크분석(CRA) 모형들을 개관하였다. 이와 같은 통계적 CRA 모형들은 문제점들과 약점들을 가지고 있다. LDC 대출 채권 유통시장가격을 사용하는 국가리스크측정방법도 논의되었다. 부록에서는 금융회사의 관점에서 국가신용문제를 다루는 4가지 방법, 즉 부채/지분 스왑, 다년간 채무재조정합의(MYRAs), 대출채권매각, 부채/대출 스왑을 사용하는 데 따른 장점과 단점에 대한 논의가 이루어진다.

연습문제

1. 외국에 있는 차입자에게 대출하는데 어떤 리스크가 발생하는가? 설명하라.
2. 채무재조정과 채무지불거부의 차이점은 무엇인가?
3. 대출의 채무재조정이 채권의 채무재조정보다 쉬운 적어도 4가지 이유를 제시하고 설명하라.
4. 투자자들이 이용 가능한 3가지의 국가리스크 평가모형은 무엇인가? 각 모형은 어떻게 만들어지는가?
5. CRA Z-평점모형에서 일반적으로 어떤 종류의 변수들이 사용되는가? 다음의 비율들을 정의하고 각 비율이 채무재조정확률을 평가하는데 어떻게 해석되는가?
   a. 채무상환비율

b. 수입비율

c. 투자비율

d. 수출액 분산

e. 국내통화공급 증가율

6. 금융회사가 신용리스크와 대출의 채무재조정 확률을 측정하기 위해 주요 변수들의 값과 가중치를 계산하였다. 이와 같은 주요 변수들의 값과 가중치를 이용하여 계산된 Z-평점에 기초하여 금융회사는 주어진 대출을 승인하겠는가 또는 기각하겠는가? Z-평점모형의 유효성검정에 의하면 0.500 이하의 평점은 채무재조정이 이루어지지 않을 가능성이 있는 반면 0.700 이상의 평점은 채무재조정이 이루어질 가능성이 있는 것으로 분석되었다. 0.500과 0.700 사이의 평점은 채무재조정의 가능성에 대하여 잘 예측하지 못하는 것으로 분석되었다.

변수	특정국가의 값	가중치
DSR	1.25	0.05
IR	1.60	0.10
INVR	0.60	0.30
VAREX	0.15	0.35
MG	0.02	0.15

7. 국가 A와 국가 B는 각각 20억 달러와 60억 달러의 수출을 한다. 두 국가가 해외로부터 받은 대출에 대한 총이자와 균등상환액은 각각 10억 달러와 20억 달러이다.

a. 각 국가의 채무상환능력비율(DSR)은 얼마인가?

b. 채무상환능력비율에만 기초하면 금융회사는 어느 국가대출에 보다 더 높은 리스크프리미엄을 부과하여야 하는가?

c. *b*의 질문에 대한 당신의 답을 결정하기 위해 채무상환능력비율만을 사용하는데 따른 단점들은 무엇인가?

8. 전통적인 CRA 모형으로부터 발생되는 단점들은 무엇인가? 각 경우에 주어진 문제점을 해결하기 위해 추정방법상에 어떠한 조정이 이루어져야 하는가?

9. 가격리스크와 수량리스크는 한 국가의 수출액 분산에 어떻게 영향을 미치는가?

10. 한 국가그룹의 평균 σ^2_{ER}(VAREX=평균수출액의 분산)이 20%로 추정되었다. 이 그룹에 속하는 국가인 네덜란드와 싱가포르의 VAREX는 각각 15%와 28%로 추정되었다. 각 국가의 VAREX를 평균 VAREX에 대하여 회귀분석한 결과 다음과 같은 회귀계수의 추정치가 구해졌다.

β_H = 네덜란드의 베타 = 0.80

β_S = 싱가포르의 베타 = 0.20

a. VAREX의 회귀계수 추정치에만 기초하면, 어느 국가대출에 더 높은 리스크프리미엄이 부과되어야 하는가? 설명하라.

b. 만일 금융회사들이 리스크프리미엄을 추정하는데 비체계적 리스크를 포함시키면 *a*에 대한 당신의 결론은 어떻게 영향을 받을 것인가? 설명하라.

11. 다음과 같은 관계식을 설명하라.

$$p = f(IR, INVR)$$
$$+, + \text{ 또는 } -$$

p=채무재조정확률

IR=총수입/총대외준비자산

$INVR$=실질투자/GNP

12. 국가리스크의 관점에서 체계적 리스크는 무엇인가? 통계모형에서 종종 사용되는 변수들 중에서 어느 변수가 높은 체계적 리스크를 가지는 경향이 있는가? 어느 변수가 낮은 체계적 리스크를 가지는 경향이 있는가?

13. 다음의 당사자에 대한 채무재조정의 이익과 비용은 무엇인가?

a. 차입자

b. 금융회사

14. LDC 부채의 주요 매도자들은 누구인가? LDC 부채의 주요 매입자들은 누구인가? 왜 금융회사들은 유통시장에서 종종 LDC 부채의 매도자들이자 매입자들인가?

15. LDC 부채의 4개 유통시장을 구별하고 설명하라.

다음의 연습문제들은 부록 10A에 제시된 내용에 기초하여 답하라.

16. 부채/지분 스왑에 참여하는 투자회사에 발생되는 리스크는 무엇인가?

17. Chase Bank는 2억 달러의 아르헨티나 대출을 가지고 있다. 이 대출채권은 런던 유통시장에서 100달러당 91달러–93달러의 매도/매입가격으로 거래되고 있다.

a. 만일 Chase Bank가 이와 같은 대출채권을 7% 할인하여 한 투자은행에 매각할 수 있는 기회를 가지고 있으면, 이 대출채권을 유통시장에서 매각하여 얻는 수입과 비교하여 세후 저축은 얼마인가? 세율은 40%라고 가정하라.

b. 이어서 투자은행이 아르헨티나에 아파트단지를 건설할 계획을 가지고 있는 한 부동산회사에 6% 할인하여 이 대출채권을 매각한다. 투자은행이 얻는 세후이익은 얼마인가?

c. 부동산회사는 이 대출채권을 아르헨티나 정부에 의해 마련된 부채/지분 스왑을 통하여 페소로 전환한다. 달러의 페소전환을 위한 공식환율은 달러당 1.05페소이고 자유시장환율은 달러당 1.10페소이다. 부동산회사는 자유시장환율을 사용하여 2억 달러를 직접 투자하는 대신 부채/스왑프로그램을 통하여 아르헨티나에 투자함으로써 얼마나 절약할 수 있는가?

d. Chase Bank는 부채/지분 스왑을 통하여 얼마나 이익을 얻는가? 왜 Chase Bank는 이와 같은 스왑을 직접 하지 않는가?

18. Zlick사는 자회사의 생산량을 확대하기 위해 칠레에 2,000만 달러를 투자하려고 계획하고 있다. Zlick사는 2가지 옵션을 가지고 있다. Zlick사는 달러당 410페소의 현재 환율로 2,000만 달러를 전환하거나 또는 칠레 부채를 구입하여 지분투자로 전환시키는 부채/스왑에 City Bank와 함께 참여할 수 있다.

a. 만일 City Bank가 칠레 대출채권에 대하여 94달러–96달러 매도/매입가격을 제시하면, City Bank는 Zlick사로부터 얼마를 받을 것으로 기대하는가(세금은 무시하라)? 왜 City Bank는 이 대출채권을 처분하기를 원하는가?

b. Zlick사가 City Bank로부터 이 대출채권을 구입하기로 결정하고 이 부채를 지분으로 전환하고자 하는 경우 달러당 400페소의 공식환율이 사용되어야 한다. 이와 같은 옵션은 달러당 410페소의 자유시장환율로 칠레에 직접 투자하는 것보다 더 나은가?

c. 어떤 공식환율에서 Zlick사는 2가지 옵션에 대하여 무차별한가?

19. 대출의 채무재조정과정에서 양보정도(concessionality)는 무엇인가?

20. LDC 대출의 다년간 채무재조정합의(MYRA)에서 어떤 변수들이 일반적으로 협상요소들인가? 이와 같은 변수들의 변화가 어떻게 차입자와 금융회사에게 이익을 제공하는가?

21. 국가채권의 채무재조정은 국가채권의 이자율리스크에 어떻게 영향을 미치는가? 이와 같은 국가채권의 채무재조정이 금융회사의 자금비용을 변화시키지 않게 할 수 있는가? 설명하라.

22. 한 은행이 대출을 재협상하는 과정에 있다. 원금잔액은 5,000만 달러이고 각 2,500만 달러씩 2차례 상환되어야 하며, 8%의 이자가 지불되어야 한다. 새로운 대출조건은 처음 3년 동안은 원금상환 없이 6%의 이자만을 지불하기로 하고 만기를 5년으로 연장하는 것이다. 대출원금은 이자와 함께 마지막 2년 동안 매년 2,500만 달러씩 상환되어야 한다. 은행의 자금비용은 처음의 대출과 재협상된 대출 모두의 경우 6%이다. 재협상된 대출에는 1%의 선수수료가 포함된다.

a. 은행에게 있어서 처음 대출의 현재가치는 얼마인가?

b. 은행에게 있어서 채무재조정된 대출의 현재가치는 얼마인가?

c. 은행에게 있어서 양보정도(concessionality)는 양인가 또는 음인가?

23. 한 은행이 3년만기 균등분할상환이 없는 대출에 대하여 재협상하는 과정에 있다. 원금잔액은 2,000만 달러이고 이자율은 8%이다. 새로운 대출조건은 6%의 새로운 이자율로 대출만기를 10년으로 연장하는 것이다. 은행의 조달자금 비용은 처음 대출과 재협상된 대출 모두의 경우에 7%이다. 재협상된 대출에 50bp의 선수수료가 포함된다.

a. 은행에게 있어서 처음 대출의 현재가치는 얼마인가?

b. 은행에게 있어서 채무재조정된 대출의 현재가치는 얼마인가?

c. 은행에게 있어서 양보정도는 얼마인가?

d. 양보정도가 0이 되도록 하기 위해서 선수수료는 얼마이어야 하는가?

24. City Bank가 보유하고 있는 나이지리아 정부에 대한 2,000만 달러의 대출이 현재 연체상태이다. 심도 있는 협상 후에 City Bank는 이자율을 10%에서 6%로 인하하고 대출만기를 현재의 잔여만기인 5년에서 10년으로 연장하는데 동의하였다. 대출원금은 만기에 상환하도록 되어 있다. 거치기간(grace period)은 없고 첫 번째 이자지불은 연말에 이루어지는 것으로 예상된다.

a. 만일 City Bank의 조달자금비용이 5%이면 채무재조정 이전 대출의 현재가치는 얼마인가?

b. 채무재조정된 대출의 현재가치는 얼마인가?

c. 만일 City Bank의 조달자금 비용이 5%에서 유지되고 5%의 선수수료가 부과되면 채무재조정된 대출의 양보정도는 얼마인가?

d. 양보정도가 0이 되도록 하기 위해서 City Bank는 얼마의 선수수료를 부과하여야 하는가?

25. 한 은행은 영국에 있는 한 고객으로부터 10만 달러를 받을 것으로 예상하고 있었다. 그러나 고객이 즉각적으로 대출을 상환하는데 문제를 가지고 있었기 때문에 은행은 10%의 동일한 이자율로 대출기한을 1년 연장하였다. 그러나 채무재조정 합의에서 은행은 81,500파운드로 지불받을 옵션을 행사할 권리를 보유하기로 하였다.

a. 만일 은행의 조달자금 비용이 10%라고 가정하자. 만일 연말에 2가지 가능한 환율이 달러당 1.75파운드 또는 달러당 1.55파운드로 예상된다면 채무재조정합의에 의해 설정된 옵션의 가치는 얼마인가?

b. 만일 연말에 달러당 1.75파운드가 될 확률이 70%이고 달러당 1.55유로가 될 확률이 30%이면 당신의 답은 어떻게 달라지는가?

c. 통화옵션은 환율상승의 변동성보다 더 가치가 있는가 또는 덜 가치가 있는가?

26. 대출채권매각에 따른 금융회사의 주요 이익과 비용은 무엇인가?

27. 부채를 브래디채권으로 전환하는데 따른 금융회사의 주요 이익과 비용은 무엇인가?

Web을 활용하는 질문

28. Heritage Foundation의 웹사이트(www.heritage.org)에 가서 가장 최근 미국의 경제자유지수(Economic Freedom Index)를 구하라.

29. World Bank의 웹사이트(www.worldbank.org)에 가서 현재 브라질의 브래디채권잔고를 구하라.

관련 웹사이트

기관명	웹사이트
Bank for International Settlements	www.bis.org
Heritage Foundation	www.heritage.org
Institutional Investor	www.institutionalinvestor.com
International Monetary Fund	www.imf.org
The Economist	www.economist.com
Transparency International	www.transparency.org
World Bank	www.worldbank.org

부록 10A 국가리스크를 관리하는 방법

이 장의 본문에서 금융회사가 신용에 관한 의사결정을 하기 전에 국가리스크노출을 측정하기 위해 사용할 수 있는 방법들과 모형들을 살펴보았다. 이 부록에서는 발생한 국가신용리스크문제를 다루는 4가지의 방법을 사용하는데 따른 이익과 비용을 살펴보도록 하자. 이와 같은 4가지 방법은 다음과 같다.

1. 부채/지분 스왑(Debt-for-equity swap)
2. 다년간 채무조정합의(multiyear restructuring of loans; MYRAs)
3. LDC 대출채권매각(sale of LDC loans)
4. 채권/대출 스왑(bond-for-loan swaps (Brady bonds))

다년간 채무재조정합의방법은 대출을 포트폴리오에 그대로 유지시키는 반면 다른 3가지의 방법은 금융회사의 청구권 자체의 기본적 특성을 변화시키거나 또는 대차대조표로부터 금융회사의 청구권을 제거한다.

이 부록에서는 먼저 채무재조정과 부채/지분 스왑에 대하여 살펴본다. 이어서 LDC 대출채권매각과 채권/대출 스왑(예를 들면 브래디채권)에 대하여 이미 살펴보았기 때문에 LDC 대출채권매각과 채권/대출 스왑의 이익과 비용만을 요약한다. 특히 이와 같은 방법들의 이익과 비용을 이해하는 것은 금융회사가 국가대출 또는 국가신용의 문제를 다루는데 4가지 방법 중에서 필요한 방법들을 선택하는데 도움을 줄 수 있기 때문에 중요하다.

부채/지분 스왑

LDC 대출채권매각시장은 부채국가들에 지분투자를 하기 원하는 외부의 투자자들과 칠레와 멕시코같은 개도국들에 의해 마련되는 부채/지분 스왑 프로그램과 밀접한 연계를 가지고 있다. 은행들은 LDC 대출채권의 주요 판매자들이고 부채국가들에 장기지분투자 또는 실물투자를 하기 원하는 투자자들은 LDC 대출채권의 주요 매입자들이다. 예를 들어, 1985년 멕시코 부채/지분 스왑 프로그램은 멕시코 달러대출이 특정한 우선 투자분야의 멕시코 지분으로 스왑되는 것을 허용하였다. 이들 분야는 자동차, 관광, 화학공업이었다. 예를 들어, American Express는 멕시코에 7개의 호텔을 짓는데 멕시코 부채/지분 스왑 프로그램을 이용하였다. 연간 부채/지분 스왑 추정액은 현재 약 100억 달러이다.[22]

22) 최근에 부채/지분 스왑 프로그램을 채택한 국가들로는 아르헨티나, 브라질, 칠레, 코스타리카, 에콰도르, 자마이카, 멕시코, 우루과이, 베네쥬엘라이다.

이제 거래에 참여하는 금융회사와 다른 당사자들에 대한 부채/지분 스왑의 이익과 비용을 하나의 가상적인 예를 통하여 살펴보자. 2008년 11월에 Citigroup이 칠레에 1억 달러의 대출잔액을 가지고 있고 이와 같은 대출채권을 9,100만 달러의 매도가격으로 유통시장에서 매각할 수 있다고 하자. 이와 같은 대출채권을 매각함으로써 Citigroup이 얻는 장점은 회계장부로부터 이와 같은 대출을 제거하고 다른 투자를 위해 자금을 자유롭게 만드는 것이다. 그러나 Citigroup은 대출에 대하여 900만 달러의 손실을 수용하여야만 한다. Citigroup은 다른 부분에서 수익을 내고 있으면 이와 같은 손실을 다른 수익으로 상쇄시킬 수 있다. 이에 더하여 법인세가 34%이면 Citigroup의 세후손실은 900만 달러×(1−0.34)=594만 달러가 될 것이다.

만일 Citigroup이 이 대출채권을 9,100만 달러에 Merrill Lynch에 매각하면, 시장조성자인 Merrill Lynch는 약간 높은 가격인 9,300만 달러에 외부의 구매자에게 이와 같은 대출채권을 재매각할 수 있다. IBM이 칠레에 컴퓨터공장을 건설하기를 원하고 칠레에서의 투자를 위해 1억 달러의 액면가격대출채권을 Merrill Lynch로부터 9,300만 달러에 매입한다고 하자. 이에 따라 Merrill Lynch는 200만 달러(=9,300만 달러 − 9,100만 달러)의 이익을 얻는다. IBM은 칠레가 부채/지분 스왑 프로그램을 가지고 있다는 것을 알고 있다. 이것은 주어진 환율에서 칠레정부는 IBM이 매입한 1억 달러 대출을 칠레 화폐인 페소로 전환하는 것을 허용할 것이라는 것을 의미한다. 그러나 칠레정부는 대가를 받을 때에만 기꺼이 이와 같은 일을 하려고 할 것이다. 칠레정부는 자유시장 달러/페소환율을 5% 할인한 가격에서 1만 달러의 페소전환을 기꺼이 하려고 할 것이다. 만일 자유시장환율이 미국 달러당 380칠레 페소이면 칠레정부는 미국 달러당 361페소로 달러를 페소로 전환할 것이다. 따라서 IBM은 매입한 대출채권 액면가격의 5% 할인분을 부담하여야 한다. 즉 칠레 중앙은행에서 1억 달러의 대출채권을 페소로 전환할 때 IBM은 9,500만 달러에 해당되는 페소를 받는다.[23] IBM은 유통시장에서 이와 같은 대출채권을 9,300만 달러에 구매하였다는 것을 기억하라. 따라서 IBM이 부채/지분 스왑 전환프로그램으로부터 얻는 순저축은 200만 달러이다.[24] 그러나 9,500만 달러는 공장건설을 위한 부동산과 같은 칠레지분에 투자되기 위해서 페소로 전환되어야 한다는 점에 주목하라. 일반적으로 부채/지분 스왑 투자자는 배당을 본국에 송금하려면 시간이 걸리는 문제(멕시코의 경우에 12년)와 종종 거액의 원천징수세금 문제(멕시코의 경우에 55%)에 직면하게 된다. 더욱이 부채/지분 스왑 투자자는 페소 환리스크뿐만 아니라 투자자산의 수용 또는 국유화 리스크에 직면한다. 따라서 200만 달러의 스

---

23) 실제로는 부채/지분 스왑은 공식환율로 페소로 전환한다. 이와 같은 공식환율은 사적인 거래를 위한 공식 또는 비공식 시장환율보다 종종 덜 매력적이다.

24) 즉 일반적으로 이와 같은 스왑은 이용가능한 대안으로 활용할 수 있는 현지에서의 직접차입보다 비용이 적게 든다.

프레드는 이와 같은 리스크에 대한 IBM의 예상을 반영한 것이다.

마지막으로 칠레정부는 이와 같은 부채/지분 스왑 프로그램으로부터 무엇을 얻는가? 칠레정부는 자국화폐인 페소를 가지고 상대적으로 비싼 경화인 달러 부채를 할인하여 퇴출시켰다. 즉, 칠레정부는 1억 달러의 액면가격 부채를 9,500만 달러의 페소비용으로 퇴출시켰다. 이와 같은 달러가치의 차이는 부채/지분 스왑 공식환율(달러당 361페소)과 자유시장환율(달러당 380페소)의 차이를 반영한 것이다. 칠레가 부담하는 비용은 9,500만 달러에 해당되는 페소를 더 인쇄하는 비용이다. 이와 같은 일은 칠레의 인플레이션율을 더 높일 수 있고 IBM의 지분매입결과로 칠레 부동산에 대한 해외소유권과 통제를 증가시킬 수 있다.

[그림 10A-1]은 대출채권매각과 부채/지분 스왑의 결과로 처음의 1억 달러의 액면가치가 네 당사자들에게 어떻게 분할되는지를 보여 준다. Citigroup은 처음의 대출 액면가치의 91%를 가진다. Merrill Lynch, IBM, 칠레정부는 각각 처음 대출 액면가치의 2%, 2%, 5%를 가진다. 즉 세 당사자들인 투자은행, 부채/지분 스왑에 참여한 기업, 후원국가의 정부는 Citigroup이 인수한 액면가치로부터 9% 할인한 부분을 가진다.

이와 같은 예에서 한 가지 의문점은 왜 Citigroup이 투자은행과 IBM을 제쳐놓고 자신이 직접 칠레 화폐 부채/지분 스왑에 참여하지 않는가이다. 즉 왜 Citigroup은 직접 칠레에 대한 1억 달러의 대출채권을 9,500만 달러에 해당하는 칠레 지분과 스왑하지 않는가? 그 이유는 미국연방준비제도의 레귤레이션 K가 미국 은행들이 해외국가들에서 실물지분을 매입하거나 또는 사업에 참여하는 것을 세한하고 있기 때문이다.[25] 만일 미국 은행이 칠레 부동산을 매입하여 보유할 수 있으면, LDC 대출포트폴리오를 재조정함으로써 발생하는 잠재적인 손실은 감소될 수 있다. 그럼에도 불구하고 대출채권매각은 직접적으로 대차대조표로부터 문제대출을 제거시키지만 부채/지분 스왑은 문제대출을 리스크가 높은 대차대조표 상의 페소표시 장기지분포지션으로 대체한다는 점에 주목하라. 따라서 이와 같은 거래를 통하여 대차대조표 상의 유동성이 개선되느냐는 불확실하다.

다년간 채무재조정합의

만일 한 국가가 대출에 대한 지불을 계속할 수 없고 금융회사가 이와 같은 대출채권을 매각하거나 또는 지분 또는 부채로 스왑하기보다 대차대조표 상에 대출을 유지하기로 선

25) 제한된 금액의 지분 매입은 에지법회사(Edge Act corporation)라고 부르는 특별 미국 은행 자회사들에게 허용되어 있다. 에지법회사는 미국 은행들이 국제거래에 필요한 자금을 지원할 수 있도록 허용한 Edge Act하에서 1919년부터 설립되었다. 1987년에 연방준비제도는 부채/지분 스왑으로 33개의 극빈 개도국들에서 비금융회사의 100% 지분에 대한 은행인수를 승인하였다. 불행하게도 이와 같은 국가들 대부분은 부채/지분 스왑 프로그램을 운영하지 않거나 또는 매력적인 지분을 거의 가지고 있지 않다. 그러나 멕시코에 7개의 호텔을 지은 American Express는 부채/지분 스왑에 직접 참여한 은행의 예를 보여 준다.

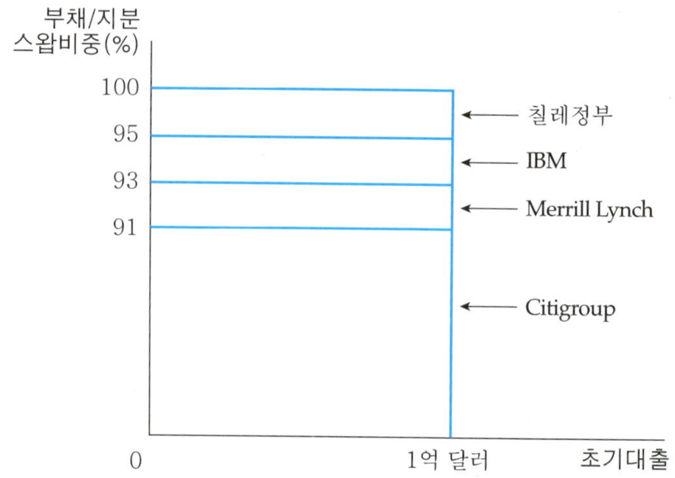

그림 10A-1 **부채/지분 스왑과 대출채권매각**

택하면, 이와 같은 대출과 대출 계약조건들은 다년간 채무재조정합의(multiyear restructuring agreement; MYRA)하에서 재조정될 수 있다. MYRA의 한 가지 좋은 예는 1998년 3월에 만기가 도래하는 240억 달러의 단기 달러대출을 재조정하기 위해 한국과 주요 채권자들 사이에 체결된 1998년 1월 합의이다. 이와 같은 대출들 중 많은 대출들은 20%가 넘는 이자율과 90일 이하의 만기를 가지고 있었다.

대출채권매각, 부채/지분 스왑, 부채/부채 스왑과 마찬가지로 금융회사에게 제기되는 중요한 문제는 국가대출 채무재조정과정에서 금융회사가 차입자에게 기꺼이 양보하거나 또는 포기하고자 하는 금액이다. 이와 같은 방법의 이익과 비용은 일반적으로 MYRA에 포함되는 많은 요소들에 의해 결정된다. MRYA에 포함되는 요소들을 일부 제시하면 다음과 같다.

1. 대출을 재조정하는 비용으로 금융회사가 차입자에게 부과하는 *수수료*. 이와 같은 수수료는 대형 대출신디케이트가 협상에 참여하면 대출액면가치의 1%만큼 증가될 수 있다.
2. 신규대출에 부과되는 *이자율*. 이 이자율은 차입자의 상환 현금흐름 문제를 완화하기 위해 일반적으로 처음의 대출에 부과된 이자율보다 낮다. 한국의 경우 주어진 대출이 1년간 채무재조정되면, 새로운 이자율은 LIBOR+2.25%이었다. 주어진 대출이 2년간 채무재조정되면, 새로운 대출이자율은 LIBOR+2.5%이었다. 주어진 대출이 3년간 채무재조정되면, 새로운 이자율은 LIBOR+2.75%이었다.

3. 차입자에게 미래의 부채 이자와 원금을 지불하기 위한 경화준비자산을 축적할 시간을 주기 위해 새로운 대출에 대한 이자와 원금의 지불이 시작되기 전에 일정한 거치기간(*grace period*)이 설정될 수 있다. 한국의 경우 거치기간이 설정되지 않았다.
4. 이자와 원금의 지불이 보다 장기간에 걸쳐 이루어지도록 대출의 만기가 연장된다. 한국의 경우 채무재조정된 대출의 만기는 1년과 3년 사이에서 설정되었다.
5. 금융회사(와 때로는 차입자)가 이자와 원금상환을 위한 통화를 선택할 수 있도록 하거나 또는 미래의 채무불이행시 금융회사를 보호하기 위한 옵션과 보증조건들(*option and guarantee features*)이 종종 MYRA에 포함된다.[26] 한국의 경우, 한국 정부가 240억 달러의 상환 보증을 해야만 했다.

이와 같은 요소들의 크기와 상호작용이 금융회사에 대한 MYRA의 양보정도(concessionality: 순비용)를 결정한다. 일반적으로 금융회사의 순비용 또는 양보정도는 다음과 같이 정의될 수 있다.

$$\text{양보정도} = [\text{처음 대출의 현재가치}] - [\text{채무조정된 대출의 현재가치}]$$
$$= PV_O - PV_R$$

처음 대출의 현재가치와 비교하여 상대적으로 채무조정된 대출의 현재가치가 낮으면 낮을수록 금융회사가 차입자에게 제공하여야 하는 양보정도, 즉 채무재조정의 비용은 커진다.

대출채권매각

국가대출문제를 다루는 세 번째 방법인 LDC 대출채권매각은 제10장의 본문에서 논의되었다. 여기서는 대출채권매각에 따른 금융회사의 이익과 비용을 요약한다. 첫째, LDC 대출채권매각의 중요한 이익은 LDC 대출을 대차대조표로부터 제거하고 그 결과로 얻는 자금은 다른 투자를 위해 자유롭게 사용될 수 있다는 것이다. 둘째, LDC 대출채권을 할인하거나 또는 손실을 보고 매각할 수 있다는 것은 금융회사의 대차대조표 나머지 부분이 이러한 비용을 감당하기에 충분하게 건전하다는 것을 의미한다. 실제로 많은 연구들은 대손상각이나 대출채권매각 이전에 금융회사가 LDC 대출에 대한 대손충당금을 추가한다는 발표는 은행의 주가에 긍정적인 효과를 미친다는 것을 발견하였다. 셋째, 대출채권매각은 금융회사가 지불하는 세금을 제거시키기 때문에 금융회사와 정부는 대출채권매각 손실을 분담한다. 대출채권매각의 중요한 비용은 대출의 액면가치와 대출채권매각 시점에 평가되

26) 예를 들면, 대부자는 달러 또는 엔으로 상환받는 것을 선택할 수 있다. 이와 같은 옵션 조건은 누가 이와 같은 통화옵션을 행사하느냐에 따라서 차입자 또는 대부자의 현금흐름가치를 증가시킨다.

는 대출의 시장가치 간의 세금조정 손실이다.

채권/대출 스왑(브래디채권)

국가대출문제를 다루는 네 번째 방법은 채권/대출 스왑이다. 채권/대출 스왑의 중요한 이익은 LDC 대출을 시장성과 유동성이 높은 금융상품인 채권으로 전환시킨다는 것이다. 예를 들어, 금융회사는 브래디채권(이와 같은 유형의 스왑 중에서 가장 일반적 채권)을 상대적으로 낮은 거래비용, 작은 매도/매입 스프레드, 효율적인 청산 및 결제시스템을 가진 대부분의 유로본드와 유사한 방법으로 거래하고 청산한다. 이에 더하여 완전한 또는 부분적인 담보지원 때문에 이와 같은 채권들은 일반적으로 해당국가의 잔여 LDC 대출 또는 국가채권보다 청구권지위가 상위이다. 채권/대출 스왑의 중요한 비용은 이와 같은 채권이 보다 장기의 만기를 가지기 때문에 발생된다. 또한 대출액면가치와 부채액면가치의 스왑은 종종 달러 대 달러보다 적다. 더욱이 미국 달러부채를 담보로 설정하는 것이 최소한의 경화준비자산을 가지고 있는 LDC 국가에게는 매우 값비싼 대가일 수 있다.

제 11 장

기술 및 기타 운영리스크

11.1 서 론

제3장에서 제9장까지는 금융회사가 부내 거래 또는 부외거래인 자산변환이나 중개업무를 수행하는 과정에서 발생하는 금융리스크를 중심으로 설명하였다. 그러나 금융리스크는 현대 금융회사들이 직면하는 다양한 리스크 중 일부에 지나지 않는다. 금융회사 역시 다른 기업들과 마찬가지로 비용과 수익을 생성하는 생산자 및 운영자로서의 기능을 담당한다. 이 장에서는 (1) 운영리스크와 수익에 영향을 미치는 요소들과 (2) 노동, 자본, 기타 투입물과 요소비용의 최적 관리와 통제에 그 초점을 맞추기로 한다. 특히 효율적인 운영을 하고 있는 금융회사는 운영비용 감소분을 이용하여 수익을 증가시킬 수 있으며 파산가능성을 낮출 수 있다.

금융회사의 의사결정과정에 있어 가장 중요한 것은 서비스를 제공하기 위하여 사용되는 요소 가격이다. 가장 중요한 요소는 노동(종업원, 임원)과 자본(건물, 장비, 비품 등)이라고 할 수 있다. 효율적인 금융회사운영이나 생산요소들의 조합에 있어 중요한 것은 결국 **기술(technology)**이며 기술혁신은 최근 금융회사의 주된 이슈가 되고 있다. 1980년대 이후로 은행, 보험회사, 투자회사들은 대내 및 대외적 커뮤니케이션, 컴퓨터, 기술상의 인프라 확장 등을 위한 많은 투자를 통해 운영상의 효율성을 제고하기 위하여 노력하여 왔다. 인터넷과 무선통신기술은 금융회사의 서비스 제공에 엄청난 영향을 미쳤다. 이 기술은 단지 새로운 판매채널로서가 아닌 완전히 새로운 형태의 금융서비스 제공을 가능케 하였다. Citigroup과 같은 다국적 금융서비스회사는 자신이 소유하고 있는 위성시스템을 이용하여 실시간으로 연결된

100개 이상의 국가들에서 영업을 하고 있다. 운영리스크(operational risk)는 부분적으로 기술리스크(technology risk)와 관련되어 있다. 예를 들어 운영리스크는 기술상의 특정 기능이 작동하지 않거나 지원부서의 시스템이 마비되는 경우에 발생할 수 있는 리스크이다. 특히 지원부서의 시스템은 금융회사의 수많은 부내 또는 부외거래의 청산, 결제, 기타 관련된 서비스를 제공하기 위해 노동과 기술을 결합하는 기능을 담당한다는 점에서 더욱 그러하다.

▶**기술(technology)**

금융회사의 서비스 생산을 위한 컴퓨터, 음향/영상 커뮤니케이션시스템, 기타 정보시스템의 사용을 일컬음.

Hitachi Data Systems에 의하면 기업의 지원부서시스템 장애는 평균적으로 연 4회 발생하고 복구기간은 12시간이라고 한다. 미국 World Trade Center와 국방부에 대한 테러리스트들의 공격은 예측 불가능할 정도로 지원부서시스템의 마비를 초래하였다. 예를 들어 Bank of New York의 경우 테러발생 후 한 주가 경과한 후에도 정부채권청산공사와의 중요한 커뮤니케이션 연결망에 문제점을 계속 가지고 있었다. 물론 체결된 거래들은 최종적으로 보고는 되었지만, 이 은행의 고객들은 자신들의 포지션에 대한 즉각적인 보고를 받지 못하는 불편을 겪어야만 하였다.

이처럼 매우 밀접한 관계를 가지고 있는 기술리스크와 운영리스크는 최근 금융회사 경영자들과 규제당국의 관심을 불러일으키고 있다. 세계 주요 국가들의 중앙은행들로 구성된 조직된 국제결제은행(BIS)은 기술리스크를 포함한 운영리스크를 "부적절하거나 잘못된 내부 또는 외부적 절차, 인력, 시스템, 또는 외부 사건으로 인해 발생하는 직접 또는 간접적 손실발생리스크"라고 정의하고 있다.[1] 많은 금융회사들이 명성이 훼손되는 리스크나 전략적 리스크(예를 들어, 합병실패)를 광범위한 운영리스크의 범위에 포함시키고 있다. BIS는 2006년까지 운영리스크에 대한 손실을 보전할 수 있는 추가자본을 요구함으로써 운영리스크의 중요성은 더욱 강조되고 있다. 이번 장에서는 이 BIS의 제안에 대해서 간략하게 살펴보고, 제15장에서 보다 심도 있게 이 주제를 다루기로 한다.

11.2 운영리스크의 요소

운영리스크를 통제하고 경감시키면 금융회사의 운영효율성은 증가한다. 앞으로 설명하겠

1) "Overview of the New Capital Accord," Bank for International Settlements, April 2003, p. 120 참조.

지만 운영효율성의 개선은 순이익, 자산이익률, 그리고 기타 금융회사의 성과를 측정하는 지표들을 개선시킨다.[2] 그러나 운영리스크는 가시적이 아니므로 계량화하기가 쉽지 않다.

운영리스크는 적어도 다음과 같은 다섯 가지 원인으로부터 기인된다.

1. 기술(예 : 기술적 장애, 시스템 진부화)
2. 종업원(예 : 종업원 실수나 부정행위)
3. 고객과의 관계(예 : 계약 분쟁)
4. 자본적 자산(예 : 화재나 재난으로 인한 손실)
5. 외부적 요인(예 : 사기)

이 중 현대금융회사의 수익성과 리스크에 있어 보다 중요하게 등장하는 것은 기술이다.

11.3 기술혁신과 수익성

광의의 기술이라는 용어는 컴퓨터, 시각 및 청각적 의사소통수단, 기타 정보기술을 모두 포함하는 개념이다. 최근에 미국은행들은 기술과 관련하여 연간 200억 달러 이상을 지출하였다.

금융회사가 효율적인 기본기술을 보유하면 다음과 같은 이익을 얻게 된다.

1. 보다 효율적으로 노동과 자본을 결합함으로써 더 적은 비용으로 생산이 가능함.
2. 소비자에게 좀더 혁신적이고 개선된 광범위한 금융서비스를 제공함으로써 수익을 증가시킴.

효율적인 기술이용이 금융회사 운영비에 미치는 영향은 다음의 수익함수를 통해서 명확하게 확인할 수 있다.

세전 이익 = (이자수익 − 이자비용) + (영업외수익 − 비이자비용) − 대손충당금

〈표 11-1〉은 1991년부터 2006년까지 미국 은행들의 이익자료를 구성요소별로 분류한

2) J. D. Cummins, C. M. Lewis, and R. Wei는 시장가치의 감소가 보고된 운영손실을 상회한다는 결과를 제시하였다. "The Market Value Impact of Operational Loss Events for U.S. Banks and Insurers," *Journal of Banking and Finance* 30, 2006, pp. 2605–2634 참조.

표 11-1 **예금보험은행의 이익관련자료** (단위: 100만 달러)

회계자료	1991	1995	2000	2005	2006*
이자수익	$ 289,166	$302,663	$ 427,985	$ 434,501	$ 260,377
이자비용	−167,265	−148,441	−224,195	−165,143	−117,945
순이자수익	121,901	154,222	203,790	269,357	142,432
대출손실충당금	−34,274	−12,550	−29,254	−26,607	−10,880
비이자수익	59,703	82,440	152,751	201,328	111,153
비이자비용	−124,651	−149,671	−215,753	−276,239	−146,380
증권처분손익	2,966	545	−2,285	−158	−776
특별항목	687	26	−30	241	421
세금	−8,285	−26,176	−38,043	−53,888	−331,374
순이익	$ 18,047	$ 48,836	$ 71,176	$114,034	$ 64,596
평균 총자산(10억)	$ 3,430.1	$ 4,312.7	$ 6,238.7	$ 9,039.4	$9,602.3
총자산이자율(%)	0.53%	1.13%	1.14%	1.23%	0.67%

2/4분기

것이다. 예를 들면, 2006년 2/4분기까지 2,603억 7,700만 달러의 이자수익과 1,117억 4,500만 달러의 이자비용으로 인해 순이자수익은 1,424억 3,200만 달러였다. 또한 미국은행들은 1,111억 5,300만 달러의 비이자수익을 얻은 한편 1,436억 3,800만 달러의 비이자비용을 지출하였다. 108억 8,000만 달러의 대손충당금에 순증권손실, 특별비용, 세금을 제하면 세후순이익은 645억 9,600만 달러가 된다. 비이자비용이 이자비용의 124%를 차지하고 2006년 상반기 순이익의 2.3배나 되는 것을 보면 운영비용이 얼마나 중요한지 알 수 있다.

적절한 기술투자는 금융회사의 순이자수익(이자수익과 이자비용의 차이)과 기타 순이익을 증가시키는 중요한 잠재적 기반이라는 점에서 기술은 매우 중요하다. 즉 기술은 직접적으로 수익성을 개선시킬 수 있다. 다음과 같은 예를 살펴보자.

1. 금융회사가 기술진보로 인해 다양한 금융서비스를 제공할 수 있다면 이자수익은 증가될 수 있다. 예를 들어, 컴퓨터로 소비자들을 인식하여 전화나 인터넷으로 생명보험이나 은행상품을 판매하는 교차판매가 이루어질 수 있다.
2. 부채시장의 접근성이 금융회사의 기술력과 관계가 있다면 기술력이 높은 금융회사는 이자비용을 절감할 수 있다. 예를 들어 Fedwire와 CHIPS는 미국 국내와 해외 은행 간 대출시장을 컴퓨터네트워크를 통하여 연결하고 있다. 또한 기업어음을 만들어 판매하는 금융회사의 능력은 점점 더 컴퓨터에 의존하고 있다. 따라서 적절한 기술수준유지에 필요한 투자를 하지 못한다면 금융회사는 저비용 자금조달시장에서 배제될 수 있다.
3. 금융회사가 제공하는 서비스 수수료, 특히 부외거래로부터 발생하는 수수료가 기술적

능력과 연관되어 있을 때 기타 수익도 증가할 수 있다. 예를 들어, 지금은 소비자가 직접 전자시스템을 통해 신용장을 발급할 수 있다. 스왑, 캡, 옵션, 기타 복잡한 형태의 파생상품들은 매일 고성능 컴퓨터와 프로그램에 의해 거래되고 평가된다. 금융회사는 IT부분에 대한 적절한 투자를 하지 않고서는 혁신적인 파생상품을 소비자들에게 제공할 수 없다. 더욱이 새로운 기술은 전체 영업이익에서 수수료가 차지하는 비중을 증가시킴으로서 세계 각국의 지급시스템에 변화를 가져오고 있다. 예를 들어 〈표 11-1〉을 다시 참고한다면 비이자수익이 총영업이익에서 차지하는 비중은 1991년 17.11%에서 2006년 29.92%로 증가하였다.

4. 고객정보의 수집과 저장, 다양한 금융상품의 처리와 결제수단을 서류 대신 컴퓨터로 변경함으로써 비이자비용이 절감될 수 있다. 이러한 현상은 특히 보안이 필요한 백오피스활동에서 더욱 두드러진다.

개념질문

1. 금융회사가 효율적인 기술기반을 지니는 경우 어떠한 장점이 있는가? 기술은 어떻게 수익개선에 영향을 줄 수 있는가?
2. 〈표 11-1〉을 참조하여 1991-2006년의 기간 동안 비이자수익과 비이자비용이 은행 총비용에서 차지하는 비중이 증가하였는가 또는 감소하였는가를 파악하라.

11.4 금융회사의 서비스 창출에 대한 기술효과

앞에서 현대에는 기술발전이 금융회사의 이익증대에 상당한 영향을 미칠 수 있다고 설명하였다. 이번에는 도매 또는 소매 전문금융회사들이 창출하는 특정기술과 연관된 금융상품에 초점을 맞추어 보자.

도매금융서비스

기술이 도매(기업고객)서비스에 가장 큰 영향을 미치는 영역은 기업고객들에게 현금관리나 운전자본서비스를 제공하는 금융회사의 능력과 관련된 부분일 것이다. 현금관리서비스는 "국내나 해외 등 지역에 상관없이 자금을 모으고, 지출하고, 이체하기 위한 서비스 및 자금의 위치와 상태에 대한 정보를 제공하기 위한 서비스를 모두 포함하는 개념"이다. 이러한 서비스에 대한 필요성은 현금의 초과보유로 인해 기업에게 이자수익의 감소라는 기회비용이 발생한다는 점과 기업은 실시간으로 현금 및 운전자본에 대한 정보를 필요로 한다는 점에서 찾을 수 있다. 금융회사들이 기업고객의 재무상태관리의 효율성 증대를 위해 제공하는 서비스는 다음과 같다.

1. 통제지출계좌

이 계좌의 특징은 어느 특정일 하룻동안 고객이 지급하는 거의 모든 금액을 아침에 미리 설정하는 것이다. 금융회사가 고객에게 지급해야 할 총변제금액을 알려 주면 고객은 필요한 금액을 이체한다. 이 당좌예금계좌는 매일 아침 일찍 차변에 기입되어 고객은 그들의 순현금포지션 상황을 미리 알 수 있게 된다.

2. 계좌조정

기업이 발행한 수표 중 어떤 것을 금융회사가 지급하였는가를 기록하는 서비스.

3. 도매금고(wholesale lockbox)

기업고객이 발행한 수표의 입금 후 결제까지의 시간을 줄이기 위한 집중화된 수금서비스를 의미한다. 전형적인 도매금고계약에서는 지역 금융회사가 그 지역 밖에 위치하고 있는 기업고객들을 위하여 우체국에 도매금고를 설치한다. 지역고객들은 지역 밖의 기업 본사가 아닌 우체국의 도매금고에 지불금을 발송하고, 금융회사는 이 수표들을 하루 단위로 수금하여 직접 고객들의 계좌에 입금한다. 세부적인 거래내역은 기업고객들에게 전송된다.

4. 전자금고(electronic lockbox)

도매금고와 거의 유사하지만 공과금이나 공공회사 성격의 기업고객에 대한 온라인 지급금을 수취한다.

5. 자금집중

다수의 다른 금융회사나 그 지사들의 계좌에서 발생된 자금을 소수의 중앙계좌로 재배열하는 것을 의미한다.

6. 전자자금이체

CHIPS나 Fedwire를 이용한 당일 지급, 자동정산소를 경유한 급료나 배당금의 자동 지불, SWIFT에 의한 지급 정보의 자동 전송, 미국과 유럽의 금융회사들에 의해 운영되는 전자메시지 서비스를 모두 포함한다.

7. 수표예금서비스

고객들의 수표에 대한 암호화, 배서, 마이크로필름화, 고객 수표 처리 등의 서비스.

8. 전자신용장개설

고객들이 인터넷으로 금융회사의 컴퓨터에 접속하여 신용장을 개설하는 서비스.

9. 재정관리프로그램

거래나 투자 목적으로 통화 및 증권의 포트폴리오를 효율적으로 관리하도록 보조하는 서비스.[3)]

10. 전자자료교환

전자메일의 전문화된 형태로서 금융회사를 정산소로 이용하여 고객들이 업무상 필요한 거래송장, 매입주문서, 배달확인서 등을 자동으로 처리하는 서비스.

11. B-to-B 전자상거래 보조

일부 대규모 상업은행들은 기업에게 전자 B-to-B 거래를 위한 기술을 제공하기 시작했다. 은행들은 기본적으로 재화와 서비스의 조달과 유통에 관련된 전체 정보의 흐름을 자동화시키는 작업에 착수하고 있다.

12. 전자청구서비스

엄청난 양의 청구서들을 발송하는 회사를 위한 청구서 관련 서비스를 제공한다. 은행간 결제네트워크를 통해 컴퓨터 상에서 결제를 처리할 수 있는 은행의 능력을 전자메일로 청구서를 보내는 능력과 결합시킨 것이다.

13. 신원확인

은행은 암호화 기술을 사용하여 자기 은행 계좌보유자들의 신원을 확인하고, 그들의 사업고객들이 다른 은행의 계좌보유자의 신원을 확인할 수 있도록 중개자 역할을 한다. 2001년 9월 11일 테러리스트들의 공격 이후 일부 국회의원들은 암호화 기술의 제한을 요구하고 있다.

14. 영세기업의 전자상거래 지원

소규모 기업들의 전자상거래 활용을 위한 인프라 구조(대화식 웹사이트나 결제시스템의 구

3) 컴퓨터화된 연기금관리 및 자문서비스 등이 첨가될 수 있다.

축 등) 확립을 도와주는 서비스를 제공한다.

소매금융서비스

소매고객들은 계속적으로 금융거래의 효율성과 유동성을 요구해 왔다. 수표를 사용하거나 현금을 보유하는 것은 이제 전자결제를 이용하는 것보다 비용이나 시간이 더 소요되는 행위이다. 특히 증권거래는 특정장소와 관계 없이 전자시스템을 이용한 거래가 되었으며, 이 결과 전자거래는 거래비용을 낮추고 가격결정의 효율성을 제고시키고 있다. 예를 들어 한 번의 클릭만으로 Merrill Lynch의 고객들은 특정 회사에 대한 모든 조사자료를 얻을 수 있다. 또 한 번의 클릭으로 거래와 관련된 가장 좋은 조건들을 얻을 수 있으며, 주식거래 역시 한 번의 클릭으로 성사될 수 있다. 지점을 통하거나 전화를 이용하는 거래에는 고객당 거의 1달러의 비용이 소모되는 반면 인터넷을 이용한 거래비용은 단지 0.02달러에 지나지 않는다. 금융회사들의 서비스 중 가장 중요한 항목인 소액지불서비스의 혁신에는 다음과 같은 것들이 있다.

1. 자동현금인출기(automated teller machines; ATM)

ATM은 고객들로 하여금 24시간 내내 자신의 거래계좌를 이용하게 해 준다. 고객들은 이 기계로부터 현금을 인출할 수 있을 뿐만 아니라 청구서에 대해서 돈을 지불할 수도 있다. 게다가 금융회사의 ATM이 은행네트워크의 일부라면 예금자는 전세계에 산재한 다른 은행들의 ATM을 이용하여 자신의 은행계좌로부터 현금을 인출할 수 있다.

2. 판매시점 직불카드(point-of-sale debit cards)

현금이나 수표, 또는 신용카드를 사용하지 않는 소비자들은 직불카드를 사용하여 상품을 구입할 수 있다. 직불카드를 사용하면 즉각적으로 고객의 계좌로부터 상인들의 계좌로 금액이 이체되기 때문에 상인들의 입장에서는 수표가 현금화되거나 신용카드 사용에 필요한 시간지연을 줄일 수 있다. 게다가 소비자들은 신용카드의 경우와는 달리 계좌잔액한도를 초과하여 직불카드를 사용할 수 없다.

3. 홈뱅킹

고객들이 자신의 컴퓨터로 예금계좌나 증권계좌에 접속하여 대금지급이나 증권거래를 수행할 수 있다.

4. 예금수취와 지급서비스

급여가 직접 고객의 은행계좌로 예금되거나 부동산담보대출금이나 공공요금이 자동적으로 지급되게 하는 서비스.

5. 폰뱅킹

전화를 이용하여 금융회사의 계좌로부터 제3자에게 자금을 송신하는 서비스.

6. 전자메일 대금청구

고객들이 인터넷을 사용하여 대금을 지급 또는 수취하게 하여 우편비용을 절약할 수 있다.

7. 온라인뱅킹

고객들이 인터넷을 이용하여 소매거래나 투자업무를 수행하는 서비스로 이 때문에 NetBank of Atlanta와 같은 인터넷거래만을 하는 은행도 등장했다.

8. 스마트카드(smart-cards, store-value cards)

고객들이 칩이 내장되어 있는 카드를 이용하여 거래에 필요한 자금을 사용하거나 적립하는 서비스로 최근 대학가에서 점점 더 유행하고 있다.

개념질문

1. 기업고객에게 제공되는 도매금융서비스 중 기술발전에 의해 크게 개선된 것들은 무엇인가?
2. 자동으로 소매거래액이 지급되는 금융회사상품에는 어떤 것들이 있으며 이러한 기능이 고객에게 어떠한 이익을 가져오는가?

11.5 기술이 수익과 비용에 미치는 영향

지금까지 기술적 기반과 인터넷의 의존도가 점점 더 높아지는 금융회사들이 현재 제공하고 있는 금융서비스에 대하여 광범위하게 살펴보았다. 금융회사들은 기술적 진보에 의하여 고객들에게 보다 다양한 서비스를 제공할 수 있으며 그 결과 더 많은 이익을 올릴 수 있는 가능성도 커지게 된다. 그러나 상품혁신이 초기에 지출되는 투자비용 및 투자 이후 발생될 미래비용에 비하여 충분한 사업기회를 창출하지 못할 수도 있기 때문에 이러한 상품들에 자원을 투자하는 것은 리스크를 내포한다. 재무용어로 표현한다면 기술에 기초한 수많은 상품혁신은 수익과 비용에 대한 불확실성과 경쟁자들이 얼마나 빨리 혁신을 모방하느냐에 따라 음(−)의 순현가투자안이 될 수 있다. 또 다른 요소는 대리인문제로서 경영자들이 금융회사의 규모를 증대시키기 위하여 성장위주의 투자를 할 수 있다는 것인데, 그러한 투자는 주주가치 극대화라는 목적과 상반될 수 있다. 결과적으로 가치를 감소시키는 상품에 자원이 투자됨으로써 기술혁신이나 신기술로 인한 손실이 금융회사를 약화시킬 수 있다.[4]

기본적인 자본예산기법이 금융회사의 기술혁신과 신상품개발에 적용될 수 있다.

I_0 = 0시점에서 기술혁신이나 상품개발을 위한 초기자본지출

R_i = 미래 i년도에 상품판매로부터 예상되는 순수익이나 현금흐름, i=1,..,N

d = 리스크가 감안된 자본비용을 반영하는 금융회사의 할인율이라 하면

다음과 같을 때 투자안은 음의 순현가(NPV)가 된다.

$$I_0 > \frac{R_1}{(1+d)} + \dots + \frac{R_N}{(1+d)^N}$$

분명히 어떤 상품혁신이든 그 수익성은 초기 설비규모와 개발비용(I_0), 금융회사의 할인율(d)과는 음의 상관관계가 있고 그 서비스의 판매로부터 발생하는 예상 순현금흐름(R_i)의 크기와는 양의 상관관계를 가진다.

따라서 금융회사의 영업구조를 개선하기 위한 기술투자가 수익을 증대시키거나 비용을 감소시켰다는 직접적 혹은 간접적인 증거가 있는지 살펴볼 필요가 있다. 대부분의 직·간접적 증거는 금융회사의 운영비용에 대한 규모의 영향에 관한 것이다. 실제로 IT와 기타의 기술혁신에 가장 많이 투자하고 있는 주체는 대형 금융회사들이다.

먼저 상품의 수익측면에 대한 증거를 살펴보고 다음으로 운영비용측면의 증거에 대하여 논의하도록 한다. 그러나 수익과 비용측면에 대한 고려 이전에 기술혁신의 성공여부가 규제나 규제변화와 독립적으로 평가될 수는 없다는 점을 강조할 필요가 있다. 전술했던 도소매 현금운용상품의 성장은 금융회사 간 합병추세와 여러 주에서의 은행영업의 허용과 상당한 관련이 있다. 역사적으로 미국 은행들이 여러 주에 걸쳐 지점을 내지 못하도록 하

4) 예를 들어 홈뱅킹은 이제까지 Bank of America와 같은 은행들에게 당연히 음의 순현가상품으로 여겨질 수 있다. 은행의 자본비용(d)이 높던 1980년대 상당한 자원(I_0)이 개발에 투입되었다. 그러나 이 책에서 기술한대로 소매금융서비스거래의 규모와 방향을 결정하는데 있어 인터넷의 영향이 커짐에 따라 홈뱅킹이 점점 더 중요성을 더해지겠지만 지금까지 실제 홈뱅킹으로부터 발생한 순수익흐름(R_i)은 매우 실망스러웠다.

는 규제는 전국적인 혹은 국제적인 가맹점을 가지고 있는 대규모 기업들에게 많은 문제점을 야기시켰는데, 이러한 기업들은 운전자본으로 사용하기 위하여 그들의 예치자금을 한 곳으로 모아 통합할 필요가 있었다. 도매금고와 자금집중 등의 혁신기법들은 이러한 문제를 해결하기 위해 등장하였다. 유럽에서의 현금운용서비스가 미국에서처럼 큰 인기를 끌지 못한 것은 우연이 아니다. 그 중 한 이유는 유럽국가들에서는 전국적인 지점망과 이를 이용한 영업이 널리 확산되어 있었으며 지역 간 은행업에 대한 규제가 없었기 때문이다. 결과적으로 미국 금융서비스 산업의 급속한 합병과 함께 1997년 도입된 전국적 은행영업으로 인해 (예를 들어 대형은행의 합병과 전국적인 지점체계의 발전의 결과로 인해) 미래에는 도매금고와 자금집중과 같은 서비스들에 대한 수요는 감소하게 될 것이다.

기술과 수익

기술이 가져올 수 있는 장점 중의 하나는 금융회사가 고객들에게 신상품과 기존상품 모두를 함께 제공할 수 있다는 것이다. 그러한 공동판매를 하기 위해서 금융회사가 같은 지점이나 금융서비스 대리점 내에서 판매되는 모든 서비스를 생산할 필요는 없다. 예를 들면, 상업은행은 보험회사와 연계하여 서로 상대의 대출, 신용카드, 보험상품 등을 공동으로 편메할 수 있다. 이러한 제휴는 독일에서는 이미 보편화된 것으로 몇몇 대형은행이 대규모 보험회사와 연계하는 공동판매방법을 발전시켜 왔다. 미국에서는 진세계 100여개국 이상의 은행상품, 보험상품, 증권상품을 공동으로 판매하기 위하여 Citicorp과 Travelers의 합병이 이루어져 Citigroup을 탄생시켰다. 그러나 Citigroup의 경영자는 합병의 목적을 충분히 달성하기 위하여 컴퓨터시스템을 통합하는 데는 적어도 10년 정도의 시간이 걸릴 것이라는 것을 인정했다. 실제로 2005년 Citigroup은 생명보험 언더라이팅부문을 MetLife에 매각할 것을 결정하였다. 이러한 매각의 이유는 보험 언더라이팅(리스크를 인수하는 업무)으로 인한 수익이 계절적이며 대형 재난에 매우 취약하다는 것이었다. 아울러 대부분 기업고객들은 브로커를 통하여 보험을 구입해 오고 있기 때문에 직접 고객들에게 보험상품을 판매하는 것도 쉽지가 않았다. Citigroup은 현재도 계속해서 모든 종류의 보험계약을 판매하고는 있지만 더 이상 보험리스크를 인수하지는 않는다.

기술은 또한 새로운 금융상품의 혁신 속도를 증가시킨다. 최근 몇 년 동안 성공 못지않게 주목할만한 실패도 많았다. 예를 들면, 은행의 대규모 투자에도 불구하고 판매시점 직불카드와 같은 혁신상품들은 미국에서 충분한 시장을 형성하지 못했다. 반면에 전자주식거래, 전화결제시스템, 직접급여이체시스템 등은 현대 금융회사에 있어서 고성장영역으로 평가받고 있다.

마지막으로 간과할 수 없는 것으로 서비스의 질과 편의성의 문제가 있다. 예를 들어,

ATM이나 인터넷뱅킹이 전담직원을 고용하는 것보다 금융회사의 운영비용을 낮출 수 있다고 하더라도 기계는 고객들의 용무와 의문사항을 유연하게 처리하지 못한다. 그 결과 소매고객의 이탈이 유발될 수 있으므로 이로 인한 수익의 감소가 비용감소효과를 상쇄할 수 있다는 것이다. 고객들은 여전히 많은 거래들을 사람과 직접 하기를 원한다. 예를 들어 2000년 중반의 주택저당은행협회의 조사에 의하면 주택매입자의 73%가 주택저당이자율에 대한 정보를 얻기 위하여 인터넷을 사용했으나, 12%만이 인터넷을 통하여 주택저당대출을 신청하였고 실제 인터넷으로 이러한 거래를 완료한 사람은 단지 3%에 불과하였다. 전국적인 지점망이 확대되고 있는 와중에서도 작은 은행들이 살아남을 수 있는 이유 중의 하나는 큰 은행들에서 더욱 보편적으로 이루어지고 있는 인터넷뱅킹이나 ATM보다 사람이 제공하는 서비스의 질이 전반적으로 더 낫다고 고객들이 믿고 있기 때문이다. 심지어 인터넷만으로 서비스를 제공하는 아틀란트주의 NetBank와 같은 은행들도 2005년 한 해에 27여 개의 지점을 늘렸다. 더욱이 고객들이 점점 더 많이 전자금융거래를 수행하게 될수록 기술적 문제에 대한 신속하고 정확한 지원을 요구하게 되므로 새로운 형태의 고객서비스가 필요하게 될 것이다.

기술과 비용

전통적으로 금융회사들은 기술진보로부터의 이익창출은 수익증가보다는 비용절감에 있다고 여겨 왔다. 먼저 기술이 어떻게 금융회사의 비용에 긍정적 혹은 부정적으로 영향을 미치는가에 대하여 이론적으로 검토한 후에 기술을 기반으로 한 금융회사의 비용절감에 대한 직·간접적 증거를 살펴보기로 하자. 일반적으로 기술은 규모의 경제나 범위의 경제를 통해서 금융회사의 비용구조에 긍정적인 영향을 줄 수 있다.

■규모의 경제

금융회사가 대형화됨에 따라 일반적으로 투자할 수 있는 기술의 규모도 커지게 된다. 위에서 언급한대로 가장 규모가 큰 금융회사들이 기술관련 혁신에 가장 많은 비용을 투자하고 있다. 예를 들어, Tower Group(정보기술에 특화한 컨설팅기업)은 2000년대 초반에 미국에서 가장 큰 은행들이 지출한 기술에 대한 비용이 비이자비용의 22%라고 추정하였다. 만약 기술향상이 금융서비스 생산의 평균비용을 감소시킨다면 규모가 큰 금융회사들은 규모가 작은 금융회사들에 대하여 **규모의 경제(economies of scale)**라는 이점을 가지게 된다. 규모의 경제란 금융회사의 규모가 커짐에 따라 금융서비스를 생산하기 위한 단위비용 또는 평균비용이 총체적으로(또는 예금이나 대출과 같은 어느 특정 서비스에 대하여) 감소하는 것을 의미한다.

▶**규모의 경제(economies of scale)**
금융회사의 산출물이 증가할수록 평균생산비용이 감소하는 현상.

[그림 11-1]은 각각 규모가 다른 세 금융회사들의 규모의 경제를 보여 준다. 금융회사가 생산하는 금융서비스의 평균비용은 다음과 같이 측정된다.

$$AC_i = \frac{TC_i}{S_i}$$

AC_i = i번째 금융회사의 평균비용
TC_i = i번째 금융회사의 총비용
S_i = 자산, 예금 또는 대출에 의해 측정한 금융회사의 규모[5)]

[그림 11-1]에 의하면 규모가 가장 큰 기업(C)이 그보다 규모가 작은 기업 B나 기업 A보다 금융서비스 생산의 평균비용이 더 낮다. 이것은 기업이 생산하는 금융서비스의 가격이 주어졌을 때 기업 C가 기업 B나 기업 A보다 더 큰 이익을 올릴 수 있다는 것을 의미한다. 예를 들어, 2006년의 Regions Financial과 AmSouth Bancorp 간의 100억 달러 합병은 비용절감합병으로 기록되고 있다. 합병기업은 2008년 봄까지 연간 운영비용의 10%인 4

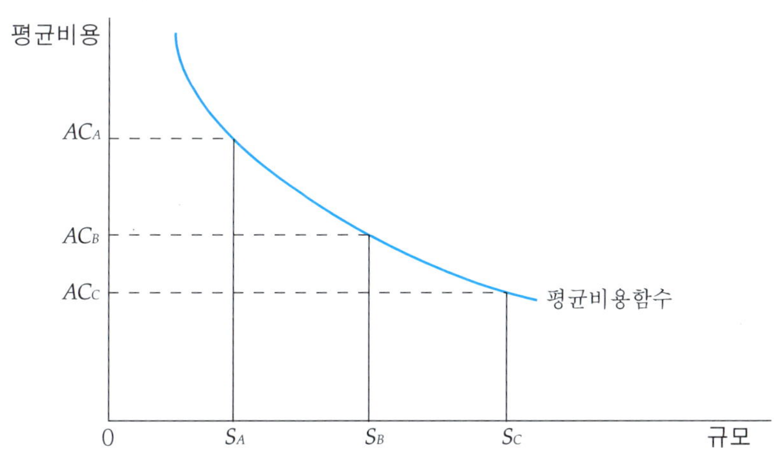

그림 11-1 금융회사의 규모의 경제

5) 오늘날 금융회사의 규모는 부외자산까지 포함하여 측정하여야 한다는 주장도 있다.

억 달러의 비용을 절감할 것으로 기대된다. 이 은행들은 본사들이 길 건너 있으며, 운영센터도 같은 도시에 있고, 지점들도 유사한 지역에 퍼져 있다. 따라서 비용절감은 주로 회계, 고객관리, 데이터처리 업무를 하는 부서의 백오피스에서 발생될 것으로 기대된다. [그림 11-1]로 설명하면 기업 A에 해당되었던 Regions Financial은 AC_A에서 운영되고 있었고, 기업 B에 해당되었던 AmSouth은 AC_B에서 운영되고 있었다.

이렇게 중복되는 기능을 결합함으로써 규모가 더 커진 통합은행(C)의 평균비용은 [그림 11-1]의 AC_C까지 내려 갈 수 있다. 금융회사들에 있어 규모의 경제가 가지는 장기적 효과는 규모가 더 크고 비용이 가장 효율적인 금융회사가 규모가 작은 금융회사들을 도태시켜서 금융서비스 생산에서 대기업의 지배와 집중이 심화될 것이라는 점이다. 시간과 관련된 기술향상이 규모가 작은 금융회사보다 규모가 큰 금융회사들에 점점 더 이익이 될 경우 이러한 효과는 더욱 분명해질 것이다. 예를 들어 엄청난 기술적 진보가 이루어지고 있는 인공위성기술이나 슈퍼컴퓨터는 오직 규모가 큰 금융회사들만이 사용할 수 있다. 규모가 큰 금융회사에 더욱 유리하게 작용하는 기술향상의 효과는 시간이 지남에 따라 평균비용곡선을 아래로 이동시키는데 대규모 금융회사들에 대해서는 이동폭이 더 커지게 된다([그림 11-2] 참조). [그림 11-2]에서 AC_1은 비용을 감소시키는 기술혁신이 일어나기 이전의 가상의 평균비용곡선이고 AC_2는 기술로 인하여 모든 규모의 금융회사들에서 비용이 감소하되 규모가 큰 금융회사들의 비용이 더 많이 감소하는 효과를 나타내는 평균비용곡선이다.

이전에 언급했던 바와 같이 기술에 대한 투자는 리스크를 수반한다. 만약 기술투자에

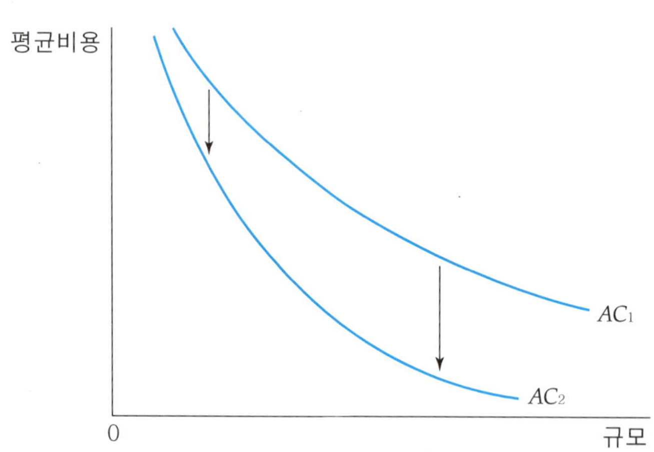

그림 11-2 기술향상의 효과

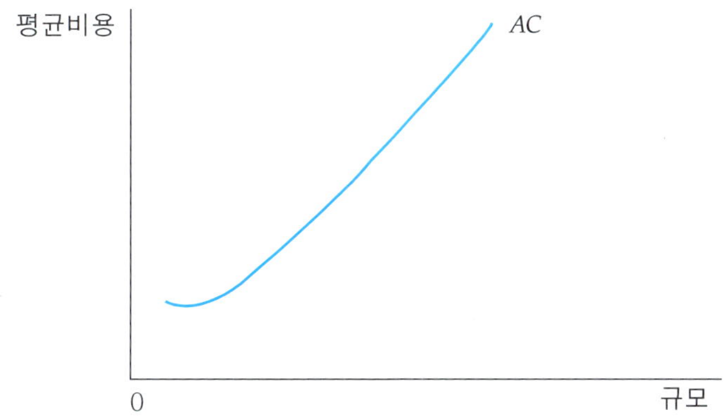

그림 11-3 규모의 비경제

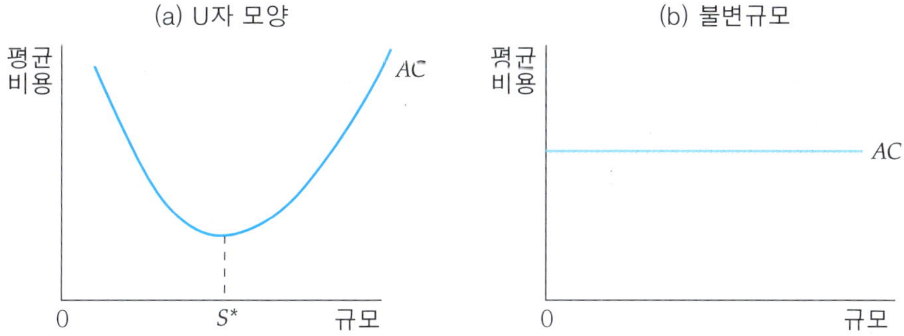

그림 11-4 기타 평균비용함수

의한 미래수익이 개발비용을 충당하지 못하게 되면 금융회사의 가치는 훼손되고 주주의 부 또한 감소하게 된다. 비용측면에서 볼 때 대규모 투자는 과다비용과 비용관리의 문제뿐만 아니라 유휴설비와 통합의 문제까지 야기할 수 있다. 따라서 단순하게 운영할 수 있는 컴퓨터시스템을 사용하거나 장비의 설치 및 유지를 위한 고정비용을 부담하지 않으면서 대규모 금융회사의 컴퓨터를 임대하여 사용하는 소규모 금융회사들의 평균비용이 오히려 낮아질 수 있다. 이럴 경우 대형금융회사들은 기술투자로 인해 더 높은 평균비용으로 금융서비스를 생산하는 결과가 되어 금융산업이 규모의 비경제를 나타내게 된다([그림 11-3] 참조). **규모의 비경제(diseconomies of scale)**란 소규모 금융회사가 대규모 금융회사보다 비용상 더 효율적이어서 경쟁이 자유로운 환경하에서는 소규모 금융회사들이 더 번성하게 되는 현상을 말한다.

▶**규모의 비경제(diseconomies of scale)**
금융회사의 산출물이 증가할수록 평균생산비용이 증가하는 현상.

또한 평균비용함수는 적어도 두 가지의 다른 형태로 나타낼 수 있다([그림 11-4] 참조). [그림 11-4]의 (a)에 의하면 금융회사가 처음에는 규모의 경제를 나타내다가 기업의 규모가 점점 커짐에 따라 규모의 비경제를 나타내게 된다. 이에 의하면 가장 효율적인 금융회사의 규모는 S*이며 과도한 기술 투자는 과소 투자만큼이나 나쁘다는 것을 알 수 있다. [그림 11-4]의 (b)는 규모에 대한 수확불변을 나타낸다. 여기서는 기술에 의한 비용감소효과가 모든 규모의 금융회사들에게 고르게 확산되어 있기 때문에 기술투자가 어느 특정규모의 금융회사에 더 유리하지 않고 중립적인 영향을 갖는다.

■범위의 경제

기술투자가 일반적으로 금융회사에 긍정적이거나 부정적인 영향을 줄 수 있고 이 영향이 금융회사의 규모에 따라 각기 다르게 나타날 수 있는 것처럼, 어떤 상품에 대해서는 다른 상품에 비하여 더 많은 기술이 사용되곤 한다. 금융회사는 각기 다른 기술을 필요로 하는 서비스들을 생산하는 복합상품기업이다. 더욱이 어느 한 금융서비스 영역(예를 들어 대출업무)에서의 기술향상이나 투자는 다른 영역(예를 들어 증권인수나 중개업무)에서 서비스의 생산비용을 경감시키는 부수적 효과나 상승효과를 나타낼 수 있다. 특히 업무의 전산화가 이루어지면서 고객과 관련된 중요 정보를 저장하여 공동으로 사용할 수 있게 되었다. 단순히 규모의 경제라는 개념만 가지고는 상품 간의 상호연결성과 금융상품생산에 있어서의 공동비용을 설명하지 못한다. 금융회사는 다양한 상품의 생산에 생산요소를 공동으로 사용함으로써 비용을 절감할 수 있는데 이를 규모의 경제와 구분하여 **범위의 경제(economies of scope)**라고 부른다.

▶**범위의 경제(economies of scope)**
여러 상품을 개별생산하는 것보다 한꺼번에 생산하는 경우 생산요소의 공동사용으로 인해 비용을 절감할 수 있는 것.

기술은 두 금융회사가 각각의 금융서비스를 따로 생산하지 않고 자본이나 노동과 같은 생산자원을 공동으로 사용하여 서비스들을 함께 생산함으로써 더 낮은 비용으로 상품을

예제 11-1 평균비용의 계산

TC_B는 어느 전문 상업은행이 기업고객에게 대출서비스를 제공하기 위한 총비용이고 이 서비스를 생산하기 위한 총운영비용은 대출금액(LB) 1,000만 달러당 5만 달러이다. 총운영비용에는 계좌유지 및 업무처리에 드는 비용 이외에 정보수집과 감독에 소요되는 비용도 포함된다. 이 은행이 대출상품을 생산하는데 드는 평균비용(AC_B)은 다음과 같다.

$$AC_B = \frac{TC_B}{L_B} = \frac{\$50,000}{\$10,000,000} = .005 = .5\%$$

마찬가지로 어느 전문 투자은행이 동일한 기업고객에게 기업어음을 판매하고 있다. 이 투자은행이 매입자를 모집하는 비용은 물론 어음인수비용도 포함한다. 그러므로 이 투자은행의 평균비용(AC_S)은 다음과 같다.

$$AC_S = \frac{TC_S}{P_S} = \frac{\$10,000}{\$1,000,000} = .01 = 1\%$$

결과적으로 각각 상업은행은 대출서비스를 생산하고 투자은행은 기업어음을 발행하는 경우의 총평균비용(TAC)은 다음과 같이 계산된다.

$$TAC = \frac{\$60,000}{\$11,000,000} = 0.54\%$$

위와 달리 한 금융회사가 동일한 고객에게 1,000만 달러의 대출서비스를 제공하고 동시에 100만 달러의 기업어음도 발행한다고 가정하자(즉 $P_{FS} = 11,000,000$). 기업고객에게 대출과 기업어음은 대체적 자금원이기 때문에 금융회사는 이 두 가지 업무에서 자금의 동원, 신용리스크의 평가 및 감독이라는 매우 유사한 전문기술이 필요하게 된다. 따라서 대출과 기업어음서비스를 제공함에 있어서 공통되는 기술을 사용한다는 것은 한 금융회사가 동일한 고객에게 동시에(또는 공동으로) 총비용 TC_{FS}로 대출과 기업어음서비스를 생산하는 경우에 전문금융회사들이 각기 따로 이 서비스들을 생산하는 경우보다 더 낮은 비용으로 생산이 이루어질 수 있어야 한다는 것을 의미한다. 즉 한 금융회사가 두 전문 금융회사보다 더 낮은 비용으로(예를 들면 TC_{FS} = \$51,000) 1,100만(P_{FS}) 달러의 금융서비스를 생산할 수 있어야 한다는 것이다. 따라서 이 경우 평균비용(AC_{FS})은 다음과 같다.

$$AC_{FS} = \frac{TC_{FS}}{P_{FS}} = \frac{\$51,000}{\$11,000,000} = 0.46\% < 0.54\%$$

생산할 수 있게 한다. X_1, X_2라는 두 금융상품이 있을 때 각각의 상품이 특화된 기업들에 의해 따로 생산된다고 가정하자. 즉 기업 A는 X_1만을 생산하고 X_2는 생산하지 않으며 반대로 기업 B는 X_2만을 생산하고 X_1은 전혀 생산하지 않는다고 할 때 이 기업들의 평균비용함수는 각각

$$AC_A[X_1,\ 0] \text{ 와 } AC_B[0,\ X_2]$$

이다. 이 두 기업이 합병하여 X_1, X_2를 공동으로 생산하게 되면 범위의 경제가 존재하게 되고 그 때의 평균비용은 다음과 같아진다.

$$AC_{A+B}[X_1,\ X_2] < AC_A[X_1,\ 0] + AC_B[0,\ X_2]$$

즉 비용의 시너지효과로 인하여 서비스를 공동으로 생산할 때의 비용이 이들을 각각 따로 생산할 때의 생산비용보다 더 낮아지게 된다.

일반적으로 AC_{FS}가 복합금융회사의 총평균비용이라면 범위의 경제는 다음을 의미한다.

$$AC_{FS} < TAC$$

여기서 TAC는 개별상품 전문금융기업들의 평균비용들을 합한 것이다.

그러나 반대로 **범위의 비경제(diseconomies of scope)**가 나타날 수도 있는데 이 경우 금융회사가 서비스를 함께 생산하는 것이 따로 생산하는 것보다 더 높은 비용이 들게 된다. 예를 들면 금융회사가 대출이나 업무처리를 용이하게 하기 위하여 정보에 기반한 매우 전문화된 기술을 구입한다면 금융회사는 다른 서비스 영역에 이 시스템의 유휴시설을 사용할 수 있을 것이다. 그러나 이 기술이 다른 서비스 영역에서 상대적으로 비효율적이라면 각각의 서비스나 상품영역에 각기 다른 전문화된 기술을 사용하는 것보다 전반적으로 생산비용이 더 높아질 수 있다. 실제로 많은 연구들이 대형 금융회사들의 수익상의 범위의 경제는 큰데 반하여, 비용상의 범위의 경제는 무시할 정도라는 결과를 제시하고 있다. 따라서 기술발전으로 인해 은행이 고객들에게 원스톱쇼핑(one-stop shopping)을 제공한다고 해서 은행산업이 보다 효율적으로 변모할 것인지는 분명하지 않다.

▶**범위의 비경제(disconomies of scope)**
여러 상품을 개별생산하는 것보다 한꺼번에 생산하는 경우 비용이 더 소요되는 것.

개념질문

1. 금융회사가 혁신적인 기술을 사용하는 상품에 자원을 투자하는 것에 대한 두 가지 리스크요인은 무엇인가?
2. 주별 은행업에 대한 규제와 전자결제서비스에 대한 소매고객의 수요 사이에는 어떤 관계가 있는가?
3. 금융회사가 규모의 경제를 가진다는 것은 장기적으로 소규모의 금융회사들이 살아남을 수 없다는 것을 의미하는가?
4. 범위의 비경제가 있을 경우 전문화된 금융회사들은 다양한 상품을 생산하는 금융회사에 비하여 비용면에서 상대적으로 유리해지는가, 아니면 불리해지는가?
5. 상업은행이 투자은행과 합병하였을 경우 예상할 수 있는 범위의 경제효과나 비용감소효과를 들어 보라.

11.6 규모 및 범위의 경제 검증

규모의 경제와 범위의 경제를 검증해 보기 위해서는 먼저 금융회사가 생산과정에 투입하는 생산요소와 요소가격을 명확히 정의해야 한다. 금융회사의 비용함수를 분석하기 위한 두 가지 기본적 접근법에는 생산접근법과 중개접근법이 있다.

생산접근법

생산접근법은 금융회사가 서비스의 생산을 위하여 노동과 자본이라는 두 가지 기본적인 생산요소를 사용한다고 보는 견해이다. w가 종업원에 대한 임금, r이 자본조달비용, y가 생산된 서비스라고 할 때 총비용함수(C)는 다음과 같이 나타낼 수 있다.

$$C = f(y, w, r)$$

중개접근법

중개접근법은 금융서비스를 생산하기 위하여 금융회사가 사용하는 생산요소에 노동과 자본 외에 중개서비스를 생산하기 위해 사용되는 자금도 포함된다고 보는 견해이다. 따라서 은행이나 저축금융회사에서는 예금비용이 생산요소로 들어가고 보험산업에서는 보험료나 충당금이 생산요소로 사용된다. 중개접근법에 의한 총비용함수는 다음과 같으며 k는 금융회사의 자금조달비용을 나타낸다.

$$C = f(y, w, r, k)$$

개념질문

1. 규모의 경제와 범위의 경제를 검증하기 위한 생산접근법의 기본개념을 설명하라.
2. 중개접근법과 생산접근법의 차이는 무엇인가?

11.7 규모 및 범위의 경제에 대한 실증분석 결과와 기술투자의 의의

각기 상이한 금융서비스 분야에서 규모의 경제와 범위의 경제에 대한 많은 연구들이 이루어져 왔다.[6] 은행부문에서의 대부분의 초기 연구들은 가장 규모가 작은 은행들을 제외하고는 어느 규모의 은행에서도 규모의 경제를 발견하지 못했다. 보다 개선된 자료와 방법론을 사용한 최근의 연구들에 의하면 자산규모가 100억 달러에서 250억 달러에 이르는 은행들에서는 규모의 경제가 존재하는 것으로 나타났는데 상당수의 대형 또는 초대형 지역은행들이 이 규모에 해당한다. 예금, 대출 그리고 기타 전통적인 은행상품영역이나 또는 장부상에 나타나는 상품과 대출채권매각과 같은 부외상품들 사이의 범위의 경제에 대한 연구에서는 비용절감효과가 매우 미약한 것으로 나타났다. 마찬가지로 저축금융회사, 보험회사, 증권회사와 같은 비은행 금융서비스 기업에 대한 논문들에서도 거의 규모의 경제와 범위의 경제가 모두 존재하지 않는 것으로 나타났다.[7]

규모 및 범위의 경제와 X-비효율성

마지막으로 최근의 많은 연구들은 평균비용함수의 형태보다 일정 규모의 금융회사들 사이에 존재하는 비용의 차이에 초점을 맞춰 왔다. 효율성에 대한 이 연구들은 어떤 주어진 자산규모 집단에(자산규모가 1억 달러인 집단, 2억 달러인 집단 등) 속하는 은행, 저축금융회사, 보험회사들 사이에서 20% 이상의 매우 큰 비용차이가 존재한다는 것을 발견했다. 더욱이 이 연구들에 의하면 일정한 규모에 속하는 금융회사들 사이에 존재하는 비용차이 중 극히 일부분만이 규모 및 범위의 경제에서 기인하는 것으로 나타났다.[8] 이러한 사실은 기술관련투자자체보다는 경영성과나 기타 계량화하기 어려운 요소들(소위 X-비효율성)이 금융

---

6) A. Berger, W. C. Hunter, and S. B. Timme, "The Efficiency of Financial Institutions; A Review and Preview of Research Past, Present and Future," *Journal of Banking and Finance* 17(1993), pp. 221-49. 참조.

7) A. Berger, D. Humphrey, and L. B. Pulley는 "Do Consumers Pay for One-Stop Banking? Evidence from an Alternative Revenue Function," *Journal of Banking and Finance* 20(1996), pp. 1601-21에서 1978년에서 1990년의 기간 동안 대출과 예금 사이의 (비용 면에서의 범위의 경제 대신에) 수익에 있어서의 범위의 경제를 살펴본 결과 수익 면에서의 범위의 경제에 대한 어떠한 증거도 발견하지 못했다. J. D. Cummins, S. Tennyson, and M. A. Weiss는 "Consolidation and Efficiency in the U.S. Life Insurance Industry," *Journal of Banking and Finance* 23(1999), pp. 325-57에서 보험산업에서의 인수와 합병으로 규모의 경제가 존재하게 되는 반면 합병이나 인수가 일어나지 않은 생명보험회사들에서는 효율성이득이 매우 작다는 것을 발견하였다.

8) K. Mukherjee, S. C. Ray, and S. M. Miller, "Productivity Growth in Large U.S. Commercial Banks: The Initial Post-Deregulation Experience," *Journal of Banking and Finance* 25, 2001, pp. 913-39; A. Akhingbe and J. E. McNulty, "The Profit Efficiency of Small U.S. Commercial Banks," *Journal of Banking and Finance* 27, 2003, pp. 307-25 참조.

회사들 사이의 비용차이와 운영비용의 효율성을 더 잘 설명할 수 있다는 것을 나타낸다.[9)]

대규모 복합금융회사가 소규모의 전문화된 금융회사에 비하여 비용면에서 이점을 가지고 있다는 강력하고 직접적인 증거는 거의 찾아볼 수 없다. 또한 규모의 경제나 범위의 경제 모두 동일한 규모에 속하는 금융회사들 사이에 존재하는 비용차이를 거의 설명해 주지 못한다. 따라서 이와 같은 실증분석결과는 기술투자와 기술혁신이 가져오는 이익에 대하여 의문을 제기한다. 대부분의 연구들이 기술로 인해 발생하는 이익보다는 규모의 경제와 범위의 경제를 분석하는데 초점을 맞추고 있지만 이러한 연구결과들은 기술혁신으로부터 얻게 되는 이익이 비교적 작다는 사실과 부합된다. 대규모 금융회사가 기술로부터 이익을 본다고 하더라도 그것은 비용측면보다는 수익창출이나 신상품 개발쪽에서 일어난다. 실제로 이익함수를 사용하여 은행과 보험산업의 산출 및 생산요소의 효율성을 연구한 최근 연구들은 대규모 금융회사들이 소규모의 금융회사들보다 수익창출면에서는 더 효율적인 경향이 있으나, 그러한 효율성이 규모와 관련되어 발생하는 비용상의 규모의 비경제나 범위의 비경제에 의하여 상쇄된다는 것을 발견하였다.[10)]

마지막으로 기술혁신의 진정한 이익창출은 장기적이고 동적이며 미국의 결제시스템이 현금과 수표에서 벗어나 전자결제수단으로 진보해 나갈 때 가능하다. 이러한 이익은 효율성 이익창출의 보다 동적인 측면을 무시하는 전통적인 규모 및 범위의 경제에 대한 연구에서는 얻어 내기 어렵다. 역동적인 기술의 진보는 금융시스템에서 금융회사가 가지는 근본적인 역할에 영향을 미쳐 왔을 뿐만 아니라, 금융회사와 규제당국에 대하여 새롭고도 미묘한 형태의 리스크을 야기하기도 하였다. 다음 장에서는 기술이 결제시스템에 미치는 영향에 대하여 좀더 자세히 살펴보기로 한다.

개념질문

1. 규모 및 범위의 경제에 대한 실증분석결과는 어떠한가?
2. 일정한 자산규모의 은행들 사이에 존재하는 비용의 차이에 대하여 최근의 연구들은 어떤 결론을 제시하고 있는가?

9) T. T. Milbourn, A. W. A. Boot and A. V. Thakor, "Management and Expanded Scope: Theories of Bank Size and Activity Diversity," *Journal of Banking and Finance* 23(1999), pp. 195-214. 참조.

10) A. N. Berger and L. J. Mester, "Inside the Black-Box"; J. Cummins, S. Tennyson, and M. A. Weiss, "Eficiency, Scale Economies and Consolidation in the U.S. Life Insurance Industry," *Journal of Banking and Finance*, February 1999, pp. 325-357; R. DeYong and K. P. Roland, "Product Mix and Earnings Volatility at Commercial Banks: Evidence from a Degree of Total Leverage Mode," *Journal of Finance Intermediation* 10(2001) pp. 54-84 참조. 대부분의 연구와 상반되게 규제완화 이후의 시기(1984년 이후)에 있어서 201개의 대규모 미국 상업은행에 대한 최근 연구에 의하면 전반적으로 연평균 약 4.5%의 생산성증가가 있었던 것으로 나타났는데 이러한 생산성증가는 주로 기술이 조정되면서 일어났다. K. Mukherjee et al. 전게서 참조.

11.8 기술과 결제시스템의 발전

미국 결제시스템의 변화를 보다 쉽게 이해하기 위해 〈표 11-2〉와 〈표 11-3〉을 살펴보자. 미국에서는 수표거래가 거래량으로는 비현금거래의 41.2%를 차지하며, 금액으로는 비현금거래의 57.0%를 차지한다. 추심이체(debit transfer)와 은행계좌대체(credit transfer)는 각각 거래량으로는 비현금거래의 6.9%와 6.0%이고, 금액으로는 비현금거래의 18.1%와 20.7%를 차지한다. 신용카드는 거래량으로는 비현금거래의 45.9%를 차지하지만, 금액으로는 4.2%를 차지하는 데 불과했다.

표 11-2〉와 〈표 11-3〉에서 보는 바와 같이 전자지불방식은 미국보다 주요 선진국에서 더 높게 나타난다. 수표는 전세계적으로 거래량으로는 비현금거래의 28.7%만을, 금액으로는

표 11-2 미국의 비현금결제시스템; 거래량, 거래금액, 평균거래금액

	거래량		거래금액		평균거래금액
	건	비율	10억 달러	비율	10억 달러
수표	34.8	41.2%	$38,417	57.0%	$1,103
신용카드	38.8	45.9	2,859	4.2	74
추심이체	5.8	6.9	12,182	18.1	2,102
은행계좌대체	5.1	6.0	13,977	20.7	2,743
전자화폐결제	0.0	0.0	0	0.0	0
	84.5		$67,435		

자료: Bank for International Settlements, *Statistics on Payment Sytmes in Selected Countries*, Basel, Switzerland, May 2006. *www.bis.org*

표 11-3 전세계의 비현금결제시스템: 거래량, 거래금액 평균거래금액

	거래량		거래금액		평균거래금액
	건	비율	10억 달러	비율	10억 달러
수표	43.3	28.7%	$ 55,052	11.1%	$1,271
신용카드	63.4	42.0	4,691	0.9	74
추심이체	19.6	13.0	19,903	4.0	1,014
은행계좌대체	22.7	15.0	418,317	84.0	18,398
전자화폐결제	1.9	1.3	3	0.0	2
	150.9		$497,966		

자료: Bank for International Settlements, *Statistics on Payment Sytmes in Selected Countries*, Basel, Switzerland, May 2006. *www.bis.org*

표 11-4 Fedwire와 CHIPS의 지급금액 대 은행준비금비율

	은행준비금에 대한 Fedwire와 CHIPS의 일일 평균 지급액비율
1970	2배
1980	17
1983	38
1985	42
1990	80
1994	81
1997	63
2000	66
2003	65
2006	79

자료: David B. Humphrey, "Future Doections is Payment Risk Reduction," *Journal of Cash Manaement*, 1988; and Federal Reserve figures

11.1%만을 차지할 뿐이다. 은행계좌이체는 비현금거래의 15.0%, 금액으로는 84.0%를 차지한다. 추심이체는 거래량으로는 비현금거래의 13.0%, 금액으로는 4.0%를 차지했으며, 신용카드는 거래량으로는 비현금거래의 42.0%나 되었으나, 금액으로는 0.9%만을 차지하고 있다. 마시막으로 미국에서는 사실상 존재하지 않는 전자화폐지불(e-money payments)은 전세계적으로 거래량 기준으로 비현금거래의 1.3%를 차지했다.

수표발행은 전자화폐의 기초이다. 수표가 발행되어 다른 은행의 계좌를 가지고 있는 사람에게 주어진다면, 은행은 현금을 옮길 수 없다. 이보다 은행은 전자식 자금이체방식을 사용한다. 전자화폐는 중개자가 필요치 않다. 은행에 대해 자금을 이체해 줄 것을 요구하는 대신, 전자화폐 사용자는 자금을 그의 은행으로부터 수취자의 계좌로 이체한다. 전자화폐의 주요 기능은 인터넷거래를 용이하게 한다는 것이다. 이러한 형태의 대다수 거래들은 금액상으로 매우 적은 규모이고, 신용카드와 같은 다른 지불수단들을 사용한다면 비용면에서 효율적이지 못하다. 전자화폐 사용자는 원하는 어떤 화폐든 그의 사이버지갑에 다운로드받을 수 있다. 더 나아가 전자화폐를 이용하면 원하는 어느 화폐로든 돈을 사이버지갑에 담을 수 있기 때문에 전자화폐는 글로벌 경제를 촉진시킨다. 상거래자는 어떤 화폐로든 원하는 금액만큼 받을 수 있고, 사이버캐시(cyber cash)가 은행계좌에 업로드되면, 자기지역 화폐로 교환하면 된다. 사용자가 전자화폐를 오프라인으로 원한다면, 필요한 것은 스마트카드(smart card) 기술뿐이다. 스마트카드에 돈이 충전되면 전자지갑은 다른 스마트카드를 충전하는데 사용되거나 온라인시스템으로 직접 연결된다. 본질적으로 전자화폐의 이체는 다른 거래방식들의 장점을 모두 합한 것과 유사하다. 그것은 직불카드/신용카드와 유

표 11-5 주요국 도매전산시스템(2006년)

	거래 수 (100만 건)	연간거래금액 (10억 달러)	GDP에 대한 거래금액비율
일본			
FEYCS	7.4	$39,774	867.4%
BOJ-NET	5.2	188,800	4,117.4
Zengin System	1,286.9	20,824	454.1
Tokyo Clearing House	53.2	3,948	86.1
네덜란드			
Interpay	3,122.9	2,278	375.3
Top	5.0	36,876	6,074.3
스웨덴			
E-RIX	0.1	2,405	694.7
K-RIX	1.3	14,839	4,286.4
Bank Giro System	430.0	624	180.4
Dataclearing	84.0	211	60.9
스위스			
SIC	209.1	33,762	9,402.6
DTA/LSV	94.0	244	67.9
영국			
CHAPS-Euro	4.7	40,820	1,913.6
CHAPS-Sterling	28.3	95,875	4,493.6
BACS	2,012.6	3,903	182.9
Check/credit	135.9	128	6.0
미국			
Fedwire	125.1	469,899	4,004.3
CHIPS	68.5	345,793	2,946.7
유럽연합			
TARGET	69.2	551,613	—
Euro 1	44.3	54,877	—

자료: Bank for International Settlemnts, *Statistics on Payment Systems in Selected Countries*, Basel, Switzerland, May 2006, Ps 2/3. *www.bis.org*

사하며, 개인이 직접 다른 사람과 거래를 할 수 있도록 한다는 점만 차이가 있을 뿐이다. 전자화폐는 가계수표와 같이 금액이 적은 거래에 적합하다. 그러나 미국 정부에서 보증하는 예금과 달리, 전자화폐 계좌에 돈을 저장해야 하며 전자화폐카드는 예금보험에서 보장하지 않는다.

전자지불방식의 이용에 있어서는 미국이 비로소 다른 나라들을 쫓아가고 있는 상황이라고 할 수 있다. 그 이유 중 하나는 미국의 문화와 전통 때문이다. 예를 들어 수표는 독일에서 쇠퇴했으나, 미국에서는 여전히 선호된다. 결과적으로 미국 금융회사들이 온라인뱅킹과 전자결제수단을 채택하고 광범위하게 사용하기까지 오랜 시간이 걸렸다. 전자지불에 있어서의 이러한 차이를 얼마나 빨리 좁힐 수 있느냐는 크게 두 가지 요소에 달려 있다. 즉, 은행이 합병과 자동화를 어떤 속도로 지속할 것인가와 그리고 기술혁신이 어느 정도로 그리고 얼마나 빨리 진행될 수 있는가 하는 데 달려 있다.

미국 결제시스템의 중요한 두 전신이체시스템은 Fedwire와 은행 간 온라인 결제시스템(Clearing House Interbank Payments System; CHIPS)이다. Fedwire는 연방준비제도와 9,500개 이상의 은행들을 연결하는 전신이체 네트워크이다. 은행은 이 네트워크를 이용하여 예금을 하거나 대출금을 지불하고 은행들 간에 증권을 이체하며, 다른 금융서비스 기업을 포함한 대규모 기업고객을 대신하여 결제중개역할을 한다. CHIPS는 민영결제시스템이다. CHIPS의 중심에는 약 55개의 대규모 미국 및 외국 은행들이 있는데 이들은 수많은 국내외 은행들과 주로 외환, 유로달러 대출, 양도성예금증서와 같은 국제 자금결제를 수행한다.

이 두 전신이체 네트워크는 매년 약 10%로 성장해 왔다. 실제로 2006년 이후, 이 두 네트워크를 통하여 이루어진 송금액은 하루에 3.5조 달러가 넘는 경우가 많았다.[11] 이 두 이체 네트워크의 엄청난 성장을 알아볼 수 있는 또 다른 방법은 〈표 11-4〉의 표에서처럼 지급 금액과 은행의 지급준비금을 비교해 보는 것이다. 1970년부터 2000년 중반까지의 기간 동안 전신이체금액은 은행지급준비금에 비하여 80배 이상으로 증가하였다. 〈표 11-5〉의 자료에 의하면 미국이 대량 전신이체시스템이 결제시스템을 좌우하게 된 유일한 국가는 아니다. 영국, 스위스, 일본 또한 전신이체금액이 총국내생산에 대하여 매우 높은 비율을 나타내고 있다. 2001년에 유로라는 단일 통화도입과 유럽통화체제로의 이행 결과로 유럽통화체제의 모든 회원국들을 연결하는 단일 대량 전신이체시스템인 TARGET(Trans-European Automated Real-Time Gross-Settlement Express Transfer)이 등장하게 되었다.

전자이체결제시스템의 리스크

전신이체시스템의 성장과 함께 적어도 6가지의 중요한 리스크가 발생했다. 이 중 몇 가지는 제8장의 부외거래에서 이미 언급하였다. 여기에서는 그 세부사항들을 다루기로 한다.

■ 일중당좌대월 리스크

일부 분석가와 감독기관은 결제리스크나 **일중당좌대월(daylight overdraft)** 리스크가 오

11) 예를 들어 2006에 Fedwire를 통한 일일 평균 송금액은 2.1조 달러였고 CHIPS를 통한 일일 평균 송금액은 1.4조 달러였다. 일일 평균 거래건수는 Fedwire의 경우 527,641건이었고 CHIPS의 경우 284.787건이었다.

늘날 금융시장을 교란시킬 수 있는 가장 중요한 요인 중의 하나라고 지적한다. 일중당좌대월을 좀더 잘 이해하기 위하여 [그림 11–5]를 보면 Fedwire를 이용하는 대형은행의 전형적인 일일 순자금결제(지급액 – 수취액) 형태를 알 수 있다.

▶ 일중당좌대월(daylight overdraft)

은행영업일 하룻동안 Fed(중앙은행)에 예치한 은행의 지급불준비금이 마이너스가 되는 현상.

중앙은행법(Federal Reserve Act)하에서 은행들은 예치한 예금에 대한 지급준비금을 연방준비제도에 현금으로 예치하여야 하는데 Fedwire의 결제는 미 동부시간기준으로 은행영업일 오후 6시 30분에 이루어진다. 그 때 연방준비제도는 은행 간의 대차거래를 반영하여 각 회원은행의 지급준비금계좌를 조정한다.[12] 현규정에 의하면 회원 은행들의 당일 말 지급준비금잔액은 마이너스가 될 수 없다. 그러나 당일 말에 잔고가 있다고 해서 당일 중에도 잔고가 있는 것은 아니다. 즉 연방준비제도는 하룻동안 은행들이 지급준비금계좌를 마이너스로 운영하는 일중당좌대월을 허용하고 있다. 현재의 결제시스템하에서 마이너스지급준비금잔고가 발생하는 이유는 대형은행이나 그들의 고객들이 종종 은행영업이 시작되면서 전일 받은 대출금을 상환하거나 이자를 지급하고 영업이 끝날 무렵 자금을 차입하기 때문이다. 따라서 연방준비제도에 있는 은행지급준비금계좌는 하룻동안에는 흔히 지급액이 수취액을 초과하면서 일중당좌대월 상태에 놓이게 된다([그림 11–5] 참조).

사실상 연방준비제도가 암묵적으로 은행에 당일 상환조건으로 지급준비금을 빌려 주는

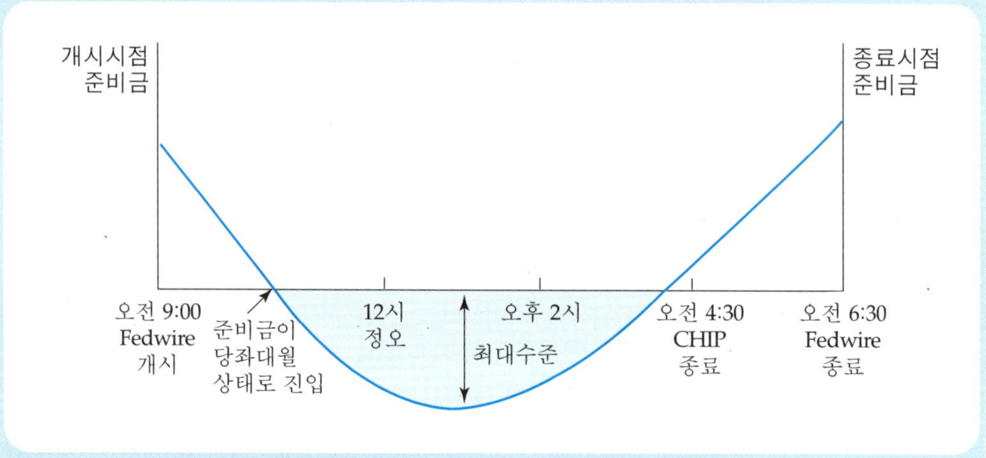

그림 11-5 Fedwire의 일중당좌대월

12) 기술적으로 CHIPS 거래는 Fedwire가 마감되기 전인 오후 4시 30분에 Fedwire로 결제한다.

셈이 된다. 이 과정은 두 가지 다른 중요한 제도적 요소를 포함하고 있다. 첫째, 최근까지 연방준비제도는 이 일중당좌대월에 대해서 명시적으로 이자나 수수료를 부과하지 않았다. 그 결과 은행이나 대기업 고객 모두 이러한 거래를 축소할 유인이 없었다. 따라서 일중당좌대월은 사실상 무료로 과잉공급되고 있었다. 현재 일중당좌대월 수수료는 24시간 기준 연 36bp이다. 둘째, 레귤러이션 J에 의하여 연방준비제도는 모든 전신이체 메시지의 최종 결제를 보증하게 되어 있었다. 따라서 [그림 11-5]에서 만약 한 은행이 정오 12시에 필요금액을 결제하지 못한다면 연방준비제도는 그 은행이 그 날 오후 12시까지 Fedwire로 행한 모든 거래를 결제해야 할 책임을 안게 되었다. 이로써 수취은행이나 그 은행의 고객이 당일 말에 자금부족에 놓일 리스크가 제거되었다. 본질적으로 연방준비제도는 시장이자율을 부과하지 않고 당좌대월을 허용함으로써 은행의 결제실패로 인한 Fedwire 신용리스크를 부담하고 있는 것이다.

순수한 민영 결제시스템인 CHIPS에서의 순결제흐름은 당일 초에 모든 은행의 잔고가 0이어야 한다는 것을 제외하고는 [그림 11-5]와 유사한 형태를 보인다. Fedwire에서처럼 대형 은행들은 자주 일중당좌대월을 이용하는데 Fedwire에서보다 일반적으로 규모가 더 크며 특히 오전 이른 시간에 더 크다. 따라서 대형 은행들은 오전에 발생한 마이너스 잔고를 채우기 위하여 오후에 자금을 차입한다. CHIPS는 은행들에게 일중당좌대월에 대한 수수료를 명시적으로 부과하지는 않지만, 만약 은행이 당일 말에 결제를 이행하지 못할 경우 Fedwire와는 매우 다르게 처리한다. Fedwire에서는 연방준비제도가 어떤 이체이든 그것이 이루어진 시간에 이체의 결제를 보증한다. 이와 대조적으로 CHIPS에서는 자금 중 24억 달러가 일일 지급거래를 충당하도록 되어 있다. 이 유휴자금은 최종적으로 CHIPS 지급의 97%가 실시간으로 고객에게 결제되도록 하기 때문에 지급의무가 발생하지 않게 된다. 실시간 결제되지 않는 나머지 3%는 하루의 마감시점에서 고객에게 지급된다. 이전에는 자금을 보내는 은행의 CHIPS 계좌에 충분한 자금이 있을 때까지 수취하는 은행에게 지급되지 않았기 때문에 결제 해제에 관한 어떠한 계약적 조항도 존재하지 않았다. 그러나 최근 CHIPS의 지급요청거부가 발생했는데, 이것은 2001년 뉴욕 테러의 결과로 일부 은행들의 자금이 충분하지 못하여 지급요청이 이루어지지 않았던 때문이었다

이런 우려 때문에 1991년에 통과된 연방예금보험공사개선법(FDICIA)은 연방준비제도가 레귤러이션 F를 시행하도록 하였는데, 이에 따라 은행, 저축금융회사, 외국은행은 결제금액을 제한하고 그들의 사업상대인 저축금융회사들의 신용리스크에 과다하게 노출되는 것을 막기 위하여 내부절차나 기준을 개발해야 했다. 이에 따라 1992년 12월 이후로 은행들은 개별 상대은행과 그 은행 자본규모의 25% 이상은 거래할 수 없게 되었다. 그러나 자본구조가 적합한 은행에게는 어떠한 기준도 부과되지 않으며 이 비율도 50%까지 상향조정된다. 따라서 지급능력이 좋은 은행들은 그렇지 않은 은행들보다 전신이체네트워크로 거래

를 하고 일중당좌대월을 운영하기가 더 용이하다.[13] 이 기준이 지켜진다면 감독기관이 직면하게 되는 결제리스크는 감소될 수 있다.[14]

■국가 간 기술이전리스크

최근 수 년간 미국은 결제시스템에 대한 기술투자와 금융서비스의 혁신을 선도해 왔다. 예를 들어 미국은 ATM을 선도적으로 보급해 왔으나 스웨덴이나 싱가포르같은 국가들에서는 매우 비싼 국내 전화선 임대사용료로 인하여 네트워크의 성장이 상대적으로 느리게 진행되었다(〈표 11-6〉 참조).

이것은 미국의 금융회사들이 적어도 단기적으로는 국내에서 개발한 기술혁신을 국제 시장에 이전함으로써 이익을 얻기가 어렵다는 것을 의미한다.[15] 반면에 미국 시장에 진입하는 외국 금융회사들은 매우 낮은 비용으로 미국의 상품들에 직접 접근하여 지식을 습득할 수 있다. 예를 들면 1978년에 국제은행법이 통과된 이후에 외국은행들은 미국의 Fedwire를 직접 이용할 수 있게 되었다.

■범죄 및 사기리스크

결제나 교환의 수단으로 온라인이체가 수표나 현금을 대체함에 따라 절도나 정보유출, 화이트칼라 범죄와 관련된 새로운 문제들이 발생했다. 매일 막대한 금액이 온라인으로 이체되고 일부 은행직원들이 개인인증번호나 다른 인증코드에 대해 전문지식을 갖게 되면서 화이트칼라 범죄가 일어날 가능성이 증가한 것으로 보인다. 예를 들면, 지금은 없어진 BCCI 스리랑카 지점의 한 매니저가 그 은행 오만 지점에 있는 텔렉스에서 컴퓨터칩을 훔친 후 그것을 이용하여 미국과 일본에 있는 세 은행으로부터 스위스에 있는 자신의 계좌로 천만 달러를 송금한 일도 있었다.

더욱이 전자결제시스템의 형태로 인터넷을 개발하면서 심각한 보안문제가 발생하게 되었다. 인터넷 거래는 제3자에게 노출될 수 있기 때문에 금융회사들은 인터넷에서 신용카드나 직불카드의 상세정보가 드러나는 것을 우려하고 있다. 인터넷을 통한 전자결제는 실제 현금을 처리하는 것처럼 확인하고 허용되어야 할 뿐만 아니라, 현금결제에 대하여 요구되는 것과 똑같이 높은 수준의 보안이 제공되어야 하지만 인터넷 자체는 그 어느 것도 보증

---

13) 상세한 사항에 대해서는 Federal Reserve Board, Commercial Bank Examiuaton Manual, 2006를 참조.

14) 결제리스크를 제거하는 한 가지 방법은 당일 오후 결제보다는 연속적 실시간 결제를 이용하는 것이다. 그러나 스위스에서 사용하고 있는 이 방법은 결제시스템이 정체될 수 있는 리스크가 있다. New York Clearing House Association, January 1995; and W. R. Emmons, "Recent Developments in Wholesale Payment Systems," *Federal Reserve Bank of St. Louis Review*, November-December 1997, pp. 23-43 참조.

15) 전세계적인 텔레커뮤니케이션의 규제완화와 우량고객의 유치 및 해외에서의 상품판매를 통하여 장기이익이 실현될 수 있다.

표 11-6 현금지급기와 ATM

거주자 100만명 당 기계 수			
	1991	2001	2004
벨기에	105	669	1,267
캐나다	467	1,142	1,517
프랑스	284	606	703
독일	161	603	638
이태리	204	593	682
일본	795	593	1,069
네덜란드	222	445	484
싱가포르	—	435	379
스웨덴	347	694	722
영국	309	612	909
미국	331	1,137	1,303

자료: Bank for Internatial Settlements, *Statistics on Payment Systms in Selected Countries*, Basel, Switzerland, May 2006. *www.bis.org*

하지 못한다. 2001년 9월 11일 테러리스트들의 공격 이후, 미국 의회는 2001년 애국법을 통과시켰다. 이 법은 금융회사를 통하여 이루어지는 테러용의자들의 활동을 초기에 탐지하고 조사하기 위하여 기존의 형법들에 대한 많은 개정을 포함하고 있다.

한 예로, 2004년 4월 FBI와 연방감독당국은 애국법(Patriot Act)에 의거하여, 사우디아라비아 국민이 Riggs National Bank로부터 대규모 현금을 인출한 사건에 대해 조사를 시작했고, Riggs가 감독관에게 미심쩍은 거래에 관해 보고하지 않은 것을 고소했다. Riggs는 통화감독청(OCC)의 지시에도 불구하고 적절한 자금세탁 통제를 하지 않았기 때문에 통화감독청 역시 Riggs를 "문제 있는 금융회사"로 분류했다. 감독당국 또한 Riggs가 해외 고객과 거래할 때 "고객신상파악기록법(know your customer" record keeping laws)을 위반하지 않았는지의 여부에 대해서도 조사했다. 재무부 조사관은 Riggs와 의심스러운 해외고객들 간의 관계에 대해 조사했다. 보다 최근인 2005년 12월 연방준비제도와 재무부는 네덜란드 은행인 ABN Amro에게 미국 자금세탁법과 이란 및 리비아에 대한 제재를 위반한 대가로 8천만 달러의 벌금을 부과했다. 이러한 행동은 최근 10년간 뉴욕, 두바이, 아랍에미리트연합에 있는 은행들을 이용하여 수십억 달러의 거래를 행한 것 등에 대한 조치였다. 이 조사는 은행 종업원들이 이란과 리비아의 기업 및 개인이 미국으로 송금하는 것을 숨기기 위해 수많은 전신환이체기록을 위조한 것을 밝혀 냈다.

많은 국가들이 사적 정보 보호법률을 통과시킴에 따라 향후에 은행과 감독기관은 전신이체계좌를 위해 절대적으로 안전한 인증코드 개발과 아울러 모니터링과 직원감독을 위하여 더욱 많은 자원을 투자해야 할 것이다. 그러나 놀랍게도 미국의 온라인 은행업에 관련된 문제들에 대한 한 연구는 이런 문제들의 단지 1%만이 종업원이나 내부부정으로 발생한다고 발표하였다.[16)]

■규제리스크

금융회사들의 컴퓨터와 텔레커뮤니케이션 네트워크의 발전은 감독기관에 대응하여 금융회사의 힘을 강화시키고 효과적으로 규제를 회피하도록 해 준다. 이에 따라 규제는 기술혁신의 수익성에 영향을 미칠 뿐만 아니라 혁신의 속도와 유형을 촉진하거나 저해할 수 있다.[17)] 예를 들어 미국의 많은 주들에서는 금융회사에 **이자율상한(usury ceiling)**을 부과하고 있다. 이 제도는 많은 금융회사들이 신용카드와 소비자대출, 주택모기지에 청구할 수 있는 수수료나 이자율에 상한을 두어 관리하는 것이다. 신용카드사업은 커뮤니케이션에 기초하는 부분이 많아서 금융회사가 직접 자신의 영업지역에 위치할 필요가 없기 때문에 현재 신용카드 시장을 주도하고 있는 두 개의 주는 South Dakota와 Delaware이다. 이 두 주는 신용카드수수료와 이자율상한제에 대한 규제가 가장 느슨한 지역이다. 예를 들어 가장 큰 신용카드가맹점을 가지고 있는 시티그룹의 신용카드영업부서는 South Dakota에 위치하고 있다. 미국에서의 규제의 결과로 상대적으로 규제가 완화되어 있는 Cayman Islands에서는 은행업이 상당한 성장을 이루었다. 그 곳에 위치한 500여 개 이상의 금융회사들은 공적, 사적 텔레커뮤니케이션 네트워크를 통하여 대부분의 영업을 수행하고 있다. Cayman Islands에서 은행업이 성장한 주요 이유는 대형 미국은행들이 이자가 지급되지 않는 필요지급준비금에 대한 연방준비제도의 규제로 인한 비용을 회피하거나 줄이려 하기 때문이다. 또한 이 곳이 인기를 누리는 것은 마약이나 범죄와 관련되어 있는 비밀자금 거래 때문이다. 텔레커뮤니케이션 네트워크와 향상된 기술의 사용으로 대규모 다국적 금융회사와 정부 사이의 힘의 균형이-지역 간 국가 간 모두-금융회사에 유리하도록 변화되었는데 당분간 이러한 힘의 변화는 역전되지 않을 것으로 보인다.

▶이자율상한(usury ceiling)

소비자대출이나 모기지대출에 대해 주 정부에서 정해 놓은 최대이자율.

이러한 힘의 균형의 이동은 각국이 자국으로 금융회사를 끌어들이기 위해 경쟁적으로 규제를 완화할 유인으로 작용할 수 있다. 이러한 경향은 가장 규제가 약한 곳이 가장 많은 금융회사를 유치함으로써 금융산업을 교란시킬 가능성이 있다.

---

16) General Accounting Office, Electronic Banking: Experiences Reported by Banks in Implementing On-line Banking, January 1998, GAO/GGD 98-34 참조.

17) 규제리스크가 일반적으로 기술과 운영비용에 미치는 영향에 대한 예로 유럽은행들이 자국통화에서 유로로 시스템을 변경하는 데 따르는 비용이 있다. 유럽은행들의 시스템전환에는 1,500억 달러 이상이 소요될 수 있다. "A Year before the Millennium Bug, There' s the Euro Problem," *New York Times*, March 9, 1998, p. 1 참조.

■조세회피

금융회사 간 국제적 네트워크와 국가 간 이체네트워크의 발전으로 금융회사는 내부가격기구에 따라 자금과 이익을 이동할 수 있게 되었고 그 결과 미국에서의 전체 세금부담을 최소화하고 외국에서의 세액공제를 극대화할 수 있게 되었다. 예를 들어, 1986년 이전에 많은 대형 미국 은행들은 이익이 크게 증가했음에도 불구하고 이익과 자금을 상이한 조세체제 사이에서 신속하게 이동시킴으로써 법인세를 전혀 납부하지 않았다. 이는 공공정책에 대한 심각한 우려를 야기하여 1986년 미국세제 개혁의 근간을 이루는 주요 원인이 되었다. 이 개혁은 미국 은행들에게 최소법인세율 20%를 부과하였고 국내에서의 법인세부담을 상쇄하기 위한 은행의 해외 세액공제 이용을 제한했다.

■경쟁리스크

금융서비스가 기술에 기초하면 할수록 금융회사는 점점 더 비전통적인 금융상품 공급자들과 경쟁하게 된다. 예를 들어 은행계 카드회사와의 경쟁 속에서 자체 신용카드업을 하고 있는 AT&T는 금융회사까지 소유하고 있다.[18] 일단 설립이 되면 비금융회사들은 쉽게 금융서비스 기술을 취득할 수 있다. 한 예로 General Motors는 자기 회사의 차를 구매할 때 할인혜택을 받을 수 있는 카드를 만들었다. 현재 은행이 발급하는 신규신용카드는 그 수가 주로 AT&T나 GM같은 비전통적인 기업들에 의하여 발급되고 있는 모든 신규신용카드의 절반에도 미치지 못한다. 또 다른 예는 AMEX, General Electric, Pitney Bowes와 같은 비은행계 기업들이 소유하고 있는 유타주의 산업대출공사(Industrial Loans Corporation; ILC)가 보여 준 기록적인 성장이다. ILC는 신용도가 낮아 이자율이 높고 은행이 기피하는 기업들에게 대출을 제공하고 있다. ILC가 연방은행이나 통화감독청 어디에 의해서도 규제를 받고 있지는 않지만 ILC의 예금은 FDIC가 지급을 보장하고 있다. 규제가 비교적 자유로운 유타주에 위치해 있지만 ILC는 기술을 이용하여 전국적으로 서비스를 확장했다. 그 결과 운용자산은 1995년 말 29억 달러에서 2006년 1,400억 달러로 증가하였는데[19] 이 규모는 2000년 말 상업은행들의 총기업대출규모 1조 970억 달러와 비교해 볼 수 있다. 따라서 기술의 진보로 진입비용이 낮아지고 경쟁환경이 변화하면서 기존 금융회사들의 독점적 영업이 침식당하는 리스크가 증가하게 되었다 〈금융산업전망대〉는 Wall-Mart가 ILC설립을 통해 어떻게 금융회사를 운영하려고 시도하는지 보여 주고 있다.

18) AT&T는 1990년 5월 신용카드와 전화카드로 동시에 사용할 수 있는 종합카드업을 시작했다. AT&T의 금융자회사인 AT&T Capital Corp.는 리스, 프로젝트 파이낸싱, 중소기업대출 등을 수행하고 있다.

19) "Bankers Brace for Storm That Is Wal-Mart," U.S. Banker, March 2006, p. 47 참조.

개념질문

1. 전신이체결제시스템의 성장과 함께 금융회사가 직면하게 된 여섯 가지 리스크를 기술하라.
2. 일중당좌대월이 Fedwire보다 CHIPS에서 은행들에 더 많은 리스크를 초래하는 이유는 무엇인가?
3. CHIPS 회원들이 결제리스크나 일중당좌대월리스크를 낮추기 위하여 취한 조치는 무엇인가?

금융산업전망대 Wal-Mart의 은행 소유 계획

이미 거대한 제국을 형성하고, 계속해서 확장의 방법을 모색하던 Wal-Mart가 정부에게 완전히 다른 산업에 진입하는 것을 허용해 달라고 요청하고 있다. 그것은 바로 인하우스뱅크(in-house bank)를 소유하는 것이다. 세계 최대의 소매업체인 Wal-Mart는 월요일, 연방예금보험공사(FDIC)에 매달 수백만 건의 수표와 신용카드 결제를 처리할 수 있는 은행 개업의 허용을 요청할 계획이다. Wal-Mart는 소매은행업에까지 진출하는 데에는 관심이 없다고 밝혔으나, 일각에서는 Wal-Mart의 확장 때문에 구멍가게들이 피해를 입었던 상황이 지역은행 사이에서 되풀이되지 않을까 하는 우려가 제기되고 있다.

이것은 Wal-Mart의 네 번째 금융업 진출 시도인데, 이러한 시도를 두고 FDIC에는 많은 말들이 전해지고 있다.... 워싱턴 DC에 있는 Thacher Proffitt & Wood LLP의 금융부문 변호사이자 증권거래위원회의 전직 선임변호사이며, 미국 재무부 저축기관감독청의 부고문변호사인 Jerry Comizio는 "이것은 미국의 산업 및 금융 역사에 있어 획기적인 사건이다"라고 말했다.

Wal-Mart는 고객과 소매은행들이 걱정할 것은 전혀 없다고 언급하면서, 은행지점 개설과 개인 대출서비스는 제공하지 않을 것이라고 말했다.... 하지만 반대세력에게 그러한 공약은 공염불에 불과하다. 월요일 공청회에 앞서 실시된 진술에서 전미은행가협회(American Bankers Association)의 대정부 담당실장인 Art Johnson은 "Wal-Mart의 이러한 계획이 확대될 것이라고 믿는 데는 그만한 이유가 있다. Wal-Mart는 종합서비스은행 사업에 진입하기 위해 여러 번 시도해 왔다"고 말했다.

Wal-Mart는 매년 1억 4천만 달러의 신용카드, 직불카드 및 전자결제 업무를 처리할 수 있는 인하우스뱅크가 생긴다면, 많은 경비를 절약할 수 있을 것이라고 말했다.... 이에 따른 우려는 두 가지로 나뉘어진다. 하나는 은행과 비은행기업이 결합하여, 전통적인 금산분리 원칙이 깨어질 수 있다는 것이고, 다른 하나는 Wal-Mart은행이 전국적인 지점망과 우수한 재정상태를 바탕으로 지역은행들을 삼켜버릴지도 모른다는 것이다.

자료: *The Wall Street Journal*, April 8, 2006, p. A3. Reprinted by permission of *The Wall Street Journal*, © 2006 Dow Jones & Company, Inc. All Rights Reserved Worldwide. *www.wsj.com*

11.9 기타 운영리스크

기술리스크가 현대 금융회사의 수익성과 리스크 측면에서 점점 더 중요한 역할을 하게 되었지만 그것이 운영리스크의 모든 것은 아니다. 실제 연구에 의하면 횡령이나 대출사기 같은 운영리스크 위기가 기업의 시장가치에 미치는 영향은 실제 비용을 훨씬 초과한다고

윤리적 딜레마 **Morgan Stanley, 이메일 사건 1,500만 달러에 해결**

Morgan Stanley는 증권거래위원회와의 민사소송을 종결하기 위해 1,500만 달러를 지불하기로 합의했다. Morgan Stanley는 2000년 후반부터 2005년 중반까지 있었던 월스트리트 애널리스트와 증권발행회사 사이의 이해상충문제를 조사하는 과정에서 수만 건의 과거 이메일을 제시하지 못해 증권거래위원회로부터 고소당했었다. Morgan Stanley는 증권거래위원회의 고소에 대해 인정하지도 부인하지도 않았다.... 증권거래위원회에 따르면, Morgan Stanley는 2005년까지의 이메일 내용을 담고 있는 백업테이프를 성실히 조사하지 않았고, 일부 이메일의 경우 백업테이프를 덮어쓰는 바람에 내용을 제출하지 못했다고 한다. 덧붙여, 증권거래위원회는 Morgan Stanley가 이메일 보관에 대해 "수많은 허위진술"을 했다고 주장했다. 증권거래위원회는 Morgan Stanley가 미국 증권법이 요구하는대로 시기적절하게 기록과 서류를 제공하지 못한 것에 대해 고소하였다.

위원회의 진술에 따르면, 증권거래위원회는 2004년 가을 Morgan Stanley가 일부 전자문서를 파기했다는 익명의 제보를 받았다고 한다.... 또한, 증권거래 위원회는 닷컴 붐이 일던 시기에 월스트리트 내의 유망한 기업공개들의 분배를 조사하는 과정에서, Morgan Stanley가 이메일을 조사하고 제출하는 데에 성실하게 임하지 않았다고 밝혔다.

자료: Judith Burns, Susanne Craig, and Jed Horowitz, *The Wall Street Journal*, May 11, 2006, p. C3. Reprinted by permission of *The Wall Street Journal*, ⓒ 2006 Dow Jones & Company, Inc. All Rights Reserved Worldwide. *www.wsj.com*

한다(최대 12배).[20] 이 장 초반에서 종업원, 고객관계, 자본자산, 외부리스크 등 운영리스크의 네 가지 원인에 대해 알아보았다. 예를 들어, 종업원 관련 리스크에는 프로그램 조작실수뿐만 아니라 종업원 이직이나 사기도 포함된다. (윤리적 딜레마)에서는 Morgan Stanley가 증권사들은 이메일을 최소 3년간 보관해야 한다는 규정을 어긴 사건에 대해 집중조명하고 있다.

〈표 11-7〉은 운영리스크의 상이한 네 가지 원인들이 야기시킬 수 있는 문제들과, 기타 운영리스크의 원인들이 기술리스크와 어떻게 상호작용하는가 하는 것을 보여 주고 있다. 예를 들어 국제스왑파생상품협회(International Swap and Derivatives Association)에 의한 설문조사에 따르면, 신용파생계약의 약 40% 정도만 전자수단에 의해 확인을 받는다고 한다. 나머지 계약들을 확인하는 데는 평균 12일이 소요된다. 이렇게 시간이 소요되는 이유는 거래량이 너무 많거나, 자료를 기다리거나, 법무부서의 거래자 확인을 기다리거나, 신용이나 담보에 관련된 허가를 기다리거나, 기타 시스템이나 기술상의 문제 때문이다.[21] 이 경우 상대기업이 지급불능이 되면 매우 심각한 운영리스크가 초래될 수 있다. 마찬가지로 기술을 제공하는 제3자가 약속을 이행하지 못하여 금융회사의 온라인뱅킹서비스에 문제가

20) R. S. Dunnet, C. B. Levy, and A. P. Simoes, "The Hidden Costs of Operational Risk," *McKinsey on Finance*, Winter 2005, pp. 14–18 참조.

표 11-7 금융회사들이 직면하는 운영리스크

리스크의 원천	형 태	리스크의 원천	형 태
종업원리스크	종업원이직률 핵심인원리스크 사기리스크 과실 부정거래 자금세탁 기밀누설	**고객리스크**	계약분쟁 불만족 파산
		자본자산리스크	안전 보안 운영비용 화재/침수
기술리스크	프로그래밍오류 모형리스크 시장평가오류 경영정보 IT시스템 장애 의사소통 장애 기술공급자파산 우발계획	**외부리스크**	외부인의 사기행각 세금리스크 법률리스크 전쟁 시장붕괴 명예실추 관계리스크

생기는 경우 고객들이 이탈할 수도 있다.

기술리스크처럼 나머지 네 가지 운영리스크의 요소들도 금융회사의 수익성과 가치를 감소시키는 직접비용(예를 들어, 수입의 감소), 간접비용(예를 들어, 고객의 자금인출이나 법률비용), 기회비용(예를 들어, 놓친 사업기회)을 야기시킬 수 있다. 이런 비용을 상쇄시키기 위하여 금융회사는 운영리스크로 인한 손실로부터 금융회사를 보호하고 관리하는데 상당한 노력과 자원을 사용한다. 이러한 노력에는 다음과 같은 것들이 포함된다

1. 손실예방 : 훈련, 개발, 종업원 감독
2. 손실통제 : 계획, 조직, 백업(예: 컴퓨터시스템)
3. 손실재정 : 외부 보험(예: 재난보험)
4. 손실차단 : 금융회사 자본

물론 리스크관리노력은 금융회사에 비용을 발생시킨다. [그림 11-6]에서 보듯이 리스크관리노력에 많은 자원이 투여될수록 운영리스크의 비용은 낮아진다. 그러나 때로는 운영리스크 비용을 감소시키기 위하여 소비되는 자원이 리스크 자체의 비용보다 클 수 있다. 따라서 금융회사는 금융회사의 이익과 가치를 극대화하기 위해서 그러한 노력의 비용이 노력을 기울이지 않을 경우에 발생하는 운영손실을 정확히 상쇄할 때까지([그림 11-6]의 적정리스크관리수준) 리스크관리노력에 투자하게 될 것이다.

---

21) ISDA 2005 Operations Benchmarking Survey and FpML Use Survey, International Swaps and Derivatives Association, Inc., 2005 참조.

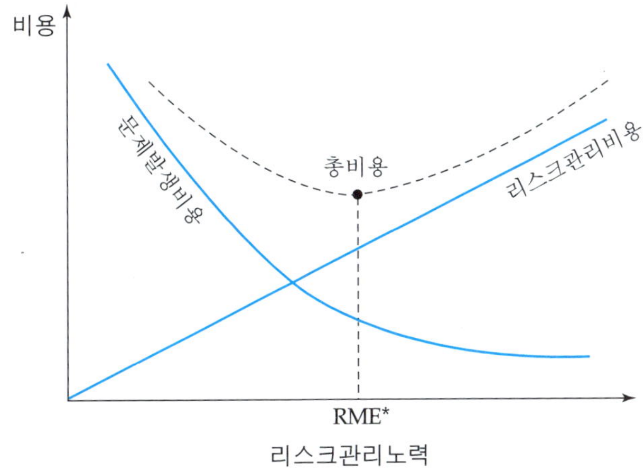

그림 11-6 최적 리스크관리노력

개념질문

1. 종업원, 고객관계, 자본, 외부리스크로부터 발생하는 운영리스크의 예로는 무엇이 있는가?
2. 어떤 리스크관리노력이 운영리스크관리에 포함되는가?

11.10 규제상의 이슈와 기술 및 운영리스크

앞에서 말한 것처럼 운영리스크란 부적합하거나 실패한 내부의 업무처리, 사람이나 시스템, 외부에서 발생한 사건 등에서 비롯되는 직간접적 손실리스크를 의미한다. 물론 금융회사가 기술을 많이 사용함에 따라 운영리스크도 증가한다. 그러나 이렇게 증가하는 리스크에 대한 감독과 규제는 거의 이루어지지 않았다. 여기에서는 운영리스크의 증가가 직접적으로 영향을 미치는 두 분야에 대하여 살펴본다.

1. 운영리스크와 금융회사 파산

운영리스크 컨설팅회사인 Operational Research Inc.의 조사에 따르면 1980년 이래 금융회사들은 운영리스크로 인해 2,000억 달러 이상의 손실을 입었다.[23] 규제당국은 금융회사들의 운영리스크의 심각성을 인식하게 되었다. 특히 1999년 은행감독에 관한 바젤위원회(Basel Committee on Banking Supervision)는 운영리스크가 매우 중요하므로 은행들은 운영리스크의 수준을 계량화하기 위하여 필요한 자원을 투자하고 은행의 전반적인 자본적정성을 평가함에 있어서(시장리스크 및 신용리스크과 함께) 운영리스크를 통합하여야 한다고 밝혔다.[24] 2001년 1월과 2003년 4월에 발표된 보고서에서 바젤위원회는 예금금융회사들이 운영리스크로부터 자신을 보호하기 위한 필요자본(2006년부터 발효)을 계산하는 세 가지 방식으로 기초지표법, 표준방법, 고급측정법을 제안했다.

은행은 그들이 더욱 정교한 운영리스크 측정시스템 및 실무방식을 개발할 때 하위에서 상위로 측정방법을 점진적으로 진행하도록 권고받고 있다. 국제적으로 활동하는 은행들과 운영리스크 노출이 큰 은행(예를 들어, 전문화된 업무처리 은행)들은 기초지표법(Basic Indicator Approach)보다 더 정교하면서 은행의 리스크형태에 더 적합한 측정방법을 사용할 것으로 여겨진다. 은행은 특정 운영리스크에서는 기초지표법과 표준방법(Standardized Approach)을 사용할 수 있고, 최소한의 기준을 충족시킨다면 나머지 분야에서는 고급측정법(Advanced Measurement Approach)을 사용할 수 있다. 상위의 측정방법 사용이 허가된 은행은 감독당국의 허가가 없이는 하위의 측정방법을 다시 사용할 수 없다. 연구 결과에 따르면, 이러한 모형들을 이용할 때 운영리스크를 대비하여 충당된 자본의 규모가 시장리스크를 대비하여 충당된 자본의 규모보다 클 때가 자주 발생하며, 초대형 은행은 운영리스크를 대비하여 수십억 달러의 자본을 배정하기도 한다. 각 방법에 대해서는 제15장에서 구체적으로 알아볼 것이다.

2. 소비자 보호

2000년 KPMG의 정보보안 설문조사는 기업고객들이 두 가지 이유로 인해 자신들의 개인 및 금융정보를 인터넷에 입력하기 꺼려한다고 보고했다. 첫째, 그들은 누가 정보에 접근할지와 자신의 정보가 어떻게 사용될지를 걱정한다. 둘째, 신용카드나 은행계좌의 세부내용이 도난당하거나 부정하게 사용되는 것을 우려한다.[25] 전자은행의 출현으로 소비자 보호

---

23) C. Smithson, "Measuring Operational Risk," *Risk*, March 2000, pp. 58–59.

24) "Basel Committee on Banking Supervision, 1999; A New Capital Adequacy Framework," Bank for International Settlements, Basel Switzerland, June 1999, p.50 참조.

25) R. Coles, "Safety Net," *The Banker*, September 2000, pp. 7–8; V. Roth and K. Ritcher, "How to Fend Off Shoulder Surfing," *Journal of Banking and Finance* 30, 2006, pp. 1727–51 참조.

는 금융회사의 감독기관에게 점점 더 중요한 의무가 되고 있다. 앞에서 언급한대로 1999년 금융서비스현대화법은 고객들이 금융회사와의 정보공유를 선택할 수 있도록 했다. 즉 고객들은 누가 자신들의 개인정보에 접근할 수 있는지 통제할 수 있다. 그러나 이 규제는 금융서비스산업에 진출한 비금융기업의 정보공유에 대해서는 적용되지 않는다. 결국 고객들이 원하는 정도로 사생활을 보호하기 위한 국제적인 기준이 점점 더 필요해질 것이다.

보안리스크에 대해서는 인터넷거래가 개방시스템에서 이루어지기 때문에 차단이나 사기 등이 일어나기 쉽다. 그러나 거래의 보안을 위한 암호화 기술이 빠르게 발전하고 있고 그 결과 소비자거래는 상당히 안전하다. 나아가 대량 거래를 보호할 수 있는 기술도 곧 개발될 것이다. 그러나 이용가능한 기술이 있다고 해서 금융회사가 그것을 반드시 사용하는 것은 아니다(특히 가격이 너무 비쌀 경우). 결국 감독기관은 금융회사들이 기술사용에 소극적일 경우 기술사용여부를 감독(또는 지시)할 필요가 있다.

개념질문

1. 은행감독에 관한 바젤위원회가 운영리스크와 관련된 필요자본을 측정하기 위하여 제시한 세 가지 접근법은 무엇인가?
2. 인터넷에 입력되는 소비자의 개인 및 금융정보를 사기로부터 보호하고 사생활을 보장하기 위하여 어떤 조치가 취해졌는가?

요 약

이 장에서는 기술혁신의 발전이 가져다 주는 영향을 포함하여 금융회사의 운영비용 측면을 분석하였다. 먼저 도매와 소매서비스를 구별하여 기술의 영향을 검토한 후 비용과 수익에 대한 영향을 분석하였다. 기술투자는 상품을 혁신시키고 비용을 줄일 수 있지만 비용절감에 대해서는 복합적인 결과가 나타난다. 더욱이 현대기술은 결제리스크, 일중당좌대월리스크, 국가 간 기술이전리스크, 범죄나 사기리스크, 규제회피리스크, 조세회피리스크, 경쟁리스크 등과 같은 새롭고 상이한 리스크들을 야기해 왔다. 비록 이 장은 금융회사에 대한 기술의 비용과 이익에 초점을 맞추고 있지만 보다 근본적인 문제는 기술의 비용과 이익이 아니라 모든 서비스를 제공하는 현대 금융회사로 생존하기 위한 기술투자의 필요성이라고 할 수 있다.

연습문제

1. 기술향상이 어떻게 금융회사의 이자수입과 비이자수입을 증가시키고 이자비용과 비이자비용을 감소시킬 수 있는지 구체적인 예를 들어 설명하라.
2. 〈표 11-1〉은 예금보험 대상인 은행들의 이익, 비용, 자산에 대한 자료이다. 1991년부터 2005년까지 수입, 비용, 이익, 자산의 연간 성장률을 계산하라. 만약 자산, 이익, 비용에서의 성장률의 일부가 기술변화에 의한 것이라면 어떤 영역에 가장 큰 영향을 미쳤을 것으로 보이는가? 전반적인 경제활동은 어떤 성장률에 더 영향을 미치는가?
3. 기술이 금융회사의 도매영업과 소매영업에 미치는 영향을 구체적인 예를 들어 비교하라.
4. 금융혁신을 최초로 도입할 경우 어떤 리스크가 발생할 수 있는가?
5. 한 금융회사의 운영 부서에서 지원기능의 조직정비를 계획하고 있다. 현재의 영업비용은 직원급여 100만 달러를 포함하여 총 150만 달러이다. 이 금융회사는 비용절감안을 평가하기 위하여 12%의 자본비용을 사용하고 있다.
   a. 조직을 정비하는 한 가지 방법은 자료입력기능을 해외에 아웃소싱하는 것이다. 이를 위해서는 대략 세후 50만 달러의 초기 투자가 필요하며 이로부터 연간 15만 달러의 영업비용절감이 예상된다. 비용감소가 영구히 지속된다고 할 때 이 프로젝트를 채택해야 하는가?
   b. 또 다른 방법은 최신의 컴퓨터와 소프트웨어를 설치함으로써 모든 과정을 자동화하는 것이다. 이 경우 연간 세후 50만 달러 이상의 비용절감이 예상되지만 초기 투자비용이 약 300만 달러에 이르며 이 프로젝트의 수명이 7년 밖에 되지 않기 때문에 그 후에는 새 컴퓨터와 소프트웨어를 다시 설치해야만 한다. 이 프로젝트에 투자해야 하는가? 이 프로젝트가 *(a)*프로젝트에 견줄만한 가치를 창조하기 위해서는 세후 어느 정도의 비용감소가 일어나야 하는가?
6. City Bank는 기술변화에 대응하기 위하여 컴퓨터장비를 5년마다 업그레이드한다. 다음 업그레이드 시기는 2년 후이고 비용은 100만 달러로 예정되어 있다. 경영진은 상당한 비용절감이 가능한 혁신적인 소프트웨어를 사용하는 새로운 컴퓨터를 설치하기 위하여 업그레이드를 2년 앞당기려고 한다. 새 설비의 비용 역시 100만 달러이다. 새 설비로 인한 비용절감이 매년 얼마이면 계획된 업그레이드를 2년 앞당기는 것이 정당화될 수 있는가? 단, 자본비용은 15%라고 가정한다.
7. 금융회사의 수익을 창출하는 데 있어 기술이 지니는 3가지 효능은 어떤 것인가?
8. 규모의 경제와 범위의 경제를 구분하여 설명하라.
9. 금융회사의 운영비용에 대한 어떠한 정보를 이용하여 규모의 경제를 측정할 수 있는가? 규모의 경제가 존재한다는 것은 감독기관에게 어떤 의미를 갖는가?
10. 규모의 비경제란 무엇인가? 특히 대형 금융회사에 있어서 대규모 기술투자의 리스크는 무엇인가? 소형 금융회사는 경쟁상대인 대형 금융회사에게 왜 기꺼이 서비스 생산을 위탁하는가? 대형 금융회사가 소형 금융기관의 외주를 받아들이는 이유는 무엇인가?
11. 규모의 경제를 측정함으로써 금융회사의 운영비용에 대해 어떤 정보를 얻게 되는가? 규모의 경제가 존재한다는 것은 감독기관에게 어떤 의미를 갖는가?
12. 자산이 5,000만 달러이고 비용이 1,000만 달러이었던 Sell Bank를 인수하기 전에 Buy Bank는 자산이 1억 3,000만 달러이고 비용이 2,000만 달러였다. 합병 후 은행의 자산은 1억 8,000만

달러, 비용은 3,500만 달러였다. 이 인수로 규모의 경제나 범위의 경제가 발생하였는가?

13. 자산이 20억 달러이고 비용이 2억 달러인 한 은행이 자산이 4,000만 달러이고 비용이 1,500만 달러인 투자은행 자회사를 인수하였다. 인수 후 은행의 비용은 1억 8,000만 달러, 자회사의 비용은 2,000만 달러가 되었다. 합병의 결과는 규모의 경제나 범위의 경제를 반영하는가?

14. 범위의 비경제란 무엇인가? 범위의 비경제는 어떻게 발생하는가?

15. 한 지역시장에 대한 조사가 다음과 같은 평균비용자료를 제공하였다: Mortgage Bank A(MBA)는 자산이 300만 달러, 평균비용이 20%이고 Life Insurance Company B(LICB)는 자산이 400만 달러, 평균비용이 30%이며 Corporate Pension Fund C(CPFC)는 자산이 400만 달러, 평균비용이 25%이었으며 각사의 평균비용은 자산에 대한 비율로 측정하였다. MBA는 중복되는 서비스를 제거하여 총평균비용을 줄일 생각으로 LICB와 CPFC를 인수하려고 한다.

a. 이 합병이 정당화되려면 인수 후 평균비용은 얼마가 되어야 하는가?

b. 합병 후 MBA가 운영비용을 50만 달러만큼 줄인다면 합병기업의 평균비용은 얼마가 되는가?

16. 금융회사의 비용함수를 측정하기 위한 방법 중 생산접근법과 중개접근법의 차이는 무엇인가?

17. 규모의 경제와 범위의 경제에 대한 실증적 연구들의 결론은 무엇인가? 총평균비용에서 비용감소의 효과는 얼마나 중요한가? X-비효율성이란 무엇인가? 이런 요소들은 금융회사 간의 비용차이를 설명하는데 어떤 역할을 하는가?

18. 미국이 대부분의 다른 선진국가들에 비하여 1인당 연간 전자거래 비율이 뒤지는 이유는 무엇인가? 어떤 요소들이 이 차이를 감소시키는데 중요한가?

19. Fedwire와 CHIPS 결제시스템의 차이는 무엇인가?

20. 일중당좌대월이란 무엇인가? 하루 중 발생하는 금융회사의 당좌대월리스크는 두 경쟁적인 전자결제시스템인 Fedwire와 CHIPS에 대하여 각각 어떻게 다른가? 결제리스크 문제에 대응하여 보험의 요소를 도입하기 위하여 CHIPS 회원들은 어떤 대책을 취했는가?

21. 1991년 FDICIA의 레귤레이션 F는 일중당좌대월리스크을 어떻게 감소시키는가?

22. 미국의 금융회사들이 다른 나라, 특히 유럽의 금융회사들에 비해 더 높은 국제적 기술리스크에 직면해 있는 이유는 무엇인가?

23. 전자결제시스템의 기술적 개선속도가 빨라짐에 따라 범죄나 사기는 어떤 영향을 받는가?

24. 이자율상한이란 무엇인가? 기술이 어떻게 규제리스크를 야기시키는가?

25. 기술은 금융회사의 경쟁리스크를 어떻게 변화시켰는가?

26. BIS는 운영리스크로 인한 예금금융회사의 파산을 방지하게 위하여 어떤 조치를 취했는가?

Web을 활용하는 질문

27. BIS 웹사이트에 가서 미국 결제시스템의 거래량과 거래액에 관한 최근 자료를 구하라(표 11-2).

28. BIS 웹사이트에 가서 전세계적인 전자이체시스템들의 활용도를 파악하라(표 11-5).

관련 웹사이트

기관명	웹사이트
American Banker	www.americanbanker.com
Bank for International Settlements	www.bis.org
Clearing House Interbank Payments System	www.chips.org
Federal Deposit Insurance Corp.	www.fdic.gov
International Swap and Derivatives Associatoon	www.isda.org
The Wall Street Journal	www.wsj.com

제 12 장

유동성리스크

12.1 서 론

제3장부터 제11장까지 이자율리스크, 신용리스크, 시장리스크, 부외거래리스크, 운영리스크, 기술리스크, 환리스크, 국가리스크가 어떻게 금융회사의 지급능력에 위협을 기할 수 있는지를 살펴보았다. 이 장은 유동성리스크에 의해 야기되는 문제들을 살펴본다. 금융회사의 지급능력을 직접적으로 위협하는 다른 리스크들과는 달리 유동성리스크는 금융회사의 일상적인 경영상에서 나타나는 정상적인 측면이다. 예를 들면, 예금금융회사는 예금보유자가 인출을 요구할 때 현금으로 지불할 수 있도록 유동성을 관리해야 한다. 유동성리스크문제는 극단적인 경우에만 금융회사가 채권자에게 약속한대로 지불할 수 있는 충분한 현금을 확보할 수 없는 지급능력리스크문제로 발전한다. 이번 장은 금융회사 대차대조표상의 자산측면뿐만 아니라 부채측면에서 발생하는 유동성리스크의 원인을 규명한다. 금융회사의 유동성리스크노출을 측정하기 위한 방법들과 (예금 또는 유동성 인출사태같은) 극단적인 유동성리스크의 결과들이 논의되고 예금금융회사의 유동성문제를 완화하고 예금인출사태를 막기 위해 마련된 규제방안이 간략히 검토된다. 더욱이 일부 금융회사들은 다른 금융회사들보다 유동성리스크에 더 많이 노출되어 있다. 한쪽 극단에 있는 예금금융회사는 유동성리스크에 매우 많이 노출되어 있다. 중간 위치에 있는 생명보험회사는 중간정도 수준에서 유동성리스크에 노출되어 있다. 다른 쪽 극단에 있는 뮤추얼펀드, 헤지펀드, 연기금, 손해보험회사는 상대적으로 유동성리스크에 적게 노출되어 있다. 그러나 이러한 금융회사들도 어느 정도 유동성리스크에 노출되어 있다. 예를 들면, 2006년 9월에 92억 달러의

자산을 보유하고 있었던 헤지펀드인 Amaranth Advisors는 천연가스 선물계약으로 보유하고 있었던 포지션이 너무 커서 청산할 수 없는 상황에 처하여 65억 달러의 손실을 입었다. Amaranth의 자금부족 때문에 헤지펀드의 채권자들이 신용공여를 중단하겠다고 위협하는 상황에서 Amaranth는 파산하지 않을 수 없었다. 이번 장에서는 금융회사들 간의 유동성리스크노출 차이가 발생하는 이유들도 검토한다.

12.2 유동성리스크의 원인

유동성리스크는 2가지 이유, 즉 부채측면의 이유와 자산측면의 이유로 발생한다. 부채측면의 이유는 예금자 또는 보험가입자와 같은 금융회사의 부채보유자들이 그들의 금융청구권을 즉각적으로 현금화하고자 할 때 발생한다. 금융회사의 부채보유자들이 예금을 인출하고자 할 때 금융회사는 이와 같은 인출을 충족시키기 위해 추가적인 자금을 차입하거나 또는 자산을 매각할 필요가 있다. 가장 유동성이 높은 자산은 현금이다. 금융회사는 자금을 인출하고자 하는 금융청구권 보유자들에게 지불하기 위해 현금자산을 사용한다. 그러나 현금지급준비는 이자지불이 없기 때문에 금융회사는 자산으로서의 현금보유를 최소화하려는 경향을 가지고 있다. 대부분의 금융회사는 이자수입을 창출하기 위해 유동성이 낮고 만기가 긴 자산에 투자한다. 대부분의 자산들은 궁극적으로는 현금으로 전환될 수 있지만 일부 자산들의 현금전환은 자산이 즉각적으로 청산되어야 할 때 높은 비용을 지불해야만 가능할 수 있다. 자산보유자가 즉각적인 매각을 위해 수용해야만 하는 가격은 매각협상을 위해 보다 더 긴 시간을 가지는 경우에 받을 수 있는 가격보다 훨씬 낮을 수 있다. 따라서 일부 자산들은 낮은 **특매가격(fire-sale price)**으로만 청산될 수 있고, 이것이 금융회사의 지급능력을 위협할 수 있다. 이와는 달리 금융회사는 자산을 청산하는 대신 추가적인 자금을 구매하거나 차입할 수도 있다.

▶**특매가격(fire-sale price)**
즉각적으로 청산되어야 하는 자산의 가격.

유동성리스크가 발생되는 두 번째 이유는 부외거래 대출약정이 행사될 때 필요한 자금을 제공할 수 있는 능력과 관련되어 있는 자산측면의 유동성리스크 때문이다. 제8장에서 설명한 바와 같이 대출약정은 고객이 필요할 때 금융회사로부터 약정된 기간 동안 자금을 차입할 수 있도록 허용한다. 한 차입자가 대출약정에 의해 자금을 인출할 때 금융회사는 부내거래로 즉시 이와 같은 대출에 필요한 자금을 제공해야 한다. 이와 같은 일이 유동성에 대한 수요를 발생시킨다. 부채인출의 경우와 마찬가지로 금융회사는 현금자산을 감소시키거나, 다른 유동자산을 매각하거나 또는 추가적인 자금을 차입하여 이와 같은 유동성 수요를 충족시킬 수 있다.

금융회사들 간 유동성리스크의 중요도 차이를 분석하기 위해 예금금융회사, 보험회사, 뮤추얼펀드, 연기금이 직면하는 유동성리스크 문제를 살펴보자.

개념질문

1. 유동성리스크의 원인은 무엇인가?
2. 금융회사에게 있어서 왜 현금이 대출보다 유동성이 높은가?

12.3 예금금융회사의 유동성리스크

부채측면의 유동성리스크

예금금융회사의 대차대조표는 일반적으로 요구불예금과 같은 단기부채와 기타 거래계정을 가지고 있고 이와 같이 조달된 자금은 상대적으로 만기가 장기인 자산매입을 위해 사용된다. 요구불예금과 기타 거래계정은 보유자에게 어느 때든지 예금청구권을 예금금융회사에 제시하고 예금청구권의 액면가격을 현금으로 즉각 상환해 줄 것을 요구할 수 있는 권리를 부여한 금융계약이다.[1] 따라서 1만 달러의 잔고를 가지고 있는 요구불예금을 보유한 개인은 요구불예금으로 1억 달러를 가지고 있는 기업과 마찬가지로 즉각적으로 현금으로 상환해 줄 것을 요구할 수 있다.[2] 이론적으로 보면 부채의 20%를 요구불예금과 기타 거래계정으로 보유하고 있는 예금금융회사는 임의의 영업일에 같은 금액의 자산을 청산함으로써 이에 해당되는 금액을 지불해야 할 준비를 하고 있어야 한다. 〈표 12-1〉은 미국 상업은행들의 자산과 부채를 나타낸 총대차대조표를 보여 준다. 이 표에서 보는 바와 같이

1) 이와 같은 풋옵션 형태를 가진 예금에는 요구불예금, NOW예금(최소잔고조건을 가지는 당좌예금), 머니마켓예금(최소잔고조건과 최소수표발행 수 제한을 가지는 당좌예금)가 있다. 이와 같은 예금들은 제13장에서 상세히 설명된다. 예금금융회사는 일반적으로 고객의 요청이 있는 즉시 예금계약을 청산한다. 그러나 많은 저축예금계약은 예금금융회사에게 인출 수 일 전에 통보할 것을 요구하거나 또는 이자손실과 같은 벌과금성격의 수수료를 부과함으로써 인출을 지연시킬 수 있는 일부 권한을 부여한다.

2) 기술의 발전은 이와 같은 인출에 따른 리스크를 복잡하게 만들고 있다. 인터넷은 예금자들이 더 높은 이자율의 이점을 활용하기 위해 금융회사들 간에 신속하게 자금을 이체하는 것을 허용한다.

총예금은 총부채의 73.96%이다(요구불예금과 기타 거래계정은 총부채의 3.40%이다). 이와 비교해서 현금자산은 총자산의 4.14%에 불과하다. 또한 차입자금이 총부채의 22.64%라는 점에 주목하라.

실제로 예금금융회사는 임의의 영업일에 일반적으로 보유예금의 일부 비율만 인출될 것이라는 것을 알고 있다. 대부분의 요구불예금은 일일기준으로 보면 **핵심예금(core deposits)**의 역할을 하며 예금금융회사에게 있어 상대적으로 안정적이며 장기적인 자금의 원천이 된다. 더욱이 예금인출은 새로운 예금의 유입(과 예금금융회사의 부내활동과 부외활동의 결과로부터 발생되는 수입)에 의해 부분적으로 상쇄될 수 있다. 예금금융회사는 결과적으로 발생되는 **순예금유출(net deposit drains)**를 감시하여야 한다.[3] 특히 장시간의 관측결과로부터

표 12-1 미국 상업은행들의 자산과 부채 (2006년 6월 현재, 10억 달러 기준)

자 산			부 채*		
총현금자산	$ 397.6	4.14%	총예금	$6,383.0	73.96%
총증권	2,731.1	28.44	차입금	1,954.3	22.64
총대출	5,589.3	58.21	기타 부채	293.2	3.40
기타 자산	884.3	9.21	총부채	$8,630.5	
총자산	$9,602.3				

*자기자본은 제외되어 있음.
자료: Federal Deposit Insurance Corporation Web site, November 2006. *www.fdic.gov*

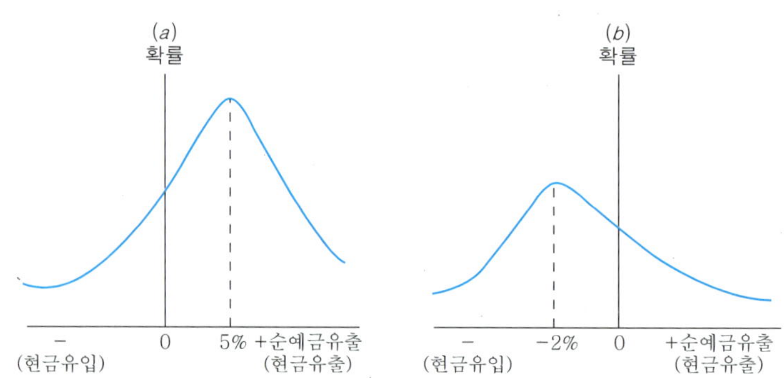

그림 12-1 순예금유출의 확률분포

3) (금융회사를 파산시킬 가능성은 없지만) 유동성리스크의 부분적 원인은 예기치 않은 자금의 유입이다. 예를 들면, 주가가 하락하였던 2000년대 초에 투자자들은 보유하고 있었던 뮤추얼펀드를 환매하였고 환매한 자금을 그들이 거래하는 은행과 신용조합에 예금하였다. 이자율이 매우 낮은 상황에서 예금금융회사는 새로 유입된 자금을 투자할 수 있는 (수익률 기준으로) 충분히 매력적인 대출과 증권을 찾아야 하는 문제에 직면하였다.

예금금융회사는 임의의 정상적인 영업일에 발생할 순예금유출(예금인출과 예금유입의 차이)의 확률분포를 상당히 정확하게 예측할 수 있다.[4)]

▶ **핵심예금(core deposits)**
예금금융회사에게 장기자금의 원천을 제공하는 예금.

▶ **순예금유출(net deposit drains)**
현금인출이 현금유입을 초과하는 금액인 순현금유출.

[그림 12-1]에서 보는 바와 같은 2가지 가능한 확률분포를 생각해 보자. [그림 12-1]의 (*a*)에 나타낸 확률분포는 5%의 순예금유출에서 확률이 가장 높다. 이와 같은 확률분포를 가지고 있는 예금금융회사는 임의의 영업일에 순예금자금의 5%가 인출될 확률이 가장 높다고 예상한다. (*a*)에서의 순예금유출은 예금금융회사가 예금인출을 상쇄하기에 충분하지 못한 추가적인 예금(과 기타 현금유입)을 수취하고 있다는 것을 의미한다. (*a*)와 같은 순예금인출의 확률분포를 가지고 있는 예금금융회사는 양의 순예금유출기대치를 가지며, 이에 따라 신규예금자금과 기타 현금흐름이 예금인출을 상쇄하기에 충분하지 않을 것으로 예상된

표 12-2 구매유동성관리에 의한 순예금유출조정이 대차대조표에 미치는 효과 (100만 달러 기준)

패널 A: 예금유출이전과 이후의 대차대조표

예금유출 이전				예금유출 이후			
자산		부채		자산		부채	
자산	100	예금	70	자산	100	예금	65
		차입금	10			차입금	10
		기타 부채	20			기타 부채	20
	100		100		100		95

패널 B: 구매유동성관리를 통한 예금유출에 대한 조정

자 산		부 채	
자산	100	예금	65
		차입금	15
		기타 부채	20
	100		100

4) 예금흐름에 영향을 미치는 요인들로는 예측 가능한 일일 변동요인 이외에 기타의 계절적 변동요인들이 존재한다. 이와 같은 변동요인들 중 많은 요인들은 상당한 정도 예측 가능하다. 예를 들면, 많은 소매예금금융회사들은 (크리스마스와 휴가시즌 때문에) 연말과 여름에 평균 이상의 예금유출에 직면한다. 또한 많은 농촌의 예금금융회사들은 지역농작물의 농업주기와 밀접히 연결되는 예금유입/유출주기에 직면한다. 파종과 경작계절에 예금은 감소하지만 수확계절에는 (농작물이 판매되기 때문에) 증가하는 경향을 보인다.

다. 이 예금금융회사의 부채규모는 축소된다. 〈표 12-2〉는 예금계좌에서 5%의 순유출(즉 달러 기준으로 500만 달러의 순인출)이 실제로 발생하는 경우를 나타내고 있다.

예금금융회사가 성장하기 위해서는 신규예금 자금유입이 예금인출을 상쇄하는 것보다 크도록 평균예금인출이 이루어져야 한다. 따라서 순예금유출 확률분포의 정점이 0의 왼쪽에 있어야 한다. [그림 12-1]의 (*b*)에서 순예금유출 확률분포의 정점이 −2%에 있는 것을 살펴보라. 이 금융회사에게 순현금유입이 이루어질 가능성이 높다.

예금금융회사는 2가지의 중요한 방법, 즉 (1) 구매유동성관리(purchased liquidity management)와 (2) 비축유동성관리(stored liquidity management)로 예금유출을 관리할 수 있다. 전통적으로 예금금융회사는 유동성관리의 1차적인 방법으로 비축유동성관리에 의존하였다. 오늘날 많은 예금금융회사, 특히 머니마켓과 기타 비예금자금시장에의 접근이 용이한 대형은행은 현금부족의 리스크를 관리하기 위해 구매유동성관리에 의존한다.[5] 유동성관리방법에 대한 보다 상세한 논의는 제13장에서 이루어진다. 여기서는 다양한 유동성리스크 관리방법들에 대하여 간략히 논의하도록 하자.

■구매유동성관리

유동성을 구매하는 예금금융회사는 단기대출을 위한 은행 간 시장인 페더럴펀드시장과 환매조건부채권시장(repurchase agreement markets)[6]같은 자금구매시장에 의존한다. 대안적인 방법으로 예금금융회사는 고정만기의 거액예금증서를 추가적으로 발행하거나 또는 약간의 채무증서와 채권을 매각할 수 있다.[7] 예를 들어 〈표 12-2〉의 패널 A는 500만 달러의 예금유출 이전과 이후 한 예금금융회사의 대차대조표를 보여 준다. 주어진 예에서 예금금융회사는 차입금을 증가시켜 500만 달러의 순예금유출을 지원하였다. 그러나 이와 같은 방법은 이자가 낮은 예금의 순유출을 상쇄하기 위해 조달하는 차입자금에 대하여 시장이자율을 지불해야 하기 때문에 예금금융회사에게 비싼 방법일 수 있다.[8] 따라서 자산으로부터 획득하는 이자율과 비교하여 상대적으로 매입자금의 비용이 높을수록, 이와 같은 유동성관리방법은 덜 매력적이다. 이에 더하여 매입자금의 대부분은 예금보험의 적용을 받지 않기

---

5) T. O. Stanley and C. Roger, "Liability Management and Commercial Banks: Fact or Friction," *Journal of Financial and Economic Practice*, Spring 2003, pp.53-66 참조. T. O. Stanley and C. Roger는 적정한 유동성관리전략의 지표로서 대출/예금 비율을 사용하면서 대부분의 미국 상업은행들은 비축유동성관리전략에 초점을 맞추어야 한다고 주장하였다.

6) 증권회사들과 기관투자자들은 유동성관리목적으로 환매조건부채권시장을 활발하게 이용한다.

7) 재할인창구도 긴급한 경우에 의존할 수 있는 자금의 원천이다. 이 장의 예금인출사태, 재할인창구, 예금보험의 제목을 가진 절과 재할인창구의 역할에 대한 보다 상세한 논의를 하는 제14장을 참조하라.

8) 당좌예금은 명시적인 이자를 지불받지 않는 반면 NOW 및 머니마켓 예금과 같은 기타 거래계정은 명시적인 이자를 지불받는다. 그러나 이와 같은 이자율들은 일반적으로 경직적이어서 시장이자율의 변화에 따라서 조정되는데 시간이 걸리고 매앱자금의 이자율보다 낮다(제13장 참조).

때문에 예금금융회사가 지급불능의 어려움에 처하게 되면 매입자금의 이용가능성은 제약될 수 있다. 〈표 12-2〉의 패널 B는 예금금융회사가 구매유동성관리방법을 사용하여 예금유출에 대응하는 경우의 대차대조표를 보여 준다.

구매유동성관리방법은 예금금융회사가 대차대조표의 자산구성을 변화시키지 않고 1억 달러의 자산과 부채규모를 유지시킬 수 있도록 허용한다. 즉 예금유출에 대한 완전한 조정이 대차대조표의 부채측면에서만 이루어진다. 달리 말하면 구매유동성관리방법은 대차대조표의 자산측면을 대차대조표의 부채측면에서 발생하는 정상적인 유출로부터 격리시킨다. 이것이 최근에 금융회사의 구매유동성관리방법과 페더럴펀드, 환매조건부채권, 거액예금증서(이와 같은 금융상품들에 대하여는 제13장에서 상세히 논의된다)와 같은 매입자금시장이 크게 성장하는 이유이다. 2000년대 초에 규제당국은 예금금융회사들이 이와 같은 자금조달원의 사용을 증가시키는 것에 대하여 우려를 표명하였다. 규제당국은 1990년대 동안 저축자들이 (예금금융회사의 예금대신에) 투자에 더 많은 돈을 투입함에 따라 예금금융회사가 대출이 증가하는 것만큼 빠르게 예금을 증가시킬 수 없었다는 점을 지적한다. (예를 들면, 경기둔화 때문에) 유동성 경색이 발생하는 경우 추가적인 자금을 조달하는 것이 어려울 수 있다.

■비축유동성관리

도매 단기금융시장에서 유동성을 구매하여 순예금유출에 대응하는 대신에 예금금융회사는 비축유동성관리방법을 사용할 수 있다. 말하자면 예금금융회사는 비축한 유동성을 활용하여 일부 자산을 현금화할 수 있다. 전통적으로 미국의 예금금융회사는 이와 같은 목적으로 연방준비제도와 금고에 현금지준을 보유한다. 연방준비제도는 은행들이 보유하여야 하는 현금지준의 최소수준을 필요지준(요구준비금)으로 설정한다.[9] 이와 더불어 예금금융회사는 여전히 유동성유출을 충족시키기 위해 필요지준을 초과하여 현금지준을 보유하는 경향이 있다. 한 예로 영국은 공식적으로 중앙은행이 요구하는 필요지준제도를 가지고 있지 않다. 그러나 은행들은 여전히 자산의 1% 이상을 현금지준으로 보유하고 있다.

한 예금금융회사가 정상적으로 대차대조표의 자산측면에 900만 달러를 현금으로 보유한다(이 중에서 300만 달러는 연방준비제도의 필요지준을 충족시키기 위해서 그리고 나머지 600만 달러는 '초과' 현금지준으로 보유한다)고 하자. 부채예금 순유출이 이루어지기 전의 상황은 〈표 12-3〉의 패널 A와 같다고 하자. 예금자들이 예금 중에서 500만 달러를 인출하고자 하면

---

9) 현재, 연방준비제도는 예금금융회사의 요구불예금과 거래계정보유액에 대하여 처음의 4,580만 달러에 대하여 3%, 나머지에 대하여 10%의 필요지준 보유를 요구한다. 4,580만 달러라는 숫자는 매년 은행예금의 증가율에 따라서 조정된다. 4,580만 달러 중 처음의 850만 달러에 대하여는 요구준비율이 적용되지 않는다(이 수치들은 2006년 11월 현재에 적용되는 수치들이다).

표 12-3 비축유동성관리에 의한 순예금유출조정이 대차대조표에 미치는 효과 (100만 달러 기준)

패널 A: 예금유출 이전의 대차대조표

자 산		부 채	
현금	9	예금	70
기타 자산	91	차입금	10
		기타 부채	20
	100		100

패널 B: 비축유동성관리를 통한 예금유출에 대한 조정

자 산		부 채	
현금	4	예금	65
기타 자산	91	차입금	10
		기타 부채	20
	95		95

예금금융회사는 자기 자신의 금고, 다른 예금금융회사에 예치한 예금 또는 연방준비제도에 보유하고 있는 현금지준을 사용하여 이와 같은 예금인출을 충족시킬 수 있다. 만일 예금부채의 500만 달러 감소가 예금금융회사가 보유한 현금자산의 500만 달러 감소에 의해 충족되면 예금금융회사의 대차대조표는 〈표 12-3〉의 패널 B에서 보는 바와 같은 모습이 될 것이다.

예금금융회사가 유동성조정방법으로 자기의 현금을 사용하는 경우 예금금융회사 대차대조표의 자산과 부채 크기 모두가 축소된다. 이 예에서 예금금융회사의 총자산과 총부채는 1억 달러에서 9,500만 달러로 축소된다. 비축유동성을 사용하는 경우 예금금융회사가 지불하는 비용은 자산규모의 축소뿐만 아니라[10] 대차대조표 상에 현금의 형태로 비이자부 자산을 보유하여야 한다는 데서 발생한다.[11] 따라서 유동성 수요를 충족시키기 위해 현금을 사용하는데 따른 비용은 이와 같은 자금을 대출과 기타 더 높은 수익을 얻을 수 있는 자산에 투자할 수 없는데 따른 기회비용이다.

비축유동성관리와 구매유동성관리는 예금유출을 충족시키기 위한 대안적인 전략들이지만 예금금융회사는 유동성 수요를 충족시키기 위해 부분적으로는 구매유동성관리를 사용하고 동시에 부분적으로는 비축유동성관리를 사용함으로써 이와 같은 2가지 방법을 결합

10) 예금금융회사의 자산규모와 수익 간에 통계적으로 의미 있는 상관관계를 보여 주는 실증적 증거는 존재하지 않는다.

11) 예금금융회사는 미국 재무부 단기채권과 같은 유동성이 높은 이자부 자산을 보유할 수 있으나 이와 같은 미국 재무부 단기채권도 현금보다는 유동성이 낮고 즉각적인 현금화가 이루어지는 경우에는 약간의 자본가치 손실이 발생할 수 있다.

시킬 수 있다.

자산측면의 유동성리스크

예금유출이 예금금융회사에게 유동성문제를 야기시킬 수 있는 것과 같이 차입자들의 대출약정과 기타 신용한도 행사도 유동성문제를 야기시킬 수 있다. 최근에 예금금융회사들 특히 상업은행들은 대출약정이 행사되지 않을 것이라는 생각으로 대출약정을 엄청나게 증가시켰다. 규제당국이 수행한 최근 연구는 은행의 '이용가능한 유동성' 중 사용되지 않은 대출약정 비율이 1994년에 3.5%에서 2000년대 초에 11%로 증가한 것을 발견하였다.[12] 따라서 은행들과 기타 예금금융회사들의 대출약정잔고는 위험스럽게도 높은 상태이다. 〈표 12-4〉의 패널 A는 한 차입자가 500만 달러의 대출약정을 행사할 때 나타나는 효과를 보여 준다. 그 결과 예금금융회사는 대차대조표 상에 추가적인 대출로 나타나는 500만 달러의 자금을 지원하여야 한다.[13] 〈표 12-4〉 패널 A의 (*a*)(대출약정행사 이전 대차대조표)와 (*b*)(대출약정행사 이후 대차대조표)를 살펴보라. 특히 대출약정의 행사는 예금금융회사가 차입자에게 즉각적으로 500만 달러의 대출을 제공하여야 한다는 것을 의미한다(기타 자산은 9,100만 달러에서 9,600만 달러로 증가한다). 이와 같은 일은 구매유동성관리(머니마켓에서 추가

표 12-4 대출약정행사의 효과 (100만 달러 기준)

패널 A: 대출약정행사 이전과 이후의 대차대조표

(a) 대출약정행사 이전				(b) 대출약정행사 이후			
현금	9	예금	70	현금	9	예금	70
기타 자산	91	차입금	10	기타 자산	96	차입금	10
		기타 부채	20			기타 부채	20
	100		100		105		100

패널 B: 대출약정행사에 따른 대차대조표의 조정

(a) 구매유동성관리				(b) 비축유동성관리			
현금	9	예금	70	현금	4	예금	70
기타 자산	96	차입금	15	기타 자산	96	차입금	10
		기타 부채	20			기타 부채	20
	105		105		100		100

12) "Years of Living Dangerously Set to Haunt Banks," *Financial Times*, June 4, 2001, p.24 참조.

13) 보다 광범위한 기업대출포트폴리오를 가지고 있는 대형 예금금융회사는 소매(소비자) 대출중심의 소형 예금금융회사보다 이와 같은 유형의 리스크에 더 민감하다.

적으로 500만 달러를 차입하여 이 자금을 차입자에게 대출하는 것) 또는 비축유동성관리(예금금융회사의 초과현금자산을 900만 달러에서 400만 달러로 감소시키는 것)에 의해 이루어질 수 있다. 이와 같은 2가지 방법들이 〈표 12-4〉의 패널 B에 제시되어 있다.

자산측면 유동성리스크의 다른 형태는 금융회사의 투자포트폴리오로부터 발생한다. 특히 이자율의 예기치 않은 변화는 투자포트폴리오의 가치를 크게 변동시킬 수 있다. 만일 이자율이 상승하면, 투자포트폴리오의 가치는 하락하고 투자포트폴리오 가치의 큰 손실이 발생할 수 있다(제10장 참조). 이에 더하여 시장 거래자들이 특정한 투자증권을 매각하기를 원하나 아무도 매입하기를 원하지 않으면 특정한 시장에서의 유동성이 악화될 리스크가 존재한다. 기술 및 기타 여건의 발전이 금융시장의 유동성 상황을 지속적으로 개선시켜 왔다는 주장이 있다. 그러나 대부분의 거래자들이 특정한 시점에 동일한 형태의 거래를 하기 원하는 소위 군집행동(herd behavior)의 경향성이 증가하고 있다는 점에서 이와 같은 주장은 의문시되고 있다. 채권과 주식 가격이 하락하는 기간 동안 유동성은 말라버리고 투자증권은 특매가격으로만 매각될 수 있다. 그 결과로 투자포트폴리오의 가치는 감소하고 금융회사의 유동성리스크는 증가할 수 있다.

〈표 12-5〉의 패널 A는 투자포트폴리오의 시장가치가 500만 달러 감소하기 이전과 이후 한 금융회사의 대차대조표를 보여 준다. 금융회사가 500만 달러의 투자포트폴리오 가치손실을 대체시키기 위한 자금을 조달하여야 한다고 하자. 이와 같은 일은 구매유동성관리(예금 또는 구매자금으로 추가적인 500만 달러를 차입하는 것) 또는 비축유동성관리(추가적으로 500

표 12-5 투자포트폴리오의 가치하락 효과 (100만 달러 기준)

패널 A: 투자포트폴리오 가치하락 이전과 이후의 대차대조표

가치하락 이전				가치하락 이후			
현금	$ 9	예금	$ 60	현금	$ 9	예금	$60
투자포트폴리오	40	차입자금	10	투자포트폴리오	35	차입자금	10
기타 자산	51	기타 부채	20	기타 자산	51	기타 부채	20
		자기자본	10			자기자본	5
	$100		$100		$95		$95

패널 B: 투자포트폴리오 가치하락에 따른 대차대조표 조정

(a) 구매유동성관리				(b) 비축유동성관리			
현금	$ 9	예금	$ 60	현금	$ 4	예금	$60
투자포트폴리오	40	차입자금	15	투자포트폴리오	40	차입자금	10
기타 자산	51	기타 부채	20	기타 자산	51	기타 부채	20
		자기자본	5			자기자본	5
	$100		$100		$95		$95

만 달러의 현금을 사용하는 것)에 의해 이루어질 수 있다.[14] 〈표 12-5〉의 패널 B는 이와 같은 두 가지 전략이 대차대조표에 미치는 효과를 보여 준다. 두 경우 모두에서 금융회사는 500만 달러의 자기자본 감소를 경험한다는 점에 주목하라.

은행의 유동성리스크노출 측정

■유동성의 원천과 용도

앞에서 논의한 바와 같이 예금금융회사의 유동성리스크는 예금의 유출 또는 신규대출의 수요를 자산의 현금화 또는 자금의 차입을 통하여 충족시켜야 할 필요성 때문에 증가할 수 있다. 따라서 예금금융회사는 가능하다면 일일기준으로 유동성수준을 측정할 수 있어야 한다. 하나의 유용한 방법은 유동성의 원천과 용도를 열거하여 예금금융회사의 순유동성수준을 나타내는 *순유동성표(net liquidity statement)*를 작성하는 것이다. 한 가상적인 미국 머니센터은행의 순유동성표가 〈표 12-6〉에 제시되어 있다.

예금금융회사는 3가지 방법으로 유동성자금을 확보할 수 있다. 첫째, 예금금융회사는 가격리스크가 거의 없고 낮은 거래비용으로 재무부 단기채권과 같은 유동자산을 즉각적으로 매각할 수 있다.[15] 둘째, 예금금융회사는 최대금액(구매 또는 차입자금시장이 예금금융회사에게 부여할 수 있는 신용한도에 대한 예금금융회사경영자의 평가에 기초한 내부 가이드라인)까지 단기자금시장에서 자금을 차입할 수 있다. 셋째, 예금금융회사는 규제에 의해 부과되는 필요지준 이상으로 보유하고 있는 초과현금지준을 사용할 수 있다.[16] 〈표 12-6〉에서 예금금융회사의 유동성 원천은 총 145억 달러이다. 예금금융회사의 유동성 용도, 특히 예금금융회사

표 12-6 순유동성수준 (100만 달러 기준)

유동성의 원천		유동성의 용도	
1. 총현금형태 자산	$ 2,000	1. 차입자금	$6,000
2. 최대차입금한도	12,000	2. 페더럴펀드차입	1,000
3. 초과현금지준	500	합 계	$7,000
합 계	$14,500	총순유동성	$7,500

14) 금융회사는 예를 들어 보통주 발행을 통하여 추가적으로 500만 달러의 자기자본을 증가시킬 수 있다는 점에 주목하라. 그러나 이와 같은 전략은 구매유동성관리 또는 비축유동성관리를 통한 손실조정보다 더 비쌀 수 있다.

15) 최근에 대출채권매각시장과 증권화시장이 성장함에 따라 많은 은행들은 즉각적으로 매각할 수 있거나 또는 증권화할 수 있는 대출자산을 유동성원천항목에 추가하였다. 제21장과 제22장은 각각 대출채권매각시장과 증권화시장에 대하여 논의한다.

16) 일부 은행들은 순현금유입을 유동성원천항목에 추가하고 있다.

가 이미 사용하고 있는 차입 또는 매입자금(예를 들면, 페더럴펀드, 환매조건부채권 차입금)과 재할인창구 대출을 통하여 연방준비제도로부터 이미 차입한 현금은 총 70억 달러이다. 따라서 예금금융회사는 75억 달러의 순유동성수준을 보유하고 있다. 이와 같은 유동성 원천과 용도는 일일기준으로 쉽게 파악될 수 있다.

〈표 12-6〉의 순유동성수준은 한 가상적인 미국 머니센터은행의 예상되는 유동성의 원천과 용도에 기초하여 계산된다. 모든 금융회사는 연차보고서 또는 분기보고서에서 과거의 유동성 원천과 용도를 보고한다. 금융회사가 유동성리스크를 관리할 때 과거의 유동성 원천과 용도는 미래의 유동성 문제가 발생할 수 있는 부분을 결정하는데 도움을 줄 수 있다.

■동료그룹과의 비율 비교

예금금융회사의 유동성노출을 측정하기 위한 다른 방법은 대출/예금 비율, 차입자금/총자산 비율, 대출약정/총자산 비율과 같은 예금금융회사의 주요 비율들과 대차대조표 특성들을 유사한 규모와 지리적 위치를 가지는 다른 예금금융회사들의 주요 비율들과 대차대조표 특성들을 비교하는 것이다. 예금금융회사의 대출/예금 비율과 차입자금/총자산 비율이 높다는 것은 대출자금을 조달하기 위해 핵심예금보다는 머니마켓에 크게 의존하고 있다는 것을 의미한다. 이것은 예금금융회사가 매입자금시장에서 차입한도 가까이에 있는 상태이면 미래에 유동성 문제가 발생할 수 있다는 것을 의미할 수 있다. 이와 유사하게 대출약정/총자산 비율이 높다는 것은 예기치 않은 대출약정행사에 필요한 자금을 지원하기 위해 유동성을 상당히 높은 수준으로 유지하는 것이 필요하다는 것을 의미한다. 대출약정을 보유하고 있는 예금금융회사는 대출약정을 적게 보유하고 있는 예금금융회사보다 종종 보다 높은 유동성리스크에 직면할 수 있다.

〈표 12-7〉은 2006년 9월 현재 Northern Trust Bank(NT)와 Bank of America(BOA)의 주요 유동성노출 비율을 정리한 것이다. BOA(머니센터은행)는 NT(비머니센터은행)보다 차입자금에 더 크게 의존한다. 차입자금/총자산 비율은 NT의 경우 20.06%이었고 BOA의 경우 31.47%이었다. 다른 한편 핵심예금(요구불예금, NOW예금, MMDA, 기타 저축예금과 소매 CD와 같은 안정된 예금)/총자산 비율은 NT의 경우 58.36%이었고 BOA의 경우 38.51%이었다. 머니센터은행인 BOA는 핵심예금시장보다는 차입자금시장으로부터 유동자금을 더 많이 조달한다. 소형이고 비머니센터은행인 NT는 유동자금을 조달하기 위해 차입자금보다는 핵심예금을 사용한다. 이와 같은 결과로 BOA는 NT보다 더 큰 유동성리스크에 직면할 수 있다. 이에 더하여 NT의 대출약정/총자산 비율은 34.18%이었던 반면 BOA의 대출약정/총자산 비율은 93.08%이었다. 만일 대출약정이 행사되면, BOA는 NT보다 대출약정행사를 충족시키기 위해 더 많은 현금을 확보해야 한다. 따라서 BOA는 고객의 예기치 않은 대출약

표 12-7 Northern Trust Bank와 Bank of America의 유동성 노출 비율 비교 (2006년)

	Northern Trust Bank	Bank of America
차입자금/총자산 비율	20.06%	31.47%
핵심예금/총자산 비율	58.36	38.51
대출/예금 비율	55.60	53.27
대출약정/총자산 비율	34.18	93.08

정인출이 발생하는 경우 NT보다 상당히 큰 유동성리스크에 노출될 수 있다.

■유동성지수

유동성리스크를 측정하는 세 번째 방법은 유동성지수를 사용하는 것이다. 연방준비제도의 Jim Pierce에 의해 개발된 유동성지수는 금융회사가 자산을 처분할 때 신중한 탐색과 매도과정이 이루어지는 장시간을 가질 수 있는 정상적인 시장(매각)조건하에서 결정되는 적정한 시장가치와 비교하여 갑작스러운 처분 또는 특매처분으로부터 감수하여야 하는 상대적인 잠재적 손실을 측정한다. 즉각적인 특매자산가격(P_i)과 적정한 시장가격(P_i^*)의 차이가 크면 클수록 예금금융회사가 보유한 자산포트폴리오의 유동성은 더 낮다. 유동성지수(I)는 다음과 같이 정의된다.

$$I = \sum_{i=1}^{N}\left[(w_i)(P_i / P_i^*)\right]$$

w_i는 금융회사의 포트폴리오에서 차지하는 각 자산의 비중이고 $\sum_{i=1}^{N} w_i = 1$이다. 이와 같은 유동성지수는 항상 0과 1 사이의 값을 가진다. 어느 한 예금금융회사의 유동성지수는 유사한 다른 동료 예금금융회사들의 유동성지수들과 비교될 수 있다.

■자금조달갭과 자금조달 필요규모

유동성리스크노출을 측정하기 위한 네 번째 방법은 예금금융회사의 자금조달갭을 결정하는 것이다. 이미 논의한 바와 같이 요구불예금자들이 그들의 자금을 즉각적으로 인출할 수 있을지라도 정상적인 상황에서는 이와 같은 일을 하지 않는다. 대부분의 요구불예금은 평균적으로 예금금융회사에 상당히 장기간 동안 (종종 2년 이상 동안) 머문다. 따라서 예금금융회사 경영자는 종종 시간이 흐름에 따라 예금금융회사의 평균적인 대출에 필요한 자금을 조달할 수 있는 핵심적인 자금원으로서 요구불예금을 포함한 평균적인 예금기반을 고려한다.

예제 12-1 **유동성지수의 계산**

한 예금금융회사가 1개월물 재무부 단기채권으로 50%, 부동산대출로 50%를 가지고 있다고 하자. 만일 예금금융회사가 오늘 재무부 단기채권을 현금화하여야 한다면 100달러의 액면가격당 99달러(P_1)를 받는다. 만일 예금금융회사가 재무부 단기채권을 만기(1개월 후)에 현금화하도록 기다릴 수 있으면 100달러의 액면가격당 100달러(P_1^*)를 받는다. 만일 예금금융회사가 오늘 부동산대출을 현금화하여야 한다면 100달러의 액면가격당 85달러(P_2)를 받는다. 부동산대출을 1개월 뒤에 현금화하면 100달러의 액면가격당 92달러(P_2^*)를 받는다. 따라서 예금금융회사의 자산포트폴리오에 대한 1개월 유동성지수는

$$\begin{aligned} I &= (\tfrac{1}{2})[(0.99/1.00)]+(\tfrac{1}{2})[(0.85)/(0.92)] \\ &= 0.495+0.462 \\ &= 0.957 \end{aligned}$$

이와는 달리 부동산 시장이 침체되어 있거나 거래가 활발하지 않아서 예금금융회사가 부동산대출을 오늘 100달러의 액면가격당 65달러(P_2)로만 현금화할 수 있다고 하자. 이 경우 예금금융회사의 자산포트폴리오에 대한 1개월 유동성지수는

$$\begin{aligned} I &= (\tfrac{1}{2})[(0.99/1.00)]+(\tfrac{1}{2})[(0.65)/(0.92)] \\ &= 0.495+0.353 \\ &= 0.848 \end{aligned}$$

1개월 유동성지수의 값은 1개월 기간에 대하여 부동산의 적정한 시장가격과 비교하여 특매가격 매각시 보다 크게 할인이 이루어지기 때문에 감소한다. 자산의 특매가격 매각시 적정한 시장가치로부터의 할인정도가 크면 클수록 유동성지수는 더 감소하거나 또는 예금금융회사가 직면하는 유동성리스크는 더 커진다.

자금조달갭(financing gap)은 예금금융회사의 평균대출과 평균(핵심)예금의 차이로 정의된다.

$$\text{자금조달갭} = \text{평균대출} - \text{평균예금}$$

만일 자금조달갭이 양이면 예금금융회사는 보유하고 있는 현금과 유동자산을 사용하거나 또는 머니마켓에서 자금조달갭에 해당되는 자금을 조달하여야 한다. 따라서

$$\text{자금조달갭} = -\text{유동자산} + \text{차입자금}$$

이와 같은 관계를 다음과 같이 나타낼 수 있다.

$$\text{자금조달갭} + \text{유동자산} = \text{자금조달 필요규모(차입금)}$$

이와 같은 방법으로 나타낸 바와 같이 **자금조달 필요규모(financing requirement)** (자금조달갭 + 유동자산)가 유동성 측면과 경영적 측면에 주는 시사점은 유동자산뿐만 아니라

표 12-8 예금금융회사의 자금조달 필요규모 (100만 달러 기준)

자 산		부 채	
대출	$25	핵심예금	$20
유동자산	5	자금조달 필요규모(차입금)	10
합계	$30	합계	$30
		자금조달갭	5

핵심예금과 대출의 수준이 예금금융회사의 차입금수요를 결정한다는 것이다. 특히 예금금융회사의 자금조달갭과 유동자산 보유액이 크면 클수록 예금금융회사가 머니마켓에서 차입할 필요가 있는 자금의 규모는 더 커지고 이와 같은 의존성 때문에 예금금융회사의 유동성 문제에 대한 노출은 더 커진다.

〈표 12-8〉에 제시되어 있는 대차대조표는 자금조달갭, 유동자산, 차입자금조달 필요규모의 관계를 제시한다. 또한 다음과 같은 식을 살펴보라(유동자산은 감소되지 않는다고 가정).

$$\text{자금조달갭} + \text{유동자산} = \text{자금조달 필요규모}$$
$$(\text{500만 달러})\ (\text{500만 달러})\qquad (\text{1,000만 달러})$$

자금조달갭이 확대된다는 것은 예금인출의 증가(〈표 12-8〉에서 핵심예금이 2,000만 달러 미만으로 하락)와 대출약정 행사에 의한 대출의 증가(대출이 2,500만 달러 이상으로 증가)가 이루어지고 있다는 것을 의미한다. 만일 예금금융회사가 보유한 유동자산을 감소시키지 않으면(500만 달러에서 유지하면), 예금금융회사 경영자는 머니마켓으로부터의 차입에 더 많이 의존해야만 한다. 이와 같은 차입이 증가함에 따라 머니마켓에 있는 대부자들은 예금금융회사의 신용도를 우려할 수 있다. 그들은 차입자금에 대하여 더 높은 리스크프리미엄을 부과하거나 또는 예금금융회사에 대출된 자금의 만기연장을 하지 않음으로써 더 엄격한 신용한도를 설정할 수 있다. 만일 예금금융회사의 자금조달 필요규모가 이와 같은 신용한도를 초과하면 예금금융회사는 지급불능상태에 이를 수 있다. 은행의 지급불능상태를 야기시킨 과도한 자금조달 필요규모를 보여 주는 좋은 예가 1984년의 Continental Illinois의 도산이다.[17] 이와 같은 지급불능의 가능성은 또한 예금금융회사 경영자가 이와 같은 위기를 피하기 위해 적극적으로 유동성 계획을 세워야 할 필요성을 확연히 보여 준다.

17) 시카고에 본부를 두고 있는 Continental Illinois Bank는 주 내의 은행지점설치에 관한 제한 때문에 매우 적은 핵심예금기반을 가지고 있었다. 그 결과 이 은행은 페더럴펀드, RP, 유로달러예금(역외 유로시장으로부터의 거액 CD 조달)과 같은 차입자금에 크게 의존하여야만 했다. 이와 같은 차입이 증가하고 대출포트폴리오가 악화됨에 따라 이 은행의 상환약속을 충족시킬 수 있는 능력에 대한 우려가 증가하였다. 이와 같은 상황은 Continental Illinois가 보유하고 있는 차입자금의 대출 만기를 연장하는 것에 대하여 (일본은행들과 같은) 대형 머니마켓 대부자들이 궁극적으로 거부하는 결과를 초래하였다. 차입자금의 급속한 인출이 발생함에 따라 Continental Illinois는 생존할 수가 없었고 궁극적으로 FDIC에 의해 인수되었다.

▶**자금조달갭(financing gap)**

예금금융회사의 평균대출과 평균(핵심)예금의 차이.

▶**자금조달 필요규모(financing requirement)**

자금조달갭과 유동자산의 합.

■BIS 접근방법: 만기사다리/시나리오 분석

2000년 2월에 국제결제은행은 유동성이 예금금융회사의 지속적인 존립에 중요하다고 인식하여 유동성리스크, 특히 순자금조달 필요규모(net funding requirements)를 측정하기 위한 만기사다리방법(Maturity Laddering method)을 제시하였다.[18] 〈표 12-9〉에 대략적으로 제시되어 있는 바와 같이 유동성 측정은 모든 현금유출과 현금유입을 평가하는 것이다. 일단 현금유출과 현금유입의 요소들을 식별하고 나면, 만기사다리방법은 현금유입과 현금유출을 1일 기준과 특정한 기간들에 대하여 비교할 수 있게 하여 준다. 1일 순자금조달 필요규모와 누적 순자금조달 필요규모가 만기사다리모형으로부터 결정될 수 있다.

예를 들면, 〈표 12-9〉로 현금유입과 현금유출을 나타낼 수 있는 예금금융회사의 경우 400만 달러의 초과현금이 1일기간 동안 이용 가능하다. 그러나 누적순현금은 다음 한 달 동안에 5,000만 달러 부족하다. 예금금융회사는 즉각적으로 이와 같은 순자금조달 필요규모를 채우기 위해 추가적인 자금조달을 위한 계획을 세우기 시작해야 할 필요가 있다.

표 12-9 BIS 만기사다리방법을 사용하여 측정한 순자금조달 필요규모 (100만 달러 기준)

	1일	1개월	6개월
현금유입			
만기자산	$10	$150	$1,500
판매가능 만기이전자산	12	250	4,000
예금	15	200	2,000
설정된 신용한도	12	100	750
증권화 능력	5	50	400
	$54	$750	$8,650
현금유출			
만기부채	$30	$490	$4,500
인출가능 약정신용한도와 기타 조건부 부채	16	300	2,960
예기치 않은 사건에 의한 현금유출	4	10	40
	$50	$800	$7,500
순자금조달 필요규모	$ 4	($50)	$1,150
누적 자금조달 필요규모	$ 4	($46)	$1,104

18) "Sound Practices for Managing Liquidity in Banking Organizations," Basel Committee on Banking Supervision, BIS, Basel, Switzerland, February 2000 참조.

6개월의 기간 동안 예금금융회사는 11억 5,000만 달러의 누적 초과현금을 가지고 있다. 만일 이와 같은 예상이 사실이면 예금금융회사는 이와 같은 초과자금을 필요할 때까지 투자할 곳을 찾아야 할 필요가 있다.

적극적인 유동성관리를 위한 기간은 일반적으로 일중 유동성확보와 같이 매우 짧다. 그러나 적정한 유동성관리기간은 예금금융회사의 영업특성에 의해 결정된다. 단기자금조달에 의존하는 예금금융회사는 주로 단기로 유동성을 관리하는 일에 집중한다(예를 들면, BIS는 이와 같은 예금금융회사에게 5일 기간의 유동성관리를 권고한다). 단기자금조달에 덜 의존하는 예금금융회사는 조금 더 긴 기간에 걸쳐 순자금조달 필요규모를 적극적으로 관리할 수 있다. 이에 더하여 예금금융회사는 보다 더 장기에 걸쳐 유동성포지션을 분석하고 감시하여야 한다. 일반적으로 예금금융회사는 장기적으로 상당한 크기의 자금조달갭을 가질 수 있고 이에 따라 미래의 자금조달갭을 상쇄시키기 위해 거래만기에 영향을 줌으로써 이와 같은 갭을 채울 방법들을 계획할 필요가 있다.

유동성은 일반적으로 정상적인 상황에서 관리되지만 BIS는 예금금융회사는 또한 비정상적인 상황에서 유동성을 관리할 준비를 하여야 한다고 경고한다. 따라서 예금금융회사는 유동성을 관리하기 위해서 가능한 상황 시나리오들을 만들고 분석하여야 한다. 각 시나리오하에서 예금금융회사는 발생할 수 있는 상당한 양 또는 음의 유동성변화를 고려하여야 한다. 이와 같은 시나리오들은 내부적(은행관련) 요인들과 외부적(시장관련) 요인 모두를 고려하여야 한다. BIS 시나리오 분석하에서 예금금융회사는 현금흐름의 확률을 측정함으로써 각 유형의 자산과 부채에 대하여 현금흐름의 타이밍을 할당할 필요가 있다. 이에 따라 만기사다리에 따른 현금유입과 현금유출의 타이밍은 시나리오들 간에 다를 수 있고 설정된 가정들도 상당히 다를 수 있다. 예를 들면, 예금금융회사는 역사적 경험에 기초하여 예금금융회사 고유의 자금조달위기에서 판매가능 자산들로부터 발생되는 미래 현금흐름수준과 타이밍을 통제할 능력이 정상상황 때보다 약화되지 않을 것이라고 믿는다. 그러나 시장위기에서 유동성이 낮은 자산들을 기꺼이 현금구매하거나 또는 현금매입할 수 있는 금융회사들이 없으면 이와 같은 능력은 크게 떨어질 것이다.

각 시나리오하에서 예금금융회사의 유동성변화경로는 [그림 12-2]와 같이 그래프로 나타낼 수 있다. 전형적인 유동성 변화경로 그래프는 누적 순초과 또는 누적 순부족의 변화를 주요 시나리오들(예를 들면, 정상상황, 일반적인 시장위기상황, 예금금융회사 위기상황) 간에 비교할 수 있도록 하여 준다. 예금금융회사는 유동성에 대한 가정들이 얼마나 일관성이 있고 현실적인지에 대하여 추가적인 통찰력을 가지기 위해 이와 같은 유동성변화경로 그래프를 활용할 수 있다. 예를 들면, [그림 12-2]에서 우량은행은 정상상황에서와 일반적인 시장위기상황에서 높은 유동성을 가질 수 있으나 은행고유위기상황에서만은 유동성 위기를 겪을 수 있다. 이와는 달리 비우량은행은 일반적인 시장 위기상황과 은행고유 위기상

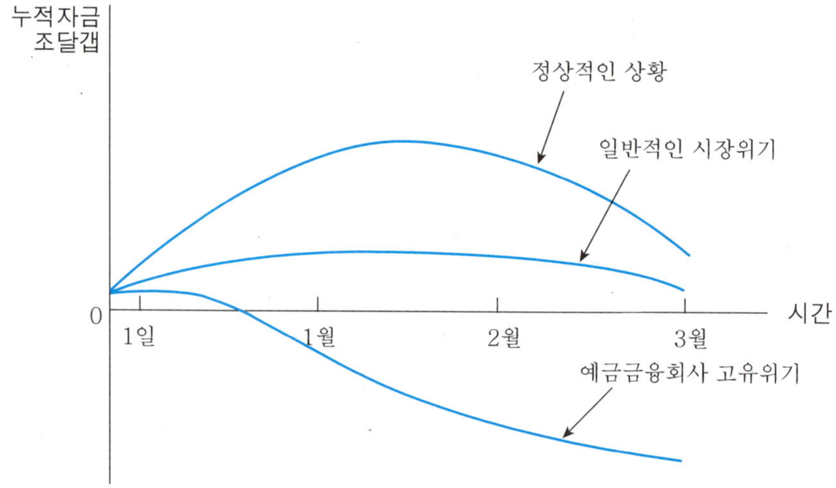

그림 12-2 **다양한 시장상황하에서 우량예금금융회사의 누적자금 초과 또는 부족 경로**

황 모두에서 유동성부족상황에 직면할 수 있다. 예금금융회사의 미래 유동성수준은 항상 정확하게 예측할 수 없는 요인들에 의해 영향을 받을 수 있기 때문에 자금조달 필요규모를 결정하기 위해 사용되는 가정들을 자주 재검토하고 수정하는 것이 중요하다.

■유동성 계획

BIS의 만기사다리 접근방법이 제시하는 바와 같이 유동성 계획은 유동성리스크와 이와 관련된 비용을 측정하는 데 있어서 핵심요소이다. 특히 유동성 계획은 금융회사가 유동성 문제가 발생하기 전에 중요한 차입우선순위를 결정할 수 있게 해 준다. 이와 같은 미래지향적 계획은 최적의 자금조달 믹스를 결정함으로써 차입자금의 비용을 낮출 수 있고 예금금융회사가 보유할 필요가 있는 초과지준의 규모를 최소화시킬 수 있다.

유동성 계획은 많은 요소들을 가지고 있다. 첫 번째 요소는 경영상의 상세한 내용과 책임을 기술하는 것이다. 유동성위기가 발생하는 경우 주요 경영자가 담당하여야 하는 책임이 부여된다. 유동성 계획은 연방준비제도, 연방예금보험공사(FDIC), 저축금융회사감독청(OTS)과 같은 다양한 규제당국들과 상호작용할 책임을 가지는 경영자를 지정한다. 유동성 계획은 또한 예금자를 포함한 민간에게 정보를 공개하는데 있어서 경영상의 책임영역을 상세히 규정한다. 유동성 계획의 두 번째 요소는 자금인출의 경향뿐만 아니라 인출가능성이 가장 높은 자금공급자의 상세한 명단을 작성하는 것이다. 예를 들면, 위기발생시에 뮤

표 12-10 예금금융회사의 예금 분포와 유동성계획에 포함되어 있는 가능한 예금인출 (100만 달러 기준)

예금	$250		
뮤추얼펀드	60		
연기금	50		
코레스은행	15		
소기업	70		
개인	55		
예상되는 인출	**평균**	**최대**	
1주	$ 40	$105	
1개월	55	140	
3개월	75	200	
예금인출에 따른 자금조달순서	**1주**	**1월**	**3월**
신규예금	$ 10	$ 35	$ 75
투자포트폴리오자산 청산	50	60	75
기타 금융회사들로부터의 차입	30	35	45
연준으로부터의 차입	15	10	5
합계	$105	$140	$200

추얼펀드와 연기금같은 금융회사들은 코레스은행들과 소기업들보다 먼저 은행들이나 저축금융회사들로부터 자금을 신속히 인출할 가능성이 높다. 그 다음으로 코레스은행들과 소기업들은 개별예금자들보다 먼저 자금을 신속히 인출할 가능성이 높다. 이것이 유동성 노출을 미래의 자금조달 구성변화에 대하여 민감하게 만든다. 이에 더하여 예금금융회사는 특히 크리스마스 직전 분기에 상당한 크기의 계절적 예금인출에 직면한다. 유동성 계획의 세 번째 요소는 미래의 다양한 기간 동안(1주일, 1개월, 1분기 등)에 잠재적 예금 및 자금인출규모와 이와 같은 인출을 충족시키기 위한 대안적 자금조달원들(예를 들면, 다른 금융회사들과 연방준비제도로부터의 긴급대출)을 결정하는 것이다. 유동성 계획의 네 번째 요소는 개별자금시장(페더럴펀드, RP, CD 등)에서 수용 가능한 리스크프리미엄의 한도뿐만 아니라 자회사와 지점 차입에 대한 내부 한도를 설정하는 것이다. 이에 더하여 유동성 계획은 다양한 예금 및 자금 인출의 강도에 따른 자산의 처분순서를 결정하는 것이다. 이와 같은 계획은 예금금융회사의 자산/부채관리위원회로부터 시작하여 부채자금조달에서 1일 기준으로 중요한 역할을 담당하는 다양한 주요 부서들(머니마켓부서와 재무부서)로 전달될 수 있다.

예를 들면, 〈표 12-10〉을 살펴보자. 예금금융회사는 뮤추얼펀드, 연기금, 소기업, 개인으로부터 받은 예금으로 2억 5,000만 달러를 보유하고 있다. 이 표는 앞으로 1주일, 1개월, 1분기의 기간 동안에 예상되는 평균 및 최대 자금인출규모를 나타내고 있다. 예금금융회사의 유동성 계획은 예상되는 자금인출이 발생하는 경우 예상되는 예금인출을 충족시키기 위한 방법들을 제시한다. 이 경우 예금금융회사는 먼저 신규예금, 그 다음에 투자포트폴리오로 보유하고 있는 시장성 증권의 현금화, 그 다음에 다른 금융회사들로부터의 차입, 마지막으로 필요하다면 연방준비제도로부터의 차입으로 앞으로 3개월 동안 예상되는 예금인출을 충족하고자 한다.

유동성리스크, 예상치 않은 예금인출, 예금인출사태

정상적인 상황과 적정한 미래지향적 유동성관리 계획하에서 순예금인출 또는 대출약정 행사는 차입자금 이용가능성 또는 초과현금지준이 예상되는 유동성수요를 충족시키기에 적정하기 때문에 예금금융회사에게 유동성문제를 제기하지 않는다. 예를 들어, 순예금인출이 높은 12월과 여름휴가기간 동안에도 예금금융회사는 정상적인 초과현금지준보다 더 많이 보유하거나 또는 도매 자금시장에서 정상적인 상황의 경우보다 더 많이 차입함으로써 이와 같은 계절적 영향에 대처한다.

그러나 예금유출이 비정상적으로 크고 예기치 않게 발생하면 유동성문제가 발생할 수 있다. 비정상적인 예금유출은 다음과 같은 이유 때문에 발생할 수 있다.

1. 다른 예금금융회사들과 비교하여 상대적으로 해당 예금금융회사의 지급능력에 대한 우려가 있는 경우
2. 다른 예금금융회사들의 지급능력에 대한 예금자들의 우려를 증가시킬 수 있는 관련된 예금금융회사의 도산이 있는 경우(전염효과)
3. 예금 보유로부터 (재무부 단기채권 또는 뮤추얼펀드와 같은) 비은행금융자산 보유로 갑작스런 투자자 선호 변화가 있는 경우

이러한 경우 순예금인출의 갑작스럽고 예기치 않은 급증은 은행을 지급불능상황에 처하게 할 수 있는 **예금인출사태(bank run)**를 촉발시킬 수 있다.

▶**예금인출사태(bank run)**
예금금융회사로부터의 갑작스럽고 예기치 않은 예금인출이 급증하는 현상.

■예금인출과 예금인출사태 유동성리스크

예금인출사태 유동성리스크의 중심에는 *요구불예금계약(demand deposit contract)*의 기본적이고 독특한 특성이 있다. 요구불예금계약은 줄에 서 있는 예금자의 위치가 예금자가 예금금융회사로부터 인출할 수 있는 금액의 크기를 결정한다는 의미에서 선착순 계약이다. 특히 예금자는 금액 전체를 완전히 지불받거나 또는 전혀 아무것도 지불받지 못할 수 있다.[19] 요구불예금계약은 예금금융회사의 자산가치가 예금보다 적을 때 예금자들의 일부에

대해서만 완전하게 지불한다. 예금자들은 이와 같은 사실을 알고 있기 때문에 정상적인 소비목적으로 현금이 필요하지 않을지라도 예금금융회사의 밖에 있는 줄에 즉각적으로 서게 된다. 따라서 실제로 소비목적으로 예금을 인출할 필요가 없는 핵심예금자들도 예금금융회사에 갑작스럽게 줄이 늘어 서는 것을 보게 될 때 즉각적으로 그들의 자금을 인출하고자 한다.

예금인출사태가 진행됨에 따라 순예금인출에 대한 수요는 증가한다. 예금금융회사는 우선 보유하고 있는 현금지준을 감소시키거나 재무부 단기채권과 재무부 장기채권같은 유동성이 높거나 또는 시장성이 있는 자산들을 매각하거나 또는 머니마켓에서 차입함으로써 이와 같은 순예금인출을 충족시킨다. 예금인출사태의 강도가 증가함에 따라 더 많은 예금자들이 인출라인에 참여하고 유동성위기가 진전된다. 특히 예금금융회사는 점차 단기자금시장에서 차입하는 것이 어렵다는 것을 발견한다. 또한 예금금융회사는 대출채권뿐만 아니라 모든 유동성 자산, 현금, 채권을 매각한다(제21장 참조). 예금금융회사는 예금자들의 현금인출요구에 대응하기 위해 대차대조표의 자산측면에 상대적으로 유동성이 낮은 대출들만을 가지고 있을 가능성이 있다. 그러나 이와 같은 대출채권은 액면가격을 대폭 할인해서만 매각되거나 또는 청산될 수 있다. 계속적인 예금유출을 충족시키기 위해 특매가격에 만기가 장기인 자산들을 청산할 필요가 있는 예금금융회사는 이와 같은 자산매각으로부터 조달한 자금이 예금자들의 현금인출수요를 충족킬 수 없는 상황에 직면한다. 이에 따라 예금금융회사의 유동성문제는 지급능력문제로 전환된다. 즉 예금금융회사는 문을 닫아야만 한다.

예금자들이 우선 예금금융회사를 향하여 달려가야 하는 인센티브는 이러한 상황이 없다면 건전하였을 예금금융회사가 예기치 않게 발생되는 대규모의 예금인출과 유동성 수요 때문에 지급불능과 도산으로 내몰릴 수 있기 때문이다. 이것이 은행시스템의 기본적인 불안정성을 창출한다. 이와 같은 상황은 전체 은행시스템에 대한 신뢰상실로 예금자들이 예금금융회사를 구별하지 않고 모든 예금금융회사를 대상으로 자금인출사태에 참여하는 **은행공황(bank panic)**의 시기에 발생될 수 있다.

▶ **은행공황(bank panic)**

전체 은행산업의 예금에 대하여 발생하는 체계적인 또는 전염적인 자금인출사태.

19) 예금의 지불을 보증하는 예금보험은 존재하지 않고 일시적인 유동성 자금수요에 필요한 자금을 조달하기 위한 재할인창구차입이 없다고 가정한다. 예금보험과 재할인창구의 존재는 이 장의 후반부와 제14장에서 살펴보는 바와 같이 예금인출사태에 참여할 인센티브를 변화시킨다.

예금인출사태, 재할인창구, 예금보험

규제당국은 예금계약이 가지는 전부 또는 전무의 지불특성 때문에 은행시스템의 본질적인 불안정성이 존재한다는 것을 인식하였다. 그 결과 예금금융회사의 유동성문제를 완화시키고 예금인출사태와 은행공황을 억제하기 위한 규제장치가 마련되었다. 2가지의 유동성리스크 절단장치는 *예금보험(deposit insurance)*과 *재할인창구(discount window)*이다. 예금금융회사에 대한 전염적 자금인출사태는 사회적 후생에 심각한 영향을 미치기 때문에 예금금융회사 규제당국은 예금보유자에게 예금인출사태를 억제하기 위해 다양한 정도의 보험보호를 제공하는 보증프로그램을 창설하였다. 특히 예금보유자가 예금금융회사가 어려움에 처할지라도 자기가 보유한 청구권이 안전하다고 믿는다면 예금보유자는 은행으로 달려가야 하는 인센티브를 가지지 않는다. 줄에 서 있는 예금보유자의 위치가 더 이상 예금을 인출할 수 있는 능력에 영향을 미치지 않는다. 예금보험은 전염적인 예금인출사태와 은행공황뿐만 아니라 은행에 달려가는 것을 억제한다. 그러나 예금금융회사는 (예금이 보험들어 있기 때문에) 예금보유자들이 지급불능문제를 인지하더라도 예금인출사태 또는 은행공황상태를 발생시키지 않을 것이라는 것을 알고 있다. 이러한 측면에서 예금보험은 예금금융회사가 대차대조표 상의 유동성리스크를 더 증가시킬 수 있는 상황을 만들 수 있다.

예금보험에 더하여 연방준비제도와 같은 중앙은행은 전통적으로 예금금융회사의 단기적인 일시적 유동성 수요를 충족시키기 위해 재할인창구신용을 제공하였다. 연방준비제도의 재할인 창구를 통하여 3가지의 대출프로그램이 제공된다. 제1신용은 연방공개시장위원회의 페더럴펀드 목표 이자율보다 높은 이자율로 건전한 예금금융회사에게 제공되는 초단기 오버나이트 신용이다. 제2신용은 제1신용을 받을 자격이 없는 예금금융회사에게 제공된다. 제2신용은 제1신용보다 높은 이자율로 제공되는 초단기 오버나이트 신용이다. 계절신용프로그램은 대출과 예금의 계절적 변동이 심한 소형예금금융회사를 돕기 위해 마련된 것이다. 계절신용은 연간 자금수요의 반복적 변화에 대한 명백한 경향을 제시할 수 있는 예금금융회사에게 제공된다. 계절신용을 받을 수 있는 자격을 갖춘 예금금융회사는 일반적으로 농업지역 또는 관광지역에 위치한다. 제14장에서 이와 같은 사항들이 상세히 논의된다. 제14장에서 논의하는 바와 같이 예금보험은 비용을 지불하기는 하지만 1933년 이후 은행공황을 효과적으로 억제하였다.

개념질문

1. 예금유출을 충족시키기 위해 *(a)* 구매유동성관리와 *(b)* 비축유동성관리를 사용하는데 따른 2가지 이익과 2가지 비용을 열거하라.

2. 예금금융회사 유동성의 3가지 주요 원천은 무엇인가? 예금금융회사 유동성의 2가지 주요 용도는 무엇인가?
3. 금융회사가 사용하는 5가지 유동성리스크 척도들은 무엇인가?

12.4 유동성리스크와 생명보험회사

예금금융회사는 유동성리스크 또는 예금인출사태 문제에 노출되어 있는 유일한 금융회사가 아니다. 예금금융회사와 마찬가지로 생명보험회사는 보험해약과 보험인수과정에서 발생하는 운영자금수요를 충족시키기 위해 현금지준과 유동자산을 보유한다. 보험의 조기해약이 발생하는 경우 보험회사는 보험가입자에게 보험의 **해약가치(surrender value)**를 지불하여야 한다.[20] 정상적인 영업과정에서 보험료수입과 보험회사 자산포트폴리오 수익은 보험가입자가 현금화하거나 또는 보험을 조기에 해약할 때 필요한 현금유출을 충족시키기에 충분하다. 예금금융회사와 마찬가지로 보험료수입과 보험해약가치의 차액의 분포는 일반적으로 예측 가능하다. 그러나 보험료수입이 보험해약자에 따른 지불을 충족시키기에 불충분할 때 생명보험회사는 국채와 같은 상대적으로 유동성이 높는 자산의 일부를 매각할 수 있다. 이 경우 이와 같은 채권은 보험회사의 경우 유동성 안충자산 또는 유동성 지급준비자산의 역할을 한다.

그럼에도 불구하고 보험회사의 지급능력에 대한 우려는 새로운 보험료수입을 고갈시키고 기존 보험계약자들이 보험을 조기에 해약하는 현상을 발생시킬 수 있다. 예외적인 현금수요를 충족시키기 위해 생명보험회사는 상업 모기지대출과 포트폴리오상에 포함된 자산들을 특매가격에 청산할 수 있다.[21] 예금금융회사와 마찬가지로 자산의 강제청산이 시도되는 경우 생명보험회사는 지급불능상태에 빠질 수 있다.[22]

20) 해약가치는 일반적으로 보험계약 액면가격의 100%보다 적다. 보험에 투자된 자금이 이자를 벌게 됨에 따라 해약가치는 계속해서 증가한다. 보험이 만료되기 전에 실제로 해약되거나 또는 현금화될 때 보험계약자의 수익에 대하여 세금이 부과된다. 일부 보험회사들은 보증투자계약(guaranteed investment contracts; GIC)의 매각으로부터 발생되는 자금인출사태에 직면하였다. 장기의 고정이자율을 가지는 은행예금과 유사한 GIC는 투자자와 보험회사 간의 계약이다. 시장이자율이 상승함에 따라 많은 투자자들은 조기에 자금을 인출하였고 수익률이 더 높은 투자에 재투자하였다. 이것이 이와 같은 계약을 공급하였던 생명보험회사의 유동성과 자금 재조달 문제를 야기시켰고 궁극적으로 자금인출에 대한 제한조건들이 만들어졌다.

21) 생명보험회사들은 또한 특히 상업용 재산부문에 상당한 규모의 대출약정을 제공한다. 그 결과 생명보험회사들은 예금금융회사와 유사한 방식으로 자산측면의 대출약정에 의한 유동성리스크에 직면할 수 있다.

22) 주정부의 보증제도는 보험가입자의 자금인출사태를 억제한다. 일반적으로 적용범위의 수준과 보증의 가치는 예금보험보다 적다. 제14장에서 이와 같은 보증제도가 논의된다.

▶ **해약가치(surrender value)**

보험을 조기에 해약할 때 보험가입자가 받는 금액.

개념질문

1. 보험료수입이 불충분할 때 무엇이 생명보험회사의 첫 번째 유동성원천이 될 수 있는가?
2. 생명보험회사는 자금인출사태에 직면할 수 있는가? 만일 그렇다면, 그 이유는 무엇인가?

12.5 유동성리스크와 손해보험회사

손해보험회사는 실물재산 또는 개인에 영향을 주는 우발적 사건들에 대비한 보험을 판매한다. 생명보험회사와는 달리, 이와 같은 우발적 사건에 대비한 보험의 만기는 종종 1년부터 3년까지의 단기이다. 생명보험회사에 대한 청구권은 사망표의 도움으로 일반적으로 예측 가능하다. 그러나 (천재지변 또는 자연재해와 같은 사건들과 관련되는) 손해보험회사에 대한 청구권은 실제로 예측 불가능하다. 그 결과 손해보험회사의 자산은 생명보험회사의 자산보다 더 만기가 짧고 유동성은 높은 경향을 가진다. 손해보험회사의 계약과 보험기간도 일반적으로 단기이기 때문에 보험해약에 의해서 야기되는 문제는 덜 심각하다. 손해보험회사의 최대 유동성리스크노출은 보험가입자들이 보험을 해약하거나 또는 지급불능리스크, 가격 또는 경쟁력 때문에 보험을 재계약하지 않을 때 발생한다. 이에 따라 손해보험회사의 보험료 현금유입이 투자수익에 합해지더라도 보험가입자의 청구권을 충족시키기에 충분하지 않을 수 있다. 또한 예기치 않은 대규모 보험청구가 발생될 수 있고 보험청구금액이 보험수입과 자산으로부터 발생하는 수익의 흐름을 초과할 수 있다. 1991년 허리케인 앤드류와 2005년 허리케인 카트리나와 같은 자연재해는 소형 손해보험회사들의 심각한 유동성위기와 도산을 야기시켰다.[23]

개념질문

1. 손해보험회사가 직면하는 유동성리스크노출의 최대 원인은 무엇인가?
2. 손해보험회사의 유동성리스크는 일반적으로 생명보험회사의 유동성리스크보다 더 큰가 또는 더 작은가?

---

23) 또한 우발적 사건이 보험기간 동안 발생하는 경우에 보험청구는 장시간에 걸쳐 발생할 수 있으나 수 년이 지나서야 해결된다.

12.6 투자펀드

뮤추얼펀드와 헤지펀드같은 투자펀드는 투자자들에게 지분(share)을 판매하고 판매대금을 채권과 주식과 같은 자산에 투자한다. 투자펀드는 개방형이거나 또는 폐쇄형이다. **폐쇄형 펀드(closed-end fund)**는 투자자들에게 고정된 수의 지분을 발행한다. 발행펀드가 지분을 재매입하지 않는 한, 지분의 잔고 수는 변화하지 않는다. 대부분의 미국 투자펀드는 **개방형 펀드(open-end fund)**이다. 개방형 펀드는 투자자들에게 무제한의 지분을 발행할 수 있다. 개방형 펀드는 또한 이미 발행된 지분을 현재의 시장가격으로 투자자들로부터 다시 사들일 수 있다. 따라서 주어진 시장가격 P에서 개방형 펀드 지분의 공급은 완전 탄력적이다. 개방형 투자펀드가 신주를 판매하거나 또는 기존 지분을 매입하는 가격은 주어진 투자펀드의 **순자산가치(net asset value; NAV)**이다. NAV는 투자펀드 자산의 현재 시장가치에서 발생된 부채를 빼고 투자펀드의 지분을 수로 나눈 것이다. 투자펀드는 자금을 주식, 채권, 기타 장기금융상품에 투자하는 반면 주주들에게 즉각적인 유동성을 제공해야 한다. 인출의 수(또는 투자펀드 지분의 현금화)가 비정상적이고 예기치 않게 높은 수준으로 증가할 때 투자펀드는 은행, 저축은행, 생명보험회사가 직면하는 것과 유사한 유동성 문제에 노출될 수 있다. 사실 투자자들이 투자펀드 자산의 NAV에 대하여 우려하면 투자펀드는 극적인 유동성인출사태에 직면할 수 있다.[24] 그러나 예금금융회사의 예금과 보험계약의 가치와 비교하여 투자펀드 계약의 가치가 결정되는 방법의 근본적인 차이가 투자펀드 주주가 자금인출사태에 참여하는 인센티브를 완화시킨다. 특히 투자펀드가 청산되어야 한다면, 투자펀드의 자산은 예금과 보험계약하에서 채택되는 선착순 기준이 아닌 비율기준으로 투자펀드 주주에게 배분된다.

▶**폐쇄형 펀드(closed-end fund)**
외부 투자자들에게 고정된 수의 지분을 판매하는 투자펀드.

▶**개방형 펀드(open-end fund)**
외부 투자자들에게 탄력적이거나 또는 고정되지 않은 수의 지분을 판매하는 투자펀드.

▶**순자산가치(net asset value)**
투자펀드 지분이 판매되거나 환매되는 가격. 순자산가치는 투자펀드 자산의 총시장가치를 투자펀드의 지분의 수로 나눈 것과 같다.

이와 같은 차이를 예시하기 위해 자금인출사태에 참여하는 투자펀드 투자자들의 인센티

24) 예를 들면, 이와 같은 일이 1997–1998년의 신흥시장위기 동안 러시아뿐만 아니라 인도네시아와 태국같은 아시아 국가들의 주식에 특화하여 투자한 뮤추얼펀드가 보유한 자산가치에 발생하였다.

표 12-11 예금금융회사 예금자와 뮤추얼펀드 투자자의 자금인출사태 인센티브

은 행			뮤추얼펀드		
자산		부채	자산		부채
자산	$90	100달러의 예금 (1달러의 예금을 가진 100명의 예금자)	자산	$90	100달러의 지분 (1달러의 지분을 가진 100명의 지분보유자)

브와 예금금융회사 예금자들의 인센티브를 비교해 보자. 〈표 12-11〉은 개방형 뮤추얼펀드와 예금금융회사의 간단한 대차대조표를 보여 준다. 예금금융회사의 자산가치가 예금금융회사의 부채가치보다 적은 것을 인지할 때 예금자들은 예금을 인출하기 위해 첫 번째로 줄 서기 위해 예금금융회사로 달려가야 하는 인센티브를 가진다. 〈표 12-11〉의 예에서 처음의 90명 예금자들만이 각자 예금한 1달러를 받는다. 마지막에 서 있는 10명은 아무것도 받지 못한다.

이제 총 100달러에 각자 1달러를 투자한 100명의 주주를 가지고 있으나 자산가치가 90달러인 뮤추얼펀드를 생각해 보자. 만일 주주들이 그들의 지분을 현금화하고자 하면, 어느 누구도 1달러를 받지 못한다. 그 대신 뮤추얼펀드는 대차대조표 상의 부채가치를 시장가치 기준으로 계산한다. 뮤추얼펀드 한 주의 가격은 다음과 같다.

$$P = \frac{\text{자산가치}}{\text{잔고 지분 수}} = NAV(\text{net asset value})$$

따라서 1달러의 고정된 액면가격을 가지고 있는 예금계약과 달리 뮤추얼펀드 지분의 가치는 뮤추얼펀드 자산가치를 잔고 지분 수로 나눈 것이다.

〈표 12-11〉에서 각 주의 청구권 가치는

$$P = \frac{\$90}{100} = \$0.9$$

즉 각 뮤추얼펀드 주주는 비율기준(a pro rata basis)으로 뮤추얼펀드의 자산가치 손실을 분담한다. 기술적으로 말하면 줄의 첫 번째에 서든지 마지막에 서든지 간에 지분을 현금화하고자 하는 각 뮤추얼펀드 주주는 동일한 뮤추얼펀드 주당 순자산가치를 받는다. 이 경우 뮤추얼펀드 주당 순자산가치는 주당 10센트의 손실을 반영하여 계산된 90센트이다. 모든 뮤추얼펀드 주주는 이 점을 인지하고 있고 비율기준으로 자산손실을 분담한다.

이와 같은 사실이 뮤추얼펀드가 유동성리스크를 가지고 있지 않다는 것을 의미하는 것은 아니다. 최근 최대의 유동성 위기 사건이 제한된 수(일반적으로 100명 이하)의 부유한 투자자들이 참여하였던 매우 전문화된 헤지펀드에서 발생하였다. 1990년대 말에 Long Term

Capital Management(LTCM)가 사용한 컴퓨터 모형은 미국 재무부증권 시장과 기타 채권 시장 간의 가격 차이를 발견하였다. 이에 따라 LTCM은 (가격이 하락할 것이라고 예상하면서) 미국 재무부증권을 매각하고 (가격이 상승할 것이라고 예상하면서) 기타 채권을 매입하였다. 그러나 예기치 않게 1998년에 발생한 러시아 위기는 환율과 미국의 증권가격에 충격을 주어 자금이 미국 재무부증권 시장으로 유입되게 만들어 재무부증권 가격을 상승시키고 재무부증권 수익률을 하락시켰다. 미국 재무부 증권시장으로의 자금이동은 유럽 채권시장과 고수익 회사채시장에 유입되는 자금을 감소시켰다. 이와 같이 예상이 빗나감에 따라 LTCM은 막대한 손실을 입게 되었다. LTCM 헤지펀드는 차입의존도가 높았고 다양한 담보조건과 증거금 합의조건에 따라 요구되는 지불을 할 수 없었다. 그 결과 투자자들에게 40억 달러의 손실을 발생시키면서 헤지펀드 포지션이 청산되어야만 했다. 미국금융시스템이 LCTM의 파산 가능성과 이에 따른 자산청산을 극복할 수 있는 능력을 가지고 있는가에 대한 상당한 우려가 제기되었다. 이와 같은 두려움은 LTCM의 매우 높은 차입의존도 때문에 더욱 고조되었다. 따라서 일단의 월스트리트 대형은행들과 브로커들은 뉴욕연방준비은행과 함께 35억 달러의 구제금융프로그램을 만들었다.

이와 같은 최근의 위기에도 불구하고 뮤추얼펀드 주주가 예금금융회사와 보험회사가 직면하는 극단적인 유동성 문제를 발생시키는 자금인출사태에 참여할 인센티브는 일반적으로 존재하지 않는다.[25] 이에 따라 일부 학자들은 예금계약이 뮤추얼펀드 또는 지분계약과 유사한 형태로 새로 설정되어야 한다고 주장하였다. 이것은 또한 예금보험에 의한 예금인출사태 억제의 필요성을 제거시킬 수 있다.[26]

25) 뮤추얼펀드 주주의 환매가 급격히 증가하는 것이 뮤추얼펀드 매니저로 하여금 특매가격에 시장성이 낮은 채권과 주식 일부를 매각하게 만들 수 있다. 예를 들면, 1994년에 펀드 어드바이저인 Piper Jafray는 Institutional Government Income 뮤추얼펀드의 유동성 문제를 해결하기 위해 자기 자신의 펀드 중에서 1,000만 달러를 투입하였다. 1988년 말에 자산시장에서 대규모 포지션을 감소시키고자 할 때 많은 헤지펀드들이 심각한 유동성 문제에 직면하였다. 예를 들면, 일부 모기지담보부증권시장들(제22장 참조)은 상당한 가격혼란 없이 헤지펀드자산의 대규모 매각을 흡수할 수 있을 만큼 충분히 깊지 않았다.

26) 이에 반대하는 일반적인 주장은 예금은 화폐이고 화폐는 경제에서 회계의 단위이기 때문에 주식형태의 계약은 예금의 가치가 매일 매일 변화하여야 한다는 문제점을 제기할 수 있다는 점을 지적한다. 그러나 머니마켓 뮤추얼펀드(money market mutual fund)는 예금성격의 계약을 제공한다는 점에 주목하라. 머니마켓 뮤추얼펀드의 주 가격을 1달러에서 유지시키는 반면 개인이 보유하는 전체 지분의 가치가 뮤추얼펀드의 NAV를 반영하여 변화하도록 개인이 보유하는 지분의 수를 변화시키면 뮤추얼펀드주의 가치가 변화하는 문제가 해결될 수 있다. 이와 유사한 방식이 예금금융회사의 예금에 채택될 수 있다.

개념질문

1. 예금금융회사가 전통적인 전부 또는 전무형태의 요구불예금계약이 아닌 개방형 뮤추얼펀드형의 예금계약을 제공한다면 이것이 예금금융회사의 유동성 수요에 미치는 영향은 무엇인가?
2. 뮤추얼펀드 투자자들이 자금인출사태에 참여할 인센티브는 예금금융회사 예금자가 자금인출사태에 참여할 인센티브와 어떻게 다른가?

요 약

유동성리스크는 유동성 인출 또는 대출약정 행사의 결과로 금융회사가 직면하는 일반적인 문제이다. 일반적인 유동성인출 수요는 적정한 유동자산의 보유와 매입자금조달에 의해 충족될 수 있다. 그러나 대규모의 유동성인출은 유동성문제의 징후가 처음 나타날 때 부채청구권자들이 자금인출사태에 참여할 인센티브 때문에 복잡해질 수 있는 자산 유동성문제를 야기시킬 수 있다. 이와 같은 자금인출사태에 참여하고자 하는 예금자와 생명보험가입자의 인센티브는 정상적으로 건전한 금융회사를 지급불능상황에 처하게 만들 수 있다. 뮤추얼펀드는 손실이 부채보유자들에게 균등하게 분담되도록 부채가 시장가격으로 평가되기 때문에 자금인출사태를 피할 수 있다. 금융회사의 지급불능상태는 주주에게 뿐만 아니라 사회에게 비용을 발생시키기 때문에 규제당국은 금융회사의 유동성문제를 완화시키기 위해 예금보험 및 재할인창구와 같은 제도를 개발하였다. 이와 같은 제도들은 제14장에서 상세하게 논의된다.

연습문제

1. 유동성리스크의 정도는 다른 유형의 금융회사들 간에 어떻게 다른가?
2. 유동성리스크가 발생하는 2가지 이유는 무엇인가? 대차대조표 상의 부채측면에서 발생하는 유동성리스크와 대차대조표 상의 자산측면에서 발생하는 유동성리스크는 어떻게 다른가? 특매가격(fire-sale price)은 무엇을 의미하는가?
3. 핵심예금(core deposits)은 무엇인가? 핵심예금은 순예금유출의 확률분포를 예측하는데 어떠한 역할을 하는가?
4. 예금금융회사의 순예금유출 확률분포가 평균이 2%이고 표준편차가 1%로 추정되었다. 예금금융회사는 규모가 증가하고 있는가 또는 감소하고 있는가? 설명하라.
5. 예금금융회사의 순예금유출 확률분포가 다음과 같은 상황에 의해 어떻게 영향을 받는가?
   a. 축제 시즌

b. 여름휴가 시즌

c. 심각한 경기침체

d. 두 자리수 인플레이션율

6. 예금금융회사가 순예금유출의 유동성 효과를 상쇄시킬 수 있는 2가지 방법은 무엇인가? 이와 같은 2가지 방법은 어떻게 다른가? 각 방법의 운영상 이익과 비용은 무엇인가?

7. 예금금융회사가 대출약정의 행사와 같은 자산측면 유동성리스크의 효과를 상쇄시킬 수 있는 2가지 방법은 무엇인가?

8. 다음과 같은 대차대조표(100만 달러 기준)를 가지고 있는 예금금융회사는 1,500만 달러의 순예금유출을 예상하고 있다.

자 산		부채와 자본	
현금	$ 10	예금	$ 68
대출	50	자기자본	7
증권	15		
총자산	$ 75	총부채와 자본	$ 75

다음과 같은 상황이 발생하는 경우 예금금융회사의 대차대조표를 작성하라.

a. 예금금융회사가 이와 같이 예상되는 순예금유출을 상쇄시키기 위해 부채를 구매한다.

b. 비축유동성관리방법이 예상되는 순예금유출을 충족시키기 위해 사용된다.

9. AllStarBank는 다음과 같은 대차대조표(100만 달러 기준)를 가지고 있다. AllStarBank의 최대고객이 1,500만 달러의 대출약정을 행사하기로 결정한다. AllStarBank가 다음과 같은 유동성리스크 관리전략을 사용하는 경우 새로운 대차대조표는 어떻게 나타나는가?

자 산		부채와 자본	
현금	$ 30	예금	$110
대출	90	차입자금	40
증권	50	자기자본	20
총자산	$170	총부채와 자본	$170

a. 비축유동성관리

b. 구매유동성관리

10. 예금금융회사가 현금 100만 달러와 대출 900만 달러로 구성되는 1,000만 달러의 자산을 가지고 있다. 예금금융회사는 핵심예금 600만 달러, 후순위부채 200만 달러, 자기자본 200만 달러를 가지고 있다. 이자율의 상승은 일 년 동안 핵심예금 200만 달러의 순유출을 발생시킬 것으로 예상된다.

a. 예금의 평균비용은 6%이고 대출의 평균이자율은 8%이다. 예금금융회사는 예상되는 핵심예금의 감소를 상쇄시키기 위해 대출포트폴리오를 축소시키기로 결정한다. 이와 같은 전략은 예금금융회사의 순이자수익과 규모에 어떠한 영향을 미치는가?

b. 만일 신규단기부채를 발행하는 이자비용이 7.5%로 예상된다면 이자부 부채의 증가에 의해 예상되는 예금유출을 상쇄시키는 것이 순이자수익에 미치는 영향은 무엇인가?

c. 이와 같은 전략을 사용하면 순예금유출이 이루어진 후 예금금융회사의 규모는 어떻게 되는

가?

d. 예금금융회사 경영의 어떤 동태적 측면이 예금유출을 이자부 부채로 대체하는 전략을 지지하는가?

11. 다음과 같은 유동성리스크의 4가지 측정방법 각각을 정의하라. 각 측정방법이 예금금융회사에 의해 어떻게 실행되며 사용되는지를 설명하라.

a. 유동성의 원천과 용도

b. 동료그룹 비율 비교

c. 유동성지수

d. 자금조달갭과 자금조달 필요규모

12. 예금금융회사는 재무부 단기채권 1,000만 달러, 환매조건부채권시장에서 차입할 수 있는 500만 달러의 신용한도, 연방준비제도에 필요지준을 초과하는 초과지준 500만 달러를 가지고 있다. 예금금융회사는 계절적인 수요를 충족시키기 위해 현재 페더럴펀드 600만 달러와 연방준비제도의 재할인창구로부터 200만 달러를 차입하였다.

a. 예금금융회사의 이용 가능한 총유동성은 얼마인가?

b. 예금금융회사의 현재 총유동성 용도는 얼마인가?

c. 예금금융회사의 순유동성은 얼마인가?

d. 당신은 이와 같은 결과로부터 어떤 결론을 도출할 수 있는가?

13. 예금금융회사는 포트폴리오에 다음과 같은 자산들을 가지고 있다. 예금금융회사는 연방준비제도에 예치되어 있는 현금지준 2,000만 달러, 재무부 단기채권 2,000만 달러, 모기지대출 5,000만 달러를 가지고 있다. 만일 이와 같은 자산들이 단기적으로 청산되어야 할 필요가 있다면, 예금금융회사는 재무부 단기채권의 경우 적정한 시장가치의 99%와 모기지대출의 경우 적정한 시장가치의 90%만을 받는다. 주어진 정보를 사용하면서 유동성지수를 추정하라.

14. Conglomerate Corporation은 Acme Corporation을 인수하였다. 이와 같은 인수에 필요한 자금을 조달하기 위해 Conglomerate는 Acme의 연기금 중에서 과잉자금부분을 청산할 것이다. 이와 같이 청산될 자산들의 액면가치, 현재(t=0)청산가치, 1년 후(t=1) 청산가치가 다음과 같이 주어져 있다.

자산	액면가치	$t = 0$	$t = 1$
IBM 주식	$10,000	$ 9,900	$10,500
GE 채권	5,000	4,000	4,500
재무부증권	15,000	13,000	14,000

이와 같은 증권들의 1년 유동성지수를 계산하라.

15. Plainbank는 현금 1,000만 달러, 대출 3,000만 달러, 핵심예금 1,500만 달러를 가지고 있다.

a. 자금조달갭을 계산하라.

b. 자금조달 필요규모는 얼마인가?

c. 자금조달갭은 Plainbank의 1일 유동성관리에서 어떻게 사용될 수 있는가?

16. 금융회사의 유동성 계획은 유동성 부족의 영향을 어떻게 감소시킬 수 있는가? 유동성 계획의 요소들은 무엇인가?

17. 예금인출사태(bank run)는 무엇인가? 예금인출사태를 촉발시킬 수 있는 가능한 인출쇼크들은 무엇인가? 요구불예금계약의 어떤 특성이 예금인출사태를 발생시킬 수 있는 예금인출 계기를 제공하는가?

18. 다음의 표는 100만 달러 기준으로 나타낸 한 예금금융회사의 대차대조표이다. 자산/부채 관리위원회는 평균이자율이 6%이고 평균수명이 3년인 대출채권이 2일 이내에 매각된다면 10% 할인되어야 한다고 추정하였다. 만일 대출채권이 4일 후에 매각될 수 있다면 8% 할인되어야 한다. 만일 대출채권이 1주일보다 장기에 매각될 수 있다면 예금금융회사는 완전한 시장가치를 받을 수 있다. 대출은 균등분할상환되지 않는다. 즉 원금은 만기에 상환된다.

자 산		부채와 자본	
현금	$ 2	요구불예금	$ 50
대출	50		
시설과 장비	3	자기자본	5
총자산	$ 55	총부채와 자본	$ 55

a. 이와 같은 대출채권이 (i) 2일과 (ii) 4일의 기간에 매각되어야 한다면 예금금융회사가 받는 가격은 얼마인가?

b. 위기상황에서 예금자들이 모두 첫날에 예금지불을 요구하면 예금자들은 얼마를 받을 것인가? 만일 예금자들이 모두 1주일 내에 지불받기를 요구하면 예금자들은 얼마를 받을 것인가? 예금보험이 존재하지 않는다고 가정하라.

19. 예금금융회사의 유동성리스크를 감소시키기 위한 정부의 안전장치는 무엇인가?

20. 생명보험회사의 유동성리스크에 대비하는 방어조치들은 무엇인가? 손해보험회사의 유동성리스크는 생명보험회사의 유동성리스크와 어떻게 다른가?

21. 투자펀드가 직면하는 유동성문제는 예금금융회사와 보험회사가 직면하는 유동성문제와 어떻게 다른가? 개방형 뮤추얼펀드의 유동성리스크와 폐쇄형 뮤추얼펀드의 유동성리스크는 어떻게 다른가?

22. 한 뮤추얼펀드가 포트폴리오에 다음과 같은 자산들을 가지고 있다. 뮤추얼펀드는 확정수입증권(채권형증권) 4,000만 달러와 현재시장가치로 주식 4,000만 달러를 가지고 있다. 유동성위기가 발생한 경우, 뮤추얼펀드는 이와 같은 자산들을 2일 안에 처분하여야 한다면 시장가치의 96%에 매각할 수 있다. 뮤추얼펀드는 이와 같은 자산들을 4일 안에 처분하여야 한다면 시장가치의 98%에 매각할 수 있다. 2명의 주주 A와 B는 각각 뮤추얼펀드 지분의 5%와 7%를 소유하고 있다.

a. 시장불확실성이 주주로 하여금 그들이 보유한 지분을 뮤추얼펀드에 환매하게 만들었다. 만일 뮤추얼펀드가 2일 안에 모든 자산들을 매각해야 한다면 2명의 주주들은 얼마를 받을 것인가? 만일 이 뮤추얼펀드가 4일 안에 모든 자산들을 매각해야 한다면 2명의 주주들은 얼마를 받을 것인가?

b. 이와 같은 상황은 예금인출사태와 어떻게 다른가? 은행규제당국은 예금인출사태의 문제를 어떻게 완화시켰는가?

23. 한 뮤추얼펀드가 현금 100만 달러와 증권에 투자한 900만 달러를 가지고 있다. 뮤추얼펀드는 현재 100만 주를 가지고 있다.

a. 뮤추얼펀드의 순자산가치(NAV)는 얼마인가?

b. 주주의 일부가 그들이 보유한 지분을 현금화하기로 결정한다고 가정하라. 뮤추얼펀드는 자산 매각에 의존하지 않고 현재 NAV에서 얼마나 많은 주를 사들일 수 있는가?

c. 많은 인출이 예상되기 때문에 뮤추얼펀드는 현재 40달러인 IBM주식 1만 주를 매각한다. 불행하게도 뮤추얼펀드는 주당 35달러만을 받는다. IBM주식의 매각 후에 순자산가치는 얼마인가? IBM주식의 매각 후에 뮤추얼펀드의 현금자산은 얼마인가?

d. IBM주식의 매각 후에 10만 주가 뮤추얼펀드에 재매각된다고 가정하라. 현재의 NAV는 얼마인가? 이와 같은 10만 주의 매입을 충족시키기 위해 더 많은 증권을 매각할 필요가 있는가?

Web을 활용하는 질문

24. 연방예금공사의 웹사이트에 가서 〈표 12-1〉을 최신 정보로 바꾸어라. 미국상업은행들의 자산과 부채는 2006년 6월 이후 어떻게 증가하였는가?

[미니사례분석] 유동성리스크의 측정

한 예금금융회사가 다음과 같은 대차대조표를 가지고 있다(100만 달러기준).

자 산		부채와 자기자본	
현금	$ 9	예금	$ 75
대출	95	차입자금	40
증권	26	자기자본	15
총자산	$130	총부채와자기자본	$130

예금금융회사의 증권포트폴리오는 1,600만 달러의 재무부 단기채권과 1,000만 달러의 GNMA 증권을 포함하고 있다. 예금금융회사는 환매조건부채권시장에서 2,000만 달러의 차입신용한도와 연방준비제도에 요구준비금을 초과하는 500만 달러의 초과지준을 가지고 있다. 예금금융회사는 현재 페더럴펀드로 2,200만 달러와 계절적 자금인출수요를 충족시키기 위해 연방준비제도의 재할인창구로부터 1,800만 달러를 차입하였다.

1. 예금금융회사가 이용할 수 있는 총유동성 원천은 얼마인가?

2. 예금금융회사의 현재 총유동성 용도는 얼마인가?

3. 예금금융회사의 순유동성은 얼마인가?

4. 자금조달갭을 계산하라.

5. 자금조달 필요규모는 얼마인가?

6. 예금금융회사는 2,000만 달러의 순예금인출을 예상하고 있다. 다음과 같은 상황이 발생하는 경우 예금금융회사의 대차대조표를 작성하라.

a. 예금금융회사는 이와 같이 예상되는 순예금인출을 상쇄시키기 위해 부채를 구매한다.

b. 비축유동성관리방법이 이와 같이 예상되는 순예금인출을 상쇄시키기 위해 사용된다(예금금융회사는 현금잔고가 500만 달러로 감소하는 것을 원하지 않고 증권들은 적정한 가격에

매각될 수 있다).

7. 다음 3일과 10일 이내에 예기치 않은 심각한 예금인출이 발생하는 경우 예금금융회사는 다음과 같은 방법으로 자산을 청산할 것이다.

(100만 달러 기준)

자 산	적정가치	청산 가치	
		t=3	t=10
현금	$ 9	$ 9	$ 9
재무부 단기채권	16	14	15.5
GNMA증권	10	8	9
대출	95	65	75

3일과 10일 기간의 유동성지수를 계산하라.

관련 웹사이트

기관명	웹사이트
Bank for International Settlements	www.bis.org
Board of Governors of the Federal Reserve	www.federalreserve.gov
Federal Deposit Insurance Corporation	www.fdic.gov

PART 3 리스크의 관리

제13장 부채와 유동성 관리

제14장 예금보험과 기타 채무 지급보증

제15장 자본적정성

제16장 업무영역의 분산

제17장 영업지역의 확장

제18장 선물과 선도계약

제19장 옵션, 캡, 플로어, 칼라

제20장 스왑

제21장 대출채권매각

제22장 증권화

제 13 장

부채와 유동성 관리

13.1 서 론

생명보험회사와 예금금융회사는 특히 유동성리스크에 노출되어 있다(제12장 참조). 유동성리스크의 본질적인 특성은 유동성이 높은 청구권이 갑자기 인출되거나 새계약되지 않을 때 금융회사의 자산은 상대적으로 유동성이 낮다는 점이다. 이와 같은 고전적인 경우가 예금자들이 현금을 요구하는 예금인출사태이다. 예금자들이 은행으로부터 그들의 청구권을 인출할 때 은행이 보유한 자산이 상대적으로 유동성이 낮은 특성을 가지고 있기 때문에 은행은 이와 같은 인출수요를 충족시킬 수 없다. 예를 들면, 은행은 시장성이 없는 소기업대출 또는 부동산 대출을 많이 포함하는 포트폴리오를 보유할 수 있다.

유동성위기의 리스크를 감소시키기 위해 금융회사는 유동자산포지션을 효율적으로 관리하거나 또는 포트폴리오의 부채구조를 효율적으로 관리함으로써 대차대조표를 유동성리스크로부터 격리시킬 수 있다. 실제로 금융회사 경영자는 유동성리스크로부터 금융회사를 격리시키기 위해 유동자산과 유동부채의 구조를 최적화할 수 있다. 이 장은 금융회사가 사용할 수 있는 다양한 유동자산 및 유동부채와 자산들 간의 수익/리스크 교환관계를 논의한다. 금융회사는 유동자산의 보유를 통하여 예상되거나 또는 예기치 않은 부채인출을 충족시킬 수 있다는 것을 확실히 하고자 한다. 이 장에서는 먼저 유동자산을 보유하는 두 가지의 추가적인 이유, 즉 통화정책실행과 세금부과의 이유를 논의한다. 이번 장은 예금금융회사, 보험회사, 기타 금융회사들의 부채 및 유동성리스크관리와 관련된 쟁점들을 살펴보면서 마무리짓는다.

13.2 유동자산관리

유동자산은 원금가치의 손실이 거의 없이 낮은 거래비용에 신속하게 현금으로 전환될 수 있다(유동성 지수에 관한 제12장의 논의 참조). 특히 대규모 거래조차도 유동자산은 시장가격을 움직이지 않게 하거나 또는 매우 적게 움직이게 하면서 시장에서 활발하게 거래된다. 유동자산의 좋은 예는 신규발행된 재무부 단기채권, 재무부 중기채권, 재무부 장기채권이다. 궁극적인 유동자산은 물론 현금이다. 금융회사의 유동성리스크는 현금, 재무부 단기채권, 재무부 장기채권과 같은 자산을 많이 보유함으로써 감소될 수 있다는 것은 분명하지만 금융회사는 일반적으로 이와 같은 일을 하는데 수익 또는 이자수입의 일부를 포기해야 하는 문제에 직면한다. 유동자산은 유동성이 높고 채무불이행리스크가 낮기 때문에 종종 이와 같은 특성을 반영하여 낮은 수익률을 가진다. 이와는 달리 유동성이 낮은 자산은 종종 상대적으로 시장성이 부족하고 채무불이행리스크가 높다. 따라서 유동성이 낮은 자산을 보유하는 금융회사를 보상하기 위해 추가적인 수익률 또는 유동성리스크프리미엄이 제공된다.

유동자산을 상대적으로 적게 보유하는 것은 금융회사를 유동성 부족상태와 예금인출사태의 리스크에 노출시킨다. 과도한 유동성 부족상태는 금융회사가 부채청구권에 대하여 필요한 지불을 충족시킬 수 없는 결과를 초래할 수 있고 극단적인 경우에 지급불능상태를 발생시키며 기타 금융회사들에게 부정적인 영향을 미치는 전염효과도 발생시킬 수 있다(제12장 참조). 이에 따라 규제당국은 종종 금융회사에게 최소필요지준 또는 유구준비금을 보유할 것을 요구한다. 일반적으로 이와 같은 요구조건의 특성과 범위는 금융회사와 국가에 따라서 다르다. 이와 같은 요구조건은 금융회사의 유형에 따라 인지되는 유동성리스크노출도와 최소필요유동자산과 관련되는 규제목적에 의해 결정된다.

특히 규제당국은 종종 단순히 금융회사들이 예상되거나 또는 예기치 않은 부채인출을 충족시킬 수 있다는 것을 확실히 하는 것 이외에 적어도 두 가지 이유 때문에 최소필요지준을 설정한다. 이와 같은 두 가지 이유는 통화정책실행과 세금부과이다.

통화정책실행의 이유

많은 국가들은 통화정책을 강화하기 위해 최소필요지준을 설정한다. 특히 예금에 대한 지준의 최소비율을 설정하는 것은 대출을 확대하고자 하는 예금금융회사의 능력을 제한하

---

1) 예를 들면, 미국에서 연방준비제도는 중앙은행제도의 운영단위인 12개의 지역으로 분할되어 있다. 12개 지역의 각 지역연방준비은행은 특히 해당지역의 유동성 문제를 관리한다.

고 통화공급을 통제하는 연방준비제도의 능력을 증가시킨다.[1] 필요지준율의 인하는 예금금융회사가 보유하는 거래계정(예금)에 비하여 더 적은 지급준비(시재금과 연방준비제도에 예치하는 지준예금의 합)를 보유할 수 있다는 것을 의미한다. 결과적으로 예금금융회사는 예금 중에서 더 많은 부분을 대출할 수 있고 이에 따라 경제 전체의 신용가용성(credit availability)이 증가된다. 신규대출은 소비와 투자지출에 필요한 자금을 지원하기 위해 사용되고 이와 같은 자금의 일부는 신규예금형태로 예금금융회사로 다시 돌아온다. 계속하여 적정한 필요지준을 공제한 후, 예금금융회사가 신규예금의 나머지 부분을 추가적인 대출을 창출하기 위해 사용할 수 있다. 이와 같은 과정은 예금금융회사가 인하된 지준율하에서 현재의 지준잔고를 보유하기에 충분할 만큼 신규예금이 증가하는 한 계속된다. 따라서 요구준비율의 인하는 예금금융회사의 예금공급과 통화공급에 승수적 효과를 발생시킨다.

이와 반대로 필요지준율의 인상은 예금금융회사가 대차대조표 상에 있는 거래계정(예금)에 대하여 더 많은 지급준비를 보유하여야 한다는 것을 의미한다. 따라서 예금금융회사는 이전보다 예금 중에서 더 적은 부분만을 대출할 수 있다. 이에 따라 신용가용성과 대출은 감소되고 궁극적으로 예금의 승수적 수축과 통화공급의 감소가 발생된다. 예금금융회사가 예금에 대한 최소필요기준을 보유하도록 요구하는 것은 중앙은행이 예금증가와 전반적인 거시적 통제목표대상인 (은행예금이 상당한 부분을 차지하고 있는) 통화공급에 대한 더 큰 통제력을 가질 수 있게 허용한다.

세금부과의 이유

예금금융회사의 유동자산에 대한 최소필요지준을 설정하는 다른 이유는 예금금융회사가 민간부문 금융청구권보다는 정부의 금융청구권에 투자하도록 하게 하려는 것이다. 즉 최소필요지준은 정부가 예금금융회사로부터 추가적인 세금을 징수하는 간접적인 방법이다. 이와 같은 지급준비는 공식적인 세금은 아니지만 예금금융회사로 하여금 (보상으로 지불되는 이자가 없는데[2]) 금고에 현금을 보유하게 하거나 또는 연방준비제도에 현금지급준비금을 예치하게 하는 것은 예금금융회사에게 자원을 연방준비제도로 이전할 것을 요구하는 것이다.[3] 사실 많은 중앙은행들의 수익은 법적으로 예금금융회사에 대하여 세금을 부과하는 것과 동일한 것으로 여겨지는 **필요지준세(reserve requirement tax)**의 크기에 의해 결정된

2) 규제당국은 현재 예금금융회사가 보유하는 이와 같은 지급준비잔고에 대하여 낮은 이자율을 지불할 수 있도록 하는 입법을 고려하고 있다.

3) 많은 은행들은 필요지준보유를 요구하는 요구불예금이 필요지준보유를 요구하지 않는 뮤추얼펀드로 하루의 영업종료시점에 자동적으로 이전되는 일소계좌를 제공한다. 이와 같은 일소계좌는 은행예금을 감소시키고 이에 따라 필요지준과 시재금 수요를 감소시킨다.

다. 인플레이션이 이와 같은 필요지준의 구매력을 침식시키면 비이자부필요지준 비용은 증가한다.

▶ **필요지준세(reserve requirement tax)**
중앙은행에 예치되어 있는 이자지불이 없는 지급준비를 보유하는 데 따른 비용. 이 비용은 인플레이션이 이와 같은 지준잔고의 구매력을 침식하면 더 증가된다.

개념질문

1. 왜 규제당국은 금융회사에 대하여 최소필요지준을 설정하는가?
2. 소비자물가지수(CPI)가 하락하고 있을 때 필요지준은 세금으로 간주될 수 있는가?

13.3 유동자산 포트폴리오의 구성

금융회사의 유동자산 포트폴리오의 구성, 특히 현금과 국채의 구성은 부분적으로 수익에 대한 고려와 부분적으로 연방준비제도가 부과하는 최소필요지준에 의해 결정된다. 영국과 같은 많은 국가들에서 지준율은 역사적으로 현금과 재무부 단기채권과 같은 유동성이 높은 국채 모두에 대하여 부과되었다.[4] 따라서 20%의 **유동자산비율(liquid assets ratio)**은 예금금융회사가 5달러의 예금마다 1달러의 현금과 국채를 보유할 것을 요구한다. 미국의 많은 주들은 생명보험회사가 대차대조표에 보유하여야 하는 최소 현금과 국채를 정하는 유동자산비율을 부과한다. 이와는 달리 미국의 은행에 적용되는 최소필요자준은 현금기준이다. 그 결과 국채는 예금금융회사가 보유하는 지급준비로 계산되지 않고 동시에 대출보다 더 낮은 수익률을 가지기 때문에 유용하지 않다. 그럼에도 불구하고 많은 은행들은 국채 보유가 유용한 2차지준 또는 **완충지준(buffer reserves)**의 기능을 수행하는 것으로 간주한다. 상당한 현금지준의 인출이 발생하는 유동성위기시에 국채는 시장의 거래가 활발한 특성 때문에 원금가치의 손실이 거의 없이 현금으로 신속하게 전환될 수 있다.

▶ **유동자산비율(liquid assets ratio)**
연방준비제도에 의하여 설정되는 총자산에 대한 유동자산의 최소비율.

▶ **완충지준(buffer reserves)**
신속하게 현금으로 전환될 수 있는 비지급준비 자산.

---

4) 영국은 은행에 대하여 더 이상 최소필요지준을 부과하지 않는다.

개념질문

1. 일반적으로 완충지준으로 3개월물 재무부 단기채권 또는 10년물 재무부 중기채권 중에서 어느 것을 보유하는 것이 더 좋은가?

13.4 유동자산의 수익/리스크 교환관계

유동자산의 보유를 최적화하는 데 있어서 금융회사는 즉각적인 현금확보의 이익을 보다 더 낮은 수익률과 교환하여야 한다. 이에 더하여 금융회사는 선택은 규제당국에 의하여 부과되는 유동자산 필요지준은 대차대조표 상에 유동지준자산의 최소한도를 설정한다는 점에서 *제약조건하에서의 최적화(constrained optimization)*이다. 따라서 유동성 인출의 리스크가 거의 없고 건전성 때문에 적은 규모의 유동자산만을 보유하고 있는 금융회사는 규제당국에 의해 부과되는 최소필요지준규제의 결과로 유동자산을 사적으로 최적인 상태보다 더 많이 보유하여야 한다.

미국 예금금융회사의 유동자산 지급준비 관리의 문제점

이 절에서는 유동성포지션과 유동성포지션에 대하여 부과되는 제약을 운용하는데 있어서 제기되는 수익/리스크 교환관계를 살펴보자. 특히 연방준비제도에 의하여 부과되는 현재의 최소필요지준하에서 이루어지는 미국 예금금융회사의 유동성관리에 관한 상세한 예를 살펴보자. 이와 같은 논의로부터 제시되는 많은 쟁점들과 수익/리스크 교환관계는 규제당국이 최소유동자산지준율을 부과하는 상황에서 인출리스크에 직면하는 모든 금융회사에게 일반적으로 적용될 수 있다.

유동자산 포트폴리오의 최적 관리에서 제기되는 쟁점들을 한 미국 예금금융회사의 지급준비 포지션을 책임지고 있는 재무부서 경영자가 직면하는 문제점들을 통하여 살펴보자. 미국 예금금융회사에 대한 규제의 관점에서 예금금융회사가 보유하고 있는 시재금(예금인출을 충족시키기 위해 사용되는 현금화폐와 동전)과 예금금융회사가 연방준비제도에 예치하고 있는 현금예금으로 정의되는 **현금지준(cash reserves)** 관리에 초점을 맞추어 논의하자.[5] 2006

5) 그러나 연방준비제도의 회원이 아닌 예금금융회사들, 즉 대부분의 소형은행들과 저축금융회사들은 코레스은행(correspondent bank)과 같은 인가금융회사를 통하여 간접적으로 지역연방준비은행에 지준잔고를 유지할 수 있다.

년 11월 현재, 1933년 증권법의 레귤레이션 D에 의해 미국의 예금금융회사들은 순거래계정에 대하여 다음과 같은 "목표" 최소현금지준("target" minimum cash reserves)을 보유하여야 한다.[6]

< 850만 달러	0%
850만 달러 – 4,580만 달러	3%
> 4,580만 달러	10%

거래계정(transaction accounts)은 계좌보유자가 양도 가능하거나 또는 이체 가능한 금융상품에 의하여 인출할 수 있고 매월 세 번 이상 제3자에게 지불할 목적으로 전화로 이체를 요청하거나 또는 선승인된 자금의 이체를 할 수 있는 모든 예금(예를 들면, 요구불예금, NOW예금, 신용조합에 의해 제공되는 주인출예금(share draft accounts))을 포함한다.[7] 거래계정잔고는 집계과정에서 미국 예금금융회사가 지불하여야 하는 요구불예금잔고와 현금항목만큼 감소된다.

목표지준을 계산하고 예금금융회사가 너무 많거나 너무 적은 지준을 보유하고 있는지를 결정하여야 하는 예금금융회사 지준관리자는 지준포지션을 관리하기 위해 2가지의 추가적인 정보가 필요하다. 첫째, 지준관리자는 어느 기간의 예금에 대하여 필요지준을 계산하여야 하는가? 둘째, 지준관리자는 어느 기간 동안 목표지준을 유지하여야 하는가?

미국의 지준관리시스템은 예금금융회사경영자가 필요지준목표를 계산하는 기간과 지준목표가 유지되거나 또는 달성되는 기간이 다르다는 사실 때문에 복잡하다. 이제 은행지준의 계산기간과 유지기간을 살펴보자.

▶ **현금지준(cash reserves)**
시재금과 연방준비제도에 예치하고 있는 예금의 합.

▶ **거래계정(transaction accounts)**
계좌보유자가 다수의 인출을 할 수 있도록 허용하는 예금.

■ 계산기간

지준관리의 목적을 위해 미국 예금금융회사의 지준관리자는 시간단위를 2주기간으로 나누어 생각하여야 한다. **지준계산기간(reserve computation period)**은 항상 화요일에 시작하여 14일 후의 월요일에 끝난다.

---

6) 1982년 Garn-St. Germain 예금금융회사법(Public Law 97-320)은 각 예금금융회사의 지급준비대상부채의 200만 달러까지 0% 필요지준율을 적용할 것을 요구한다. 매년 연방준비제도는 이와 같은 0% 필요지준율이 적용되는 금액을 6월 30일 현재 연간 기준으로 측정된 모든 예금금융회사들의 총지급준비대상 부채증가의 80%만큼으로 조정한다. 2006년에 이 수치는 850만 달러이었다.

7) 과거에 미국예금금융회사들은 (MMDA를 포함하는) 정기예금과 개인저축예금에 대하여도 지준을 보유하여야만 했다. 그러나 이와 같은 예금에 대한 지준율은 1991년 초에 3%에서 0%로 조정되었다.

▶ **지준계산기간(reserve computation period)**

필요지준이 계산되는 기간.

표 13-1 ABC은행의 순거래계정과 시재금 잔고 (100만 달러 기준)

	거래계정	(−)예금금융회사들에 지불해야 하는 요구불예금	(−)회수중인 현금항목	순거래계정	시재금
6월30일(화)	$ 1,850	$ 240	$ 140	$ 1,470	$ 30
7월 1일(수)	1,820	235	135	1,450	28
7월 2일(목)	1,770	250	120	1,400	24
7월 3일(금)	1,610	260	100	1,250	21
7월 4일(토)	1,610	260	100	1,250	21
7월 5일(일)	1,610	260	100	1,250	21
7월 6일(월)	1,655	250	125	1,280	24
7월 7일(화)	1,650	230	130	1,290	26
7월 8일(수)	1,690	240	130	1,320	25
7월 9일(목)	1,770	275	135	1,360	25
7월10일(금)	1,820	280	140	1,400	27
7월11일(토)	1,820	280	140	1,400	27
7월12일(일)	1,820	280	140	1,400	27
7월13일(월)	1,785	260	135	1,390	29
합계	$24,280	$3,600	$1,770	$18,910	$355
일일 평균 순거래계정				$ 1,350.7	$ 25.357

예제 13-1 일일 평균 최소필요지준의 계산

ABC은행의 지준관리자는 ABC은행의 최소 현금필요지준목표를 계산하기 원한다. 이 관리자는 6월 30일 화요일부터 7월 13일 월요일까지의 14일 기간 동안 매 영업일 종료시점에 은행의 순거래계정잔고를 알고 있다. 물론 현실에서 이 관리자는 2주기간의 종료시점에서만 이와 같은 예금포지션들을 확실히 안다. 〈표 13-1〉에 제시된 ABC은행의 실현된 순거래계정포지션을 살펴보라.

ABC은행이 유지하여야 하는 최소 일일 평균지준은 금요일의 잔고가 토요일과 일요일의 잔고로 처리되는 2주의 지준계산기간 동안 은행이 보유하는 일일 평균 순거래계정에 의해 계산된다. ABC은행이 일일 평균 순거래계정 13억 5,070만 달러에 대하여 보유하여야 하는 일일 평균 최소필요지준은 다음과 같이 계산된다.

일일 평균 순거래계정	×	지준율	=	일일 평균 필요지준
< 850만 달러		0%		0달러
850만 달러–4,580만 달러		3%		111만 9,000달러
4,580만 달러–1억 3,507만 달러		10%		1억 3,049만 달러
일일 평균 최소필요지준				1억 3,160만 9,000달러

〈예제 13-1〉에서 ABC은행이 14일 중 4일(2번의 토요일과 2번의 일요일) 동안 영업을 하지 않았음에도 불구하고 일일 평균 지준목표가 14일 기간의 일일 평균 순거래계정을 이용하여 계산되는 점에 주목하라. 실제로 금요일의 예금수치는 영업이 이루어지는 다른 요일과 달리 세 배로 계산된다. 이것은 예금이 금요일마다 더 낮게 되도록 하는 전략을 시행할 수 있는 금융회사 경영자는 평균적으로 필요지준을 더 낮출 수 있다는 것을 의미한다. 이와 같은 사실은 유동자산 필요지준 보유수준이 예상되거나 또는 예기치 않은 예금인출 때문에 발생하는 유동성 유출을 관리하기 위해 금융회사의 관점에서 최적인 수준보다 높다면 중요할 수 있다.

과거에 채택된 한 가지 전략은 예금금융회사가 금요일에 해외로 예금을 보내고 (예를 들면, 해외의 자회사로 예금이체) 다음 월요일에 보낸 예금을 다시 가져오는 것이었다. 이와 같은 금요일의 예금감소는 2주의 기간 동안 3/14만큼 계산되고, 월요일의 예금증가는 2주의 기간 동안의 1/14만큼 계산된다. 이와 같은 조치는 실제적으로 14일의 기간 동안 예금금융회사의 대차대조표에서 평균 요구불예금을 해외로 보내지는 금액에 2/14를 곱한 것만큼 감소시키고 이에 따라 예금금융회사가 보유하여야 하는 지준규모를 감소시킨다. 애널리스트들은 이것을 **주말게임(weekend game)**이라고 부른다.[8)]

두 번째 전략은 예금금융회사가 고객들에게 높은 지준율이 적용되는 요구불예금이 금요일에 고객의 계좌로부터 일소되어 이자율이 더 높은 저축계좌로 이전되는 "일소예금"(sweep account)을 제공하는 것이다. 월요일에 (또는 예금자가 자신의 당좌예금에 자금이 필요할 때) 이 자금은 다시 일소되어 원래 예금으로 되돌아온다. 이와 같은 전략의 실제적인 효과는 예금금융회사의 요구불예금 평균잔고를 감소시키고 이에 따라 연방준비제도에 예치하여야 하는 필요지준을 감소시키는 것이다.

주어진 예에서 1억 3,160만 9,000달러가 일일 평균 최소필요지준 목표라는 점에 주목하라. 예금금융회사는 예금인출리스크에 노출되어 있기 때문에 예금금융회사에게 사적으로 최적인 지준수준이 규제에 의하여 부과되는 최소지준수준을 초과하면 예금금융회사의 경영자는 최소필요지준 수준을 초과하는 초과현금지준을 보유할 수 있다. 이에 더하여 예금금융회사의 경영자는 예금인출이 예외적으로 많거나 또는 예금인출사태의 초기단계를 선제적으로 봉쇄하기 위해 현금으로 신속하게 전환될 수 있는 국채와 같은 형태로 완충지준을 보유할 수 있다.

▶**주말게임(weekend game)**
금요일의 예금잔고수치는 지준계산시 세 배로 계산되기 때문에 금요일마다 예금잔고를 감소시키는 것.

---

8) 사실 주말게임은 보고되는 예금수치를 실제수치보다 적게 감소시키기 위해 이루어지는 은행창구조작의 특별한 경우이다.

■유지기간

앞에서 ABC은행의 일일 평균 최소필요지준을 계산하였으나 ABC은행의 경영자가 이와 같은 1억 3,160만 9,000달러의 일일 평균 지준목표를 유지하여야 하는 정확한 기간이 결정되어야 한다. 지준은 시재금 또는 연방준비제도에 예치되는 예금으로 보유될 수 있다. 현재의 규제하에서 지준계산기간 동안 (주어진 예에서 6월 30일부터 7월 13일까지의 기간) 보유한 일일 평균 시재금은 연방준비제도에 보유하여야 하는 지준잔고를 결정하기 위해 예금금융회사의 필요지준에서 공제되어야 한다. 이에 더하여 지준계산기간의 시작시점과 **지준유지기간(reserve maintenance period)**(이 기간 동안에 연방준비제도에 예치된 예금은 필요지준목표를 충족시키거나 또는 초과하여야 한다)의 시작시점 간에 30일의 시차가 존재한다. ABC은행의 경우, 이와 같은 지준유지기간은 7월 30일부터 8월 12일까지이다([그림 13-1] 참조). 따라서 은행의 지준관리자는 지준유지기간 내내 확실하게 목표지준의 규모를 알고 있다. 그러나 지준관리자는 (지준잔고는 이자수익이 없기 때문에) 너무 많은 지준잔고를 보유하지 않고 연방준비제도에 지준목표를 달성할 수 있는 정도의 충분한 예금을 유지하여야 하는 과제를 가진다.

지준관리자는 시재금 부분은 〈표 13-1〉에 예시되어 있는 바와 같이 지준계산기간 동안 은행이 보유한 평균 시재금에 기초하여 결정되기 때문에 지준목표의 시재금 부분을 알고 있다. 7월 30일부터 8월 12일까지 14일간의 지준유지기간 동안 ABC은행이 연방준비제도에 예치한 일일 지준 예금잔고가 〈표 13-2〉에 세시되이 있다. 지준계산기간 동안 보유한 일일 평균 시재금잔고가 2,535만 7,000달러이기 때문에 연방준비제도에 예치하여야 하는 일일 평균 지준예금목표는 1억 625만 2,000달러(말하자면 2,535만 7,000달러+1억 625만 2,000달러=1억 3,160만 9,000달러)이다. 본질적으로 지준목표의 시재금 부분은 지준계산기간인 14일 동안 보유하는 시재금에 기초하여 계산되기 때문에 지준유지기간 동안 은행의 실제지준목표

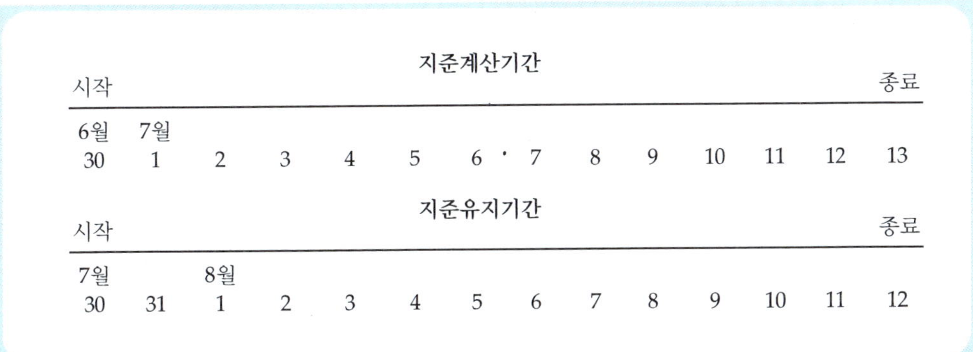

그림 13-1 지준계산기간과 지준유지기간

표 13-2 7월 30일-8월 12일의 지준유지기간 동안 ABC은행의 일일 지준포지션 (100만 달러 기준)

날 짜	연방준비제도에 예치된 예금
7월30일(목)	$ 98.050
7월 1일(금)	100.000
8월 1일(토)	100.000
8월 2일(일)	100.000
8월 3일(월)	98.004
8월 4일(화)	91.000
8월 5일(수)	102.050
8월 6일(목)	101.000
8월 7일(금)	99.000
8월 8일(토)	99.000
8월 9일(일)	99.000
8월10일(월)	107.050
8월11일(화)	154.000
8월12일(수)	139.374
합 계	$1,487.528
일일 평균	106.252

는 연방준비제도에 예치하는 지준포지션이다(이 경우 ABC은행은 14일간의 지준유지기간 동안 연방준비제도에 일일 평균 1억 625만 2,000달러의 지준예금을 보유하여야 한다).

▶**지준유지기간(reserve maintenance period)**
실제 지준이 필요지준 목표를 충족시키거나 또는 초과하여야 하는 기간.

앞에서 논의한 바와 같이 지준목표를 충족시키는 지준유지기간은 현재 지준계산기간의 시작시점으로부터 30일 후에 시작된다. 지준계산기간이 2주라는 것을 감안하면 지준유지기간은 지준계산기간의 종료시점 후 17일 동안 시작되지 않는다. 규제당국은 은행지준관리자가 필요지준 계산을 보다 쉽게 하고 평균 필요지준잔고에 관한 정보의 정확성을 증가시키기 위해 이와 같은 **시차지준회계시스템(lagged reserve accounting system)**을 도입하였다. 1998년 7월 이전에 규제당국은 지준목표를 충족시키는 2주의 지준유지기간이 지준계산기간의 시작시점 후 (현재의 30일 후가 아니라) 단지 2일 후에 시작되는 **동시지준회계시스템(contemporaneous reserve accounting system)**을 사용하였다. 이와 같은 동시지준회계시

9) 동시지준회계시스템은 예금금융회사가 지준보유의 기회비용이 일반적으로 가장 높은 지준유지기간의 마지막 수 일 동안 더 많은 지준을 보유하는 경향을 발생시켰다. 지준수요에 관한 불확실성과 적은 거래비용이 예금금융회사로 하여금 지준유지기간의 마지막 2일 동안 지준수요에 대한 가장 정확한 정보를 가질 때 더 많은 지준을 보유하도록 유도하였다.

스템에서는 필요지준이 확정되는데 2일의 기간만이 주어진다.[9] 앞의 예에서 동시지준회계 시스템의 지준유지기간은 지준계산기간이 6월 30일 화요일에 시작하여 7월 13일 월요일에 종료되는 경우 7월 2일부터 7월 15일까지이다.

▶**시차지준회계시스템(lagged reserve accounting system)**
지준계산기간과 지준유지기간이 중첩되지 않는 회계시스템.

▶**동시지준회계시스템(contemporaneous reserve accounting system)**
지준계산기간과 지준유지기간이 중첩되는 회계시스템.

목표지준의 언더슈팅/오버슈팅

■언더슈팅

지준유지기간의 종료시점(앞의 예에서는 8월 12일)에 예금금융회사가 규제당국이 요구하는 일일 최소필요지준을 언더슈트하면, 즉 필요지준(주어진 예에서 일일 평균 1억 3,160만 9,000달러)보다 적은 지준을 보유하면 어떤 일이 발생하는가? 연방준비제도는 예금금융회사가 벌과금 없이 4%의 일일 평균 필요지준 부족분을 보충하도록 허용한다. 따라서 만일 예금금융회사의 지준이 지준유지기간의 종료시점에 지준목표보다 4%, 즉 4%×1억 3,160만 9,000달러=526만 4,360달러 부족하면 예금금융회사는 8월 13일부터 8월 26일까지 다음 2주의 지준유지기간 내에 부족한 필요지준을 보충하여야 한다.[10]

예금금융회사가 주어진 2주의 기간 동안에 필요지준의 부족을 발생시키면 예금금융회사는 다음 2주의 기간 동안에 필요지준의 부족규모만큼 필요지준의 잉여를 보유하여야 한다. 만일 필요지준의 부족규모가 4%를 초과하면 예금금융회사는 연방준비제도로부터 명시적 벌과금과 묵시적 벌과금을 부과받는다. 명시적 벌과금으로 중앙은행의 재할인율+2%에 해당되는 벌과금성 이자율이 부과된다. 묵시적 벌과금으로 필요지준의 언더슈팅을 예금금융회사경영자의 불안전하고 불건전한 관행을 반영하는 것으로 간주하여 규제당국에 의한 보다 잦은 감시(monitoring), 검사(examinations), 감독(surveillance)이 이루어진다. 이와 같은 일은 예금금융회사가 지속적으로 지준목표를 언더슈트할 때 이루어질 가능성이 높다.

예금금융회사는 언더슈팅의 잠재적인 이익과 언더슈팅에 따른 명시적 비용과 묵시적 비용을 비교하여야 한다. 특히 사적으로 최적이거나 또는 건전한 예금금융회사의 지준포지션이 규제당국이 설정한 최소필요지준보다 적거나 또는 필요지준목표를 충족시키는 기회비용이 매우 높다면 지준목표를 언더슈트하는 것이 이익이 될 수 있다. 이자율과 대출수요

10) 이것은 14일 전체기간 동안에 허용되는 필요지준의 부족규모는 1억 3,160만 9,000달러×0.040×14=7,370만 1,000달러라는 것을 의미한다.

예제 13-2 지준목표의 언더슈팅과 오버슈팅

한 은행이 8월 10부터 8월 23일까지 9억 1,436만 달러의 일일 거래계정 평균잔고를 보유하고 있다. 이 기간 동안 현금계정의 일일 평균잔고는 3,221만 4,000달러이다. 은행은 직전지준기간으로부터 일일 평균 227만 6,000달러의 지준부족을 이월받고 있다. 9월 9일부터 9월 22일까지의 지준유지기간 동안 보유해야 하는 순필요지준을 계산하라. 은행이 연방준비제도에 예치하여야 하는 최소지준과 9월 23일부터 10월 6일까지의 다음 지준유지기간으로 이월될 수 있는 지준을 고려한 최대지준을 계산하라.

< 850만 달러 (지준율 0%)	$ 0 달러
850만 달러−4,580만 달러 (지준율 3%)	111만 9,000달러
4,580만 달러−9억 1,436만 달러 (지준율 10%)	8,685만 6,000달러
총필요지준	$ 8,797만 5,000달러
일일 평균시재금 (8월 10일−8월 23일)	3,221만 4,000달러
순필요지준	$ 5,576만 1,000달러
직전기간으로부터 이월된 일일 평균지준=$ 227만 6,000달러	227만 6,000달러
연방준비제도에 예치하여야 하는 지준	$ 5,803만 7,000달러
연방준비제도에 예치하여야 하는 최소지준 (−0.04×8,797만 5,000달러=351만 9,000달러)	$ 5,451만 8,000달러
연방준비제도에 예치하여야 하는 최대지준 (+0.04×8,797만 5,000달러=351만 9,000달러)	$ 6,155만 6,000달러

만일 현재 지준유지기간의 처음 12일 동안 보유한 일일 평균지준이 5,700만 달러(또는 처음 12일 동안 보유한 총누적지준이 12×5,700만 달러=6억 8,400만 달러)이면, (1) 필요지준을 정확하게 충족시키기 위해, (2) 최소지준을 충족시키기 위해, (3) 최대지준을 충족시키기 위해 나머지 2일 동안에 얼마만큼의 지준을 보유하여야 하는가?

1. **필요지준을 정확하게 충족시키기 위해:** 처음 12일 동안 은행은 5,803만 7,000달러×12=6억 9,644만 4,000달러의 총누적지준을 보유하여야 한다. 은행은 총누적지준기준으로 6억 9,644만 4,000달러−6억 8,400만 달러=1,244만 4,000달러의 지준부족상황에 처하게 된다. 따라서 나머지 2일 (9월 21일과 9월 22일) 동안 보유하여야 하는 누적필요지준은 5,803만 7,000달러+5,803만 7,000달러+1,244만 4,000달러=1억 2,851만 8,000달러이다.

2. **최소지준을 충족시키기 위해:** 처음 12일 동안 은행은 5,451만 8,000달러×12=6억 5,421만 6,000달러를 총누적지준을 보유하여야 한다. 은행은 총누적지준기준으로 6억 5,421만 6,000달러−6억 8,400만 달러=−2,978만 4,000달러의 지준잉여상황에 처하게 된다. 따라서 나머지 2일 (9월 21일과 9월 22일) 동안 보유하여야 하는 누적최소필요지준은 5,451만 8,000달러+5,451만 8,000달러−2,978만 4,000달러=7,925만 2,000달러이다.

3. **최대지준을 충족시키기 위해:** 처음 12일 동안 은행은 6,155만 6,000달러×12=7억 3,867만 2,000달러를 총누적지준으로 보유하여야 한다. 은행은 총누적지준기준으로 7억 3,867만 2,000달러−6억 8,400만 달러=5,467만 2,000달러의 지준부족상황에 처하게 된다. 따라서 나머지 2일 (9월 21일과 9월 22일) 동안 보유하여야 하는 누적최대필요지준은 6,155만 6,000달러+6,155만 6,000달러+5,467만 2,000달러=1억 7,778만 4,000달러이다.

따라서 나머지 2일 (9월 21일과 9월 22일) 동안 은행은 7,925만 2,000달러와 1억 7,778만 4,000달러 사이의 지준잔고를 유지하여야 한다.

가 매우 높아서 미래의 수익을 위한 대출포기의 비용이 매우 크다면 지준목표를 충족시키는 기회비용이 매우 높을 수 있다.

지준목표를 언더슈팅하고 있는 예금금융회사는 지준유지기간이 종료시점에 접근함에 따라 지준목표를 충족하기 위해 지준을 증가시키기 위한 2가지 방법을 가지고 있다. 예금금융회사는 (1) 자산을 청산하거나 (예를 들면, 재무부 단기채권과 같은 일부의 완충지준을 매각하거나) 또는 (2) 페더럴펀드시장 또는 환매조건부 채권시장과 같은 은행 간 지준시장에서 차입할 수 있다.[11] 예금금융회사경영자는 페더럴펀드 이자율이 유동자산을 매각하는 비용보다 낮다면 페더럴펀드를 차입할 것이다. 예금금융회사 경영자는 지준부족을 충족시키기 위해 비용이 가장 적게 드는 방법을 선택할 가능성이 높다. 그러나 예금금융회사 경영자는 지준부족에 대한 조정비용이 높고 사적으로 최적인 지준규모가 규제당국이 요구하는 최소필요지준규모보다 적다면 이와 같은 방법으로 전체 지준부족규모를 조달하는 것을 원하지 않을 수 있다.

이와 같은 비용에 대한 고려 때문에 일부 예금금융회사 경영자들은 일시적인 지준부족을 충족시키기 위한 필요한 자금을 차입하기 위해 연방준비제도의 재할인창구를 사용한다. 재할인율은 시장이 결정하는 것이 아니고 최대 일주일에 한 번 (일반적으로는 이것보다 훨씬 적은 빈도로) 조정된다. 재할인율은 일반적으로 페더럴펀드 이자율과 국채 이자율보다 낮기 때문에 지준유지기간이 종료됨에 따라 지준부족상태에 있는 예금금융회사에게 매우 매력적인 차입비용이 된다. 그러나 재할인창구대출은 수익기준보다는 필요기준에 의해, 즉 지급능력이 있으나 예금흐름의 계절성으로 야기된 예금인출 또는 갑작스러운 유동성위기에 직면하여 최종대부자의 역할이 필요한 예금금융회사에 의해서 사용된다. 2003년 1월에 연방준비제도는 차입비용을 증가시키나 차입조건을 완화시키는 방식으로 재할인창구 대출제도를 변화시켰다. 연방준비제도의 1차 신용제도(primary credit program)를 통하여 일반적으로 건전한 예금금융회사는 연방공개시장위원회(FOMC)의 페더럴펀드 목표이자율보다 높은 이자율로 초단기, 일반적으로 1일 기간의 재할인창구 대출을 사용할 수 있다. 연방준비제도의 1차 신용은 페더럴펀드의 매각 자금을 포함하여 어느 목적으로도 사용될 수 있다. 연방준비제도의 1차 신용기간은 적정한 조건으로 금융시장에서 일시적으로 자금을 조달할 수 없는 재무적으로 건전한 예금금융회사에 대하여 수 주일까지 연장될 수 있다. 재할인창구의 역할과 특히 경기침체기간 동안 자금조달원으로서 재할인창구의 사용제한에 관하여는 제14장에서 보다 상세하게 논의된다.

---

11) 은행은 페더럴펀드 시장과 환매조건부 채권시장에 직접 접근하는 경향이 있는 반면 저축금융회사는 연방가계대출은행들(Federal Home Loan banks)로부터의 차입에 접근하는 경향이 있다는 점을 제외하고 저축금융회사가 직면하는 교환관계는 본질적으로 은행이 직면하는 교환관계와 같다.

■오버슈팅

오버슈팅, 즉 최소필요지준보다 더 많은 현금지준을 보유하는 것의 비용은 예금금융회사가 예상되거나 또는 예기치 않은 예금인출을 충족시키기 위한 최적지준수준이 규제당국이 요구하는 최소필요지준수준보다 높은가 또는 낮은가에 따라 결정된다.

만일 최소필요지준이 예금금융회사가 최적이라고 여기는 지준수준보다 높다면 최적지준을 초과하는 필요지준부분의 처음 4%는 다음의 지준기간으로 이월될 수 있다. 연방준비제도는 최적지준을 초과하는 필요지준부분의 처음 4%를 다음 2주의 지준유지기간에 충족시키는 것을 허용한다. 다음 2주의 지준유지기간 중에 최적지준을 초과하는 필요지준부분의 처음 4%의 필요지준의 합은 이자를 벌지 못하기 때문에[12] 예금금융회사의 수익에 장애물이 된다. 예를 들면, 예금금융회사의 최우량고객에 대한 대출이자율이 12%이면, 예금금융회사와 예금금융회사의 주주들은 예금금융회사가 최적이라고 여겨지는 수준 이상으로 보유하는 필요지준 1달러당 12%의 기회비용을 지불하게 된다.

만일 예금금융회사가 규제당국이 요구하는 최소필요지준수준이 예상되거나 또는 예기치 않은 예금인출을 위해 최적인 지준수준보다 낮다고 인식하면 예금금융회사는 최소필요지준목표를 오버슈트한다. 이 경우 예금금융회사의 유동성포지션은 건전성기준으로 보면 적정한 수준에서 유지된다. 예금금융회사는 지준목표를 오버슈트하는 지준을 보유하기 위한 최소비용 금융수단을 고려하여야 한다.

따라서 일부 초과지준은 유동성이 높은 현금형태로 보유될 수 있는 반면 적어도 초과지준포지션의 일부는 현금만큼 유동성이 높으면서 이자를 벌 수 있는 단기증권 또는 재무부 단기채권과 같은 완충지준으로 보유될 수 있다. 현금과 재무부 단기채권의 비중은 대체로 수익률 스프레드에 의해 결정된다. 예를 들면, 대출이자율은 12%, 재무부 단기채권 이자율은 7%, 초과현금보유분의 이자율은 0%라고 하자. 현금 또는 재무부 단기채권으로 초과지준을 보유함에 따라 예금금융회사가 포기하는 수익의 기회비용은 다음과 같다.

$$\text{현금지준의 기회비용} = 12\% - 0\% = 12\%$$
$$\text{재무부 단기채권의 기회비용} = 12\% - 7\% = 5\%$$

따라서 재무부 단기채권은 현금보다 상당히 낮은 기회비용을 가지고 있다. 예금금융회사 경영자가 부채인출 또는 유동성부족을 충족시키기 위해 매각하여 현금으로 전환시킬 수 있는 용이성을 대가로 지불하고 재무부 단기채권 형태로 초과지준을 보유하는 경우 7%의 순기회비용이 절약된다. 〈표 13-3〉은 1990년 12월과 2006년 11월 사이에 미국 예금금융회사들

---

12) 앞에서 언급한 바와 같이 규제당국은 현재 예금금융회사들이 연방준비제도에 예치한 예금에 대하여 이자를 받을 수 있는 입법을 고려하고 있다.

표 13-3 미국 예금금융회사들의 지준과 초과지준 (100만 달러 기준)

	1990년 12월	1995년 12월	2000년 12월	2005년 12월	2006년 11월
총지준	$59,120	$56,452	$38,537	$45,312	$42,797
필요지준	57,456	55,162	37,110	43,403	41,099
초과지준	1,664	1,290	1,427	1,909	1,698

자료: Federal Reserve Board Web site, various dates. *www.federalreserve.gov*

이 보유한 초과지준을 보여 준다. 이와 같은 기회비용 때문에 초과지준은 항상 매우 낮은 수준으로 유지되었다. 2006년 11월에 초과지준은 필요지준의 3.97%이었다. 연방준비제도는 통화정책목표를 달성하는 것에 상응하는 금융 및 상황과 통화상황을 강화시킬 것으로 믿는 페더럴펀드 이자율을 설정하고 경제상황의 변화에 대응하여 페더럴펀드 목표이자율을 조정한다. 연방준비제도는 연방준비은행들에 예치되는 지준에 대한 수요와 공급에 영향을 미치는 방식으로 페더럴펀드 이자율에 대한 상당한 통제력을 행사한다. 페더럴펀드 이자율은 하룻동안에도 변화하지만 페더럴펀드 이자율을 가능한 한 페더럴펀드 이자율 목표에 가깝도록 유지시키는 것이 연방준비제도의 목표이다.

현금 이외의 유동자산 관리

제12장에서 금융회사가 미래기간 동안 금융회사의 유동자산 수요를 결정하기 위해 사용하는 모형들을 포함하여 유동성리스크를 측정하기 위해 사용하는 모형들을 논의하였다. 필요지준은 예금인출에 의한 유동성 수요를 충족시키기 위해 금융회사가 보유하여야 하는 최소 현금수준을 설정한다. 그러나 현금은 비수익자산이기 때문에 금융회사는 유동자산수요를 충족시키기 위해 가능한 한 최소의 현금을 보유하고자 한다. 기타의 유동자산들이 일반적으로 금융회사의 증권포트폴리오(예를 들면, 재무부 단기채권의 보유)에 포함되어 있다.

증권포트폴리오의 관리는 금융회사 유동성관리의 핵심 부분이다. 금융회사경영자는 저수익 유동자산과 고수익 비유동자산의 최적 조합을 결정해야 한다. 금융회사는 즉각적 유동성 수요에 대비하여(재무부 증권들과 같은) 예금에 대한 담보로 잡혀 있지 않은 단기 시장성 증권을 보유하고 유동성 수요가 예상보다 크면 모기지 증권과 기타 장기 증권을 매각할 수 있다. 유동성을 유지하기 위한 기타 방법으로는 증권화와 대출채권매각이 있다(제21장과 제22장 참조). 간략하게 설명하면, 금융회사는 유동성을 확보하기 위해 보험회사와 같은 장기투자자에게 대출채권 또는 증권화에 사용되는 대출채권을 매각할 수 있다. 이와 같은 대출채권매각은 새로운 대출수요 또는 예금인출에 필요한 자금으로 사용될 수 있는 유동성을 제공한다. 이에 더하여 금융회사는 대출채권매각을 통하여 대차대조표로부터 대출을 제거하고 예금자에게 지불하기 위해 대출채권매각으로부터 받은 자금을 사용할 수 있다(이 경우 금융회사의 규모는 축소된다). 이것은 금융회사의 예금을 감소시키고 그 결과로 앞에서 살펴본 바와 같이 규제세금으로 간주될 수 있는 필요지준을 감소시킨다. 대출채권매각으로 자산이 감소하게 되면 금융회사의 필요자본(제15장 참조)도 감소될 수 있다.

■칼날 관리 문제로서의 유동성관리

너무 많은 유동자산을 보유하는 것은 예금금융회사의 수익을 감소시키고 결과적으로 주주에게 피해를 주기 때문에 예금금융회사의 유동성수준 관리는 칼날과 같은 상황이다. 초과 유동자산을 보유하고 있는 예금금융회사 경영자는 오래 생존할 가능성이 없다. 이와 유사하게 지준목표을 과다하게 언더슈트하는 예금금융회사는 유동성 위기와 규제개입의 리스크가 증가하는 상황에 직면한다. 이와 같은 예금금융회사의 재직기간은 상대적으로 단기가 될 것이다.

개념질문

1. 예금금융회사의 지준관리자가 필요지준수준을 관리하기 위해 목표지준율에 더하여 어떤 다른 정보가 요구되는가?
2. 지준목표을 언더슈팅하는 예금금융회사가 지준목표를 충족시키기 위한 지준을 비축하기 위하여 지준관리자가 이용할 수 있는 방법들은 무엇인가?
3. 1998년 이후 미국 예금금융회사는 지준계산기간이 지준유지기간이 시작되기 17일 전에 종료되는 시차지준회계시스템하에서 영업한다. 예금금융회사의 지준관리자는 지준수준을 관리하는데 어떤 불확실성에 직면하는가? 설명하라.
4. 1990년과 2006년 11월의 기간 동안 미국의 예금금융회사들이 보유한 필요지준수준이 감소한 이유는 무엇인가?〈표 13-3 참조〉

13.5 부채관리

유동성관리와 부채관리는 밀접하게 관련되어 있다. 유동성리스크를 통제하기 위한 한 가지 방법은 필요한 유동자산 수준을 보유하는 것이다. 다른 방법은 부채인출을 충족시키기 위해 발생되는 대규모의 유동자산에 대한 수요를 감소시킬 수 있도록 예금금융회사의 부채구조를 관리하는 것이다. 그러나 투자자들이 예금금융회사를 신뢰하지 못하고 매입자금의 만기연장을 거절하면 매입자금의 과다사용이 유동성위기를 발생시킬 수 있다.

제11장에서 논의한 바와 같이 도매고객과 소매고객의 금융거래에서 기술의 발전과 효율성 및 신축성에 대한 수요 증가는 예금보유의 비용을 감소시켰고 금융회사가 유동성리스크를 관리하는 방식을 변화시켰다. (홈뱅킹과 같은) 기술지향적 서비스는 개인컴퓨터를 통하여 고객들의 예금계정과 중개계정을 연결시킨다. 또한 이와 같은 기술은 개인컴퓨터를 통한 전자증권거래와 청구서지불과 같은 기타 서비스들을 제공한다. 사전에 승인된 급여 부채는 현금을 금융회사의 예금계좌로 더 빠르고 더 예측 가능한 상태로 들어가게 한다. 마지막으로 21세기 수표청산법(Check Clearing for the 21 Century Act)은 금융회사가 예금고객에게 원래의 종이수표를 뒤돌려 보내는 대신에 사용된 수표의 복사본을 전자적으로 보낼 수 있도록 허용하고 있다. 이렇게 함으로써 금융회사의 수표처리시간과 관리비용은 크게 감소될 수 있다. 이와 같은 형태의 서비스들은 금융회사의 유동성 관리 방식을 변화시켰다.

자금조달리스크와 비용

불행하게도 저비용, 저인출리스크의 부채포트폴리오구조를 구축하는 것은 결코 쉽지 않다. 왜냐 하면, 인출리스크에 직면할 가능성이 가장 높은 예금금융회사의 부채 또는 자금조달원은 종종 예금금융회사에게 가장 저렴하기 때문이다. 즉 예금금융회사는 인출 가능성이 높은 반면 낮은 자금조달비용을 가지는 부채 조달의 이익을 높은 자금조달비용 및 낮은 유동성과 교환하여야 한다. 예를 들면, 요구불예금은 상대적으로 예금금융회사에게 있어서 자금조달비용이 낮은 수단이나 사전통보 없이 인출될 수 있다.[13] 이와는 대조적으로 5년만기 예금증서는 상대적으로 자금조달비용이 높을 수 있으나 예금자가 상당한 이자율 벌과금을 지불한 후에만 5년만기 이전에 인출될 수 있다.

따라서 대차대조표의 부채구조, 즉 자금조달구조를 구축하는데, 예금금융회사는 [그림 13-2]에 제시된 곡선에 따른 교환관계에 직면한다. 즉 자금조달비용은 일반적으로 부채가 예금금융회사에 머무를 가능성이 있는 시간 길이(즉 자금조달리스크(funding risk))와 역의 관계를 가진다.

앞에서 예금금융회사의 자금조달리스크를 논의하였지만 기타 금융회사들도 이와 유사한 교환관계에 직면한다. 예를 들면, 투자은행은 1일물 자금(환매조건부 채권과 중개예금) 또는 중기채권과 장기채권같은 장기자금조달원을 통하여 자금을 조달할 수 있다. 파이낸스회사(finance company)는 기업어음과 중기채권 또는 장기채권 간에 선택을 하여야 한다.

다음 절에서는 부채구조의 선택을 통하여 직접적으로 유동성리스크에 영향을 주고자 하

13) 예금자들은 항상 이와 같은 옵션을 행사하지 않는다. 따라서 일부 요구불예금은 장기 핵심예금과 같은 특성을 가진다.

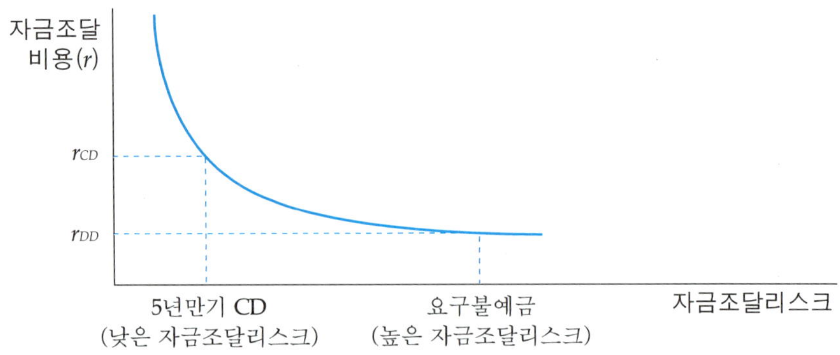

그림 13-2 자금조달리스크와 비용

는 예금금융회사가 이용할 수 있는 부채들을 살펴본다.

개념질문

1. 유동성관리와 부채관리는 어떻게 관련되어 있는가?
2. 대차대조표의 부채측면구조를 구축하는데 금융회사가 직면하는 교환관계를 설명하라.

13.6 부채구조의 선택

이 절에서는 오늘날의 예금금융회사가 이용할 수 있는 주요 부채들의 인출리스크(또는 자금조달리스크)와 자금조달비용 특성에 대하여 더 상세하게 살펴보자.

요구불예금

■ 인출리스크

예금금융회사가 발행하는 요구불예금은 인출리스크의 정도가 높다. 하룻동안의 현금인출과 같은 요구불예금 인출은 대체로 예금금융회사 경영자에 의해 예상될 수 있으나 경제 위기 상황(소위 예금인출사태) 기간에 발생하는 것과 같은 요구불예금 인출은 예상될 수 없다.

■비 용

미국에서 요구불예금은 법에 의해 1930년대 이후 명시적인 이자를 지불하지 않는다. 이것은 요구불예금이 예금금융회사에게 비용이 들지 않는 자금조달원이거나 또는 예금금융회사가 요구불예금계약과 관련된 인출리스크를 부분적으로 통제하기 위해 이용 가능한 가격 또는 이자장치가 없다는 것을 의미하지 않는다. 요구불예금에 대하여 0의 명시적인 이자율이 지불됨에도 불구하고 예금금융회사들과 기타 금융회사들(예를 들면, 머니마켓 뮤추얼펀드(MMMF)) 간의 경쟁은 요구불예금에 묵시적인 이자지불 또는 명시적인 이자지불이 이루어지게 만들었다. 특히 수표발행이 가능한 요구불예금을 제공하면서 예금금융회사는 수표책을 제공하는 것으로부터 수표의 청산, 청산수표 또는 수표이미지와 함께 은행거래명세서를 보내는 것에 이르기까지 일련의 관련 서비스들을 제공하여야 한다. 이와 같은 서비스들은 노동과 자본의 실물 자원을 필요로 하기 때문에 예금금융회사가 이와 같은 서비스들을 제공하는 데는 비용이 든다. 예금금융회사는 청산되는 수표당 10센트와 같은 수수료를 부과함으로써 이와 같은 비용의 일부를 회수할 수 있다. 이와 같은 수수료가 서비스들을 제공하는 예금금융회사의 비용을 완전히 감당하지 못하는 만큼 예금자는 일종의 보조금 또는 묵시적 이자지불을 받는다.

묵시적 이자지불은 특히 경쟁금융상품들의 이자율들이 상승할 때 예금금융회사 경영자가 예금인출을 완화시키기 위해 절대적으로 무력하지 않다는 것을 의미한다. 특히 예금금융회사는 수표청산 수수료를 낮출 수 있다. 이것은 예금자에 대한 묵시적 이자지불을 증가시킨다. 이와 같은 묵시적 이자지불은 경쟁금융상품들이 버는 이자와 같은 실제의 화폐로 지불되지 않는 지불형태 또는 보조금이다. 그럼에도 불구하고 묵시적 이자지불은 과세

예제 13-3 평균 묵시적 이자율의 계산

한 예금금융회사가 수표 한 장을 청산하기 위해 15센트를 지불하여야 하지만 청산되는 수표당 10센트만을 수수료로 부과한다고 하자. 고객은 수표당 5센트의 보조금을 받는다. 요구불예금을 위한 서비스의 묵시적 이자율, 즉 평균 묵시적 이자율을 계산할 수 있다. 예를 들어, 예금금융회사의 요구불예금에 대한 평균 묵시적 이자율은 다음과 같이 계산될 수 있다.

$$\text{평균 묵시적 이자율 (avearage implicit interest rate}(IIR)) = \frac{\text{예금금융회사의 연간 계좌당 평균관리비용} - \text{연간 계좌당 버는 평균수수료}}{\text{평균 연간 계좌 규모}}$$

예금금융회사의 연간 계좌당 평균관리비용은 150달러, 연간 계좌당 수취하는 평균수수료는 100달러, 평균 연간 계좌규모는 1,200달러라고 가정하자. 따라서

$$IIR = \frac{\$150 - \$100}{\$1,200} = 4.166\%$$

대상이 아니다. 그러나 명시적 이자지불은 과세대상이다. 마지막으로 예금금융회사는 연방준비제도에 반드시 보유하여야 하는 비이자부 필요지준형태로 요구불예금에 대하여 추가적 비용을 지불한다.

NOW예금

■인출리스크

1980년 이후 미국 은행들은 이자를 지불하고 필요할 때 인출할 수 있는 수표발행가능예금(checkable deposit)을 제공하고 있다. 이와 같은 예금은 **NOW예금(negotiable order of withdrawal account)**이라고 부른다.[14] 이와 같은 금융상품과 전통적인 요구불예금의 가장 중요한 차이는 이와 같은 금융상품은 예금자에게 최소예금잔고의 유지를 요구한다는 것이다. 만일 최소잔고가 500달러와 같은 어떤 수준 이하로 떨어지면, NOW예금은 공식적으로 요구불예금으로 전환되고 이자를 벌지 못한다. 명시적 이자지불과 최소잔고 요구조건이 NOW예금을 잠재적으로 요구불예금보다 인출리스크에 덜 민감하게 만든다. 그럼에도 불구하고 NOW예금은 예금자의 관점에서 여전히 유동성이 높은 금융상품이다.

▶**NOW예금(negotiable order of withdrawal account)**
요구불예금과 같으나 최소잔고를 가지며 최소잔고를 유지할 때 이자를 지불받는 예금.

■비 용

요구불예금과 마찬가지로 예금금융회사는 수표청산의 비용 전체를 부과하지 않는 묵시적 이자 또는 수수료 보조금을 지불함으로써 NOW예금의 잠재적 인출 가능성에 영향을 줄 수 있다. 예금금융회사는 예금자에게 지불하는 이자율에 영향을 주는 2가지 방법을 가지고 있다. 첫 번째 방법은 최소잔고를 변경하는 것이다. 만일 최소잔고가 500달러에서 250달러로 낮아지면 NOW예금의 많은 부분이 이자지불의 적용을 받고 이에 따라 NOW예금의 명시적 수익률과 매력은 증가한다.[15] 두 번째 방법은 5%에서 $5\frac{1}{4}$%로 명시적 이자지불 자체를 변경하는 것이다. 따라서 예금금융회사는 NOW예금의 매력을 증가시키거나 또는 감소시켜 결과적으로 NOW예금의 인출률에 영향을 미치는 3가지의 가격설정장치, 즉 묵시적 이자지불, 최소잔고, 명시적 이자지불을 가진다.[16), 17)]

14) NOW예금과 매우 유사한 특성을 가지나 보다 많은 최소잔고를 요구하는 Super-NOW예금도 존재한다.
15) 최소잔고에 대한 규제가 적용된다.

예제 13-4 총이자수익

주어진 연도의 처음 3개월 동안 월당 평균 250달러, 다음 3개월 동안 월당 500달러, 나머지 마지막 6개월 동안 월당 1,000달러를 NOW예금에 보유하고 있는 예금자를 생각해 보자. NOW예금은 최소잔고가 500달러 이상이면 연간 5%의 이자를 지불하고, NOW예금잔고가 500달러 미만으로 하락하면 이자지불이 없다. 예금자는 월당 평균 50장의 수표를 발행하고 은행은 수표 한 장을 청산하기 위해 15센트의 비용을 지불하여야 하지만 수표 한 장당 10센트의 서비스수수료를 지불한다. 이와 같은 NOW예금 보유자의 묵시적 이자와 명시적 이자를 합한 총이자수익은 다음과 같다.

총이자수익 = 명시적 이자+묵시적 이자
= \$500(0.05)(0.25)+\$1000(0.05)(0.5)+(\$0.15−\$0.10)(50)(12)
= \$6.25+\$25+\$30 = \$61.25

최소잔고가 500달러에서 250달러로 낮추어지고 수표 서비스수수료는 수표 한 장당 10센트에서 5센트로 인하된다고 하자. 이 경우의 총이자수익은 다음과 같다.

총이자수익 = \$250(0.05)(0.25)+\$500(0.05)(0.25)+\$1000(0.05)(0.5)+(\$0.15−\$0.05)(50)(12)
= \$3.125+\$6.25+\$25+\$60 = \$94.375

패스북저축

■인출리스크

패스북저축(passbook savings)은 두 가지 이유로 일반적으로 요구불예금과 NOW예금보다 유동성이 낮다. 첫째, 패스북저축은 수표발행이 가능하지 않고 일반적으로 인출을 위해서 예금금융회사에 직접 가야 한다. 둘째, 예금금융회사은 지불 또는 인출요구를 한 달 동안 지연시킬 수 있는 법적 권한을 가진다. 이러한 일은 거의 발생되지 않으며 예금금융회사는 정상적으로 즉각적인 현금지불로 인출요구를 충족시킨다. 그러나 예금금융회사는 중요한 인출리스크를 통제하는 지불지연의 법적 권한을 가진다.

---

16) 거래계정으로서 NOW예금도 예금보험료뿐만 아니라 요구불예금에 부과되는 것과 같은 지준율로 필요지준의 적용을 받는다. NOW예금의 이자율이 5%, 지준율(*R*)이 10%, 예금보험료가 27베이시스 포인트라고 하자. 묵시적 이자지불을 무시하면 예금금융회사에게 부과되는 NOW예금의 한계달러에 대한 유효비용은 다음과 같다.

유효비용=[r_{NOW} / (1−*R*)] + 예금보험료율 = [0.05 / 0.90] + 0.027 = 0.0583 또는 5.38%

17) 연구 결과에 의하면 고객들은 실제로 이와 같은 가격 변화를 어느 정도 용인한다. 미국의 동남부와 중서부 지역에 거주하는 500명 이상의 은행 고객을 대상으로 수행한 최근 시장연구는 예금자들은 예금비용의 변화에 반응하여 실제로 은행을 바꾸지 않는다는 점을 제시한다. 예를 들면, 가격 상승 후에 다른 은행으로 바꾸지 않는 이유들로 편리성, 서비스의 질, 은행종사자와의 관계를 지적하면서 당좌예금 고객들은 놀랍게도 거래은행을 유지하였다. CD를 위한 은행을 선택하는데 있어서 고객들은 이자율이 의사결정에 45%정도 영향을 미친다고 말했다. 그러나 만기 시점에 CD 고객들의 1/3만이 더 높은 이자율을 위해 다른 은행들을 살펴보았으며 고객들의 85%는 동일한 은행에서 만기를 연장하였다. V. Cvsa, A. M. Degeratu, and R. L. Ott-Wadhawan, "Bank Deposits Get Interesting," *The McKinsey Quarterly*, No.2 (2002), pp.1–5 참조.

■비 용

패스북저축은 수표발행이 가능하지 않기 때문에 묵시적 이자율은 적을 가능성이 있다. 따라서 예금금융회사가 지불하는 주요 비용은 패스북저축에 대한 명시적 이자지불이다. 최근에 예금금융회사는 NOW예금보다 패스북저축에 약간 더 높은 명시적 이자율을 지불하고 있다.

머니마켓예금(MMDA)

■인출리스크

예금금융회사는 전체적인 인출리스크, 특히 예금금융회사로부터 자금이 탈중개화되어 머니마켓 뮤추얼펀드(money market mutual funds; MMMFs)로 흘러가는 리스크를 통제하기 위해 Garn-St. Germain법하에서 1982년에 도입된 **머니마켓예금(money market deposit accounts; MMDA)**을 사용할 수 있다. Vanguard와 Fidelity같은 그룹에 의하여 제공되는 MMMF와 경쟁하기 위해 예금금융회사가 제공하는 머니마켓예금(MMDA)은 유동성이 높으나 요구불예금과 NOW예금만큼 높지 못하다. 미국에서 MMDA는 수표발행이 가능하나 월간 발행할 수 있는 수표의 수, 월간 선승인된 자동이체의 수, 각 수표의 최소거래금액 제한의 적용을 받는다. 예를 들어, 예금금융회사는 MMDA를 가진 고객에게 최대 6번의 선승인된 이체를 허용하지만 이 중에서 3번까지 각 이체금액은 최소 500달러일 수 있다. 이에 더하여 MMDA는 예금자에게 최소잔고 조건을 부과한다. 연방준비제도는 예금금융회사에게 MMDA에 대하여 지준을 보유하도록 요구하지 않는다. 이에 따라 예금금융회사는 일반적으로 NOW예금보다 MMDA에 더 높은 이자율을 지불한다.

▶ **머니마켓예금(MMDA)**
약간의 제한된 당좌예금 특성을 가진 소매저축예금.

■비 용

예금자에게 지불되는 명시적 이자는 MMDA의 주요 비용이다. 이것은 또한 예금금융회사가 인출리스크를 통제하기 위해 사용하는 가격장치이다. MMDA는 MMMF와 직접적으로 경쟁하고 있기 때문에 예금금융회사는 MMDA에 지불하는 이자율을 변경시킴으로써 MMDA의 순인출률에 영향을 줄 수 있다. 특히 MMMF가 직접적으로 지불하는 이자율은 포트폴리오 관리자가 투자하는 기업어음, 은행인수어음, 환매조건부 채권, 재무부 단기채권과 같은 기본적인 머니마켓 자산들의 이자율들을 반영하는 반면 예금금융회사가 MMDA에 지불하는 이자율은 머니마켓의 포트폴리오에 직접적으로 기초하지 않는다. 일반적으로 예금금융회사는 MMDA에 지불하는 이자율과 MMMF와 MMDA 간의 스프레드를 변경시키기 위한 상당한 재량을 가지고 있다. 이것이 직접적으로 MMDA의 인출률과 인출리스크에 영향을 줄 수 있다. MMDA 이자율이 MMMF 이자율보다 크게 낮아지면, MMDA의 순인출은 증가한다.

소매 정기예금과 CD

■인출리스크

정기예금과 소매예금증서(CD)는 계약의 구조상 발행자의 인출리스크를 감소시킨다. **소매예금증서(retail CD)**는 10만 달러 이하의 액면가격을 가지는 고정만기증권이다. 소매정기예금은 조기인출에 대한 벌과금을 부과한다. CD의 금액, 만기, 이자율은 협의될 수 있지만 대부분의 예금금융회사는 표준적인 소매 CD를 발행한다. 조기인출요청이 없는 경우 예금금융회사는 이자와 원금지불이 계약으로 정해지기 때문에 이와 같은 예금청구권을 보유하고 있는 예금자에 대한 이자와 원금지불의 정확한 스케쥴을 알고 있다. 이와 같이 예금금융회사경영자는 정기예금과 CD의 만기를 변경함으로써 자금의 유입과 유출을 직접 통제할 수 있다. 일반적으로 예금금융회사는 2주부터 8년에 이르는 만기를 가진 정기예금과 CD를 제공한다.

예금자가 정기예금 또는 CD 계약의 만기 이전에 인출하기를 원할 때 규제에 의해 예금금융회사는 인출하는 예금자에게 예금 만기에 따라 결정되는 이자손실과 같은 벌과금을 부과할 권한을 가진다. 이것이 인출에 따른 거래비용을 부과하지만 예금자가 예외적인 유동성 수요를 가질 때 인출을 막을 가능성은 없다. 또한 이자 벌과금과 10만 달러까지의 예금보험보장이 있음에도 불구하고 예금자가 예금금융회사가 지급불능상태라고 인지하면 인출은 증가할 수 있다. 그럼에도 불구하고 정상적인 상황에서 이와 같은 금융상품들은 요구불예금과 NOW예금과 같은 거래계정들과 비교하여 상대적으로 낮은 인출리스크를 가지며 인출/유동성리스크를 통제하기 위한 중요한 부채관리수단으로 사용될 수 있다.

▶**소매예금증서(retail CD)**
10만 달러 이하의 액면가격을 가지는 정기예금.

■비 용

소매 정기예금과 CD의 주요 비용은 패스북저축과 유사하게 명시적 이자지불이다. 단기 CD는 종종 재무부 단기채권과 경쟁하고, 단기 CD의 이자율은 재무부 단기채권 이자율을 고려하여 설정된다. 재무부 단기채권 투자자는 이자 소득에 대하여 주세와 지방세를 지불하지 않는 반면 CD를 사는 예금자는 이자 지불에 대하여 주세와 지방세의 적용을 받는다.[18] 마지막으로 정기예금과 CD는 현재 은행에게 중앙은행에 예치하는 비이자부지준의 보유를요구하지 않는다.

도매 CD

■ 인출리스크

도매 CD(wholesale CD)는 예금금융회사와 결제하는 대신 유통시장에서 매각함으로써 예금자에게 포지션을 청산할 수 있게 허용하는 계약장치로서 1960년대 초에 은행에 의하여 창안되었다. 따라서 예금자는 예금금융회사에게 불리한 유동성리스크노출을 발생시키지 않고 상대적으로 유동성이 높은 금융상품을 매각할 수 있다. 따라서 도매 CD의 독특한 특성은 도매 CD가 10만 달러 이상 거액의 최소금액으로 발행된다는 데서 비롯된 것이 아니라 **양도가능증권(negotiable instruments)**이라는 사실에서 비롯된 것이다. 즉 도매 CD는 유통시장에서 다른 투자자에게 권리증서양도에 의해서 재판매될 수 있다. 예를 들어, IBM이 Citibank로부터 100만 달러의 3개월만기 CD를 매입했으나 1개월 후에 예기치 않은 유동성 수요 때문에 자금이 필요하다면 IBM은 유통시장에서 다른 투자자에게 이 CD를 매도할 수 있다. 이것은 조기자금인출 요구와 같은 형태로 Citibank에게 어떤 의무도 부과하지 않는다. 따라서 예금자는 예금금융회사에게 불리한 인출리스크를 발생시키지 않고 상대적으로 유동성이 높은 증권을 매도할 수 있다. 상당한 크기의 인출리스크는 도매 CD가 만기시에 예금청구권의 보유자에 의하여 만기연장되어 재투자되지 않을 때 발생된다.[19]

▶ **도매 CD(wholesale CD)**
10만 달러 이상의 액면가격을 가진 정기예금.

---

18) r_{TB} = 재무부 단기채권의 이자율, r_{CD} = CD의 이자율, T_L = 지방소득세율이라고 하자.

$$r_{TB} = r_{CD}(1 - T_L)$$

일 때, 한계투자자는 재무부 단기채권과 부보된 은행 CD 간에 무차별하다. 평균지방소득세율이 8%라고 하자. 만일 재무부 단기채권의 이자율이 3%이면 부보된 은행 CD는

$$r_{CD} = r_{TB}/(1-T_L) = 3.00\% / (1-0.08) = 3.26\%$$

를 지불하여야 한다.

19) 달러표시 도매 CD는 미국 이외의 국가들에서도 제공된다. 이와 같은 CD는 유로달러 CD라고 부른다. 유로달러 CD는 국내시장과 유로시장 간의 CD에 대한 수요와 공급 차이와 국내은행지점(뉴욕의 시티은행)이 아닌 해외지점(런던의 시티은행)으로부터 CD를 사는 예금자들의 신용리스크 차이 때문에 국내 CD와는 약간 다른 이자율로 판매될 수 있다. 대마불사의 정책은 국내은행지점에만 적용되는 보증이기 때문에 해외 CD에 대하여 보다 더 높은 리스크프리미엄이 요구될 수 있다. 1991년에 미국 의회에서 통과된 FDICIA는 FDIC가 도산한 미국 은행들의 해외예금자들을 구제하는 능력을 엄격하게 제한하였다.

▶**양도가능증권(negotiable instruments)**
소유권이 유통시장에서 양도될 수 있는 증권.

■비 용

예금금융회사가 도매 CD에 지불하는 이자율은 도매 머니마켓 이자율, 특히 기업어음과 재무부 단기채권의 이자율과 경쟁한다. 이와 같은 이자율의 경쟁 특성은 머니마켓 뮤추얼 펀드 매니저같은 도매 CD 투자자의 전문성과 도매 CD는 명시적인 예금보험보장의 대상이 아니라는 사실에 의해 강화된다. 도매 CD에 투자되는 처음의 10만 달러만이 예금보험의 대상이다. 도매 CD는 대마불사의 대상으로 여겨지는 대형 예금금융회사에 의해 제공되기 때문에 도매 CD에 대하여 요구되는 신용리스크프리미엄은 비은행민간부문에 의하여 발행되는 유사한 질적 특성을 가진 증권(예를 들면, 기업어음)에 대하여 요구되는 신용리스크프리미엄보다 낮다. 이에 더하여 도매 CD에 요구되는 이자율은 유통시장에서 CD 거래의 용이성에 대한 투자자의 인식을 반영한다. 최근 CD 유통시장의 유동성은 딜러들이 퇴출함에 따라 감소한 것으로 보인다. 이것이 이와 같은 증권들을 발행하는 예금금융회사의 비용을 증가시켰다.[20]

페더럴펀드

■인출리스크

지금까지 살펴본 부채들은 모두 예금부채이고 현금과 교환되는 대가로 예금금융회사에 의해 발행되는 예금계약이다. 그러나 예금금융회사는 자산을 획득하기 위해 필요한 자금을 예금부채를 발행하여 조달할 수 있을 뿐만 아니라 다양한 자금매입시장에서 차입할 수 있다. 이와 같은 자금매입으로부터 창출되는 자금은 예금이 아니라 차입자금이기 때문에 (요구불예금과 NOW예금에 적용되는) 필요지준과 (앞에서 살펴본 모든 국내예금들에 적용되는) FDIC에 대한 예금보험료 지불의 적용을 받지 않는다.[21] 매입자금을 위한 최대 시장은 페더럴펀

---

20) 이에 더하여 예금금융회사는 지금까지 살펴본(유로CD를 제외한) 모든 부채금융상품들에 대하여 인지되는 리스크에 따라 FDIC 보험료를 지불하여야 한다(제14장 참조). 예를 들면, 예금자가 지방소득세율이 8%인 경우 3% 이자율을 가진 재무부 단기채권과 무차별한 3.26% 이자율을 가진 CD를 발행하는 한 은행을 생각해 보라. 예금보험료가 0.27bp라고 가정하면 은행의 CD 발행비용은 3.26%가 아니라

$$\text{유효 CD 발행비용} = 3.26\% + \text{예금보험료} = 3.26\% + 0.27\% = 3.53\%$$

이다. 따라서 예금보험료가 예금의 비용에 추가된다. 그러나 2006년까지 예금보험료는 FDIC에 의해 대부분의 예금금융회사에 대하여 0으로 설정되었으며 매우 위험스러운 예금금융회사만 예금보험료로 27bp를 지불하도록 되어 있었다.

21) 해외예금은 예금보험료의 적용을 받지 않는다. 그러나 모든 예금들이 보호되는 대규모 파산의 예외적인 경우에 1991년의 FDICIA 하에서 FDIC는 생존한 대형 예금금융회사들에게 총자산규모에 비례하는 부과금을 징수할 수 있다. 이것이 해외예금에 대한 묵시적 보험료이다.

드 시장이다. 초과지준을 가지고 있는 예금금융회사는 이와 같은 초과지준의 일부를 재무부 단기채권과 단기증권과 같은 이자부 유동자산에 투자할 수 있을 뿐만 아니라 초과지준을 단기자금조달을 원하는 다른 예금금융회사들에게 단기간 동안 대출해 줄 수도 있다. 초과지준이 대출되는 은행 간 시장은 페더럴펀드 시장이라고 부른다. 미국에서 **페더럴펀드(federal funds)**는 한 예금금융회사가 다른 예금금융회사에게 제공하는 단기무담보대출이다. 이와 같은 거래의 90% 이상은 1일만기를 가진다. 자금을 매입하는 예금금융회사는 대차대조표 상에 페더럴펀드를 부채로 나타내는 반면 자금을 대출하는 예금금융회사는 페더럴펀드를 자산으로 나타낸다.

예금금융회사가 차입하는 페더럴펀드는 각 영업일의 종료시점에 결제리스크를 가지고 있지만 각 영업일 내에 인출될 수 있는 리스크를 가지고 있지 않다(제11장 참조). 그러나 차입예금금융회사가 재차입을 원할 때 다음 날 대출은행에 의해 페더럴펀드가 재대출되지 않을 약간의 리스크가 존재한다. 실제로 이와 같은 일이 1984년 Continental Illinois의 파산과 같은 극단적인 위기기간에 발생하였다. 그럼에도 불구하고 페더럴펀드는 무담보대출이기 때문에 페더럴펀드를 대출하는 예금금융회사들은 일반적으로 차입하는 예금금융회사들에게 최대 쌍방간 대출한도 또는 신용한도를 부과한다. 이것은 부채관리전략이지만 페더럴펀드 차입포지션을 매우 급속하게 확대시킬 수 있는 능력을 제한할 수 있다.

▶**페더럴펀드(federal funds)**
한 예금금융회사가 다른 예금금융회사에게 제공하는 단기무담보대출.

■비 용

예금금융회사에 있어서 페더럴펀드의 비용은 페더럴펀드 이자율이다. 페더럴펀드 이자율은 페더럴펀드시장에서 거래하는 예금금융회사들(대부분이 은행들)에 의해서 결정된다. 1998년 7월에 시차지준회계시스템이 도입된 후에 페더럴펀드 이자율의 변동성은 감소하였지만 일중과 일간에 상당히 변동할 수 있다.

환매조건부채권

■인출리스크

환매조건부채권(repurchase agreements) (RPs 또는 repos)은 담보부 페더럴펀드 거래로 간주될 수 있다. 페더럴펀드 거래에서 초과지준을 가진 예금금융회사는 매입하는 예금금융회사에게 페더럴펀드를 1일 동안 대출해 준다. 다음 날 매입하는 예금금융회사는 페더럴펀드와 페더럴펀드 이자율을 반영하는 1일 이자를 상환한다. 매입하는 예금금융회사가 다음 날 페더럴펀드를 상환하지 못할 경우 매도하는 예금금융회사는 신용리스크에 노출될 수 있기 때문에 페더럴펀드 매도자는 페더럴펀드의 1일 대출에 대하여 담보지원을 요구할 수 있다. RP거래에서 페더럴펀드를 매도하는 예금금융회사는 페더럴펀드를 매입하는 예금금융회사로부터 국채를 담보로 받는다. 즉 페더럴펀드를 매입하는 예금금융회사는 일시적으로 현금와 국채를 교환한다.[22] 다음 날 이와 같은 거래는 반대방향으로 이루어진다. 페더럴펀드를 매입하는 예금금융회사는 차입한 페더럴펀드와 이자(RP이자율)를 돌려 보내고 그 대가로 거래에서 담보로 사용된 국채를 다시 받는다.

페더럴펀드 시장과 마찬가지로 RP시장은 부채를 증가시켜 예금인출을 상쇄시킬 필요가 있는 예금금융회사에게 매우 유동성이 높고 신축적인 자금의 조달원이다. 더욱이 페더럴펀드와 마찬가지로 RP거래는 매일 만기연장될 수 있다. 페더럴펀드와 RP의 부채관리 신축성 차이는 페더럴펀드 거래는 Fedwire가 오픈되어 있는 영업일의 어느 시점에서도 이루어질 수 있다는 점이다(제11장 참조).[23] 일반적으로 페더럴펀드를 매도하는 예금금융회사는 페더럴펀드를 차입하는 예금금융회사가 제시하는 담보증권의 형태와 질에 대하여 만족하여야 하기 때문에 영업일 중 늦게 RP차입거래를 하는 것은 어렵다. 이와 같은 담보는 일반적으로 재무부 단기채권, 재무부 중기채권, 재무부 장기채권, 모기지담보부증권이지만 만기, 상환청구가능성, 쿠폰이자율과 같은 증권의 특성들이 페더럴펀드 매도자에게 매력적이지 않을 수 있다. 담보패키지에 대한 협상이 RP거래를 지연시킬 수 있고 단순한 무담보 페더럴펀드 대출보다 RP거래의 성사를 어렵게 할 수 있다.

▶**환매조건부채권(repurchase agreements)**
거래의 한 당사자(예를 들면, 예금금융회사)가 거래의 다른 당사자에게 미래의 정해진 일자와 가격에 (페더럴펀드로) 증권을 재매입한다는 약속하에서 (페더럴펀드를 차입하기 위해) 매각되는 증권.

■비 용

담보가 제공되기 때문에 RP이자율은 일반적으로 페더럴펀드 이자율보다 낮다. 또한 RP이자율은 일반적으로 페더럴펀드 이자율보다 일중에 적게 변동한다. 이것은 부분적으로 페더럴펀드 거래와 비교하여 상대적으로 RP거래의 일중 신축성이 더 적기 때문이다.

기타 차입방법

페더럴펀드와 RP는 차입자금의 주요 원천이지만 예금금융회사는 부채관리 신축성을 보충하기 위해 일련의 다른 차입방법을 사용한다. 이와 같은 다른 차입방법들을 간략히 살펴보자.

22) 재무부 증권들은 회계장부 기입형태를 가지기 때문에 소유권을 나타내는 권리증서가 현금이체와 유사하게 증권 Fedwire를 통하여 이체된다.

23) 정상적으로 Fedwire는 미국동부표준시간(EST) 오후 6시 30분에 폐쇄된다.

■은행인수어음

은행들은 부외거래 신용장을 부내거래 은행인수어음(BAs)으로 전환한다(제8장 참조). 이에 더하여 은행인수어음은 머니마켓 투자자에게 재매각될 수 있다. 따라서 예금금융회사는 유통시장에서 은행인수어음을 매각하여 자금을 조달할 수 있다.

■기업어음

기업어음(commercial paper; CP)은 단기자금을 조달하기 위해 기업이 발행하는 무담보 단기약속어음이다. 기업어음은 최대의 잔고를 가진 머니마켓 금융상품이다. 2006년에 기업어음의 잔고는 19억 달러였다. 이와 같이 기업어음의 잔고가 대규모인 이유는 신용등급이 높은 기업은 일반적으로 상업은행들과 같은 자금조달원으로부터 직접 차입하는 것보다 기업어음을 발행함으로써 더 낮은 이자율로 자금을 차입할 수 있기 때문이다. 기업어음에 부과되는 이자율이 더 낮은 것은 은행의 대출이자율에는 자금비용에 추가하여 지급준비와 기타 규제에 의해 은행에게 부과되는 비용이 반영되어야 하기 때문이다. 이와는 대조적으로 기업어음은 자본시장에서 직접 발행되는 증권이다. 기업어음은 일반적으로 270일 미만의 만기를 가진다. 기업어음 유통시장은 재무부 단기채권의 유통시장과 비교하여 다소 제한되어 있기 때문에 대부분의 기업어음은 만기까지 보유된다.[24] 그러나 머니마켓 뮤추얼펀드의 성장은 결과적으로 더 높은 유동성을 가지는 기업어음시장을 만들어 내었다.

예금금융회사 자회사는 기업어음을 발행할 수 없지만 예금금융회사의 모지주회사는 기업어음을 발행할 수 있다. 즉 Citigroup은 기업어음을 발행할 수 있으나 Citibank는 기업어음을 발행할 수 없다. 기업어음은 지주회사가 소유하고 있는 예금금융회사들(미국의 대형은행들 대부분)의 추가적인 자금조달원이다. 특히 예금금융회사 자회사의 자금조달이 어려울 경우 예금금융회사 자회사는 모지주회사의 기업어음발행으로 조달되는 자금을 활용할 수 있다. 사실 Citigroup은 미국에서 최대 기업어음 발행자 중 하나이다. 예금금융회사 자회사에게 전달되는 자금은 필요지준의 적용을 받는다는 점을 주목하라. 이것이 정상적인 자금조달원으로서 이와 같은 방법의 매력을 감소시킨다.

■중기 어음

인출리스크가 낮은 더 안정적인 자금조달원을 찾는 많은 예금금융회사들은 5년에서 7년의 만기를 가지는 중기어음을 발행하기 시작했다. 이와 같은 중기 어음은 필요지준과 예금보험료의 적용을 받지 않기 때문에 더욱 매력적이다.

---

24) 일반적으로 투자자는 기업을 대신하여 기업어음을 발행한 딜러금융회사/인수금융회사에게만 기업어음을 매도할 수 있다.

■ 재할인창구 대출

앞에서 논의한 바와 같이 일시적인 유동성 경색에 직면한 예금금융회사들은 재할인율로 중앙은행의 재할인창구로부터 차입할 수 있다. 재할인창구 대출에 대한 논의는 제14장에서 상세하게 이루어진다.

개념질문

1. 예금금융회사 경영자가 이용할 수 있는 주요 부채의 인출리스크와 자금조달비용 특성을 기술하라.
2. 페더럴펀드는 필요지준과 예금보험료의 적용을 받지 않는 반면 거래계정은 필요지준과 예금보험료의 적용을 받는 데도 불구하고, 왜 예금금융회사는 페더럴펀드를 통해서 모든 자산매입을 위한 자금을 조달해서는 안 되는가?
3. 페더럴펀드와 환매조건부 채권의 중요한 차이점은 무엇인가?

13.7 미국 예금금융회사들의 유동성과 부채구조

미국 은행들의 대차대조표를 살펴봄으로써 앞에서의 논의를 요약해 보자. 〈표 13-4〉는 1960년과 2006년 9월 현재 예금보험가입 미국 은행들의 유동자산과 비유동자산 구성을 보여 준다. 1961년은 시티은행이 도매 CD를 창안하면서 은행들이 처음으로 적극적인 부채관리를 시작하였던 해였기 때문에 1960년이 벤치마크 연도로 사용되었다.

분명히 비유동자산에 대한 유동자산의 비율은 1960년 이후 하락하였다. 부보은행들의 대차대조표 상의 총자산에서 현금과 정부 및 정부기관증권이 차지하는 비율은 1960년에 44%이었으나 2006년에 15.59%로 하락하였다. 그러나 지난 30년 동안 은행대출 자체의 유동성이 크게 증가하였기 때문에 은행자산의 유동성이 단순히 하락하였다고 주장하기 어렵다. 제21장과 제22장에서 논의하는 바와 같이 예금금융회사의 대출은 점차 증권화되고 있으며 유통시장에서 판매되고 있다. 이것이 근본적으로 은행대출 포트폴리오의 유동성을 변화시켰고 은행대출을 과거보다 증권에 더 유사하게 만들었다. 대출포트폴리오가 더 유동적이 될수록 예기치 않은 부채인출에 대한 완충지준으로서 현금 및 전통적인 유동자산에 대한 수요는 더 감소한다.

〈표 13-4〉에서 보는 바와 같이 2006년에 유동자산보유비율은 소형은행(18.93%)이 대형은행(15.11%)보다 더 높다. 이와 같은 차이가 발생하는 주요 이유는 대형은행이 상대적으로

표 13-4 예금보험가입 상업은행들의 유동자산과 비유동자산, 1960년과 2006년* (퍼센트 기준)

자산	1960	2006		
		모든 은행	대형은행**	소형은행**
현금	20%	4.14%	4.19%	3.78%
정부 및 정부기관 증권	24	11.45	10.92	15.15
기타 증권[a)]	8	16.99	18.27	8.00
대출[b)]	46	58.21	56.88	67.60
기타 자산	2	9.21	9.74	5.47
	100%	100%	100%	100%

자료: Federal Deposit Insurance Corporation Web site. *www.fdic.gov*
*2006년 9월 현재
**대형은행은 총자산이 10억 달러를 초과하는 484개 은행, 소형은행은 총자산이 10억 달러 이하인 6,996개 은행
a) 기타 증권 = 주정부와 지방정부증권, 모기지담보부증권, 기타 증권
b) 대출 = C&I, 모기지, 소비자, 기타 대출

소형은행보다 매입자금과 자본시장에 보다 더 쉽게 접근할 수 있기 때문이다.

〈표 13-5〉는 1960년과 2006년 9월 현재 미국 은행들의 부채구성을 보여 준다. 〈표 13-5〉의 가장 두드러진 특성은 자금원이 거래계정(요구불예금과 NOW예금), 소매저축예금, 정기저축예금과 같은 상대적으로 높은 인출리스크를 가진 자금조달원으로부터 은행들이 공급에 대하여 상당히 큰 잠재적 통제력을 가지고 있는 부채관리계정과 같은 금융상품으로 이동한 것이다. 특히 거래계정과 소매 CD와 정기예금의 비중은 1960년에 90%에서 2006년 9월에 44.97%로 하락하였다. 이와 대조적으로 도매 CD와 정기예금과 차입자금(페더럴펀드, RP, 기타 차입자금의 합)의 비중은 1960년에 2%에서 2006년 9월에 44.91%로 증가하였다. 이

표 13-5 예금보험가입 상업은행들의 부채구조, 1960년과 2006년* (퍼센트 기준)

부채	1960	2006		
		모든 은행	대형은행**	소형은행**
거래계정	61%	7.59%	6.07%	18.27%
소매 CD와 정기예금	29	37.38	36.06	46.00
도매 CD와 정기예금	0	21.47	22.22	16.53
차입과 기타 부채	2	23.44	25.57	8.23
은행자본	8	10.12	10.08	10.37
	100%	100%	100%	100%

자료: Federal Deposit Insurance Corporation Web site. *www.fdic.gov*
*2006년 9월 현재
**대형은행은 총자산이 10억 달러를 초과하는 은행, 소형은행은 총자산이 10억 달러 이하인 은행

기간 동안 은행들과 기타 금융회사들 간의 경쟁증가가 〈표 13-5〉에 제시된 부채구성의 변화를 발생시킨 원인이다. 예금금융회사들은 인출리스크를 감소시키기 위해 의도적으로 부채를 관리하였다. [그림 13-2]에 제시되어 있는 바와 같이 인출리스크와 자금조달비용 간에 교환관계가 존재한다. 차입자금과 도매자금에 더 의존함으로써 인출리스크를 감소시키고자 하는 예금금융회사들의 시도는 이자지출을 증가시켰다.

2006년에 소형은행은 인출리스크가 높은 자금(거래계정과 소매 CD와 정기예금의 합)을 대형은행보다 더 많이 사용하였다. 소형은행은 유동자산관리와 유사하게 구매자금과 자본시장에 접근하는데 대형은행과 비교하여 상대적으로 어려움을 겪기 때문에 대차대조표 상에 인출리스크가 높은 예금 부채를 더 많이 보유하여야 한다.

마지막으로 차입자금에 대한 너무 지나친 의존은 그 자체로 리스크가 높은 전략일 수 있다. 차입자금시장에서 금융회사들이 예금금융회사를 신뢰하면 인출리스크는 감소될 수 있으나 예금금융회사가 위험스럽다고 인식되면 페더럴펀드와 RP대출의 만기연장과 도매 CD와 기타 차입자금의 만기연장이 갑자기 이루어지지 못할 수 있다. 도매 CD와 매입자금에 대하여 과도하게 의존한 결과로 예금금융회사가 도산한 가장 좋은 예는 자금의 80% 이상을 도매 금융회사들로부터 차입한 1984년의 Continental Illinous 도산이다. 결과적으로 차입자금에 대한 과도한 의존은 거래계정과 패스북저축에 대한 과도한 의존만큼이나 나쁜 부채관리전략일 수 있다. 따라서 잘 분산된 부채포트폴리오는 인출리스크와 자금조달비용을 균형시키는 가장 좋은 전략일 수 있다.

개념질문

1. 〈표 13-4〉를 살펴보면 1960년-2006년 기간 동안 비유동자산에 대한 전통적인 유동자산의 비율은 어떻게 변화하였는가?
2. 〈표 13-5〉를 살펴보면 1960년-2006년 기간 동안 은행들의 부채구성은 어떻게 변화하였는가?

13.8 보험회사의 부채와 유동성리스크관리

보험회사는 유동성 수요를 충족시키기 위해 다양한 자금조달원을 사용한다. 제12장에서 논의한 바와 같이 보험회사의 유동성은 예기치 않은 보험의 해약뿐만 아니라 인수한 보험에 대한 청구권을 충족시키기 위해 필요하다. 보험계약은 보험회사에게는 잠재적인 미래부채이다. 보험회사의 유동성 관리는 인수한 보험에 대한 청구권을 충족시키기 위해 필요한 자금이 신규 및 기존보험계약으로부터 받는 보험료로 충족될 수 있도록 이루어진다. 그러나 어느 시점(예를 들면, 예기치 않은 심한 허리케인 시즌)에 청구권이 집중되는 것이 보험회사로 하여금 적정한 시장가격보다 낮은 가격으로 자산을 청산하게 만들 수 있다.

보험회사는 인수하는 보험계약의 리스크분포를 분산시킴으로써 유동성리스크에 대한 노출을 감소시킬 수 있다. 예를 들면, 손해보험회사는 인수하는 보험계약의 리스크분포를 보험대상 재해의 형태별로 분산할 수 있다(예를 들면, 2000년에 판매한 보험액 기준으로 상위 2대 손해보험회사들은 모든 산업보험료의 13.4%를 인수한 자동차 손해로부터 모든 산업보험료의 34.2%를 인수한 주택소유자의 리스크까지 18개의 서로 다른 영업영역을 위한 보험을 가지고 있었다).[25]

이와는 달리 보험회사들은 청구권 지불을 감당하기 위해 상대적으로 시장성이 있는 자산을 보유함으로써 유동성 수요를 충족시킬 수 있다. 국채, 회사채, 기업주식과 같은 자산들은 일반적으로 보험료 수입이 불충분할 때 보험에 대한 청구를 지불하기 위해 금융시장에서 적정한 시장가격에 가깝게 신속하게 청산될 수 있다. 예를 들면, 2006년에 생명보험회사들과 손해보험회사들은 그들 자산의 약 80%를 국채와 기업증권으로 보유하였다.

개념질문

1. 보험회사들이 유동성리스크를 감소시키기 위해 사용할 수 있는 2가지 전략을 논의하라.
2. 왜 손해보험회사들은 유동성리스크를 관리하기 위해 생명보험회사들보다 단기유동자산을 더 많이 보유하는가?

13.9 기타 금융회사들의 부채와 유동성리스크관리

증권회사, 투자은행, 파이낸스회사와 같은 기타 금융회사들이 (기업어음 또는 은행대출같은) 단기 만기의 자금조달에 의존하고 투자자들이 이와 같은 자금의 만기연장을 꺼려한다면 이들 금융회사들은 유동성리스크에 직면할 수 있다. 증권회사의 주요 자금조달원은 환매조건부채권, 은행 콜론(bank call loans),[26] 증권의 단기포지션이다. 이와 같은 금융회사들은 유동성관리를 위해 투자자들에게 재매각하기 전에 적격 발행자로부터 신규증권을 인수할 수 있는 충분한 현금과 기타 유동자산을 가져야 한다. 투자은행 또는 증권회사는 부

25) *Best's Review*, July 2000 참조.

26) 은행 콜론은 대출은행이 거의 통보없이 투자은행으로부터 대출을 회수할 수 있는 대출이다.

채관리를 위해 자산의 포트폴리오에 있는 증권 재고유지에 필요한 자금을 지원해야 하는 시장조성자의 역할을 하여야 한다. 이와 유사하게 주로 기업어음과 장기부채로 자금을 조달하는 파이낸스회사는 유동성관리를 위해 충분한 자격을 가진 대출요청과 대출약정에 필요한 자금을 지체 없이 지원할 수 있어야 한다.

1989년에 겪은(Drexel Burnham Lambert; DBL)의 경험은 유동성리스크에 직면한 증권회사의 좋은 예이다. 1980년대 내내 DBL은 투자자들에게 유통시장에서 정크본드의 딜러로 활동할 것이라고 약속하면서 정크본드시장의 대부분을 장악하였다. 따라서 투자자들이 정크본드를 매도하기 원하는 경우 DBL이 정크본드를 시장가격에 재매입하거나 또는 다른 매입자를 찾아 줄 것이라는 묵시적인 보장을 해 주었기 때문에 투자자들은 기꺼이 정크본드를 매입하고자 하였다. 그러나 경제가 침체국면으로 접어들면서 정크본드 가격이 하락함에 따라 정크본드시장은 1989년에 극심한 어려움을 경험하였다. DBL의 정크본드중심 자산포트폴리오에 대한 심각한 우려가 투자자들로 하여금 DBL의 핵심적인 단기기업어음 자금조달의 연장을 거부하게 만드는 결과를 초래하였다. 그 결과 DBL은 파산하였다. DBL의 갑작스러운 파산은 단기매입자금에 대한 접근성이 증권회사의 건전도에 중요하다는 것을 매우 명백하게 보여 주었다.[27]

개념질문

1. 은행 콜론은 무엇인가?
2. 투자은행이 유동성이 필요한 2가지 이유를 제시하라.

요 약

금융회사에게 있어서 유동성과 부채관리의 쟁점들은 밀접하게 관련되어 있다. 비용 및 규제와 관련된 많은 요인들이 유동자산의 보유 규모에 관한 금융회사의 선택에 영향을 미친다. 유동성에 관한 금융회사의 선택은 규제에 의하여 결정되는 지준목표와 건전성 기준으로 결정되는 지준목표를 언더슈팅하거나 또는 오버슈팅하는 것의 비용과 이익이 교환관계를 가지기 때문에 칼날 상황과 같다.

금융회사는 자금조달 포트폴리오의 전반적인 인출리스크와 이와 같은 인출을 충족시키기

27) Drexel Burnham Lambert의 도산에 관한 추가적인 논의를 위해서 W. S. Haraf, "The Collapse of Drexel Burnham Lambert: Lessons for Bank Regulators," *Regulation*, Winter 1991, pp. 22-25 참조.

기 위한 유동자산의 수요에 영향을 미치는 방식으로 유동성을 관리할 수 있다. 그러나 인출리스크를 감소시키는 일은 비용을 지불할 때 가능하다. 인출리스크의 관점에서 통제하기 더 용이한 부채는 금융회사가 사용하는데 더 많은 비용이 든다.

연습문제

1. 금융회사가 대규모의 유동자산을 보유하는데 따른 이익과 비용은 무엇인가? 왜 미국 재무부증권은 유동자산의 좋은 예인가?
2. 금융회사의 부채와 유동성리스크관리 문제는 부채만기와 자산만기의 상대적 구조와 어떻게 관련되어 있는가?
3. 은행 A와 은행 B의 자산(100만 달러 기준)을 살펴보라. 두 은행 모두 1억 2,000만 달러의 예금과 2,000만 달러의 자기자본으로 자금을 조달하고 있다. 어느 은행이 더 강한 유동성수준을 가지고 있는가? 어느 은행이 더 높은 수익을 올릴 수 있는가?

은행 A의 자산		은행 B의 자산	
현금	$ 10	현금	$ 20
재무부 증권	40	소비자대출	30
기업대출	90	기업대출	90
총자산	$140	총자산	$140

4. 규제당국은 어떤 우려 때문에 금융회사들이 최소유동자산을 보유할 것을 요구하는가?
5. 어떻게 유동자산 필요지준이 통화정책의 실행을 돕는가? 어떻게 필요지준이 금융회사에 대한 세금인가?
6. 현금, 회사채, 뉴욕증권거래소에서 거래되는 주식, 재무부 단기채권의 유동성 순위를 결정하라.
7. 지준계산기간, 지준유지기간, 시차지준회계시스템을 정의하라.
8. City Bank는 최근 14일 지준계산기간 동안 평균 일일 요구불예금잔고는 2억 2,500만 달러라고 추정하였다. 14일 지준유지기간 동안 연방준비제도에 예치한 일일 평균 지준잔고는 1,100만 달러였고 지준계산기간 전 2주 동안 일일 평균 시재금잔고는 700만 달러였다.
   a. 2006년에 발효된 지준제도하에서 이와 같은 요구불예금잔고에 대하여 지준유지기간 동안 보유하여야 하는 일일 평균 필요지준은 얼마인가?
   b. 지준유지기간 동안 City Bank가 보유하는 일일 평균 지준잔고는 얼마인가? 은행이 보유하는 일일 평균 지준잔고는 일일 평균 필요지준보다 얼마나 많은가 또는 적은가?
   c. 만일 City Bank가 요구불예금 중에 2,000만 달러를 2주의 지준계산기간 동안 매 금요일마다 자기의 역외기관들 중 하나로 이체하였다면 수정된 일일 평균 필요지준은 얼마인가?
9. 문제 8의 14일 지준계산기간이 5월 18일에서 5월 31까지라고 가정하라.
   a. 2006년에 발효된 지준제도하에서 지준유지기간은 언제인가?
   b. 문제 8의 *a*와 *b*에 대한 답이 주어진 경우, City Bank가 필요지준에 대한 규제를 지키기 위해

지준유지기간 동안 보유하여야 하는 일일 평균 필요지준은 얼마인가?

10. 가장 최근의 지준계산기간 동안 한 지역은행의 일일 평균 요구불예금잔고는 2억 2,500만 달러이다. 지준유지기간 동안 연방준비제도에 예치되어 있는 일일 평균 지준은 1,600만 달러이고 지준계산기간 동안 일일 평균 시재금은 400만 달러이다.

a. 지준유지기간 동안 은행이 보유하여야 하는 일일 평균 필요지준은 얼마인가?

b. 은행은 규제에 의해 요구되는 필요지준을 준수하고 있는가?

c. 초과지준 또는 부족지준으로 다음의 지준유지기간으로 이월될 수 있는 지준은 얼마인가?

d. 만일 은행이 지준보유시에 6%의 기회비용을 가진다면, 이것이 지준유지기간의 손익계산서에 미치는 영향은 무엇인가?

11. 시차지준회계시스템하에서 필요지준계산을 위한 한 은행의 요구불예금과 연방준비제도(연준)에 예치되어 있는 현금지준이 다음과 같이 주어져 있다고 하자(100만 달러 기준).

	월요일	**화요일**	**수요일**	**목요일**	**금요일**
	10	**11**	**12**	**13**	**14**
요구불예금	$200	$300	$250	$280	$260
연준예치지준	20	22	21	18	27

	월요일	**화요일**	**수요일**	**목요일**	**금요일**
	17	**18**	**19**	**20**	**21**
요구불예금	$280	$300	$270	$260	$250
연준예치지준	20	35	21	18	28

	월요일	**화요일**	**수요일**	**목요일**	**금요일**
	24	**25**	**26**	**27**	**28**
요구불예금	$240	$230	$250	$260	$270
연준예치지준	19	19	21	19	24

	월요일	**화요일**	**수요일**	**목요일**	**금요일**
새로운 달	**1**	**2**	**3**	**4**	**5**
요구불예금	$200	$300	$250	$280	$260
연준예치지준	20	22	21	18	27

	월요일	**화요일**	**수요일**	**목요일**	**금요일**
	8	**9**	**10**	**11**	**12**
요구불예금	$280	$300	$270	$260	$250
연준예치지준	20	35	21	18	27

	월요일 15	화요일 16	수요일 17	목요일 19	금요일 19
요구불예금	$240	$230	$250	$260	$270
연준예치지준	20	35	21	18	28

	월요일 22	화요일 23	수요일 24	목요일 25	금요일 26
요구불예금	$200	$300	$250	$280	$260
연준예치지준	19	19	21	19	24

지준계산기간 동안 일일 평균 시재금은 200만 달러로 추정되었다.

a. 지준유지기간 동안 은행이 보유하여야 하는 일일 평균 필요지준은 얼마인가?

b. 은행은 규제에서 요구하는 필요지준을 준수하고 있는가?

c. 다음의 지준계산기간으로 필요지준 중 얼마가 이월될 수 있는가?

d. 만일 은행의 자금조달 평균비용이 연간 8%이면, 이것이 지준유지기간의 손익계산서에 미치는 영향은 무엇인가?

12. 1998년 7월에 예금금융회사의 지준계산방법으로 동시지준회계시스템(contemporaneous reserve accounting system; CRA)이 시차지준회계시스템(lagged reserve accounting system; LRA)으로 대체되었다.

a. 동시지준회계시스템과 시차지준회계시스템를 대비하여 설명하라.

b. 어느 시스템하에서 예금금융회사의 지준이 더 높은가? 왜 그런가?

c. 어느 시스템하에서 예금금융회사의 필요지준에 대한 불확실성이 더 높은가? 왜 그런가?

13. "주말게임"은 무엇인가? LRA와 CRA하에서 예금금융회사가 주말게임을 할 수 있는 능력과 인센티브를 대비하여 설명하라.

14. CRA하에서 필요지준에 대한 불확실성이 언제 해결되는가? 완전한 정보를 가지는 기간 동안 대규모 지준조정의 가능성에 대하여 논의하라.

15. 자금조달비용과 자금조달리스크(또는 인출리스크)의 관계는 무엇인가?

16. 한 금융회사가 다음과 같이 요구불예금의 연간비용을 추정하였다. 계좌당 관리비용 = $140, 평균계좌금액 = $1,500, 월간 계좌당 처리된 평균수표의 수 = 75장, 수표 1장의 청산비용 = $0.10, 수표당 고객에게 부과하는 수수료 = $0.05, 월간 고객당 부과되는 평균수수료 = $8.

a. 금융회사에게 있어서 요구불예금의 묵시적 이자비용은 얼마인가?

b. 만일 금융회사가 연방준비제도에 필요지준으로 요구불예금의 평균 8%를 유지하여야 한다면, 금융회사에게 있어서 요구불예금의 묵시적 이자비용은 얼마인가?

c. 이와 같은 요구불예금의 묵시적 이자비용을 3%로 감소시키기 위해 수표청산수수료는 얼마이어야 하는가? 필요지준을 무시하라.

17. NOW예금은 연간 4%의 이자를 벌기 위해서 750달러의 최소잔고를 요구한다. 한 NOW예금 보유자가 처음 6개월 동안 500달러의 평균잔고를 유지하였고 나머지 6개월 동안 1,000달러의 평균잔고를 유지하였다. 그는 월간 평균 60장의 수표를 사용한다. 은행이 수표 1장을 청산하는 데 5

센트의 비용이 들지만 그는 수표당 2센트를 지불한다.

a. NOW예금 보유자가 버는 평균수익은 얼마인가?

b. 만일 은행이 최소잔고를 400달러로 낮추면 NOW예금 보유자가 버는 평균수익은 얼마인가?

c. 만일 은행이 400달러를 초과하는 금액에 대해서만 이자를 지불하면 NOW 예금 보유자가 버는 평균수익은 얼마인가? 최소필요잔고는 400달러라고 가정하라.

d. 은행은 NOW예금에 지불하는 평균이자율이 5%가 되게 하기 위해 수표청산수수료를 얼마로 증가시켜야 하는가? 최소필요잔고는 750달러라고 가정하라.

18. 먼저 자금조달리스크기준으로 아래에 열거된 부채들의 순위를 결정하라. 이어서 자금조달비용기준으로 아래에 열거된 부채들의 순위를 결정하라.

a. 머니마켓 뮤추얼펀드(MMMF)

b. 요구불예금

c. 예금증서(CD)

d. 페더럴펀드

e. 은행인수어음(BA)

f. 유로달러예금

g. NOW예금

h. 도매 CD

i. 패스북저축

j. 환매조건부채권(RP)

k. 기업어음

19. 페더럴펀드와 환매조건부채권의 인출리스크는 어떻게 다른가?

20. 금융회사의 현금잔고(또는 유동성)는 금융회사가 계약하려는 환매조건부채권의 유형을 어떻게 결정하는가?

21. MMMF의 비용은 MMDA의 비용과 어떻게 다른가? MMDA의 인출리스크를 관리하는데 있어서 MMMF와 MMDA의 스프레드는 얼마나 유용한가?

22. 왜 도매 CD는 발행은행에게 최소의 인출리스크를 가지는가?

23. 페더럴펀드의 어떤 특성이 유동성을 신속하게 증가시키기 위해 페더럴펀드를 사용하는 예금금융회사의 능력을 제한할 수 있는가?

24. 페더럴펀드 이자율이 낮다는 것이 은행지준수준에 대하여 어떤 시사점을 제시하는가? 왜 페더럴펀드 이자율은 지준유지기간의 마지막 2일경에 정상적인 경우보다 변동이 더 심한가?

25. 미국 상업은행들의 유동성과 부채구조에서 1960년과 2006년 사이에 어떤 추세가 관찰되었는가? 관찰된 추세가 과장될 수 있는 어떤 변화가 자산관리상에서 발생하였는가?

26. 보험회사가 유동성리스크에 대한 노출도를 감소시키기 위해 사용할 수 있는 2가지의 중요한 방법은 무엇인가?

Web을 활용하는 질문

27. 연방예금보험공사(FDIC)의 웹사이트에 가서 〈표 13-4〉와 〈표 13-5〉를 최신 정보로 바꾸어라.

관련 웹사이트

기관명	웹사이트
Board of Governors of the Federal Reserve	www.federalreserve.gov
Federal Deposit Insurance Corporation	www.fdic.gov

제 14 장

예금보험과 기타 채무 지급보증

14.1 서 론

제12장에서는 금융회사들이 직면한 유동성리스크에 대해 논의하였고, 제13장에서는 금융회사들이 유동성리스크를 관리하는 방법을 설명하였다. 은행예금자, 생명보험계약사같은 채무소유자(liability holders)들은 금융회사의 지급능력에 대한 우려가 높은 경우 금융회사로부터 자신들의 모든 자금을 인출하는 소위 지급청구(run이라고 함)의 동기를 갖게 된다(뮤츄얼펀드 주주들도 정도는 약하지만 유사한 동기를 지닌다). 제12장에서 설명하였듯이 자금인출 동기는 은행, 저축금융회사, 보험회사 등에서 특히 두드러지는데, 그 이유는 먼저 자금인출신청을 한 예금 및 채무소유자가 나중에 신청을 한 사람들보다 우선권을 갖게 되는 금융회사들의 채무변제 순서에 대한 규정 때문이다.

부실한 금융회사에 대한 자금인출이 금융회사의 경영자나 소유자의 성과를 제고할 수 있다는 점에서 반드시 나쁜 것은 아니지만, 이러한 자금인출현상이 건실한 금융회사로 확산될 리스크도 아울러 존재하게 된다. 자금인출의 확산과 공황상태에서는 채무소유자는 건실한 금융회사와 부실한 금융회사를 구분하는데 신경쓰지 않고 가능한 빨리 자신의 채무를 현금이나 안전한 자산으로 전환하려고 할 것이다. 자금인출사태가 확대되면 지역적, 전국적, 심지어 전세계적으로 통화 및 신용 공급을 크게 위축시키는 영향을 초래할 수 있다.[1)]

또한 자금인출의 확산은 심각하고 부정적인 사회후생효과를 가질 수 있다. 예를 들어,

1) 예를 들어, 1990년 Rhode Island주의 은행들에 대한 뱅크런은 주 경제에는 악영향을 미쳤지만 전국적으로는 큰 영향을 미치지는 않았다.

은행에서 대규모의 뱅크런(bank run)이 발생하면 모든 종류의 금융회사들의 저축수준에 대한 역효과가 나타날 수 있으며, 미래의 질병과 노후소득감소와 같은 주요 리스크를 방지하기 위해 시간에 걸쳐 부를 재분배하는 개인들의 능력을 저해할 수 있다.

그러한 부에 대한 효과와 통화 및 신용공급 효과 때문에 정부 규제당국은 금융회사의 지급불능에 대한 다양한 보호책을 채무소유자들에게 제공하여 금융회사로부터의 자금인출 사태를 억제해 왔다. 채무소유자는 금융회사가 부실하더라도 자신들의 청구금액이 완전히 보장된다고 믿는다면 자금인출의 동기를 갖지 않을 것이다. 채무소유자를 위한 규제당국의 보증 또는 보험 프로그램은 자금인출(지급청구)을 억제하여 이것이 확산되거나 공황이 야기되는 현상을 미연에 방지하는 기능을 한다.

연방정부의 지원을 받는 보험 프로그램은 은행과 저축금융회사를 위한 연방예금보험공사(FDIC: Federal Deposit Insurance Corporation, 1933년 창설)와 증권회사를 위한 증권투자자보호공사(SPIC: Securities Investors Protection Corporation, 1970년 창설), 개인연금 급부를 위한 연금지급보증공사(PBGC: Pension Benefit Guaranty Corporation, 1974년 창설) 등이 있다.[2] 아울러 보험사들은 연방정부가 아닌 주정부의 규제를 받으므로 주정부가 관장하는 보증기금은 대부분의 생명보험과 손해보험회사를 지원한다.

이번 장에서는 은행과 저축금융회사를 위한 연방예금보험기금에 대해 논의하는데, 이들 보증기금이 경험한 문제를 포함하여 우선 이들 기금의 역사를 소개하고자 한다. 그 다음에는 예금금융회사의 도덕적 해이를 경감시킬 수 있는 방법들을 분석하고자 한다. 또한 예금보험의 대안이 될 수 있는 중앙은행(연방준비제도)의 재할인창구(discount window)를 분석해 보고자 한다. 마지막으로 보험회사와 증권회사 및 퇴직연금을 위한 프로그램을 포함한 기타 보증프로그램도 분석할 것이다.

14.2 은행과 저축금융회사 보증기금

FDIC는 10,000여개의 상업은행이 도산했던 1930–33년의 은행공황의 결과로 1933년도에 창설되었다. 상업은행에서 개인예금자 보험의 지급보장범위는 초기에 2,500달러였고, 1980년에는 100,000달러까지 증가하였다.[3] 1945년과 1980년 사이에 상업은행의 예금보험은 상당한 효력을 발휘하여 예금인출사태나 은행산업의 공황도 없었고, 개별 은행들의 파

2) 1989년 파산 전까지 대부분의 저축기관들의 예금은 FSLIC(연방저축대부조합보험공사)가 보증하였다. 1989년 이후에는 일반 은행과 저축금융회사 모두 FDIC의 보증을 받고 있다.

3) 2011년 1월부터 FDIC는 소비자물가지수에 연동하여 5년마다 예금보험상한을 증가시킬 예정이다.

산도 매우 적었다([그림 14-1] 참조). 그러나 1980년부터 은행들의 파산은 가속화되어 1988년 221건을 정점으로 1990년 말까지 10년간 1,039건 이상의 파산이 발생하였다. 이 파산발생건수는 1933-79년의 전기간에서의 파산발생건수를 상회하는 것이다. 아울러 FDIC가 부담하는 각 은행의 파산비용은 종종 1993-79년의 소규모 은행들의 전체 파산비용보다 큰 경우도 허다했다. 1980년대에 이러한 파산의 횟수와 비용이 증가됨에 따라 은행이 지불하는 보험료로 조성된 FDIC의 기금(보험료의 재투자수입 포함)은 급속히 소진되었다. 징수된 보험료와 보험료 투자로 조성된 적립금이 파산에 대한 배상지급액을 상쇄하기에 불충분하다면 어떠한 보험기금도 지급불능상태가 된다. FDIC의 자산은 1991년 초까지 거의 고갈되어 마침내 미 재무부로부터 300억 달러를 차입하기에 이르렀으며, 70억 달러의 적자 상태로 1991년을 마감하였다. 이런 위기에 대해 의회는 은행보험기금을 재조정하고 잠재적인 지급불능사태를 방지하기 위해 1991년 12월에 FDIC개선법(FDICIA: FDIC Improvement Act)을 통과시켰다.

1991년 이후, 부분적으로는 은행의 이익 실적과 함께 , 기금의 재정에는 놀라운 변화가 나타났다. 특히 2006년 6월 현재 예금보험공사의 예금보험기금의 적립금은 496억 달러나 되었다. 2005년과 2006년에는 은행의 파산은 한 건도 없었으며 2003년과 2004년에는 단지 파산건수는 3건에 불과하였다. 2001년에는 3건, 2002년에는 10건이었다. 최근 가장 큰 은행 파산건은 2001년 7월의 Superior Bank of Illinois의 파산이었다. 이 파산으로 인한 예금보

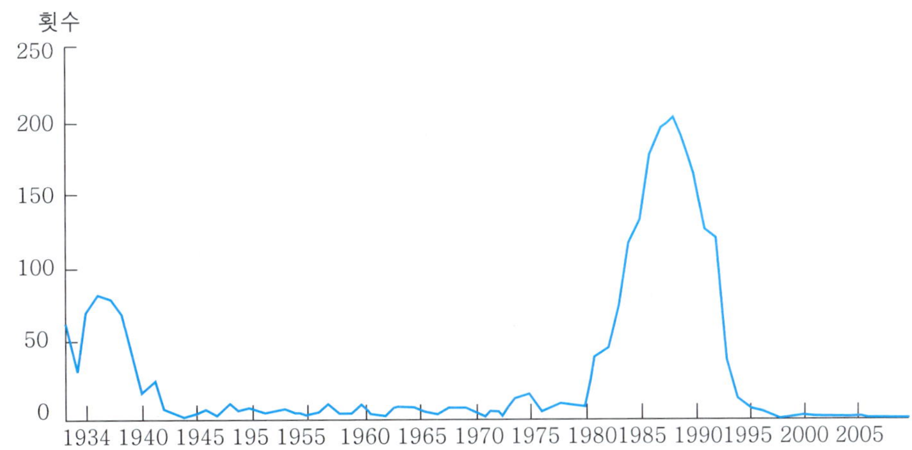

자료: FDIC annual reports and statistics on banking. *www.fdic.gov*

그림 14-1 1934-2006 기간의 파산은행의 수

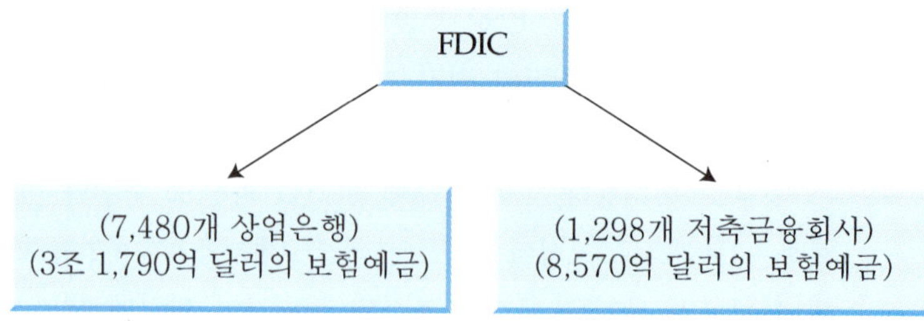

자료: FDIC, *Quarterly Banking Profiles*, 2006년. *www.fdic.gov*

그림 14-2 FDIC의 DIF 예금보험금융회사들

험공사의 손실은 처음에는 10억 달러로 추정되었다. 그러나 2001년 12월 은행 소유자들은 경영부실에 대한 벌을 받지 않는 조건으로 예금보험공사에 4억 6,000만 달러를 지급하기로 합의하였다. 예금보험공사의 최종 손실은 4억 2,800만 달러였다. 현재 기금적립금은 부보예금의 1.23%를 상회하고 있다.

연방저축대부조합보험공사(Federal Savings and Loan Insurance Corporation; FSLIC)는 저축조합(saving associations: 기존의 저축대부조합)을 보증했었다. 상호저축금융회사와 같은 기타의 저축금융회사들은 종종 FSLIC보다는 FDIC에 의해 보증되는 것을 선택했었다. FDIC와 마찬가지로 이러한 보험기금은 1970년까지는 비교적 양호한 상태였다. 그러나 1980년대 초에 저축금융회사들이 도산하고, 폐업하거나 합병되어야만 하는 경우가 늘어남에 따라 기금의 재원이 급격히 고갈되었다.

1989년 8월 저축조합산업의 위기가 심화되고 FSLIC의 지급불능리스크이 커짐에 따라 의회는 금융기관복구개혁법(Financial Institutions Reform, Recovery, and Enforcement Act; FIRREA)을 통과시켰다. 이 법안은 저축조합기금을 완벽히 재조정하여 기금의 관리를 FDIC로 이전시키는 것이었다.[4] 동시에 재조정된 저축조합의 보험기금은 저축조합보험기금(the Saving Association Insurance Fund; SAIF)으로 개명되었다. 현재 FDIC는 은행보험기금(the Bank Insurance Fund; BIF)으로 불리는 상업은행기금과는 별도로 SAIF를 관리하고 있다. 2006년 3월 FDIC는 BID와 SAIF을 통합하여 예금보험기금(DIF)을 설립하였다.

1996–2006년에는 SAIF 회원 예금금융회사 중 단지 6개만이 파산했다. [그림 14-2]는 2006년 6월 기준으로 FDIC와 DIF의 조직도(보험예금회사의 수와 보험예금의 달러가치 포함)를 보여 주고 있다.

---

4) 그 당시에 FSLIC는 더 이상 존재하지 않았다.

1990년대 상업은행과 저축금융회사의 성과로 판단해 볼 때 FDICIA와 FIRREA는 경기 호조와 병행하여 예금금융회사들의 재정상태를 성공적으로 개선하였다고 판단된다. 이들 법안이 계속 효력을 발휘할 것인가(특히 주요 경기침체의 상황에서도)는 두고 봐야 할 것이다. 이들 법안들의 지속적인 성공은 (설사 재량권을 축소하더라도) 법안의 목적을 달성하기 위한 은행감독기관들의 정치적인 의지에 달려 있다는 주장도 제기되고 있다.[5)]

개념질문

1. 의회가 결국 FDICIA를 통과시킨 이유는 무엇인가?
2. FSLIC 몰락의 궁극적 원인은 무엇인가?

14.3 예금기금 부실의 원인

예금금융회사 보험기금이 왜 부실화되는가에 대해서는 적어도 두 가지의 견해가 있다. 특히 논의되는 몇몇 요인들은, 특히 FSLIC의 지급불능이 FDIC의 재정적 문제보다 더욱 심각했기 때문에 FDIC의 지급불능보다 1980년대 FSLIC의 지급불능에 대해 더 잘 설명하고 있다.

금융 환경

지급불능원인에 대한 한 가지 견해는 수많은 외부사건이나 충격이 1980년대 미국의 은행과 저축금융회사에 서로 상반된 영향을 주었다는 것이다. 첫째로 1979–82년의 기간에 이자율의 급격한 상승을 들 수 있다. 이미 언급하였듯이 이자율상승은 특히 단기예금을 이용하여 장기고정이자율 주택저당채권에 투자한 저축금융회사들에 부정적인 영향을 주었다. 두 번째 사건은 유가, 부동산 및 기타 상품가격이 하락하여, 특히 미국 남서부의 석유, 가스 및 농업 대출에 상당한 영향을 미친 것이다. 세 번째 사건은 국내외에서의 금융서비스 회사들의 경쟁 심화로 인해 1980년대 은행과 저축금융회사의 가치가 감소된 것이다(제16장과 제17장 참조)[6)]

5) 이 주장은 완전한 시가기준회계를 실시하고 전체 자본의 적정성 수준을 예금보험대상이 아닌 경쟁 은행과 저축금융회사에 대해 시장이 부과하는 수준으로 올려야 한다는 것이다.

도덕적 해이

두 번째 견해는 이러한 금융환경의 영향은 위기의 원인이라기보다는 촉매제일 뿐이며, 위기를 조장시킨 장본인은 예금보험 그 자체라는 것이다. 이것은 예금보험의 계약적 특성에서 찾을 수 있다. 예금보험이 1980년 이전에 예금자와 기타 채무소유자들의 대량의 예금인출을 억제하였지만 한편으로는 은행에 대한 예금자의 통제유인도 제거하거나 감소시켰다. 그 결과 예금보험은 예금금융회사들이 무위험이자율 정도로 자금을 조달하여 위험자산에 투자하도록 만들기도 하였다. 예금금융회사 소유주와 경영자들은 예금금융회사가 파산하는 경우 부보예금자들은 FDIC에 의해 예금의 지급이 보장되기 때문에, 예금자들이 자금을 인출하거나 예금이자율에 리스크프리미엄을 요구하는 방법 등으로 예금금융회사의 위험한 행동을 제약할 동기가 거의 없다는 것을 알고 있다. 이러한 시나리오하에서는 1980년대 석유, 가스 및 부동산 대출에서의 손실은 예금보험계약하에 저평가 또는 잘못 평가된 리스크를 악용한 은행들의 행위의 결과로 인식된다. 위험 감행을 단념시키기보다는 오히려 장려하는 이러한 보험의 특성은 흔히 **도덕적 해이(moral hazard)**로 불린다. 이것은 채권자가 금융회사의 행동을 감시할 필요가 없는 경우 부채비율이 높은 은행이 과도하게 리스크가 높은 투자결정을 행할 강한 동기를 갖게 되는 것을 의미한다.[7]

▶**도덕적 해이(moral hazard)**

보험의 제공이 피보험자로 하여금 보다 높은 리스크를 택하게 함으로써 보험자에게 미치는 리스크 노출.

예금자의 통제가 없는 경우 감독기관은 예금금융회사의 위험 감행과 관련된 명시적 예금보험료(explicit deposit insurance premium)를 청구하거나, 예금금융회사의 위험한 행동을 제한하고 감시하는 **묵시적 보험료(implicit premium)** 징수를 통해 예금금융회사가 감당하는 리스크에 가격을 매길 수 있다. 이러한 방법은 잠재적으로 예금자규율을 대체할 수 있었다. 위험을 더 많이 감수한 예금금융회사는 위험 감수 행위에 대해 직간접적으로 높은 보험료를 지불했었을 것이다. 그러나 1933년부터 1993년 1월 1일까지 감독기관은 예금금융회사의 리스크가 아니라 예금규모에 따라 예금보험료를 산정하였다. 1980년대는 또한 엄격한 규제와 철저한 자본 요건보다는 규제철폐와 적정자본 유예의 기간이었다. 아울

6) 은행이나 금융회사의 등록가치는 그 산업 내에서의 기대영업이익의 현가이다. 기대이익이 감소하면 은행이나 금융회사 등록가치도 떨어진다. A. Saunders and B. Wilson, "The Charter Value Hypothesis," *Journal of Financial Services Research*, forthcoming, 2002. 참조.

7) 도덕적 해이의 정확한 정의는 보험가입자(은행)의 특성이나 상황이 보험자(FDIC)로 하여금 손실에 노출되게 만드는 것이다.

러 FSLIC의 경우 은행에 대한 조사빈도와 조사원의 수가 1981–84년 사이에 실제로 감소하기도 하였다.[8] 마지막으로 신속한 수정조치와 자본투입이 어려운 부실은행들에 대한 폐업조치는 1992년 말까지는 실시되지 않았다(제15장 참조).

▶ **묵시적 보험료(implicit premium)**
직접적으로 부과하는 금전적 보험료가 아닌 예금금융회사의 활동제한 등의 방식으로 부과되는 예금보험료 또는 비용.

개념질문

1. 1980년대 예금금융회사들의 보험기금이 부실화된데 대한 두 가지 기본적 견해에는 어떤 것들이 있는가?
2. 1980년대 초 저축금융회사보다 일반 은행에게 이자율리스크문제가 적었던 이유는 무엇인가?

14.4 공황예방 대 도덕적 해이

1980년대 은행과 저축금융회사의 보험기금 붕괴의 원인으로는 주로 도덕적 해이가 언급되었다. 예금금융회사 소유주는 위험감행의 결과 잃을 것이 없을수록 고위험 자산을 취득하려고 하는 동기는 더욱 커진다. 이 경우 고위험 자산 투자로부터 큰 수익이 발생한다면 예금금융회사 소유주는 뜻밖의 이익을 보게 될 것이다. 예금금융회사 소유주가 다른 일반 기업처럼 유한책임만 진다면 고위험 투자로부터 큰 수익이 발생하지 않는 경우 FDIC가 대부분의 비용을 감당한다. 즉 금융회사의 입장에서는 앞면이 나오면 이기고, 뒷면이 나와도 지지 않는 동전튀기기 게임인 것이다.

예금보험이 없는 경우에도 예금금융회사 소유주가 유한책임을 지는 경우에는 예금자나 채권자들에게 해를 미치는 위험이 높은 의사결정을 택할 동기가 항상 존재하게 된다.[9] 더구나 예금보험료가 예금금융회사가 택하는 위험에 따른 **보험수리적 적정가격(actuarially fair price)**이 되지 않는다면 예금금융회사 소유주에게 추가적으로 위험을 감행할 동기를 제공할 수 있다.

8) L. J. White는 1980년대의 저축금융회사에 대한 감독과 조사의 전반적 약점을 지적했다. 저축금융회사 조사횟수는 1980년 3,210건에서 1984년 2,347건으로 감소했고, 자산 10억 달러당 조사횟수는 1980년 5.41건에서 1984년 2.4건으로 줄었다. L. J. White, The S and L Debacle (New York: Oxford University Press, 1991), p. 89. 참조.
9) 따라서 은행이 부담하는 과도한 리스크를 줄이기 위한 한 방책은 은행 주주들의 유한책임을 제거하는 것이다.

▶**보험수리적 적정가격(actuarially fair price)**
순보험료가 기대손실이 되도록 책정된 보험료.

그러나 이러한 문제에도 불구하고, 예금보험제도는 전후 기간 동안 1930–33년과 같은 예금금융회사의 공황과 대량인출사태를 효과적으로 방지했다(〈표 14–1〉 참조). 즉 예금보험은 신용과 금융제도에 상당한 안정성을 확보해 준 것이다.

이러한 사실은 감독기관이 도덕적 해이라는 리스크와 예금의 대량인출로 인한 공황이라는 리스크 사이의 상충관계를 고려하여 예금보험계약을 설계해야 한다는 것을 의미한다. 예를 들어 모든 예금자의 예금을 보상하고 대량인출의 가능성을 없앤다면, 예금보험으로 인해 예금금융회사들은 보다 더 리스크가 높은 영업을 하게 되는 등 상당한 도덕적 해이를 보이게 될 것이다.[10] 반면에 예금보험의 보상범위를 매우 제한한다면 도덕적 해이의 행동은 줄어들지라도 대량인출사태 및 금융산업의 공황이 발생할 가능성이 높다. 1980년대에는 부보예금의 보장범위가 높았으며 그로 인해 예금자가 예금금융회사의 위험행위를 감시하거나 제한하려는 동기가 별로 없었다. 그 결과 예금금융회사로부터 예금인출리스크는 낮았으나 상당히 높은 도덕적 해이 리스크를 초래하였다.[11]

예금보험계약을 재조정하면 대량인출 리스크를 크게 높이지 않고 도덕적 해이 리스크를 상당히 감소시키는 것이 가능할 것이다. 1991년도의 FDIC개선법(FDIC Improvement Act; FDICIA)과 후반부에 언급될 1993년 총괄예산재조정법(Omnibus Budget Reconciliation Act)의 예금자선호입법 등에도 이러한 목적이 포함되어 있다.

개념질문

1. 역사적으로 볼 때 예금보험은 예금금융회사의 부실 및 예금인출사태에 어떤 영향을 미쳤는가?

10) 실제로 약 60개국의 예금보험제도에 대한 연구에 의하면, 명시적인 예금보험은 은행시스템의 안정성을 해하기 쉬우며, 특히 은행이자율 규제가 철폐되고 규제환경이 약해졌을 때 더욱 그러하다는 것이 나타났다.

11) 경영자는 소유자와 같은 리스크 부담 동기를 갖지 않는다는 것을 명심하라. 이것은 경영자가 주식과 주식옵션이 아닌 임금과 급여 계약을 통해 보상받을 때 더욱 그렇다. 고정급여계약을 맺으면 경영진의 리스크에 대한 선호는 위험회피 쪽으로 기운다. 즉 경영자에게는 주주가 통제하는 은행과 같은 종류의 도덕적 해이 동기를 적용하기 어렵다. 이것은 은행이 이례적으로 성과가 좋다면 경영자의 급여는 고정되어 있어 경영진에게 추가로 주어지는 이익은 거의 없는 반면 경영이 실패한다면 경영진은 직업을 상실하기 때문이다.

14.5 예금금융회사의 위험행위 통제

도덕적 해이 행위를 감소시키기 위해 예금보험은 다음과 같은 방법 중의 하나에 의해 설계될 수 있다.

1. 주주규율(stockholder discipline)을 제고하는 방법
2. 예금자규율(depositor discipline)을 제고하는 방법
3. 감독회사규율(regulator discipline)을 제고하는 방법

특히 보험계약을 재설계하면 예금금융회사 소유자가 위험을 감행하려는 동기에 직접적으로 영향을 주거나 예금금융회사에 대한 예금자와 감독기관의 감시행위에 영향을 주어 예금금융회사 소유자의 위험 감행 동기에 간접적으로 영향을 줄 수 있다. 1991년 FDIC의 상환능력이 문제가 되어 이와 같은 세 영역에서의 규율을 강화할 목적으로 FDICIA가 승인되었다.

주주규율

■ 보험료

예금금융회사의 소유주가 리스크를 택할수록 더욱 많은 비용을 지급하게 만드는 한 방법은 예금보험료를 예금금융회사의 리스크 형태와 연결시키는 것이다. 이제 1993년 이후 FDIC에 채택해 온 리스크기준 보험료 산정방법을 포함하여 이런 방법이 어떻게 구체화될 수 있는지 알아보자.

이론. 1993년 이전 FDIC 예금보험계약의 주요 특성은 모든 은행과 저축금융회사에 균일한 보험요율이 징수되었다는 것이다. 특히 매년 각 예금금융회사는 FDIC에게 각자의 국내예금액에 대해 고정비율로 산정된 보험료를 지불했다.[12] 1989년까지 보험료는 국내예금 100달러당 8.33센트였다. FDIC의 기금이 점점 더 고갈됨에 따라 보험요율의 수준은 몇 배 증가하였으나 리스크를 반영하지는 않았다. 1993년까지 예금금융회사가 지급하는 보험료는 국내예금 100달러당 23센트까지 상승하였으며, 그것은 1988년도 보험료의 거의 3배에 해당되는 것이었다.

12) 실제 보험료는 반기마다 납부된다.

표 14-1 고정금액 예금보험료 및 은행의 리스크채택 행위

은행 A				은행 B			
자산		부채		자산		부채	
부동산대출	100	국내예금	100	T-bills	100	국내예금	100

균일보험요율 또는 규모에 비례하는 보험료산정방식이 예금금융회사의 리스크 행위를 통제하지 못하는 이유를 파악하기 위해 〈표 14-1〉의 국내예금규모가 동일한 두 은행을 고려해 보자. 은행 A와 B는 모두 1억 달러의 국내예금을 지니므로 FDIC에 동일한 보험료를 지불할 것이다(0.0023 × \$100M = \$230,000/년). 그러나 그들의 투자리스크에 대한 행동은 전혀 다르다. 은행 A는 모든 자산을 부동산대출에 투자하여 리스크가 높은 반면 은행 B는 모든 자산을 정부의 T-bill에 투자하여 거의 리스크가 없다. [그림 14-3]는 자산리스크에 따른 두 은행의 보험요율방식을 그래프로 보여 준다. 1993년 이전 균일한 보험요율 산정방식하에 은행 A와 B는 국내예금 규모에 비례하므로 같은 금액의 보험료가 청구될 것이다. 균일보험요율의 비판자들은 FDIC는 민영 손해보험회사와 같이 행동해야 한다고 주장한다. 즉 정상적인 손해보험료 산정원칙하에서 보험회사들은 더 높은 리스크에 대해 더 높은 보험요율을 적용한다. 이렇게 되면 리스크가 낮은 집단(은행 B)은 더 이상 리스크가 높은 집단(은행 A)을 보조하지 않게 된다.

만약 은행의 리스크에 따라 보험료가 증가한다면 은행이 높은 리스크를 택할 동기가 줄어들 것이다. 따라서 궁극적 목표는 예금보험도 민영 손해보험회사에서처럼 보험료가 보험회사에게 미치는 예상 손실을 반영하도록 보험수리적인 산정방식으로 리스크의 가격을 책

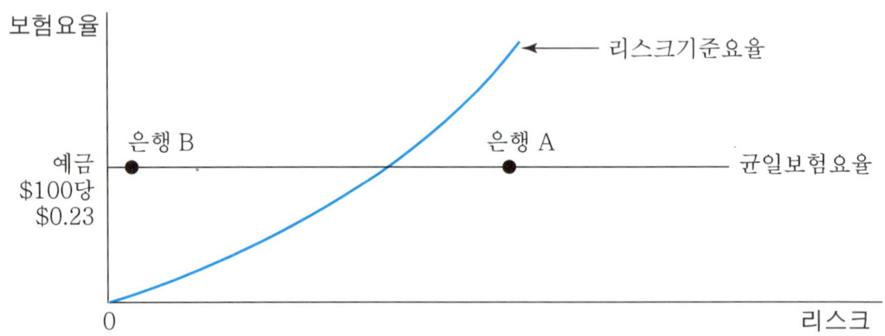

그림 14-3 리스크에 대한 프리미엄 결정구조

정하는 것이다.

한편 보험수리적인 방법으로 리스크기준 적정보험료를 산정하는 것을 반대하는 의견도 있다. 만약 부보금융회사의 주된 당위성이 사회복지측면을 고려해 볼 때 손해보험회사와 같이 비용을 최소화하는 것이 아니라면 은행이나 저축금융회사에 대한 일정 형태의 보조금 지원은 정당화될 수 있다는 주장이다. FDIC가 준정부회사이며, 금융시장 안정화와 예금자의 복지에 대한 우려가 비용을 최소화하는 것보다 중요하다는 것이다.[17] 또한 보험수리적 적정 보험료가 은행산업에 적용되고 이 산업이 완전히 경쟁적이라면 은행업 자체는 이익을 낼 수 없을 것이라는 주장도 있다. 따라서 일정 형태의 보조는 은행이 존재를 위해 필요한 이익을 내기 위해 부득이 하다는 것이다. 그러나 미국 은행산업은 상당히 경쟁적이지만 완전경쟁모형이라고는 할 수 없다.

적정 보험료 계산.[13] 경제학자들은 FDIC와 같이 비용최소화를 목적으로 하는 보험자들이 부과해야 하는 적정 예금보험료 산정에 대해 다양한 방법을 제안해 왔다. 하나의 방법은 보험료를 예금금융회사 파산과 관련된 손실의 기대치와 빈도를 곱한 후 수수료나 이윤을 부가하여 보험료를 책정하는 것이다.[14] 이것은 손해보험사들의 보험료 산정방식을 그대로 따른 것이다. 그러나 가장 일반적인 방식은 예금보험의 **옵션가격결정모형(option pricing model of deposit insurance)**인데 FDIC의 예금보험 제공을 부보예금금융회사의 자산에 대해 풋옵션(put option)을 발행하는 것과 동일하다고 보는 것이다.[15][16] 옵션가격결정모형의 기본개념은 [그림 14-4]에 표현되어 있다.

▶**옵션가격결정모형(option pricing model of decposit insurance)**
예금보험을 예금금융회사의 자산에 대한 풋옵션으로 인식하고 예금보험료를 산정하는 모형.

그림에서 FDIC는 예금금융회사의 예금(D)을 보증하는 대가로 보험료(P)를 부과한다. 만약 예금금융회사가 운영을 잘하여 자산의 시장가치가 D보다 크다면 예금금융회사의 순

---

13) 이 부분은 매우 전문적인 내용을 담고 있다.

14) D. Duffee, R. Jarrow, A. Purnanandam, and W. Yang은 공정시장 예금보험료가 은행부채 수단의 신용리스크의 시장가격으로부터 도출될 수 있다는 것을 보였다. "Market Pricing of Deposit Insurance," *Journal of Financial Service Research*, October/December 2003, pp. 93–119 참조.

15) R. C. Merton, "An Analytic Derivation of the Cost of Deposit Insurance and Loan Guarantees: An Application of Modern Option Pricing Theory," *Journal of Banking and Finance* 1(1977), pp. 3-11 참조. 또한 E. Ronn and A. K. Verma, "Pricing Risk-Adjusted Depostit Insurance: An Option_Based model," *Journal of Finance* 41 (1986), pp. 871-96 참조.

16) 예금보험료를 자신의 이익을 추구하는 세 집단인 은행의 주주, 은행의 경영진, 은행규제기관 간의 대리인 이해상충의 결과로 보는 세 번째 접근법이 있다. E. Kane, "Three Paradigms for the Role of Capitalization Requirements in Insured Financial Instituutions," *Journal of Banking and Finance* 19 (June 1995), pp. 431-60. 참조.

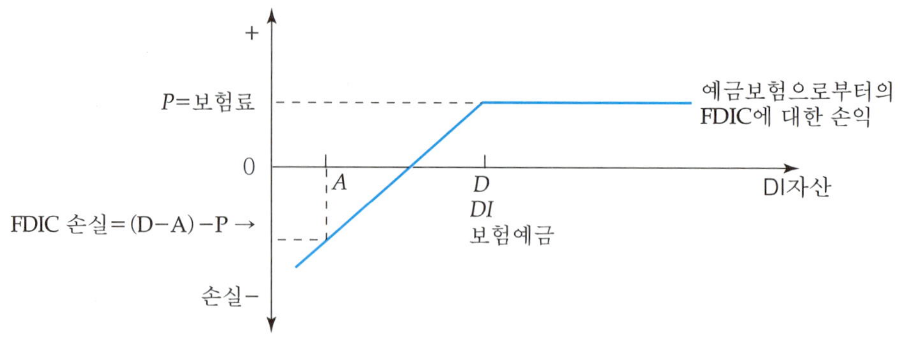

그림 14-4 예금보험의 풋옵션 기능

가치는 양의 값이 된다. FDIC는 예금금융회사의 예금 일부를 대신 지급할 필요가 없게 되고, 예금금융회사가 지불하는 보험료(P)는 유지된다. 만약 위험한 자산포트폴리오 때문에 예금금융회사가 지급불능상태가 되면, 즉 자산가치가 D 이하가 되어(예를 들어 A라면) 순가치가 0보다 작게 되면 예금금융회사의 소유주는 FDIC에게 예금금융회사에 대한 풋옵션을 행사할 것이다. 이 경우 FDIC는 예금주에게 D만큼을 지불할 것이고, 예금금융회사의 자산(A)을 처분할 것이다. 결과적으로 FDIC는 ($D-A$)에 상응하는 지급불능의 비용에서 예금금융회사가 미리 지급한 보험료를 차감한 금액을 부담한다.

예금보험이 이처럼 간단한 유럽형 풋옵션 방식으로 가치평가가 된다면 FDIC의 예금보험 제공비용은 자산리스크(σ_A^2)의 수준과 예금금융회사의 레버리지비율(D/A)에 따라 증가하게 된다. 즉 보험수리적인 적정보험료(P)는 풋옵션의 프리미엄과 동일하고, 자산리스크(σ_A^2)와 레버리지리스크(D/A) 모두와 양(+)의 관계를 가져야 한다.[17)]

예금보험보증의 가치는 다음과 같이 만기(T) 시점에서의 블랙숄즈 풋옵션 모형과 동일하다는 것을 보였다.

17) 다른 저자들은 다음과 같이 Merton의 가정을 완화하였다.

(1) 예금보험의 부분보상액의 허용 (Ronn and Verma, "Pricing Risk-Adjusted Deposit Insurance")

(2) $D=A$가 아닌 $D<A$ 경우의 청산 (Ronn and Verma, and Acharya and Dreyfus, "Optimal Bank Reorganization")

(3) 감시와 관리에 비용이 드는 경우 (R. C. Merton, "On the Cost of Deposit Insurance When There Are Surveillance Costs," *Journal of Business* 51 (1978), pp. 439-52)

(4) 유럽형이 아닌 미국형 옵션, 즉 만기 이전 보험계약기간 동안 언제라도 행사할 수 있는 옵션.

$$P(T) = De^{-rT}\phi(X_2) - A\phi(X_1)$$

$$X_1 = \left[\log(D/A) - (r + \sigma_A^2/2)T\right] / \sigma_A \sqrt{T}$$

여기서 $$X_2 = X_1 + \sigma_A \sqrt{T}$$

여기서 ϕ는 표준정규분포이다.

[그림 14-5]은 1989-94년 기간 동안 300개 은행들에 대해 옵션가격결정모형으로 추정한 평균 적정 예금보험료를 나타내고 있다.[18] 1991년 이후의 평균 적정 보험료 하락은 이 기간 은행자산의 변동성이 감소하고 레버리지 리스크가 개선된 것을 반영하고 있다.

옵션가격결정모형이 개념 및 이론적으로 세련된 방법임에도 불구하고 예금금융회사의 자산가치(A)와 자산의 리스크(σ_A^2)는 직접 관찰할 수 없기 때문에 실무에서는 사용하기 어렵다. 이러한 변수들의 값이 예금금융회사의 자본가치와 그것의 변동성으로부터 추출될 수 있는 반면 (제6장의 KMV모형에 대한 논의 참조), 8,800개 이상의 예금금융회사들(7,500개

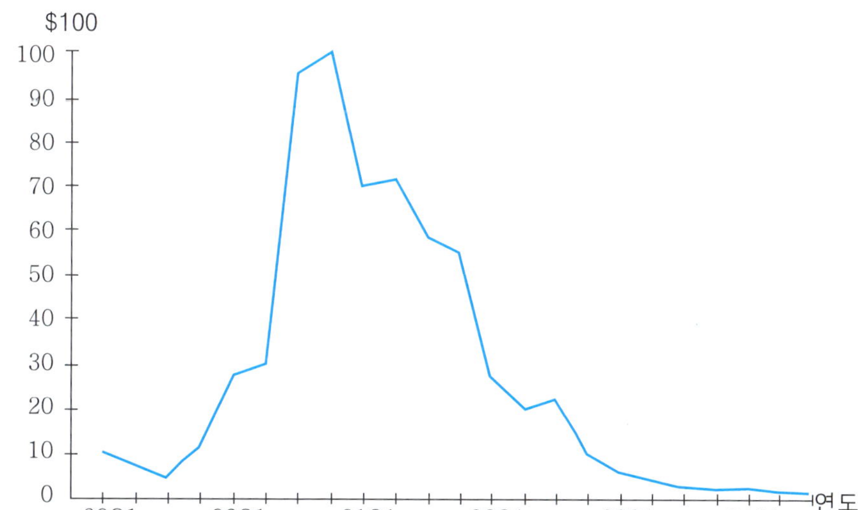

자료 : Federal Reserve Bank of San Francisco, Newsletter 95-08, 1995

그림 14-5 옵션가격모형으로 측정한 평균 예금보험료

18) M. Levonian and F. Furlong, "Reduced Deposit Insurance Risk." *Federal Reserve Bank of San Francisco Weekly Letter*, no 95-08, February 24, 1995 참조.

의 DIF보증 상업은행과 1,300여개의 DIF보증 저축금융회사) 중 단지 300개의 예금금융회사들만 3개의 주요 거래소(AMEX, NASDAQ, NYSE)에서 거래되고 있을 뿐이다. 그렇지만 옵션모형은 레버리지와 자산의 리스크가 예금보험 가격결정모형에 포함되어야 하는 중요한 요소라는 점을 알려 주고 있다. 이제 1993년 1월에 FDIC가 도입한 리스크기준 예금보험료 산정방식을 살펴보자. 이 방법에서도 은행 레버리지와 자산리스크가 모두 예금보험료와 직접적으로 관련되어 있다.

개념질문

1. A은행의 자산 대 예금비율은 90%이고 자산수익률의 표준편차는 10%이다. B은행의 자산 대 예금비율은 85%이고 자산수익률의 표준편차는 5%이다. 어떤 은행이 더 높은 보험료를 지불하여야 하는가?
2. 예금보험이 풋옵션과 유사하다면 옵션의 행사자는 누구인가?

■리스크기준 보험료산정 시행

FDICIA는 FDIC가 리스크를 기준으로 보험료를 산정하는 방식을 1994년 1월까지 수립할 것을 요구하였다. FDIC는 현재 보험료를 다음 사항에 기초하고 있다.

1. 자산의 분류와 집중화 정도
2. 부채의 분류와 집중화 정도
3. 손실 확률에 영향을 주는 기타 요인
4. 부보금융회사의 요구수익[19]

FDIC는 1993년 1월 1일 처음으로 **리스크기준 예금보험제도(risk-based deposit insurance program)**을 소개하였다. 이 프로그램은 모든 부보금융회사에 적용되는 것으로 은행이나 저축금융회사의 리스크는 자본의 적정성 및 감독 목적이라는 차원에 의해 순위가 매겨진다. 순위는 부분적으로 자산리스크 정도, 대출 발행 기준과 기타 운영리스크에 대한 감독회사의 판단에 기초한다. 각 차원은 세 개의 범주(category)를 갖기 때문에 예금금융회사는 〈표 14-2〉(윗부분)과 같이 9개의 부분 영역 중 하나에 위치한다.

▶**리스크기준 예금보험제도(risk-based deposit insurance program)**
예금금융회사의 자본적정성과 감독회사의 판단에 의해 예금보험료를 산정하는 제도.

19) 특히 기금적립금이 부보예금의 1.25%를 초과할 때까지 보험료를 내릴 수 없다.

표 14-2 예금보험의 부담 이전

A. 1993년 1월 1일부터 유효한 예금보험료구조

감독범주 자본범주	건전함[1]	감독주의대상[2]	상당한 감독의 주의대상[3]
자본충분[4]	100달러당 23센트	100달러당 26센트	100달러당 29센트
적정자본[5]	100달러당 26센트	100달러당 29센트	100달러당 30센트
자본불충분[6]	100달러당 29센트	100달러당 30센트	100달러당 31센트

B. 1997년 1월 1일부터 유효한 예금보험료구조

감독범주 자본범주	건전함[1]	감독주의대상[2]	상당한 감독의 주의대상[3]
자본충분[4]	100달러당 0센트	100달러당 3센트	100달러당 17센트
적정자본[5]	100달러당 3센트	100달러당 10센트	100달러당 24센트
자본불충분[6]	100달러당 10센트	100달러당 24센트	100달러당 27센트

(주) 숫자는 보험료를 의미함.
1. 재정적으로 건전하고 일부 약점만 존재.
2. 수정되지 않으면 심각한 재정적 위험초래 가능성 있음.
3. 효과적인 수정방법이 적용되지 않으면 상당한 손실초래.
4. 총리스크자본비율 ≥ 10%, 기본 리스크자본비율 ≥ 6%, 기본 레버리지 ≥ 5%.
5. 총리스크자본비율 ≥ 8%, 기본 리스크자본비율 ≥ 4%, 기본 레버리지 ≥ 4%.
6. 상위 자본수준에 미달.

자료: Office of the Comptroller of the Currency, January 1993 and January 1997.

자기자본 보유가 충분한 가장 건실한 예금금융회사들은 제1 영역에 존재하며, 예금 100달러당 23센트의 연간 보험료를 지불한 반면, 충분하지 못한 예금금융회사는 31센트를 지불했다. 가장 안전한 예금금융회사와 가장 위험한 예금금융회사 간의 보험료 차이는 겨우 8센트로서 예금금융회사의 리스크에 따라 적정하게 보험료를 결정한 결과라고 하기에는 그 차이가 너무 작다고 여겨졌다. 리스크기준 보험료가 도입되는 시점에 FDIC는 전체 12,000개 이상의 부보상업은행과 저축금융회사 중 약 75%(예금 기준으로 약 51%)와 2,300개의 부보예금금융회사의 60%(예금 기준으로 약 43%)가 가장 낮은 보험료를 지급하는 집단에 속한다고 추정하였다. 단지 약 220개의 은행(부보상업은행과 저축금융회사의 2%)과 160개의 예금회사(부보예금금융회사의 7%)만이 31센트의 가장 높은 보험료를 지급하는 집단에 속하게 되었다. 1993년의 평균보험료는 예금 100달러당 23.2센트였다. 그러나 FDIC와 은행 및 저축금융회사들의 지급능력이 개선됨에 따라 보험료는 감소하게 되었다. 1996년 BIF 부보예금금융회사 및 1997년 SAIF 부보예금금융회사들의 예금보험요율구조는 〈표

14-2〉의 패널 B와 같다. 2005년 12월 모든 BIF 부보예금금융회사의 94.6%와 모든 SAIF 부보예금금융회사의 93.4%는 법정 최소한도의 보험료(현재는 0으로 감소하였다)를 납입하였고 평균보험료는 예금 100달러당 0.05센트였다.[20]

2005년의 연방예금보험개혁법. 2000년대 초 FDIC는 당시 예금보험제도의 여러 단점들을 인식하게 되었다. 가장 중요한 것은 당시 시스템이 효과적으로 리스크에 대한 가격결정을 하지 못하는 것이었다. 당시 규정상 보험기금의 준비금이 목표적립률(Designated Reserve Ratio; DRR)이라고 하는 부보예금의 1.25%를 초과하면 FDIC는 자본비율이 높은 등급의 예금금융회사에 보험료를 부과하지 못하였다. 결과적으로 부보은행 중 90% 이상이 1990년대 말과 2000년대 초에 예금보험료를 납입하지 않았다. FDIC는 기금의 준비금 수준에 상관 없이 리스크에 대해 일정한 프리미엄을 부과해야 한다고 주장했다. 2007년 1월부터 FDIC는 보다 통합적인 리스크기준 시스템을 근거로 예금보험료를 책정하고 있다.

■자본증가 및 폐업규정

주주들의 과도한 위험행위 동기를 경감시키는 두 번째 방법은 (1) 자본비율 증가 (2) 예금금융회사 폐업규정을 보다 엄격히 적용하는 것이다. 예금금융회사 소유주들의 도덕적 해이 정도는 예금금융회사의 순가치가 0에 근접하고 부채비율이 증가함에 따라 더욱 커진다. 실제로 1980년대 순자본의 장부가가 0보다 작았던 저축금융회사들의 위험 감행의 동기는 매우 두드러졌다.

금융회사가 이러한 예금금융회사들을 즉시 청산시키지 않고 영업을 계속 유지시키는 것을 **자본유예정책(capital forbearance)**이라고 한다. 단기간에서는 이러한 유예정책이 보험기금의 청산비용을 절감할 수 있다. 그러나 이 경우 장기적으로는 부실은행의 소유주들이 은행의 전기를 마련할 수 있는 수익을 얻을 목적으로 추가위험을 택할 동기가 계속될 것이다.[21]

이런 전략은 결국 보험기금의 미래 채무를 증가시키고 예금금융회사의 청산비용을 증가시킬 수 있다. 예를 들어 1980년대 저축기관산업의 막대한 추가적 비용은 청산유예를 택한 감독기관의 정책적 산물이다.

▶**자본유예정책(capital forbearance)**

규제당국이 자본이 완전 잠식된 금융회사를 계속 영업을 하도록 놓아 두는 정책.

---

20) 또한 1997년 1월 초 모든 부보은행들은 1990년대에 FDIC의 재조정 작업을 지원하기 위하여 발행된 채권(이른바 FICO bonds)에 이익이 나도록 예금 100달러당 1.3센트를 부과해야 했다.

21) 새로운 자본이 은행의 예금보다 조달비용이 더 많이 든다고 가정함.

다음 장에서 논의하겠지만 리스크기준자본(risk–based capital) 시스템은 더 큰 시장, 신용, 운영 및 이자율리스크를 택하는 은행과 저축금융회사들에게 더 많은 자본을 보유하도록 요구한다. 따라서 리스크기준자본은 예금금융회사 주주들의 리스크감수비용을 늘림으로써 리스크기준 예금보험료를 보조하는 역할을 한다. 아울러 1991년 FDICIA는 신속한 수정조치 프로그램을 도입함으로써 예금금융회사 주주들에 대한 규제당국의 통제 수준을 상당히 증가시켰다. 이것은 자본비율이 하락하면 감독이 누진적으로 강화되는 조항으로써 은행과 저축금융회사에 5개의 자본 등급을 적용하는 것이다. 이러한 당근과 채찍 방법에 따라 자본의 장부가치가 특정 수준 이하(현재 자산의 2%)가 되면 90일 이내에 재산관리에 들어간다.

자본의 장부가치가 시장가치에 유사하다면 이것은 위험을 감행하는 예금금융회사 소유주들에게 추가비용을 부과함으로써 주주 통제를 강화하는 기능을 하며, 예금금융회사 소유주들과 FDIC 사이에 리스크를 택한 비율에 따른 공동보험(coinsurance)의 효과를 증진시킨다.

1980년대 중반 이후부터 미국 예금금융회사에 대한 주주와 무보험 예금자의 시장규율을 제고시키기 위한 방법으로 보통주와 함께 후순위채권(subordinate debt)이 제안되었다. 그 후 1999년의 금융서비스현대화법(Financial Service Modernization Act)에 따라 연방준비제도와 재무부는 예금금융회사들이 후순위채권 형태로 자본비율을 유지하게 하는 것이 가능하고 적합한 방법인지 의회에 보고하도록 지시하였다. 이들 정부기관들은 보고서에서[22] 후순위채권정책이 다음과 같은 5개 목표를 달성할 수 있다는 결론을 내렸다. 첫째, 만약 후순위채권을 발행하는 예금금융회사의 예상비용이 예금금융회사 리스크에 대한 채무소유자들의 인식과 직접적으로 연관된다면 이 방법은 직접적으로 시장규율을 제고할 수 있다. 후순위채권을 이용한 자금조달비용이 상승한다면 예금금융회사 경영자들은 과도한 리스크를 감수하려는 동기가 낮아질 것이다. 둘째, 만약 예금금융회사 부채의 유통시장가격이 예금금융회사 리스크와 직접적인 관련이 있다면 후순위채권은 간접적으로 시장규율을 제고할 수 있다. 더욱이 만일 예금금융회사의 감독기관이 유통시장의 수익률증가를 예금금융회사의 리스크증가 신호로서 간주한다면 후순위채권은 감독기관의 예금금융회사에 대한 간접적 통제기능을 강화시켜 준다. 셋째, 의무적인 후순위채권 발행은 예금금융회사의 투명성을 높여, 직간접적으로 시장규율을 촉진할 것이다. 넷째, 후순위채권의 발행은 예금금융회사의 자본완충효과를 제고시켜 FDIC같은 연방예금보험자를 보호하는 기능을 한다. 마지막으로 후순위채권은 감독기관이 부실금융회사의 파산을 유예시키는 성향을 감소시킬 수 있다. 예금금융회사가 파산하면 후순위채권자들은 자금회수의 우선순위가 보험자 다음

22) "The Feasibility and Desirability of Mandatory Subordinated Debt," Board of Governors of the Federal Reserve and U.S. Department of the Treasury, December 2000 참조.

이기 때문에 후순위채권자들은 감독기관이 부실한 예금금융회사에 대해 신속한 수정조치를 취하게 만드는 동기를 지니게 된다.

후순위채권의 규모에 따라 일반적으로 두 종류의 상이한 제안이 존재한다. 하나는 리스크가중자산의 2%를 후순위채권으로 조달할 것을 추천하는 것이며, 다른 하나는 장부상 자산이나 리스크가중자산 가치의 4~6% 범위에서 후순위채권으로 자금을 조달하라는 것이다. 2000년 말 기준으로 모든 대형 예금금융회사의 후순위채권 발행액은 자산 장부가치의 1%를 초과하고 있다. 연방준비제도와 재무부는 2000년 보고서에서 후순위채권 발행정책이 잠재적으로 시장규율, 안정성 그리고 건전성을 강화시킬 수 있다는데 동의하는 한편, 대형 예금금융회사에게 의무적으로 후순위채권 발행을 요구하기 전에 추가적인 증거가 필요하다고 결론을 내렸다.

개념질문

1. 만약 당신이 실제적으로는 지급불능상태이지만 아직 규제당국에 의해 폐쇄되지 않은 예금금융회사를 경영하고 있다면 장기국채와 부동산개발대출 중 어떤 곳에 투자하겠는가? 그 이유는?
2. 리스크기준 자본요구액과 리스크기준 보험료가 주주의 도덕적 해이를 방지하기 위하여 필요하다고 생각하는가?

예금자규율

위험행위를 하는 예금금융회사를 통제하는 간접적인 방법은 예금자들이 스스로 예금금융회사를 통제할 수 있는 환경을 조성하는 것이다. 예금자들은 리스크가 높은 예금금융회사에 대해 더 높은 이자율과 리스크프리미엄을 요구하거나 예금의 규모를 차별화할 수 있다.

비판자들은 현 예금보험제도하에서는 부보예금의 예금자(보험예금자)나 그렇지 않은 예금자 중 누구도 리스크가 높은 예금금융회사를 통제할 충분한 동기를 갖지 못한다고 주장한다. 이러한 주장을 이해하기 위해서는 각 예금자들의 리스크 노출도를 먼저 고려해야 한다.

■ 보험예금자

1933년 예금보험제도가 도입되었을 때 예금자들에 대한 보장수준은 2,500달러였다. 수년에 걸쳐 이 보장한도는 점점 증가했고, 1980년에는 100,000달러가 되었다. 2005년의 연방예금보험개혁법은 예금보험 한도를 1인 1계좌당 100,000달러로 정했다. 하지만, 그 법안

예제 14-1 보험예금 총액의 계산

딸 1명이 있는 부부는 남편과 아내가 모두 은행에 **개인퇴직계좌(individual retirement account: IRA)**나 **Keogh플랜**(미 자영업자를 위한 연금계좌)을 가지고 있는 경우에는 남편의 개인저축계좌, 아내의 개인저축계좌, 부부공동계좌, 딸의 저축계좌에 각각 100,000달러씩, 남편의 IRA 계좌, 남편의 Keogh계좌, 아내의 IRA계좌, 아내의 Keogh계좌에 각각 250,000달러씩 넣을 수 있어 모두 합하여 1가구당 최대 80만 달러까지 저축할 수 있다. 소유권의 범위가 이런 정도로 계속 진행된다면 곧 상한 금액은 1가구당 백만 달러 이상이 될 것으로 예상된다.

은 물가상승을 고려하여 10,000달러에 한에서 예금보험 한도를 5년마다 재조정하도록 하였다. 예금보험 한도가 경감되는 경우에는, 그 다음에 계획된 5년 조정에서 예금보험 한도의 감소가 발생하지 않을 때까지 다시 경감하지 않도록 했다. 물가상승에 대한 첫 조정은 2011년 1월 1일 효력이 발생한다. 법안은 또한 퇴직계좌에 대한 예금보험 한도를 100,000달러에서 250,000달러로 인상했다.

실제로는 은행이나 저축금융회사에 특정한 방식으로 예금함으로써 예금자들은 전체 예금에 대하여 100,000달러 보장한도 몇 배 이상의 보장을 받을 수 있었다. 〈표 14-3〉에 나타나 있는 개인이 예치할 수 있는 특정예금의 소유권을 참조하라. 개인들은 다음 예와 유사한 전략을 이용하여 보장의 한도를 늘릴 수 있다.

▶**개인퇴직계좌(IRA)와 자영업자연금제도(Keogh Plan)**
개인 또는 자영업자가 은행이나 기타 금융회사를 이용하여 가입하는 개인퇴직연금제도.

이 보장한도는 개별 은행 또는 개별 저축금융회사에 해당된다. 부유한 예금자나 회사투자자들은 여러 예금금융회사들에 걸쳐 최대한의 예금지급보장이 될 수 있도록 자금을 분산하기 위해 **예금중개인(deposit broker)**을 고용할 수 있다. 예를 들어, 부유한 예금자는 Merril Lynch와 같은 예금중개회사의 도움을 받아 100만달러를 100,000달러씩 10개로 나누어 10개의 다른 은행에 예금할 수 있다.

▶**예금중개인(deposit broker)**
대규모 예금을 여러 예금금융회사에 분산 예치시켜 각 예금들이 예금지급보장이 될 수 있도록 만들어 주는 중개회사.

1980년대에 중개된 예금의 가장 큰 구매자는 차입자금시장을 이용하기 어려운 리스크가 높은 은행들이었다. 이런 은행들은 상대적으로 건전한 은행보다 더 높은 이자율을 제공하여 중개예금을 예치하였다. 실제로 은행의 중개예금비율이 높은 것은 향후 파산리스크의

표 14-3 예금의 소유구조

단순한 당좌계좌 등의 개인소유
부부저축계좌같은 공동소유
수취인이 변경될 수 있는 신탁계좌
수취인 고정 신탁계좌
지분이 증가하며 변경될 수 없는 종업원 복지제도계좌
중앙 또는 지방정부계좌
법인계좌
비법인과 협회
IRA
Keogh계좌
관리계좌
대리인 또는 수탁인 자격의 은행계좌

자료 : U.S. Department of the Treasury, "Modernizing the Financial System; Recommendations for Safer More Competitive Banks, Washington, DC, February 1991.

조기경고가 되었다. 예금은 파산시점까지 발생한 이자를 포함하여 10만 달러까지는 전액 보장되었기 때문에 예금을 10만 달러로 세분화하면 예금자와 자금 중개은행들은 이러한 예금의 리스크에 대해 우려할 필요가 없었다.

FDIC와 FSLIC는 1984년 예금중개인에 의해 투자된 자금에 대한 보험금 지급을 거부하기 위한 연대 해결책(joint resolution)을 도입하였다. 그러나 광범위한 의회 청문회 이후 이 해결책은 궁극적으로 거부되었다. 대신 의회는 1989년 금융기관복구개혁법(Financial Institutions Reform, Recovery and Enforcement Act; FIRREA)을 승인했다. 이 법에서는 자본기준을 충족하지 못하는 부보예금금융회사는 중개된 예금의 예치뿐만 아니라 시중 이자율을 크게 상회하는 이자율을 제공하여 예금을 유치하는 것도 금하였다. 1991년의 FDICIA는 제1구역(ZONE 1) 자본 범위에 있는 은행과 저축금융회사에게만 중개예금 이용을 허가하였다. 신속한 수정조치계획하에서는 제1구역은 총리스크기준자본비율 10%를 초과하는 예금금융회사를 의미한다. 이 범위 밖의 예금금융회사들은 FDIC로부터 특별한 승인을 얻지 못한다면 일반적으로 중개예금을 예치하는 것이 불가능하다. 이러한 제약은 1992년 6월에 발효되었다.

FDIC개선법과 2005년의 연방예금보험개혁법은 처음에는 부보예금의 상한선을 100,000 달러로 고정시키는 것이었다. 보상한도를 낮추면 예금자들이 리스크가 높은 예금금융회사를 감시하고 필요시 대량인출을 감행할 동기가 증가하게 되지만 그 경우 예금금융회사 파산의 수가 늘어나고 금융공황이 발생할 가능성도 높아진다. 따라서 1인당 부보예금액의 경감으로부터 FDIC가 얻는 이득은 예금금융회사 청산비용 및 파산 가능성이 늘어나는 폐해와 비교하여야 한다. 즉 1인당 예금보장상한의 최적수준을 결정하는 것은 결코 쉬운 문제가 아니다.

■무보험예금자

예금보험의 1차적인 목적은 예금금융회사로부터의 대량인출사태와 공황을 방지하는 것이다. 2차적인 목적은 예금금융회사가 파산할 때 지급순서가 나중이며 정보적으로 불리한 소액저축자를 보호하는 것이다. 현재의 예금보험계약에서는 정보가 부족한 예금자들은 원금과 이자를 합하여 100,000달러 이하가 되는 예금자로 정의된다. 이론적으로는 최소한 100,000달러 이상의 대형 예금자들이 예금금융회사 파산시 리스크에 처하게 된다. 그 결과 대형 무보험예금자들은 예금금융회사의 리스크에 민감할 수밖에 없고, 리스크가 높은 예금금융회사에 대해 더 높은 이자율을 요구하거나 예금을 완전히 인출하는 방법을 사용하여 그러한 예금금융회사를 통제하려 한다. 최근까지 실제 예금금융회사 파산문제를 해결하는 대부분의 방법은 대형 및 소액 예금자들이 모두 손실에 대해 전적으로 보호되는 방식이었다. 이것은 특히 대형 은행이 문제를 야기할 때 더욱 그러하므로 소위 **대마불사은행(too-big-to-fail bank)**으로 간주된다. 즉 보험기금의 재원 유출에 대한 영향 및 대량인출사태가 다른 주요 은행으로 확신될지 모르는 두려움 때문에 감독기관은 문제 있는 대형 금융회사들을 청산하지 못하게 되는 것이다. 따라서 저축금융회사이나 소형은행의 파산시 무보험예금자가 손해를 보는 경향이 있음에도 불구하고, 대형은행이 파산하는 경우에는 감독기관에 의해 대개 묵시적으로 예금을 100% 보상해 주는 결과가 초래된다. 그 결과 특히 대형 은행에 대해 예금규모에 상관 없이 모든 예금자들이 리스크가 높은 은행에 대한 시장규율을 적용할 동기를 갖지 못하게 된다.

▶**대마불사은행(too-big-to-fail banks)**

규모가 너무 커서 청산하면 전체 금융시스템에 큰 영향을 주기 때문에 규제당국이 청산하지 못하는 은행.

FDICIA 이후의 파산해결정책. FDIC의 적자가 늘어남에 따라 1991년 FDICIA에서는 부보예금금융회사의 파산비용을 무보험예금자들에게 전가하여 더 높은 이자율을 요구하거나, 예금의 예치결정을 통하여 예금금융회사의 리스크를 통제하는 예금자규율을 강화하려 하였다. FDICIA는 FDIC로 하여금 **최소비용해결(Least-Cost Resolution; LCR)** 방법을 사용하도록 요구하였다. LCR 방법을 적용할 때 FDIC는 파산해결 대안들을 현재가치기준에 의해 평가하고 방법의 선택과 관련된 여러 가정을 문서화하게 된다(〈표 14-4〉 참조). 이러한 결정은 정부회계감사기구가 감사한다.

▶ **최소비용해결(least-cost resolution)**
부실 예금금융회사를 청산할 때 사용하는 방법 중 가장 비용이 적게 소요되는 방법을 선택하는 정책.

그러나 모든 경우에 최소비용해결방법을 적용하는 것이 좋은가에 대해서는 논란의 여지가 있다. 특히 체계적 리스크 예외조항(systematic risk exemption)은 대형 예금금융회사의 파산이 전체 금융시스템에 상당한 위협을 초래할 수 있는 상황에 적용될 수 있으며, 그 이후에 부보예금자와 무보험예금자를 보호하는 방법이 사용될 수 있다. 이러한 주장은 1991년 이전의 제도에서 유행했던 대형 예금금융회사의 무보험예금자들에 대한 "대마불사보증이 FDICIA가 통과된 이후에도 계속되는 것처럼 보인다. 그러나 실제로 FDICIA는 체계적 리스크 예외가 적용될 수 있는 상황을 상당히 제한해 왔다. 그러한 예외는 오직 연방준비제도이사회의 2/3 이상과 FDIC가 재무부장관에게 추천하여 재무부장관이 대통령과 협의 후 동의하는 경우에만 허가된다. 게다가 대형 예금금융회사의 그러한 구제조치(bailout)에 소요되는 비용은 다른 예금금융회사들이 국내외 예금 및 차입자금(후순위채권을 제외)의 규모에 따라 예금보험료를 추가적으로 부담하는 방법으로 충당하여야 한다. 일반적으로 대형 예금금융회사들이 해외 예금과 차입자금이 더 많기 때문에 그들은 소규모 예금금융회사보다 향후 추가로 발생할지 모르는 대형 예금금융회사의 구제조치비용을 더 많이 부담하게 된다.

그럼에도 불구하고 이러한 대마불사보증을 제한적인 형태라도 계속 존재시켜야 하는가에 대한 우려는 계속되었다. 은행과 금융서비스회사들의 합병의 물결 속에서 더 많은 금융회사들이 대마불사보증이 될 것 같다는 주장도 많았다.[23] 만일 1984년 Continental Illinois 도산 이후 대마불사보증형식으로 보호받게 될 11개 은행을 지정하는 데 통화감독관이 사용한 기준을 사용한다면, 오늘날 이 금액은 450억 달러의 자산규모가 된다. 2007

표 14-4 FDICIA의 최소비용해결 준수항목

FDIC는 다음 사항을 준수해야 한다.

- 현실적인 할인율을 사용한 현가에 기초하여 비용을 계산한 후 가능한 모든 해결방법을 평가해야 함
- 평가에 기초하여 가장 비용이 적게 드는 방법선택
- 이자율, 자산회수율, 자산보유비용 우발채무에 관련된 가정과 평가방법을 문서화함
- 5년 이상 서류보관

자료 : GAO, 1992 Bank Resolutions, GAO/GGD-94-197, p. 14.

23) 실제로 일부에서는 연방준비제도가 Long-Term Capital Management(LTCM) 구제를 위한 긴급융자로 35억 달러를 조성한 것은 대마불사보증이라고 주장하고 있다. 또 다른 의견은 이 구제에는 연방준비제도의 돈이 직접적으로 사용되지 않았기 때문에 전통적인 의미에서의 대마불사보증은 아니라는 의견도 있다.

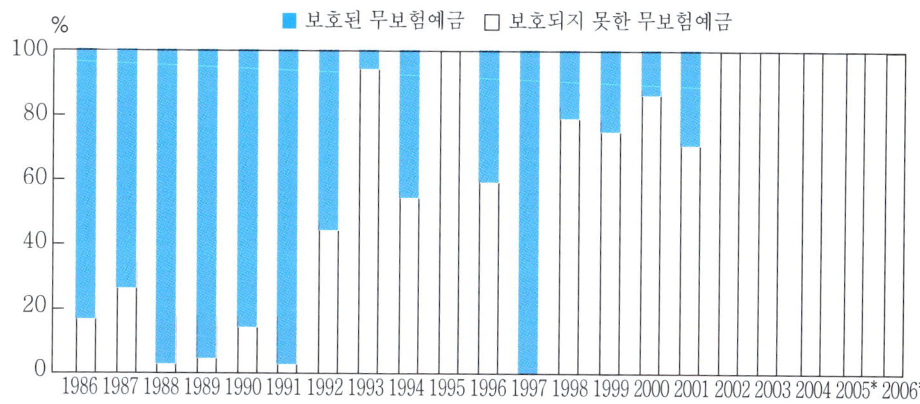

자료: Federal Deposit Insurance Corporation Wed Site, Historical Statisticsn, various dates. *www.fdic.gov*

그림 14-6 1986-2006년 기간의 무보험예금자 정책에 의한 예금금융회사의 파산

년 현재 40여개 은행들이 이 금액 이상의 자산규모를 지니고 있다.

체계적 리스크 예외조항을 제외하고 LCR 전략은 FDIC가 대부분의 파산비용을 무보험예금자들에게 부과하는 방법을 사용하도록 요구한다. 이러한 목적을 위해 FDIC는 1991년 이후 많은 건수의 파산해결시 **보험예금자이전(insured depositor transfer; IDT)** 방식을 사용해 왔다.

예제 14-2 IDT에 의한 부실은행의 청산과 잔여자산 지급

이전과 같은 예를 이용하자. 이 방법의 구조 및 이해관계자들의 손실부담은 〈표 14-5〉에 나타나 있다. FDIC는 인수은행에게 자산의 청산금액인 8,000만 달러와 함께 부보예금 5,000만 달러 및 무보험예금 3,000만 달러를 이전한다. 따라서 무보험예금자는 자산가치와 예금보험의 차액까지만 받을 수 있으며, 이 예에서는 2,000만 달러의 순손실(무보험예금의 40%)을 모두 부담하게 된다. IDT 후에 무보험예금자는 인수은행에 3,000만 달러의 무보험예금 및 부실은행의 부실자산에 대한 2,000만 달러의 청구권을 보유하게 된다. FDIC가 부실자산가치 2,000만 달러의 일부를 회수하는 경우에만 무보험예금자의 손실은 2,000만 달러 미만이 된다. 이 방법에서의 이해관계자들의 손실부담은 다음과 같다.

	손실(100만)
부보예금자	$ 0
FDIC	$ 0
무보험예금자	$ 20

표 14-5 IDT 방법 (100만)

(a) 파산				(b) IDT				
자 산		부 채		자 산		부 채		
우량자산	$80	부보예금	$ 50	우량자산	$ 80	부보예금	$50	우량
		무보험예금	50			무보험예금	30	→ 은행과 합병
	$80		$100		$ 80		$ 80	

▶**보험예금자이전(insured depositor transfer)**
부실 예금금융회사의 파산시 무보험예금자가 손실을 부담하는 방법.

IDT 방법에서는 파산한 예금금융회사의 부보예금은 다른 예금금융회사에 전액 이전되어 FDIC 대신 후자가 부보예금자들에게 직접적으로 예금을 지급한다. 대조적으로 무보험예금자들은 FDIC와 함께 파산한 예금금융회사의 청산자산에 대한 분배를 주장할 수 있다. 이 경우 대개 무보험예금자들은 손실을 입게 된다. 예를 들어, 1992년에는 122개 파산 중 60개의 경우에서 FDIC는 무보험예금자들에 13–69% 정도의 손실을 부담시켰다. 이들이 부담하는 손실규모는 파산한 예금금융회사 자산에 대한 FDIC 추정가치에 달려 있다. 1992년 무보험예금자들이 부담한 총손실액은 8,000만 달러나 되었다. [그림 14-6]은 1986년과 특히 1991년 FDIC개선법의 통과 이래로 예금보험의 보호를 받지 못한 무보험예금자 부담의 증가세를 보여 준다.

이러한 단순한 예에서 알 수 있듯이 무보험예금자들이 모든 손실을 부담하게 된다. 따라서 이들은 이자율이나 예치자금의 규모에 의한 시장규율을 이용하여 예금금융회사 소유주의 행동을 통제하고자 하는 강한 동기를 지니게 된다.

개념질문

1. 현재 예금보험 규정하에서 예금보험자가 100,000달러의 부보예금상한을 여러 번 이용하려면 어떻게 할 수 있는가?
2. 예금보험 대상이 아닌 예금자는 규제당국의 대마불사정책으로부터 어떤 이익을 얻을 수 있는가?
3. 간단한 대차대조표를 만들어 예금보험공사가 부실 예금금융회사를 해체하기 위해 IDT 방법을 사용하는 경우 예금보험공사가 손실을 입게 되는 간단한 예를 만들어 보라.

규제기관규율

주주와 예금자에 의한 규율이 은행이나 저축금융회사의 도덕적 해이를 감소시키지 못하는 경우에는 규제기관이 신속하고 지속적이며 예측 가능한 방법을 사용하여 예금금융회사에 대한 규율을 행사할 수 있다. 이를 위해 FDICIA는 규제상의 두 가지 약점을 인식했는데 조사의 빈도 및 철저함이 부족하였고, 1991년 이전에 보여 준 자본이 부족한 은행들에 대한 파산유예정책이 그것이다.

■ 감 사

첫째, FDICIA는 장부상의 자산과 부채를 시가평가할 것 등 예금금융회사의 회계기준을 개선할 것을 요구하였다. 이렇게 되면 조사관이 예금금융회사 외부에서 조사하더라도 그 효과가 향상될 것이다. 둘째, 1992년 12월 초에 FDICIA는 모든 예금금융회사들에 대해 매년 방문조사를 할 것을 요구하였다. 셋째, 민간 회계사들에게 독립적인 법적 회계감사권이 부여되어 예금금융회사의 실적을 감사하는데 중요한 역할을 맡기게 되었다.

■ 자본유예정책

다음 장에서 설명할 신속한 수정조치를 위한 자본범주의 도입은 규제정책이 감독기관의 재량권이 아닌 규칙에 의해 수립되는 방향으로 옮겨 가고 있는 것을 의미한다. 감독기관들은 자신들의 이해관계나 기타 이유로 인하여 그러한 행동을 하고 싶지 않아도 규칙에 따라 특정한 행동을 해야 하는 것이다. 이 방법의 약점은 만약 정책이 잘못되었다면 그 부정적인 효과가 더욱 커질 수 있다는 것이다.

개념질문

1. FDICIA는 주주와 예금자의 주의를 증진시키기 위해 어떤 것을 추가적으로 측정할 것을 요구하고 있는가?

14.6 다른 나라의 예금보험제도

전세계적으로 예금보험제도의 채택은 증가하고 있다. 이들 중 상당수가 예금자보호 수준에 있어 미국과 상이하다. 유럽의 단일 은행시장에 맞추어 EC는 1999년 모든 유럽공동체 내에 존재하는 은행들을 담당하는 단일 예금보험제도를 설립하였다. 이 제도에 따르면 EC국가들의 부보예금의 한도는 2만 ECU이다. 그러나 은행을 감시할 동기를 주기 위해 보험금액 중 예금의 10%가 공제된다.

일본 역시 1971년에 설립된 예금보험제도를 가지고 있다. 1990년대 말과 2000년대 초의 일본의 은행시스템은 악성 부채와 은행 파산(2000년 32조 달러)이라는 1930년대와 1980년대에 나타났던 미국 은행 및 저축금융회사들이 겪었던 유사한 경험을 하고 있는 듯이 보인다. 1992년에서 2002년까지의 기간 동안 이상 일본 은행은 부실대출과 관련하여 6,500억 달러 이상을 상각했다. 2003년 현재, 이 은행들은 여전히 대차대조표에 4,000억 달러 이상의 부실대출을 보유하고 있다. 일본의 예금보험기금의 효과는 1980년대의 미국과 유사하며, 적립금액은 급격히 감소하여 기금의 위기처리능력이 제한되고 있다. 이런 문제는 5,000억 달러 이상의 정부 구제조치로 이어졌고 2005년 4월까지 모든 은행예금의 보호에 사용되었다.

2005년 4월 현재 전액을 보장받는 예금들은 세 가지 조건을 만족하면서 지급과 결제의 용도로 사용되는 예금에 한정되는데, 그 세 가지 조건이란 무이자예금, 요구불예금, 그리고 정상적으로 지급결제 서비스를 제공하는 예금이다. 다른 모든 예금은 계좌당 최대 원금 100만 엔(91,000달러)까지 보장된다. 양도성예금증서는 보험의 보호를 받지 못한다.

2006년 하반기 현재 중국은 은행예금을 공식적으로 보호하는 시스템을 준비하고 있다. 이전까지 중국은 공식적인 예금보험제도가 전혀 없었다. 중국은행규제위원회(China Banking Regulatory Commission)의 당국자는 은행이 파산하는 경우 미국 예금자를 보호해 주는 FDIC와 같은 시스템의 도입을 계획했다. 2006년 하반기 중국의 은행 계좌 잔액은 3조 위안(3조 7,400억 달러)에 이르렀다. 감독당국은 중국 금융시스템의 탈규제화와 관련된 리스크, 은행 간 치열해지는 경쟁, 그리고 고객의 저축이 감소하는 경향 등에 대처하기 위해 예금보험제도의 설립을 원했다.

14.7 재할인창구

예금보험 대 재할인창구

앞에서는 잘 만들어진 예금보험제도가 어떻게 주주, 예금자 및 감독기관의 규율을 이용하게 되는지에 대해 설명하였다. 그러한 제도는 부보예금금융회사들의 도덕적 해이를 높이지 않고 예금인출사태 등 극단적인 유동성 문제를 막을 수 있다. FDICIA가 가장 심한 경우를 제외하고 도덕적 해이를 모두 없앨 정도로 예금보험요율을 결정했는지는 시간이 경과된 후 판단할 문제이다. FDICIA가 예금회사 소유주, 무보험예금자 및 감독기관들이 예금금융회사의 리스크를 감시하고 통제하려는 동기를 높인 것은 사실이다. FDICIA하에서 이루어진 변화들은 그 이전의 예금보험과 비교하여 상당히 개선된 것이다. 그러나 예금보험만이 은행의 유동성리스크를 완화시키기 위해 사용할 수 있는 유일한 수단은 아니다. 또 다른 수단은 연방준비제도가 제공하는 재할인창구이다.

재할인창구

전통적으로 연방준비제도와 같은 중앙은행은 예금금융회사의 단기적인 유동성 요구를 충족시키기 위해 **재할인창구(discount window)** 기능을 제공해 왔다. 예를 들어, 만일 어떤 예금금융회사가 준비금 요구기간의 말에 예상하지 못한 예금인출이 발생하여 목표 준비금을 적립할 수 없다고 가정해 보자. 이 경우 예금금융회사는 중앙은행의 재할인창구회사를 통하여 차입할 수 있다. 또한 주기적인 성격을 지니는 단기 계절적 유동성 요구도 재할인창구 대출을 통해 충족시킬 수 있다.[24] 정상적으로 그러한 대출은 단기 재무부증권이나 은행인수어음(bankers acceptance)같은 고등급 단기어음으로 조달할 수 있다. 그러한 유가증권이 할인되는 이자율을 재할인율이라고 불리며 연방준비제도에 의해 설정된다.

▶**재할인창구(discount window)**
연방준비제도가 예금금융회사의 단기적인 유동성 요구를 충족시키기 위해 제공하는 기능.

2001년 9월 11일 테러가 발생함에 따라, 연방준비제도의 재할인창구는 전례없는 많은 양의 자금을 은행시스템에 공급했다. 9.11테러의 충격으로 인해 미국의 은행시스템, 특히 예금금융회사의 지불능력은 심각하게 훼손되었다. Manhattan 남부 금융지역의 정전에 따른 전화교환시설 사용중단, 개별은행의 기록처리와 커뮤니케이션시스템 손상, 여러 대형 예금금융회사들의 지불업무를 담당하던 건물의 붕괴, 비행기를 이용한 수표운송지연 등이 테러

표 14-6 재할인창구 이자율과 페더럴펀드 이자율 간의 스프레드

	1990	1994	2000	2003	2006
페더럴펀드	8.10%	4.21%	6.53%	0.94%	5.25%
재할인창구	6.98	3.60	5.73	2.00	6.25

자료: Federal Resserve Board Web site, various dates, *www.federalreeserve.gv*

24) 심각한 위기상황에서 재할인창구는 증권사들의 유동성 수요도 충족해 줄 수 있다(예를 들어, 1987년 10월 19일의 주식시장붕괴나 2001년 9월 11일 테러리스트의 공격과 같은 상황 등).

에 따른 물리적인 피해였다. 이러한 피해로 인해 일부 예금금융회사가 연방준비제도의 Fedwire 시스템을 통해 다른 예금금융회사들에게 지불하는 것이 불가능해졌고, 이것은 지불받지 못한 예금금융회사들의 예기치 못한 유동성부족으로 이어졌다. 연방준비제도는 2001년 9월 11일 이후, 지급시스템상의 문제점들을 처리하기 위한 긴급조치를 취했다. 11일 정오경, 연방준비제도이사회는 연방준비제도가 운영 중이며, 모든 예금금융회사의 유동성 수요를 충족시키기 위한 재할인창구가 사용가능하다는 성명서를 배포했다. 또한 이후 며칠간, 연방준비제도의 관계자들은 종종 예금금융회사에게 연락하여 지불업무를 계속할 것과, 예기치 못한 유동성 부족을 해소하기 위해 재할인창구 이용을 고려할 것을 촉구했다. 이렇듯, 이 기간 동안 연방준비제도의 재할인창구는 지불업무를 복구하기 위한 중요한 수단으로 사용되었다.

미국의 연방준비제도는 전통적으로 재할인율을 일일 페더럴펀드이자율과 같은 시장이자율 이하로 책정했다(〈표 14-6〉 참조). 그러나 연방준비제도가 예금금융회사들이 재할인창구 대출을 페더럴펀드 매도나 자산확대를 위한 자금조달원으로 사용하는 것을 금지했기 때문에, 재할인창구 대출잔액은 일반적으로 크지 않았다. 그러나 2003년 1월 연방준비제도는 재할인창구 대출정책을 바꿔 대출이자율을 인상한 반면, 조건은 완화했다. 구체적으로 현재는 3가지 대출프로그램이 연방준비제도의 재할인창구를 통해 제공된다. 우량기관대출은 매우 기간이 짧으며(대개 일일물) 연방공개시장위원회(FOMC)에서 정한 페더럴펀드의 목표이자율보다 높은 이자율이며 일반적으로 건전한 예금금융회사들이 사용할 수 있다. 우량기관대출은 페더럴펀드 매도에 자금을 지원하는 것을 포함하여, 어떤 목적으로도 사용될 수 있다. 이 대출은 일반적으로 재정상태가 건실한 예금금융회사에 대해서 수 주까지 연장될 수 있다. 비우량기관대출(secondary credit)은 우량기관대출을 받기엔 부적격한 예금금융회사가 사용할 수 있다. 이 대출은 매우 기간이 짧으며 (대개 일일물) 우량기관대출보다 높은 이자율로 제공된다. 이 대출은 보완적으로 유동성 수요를 충족시키는데 사용될 수 있으며 차입회사의 자산 확장을 위해 사용되어서는 안 된다. 연방준비제도의 계절적 대출프로그램(seasonal credit program)은 소형 예금금융회사들의 대출과 예금이 계절에 따라 급변하는 것을 조절할 수 있도록 하고자 만들어졌다. 이 대출은 자금수요가 연중 특정한 패턴을 가지고 변화하는 것을 증명할 수 있는 예금금융회사가 사용할 수 있다. 적격 금융회사들은 대개 농촌지역이나 관광지역에 위치해 있다. 이 프로그램하에서 금융회사들이 계절적 수요가 있는 시기에는 재할인창구로부터 장기자금을 대출받을 수 있다. 그렇게 함으로써 대출을 받은 금융회사들은 계절적 수요가 많지 않은 기간에는 유동성 자산을 조금만 보유하고, 지역경제에 보다 많은 대출을 제공할 수 있다.

이러한 변화로 인해 건전한 은행에 대한 재할인창구 대출이자율은 페더럴펀드 이자율보다 1% 높게 책정되었다. 건전성에 문제가 있는 은행에 대한 대출이자율은 페더럴펀드 이자율보다 1.5% 높게 책정되었다. 이러한 변화는 연방준비제도가 통화정책의 수단으로서 재할인창구의 이용 자체를 변경하는 것이 아니라, 재할인이자율을 큰폭으로 인상하고 대신 재할인창구 대출을 쉽게 받을 수 있도록 한 것이다. 또한, 연방준비제도는 은행의 자금조달 수단으로서의 재할인창구 이용을 늘림으로써 페더럴펀드 시장의 변동성을 줄이고자 한다. 이 변화는 또한 건실한 은행들도 민간부문 자금의 사용가능성에도 불구하고 연방준비제도로부터 대출받도록 만들었다. 이에 앞서 연방준비제도는 금융회사에게 그들이 민간부문에서 자금을 구할 수 있는지 증명하도록 요구했었는데 이것은 재할인창구 대출의 오점이 되었던 것이다. 이러한 변화로 연방준비제도는 모든 은행들에게 대출을 해 줄 것이고, 보조금은 동이 나게 될 것이다.

연방준비제도의 재할인창구 대출 관련 정책의 최근 변화에도 불구하고, 예금금융회사의 재할인창구 이용이 예금보험이 하는 것만큼 예금인출사태나 공황을 막기는 힘들어 보인다. 첫째, 예금금융회사는 재할인창구로부터 차입하기 위해 높은 등급의 유동자산을 담보로써 제공하여야 한다. 그러나 파산 가능성이 높고 유동성이 떨어지는 예금금융회사가 그러한 자산을 갖고 있을 가능성은 많지 않다. 둘째, 재할인창구 대출은 예금보험보장과는 달리 자동적으로 이루어지지 않는다는 것이다. 특히 예금금융회사들은 "차입필요성(need-to-borrow)" 기준에 의해 창구이용기회를 얻는다. 만약 재할인율이 단기금융시장의 은행 간 이자율 이하로 정해져 있기 때문에 차입요청이 예금금융회사의 수익을 높이려는 동기로부터 나왔다고 중앙은행이 판단한다면 차입요청은 거절될 것이다. 즉 재할인창구 대출은 연방준비제도의 재량에 의해 이루어진다. 셋째, 재할인창구의 기본목적은 지급불능 예금금융회사에 대한 영구적 장기지원이 아니고 본질적으로 지급능력이 있는 예금금융회사들에게 일시적인 유동성을 제공하는 것이다.[25]

특히 FDIC와 주요 감독기관 모두 예금금융회사가 살아날 수 있다고 확인해 주지 않는다면 문제가 있고 자본이 부족한 예금금융회사에 대한 재할인창구 대출은 120일 기간 중 60일 이하로 제한된다. 60일까지의 추가 연장은 감독기관의 승인에 의해 이루어진다. 마지막으로 재할인창구를 이용하게 하였으나 결국 부실한 예금금융회사가 도산하는 경우에는 중앙은행이 필요 이상의 기간 동안 부실한 예금금융회사를 폐쇄하지 않은 결과이므로 추가적으로 발생하는 비용에 대해 FDIC에게 보상을 해야 할 것이다.[26] 결과적으로 재할인창

25) 이 세 가지 이유는 미국의 규제당국이 정해 놓은 규제의 결과이다. 만약 규제당국과 정치가들이 예금보험대신 재할인창구를 사용하고자 한다면, 이러한 장애를 완화시키는 법을 제정할 수 있었다. 실제로 1990년대에는 재할인창구 이용률이 현저히 감소했기 때문에 재할인창구에서 차용할 수 있는 자격조건을 낮추어야 한다는 주장도 있다. C. S. Hakkio and G. H. Sellon Jr., "The Discount Window: Time for Reform?" *Economic Review*, Federal Reserve Bank of New York, Second Quarter 2000, pp. 5-20 참조.

26) 실제로 연방준비제도는 결국 파산하는 은행에 재할인창구 대출을 함으로써 이자수익에 손실을 가져온 데 대한 책임을 져야 할 것이다.

구는 유동성 안정화 장치이며 예금보험에 대한 부분적 대안일 뿐이다.

개념질문

1. 은행의 예금인출사태와 금융공황을 억제시키는데 예금금융회사의 재할인창구이용이 예금보험 정도의 효과를 보이는가?

14.8 기타 보증제도

제12장에서 설명했듯이 다른 금융회사들 또한 유동성위기와 부채청구권자의 지급청구(자금인출)의 대상이 된다. 그러한 자금인출사태를 방지하고 소수의 청구권자를 보호하기 위해 다른 금융서비스 산업분야에서도 보증제도가 존재한다.

전국신용조합국

전국신용조합국(National Credit Union Administration; NCUA)은 미국 내의 약 10,000개의 신용조합들의 인가, 감독, 조사 및 보증을 담당한다. NCUA는 보험기금인 전국신용조합보험기금(National Credit Union Insurance Fund; NCUI)을 통해 부보신용조합들의 100,000달러 한도 내에서 개별 예금들을 보장한다. 기금의 적립금은 모두 회원 신용조합들이 지급한 보험료로 조성된다. 보험금과 보험료는 일반적으로 FDIC가 측정한 것과 동일하다. 실제로 2005년의 연방예금보험개혁법에 나열되어 있는 보험금과 보험료의 변경은 NCUIF의 부보신용조합에도 적용되고 있다.

신용조합은 자산의 30%를 공채로 보유하고 주택저당채권에 일부를 투자하고 있기 때문에 저축조합 등 다른 저축금융회사들이 경험한 위기를 겪지 않았다. 아울러 신용조합 자산의 40% 이상이 10,000달러 미만의 소액 고객대출로 구성되어 있다. 그 결과 신용조합들의 신용리스크는 상당히 분산되어 있으며 지급불능리스크는 그만큼 낮아진다.

손해보험과 생명보험 회사

미국에서는 생명보험과 손해보험회사들 모두 연방정부가 아닌 주정부 단계에서 통제된다. 따라서 은행이나 저축금융회사와는 달리 생명보험이나 손해보험회사에 대한 연방보증기금은 존재하지 않는다. 1960년대 초 대부분의 주정부는 해당 주에서 보험영업이 허가된 보험사들을 위한 주정부 보증기금을 지원하기 시작했으며, 1991년까지 모든 주정부들이 그러한 기금을 가지게 되었다. 주정부 보증기금은 성격상 예금보험과는 상당한 차이점을 갖고 있다. 첫째, 보험보증제도는 주정부의 보험감독기관에 의해 지원되지만 실제로는 민영 보험회사들이 자체적으로 관리한다.

둘째, FDIC가 파산해결에 사용된 지출금 이상의 연간 보험료를 예금금융회사들에게 지불하게 하여 영구적인 적립기금을 조성하는 것과는 달리, 뉴욕주의 손해보험과 생명보험 보증기금을 제외하고는 보험사들을 위한 영구적 보증기금은 존재하지 않는다. 즉 어떤 보험사가 파산한 후에야 남아 있는 보험사들이 분담금을 갹출하여 이 금액이 보증기금으로 사용된다는 것을 의미한다.

셋째, 파산한 보험사의 보험가입자를 보호하기 위해 남아 있는 보험사들에 의해 조성된 분담금의 규모는 주에 따라 상이하다. 보증기금제도가 있는 주에서는 파산하지 않은 개별 보험사의 분담금은 일반적으로 주 전체의 보험료 수입의 규모와 비례한다. 이렇게 거둔 금액은 파산한 보험사의 소액 보험가입자에게 보상하거나 파산한 보험사의 인수를 유인하기 위한 자금으로 사용된다. 소액 보험가입자의 정의는 일반적으로 100,000달러부터 500,000달러까지 주에 따라 상이하다.[27]

마지막으로 영구적 기금이 존재하지 않고 분담금은 종종 법적으로 상한이 정해져 있기 때문에(대개 보험료수입의 2%), 소액 보험가입자가 보험해약 금액을 받을 때는 시간이 지연되는 것이 보통이다. 반면 저축금융회사의 예금자는 예금을 즉시 보상받는 것이 일반적이다. 예를 들어 1991년 Executive Life Insurance의 파산으로 하와이주에만 약 1억 1,730만 달러의 미지급 보험금이 남게 되었다. 그러나 하와이주의 생명보험 보증기금은 남아 있는 보험사들의 분담금에 대한 법적 한도 때문에 연간 단지 1,310만 달러 밖에 갹출할 수 없었다. 따라서 남아 있는 생명보험사들이 하와이주의 Executive Life Insurance 보험가입자들의 지급요청을 변제하는 데는 9년의 세월이 소요되었다. 1983년 Baldwin United의 파산에서는 보험사들이 스스로 보험가입자의 지급요청을 충족시키기 위해 보증기금 이상으로 추가적 기금을 조성하였다. 1999년 5월 Martin Frankel은 자신이 관리하는 7개의 보험회사로부터 2억 1,500만 달러를 훔쳐 Italy로 도주하였다고 전해진다. 후에 Frankel은 체포되어 재판을 위해 미국으로 인도되었지만 2003년 말 현재 관련된 5개 주의 보험담당관들은 이들의 노력에도 불구하고 보험가입자들은 청구금액을 모두 받지는 못할 것이라고 설명하였다. 예를 들어, 2003년 6월 테네시주 Williamson County의 순회법정에서 Frankel

27) 보험산업의 보증기금 보험료는 규모기준이기 때문에, 예금보험제도의 1993년 이전 고정예금보험요율과 유사하다. 실제로 리스크에 민감하지 않은 고정보험요율의 도덕적 해이와 유사한 현상이 손해보험회사들에게서 발견되고 있다.

의 전직 회계사였던 Gary Atnip는 1,800만 달러 이상의 자금을 보험회사로부터 Frankel에게로 전입했다는 죄로 유죄판결을 받았다. Atnip은 10년의 구금형과 2억 800만 달러의 벌금형을 선고받았다.

이러한 모든 특성은 보험업의 보증기금은 은행과 저축금융회사의 예금보험기금에 비하여 보호능력이 낮다는 것을 의미한다. 따라서 보증기금이 존재하더라도 보험계약자들이 거래하는 보험사의 자산등급에 문제가 있거나 언더라이팅상의 문제를 인지한다면 자금을 인출하려는 동기는 매우 높다고 할 수 있다.

증권투자자보호공사

1970년 증권투자자보호법(Securities Investor Protection Act)의 승인과 증권투자자보호공사(Securities Investor Protection Corporation; SIPC)가 신설된 이후 고객들은 증권회사의 지급불이행에 대한 구체적이지만 제한적인 보호를 받게 되었다. 기본적으로 고객들은 청산된 증권사 자산에 대해 SIPC와 비례적으로 청구권을 행사하게 되는데 개인당 한도는 500,000달러로 제한된다. 설립 이래 SIPC는 파산하거나 운영이 중단된 37,800여개의 증권사들 중 약 1%에 간섭하여야 하였다. 2005년까지 SIPC는 625,000명의 투자자들의 141억 달러의 자산을 회복시키기 위해 6억 6,100만 달러를 선지급하였다. 이러한 증권사들 대부분은 1,000명 미만의 고객들을 보유하고 있었고, 가장 고객이 많은 Bell & Beckwith의 파산의 경우에도 6,500명의 고객(3,170만 달러의 지출금) 정도였다. 따라서 은행과 보험산업들의 보증기금과 비교하여 SIPC 손실은 매우 작았다. 1970년부터 시작된 314번의 SIPC 영장청구절차에서 124개의 형사처벌이 이루어졌다. 연방 또는 주법원에서는 295건이 기소되어 현재까지 242건이 유죄판결을 받았다. 2006년 말 기금 적립금은 12억 9,000만 달러이며 보험요율은 회원사당 150달러로 균일하다. 그러나 주식과 채권시장의 변동성 증가와 고도로 복잡한 파생상품의 성장으로 인하여 이 기금이 충분한가에 대한 우려가 높아지고 있다.

연금지급보증공사

1974년의 종업원퇴직수당보호법(Employee Retirement Income Security Act; ERISA)의 결과 연금지급보증공사(Pension Benefit Guaranty Corporation; PBGC)가 창설되었다. 현재 PBGC는 4,100만 이상의 근로자의 퇴직수당을 보호하고 있으며, 58,000개의 연금약정의 보증을 담당한다. 1974년 이전에는 민간기업들의 종업원 연금수당은 그 회사의 자산에 의해 담보가 되는 것이었으나 PBGC가 설립되어 퇴직연금들은 이 기관의 보장을 받게 되었다. PBGC가 창설되었을 때 단일고용자 보험료는 연금가입자당 균일하게 1달러였다. 이후 의회는 이 보험료를 1979년에 2.60달러, 1986년에는 8.50달러로 상승하였다. 1987년 기본보험료는 16달러로 상승하였고 추가적 변동보험요율에 의해 부실한 연금약정에는 최고 50달러까지 부과하였다. 1991년 의회는 부실한 연금약정에는 보험료를 가입자당 최고 72달러, 우량한 연금약정에는 가입자당 19달러로 정하였다.

그러나 이러한 보험료에도 불구하고 PBGC의 1992년도 말 손실은 27억 달러나 되었다. 이것은 FDIC와는 달리 PBGC는 보증하는 연금약정에 대한 감독권한이 작기 때문이다. 즉 PBGC는 연금관리자의 위험행위를 억제하기 위해 투자포트폴리오를 제한하거나 현장조사를 사용할 수 없다. PBGC의 적자가 조금씩 증가함에 따라 1994년에는 퇴직보호법(Retirement Protection Act)이 승인되었다. 법안에 따라 1997년에는 72달러의 보험료 상한선이 폐지되었다. 현재 부실한 연금약정에는 훨씬 높은 보험료가 적용되고 있다(참가자당 수백 달러 정도로 높음).[28] 이러한 변화의 결과 (1999년 기준으로) PBGC의 보험기금은 50억 달러의 잉여금을 기록하였다. 즉 1993년의 FDIC와 같이 PBGC도 보다 명백한 리스크기준 보험료를 부과하는 방법을 사용하게 된 것이다.

리스크기준 보험료에도 불구하고, 2000년대 초, 주식시장 가치하락, 낮은 이자율, 그리고 고용주의 파산증가(특히 철강 및 항공산업) 때문에 PBGC는 몇 십억 달러나 되는 연기금 부채를 떠안게 되었다. 그 결과, PBGC는 2003년에 76억 달러의 순손실을 입었다. 2003년 연말 기준으로 보험기금의 장기 부족액은 112억 달러로 불어났다. 이것은 그 때까지의 결손기록보다 세 배 이상 큰 금액이며, 1999년의 50억 달러의 흑자와 매우 대조적이다. 2003년 말 PBGC는 항공사나 기타 어려운 기업들이 일시적으로 연기금 보험료납입을 중단할 수 있는 조치를 통과시키지 못하도록 미국 의회에 경고했다. PBGC는 이러한 조치가 통과되는 경우 향후 3년 동안 연금부채 총액이 400억 달러 증가할 수 있다는 점을 우려했다. 이로 인해 PBGC가 납세자 구제금융을 받을지도 모를 리스크를 부담한다는 것이었다. 이러한 경고를 무시하고, 2004년 1월 미 상원은 미국 기업들에게 향후 2년간 연금지급보증액을 800억 달러나 경감시키는 연금구제금융법안을 승인했다. 2005년에 기금의 결손액은 230억 달러까지 늘어났다.

결손액이 늘어나고 연금을 포기하는 대기업들의 수가 늘어남에 따라 2005년의 적자감축법(Deficit Reduction Act of 2005)이 2006년 2월 제정되었다. PBGC의 2006년 고정보험요율은 단일고용자인 경우 가입자당 30달러, 복수고용자인 경우 가입자당 8달러로 증가했다. 또한, 이 법안에 따라 2007년 단일고용자에 대한 고정보험요율은 가입자당 31달러로 증가했고, 복수고용자의 경우 가입자당 8달러로 유지되었다. 2006년 8월에는 2006년 연금보호법(Pension Protection Act of 2006)이 제정되어, 모든 재원이 부족한 연금제도들이 지불해야

28) 재원이 부족한 연금제도는 가입자당 부족재원 1,000달러당 9달러를 초과 부담한다.

하는 PBGC의 변동보험료가 정해졌으며, 연금재정규정이 개정되었고, 재원이 부족한 연금제도들에 대한 이익제한 조치가 취해졌다. 또한 PBGC의 지급보증금액에 대한 새로운 한도가 설정되었고, 일부 기업(특히, 항공산업)들은 보험료납입이 유예되었으며, 새로운 보고사항과 공지사항 요구가 부과되었다. 무엇보다도 이 법안으로 인해, 연금제도 고용주의 기여분에 대한 최소조건이 변경되었고, 연금의 자금조달이 개선되었으며, PBGC가 채무를 부담할 가능성이 낮아졌다. 그러나 PBGC는 향후 10년간 연금지급을 할 수 없는 기업들을 위해 PBGC가 현행 법안보다 더 많은 금액을 지급해야 한다고 예측했다. 또한, 기업은 자신들의 연금제도가 요구하는 것보다 더 적게 납부할 것이라고 예측했다. 이러한 예측에 따르면 PBGC는 추가적인 연금지급청구로 인해 현행 법안에서 정한 것보다 20억 달러 이상을 더 부담하게 될 것이다.

PBGC의 문제는 1980년대 FSLIC가 직면했던 것들과 유사하다. 앞에서 언급한 바와 같이 1980년대에 저축금융회사들의 위기를 가져온 주요 원인은 감독당국이 자산과 부채만기의 불일치를 조기에 인지하지 못한 것이다. 최근 PBGC는 당시 저축금융회사의 감독당국과 유사한 실수를 저지르고 있는 것으로 보여진다. 즉, 연기금은 장기적인 성격을 지니므로 주식 투자에 따른 리스크는 무시할만하다는 믿음이 존재하는데, 이는 잘못된 것이다. 더 나아가 이러한 리스크는 도덕적 해이와 역선택 문제로 확대된다. 파산 직전의 기업들은 그들의 연금제도에 충분한 재원을 공급하지 않고, 실패하면 PBGC가 보상해 주므로, 리스크가 높은 투자전략을 채택할 동기를 지닌다. 게다가 건실한 기업들은 운영하던 연금제도를 종결하고 다시는 연금제도를 운영하지 않을 동기를 지니게 된다.

개념질문

1. 보험사들을 위한 주정부의 보증기금은 예금보험과 어떻게 다른가?
2. 증권투자자보호공사는 증권사들의 부실에 대하여 어떠한 보호기능을 투자자들에게 제공하는가?

요 약

금융회사로부터의 자금인출사태가 확산되면 사회복지에 심각한 영향을 줄 수 있다. 통화 및 신용공급에 대한 부정적 효과 때문에 금융회사의 감독기관들은 다양한 파산방지책을 제공하여 채무소유자들의 인출사태를 방지하기 위한 보증제도를 도입해 왔다. 그러나 이러한 제도의 보험료가 잘못 책정되면 금융회사 소유주들의 도덕적 해이가 높아지게 된다. 즉 보증제도는 유한책임의 예금금융회사 소유주들의 리스크를 감소시키는 결과를 초래하므로 소유주는 지나치게 리스크가 높은 자산을 취득할 동기를 갖게 되는 것이다.

최근 들어 예금은행 등 금융산업의 보증제도들이 지급불능의 상태가 된 경우도 있다. 이번 장에서는 외부의 경제적 사건과 보험제도 자체가 야기시킨 도덕적 해이를 포함하여 1980년대 후반 예금보험기금의 지급불능에 대한 원인을 살펴보았다. FSLIC의 파산결과 FDIC와 예금보험은 대대적인 구조조정을 겪었다. 또한 이번 장에서는 리스크기준보험료, 리스크기준자본 및 예금금융회사의 소유주, 채무 청구권자 및 규제기관의 규율을 포함하여 1991년 이후의 예금보험 구조조정에 대해서도 논의했다. 결과적으로 현재의 예금보험 규정과 비용은 1991년 이전보다 예금금융회사의 리스크노출에 더욱 민감하다. 마지막으로 생명보험사, 손해보험사, 신용조합, 증권회사와 연금약정 등 다른 금융회사들에 대한 채무보증제도를 설명하였다.

연습문제

1. 예금인출사태의 파급효과란 무엇인가? 이 현상이 사회에 줄 수 있는 주는 심각한 영향에 대해 설명하라. 모든 종류의 금융회사들이 동일한 자금인출사태리스크에 직면하는가?
2. 연방정부의 예금보험제도는 예금인출사태를 어떻게 완화하는가?
3. 1989년 금융기관복구개혁법(FIRREA)의 통과로 인해 FDIC와 FSLIC에는 어떤 중요한 변화가 나타났는가?
4. 1980년대에 예금금융회사의 보험기금이 지급불능상태가 되었던 두 가지 이유를 비교하여라.
5. 도덕적 해이란 무엇인가? FDIC의 고정보험요율 예금보험제도는 저축조합산업(savings association industry)의 도덕적 해이 문제에 어떤 영향을 미쳤는가?
6. 리스크기준 예금보험제도는 금융회사가 과도한 리스크를 택하는 도덕적 해이 문제를 어떻게 해결할 수 있을까? 보험수리적으로 적정한 예금보험료와 경쟁적인 은행산업은 상응하는 개념인가?
7. 도덕적 해이를 감소시키기 위한 예금보험계약을 어떻게 만들 수 있는가? 이 장에서 제안된 세 가지 방법을 설명해 보라.
8. 예금금융회사 소유주가 과도한 리스크를 떠맡는 행위를 막기 위한 주주규율에는 어떠한 것이 있나?

9. FDIC의 예금보험은 보험가입 예금금융회사의 자산에 대해 FDIC가 풋옵션을 발행하는 것과 어떠한 면에서 비슷한가? 옵션의 프리미엄에 영향을 미치는 두 요인은 무엇인가?

10. FDIC가 리스크기준 예금보험료의 설정하는 것을 지지하는 FDICIA의 4가지 항목은 무엇인가? 1993년 이후 리스크기준 예금보험이 이행된 이래 예금보험료 수준은 어떻게 변화하였으며 그 이유는 무엇인가?

11. 금융회사에 대한 청산유예란 무엇인가? 이러한 유예정책은 보험기금이나 주주들에게 향후 어떠한 비용을 부과할 수 있는가?

12. 리스크기준이든 아니든 최소자본의 요구가 규제당국이 희망하는 주주규율을 초래하지 못하는 상황은 언제 발생하는가?

13. 고정요율 예금보험제도가 1980년대 보험예금자 및 무보험예금자들로 하여금 리스크가 높은 은행의 위험감수행위를 통제하지 못하게 만든 이유는 무엇인가?

   a. 예금보장한도의 영향을 줄이기 위해 예금금융회사에 예치된 예금을 어떻게 구성하는 것이 가능한가?

   b. 중개예금이란 무엇인가? 규제당국이 중개예금을 기타 예금보다 더 위험하게 여기는 이유는 무엇인가?

   c. 보험의 관점에서 보면 FIRREA와 FDICIA는 중개예금의 취급을 어떻게 변화시켰는가?

   d. 예금보험의 상한선을 100,000달러로 유지하자는 의견의 장단점은 무엇인가?

14. 2005년의 연방예금개혁법은 예금보험의 상한에 어떤 영향을 주었는가?

15. 대마불사신조(too-big-to-fail doctrine)란 무엇인가? 규제당국이 이러한 결과를 초래하게 되는 이유는 무엇인가?

16. 부실 예금금융회사의 해결에 관한 1991년 FDICIA의 중요한 특징은 무엇인가?

   a. 최소비용해결(LCR) 전략이란 무엇인가?

   b. 체계적 리스크 예외조항(systematic risk exemption)이 LCR 정책의 예외로서 사용될 수 있을 때는 어느 경우인가?

   c. 체계적 리스크 예외조항에 필요한 절차상의 단계는 무엇인가?

   d. 이러한 예외가 가능한 경우 다른 예금금융회사들에는 어떠한 의미를 주게 되는가?

17. FDIC가 LCR 전략을 사용하는 근본적인 목적은 무엇인가?

   a. 보험예금자이전방식(insured depositor transfer method)은 어떻게 부실을 해결하는가?

   b. 이 방법이 무보험예금자의 예금금융회사 경영자에 대한 규율을 증가시키는 이유는 무엇인가?

18. 다음은 어떤 상업은행의 대차대조표이다. (단위 : 100만)

자 산		부채 및 자본	
현금	$ 5	보험예금	$ 30
대출	40	무보험예금	10
		자기자본	5
총자산	$ 45	부채와 자본합계	$ 45

이 은행은 부실대출 1,000만 달러를 상각하겠다고 발표한 후에 대규모 예금인출사태를 겪고 있다. 이 은행은 우선적으로 현금을 사용하고 이차적으로 대출채권을 매도하여 예금을 지급할 수 있다.

1일 이내 대출을 매각하면 10%가 할인되며, 2일 이내에는 5%가 할인되고 그 이상의 기간에는 총 시장가치를 획득한다고 가정하자.

a. 첫날에 예금인출사태가 발생한다면 보험예금자의 손실은 얼마인가? 2일째의 경우는 어떠한가?

b. FDIC가 은행을 즉각 폐쇄하기 위해 보험예금자 이전방식을 사용한다면 무보험예금자의 손실은 얼마가 되는가?

19. 보험예금 5,500만 달러와 무보험예금 4,500만 달러를 예치하고 있는 은행의 자산가치가 단지 7,500만 달러라고 하자. 보험예금자 이전방식을 사용할 경우 부실이 발생한다면 보험예금자, 무보험예금자 그리고 FDIC가 부담하는 부실해결비용은 각각 얼마인가?

20. 어떤 상업은행이 장부가치 1억 5,000만 달러의 자산을 가지고 있다. 보험예금과 무보험예금은 각각 7,500만 달러와 5,000만 달러이다. 자본의 장부가치는 2,500만 달러이다. 부도의 결과 자산의 시장가치는 1억 2,000만 달러가 되었다. 보험예금자 이전방식을 사용할 경우 보험예금자, 무보험예금자, 주주, FDIC가 부담하는 부실해결 비용은 각각 얼마인가?

21. FDICIA가 도덕적 해이를 감소시키기 위해 감독기관규율을 강화하는 방법은 어떤 것이 있는가? 이 지침의 운영상의 효과는 무엇인가?

22. 다음 정책과 그에 따라 귀결되는 결과를 적절히 연결시켜 보라.

정책

a. 낮은 FDIC 보장 수준

b. 엄격한 보고 기준

c. 리스크기준 예금보험

결과

1. 주주규율 증가

2. 예금자규율 증가

3. 감독기관규율 증가

23. 연방준비제도의 재할인창구가 예금보험보다 예금인출사태 방지효과가 낮은 이유는 무엇인가?

24. 보험보증기금은 예금보험과 어떻게 다른가? 이 차이점은 보험가입자들이 보험회사로부터 자금을 인출하려는 동기에 어떤 영향을 주는가?

25. 연금보증공사(PBGC)의 설립 목적은 무엇인가?

a. PBGC는 리스크통제능력에서 FDIC와 어떻게 다른가?

b. 1994년의 퇴직자보호조항이 PBGC의 문제점을 어떻게 해결할 수 있을 것으로 예상하는가?

Web을 활용하는 질문

26. FDIC의 웹사이트(www.fdic.gov)에 가서 파산한 은행과 저축금융회사에 관한 최근 정보를 구하여라.

27. 미국 연방준비제도이사회의 웹사이트(www.federalreserve.gov)에 가서 페더럴펀드 이자율과 재할인창구이자율의 최근 값을 구하여라.

관련 웹사이트

기관명	웹사이트
Board of Governors of the Federal Reserve	www.federalreserve.gov
Federal Deposit Insurance Corporation	www.fdic.gov
National Credit Union Administration	www.ncua.org
Pension Benefit Guaranty Corporation	www.pbgc.gov
Securities Investor Protection Corporation	www.sipc.org
U.S. Treasury	www.ustreas.gov

제 15 장

자본적정성

15.1 서 론

제2장부터 제12장까지에서는 현대 금융회사의 경영자가 직면하는 중요한 리스크들에 대하여 살펴보았다. 이와 같은 리스크들은 부내거래활동과 부외거래활동 모두로부터 발생할 수 있으며 리스크발생의 근원도 국내 또는 국외일 수 있다. 금융회사는 생존을 확보하기 위해 지급불능리스크로부터 금융회사를 보호할 필요가 있다. 즉 금융회사는 금융회사를 파산하게 만들 만큼 충분히 거대한 리스크들로부터 금융회사를 보호할 필요가 있다. 지급불능리스크와 파산리스크로부터 금융회사를 보호하기 위한 중요한 수단은 금융회사가 보유하는 자본이다. 이러한 관점에서 금융회사의 자본이 하는 첫 번째 기능은

1. 충분한 이익과 함께 금융회사에 신뢰감을 형성하고 계속 기업으로서 존속할 수 있도록 예기치 않은 손실을 흡수하는 것이다.

이에 더하여 자본은 특히 FDIC와 같은 외부보증자에게 보험이 가입되어 있지 않은 부채보유자들을 손실로부터 보호한다. 이러한 관점에서 금융회사의 자본이 하는 두 번째 기능은

2. 지급불능과 청산상황이 발생하는 경우 보험에 가입되어 있지 않은 예금자, 채권보유자, 신용공여자를 보호하는 것이다.

금융회사가 파산할 때 FDIC와 같은 규제당국은 부보청구권자를 보호하기 위해 개입하

여야 한다(제14장 참조). 금융회사의 자본은 보험기금을 보호하고 궁극적으로 보험기금 지급불능의 비용을 부담하게 되는 납세자를 보호한다. 이러한 관점에서 금융회사의 자본이 하는 세 번째 기능은

3. 금융회사 보험기금과 납세자를 보호하는 것이다.

오늘날 정부의 예금보험기금은 충분한 자금을 확보하고 있다. 금융회사는 자본을 보유하고 지급불능리스크를 감소시킴으로써 거액의 보험료를 지불하지 않도록 금융산업을 보호한다. 이와 같은 보험료는 금융회사의 순이익으로부터 지불된다. 따라서 금융회사 자본의 네 번째 기능은

4. 보험료 증가가 이루어지지 않도록 함으로써 금융회사 소유자들을 보호한다.

마지막으로 기업의 경우와 마찬가지로 지분 또는 자기자본은 금융회사가 자금을 조달하는 중요한 하나의 원천이다. 특히 규제의 제약을 받는 상황에서 금융회사는 새로운 프로젝트와 영업확장에 필요한 자금을 조달하기 위해 부채와 자기자본 간에 선택한다. 기업의 자본구조 선택에 영향을 주는 부채이자에 대한 세금공제 가능성, 파산 또는 지급불능의 사적 비용과 같은 전통적인 요인들도 금융회사의 자기자본에 영향을 준다. 이러한 관점에서 금융회사의 자본이 하는 다섯 번째 기능은

5. 금융서비스를 제공하기 위해 필요한 지점설치와 기타 실물투자에 필요한 자금을 지원하는 것이다.[1]

다음의 절에서 주로 지급불능리스크를 감소시키는 데 있어서 자본의 역할에 관한 처음 네 가지의 기능들과 특히 이와 같은 목적들을 달성하는 데 있어서 자본적정성의 중요성에 초점을 맞추어 논의한다. 특히 금융회사의 소유자, 경영자, 규제당국에 의하여 사용되는 다양한 자본적정성 척도들과 각각에 대한 지지주장과 반대주장을 살펴본다. 이어서 미국의 규제당국과 국제결제은행(BIS)과 같은 국제적 규제당국이 설정하고 있는 예금금융회사, 증권회사, 보험회사의 현재 자본적정성 규제와 제안된 자본적정성 규제를 살펴본다.

이 장의 부록(부록 15A)에서는 현재 BIS가 신용리스크에 대한 적정자본을 계산하기 위해 사용하고 있는 기초내부등급법과 고급내부등급법에 대한 논의가 이루어진다.

---

1) 금융회사의 자본이 하는 여섯 번째 기능이 추가될 수 있다. 이와 같은 기능은 자산증가율을 제한하는데 있어서 자본규제의 역할에 초점을 맞추고 있다.

15.2 자본과 지급불능리스크

자 본

자본이 지급불능으로부터 금융회사를 어떻게 보호하는지를 살펴보기 위해 *자본(capital)*을 보다 정확하게 정의하여야 한다. 문제는 자본에 대한 정의가 많다는 것이다. 경제학자의 자본에 대한 정의는 회계사의 자본에 대한 정의와 다를 수 있고 또한 규제당국이 사용하는 자본에 대한 정의와도 다를 수 있다. 특히 금융회사의 자본 또는 금융회사의 소유자 지분에 대한 경제학자의 정의는 자산의 시장가치와 부채의 시장가치의 차이이다. 이것은 또한 금융회사의 **순자산(net worth)**이라고 부른다. 이것이 자본의 경제적 의미이지만 규제당국은 경제적 순자산과는 다소 다른 자본의 정의를 채택할 필요가 있다는 것을 발견하였다. 금융회사의 경제적 순자산 개념은 사실 *시장가치 회계 개념(market value accounting concept)*이다. 투자은행의 경우를 예외로 하고, 규제당국이 정의하는 자본과 필요 레버리지 비율은 전적으로 또는 부분적으로 역사적 가치 회계 개념 또는 **장부가치(book value)** 회계 개념이다.

먼저 두 가지의 주요 리스크유형, 즉 신용리스크와 이자율리스크에 대하여 금융회사를 격리시키는 장치로서 경제적 자본 또는 순자산의 역할을 살펴보고 이어서 자본의 시장가치개념과 장부가치개념을 비교해 보자. 자본의 장부가치개념은 금융회사의 진정한 지급능력을 왜곡시킬 수 있기 때문에 금융회사경영자, 소유자, 부채소유자, 규제당국을 오도할 수 있다. 또한 금융회사 규제당국이 경제적 가치의 투명성 문제와 (*FASA Statement 115*와 같은) 재무회계기준위원회(Financial Accounting Standard Board)의 규칙 때문에 장부가치 개념에 계속해서 의존하는 이유들을 살펴보도록 하자.

▶ **순자산(net worth)**
자산의 시장가치와 부채의 시장가치의 차이로 정의되는 금융회사의 자본에 대한 한 척도.

▶ **장부가치(book value)**
역사적 비용에 기초하여 책정되는 자산과 부채의 가치.

자본의 시장가치

경제적 순자산 또는 경제적 자기자본이 어떻게 신용리스크와 이자율리스크로부터 금융회사를 격리시키는지를 살펴보기 위해 다음과 같은 예를 생각해 보자. 〈표 15-1〉은 금융회사의 모든 자산과 부채를 **시장평가(mark-to-market)**를 반영한 현재가격으로 평가한 **시**

장가치(market value)기준 대차대조표를 보여 준다(제3장 참조). 시장가치에 기초한 금융회사 자기자본의 경제적 가치는 자산의 시장가치와 부채의 시장가치의 차이인 1,000만 달러이다. 시장가치기준으로 금융회사는 경제적으로 지급능력을 가지고 있으며 오늘 청산된다면 예금자 또는 규제당국에 어떠한 도산비용도 부과하지 않는다. 이제 두 가지의 고전적인 금융회사리스크, 즉 신용리스크와 이자율리스크가 금융회사의 순자산에 미치는 영향을 살펴보자.

▶**시장평가(mark-to-market) 또는 시장가치(market value)**
대차대조표 자산과 부채의 가치가 역사적 가격이 아닌 현재 시장가격을 반영하여 평가되는 것.

■자본의 시장가치와 신용리스크

〈표 15-1〉에서 금융회사는 2,000만 달러의 장기대출을 가지고 있다. 경기침체 때문에 많은 차입자들이 현금흐름문제를 겪게 되고 약속한 대출상환스케쥴을 지킬 수 없다고 하자. 대출의 현재 현금흐름과 예상되는 미래 현금흐름감소는 것이 금융회사가 보유한 대출포트폴리오의 시장가치를 2,000만 달러 이하로 감소시킨다. 대출의 시장가치가 1,200만 달러(금융회사가 대출채권을 현재의 시장가격으로 유통시장에서 매각할 수 있다면 받게 될 가격)에 불과하다고 하자. 이것은 대출포트폴리오의 시장가치가 2,000만 달러에서 1,200만 달러로 하락하였다는 것을 의미한다. 〈표 15-2〉의 패널 A로 나타낸 수정된 시장가치 대차대조표를 살펴보라.

대출의 시장가치가 800만 달러 감소한 것이 금융회사의 순자산을 800만 달러 감소시킨 것으로 대차대조표의 부채부분에 나타나 있다. 즉 자산가치의 손실이 자기자본 소유자의 자본 또는 순자산의 감소로 나타난다. 표에서 알 수 있는 바와 같이 부채보유자들(예금자들)이 보유하고 있는 청구권의 총시장가치인 9,000만 달러는 완전히 보호되어 있다. 이것이 가능한 것은 부채보유자들이 법적으로 금융회사 자산에 대한 상위 청구권자들이고 지분보유자들이 하위 청구권자들이기 때문이다. 결과적으로 지분보유자들은 자산포트폴리오의 손실을 먼저 부담한다. 주어진 예에서 부채보유자들은 대출포트폴리오의 손실이 금융회사의 원래 순자산인 1,000만 달러를 초과할 때에만 손실을 입게 된다. 대출포트폴리오의 시장가치가 2,000만 달러에서 800만 달러로 1,200만 달러만큼 감소하는 더 큰 신용리스크 쇼크를 생각해 보자(〈표 15-2〉의 패널 B 참조).

이와 같은 더 큰 손실은 금융회사를 지급불능상태로 만든다. 금융회사 자산의 시장가치(8,800만 달러)는 금융회사 부채의 시장가치(9,000만 달러)보다 적다. 금융회사소유자의 순자산이 완전히 소진되어 순자산이 음이 된다(1,000만 달러에서 -200만 달러가 된다). 그 결과로 부채보유자들이 약간의 손실을 입게 된다. 특히 대출포트폴리오의 가치손실인 1,200만 달

표 15-1 금융회사의 시장가치 대차대조표 (100만 달러 기준)

자 산		부 채	
장기증권	$ 80	부 채(단기, 변동이자예금)	$ 90
장기대출	20	순자산	10
	$100		$100

표 15-2 대출의 시장가치가 하락한 후 금융회사의 시장가치 대차대조표 (100만 달러 기준)

패널 A : 대출의 시장가치가 800만 달러 하락한 후 금융회사의 시장가치 대차대조표

자 산		부 채	
장기증권	$80	부 채	$90
장기대출	12	순자산	2
	$92		$92

패널 B : 대출의 시장가치가 1,200만 달러 하락한 후 금융회사의 시장가치 대차대조표

자 산		부 채	
장기증권	$80	부 채	$90
장기대출	8	순자산	−2
	$88		$88

러 중에서 처음 1,000만 달러는 지분보유자들에 의해 부담된다. 지분보유자들의 자기자본이 완전히 소진된 후에 부채보유자들이 손실을 입기 시작한다. 이 예에서 부채보유사들이 보유하고 있는 청구권의 경제적 가치는 9,000만 달러로부터 8,800만 달러로 감소하고 200만 달러의 손실(2.22%의 손실)이 발생한다. 지급불능이 발생하여 남아 있는 8,800만 달러의 자산이 청산되면 예금자들은 평균적으로 달러당 88/90달러, 즉 1달러당 97.77센트를 받는다. 여기서 예금보험은 고려하고 있지 않다는 점에 주목하라.[2)]

만일 금융회사의 순자산이 손실의 크기보다 더 컸으면, 즉 금융회사의 순자산이 1,000만 달러가 아닌 1,500만 달러이었으면, 부채보유자들은 1,200만 달러의 손실로부터 완전히 보호되었을 것이다. 이 예는 지급불능리스크로부터 예금자들과 같은 부채보유자들을 보호하는 보험기금으로서 순자산 또는 자본의 역할을 분명하게 보여 준다. 금융회사의 순자산이 자산규모와 비교하여 상대적으로 크면 클수록 부채보유자들과 FDIC와 같은 부채보증자들에 대한 보호정도는 더 커진다. 이것이 규제당국이 금융회사의 지급불능리스크노출도를 평가하고 리스크기준 예금보험료를 책정하는데 있어서 자산에 대한 순자산 비율과 같은 자본규제에 초점을 맞추고 있는 이유이다(제14장 참조).

2) 예금보험이 존재하는 경우 FDIC와 같은 보험당국이 예금자들의 손실 일부를 부담한다. 상세한 논의를 위해서 제14장 참조.

■자본의 시장가치와 이자율리스크

다시 한번 〈표 15-1〉에 제시된 시장가치 대차대조표를 생각해 보자. 제3장에서 논의한 바와 같이 이자율의 상승은 금융회사의 장기 확정수입증권과 대출의 시장가치를 감소시키는 반면 변동이자 증권의 시장가치는 증권의 가격이 즉각적으로 재설정되기 때문에 크게 영향을 받지 않는다. 이자율의 상승이 금융회사가 보유한 장기증권의 시장가치를 8,000만 달러에서 7,500만 달러로 감소시키고 장기대출의 시장가치를 2,000만 달러에서 1,700만 달러로 감소시킨다고 하자. 모든 예금부채는 단기 변동이자 예금이라고 가정하면 모든 예금부채의 시장가치는 9,000만 달러에서 변화하지 않는다.

이자율의 쇼크가 발생한 후 시장가치 대차대조표가 〈표 15-3〉에 제시되어 있다. 금융회사 자산의 시장가치가 800만 달러 감소한 것이 금융회사의 순자산이 1,000만 달러에서 200만 달러로 감소한 것으로 대차대조표의 부채부분에 반영되어 있다. 따라서 신용리스크가 증가한 경우와 마찬가지로 불리한 이자율의 변화 때문에 발생한 자산가치의 손실은 먼저 지분보유자들에 의해 부담된다. 자산의 시장가치 손실이 1,000만 달러를 초과하는 경우에만 금융회사의 자산에 대한 상위 청구권자들인 부채보유자들이 불리하게 영향을 받게 된다.

이와 같은 예들은 대차대조표를 시장가치로 나타내는 것이 경제적으로 정확한 순자산의 상황과 금융회사의 지급능력 상황을 제시한다는 것을 보여 준다. 자산가치의 감소를 발생시키는 신용리스크와 이자율리스크는 먼저 지분보유자들에 의해 부담된다. 금융회사 소유자의 자본 또는 지분이 적정하거나 또는 충분히 큰 한, 부채보유자들(과 부채보유자들의 청구권을 보증하는 규제당국들)은 지급불능리스크로부터 보호된다. 즉 금융회사의 경제적 순자산이 0이 되기 전에 금융회사가 규제당국에 의해 폐쇄되면 부채보유자들과 부채보유자들의 청구권을 보증하는 규제당국들 어느 누구도 손실을 보지 않을 것이다. 따라서 특히 1980년대의 저축금융회사위기와 관련된 장부가치에 의한 자본규제의 문제점을 지적하면서 많은 학자들과 애널리스트들은 모든 금융회사들에 대하여 시장가치회계와 자본의 시장가치에 의한 폐쇄규제를 적용할 것을 주장하였다.

예를 들면, *FASB Statement No.115*는 "매각용"으로 분류된 증권들을 시장가치로 평가하도록 요구한다. 이와 달리 부채측면에 대한 유사한 시장가치 요구조건은 존재하지 않는다. 이와 반대되는 규제당국에 의한 규제가 없는 상황에서 이것은 금융회사의 자본(순자산)포지

표 15-3 이자율의 상승 후 금융회사의 시장가치 대차대조표 (100만 달러 기준)

자 산		부 채	
장기증권	$75	부 채	$90
장기대출	17	순자산	2
	$92		$92

션이 이자율이 상승하면 하향조정되어야 한다는 것을 의미한다. 그러나 이 장의 후반부에서 논의하는 바와 같이 예금금융회사 규제당국들은 1994년 12월에 은행들이 증권에 대한 자본손실에 대하여 순자산포지션을 조절할 필요가 없도록 함으로써 장부가치기준 자본규제를 선호한다는 것을 재확인하였다. 그 논거는 시장가치기준 자본규제를 시행하는 경우 규제당국들이 이자율의 일시적인 상승이 발생할 때 너무 많은 예금금융회사들을 청산시킬 수밖에 없다는 것이다.

자본의 장부가치

자본의 시장가치 또는 경제적 순자산과 자본의 장부가치 또는 순자산의 장부가치를 비교해 보자. 후반부에서 논의하는 바와 같이 자본의 장부가치에 기초한 자본규제는 금융회사 규제당국들에 의해 가장 일반적으로 사용된다. 〈표 15-4〉에서 〈표 15-1〉과 동일한 대차대조표가 사용되지만 자산과 부채는 이제 역사적 장부가치에 기초하여 평가되어 있다.

〈표 15-4〉에서 8,000만 달러의 장기증권과 2,000만 달러의 장기대출은 이와 같은 자산들의 역사적 장부가치 또는 처음의 장부가치를 반영한다. 즉 이와 같은 자산들의 장부가치는 수 년 전에 대출이 이루어지고 채권이 구매되었을 때의 가치를 반영한다. 이와 유사하게 부채부분에서 9,000만 달러의 부채도 역사적 비용을 반영한다. 순자산 또는 자기자본은 이제 주주청구권의 시장가치가 아닌 장부가치이다. 예를 들면, 자본의 장부가치는 자산의 장부가치와 부채의 장부가치의 차이이며 금융회사의 경우 일반적으로 다음과 같은 요소들로 구성된다.

1. *주식의 액면가격(par value of shares)*. 금융회사에 의해 발행되는 보통주의 액면가격(액면가격은 일반적으로 주당 1달러이다) × 잔고 주식 수.
2. *주식의 잉여가치(surplus value of shares)*. 보통주가 처음에 발행되었을 때 [보통주에 대하여 지불한 가격(예를 들면, 주당 5달러)과 보통주의 액면가격(예를 들면, 주당 1달러)의 차이] × 잔고 주식 수.
3. *내부유보(retained earnings)*. 주주에게 배당으로 지불되지 않은 과거 이익의 누적가치. 이와 같은 이익은 배당으로 지불될 수 있기 때문에 내부유보는 금융회사에게 있어서 주주 지분의 한 부분이다.
4. *대손충당금(loan loss reserves)*. 포트폴리오상에서 예상되거나 또는 발생된 실제 손실을 충족시키기 위해 내부유보 중에서 따로 떼어 놓은 특별충당금. 대손충당금은 대출포트폴리오의 손실에 대한 금융회사의 추정치를 반영한다. 세법이 대손충당금의 크기에 영향을 미치지만 금융회사 경영자가 대손충당금의 수준을 결정한다.

결과적으로 자본의 장부가치는 주식의 액면가격, 주식의 잉여가치, 내부유보, 대손충당금의 합이다. 〈표 15-4〉의 예에서 자본의 장부가치는 1,000만 달러이다. 그러나 자기자본의 장부가치는 자기자본의 시장가치(자산의 시장가치와 부채의 시장가치의 차이)와 일치하지 않는다.

이와 같은 자기자본의 장부가치와 시장가치의 불일치는 장부가치회계방법을 가정하면서 동일한 신용쇼크와 이자율쇼크가 금융회사의 자본포지션에 미치는 효과를 살펴봄으로써 이해될 수 있다.

■자본의 장부가치와 신용리스크

2,000만 달러의 대출 중에서 일부가 상환스케쥴상 어려움에 처해 있다고 하자. 〈표 15-2〉의 패널 A에서 시장가치회계기준에 기초하여 대출포트폴리오의 시장가치가 2,000만 달러에서 1,200만 달러로 800만 달러의 시장가치 손실을 발생시키면서 즉각적으로 하향조정되었다고 가정하였다. 이와는 대조적으로 GAAP(Generally Accepted Accounting Principle)와 같은 역사적 장부가치회계방법하에서 금융회사는 대차대조표 상에 발생한 대출 손실이 자본에 미치는 영향을 결정하는데 상당한 재량을 가지고 있다. 〈표 15-4〉의 패널 A는 처음의 장부가치 대차대조표이다. 장부가치 대차대조표에서는 순자산이 진정한 가치(시장가치)가 200만 달러이더라도 계속해서 1,000만 달러로 기록된다. 금융회사는 예금자와 규제당국에 보다 좋은 모습을 보이기 위해 가능한 한 부실자산들의 가치를 낮추는 것에 저항할 수 있다. 경영자가 대출손실을 인정하는 경우 그의 일자리가 위협받을 수 있다고 믿는다면 이와 같은 저항이 발생할 수 있다. 은행, 저축금융회사, 보험회사 감독당국으로부터의 압력만이 손실인지와 부실자산의 가치상각을 강요할 수 있다. 예를 들면, 최근 손해보험회사의 현장검사는 매 3년마다 한 번씩 드물게 이루어졌으며 비현장 대차대조표 정보분석은 매 18개월마다 한 번씩 드물게 이루어졌다. 예금금융회사에 대한 현장검사는 보다 자주 이루어지고 있지만 여전히 대출의 장부가치를 감소시키는 일을 지연시키는 경향이 존재한다. 하나의 좋은 국제적 예가 일본 은행들이 아시아금융위기와 국내경기침체의 결과로 1996년~2000년 기간 동안에 발생한 대출손실을 뒤늦게 인지한 것이다. 2000년 말에 일본 은행들의 총부실부채는 32조 엔을 초과하는 것으로 추정되었고, 이 중의 대부분은 원래의 장부가치로 대차대조표 상에 여전히 남아 있었다. 더욱이 검사자들이 대출이 기준 이하라고 판정하더라도, 이와 같은 대출이 일반적으로 장부가치로 대차대조표 상에 여전히 남아 있게 된다. 부실대출은 50%만 가치를 감소시킬 수 있으나 명백한 손실은 금융회사의 자기자본에 의해 100% 대손처리될 수 있다.

〈표 15-4〉의 예에서 금융회사가 대출포트폴리오상에 800만 달러가 아닌 300만 달러의 손실을 반영하여야 한다고 하자. 이와 같은 300만 달러의 손실은 자기자본 장부가치에 의

표 15-4 **대출손실이 발생한 후 금융회사의 장부가치 대차대조표** (100만 달러 기준)

패널 A : 처음의 장부가치 대차대조표

자 산		부 채	
장기증권	$ 80	부 채	$ 90
장기대출	20	순자산	10
	$100		$100

패널 B : 300만 달러의 대손상각 후 장부가치 대차대조표

자 산		부 채	
장기증권	$ 80	부채	$ 90
장기대출	17	자기자본(대손충당금으로 3의 손실발생)	7
	$ 97		$ 97

해 부담된다. 기술적으로 말하면 이와 같은 300만 달러의 손실은 자기자본에서 대손충당금으로 상각된다.[3] 새로운 장부가치 대차대조표가 〈표 15-4〉의 패널 B에 제시되어 있다.

■자본의 장부가치와 이자율리스크

장부가치회계시스템은 일반적으로 장기적인 시차 및 재량적인 시차를 가지고 신용리스크문제를 인식하지만 이자율리스크의 영향을 인식하지 못한다는 것이 심각한 문제이다.

〈표 15-3〉의 시장가치회계시스템 예에서 이자율의 상승은 장기증권과 대출의 시장가치를 800만 달러 감소시켰고 순자산의 시장가치를 1,000만 달러에서 200만 달러로 감소시켰다. 모든 자산과 부채가 처음의 매입비용을 반영하는 장부가치회계시스템하에서 이자율의 상승은 자산, 부채, 자기자본의 장부가치에 아무런 영향을 미치지 않는다. 즉 대차대조표는 전혀 변화하지 않는다. 〈표 15-4〉의 패널 A는 이자율의 상승 전과 후의 포지션을 나타낸다. 1980년대 초에 이자율이 극적으로 상승하였을지라도 계속해서 장기고정이자 모기지의 장부가치와 양의 장부가치자본을 보고 하였던 저축금융회사들을 생각해 보라. 시장가치기준의 모기지 가치는 대차대조표 상의 장부가치보다 훨씬 적었다. 이 당시 실제로 많은 저축금융회사들이 경제적으로 지급불능상태에 처하였었다.

자기자본의 시장가치와 장부가치의 차이

금융회사 자본의 장부가치가 진정한 경제적 시장가치로부터 이탈하는 정도는 많은 요인들에 의해 결정된다.

3) 은행들은 일반적으로 대손상각비용에 대한 세금을 회피할 수 있다. 만일 손실이 대손충당금을 초과하면 은행은 다음의 방어선으로 내부유보를 사용할 수 있다.

1. *이자율 변동성(interest rate volatility).* 이자율의 변동성이 높을수록 금융회사자본의 장부가치가 진정한 경제적 시장가치로부터 이탈하는 정도는 더 커진다.
2. *검사와 집행(examination and enforcement).* 현장 및 비현장 검사가 자주 이루어질수록 또한 부실대출을 상각하는 것에 대한 검사자와 규제당국의 기준이 엄격할수록 금융회사자본의 장부가치가 진정한 경제적 시장가치로부터 이탈하는 정도는 더 작아진다.

실제로 상장되어 있는 대형 금융회사들의 경우 금융회사가 대차대조표를 시장가치에 의해 작성하지 않을지라도 자기자본의 장부가치(*BV*)와 시장가치(*MV*) 간의 차이가 어느 정도인지를 인지할 수 있다. 특히 효율적 자본시장에서 투자자들은 금융회사의 자산과 부채의 시장가치를 계산함으로써 금융회사의 주식가치를 계산할 수 있다. 이와 같은 가치계산은 금융회사의 현재와 예상되는 미래의 순수익 또는 배당흐름에 기초하여 이루어진다. 금융회사의 주식가격은 이와 같은 가치계산과 잔고 주식의 시장가치를 반영한다. 따라서 주당 금융회사 자기자본의 시장가치는 다음과 같다.

$$MV = \frac{\text{발행 주식의 시장가치}}{\text{주식의 수}}$$

이와 달리 주당 금융회사 자기자본의 역사적 가치 또는 장부가치는 다음과 같다.

$$BV = \frac{\text{주식의 액면가격} + \text{주식의 잉여가치} + \text{내부유보} + \text{대손충당금}}{\text{주식의 수}}$$

MV/*BV* 비율은 종종 **시장가치/장부가치 비율(market to book ratio)**이라고 부르고 주식시장에서 투자자들이 인지하는 금융회사 자기자본의 시장가치와 대차대조표 상에 있는 장부가치 간 차이가 나는 정도를 보여 준다. 이 비율이 낮으면 낮을수록 자본시장에서 투자자들이 인지하는 금융회사의 진정한 자기자본 또는 경제적 순자산포지션을 과소하게 평가하는 정도가 더 커진다.

이와 같은 시장가치와 장부가치의 차이가 존재하는 데도 불구하고 왜 규제당국과 금융회사는 계속해서 시장가치회계의 적용을 반대하는가? 앞에서 지적한 바와 같이 최초의 회계기준기관인 재무회계기준위원회(Financial Accounting Standard Board)는 증권거래위원회(Securities and Exchange Commission)와 마찬가지로 시장가치회계를 권고하였다.

▶ **시장가치/장부가치 비율(market to book ratio)**
금융회사 자기자본의 시장가치와 장부가치 간의 차이를 나타내는 비율.

시장가치회계에 대한 반대 주장

시장가치회계에 반대하는 첫 번째 주장은 시장가치회계는 실행하기 어렵다는 것이다. 이것은 특히 대차대조표에 소규모 대출과 같은 거래되지 않는 자산으로 큰 금액을 가지고 있는 소형 상업은행들과 저축금융회사들에게 해당된다. 자산의 정확한 시장가격 또는 시장가치를 결정하기가 불가능할 때 자산의 시장가치는 오차가 포함되어 결정된다. 이와 같은 주장에 대한 반대주장은 시장가치방법은 모든 자산들과 부채들이 거래되어야 한다는 것을 요구하지 않으며 거래되지 않는 자산들의 시장가치를 사용하는 데서 발생되는 오류는 원래의 장부가치 또는 역사적 가치를 사용하는 데서 발생되는 오류보다 적을 수 있다는 것이다. 자산과 부채로부터 발생하는 현재 현금흐름 및 예상되는 현금흐름과 적정한 할인율이 정해질 수 있는 한, 근사적인 시장가치는 언제나 추정될 수 있다(부록 6A에서 설명한 CreditMetrics 참조). 이에 더하여 대출채권매각과 자산증권화시장의 성장과 더불어 (제21장과 제22장 참조) 묵시적 시장가격들이 다양한 대출에 대하여 존재할 수 있다.

시장가치회계에 반대하는 두 번째 주장은 자산들에 대하여 서류상으로 발생되는 자본이득과 자본손실은 금융회사의 손익계산서로 이전되기 때문에 시장가치회계는 불필요한 변동성을 금융회사의 이익과 결과적으로 순자산에 부과한다는 것이다. 시장가치회계에 대한 비판자들은 금융회사가 실제로 이와 같은 자산들을 만기까지 보유할 계획이면 실현되지 않은 자본이득과 자본손실을 보고하는 것은 왜곡을 발생시킬 수 있다고 주장한다. 보험회사와 금융회사 경영자는 많은 경우에 대출들과 기타 자산들을 만기까지 보유하고 이에 따라 실제로 자본이득 또는 자본손실을 실현시키지 않는다고 주장한다. 이에 더하여 규제당국은 특히 이자율의 상승이 일시적일 뿐이고 증권에 대한 자본손실이 이자율이 다시 하락함에 따라 신속하게 자본이득으로 전환될 수 있다면(예를 들면, 많은 실증적 증거가 보여 주는 바와 같이 이자율이 평균회귀적 특성을 가지고 있기 때문에 신속하게 자본이득으로 전환될 수 있다면) (이 장의 후반부에서 논의되는) FDICIA(연방예금보험공사개선법)에 의해 부과되는 적기시정조치조건(prompt corrective action requirements)하에서 너무 조기에 은행들을 폐쇄하지 않을 수밖에 없다고 주장한다. 이와 반대되는 주장은 금융회사는 점차 자산을 만기까지 보유하기보다는 자산을 거래하고 매각하며 자산증권화 경향이 증가하고 있다는 점을 지적한다. 이에 더하여 이자율의 변화에 의해 발생되는 자본이득과 자본손실을 반영하지 못한다는 것은 금융회사의 자기자본포지션이 진정한 이자율리스크노출도를 반영하지 못한다는 것을 의미한다.

시장가치회계에 대하여 반대하는 세 번째 주장은 금융회사는 모기지 대출과 기업대출과 같은 장기자산들이 계속해서 변화하는 신용의 질과 이자율을 반영하여 시장가치로 평가되어야 한다면 이와 같은 가치변화에 대한 장기자산의 노출도를 기꺼이 수용하지 않을 것이라는 것이다. 예를 들면, 제3장에서 보는 바와 같이 장기자산들은 단기자산들보다 이자율에 대하여 더 민감하다. 시장가치회계는 대부자이자 감시자(제1장 참조)로서 금융회사가 수행하는 특별한 기능을 방해할 수 있고 심각한 신용경색을 발생시킬 수 있다는 우려가 있다. 시장가치회계에 대하여 반대하는 세 가지의 주장 중에서 세 번째의 주장이 아마도 소기업 금융과 경제성장에 관하여 우려하는 규제당국에게 가장 설득력이 있는 주장일 것이다.[4)]

금융회사의 자본에 대한 장부가치 기준척도들과 시장가치 기준척도들의 장점과 단점을 논의하면서 대부분의 금융회사 규제당국들이 금융회사의 자본적정성을 측정하기 위해 장부가치 회계기준을 선택하고 있다는 점에 주목하여야 한다. 중요한 예외적인 규제당국은 증권거래위원회(SEC)이다. NYSE와 주요 주식거래소들과 더불어 SEC는 증권회사, 소매브로커, 전문가에게 시장가치 회계원칙, 즉 자본 또는 순자산 원칙의 적용을 요구한다.

다음으로 주요 금융회사, 즉 (1) 상업은행과 저축금융회사, (2) 증권회사, (3) 생명보험회사, (4) 손해보험회사에 대하여 부과되는 자본적정성규제에 대하여 살펴보도록하자. 자본적정성규제가 현재 금융회사 간에 상당히 다르기 때문에, 미국 금융산업에서 현재에 이루어지고 있는 금융거대기업(conglomerate)(또는 겸업은행)으로의 통합화(consolidation)는 시장가치 회계원칙이 모든 금융회사에 채택되었다면 실현되었을 경우보다 더 어려울 가능성이 있다. 그럼에도 불구하고 은행, 저축금융회사, 보험회사에서 유사한 리스크기준 자본규제로 이행하는 추세는 분명하게 존재한다. 이 장의 나머지 부분에서 이와 같은 추세를 보다 상세하게 논의하도록 하자.

개념질문

1. 왜 순자산이 음일 때 금융회사는 경제적으로 지급불능인가?
2. 금융회사 자기자본의 장부가치를 구성하는 네 가지 주요 요소들은 무엇인가?
3. 대출손실에 대한 장부가치회계는 과거지향적인가 또는 미래지향적인가?
4. 시장가치/장부가치 비율이 1보다 적다는 것은 금융회사의 성과에 대하여 무엇을 시사하는가?

4) 이와 같은 주장은 신용경색이 이미 존재하는 것으로 인식되었으며 은행 포트폴리오에서 기업대출의 비중이 감소하고 있었던 1990년대 초에 특히 민감한 쟁점이었다.

15.3 상업은행과 저축금융회사의 자본적정성

실제 자본규제

1991년 FDICIA(FDIC Improvement Act of 1991)는 은행과 저축금융회사가 본질적으로 동일한 자본규제를 채택할 것을 요구하였다. 그 이후 미국 예금금융회사들은 두 가지의 다른 자본규제, 즉 자본/자산(레버리지)비율(capital-assets (leverage) ratio)과 리스크기준 자본비율(risk-based capital ratio)의 적용을 받고 있다. 이와 같은 두 가지 자본규제들에 대하여 보다 상세하게 살펴보자.

자본/자산 비율(또는 레버리지비율)

자본/자산 비율 또는 **레버리지비율(leverage ratio)**은 은행의 자산 장부가치에 대한 핵심자본 장부가치의 비율이다. 이 비율이 낮을수록 은행은 부채의존도가 더 높다. 핵심자본(core capital)은 은행의 보통주(장부가치), 적격 누적배당 영구우선주, 연결자회사들의 소수지분의 합이다.

1991년 FDIC 개신법이 통과됨에 따라 은행의 자본적정성은 은행의 레버리지비율(L)이 〈표 15–5〉의 (3)열에 있는 레버리지비율의 다섯 가지 목표범위 중 어디에 위치하느냐에 따라서 평가된다. 레버리지비율은

$$L = \frac{\text{핵심자본}}{\text{자산}}$$

이다. 만일 은행의 레버리지비율이 5% 이상이면 은행은 충분한 자본을 보유하고 있다. 만일 은행의 레버리지비율이 4% 이상이면 은행은 적정한 자본을 보유하고 있다. 만일 은행의 레버리지비율이 4% 미만이면 은행은 자본이 부족하고, 만일 은행의 레버리지비율이 3% 미만이면 은행은 상당히 자본이 부족하다. 만일 은행의 레버리지비율이 2% 이하이면 은행은 위험스러울 정도로 자본이 부족하다. 1995년 이후 은행산업자산의 0.5% 이하가 부족한 자본을 보유하고 있는 것으로 분류되었다. 이 수치는 1990년 4/4분기(말하자면 1989년–1990년의 경기후퇴기간 동안)에 31.3%였던 것과 대비된다.

규제당국이 취할 수 있는 일단의 재량적 조치들뿐만 아니라 일단의 강제적 조치들이 각 레버리지비율 영역과 관련되어 있다. 여기서의 아이디어는 최소자본규제를 시행하고 최악의 자본을 보유한 은행들에 대하여 규제당국이 용인하지 못하게 하자는 것이다. 애널리스트들

표 15-5 **적기시정조치를 위한 자본분류의 내용** (퍼센트 기준)

자본 분류	(1) 리스크기준 총자본비율		(2) 리스크기준 기본자본비율		(3) 레버리지 비율		비 고
1. 충분한 자본보유	≥10%	과	≥6%	과	≥5%	과	임의의 자본척도의 특정한 수준을 충족시켜야 하는 자본기준의 적용을 받지 않음
2. 적정한 자본보유	≥8%	과	≥4%	과	≥4%	과	충분한 자본보유의 정의를 충족시키지 못함
3. 자본부족	<8%	또는	<4%	또는	<4%		
4. 상당한 자본부족	<6%	또는	<6%	또는	<3%		
5. 위험스러운 자본부족	≤2%	또는	≤2%	또는	≤2%		

자료: Federal Reserve Board of Governors, September 10, 1993.

은 1980년대 저축금융회사들과 연방저축대부보험공사(Federal Savings and Loan Insurance Corporation ; FSLIC)의 붕괴와 1991년 FDIC의 기술적 지급불능으로 납세자들이 발생된 손실을 부담하게 된 것은 규제당국의 용인과 재량 때문이었다고 비난하였다.

1992년 12월 18일 이후 FDICIA(Federal Deposit Insurance Corporation Improvement Act)하에서 규제당국들은 은행이 자본분류 1(충분한 자본보유)로부터 이탈할 때 특별한 조치, 즉 적기시정조치(prompt corrective action; PCA)를 취하여야 한다. 가장 중요하게는 장부가치기준으로 은행의 총자산에 대한 자본의 비율(레버리지비율)이 2% 이하로 하락하면 법정관리자가 지명되어야 한다.[5] 즉 장부가치기준으로 레버리지비율이 0%에 이르기 전이어도 강제적인 법정관리 조치가 이루어질 수 있다.

불행하게도 레버리지비율은 자본적정성의 척도로서 다음과 같은 세 가지 문제점을 가지고 있다.

1. *시장가치(market value).* 레버리지비율이 2% 이하로 하락하여 은행이 폐쇄되더라도 장부가치기준 2%의 자본/자산 비율은 상당한 음의 시장가치 순자산과 일치할 수 있다. 즉 (납세자들을 포함하여) 예금자들과 규제당국이 손실에 대하여 적정하게 보호된다는 보장이 없다. 1980년대에 낮은 장부가치기준의 자본가치 때문에 폐쇄되었던 많은 저축금융회사들은 시장가치기준으로 30% 이상의 음의 순자산을 가지고 있었다.

5) 금융회사 경영자들과 주주들이 특히 법원을 통하여 사용할 수 있는 수많은 법적 허점들과 지연전략들이 존재한다. 이와 같은 폐쇄조치에 대한 재량의 상실이 은행규제당국이 앞에서 살펴본 바와 같이 *FASB Statement No. 115*에 저항하였던 하나의 이유이다.

2. *자산리스크(asset risk)*. 총자산을 레버리지비율의 분모로 사용함으로써 레버리지비율은 총자산을 구성하는 자산들의 서로 다른 신용리스크, 이자율리스크, 기타 리스크들을 전혀 고려하지 못한다.

3. *부외거래활동(off-balance-sheet activities)*. 은행의 부외거래활동이 크게 증가하였음에도 불구하고, 이와 같은 조건부 자산들과 부채들에 내재되어 있는 잠재적 지급불능리스크에 대비하기 위한 자본보유가 요구되지 않는다.

▶**레버리지비율(lererage ratio)**
금융회사의 자산 장부가치에 대한 핵심자본 장부가치의 비율.

▶**적기시정조치(prompt corrective action; PCA)**
은행의 자본비율이 하락함에 따라 규제당국이 취하여야 하는 강제조치.

리스크기준 자본비율

방금 살펴본 단순한 자본/자산 비율의 약점을 감안하여, 미국의 은행규제당국은 공식적으로 그들의 법적 권한하에 있는 모든 상업은행들에 대하여 두 가지의 새로운 리스크기준 자본규제를 시행하기로 국제결제은행(BIS)의 다른 회원국가들과 합의하였다. BIS는 **바젤협약(Basel Agreement 또는 Basle Agreement)** (현재 Basel I이라고 부름)하에서 1993년 1월 1일에 리스크기준 자본비율을 단계적으로 도입하여 완전히 시행하였다. 1993년의 바젤협약은 명시적으로 (부내와 부외) 자산들의 신용리스크 차이를 자본적정성 척도에 포함시켰다. 이 협약은 1998년에 수정되어 신용리스크노출에 대한 8%의 자기자본 비율에 추가하는 형태로 시장리스크가 자본규제 대상으로 포함되었다(제6장 참조). 2001년에 BIS는 운영리스크를 자본규제대상에 포함시킬 것을 제안한(제9장 참조) "신바젤자본협약(The New Basel Capital Accord)"(미국에서는 2007년 말에 발효되도록 예정되어 있음)[6]을 발표하였다.[7]

---

6) 새로운 바젤협약(바젤 II)은 유럽에서는 이미 사용되고 있지만, 미국에서의 시행은 많은 이유로 지연되었다. 실제로 바젤 II의 시행은 2007년 말 이후로 지연될 수 있다. 주요 쟁점은 어느 은행에 대하여 아래에서 논의되는 표준방법(Standardized Approach)을 적용하고 어느 은행에 대하여 보다 더 복잡한 내부등급법(Internal Ratings-Based(IRB) Approach)을 적용할 것인가에 관한 것이다. 연방준비제도는 보다 더 복잡한 IRB 방법은 20개의 대형은행에 대하여 사용되어야 한다고 제안한 반면 보다 더 단순한 표준방법은 나머지 은행들에 사용되도록 할 것인지에 대하여는 확실하지 않다. 미국은 소형은행들에 대하여는 바젤 I에서 사용되었던 "8%" 비율을 그대로 적용할 것을 고려할 수도 있다. 바젤 II의 실행문제를 해결하기 위해 최근에 4개 대형 미국 은행들은 연방준비제도가 바젤 II의 내부등급법하에서 제공되는 자본의 감소를 즉각적으로 누리도록 허용하지 않고 다년간에 걸쳐 단계적으로 누리도록 허용할 것이기 때문에 내부등급법하에서 자본의 감소를 즉각적으로 활용할 수 있는 유럽은행들과 비교하여 불리한 상황에 처할 것이라고 주장하였다. 실제로 4개 대형 미국 은행들은 내부등급법하의 자본감소를 처리하는 연방준비제도의 제안보다는 단순한 표준방법을 더 선호할 수 있다고 주장하였다.

새로운 바젤협약(Basel II라고 부름)은 금융시스템의 안전성과 건전성에 기여하는 3개의 상호 보강하는 Pillar들로 구성되어 있다(〈그림 15-1〉 참조). Pillar 1은 신용리스크, 시장리스크, 운영리스크를 위한 자본규제를 다룬다. 시장리스크의 측정방법은 제5장에 제시되어 있는 1998년에 채택된 측정방법과 같다. 2006년의 협약에서 BIS는 신용리스크와 운영리스크 모두를 다루기 위한 일련의 옵션들을 허용하였다. 두 가지 옵션이 신용리스크를 측정하기 위해 제안되었다. 첫 번째 옵션은 아래에서 논의하는 표준방법(Standardized Approach)이고 두 번째 옵션은 내부등급법(Internal Ratings Based(IRB) Approach)(부록 15A 참조)이다. 표준방법은 1993년 협약과 유사하나 보다 더 리스크에 민감하다. 내부등급법하에서 은행들은 감독당국의 승인뿐만 아니라 엄격한 방법론상의 기준과 공시기준하에서 (내부의 등급평가가시스템과 신용평점모형을 사용하여) 포트폴리오의 신용리스크를 평가하여 구한 차입자 신용도에 대한 내부추정치를 사용할 수 있다.[8] 세 가지의 방법, 즉 기초지표법(Basic Indicator Approach), 표준방법(Standardized Approach), 고급측정법(Advanced Measurement Approach)이 운영리스크를 측정하기 위해 사용될 수 있다.

Pillar 2에서 BIS는 최소자본규제에 대한 중요한 보완사항으로서 감독당국의 점검 과정의 중요성을 강조한다. 특히 바젤 II는 규제당국이 각 은행이 자본적정성을 평가하고 은행의 특정한 리스크구조에 걸맞는 자본목표를 설정하며 환경을 통제하기 위한 건전한 내부과정을 가지고 있는지를 확인하기 위한 절차들을 제안하였다. Pillar 3에서 BIS는 자본구조, 리스크노출도, 자본적정성의 공시에 관한 의무사항들을 개발하여 시장규율을 강화하고자 했다. 이와 같은 공시의무는 시장참여자들이 은행들의 리스크구조와 자본적정성에 관한 중요한 정보를 평가할 수 있도록 허용한다.

▶ **바젤협약(Basel Agreement 또는 Basle Agreement)**
주요 선진국들의 은행들에 대하여 리스크기준 자본비율을 부과한 협약.

미국의 규제당국은 현재 전통적인 레버리지비율뿐만 아니라 바젤 II 리스크기준 자본비율을 시행하고 있다. 단순한 자본/자산(레버리지)비율과는 달리, 리스크기준 자본적정성 척도들의 계산은 매우 복잡하다. 리스크기준 자본비율은 리스크가중자산을 분모로 사용하면서 대차대조표 상에 있는 자산들의 신용리스크 차이와 부외자산들에 내재되어 있는 신용

---

7) Basel Committee on Banking Supervision, "The New Basel Capital Accord," January 2001과 "International Convergence of Capital Measurement and Capital Standards," Jume 2006 참조. *www.bis.org*

8) 몇 편의 논문들이 내부은행모형들의 실행능력과 실용성에 대하여 논쟁하였다. 예를 들어, B. J. Hirtle, M. Levonian, M. Saidenberg, S. Walter, and D. Wright, "Using Credit Models for Regulatory Capital: Issues and Options," *FRBNY Economic Policy Review*, March 2001, pp. 19-36과 "Basel Gives Banks the Whip Hand," *Euromoney*, March 2001, pp.48–53; A. Saunders and L. Allen, *Credit Risk Measurement: Value at Risk and Other New Paradigms*, 2nd edition (New York, John Wiley and Sons, 2002) 참조.

Pillar 1 최소자기자본규제	Pillar 2 감독당국의 점검	Pillar 3 시장규율강화
최소자기자본의 계산 1. 신용리스크: 대차대조표와 부외거래활동의 신용리스크(표준방법 또는 내부등급법) 2. 시장리스크(표준방법 또는 내부등급법) 3. 운영리스크(기초지표법 또는 표준방법 또는 고급측정법)	Pillar 1에서 계산된 최소자기자본의 보완과 집행	금융회사의 투명성을 증가시키고 시장/투자자 규율을 증대시키기 위해 자본구조, 리스크노출도, 자본적정성에 관한 정보의 공시를 위한 법령상 의무 강화

그림 15-1 바젤 II의 자본 규제 Pillars

리스크 차이를 구별한다. 매우 간단히 설명하면 리스크기준 자본비율은 은행의 신용리스크를 반영하기 위해 부내와 부외 포지션들을 시장가치에 의해 평가한다. 이에 더하여 은행은 시장리스크와 운영리스크에 대비하여 자본을 추가적으로 보유하여야 한다.

은행의 리스크기준 자본적정성을 측정하는 데 있어서 은행의 자본은 이러한 리스크들 각각이 측정되는 기준이다.

자 본

은행의 자본은 자본 I(Tier I capital)과 자본 II(Tier II capital)로 구분된다. 자본 I은 기본자본(core capital)이고 자본 II는 보완자본(supplementary capital)이다. 은행이 보유하는 총자본은 자본 I과 자본 II의 합으로 정의된다. 기본자본인 자본 I과 보완자본인 자본 II의 정의가 〈표 15-6〉에 열거되어 있다(이후의 논의에서 자본 I과 자본 II를 각각 기본자본과 보완자본으로 명명하여 사용한다).

기본자본

기본자본은 은행 소유자들의 핵심자본개념을 반영하는 은행의 자기자본 장부가치와 밀접하게 연결되어 있다.[9] 기본적으로 기본자본은 보통주의 장부가치+영구(만기가 없는) 우선주+은행이 보유한 자회사들의 소수지분−영업권이다. 영업권은 다른 은행들 또는 자회사들

9) 그러나 대손충당금은 미래에 발생할 수 있는 손실 또는 지급불능리스크보다는 이미 발생한 손실을 반영하기 때문에 보완자본으로 분류된다.

표 15-6 은행지주회사의 자본에 대한 정의

구성 항목	최소 요건
기본자본 (자본 I)	리스크가중자산의 4% 이상이어야 한다
보통주 보유자들의 지분	한도가 없다
배당자격이 있는 누적 및 비누적 영구우선주	보통주, 소수지분, 배당자격이 있는 영구우선주의 합은 자본 I의 25%로 제한된다.
결합자회사들의 지분계정에 있는 소수지분	은행들은 자본 I의 자격을 가지지 않는 항목들을 도입하기 위해 소수지분을 사용하는 것을 피해야 한다.
– 영업권*	
보완자본 (자본 II)	자본 II의 총합계는 자본 I의 100%로 제한된다.†
대출 및 리스손실을 위한 충당금	리스크가중자산의 1.25%로 제한된다.
배당자격이 없는 영구우선주	자본 II 안에서 제한이 없다.
혼합형 자본금융수단, 영구부채, 강제전환증권	자본 II 안에서 제한이 없다.
후순위부채와 중기우선주(초기 가중평균만기가 5년 이상)	후순위 부채와 중기우선주는 자본 I의 50%로 제한된다. 만기가 가까워지면서 자본목적을 위해 균등상환된다†
자산재평가 준비금(주식 및 빌딩)	포함되지 않는다. 은행들이 공표하는 것이 권장된다. 국제비교을 위해 경우마다 평가될 수 있고 자본에 대한 전반적인 평가를 하는데 고려된다.
공제(자본 I과 자본 II의 합에서)	
결합되지 않은 자회사들에 대한 투자	
은행조직 자본증권의 상호보유	일반 원칙으로서 총투자의 1/2은 자본 I에서 공제되고 나머지 1/2은 자본 II에서 공제된다‡
감독당국에 의해 결정되는 기타 공제(기타 자회사들 또는 합작벤처들)	각 경우마다 기준 또는 공식적인 원칙결정 후 정책의 문제로서 결정
총자본(기본자본+보완자본−공제)	리스크가중자산의 8%를 초과해야 한다.

*1988년 3월 12일 이전 은행지주회사의 장부상에 있는 영업권은 조부조항으로 인정된다.
†한도를 초과하는 금액은 허용되나 자본으로서 자격은 없다.
‡자회사와 관련된 리스크가 정당하면 비례적으로 더 큰 금액이 자본 I에서 공제될 수 있다.

자료: Federal Reserve Board of Governors press release, January 1989, Attachment II.

을 매입하거나 또는 인수할 때 은행이 시장가치 이상으로 지불하는 금액을 반영하는 회계항목이다.

보완자본

보완자본은 광범위하게 정의되는 2차적 자본자원이다. 보완자본은 리스크가중자산의 최대 1.25%까지 적립할 수 있는 은행의 대손충당금과 최대한도를 가지는 다양한 전환부채들 및 후순위부채들의 합이다.

먼저 이와 같은 자본이 BIS Ⅱ의 표준방법을 사용하면서 신용리스크에 대한 완충자원으로 어떻게 사용되는지를 살펴보자. 이어서 바젤 II하에서 시장리스크와 운영리스크로부터 은행을 보호하기 위해 요구되는 추가자본에 대해서도 논의하도록 하자.

■ 신용리스크가중자산

바젤 Ⅱ 자본적정성규제에서 리스크가중자산은 리스크기준 자본비율의 분모이다. **신용리스크가중자산(credit risk-adjusted assets)**은 두 가지 요소, 즉 (1) 신용리스크가중 대차대조표자산과 (2) 신용리스크가중 부외자산으로 구성된다.

적정한 자본을 보유하기 위해서 은행은 최소 8%의 신용리스크가중자산에 대한 총자본(기본자본과 보완자본의 합) 비율을 가져야 한다. 즉 **리스크기준 총자본비율(total risk-based capital ratio)**은 다음과 같이 계산된다.

$$\text{리스크기준 총자본비율} = \frac{\text{총자본(기본자본} + \text{보완자본)}}{\text{신용리스크가중자산}} \geq 8\%$$

▶ **신용리스크가중자산(credit risk-adjusted assets)**
신용리스크에 기초하여 가치가 조정된 부내 및 부외 자산.

▶ **리스크기준 총자본비율(total risk-based capital ratio)**
금융회사의 리스크가중자산에 대한 총자본의 비율.

이에 더하여 기본자본은 자기 자신의 최소가이드라인을 가진다. 기본자본비율(Tier I (core) capital ratio)은 다음과 같이 계산된다.

$$\text{기본자본비율} = \frac{\text{기본자본(자본 I)}}{\text{신용리스크가중자산}} \geq 4\%$$

즉 8%의 리스크기준 총자본비율에서 최소 4%는 기본자본으로 보유되어야 한다.[10] 저축금융회사도 이와 같은 비율들에 따라 운영하여야 한다. 신용조합의 최소자본비율은 주마다 다르다.

---

10) 8%와 4%의 차이는 비핵심 또는 기타 자본으로 보충될 수 있다. 〈표 15-6〉의 설명 참조.

표 15-7 1991년 연방예금보험공사 개선법(FDIC Improvement Act)의 적기시정조치 요약

분류	강제조치	재량조치
1. 충분한 자본보유		
2. 적정한 자본보유	1. FDIC의 승인을 제외하고 중개예금 금지	
3. 자본부족	1. 배당과 관리수수료 중지 2. 자본회복계획이 요구됨 3. 자산증가의 제한 4. 인수, 지점설치, 신규활동에 대한 승인필요 5. 중개예금 금지	1. 자본보충 명령 2. 자회사 간 거래제한 3. 예금이자율제한 4. 일부 활동제한 5. 적기시정조치를 보다 잘 수행할 기타 조치
4. 상당한 자본부족	1. 분류 3의 경우와 동일 2. 자본보충 명령* 3.자회사 간 거래제한 4. 예금이자율 제한* 5. 사무원의 임금제한	1. 분류 3의 재량조치들 2. 명령에 준하는 계획을 제출하거나 또는 실행하지 못하고 또는 자본보충을 하지 못하면 법정관리 3. 이와 같은 조치가 적기시정조치를 수행하기 위해 필요하면 분류 5의 조치들
5. 위험스러운 자본부족	1. 분류 4의 경우와 동일 2. 90일 이내에 법정관리 3. 위험스러울 정도로 부족한 자본을 보유하게 된 후 4분기 동안 분류 5에 여전히 있으면 법정관리 4. 후순위부채에 대한 지불중지 5. 일부 활동제한	

*만일 감독당국이 적기시정조치 목적을 수행하지 않기로 결정하거나 또는 일부 다른 조건들이 충족되면 이 조치가 요구되지 않음.

자료: Federal Reserve Board of Governors, September 10, 1993.

리스크기준 자본비율은 적정한 자본보유은행을 정의하기 위해 사용될 뿐만 아니라 또한 전통적인 레버리지비율과 더불어 FDICIA하에서 이루어지는 적기시정조치프로그램의 일환으로 충분한 자본보유은행, 적정한 자본보유은행, 부족한 자본보유은행, 상당히 부족한 자본보유은행, 위험스러운 정도로 부족한 자본보유은행을 정의한다. 단순한 레버리지비율, 리스크기준 총자본비율, 리스크기준 기본자본비율 모두에 대하여 〈표 15-5〉의 열 (1)과 열

(2)에 열거되어 있는 다섯 가지 분류들이 자본적정성, 규제당국들이 강제적으로 취하여야 하는 조치들, 규제당국들이 재량적으로 취하여야 하는 조치들을 결정한다.[11] 〈표 15-7〉은 이와 같은 규제조치들을 요약한 것이다.

리스크기준 자본비율의 계산

■바젤 II하에서의 신용리스크가중 대차대조표 자산

원래의 바젤협약(바젤 I)에 대한 한 가지 중요한 비판은 개별자산의 리스크가중치가 차입자들(예를 들면, 국가, 은행, 기업)에 대한 광범위한 분류에 의존한다는 것이다. 예를 들면, 바젤 I하에서 모든 기업대출은 차입기업의 신용리스크에 관계없이 100%의 리스크가중치를 가진다. 바젤 II 표준방법은 신용리스크가중치를 보다 세분하여 차별화함으로써 은행리스크요인들을 더 현실에 맞게 반영하는 자본규제를 부과한다. 따라서 바젤 I과 비교하여 바젤 II의 표준방법은 예금금융회사가 직면하고 있는 실제의 경제적 리스크에 보다 더 걸맞는 자본비율을 제시한다.

바젤 II 리스크기준 자본규제하에서, 은행은 보유한 각 자산을 0%, 20%, 50%, 100%, 150%의 신용리스크가중치를 부여하는 5개 범주 중 하나에 속하도록 분류한다. 〈표 15-8〉은 각 리스크분류에 속하는 자산들을 열거하고 있다. 〈표 15-8〉의 중요한 특징은 현금, 모든 만기의 미국 재무부 단기, 중기, 장기채권, GNMA(Ginnie Mae) 모기지담보부증권(정부기관에 의하여 지원되는 모기지 증권화 패키지)은 모두 0%의 리스크가중치를 가진다는 것이다. 미국정부기관 지원증권, 지방정부발행 일반채권, FHLMC와 FNMA 모기지담보부증권, 은행 간 예금은 20%의 리스크가중치를 가진다[12]. 정상적인 주택모기지대출과 기타 지방정부(수입)채권은 50%의 가중치를 가진다. 소비자대출, 신용카드대출, 토지와 건물, 기타 자산들과 같은 대부분의 기타 대차대조표 자산들은 100%의 리스크가중치를 가진다. 마지막으로 국가, 은행, 기업 대출의 리스크가중치는 Standard & Poor's와 같은 외부 신용평가기

11) 자본적정성 규제가 예금금융회사가 실제로 리스크를 증가시키는 포트폴리오를 선택하게 만들 수 있다는 주장이 있다. 이와 같은 주장의 직관은 의무적으로 부과되는 자본규제하에서 보유하여야 하는 추가적인 미래지분 한 단위가 예금금융회사에게 더 가치가 있을 수 있다는 것이다. 만일 새로운 지분을 발행하는 것이 과도하게 비용이 많이 든다면 미래지분을 증가시킬 수 있는 유일한 가능성은 리스크가 높은 투자가 더 높은 수익을 만들고 미래지분을 위한 내부유보를 증가시킨다는 기대를 가지고 현재의 리스크를 증가시키는 것이다. 따라서 일부 사람들은 최소자본규제를 더 강화하는 것은 예금금융회사의 지급불능리스크를 더 크게 만든다(예를 들면, 만일 리스크가 높은 투자가 수익이 아닌 상당한 손실을 발생시키면)고 생각한다.

12) 연방주택대출모기지공사(Federal Home Loan Mortgage Corporation(FHLMC))와 연방전국모기지협회(Federal National Mortgage Association(FNMA))는 모기지증권화를 지원하는 준정부 또는 정부기관이다. (이와 같은 기관들에 대한 보다 상세한 내용은 제22장 참조.)

표 15-8 바젤 II하에서 대차대조표 자산리스크분류

리스크분류	항 목
분류 1(0% 가중치)	현금, 연방준비은행잔고, 미국 재무부, OECD국가 정부, 일부 미국정부기관의 증권, S&P 신용등급이 AA-보다 더 좋은 국가에 대한 대출
분류 2(20% 가중치)	회수과정의 현금항목, 미국과 OECD국가 은행 간 예금과 보증 청구권, 일부 비OECD국가 은행과 정부 예금과 증권, 지방채(일반채무), 일부 모기지 담보부 증권, 미국 재무부에 의해 담보된 청구권과 일부 기타 국채, S&P 신용등급이 A+에서 A-인 국가에 대한 대출, S&P 신용등급이 AA-보다 더 좋은 은행과 기업에 대한 대출
분류 3(50% 가중치)	1인-4인 가계 주택재산에 대한 1차적 유치권으로 완전담보된 대출, 기타 (수입) 지방채, S&P 신용등급이 BBB+에서 BBB-인 국가에 대한 대출, S&P 신용등급이 A+에서 A-인 은행과 기업에 대한 대출
분류 4(100% 가중치)	S&P 신용등급이 BB+에서 B-인 국가에 대한 대출, S&P 신용등급이 BBB+에서 B-인 은행에 대한 대출, S&P 신용등급이 BBB+에서 BB-인 기업에 대한 대출, 민간조직 및 개인에 대한 대출, 비OECD국가 정부와 은행에 대한 일부 청구권, 실물자산, 자회사에 대한 투자를 포함하여 위에서 열거되지 않은 모든 기타 대차대조표 상의 자산
분류 5(150% 가중치)	S&P 신용등급이 B- 이하인 국가, 은행, 증권회사에 대한 대출, S&P 신용등급이 BB- 이하인 기업에 대한 대출

자료: Federal Reserve Board of Governors press release, January 1989, Attachment III; Bank for International Settlements, "The New Basel Capital Accord," January 2001. *www.federalreserve.gov*, *www.bis.org*

관에 의해 제공되는 신용등급을 참고하여 결정된다[13]. 특히 S&P의 신용등급이 AA-보다 더 좋은 등급을 가진 국가에 대한 대출은 0%의 리스크가중치를 가진다. S&P의 신용등급이 A+에서 A-인 국가에 대한 대출과 AA-보다 더 좋은 신용등급을 가진 은행과 기업에 대한 대출은 20%의 리스크가중치를 가진다. S&P의 신용등급이 BBB+에서 BBB-인 국가에 대한 대출과 A+에서 A-의 신용등급을 가진 은행과 기업에 대한 대출은 50%의 리스크가중치를 가진다. S&P 신용등급이 BB+에서 B-인 국가에 대한 대출, BBB+에서 B-의

13) 몇 편의 최근 논문들은 리스크가중치를 부여하는데 있어서 신용평가기관의 신용등급을 사용하는 것에 대하여 분석하고 비판하였다. E. I. Altman and A. Saunders, "An Analysis and Critique of the BIS Proposal on Capital Adequacy and Ratings," *Journal of Banking and Finance* 25 (2001), pp.25–46; M. Carey and M. Hrycay, "Parameterizing Credit Risk Models with Rating Data," *Journal of Banking and Finance* 25 (2001), pp. 197–270 ; E. Altman, S. Bharath, and A. Saunders, "Credit Ratings and the BIS Capital Adequacy Reform Agenda," *Journal of Banking and Finance* 28 (2002), pp. 909–22 참조.

예제 15-1 바젤 II하에서 대차대조표 신용리스크가중자산의 계산

바젤 II의 리스크가중치에 따라 분류된 〈표 15-9〉에 있는 한 은행의 대차대조표를 생각해 보자. 바젤 II하에서 은행이 보유하고 있는 대차대조표 자산들의 신용리스크가중가치는 다음과 같다.

$$\text{신용리스크가중 대차대조표 자산} = 0(8m+13m+60m+50m+42m)+0.2(10m+10m+20m+10m+55m)+0.5(34m+308m+75m)+1(390m+108m+22m)+1.5(10m)=764.5m$$

m = 백만 달러표시. 대차대조표 자산의 장부가치는 12억 1,500만 달러이지만 대차대조표 자산의 신용리스크가중가치는 바젤 II하에서 7억 6,450만 달러이다.

신용등급을 가진 은행, BBB+에서 BB−의 신용등급을 가진 기업에 대한 대출, 신용등급이 없는 C&I대출은 100%의 리스크가중치를 가진다[14]. 마지막으로 신용등급이 B− 이하인 국가와 은행에 대한 대출과 BB− 이하의 신용등급을 가진 기업에 대한 대출은 150%의 리스크가중치를 가진 분류에 속한다.

예금금융회사(은행)는 신용리스크가중자산가치를 계산하기 위해 각 리스크분류군에 속하는 자산금액과 각 리스크분류군에 부여된 리스크가중치를 곱하여 합한다.

■ 바젤 II하에서의 신용리스크가중 부외활동

대차대조표 자산의 신용리스크가중가치는 자본비율 분모의 한 요소일 뿐이나. 다른 요소는 부외활동들의 신용리스크가중가치이다. 이와 같은 부외활동은 예금금융회사에 대한 실제 청구권이라기보다는 조건부 청구권이다(제8장 참조). 따라서 바젤 Ⅱ 자본규제는 이와 같은 증권들의 명목가치 합계에 대해서가 아니라 이와 같은 증권들이 예금금융회사에 대하여 창출할 수도 있는 궁극적인 대차대조표 상의 신용리스크가중자산가치에 대하여 필요한 자본보유를 요구한다. 따라서 이와 같은 부외항목들의 신용리스크가중자산가치를 계산하기 위해서는 먼저 각 부외항목을 대차대조표 항목에 해당되는 금액인 **신용동등금액(credit equivalent amount)**으로 환산시켜야 한다. 부외활동들의 신용리스크가중가치를 계산하기 위해서는 부외활동들을 조건부 보증계약 또는 파생상품계약으로 구분하여야 한다. 신용장과 같은 조건부 보증계약의 신용리스크가중자산가치를 계산하는 것은 환율 및 이자율 선도, 옵션, 스왑 계약들의 신용리스크가중자산가치를 계산하는 것과 다르다. 먼저 부외 보증형 계약 또는 조건부 계약의 신용리스크가중자산가치를 살펴보고 이어서 파생상품 또는 시장계약의 신용리스크가중자산가치를 살펴보도록 하자.

---

14) T. Jacobson, J. Linde, and K. RosZbach는 소비자대출과 중소기업대출이 일반적으로 대기업대출신용보다 더 리스크가 높다는 것을 발견하였다. T. Jacobson, J. Linde, and K. RosZbach, "Credit Risk versus Capital Requirements under Basel II," *Journal of Financial Services Research* 28 (2005), pp. 43–75 참조.

표 15-9 바젤 II하에서 한 은행의 대차대조표 (100만 달러 기준)

자 산			부채/자기자본		
가중치	항 목		항 목		자본분류
0%	현금	$ 8			
	연준예금 잔고	13			
	재무부 단기채권	60	요구불예금	$ 150	
	장기 재무성채권	50	정기예금	500	
	장기 GNMAs	42	CD	400	
20%	회수과정의 현금항목	10	페더럴펀드 차입	80	
	장기 FNMAs	10			
	지방채(일반채권)	20			
	Bank of America에 대한 대출(AA+등급)	10	전환사채	15	보완자본
			후순위채권	15	보완자본
	상업대출(AAA−등급)	55			
50%	대학기숙사채권(수입채권)	34	영구우선주(배당무자격)	5	보완자본
	1–4인 가계 주택 모기지	308			
	상업대출(A등급)	75	내부유보	10	기본자본
100%	기업대출(BB+등급)	390	보통주	30	기본자본
	제3세계대출(B+등급)	108	영구우선주(배당자격)	10	기본자본
	토지 및 건물, 장비	22			
150%	기업대출(CCC+등급)	10			
N/A	대손충당금	(10)			보완자본
	총자산	$ 1,215	총부채/자본	$1,215	
부외 항목					
100%	BB+등급 미국 대기업에 대한 2년만기 대출약정			$ 80	
	BBB 등급 미국 기업에 발행된 직접신용대체 지급보증서			10	
	BBB−등급 미국 기업에 발행된 상업신용장			50	
50%	300만 달러의 대체비용을 가진 4년만기의 고정/변동 이자율스왑			100	
	−100만 달러의 대체비용을 가진 2년만기 유로달러계약			40	

▶**신용동등금액(credit equivalent amount)**
부외항목과 동등한 대차대조표 상의 신용리스크노출금액.

■부외 조건부 보증계약의 신용리스크가중자산가치

〈표 15-10〉에 정리되어 있는 부외조건부보증계약의 적정한 신용환산율을 살펴보라.[15] 바젤 II하에서 은행이 발행하는 직접신용대체 지급보증서는 100%의 신용환산율을 가진다. 이와 유사하게 상환청구권과 함께 판매된 환매조건부 채권과 자산은 100%의 신용환산율을

15) 여기서 적정한 신용환산율이라는 것은 조건부 자산가치결정(옵션) 모형으로부터 계산될 수 있는 신용환산율이 아니라 규제당국에 의해 사용되고 은행에 사용하도록 요구되는 신용환산율이라는 것을 의미한다. 실제로 규제당국들은 〈표 15-10〉의 신용환산율을 도출하는데 조건부자산 가치결정모형을 사용하지 않는다.

표 15-10 바젤 II하에서 부외 조건부계약 또는 보증계약의 신용환산율

항　　목	신용환산율
– 대차대조표 상에 포함되어 있지 않은 상환청구권을 가지고 판매된 환매조건부채권과 자산	100%
– 직접신용대체 지급보증서	100%
– 성과와 관련된 지급보증서	50%
– 1년 이하 최초 만기를 가지고 있는 대출약정의 미사용 부분	20%
– 1년 초과의 최초 만기를 가지고 있는 대출약정의 미사용 부분	50%
– 상업신용장	20%
– 은행인수어음	20%
– 기타 대출약정	10%

자료: Federal Reserve Board of Governors press release, January 1989, Attachment IV; Bank for International Settlements, "The New Basel Capital Accord," Jaruary 2001. *www.federalreserve.gov*, *www.bis.org*

가진다. 미래 성과와 관련된 지급보증서와 1년 초과의 만기를 가지고 있는 대출약정의 미사용부분은 50%의 신용환산율을 가진다. 1년 이하의 만기를 가지고 있는 대출약정의 미사용부분은 20%의 신용환산율을 가진다. 표준적인 무역관련 상업신용장과 은행인수어음은 20%의 신용환산율을 가진다.

바젤 II하에서 부외 조건부 보증계약들에 부여되는 리스크가중치는 은행이 주인으로 거래에 참여한 경우와 동일하다. 따라서 대차대조표 상의 자산에 대하여 신용리스크가중치를 부여하기 위해 사용되는 신용평가등급(〈표 15-8〉에 열거되어 있음)이 부외거래항목의 신용리스크가중치를 부여하기 위해 사용된다(예를 들면, CCC등급의 상대방에게 발행된 상업신용장은 150%의 리스크가중치를 가진다).

■부외 시장계약 또는 파생상품의 신용리스크가중자산가치

현대 금융회사들은 부외 조건부 계약 및 보증 계약들을 보유하는데 더하여 부외 선물, 옵션, 선도, 스왑, 캡, 기타 파생증권계약을 이자율 및 환율 관리와 헤지를 위해서 고객을 대신해서 사고 팔 뿐만 아니라 직접 사고 파는 일에 많이 참여한다(제8장 참조). 이와 같은 금융상품들의 포지션은 잠재적으로 금융회사를 **거래상대방신용리스크(counterparty credit risk)**, 즉 상대방(또는 계약의 상대방)이 보유한 포지션에 대하여 대규모의 실제 또는 잠재적인 손실로 어려움을 겪을 때 채무불이행리스크에 노출시킨다. 이와 같은 채무불이행이 발생하면, 금융회사는 잠재적으로 덜 유리한 조건으로 이와 같은 계약들을 대체하기 위해 시장으로 돌아가야만 한다.

예제 15-2 부외 조건부계약 또는 보증계약의 신용리스크가중자산가치 계산

부외 활동들이 어떻게 리스크기준 자본비율을 계산하는데 포함되는지를 살펴보기 위해 〈표 15-9〉로 나타낸 대차대조표를 가지고 있는 은행에 대한 〈예제 15-1〉을 확장할 수 있다. 은행은 7억 6,450만 달러의 신용리스크가중 대차대조표자산가치를 가지고 있는데 추가하여 다음과 같은 부외조건부계약 또는 보증계약들을 가지고 있다.

1. BB+등급 미국 대기업에 대한 2년만기 대출약정	8,000만 달러
2. BBB 등급 미국 기업에 발행된 직접신용대체 지급보증서	1,000만 달러
3. BBB−등급 미국 기업에 발행된 상업신용장	5,000만 달러

이와 같은 부외거래항목들의 리스크조정 자산가치를 계산하기 위해 2단계 과정을 따른다.

단계 1 : 부외거래항목의 액면가격을 대차대조표 상의 신용동등금액으로 전환한다.

첫 번째 단계에서 이와 같은 부외항목들의 **신용동등금액(credit equivalent amount)**을 계산하기 위해 〈표 15-10〉에 열거되어 있는 신용환산율과 부외항목들의 액면가격을 곱한다.

부외거래항목	액면가격		신용환산율		신용동등금액
2년만기 대출약정	8,000만 달러	×	0.5	=	4,000만 달러
지급보증서	1,000만 달러	×	1.0	=	1,000만 달러
상업신용장	5,000만 달러	×	0.2	=	1,000만 달러

따라서 대출약정, 지급보증서, 상업신용장의 신용동등금액은 각각 4,000만 달러, 1,000만 달러, 1,000만 달러이다. 이와 같은 신용환산율은 부외거래항목을 동등한 신용항목 또는 대차대조표 상의 항목으로 전환시킨다.

단계 2 : 부외거래항목신용동등금액에 리스크가중치를 부여한다.

두 번째 단계에서 신용동등금액과 이에 해당되는 적정한 리스크가중치를 곱한다. 각 조건부 보증계약은 BBB+와 BB− 사이의 신용등급을 가지고 있는 미국 기업을 대상으로 이루어진 것이기 때문에 100%의 리스크가중치가 부여된다.

부외거래항목	신용동등금액		리스크가중치(w_i)		리스크가중자산가치
2년만기 대출약정	4,000만 달러	×	1.0	=	4,000만 달러
지급보증서	1,000만 달러	×	1.0	=	1,000만 달러
상업신용장	1,000만 달러	×	1.0	=	1,000만 달러
					6,000만 달러

따라서 은행이 보유하고 있는 부외 조건부 계약 및 보증 계약의 신용리스크가중자산가치는 6,000만 달러이다.

▶ **거래상대방신용리스크(counterparty credit risk)**
계약의 상대방이 지불채무에 대하여 채무불이행할 리스크.

리스크기준 자본비율규제 하에서 거래소 거래 파생증권계약(예를 들면, 시카고상품거래소의 거래옵션)과 장외시장 거래 파생증권계약(예를 들면, 선도, 스왑, 캡, 플로어) 간에 중요한 구별이 이루어진다. 거래소 거래 파생상품들의 신용 또는 채무불이행리스크는상대방이 채무에 대하여 불이행할 때 거래소 자체가 상대방의 채무 전부를 인수하기 때문에 거의 0이다. 그러나 조직화된 거래소 밖에서 쌍방이 합의한 장외계약에 대하여 이와 같은 보증은 존재하지 않는다. 따라서 대부분의 부외 선물과 옵션 포지션은 은행에 대하여 필요자본을 요구하지 않는 반면 대부분의 선도, 스왑, 캡, 플로어는 은행에 대하여 필요자본을 요구한다.[16]

조건부 계약 또는 보증계약의 경우와 마찬가지로 부외 시장계약의 리스크가중자산가치를 계산하기 위해서도 2단계 방법이 사용된다. 첫째, 신용동등금액을 구하기 위해 신용환산율을 사용한다. 둘째, 신용동등금액과 적정한 리스크가중치를 곱한다.

단계 1: 부외거래항목의 액면가격을 대차대조표 상의 신용동등금액으로 전환한다.

먼저 거래소에서 거래되지 않는 스왑, 선도, 기타 파생상품계약들의 명목가치 또는 액면가격을 신용동등금액으로 전환한다. 신용동등금액은 *잠재익스포저(potential exposure)*와 *현재익스포저(current exposure)*로 구성된다. 즉

$$\text{부외 파생증권의 신용동등금액(\$)} = \text{잠재익스포저(\$)} + \text{현재익스포저(\$)}$$

잠재익스포저(potential exposure)는 파생상품계약의 상대방이 미래에 채무불이행할 때 발생되는 신용리스크를 반영한다. 이와 같은 일이 발생할 확률은 이자율 계약의 경우 이자율의 미래변동성 또는 환율계약의 경우 환율의 미래변동성에 의해 결정된다. 연방준비제도는 엄청난 수의 시뮬레이션을 수행하고 환율은 이자율보다 훨씬 더 심하게 변동한다는 것을 발견하였다.[17] 따라서 〈표 15-11〉에 있는 잠재익스포저 신용환산율은 이자율계약의 경우보다 환율계약의 경우에 더 크다. 또한 두 가지 유형의 계약이 더 장기일수록 잠재익스포저 신용리스크는 더 크다는 점에 주목하라.

---

16) 은행은 거래소거래 헤지상품들을 사용함으로써 고비용의 자본자원을 절약할 수 있다. 이것이 장외시장 파생상품들보다 거래소의 헤지상품들을 사용하는 것에 대하여 은행들의 선호차이를 발생시킬 수 있다.

17) 연방준비제도는 적정한 신용환산율을 결정하기 위해 몬테카를로 시뮬레이션 방법을 채택하였다. C. W. Smith, C. W. Smithson, and D. S. Wilford, *Managing Financial Risk* (New York: Ballinger Publishing Company, 1990), pp. 225–256 참조.

표 15-11 **이자율 계약과 환율 계약의 잠재익스포져를 계산하기 위한 신용환산율**

잔여 만기	(1) 이자율 계약	(2) 환율 계약
1. 1년 미만	0%	1.0%
2. 1년-5년	0.5%	5.0%
3. 5년 초과	1.5%	7.5%

자료: Federal Reserve Board of Governors press release, August 1995, Section II.

▶**잠재익스포져(potential exposure)**
파생상품계약의 상대방이 미래에 채무불이행할 때 발생되는 신용리스크.

부외 시장상품의 잠재익스포져를 계산하는 것에 더하여 은행은 부외 시장상품의 **현재익스포져(current exposure)**를 계산하여야 한다. 이것은 상대방이 오늘 채무불이행할 때 파생상품계약을 대체하는 비용을 반영한다. 은행은 해당계약의 처음 이자율(또는 환율) 또는 가격을 유사한 계약의 현재 이자율(또는 환율) 또는 가격으로 대체함으로써 대체비용(replacement cost) 또는 현재익스포져를 계산하고 현재의 이자율(또는 환율) 또는 가격조건 하에서 창출될 모든 현재와 미래의 현금흐름을 재계산한다.[18] 은행은 주어진 계약의 대체비용의 현재가치를 계산하기 위해 미래 현금흐름을 할인한다. 만일 주어진 계약의 대체비용이 음이면(예를 들면 은행이 주어진 계약에 대하여 상대방이 채무불이행하는 경우 이익을 보게 된다), 규제에 의해 대체비용(현재익스포져)은 0으로 설정된다. 만일 대체비용이 양이면(말하자면 은행이 주어진 계약에 대하여 상대방이 채무불이행하는 경우 손실을 보게 된다) 대체비용은 현재익스포져로 사용된다. 각 스왑 또는 선도계약은 어느 의미에서 독특하기 때문에 현재익스포져를 계산하는 일은 은행의 경영정보시스템에서 상당한 컴퓨터 처리를 수반한다. 실제로 전문서비스회사가 소형 은행들을 위해 이와 같은 일을 수행할 가능성이 있다.[19]

▶**현재익스포져(current exposure)**
현재의 가격으로 파생상품계약을 대체하는 비용.

단계 2: 부외거래항목 신용동등금액에 리스크가중치를 부여한다.

각 파생상품계약의 신용동등금액은 현재익스포져와 잠재익스포져의 합으로 계산되고 부외

18) 예를 들면, 2년만기 선도환계약이 $1.55/£로 2009년 1월에 체결되었다고 하자. 2010년 1월에 은행은 이제 만기가 1년 남은 선도환계약의 신용리스크를 평가하여야만 한다. 이 일을 하기 위해, 은행은 합의된 선도환율 $1.55/£을 현재의 1년만기 선도환율인 $1.65/£으로 대체한다. 이어서 은행은 현재의 선도계약이 이와 같은 가격으로 대체되어야 한다면 이와 같은 계약의 순이득 또는 순손실을 재계산한다. 이것이 선도계약의 대체비용이다.

19) 한 뉴욕머니센터 대형은행은 평균적으로 6,000개 이상의 선도계약들의 대체비용을 계산하여야 한다.

예제 15-3 부외거래계약의 신용리스크가중자산가치 계산

〈예제 15-1〉과 〈예제 15-2〉의 은행이 1억 달러에 해당되는 1개의 4년만기 고정/변동 이자율스왑과 4,000만 달러에 해당되는 1개의 2년만기 선도환계약(〈표 15-9〉 참조)을 가지고 있다.

단계 1 : 각 계약의 신용동등금액은 다음과 같이 계산된다.

				잠재익스포저+현재익스포저				
부외거래 항 목	액면 가격		잠재익스포저 신용환산율		잠재 익스포저	대체비용	현재 익스포저	신용동등금액
4년 고정/변동 이자율스왑	1억 달러	×	0.005	=	50만 달러	300만 달러	300만 달러	350만 달러
2년 선도환계약	4,000만 달러	×	0.05	=	200만 달러	−100만 달러	0달러	200만 달러

4년만기 고정/변동 이자율스왑의 명목가치(계약상의 액면가격)는 1억 달러이다. 이 스왑은 장기(1년–5년만기) 이자율 거래계약이기 때문에 액면가격에 0.005를 곱하여 50만 달러의 잠재익스포저가 구하여진다(〈표 15-11〉의 행 (2) 참조). 이자율스왑 계약의 대체비용은 계약의 상대방이 채무불이행할 때 이 스왑의 잔존만기 동안 현재의 이자율로 새로운 4년만기 고정/변동 이자율스왑으로 대체하여야 하는 비용을 반영한다. 현재 이자율이 불리하다고 가정하면, 현재가치기준으로 잔존만기 동안 기존의 스왑계약을 대체하는 비용은 300만 달러가 된다. 따라서 이자율스왑에 대한 총신용동등금액, 즉 현재익스포저와 잠재익스포저의 합은 350만 달러이다.

다음으로 4,000만 달러의 액면가격을 가지는 2년만기 선도환계약을 살펴보자. 이 계약은 1년~5년의 만기를 가진 환율계약이기 때문에 잠재익스포저는 4,000만 달러×0.05, 즉 200만 달러이다(〈표 15-11〉의 행 (2) 참조). 그러나 선도환계약의 대체비용은 −100만 달러이다. 즉 이 예에서 계약 상대방이 채무불이행하면 은행은 이득을 얻게 된다. 이 계약이 이익이 될 때 상대방이 채무불이행하는 이유는 분명하지 않다. 그러나 규제당국은 이와 같은 일이 모든 형태의 잘못된 위험선택 인센티브를 만들 수 있기 때문에 은행이 상대방의 채무불이행으로부터 이익을 보는 것을 허용하지 않는다. 따라서 선도환계약의 현재익스포저는 0으로 설정된다. 이에 따라 잠재익스포저(200만 달러)와 현재익스포저(0달러)를 합하여 선도환계약의 총신용동등금액는 200만 달러로 구해진다.

은행은 2개의 부외 파생상품계약만을 가지고 있기 때문에 은행의 부외거래 계약들의 총신용동등금액은 350만 달러+200만 달러=550만 달러이다.

단계 2: 구해진 신용동등금액과 적정한 리스크가중치를 곱하는 것이다. 은행의 부외 파생상품계약들 또는 거래 계약들의 신용리스크가중자산가치를 계산하기 위해 신용동등금액과 적정한 리스크가중치(바젤 II하에서 일반적으로 100%임)를 곱한다.

$$\text{부외 파생상품계약들의 신용리스크가중자산가치} = \underset{\text{(신용동등금액)}}{550\text{만 달러}} \times \underset{\text{(리스크가중치)}}{1.0} = 550\text{만 달러}$$

거래계약의 최종 신용리스크가중자산가치는 이와 같이 구하여진 신용동등금액과 리스크가중치의 곱으로 계산된다. 바젤 II하에서 적정한 리스크가중치는 일반적으로 100%이다. 즉

$$\text{부외거래계약의 신용리스크가중가치} = \text{총신용동등금액} \times 1.0\text{(리스크가중치)}$$

예제 15-4 은행의 리스크기준 총자본비율의 계산

〈표 15-11〉과 〈표 15-9〉에서 은행의 기본자본(내부유보, 보통주, 배당자격이 있는 영구우선주)은 총 5,000만 달러이고 보완자본(전환사채, 하순위채, 배당자격이 없는 영구우선주, 대손충당금)은 총 4,500만 달러이다. 따라서 기본자본과 보완자본의 합은 9,500만 달러이다.

이제 바젤 II의 리스크기준 자본규제에 따른 은행의 자본적정성은 다음과 같이 계산할 수 있다.

$$\text{리스크기준 기본자본비율} = \frac{\text{5,000만 달러}}{\text{8억 3,000만 달러}} = 6.02\%$$

$$\text{리스크기준 총자본비율} = \frac{\text{9,500만 달러}}{\text{8억 3,000만 달러}} = 11.45\%$$

최소 리스크기준 기본자본의 비율(〈표 15-5〉 참조)은 4%이고 최소 리스크기준 총자본비율은 8%이기 때문에 주어진 예의 은행은 바젤 II의 자본규제하에서 요구되는 자본보다 더 많이 보유하고 있다.

■바젤 II하에서 총신용리스크가중자산

바젤 II하에서 총신용리스크가중자산은 8억 3,000만 달러(=대차대조표 활동의 신용리스크가중자산가치(7억 6,450만 달러)+부외 조건부 및 보증 계약의 신용리스크가중자산가치(6,000만 달러)+부외 파생상품의 신용리스크가중자산가치(550만 달러))이다.

■리스크기준 총자본비율의 계산

예금금융회사의 리스크가중자산을 계산한 후, 마지막 단계는 리스크기준 기본자본과 리스크기준 총자본비율을 계산하는 것이다.

■이자율리스크, 시장리스크 및 리스크기준 자본

규제의 관점에서 예금금융회사가 과도한 이자율리스크 또는 시장리스크에 노출되어 있지 않는 한 신용리스크기준 자본비율은 적정한 지표이다. 그 이유는 리스크기준 자본비율은 대차대조표와 부외거래 신용리스크 모두에 대비하기 위한 은행의 자본적정성을 고려하고 있기 때문이다. 이자율리스크(듀레이션 불일치)와 시장(거래)리스크로부터 발생하는 지급불능리스크는 명시적으로 고려되지 않는다.

이와 같은 비판에 대응하기 위해 1993년에 연방준비제도는 국제결제은행과 더불어 이자율리스크와 시장리스크에 대비하기 위한 추가적인 자본규제방안을 개발하였다. 제5장에서 논의한 바와 같이 1998년 이후 예금금융회사는 시장리스크에 대한 노출을 반영하기 위해 8% 리스크기준 자본비율에 추가되는 자본비율을 계산하여야만 하였다. 이와 같은 추가되는 자본비율을 계산하기 위해 두 가지 방법, 즉 (1) 규제당국이 제안한 표준모형과 (2) 예금금융회사 자신의 내부 시장리스크모형이 존재한다. BIS Ⅱ는 처음의 1993년 제안과 유사한 시장리스크에 대한 미래자본비율을 계산하는 기본 방법을 제시하고 있는 반면 현재까지 이자율리스크에 대한 공식적인 추가자본비율을 요구하지 않고 있다.[20]

■운영리스크와 리스크기준 자본

BIS Ⅱ는 운영리스크(operational risk)에 대비하기 위한 자본의 추가 보유를 제안하였다. 이와 같은 제안이 이루어지기 전에 BIS는 은행의 운영리스크는 8%의 신용리스크가중자기자본비율에 의하여 적정하게 관리된다고 주장하였다. 그러나 최근 운영리스크의 가시적 증가가 규제당국이 신용리스크와 운영리스크를 위한 독립적인 자본규제를 제안하게 만들었다. 앞에서 지적한 바와 같이 BIS는 이제 예금금융회사가 운영리스크를 계량화하기 위해 자원을 사용하고 전반적인 자본적정성을 평가하는데 포함시켜야 할 만큼 운영리스크가 충분히 중요하다고 믿고 있다. 2001년과 2003년 자문문서(Consultative Document)에서 바젤위원회는 예금금융회사를 운영리스크로부터 보호하기 위한 자본을 계산하는 세 가지 방법, 즉 기초지표법(Basic Indicator Approach), 표준방법(Standardized Approach), 고급측정법(Advanced Measurement Approach)을 (2006년부터 적용하기 위해) 제시하였다.[21]

기초지표법은 은행이 평균적으로 운영리스크를 위해 총규제자본의 12%를 보유하도록 만들어졌다. 이와 같은 12% 목표는 국제적으로 수행된 대형은행들의 현재 관행에 대한 광범위한 서베이에 기초한 것이다.[22] 이와 같은 목표를 달성하기 위해 기초지표법은 은행이 총이익(gross income), 즉 순이윤(net profits) 또는 유럽인들이 부가가치(value-added)라고 부르는 것에 초점을 맞추고 있다. 은행의 총이익은 은행의 순이자이익(net interest income)과 순비이자이익(net noninterest income)의 합이다.

$$총이익 = 순이자이익 + 순비이자이익$$

BIS 계산에 의하면 운영리스크에 대비하기 위해 총이익의 15%(일정부분(α))를 보유하고 있는 은행은 운영리스크를 위한 충분한 자본을 가지게 된다. 이 금액은 모든 리스크들(말

---

20) Basel Committee on Banking Supervision, "Principles for the Management and Supervision of Interest Rate Risk," January 2001 참조. *www.bis.org*

21) Basel Committee on Banking Supervision, "International Convergence of Capital Measurement and Capital Standards," Jine 2006 참조. *www.bis.org*

22) 연구 결과는 운영리스크를 위해 보유하는 자본금액은 시장리스크를 위해 보유하는 자본금액을 초과하고 대형은행들은 운영리스크를 위해 수십억 달러의 금액을 배분하는 것을 선택할 수 있다는 것을 보여 준다. P. DeFontnouvelle, V. Dejesus-Rueff, J. S. Jordan, and E. S. Rosengren, "Capital and Risk: New Evidence on Implications of Large Operational Losses," *Journal of Money, Credit, and Banking* 38 (2006), pp. 1819-46 참조.

표 15-12 BIS 표준방법의 영업영역

영업영역	지표	자본 비율
투자금융	총이익*	$\beta_1 = 18\%$
트레이딩과 매매	총이익	$\beta_2 = 18\%$
소매금융	총이익	$\beta_3 = 12\%$
기업금융	총이익	$\beta_4 = 15\%$
지급과 결제	총이익	$\beta_5 = 18\%$
대행서비스	총이익	$\beta_6 = 15\%$
소매중개	총이익	$\beta_7 = 12\%$
자산관리	총이익	$\beta_8 = 12\%$

*지표는 각 특정한 영업영역의 총이익임.

자료: Bank for International Settlements, "Working Paper on the Regulatory Treatment of Operational Risk," September 2001. *www.bis.org*

하자면 신용리스크, 시장리스크, 운영리스크)에 대비하기 위한 총규제자본의 12%가 된다. 예를 들면, 기본지표법하에서

$$\text{운영리스크을 위한 자본} = \alpha \times \text{총이익}$$
$$= 0.15 \times \text{총이익}$$

기초지표법의 문제는 너무 총체적이거나 또는 "상의하달식"이며 운영리스크가 다를 수 있는 영업분야들을 전혀 구별하지 않는다는 것이다(예를 들면 지급과 결제는 소매중개업과는 매우 다른 운영리스크구조를 가질 수 있다).[23]

여전히 기본적으로 상의하달식 방법을 유지하는 반면 영업영역별로 보다 정교하게 운영리스크를 구별하기 위해 BIS는 운영리스크에 대비하여 보유해야 하는 자본을 계산하기 위한 두 번째 방법을 제시하였다. 두 번째 방법인 표준방법은 은행활동을 〈표 15-12〉에서 보는 바와 같이 8개의 주요 영업영역으로 나눈다. 각 영업영역애 대하여 은행활동의 규모를 반영하는 β로 정의되는 지수가 존재한다. 이 지수는 각 특정한 영업영역의 총이익과 관련되어 있다. 이 지수는 각 영업영역의 운영리스크 금액에 대한 대략적인 근사치를 제시한다. 운영리스크을 위한 자본부과금은 각 영업영역의 β와 각 영업영역의 총이익을 곱하고 이들을 합하여 계산된다. β의 값은 평균적인 은행에서 각 영업영역의 중요도를 반영한다. β의 값들은 규제당국에 의해 결정되고 표본은행들로부터 구해지는 은행산업의 평균치에 의해 결정된다.

23) 두 번째의 쟁점은 α항은 총이익에 비례적인 운영리스크을 상정하고 있다는 것이다. 이것은 이와 같은 관계가 비선형이게 만드는 규모의 경제효과의 존재가능성을 무시한다. 은행이윤 또는 은행규모가 증가하면서 α는 감소할 수 있다.

표 15-13 운영리스크 손실사건유형

손실사건유형	내 용
내부 사기	한 사람 이상의 내부자가 관여된 은행재산의 사취, 착복 또는 규정, 법률 또는 다양성/차별사건을 제외한 은행정책을 악용하는 행위로부터 발생하는 손실
외부 사기	외부인의 은행재산의 사취, 착복 또는 법률을 악용하는 행위로부터 발생하는 손실
고용 및 사업장 안전	고용, 건강 또는 안전에 관한 법률 또는 협약의 위반 또는 직원상해관련 소송 또는 다양성/차별사건 등으로 발생되는 손실
고객, 상품 및 영업	특정 고객에 대한 금전적이고 적정성 요건을 포함하여 업무상의 의무를 비의도적으로 또는 부주의하게 이행하지 못하거나 또는 제품의 특성 또는 디자인으로부터 발생하는 손실
유형자산손실	자연재해 또는 기타 사건에 의한 유형자산의 손실 또는 손상으로부터 발생하는 손실
영업중단 및 시스템장애	영업 중단 또는 시스템 장애로부터 발생하는 손실
집행, 전달 및 절차의 관리	거래의 처리 및 과정관리의 실패 또는 거래 상대방과 매각인과의 관계로부터 발생하는 손실

투자금융의 은행산업 β가 18%이고 은행의 투자금융 영업영역 총이익이 3,000만 달러라고 하자. 이 경우 투자금융 영업영역을 위한 규제자본부과금은 다음과 같이 계산된다.

$$\begin{aligned} \text{자본}_{\text{투자금융}} &= \beta \times \text{은행의 투자금융 업무영역 총이익} \\ &= 18\% \times 3{,}000\text{만 달러} \\ &= 540\text{만 달러} \end{aligned}$$

총자본부과금은 8개 영업영역 규제자본 부과금 합계의 3년 평균으로 계산된다.[24]

세 번째 방법인 고급측정법은 감독당국의 승인하에 개별은행이 운영리스크에 대비하기 위한 규제자본부과금을 구하기 위해 내부데이터에 의존할 수 있도록 허용한다. 고급측정법에서 감독당국은 은행이 규제자본부과금을 〈표 15-13〉에 열거되어 있는 각 손실사건유형의 예상손실(expected loss; EL)과 미예상손실(unexpected loss; UL)의 합으로 계산하도록 요구한다. 규제자본부과금을 계산하기 위해 사용되는 은행 내부적으로 생성되는 운영리스

24) 19개 국가의 89개 은행들로부터 제공된 데이터에 기초하여 이루어진 The Basel Committee's Loss Data Collection Exercises for Operational Risk (March 2003)에 의하면, 운영손실사건의 약 61%는 소매금융영역에서 발생하였고 평균손실액은 79,300달러였다. 또한 운영손실사건의 0.9%만이 투자금융영역에서 발생하였고 평균손실액은 646,600달러였다.

크측정치는 내부손실데이터가 손실측정치를 구하기 위해 직접 사용되든지 또는 손실측정치의 적합성을 검토하기 위해 사용되든지 간에 최소 3년의 내부손실데이터에 기초하여 구해져야 한다. 은행의 내부손실데이터는 손실데이터가 모든 실제적 활동들과 모든 적정한 하부시스템 및 지리적 위치로부터 발생하는 손실리스크노출을 포착할 수 있도록 포괄적이어야 한다. 최소규제자본금을 계산하기 위해서 서로 다른 운영리스크 추정치들을 구하기 위한 리스크척도들이 추가된다.

■리스크기준 자본비율에 대한 비판

리스크기준 자본규제는 (1) 자본적정성을 결정하는데 신용리스크, 시장리스크, 운영리스크을 포함시킴으로써, (2) 보다 체계적으로 자산들의 신용리스크차이를 고려함으로써, (3) 부외거래 리스크노출도를 포함시킴으로써, (4) 세계의 모든 주요 예금금융회사들에 대하여 유사한 자본규제를 적용함으로써 단순한 레버리지비율에 의한 자본규제를 개선시키고자 한다. 불행하게도 리스크기준 자본규제는 이와 같은 목적들을 달성하는데 있어서 많은 개념적인 약점들과 적용상의 약점들을 가지고 있다.

1. *리스크가중치(risk weights)*. 바젤 Ⅱ에 있는 5개의 리스크가중치 분류가 진정한 신용리스크를 얼마나 가깝게 반영하느냐는 불분명하다. 예를 들면, 기업대출들은 바젤 II 하에서 20%에서 150% 사이의 리스크가중치를 가진다. 문자 그대로 보면 이와 같은 상대적인 가중치들은 일부 기업대출들은 다른 기업대출들과 비교하여 정확하게 4배 반 더 위험하다는 것을 의미한다.

2. *외부 신용평가기관의 신용등급에 기초한 리스크가중치(risk weights based on external credit rating agencies)*. 바젤 II는 신용리스크의 측정에서 바젤 I을 개선시키기 위해 국가, 은행, 기업대출에 대한 리스크가중치가 100%로 동일한 것을 대출의 신용등급에 따라서 다섯 가지의 다른 리스크가중치로 대체시키는 방안을 제안하였지만 리스크가중치가 정확하게 개별차입자의 상대적(또는 절대적) 리스크노출을 측정하는지는 불분명하다. 더욱이 Standard & Poors' 와 Moody's의 신용등급은 종종 경기순환을 선행하기보다는 후행한다는 점에서 비판받는다. 그 결과 필요자본규모는 은행들이 자본규제를 충족시키기 가장 어려운 경기침체기 동안 가장 높을 수 있다.[25]

---

25) E. I. Altman, S. T. Bharath, and A. Saunders, "Credit Ratings and the BIS Reform Agenda," *Journal of Banking and Finance*, 2002, pp. 909-22는 새로운 BIS 가이드라인은 처음의 가이드라인을 개선하고 있지만 몇 개의 신용등급분류들은 과소한 리스크가중치를 가지게 되는 자본규제를 수반한다는 것과 은행들은 그들의 포트폴리오를 계속해서 신용등급이 더 낮은 대출들로 편향되게 구성할 것이라는 것을 발견하였다. 더욱이 차입자의 신용리스크를 결정하기 위해 신용평가기관들에 의존하는 것은 감시자로서 은행의 특수성(제1장 참조)에 대하여 의문을 제기한다.

3. *포트폴리오 측면(portfolio aspects).* BIS 자본규제는 대체로 신용리스크 포트폴리오 분산 가능성을 무시한다. 제7장에서 논의한 바와 같이 자산수익률들이 음의 상관관계 또는 보다 작은 양의 상관관계를 가질 때 금융회사는 분산투자를 통하여 포트폴리오 리스크를 감소시킬 수 있다. 바젤 II(표준모형)의 자본적정성규제는 본질적으로 주택 모기지와 기업대출과 같은 자산과 자산그룹 신용리스크 간의 상관관계 또는 공분산을 무시하는 선형리스크척도에 기초하고 있다.[26] 즉 예금금융회사는 전체적인 신용리스크척도를 구하기 위해 각 자산을 적정한 리스크가중치로 곱하고 이와 같은 수치들을 합한다. 자산리스크들(또는 리스크가중치들) 간 공분산이 고려되지 않는다.[27]

4. *예금금융회사의 특수성(DI specialness).* 중간위험 및 고위험 기업대출에 대하여 가장 높은 리스크가중치를 부여하는 것은 예금금융회사들이 다른 자산들을 보유하는 것과 비교하여 상대적으로 이와 같은 대출들을 시행할 인센티브를 감소시킬 수 있다. 이것은 예금금융회사의 감시정도뿐만 아니라 이와 같은 영업영역에 대한 예금금융회사의 대출금액을 감소시킬 수 있고 경제에 음의 외부효과를 발생시킬 수 있다. 즉 은행의 특별한 기능 중 하나인 은행대출이 위축될 수 있다.[28] 이와 같은 효과는 큰 관심과 논쟁의 대상이 되고 있다. 실제로 증권들과 비교하여 상대적으로 기업대출에 높은 리스크가중치를 부여하는 것은 1990년대 초에 신용경색을 발생시키고 은행포트폴리오를 기업대출에서 증권으로 이동시킨 원인으로 작용한 것 때문에 비판을 받았다.

5. *과도한 복잡성(excessive complexity).* 바젤 II는 새로운 수준의 복잡성을 추가함으로써 규제비용을 크게 증가시킬 것이다. 새로운 리스크관리시스템을 개발하고 실행하기 위한 비용은 분명히 상당할 것이고 이것으로부터 발생되는 이익은 적을 수 있다. 초기 계산에 의하면 내부등급법(Internal Ratings-Based Approach)을 사용하는 대부분의 은행들은 표준방법(Standardized Approach)을 사용하는 은행들보다 더 많은 자기자본을 보유해야 할 것이라는 점이 제시된다. 다시 말하면, 가장 발전된 방법은 매우 복잡할 뿐만 아니라 일반적으로 기대되는 모든 이익을 창출하지 못할 수 있다. 미국 통화감독청장은 제안된 협약의 "매우 지루한" 복잡성 때문에 바젤 II에 대하여 불만

---

26) 1개의 포트폴리오 관점에서 자산과 부외거래리스크들은 서로 독립적이라고 가정된다.

27) 그러나 보다 발전된 내부등급법(IRB)(이 장의 부록 참조)은 모든 대출 간의 상관관계를 10% 또는 20%로 가정한다. 현재 약 15개 (대형) 미국 은행들만이 IRB을 사용하는 것으로 추정된다. 더욱이 KMV와 CreditMetrics (제6장과 제7장 참조)와 같은 민간부문 모형들은 일반적으로 자산들 간의 상관관계는 10%보다 작다는 것을 발견하였다. 일반적으로 이들 모형들은 자산수익률들 간의 상관관계는 0에서 5%의 범위라는 것을 발견하였는데, 이것은 분산 투자가능성의 정도가 IRB가 시사하는 것보다 더 크다는 것을 의미한다.

28) 이에 더하여 많은 신흥시장국가들은 낮은 신용등급들을 가지고 있기 때문에 바젤 II하에서 은행들은 바젤 I하에서보다 이와 같은 대출들에 대하여 상당히 더 많은 자본을 보유하여야 한다. 이것은 개발도상국가들에 대한 은행자금조달의 흐름에 불리한 영향을 미쳐 이들 국가들의 경제에 나쁜 영향을 미칠 수 있다.

족스러워하는 목소리가 미국 내에 많다고 말했다.

6. *기타 리스크들(other risks)*. 시장리스크은 1998년에 리스크기준 자본규제에 통합되었고 운영리스크는 2006년에 포함되도록 제안되었지만 BIS 자본규제는 아직 은행의 투자포트폴리오에 존재하는 이자율리스크와 유동성리스크같은 다른 리스크들을 고려하고 있지 않다. 보다 더 완전한 리스크기준 자본규제는 이와 같은 리스크들을 포함하여야 할 것이다.[29]

7. *필요자기자본에 미치는 영향(impact on capital requirement)*. 2005년 겨울에 FDIC는 새로운 바젤 지침은 손실에 대응하여 미국 은행들을 더 보호하는 대신에 미국 은행들의 자본을 희석시키는 결과를 초래할 것이라는 연구결과를 발표하였다. 이 연구는 바젤 II는 바젤 I과 비교하여 최소필요자본을 평균적으로 15.5% 감소시킬 것이라는 점을 발견하였다. 이에 더하여 예금금융회사들 간의 필요자본의 분산이 더 확대될 것이고 모든 금융회사들은 바젤 II하에서 주택모기지에 대하여 (18%로부터 99%에 이르기까지) 보유하여야 하는 자기자본의 감소를 경험하게 될 것이다.[30] 이것을 반영하여 미국의 은행규제당국들은 바젤 II하에서 최대의 필요자본감소에 직면한 대형은행들의 우려에 대응하여 필요자본의 감소를 많은 연도 동안에 걸쳐 단계적으로 조정할 것을 제안하였다.

8. *경쟁(competition)*. 연방준비제도는 바젤 II를 먼저 국제영업은행들에 적용시킬 것이라고 공표하였다. 따라서 미국의 은행규제당국들은 약 20개 미국 은행들에게 새로운 규칙을 적용하였다. 이에 더하여, 미국에서 바젤 II는 증권회사들 또는 투자은행들에 적용되지 않는다. 유럽에서 바젤 II는 유럽연합법으로 포함되어 있고 국제영업은행들뿐만 아니라 모든 은행들과 투자회사들에게 적용되도록 되어 있다. 따라서 서로 다른 기준이 미국 은행들과 유럽 은행들에 적용될 것이고 이에 따라 미국은행들은 대출하는데 이론적으로 더 낮은 규제비용을 지불할 것이다. 이에 더하여, 은행 시스템 간 세금과 회계방식의 차이와 금융안전망 범위의 차이 때문에 8%의 리스크기준 자본규제는 은행들 간의 공정한 경쟁기반을 만들어 내지 못하였다. 이와 같은 상황은 리스크기준 자본규제의 지지자들이 주장하는 것과 다르다. 특히 일본과 미국은 미국 은행과 일본 은행의 리스크기준 자본비율을 비교하는데 상당히 영향을 주는 매우 다른 회계, 세금, 금융안전망법령을 가지고 있다.

---

29) 흥미롭게도 손해보험회사와 생명보험회사를 위한 리스크기준 자본규제(이 장의 후반부에서 논의됨)는 은행을 위한 리스크기준 자본규제보다 더 많은 리스크들을 반영하고 있다.

30) Andrea Plante, "Basel II and the Potential Effect on Insured Institutions in the United States: Results of the Fourth Quantitative Impact Study," *Supervisory Insights*, FDIC, Winter 2005, pp.27-32 참조.

9. *Pillar 2(감독당국의 점검)는 규제당국에게 너무 많은 업무를 요구할 수 있다(Pillar 2 may ask too much of regulators).* 바젤 II의 Pillar 2 (감독당국의 점검)는 은행내부모형들의 적정성 결정과 같은 문제에 대하여 규제당국의 매우 민감한 판단을 수 없이 요구하나 규제당국은 이러한 판단을 하기 위한 준비가 부족한 상태일 수 있다. 특히 이것은 개발도상국의 규제당국에게 문제가 될 것이다. 만일 Pillar 2가 본격적으로 시행되면, 감독당국은 대부분이 피하기를 원하는 많은 비판에 직면하게 될 수 있다.

개념질문

1. 리스크기준 자본비율의 주요 장점들은 무엇인가?
2. 당신이 6%의 리스크기준 총자본비율을 가지고 있는 예금금융회사의 경영자라고 하자. 새로운 자본을 조달하지 않고 단기간에 요구되는 8%의 리스크기준 총자본비율을 달성하기 위한 네 가지 전략을 논의하라.
3. 왜 거래소의 파생상품계약들에 대하여 리스크기준 자본비율규제가 부과되지 않는가?
4. 자본적정성 척도로서 단순 레버리지비율이 가지는 세 가지 문제점은 무엇인가?
5. 자본 I과 자본 II의 차이점은 무엇인가?
6. 다섯 가지 리스크가중치 분류의 각각에 속하는 자산 하나씩을 제시하라.

15.4 기타 금융회사들의 자본규제

증권회사

은행과 저축금융회사의 규제당국들에 의해 채택되었던 장부가치 자본규제와 달리 1975년 SEC Rule 15C 3-1에 의한 브로커/딜러의 자본규제는 시장가치 자본규제와 가깝다. 본질적으로 브로커/딜러는 일일기준으로 순자산의 시장가치를 계산하여야 하고 순자산/자산 비율이 2%를 초과하여야 한다.

$$\frac{\text{순자산}}{\text{자산}} \geq 2\%$$

기본적인 아이디어는 브로커/딜러가 모든 자산들을 시장가치에 가까운 가격으로 청산하여야 하는 경우 2%의 자본은 모든 고객의 부채를 충족시키기에 충분하다는 것이다.[31]

31) 만일 브로커/딜러가 음의 순자산을 가지고 도산하면 SIPC는 고객당 50만 달러까지 보증금을 제공한다(제14장 참조).

특히 순자본을 계산하기 위해 브로커/딜러는 자산의 장부가치와 부채의 장부가치의 차이인 장부자본 또는 장부순자산을 계산하고 많은 조정을 한다. (1) 쉽게 현금으로 전환할 수 없는 고정자산과 같은 모든 자산들과 (2) 공개적으로 상장될 수 없거나 또는 판매될 수 없는 증권들은 공제된다. 더욱이 딜러는 자산의 잠재적 시장가치 변동을 반영하여 다른 공제들 또는 자산가치감소조치(haircuts)를 하여야 한다. 예를 들면, 순자본규제는 비유동지분의 40%까지와 부채증권들의 0%에서 9% 사이의 자산가치감소조치를 요구한다. 마지막으로 기타의 조정들은 미실현 이익과 손실, 후순위부채, 계약적 약정, 이연세금, 옵션, 1차 상품 및 상품선물, 기타 담보부 부채를 반영하여야 한다. 따라서 브로커/딜러는 근사적인 시장가치 순자산수치를 얻기 위해 순자산의 장부가치에 대한 상당한 조정을 하여야 한다. 이 수치가 자산의 2%를 초과하여야 한다.

생명보험회사

1993년에 생명보험산업은 표준적인 리스크기준 자본규제를 채택하였다. 생명보험회사의 리스크기준 자본규제는 은행과 저축금융회사가 채택한 것과 유사하지만(이 장의 후반부에서 논의하는) 기타 리스크유형들을 포함한다는 점에서 보다 종합적이다. 자본규제는 주정부 수준에서 부과되지만 NAIC(National Association of Insurance Commissioners)의 권고에 크게 영향을 받는다. 이제 NAIC 모형을 살펴보자.

이 모형은 생명보험회사가 직면하는 리스크를 네 가지로 구분한다.

C1 = 자산리스크
C2 = 보험리스크
C3 = 이자율리스크
C4 = 영업리스크

■ C1 : 자산리스크

자산리스크는 생명보험회사가 보유한 자산포트폴리오의 리스크를 반영한다. 자산리스크는 신용리스크가중치와 대차대조표 자산들의 액면가격을 곱하여 계산된다는 점에서 기본적으로 예금금융회사가 사용하는 리스크가중자산계산과 유사하다. 〈표 15-14〉는 생명보험회사와 손해보험회사의 자산리스크가중치들을 보여 준다. 따라서 보통주로 1억 달러를 가지고 있는 생명보험회사는 3,000만 달러의 리스크기준자본를 보유하여야 하나 BBB등급 회사채로 1억 달러를 가지고 있는 생명보험회사는 단지 100만 달러의 자본만을 보유하여도 된다.

표 15-14 주요 자산들의 리스크기준자본(RBC) 환산율

자산(채권)	보험회사	
	생명보험회사	손해보험회사
미국 국채	0.0%	0.0%
NAIC 1: AAA-A*	0.3	0.3
NAIC 2: BBB	1.0	1.0
NAIC 3: BB	4.0	2.0
NAIC 4: B	9.0	4.5
NAIC 5: CCC	20.0	10.0
NAIC 6: 채무불이행 또는 거의 채무불이행	30.0	30.0
주택모기지(모든 대출)	0.5†	5.0
상업 모기지	3.0†	5.0
보통주	30.0	15.0
우선주	2.0	2.0

*기관들과 대부분의 담보부모기지 채권들 포함.

†모기지의 자본환산율은 양호한 상태에 있는 대출들에 적용된다. 이와 같은 자본환산율은 보험산업과 비교하여 상대적인 회사의 채무불이행 경험에 기초하여 조정됨.

자료: Salomon Brothers, Insurance Strategies, August 2, 1993.

■ *C2* : 보험리스크

보험리스크는 **사망리스크(mortality risk)**와 **질병리스크(morbidity risk)**의 불리한 변화를 반영하는 리스크를 포착한다. 사망표는 생명보험회사에게 보험가입자가 주어진 해에 사망할 확률에 대한 매우 정확한 정보를 제공한다. 그러나 AIDS와 같은 질병은 이와 같은 예측을 크게 빗나가게 만들 수 있다. 그 결과 보험회사들은 현재의 지급준비금 수준을 계산하기 위해 보유계약금을 조정하고 이 수치를 보험리스크율과 곱한다. 질병리스크를 포함하는 사고보험과 건강보험을 위해 유사한 계산이 이루어진다.

▶ **사망리스크(mortality risk)**
사망의 리스크.

▶ **질병리스크(morbidity risk)**
질병의 리스크.

■ *C3* : 이자율리스크

이자율리스크는 부분적으로 이자율의 변화에 따른 부채의 유동성변화와 부채인출의 확률 변화를 반영한다. 예를 들면, 보험회사 발행 보증투자계약(guaranteed investment contract; GIC)은 장기 고정이자부 은행예금과 유사한 특성을 가지고 있으며 종종 이자율의 변화에 매우 민감하다. 제12장에서 논의한 바와 같이 과거에 유동성 부족문제가 많은

보험회사들을 지급불능에 이르게 하였다. 이자율리스크에 대하여 보험회사들은 부채를 세 가지 위험집단, 즉 저위험 집단(0.5%의 리스크기준 자본규제), 중간위험 집단(1%의 리스크기준 자본규제), 고위험 집단(2%의 리스크기준 자본규제)으로 구분하여야 한다.

■ C4 : 영업리스크

제14장에서 논의한 바와 같이 주정부들은 생존하고 있는 보험회사들에 대하여 분담금을 부과함으로써 보험회사 지급불능에 대하여 부분적으로 지불하는 보증기금을 만들었다. 따라서 영업리스크를 위한 자본규제는 주정부의 보증기금에 의하여 평가된 최대치(생존하는 각 보험회사에 대하여 생명보험료와 연금보험료의 2%와 건강보험료의 0.5%)와 일치하도록 설정된다. 또한 회사고유의 사기 및 소송 가능성에 대비하여 위해 추가적인 자본부과금이 요구될 수 있다.

$C1$, $C2$, $C3$, $C4$을 계산한 후, 생명보험회사 경영자는 다음과 같은 식에 기초하여 리스크기준 자본척도(risk-based capital measure ; RBC)를 계산한다.

$$RBC = \sqrt{(C1 + C3)^2 + C2^2} + C4$$

이와 같이 계산되는 RBC가 생명보험회사가 보유하여야 하는 최소필요자본이다. 생명보험회사는 실제의 자본과 잉여(총자본)에 대한 리스크기준 자본척도의 비율, 즉

$$\frac{\text{총잉여와 자본}}{\text{리스크기준자본(RBC)}}$$

을 계산한다. 만일 이 비율이 1보다 크면 생명보험회사 경영자는 최소자본규제를 충족시키거나 또는 그 이상을 달성하고 있는 것으로 간주된다. 만일 이 비율이 1 미만이면 생명보험회사는 규제당국의 조사를 받게 된다.

손해보험회사

손해보험회사를 위한 자본규제는 3개의 독립적인 자산리스크분류를 포함하여 6개의 리스크분류가 존재하는 점을 제외하고 1993년 NAIC에 의하여 도입된 생명보험회사의 RBC와 매우 유사하다. 특히 보통주와 같은 일부 영역들의 리스크가중치들은 손해보험회사가 생명보험회사보다 이와 같은 자산리스크유형에 대하여 상대적으로 더 적게 노출되어 있기 때문에 더 작다. 6개의 리스크유형과 RBC의 계산방법이 〈표 15-15〉에 제시되어 있다.

RBC의 계산은 $R1$에서 $R5$까지 리스크들은 서로 독립이고, 즉 0의 상관계수를 가지는 반면 손해보험회사의 자회사들의 순리스크($R0$)는 $R1$에서 $R5$ 요소들의 순리스크와 완전한 상관관계를 가지는 것으로 가정한다. 만일 손해보험회사의 총자본과 잉여가 계산된 RBC

를 초과하면 손해보험회사는 적정한 자본을 보유한 것으로 간주된다. 예를 들면, 손해보험회사가 6,000만 달러의 총자본과 잉여를 가지고 있고 이 회사의 RBC 부과금이 (〈표 15-16〉에서 보는 바와 같이) 5,950만 달러로 계산된다고 하자. 이 손해보험회사는 1보다 큰 자본/RBC 비율(말하자면 60/59.50=1.008)을 가지며 적정한 자본을 보유하고 있다.[32]

표 15-15 손해보험회사를 위한 리스크기준자본(RBC)의 계산

위험	유형	내용
$R0$	자산	손해보험회사의 자회사들에 대한 투자(보통주와 우선주)에 대한 RBC
$R1$	자산	고정소득증권에 대한 RBC
$R2$	자산	손해보험회사의 자회사들 이외의 보통주와 우선주와 부동산을 포함하는 지분에 대한 RBC
$R3$	신용	배상가능재보험과 기타 받을 어음에 대한 RBC
$R4$	인수	손실 및 손실조정지출 충당금과 성장할증금의 합에 대한 RBC
$R5$	인수	액면 보험료와 성장할증금에 대한 RBC

$$RCB = R0 + \sqrt{R1^2 + R2^2 + R3^2 + R4^2 + R5^2}$$

자료: Salomon Brothers, Insurance Strategies, August 2, 1993.

표 15-16 전형적인 손해보험회사를 위한 리스크기준자본(RBC) 부과금

위험	내용	*RBC* 부담금 (100만 달러 기준)
$R0$	손해보험회사의 자회사	$ 10
$R1$	고정소득	5
$R2$	보통주	10
$R3$	신용	10
$R4$	지급준비금	40
$R5$	액면 보험료	25
	합계	$100

$$RCB = 10 + \sqrt{5^2 + 10^2 + 10^2 + 40^2 + 25^2} = \$59.50$$

개념질문

1. 증권회사의 자본규제는 예금금융회사의 규제당국에 의해 채택되는 장부가치 자본규제와 어떻게 다른가?
2. 생명보험회사의 RBC를 추정하는데 NAIC는 어떤 유형의 리스크들을 포함시키고 있는가?
3. 손해보험회사를 위한 NAIC의 표준 리스크기준 자본규제는 생명보험회사의 RBC와 어떻게 다른가?

---

32) NAIC의 RBC에 대한 비판적인 평가를 위해서 J. D. Cummins, S. E. Harrington, and R. Klein, "Insolvency Exercise, Risk-Based Capital and Prompt Corrective Action in Property-Liability Insurance," *Journal of Banking and Finance*, 1995 참조.

요 약

이 장에서 신용리스크, 이자율리스크, 기타 리스크들로부터 금융회사를 보호하는데 있어서 금융회사가 보유하고 있는 자본의 역할을 살펴보았다. 경제이론에 의하면 자본 또는 순자산은 자산의 시장가치와 부채의 시장가치의 차이이며 시장가치기준으로 측정되어야 한다. 실제로 규제당국들은 장부가치 회계원칙을 사용한다. 장부가치 자본적정성규제는 대략적으로 신용리스크노출을 고려하지만 순자산에 미치는 이자율변화와 이자율리스크노출의 효과를 간과한다. 이 장에서 은행, 저축금융회사, 보험회사, 증권회사의 규제당국들이 채택하고 있는 특정한 자본규제와 제안된 자본규제를 분석하였으며 이러한 자본규제들의 문제점들과 약점들을 논의하였다. 특히 은행, 저축금융회사, 손해보험회사, 생명보험회사의 규제당국들이 부분적으로 리스크기준 자본적정성 비율을 부과하면서 여러 가지 유형의 리스크들을 고려하기 위하여 어떻게 장부가치기준 자본규제를 수정하고 있는지를 살펴보았다. 그 결과 은행, 생명보험회사, 손해보험회사, 저축금융회사의 실제 자본규제는 브로커/딜러의 시장가치기준 순자산 규제에 더 가깝게 이행되고 있다.

연습문제

1. 금융회사 자본의 다섯 가지 기능을 지적하고 그 중요성을 간략하게 논의하라.

2. 왜 규제당국은 비금융회사와는 달리 금융회사가 보유하는 자본수준에 대하여 우려하는가?

3. 자본의 경제적 정의와 자본의 장부가치 정의의 차이는 무엇인가?

a. 시장가치 회계는 신용리스크와 이자율리스크의 불리한 효과를 어떻게 인식하는가?

b. 장부가치 회계는 신용리스크와 이자율리스크의 불리한 효과를 어떻게 인식하는가?

4. 한 금융회사가 다음과 같은 시장가치로 나타낸 자산과 부채를 가지는 대차대조표를 가지고 있다(100만 달러 기준).

자 산		부채와 자본	
6%의 반 년간 4년만기 재무부 중기채권(액면가격 $12)	$10	5%의 2년만기 후순위 부채(액면가격 $25)	$20
연간 7%의 3년만기 AA 등급 채권(액면가격 $15)	15		
연간 9%의 5년만기 BBB 등급 채권(액면가격 $15)	15	자기자본	20
총자산	$40	총부채와 자본	$40

a. *FASA Statement No. 115*하에서 이자율이 30bp 상승하면 이것이 자기자본(순자산)에 미치는 영향은 무엇인가?

b. *FASA Statement No. 115*하에서 자산의 시장가치 변화는 금융회사의 손익계산서와 대차대조표에서 어떻게 조정되는가?

5. 왜 자기자본의 시장가치가 자기자본의 장부가치보다 손실을 흡수하는 금융회사의 능력에 대한 더 좋은 척도인가?

6. State Bank는 다음과 같은 연말 대차대조표를 가지고 있다(100만 달러 기준).

자 산		부채와 자본	
현금	$ 10	예금	$ 90
대출	90	자기자본	10
총자산	$100	총부채와 자본	$100

대출은 주로 고정이자부 중기대출인 반면 예금은 단기 또는 변동이자 예금이다. 이자율의 상승이 한 주요 기업의 파산을 발생시켰고, 그 결과 대출의 3%가 회수될 수 없을 것으로 예상되어 0의 경제적 가치를 가질 것으로 추정된다. 이와 같은 회수불가 대출들의 1/3은 상각될 것이다. 이에 더하여 이자율의 상승은 나머지 대출들의 시장가치를 5% 감소시켰다. 다음과 같은 방법으로 필요한 조정들이 이루어진 후 대차대조표에 미친 영향은 무엇인가?

a. 장부가치회계에 의한 조정이 이루어진 후 대차대조표에 미친 영향은 무엇인가? 또한 시장가치회계에 의한 조정이 이루어진 후 대차대조표에 미친 영향은 무엇인가?

b. State Bank가 100만 달러의 주식잔고를 가지고 있으면 새로운 시장가치/장부가치 비율은 얼마인가?

7. 금융회사가 시장가치 회계를 사용하는 것을 찬성하는 주장들과 반대하는 주장들은 무엇인가?

8. 금융회사의 레버리지비율은 어떻게 정의되는가?

9. FDICIA에 의하여 규정된 적기시정조치의 중요성은 무엇인가?

10. 자본적정성의 척도로서 레버리지비율의 약점들을 지적하고 논의하라.

11. 바젤협약(Basel Agreement)은 무엇인가?

12. 1998년 바젤 Ⅱ 자본규제하에서 신용리스크추정의 주요 특징은 무엇인가?

13. 리스크기준 총자본비율(total risk-base capital ratio)은 무엇인가?

14. 자본적정성의 다섯 가지 분류를 지적하고 각 분류에 상응하는 강제적인 규제조치들을 설명하라.

15. 자본 I과 자본 II의 정의상 차이는 무엇인가?

16. 어떤 요소들이 리스크가중자산을 계산하는데 사용되는가?

17. 리스크가중 대차대조표 자산을 계산하는 과정을 설명하라.

a. 어떤 자산들이 바젤 II하에서 신용리스크노출의 다섯 가지 분류들에 포함되는가?

b. 각 분류의 적정한 리스크가중치는 얼마인가?

18. National Bank는 다음과 같은 대차대조표를 가지고 있으며 부외거래 활동을 하지 않고 있다(100만 달러 기준).

자 산		부채와 자본	
현금	$ 20	예금	$ 980
재무부 단기채권	40	후순위 무보증사채	40
주택모기지	600	보통주	40
기업대출(BB+등급)	430	내부유보	30
총자산	$1,090	총부채와 자본	$1,090

a. 레버리지비율은 얼마인가?

b. 리스크기준 기본자본 비율은 얼마인가?

c. 리스크기준 총자본비율은 얼마인가?

d. 은행은 어떤 자본분류에 속하는가?

19. Onshore Bank는 2,000만 달러의 자산(1,000만 달러의 리스크가중자산)을 가지고 있다. 자본 I은 50만 달러이고 자본 II는 40만 달러이다. 다음과 같은 각 거래는 리스크기준 기본자본비율과 리스크기준 총자본비율에 어떻게 영향을 미치는가? 새로운 각 비율의 값은 얼마인가?

a. 은행은 현금으로 10만 달러의 보통주를 재매입한다.

b. 은행은 200만 달러의 CD를 발행하고 이와 같이 조달한 자금을 주택모기지 대출을 위해 사용한다.

c. 은행은 50만 달러의 예금을 받고 이 자금을 재무부 단기채권에 투자한다.

d. 은행은 80만 달러의 보통주를 발행하고 이 자금을 새로운 쇼핑몰에 필요한 자금을 지원하기 위해 대출한다. 쇼핑몰 개발업자는 A+의 신용등급을 가지고 있다.

e. 은행은 100만 달러의 배당자격이 없는 영구우선주를 발행하고 이 자금으로 일반채무 지방채를 매입한다.

f. 주택소유자들은 400만 달러의 모기지를 상환하고 이 은행은 자금을 새로운 ATM을 설치하기 위해 사용한다.

20. 리스크가중 부외 조건부 보증계약 가치를 계산하는 과정을 설명하라.

a. 조건부 보증계약들의 신용동등금액을 구별하는 기준은 무엇인가?

b. 신용동등금액의 리스크가중치는 어떤 기준에 의해 구별되는가?

21. 부외 거래계약들 또는 파생상품들은 부외 조건부 보증계약들과 어떻게 다른지를 설명하라.

a. 거래 상대방 신용리스크는 무엇인가?

b. 왜 거래소의 파생상품증권계약은 필요자본을 가지지 않는가?

c. 장외시장거래 파생상품계약의 잠재익스포져와 현재익스포져의 차이는 무엇인가?

d. 왜 환율계약 잠재익스포져의 신용환산율이 이자율계약 잠재익스포져의 신용환산율보다 더 큰가?

e. 왜 규제당국들은 은행들이 양의 현재익스포져로부터 이익을 얻을 수 없게 하는가?

22. 리스크기준 자본척도는 정태적 레버리지비율의 한계를 어떻게 보상하는가?

23. 자본적정성을 측정하기 위한 리스크기준 자본접근법에 대하여 논의하라.

24. 바젤 Ⅱ하에서 다음과 같은 항목들의 신용리스크가중자산에 대한 기여도는 얼마인가? 미국의 자본/자산 비율(레버리지비율) 하에서는 어떠한가?

a. 1,000만 달러의 현금지급준비금

b. 5,000만 달러의 91일만기 미국 재무부 단기채권

c. 2,500만 달러의 회수과정의 현금항목

d. 500만 달러의 AAA등급 영국국채

e. 500만 달러의 A-등급 호주 단기 국채

f. 100만 달러의 일반채무 지방채

g. 4,000만 달러의 (미국 재무부를 상대로한) 환매조건부 채권

h. 5억 달러의 1~4인 가계주택 모기지

i. 5억 달러의 BBB-등급 기업대출

j. 10만 달러의 AAA-등급기업에 대한 성과관련 지급보증서

k. 10만 달러의 일반채무 채권을 발행하는 지방자치단체에 대한 성과관련 지급보증서

l. 700만 달러의 A-등급 외국기업에 대한 상업신용장

m. 300만 달러의 한 OECD 국가 정부에 대한 5년만기 대출약정

n. 800만 달러의 AA-등급 미국기업에 이전되는 은행인수어음

o. 1,700만 달러의 한 민영기업에 대한 3년만기 대출약정 미사용분

p. 1,700만 달러의 한 민영기업에 대한 3월만기 대출약정 미사용분

q. 3,000만 달러의 A- 기업의 기업어음발행을 지원하기 위한 지급보증서

r. 400만 달러의 현재익스포져가 없는 5년만기 이자율스왑(상대방은 한 민영기업이다).

s. 400만 달러의 현재익스포져가 없는 6년만기 이자율스왑(상대방은 한 지방자치단체이다).

t. 600만 달러의 50만 달러의 현재익스포져를 가지고 있는 2년만기 통화스왑(상대방은 한 저신용단체이다).

25 레버리지비율 검정은 규제당국의 은행자본 포지션 감시의 엄격성에 어떻게 영향을 미치는가?

26. Third Bank는 괄호 안의 리스크가중치를 가지면서 다음과 같은 대자대조표를 가지고 있다(100만 달러 기준).

자 산		부채와 자본	
현금(0%)	$ 20	예금	$175
OECD은행 간 예금(20%)	25	후순위부채(5년)	3
모기지대출(50%)	70	누적우선주	5
소비자대출(100%)	70	자기자본	2
총자산	$185	총부채와 자본	$185

누적우선주는 배당자격을 가지고 있고 영구우선주이다. 이에 더하여, 은행은 BB+등급기업에 대한 3,000만 달러의 성과관련 지급보증서, 현재 100만 달러의 이익을 내고 있는 (in the money) 4,000만 달러의 2년만기 선도환계약, 현재 200만 달러의 손실을 보고 있는 (out of the money) 3억 달러의 6년만기 이자율스왑을 가지고 있다. 신용환산율은 다음과 같다.

성과관련 지급보증서	50%
1년-5년만기 환율계약	5%
1년-5년만기 이자율스왑	0.5%
5년-10년만기 이자율스왑	1.5%

a. 바젤협약하에서 정의되는 은행의 리스크가중 대차대조표 자산은 얼마인가?

b. 대차대조표 자산과 부외자산 모두를 위하여 요구되는 총자본은 얼마인가?

c. 은행은 바젤 자본규제를 충족시키기에 충분한 자본을 가지고 있는가? 만일 그렇지 않다면, 이 은행은 이와 같은 조건을 충족시키기 위해 얼마의 최소기본자본(자본 I) 또는 총자본이 필요한가?

27. Third Fifth Bank는 괄호 안의 리스크가중치를 가지면서 다음과 같은 대차대조표를 가지고 있다(100만 달러 기준).

자 산		부채와 자본	
현금(0%)	$ 20	예금	$130
모기지대출(50%)	50	후순위부채(>5년)	5
소비자대출(100%)	70	자기자본	5
총자산	$140	총부채와 자본	$140

이에 더하여, 은행은 2,000만 달러의 BB–등급기업에 대한 직접신용대체 지급보증서와 현재 100만 달러의 이익을 내고 있는 (in the money) 4,000만 달러의 10년만기 선도환계약을 가지고 있다.

a. 바젤 Ⅱ하에서 정의되는 은행의 리스크가중 대차대조표 자산은 얼마인가?

b. 대차대조표 자산과 부외자산 모두를 위하여 요구되는 총자본은 얼마인가?

c. 은행은 바젤요구사항을 충족시키기에 충분한 자본을 가지고 있는가? 얼마나 더 많이 가지고 있는가? 얼마나 더 적게 가지고 있는가?

28. SEC Rule 15C 3-1에 의하면 증권회사들은 순자산의 장부가치를 계산하는데 어떠한 조정을 해야 하는가?

29. 한 증권회사가 다음과 같은 대차대조표를 가지고 있다(100만 달러 기준)

자 산		부채와 자본	
현금	$ 40	5일만기 기업어음	$ 20
부채증권	300	채권	550
지분증권	500	무보증사채	300
기타 자산	60	자기자본	30
총자산	$900	총부채와 자본	$900

부채증권은 6%의 표면이자율을 가지며 20년의 잔여만기를 가지고 있고 8%의 수익률로 거래된다. 지분증권은 장부가치와 일치하는 시장가치를 가지고 있으며 기타 자산은 최근 8,000만 달러로 평가된 빌딩과 장비를 나타낸다. 회사는 100만 주의 주식을 가지고 있으며 주식가격은 주당 35달러이다. 회사는 SEC Rule 15C 3-1을 준수하고 있는가?

30. 확정수입자산(채권형자산)에 전문화되어 있는 투자은행이 다음과 같은 대차대조표를 가지고 있다(100만 달러 기준). 금액은 시장가치로 나타낸 것이며 모든 이자율은 다른 지시가 없으면 연이자율이다.

자 산		부채와 자본	
현금	$0.50	5%, 1년만기 유로예금	$ 5.0
8%, 10년만기 재무부 중기채권 반 년단위이자지급(액면가격 $16)	15.0	6%, 2년만기 후순위 부채 (액면가격 $10)	10.0
		자기자본	0.5
총자산	$15.5	총부채와 자본	$15.5

모든 자산에 대한 가치감소는 연간 15 bp이고 모든 부채에 대한 가치감소는 연간 25 bp라고 가정하라.

a. 투자은행은 예기치 않은 손실을 완충시키기에 충분한 유동자본을 가지고 있는가?

b. 투자은행은 순최소필요유동성을 유지하기 위해 무엇을 해야 하는가?

c. 투자은행을 위한 순자본규제는 상업은행과 기타 예금금융회사에 부과되는 자본규제와 어떻게 다른가?

31. 생명보험회사 리스크기준 자본모형에 포함되어 있는 4가지 리스크분류들을 지적하고 정의하라.

32. 한 생명보험회사는 리스크분류 각각에 대하여 요구되는 자본을 다음과 같이 추정하였다. 자산리스크(C1)=500만 달러, 보험리스크(C2)=400만 달러, 이자율리스크(C3)=100만 달러, 영업리스크(C4)=300만 달러.

a. 생명보험회사에 요구되는 리스크기준자본은 얼마인가?

b. 생명보험회사가 보유하고 있는 총잉여와 자본이 900만 달러이면, 생명보험회사는 최소자본규제를 충족시키고 있는가?

c. 최소자본규제를 충족시키기 위해 얼마의 자본이 조달되어야 하는가?

33. 손해보험회사를 위한 리스크기준 자본모형의 리스크분류들은 생명보험회사를 위한 리스크분류들과 어떻게 다른가? 손해보험회사를 위한 리스크기준 자본모형의 리스크분류들 간 관계에 관한 가정은 무엇인가?

34. 손해보험회사는 리스크분류별로 요구되는 자본부과금을 다음과 같이 추정하였다.

위험	내용	RBC 부과금 (100만 달러 기준)
*R*0	손해보험회사의 자회사	$ 2
*R*1	확정수입증권	3
*R*2	보통주	4
*R*3	재보험	3
*R*4	손해조정비용	2
R5	수입 보험료	3
	합계	$17

a. NAIC가 권고하는 모형에 의한 RBC 부과금은 얼마인가?

b. 만일 손해보험회사가 현재 700만 달러의 자본을 가지고 있다면 최소자본규제를 충족시키기 위한 잉여는 얼마이어야 하는가?

Web을 활용하는 질문

35. 국제결제은행(BIS)의 웹사이트에 가서 가장 최근의 예금금융회사 자본적정성 규제를 찾아보라.

[미니사례분석] 선물과 옵션을 이용한 이자율리스크헤지

아래에 있는 은행의 대차대조표를 이용하여 1-4의 질문과 문제에 답하라.

대차대조표항목	리스크분류	액면가격
현금	1	$ 121,600
단기국채(<92일)	1	5,400
장기국채(>92일)	1	414,400
연준주식	1	9,800
연방기관들에 의한 담보부 환매조건부채권	2	159,000
미국 예금금융회사들에 대한 청구권	2	937,900
외국은행들에 대한 단기(<1년) 청구권	2	1,640,000
일반채무 지방채	2	170,000
연방기관들에 의한 보증부 청구권	2	26,500
지방수입채	3	112,900
BB+등급 상업대출	4	6,645,700
외국은행들에 대한 청구권(>1년)	4	5,800

부외거래항목	신용환산율	액면가격
미국정부 상대방		
AAA등급 대출약정		
< 1년	20%	$ 300
1년-5년	50%	1,140
AA등급 지급보증서		
성과 관련	50%	200
직접신용대체	100%	100
미국 예금기관 상대방		
BBB+등급 대출약정		
< 1년	20%	1,000
> 1년	50%	3,000
AA-등급 지급보증서		
성과 관련	50%	200
직접신용대체	100%	56,400
BBB+등급 상업신용장	20%	400
주정부 및 지방정부 상대방		
대출약정		
> 1년	50%	100
AAA등급 지급보증서		
성과 관련	50%	135,400

부외거래항목	신용환산율	액면가격
기업고객 상대방		
CCC등급 대출약정		
< 1년	20%	2,980,000
> 1년	50%	3,046,278
BBB등급 지급보증서		
성과 관련	50%	101,543
직접신용대체	100%	485,000
AA-등급 상업신용장	20%	78,978
선도계약	100%	5,900
이자율 시장계약		
(현금익스포져는 0으로 가정됨)		
< 1년 (명목금액)	0%	2,000
1년-5년 (명목금액)	0.5%	5,000

1. 바젤 II하에서 은행의 리스크가중자산가치는 얼마인가?
2. 바젤 II하에서 은행이 보유하여야 하는 리스크기준 기본자본과 리스크기준 총자본은 얼마인가?
3. 레버리지비율 규제를 사용하면서 은행이 충분한 자본보유 분류에 계속 존재하기 위해 요구되는 최소규제자본은 얼마인가?
4. 은행의 자기자본 액면가격이 22만 5천 달러, 자기자본의 잉여가치가 20만 달러, 배당자격 영구우선주가 5만 달러이면 바젤 II하에서 은행의 자본적정성수준은 얼마인가? 은행은 바젤(기본자본) 자본규제를 충족시키고 있는가? 이 은행은 충분한 자본보유 분류의 레버리지비율 조건을 충족시키고 있는가?

관련 웹사이트

기관명	웹사이트
Bank for International Settlements	www.bis.org
Board of Governors of the Federal Reserve	www.federalreserve.gov
National Association of Insurance Commissioners	www.naic.org
U.S.Treasury Department	www.ustreas.gov

부록 15A 신용리스크가중자산을 측정하기 위한 내부등급법

이 장의 본문에서는 바젤 II하에서 예금금융회사의 신용리스크가중자산가치를 측정하기 위한 표준방법(Standardized Approach)을 살펴보았다. 대출에 대하여 충분한 수의 내부 신용리스크등급을 가지고 있고 차입자들이 대체로 주요 신용평가기관들에 의해 신용등급을 부여받지 못하는 경우 은행들은 필요자본을 구하기 위한 신용리스크자산을 계산하기 위하여 표준방법을 사용하는 대신 두 가지 내부등급법(Internal Ratings-Based(IRB) Approach), 즉 기본내부등급법(Foundations Approach)과 고급내부등급법(Advanced Approach) 중의 하나를 채택할 수 있다. 내부등급법은 다섯 가지의 주요 변수들에 의존하여 각 자산에 요구되는 필요자본을 산출한다. 즉, 일반적으로 자산 i에 대하여 다음과 같은 함수관계가 성립한다.

$$\text{필요자본}_i = f(PD_i,\ LGD_i,\ R_i,\ EAD_i,\ M_i)$$

PD_i = 차입자 i가 1년 내에 채무불이행할 확률(부도확률)

LGD_i = 차입자 i가 채무불이행하는 경우 발생할 수 있는 금융회사의 손실

R_i = 경제 전체와 차입자 i 간의 상관관계를 나타내는 변수

EAD_i = 차입자 i가 채무불이행하는 경우 금융회사가 차입자 i에 노출되어 있는 금액

M_i = 차입자 i에 대한 대출의 만기(대출 종료시점까지의 현금흐름 가중평균만기)

기업, 은행, 정부의 노출금액(익스포져)에 대한 기본내부등급법하에서, 은행은 내부적으로 차입자가 채무불이행하는 경우에 노출되어 있는 금액(EAD)뿐만 아니라 1년 내에 채무불이행할 확률(PD)을 추정하고 나머지 3개의 다른 리스크요소들(LGD, R, M)의 추정을 위해서 감독법령에 의존한다. 규제당국의 승인하에 은행은 고급내부등급법을 사용할 수 있다. 고급내부등급법에서 은행은 두 개의 추가적인 리스크척도인 LGD와 M에 대한 내부 추정치들을 사용할 수 있다. 기본내부등급법과 고급내부등급법 모두에서 R은 규제당국에 의해 결정된다.

두 가지 모형에서 미예상손실(UL; unexpected loss)에 대비하여 보유되는 자본과 예상손실(EL; expected loss)에 대비하여 보유되는 손실준비금을 구분한다. 주어진 대출에 대한 손실확률분포를 보여 주는 [그림 15A-1]에서 *UL*에 대비한 자본과 *EL*에 대비한 손실준비금을 살펴볼 수 있다. 단순하게 논의하기 위해 바젤 II 모형의 가정을 따라 손실확률분포는 정규분포를 따른다고 가정한다.

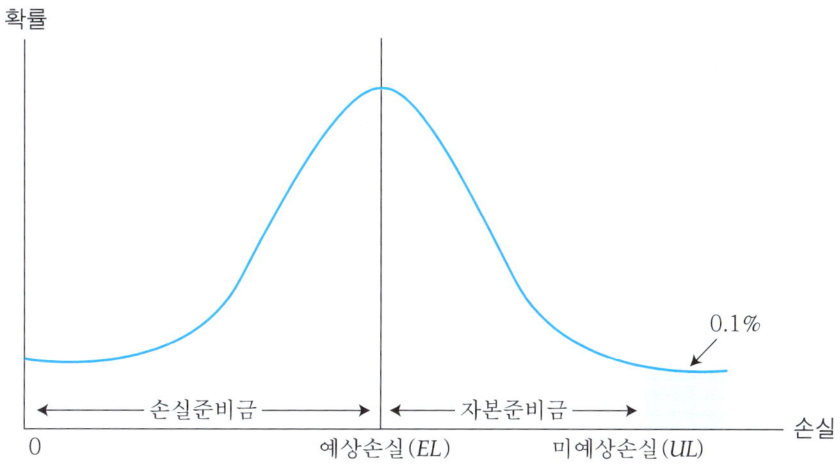

그림 15A-1 대출의 손실확률분포신용장의 거래구조

예금금융회사의 손실준비금은 대출의 예상손실(EL)에 따른 손실을 부담하도록 되어 있다. 대출의 예상손실(EL)은 대출의 채무불이행발생확률(PD)과 채무불이행발생시의 손실(LGD)의 곱, 즉 EL=PD×LGD이다. 그러나 예금금융회사의 자본은 예상손실 이상의 손실, 즉 미예상손실에 대응하여 자신을 보호하기 위해 사용되도록 되어 있다. 실제로 바젤 II하에서, 자본준비금(capital reserves)과 손실준비금(loss reserves)의 합은 거의 1년 내내, 즉 1년의 100% 또는 99.9% 내내 파산(예를 들면, 은행이 보유한 두 가지 준비금의 합을 초과하는 손실이 발생하는 경우)에 대응하여 은행을 보호하기 위해 충분히 커야 한다. [그림 15A-1]에서 미예상손실에 대비하기 위한 필요자본은 예상손실과 미예상손실이 이 금액을 초과할 확률이 0.1%인 99.9%의 손실점 사이의 거리이다.

만일 99.9%의 손실점까지의 손실을 대출의 VAR라고 부른다면, 대출의 VAR는 다음과 같이 나타낼 수 있다.

$$VAR_{loan} = EL_{loan} + UL_{loan} = \text{손실준비금} + \text{자본준비금}$$

이 식은 다음과 같이 다시 쓸 수 있다.

$$\text{자본준비금}(UL_{loan}) = VAR_{loan} - EL_{loan}$$

다음으로 채무불이행발생시의 손실은 동태적으로 일정하다고 가정하자(이것은 바젤 II의 가정이다). 그러나 채무불이행확률은 경제상황이 평균적인 경우보다 나쁜 경우에 더 높을 것이다. 예기치 않게 불리한 상황에서의 채무불이행발생확률을 조건부 채무불이행확률(*PD* conditional)이라고 부르고 평균적인 상황에서의 채무불이행발생확률을 평균 채무불이행확률(*PD* average)이라고 부르자.

따라서 바젤 II하에서 은행이 보유하여야 하는 자본준비금은 다음과 같다.

$$
\begin{aligned}
\text{자본준비금} &= VAR_{loan} - EL_{loan} \\
&= (LGD \times PD_{conditional}) - (LGD \times PD)
\end{aligned}
$$

바젤 II하에서 조건부 채무불이행확률은 평균 채무불이행확률과 99.9% 채무불이행확률의 상관계수(R) 가중평균이다. 기술적으로 조건부 채무불이행확률은 다음과 같이 계산된다.

$$PD_{conditional} = N[(1-R)^{-0.5} \times G(PD) + (R/(1-R)^{0.5} \times G(0.999)]$$

또는

$$PD_{conditional} = N[(w_1 G(PD_{average}) + (w_2 G(0.999)]$$

$N[\cdot]$은 정규분포의 아래에 있는 면적이고 $G[\cdot]$는 정규분포 아래에 있는 면적의 역수이다. w_1는 상관관계 가중치이다. 대출의 만기가 장기일수록 대출이 채무불이행될 가능성은 커진다고 알려져 있기 때문에, 바젤 II 모형은 위에서 계산된 자본의 기본금액은 만기조정률을 곱하여 조정되어야 한다고 요구한다. 따라서

$$\text{자본준비금}(UL) = [VAR_{loan} - \text{예상손실}] \times \text{만기조정률}$$

기술적으로 말하면,

$$
\begin{aligned}
\text{만기조정률} &= (1-1.5 \times b)^{-1} \times [1+(M-2.5) \times b] \\
b &= [0.11852 - 0.05478 \times ln(PD)]^2
\end{aligned}
$$

직관적으로 보면, b는 대출의 만기가 증가함에 따라 채무불이행리스크가 증가하는 정도를 반영하는 회귀식의 기울기와 유사하다.

만일 기본필요자본(VAR_{losan} − 예상손실)과 만기조정률을 결합하면, 내부등급법 모형하에서 바젤 II 총필요자본이 구해진다. 이것을 다시 쓰면 다음과 같다.

$$\text{필요자본(K)} = [VAR_{loan} - \text{예상손실}] \times \text{만기조정률}$$

또는

$$필요자본(K) = \{LGD \times N[(1-R)^{-0.5} \times G(PD) + [R/(1-R)]^{0.5} \times G(0.999)] - PD \times LGD\} \times (1-1.5 \times b)^{-1} \times [1+(M-2.5) \times b]$$

R은 상관계수이고 규제당국에 의해 대출의 채무불이행확률(PD)에 따라서 0.12와 0.24 사이의 값으로 설정된다.

$$R = 0.12 \times \frac{[1-EXP(-50 \times PD)]}{[1-EXP(-50)]} + 0.24 \times \left\{1 - \frac{[1-EXP(-50 \times PD)]}{[1-EXP(-50)]}\right\}$$

상관계수(R)는 대출의 PD와 역의 관계를 가지는 것으로 가정된다. 위의 공식은 주어진 기업차입자에 대한 대출 1달러당 요구되는 자본금을 제시해 준다. 필요자본의 달러금액은 다음과 같다.

$$필요자본의\ 달러금액 = K \times EAD$$

EAD는 채무불이행발생시 금융회사의 노출금액이며 채무불이행이 발생하는 경우에 잔고로 남아 있는 담보조정 후 대출의 순달러금액이다.

바젤 II 모형은 전반적인 8% 필요자본을 달성하고자 하는 것이기 때문에 필요자본(8% 목표금액)과 대출에 대응하여 실제로 보유하는 자본을 비교할 수 있다. 규제에 의해 요구되는 필요자본이 지원할 수 있는 리스크가중자산(risk-weighted assets)금액을 계산함으로써 이와 같은 비교가 이루어질 수 있다. 리스크가중자산은 다음과 같다.

$$리스크가중자산(RWA) = K \times 12.5 \times EAD$$

12.5는 8% 자본비율의 자산승수(asset multiplier)(말하자면 1/0.08=12.5)이다. 자본적정성의 쟁점은

$$\frac{실제자본}{RWA} \geq 8\%$$

이냐 하는 것이다. 실제자본은 대출의 미예상손실에 대응하여 예금금융회사가 현재 보유하고 있는 자본금, 즉 대출 달러당 보유하고 있는 자본금 (K_{actual})과 EAD를 곱한 금액이다.

$$실제자본 = K_{actual} \times EAD$$

따라서 자본적정성 검정은

$$\frac{\text{실제자본}}{RWA} = \frac{(K_{actual} \times EAD)}{(K \times 12.5 \times EAD)} = \frac{K_{actual}}{K \times 12.5} \geq 8\%$$

이냐 하는 것이다. K는 위에서 결정되는 규제에 의해 요구되는 필요자본이다. $K_{actual} = K$이면, 8%의 목표가 달성된다. 즉, $K_{actual}/(K \times 12.5) = 8\%$이다. $K_{actual} > K$이면, 8%의 목표가 초과되고 $K_{actual} < K$이면 예금금융회사는 자본부족상황에 처한다. 후자의 경우에 예금금융회사는 차입자에 대한 대출을 감소시키거나 또는 자본을 증가시켜야 한다.

제 16 장

업무영역의 분산

16.1 서 론

미국의 금융시스템은 전통적으로 분할된 업무영역을 따라서 형성되었다. 규제장벽과 제한 때문에 금융산업의 한 영역에서 영업하는 금융회사는 다른 영역으로 영업을 확장할 수 없었다. 이와 같은 미국의 금융회사는 **겸업금융회사(universal FI)** 구조하에서 개별 금융회사가 은행, 보험, 증권, 기타 금융서비스 상품들을 제공할 수 있도록 허용한 독일, 스위스, 영국의 금융회사와 대비된다.[1)]

그러나 세계에서 세 번째의 대형 겸업은행 또는 금융그룹인 Citigroup을 만들기 위해 이루어진 Citicorp와 Travelers의 합병은 미국에서 규제장벽의 중요성이 퇴색되고 있다는 신호였다. (아래에서 논의되는) 1999년의 금융서비스현대화법(Financial Services Modernization Act of 1999)은 금융회사들 간의 장벽을 감소시키는 것을 가속화시켰다. 사실 미국과 세계금융산업에서 통합화(consolidation)가 급속하게 진행됨에 따라 다수의 영업영역을 가지고 있는 초대형 글로벌 금융서비스회사의 탄생이 가속화되고 있다. 〈표 16-1〉은 2006년 말 현재 자산기준으로 본 세계 최대 금융서비스회사들을 보여 준다.

이번 장은 먼저 업무영역의 확장으로부터 얻는 잠재적 이익들뿐만 아니라 특정 금융서비스 부문으로 영업영역이 제한되었던 미국 금융회사들의 경우에 역사적으로 발생하였던

1) 해외의 겸업은행시스템에 대한 상세한 분석을 위해서 A. Saunders and I. Walter, *Universal Banking in the U.S.?*(New York: Oxford University Press, 1994)와 A. Saunders and I. Walter eds., *Financial System Design: Universal Banking Considered* (Burr Ridge, Ill: McGraw-Hill//Irwin, 1996) 참조.

문제점들과 리스크들을 분석한다. 둘째, 이 장은 미국과 기타 국가들에서 은행, 보험회사, 증권회사의 영업영역 확장을 제한하였던 법들과 규제들뿐만 아니라 이러한 법들과 규제들이 최근에 어떻게 수정되었는지를 분석한다. 이에 더하여 이 장은 금융부문과 실물 또는 상업부문 간의 업무영역 확장에 대한 장벽들을 살펴본다. 셋째, 이 장은 현재의 추세로 나타나고 있듯이 미국 금융회사들에게 보다 더 겸업적인 업무영역을 허용하는 것의 장점들과 단점들을 살펴본다.

▶ **겸업금융회사(universal FI)**
광범위한 금융서비스 활동들에 참여할 수 있는 금융회사.

16.2 업무영역 분할의 리스크

역사적으로 많은 미국 금융서비스 회사들은 업무영역 분산에 대한 제한 때문에 수익과 리스크 문제에 직면하였다. 논란의 여지는 있지만 업무영역 제한은 상업은행들에게 가장 크게 영향을 미쳤다. 예를 들면, 규제가 은행의 업무영역을 예금수취 및 상업대출과 같은 전통적인 분야로 제한하는 정도에 따라서 은행은 대차대조표의 부채측면과 자산측면 모두에서 비은행과의 경쟁에서 점차 취약해지고 있다. 특히 높은 유동성을 가진 예금서비스, 가치의 안정성, 매력적인 수익률을 제공하는 **머니마켓 뮤추얼펀드(money market mutual funds; MMMFs)**는 은행예금과 거래계정 상품들에 대하여 매우 강력한 경쟁대상이 되었다.[2] MMMF 투자금액은 1972년에 전혀 없었으나 2006년에 이르러서는 2조 5,080억 달러로 증가하였다. 이와 같은 MMMF 투자금액은 상업은행의 소액 정기예금과 머니마켓계정이 약 2조 9,400억 달러이었던 것과 비교된다. 이에 더하여 최근에 은행은 생명보험산업에 의하여 제공되는 연금의 성장에 의해 위협을 받고 있다. 연금은 은행 CD와 같은 특성을 가지는 저축상품이다. 2006년에 미국의 퇴직연금이 보유하고 있는 확정연금과 변액연금은 연간 1조 4,000억 달러에 이르렀다.[3]

---

2) MMMF는 소액저축자들의 자금을 모아서 단기 머니마켓 금융상품들로 구성된 분산된 포트폴리오에 투자한다. 이것이 소액저축자들이 도매 머니마켓에 접근할 수 있게 하고 상대적으로 보다 매력적인 수익률에 접근할 수 있게 해 준다.

3) 연금은 구매자가 일정한 기간 동안 고정지급 또는 변동지급을 받기 위해 사전에 1회 이상의 지불을 하는 계약이다. 이와 같은 상품들은 일반적으로 비과세된다. 아래에서 논의하는 바와 같이 미국 대법원은 1996년에 은행이 이와 같은 상품들을 판매하는 것의 적법성을 확인해 주었다.

표 16-1 세계 10대 은행 (10억 달러 기준)

은 행	총자산
1. Barclays Bank (영국)	$1,591.5
2. United Bank of Switzerland (스위스)	1,567.6
3. Mitsubishi UFJ Financial Group (일본)	1,508.5
4. HSBC Holdings (영국)	1,502.0
5. Citigroup (미국)	1,494.0
6. BNP Paribas (프랑스)	1,484.1
7. Credit Agricole Groupe (프랑스)	1,380.6
8. Royal Bank of Scotland (영국)	1,337.5
9. Bank of America (미국)	1,291.8
10. Mizuho Financial Group (일본)	1,226.6

자료: The Banker, July, 2006. *www.thebanker.com*

▶**머니마켓 뮤추얼펀드(money market mutual funds; MMMFs)**
소액개인투자자들에게 높은 유동성, 수표발행, 머니마켓 수익률을 제공하는 뮤추얼펀드.

대차대조표의 자산측면에서 은행의 기업(C&I)대출은 대기업과 중기업의 단기자금조달의 대안수단인 기업어음의 급성장에 의한 경쟁증가에 직면하였다. 예를 들면, 1988년 1월에 C&I대출잔고는 5,650억 달러이었고 기업어음잔고는 3,800억 달러였다. 2006년 9월에 C&I 대출잔고는 1조 1,200억 달러이었고 기업어음잔고는 1조 8,900억 달러였다. 이에 더하여 상대적으로 규제를 받지 않는 파이낸스회사가 기업신용시장의 점유율을 점차 증가시키고 있다. 은행 C&I 대출에 대한 파이낸스회사 기업신용의 비중은 2003년의 35%로부터 2006년 9월에 거의 48%로 증가하였다.

이와 같은 추세는 협의로 정의된 은행업무영역의 경제적 가치가 감소하였다는 것을 의미한다. 특히 업무영역의 제한은 은행이 제공할 수 있는 금융서비스의 집합을 최적화하는 금융회사의 능력을 저해하여 은행이 충분히 업무영역을 분산할 수 있을 때 채택할 수 있는 금융활동의 집합보다 더 리스크가 높은 금융활동의 집합을 채택하게 만든다.[4]

업무영역의 제한은 또한 소비자들의 금융상품에 대한 수요변화와 기술 및 관련된 혁신에 의한 비용의 변화에 신축적으로 대응하는 금융회사의 능력을 제한한다. 미국 금융산업을 분할하는 주요 법들 및 규제들과 미국 금융회사들이 1999년의 금융서비스현대화법의 통과 이후 이와 같은 규제들의 영향을 극복하기 위하여 시도하는 방법들을 보다 상세하게 살펴본 후에 업무영역 증가의 장점들과 단점들을 분석하도록 하자.

4) 은행들이 1993년~2000년 기간 동안 매우 높은 순이익을 올린 것은 사실이지만 이것은 주로 상대적으로 낮은 예금이자율과 소비자대출의 높은 이자율 때문이었다. 이와 같은 1990년대와 2000년대 초의 은행 순이익 증가는 장기적인 것이라기보다는 경기순환적인 것일 수 있다.

개념질문

1. 업무영역 확장제한이 다른 유형의 금융회사보다 상업은행에 더 크게 영향을 미쳤다고 하는 주장의 논거를 제시하라.
2. 어떤 경쟁요인들이 은행 대차대조표의 자산측면에 영향을 미쳤는가?

16.3 미국 금융산업의 업무영역 분할

상업은행활동과 투자은행활동

1863년 이후 미국은 상업은행과 투자은행의 관계를 규제하는데 여러 차례의 국면들을 경험하였다. 간단히 정의하면 **상업은행활동(commercial banking)**은 예금수취와 상업대출의 활동이다. **투자은행활동(investment banking)**은 증권의 인수, 발행, 배분활동이다. 1863년의 연방정부인가은행법(1863 National Bank Act)과 같은 초기의 법은 연방정부에 의해 인가된 상업은행들이 회사채와 회사지분의 인수와 배분같은 기업증권 활동에 참여하는 것을 금지하였다. 그러나 미국이 산업화되고 기업금융에 대한 수요가 증가함에 따라 National City Bank(현재의 Citigroup)와 같은 대형은행들은 증권인수활동을 할 수 있는 주정부인가 자회사들을 설립함으로써 이와 같은 제한을 우회하는 방법을 발견하였다. 1927년까지 이와 같은 은행자회사들은 발행되는 기업증권의 약 30%를 인수하고 있었다. 1927년에 연방정부인가은행들의 규제당국인 통화감독청은 연방정부인가은행들의 증권인수활동에 대한 통제를 완화하여 연방정부인가은행들이 증권인수활동의 시장점유율을 더욱 증가시킬 수 있도록 허용하였다.

1929년의 주식시장붕괴 후에 미국은 심한 경기침체로 진입하였고 약 10,000개의 은행들이 1930년과 1933년 사이에 파산하였다. 1932년에 만들어진 조사위원회(피코라위원회(Pecora Commission))는 주식시장붕괴의 원인들을 조사하기 시작했다. 이 위원회는 주식시장붕괴의 주요 원인으로 은행의 증권관련 활동과 남용, 상업은행활동과 투자은행활동이 혼합되어 있을 때 발생하는 이해의 상충을 지적하였다. 이 위원회의 이와 같은 조사결과 때문에 새로운 법인 1933년의 은행법(1933 Banking Act), 즉 글래스-스티걸법(Glass-Steagall Act)이 만들어졌다.

▶**상업은행활동(commercial banking)**
예금수취와 대출의 은행활동.

▶**투자은행활동(investment banking)**
증권 인수, 발행, 배분의 은행활동.

글래스-스티걸법은 상업은행활동(예금수취와 상업대출)과 투자은행활동(주식, 채권, 기타 증권들의 인수, 발행, 배분)의 엄격한 분리를 부과하였다. 이 법의 제16조와 제21조는 은행과 증권회사가 상대방의 활동에 직접적으로 참여하는 것을 제한하였고, 이 법의 제20조와 제32조는 은행과 증권회사가 독립적으로 설립된 자회사들을 통하여 상대방의 활동에 간접적으로 참여하는 것을 제한하였다. 그럼에도 불구하고, 이 법은 3가지의 주요 증권인수활동에 대하여는 예외로 인정하였다. 첫째, 상업은행은 계속해서 재무부 단기채권, 재무부 중기채권, 재무부 장기채권의 신규발행을 인수할 수 있도록 허용되었다. 따라서 J. P. Morgan Chase와 같은 오늘날의 대형 상업은행들은 정부채권경매에서 Goldman Sachs와 같은 증권회사들과 적극적으로 경쟁한다. 둘째, 상업은행은 계속해서 일반채무(general obligtion; GO) 지방채를 인수할 수 있도록 허용되었다.[5] 셋째, 상업은행은 계속해서 기업과 기타 모든 종류의 채권과 지분의 **사모(private placement)**에 참여할 수 있도록 허용되었다. 사모의 경우에 은행은 신규발행 증권을 위해 대형기관투자자 또는 다른 금융회사와 같은 투자자를 찾고자 한다. 이와 같이 은행은 수수료 수입을 위해 대리인으로서 역할을 한다. 이와 비교하여 증권의 공모에서 은행은 일반적으로 직접적 주인(direct principal)으로서 역할을 하고 증권의 발행에서 인수지분을 가진다. **총액인수(firm commitment underwriting)**의 경우 인수자는 발행자로부터 어떤 가격으로 증권을 매입하여 약간 더 높은 가격에 민간에게 증권을 다시 매도한다. 이와 같이 인수한 증권을 매도하지 못하면 공모발행된 증권의 인수자에게 큰 손실이 발생할 수 있다. 따라서 은행에게 증권의 사모는 허용된 반면에 증권의 공모는 허용되지 않았다.

▶**사모(private placement)**
인수대리인으로 역할을 하는 은행이 한 명 또는 소수의 거액 투자자들에게 발행되는 증권 전체를 인수시키는 것.

▶**총액인수(firm commitment underwriting)**
인수자가 발행자로부터 증권을 매입하여 약간 더 높은 가격에 민간에게 증권을 다시 매도하는 것.

1933년~1963년의 대부분 기간 동안 상업은행들과 투자은행들은 일반적으로 글래스-스티걸법의 내용과 정신을 기꺼이 준수하였다. 그러나 1963년부터 1987년 사이에 은행들은 지방수입채권인수, 기업어음인수, 할인중개, 개방형 및 폐쇄형 뮤추얼펀드의 운용 및 자문,

5) 일반채무 지방채는 채권의 이자와 원금상환이 지방자치단체의 완전한 신뢰와 신용, 즉 지방자치단체의 세금과 수입에 의하여 지원되는 주정부, 시 또는 지방정부와 같은 지방자치단체에 의하여 발행되는 채권이다.

모기지담보부증권인수, 연금판매에 대한 제한에 도전하였다.[6] 대부분의 경우 법원은 결과적으로 이와 같은 활동들의 적법성을 확인하였다.[7]

이와 같은 법 해석 때문에 글래스-스티걸법에 대한 맹공격과 글래스-스티걸법의 사실상의 침식이 이루어짐에 따라 1987년 4월에 연방준비제도이사회는 Citibank의 모회사인 Citigroup과 같은 상업은행지주회사가 독립된 **섹션 20 자회사(Section 20 affiliate)** 형태로 투자은행을 설립할 수 있도록 허용하였다. 이와 같은 섹션 20 자회사를 통하여 은행지주회사는 기업어음인수, 모기지담보부증권인수, 지방수입채권인수와 같은 직접 참여할 수 없거나 또는 회색지대 증권 활동들을 수행하기 시작했다.[8] [그림 16-1]로 나타낸 Bank of America와 섹션 20 자회사(또는 투자은행)로 구성된 Bank of America Corp의 조직구조를 살펴보라.

법적으로 섹션 20 자회사는 글래스-스티걸법하에서 제한되는 증권인수활동으로부터 창출되는 수입이 은행증권자회사가 창출하는 총수입의 50% 이하이면, 즉 섹션 20 자회사의 수입 대부분이 은행이 참여할 수 없는 증권활동으로부터 창출되지 않는 한 글래스-스티걸법의 제20조를 위반하지 않는 것으로 인정되었다. 법적 도전을 피하기 위해 연방준비제도는 처음에 매우 보수적으로 증권인수활동으로부터 창출되는 수입을 증권자회사 수입의 5%로 제한하였다(이 후에 10%로, 이어서 25%로 증가시켰다).

1997년에 연방준비제도와 통화감독청이 은행지주회사의 허용 활동을 확대하는 조치를 취함에 따라 중요한 변화가 발생하였다. 특히 연방준비제도는 상업은행이 새로운 섹션 20 투자은행 자회사를 설립하는 대신 기존 투자은행을 직접 인수하는 것을 허용하였다.

그 결과 수많은 상업은행과 투자은행의 인수와 합병이 1997년과 2000년 사이에 이루어졌다. 대형합병의 예는 2000년에 UBS가 Paine Webber를 120억 달러에 매입한 것, 2000년에 Credit Suisse First Boston이 Donaldson Lufkin Jenrette를 115억 달러에 매입한 것, 1999년에 Deutsche Bank가 Bankers Trust를 97억 달러에 매입한 것, 1998년 4월에 Citicorp가 830억 달러에 Travelers Group과 합병한 것, 1997년 4월에 Bankers Trust가

---

6) 지방수익채권은 지방일반채무채권보다 더 리스크가 높다. 왜냐 하면 지방수익채권의 이자와 원금은 지방수익채권에 의해 자금이 조달되는 프로젝트로부터의 수입에 의해서만 보증되기 때문이다. 예를 들면 만일 지방수익채권이 고속도로의 한 부분을 건설하기 위한 자금을 조달하기 위한 것이면 지방수익채권의 이자와 원금은 도로통행료수입에 의해서만 보증된다.

7) 제기되는 쟁점들의 형태를 살펴보면 할인중개(discount brokerage)는 증권회사들에 의해 공급되는 종합서비스중개(full-service brokerage)와 같은 것으로 간주되지 않기 때문에 은행이 제공하는 적법한 서비스로 여겨졌다. 특히 종합서비스중개는 증권구매의 대리인 기능과 투자자문(예를 들면, 주요 핵심정보제공) 모두를 제공한다. 이와 대조적으로 할인중개인은 고객을 위해 증권을 구매하고 판매하는 대리인 기능만을 수행한다. 할인중개인은 투자자문을 하지 않는다.

8) 1989년에 회사채인수와 1990년에 기업지분인수가 허용되었다.

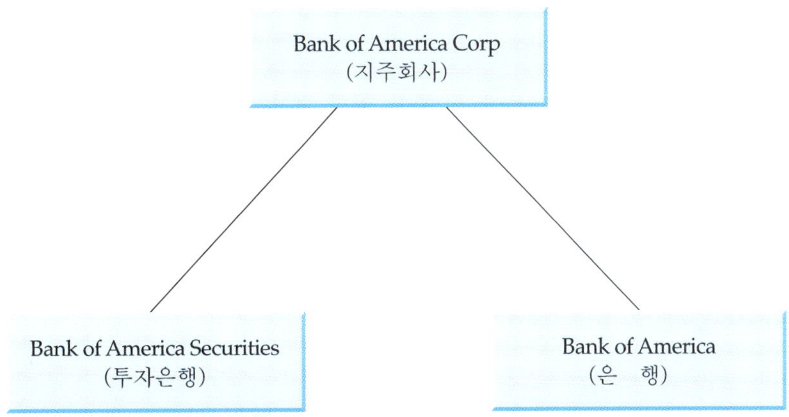

그림 16-1 은행과 섹션 20 자회사로 구성된 은행지주회사

17억 달러에 Alex Brown을 인수한 것, 1997년에 National Bank가 10억 달러 이상으로 Montgomery Securities를 매입한 것, 1997년 6월에 Bank of America가 5억 4,000만 달러에 Robert Stephens를 매입한 것(1998년 4월에 8억 달러로 Bank of Boston에 재매각), 2007년에 Bank of New York이 1,650억 달러에 Mellon Financial을 매입한 것이다. 각 경우에 은행들의 인수동기는 투자은행활동과 상업은행활동을 분리하는 법들이 변화함에 따라 증권영업에 참여하기 위한 것이었다. 또한 인수의 동인은 규모의 경제와 범위의 경제의 장점을 이용하기 위해 영업규모를 확장하고 인수에 참여하는 상업은행과 투자은행의 고객기반을 통합할 수 있는 기회를 얻고자 하는 것이었다.

그러나 이와 같은 증권회사 인수 모두가 성공적인 것은 아니었다. 예를 들면, 2002년 7월에 FleetBoston(Fleet Financial과 Bank of Boston의 합병회사)은 핵심 상업은행활동과 소매금융활동에 다시 초점을 맞추기 위해 자신의 Robertson Stephens 투자은행 영업조직을 폐쇄시켰다. 두 영업조직 간의 문제는 FleetBoston이 자신들과 합의한 것보다 7,000만 달러 이상을 지불한 Robertson 고위경영진을 고소한 후에 FleetBoston이 요청하여 Robertson의 CEO와 CFO의 사임이 이루어졌던 2001년에 시작되었다. 그 이후 2001년의 하이테크 주식시세 폭락의 와중에 Robertson의 수입은 71% 감소하였고 Robertson은 6,100만 달러의 손실을 입었다.

최근 2006년에 Merrill Lynch는(펀드운용영업에 뛰어든지 수 년 후에) 많은 은행들, 중개회사들, 보험회사들과 마찬가지로 펀드운용영업에서 손을 떼었다. 1990년대에 은행들, 중개회사들, 보험회사들은 금융서비스 원스톱 점포들을 만들기 위해 자신의 이름을 가진 뮤추얼펀드들을 판매하는 업무에 뛰어들었다. 그러나 규제당국은 일부 금융회사들이 이익을 증가시키기 위해 회사자체펀드를 고객들에게 강매한다는 우려가 고조됨에 따라 펀드운용영업에 대한 조사를 강화하였다. 결과적으로 펀드회사들은 마케팅과 강화된 규제 준수에 더 많은 비용을 지불해야만 했다. 펀드 운용의 수익성이 낮아짐에 따라, Merrill Lynch를 포함하여 많은 금융회사들은 실제적으로 펀드운용영업으로부터 손을 떼었다.

상업은행과 투자은행 간의 영업영역 장벽이 침식되는 것이 상업은행활동과 투자은행활동이 결합되는 한 가지 방법은 아니었다. Merrill Lynch와 같은 대형투자은행들은 점점 더 은행상품들을 제공하고자 하였다. 예를 들면, 1970년대 후반에 Merrill Lynch는 수표발행이 가능한 동시에 채권과 주식판매대금이 일일 기준으로 일소되어 투자되는 머니마켓 뮤추얼펀드를 소유할 수 있도록 허용한 현금관리계좌(cash management account; CMA)를 도입하였다. 이 계좌는 투자자가 중개계정(brokerage account)의 형태로 보유하는 현금에 대하여 이자를 받을 수 있도록 허용하였다. 이에 더하여 많은 투자은행들은 예금중개인(deposit broker)으로 활동하였다. 제14장에서 논의한 바와 같이 예금중개인은 거액 예금을 10만 달러 예금단위로 분리하고 여러 은행들에 예치하는 데 따른 수수료를 부과한다. 이에 더하여 투자은행들은 LDC 대출채권과 기타 대출채권의 유통시장에서 거래자이자 투자자로 참여한다(제11장과 제21장 참조). 2000년에 Merrill Lynch는 연방예금 보험에 가입되어 있고 고객의 투자계정과 연계된 이자창출계좌인 CMA 2.0을 시장에 내놓았다.

마지막으로 위에서 살펴본 은행들과 투자은행들에 의한 "자체적" 규제완화가 수 년간에 걸쳐 이루어지고 있음을 인식하고, 미국 의회는 상업은행 활동과 투자은행 활동 사이에 존재하는 글래스-스티걸 장벽을 폐지시킨 금융서비스현대화법(Financial Services Modernization Act)을 통과시켰다.[9] 거의 70년만에 이루어진 금융회사 규제의 최대변화로 여겨지는 이 법은 Section 4(k)(4)E 증권자회사들을 통하여 은행활동과 증권활동 모두에 참여할 수 있는 "금융지주회사"의 설립을 허용하였다. 이 법은 또한 연방정부인가 대형은행들이 통화감독청의 규제를 받는 자신의 은행자회사들을 통하여 일부 증권의 인수를 포함한 활동들에 참여하는 것을 허용하였다. 따라서 투자은행활동과 상업은행활동이 부분적으로 또는 완전하게 분리된지 거의 70년이 지난 후에 1999년의 금융서비스현대화법은 미국에서 1933년 이전에 존재했고 오늘날 많은 다른 국가들에서 존재하고 있는 것과 유사한 종합금융회사의 탄생을 위한 문을 열었다.

▶**섹션 20 자회사(Section 20 affiliate)**
투자은행활동에 참여하기 위하여 설립된 독립적인 은행지주회사의 증권자회사.

9) 금융서비스현대화법(FSMA)은 또한 상업은행활동, 투자은행활동, 보험활동 사이의 장벽도 낮추었다.

은행업과 보험업

1999년의 금융서비스현대화법이 통과되기 전에 매우 강력한 장벽이 은행의 보험업 진입과 보험회사의 은행업 진입을 제한하였다. 한 가지 유명한 예외는 1999년의 금융서비스현대화법의 궁극적인 통과에 촉매제가 되었던 1998년에 이루어진 Citigroup을 만들기 위한 Citicorp의 Travelers Corp 인수였다. 보험활동은 손해보험(주택보험, 자동차보험) 또는 생명/건강보험(정기보험)의 판매이다. 더욱이 수수료를 위해서 다른 금융회사의 보험증권을 판매하는 은행과 보험인수자로서 활동하고 손실을 인수하는 데 따른 리스크를 감당하는 은행을 구별하여야 한다. 일반적으로 보험대리인 활동은 보험인수와 비교하여 잠재적인 손실이 매우 낮다. 예를 들면, 생명보험, 모기지보험, 자동차보험과 같은 일부 유형의 보험은 은행대출상품들과 자연스러운 시너지관계를 가지는 경향이 있다.

1999년 금융서비스현대화법 이전에 은행은 거의 모든 유형의 보험을 판매하고 인수하는 것에 대하여 매우 엄격한 제한을 받았다. 예를 들면, 연방정부인가은행들은 신용관련 생명, 사고, 건강, 실업보험을 제공하지 못하도록 제한되었다. 더욱이 연방정부인가은행들은 (미국의 어느 곳에서든 보험을 팔 수 있었지만) 5,000명 이하의 인구를 가진 소도시에서만 보험대리인으로서 활동할 수 있었다. 이에 더하여 1956년의 은행지주회사법(Bank Holding Company Act of 1956)(과 1970년 수정조항)과 1982년의 Garn-St. Germaine 예금금융회사법은 은행지주회사가 독립적인 보험자회사를 설립하는 것과 보험회사가 은행을 인수하는 것을 엄격하게 제한하였다. 대부분의 주들은 또한 주정부인가은행들의 보험활동에 대하여 매우 제한적인 조치를 취하였다. 델라웨어주를 포함한 몇 주들은 주정부인가은행들이 다양한 손해보험과 생명보험을 인수하고 중개하는 것을 허용하는 법들을 통과시켰다. 이것이 Chase와 같은 대형은행지주회사가 델라웨어주로 이동해서 자신의 보험자회사들을 가진 주정부인가은행 자회사들을 설립하게 만들었다.

은행들이 법적 도전에서 성공적으로 살아남은 한 가지 영역은 연금이었다. 1986년에 Nationsbank(1997년에 Bank of America와 합병됨)는 연금판매를 시작했고 보험산업에 의해 공격적으로 법적 도전을 받았다. 이 기간 동안 수많은 은행들이 연금상품을 제공하기 시작했다. 1995년에 대법원은 연금은 보험상품이라기보다는 투자상품으로 간주되어야 한다고 주장하면서 은행이 연금을 판매하는 것의 적법성을 확인하였다. 이와 같은 연금판매는 은행순이익을 연간 약 10억 달러 추가시키는 것으로 추정된다.

1980년대 초부터 일부 보험회사들과 일반기업들이 은행활동에 참여하는 간접적 방법들을 발견하였다. 이것은 **비은행은행(nonbank bank)** 자회사를 설립하는 방법을 통해서 이루어졌다. 1956년의 은행지주회사법은 법적으로 은행을 요구불예금을 받고 기업대출을 하는 조직으로 정의하였고 보험회사 또는 일반기업이 이와 같은 은행을 인수하는 것을 제한하였다. 보험회사는 종합서비스은행을 인수해서 이 은행의 요구불예금과 기업대출부문을 처분함으로써 이와 같은 제한적인 조항을 우회할 수 있었다. 이것이 종합서비스은행을 비은행은행으로 전환시켰다. 1987년에 미국 의회는 비은행은행의 법적 허점을 막는 경쟁평등은행법(Competitive Equality Banking Act; CEBA)을 통과시켰다. 이 법은 본질적으로 은행을 예금보험의 적용을 받는 금융회사로 재정의하여 새로운 비은행은행을 만드는 것을 금지하였다. 1987년 이후에 설립된 모든 새로운 비은행은행은 예금보험적용을 포기하여야만 했고 이것이 비은행은행이 예금을 조달하는 것을 매우 어렵게 만들었다. 1987년 이전에 설립된 비은행은행들은 CEBA에 의해 조부조항으로 인정되었지만 비은행은행의 성장은 제한되었다.[10] 보험회사들은 연방정부인가 저축금융회사들을 개설함으로써 이 법을 우회하는 방법을 발견하였다. 실제로 1968년의 저축대부은행지주회사법(Savings and Loan Holding Company Act of 1968)하에서 어느 기업 또는 보험회사도 한 개의 저축금융회사를 인수할 수 있게 되었다.

▶ **비은행은행(nonbank bank)**
은행의 기업대출과 요구불예금 부문을 매각한 은행.

은행-보험 회사의 연계에 대한 은행지주회사법(Banking Holding Company Act)의 제한에 대한 하나의 큰 도전은 미국에서 대형 금융서비스기업을 만들기 위한 Citicorp와 Travelers의 1998년 합병이었다. Travelers의 주요 활동은 보험활동(생명보험과 손해보험)이었던 반면 Citicorp의 주요 활동은 은행활동이었다(또한 두 회사는 증권활동에도 참여하였다. Citicorp는 섹션 20 자회사를 통하여 증권활동에 참여한 반면 Travelers는 일찍이 Smith-Barney와 Salomon Brothers의 인수를 통하여 증권활동에 참여하였다). 은행지주회사법하에서 연방준비제도가 이 합병을 승인하는데 5년의 시간이 걸렸다. 연방준비제도는 1998년에 최초의 승인을 부여하였다(Citigroup은 전략을 바꾸어서 2002년에 Travelers Property/Casualty Insurance 부문의 대부분을 매각하였다).

1999년의 금융서비스현대화법은 금융서비스지주회사(financial service holding companies; FSHC)를 만들어 은행지주회사들이 보험인수 자회사들을 개설하고 보험회사들이 증권회사 자회사들과 상업은행 자회사들을 개설하는 것을 허용함에 따라 보험활동에 대한 환경을 완전히 변화시켰다(이 법은 묵시적으로 Citicorp-Travelers의 합병을 허가하였다). 이 법이 통과됨에 따라 은행들은 보험 판매를 제한하는 것을 극복하기 위해 텍사스주, 로

---

10) 특히 1987년 3월 5일 이전에 설립된 비은행은행들은 영업활동을 계속하도록 허용되었으나 이 법이 통과된지 1년 후부터 12개월 동안 자산의 최대증가율이 7%로 제한되었다. 이 법은 또한 영업활동을 계속하도록 허용된 비은행은행들이 1987년 3월 현재 참여하였던 영업활동에만 참여할 수 있고 비은행은행들과 자회사들에 의한 상품들과 서비스들의 교차마케팅을 제한하였다.

드아일랜드주와 같은 주들에서 더 이상 법적 투쟁을 할 필요가 없게 되었다. 실제로 금융서비스현대화법(FSMA)이 통과된지 2년 후에 모든 미국 은행들의 50%가 보험상품을 판매하였고 보험수수료와 보험료수입은 기록적인 34억 9,000만 달러에 이르렀다. 이와 같은 추세는 계속되었으며 2006년 말에는 약 1,100개 미국 은행들이 세금우대 건강저축계좌(health savings accounts; HSA)를 제공하였다. HSA 계좌 수는 약 365만 개였으며 HSA 예금액은 50억 달러였다. HSA는 보험공제부문과 기타 현금지급 의료비 지불을 도와주는 세금이연저축계좌이다. HSA를 제공하는 것에 대하여 은행이 흥미를 가지게 된 것은 의료비 지불을 할 필요가 없는 저축은 수 년 동안 HSA에 축적될 수 있기 때문이었다. 이에 더하여 은행들은 소비자가 최소필요잔고를 유지하는 HSA와 함께 뮤추얼펀드를 포함한 기타 투자옵션들을 점차 더 제공하였다. 이와 같은 영업에 참여한 금융회사들, 특히 상업은행들이 항상 성공적인 것은 아니었다. 예를 들면, 2006년에 J. P. Morgan Chase는 자신의 생명보험과 연금업무 부문을 매각하였다. 이와 같은 조치는 소비자들이 동일한 금융회사로부터 자신의 금융서비스들 모두를 구매하는 것을 반드시 원하는 것은 아니라는 것을 상업은행들이 인식하게 된 것을 반영한 것이었다.

이 법이 보험을 인수하고 판매하는 은행들이 보험회사들과 동일한 주정부 규제하에서 영업하도록 하였기 때문에 보험회사들은 이 법을 환영하였다. 이 법하에서 상업은행활동, 투자은행활동, 보험활동에 참여하는 금융지주회사는 기능적으로 규제된다. 금융지주회사의 상업은행활동은 (연방준비제도, FDIC, OCC와 같은) 은행규제당국들에 의해 규제되고, 금융지주회사의 증권활동은 SEC에 의해서 규제되며 금융지주회사의 보험활동은 (보험활동은 연방정부수준에서 규제되지 않기 때문에) 50개 주정부의 보험규제당국에 의해 규제된다.

상업은행활동과 기업활동

1863년의 연방정부인가은행법(1863 National Bank Act)은 연방정부인가은행이 기업의 지분을 직접 인수함으로써 기업활동에 참여하는 형태로 확장되는 것을 엄격히 제한하였다. 1863년의 연방정부인가은행법의 조항들은 비은행자회사들에 대한 연방정부인가은행의 참여를 법률 또는 규제에 의해 허용된 활동들로 제한하였다. 연방정부인가은행은 "은행활동에 부수적인" 기업활동에만 참여할 수 있었고 그것도 서비스 또는 자회사를 통해서만 참여할 수 있었다. 그러나 차입자가 어려운 상황에 처했을 때 지분을 인수할 수 있는 넓은 의미의 권한은 은행에게 부여되었다. 이 경우 연방정부인가은행은 기업주식을 인수하고 10년까지 보유할 수 있는 무제한의 권한을 가지고 있었다.

연방정부인가은행의 직접적인 주식 보유는 1863년 이후 제한되었지만 은행지주회사의 기업활동에 대한 제한은 보다 최근의 일이다. 특히 1956년 은행지주회사법의 1970년 수정조항은 은행지주회사들이 10년의 기간 동안에 비은행 관련 자회사들을 처분할 것을 요구하였다. 미국 의회가 이와 같은 수정조항을 통과시켰을 때 은행지주회사들은 공공기반산업에서 수송업 및 제조업에 이르기까지 약 3,500개의 기업부문 자회사들을 소유하고 있었다. 그럼에도 불구하고 1999년 이전에 은행지주회사는 규제당국의 승인 없이 기업의결권의 4.9%까지 보유할 수 있었다.[11)]

1999년의 금융서비스현대화법은 금융지주회사에 부과된 소유권 한도에 대한 제한을 변화시켰다. 금융지주회사에 속하는 상업은행은 현재 2가지 조건들이 충족되면 비은행기업에 대하여 통제가능 지분을 가질 수 있다. 첫째, 이와 같은 지분투자는 무한정의 시간 동안 이루어질 수 없다. 이 법은 명시적인 시간 한도를 제시하지 않고 단순히 이와 같은 지분투자는 "투자의 재무적 존립 가능성에 상응하는 합리적인 기준에 의해 투자의 매각 또는 처분을 할 수 있는 시간 동안 보유될 수 있다"라고 기술하고 있다. 둘째, 지분투자에 참여하는 은행은 투자하는 기업의 경영에 적극적으로 참여할 수 없다. 그럼에도 불구하고 기업주식 또는 지분은 여전히 대부분의 은행 대차대조표 상에 눈에 띌 정도로 존재하지 않는다.[12)]

비은행 금융서비스회사와 기업활동

은행활동과 증권, 보험 또는 기업부문활동을 분리시키는 장벽과 비교하면 비은행 금융서비스회사와 일반기업 간의 장벽은 일반적으로 훨씬 더 약하다. 실제로 최근에 비은행 금융회사와 일반기업은 비은행 금융서비스 활동의 다양한 영역에 진입하고 퇴출하는 데 거의 장벽을 가지고 있지 않다. 예를 들면, Travelers Group은 Smith Barney를 인수한지 1년 후인 1997년에 Salomon Brothers를 인수하였다. Sears Roebuck, Xerox, Gulf and Western과 같은 일반기업들은 많은 주요 비은행 금융서비스회사를 인수하거나 처분하였다.

---

11) 은행지주회사법하에서 은행지주회사가 자회사 은행 또는 자회사에 대하여 25%를 초과하는 지분을 가지고 있을 때 통제가 이루어진다.

12) S. Park, "Effects of the Affiliation of Banking and Commerce on the Firm's Investment and the Bank's Risk," *Journal of Banking and Finance* 24 (2000), pp. 1629-50은 차입기업지분의 은행보유는 차입기업과 은행 간의 대리인갈등을 감소시키나 정보가 없는 부채보유자에 대한 감시의 필요성을 증가시킨다는 것을 발견하였다. 이 은행의 리스크는 2가지 중 하나의 방법으로 증가할 수 있다. 대규모의 지분을 가지고 있는 은행은 차입기업이 리스크가 높은 프로젝트를 수행하는 것을 허용할 수 있는 인센티브를 더 가진다. 이에 더하여 차입기업이 은행에 대한 통제력을 가지는 경우 차입기업은 은행이 리스크가 높은 프로젝트에 필요한 자금을 지원하도록 강요할 수 있다.

그러나 중요하게도 1999년의 금융서비스현대화법의 통과는 금융서비스 부문들(상업은행활동, 보험활동, 투자은행활동)과 기업활동 간의 관계를 표준화시켰다. 특히 금융지주회사는 현재 금융자산으로 자산의 최소 85%를 보유하고 있는 회사(말하자면 기업부문 또는 실물자산으로 자산의 최대 15%를 보유하고 있는 회사)로 정의된다. 이와 같은 최대수준을 초과하는 비금융자산 활동은(추가적으로 5년 연장이 가능하지만) 최소 10년 동안 조부조항으로 인정된다. 그럼에도 불구하고 궁극적으로 많은 금융서비스회사들은 실물부문 자산들과 활동들의 일부를 매각해야 한다.

개념질문

1. 1933년에 글래스-스티걸법이 통과된 이유는 무엇인가? 이 법은 상업은행에게 어떤 인수활동들을 허용하였는가?
2. 당신은 왜 허용되지 않는 인수활동으로부터 버는 섹션 20 자회사의 수입에 대하여 50%의 상한이 아닌 25%의 상한이 존재한다고 생각하는가?
3. 현재 소비자대출을 하는데 전문화되어 있으나 기업대출을 하지 않는 은행이 비은행은행으로서 자격이 있는가?
4. 1863년의 연방정부인가은행법의 조항들이 비은행 자회사들을 설립하는데 있어서 연방정부인가은행들의 참여에 어떻게 영향을 미쳤는가?
5. 1999년의 금융서비스현대화법(Financial Service Modernization Act of 1999)이 어떻게 미국에서 종합서비스금융회사 설립의 길을 열었는가?

16.4 미국과 기타 국가들의 업무영역 제한

지금까지 미국에서의 금융회사 업무영역 확장과 금융거대기업화에 대한 장벽에 대하여 살펴보았다. 많은 장벽들이 제거되었지만 남아 있는 장벽들은 미국의 상업은행들에 가장 크게 영향을 미치고 있다. [그림 16-2]는 스위스 겸업은행인 Credit Suisse First Boston의 고도로 분산된 업무영역구조를 보여 준다. 겸업은행(universal bank)은 투자은행 서비스들을 제공할 뿐만 아니라 기업대출, 환율, 보관 및 현금관리 서비스들을 제공한다. 겸업은행으로는 Citigroup, J. P. Morgan Chase, UBS, Deutsche Bank, Credit Suisse First Boston이 있고 정도가 다소 약한 겸업은행으로는 Bank of America가 있다. 그러나 일본의 경우를 제외하고 미국 은행들은 허용된 비은행 업무영역에서 보면 주요 선진국들 중에서 여전히 제한을 가장 많이 받고 있다.[13] 이와 같은 상황 때문에 EU와 스위스의 은행들과 같은 글로벌 경쟁 상대 은행들에 걸맞는 활동권한을 미국 은행들에게 부여하도록 하기

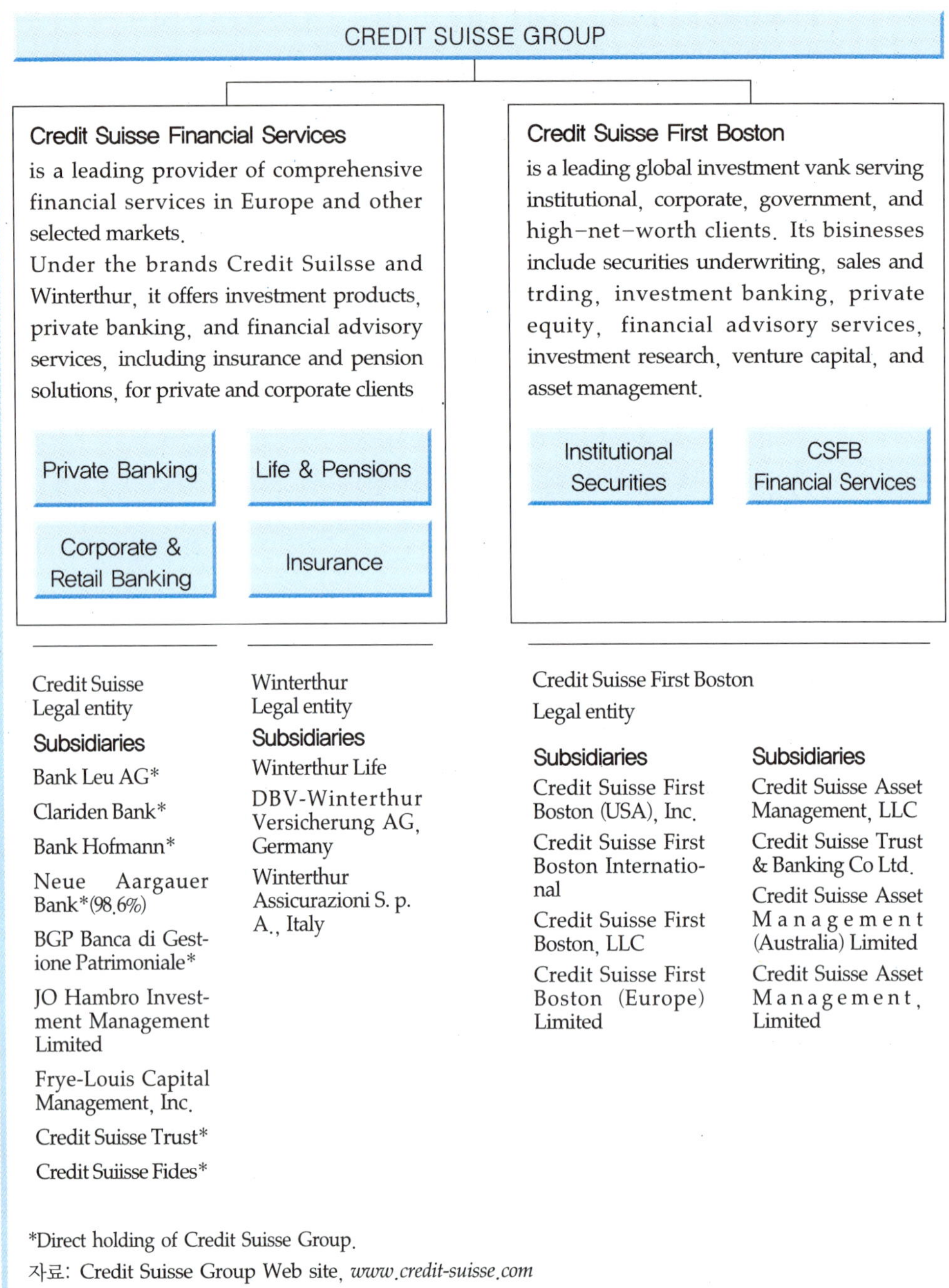

그림 16-2 겸업은행의 구조: CS Holding Group

위한 압력이 미국의회에 계속적으로 가해지고 있다.

다음 절에서 은행들과 기타 금융회사들의 업무영역을 더 확장시키는 문제가 제기될 때마다 제기되었고 앞으로도 계속해서 제기될 쟁점들을 살펴보도록 하자.

개념질문

1. 미국 상업은행들에게 허용된 업무활동의 범위는 기타 주요 선진국 은행들에게 허용된 업무활동범위와 어떻게 비교되는가?
2. 미국 상업은행들의 업무영역들은 미래에 어떻게 변화될 가능성이 있는가?

16.5 업무영역 분산에 대한 이슈들

금융회사의 업무영역 확장에 따라 제기되는 이슈들은 다음과 같다.

1. 안전성과 건전성 이슈
2. 규모의 경제와 범위의 경제 이슈
3. 이해상충 이슈
4. 예금보험 이슈
5. 감독규제 이슈
6. 경쟁관련 이슈

이 절은 증권활동에 진입하는 은행의 관점에서 이와 같은 이슈들을 검토한다.

[그림 16-3]에서 은행활동과 증권활동을 연계시키기 위한 3가지의 조직구조를 살펴보자. [그림 16-3]의 패널 (c)에 있는 금융서비스지주회사(financial services holding company)는 지적한 6가지의 쟁점들을 평가하는데 사용되는 조직구조이다. 이것이 대부분의 은행이 비은행활동으로 확장할 때 사용되는 조직으로 금융서비스현대화법하에서 채택된 조직이다. 은행지주회사법(Bank Holding Company Act)은 은행지주회사를 은행의 의사결정 의결권 비

13) 일본의 전후 규제들 중 많은 규제들은 미국의 규제들을 따른 것이었다. 따라서 일본은행법의 제65조는 글래스-스티걸법과 같은 방법으로 상업은행활동과 투자은행활동을 분리하고 있다. 그러나 일본은 최근 상업은행활동과 투자은행활동 간의 역사적 장벽을 상당히 약화시키는 규제완화법을 통과시켰다. T. Ito, T. Kiso, and H. Uchibori, "The Impact of the Big Bang on the Japanese Financial System," Fuji Research Paper No. 9, Fuji Research Institute Corporation, Tokyo, Japan, May 1998 참조.

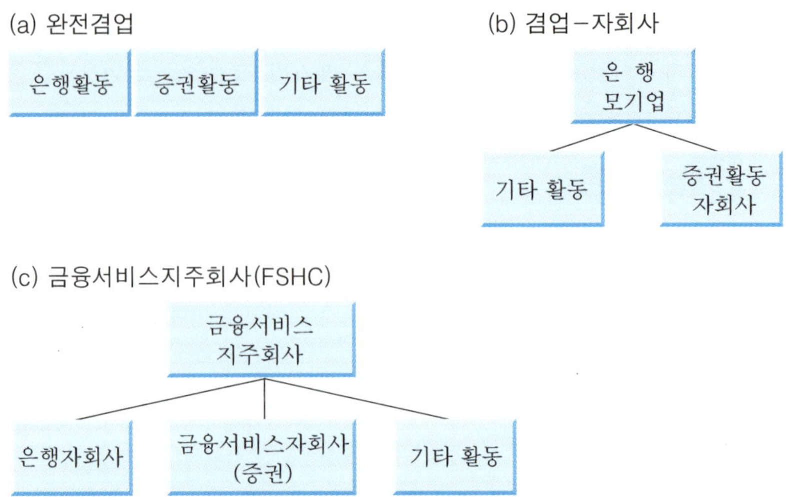

그림 16-3 은행조직의 비은행 업무영역 확장을 위한 조직형태

중을 25% 이상 직접적으로 또는 간접적으로 소유하거나, 통제하거나 또는 투표할 수 있는 권한을 보유하고 있고, 다수의 은행이사 선택을 어느 형태로든 통제할 수 있으며 또는 은행의 경영 또는 정책에 대하여 통제적 영향력을 행사할 수 있는 회사로 정의한다. 은행지주회사는 추가적인 은행, 은행지주회사 또는 금융서비스회사 주식의 5% 이상을 취득하기 전에 연방준비제도의 승인을 받아야 한다. 일반적으로 지주회사의 주식만이 상장되어 거래된다.

[그림 16–3]의 패널 *(a)*는 은행활동과 증권활동이 단일 조직의 다른 부서들에서 이루어지는 완전통합겸업은행(fully integrated universal bank)을 보여 준다. 이것이 Deusche Bank와 같은 독일의 대형은행들이 증권활동에 참여하는 전형적인 방식이다. [그림 16–3]의 패널 *(b)*는 은행이 독자적으로 소유하고 있는 증권자회사를 통하여 증권활동에 참여하는 겸업자회사모형(universal subsidiary model)을 보여 준다. 이것이 영국의 Barclays와 캐나다의 Toronto Dominion과 같은 상업은행이 증권활동을 수행하는 전형적인 방식이다. 이것은 또한 미국의 연방정부인가은행들이 비은행활동을 활동할 수 있도록 허용하기 위해 통화감독청에 의해 1997년에 채택된 모형이다.

은행/비은행 통합의 정도는 완전겸업은행모형 또는 자회사겸업은행 모형의 경우보다 금융서비스지주회사 모형의 경우에 훨씬 더 낮다는 점을 주목하라.[14] 예를 들면, 겸업자회사

14) 이와 같은 3가지 모형들의 비교분석을 위해서 Saunders and Walter, *Universal Banking* 참조.

모형에서 은행은 증권자회사의 직접적 소유권을 보유하고 있다. 이와 비교하여 금융서비스지주회사모형에서 은행자회사와 증권자회사는 자기 자신의 자기자본을 가지고 있는 독립적인 회사들이다. (Bank of America Corp.와 같은) 금융서비스지주회사, 즉 동일한 모회사가 자회사들의 지분을 보유하고 있기 때문에 자회사들이 연결되어 있다.[15)]

안전성과 건전성 쟁점

상업은행의 증권활동이 상업은행의 안전성과 건전성에 미칠 수 있는 효과와 관련하여 2가지의 중요한 질문이 제기된다. 증권인수는 얼마나 위험한가? 만일 증권자회사에서 손실이 발생하면 이것이 연관된 은행을 도산시킬 수 있는가?

■증권인수의 리스크

증권인수의 리스크를 이해하기 위해 기업증권공모의 구조를 이해해야 한다. **총액인수 (firm commitment offering)**에서 인수자는 발행기업으로부터 증권을 직접 매입하고(말하자면 주당 99달러에 매입) 매입한 증권을 약간 더 높은 가격(말하자면 주당 99.50달러)에 민간 또는 시장에 재공모한다. 인수자의 매입가격(주당 99달러)과 민간공모가격(주당 99.50달러)의 차이는 인수와 관련된 관리 및 배분비용뿐만 아니라 외부투자자들에게 증권을 제공하는데 따른 리스크를 수용하는 것에 대하여 인수자를 보상하는 스프레드이다. 주당 0.50달러의 스프레드를 가지고 있는 주어진 예에서 인수자가 증권인수로부터 얻을 수 있는 최대 수입은 0.50달러 × 발행주식 수이다. 따라서 100만 주가 발행된다면 인수의 최대 총수입은 0.50달러 × 1,000,000 = 50만 달러이다. 일단 공모가 이루어지고 가격이 투자설명서에 제시되면 인수자는 공모기간 동안 가격을 상승시킬 수 없다. 이 예에서 인수자는 시장이 주식의 가치를 더 높게 평가하더라도 주당 99.50달러 이상으로 가격을 상승시킬 수 없다.[16)]

인수의 수익상한(상방수익: upside return)은 일반적으로 제한되나 인수의 손실리스크(하방리스크: downside risk)는 제한되지 않고 매우 클 수 있다. 만일 인수자가 외부 투자자들의 가치평가보다 더 높은 공모가격을 설정하여 공모가격을 과대하게 결정하면 손실리스크가 발생한다. 그 결과 인수자는 공모기간 동안 주식을 판매할 수 없을 것이고 특히 주식재고를 위한 자금이 종종 기업어음 또는 환매조건부채권을 발행하여 조달되기 때문에 판매되지 않은 주식재고를 처분하기 위해 주식가격을 인하하여야만 할 것이다. 주어진 예에서, 만일 인수자가 공모가격을 주당 99달러로 인하해야만 한다면, 이 가격은 발행기업에게

15) 일반적으로 완전겸업모형의 장점은 자원활용의 신축성과 상업은행과 투자은행 업무영역들의 통합이 더 크다는 것이다. 완전겸업모형의 단점은 독점력이 더 크고 잠재적인 이해상충이 더 크다는 것이다.

16) 공모기간은 일반적으로 최대 10영업일이다.

지불되어야 하는 가격이기 때문에 인수의 총수입은 0이 될 것이다. 주당 99달러보다 더 낮은 가격은 손실을 발생시킨다. 예를 들면, 발행주식이 97달러에서만 판매될 수 있다고 하자. 이 경우 인수자의 손실은 2달러×1,000,000주=200만 달러가 될 것이다.

인수자가 큰 손실 또는 큰 타격을 입을 수 있는 많은 이유들이 있다. 첫 번째 이유는 증권에 대한 시장수요를 과대추정하는 것이다. 둘째 이유는 공모가격을 결정하고 민간에게 증권을 판매하는 짧은 기간 동안에 일반적인 증권가치의 큰 하락이 있을 수 있다는 것이다.

▶**총액인수(firm commitment offering)**
발행기업으로부터 제공된 증권이 인수자에 의해 전량 매입된 후 민간에게 재공모되는 것.

■만일 증권자회사에서 인수손실이 발생하면 은행이 파산될 수 있는가?

은행이 증권활동을 할 수 있도록 허용하는 것에 대한 지지자들은 은행자회사가 증권자회사의 리스크문제로부터 충분히 격리되어 있는 한 이 질문에 대한 답은 "아니오"라고 주장한다. 이미 지적한 바와 같이 금융서비스지주회사 구조에서 은행은 법적으로 증권자회사로부터 독립된 회사이다. [그림 16-4]에서 보는 바와 같이 은행자회사와 증권자회사의 연계는 두 회사에 통제지분을 소유하고 있는 지주회사를 통해서 이루어지는 간접적 연계이다. 그러나 이와 같은 간접적 연계조차도 방화벽 또는 규제장벽이 증권회사의 손실에 대하여 은행을 격리시키도록 도입되지 않으면 증권자회사의 손실이 은행의 안전성을 위협할 수 있다는 우려를 제기한다([그림 16-4] 참조).

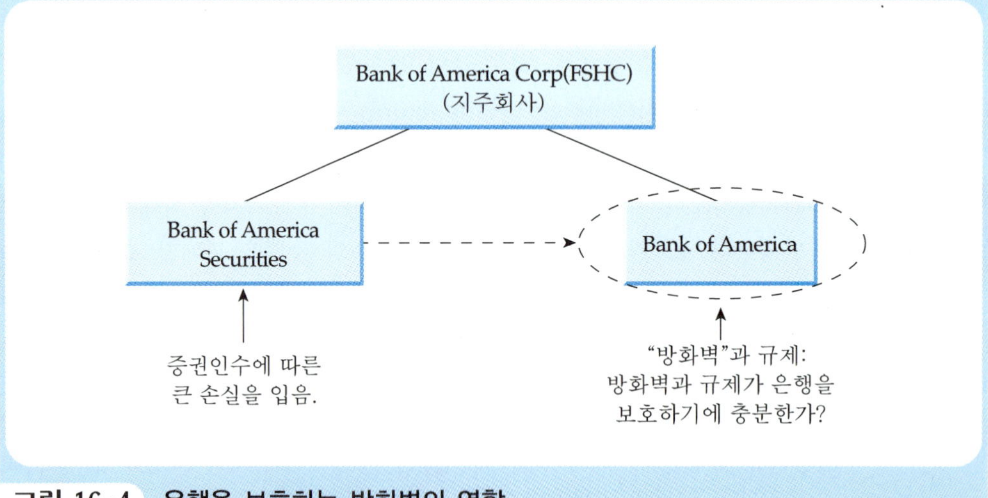

그림 16-4 은행을 보호하는 방화벽의 역할

지주회사 구조에서 은행이 증권자회사의 손실에 의해 손해를 볼 수 있는 적어도 3가지 경로가 존재한다. 첫째, 지주회사는 은행에게 과도한 배당과 수수료를 요구함으로써 은행으로부터 자본과 자금을 인출하려 할 수 있다(이것은 upstreaming이라고 부른다). 이어서 지주회사는 증권자회사를 지급불능상태로부터 보호하기 위해 이 자금을 내려보낼 수 있다(이것은 downstreaming이라고 부른다). 그 결과 은행은 증권자회사 때문에 약해질 수 있다. 현재 연방준비제도는 지주회사 소유자에 대한 은행의 배당 지급을 주의 깊게 감시하고 은행이 적기시정조치(제15장 참조)하에서 부족한 자본을 보유하고 있으면 은행의 배당지급을 제한하여야 한다. 또한 1982년 연방준비제도법(1982 Federal Reserve Act)의 제23B조는 은행이 지주회사에 의해 제공되는 서비스에 대하여 지불할 수 있는 관리 및 기타 수수료 수준을 동일한 서비스에 대하여 시장에 의하여 일반적으로 설정된 수수료 수준으로 제한하고 있다.

은행이 타격을 입을 수 있는 두 번째 경로는 자회사 간 대출을 통해서이다. 예를 들면, 지주회사는 증권자회사가 도산하지 않도록 주어진 대출이 매우 위험이 높더라도 은행이 증권자회사에게 대출을 하도록 유도할 수 있다. 이것을 막기 위해 연방준비제도법은 단일 비은행자회사에 대한 은행대출을 은행자본의 10%로 제한하고 있다. 만일 은행자본이 은행자산의 약 5%이면 단일 비은행 자회사에 대한 대출한도는 은행자산의 0.5%(=0.05×0.1)이다. 1997년 이전에는 은행이 증권자회사에 일체의 대출을 하지 못하게 하는 방화벽이 있었다.[17]

은행이 영향을 받을 수 있는 세 번째 경로는 전염되는 신뢰성 문제(contagious confidence problem)를 통해서이다. 특히 증권자회사의 어려움은 금융서비스 고객들과 투자자들에게 지주회사와 은행자회사의 경영상태에 대하여 부정적인 정보 신호를 보낼 수 있다. 이와 같은 부정적인 정보는 거액예금자들과 투자자들이 제14장에서 살펴본 방법으로 은행으로부터 그들의 돈을 인출할 동기를 만들 수 있다. 일반적으로 그렇게 하는 것처럼 은행과 증권자회사가 유사한 이름과 로고를 공유하고 있다면 이와 같은 예금인출사태가 발생할 가능성이 더 크다.

명백하게도 증권자회사에 의한 큰 손실은 특히 신뢰성 효과를 통하여 관련 은행의 안전성과 지급능력을 위협할 수 있다. 그러나 적어도 2가지의 리스크감소효과가 지주회사 구조에서 증권자회사와 간접적으로 연계되어 있는 은행의 안전성과 건정성을 증가시킬 수 있다. 첫 번째 효과는 **업무영역 분산이익(금융상품 분산이익; product diversification benefit)**이다. 업무영역이 잘 분산된 금융서비스회사(금융서비스지주회사)는 업무영역이 특화된 은행보다 잠재적으로 훨씬 더 안정된 수익과 이익 흐름을 향유할 수 있다. 수요와 비

17) 자회사가 은행에게 자산을 매각하는 것에 대하여도 방화벽이 존재하였다.

용변화가 은행영업과 같은 활동영역의 수익을 감소시킬 때 지주회사의 수익을 증가시키는 상쇄적인 수요와 비용 변화가 증권 또는 보험과 같은 다른 활동영역에서 발생할 수 있다. 지주회사 조직의 지지자들은 지주회사의 보다 안정되고 분산된 수익흐름이 지주회사로 하여금 은행자회사가 충분한 자본보유상태를 유지하도록 하는 힘의 원천으로서의 역할을 할 수 있게 해 주고 은행의 파산리스크를 감소시킨다고 주장한다.

▶**업무영역 분산이익(금융상품 분산이익) (product diversification benefit)**
잘 분산된 금융서비스지주회사로부터 발생되는 수익과 이익의 안정.

학술문헌에서 많은 실증연구들은 부문별 금융회사들 또는 금융산업들의 회계적 수익들 간의 상관계수를 검토하거나 금융회사들의 주식 수익률들 간의 상관계수를 분석함으로써 업무영역의 이득을 평가하였다. 본질적으로 이와 같은 상관계수들이 낮으면 낮을수록 업무활동 분산으로부터의 잠재적 이득이 더 커지고 은행수익흐름의 변동계수(coefficient of variation; COV), 즉 표준편차/평균이 더 작아진다. 기타 연구들은 업무영역분산이 은행의 파산리스크(risk of failure; ROF)에 미치는 잠재적 효과를 평가하고 은행/비은행 합병(mergers; MS)이 은행리스크에 미치는 효과에 대한 모의실험을 수행하였다. 대부분의 연구들은 금융서비스지주회사의 리스크는 업무영역 분산에 의해서 감소될 수 있다는 것을 발견하였다. 그러나 개별적인 비은행 업무영역에 대한 최적 투자비율은 5%에서 25%의 사이이다. 이것은 일부 비은행 업무영역의 과도한 업무확장은 실제로 은행의 총리스크노출을 증가시킬 수 있다는 점을 제시한다.

업무영역분산의 잠재적 리스크감소에 따른 이득에 더하여 지주회사는 수익흐름을 지역적으로 분산시킴으로써 부채와 지분을 조달하는 비용의 지역적 불완전성이 존재할 때 추가적인 리스크감소의 이득을 창출할 수 있다(제17장 참조).

1999년의 금융서비스현대화법은 은행이 증권활동으로 업무영역을 확장할 수 있도록 허용하는 것이 은행시스템의 리스크를 증가시킬 수 있다는 점을 인식하고 명시적으로 새로운 금융서비스지주회사에 대한 규제조항을 포함시켰다. 예를 들면, 이 법은 지주회사의 상위감독당국으로서 연방준비제도의 규제역할과 다양한 자회사들을 "기능적으로" 규제하는 주와 연방차원의 규제당국들의 규제역할을 명료하게 규정함으로써 은행지주회사감독을 합리적으로 정리하였다. 이 법은 연방차원의 은행규제당국들이 새로운 금융활동에 참여하는 은행조직의 건전성 보장 조항을 규정하고 있다. 이법은 어느 주도 은행과 관련되어 있는 사람들에 대하여 불리하게 차별할 수 없다는 기준을 준수하는 조건으로 보험 영업에 대한 주차원의 규제사항을 규정하고 있다. 마지막으로 이 법은 연방예금보험공사가 은행과 저축금융회사의 계열사와 자회사에 대하여 지원하는 것을 금지하고 있다.

규모의 경제와 범위의 경제 이슈

은행의 증권과 기타 비은행 활동확장과 관련된 두 번째 이슈는 규모의 경제와 범위의 경제에 관한 것이다. 금융회사의 규모가 증가함에 따라 금융서비스 생산을 위한 금융회사의 평균비용은 감소될 수 있다. 따라서 규모가 큰 금융서비스지주회사는 규모가 작은 금융회사들보다 규모의 경제 측면에서 우위를 가질 수 있다. 이에 더하여 금융서비스지주회사는 다수의 금융상품들을 생산하면서 투입요소들을 공동으로 사용함으로써 비용감소의 시너지를 창출할 수 있는 범위의 경제를 만들 수 있다.

예를 들면, 한 금융회사가 하나의 금융서비스를 생산하는데 드는 평균비용은 다음과 같이 측정된다고 하자.

$$AC_i = \frac{TC_i}{S_i}$$

AC_i = i번째 금융회사의 평균비용

TC_i = i번째 금융회사의 총비용

S_i = 자산, 예금 또는 대출기준으로 측정되는 i번째 금융회사의 규모

한 금융회사 C의 규모가 확장됨에 따라 이루어지는 중복활동의 통합은 금융회사의 금융서비스 평균생산비용을 [그림 16-5]의 C점, 즉 AC_C까지 낮출 수 있다고 하자. [그림 16-5]에서 최대 규모 (S_C)를 가진 금융회사의 평균생산비용은 규모 S_A를 가지고 있는 금융회사 A의 평균생산비용 AC_A와 규모 S_B를 가지고 있는 금융회사 B의 평균생산비용 AC_B보다 적다. 이것은 금융서비스상품의 가격이 주어져 있다면 금융회사 C가 금융회사 A와 금융회사 B보다 더 많은 이윤을 얻을 수 있다는 것을 의미한다.

이제 X_1과 X_2를 두 개의 금융상품이라고 하고 각 금융상품은 전문생산자인 한 금융회사에 의해 생산된다고 하자. 금융회사 A는 X_1만을 생산하고 금융회사 B는 X_2만을 생산한다. 금융회사 A와 금융회사 B의 평균비용함수는 각각 다음과 같다.

$$AC_A(X_1,\ 0) \qquad AC_B(0,\ X_2)$$

두 금융회사가 합병하고 X_1과 X_2를 공동 생산하여 다음과 같은 평균비용의 관계가 성립되면 범위의 경제(economies of scope)가 존재하게 된다.

$$AC_{A+B}(X_1,\ X_2) < AC_A(X_1,\ 0) + AC_B(0,\ X_2)$$

비용시너지를 통한 공동생산 평균비용은 독자적인 독립 생산에 의한 평균비용의 합보다 적다. 만일 AC_{FS}는 비전문화 금융회사들의 평균비용의 합이고 TAC는 겸업금융회사의 총

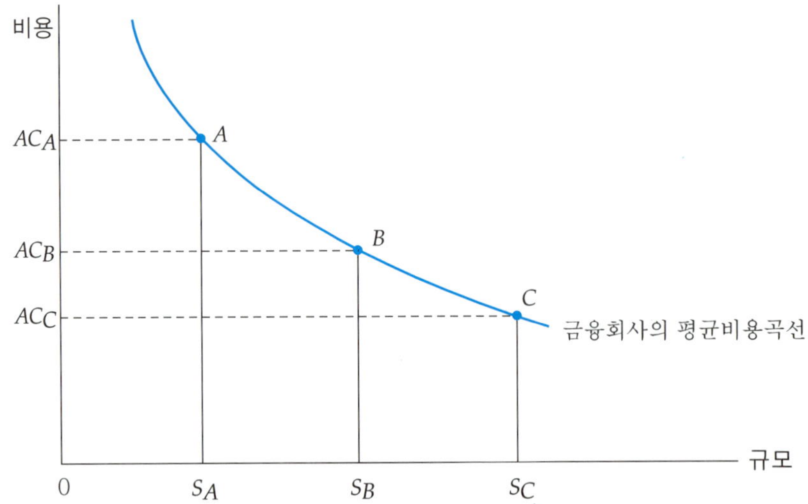

그림 16-5 금융회사의 규모의 경제

평균비용이면, 범위의 경제가 존재한다는 것은 $AC_{FC} > TAC$을 의미한다. 즉 많은 금융서비스들을 공동으로 생산하는 평균비용이 이와 같은 금융서비스들을 독립적으로 생산하는 평균비용들의 합보다 적을 수 있다.

제11장에서 논의한 바와 같이 규모의 경제는 금융회사의 자산규모가 250억 달러까지 나타난다. 그러나 대부분의 연구들은 수익상의 범위의 경제는 대형금융회사들에서 발생할 수 있지만 비용상의 범위의 경제는 무시할 수 있는 정도라는 것을 발견하였다. 논란의 여지는 있지만 1997년 이전에 섹션 20 투자은행 자회사의 은행 간의 금융서비스, 경영활동, 교차마케팅에 관한 제한은 범위의 경제와 관련된 수익 및 비용시너지의 창출을 엄격하게 제한하였다. 그러나 1997년 이후와 특히 1999년 이후 이와 같은 제한이 제거됨에 따라 미국 금융지주회사(FSHC)들은 다양한 업무영역을 겸업하게 됨에 따라 더 큰 범위의 경제를 실현할 수 있게 되었다.[18]

18) 그러나 L. Laeven and R. Levine, "Is There a Diversification Discount in Financial Conglomerates?," *Journal of Financial Economics*, forthcoming,은 다수의 업무영역활동에 참여하는 거대금융회사 내에 심각한 대리인 문제가 존재한다는 것을 발견하고 범위의 경제는 업무영역분산 프리미엄을 생산할 만큼 충분히 크지 않다고 분석하였다.

이해상충 이슈

세 번째 쟁점인 이해상충의 가능성이 은행이 기타 금융서비스 분야로 확장하는 것에 대하여 반대하는 주장의 중심논거이다. 실제로 이해상충에 대한 우려가 1933년에 글래스-스티걸법이 통과되는데 주요 기반을 제공하였다. 제기되는 두 가지의 중요한 질문은 (1) 은행의 증권활동 확장으로부터 발생되는 이해상충과 (2) 잠재적 이해상충을 실제의 이해상충으로 변화시키는 인센티브 구조의 형태에 관한 것이다.

■6가지 잠재적 이해상충

상업은행, 투자은행, 보험회사가 영업활동을 통합할 때 발생하는 이해상충이 2000년대 초에 미국 금융시장에서 현저하게 발생하였다. 투자자 신뢰의 상실뿐만 아니라 몇 건의 유명한 법률위반사건들이 월스트리트와 금융서비스산업을 흔들어 놓았다. 이 절에서는 규제당국과 학자들이 지적하는 6가지의 일반적인 잠재적 이해상충을 논의하도록 하자.

판매원의 이해관계

업무영역통합에 대한 비판자들은 은행이 비은행상품들을 판매하는 권한을 가질 때 은행원들은 더 이상 어떤 상품을 살 것인지에 대하여 고객에게 공정한 권고를 하지 않는다고 주장한다. 그 대신 은행원들은 종종 고객에게 불리하게 은행의 상품을 사도록 밀어붙이는 판매원의 이해관계를 가진다. 예를 들면, 2002년에 Citigroup은 증권규제당국으로부터 조사를 받았다. 증권규제당국은 Citigroup의 주식리서치가 조작되었는지와 기업들과 고위 기업임원들과의 Citigroup의 거래가 Citigroup이 수익성 있는 증권인수계약을 따내는데 불법적으로 도움을 주었는지를 조사하였다. 이와 유사하게 Goldman Sachs는 자신의 통신부문 애널리스트들 중 2명이 작성한 이메일 때문에 조사를 받았다. 이 이메일에서 그들은 주가가 곤두박질치고 있었던 2000년 중반에 투자은행영업상의 고려사항들이 그들이 추천한 많은 통신부문 주식들에 어떻게 영향을 미쳤는지를 솔직하게 논의하였다. 마지막으로 (Credit Suisse First Boston과 같은) 몇 개의 상업/투자은행들이 기업임원들과 이사들이 상업은행영업부서에 기업비즈니스를 제공하도록 유도하기 위해 그들에게 최초공모(IPO)를 배정해 준 것 때문에 고소당하였다.

신탁계정에 밀어넣기

한 은행이 증권인수자로서 활동하고 있으며 이와 같은 증권을 공모할 수 없다고 하자. 잠재적 손실에 노출되는 것을 피하기 위해 이 은행은 이와 같이 원하지 않는 증권을 자체의 신탁부서가 재량적 투자권한을 가지고 관리하고 있는 신탁계정에 밀어넣을 수 있다. 예를 들면, 한 연방판사는 Albriond Capital의 CIO인 자금관리자 Alan Bond를 감옥으로 보냈다. 그는 수익성이 있는 거래를 자기 자신의 중개계좌에 배분하고 손실이 발생하는 거래를 고객의 계좌에 집어넣은 이유로 고소되어 유죄판결을 받았다.

파산리스크의 전이

은행이 신용리스크 또는 파산리스크가 증가한 기업의 대출잔고를 가지고 있다고 가정하자. 이와 같은 사적 정보를 가지고 있는 은행원은 은행의 증권자회사에 의해 인수된 이 기업의 채권을 정보가 부족한 민간에게 발행하도록 권고할 동기를 가질 수 있다. 이와 같은 채권발행에 의해 조달된 자금은 은행대출을 상환하는 데 사용될 수 있다. 그 결과 은행은 차입기업의 신용리스크를 정보가 부족한 외부투자자들에게 전이시키는 반면 증권자회사는 인수수수료를 벌게 된다. 예를 들면, 2002년에 J. P. Morgan Chase와 Citigroup은 Enron과 WorldCom과 같은 유명한 파산기업을 위해 자금공급거래를 한 것 때문에 몇 개의 투자자 소송을 당하였다. 투자자들은 은행들이 대출관계 때문에 파산기업들의 채권을 민간에게 판매할 때 이미 파산기업들의 문제를 알았거나 또는 알았을 것이라고 주장한다.

제3자 대출

증권인수가 잘 진행되도록 하기 위해 은행은 증권자회사가 인수한 증권을 매입하는 묵시적 조건으로 제3자 투자자에게 값싼 대출을 제공할 수 있다.

끼워팔기

은행은 고객들에게 증권자회사가 판매하는 상품을 끼워팔기 위해 대출권한을 사용할 수 있다. 예를 들면, 은행은 증권자회사가 고객의 증권을 인수하도록 동의하지 않으면 신용할당을 하겠다고 고객을 위협할 수 있다. 2000년대 초에 J. P. Morgan Chase는 대출로부터 많은 돈을 벌기를 기대하지 않으면서 통신과 케이블업무 기업들에 돈을 쏟아부었다. 그 대신 J. P. Morgan Chase는 이들 기업들이 제공하게 될 투자은행업무부터 상당한 규모의 보상을 기대하였다.

정보의 이전

대부자로서 활동하는 데 있어서 은행은 증권자회사의 공모증권의 가격을 결정하거나 또는 배분을 도울 수 있는 고객들 또는 경쟁자들에 관한 내부정보를 은밀히 알고 있을 수 있다. 또한 이와 같은 정보는 증권자회사로부터 은행으로 이전될 수 있다. M&A 활동이 신규증권발행과 대출시행과 관련되어 이루어질 때 이와 같은 이해상충이 발생할 가능성이 있다.[19] 이것이 2001년에 Enron의 Dynegy 합병시도에서 중심 자문기관이자 중심 은행으로서 참여한 J. P. Morgan Chase와 Citigroup의 경우였다. 이 두 금융회사들은 큰 자산규모를 가지고 있었고 이 합병에서 대출과 자문 모두를 제공할 수 있는 그들의 능력을 자랑하였다. 그러나 Dynegy가 거래에 대한 충분한 정보를 가지고 있지 못하였다고 말하면서 Enron이 수십 억 달러의 부채를 숨겼고 수 년 동안 과장된 이익을 보고하였다는 것을 알고 합병시도를 철회함에 따라 두 금융회사들은 거래를 성사시킬 권리를 잃었다. Enron은 결국 2001년 12월에 파산을 선언하였고 J. P. Morgan Chase와 Citigroup은 Enron에 대한 대출로 각각 8억 달러와 9억 달러의 손실을 입었다.

■잠재적 이해상충과 실제적 활용

이와 같은 이해상충은 의심할 여지없이 극히 다루기 힘든 일이다. 그러나 특정한 견제와 균형 및 일반적인 견제와 균형이 이와 같은 이해상충의 활용을 제한한다. 이와 같은 이해상충들 중 많은 것이 실제적인 것이라기보다는 잠재적인 것일 수 있다. 특히 끼워팔기 및 제3자 대출과 같은 많은 이행상충들은 은행 규제와 법률에 위반된다.[20] 또한 대부분 은행들에 있는 내부장벽 또는 **차단벽(Chinese wall)**이 고객의 이해와 잠재적으로 상충될 때 내부적 정보이동을 제한한다. 이에 더하여 정보가 부족한 민간에게 발행되는 부채증권의 판매는 미래에 투자자들이 손실을 입게 되면 인수자를 대상으로한 소송이 제기될 수 있다.[21]

보다 일반적으로 이해상충은 세 가지 조건하에서만 이용될 수 있다.

첫째, 은행서비스 시장은 경쟁적이지 못하여 은행들은 대출을 하는데 그들의 고객들에 대하여 독점력을 가진다. 둘째, 고객과 은행 간의 정보흐름이 불완전하거나 또는 비대칭적이어서 은행은 고객에 비해 정보우위를 가진다. 셋째, 은행은 은행의 평판에 대하여 상대적으로 낮은 가치를 부여한다. 이해상충을 활용한 것이 발견되면 상당한 시장 및 규제 벌과금이 부과될 수 있다. 그럼에도 불구하고 위에서 지적한 바와 같이 최근 Nationsbank와 같은 일부 은행들은 이해상충에 해당되는 지나치게 열정적인 판매전략과 불완전한 정보공시 때문에 많은 소송을 당하였다.

▶차단벽(Chinese wall)

부서들 또는 업무영역들 간 고객비밀정보의 흐름을 제한하는 조직 내에 내부적으로 만들어져 있는 장벽.

---

19) L. Allen, J. Jagtian and A. Saunders, "The Role of Bank Advisors in Mergers and Acquisitions," *Journal of Money, Credit and Bnking*, 2004, pp. 197–224는 합병인수 자문기능에서 상업은행의 확인효과(certification effect)가 이해상충효과를 지배한다는 것을 발견하였다.

20) 비자발적 끼워팔기는 클레이튼법(Clayton Act), 셔먼 반독점법(Sherman Antitrust Act), 은행지주회사법(Bank Holding Company Act)하에서 불법이다.

21) 특히 인수자는 신규증권발행 설명서에서 정보를 공시하지 않는 것에 대하여 신의성실의 결여로 제소될 수 있다.

예금보험 이슈

은행의 비은행 활동 확장에 대하여 반대하는 전통적인 주장은 예금보험에 의하여 은행들에게 주어지는 명시적 및 묵시적 보호가 다른 금융서비스회사들보다 은행들에게 경쟁우위를 준다는 것이다(제14장 참조). 예를 들면, 10만 달러까지의 은행예금이 명시적 예금보험에 의하여 보호되기 때문에 은행들은 전통적인 증권회사들이 이용 가능한 것보다 보조금 성격을 가지는 더 낮은 이자율로 자금을 조달할 수 있다. 이것이 은행이 자회사에게 저렴한 대출의 형태로 이와 같은 낮은 비용을 이전시킬 수 있게 할 수 있다. 그러나 금융서비스현대화법이 Merrill Lynch와 같은 금융서비스회사들이 예금보험의 적용을 받는 은행을 설립할 수 있도록 허용하였기 때문에 이와 같은 명시적 보조금으로부터 발생하는 이점은 대체로 없어졌다. 그럼에도 불구하고 전통적인 증권회사들과 비교하여 증권활동을 수행하는 은행에 간접적인 예금보험과 관련된 이점이 여전히 존재할 수 있다. 은행규제당국들이 일부의 대형은행들을 대마불사(too-big-to-fail; TBTF)의 대상으로 여긴다면, 대형 은행들이 증권의 신규발행을 공격적으로 인수하려고 시도하는 것과 같은 과도한 리스크를 선택할 수 있다. 이와 같은 상황은 1990년 2월에 Drexel Burnham Lambert의 파산에서 보는 바와 같이 TBTF의 보증이 존재하지 않는 전통적인 투자은행들의 인수비중을 제한할 수 있다. 결과적으로 TBTF 구제조치가 잠재적으로 존재하는 한 TBTF 보증은 은행들에게 불공정한 경쟁우위를 제공하는 경향을 가진다.

감독규제 이슈

현재 광범위한 비은행 자회사들을 가지고 있는 대부분의 은행지주회사들은 증권활동의 확장으로 인한 이해상충의 남용과 과도한 리스크선택을 감시하고 통제하는 것을 방해할 수 있는 분산되고 중복적인 규제구조에 직면하여 있다. 특히 연방준비제도는 J. P. Morgan Chase와 같은 금융서비스지주회사의 1차적 규제당국이다. 금융서비스지주회사의 은행자회사에 대하여는 연방정부인가은행의 인가자인 통화감독청이 연방준비제도와 연방예금보험공사와 함께 감독규제를 공유한다. 금융서비스지주회사의 증권자회사에 대하여는 연방준비제도가 일부의 감독권한을 가지고 있지만 증권거래위원회가 1차적 규제당국이다. 마찬가지로 은행지주회사가 보험자회사를 운용할 때 연방준비제도는 주 보험당국과 함께 감독책임을 조정한다.

은행지주회사의 감독자로서 연방준비제도의 역할은 통합조직의 운용, 리스크관리시스템, 지주회사와 비은행자회사가 예금금융자회사의 재무적 안정성을 위협하지 않도록 하기 위한 자본적정성을 검토하고 평가하는 것이다. 연방준비제도는 금융서비스지주회사의 상위감독당국이다. 이와 같은 역할을 수행하는데 있어서 연방준비제도는 금융서비스지주회사의 은행, 증권 또는 보험자회사 각각의 감독당국들에 의해 제공되는 정보와 분석에 가능한 최대한도 의존한다. 이와 같은 복잡하고 중복적인 규제구조가 공공정책의 관점에서 효율적인가는 명확하지 않다.[22] 복잡하고 중복적인 규제구조는 관료적 영향력과의 불필요한 싸움뿐만 아니라 감시와 감독 자원의 낭비를 발생시킬 수 있다. 이에 더하여 규제당국들 간의 조정문제들이 특히 경기침체시에 감시와 감독의 효율성을 약화시킬 수 있다. 따라서 은행의 증권활동이 더욱 확대됨에 따라 모든 규제권한을 하나의 단일 규제기관으로 통합시키자는 주장이 제기될 수 있다.[23]

경쟁관련 이슈

마지막 이슈는 은행활동의 확장이 투자은행 업무영역의 경쟁에 미치는 효과에 관한 것이다. 증권인수 분야에서 은행활동의 확장이 경쟁을 촉진할 것이라고 믿게 하는 세 가지의 중요한 이유가 있다. 이 중에서 한 가지 이유는 반대의 현상이 발생하는 이유로도 인용된다. 즉 은행의 확장은 시장집중도와 고객에 대한 상업은행의 독점력 모두를 증가시킬 수도 있다.

■ 경쟁촉진효과

은행의 증권활동 확장이 투자은행 업무영역에서 경쟁촉진효과를 가지게 하는 세 가지 이유는 다음과 같다.

소기업의 자본시장 접근성 증가

대부분의 대형 투자은행들은 뉴욕과 북동부 지역에 본부를 두고 있다. 그 결과 중서부 지역과 남서부 지역에 기반을 두고 있는 미국의 소기업들은 북동부 지역에 있는 소기업들보다 자본시장에 접근하는데 더 어려움을 겪었다. 결과적으로 지역은행들과 초지역은행들이 증권자회사를 통하여 증권인수활동으로 진입하는 것은 잠재적으로 소기업의 자본시장 접근성을 확대시킬 수 있다.[24]

---

22) (Citigroup의 경우처럼) 은행이 보험활동을 하도록 허용하는 경우 연방정부의 은행규제와 주정부의 보험규제 간의 차이를 조정하는 문제가 제기된다.

23) 최근 미국의회에서 규제구조를 개혁하고 정리하려는 많은 시도가 있었음에도 불구하고, 어느 것도 성공하지 못하였다.

24) 이와 같은 주장에 대한 일부 지지증거가 A. Gande, M. Puri, A. Saunders, and I.Walter, "Bank Underwriting of Debt Securities: Modern Evidence," *Review of Financial Studies* 10, No.4, 1997, pp. 1175-1201에 제시되어 있다.

커미션과 수수료의 감소

증권인수활동의 경쟁증가는 인수자의 스프레드를 감소시킨다. 즉 증권인수활동의 경쟁증가는 발행기업에게 지불되는 신규발행증권의 매입가격과 이 증권들이 시장에 재판매되는 공모가격 간의 차이를 감소시킨다. 이것은 잠재적으로 인수자의 매입가격을 상승시킴으로써 신규발행에 의해 조달되는 자금액을 증가시킨다(논란이 야기되었지만 은행이 지방채 인수를 확대하였을 때 이와 같은 효과가 발생하였다). 최근에 투자등급 부채인수의 스프레드는 1986년에 약 78bp에서 2000년에 36bp로 하락하였다. 이와 유사하게 지분인수의 스프레드는 1986년에 334bp에서 1996년에 224bp로 하락하였다. 그러나 2000년대 초에 주가가 하락함에 따라 지준인수의 스프레드는 다시 395bp로 증가하였다. 2000년 중반에 은행의 증권자회사들이 부채 및 지분 신규발행 인수의 약 60%를 점유하였다. 실제로 2006년 처음 3분기 동안에 Citigroup은 최대 경쟁자인 J. P. Morgan Chase보다 많고 1990년대 대부분 동안 최대 부채인수자였던 Merrill Lynch(투자은행)를 크게 능가하는 1,060억 달러의 증권을 인수하여 투자등급 부채인수 산업을 선도하였다. 부채인수 스프레드가 감소한 것은 부분적으로 은행 증권자회사들이 이 시장에 진입하게 되어 발생된 발행증권 인수경쟁의 증가 때문이라는 견해를 지지하는 일부의 실증적 증거가 존재한다.[25)]

신규발행 증권가격의 과소평가정도 감소

증권인수자의 최대 리스크는 발행증권의 시장가치와 비교하여 상대적으로 너무 높게 가격을 설정하는 것이다. 즉 인수자는 신규발행증권의 가격을 과다하게 설정할 때 손실을 보게 될 처지에 놓인다. 이러한 이유로 인수자는 거래가 시작되면 유통시장에서 결정되는 증권가격(P)보다 낮게 공모가격(public offer price; OP)을 설정함으로써 신규발행 증권가격을 낮게 설정해야 할 인센티브를 가진다. 이것이 고정된 인수 스프레드에 영향을 미치지 않고 신규발행증권을 매각하여 소진시킬 확률을 증가시키기 때문에 투자은행은 신규발행 증권가격을 과소하게 설정함으로써 이익을 얻고자 한다. 즉 93달러의 매입가격과 93.50달러의 공모가격에 따른 0.50달러의 스프레드는 97달러의 매입가격과 97.50달러의 공모가격에 따른 0.50달러의 스프레드와 마찬가지로 인수자에게 동일한 총수입을 발생시킨다. 중요한 차이점은 더 낮은 공모가격(예를 들어 97.50달러보다 93.50달러)은 증권에 대한 투자자들의 수요와 민간에게 신속하게 전체 발행증권을 판매할 확률을 증가시킨다는 것이다. 인수자와 외부투자자 모두는 낮은 가격으로부터 이익을 얻을 수 있다. 그러나 증권을 발행하는 기업은 공모가격이 보다 더 정확한 시장가치를 반영하여 더 높게 설정되는 경우보다 더 적

25) A. Gande, M. Puri, and A. Saunders, "Bank Entry, Competition and the Market for Corporate Securities Underwriting," *Journal of Financial Economics* 54 (1999), pp. 165–95와 "Banks Push into Securities Squeezes Fees," *The Wall Street Journal*, December 16, 1997 참조.

은 자금을 조달하게 되기 때문에 손해를 보게 된다. 주어진 예에서 발행자는 주당 97달러가 아닌 93달러만을 받는다. 결과적으로 신규발행 증권가격의 과소설정은 발행기업이 부담하여야 하는 증권발행의 추가비용이다. 미국의 신규발행 또는 **최초공모(initial public offering; IPO)** 가격이 과소하게 설정되었는가에 대한 대부분의 실증연구는 최초공모가격이 표본과 분석기간에 따라 다르기는 하지만 8%에서 48%의 범위에서 과소하게 설정되었다는 것을 발견하였다. 이와 대조적으로 **2차발행(secondary issues)** 증권가격은 3% 이하로 과소하게 설정되는 경향을 가진다.

만일 IPO가격 과소설정의 주요 원인이 기존 투자은행 간의 경쟁부족이라면 은행의 진입과 경쟁의 증가는 IPO가격 과소설정의 정도를 감소시키고 기업의 신규발행자금을 증가시킬 것이다. 그럼에도 불구하고 많은 경제학자들은 독점력이 신규발행 증권가격 과소설정의 주요 이유가 아니라고 주장한다. 그들의 견해에 의하면 신규발행 증권가격의 과소설정은 정보불완전성에 대하여 투자자와 투자은행에게 지불되어야 하는 리스크프리미엄을 반영한다. 즉 신규발행 증권가격의 과소설정은 증권과 자산의 진정한 질적 내용을 보다 잘 아는 발행자들이 소유한 정보우위에 대한 리스크프리미엄이다. 만일 이것이 사실이면 은행의 증권인수활동 진입은 발행자들과 투자자들 간의 정보불완전성 정도를 감소시키는 정도만큼 증권발행가격의 과소설정 정도를 감소시킬 수 있다. 위임감시자(delegated monitor)로서의 은행의 특별한 역할이 있는 경우 이와 같은 일이 적정하게 발생할 수 있을 것으로 예상된다(제1장 참조).

■반경쟁효과

은행의 증권활동 진입은 단기적으로 경쟁촉진적일 수 있는 반면 장기적으로 반경쟁 행위가 될 가능성에 대한 상당한 우려가 여전히 존재한다. 자본 또는 자산으로 측정하는 경우 대형은행들은 대형증권회사들 또는 대형보험회사들보다 몇 배 더 크다(〈표 16-1〉 참조). 대형은행들은 전통적인 투자은행들을 시장에서 몰아 내기 위해 단기에 공격적으로 경쟁할 수 있다. 만일 이 일이 성공하면 대형은행들은 과점적 지위를 확보할 것이고 시장집중도는 증가할 수 있으며 장기적으로 투자은행서비스의 가격은 하락하기보다는 상승할 수 있다. 이와 같은 장기적 결과는 단기의 경쟁촉진에 의한 이익을 능가할 수 있다.[26]

---

26) 독일의 회사채 시장이 완만하게 발전하는 것에 대한 하나의 가능한 이유는 독일 겸업은행들이 기업부채에 대한 독점력을 보유하기를 원하기 때문이다. 이와 같은 일은 채권발행보다는 기업대출을 통하여 가장 잘 이루어질 수 있다.

▶ **최초공모(initial public offering ; IPO)**

인수자를 통한 기업지분 또는 부채증권의 최초공모.

▶ **2차발행(secondary issues)**

증권이 이미 시장에서 거래되는 기업의 지분 또는 부채증권의 신규발행.

개념질문

1. 은행이 증권활동, 보험활동, 상업활동으로 확장하는 것과 관련하여 제기될 수 있는 쟁점들은 무엇인가?
2. 증권의 총액인수는 자산에 대한 풋옵션을 인수하는 것과 어떻게 유사한지 설명하라.
3. 지주회사구조에서 증권자회사의 손실이 은행에게 전달될 수 있는 세 가지 경로를 설명하라.
4. 이 절에서 논의한 6가지의 잠재적 이해상충에 더하여 당신은 상업은행이 투자은행활동을 할 수 있도록 허용될 때 발생할 수 있는 어떤·추가적인 이해상충들이 있을 것이라고 생각하는가?
5. 은행의 증권활동 확장을 지지하는데 인용되는 세 가지의 잠재적인 경쟁촉진효과들은 무엇인가? 이와 반대되는 주장(말하자면 은행의 증권활동 확장은 경쟁을 증가시키지 않을 것이다)을 지지하기 위해 어떤 이유가 제시되는가?

요 약

전통적으로 미국 금융시스템 구조는 업무영역의 분할에 기초하여 형성되었다. 대부분의 다른 국가들과 달리 1999년까지 상업은행활동, 투자은행활동, 보험활동은 1933년의 글래스-스티걸법과 1956년의 은행지주회사법과 같은 몇 가지 법들에 의해 분리되었다. 이와 같은 업무영역확장에 대한 제한은 상당한 비용을 발생시켰다. 가장 중요한 것이 비용 및 수익 시너지의 창출 가능성으로부터 발생하는 이익뿐만 아니라 업무지역 및 업무영역 분산으로부터 발생하는 잠재적 리스크감소에 의한 이익의 상실이다. 그러나 이해상충, 안전성과 건전성, 경쟁, 감독규제와 관련하여 일단의 중요한 공공정책 또는 사회적 후생에 대한 우려가 존재한다. 그럼에도 불구하고 최근에 1999년의 금융서비스현대화법으로 금융서비스 거대기업화에 대한 많은 규제장벽들이 극적으로 붕괴되었다. 이 법은 은행활동, 증권인수, 보험활동에 참여할 수 있는 금융서비스지주회사의 설립을 허용하였다. 그 결과 미국 금융시스템은 급속하게 "겸업은행" 시스템으로 이행하고 있다. 이와 같은 금융시스템에서 수입과 비용 시너지를 극대화하고 분산을 통하여 리스크를 감소시킬 목적으로 대형겸업금융서비스회사들에 의한 은행상품, 보험상품, 증권상품의 교차판매가 점차 증가하고 있다.

연습문제

1. 업무영역의 분할이 금융회사의 리스크를 어떻게 감소시키는가? 업무영역의 분할이 금융회사의 리스크를 어떻게 증가시키는가?
2. 금융회사들은 상업은행들에 부과된 업무영역분산에 대한 제한을 어떤 방식으로 이용하는가?
3. 업무영역의 분할이 금융회사의 수익성을 어떻게 감소시키는가? 업무영역의 분할이 금융회사의 수익성을 어떻게 증가시키는가?
4. 글래스-스티걸법(Glass-Steagall Act)은 상업은행활동과 투자은행활동에 관하여 어떤 일반적인 제한을 부과하였는가? 어떤 투자은행 활동들이 미국 상업은행들에게 허용되었는가?
5. 글래스-스티걸법에 의해 허용된 것 이외의 투자은행활동들을 덜 매력적으로 만들었던 어떤 제한들이 미국 상업은행들의 섹션 20 자회사들에게 부과되었는가?
6. 한 대형 미국은행의 섹션 20 자회사가 기업증권을 인수할 것을 계획하고 있으며 500만 달러의 수입 창출을 예상하고 있다. 은행은 현재 미국 재무부채권과 일반채무지방채를 인수하고 있으며 연간 4,000만 달러의 수수료를 벌고 있다. 은행은 섹션 20 자회사의 수입창출을 규제하는 법을 준수하고 있는가? 1999년 이전에 어떤 법들이 적용되었는가?
7. 1999년의 금융서비스현대화법(Financial Services Modernization Act of 1999)은 섹션 20 활동들의 전략적 실행에 어떤 영향을 미칠 것인지를 일반적으로 설명하라.
8. 1982년의 간-세인트 저메인법과 몇 개의 후속 은행법들은 명확하게 은행과 보험회사의 분리를 확립하였다. 이와 같은 분리의 이유들은 무엇인가?
9. 1997년 이전에 상업은행들에게 허용된 보험상품들은 어떤 종류들인가? 1999년의 금융서비스현대화법은 이것을 어떻게 변화시켰는가?
10. 비은행기업들은 1956년의 은행지주회사법(Bank Holding Company Act of 1956)의 허점을 어떻게 이용하여 은행활동들에 참여하였는가? 어떤 법이 이와 같은 허점을 봉쇄하였는가? 보험회사들은 어떻게 이 법을 우회하였는가?
11. 1999년의 금융서비스현대화법(FSMA)는 은행이 비금융회사의 통제가능 지분을 보유하는 것을 허용하고 있다. 이와 같은 소유권에 대한 두 가지 제한 사항은 무엇인가?
12. 1999년의 금융서비스현대화법(FSMA)에 의해 규정된 금융서비스지주회사의 구조에 대한 제한사항들은 무엇인가?
13. 총액인수(firm commitment offering)와 최선노력인수(best-efforts underwriting)가 리스크측면에서 가지는 차이는 무엇인가?
14. 한 금융회사가 100만 주의 Ultrasonic Inc. 주식 판매를 인수하고 6.00달러-6.50달러의 매입-매도 가격을 호가하고 있다.
    a. 총액인수방법이 증권을 인수하기 위해 사용되면 금융회사가 획득하는 수수료는 얼마인가?
    b. 금융회사가 최선노력인수방법을 사용하고 50bp의 커미션이 부과되면 수수료는 얼마인가?
    c. 금융회사가 총액인수방법을 사용하면서 5.50달러에 주식을 판매한다면 당신의 답은 어떻게 영향을 받는가? 최선노력인수의 커미션은 여전히 50bp이다.
15. 매입가격이 12.45달러이고 공모가격이 12.60달러일 때 1,200만 달러의 주식발행에 대한 최선노

력인수계약과 총액인수계약 모두의 경우 최대로 가능한 인수자의 수수료는 얼마인가? 최대로 가능한 인수자의 손실은 얼마인가? 최선노력인수 커미션은 75bp이다.

16. 한 섹션 20 자회사가 한 고객을 위한 부채발행을 인수하는데 동의하고 있다. 은행자회사는 10만 주의 주식발행에 대하여 총액인수를 제안하였다. 은행자회사는 발행일에 고객들에게 97달러-97.50달러의 매입-매도 스프레드를 호가하고 있다.

a. 모든 발행주식이 판매되면 창출되는 총인수수수료는 얼마인가? 만일 발행주식의 60%만이 판매되면 창출되는 총인수수수료는 얼마인가?

b. 발행주식의 60%만이 발행일에 판매될 가능성을 선택하는 대신, 은행자회사는 발행회사에게 95달러의 가격을 제안한다. 은행자회사는 95달러-95.40달러의 매입-매도 스프레드를 호가하면 발행주식의 100%를 판매할 수 있을 것으로 예상한다. 은행자회사의 관점에서 처음의 호가하에서 97달러의 매입가격으로 나머지 발행주식의 40%를 판매할 수 있을 것으로 예상하면 어떤 가격이 더 좋은가?

17. 총액인수의 수익상한(상방수익)이 손실리스크와 대칭적이지 않은 이유는 무엇인가?

18. 지주회사의 조직형태에서 증권자회사의 파산이 은행에 부정적으로 영향을 미칠 수 있는 세 가지 경로는 무엇인가? 연방준비제도는 이와 같은 상황에서 은행과 자회사간의 방화벽이 붕괴되는 것을 막기 위해 어떻게 하고 있는가?

19. 증권자회사의 파산 또는 많은 다른 형태의 금융경색으로부터 발생하는 은행의 안전성과 건전성에 미치는 리스크를 감소시키기 위한 두 가지의 운영전략은 무엇인가?

20. 업무영역의 분산이 은행의 파산위험에 미치는 영향에 대하여 실증연구들은 무엇을 발견하였는가?

21. 은행의 업무영역분산은 규모의 경제와 범위의 경제를 이용하는 은행의 능력에 어떤 역할을 하는가? 무엇이 잠재적으로 더 큰 이익을 창출하는데 제한이 되고 있는가?

22. 은행의 권한이 기타 금융서비스 영역으로 확장되는 것에 대한 잠재적 장애물로서 지적되는 여섯 가지의 이해상충은 무엇인가?

23. 금융회사가 기타 금융서비스 영역으로의 업무영역확장에서 발생하는 이해상충을 이용할 가능성을 감소시키는 법적 조건, 제도적 조건, 시장조건은 무엇인가?

24. 어떤 상황하에서 예금보험의 존재가 기타 전통적인 증권회사들과 경쟁하는데 있어서 상업은행들에게 이점을 부여할 수 있는가?

25. 현재의 규제구조는 어떤 방법으로 은행산업에게 추가적인 증권활동권한을 부여하는 것에 대하여 반대하는가? 이와 같은 이슈가 은행들에게 중요한가?

26. 은행들이 보다 충분하게 증권인수활동에 참여하는 것을 허용하는 것이 가지는 잠재적 경쟁촉진 효과는 무엇인가? 은행들이 증권인수활동에 참여하는 것은 반경쟁적이라는 주장의 내용은 무엇인가?

Web을 활용하는 질문

27. Board of Governors of the Federal Reserve의 웹사이트 *www.federalreserve.gov*에 들어가서 두 대형미국상업은행지주회사의 조직구조에 관한 파일을 다운로드하고 두 대형 미국 상업은행지주회사의 조직구조를 비교해 보라.

관련 웹사이트

기관명	웹사이트
Credit Suisse Group	www.credit-suisse.com
Board of Governors of the Federal Reserve	www.federalreserve.gov
Federal Deposit Insurance Corporation	www.fdic.gov
Office of the Comptroller of the Currency	www.occ.treas.gov
Securities and Exchange Commission	www.sec.gov

부록 16A EU와 G-10 국가들의 은행활동, 증권활동, 보험활동의 겸업과 은행활동과 상업활동의 겸업에 대한 규제내용

*www.mhhe.com/saunders6e*에 들어가서 EU와 G-10 국가들의 은행활동, 증권활동, 보험활동의 겸업과 은행활동과 상업활동의 겸업에 대한 규제내용을 살펴보라.

제 17 장

영업지역확장

17.1 서 론

업무영역의 확장(제16장 참조)이 금융회사의 리스크를 감소시키고 수익을 증가시키게 할 수 있는 것처럼 영업지역의 확장도 유사한 효과를 제공할 수 있다. 영업지역의 확장은 다양한 차원에서 살펴볼 수 있는데 한 주 또는 한 지역 내에서 이루어지는 국내에서의 확장일 수 있고 또는 해외시장에 참여하는 국제적 확장일 수 있다. 영업지역의 확장은 또한 새로운 사무실 또는 지점을 개설하거나 또는 다른 금융회사를 인수함으로써 실현될 수 있다. 이번 장은 특히 합병과 인수를 통하여 국내 및 국제적으로 영업지역을 확장할 때 금융회사에게 발생되는 잠재적 이익과 비용을 살펴본다. 특히 그러한 확장으로 인한 수익률-리스크상의 장단점을 살펴본다. 이에 더하여 이번 장에서는 영업지역의 확장에 영향을 주는 기타 시장요인들과 기업 고유요인들, 그리고 비용 및 수입 시너지에 대한 연구결과를 제시한다.

17.2 국내 영업지역의 확장

국내에서 영업지역을 확장할 수 있는 미국 금융회사의 능력은 역사적으로 규제에 의해 제한되었다. 이와는 달리 General Motors, IBM, Sears와 같은 일반기업들이 미국 내에서 새로운 사무소, 공장 또는 지점을 설치하는 것을 금지하는 특별한 규제는 없다. 일반기업이 은행이 아닌 다른 기업들을 인수하는 것을 금지하는 법도 없다. 증권회사와 보험회사는 영업지역을 국내에서 확장하는데 상대적으로 거의 규제를 받지 않는 반면, 기타 금융회사들, 특히 은행들은 복잡하고 변화무쌍한 여러 종류의 법규와 규제에 직면해 왔다. 이와 같은 규제는 금융회사의 영업지역확장을 금지하지만, 반면에 금융회사의 수익을 증가시킬 수 있는 잠재적 기회를 제공할 수 있다. 특히 규제로 인해 독점적 이득을 지니는 일부 비경쟁적인 시장이 형성되어 신규진입자들이 이용할 수도 있다. 따라서 규제는 대부분의 혁신적인 금융회사들에게 비용뿐만 아니라 수익기회를 제공할 수 있다. 그 결과 규제는 영업지역의 확장을 금지하기도 하고 영업지역의 확장에 참여할 동기를 새로 창출하기도 한다.[1)]

이에 더하여 일반기업의 확장과 인수의 의사결정에 영향을 미치는 경제적 요인들은 금융회사의 의사결정에도 영향을 줄 수 있다. 이 중 2가지 중요한 요인은 비용 및 수입시너지와 피인수기업 종업원들의 특수한 기술이나 피인수기업이 속한 시장같은 기업/시장 고유요인이다. 따라서 인수, 지점설치, 또는 새로운 사무실 개설을 통한 지역적 확장의 매력은 넓은 의미에서 다음과 같은 요인들에 의해 결정된다.

1. 규제
2. 비용시너지와 수입시너지
3. 기업 고유요인과 시장 고유요인

먼저 첫 번째 요인인 규제가 미국 금융회사의 영업지역확장에 관한 의사결정에 어떻게 영향을 미치는지를 살펴보자. 특히 보험회사와 저축금융회사에 적용되는 제한사항들을 간략히 논의하고 이어서 상업은행에 영향을 주는 규제들을 보다 상세하게 살펴보기로 한다.

1) E. Kane은 이와 같은 규제와 동기의 상호작용을 규제적 변증법(regulatory dialectic)이라고 불렀다. E. Kane, "Accelerating Inflation, Technological Innovation, and the Decreasing Effectiveness of Banking Regulation," *Journal of Finance* 36 (1981), pp. 335–367 참조. 동일한 상품영역에 있는 기업들을 포함하는 지리적 시장확장형태의 영업지역확장은 넓은 의미의 수평적 합병(horizontal merger)에 속한다.

개념질문

1. 규제는 왜 금융회사가 영업지역확장에 참여하는 것을 금지하기도 하고 반대로 참여할 인센티브를 제공하기도 하는지 설명하라.
2. 금융회사가 영업지역 확장을 선호하게 만드는 세 가지 기본 요인들은 무엇인가?

17.3 영업지역의 확장에 영향을 주는 규제요인

보험회사

보험회사는 주정부가 규제하는 금융회사이다. 보험회사는 한 주에 자회사를 설립함으로써 일반적으로 이 주의 어느 곳에서든 보험을 판매하고 텔레마케팅과 직접판매를 통하여 전국적으로 보험상품을 판매할 수 있는 기회를 가진다. 그러나 금융서비스를 효과적으로 제공하기 위해서는 지역시장에 물리적으로 존재할 필요가 있다. 이와 같은 일을 하기 위해 보험회사는 다른 주들 내에 자회사와 영업소를 설립한다. 새로운 자회사를 설립하는데 따른 초기 자본규제는 주정부 규제당국들에 의해 상대적으로 낮은 수준에서 결정되기 때문에 이와 같은 일은 일반적으로 쉽다. 따라서 대부분의 대형 보험회사들은 실제로 거의 모든 주에서 자회사나 영업소를 가지고 있다.

저축금융회사

특정 주 내에서 또는 여러 주에 걸쳐 지점을 설치하거나 또는 지역적으로 확장할 수 있는 저축금융회사의 능력은 1989년까지 연방주택대출은행이사회(Federal Home Loan Bank Board)의 권한하에 있었다. 1989년 이후 저축금융회사의 지점설치는 1989년의 FIRREA에 의해 저축기관감독청(Office of Thrift Supervision; OTS)의 권한이 되었다(제14장 참조). 역사적으로 연방정부가 인가한 저축금융회사는 주 경계선을 넘어서 지점을 설치할 수 없었으나 1980년대에 이와 같은 규제가 상당히 완화되는 일이 발생하였다. 1982년의 Garn-St. Germain법과 1989년의 금융기관복구개혁법(Financial Institutions Reform, Recovery, and Enforcement Act(FIRREA of 1989)은 건전한 은행들과 저축금융회사들이 주 경계선을 넘어서 부실 저축금융회사들을 인수하여 독립적인 자회사 또는 지점으로 전환시킬 수 있도록 허용하였다. 마지막으로 1992년에 OTS는 모든 연방정부인가 저축금융회사들의 주간 지점설치를 허용할 것이라고 발표하였다. 1993년에 이르러서는 주간 저축금융회사들은 모든 저축금융회사 자산의 25%를 차지하였고 주 경계선을 넘어 1,200개 이상의 지점을 설치하였다. 2006년까지 600개 이상의 저축금융회사들이 2개 이상의 주에서 지점을 보유하게 되었다.

상업은행

■주내에서의 은행활동에 대한 제한

20세기 초 대부분의 미국 은행들은 하나의 영업소만을 가지고 있는 **단점은행(unit bank)** 이었다. 통신수단의 발달과 고객의 필요 때문에 20세기 초기 20년 동안에는 지점설치 러쉬 현상이 발생하였다. 이와 같은 움직임은 점차 소형 단점은행들과 대형 머니센터은행들의 반대에 부딪혔다. 소형 단점은행들은 소매영업분야에서 지점설치은행들로부터의 경쟁위협을 느꼈다. 머니센터은행들은 수표청산과 기타 지급결제서비스와 같은 가치 있는 코레스영업의 상실을 두려워하였다. 그 결과 일부 주에서는 은행들이 주내에서 지점을 설치하는 것을 제한하였다. 실제로 일부 주에서는 은행들을 단점은행으로 제한하기 위해 은행의 주내 지점설치 자체를 금지시켰다. 오랜 시간에 걸쳐 매우 조금씩 주내의 지점설치에 대한 제한이 자유화되었다. 〈표 17-1〉에서 보는 바와 같이(Riegle-Neal법의 통과 이전인 1994년까지 한 개의 주(아이오와주)만이 주내 은행활동에 대한 규제를 완화하지 않았다.

▶**단점은행(unit bank)**
하나의 영업소를 가지고 있는 은행.

■주간의 은행활동에 대한 제한

1997년까지 주간 지점설치에 결정적으로 영향을 준 법은 1927년에 통과되었고 1933년에 수정되었던 McFadden법이었다. McFadden법과 관련 수정조항들은 연방정부 인가은행들의 지점설치를 주정부 인가은행들에게 허용된 것과 같은 정도로 제한하였다. 주정부들은 일반적으로 주정부 인가은행들의 주간 은행활동을 금지하였기 때문에 이와 유사하게 연방정부 인가은행들의 주간 은행활동도 금지되었다.[2)]

1927년과 1997년 사이에 McFadden법에 의해 주간 지점설치가 금지되었기 때문에 주 경계선을 넘어서 확장하는 은행은 주로 지점보다는 자회사의 설립에 의존하였다. 일부 대형은행들은 이러한 목적으로 **복수은행지주회사(multibank holding company; MBHC)**를

2) 연방정부 인가은행의 1차적 규제당국은 이 법이 통과될 때까지 주 내에서조차 연방정부 인가은행의 지점설치를 제한하였기 때문에, 전통적인 견해와는 달리 McFadden법은 실제로 연방정부 인가은행의 영업지역확장 권한을 확대시켰다고 주장할 수 있다.

설립하였다. MBHC는 2개 이상의 은행들을 직접적 자회사로 소유하고 있는 모회사이다. MBHC는 20세기 초에도 있었지만 주간 지점설치에 관한 1927년 McFadden법에 의한 주간 지점설치 제한 때문에 은행인수활동이 활발해졌었다. 1956년까지 47개의 복수은행지주회사들이 설립되었고, 이들 중 많은 지주회사들이 2개 이상의 주에 걸쳐 은행들을 소유하였다.[3)]

▶**복수은행지주회사(multibank holding company)**
다수의 개별 은행자회사들을 소유하고 있는 모은행조직.

1956년에 미국 의회는 MBHC 설립에 의해 제기된 주간 지점설치에 대한 허점을 인식하고 은행지주회사법의 Douglas 수정조항(Douglas Amendment to the Bank Holding Company Act)을 통과시켰다. 이 법은 MBHC가 인수은행이 속한 주의 법에 의해 허용되는 만큼만 은행자회사를 인수하도록 했다. 주정부들은 타 주의 은행 인수를 금지하였기 때문에 이 법은 지역은행협약(regional banking pacts)이 등장되기까지 MBHC의 설립증가를 억제하였다. 1956년 이전에 설립된 타 주에 있는 자회사들을 가지고 있는 MBHC들은 조부조항으로 인정되었다. 즉 MBHC들은 타 주에 있는 자회사들을 그대로 유지하도록 허용되었다. 한 가지 예가 First Interstate였다.

1956년 Douglas 수정조항은 모든 주간 은행활동에 관한 허점들을 보충하지 못했다. 이 수정조항은 MBHC의 인수활동과 관련되어 있었기 때문에 **단일은행지주회사(one-bank holding company ; OBHC)**의 지리적 확장 가능성은 여전히 존재하였다. OBHC는 1개의 은행자회사와 다수의 기타 비은행자회사들을 가지고 있는 모은행지주회사이다. 주 경계선을 넘어 소비자금융, 리스, 데이터처리와 같은 금융서비스들을 판매하는 다양한 비은행자회사들을 설립함으로써 단일은행지주회사는 타 주에서 은행활동을 수행할 수 있었다. 그러나 이와 같은 방법으로 주간 은행활동을 하는 것은 직접 지점을 설치하거나 또는 종합서비스 자회사들을 설립하는 것보다 훨씬 비용이 많이 든다. 그럼에도 불구하고 단일은행지주회사들의 영업지역확장은 Kane이 말하는 규제적 변증법, 즉 순이익을 창출한다고 은행들이 믿는 영업지역확장의 한 방법을 억제하면 은행들은 다른 허점을 이용한다는 것의 좋은 예이다.[4)] 관련 은행이 있는 주내와 주 경계선을 넘어서 다양한 금융자회사들과 비금융자회사들을 가지고 있는 OBHC의 수는 1956년에 117개에서 1970년에 1,318개로 크게 성장하였다. 예를 들면, 일부 OBHC들은 수퍼마켓 체인과 철도에 대한 소유권도 보유하였다.

---

3) 1990년에 이르러서는 지역은행협약(regional banking pacts)으로 더욱 성장한 157개의 주간 복수은행지주회사들이 존재하였다.

4) E. Kane, "Accelerating Inflation, Technological Innovation and the Decreasing Effectiveness of Banking Regulation," *Journal of Finance* 36 (1981), pp. 335-367 참조.

1970년에 미국 의회는 은행들이 주간 은행활동 제한에 대한 다른 허점을 창의적으로 이용하였다는 것을 인식하고 다시 법을 개정하였다. 1970년의 은행지주회사법 수정조항(1970 Bank Holding Company Act Amendments)은 OBHC가 참여할 수 있는 비은행 활동들을 이 법 제4(*c*)(8)조하에서 연방준비제도에 의해 정의된 "은행활동에 밀접히 관련된" 활동들로 제한하였다. 이에 더하여 1970년 이후의 비은행자회사들의 인수는 연방준비제도의 승인을 받도록 만들었다. 이 법은 처음에 소비자금융과 신용카드를 포함하여 6가지의 비은행 활동들만을 허용하였다. 더욱이 은행활동에 밀접히 관련되어 있지 않은 활동에 참여하는 자회사들은 1980년까지 처분되어야 했다. 따라서 1970년과 은행지주회사 수정조항의 통과 시점이 아마도 미국에서 주간 은행활동이 가장 저조한 시기였을 것이다. 이 시기 이후 5가지의 진전사항들은 주간 은행활동 제한을 실제적으로 완화시키는 결과를 초래하였다. 이제 이와 같은 진전사항들에 대하여 살펴보자.

▶**단일은행지주회사(one-bank holding company)**
1개의 은행자회사와 비은행자회사들을 소유하고 있는 모은행조직.

지역은행협약과 전국은행협약. 메인주는 1956년의 Douglas 수정조항에 있는 허점을 이용한 법을 통과시킴으로써 1978년 주간 은행활동 제한을 없애는 첫 조치를 취하였다. 이와 같은 허점은 Douglas법이 피인수은행이 속한 주에서 직접적으로 인수가 허용되지 않으면 주 경계선을 넘어서 그 은행을 인수하는 것을 금지하였기 때문에 발생하였다. 금융산업의 고용과 성장을 증가시키기 위해 메인주는 메인주의 은행들이 타 주들에 있는 은행들의 인수에 참여할 수 없을지라도 타 주의 은행들이 메인주의 지역은행들을 인수하는 것을 허용하는 법을 통과시켰다. 이와 같은 비상호적인 은행인수법은 타 주의 은행지주회사들이 메인주 은행자산을 급격하게 안수하는 결과를 발생시켰다. 실제로 1988년까지 메인주에 있는 은행자산의 85%가 Citicorp(현재 Citigroup)와 같은 타 주의 은행조직에 의해 소유되었다.

1980년대 초에 뉴잉글랜드 지역에 있는 다른 주들이 자신들의 **지역은행협약(regional banking pact)** 또는 **주간 은행협약(interstate banking pact)**를 입법화함으로써 메인주의 예를 따르고자 하였다. 그러나 이 법들은 특정한 지리적 지역(뉴잉글랜드 지역)의 은행들에게만 인수를 통한 은행시장 진입을 허용하였다는 점에서 더 제한적이었다. 특히 뉴욕과 캘리포니아 지역은행들에 의한 인수는 일반적으로 금지되었다. 커네티컷주의 제한법이 뉴욕에 기반을 둔 Citicorp에 의해 1984년 그 적법성에 대한 소송이 제기된 후 미국 대법원에 의해 적법하다고 확인될 때까지 지역은행협약의 적법성에 대한 우려는 계속되었다.

1994년에 이르러서 하와이주를 제외한 모든 주들은 주간 은행법 또는 주간 은행협약을 통과시켰다. 일반적으로 주간 은행법에는 3가지의 형태가 있었다.

전국적용형(nationwide(N)). 이 법은 인수자가 있는 주가 인수대상이 있는 주의 은행들에게 유사한 인수권한을 부여하지 않았더라도 타 주의 은행인수를 허용하였다.

전국상호주의형(nationwide reciprocal(NR)). 인수자가 있는 주가 인수대상이 있는 주의 다른 은행들로 하여금 인수에 참여하는 것을 허용하는 경우 타 주의 은행에게도 은행인수를 허용하였다. 뉴욕주와 캘리포니아주같이 은행자산의 집중도가 높은 주들은 이와 같은 법을 가지고 있었다.

지역상호주의형(regional reciprocal(RR)). 상호주의가 존재하는 한, 즉 자기 주 은행들이 지역협약을 맺은 다른 주들의 은행을 인수할 수 있고, 그 반대도 성립하는 한, 지역그룹을 형성한 주들의 은행들이 특정 주의 은행을 인수하는 것이 허용되었다. 예를 들면, 위스컨신주의 지역상호주의법은, 이들 주들이 시장에서 위스컨신주의 은행들이 인수활동에 참여하는 것을 허용하는 경우 아이오와, 일리노이, 인디애나, 켄터키, 미시간, 미네소타, 미주리, 오하이오주들의 은행들이 인수활동에 참여하는 것을 허용하였다.

〈표 17-1〉는 1994년의 Riegle-Neal법이 통과되기 전의 주간 은행법들의 규제완화 상황을 보여 준다.

▶ **지역은행협약(regional banking pact) 또는 주간 은행협약(inerstate banking pact)**
인수에 의한 디 주의 은행의 진입 조건을 규정한 주정부 간의 협약

문제은행의 매입. 주 경계선을 넘어서 이루어지는 파산직전은행 또는 문제은행의 인수로 인해 주간 은행활동의 제한 장벽이 완화되었다. 1982년의 Garn-St. Germain법의 통과, FSLIC의 파산, FDIC의 지급준비금 소진으로 인한 은행파산문제를 해결하기 위해 규제당국들은 타 주 은행에 의한 문제은행 인수에 점차 의존하게 되었다. 예를 들면 1987년에 Chemical Bank(J. P. Morgan Chase에 의해 인수되었음)는 Texas Commerce를 인수하여 텍사스 은행시장에 기반을 확보하였다. Chemical Bank는 1993년 1월에 Texas Commerce를 통하여 First City Bancorporation of Texas의 은행들 대부분을 인수하였다. 이에 더하여 1982년의 Garn-St. Germain법은 은행들이 파산은행들뿐만 아니라 파산저축금융회사들을 인수하는 것을 허용하였다. 이와 같은 방법을 통하여 Citicorp는 캘리포니아 및 플로리다와 같은 성장하는 은행시장에서 저축금융회사들을 인수하였다. 마지막으로 1989년 8월에 이루어진 FIRREA의 통과는 은행들의 주간 인수권한을 건전한 저축금융회사들도 포함할 수 있도록 확대하였다.

비은행은행. 주간 은행활동을 제한하는 장벽이 와해된 세 번째 방법은 비은행은행(nonbank bank)의 설립을 통하여 이루어졌다(제16장 참조). 1987년까지 미국 대형은행들은

표 17-1 1994년 이전 은행활동의 영업지역 확장제한에 대한 주별 규제완화상황

주	주내 지점설치 규제완화	주간 은행활동 규제완화
Alabama	1981	1987
Alaska	Before 1970	1982
Arizona	Before 1970	1986
Arkansas	1994	1989
California	Before 1970	1987
Colorado	1991	1988
Connecticut	1980	1983
Delaware	Before 1970	1988
District of Columbia	Before 1970	1985
Florida	1988	1985
Georgia	1983	1985
Hawaii	1986	—
Idaho	Before 1970	1985
Illinois	1988	1986
Indiana	1989	1986
Iowa	—	1991
Kansas	1987	1992
Kentucky	1990	1984
Louisiana	1988	1987
Maine	1975	1978
Maryland	Before 1970	1985
Massachusetts	1984	1983
Michigan	1987	1986
Minnesota	1993	1986
Mississippi	1986	1988
Missouri	1990	1986
Montana	1990	1993
Nebraska	1985	1990
Nevada	Before 1970	1985
New Hampshire	1987	1987
New Jersey	1977	1986
New Mexico	1991	1989
New York	1976	1982
North Carolina	Before 1970	1985
North Dakota	1987	1991
Ohio	1979	1985
Oklahoma	1988	1987
Oregon	1985	1986
Pennsylvania	1982	1986
Rhode Island	1Before 1970	1984
South Carolina	Before 1970	1986
South Dakota	Before 1970	1983
Tennessee	1985	1985
Texas	1988	1987
Utah	1981	1984
Vermont	1970	1988
Virginia	1978	1985
Washington	1985	1987
West Virginia	1987	1988
Wisconsin	1990	1987
Wyoming	1988	1987

주: 1994년 Riegle-Neal법의 통과이전에, 아이오와주는 주내 지점설치에 관한 규제를 완화하지 않았고 하와이주는 주 간 은행활동에 관한 규제를 완화하지 않았다.

자료: J. Jayaratne and P.E.Strahan,"The Benefits of Branching Deregulation," *Economic Policy Review*, Federal Reserve Bank of New York, December 1997, pp. 13-29.

종합서비스를 하는 타 주의 은행을 인수하여 대출부분을 처분하고 합법적으로 소비자금융 전문 비은행은행으로 운영할 수 있었다.[5] 그러나 1987년의 경쟁적 평등은행법(Competitive Equality Banking Act; CEBA)은 기존 비은행은행들을 조부조항으로 인정하였지만 이와 같은 허점을 효과적으로 종식시켰다.

유타주에 위치한 산업대출공사(industrial loan corporation ; ILC)들도 CEBA의 적용으로부터 면제되었다. General Electric, Merrill Lynch, Pitney Browes와 같은 비은행 기업들이 소유하던 ILC들은 은행들이 대출하기를 꺼리는 등급이 낮고 높은 이자율을 부과하여야 하는 기업들에게 대출을 하였다. ILC들은 유타주에 본부를 두고 직접 우편과 기타 전자수단들을 이용하여 거의 모든 50개 주들에서 영업할 수 있었다. ILC들은 유타주 정부에 의해 규제되고 있으며 ILC들의 예금은 FDIC의 보험대상이다. 그러나 ILC들은 연방준비제도와 OCC에 의해서 규제받지 않는다. 유타주에서 영업함으로써 비은행은행들은 상업은행들과 같은 규제를 받지 않으면서 상업은행들처럼 영업할 수 있다. 그 결과 ILC들의 관리하에 있는 자산은 1995년 말에 29억 달러에서 2001년 1,410억 달러로 증가하였다(61개 ILC가 소유). 이 규모는 상업은행들의 기업대출 총액이 1조 1,170억 달러인 것과 비교된다.

OBHC 활동의 확장. 1970년 이후 은행들은 점차 실제적으로 타 주에 비은행 자회사들을 설립함으로써 완전한 주간 은행활동의 조직을 만들 수 있었다. 예를 들면, 미네아폴리스의 은행지주회사인 Norwest Corporation은 1994년에 49개 주들에 모기지 자회사들과 46개 주들에 770개 이상의 소비자대출 자회사들을 가지고 있었다. 더욱이 1970년의 은행지주회사법 수정조항의 제4(c)(8)조는 은행지주회사에게 허용된 비은행활동들은 (연방준비제도에 의해 정의되어 있는 것처럼) "은행활동과 밀접히 관련되어"야 한다고 규제하고는 있지만 허용된 비은행 활동 수는 1970년의 6개로부터 1998년까지 60개 가까이 증가하였다.

*1994년의 Riegle-Neal 주간 은행활동 및 지점설치 효율성법(**Riegle-Neal Interstate Banking and Branching Efficiency Act of 1994**).* 복수은행지주회사를 통한 전국적인 은행활동의 확장은 지점설치보다 잠재적으로 훨씬 더 비용이 많이 드는 방법이라는 것으로 오랫동안 알려져 왔다. MBHC의 각 은행에 대하여 별도의 법인과 이사회가 설립되어야 하고 이들을 대상으로 지점들과 같은 수준의 경제적 및 금융적 통합을 달성하기는 어렵다. 더욱이 일본, 독일, 프랑스, 영국과 같은 주요 은행활동 경쟁국가들은 전국적인 지점망을 가지고 있다.

---

5) 1956년의 은행지주회사법은 MBHC 인수활동을 제한하기 위해 은행을 요구불예금을 수취하고 기업대출을 시행하는 기관으로 정의하였다. 은행에서 기업대출을 분리해 냄으로써 은행은 주간 은행활동에 대한 제한을 받지 않는 비은행은행으로 전환되었다.

표 17-2 미국 은행들의 주요 합병 (1995년-2006년)

(단위: 백만 달러)

	1995-1996		1996-1997		1997-1998		1998-1999		1999-2000	
	자본	자산	자본	자산	자본	자산	자본	자산	자본	자산
Chemical	$11,436	$82,296	(Chase Manhattan Corp.)							
Chase	8,444	121,173	$21,095	$336,099	$22,594	$365,521	$23,617	$406,105	(J. P. Morgan Chase)	
J. P. Morgan	11,432	222,026	11,404	262,159	11,261	261,067	11,439	260,898	$42,338	$715,348
BancOne	7,824	90,176	8,107	102,034	8,701	115,901	(Bank One)			
First Chucago NBD	7,890	122,002	9,318	104,619	8,541	114,096	19,000	269,425	18,635	269,300
Citicorp	19,239	256,853	20,109	281,018	21,096	310,897	(Citigroup)			
Travelers	15,853	302,344	17,942	345,948	20,893	386,555	58,290	795,584	66,206	902,210
BankAmerica	14,820	232,446	17,181	250,753	17,200	260,159				
NationsBank	11,074	187,298	12,662	185,794						
Boatmen's	2,666	33,704					(Bank of America)			
Fourth Financial	592	7,456	3,359	41,200			44,432	632,574	47,628	642,191
Barnett Banks	2,491	41,631	3,289	41,456	13,593	310,602	(Fleet Boston)			
FleetFinancial	7,415	85,518	8,452	91,047	9,409	104,382	18,074	226,817	19,361	219,095
Bank Boston	4,934	62,306	4,610	69,268	4,817	73,513				
First Union	4,479	96,740								
First Fidelity	2,301	35,366	7,725	140,127	10,215	157,274	(First Union)			
CoreStates	2,165	29,729					15,347	253,024	16,709	254,170
Meridian	1,191	14,740	3,725	45,651						
Signet	779	11,100	857	11,751	3,756	48,461				
Wachovia	3,625	44,946	3,963	46,886	(Wachovia)	65,397	5,658	269,425	6,285	74,032
Central Fidelity	739	10,822	778	10,556	5,456					
Wells Fargo	3,505	50,316	(Wells Fargo)							
First Interstate	3,431	58,071	6,572	108,888	20,759	202,475	23,871	241,053	(Wells Fargo)	
Norwest	5,875	80,175	6,834	88,840						
First Security	1,217	15,457	1,400	18,152	1,595	21,689	1,770	22,993	26,488	272,426

자료 : The Banker, May 1998, p.5와 저자들의 연구

표 17-2 (계속)

2000-2001		2001-2002		2002-2003		2003-2004		2004-2005		2005-2006	
자본	자산	자본	자산	자본	자산	자본	자산	자본	자산	자본	자산
$41,099	$693,575	$42,306	$758,800	$46,154	$770,912	(J. P. Morgan Chase)					
20,226	268,954	22,440	277,985	23,419	326,563	105,653	1,157,248	107,211	1,198,942	113,561	1,338,029
81,247	1,051,450	86,718	1,097,190	98,014	1,264,032	116,656	1,484,101	112,537	1,494,037	117,865	1,746,248
48,520	621,764	47,980	660,951	50,319	736,445	(Bank of America)					
17,608	203,744	16,833	190,453	18,280	200,235	100,235	1,112,011	101,533	1,294,320	133,597	1,451,604
(Wachovia)											
28,455	330,452	32,078	341,834	32,428	401,032	47,317	493,324	47,561	520,755	51,180	559,922
27,214	307,569	30,358	349,259	32,372	390,813	37,866	427,849	40,660	481,741	44,862	483,441

1994년 가을에 미국 의회는 미국 은행들과 외국은행들이 타 주의 은행자회사들을 하나의 지점망으로 통합시키거나 또는 합병과 인수에 의해 은행 또는 개별지점들을 인수함으로써 다른 주에 지점을 설치하는 것을 허용하는 주간 은행활동법을 통과시켰다(새로운 지점설치 권한의 발효일은 1997년 6월 1일이었다). 이 법은 실제로 새로운 지점설치를 허용하는 법들을 통과시키는 것을 개별 주들에게 위임하면서 은행들이 다른 주에서 새로운 지점을 설치할 수 있느냐에 관하여 언급하고 있지 않지만, 이 법하에서는 Citibank와 같은 뉴욕주 은행이(San Francisco에 있는 Bank of America의 지점과 같은) 캘리포니아주 은행의 한 지점을 매입하는 것이 가능하게 되었다.

Riegle–Neal법이 시사하는 바는 새로운 지점설치는 예외로 하고, 완전한 주간 은행활동이 1997년에 미국에서 현실화되었다는 것이다.[6] 지점설치 제한의 완화는 영업지역확장으로부터 발생되는 잠재적 비용, 수입, 리스크감소와 함께 미국 은행시스템의 그룹화 열풍을 촉발시켰다. 이와 같은 그룹화 경향은 특히 "대형인수합병"(megamerger)의 열풍 속에 빠진 대형 미국 은행들에게서 확인되었다. 〈표 17–2〉는 미국 은행산업을 유럽 및 캐나다와 같이 전국적인 은행시스템으로 재구축하는 기간인 1995년과 2006년 사이에 이루어진 대형 합병들을 보여 준다. 이와 같은 합병들 중 많은 사례들이 앞으로 논의된다.

개념질문

1. 1956년의 은행지주회사법하에서 부과된 주간 은행활동제한과 1970년의 은행지주회사법 수정조항하에서 부과된 주간 은행활동제한의 차이는 무엇인가?
2. 주간 은행활동을 제한하는 장벽을 와해시킨 방법들은 무엇인가?
3. 1994년의 Riegle–Neal 주간 은행활동 및 지점설치 효율성법의 주요 특징은 무엇인가?

6) 새로운 지점설치(de novo branching)를 제한하는 이유는 소형 지역은행들의 프랜차이즈 가치를 보호하기 위해서이다. 만일 인수에 의해서만 지점을 설치할 수 있으면 소형은행들의 프랜차이즈 가치는 대형은행들이 새로운 지점설치를 할 수 있는 경우보다 더 클 것이다.

17.4 영업지역확장에 영향을 주는 비용 및 수익시너지

금융회사가 인수를 통하여 영업지역을 확장할 것인지 또는 확장하지 않을 것인지를 결정하는 한 가지 이유는 합병기회를 정의하는 규제와 관련되어 있다.[7] 다른 이유는 (관련된 리스크분산의 효과뿐만 아니라) 합병으로부터 발생하는 잠재적 비용 및 수익시너지와 관련되어 있다.

비용시너지

은행합병의 일반적인 이유 중 하나인 규모의 경제, 범위의 경제 또는 경영효율성 요인 (경영효율성 요인들을 계량적인 방법으로 파악해 내는 것이 어렵기 때문에 **X-효율성(X-efficiency)**[8]이라고 부른다)으로부터 발생할 수 있는 잠재적 비용시너지이다. 예를 들면, 1996년에 Chase Manhattan과 Chemical Bank가 합병하여 3,000억 달러의 자산을 가진 당시 미국에서 최대 은행조직이 만들어졌다. 이와 같은 합병으로부터의 비용절감은 39개 주들과 51개 국가들의 75,000명의 종업원들 중 약 12,000명을 감원하고 일부 영업들을 통합하고 불필요한 비용들을 제거함으로써 약 15억 달러가 될 것으로 추정되었다. 이와 유사하게 2006년 Region Financial과 AmSouth Bancorp의 100억 달러 합병은 연간 4억 달러의 비용(양사의 순이익의 합한 금액의 20% 이상이 된다)을 경감할 것으로 기대되었다. 이 합병은 당시 미국에서 9번째로 큰 은행을 탄생시켰다. 비용절감은 알라바마주의 버밍햄에 위치한 양사의 전체 37,000명의 종업원 중 4,000명을 정리하고 2,000개의 지점들 중 150여개를 통합함으로써 실현될 것으로 여겨졌다. 마지막으로 2006년 피츠버그의 PNC Financial Service Group이 볼티모어의 Mercantile Bankshares를 60억 달러에 인수하여 미국 11번째의 대형은행이 되었다. 이 인수는 두 은행이 하나가 되어 동부지역의 5대 은행들과 경쟁할 수 있을 정도의 규모가 실현된다는 점에서는 매력적일 뿐더러, 상당한 비용절감의 사례로 여겨졌다. 경영진 규모와 후방사무부서업무를 축소하고 일부 지점을 폐쇄함으로써 1억 달러의 비용을 절감할 수 있을 것으로 예상되었다.

---

7) 타 금융회사를 직접 설립하는 방법(de novo entry)도 인수합병처럼 지역적 확장을 위한 한 방법이라는 것에 유의하자. 그러나 이 방법은 일반적으로 재정적으로 취약한 규모가 작은 금융회사들의 설립에 해당되며, 장기적으로 믿을만한 확장방법인가 하는 것은 설립된 금융회사들이 재정적으로 안정단계까지 생존할 수 있는가에 달려 있다고 하겠다.

8) X-효율성은 범위의 경제 또는 규모의 경제 때문에 직접적으로 발생되지 않는 비용절약이다. 이처럼 X-효율성은 일반적으로 우월한 경영능력과 기타 측정하기 어려운 경영요인들에 의해 발생된다. 현재까지 X-효율성을 구성하는 요소들이 무엇인가에 대한 명시적 판별이 실증적 은행관련 문헌들에서 확립되어 있지 않다.

위에서 논의한 합병들은 **대형인수합병(megamerger)**의 흥미로운 예들이지만 기본적으로는 동일한 또는 밀접하게 관련된 은행시장에서의 합병들이다.[9] 1998년에 이루어진 대형은행합병인 BancOne(현재 Bank One)과 First Chicago 간의 합병과 NationsBank와 Bank of America의 합병은 명백히 지역적 중복이 거의 없는 지역적 확장을 위한 합병이다. 예를 들면, BancOne과 First Chicago 합병의 주요 목적은 신용카드 영업분야에서 전국적인 금융회사라는 점을 더 부각시키고 규모의 경제를 창출하는 것이었다. 합병 이전에 BancOne과 First Chicago는 각각 세 번째와 다섯 번째 대형 신용카드회사였다. 이들의 합병은 (Citigroup에 이어) 4,000만 계좌와 560억 달러 이상의 대출잔고를 가지는 두 번째 대형신용카드은행을 탄생시켰다. 이와 같은 신용카드 영업규모의 증가는 합병은행으로 하여금 훨씬 더 혁신적인 컴퓨터 기술에 투자할 수 있게 만든다고 인식되고 있다.

▶**X-효율성(X-efficiency)**
인수은행의 경영효율성이 더 크기 때문에 발생하는 비용의 절감.

▶**대형인수합병(megamerger)**
두 대형은행들 사이에서 발생하는 인수합병.

지역적 차원과 비용시너지적 차원 모두를 가지고 있는 시장확장형 대형합병의 다른 한 예는 노스캐롤라이나에 기반을 두고 있는 NationsBank가 1997년에 미주리의 세인트루이스에 있는 Boatmen's Bancshares를 인수한 것이었다. 이와 같은 인수를 통하여 NationsBank는 미주리, 아칸사, 캔자스, 오클라호마, 뉴멕시코의 은행시장에 진입하였다. 이와 같은 인수의 결과로 형성된 여러 주를 대상으로 하는 은행그룹의 등장과 통합된 기술의 사용으로 3억 3,500만 달러의 비용이 절감될 것으로 예상되었다. Bank of America와 NationsBank가 1998년에 600억 달러의 가치에 해당하는 합병을 하였을 때 최초의 진정한 의미에서 전국적인 은행이 탄생되었다. 두 은행들은 합병이 13억 달러의 결합비용을 감소시킬 것이고 5,000–8,000의 일자리(종업원의 3–4%)를 없앨 것이라고 추정되었다.

마지막으로 이러한 유형의 합병 중 가장 최근의 예는 Bank of America(BOA)와 J. P. Morgan Chase의 사례들이다. BOA는 FleetBoston을 430억 달러에 매입하여 뉴잉글랜드 지역에 1,500개의 지점과 3,400여개의 ATM기계를 추가했다. 통합은행은 중복되는 기술시스템의 통합 등으로 연간 11억 달러의 비용을 절감할 수 있으리라 기대하고 있다. 2004년에는 J. P. Morgan Chase가 Bank One와 600억 달러의 합병을 이루어 미국 제2위의 은행이 되었다. 당시 4개의 주에서만 영업을 하고 있던 J. P. Morgan Chase는 합병 후 Bank One의 First USA 신용카드업무와 중서부 지역에 집중된 1,800여개의 지점으로 구성된 광

9) 실제로 합병을 하는 데 Chase-Chemical이 연방정부 은행인가가 아니라 뉴욕주 은행인가를 선택했다는 것은 주목할만한 점이다.

범위한 네트워크를 보유하게 되었다. 합병은행은 신용카드부문의 잔액이 1,250억 달러나 되어 전국 신용카드시장의 거의 20%를 점유하게 되었다.

Berger and Humphrey는 한 광범위한 연구에서 대형합병으로부터 발생되는 비용절약을 분석하기 위해 1981년부터 1989년까지의 데이터를 사용하였다. 그들은 분석대상인 대형합병을 인수은행과 피인수은행의 자산을 합하여 10억 달러를 초과하는 합병으로 정의하였다. 그들은 규모의 경제와 범위의 경제로부터의 잠재적 이익이 존재한다는 증거를 발견하지 못하였다. 실제로 그들이 발견할 수 있었던 비용절약은 경영효율성(X-효율성)의 개선과 관련된 것이었다. 그들의 연구는 다음과 같은 3가지의 중요한 결과를 얻었다. 첫째, 인수은행의 경영효율성은 피인수은행의 경영효율성보다 높게 나타났다. 둘째, 분석대상이었던 57개의 대형합병들은 작지만 통계적으로 유의한 X-효율성 이익을 창출하였다. 셋째, (놀랍게도) 시장중복형 합병(예를 들어, Chase/Chemical 또는 Wells Fargo/First Interstate의 경우)의 비용절감 정도는 지역확장형 합병(예를 들어, Bank of America/Continental 또는 NationsBank/Boatmen의 경우)의 비용절약 정도보다 분명하게 더 크지 못한 것으로 나타났다. 종합적으로 보면, 그들은 합병의 배후에서 작용하는 동인이라고 하는 30%에 이르는 상당한 비용시너지를 발견할 수 없었다.[10]

Rhoades에 의해 수행된 9개의 대형합병들(이 중 7개의 대형합병은 1990년 이후에 이루어졌음)을 대상으로한 보다 최근의 연구에서는 대규모의 비용절감이 발생한 것으로 나타났다. 특히 9개의 대형합병들 중에서 4개의 대형합병들은 합병하지 않은 경쟁은행들 그룹과 비교하여 상대적으로 우수한 비용효율성 개선을 나타냈고 7개의 대형합병들은 총자산이익률(ROA)의 상당한 개선을 나타냈다. 흥미롭게도 비용효율성의 개선이 실현되지 않은 경우 문제점들은 데이터 처리와 운영시스템의 통합에서 발생하였다. Houston, James and Ryngaert는 1985년부터 1996년까지의 기간에 이루어진 대형 은행합병들을 분석하였다. 그들은 최근 은행합병 대부분에서 비용절감이 합병이익의 주요 원천이라는 것과 관리비용절감은 자본시장 신뢰성을 상당히 높힌다는 것을 발견하였다.[11]

수익시너지

합병의 수익시너지 주장은 3가지의 차원에서 거론된다. 첫째, 수익은 성장하는 시장에 있

10) A. Berger and D. B. Hunphrey, "Megamergers in Banking and the Use of Cost Efficiency as an Antitrust Defense," *The Antitrust Bulletin* 37 (1992), pp. 541-600.

11) S. A. Rhoades, "The Efficiency Effects of Bank Mergers: An Overview of Case Studies of Nine Mergers," *Journal of Banking and Finance* 22, No.3 (1998), pp. 273-92. J. F. Houston, C. M., and M. D. Ryngaert, "Where Do Merger Gains Come From? Bank Mergers from the Perspective of Insiders and Oursiders," *Journal of Financial Economics* 60 (2001), pp. 285-331.

는 은행을 인수함으로써 증가될 수 있다. 예를 들면, J. P. Morgan Chase를 만들기 위해 성사된 2000년의 J. P. Morgan과 Chase Manhattan의 합병은 15억 달러의 비용절감을 창출할 것으로 추정되었던 한편, 두 은행의 CEO들은 이 합병의 성공은 수익을 증가시키는데 초점을 맞추고 있다고 발행하였다. 이 합병은 J. P. Morgan의 다양한 상품들과 Chase의 넓은 고객기반을 통합시켰다. 이 합병은 Chase가 소액거래를 통하여 구축하고자 했던 많은 영업부문들(주식인수, 주식파생상품, 자산관리)을 상당히 강화시켰고 투자은행활동과 기업은행활동이 급속히 성장하는 영업영역이 되고 있는 유럽에서 보다 더 확고한 위치를 만들어 주었다. 그 후 J. P. Morgan Chase가 Bank One을 인수하자 애널리스트들은 서로 상이한 두 개의 영업모형이 결합되어 비용절감뿐만 아니라 수익증가의 가능성을 높혔다고 찬사를 보냈다.

이와 유사하게 2001년에 시애틀에 기반을 두고 있는 Washington Mutual은 뉴욕에 기반을 두고 있는 Dime Bancorp를 52억 달러에 인수하였다. 이 인수를 통하여 Washington Mutual은 북동부지역의 모기지 시장에 진입하게 하였다. Washington Mutual and Dime은 2001년 2/4분기에 J. P. Morgan Chase의 540억 달러를 능가하는 590억 달러의 모기지 대출을 하였다. Washington Mutual은 지속적인 고객증가와 높은 만족이 수익과 장기적인 주주가치를 증가시킬 것이라고 언급하면서, 뉴욕지역에서 처음 10년의 영업을 통하여 1조 달러의 모기지대출을 할 수 있을 것으로 추정하였다

둘째, 피인수은행의 자산 및 부채 포트폴리오가 인수은행과는 상이한 신용리스크, 이자율리스크, 유동성리스크 특성을 가지고 있으면 인수은행의 수익흐름은 더 안정적일 수 있다. 예를 들면, 부동산대출 포트폴리오는 1980년대에 매우 강한 지역적 경기순환을 보였다. 특히 미국의 부동산가치는 남서부지역에서 하락하기 시작하여 장기적이며 변동하는 시차를 가지고, 북동부지역에서 하락하였으며, 그 후에 캘리포니아지역에서 하락하였다. 따라서 지역적으로 분산된 부동산 포트폴리오는 인수은행과 피인수은행이 한 지역에 전문화되어 있는 경우보다 훨씬 리스크가 작을 수 있다.[12] 연구결과들은 지역적 확장으로부터의 리스크분산 효과를 확인하고 있다.

셋째, 보다 경쟁이 덜한 시장으로의 확장이 이루어지는 경우 수익증가의 기회가 발생한다. 즉 은행들은 경제적 지대(economic rent)가 잠재적으로 존재하는 시장들을 파악하여 지리적으로 진입할 수 있다. 그러나 이러한 시장진입은 규제당국에 의해 반경쟁적이라고 여겨지지 않는다. 논란의 여지는 있지만 J. P. Morgan Chase와 Bank One 합병의 큰 잠재적 이익 중의 하나는 합병으로 인한 지점망의 중복이 없는 데서 발생하는 수익분산의 잠재력이었다. 이 합병은행은 17개 주에 지점을 가지게 되었고 연방예금보험에 가입된 은행예금의 8.3%를 가지게 되었다([그림 17-1] 참조).

---

12) 그 결과 지역적으로 보다 더 집중된 합병들의 잠재적 수입 분산 이익은 상대적으로 낮을 가능성이 있다.

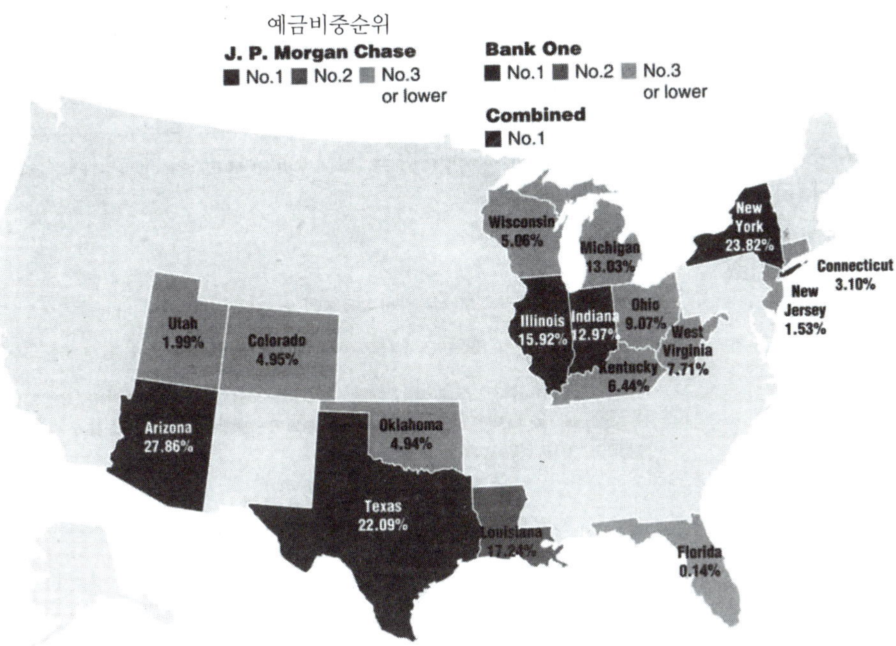

자료: Federal Deposit Insurance Corporation, *www.fdic.gov*

그림 17-1 Bank One과 합병한 결과로 인한 J. P. Morgan Chase의 지점망

인수합병의 허용가이드라인

J. P. Morgan Chase와 Bank One 합병과 같은 지역적 확장이 금융회사의 독점력을 증가시키게 되므로 규제당국들은 이 합병이 다른 수단들에 의해 적정하게 달성될 수 없는 잠재적인 효율성 이익을 창출하지 않는다면 이 합병을 방지하려고 할 것이다.[13] 최근에는 미국 법무부가 반독점법과 합병 가이드라인을 최종적으로 집행한다. 특히 미국 법무부는 합병에 의한 비용효율성의 예외를 인정하면서 인수에 의한 잠재적 시장집중도 증가에 기

13) U. S. Department of Justice, "Horizontal Merger Guidelines," April 2, 1982. 이에 더하여 추가적인 제한 조항으로 1994년의 Rigle-Neal법은 어느 한 은행이 보유할 수 있는 예금은 최대 10%의 예금보험에 가입되어 있는 예금 시장점유율이라고 규정하였다. 1998년 현재, 부보예금은 35조 달러였다. 이것은 NationsBank와 합병하여 만들어진 새로운 Bank of America가 현재의 8.3% 시장점유율을 초과하는 추가적인 인수를 추진한다면 이와 같은 시장점유율의 상한에 의해 제한될 수 있다는 것을 의미한다.

초하여 인수의 가부를 결정하는 가이드라인을 설정하고 있다.[14)]

이와 같은 합병가이드라인은 **허핀달-허쉬만지수(Herfindahl-Hirschman Index ; HHI)**라고 부르는 시장집중도의 척도에 기초하고 있다. 이 지수는 한 시장에 있는 각 기업의 시장점유율(%)을 구하여 이것을 제곱한 후 모든 값들을 합하여 구한다. 따라서 하나의 기업이 100%의 시장점유율을 가지고 있는 시장이라면

$$HHI = (100)^2 = 10{,}000$$

이와 달리 같은 규모의 기업들이 무수히 많은 한 시장이라면

$$HHI = 0$$

따라서 HHI는 0과 10,000 사이의 값을 가지게 된다.

▶ **허핀달-허쉬만지수(Herfindahl-Hirschman Index; HHI)**
시장참여자들의 시장점유율을 제곱한 것에 기초하여 계산되는 시장집중도의 척도.

한 합병이 미국 법무부의 가이드라인하에서 허가될 것인가는 합병 후 HHI 수준에 의해 결정된다. 〈표 17-3〉에서 보는 바와 같이 미국 법무부는 합병 후의 HHI가 1,800 이상이

표 17-3 미국 법무부의 1982년 수평적 합병 가이드라인

합병 후 시장집중	허핀달-허쉬만지수(HHI)의 수준	HHI지수의 변화와 합병불가의 가능성
매우 집중되어 있음	1,800 초과	100 이상 증가-합병불가 가능성 있음 50-100 증가-다른 요인들에 의존* 50 미만 증가-합병불가 가능성 없음
어느정도 집중되어 있음	1,000-1,800	100 이상 증가-합병불가 가능성 있음. 다른 요인들에 의존* 100 이하 증가-합병불가 가능성 없음
집중되어 있지 않음	1,000 미만	어떤 수준의 증가-합병불가 가능성 없음

*합병 후의 시장집중도와 결과적으로 발생되는 시장집중도의 증가크기에 더하여 법무부는 합병을 불허할 것인지를 결정하는데 다음과 같은 요인들, 즉 상품의 특성과 판매기간, 특정한 거래에 대한 시장정보, 구매자 시장특성, 시장에서의 기업행동, 시장성과를 고려한다. [이와 같은 요인들에 대한 자세한 설명을 위해서 1982 Department of Justice Merger Guidelines의 Section III(*B*)와 III(*C*) 참조.]
자료: Department of Justice, Merger Guidelines, 1982.

---

14) 연방준비제도는 주 회원은행들(state member banks)과 은행지주회사들 간 합부는 가부를 결정할 권한을 가지고 있다. 통화감독청(OCC)은 연방정부 인가은행들에 대하여 유사한 권한을 가지고 있다. 연방준비제도의 합병기준은 HHI를 고려한다는 점에서 법무부의 합병기준과 유사하다. 그러나 연방준비제도는 합병의 리스크효과들도 평가한다. 법무부는 은행규제기관들의 결정을 재검토할 권한을 가지고 있다. 예를 들면, 1990년과 1991년에 법무부는 연방준비제도에 의해 승인된 2건의 합병들을 성공적으로 저지하였다. 이와 같은 2건의 합병은 First Hawaiian의 First Interstate of Hawaii 인수와 Society와 Ameritrust의 합병이었다.

예제 17-1 합병과 관련된 HHI 변화의 계산

다음과 같은 시장점유율을 가진 3개의 은행이 있는 시장을 생각해 보자.

은행 $A = 50\%$
은행 $B = 46\%$
은행 $C = 4\%$

이 시장의 합병 전 HHI는

$$\text{HHI} = (50)^2 + (46)^2 + (4)^2 = 2{,}500 + 2{,}116 + 16 = 4{,}632$$

따라서 미국 법무부의 가이드라인에 의하면 이 시장은 매우 집중되어 있다.
인수 이후 시장이 다음과 같은 시장점유율을 가지도록 은행 A가 은행 C를 인수하기 원한다고 하자.[16)]

은행 A + 은행 $C = 54\%$
은행 $B = 46\%$

합병 이후 HHI는

$$\text{HHI} = (54)^2 + (46)^2 = 2{,}916 + 2{,}116 = 5{,}032$$

따라서 합병 이후 HHI의 증가 또는 변화(ΔHHI)는

$$\Delta \text{HHI} = 5032 - 4632 = 400$$

HHI의 증가가 미국 법무부 가이드라인이 정의하고 있는 벤치마크인 100보다 큰 400이기 때문에 이 시장은 매우 높게 집중되어 있고 이 합병은 허용되지 않을 수 있다.

면 매우 집중되어 있는 시장, 1,000에서 1,800의 사이이면 어느 정도 집중되어 있는 시장, 1,000 미만이면 집중되어 있지 않은 시장으로 정의한다. 매우 집중되어 있는 시장 또는 어느 정도 집중되어 있는 시장에서 합병 후 HHI가 100 이상 증가하면 합병이 허가되지 않을 수 있다.[15)]

은행과 금융서비스의 관점에서 HHI의 해석에는 2가지의 문제점이 있다. 첫째, 금융서비스 시장의 지역적 범위가 무엇인가, 즉 국가전체인가, 특정지역인가, 도시인가? 둘째, 이와 같은 시장이 일단 정의되면 은행, 저축금융회사, 보험회사를 독립적인 또는 고유의 영업영역으로 보아야 하는가 또는 이들 모두가 동일한 금융시장에서 경쟁하고 있는가? 즉 시장의 제도적 범위는 무엇인가? 금융서비스의 경우 전통적으로 기능적 기준, 즉 영업영역기준에 따라 시장을 정의해 왔다. 이에 따라 상업은행활동은 저축은행활동과 기타 금융

15) 실제로 합병이 불허되는 것은 은행산업의 경우 합병 후 HHI의 증가가 200을 초과할 때의 경우이다. 이것은 은행산업은 일반적으로 대부분의 산업들보다 더 경쟁적이라고 여겨지기 때문이다. Department of Justice, "Horizontal Merger Guidelines," 참조.

16) 여기서 우리는 시장 내 인수가 HHI에 미치는 효과를 고려하고 있다. 이와 유사한 계산은 시장 간 인수에 대하여도 적용될 수 있다.

서비스와는 독립적인 시장이다. 아울러 관련된 시장지역은 일반적으로 매우 지역적인 것, 즉 표준도시통계지역(standard metropolitan statistical area; SMSA) 또는 표준도시 이외 지역(non-SMSA)으로 정의된다. 불행하게도, 이와 같은 정의는 영업지역확장과 영업영역확장이 이루어지는 상황에서 점차 그 정당성을 잃고 있다. 실제로 HHI의 사용이 점차 지역시장 또는 전국시장에 기초하여 이루어지고 있으며 보다 넓은 금융서비스기업을 포함하는 시장의 정의가 사용되고 있다. 실제로 최근 연방준비제도는 종종 은행시장의 HHI를 계산하는데 저축금융회사 예금의 절반을 포함시키고 있다.

흥미롭게도 은행규모별 자산집중도를 비교하면 은행산업의 최근 합병열풍은 전국시장을 기준으로 초대형 은행(자산규모 100억 달러 이상)들의 상대적 규모를 1984년에 34.5%에서 2006년에 76.4%로 증가시킨 반면, 초소형 은행(자산규모 1억 달러 이하)들의 자산비중을 1984년에 16.1%에서 2006년에 1.8%로 감소시켰다. 중간규모 은행(자산규모 1억 달러-100억 달러)들의 상대적 시장점유율은 1984년에 49.4%에서 2001년에 21.8%로 감소하였다(〈표 17-4〉 참조). 미국 대형은행들의 자산집중도는 증가하였으나 미국 대형은행들의 시장집중도는 캐나다 대형은행들과 유럽 은행들의 국내시장집중도보다 여전히 크게 낮은 상태이다. 따라서 초대형 미국 은행들이 관련된 합병은 다른 규제당국과 함께 향후에도 계속적으로 법무부의 허가를 받아야 할 것이다.

개념질문

1. 최근 어떤 은행합병들이 비용시너지 때문에 이루어졌는가?
2. 수입시너지 효과의 3가지 차원들은 무엇인가?
3. 은행시장에 있는 5개 기업들이 각각 20%의 시장점유율를 가지고 있다고 하자. HHI는 얼마인가?

17.5 영업지역확장에 영향을 주는 기타 시장요인 및 기업요인

규제, 비용시너지, 수익시너지 이외에 기타 요인들도 인수의사결정에 영향을 줄 수 있다. 예를 들면, 인수 금융회사는 다른 지역에 있는 잠재적 피인수 금융회사의 지급능력과 자산의 질에 관하여 우려할 수 있다. 따라서 인수의사결정에 영향을 주는 중요한 요인들에는 피인수 금융회사의 레버리지비율 또는 자본비율, 손실충당금, 포트폴리오에 있는 무수익여신 금액이 포함될 수 있다.

표 17-4 **미국 은행의 자산집중도** (1984년과 2006년)

	2006				1984			
	수	수비중 (%)	자산 (10억 달러)	자산비중 (%)	수	수비중 (%)	자산 (10억 달러)	자산비중 (%)
모든 FDIC 가입 상업은행	7,450		$9,765.4		14,483		$2,508.9	
1. 1억 달러 미만	3,331	44.7%	173.9	1.8%	12,044	83.2%	404.2	16.1%
2. 1억 달러-10억 달러	3,631	48.7	1,031.9	10.6	2,161	14.9	513.9	20.5
3. 10억 달러-100 달러	401	5.4	1,095.3	11.2	254	1.7	725.9	28.9
4. 100억 달러 이상	87	1.2	7,464.3	76.4	24	0.2	864.8	34.5

자료: General Accounting Office, *Interstate Banking*, GAO/CGD, 95-35, December 1994, p. 101; *FDIC Quarterly Banking Profile*, September 2006.

합병인수프리미엄(**merger bid premium**; 피인수은행지분의 장부가격에 대한 매입가격의 비율)의 결정요인을 분석한 많은 연구들을 통해 Palia는 합병인수프리미엄은 (1) 가장 제한적인 규제를 가지고 있는 주들에서와 (2) 우량한 대출포트폴리오를 가진 피인수은행의 경우에 더 높다는 것을 확인하였다. Palia는 또한 피인수은행의 성장률은 합병인수프리미엄에 영향을 미치지 않는 반면 피인수은행의 수익성과 자본적정성이 합병인수프리미엄에 미치는 효과에 대한 결과는 혼재되어 있다고 결론지었다.[17] 보다 최근에 Brewer, Jackson, Jagtiani, Nguyen은 1990년대에는 성과(ROE와 ROA 등)가 좋은 피인수은행들이 높은 인수가격을 제시받았고, 예금 대 자본비율이 낮을수록 인수회사들은 더 높은 인수가격을 제시했다고 밝혔다. 아울러 이들은 피인수은행의 자산 대 예금비율과 자산의 규모는 인수프리미엄과 양(+)의 상관관계를 지니며, Riegle-Neal 법안이 통과된 이후 가격이 상승하였다고 주장하였다.

▶ **합병인수프리미엄(merger bid premium)**
피인수은행지분의 매입가격/피인수은행지분의 장부가격 비율.

개념질문

1. 당신이 다른 금융회사를 인수대상은행으로 고려하고 있는 금융회사의 경영자라고 하자. 피인수 금융회사의 어떤 3가지 특성들이 당신에게 가장 매력적으로 여겨지는가?
2. 질문 1에서와 인수를 기피하게 만드는 3가지 특성을 들어 보라.

17) D. Palia, "Recent Evidence of Bank Mergers," *Financial Markets, Instruments, and Institutions* 3 (1994), pp. 36-59.

17.6 영업지역확장의 성공

다양한 규제 요인들과 경제적 요인들이 영업지역확장의 매력에 영향을 미친다. 이 절은 시장확장 합병이 성공적이었는가에 대한 실증적 증거를 평가한다. 이와 같은 평가는 적어도 다음 2가지 차원에서 이루어질 것이다. 첫째, 주간 은행합병이 공시될 때 투자자들은 어떻게 반응하는가? 둘째, 일단 주간 은행합병이 이루어진 후 주간 은행합병은 예상된 효율성과 수익성 효과를 창출하는가? 공시효과나 합병 후 성과에 대한 연구들은 대체적으로 미국 상업은행들이 전국적인 확장을 통해 이익을 얻었다는 결과를 보이고 있다.

투자자 반응

투자자들은 금융회사들 간의 인수합병의 소식에 대해 반드시 긍정적으로 반응하지는 않는다. 예를 들어, J. P. Morgan과 Chase의 합병발표에 대해 J. P. Morgan Chase의 주가는 1999년 3.46달러에서 2002년 1.67달러로 하락하였다. 연구자들은 공시효과가 인수 및 피인수회사들의 주가에 미치는 영향을 관찰하여 비은행 및 은행들의 합병에 대한 다양한 연구를 진행하였다. 특히 경제학자들은 합병공시가 인수 및 피인수회사에게 양(+)의 초과수익률(abnormal return; 리스크가 조정된 주가수익률이 정상수익률을 초과하는 부분)을 창출해 주는지에 대해 관심을 보였다. 합병공시로 인해 피인수회사들의 주식만이 상당한 양의 초과수익률을 보이는 비금융회사들과는 달리, 은행 연구들에서는 인수은행 및 피인수은행들이 모두 양의 초과수익률을 보이는 경우가 많다.[18] Kane은 1990년대 중반의 대형은행들의 합병을 분석하였으며, 피인수은행이 대형인 경우와 대형피인수은행이 인수은행과 동일한 지역에 본사가 있는 경우에는 대형인수은행도 이득을 얻었다는 것을 보였다. 그는 이러한 이익은 대형은행 간의 합병으로 인해 규제당국이 대마불사로 여길 만큼 초대형은행들이 탄생한 결과에서 기인된다고 분석하였다. 그렇지만 다른 연구들은 인수은행들의 초과수익률이 음수라는 결과를 보이고 있다.[19]

18) M. M. Cornett and S. De, "Common Stock Returns in Corporate Takeover Bids: Evidence of Interstate Bank Mergers," *Journal of Banking and Finance* 15 (1991), pp. 273-95.

19) E. J. Kane, "Incentives for Banking Megamergers: What Motives Might Regulators Infer from Event-Study Evidence?" *Journal of Money, Credit, and Banking*, 2000, pp. 671-701.

합병 후 성과

지역적 확장을 유도하는 합병의 경우, 공시시점에서는 수익성 등 성과가 개선될 것 같다는 기대가 있었지만 합병 후 실제로 이러한 성공을 가져왔는가? 예를 들어, Bank One은 First Chicago의 인수 후 주가가 1999년 3.45달러에서 2002년 2.77달러로 하락하였다. 1982년부터 1987년, 그리고 1990년부터 2000년까지 대형은행들의 인수/합병 후 성과를 분석한 연구들에 따르면 합병은행들은 은행산업의 평균 성과를 상회한 것으로 나타났다. 특히 이러한 성과는 (1) 대출과 예금예치, (2) 종업원 생산성 향상, (3) 자산성장율 증가 등에 대한 은행의 능력에서 기인되었다. 1990년부터 2000년까지의 기간에서는, 대형은행합병이 소형은행합병보다, 업무집중화를 위한 합병이 업무다각화를 위한 합병보다, 지역적 집중을 위한 합병이 지역적 분산을 위한 합병보다 성과가 좋은 것으로 나타났다. 아울러 1997년 전국은행업무가 허용되면서 합병의 성과가 더 좋아진 것으로 나타났다. 마지막으로 합병은행의 성과개선은 수익의 증가와 비용의 절감 활동에서 기인된다. 그러나 비용절감을 보이는 합병에서도 수익의 개선이 보다 중요한 원인이다. 전술한 연구들 모두 합병공시기간의 초과수익률은 합병 후 영업성과와 상당한 관련성이 있는 것을 보여 주고 있다.[20]

1989년부터 1991년까지의 기간 동안 합병은행의 예금규모가 4억 달러 미만인 소형은행합병의 연구에서는 합병 이전과 이후의 산업 전체의 자산수익률을 비교해 본 결과, 1989년 합병은 자산수익률을 증가시켰으며, 1991년 합병은 감소시켰고, 1990년 합병은 그 중간 결과를 보였다. 그러나 이 3년 모두 합병은행들은 은행 전체 산업의 평균을 상회하는 것으로 나타났다.[21]

개념질문

1. 만일 피인수은행의 초과수익률이 일반적으로 양(+)이라면, 이것은 인수은행의 경영자가 피인수은행의 주주들에게 과도한 지불을 한다는 것을 의미하는가?
2. 일반적으로 합병공시 효과에 관한 연구들과 합병 이후 성과에 관한 연구들은 어떠한 결론을 내리는가?

---

20) M. M. Cornett and H. Tehranian, "Changes in Corporate Performance Associated with Bank Acquisitions," *Journal of Financial Economics* 31 (1992), pp. 211-34; and M. M. Cornett, J. J. McNutt, and H. Tehranian," Performance Changes Around Bank Mergers: Revenue Enhancements versus Cost Reductions," *Journal of Money, Credit and Banking*, 2006, pp. 1013-50.

21) J. D. Boyd and S. L. Graham, "Consolidation in U.S. Banking: Implications for Efficiency and Competitive Risk," *Bank Mergers and Acquisitions*, eds. T. Amihud and G. Miller (Amsterdam: Kluwer, 1998).

17.7 글로벌 확장

2006년을 기준으로 국제결제은행(BIS)에 자료를 제공하는 은행들의 총자산은 27조 2천억 달러이다. 이 중 8.9%만이 미국은행들의 자산이다. 따라서 국제 은행시장은 국내 은행들이 자국에서 성취할 수 있는 것 이상으로 지역적 확장의 기회를 제공하고 있다. 금융회사가 글로벌 영업을 할 수 있는 방법에는 적어도 3가지가 있다. 금융회사가 글로벌 영업을 할 수 있는 적어도 3가지 방법이 있다. 첫째 방법은 J. P. Morgan Chase의 뉴욕사무소가 브라질의 제조업체에게 대출을 시행하는 것처럼 국내 사무소가 해외고객들에게 금융서비스를 제공하는 것이다. 둘째 방법은 브라질에 있는 J. P. Morgan Chase의 지점을 통하여 브라질의 고객에게 대출하는 것처럼 해외고객의 국가에 설립된 지점, 대리점 또는 대표사무소를 통하여 금융서비스를 제공하는 것이다. 셋째 방법은 J. P. Morgan Chase가 어떤 브라질 은행을 매입하고 이와 같이 완전히 소유한 은행을 사용하여 브라질의 고객에게 대출하는 것처럼 해외고객의 국가에 있는 자회사를 통하여 해외고객에게 금융서비스를 제공하는 것이다. 이와 같은 3가지의 글로벌 영업확장 방법들은 상호배타적이지 않다. 제공회사는 영업의 규모와 범위를 확장하기 위해 이와 같은 3가지 방법들을 동시에 사용할 수도 있다.

미국의 은행, 보험회사, 증권회사들은 모두 지점설치와 자회사 설립을 통하여 최근에 해외로 영업을 확장하였다. 이와 동시에 최근에 미국 금융서비스 시장에 외국 금융회사들의 진입과 성장이 이루어졌다. 2000년대 중반 세계의 20개 은행들은 은행자산의 50% 이상을 해외국가들에 보유하고 있다. 상위 30대 글로벌 은행들 중 어느 한 국가가 지배적인 위치를 점하고 있지는 않다. 캐나다, 이일랜드, 네덜란드, 미국, 오스트리아, 독일, 스페인, 스위스, 그리고 영국은 모두 해외에서 상당한 영업을 하고 있는 은행들을 보유하고 있다. 자산을 기준으로 하면 세계에서 가장 크지만, 심각한 경제침체와 부실채권 때문에 일본 은행들은 이 리스트에서 제외되었다. 그러나 부실대출 문제를 해결하기 위하여 일본 은행들이 자국으로 귀환한지 10년이 지난 후 몇몇 일본 은행들이 아시아의 국가들에서 영업을 확장하기 시작하였다. 총자산을 기준으로 일본의 2대 은행인 Mizuho는 한국의 신한은행 주식 1%를 100억 엔(8,500만 달러)에 매입을 협상 중이다. Mizuho는 글로벌 은행을 목표로 해외영업 비율을 22%에서 40%로 증가하려고 하며, 인수와 합병을 통해 서구시장으로 확장하려는 첫 번째 시도로 뉴욕증권거래소에 상장하겠다고 천명하였다. 이러한 시도는 매우 조심스러우나 일본 대형은행들이 다시 국제적으로 확장하려는 움직임을 반영하는 것이다.

다음 절에서는 글로벌 은행업무의 성장에 대하여 집중적으로 살펴보자. 먼저 미국 은행

표 17-5 해외사무소들을 가지고 있는 미국 은행들의 자산구조, 1980년-2006년 (10억 달러 기준)

	1980	1990	1995	2000	2005	2006
총자산	$1,091.4	$1,901.5	$2,530.1	$4,311.4	$6,101.0	$6,726.1
국내자산	768.7	1,559.3	1,962.8	3,576.3	5,088.0	5,510.7
해외자산	353.8	410.7	666.3	735.1	1,013.0	1,215.4
C&I대출(국내)	173.8	326.1	356.8	647.2	564.4	630.6
C&I대출(해외)	109.4	103.6	125.5	189.8	131.1	158.5
부동산대출(국내)	108.9	387.2	486.1	955.5	1,652.0	1,810.0
부동산대출(해외)	6.7	26.6	27.2	32.0	48.0	55.4
개인대출(국내)	67.1	151.9	207.0	302.1	471.7	483.2
개인대출(해외)	6.4	17.2	30.6	44.3	80.8	91.1

*기업대출(C&I)

자료 : *Federal Reserve Bulletin*, various issues, Table 4-20.

들의 해외국가들로의 영업지역확장과 이러한 영업지역확장을 촉진한 요인들을 살펴보고 이어서 외국은행들의 미국으로의 영업지역확장에 대하여 논의하도록 하자.

해외의 미국 은행들

J. P. Morgan Chase와 같은 일부 미국 은행들은 20세기 초부터 해외에 사무소들을 가지고 있었지만, 미국 은행들의 해외영업의 중요한 성장은 1964년의 해외직접투자관리법(Overseas Direct Investment Control Act of 1964)이 통과된 후인 1960년대 초에 시작되었다. 이 법은 미국 은행이 해외투자를 원하는 미국 기업들에게 대출하는 능력을 제한하였다. 이 법은 궁극적으로 폐지되었지만 미국 은행이 다른 국가들에 있는 미국 고객들의 자금조달 및 기타 업무요구를 충족시키기 위해 해외사무소들을 설립할 동기를 제공하였다. 달러로 이루어지는 역외 자금조달과 대출은 현재 유로달러 시장이라고 부르는 시장을 탄생시켰다. **유로달러거래(Eurodollar transaction)**라는 용어는 미국 밖에서 달러로 이루어지는 거래를 의미한다. 예를 들면, 해외의 지점들 또는 자회사들을 통하여 미국의 국경선 밖에서 달러로 이루어지는 은행거래가 유로달러 거래이다.[22)]

〈표 17-5〉는 1980년과 2006년 사이에 미국 은행들의 해외활동규모와 미국 은행들의 자회사들이 참여한 대출유형별 활동규모를 보여 준다. 〈표 17-5〉에서 보는 바와 같이 미국 은행 해외사무소들의 자산은 1980년 3,538억 달러에서 2006년 1조 2,154억 달러로 증가했다. 그러나 미국 은행들의 총자산에서 차지하는 비중으로 보면 해외사무소들의 자산은

22) 즉 유로거래(Euro transaction)의 정의는 "유럽에서 이루어지는 거래"보다 더 일반적인 정의이다. 실제로 미국 밖에서 이루어진 달러예금은 일반적으로 유로거래에 해당되는 거래이다..

1980년에 32.4%에서 2006년 18.1%로 감소하였다. 대출포트폴리오의 대부분에서도 동일한 추세가 발견된다. 미국 은행 해외사무소들에서 이루어진 달러기준 대출의 대부분은 2001년 3월에 1,624억 달러에 이르고 있는 C&I대출 1980년에 미국 은행들의 C&I대출의 38.6%가 해외사무소들에서 이루어졌으며 이 비중은 2006년 20.1%로 감소하였다. 미국 은행들의 부동산대출 중에서 해외사무소들에서 이루어진 비중은 1980년에 5.8%이었으나 2006년에 3.0%로 감소하였다. C&I대출과 모기지대출과는 달리, 미국 은행들의 개인대출 중에서 해외사무소들에서 이루어진 비중은 1980년에 8.7%에서 2006년 15.9%로 증가하였다.

▶**유로달러거래(Eurodollar transaction)**
미국 밖에서 이루어지는 달러를 수반하는 거래.

■미국 은행의 해외확장을 촉진하는 요인들

해외대출의 규제가 유로달러 시장의 초기성장과 외국에서의 미국 은행 지점들과 자회사들의 설립을 촉발시킨 한편 기타 규제적 요인들과 경제적 요인들도 미국의 역외 은행활동의 성장에 영향을 미쳤다. 이제 이와 같은 요인들을 살펴보자.

달러의 국제적 교환수단 역할. 제2차 세계대전 이후 국제무역의 성장과 국제적 교환의 매개수단으로서 달러의 사용은 외국 기업들과 투자자들이 달러를 선호하도록 만들었다. 이를 위한 한 가지 편리한 방법은 미국 달러를 보유하기 원하는 외국인들 간에 이와 같은 자금의 흐름을 중개하기 위해 미국 은행들의 해외사무소들을 사용하는 것이었다. 오늘날 무역관련거래가 유로달러 시장활동의 대부분을 차지하고 있다. 그러나 2002년 1월에 새로운 화폐인 "유로(euro)"가 탄생됨에 따라 "국제적 교환수단"으로서 달러의 중요성은 특히 주요 유럽기업들 간에 감소할 수 있다.

정치적 리스크에 대한 우려. 신흥시장국가들의 저축자들이 가지고 있는 정치적 리스크에 대한 우려 때문에, 대규모 달러자금이 신흥시장국가들로부터 매우 엄격하게 은행비밀주의원칙을 지키는 Cayman Islands와 Bahamas에 있는 미국 은행들의 지점들과 자회사들로 이동되고 있다. 일부 해외국가들에 존재하는 비밀주의원칙과 이로 인한 자금세탁 및 테러리스트 자금지원 가능성 때문에 미국정부는 2001년 미국애국법(USA Patriot Act of 2001)을 제정하였다. 이 법은 미국 은행들이 특정 국가에 물리적인 실체가 없는 외국은행(소위 껍데기 은행(shell banks))들에게 서비스를 제공하는 것을 금지하고 있다. 이 법은 또한 자금세탁 관련 기소가 가능한 범죄리스트에 해외부패행위를 추가하였다. 또한 연방기관들은 외국은행의 미국 코레스계좌기록을 소환할 수 있는 권한을 가지고 있다. 이에 더하여 이 법은 외국은행의 미국 코레스계좌에 있는 예금자의 자금은 다른 미국 계좌에 있는 예금자의 자금에 적용되는 것과 동일한 몰수원칙을 적용하고 있다. 마지막으로 이 법은 미국 은행들이 자금세탁에 대항하기 위해 신의성실의무를

강화할 것을 요구하고 있다.

미국의 애국법을 위반하는 은행들은 상당한 금액의 벌금과 제재조치를 받게 된다. 예를 들면, 2004년 Hudson United Bank는 거래은행업무의 계좌를 감시하지 못한 것에 대한 조사가 진행되는 것을 타협하기 위하여 500만 달러를 지급하기로 했다. 조사기관은 이 은행이 국제 고객들을 대상으로 했던 거래은행업무를 중단한 2003년 11월까지 16개월 동안, 10억 달러 이상의 자금이 이 은행의 남미와 캐러비안 지점을 통해 수상한 고객들의 계좌를 통해 이체되었다는 것을 파악하였다. 이 지점은 애국법에 명시되어 있는 "고객을 알아야 하는 규정(know your customer rule)"을 따르지 않고 있었다. 보다 최근인 2004년 4월, 연방기구는 Riggs Bank가 외국계좌에 거액을 취급한 것에 대한 조사를 확대하였는데, 조사의 핵심은 사우디아라비아에서 파견한 워싱턴대사의 개인계좌로부터 수 회에 걸쳐 거액의 자금이 인출된 것을 은행이 제대로 보고하지 않은 것이었다. Riggs은행의 사우디 계좌와 기타 국제 거래들은 FBI, 재무부조사기관, 통화감독청, 금융범죄단속네트워크(FinCEN) 등에 의해 조사를 받았다. 이에 더하여 규제당국은 Riggs에 새로운 규정과 벌금을 부과할 것이라고 위협하였다.

애국법에 따르면 미국은 특정 은행이나 국가를 주요 자금세탁대상으로 지정할 수 있다. 일단 지정되면 이 은행이나 국가는 특별한 조처를 받게 된다. 예를 들면, 2005년 9월 미 재무부는 Banco Delta를 "북한과 북한 기업들이 위조달러를 유통시키고 범죄적 행위를 할 수 있도록 도와주는 자발적 수족(willing pawn)"이라고 불렀다. 미 재무부는 이 은행에 대한 조치로서, 모든 미국 금융회사들이 이 은행을 위해 거래은행계좌를 유지하는 것을 금지시킴으로써 미국 금융시스템에 대한 접근 자체를 불가능하게 만들려 했다.

해외규제완화. 제16장에서 논의한 바와 같이 1999년의 금융서비스현대화법 이전에 미국 은행들은 증권, 보험, 상업활동에 대하여 국내에서 상당한 제한을 받았다. 그러나 연방준비제도는 일부의 예외가 있기는 하지만 다른 국가들에 있는 미국 은행의 사무소가 미국에서는 허용되지 않을지라도 해외국가에서 허용된 은행활동을 하는 것을 허용하였다. 예를 들면, 해외자회사를 설립한 미국 은행들은 실물재산을 임대하고 일반보험대리인으로 활동하며 해외기업증권을 인수하고 거래할 수 있다. 예를 들어, 외국지사를 설립한 미국 은행들은 부동산 리스, 손해보험 브로커, 그리고 외국기업발행 증권의 인수(최대 2백만 달러) 및 거래가 가능하다. 해외활동 규제의 완화는 또한 미국 은행들이 전세계로 확장되는 것을 장려한다. 한 예로, 2003년 중국은행규제위원회는 중국의 불안정한 은행시스템을 검사하려는 계획을 발표함으로써 글로벌 경쟁을 제한하는 쪽에서 조심스럽게 글로벌 경쟁을 허용하려는 방식으로 전환하려는 시그널을 보냈다. 이 계획은 해외 단일 투자자의 중국 금융기관 소유지분의 상한선을 15%에서 20%로 증가시키고, 외국은행 지점이 영업을 할 수 있는 중국 도시의 수를 확대하며, 외국은행 지점들의 최저자본 수

표 17-6 NAFTA 협정과 미국 은행

- 비국내은행들이 소유한 캐나다 은행 또는 미국 은행을 포함하여 캐나다 또는 미국에서 인가된 은행들은 지역적 제한없이 멕시코에서 영업지역을 확장할 수 있는 은행자회사를 멕시코에 설립할 수 있다.
- 멕시코와 캐나다의 은행들은 미국에서 직접 지점들과 자회사들을 설립할 수 있다. 이러한 지점들과 자회사들은 기타 비국내은행들의 지점들과 미국의 인가은행들에 대하여 부과되는 동일한 지역적 제한의 적용을 받는다.
- 다른 국가들의 투자자들에 의해 통제되지 않는 미국과 멕시코 은행들은 캐나다에서 Schedule II 은행자회사를 설립할 수 있다. 이와 같은 자회사들은 전국적으로 지점을 설치할 수 있는 권한을 가진다. 멕시코 은행들과 미국 은행들은 캐나다 내에 직접 지점을 설치할 수 없다.

주:

1. 비국내은행들은 캐나다에서 지점을 개설할 수 없자만 Schedule II 은행자회사를 설립할 수 있다. 미국과 멕시코 은행들에 의해 소유되어 있는 Schedule II 은행자회사는 캐나다 은행들과 동일하게 전국적으로 지점을 설치할 수 있는 특권을 가진다. 기타 국가 은행들이 소유한 Schedule II 은행들은 추가적인 지점을 설치하기 위해서 정부의 승인을 받아야 한다. 이와 같은 Schedule II 자회사들에 대한 영업지역제한은 GATT 라운드가 발효될 때 폐지될 것이다.
2. 멕시코는 비국내은행들이 국내지점을 설치하는 것을 허용하지 않는다. 그러나 비국내은행들은 대표사무소와 역외 지점을 설립하고 국내은행의 소수지분을 소유할 수 있다. 이에 더하여 NAFTA하에서 미국과 캐나다 은행들은 멕시코 은행들과 동일하게 전국적으로 지점을 설치할 수 있는 권한을 가지는 은행자회사들을 설립할 수 있도록 허용되어 있다.

자료 : Institute of International Bankers, *1994 Global Survey of Regulatory and Market Developments in Banking, Securities and Insurance*, September 1994, p. 17.

준을 낮추어 중국에서의 영업활동을 확대할 수 있도록 하는 것이다. 이 이후에 미국 은행들이 중국에 진입하기 시작하였다. 예를 들어, Goldman Sachs는 2004년 중국에 지점을 설립하였다. 아울러 Citigroup과 Morgan Stanley는 중국 고객을 대상으로 주택모기지, 기업대출, 파생상품 판매 등을 할 수 있는 상업은행 라이센스를 구입하였다. 더욱이 최근의 한 연구에서 Whalen은 이와 같은 비은행 활동들 중 많은 활동들은 미국 은행들이 국내 은행활동으로부터 얻는 수익과는 상관관계가 낮거나 또는 음의 상관관계를 가지는 수익흐름을 창출한다는 것을 보였다.[23] 즉 국제적 영업지역확장은 미국 은행들에게 중요한 수익-리스크분산의 효과를 창출하는 것으로 보인다.

기술과 통신의 발전. 통신수단 및 CHIPS(국제지급결제시스템(제9장 참조))와 같은 통신기술의 발전과 대형 금융회사들의 독자적인 전용통신망 개발은 미국의 모금융회사들로 하여금 낮은 비용으로 해외 영업을 실시간 통제할 수 있게 하고 있다. 이와 같은 국제적 영업지역확장에 따

23) G. Whalen, "The Securities Activities of the Foreign Subsidiaries of U.S.Banks: Evidence of Risk and Returns," White Paper 98-2, OCC, Washington D.C., February 1998 참조.

른 운영비용의 감소는 국제적으로 보다 넓은 지역에 사무소들을 설치할 수 있게 만들고 있다.

■미국 은행의 해외확장을 억제하는 요인들

다음에서 논의하는 바와 같이 많은 잠재적인 요인들이 국제적 영업지역확장을 억제할 수 있다.

자본제한. 국제결제은행의 Basel Ⅱ 개정안은 AA- 이하의 등급을 가진 OECD국가들에 대한 대출뿐만 아니라 B- 이하의 등급을 가진 OECD 이외 국가들에 대한 대출을 지원하기 위해 필요자본액을 증가시킨다(말하자면 AA- 이상의 등급을 가진 OECD국가들만이 현재의 BIS 리스크기준 자본규제하에서 0의 리스크가중치를 가진다-제15장 참조).

신흥시장의 문제점들. 1997년과 1998년의 한국, 태국, 인도네시아, 그리고 2000년대 초의 아르헨티나와 같은 신흥시장국가들의 문제점들이 미국 은행들이 전통적인 해외시장 이외의 지역으로 영업을 확장하는 것을 더 신중하게 만들었다.[24] 예를 들면, 1994년 NAFTA 협정은 미국과 캐나다 은행들에게 멕시코로 영업지역을 확장할 수 있는 권한을 크게 부여하였다. NAFTA 협정의 자세한 내용에 대하여 〈표 17-6〉을 참조하라. WTO하에서 100개 국가들에 의해 이루어진 1997년 12월 협약도 미국 금융회사들이 신흥시장국가들로 진입하는 것을 금지하는 규제를 완화시키는 중요한 조치이다.

경쟁. 1990년대 동안 미국 은행들은 해외영업분야에서 일본 은행들로부터의 광범위한 경쟁에 직면하였다. 일본 은행들을 도와준 것은 상대적으로 낮은 자금조달비용을 가지고 있는 대규모의 국내저축기반, 일본 내 금융시장의 완만한 규제완화속도, 그리고 일본 은행들의 규모였다. 예를 들면, 1990년대 대부분의 기간 동안 일본은 자산규모로 세계 10대 대형은행들 중 9개를 가지고 있었다. 은행규모가 크다는 것이 반드시 높은 수익을 의미하지는 않지만[25] 일본 은행들이 주요 지역에서 공격적으로 수수료와 스프레드를 낮춤으로써 국경을 넘어서 영업지역과 영역을 분산하고 기업들을 유인한 수 있게 만들어 주었다. 그러나 1990년대 말과 2000년대 초반에 일본경제가 침체국면으로 변하고 일본 은행들의 부채가 급증함에 따라, 미국 은행들에 대한 경쟁위협은 주로 유럽 은행들부터 나오고 있다.

---

24) 한 가지 유명한 예외는 Citigroup이 2000년에 Mexico 2대 은행인 Grupo Financiero Banamex-Accival을 125억 달러에 매입한 것이다. 멕시코경제와 은행시스템의 회복에 대한 믿음을 언급하면서, Citigroup은 미국에서 급속히 증가하는 히스패닉 사람들에게 금융서비스를 제공하기 위해 Banamex 브랜드 이름을 사용하기 원했다.

25) Credit Lyonnais는 대형규모가 반드시 높은 수익과 상관관계를 가지는 것은 아니라는 것을 보여 주는 좋은 예이다. 1995년 봄에 프랑스 정부는 이 은행의 부실대출을 새로 만든 기관으로 이전시킴으로써 이 은행을 구제하여야만 했다. 이에 더하여 대부분의 일본 은행들은 최근 부실대출로 심각한 문제에 직면하였고 이 때문에 일본 은행들이 해외로 영업을 더 확장하는 추세가 감소되었다.

유럽 은행들의 경쟁력을 도운 것은 대부분 국가들에서의 단일화폐 도입뿐만 아니라 유럽에서 단일은행시장을 창출하였던 EC의 2차 은행업지침(EC Second Banking Directive)의 통과였다. 이 지침하에서 유럽 은행들은 유럽공동체 전체 지역에서 지점을 설치하고 은행을 인수할 수 있게 되었다. 즉 유럽 은행들은 단일 EC 패스포트를 가지고 있다.[26) 2차 은행업 지침은 1992년 말까지는 발효되지 않았지만 1988년에 발표되었다. 그 결과 1994년의 Riegke-Neal법의 통과와 실행 이후에 주간 지점설치에 대한 제한이 와해되면서 발생하였던 미국 국내은행들의 합병과 인수열풍과 비견되는 유럽 은행들 간의 국경을 넘어선 합병열풍이 있었다(제17장 참조). 이에 더하여 많은 유럽 은행들은 소매은행 고객들이 신규계좌들을 개설하고 계좌정보에 접근하며, 전략적 제휴관계에 있는 회원은행들의 지점들을 통하여 제3자에게 지불할 수 있도록 전략적 제휴를 형성하였다. 이와 같은 유럽 은행산업에서의 그룹화는 유럽 도매금융시장에서 미국과 기타 외국은행들과의 경쟁을 더욱 격화시켰고 이들 은행들이 유럽 소매금융시장에 침투하는 것을 보다 어렵게 만들었다.

미국에 있는 외국은행들

미국 은행들이 수익을 창출하면서 해외시장으로 영업지역을 확장할 수 있는 것처럼 외국은행들은 미국시장을 진입할만한 매력적인 시장으로 여겼다. 예를 들어, 2007년 3월 영국의 최대 은행 중 하나인 Barclays는 네덜란드계의 ABN Amro를 800억 달러에 인수하겠다고 발표하였다. 이 인수의 주요 이유 중 하나는 미국에서 글로벌 은행들과의 경쟁력을 증진시키는 것이었다(번역자주: 이 인수는 후에 무산되고 ABN Amro는 Royal Bank of Scotland에게 매각되었다). 이제 미국에 있는 외국은행들에 대하여 논의하자.

■ 조직형태

외국은행들은 미국시장에 진입하는데 다음과 같은 5가지의 주요 조직형태들를 사용한다. 어떤 형태를 택하는가는 은행 본국의 국제와 은행의 리스크관리전략에 따라 다르다.

자회사. 외국은행 자회사(subsidiary)는 자기 자신의 자본과 인격을 가지고 있다. 외국은행 자회사는 소매금융과 도매금융시장 모두에 접근할 수 있고 미국 국내은행과 같은 방법으로 영업한다.

지점. 지점은행(branch bank)은 해외 또는 미국 은행시장으로 모은행이 직접 확장하는

26) 비EC은행이 EC회원국가에서 직접 지점을 설치하는 것은 2차 은행업지침에 의해서가 아니라 각 회원국가의 법들에 의해 통제되고 있다. 현재 모든 EC국가들은 외국은행들이 지점을 설치하는 것을 허용하고 있다.

방법이다. 지점은행은 자본지원을 위해 모은행(parent bank)에 의존한다. 일반적으로 지점은행은 미국에서 도매 및 소매예금과 자금조달시장에 모두 접근할 수 있다.

대리점. 대리점(agency)은 제한적인 진입조직형태이다. 이와 같은 조직형태는 도매금융시장과 단기자금시장에서 차입되는 자금으로 자금조달원이 제한된다(대리점은 예금을 받을 수 없다). 대리점의 특별한 경우로 대리점 기능과 제한적인 투자은행 기능을 모두 가지는 New York Agreement Company로 들 수 있다.

에지법회사. **에지법회사(Edge Act Corporation)**은 1919년 이후 미국 국내은행 그리고 1978년 이후 외국은행들이 설립할 수 있는 특별조직형태이다. 에지법회사는 국제거래관련 은행거래 또는 투자를 전문으로 하고 있다.

대표사무소. 대표사무소(representative office)는 미국에서 대출을 시행하지 않고 예금을 수취하지 않을지라도 본국의 모은행을 위해 대출관련 업무를 하면서 대출생산 사무소로서 활동한다. 대표사무소는 미국에 진입하는 외국은행의 가장 제한적인 조직형태이다.[27]

▶ **에지법회사(Edge Act Corporation)**
국제거래관련 은행활동 또는 투자를 전문으로 하고 있는 특별조직형태.

■ 추세와 성장

〈표 17-7〉는 1980년과 2006년 사이의 기간 동안 미국에서 외국은행들의 확장을 보여 준다. 1980년에 외국은행들은 1,667억 달러의 자산(총미국은행자산의 10.8%)을 가지고 있었다. 외국은행들의 활동은 1992년까지 성장하였다. 1992년에 외국은행들은 5,143억 달러의 자산(미국 총은행자산의 16.4%)을 가지고 있었다. 1990년대 중반에 미국에서 외국은행들의 자산비중은 약간 감소되었다. 이와 같은 자산비중감소는 미국 도매금융시장의 경쟁증가, 평균적인 미국 대출 질의 감소, 일본에서 일본 은행들의 자본규제 강화, 일본에서 일본 은행들의 부실대출 증가, 미국에서 외국은행들에 대한 규제를 강화시켰던 1991년의 외국은행감독개선법(Foreign Bank Supervision Enhancement Act of 1991)의 도입과 같은 많은 요인들 때문이었다. 그러나 외국은행들이 이와 같은 변화에 적응하고 1990년대의 강력한 미국경제에 힘입어 미국에서 외국은행들의 활동은 2000년에 미국 총은행자산의 16.1%에 이를 정도로 다시 성장하였다. 2000년대 초반의 세계적 경제침체는 미국에서의 외국은행들의 활동을 다시 위축시켰다. 상황이 개선된 후에도 미국에서의 외국은행들의 활동비율은 낮은 상태로

27) 또한 1981년 이후 미국에 국제은행업무(International Banking Facilities; BF)가 존재한다는 것에 주목하라. 국제은행업무는 미국이 아닌 해외고객들로부터만 예금을 수취하고 해외고객들에게만 대출을 할 수 있는 특별금융회사들이다. 이와 같은 국제은행업무는 본질적으로 역외에서 영업하는 역외은행조직들이다. 대부분이 뉴욕, 일리노이, 캘리포니아에 위치하고 있으며 일반적으로 미국의 은행규제와 세금의 적용을 받지 않는다.

표 17-7 미국 은행과 외국은행들의 자산, 1980년-2006년

	미국 내에서 보유하고 있는 은행자산 (10억 달러)	
	미국 은행 소유	외국은행 소유
1980	$ 1,537.0	$ 166.7
1985	2,284.8	175.5
1990	3,010.3	389.6
1992	3,138.4	514.3
1994	3,409.9	471.1
1995	3,660.6	530.1
2000	5,366.0	863.9
2005	7,738.1	938.5
2006	8,542.1	1,080.1

자료 : "Assets and Liabilities of Commercial Banks in the Unted States,"Federal Reserve Board, Web site, various dates *www.federaoreserve.gov*

머무르고 있다. 예를 들어 2006년 미국에서의 외국은행 자산비율은 12.6% 정도였다.

미국에 있는 외국은행들에 대한 규제. 1978년 이전에 미국에 진입한 외국은행지점들과 대리점들은 대부분 주정부 수준에서 면허를 받았다. 이와 같이 그들의 진입, 규제, 감독은 주정부 수준에서 전적으로 이루어졌다. 1978년에 국제은행업법(International Banking Act; IBA)의 통과부터 시작하여 보다 최근인 1991년 12월에 외국은행감독개선법(Foreign Bank Supervision Enhancement Act; FBSEA)의 통과와 더불어 연방규제당국들은 미국에서 영업하는 외국은행들에 대한 통제를 점차 강화하고 있다.

1978년의 국제은행업법(International Banking Act; IBA)

■IBA 이전

1978년의 IBA 통과 이전에 주정부의 면허를 가지고 미국에 진입한 외국은행의 대리점들과 지점들은 대부분의 국내은행들과 비교하여 상대적으로 경쟁적 장점과 단점을 모두 가지고 있었다. 한편으로 주정부 면허를 받은 조직으로서 외국은행들은 연방준비제도의 필요지급준비금, 회계감사 및 검사, 주간 지점설치의 제한(McFadden법), 기업증권인수활동의 제한(Glass-Steagall법)의 적용을 받지 않았다. 그러나 외국은행들은 연방준비제도의 재할인창구에 접근할 수 없었고 Fedwire와 연방기금시장에도 직접 접근할 수 없었다. 외국은행들은 FDIC 예금보험에도 가입할 수 없었다.

외국은행들은 예금보험에 가입할 수 없었기 때문에 미국 소매금융시장과 예금업무로 부터 효과적으로 배제되었다. 그 결과 1978년 이전에 미국에 있었던 외국은행들은 대체로 도매금융에 집중하였다.

■IBA 이후

국내은행들과 외국은행들에 대한 불평등한 연방규제의 적용과 이와 같은 불공정한 상황을 개선시키기 위한 국내은행들의 로비활동은 미국 의회가 1978년 국제은행업법을 통과시키는 촉진제가 되었다. IBA의 기반이 되는 기본적인 규제철학은 **내국인대우(national treatment)**, 즉 미국 은행시장에서 국내은행들과 외국은행들 모두에게 동일한 경쟁기반을 제공하는 것이었다. 이 법의 결과로 외국은행들은 전세계에서 보유하고 있는 자산이 10억 달러를 초과하면 연방준비제도의 필요지급준비금을 보유하여야 하며, 연방준비제도의 검사, McFadden법과 Glass-Steagall법 모두의 적용을 받도록 되어 있었다. 1978년 이전에 미국에 설립된 외국은행들이 그대로 불법적인 주간 지점들과 증권활동영업을 계속 유지하도록 조부조항이 인정되었다. 즉 주간 은행활동 제한과 증권활동 제한은 1978년 이후 미국에 진입한 새로운 외국은행들에게만 적용되었다.[28]

IBA의 통과는 미국에서 외국은행 활동의 확장을 가속화시켰다. 이와 같은 일이 발생한 주요 이유는 IBA가 처음으로 외국은행들에게 연방준비제도의 재할인창구, Fedwire, FDIC 보험에 접근하는 것을 허용하였기 때문이었다.

▶**내국인대우(national treatment)**
국내은행들과 동일한 방법으로 외국은행들을 규제하거나 또는 동일한 경쟁환경을 만들어 주는 것.

특히 FDIC 보험에의 접근은 소매금융으로의 진입을 가능하게 하였다. 예를 들면, 1979년에만 외국은행들은 4개의 대형 미국 은행들(Crocker, National Bank of North America, Union Planters, Marine Midland)을 인수하였다. 이에 더하여 1980년대 초에 Bank of Tokyo, Mitsubishi, Sanwa Bank는 캘리포니아은행들의 인수에 13억 달러를 투자했다. 일본은행들은 1980년대 말에 캘리포니아은행 자산의 25% 이상을 소유하였다(1990년대 말에 이와 같은 일본 은행 소유 캘리포니아은행 자산의 대부분이 매물로 나왔다.)

1991년의 외국은행감독개선법(FBSEA). 미국에서 외국은행이 보유한 자산이 증가하면서 미국 은행시장에서 외국은행들의 자산비중이 급속히 증가하고 외국은행들에 대한 규제감독이 약하다는 우려가 제기되었다. 3가지 사건이 외국은행에 대한 규제가 약하다는 데 관심을 집중시켰다. 첫 번째 사건은 중동, 케이만군도, 룩셈부르크에 기반을 두고 있는 매우 복잡한 국제적 조직구조를 가지고 있었고 2개의 대형 미국 은행들에 대하여 비공개 소

28) 예를 들면, 1978년에 약 60개의 외국은행들이 적어도 3개 주들에 지점들을 가지고 있었다. 이미 지적한 바와 같이 McFdden법은 국내은행들이 주간 지점설치에 참여하는 것을 금지하였다.

유권을 가지고 있었던 Bank of Credit and Commerce International(BCCI)의 붕괴였다([그림 17-2] 참조). BCCI는 자국 규제당국에 의한 통합된 감독을 받지 않았다. 이와 같은 일은 BCCI가 붕괴된 후에 급속하게 분명해졌으며, 이 때 BCCI가 행했던 대규모의 사기, 내부자 대출남용, 돈세탁 영업이 밝혀졌다. 두 번째 사건은 Italian Banca Nazionale del Lavoro의 애틀란타 대리점이 사담 후세인의 이라크에게 10억 달러 이상의 승인되지 않은 신용장을 발행한 것이었다. 세 번째 사건은 뉴욕에 있는 Greek National Mortgage Bank의 미국 대표사무소가 예금자금을 승인 없이 수취한 것이었다.

이와 같은 사건들과 이와 관련된 우려가 1991년의 FBSEA를 통과되게 만들었다. 이 법의 목적은 특히 주정부의 면허를 사용하면서 진입하여 미국에 있는 외국은행들에 대하여 연방규제당국의 권한을 적용하는 것이었다. 이 법의 5가지 주요 특성들은 미국에 있는 외국은행들에 대한 연방은행규제당국들의 권한을 크게 증가시켰다.

1. 진입. FBSEA하에서 외국은행은 미국 내에 자회사, 지점, 대리점, 대표사무소를 설립하기 위해 연방준비제도의 승인을 받아야 한다. 이와 같은 승인은 신규진입과 인수에 의한 진입 모두에 적용된다. 연방준비제도의 승인을 얻기 위해 외국은행은 많은 기준들을 충족시켜야 하며 이 중에서 2가지 기준은 의무적으로 충족되어야 한다. 첫째, 외국은행은 자국 규제당국에 의해 통합적인 기준으로 종합적인 감독을 받아야 한다. 둘째, 자국규제당국은 진입신청을 평가하기 위해 연방준비제도가 필요한 모든 정보를 제공하여야 한다. 두 가지 기준 모두는 BCCI의 도산과 관련된 공시의 부족과 중앙감독의 부족을 회피하는 것을 목표로 하고 있다.

2. 폐쇄. 이 법은 또한 연방준비제도에게 외국은행의 자국 감독이 적정하지 못하거나, 외국은행이 미국법을 위반하거나, 또는 외국은행이 불건전하고 불안전한 은행활동에 참여하면 외국은행을 폐쇄시킬 권한을 부여하고 있다.

3. 검사. 연방준비제도는 외국은행의 대표사무소를 포함하여 각 사무소를 검사할 권한을 가진다. 이에 더하여 각 지점 또는 대리점은 1년에 한 번 검사를 받아야 한다.

4. 예금수취. FDIC에 가입할 수 있는 외국은행 자회사들만이 10만 달러 이하의 소매 예금을 수취할 수 있다. 이것은 외국은행 지점과 대리점이 FDIC에 가입할 수 있도록 한 IBA의 조항을 효과적으로 배제시킨다.

5. 활동권한. 1992년 12월부터 주정부의 면허를 받은 외국은행의 지점과 대리점은 연방정부 인가지점에 허용되지 않은 활동에 참여할 수 없다.

일반적으로 FBSEA는 외국은행에 대한 연방준비제도의 권한을 상당히 강화시켰고 외국

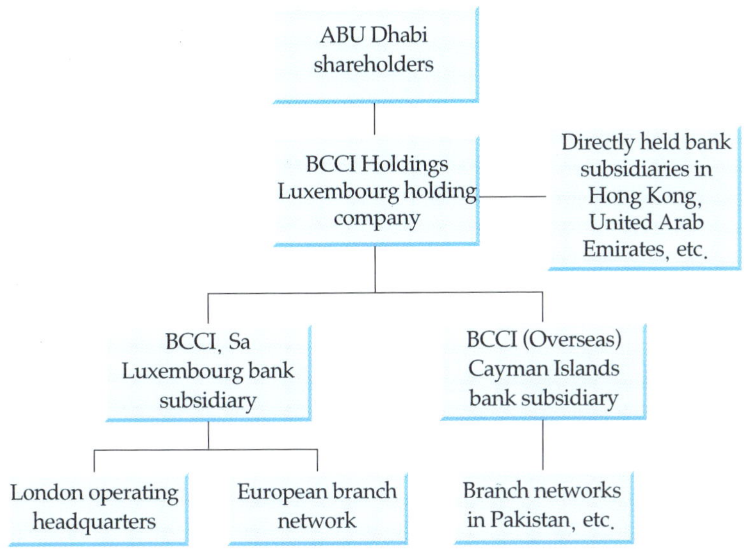

자료 : U.S. General Accounting Office, *International Banking*, GAO/GGD-94-68(1994), p. 17.

그림 17-2 Bank of Credit and Commerce International(BCCI)의 조직 구조

은행의 미국진입비용 또는 미국진입의 규제적 부담을 상당히 증가시켰다. 실제로 FBSEA의 통과 후 2년 동안에 연방은행감독기관들은 미국에서 영업하는 외국은행들에 대한 40개의 공식적인 시행조치들을 취하였다.

가장 심각한 경우로 일본 Daiwa은행은 미국 영업을 중지하도록 명령을 받았다. 이와 같은 강제적인 Daiwa은행의 미국영업정지는 6주 이상 동안 Daiwa 경영자가 미국 규제당국들에게 한 채권거래자의 10억 달러 이상에 달하는 손실을 숨긴데서 비롯되었다. 1996년 1월에 Daiwa의 미국 은행자산은 Sumitomo Bank of Japan에게 판매되었고 1996년 2월에 Daiwa는 제기된 소송들을 마무리하기 위해 미국 규제당국에게 3,400만 달러의 벌금을 지불하였다. 이것은 미국 규제당국이 과오를 범한 외국은행들에게 가혹한 입장을 지닌다는 강력한 신호를 보냈다. 2001년 11월에 State Bank of India는 미국 연방규제당국과 주정부 규제당국에 의해 뉴욕, 시카고, 로스앤젤레스의 지점들에서 이루어진 불안전하고 불건전한 활동들에 참여한 것에 대하여 벌금으로 750만 달러를 지불하도록 명령을 받았다. 2006년 연방준비제도는 다양한 금융회사들에 대해 27건의 제재조치를 취했다. 이 중 가장 주목할 만한 것은 뉴욕지점의 자금세탁을 제대로 감시하지 못한 것에 대해 Bank of Tokyo-Mitsubishi UFJ에게 시정명령을 내린 것이다.

개념질문

1. 어떤 규제 및 경제 요인들이 미국의 역외금융의 성장을 촉진하였는가? 어떤 요인들이 미국의 역외금융을 억제하였는가?
2. NAFTA에 의해 도입된 은행 확장관련 주요 정책변화는 무엇인가?
3. 외국은행의 미국시장진입이 이루어지는 중요한 형태들은 무엇인가?
4. 1978년의 국제은행업법(IBA)은 미국에서 외국은행의 활동에 어떤 영향을 미치고 있는가?

17.8 글로벌확장의 장점과 단점

지금까지 미국 금융회사의 국제적 영업확장과 외국금융회사의 미국시장진입에 영향을 주는 과거 및 최근 추세를 살펴보았다. 이제 추가적인 수익을 창출하거나 또는 리스크를 효과적으로 분산하고자 하는 개별 금융회사들이 얻을 수 있는 국제적 영업지역확장의 장단점을 살펴보자.

장 점

국제적 영업지역 확장에는 6가지 주요 장점들이 존재한다.

■수익과 리스크분산

금융회사의 국제적 활동은 국내에서의 영업지역확장과 마찬가지로 잠재적으로 수익흐름의 리스크를 분산할 수 있는 기회를 증가시킨다. 금융회사의 국내수익흐름은 영업활동을 하는 지역경제에 강하게 연결되어 있다. 따라서 세계경제가 덜 통합되어 있을수록 국제적 영업지역확장을 통하여 얻는 수익잠재력은 더 커진다. 예를 들어, 2000년 초반 Citigroup은 말레이시아에 지점이 3개 밖에 없었지만 강력한 마케팅프로그램을 사용하여 최대 모기지대출은행이 되었다. 당시 말레이시아는 외국은행들이 새로운 지점을 설치하는 것을 금지하는 법안이 있었음에도 불구하고, Citigroup은 공격적인 마케팅, 뛰어난 소비자서비스, 그리고 가가호호 전화를 하는 판매방식을 사용하여 이 문제를 타개하였다. 그 결과, 미국은 경제침체였음에도 불구하고, Citigroup은 급격히 성정하는 말레이시아 모기지시장의 8%를 장악하였다. 2000년대 초 미국 라이벌인 J. P. Morgan과 Bank of America가 대형합병으로 매스컴을 장학하고 있을 때, Citigroup은 상품과 서비스를 글로벌화하는 전략을 사용하였다. 이 시기의 Citigroup의 전략은 소비자은행영업을 국외로 확장하여 이익을 증진시키고 소비자영업과 기업영업을 합치기 위하여 수순을 밟고 있던 미국 라이벌은행들을 뒤쳐지도록 만드는 것이었다. 또한 국제적 영업지역확장은 금융회사가 국내활동들과 음의 상관관계를 가지면서 국내에서 허용되지 않은 활동들을 할 수 있으면 리스크를 감소시킬 수 있다.

■규모의 경제

금융회사는 규모의 경제가 존재하는 정도에 따라 국내의 국경을 넘어서 활동을 확장함으로써 평균운영비용을 잠재적으로 낮출 수 있다.

■혁신

금융회사는 새로운 혁신상품들을 국내에서 뿐만 아니라 국제적으로 판매함으로써 초과수익률을 창출할 수 있다. 예를 들면, 금융회사가 미국에서 혁신상품을 개발하여 경쟁자들이 거의 없는 새로운 해외시장들에 판매하는 증권화, 캡, 플로어, 옵션과 같은 복잡한 금융혁신상품들을 생각해 보자. 일본에서 미국 증권회사들의 지배력이 큰 것은 일본 국내의 증권회사들과 비교하여 그들이 가진 비교우위, 리스크관리기법에 대한 지식, 파생상품들의 활용에 기인한다는 주장이 있다.[29] 그러나 1998년에 아시아와 러시아시장에서 많은 미국 증권회사들에 의해 발생된 대규모 손실은 이들의 경쟁우위에 대하여 의문을 제기하였다.

■자금조달원

국제적 영업지역확장은 금융회사가 가장 저렴하게 이용할 수 있는 자금조달원을 찾을 수 있도록 허용한다. 이것은 국내 및 국제 도매금융의 이익이 작은 상황에서는 매우 중요하다. 또한 국제적 영업지역확장은 어느 한 시장에서의 자금부족리스크를 감소시킨다.

■고객관계

국제적 영업지역확장은 금융회사가 국내 다국적 기업들과 지속적으로 접촉하고 그들의 수요를 유지할 수 있도록 허용한다. 실제로 해외국가들에서 금융회사의 성장을 결정하는 기본적인 요인들 중 하나는 글로벌 영업을 하는 다국적 기업들의 해외직접투자와 국제무역의 성장이다.

---

29) 1998년에 Merrill Lynch는 파산한 (전통적으로 일본에서 네 번째로 큰 증권회사였던) Yamaichi Securities의 30개 지점들과 2,000명의 종업원들을 인수하였다. 같은 해에 Travelers(와 Travelers의 자회사인 Salomon Securities)는 (전통적으로 일본에서 세 번째로 큰 증권회사였던) Nikko Securities의 주식 25%를 매입하였다.

■ **규제회피**

활동제한과 필요지준과 같은 국내규제가 금융회사의 운영에 대한 제한 또는 세금을 부과하는 정도에 따라 규제부담이 적은 국가들을 찾는 것이 금융회사가 순규제부담을 낮추고 잠재적 순수익을 증가시킬 수 있다.

단 점

국제적 영업지역확장에는 3가지 주요 단점들이 존재한다.

■ **정보/감시비용**

글로벌 영업지역확장은 금융회사에게 영업지역의 리스크를 더 잘 분산할 수 있게 하여 주는 반면, 대출과 같은 영역에서 리스크노출의 절대수준은 금융회사가 최적의 방법으로 분산하지 못하면 더 높아질 수 있다. 예를 들면, 금융회사는 효율적 대출프론티어상에 있는 대출포트폴리오 조합을 선택하지 못할 수 있다(제7장 참조). 해외영업활동들은 감시 및 정보수집비용이 해외시장들에서 더 높기 때문에 상대적으로 리스크가 높을 수 있다. 예를 들면, 일본과 독일의 회계기준들은 미국 기업들이 사용하는 회계원칙(GAAP)과 상당히 다르다. 이에 더하여 언어, 법, 문화 쟁점들이 국제적 영업활동에 추가적인 거래비용을 부과할 수 있다. 마지막으로 규제환경은 지역적으로 통제되고 규제는 각 시장에서 다른 순비용을 부과하기 때문에 진정한 글로벌 금융회사는 각 시장의 다양한 법규들과 규제들을 잘 알아야 한다.

■ **국유화/몰수**

금융회사는 지점 또는 자회사와 같은 고정자산에 대한 투자를 통하여 지역적 실체를 설립하여 확장하는 경우가 많으므로 정권의 변화가 이와 같은 고정자산들을 국유화시킬 수 있는 정치적 리스크에 직면한다.[30] 이에 더하여 외국금융회사의 예금자들이 국유화로 인하여 손실을 입으면 국유화한 정부로부터가 아니라 미국의 재판소에서 금융회사로부터 법적 상환청구권을 찾고자 할 수 있다. 예를 들면, 공산정권이 베트남에 있었던 Citicorp 지점들을 인수하고 몰수한 후 베트남에 있는 Citicorp 지점들의 잔고청구권을 해결하는데 수 년이 걸렸다.

30) 이와 같은 국유화는 아프리카 국가들에서 자주 발생하였다.

■고정비용

해외은행조직을 설립하기 위한 고정비용이 매우 높을 수 있다. 예를 들면, 도쿄은행시장에 은행조직을 설립하고자 하는 미국 금융회사는 뉴욕에서보다 상당히 높은 부동산가격에 직면한다. 이와 같은 비용은 금융회사가 (일본 은행의 상당한 대출문제들과 Nikkei지수의 최근 하락에도 불구하고) 가격-수익 비율로 측정된 일본 주식을 인수하는데 드는 상당한 비용 때문에 새로운 영업조직을 설립하기보다는 기존 일본은행을 매입하여 진입하기를 선택하면 더욱 높아질 수 있다. 해외영업지역의 진입으로부터 창출되는 영업의 예상규모와 수익흐름에 관하여 불확실성이 존재하면 이와 같은 비용에 대한 고려가 더욱 중요할 수 있다. 영국의 1986년 "빅뱅" 규제완화에 따른 예상수익을 실현하기 위한 미국 금융회사의 인수가 이루어지지 못한 것은 실현되지 않은 수입에 대한 예상, 높은 진입고정비용, 경쟁우위를 유지하기 위한 비용 등을 고려한 좋은 한 예이다.[31]

개념질문

1. 국제적 영업지역확장이 금융회사에게 주는 주요 장점들은 무엇인가?
2. 국제적 영업지역확장이 금융회사에게 주는 주요 단점들은 무엇인가?
3. 위에서 논의한 장점들과 단점들을 비교하면서, 당신은 왜 미국 금융회사들은 우크라이나에 지점을 거의 설치하지 않는다고 생각하는가?

요 약

국내에서의 영업지역확장을 금융회사가 리스크-수익 간의 성과를 개선시키는 한 방법이다. 이와 마찬가지로 국제적 영업확장도 장단점을 제공한다. 규제적 고려사항들과 비용이 이와 같은 의사결정에 기본적인 요인들로 작용하지만 기타 경제적 요인들이 금융회사의 이익-비용 분석에서 중요한 역할을 한다. 예를 들면, 수익분산, 규모의 경제, 범위의 경제, 고객관계의 확장, 금융서비스 혁신의 활용과 같은 고려사항들이 영업지역확장으로부터의 잠재이익을 증가시킨다. 그러나 감시비용, 자산의 몰수, 시장진입의 고정비용과 같은 영업지역확장의 비용 또는 리스크도 존재한다. 금융회사경영자는 국제적 영업지역확장이나 국내 영업지역확장에 관한 의사결정을 하기 전에 이와 같은 요인들 각각을 세심하게 평가할 필요가 있다.

---

31) 예를 들면, 1987년에 미국 은행들의 외국 자회사들 증권활동의 수익률은 -0.96%였다. 그러나 미국 은행들과 증권회사들은 캐나다의 증권영업 "빅뱅" 규제완화에서 더 좋은 성과를 내었다("Canada's Borrowing with Its Fat Fees Lures Wall Street," *New York Times*, April 15, 1995, p. D1 참조).

연습문제

1. 영업지역 분산의 제한은 금융회사의 수익성에 어떻게 영향을 미치는가?
2. 보험회사들은 법인허가를 받은 주 이외의 주들에서 어떻게 금융서비스를 제공할 수 있는가?
3. 간-세인트 저메인법과 FIRREA는 어떤 점에서 주간 지점확대의 동기를 제공하는가?
4. 단점은행(unit bank)과 머니센터은행은 왜 1900년대 초에 은행지점 설치에 반대하였는가?
5. 은행산업이 1930년대 초 이후 50년 동안 계속적으로 주간 은행활동을 유지하는데 어떤 방법으로 성공하였는가? 규제당국들은 은행들이 이전에 금지되었던 은행활동 및 영업활동에 진입하는 것에 대응하기 위해 어떤 입법활동을 하였는가?
6. 복수은행지주회사(MBHC)와 단일은행지주회사(OBHC)의 차이점은 무엇인가?
7. 주간 은행협약(interstate banking pact)은 무엇인가? 주간 은행협약의 3가지 일반유형들은 주간 은행활동을 권장하는 데 있어 어떻게 다른가?
8. 1980년대 동안에 있었던 어떤 경제적 사건들이 Garn-St. Genmain법과 FIRREA가 주간 은행활동의 추가적 확장을 허용하는 동기를 제공하였는가?
9. 비은행은행(nonbank bank)는 무엇인가? 어떤 법이 비은행은행의 탄생을 허용하였는가? 비은행은행은 주간 은행활동에서 어떤 역할을 하였는가?
10. 비은행은행의 경쟁전략의 발전은 어떤 방식으로 "은행활동과 밀접히 관련된 활동"의 의미를 명확히 하였는가? 보다 일반적인 의미에서 이 전략은 은행활동 이외의 서비스와 상품을 제공하는 데 있어서 어떤 방식으로 은행산업을 보조하였는가?
11. 1994년의 Riegle-Neal 주간 은행활동 및 지점설치효율성법(Riegle-Neal Interstate Banking and Branching Efficiency Act of 1994)의 조항들은 어떻게 완전한 주간 은행활동을 허용하였는가? 주간 은행활동의 수익상 기대효과는 무엇인가? 이 법은 은행산업과 금융산업의 구조에 어떤 영향을 미치고 있는가?
12. 은행합병들은 종종 X-효율성이라고 부르는 계량화하기 어려운 이익과 X-비효율성이라고 부르는 계량화하기 어려운 비용을 창출한다. 각각의 예를 들어 보라.
13. Berger and Humphrey는 은행합병의 비용절약에 대해서 무엇을 발견하였는가? Rhoades는 얼마나 상이한 결과를 제시하였는가?
14. 금융회사가 지리적으로 영업지역을 확장함으로써 얻을 수 있는 3가지 유형의 수익시너지는 무엇인가?
15. 허핀달-허쉬만지수(HHI)는 무엇인가? 이 지수은 어떻게 계산되고 해석되는가?
16. City Bank는 현재 은행서비스에서 60%의 시장점유율을 지니고 있고 Nations Bank와 State Bank는 각각 20%의 시장점유율을 지니고 있다.
    a. 허핀달-허쉬만지수(HHI)로 측정되는 시장집중도는 얼마인가?
    b. 만일 City Bank가 State Bank를 인수하면 새로운 HHI는 얼마인가?
    c. 미국 법무부가 HHI의 변화가 1,400을 초과하지 않는 한 합병을 허가한다고 가정하자. City Bank가 State Bank와 합병한 후에 처분하여야 하는 자산의 최소금액은 얼마인가?
17. 미국 법무부는 다음과 같은 4개의 금융회사들을 가지고 있는 시장에서 한 합병신청을 검토한다.

은 행	자 산
A	1,200만 달러
B	2,500만 달러
C	1억 200만 달러
D	300만 달러

a. 기존 시장의 HHI는 얼마인가?

b. 만일 은행 A가 은행 D를 인수하면 시장집중도에 어떤 영향을 미치는가?

c. 만일 은행 C가 은행 D를 인수하면 시장집중도에 어떤 영향을 미치는가?

d. 미국 법무부는 이와 같은 2가지 합병신청에 대하여 어떻게 반응할 가능성이 있는가?

18. 미국 법무부는 HHI를 사용하여 시장집중도를 측정한다. 이 척도는 (*a*) 여러 종류의 서비스를 생산하는 금융회사와 (*b*) 글로벌 경영을 하는 금융회사에 대하여 어떤 문제점들을 가지고 있는가?

19. 미국 법무부는 합병의 승인을 결정하는데 있어 시장집중도 이외에 어떤 요인들을 고려하는가?

20. 1984년 이후 중형은행들의 비중은 변화가 없는 반면 소형은행들의 비중은 감소하고 대형은행들의 비중은 증가하는 이유는 무엇인가?

21. 실증연구들에 의하면, 어떤 요인들이 피인수은행의 매입가격/피인수은행의 장부가치 비율로 정의되는 합병인수프리미엄에 가장 큰 영향을 미치는가?

22. 합병 이후 성과를 포함하여 은행합병을 검토하였던 연구들의 결과는 무엇인가? 이와 같은 연구들은 비은행 합병을 검토하였던 연구들과 어떻게 다른가?

23. 금융회사의 인수에 영향을 미치는 중요한 기업 고유의 금융요인들은 무엇인가?

24. 합병은행들의 성과는 은행산업의 평균 성과와 비교하여 어떠한가?

25. 은행들이 영업지역의 확장으로부터 얻는 이익은 무엇인가?

26. 금융회사가 글로벌 조직을 설립할 수 있는 3가지 방법들은 무엇인가?

27. 1964년의 해외직접투자관리법(Overseas Direct Investment Control Act of 1964)은 글로벌 은행활동의 성장을 어떻게 도왔는가? 1980년에서 2006년까지 자산기준으로 글로벌 은행활동은 얼마나 성장하였는가?

28. 유로달러 거래는 무엇인가? 유로달러는 무엇인가?

29. 미국은행의 글로벌 확장을 촉진시킨 4가지 요인들을 지적하고 설명하라.

30. 바젤 II의 리스크기준 자기자본 요구액의 시행이 주요 미국 은행들의 국제활동에 어떤 영향을 줄 것이라고 예상하는가?

31. 1990년 후반에 신흥시장경제의 문제점들은 미국 은행들이 전통적인 은행활동을 국제적으로 확장하는데 있어 어떤 영향을 미쳤는가?

32. 1990년대 중반의 기간 동안 어떤 요인들이 일본 은행들에게 국제영업에서 경쟁하는 데 있어 유리한 고지를 점하게 하였는가? 경쟁시장에서 규모의 장점은 무엇인가? 규모가 반드시 높은 수익성을 의미하는가?

33. 유럽공동체 2차 은행지침은 무엇인가? 이것은 유럽의 경쟁적 은행환경에 어떤 영향을 미치고 있는가?

34. 외국은행들이 미국 시장에 진입할 수 있는 방법들을 지적하고 논의하라. 국제은행업무

(International banking facilities)는 무엇인가?

35. 1990년대부터 2006년까지 외국은행들에 의해 통제되는 미국 은행자산의 비율이 상대적으로 증가하는 요인들은 무엇인가?

36. 1978년의 국제은행법(International Banking Act of 1978)의 기본 철학은 무엇인가?
   a. 이 법이 통과되기 전에 외국은행들은 국내은행들과 비교하여 상대적으로 어떤 장점과 단점을 가지고 있었는가?
   b. IBA는 외국은행에 대하여 어떤 조건을 부과하였는가?
   c. IBA가 미국 내에서 외국은행 활동의 성장에 미칠 수 있는 효과는 무엇인가?

37. 어떤 사건들이 1991년의 외국은행감독개선법(FBSEA)의 통과를 촉발시켰는가? 이 법의 주요 목적은 무엇인가?

38. FBSEA의 주요 특징들은 무엇인가? FBSEA는 외국은행의 자국 규제당국과의 협력을 어떻게 촉진시켰는가? FBSEA가 연방준비제도와 외국은행들에 미친 효과는 무엇인가?

39. 국제적 영업지역 확장에 따른 금융회사의 주요 장점들은 무엇인가? 각 장점은 금융회사의 경영성과에 어떤 영향을 미칠 수 있는지를 설명하라.

40. 금융회사의 글로벌 확장에 따른 어려움들은 무엇인가? 이와 같은 어려움은 금융회사의 경영성과에 어떠한 부정적인 효과를 발생시킬 수 있는가?

Web을 활용하는 질문

42. FDIC의 웹사이트(www.fdic.gov)에 가서 뉴욕주 은행지주회사들의 예금비중에 대한 최근 자료를 찾아라.

43. FDIC의 웹사이트(www.fdic.gov)에 가서 은행자산 집중도에 대한 최근 자료를 찾아라.

44. 연방준비제도의 웹사이트(www.federalreserve.gov)에 가서 해외국가들에 보유하고 있는 미국 은행들의 자산에 관한 최근 정보를 찾아라.

관련 웹사이트

기관명	웹사이트
Bank for Intrtnational Settlements	www.bis.org
Board of Governors of the Federal Reserve	www.federalreserve.gov
Depatment of Justics	www.usdoj.gov
Federal Deposit Insurance Corporation	www.fdic.gov
Office of the Comptroller of the Currency	www.occ.treas.gov
Office of Thrift Supervision	www.ots.treas.gov

제 18 장

선물과 선도 계약

18.1 서 론

제8장에서는 금융회사의 부외거래활동의 성장에 대해 설명한 바 있는데 이러한 성장은 주로 선물과 선도계약 등의 파생상품계약 때문이라고 할 수 있다. 놀랄 정도로 많은 파생상품의 거래는 주로 대규모의 은행 및 비은행금융회사들만의 거래 행위의 결과로 생각될지 모르지만 실제로는 모든 규모의 금융회사들이 자산과 부채의 연계리스크을 헤지하고 불리한 상황이 발생했을 때 순자산가치가 하락하는 것을 막기 위하여 이러한 금융수단을 이용해 오고 있다. 본 장의 후반에서 설명이 되겠지만 선물과 선도계약 등의 파생상품계약은 금융회사로 하여금 이자율리스크, 환리스크, 신용리스크는 물론 허리케인과 같은 자연재해리스크까지도 관리(또는 헤지)할 수 있게 해 준다. 실제로 2002년 하반기에 연방준비제도이사회 의장이었던 Alan Greenspan은 파생상품 시장의 성장을 찬양하며, 이 시장의 성장은미국 경제가 2000년 대 초반에 발생한 충격을 비껴나갈 수 있었던 주요 원인이라고까지 하였다.

〈표 18-1〉에는 2006년 9월 기준으로 미국의 모든 상업은행과 상위 25개의 상업은행들의 파생상품계약 보유고를 보여 주고 있다. 표로부터 상위 25개의 상업은행들이 보유하고 있는 파생상품계약의 명목금액은 125조 달러가 넘으며, 다른 888개의 은행과 신탁회사들이 보유하고 있는 파생상품 명목금액도 4,730억 달러나 되는 것을 알 수 있다. 〈표 18-1〉은 파생상품계약을 선물, 선도, 스왑, 옵션, 신용파생상품으로 구분하고 있다. 스왑계약(77.6조 달러)이 파생상품 중 가장 큰 규모이고, 다음으로 옵션(26.2조 달러), 선물과 선도계

약(14.5조 달러), 그리고 신용파생상품(7.9조) 순으로 되어 있다. 상위 25개 은행의 파생상품 계약의 대체비용은 1,720억 달러이고, 신용노출(credit exposure)은 1조 4,920억 달러(또는 자본의 105.2%)이다.[1] 금융회사들은 이자율이나 신용리스크 등 자신의 리스크를 헤지하기 위하여 파생상품을 보유할 뿐만 아니라, 장부상 리스크를 헤지하려는 다른 회사들을 위해 파생상품의 거래상대방이 되어 수수료를 획득하기도 한다.

금융회사 및 비금융회사들의 파생상품이용의 가파른 증가는 논란의 대상이 되어 왔다. 본 장과 다음 두 장에서 논의될 것이지만 파생상품은 적절하게 이용된다면 헤지(또는 금융회사의 리스크경감)의 목적으로 사용할 수 있다.[2] 그러나 오용된다면 파생상품은 오히려 금융회사의 파산리스크를 증가시킬 수 있다.

금융산업전망대 **이자율스왑이 파생시장에서 1/4분기의 강세장을 이끌다**

은행들은 이자율 계약의 계절적 호조와 주식 및 외환거래에서의 전례 없는 수익에 힘입어, 1/4분기 현물 및 파생상품거래에서 570억 달러의 기록적인 수익을 달성했다고 밝혔다. 명목금액의 규모는 기록적인 110조 달러에 달하였으나, 파생거래를 통한 은행의 현재 신용노출금액은 1,890억 달러에 그쳤다.

신용파생상품은 은행 포트폴리오 내에서 제일 작은 비중을 차지하고 있지만, 관련 시장은 괄목할만한 성장세를 이루는 반면 신용파생의 인프라는 상대적으로 취약하기 때문에 감독당국의 주의를 집중시키고 있다. 통화감독청 당국자는 2/4분기가 마감되는 금요일 1/4분기 실적을 발표하는 자리에서 이자율스왑은 은행의 파생상품 포트폴리오에서 여전히 가장 중요한 요소이지만, 관련 시장참여자가 늘고 유동성이 증가함에 따라 그 수익성은 감소되었다고 발표했다. 이자율 파생상품은 1/4분기 중 12억 달러의 수익을 냈으며, 이것은 과거 8분기 평균 수익의 2배에 달하는 것이지만, 이전년도들의 1/4분기의 수익 규모와는 대체로 일치하는 수준이다. 1/4분기에는 은행 고객들이 그 해의 리스크관리 전략을 실행에 옮기는 시기이기 때문에 관련 수익이 늘어난다. 특히 신용파생상품의 성장세는 주목할만하다. 신용파생상품 시장의 규모는 2005년 1/4분기 대비 77%가 증가한 5.5조 달러를 기록했다.

지난 9월 연방준비제도이사회는 신용파생상품시장에 참가하는 대형 금융회사들을 소집하여 그 시장의 특징이라고 할 수 있는 부적절한 거래에 대한 해결책 및 결제절차를 마련할 것을 요구했다. Dick 여사는 지난 9개월간의 괄목할만한 성장세에 주목하면서 성장통은 시장이 발전하기 위한 전형적인 과정이라고 말했다. 그녀는 또한, 신용파생상품거래의 많은 부분이 (국내)은행 영역의 외부에서 발생하는 것을 연방은행이 알고서 놀랐다고 전했다. 그녀는 "신용파생시장의 형성 및 업무의 상당부분이 투자은행과 외국계 은행의 업무를 통해 이루어지고 있다"고 말했다.

자료 : Todd Davenport, *American Banker*, 2006년 7월 3일, 2쪽. www.americanbanker.com.

1) 규제목적에 부합하는 파생상품의 신용노출의 계산방법은 제15장 참조.

2) E. Brewer, III, B.A. Minton, and J.T. Moser는 "Interest-Rate Derivatives and Bank Lending (*Journal of Banking and Finance* 24(2000), pp. 353-79)라는 연구에서 이자율파생상품을 이용하는 은행들이 그렇지 않은 은행들에 비하여 기업대출 및 산업대출 포트폴리오에서 더 높은 성장을 보이고 있는 것을 발견하였다.

표 18.1 파생상품이용규모에 따른 25개 상업은행과 신탁회사들의 파생계약명목금액과 신용등가노출액규모, 2006년 9월 기준 (단위 100만 달러)

순위	은행명	총자산	선물과 선도	스왑	옵션	신용 파생 계약	현물FX	파생 계약 합계	모든 계약의 대체비용	리스크 기준자본 부가액	총신용 노출	자본 대 신용 노출비율
1.	J. P. Morgan Chase Bank	$1,173,732	$5,746,727	$38,553,895	$14,967,128	$4,288,842	$233,173	$62,634,691	$68,254	$667,921	$736,175	806.7
2.	Bank of America NA	1,185,581	2,992,673	17,783,495	3,512,595	1,184,955	191,440	25,473,719	26,111	221,671	247,783	268.3
3.	Citibank NA	816,362	3,154,419	15,310,096	4,663,204	1,349,225	366,422	2,476,944	38,829	287,095	325,924	430.5
4.	Wachovia Bank NA	517,174	413,815	25,372,115	2,001,872	292,407	12,139	5,245,309	9,735	54,045	63,780	133.1
5.	HSBC Bank USA	166,632	396,287	1,993,082	1,032,694	745,445	40,791	4,167,509	12,317	66,218	78,535	528.8
6.	Wells Fargo Bank NA	400,807	627,951	146,425	248,194	3,793	8894	1,026,363	4,445	3,976	8,421	21.2
7.	Bank of New York	91,155	152,861	318,136	410,292	1,540	16,547	882,829	2,446	4,093	6,539	77.6
8.	State Street Bank & TC	96,873	470,470	5,293	22,518	165	22,915	498,446	1,810	4,111	5,921	96.1
9.	LsSalle Bank NA	71,435	90,476	75,733	13,082	285	0	179,576	138	759	897	12.0
10.	PNC Bank NA	87,664	19,761	82,275	72,925	3,391	991	178,352	1,200	1,082	2,282	27.8
11.	National Ciry Bank	135,683	26,724	48,096	68,212	1,503	413	144,535	724	566	1,289	9.7
12.	SunTrust Bank	182,529	20,284	76,349	35,246	1,172	456	133,052	1,904	1,121	3,025	17.6
13.	Mellon Bank NA	28,115	92,786	22,674	6,306	461	10,868	122,227	493	964	1,457	51.2
14.	Keybank National Assn.	91,772	17,609	62,289	4,924	7,700	682	92,592	808	1,363	2,171	19.7
15.	Northern Trust Co	47,296	74,093	5,107	451	230	8,051	79,882	883	674	1,558	45.0
16.	LaSalle Bank Midwest NA	49,803	5,120	70,002	4,378	0	0	59,500	13	448	461	9.6
17.	U.S. Bank National Assn.	215,893	9,971	35,683	10,957	522	310	57,132	350	389	739	3.7
18.	Countrywide Bank NA	93,284	38,500	2,899	5,098	0	0	46,497	0	32	32	0.5
19.	Merrill Lynch Bank NA	60,287	6,161	26,644	1,378	6,120	0	40,303	368	816	1,184	17.3
20.	Deutsche Bank Tr Co America	38,817	1,060	26,394	4,442	6,442	65	38,338	161	1,784	1,945	23.2
21.	Regions Bank	82,465	5,760	21,602	4,505	20	2	31,886	198	181	380	4.6
22.	Fifth Third Bank	58,493	8,925	19,023	3,730	84	334	31,762	303	314	617	9.5
23.	Branch Banking and Trust	88,815	5,866	15,331	7,317	101	39	28,615	254	188	442	6.0
24.	First Tennessee Bank NA	39,771	12,374	7,512	6,512	0	1	26,397	185	83	268	7.5
25.	Capital One Bank	31,383	1,008	25,074	0	0	0	26,082	26	149	175	3.8
25개사 합계		$8,851,822	$14,391,680	$77,250,323	$26,186,331	$7,894,474	$914,532	$125,722,807	$171,955	$1,320,044	$1,491,999	105.2[a]
기타 888개 상업은행		$2,382,482	$ 90,619	$ 313,144	$ 59,564	$ 9,488	$ 2,092	$ 472,817	$ 3,565	$ 4,945	$ 8,511	N/A
총 은행합계		$8,234,304	$14,482,301	$77,563,467	$26,245,895	$7,903,962	$916,624	$126,195,624	$175,520	$1,324,990	$1,500,510	4.1

* 리스크기준 자본　　* 평균

* 자료: Office of the Comptroller the Currency Web site. September 2006. www.occ.gov

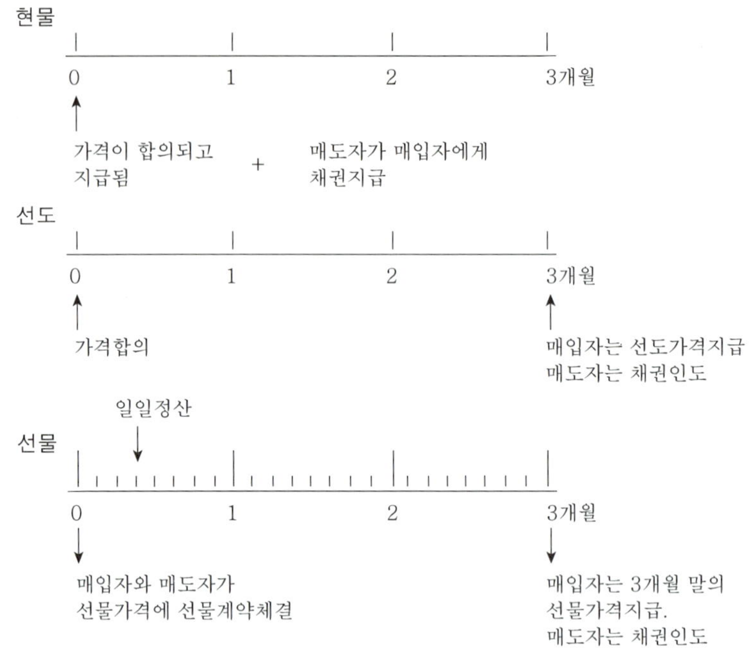

그림 18-1 계약시간대

Bankers Trust나 Allied Irish Bank 등 금융회사, 일반기업, 지방정부들의 파생상품이용과 관련된 수많은 문제들로 인하여 파생상품계약에 대한 회계기준은 보다 강화되고 있다. 특히 2000년부터 미국의 재무회계기준위원회에서는 모든 파생상품을 시장평가하고 발생한 손실과 이익은 재무제표에 즉시 반영할 것을 요구하였다. 아울러 금융산업전망대에서 언급하듯이, 2006~2007년의 이자율에 대한 불확실성은 은행들로 하여금 파생상품의 사용에 더욱 주의를 기울이도록 만들었다.

본 장에서 우리는 선물과 선도계약이 금융회사의 이자율, 외환 그리고 신용리스크를 관리할 수 있을 뿐만 아니라 자연재해를 헤지하는데 있어서도 중요한 역할을 한다는 것을 알게 될 것이다. 먼저 선도 및 선물계약과 현물계약을 비교한 후 선도와 선물계약이 이자율리스크, 환리스크, 신용리스크, 자연재해리스크의 헤지에 어떻게 사용되는지 살펴볼 것이다. 또한 제19장과 제20장에서는 옵션 형태의 파생상품과 스왑거래에 대해 살펴볼 것이다.

18.2 선도계약과 선물계약

선도 및 선물계약의 기본적 특성을 이해하기 위해 현물계약과 비교해 보자. [그림 18-1]은 파생계약의 기초자산으로 채권을 사용한 세 가지 계약에 대해 각각 시간에 따른 거래행위를 보여 주고 있다.

현물계약

현물계약(spot contract)은 매입자와 매도자 사이에 0(즉 현재) 시점에서 이루어진 합의로서 매도자는 자산을 즉시 양도할 것을, 매입자는 이에 대한 대가를 즉시 지불할 것을 합의하는 계약이다.[3)]

따라서 현물시장계약의 독특한 성격은 현물인도와 대금지급, 또는 현금과 증권의 교환이 즉각적이고 동시에 발생하는 것이라 할 수 있다. 만기 20년 채권의 현재가격이 97달러라고 할 때, 이 가격은 액면가 100달러인 만기 20년 채권의 즉각적인 (0 시점의) 인도에 대해 매입자가 매도자에게 지불하여야 하는 금액을 의미한다.

선도계약

선도계약(forward contract)은 0 시점에서 미리 정해진 자산과 현금을 미래특정시점에 교환하기로 한 매도자와 매입자 간의 계약적 합의이다. 예를 들면, 3개월 후 만기 20년 채권을 인도하기로 한 선도계약은 매입자와 매도자가 가격과 수량에 대해서는 오늘(0 시점) 합의하였지만, 이 채권의 인도에 대한 현금지불은 3개월 후에 발생하게 된다. 만약 0 시점에서 합의된 선도가격이 액면 100달러당 97달러에 지불하는 것이라면 3개월 후에 매도자는 만기 20년, 액면 100달러인 채권을 인도하고 매입자로부터 97달러를 수취하게 된다. 이 가격은 계약이 성립된 시점과 채권인도 및 대금지급이 발생하는 시점 사이에 만기 20년 채권의 현물가격이 어떻게 되든 상관 없이 매입자는 반드시 지불하고 매도자는 반드시 수용해야 하는 가격이다.

상업은행, 투자은행 그리고 브로커와 딜러들이 선도시장의 주요 참가자들이며 거래의 주인과 대리인의 역할을 모두 담당한다. 이러한 금융회사들은 선도계약의 기초자산들을 매입, 매도하는 가격 스프레드를 통해 이익을 얻는다. 원래 각 선도계약은 금융회사와 고객

3) 기술적으로 보면 채권시장에서의 결제 및 실물인수도는 계약상의 현물거래 1-2일 후에 발생하며, 주식시장에서는 일반적으로 3영업일 후에 발생한다.

간에 체결되는 계약이므로 계약의 상세내용(가격, 만기, 규모, 인도일 등)은 동일하지 않다. 그러나 최근 10여년 동안 선도계약이 성장함에 따라, 거래자들은 일부 선도계약에 대해서 2차 시장을 형성하여 컴퓨터네트워크를 통해 매입, 매도가격의 교환을 시작해 왔다. 2006년 9월 현재 미국 상업은행들은 명목금액으로 10.3조 달러의 선도계약을 보유하고 있다.

■선물계약

선물계약(futures contract)은 일반적으로 조직화된 거래소를 통하여 이루어진다. 이는 매입자와 매도자가 0 시점에서 표준화된 특정자산을 미래시점에서 현금과 교환하기로 한 합의라고 할 수 있다. 따라서 선물계약은 선도계약과 매우 흡사하다. 이 둘의 차이는 가격과 관련되어 있는데 선도계약에서는 계약기간 동안 가격이 고정되어 있지만(전술한 예에서 3개월 동안 97달러로 고정), 선물계약에서는 매일 **시장평가(marking to market)**된다. 이는 계약의 가격이 계약에 대한 선물가격이 변함에 따라 매일 수정되는 것을 의미한다. 그러므로 시장평가과정에 따라서 매입자와 매도자 사이에 실제로 매일 현금정산이 발생하게 된다. 반면, 선도계약에서는 매입자로부터 매도자에게 전달되는 모든 현금지급이 계약만기 시점에서 발생한다.[4] 2006년 9월 기준 미국 상업은행들이 보유하고 있는 선물계약은 4.1조 달러이다.

선물거래는 시카고상품거래소(CBOT), 시카고상업거래소(CME)와 같은 거래소에서 거래된다. 금융선물거래는 1972년 국제금융시장(International Monetary Market)에 외화선물계약이 도입되면서 시작되었다. 1990년 중반까지 미국에 5개 주요 선물거래소가 생겼고,[5] 외국에도 수개의 거래소가 존재하게 되었다.[6] 미국에서 거래되는 선물계약의 조건(계약규모, 인도월, 거래시간, 최소변동가격, 일일가격제한폭, 실물인도절차 등)은 거래소가 결정하며 상품선물거래위원회(Commodity Futures Trading Commission)의 허가를 받게 되어 있다. 최근에는 장외거래시스템이 도입되어 기관투자자와 현금관리자들이 선물거래소의 거래시간은 물론 거래소 시간 이후에도 거래를 계속할 수 있다. 실제로 통화, 이자율스왑, 유로달러에 대한 장외거래시스템에 의한 거래량은 선물거래소 거래량보다 3~10배 빠르게 성장해 왔다.

---

4) 시장평가과정 이외의 이 두 계약 간의 차이점으로는 (1) 선물계약이 표준화된 계약인 것에 반해 선도계약은 맞춤계약이며, (2) 선도계약은 상대방의 계약불이행리스크에 노출되어 있지만 선물계약에서는 거래상대방이 계약을 이행하지 않는 경우 선물거래소가 보상을 해 주므로 채무불이행리스크를 상당히 경감시킬 수 있다는 것 등을 들 수 있다.

5) 시카소상품거래소, 시카고상업거래소, 뉴욕선물거래소, 중미상품거래소, 캔사스시티상업거래소 등 5개를 말한다.

6) 런던국제금융선물거래소(LIFFE), 싱가포르국제통화거래소(SIMEX), 파리금융선물거래소(MATIF), 몬트리올거래소 등을 말한다.

▶ **현물계약(spot contract)**
자산과 현금의 즉각적인 교환이 발생되는 계약.

▶ **선도계약(forward contract)**
일정한 가격으로 미래 특정시점에 자산과 현금을 교환할 것을 합의하는 계약.

▶ **선물계약(futures contract)**
매일 정해지는 가격으로 미래 특정시점에 자산과 현금을 교환할 것을 거래소를 통해 합의하는 계약.

▶ **시장평가(marking to market)**
현재의 선물시장상황에 따라 만기가 도래되지 않은 선물계약의 가격이 매일 조정되는 과정.

개념질문

1. 선물계약과 선도계약의 차이점은 무엇인가?
2. 현물계약과 선도계약의 주요 차이점을 거론해 보라.

18.3 선도계약을 이용한 이자율리스크헤지

선도계약이 금융회사의 이자율리스크헤지에 있어 얼마나 유용한가를 살펴보기 위해 **단순헤지(naive hedge**, 즉 선물이나 선도계약을 이용하여 직접적인 금액 대 금액 기준으로 현금자산을 헤지하는 방법)의 한 예를 고려해 보자. 금융회사의 포트폴리오 관리자가 만기 20년 액면가 100만 달러인 채권을 보유하고 있다고 가정하자. 0 시점에서 이 채권의 시장가격은 액면 100달러에 대해 97달러, 또는 총액 970,000달러로 평가되고 있다. 이 관리자가 이자율이 향후 3개월 동안 현재 8%에서 10%로 2% 상승할 것이라는 예측정보를 받았다고 가정하자. 이자율이 상승하면 채권가격은 하락하므로, 이 경우 관리자는 채권포트폴리오에서 자본손실이 발생하게 될 것이다. 본 서의 제8장과 제9장을 독파한 이 관리자는 이제 듀레이션에 관한 것을 잘 알고 있기 때문에 이 만기 20년 채권의 듀레이션을 정확히 9년으로 계산하였다. 따라서 관리자는 제9장의 듀레이션 공식을 이용하여 다음과 같이 자본손실 또는 채권가격의 하락을 예측할 수 있다.[7]

▶ **단순헤지(naive hedge)**
선물이나 선도계약을 이용하여 직접적인 금액 대 금액 기준으로 현금자산을 헤지하는 것.

7) 설명을 간단히 하기 위하여 여기에서 채권의 볼록성은 무시한다.

$$\frac{\Delta P}{P} = -D \times \frac{\Delta R}{1+R}$$

여기에서

ΔP = 채권의 자본손실 = ?

P = 채권의초기 가치 = \$970,000

D = 채권의 듀레이션 = 9년

ΔR = 예상수익률 변동분 = 0.02

$1+R$ = 1 + 만기 20년 채권의 수익률 = 1.08

$$\frac{\Delta P}{\$970,000} = -9 \times \left[\frac{0.02}{1.08}\right]$$

$$\Delta P = -9 \times \$970,000 \times \left[\frac{0.02}{1.08}\right] = -\$161,666.67$$

결과적으로 이 관리자의 채권포트폴리오에서의 자본손실은 161,666.67달러(비율로 표현하면 16.67%)로 예측할 수 있다. 또는 액면 100달러의 채권가격이 97달러에서 80.833달러로 하락할 것이다. 이 손실을 상쇄하기 위해서 –즉 자본손실리스크을 0으로 감소하기 위해서–관리자는 부외 헤지수단을 사용할 수 있다. 예를 들면, 만기 20년 액면금액 100만 달러의 채권을 3개월 후에 매도하는 선도계약을 맺는 것이다.[8] 0 시점에서 포트폴리오 관리자가 액면 100달러인 만기 20년 채권을 3개월 후에 97달러의 가격으로 매입할 매입자를 찾을 수 있다고 가정해 보자.

만약 예측한대로 2%의 이자율상승이 실현된다면, 이 포트폴리오 관리자에게 어떤 결과가 나타날지 생각해 보자. 포트폴리오 관리자의 채권포지션으로부터 16.67%의 가격 하락, 즉 161,667달러의 자본손실이 발생하게 된다. 이자율이 상승한다면 관리자는 만기 20년 채권을 액면 100달러당 80.833달러의 가격, 즉 총 808.333달러에 액면금액 100만 달러의 채권을 매입할 수 있고 이 채권을 선도계약 매입자에게 인도할 수 있다. 선도계약의 매입자는 총액면금액 100만 달러에 대해 액면 100달러당 97달러, 또는 총 970,000달러를 지불하는 선도계약에 동의하였음을 기억하자. 그 결과 포트폴리오 관리자는 선도거래에 따라 다음의 이익을 얻게 된다.

\$970,000	–	\$808,333	= \$161,667
선도계약에 의해 매입자가 매도자에게 지불하는 금액		3개월 후 선도계약의 매입자에게 인도하기 위해 구매한 채권 금액	

8) 선도계약은 미래시점에 채권을 인수해야 하는 계약이기 때문에 현재 및 과거의 거래만이 나타나는 대차대조표에는 기재되지 않는다. 따라서 선도계약은 제8장에서 설명한 부외거래의 한 좋은 예가 된다.

이상과 같이 대차대조표 상의 161,667달러만큼의 손실은 선도계약매도로부터의 161,667달러만큼의 (부외)이익과 정확하게 상쇄된다. 즉 이자율의 변동에 대해 대차대조표 상의 손실(이익)은 선도계약의 이익(손실)과 상쇄되는 것이다. 이러한 헤지의 성공은 미래에 대한 관리자의 이자율 예측능력에 달려 있는 것이 아니다. 오히려 미래의 이자율변동을 정확하게 예측할 수 있는 능력이 없기 때문에 헤지를 하는 것이다. 헤지는 예측이 불가능한 경우에도 이자율 변동에 의한 손실을 방지해 준다. 따라서 이 경우 금융회사의 순이자율리스크노출은 0이 되며, 이것을 금융용어로 이자율리스크로부터 해당자산들을 **면역시켰다(immunized)**라고 부른다.

▶ **면역화(immunization)**
금융회사가 이자율이나 기타 가격리스크를 완전히 헤지하는 것.

개념질문

1. 단순헤지가 어떻게 헤지기능을 하는지 설명하라.
2. 금융회사가 특정 리스크에 대한 자신의 포트폴리오를 면역시켰다라고 하는 것은 무슨 의미인가?

18.4 선물계약을 이용한 이자율리스크헤지

모기지론 이전에 보험회사나 은행이 주로 사용했던 선도이자율계약 등의 선도계약을 이용한 몇몇 이자율리스크헤지 방법이 있기는 하지만 대부분의 금융회사들은 선물계약을 이용하여 특정 자산에 대해(미시헤지) 또는 기업 전체 수준(거시헤지)에서 이자율리스크를 헤지한다. 선물계약을 살펴보기 전에 미시헤지와 거시헤지의 차이점과 전체 이자율리스크헤지와 선택적 헤지의 차이점에 대해 설명해 보자.

미시헤지(Microhedge)

금융회사가 선물이나 선도계약을 이용하여 특정 자산이나 부채의 리스크를 헤지하는 것을 미시헤지라고 한다. 금융회사의 매니저가 이자율상승에 대한 보유채권 포트폴리오의 가치하락리스크를 완전히 없애려는 전술한 예는 자산부분의 포트폴리오리스크에 대한 미시헤지의 간단한 예가 될 수 있다. 금융회사가 단기 이자율상승리스크에 대비하여 펀드비용을 고정시킬 목적으로 CD나 단기국채의 선물계약을 매도하는 것은 부채부분에 대한 미시헤지의 예라고 할 수 있다. 미시헤지를 위해 금융회사들은 종종 헤지대상인 자산(또는 부채)과 가장 연계성이 높은 기초자산을 지닌 선물이나 선도계약을 찾기 위해 노력한다. 현실에서는 전술한 예(만기 20년 채권에 대한 선도계약)에서처럼 포트폴리오의 자산과 기초자산이 정확히 일치하는 선도계약을 찾기가 매우 힘들다. 이렇게 자산들이 정확하게 일치하지 않는 경우가 자주 발생하게 되는데 이는 베이시스리스크라고 불리는 비헤지리스크를 남겨 놓는다. 베이시스리스크는 본 장 뒷부분에서 논의될 것이다. **베이시스리스크(basis risk)**는 금융회사가 헤지하고자 하는 자산 또는 부채의 가격과 헤지에 사용되는 선물이나 선도계약의 기초자산의 가격 간의 불완전한 상관관계로부터 기인된다.

거시헤지(Macrohedge)

거시헤지는 금융회사의 매니저가 회사 전체의 대차대조표 상 듀레이션갭을 헤지하기 위해 선물계약 등 파생상품을 이용하는 것이라고 할 수 있다. 거시헤지는 금융회사가 특정자산과 부채를 확인하고 개별적인 리스크를 헤지하기 위하여 개별 선물계약이나 기타 파생상품을 사용하는 미시헤지와 대비된다. 따라서 거시헤지와 미시헤지는 매우 상이한 헤지전략과 결과를 가져올 수 있다는 것에 유의해야 한다. 특히 거시헤지는 전체적인 포트폴리오 관점에 입각하여 개별자산과 부채의 이자율민감도나 듀레이션이 서로 상쇄되는 효과를 제공한다. 이는 서로 상쇄되는 포트폴리오 효과를 무시하고 일 대 일 방식으로 개별자산과 부채를 헤지하는 것에 비하여 매우 상이한 선물계약 포지션을 가져올 수 있다.[9)]

▶**미시헤지(microhedge)**
선물이나 선도계약을 이용하여 특정자산이나 부채의 리스크을 헤지하는 것.

▶**베이시스리스크(basis risk)**
현물(현금)자산의 가격움직임과 선물 또는 선도계약 기초자산의 가격움직임이 완전한 상관관계를 갖지 못함으로써 발생하는 잔여리스크.

▶**거시헤지(macrohedge)**
금융회사의 전체 듀레이션갭을 헤지하는 것.

루틴헤지와 선택헤지

루틴헤지(routine hedge)는 금융회사가 전체 대차대조표 또는 각 자산과 부채에 존재하

---

9) P. H. Munter, D. K. Clancy, and C. T. Moores는 상이한 이자율 상황에서 거시헤지가 미시헤지보다 우월한 결과를 초래하는 것을 발견하였다. "Accounting for Financial Futures: A Question of Risk Reduction," *Advances in Accounting* 3(1986), pp. 51–70 참조.

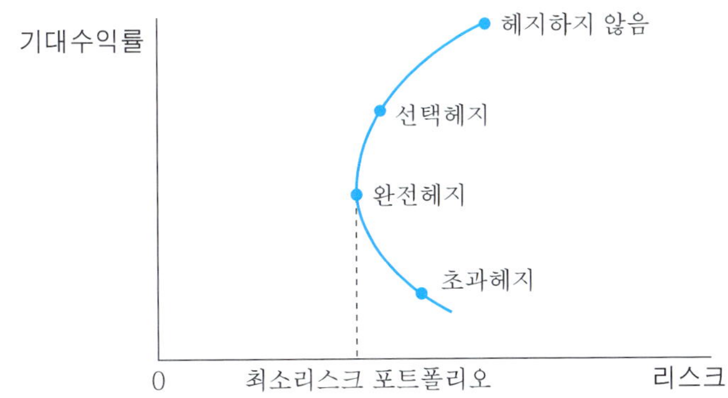

그림 18-2 리스크와 기대수익률에 대한 헤지효과

는 현금포지션에 대한 이자율리스크 노출을 상쇄하기 위해 충분한 수량의 선물계약을 매도하여 이자율이나 다른 리스크노출을 가능한 한 최소 수준으로 줄이려고 하는 것을 의미한다. 듀레이션갭에 대한 거시헤지가 그 예가 될 수 있다. 그러나 리스크를 축소하는 것은 예상 수익률을 감소시켜 결과적으로 주주의 부를 경감하는 결과가 초래되기 때문에 모든 금융회사 관리자가 이러한 방법의 헤지를 하지는 않는다. [그림 18-2]는 예상수익률과 리스크 그리고 리스크가 완전히 헤지된 최소리스크 포트폴리오 간의 상호관계를 보여 주고 있다.[10]

많은 금융회사들은 금융회사의 비교우위(제1장 참조) 때문에 완전헤지포지션을 취하기보다는 신용리스크 및 환리스크와 함께 일정 수준의 이자율리스크를 부담하는 방법을 선택한다. 금융회사가 자신의 포트폴리오에 대한 **선택헤지(selective hedge)**를 하는 것도 하나의 방법이다. 한 예로 금융회사의 관리자는 선물계약의 포지션을 결정하기 전에 미래의 이자율과 관련된 예측을 하게 된다. 그 결과 관리자는 대차대조표 상의 포지션 중 일부를 선택적으로 헤지할 수 있다. 또는 규제당국자들이 투기적이라고 생각함에도 불구하고 금융회사의 관리자는 헤지하지 않은 상태를 유지하거나 현물포지션이 요구하는 것보다 더 많은 선물계약을 매도하여 초과헤지를 하기도 한다. 따라서 완전헤지포지션과 최소리스크포트폴리오는 이자율 예측, 경영목표 그리고 헤지에 의한 수익과 리스크의 상호관계에 따라 결정되는 다양한 선택 중 하나이다. 마지막으로 금융회사는 현물가격 동향과 선물가격 동향 사이에서의 차익을 얻기 위하여 선택적으로 헤지하기도 한다.

---

10) 베이시스리스크 때문에 완전헤지가 어려우므로 그림에서의 최소리스크포트폴리오의 리스크는 0이 되지 않는다. 베이시스리스크가 없다면 리스크가 0이 되는 헤지포지션도 가능하다.

▶ **루틴헤지(routine hedoge)**

모든 이자율리스크노출을 헤지하려는 것.

▶ **선택헤지(selective hedge)**

갭이나 개별 자산 및 부채 등의 일부만 헤지하는 것.

선물계약을 이용한 거시헤지

금융회사가 거시헤지를 위해 매입 또는 매도해야 하는 선물계약의 수는 이자율리스크노출의 규모와 방향 그리고 완전 또는 선택적 헤지포지션의 결과인 수익률과 리스크의 상호관계에 달려 있다. 제4장에서 본 바와 같이 이자율리스크에 대한 금융회사의 순자산가치 노출정도는 자산규모 및 레버리지가 조정된 듀레이션갭과 다음과 같은 관계를 지닌다.

$$\Delta E = -[D_A - kD_L] \times A \times \frac{\Delta R}{1+R}$$

이 식에서

ΔE = 금융회사의 순자산가치변화

D_A = 자산포트폴리오의 듀레이션

D_L = 부채포트폴리오의 듀레이션

예제 18-1 이자율상승시 금융회사의 순자산가치변화 계산

선물계약이 포트폴리오의 양 또는 음의 듀레이션갭을 어떻게 헤지하는가를 보기 위해 자산의 듀레이션(D_A)이 5년이고 부채의 듀레이션(D_L)이 3년인 금융회사를 고려해 보자. 이 금융회사의 관리자는 경제예측연구소로부터 향후 1년 동안 이자율이 10%에서 11%로 상승하리라는 정보를 얻었다. 즉, ΔR=0.01, 1+R=1.10이 된다.

이 금융회사의 대차대조표는 다음과 같다. (단위 : 100만)

자산(A)	\$100	부채(L)	\$90
		자본(E)	\$10
합계	\$100	합계	\$100

따라서 $k=L/A=0.9$이다. 이자율 예측이 정확하다면 금융회사의 순자산(E)에 대한 손실은 다음의 식으로 계산할 수 있다.

$$\Delta E = -[D_A - kD_L] \times A \times \frac{\Delta R}{1+R} = -(5-(0.9)(3)) \times \$100 \times \frac{0.01}{1.1} = -\$2.091,000$$

금융회사의 초기 순자산은 1,000만 달러이므로 209.1만 달러의 손실은 초기 순자산의 21%에 해당된다. 이 경우 이자율상승의 효과는 금융회사를 파산시킬 정도로 위협적이라 할 수 있다.

k = 자산 대 부채비율(L/A)

A = 자산포트폴리오의 규모

$\frac{\Delta R}{1+R}$ = 이자율에 대한 충격

최소리스크 선물포지션

이전의 예에서 본 것처럼 대차대조표 상의 모든 리스크를 헤지하려는 금융회사 관리자의 목적은 이자율이 1% 상승하여 11%가 되었을 때 대차대조표 상의 순손실금액인 209.1만 달러를 정확히 상쇄할 수 있도록 동일한 금액의 이익을 얻을 수 있는 선물계약포지션을 통해 달성할 수 있다. 이자율이 상승하면 선물가격은 계약상 인도해야 할 기초채권의 가치를 반영하여 하락하게 된다. 이자율상승에 의한 채권가격의 하락폭은 채권의 듀레이션에 달려 있다. 따라서 우리는 20년만기 장기국채선물가격이 3개월 단기국채선물가격보다 이자율변동에 더 민감하다는 것을 예측할 수 있다. 선물계약의 가격민감도는 다음과 같이 계약의 기초자산인 채권의 듀레이션에 의존하게 된다.

$$\frac{\Delta F}{F} = -D_F \frac{\Delta R}{1+R}$$

이 식에서

ΔF = 선물계약의 가치변화

F = 최초 선물계약의 가치

D_F = 선물계약에 따라 인도할 채권(예를 들어 만기 20년, 표면금리 8%의 장기국채)의 듀레이션

ΔR = 이자율변화분의 기대치

A = 자산포트폴리오의 규모

$1+R$ = 1 + 현재 이자율 수준이다.

이는 다음과 같이 다시 표현할 수 있다.

$$\Delta F = -D_F \times F \times \frac{\Delta R}{1+R}$$

위 식의 좌변은 이자율 변동에 따른 선물계약포지션의 가치변동(이익 또는 손실)을 나타낸다. 이 이익과 손실을 보다 명확히 이해하기 위해서 선물계약의 초기 가치인 F를 다음과 같이 두 부분으로 구분해 보자.

Interest Rate Futures

	OPEN	HIGH	LOW	SETTLE	CHG	LIFETIME HIGH	LIFETIME LOW	OPEN INT
Treasury Bonds (CBT)-$100,000; pts 32nds of 100%								
Dec	112-25	112-28	112-17	112-23	1	115-01	104-27	16,487
Mr07	112-21	112-30	112-17	112-23	1	114-30	106-16	775,372
Treasury Notes (CBT)-$100,000; pts 32nds of 100%								
Dec	108-140	108-145	108-080	108-110	1.5	109-180	103-310	20,014
Mr07	108-105	108-155	108-080	108-120	1.5	109-210	104-090	2,263,438
5 Yr. Treasury Notes (CBT)-$100,000; pts 32nds of 100%								
Dec	105-205	105-205	105-160	105-175	...	106-145	103-015	11,814
Mr07	105-205	105-235	105-185	105-210	.5	106-200	104-205	1,405,809
2 Yr. Treasury Notes (CBT)-$200,000; pts 32nds of 100%								
Dec	102-037	102-037	102-030	102-035	.7	102-175	101-100	13,044
Mr07	102-077	102-092	102-070	102-080	.2	102-252	102-035	697,530
30 Day Federal Funds (CBT)-$5,000,000; 100 - daily avg.								
Dec	94.765	94.770	94.765	94.765	...	95.780	94.430	91,644
Fb07	94.755	94.760	94.755	94.760	...	95.910	94.350	114,594

	OPEN	HIGH	LOW	SETTLE	CHG	YIELD	CHG	OPEN INT
1 Month Libor (CME)-$3,000,000; pts of 100%								
Dec	...	...	...	94.6500	.0025	5.3500	−.0025	12,338
Ja07	94.6725	94.6775	94.6700	94.6725	.0025	5.3275	−.0025	15,832
Eurodollar (CME)-$1,000,000; pts of 100%								
Dec	94.6375	94.6375	94.6250	94.6350	...	5.3650	...	1,231,288
Mr07	94.6950	94.7050	94.6850	94.6950	.0050	5.3050	−.0050	1,345,062
June	94.8600	94.8800	94.8400	94.8600	.0050	5.1400	−.0050	1,374,495
Sept	95.0550	95.0750	95.0250	95.0500	...	4.9500	...	1,250,480

자료: *The Wall Street Journal*, December 19, 2006, p. B4. Reprinted by permission of The Wall Street Journal, ⓒ 2006 Dow Jones & Company, Inc. All Rights Reserved Worldwide.

그림 18-3 이자율 선물계약

$$F = N_F \times P_F$$

선물계약포지션의 가치는 매입 또는 매도한 계약수(N_F)와 계약당 가격(P_F)으로 나눌 수 있다. N_F는 선물계약을 매입한 경우에는 양의 값이 되고 매도한 경우에는 음의 값이 된다.

선물계약의 계약당 크기는 기초자산별로 일정하다. 장기국채(이하 T-bond)의 경우 액면가 10만 달러인 T-bond를 최소단위로 하는 T-bond 선물계약이 선물거래소에서 거래되며 하나의 선물계약(N_F=1)은 10만 달러이다. 단기국채(이하 T-bill) 선물계약의 계약당 크기는 이보다 더 크다. T-bill 선물계약 1개는 100만 달러이다. 신문에 고시되는 각 계약의 가격은 인도할 기초채권의 액면 100달러에 해당하는 가격이다. [그림 18-3]을 보면 2007년 3월만기인 T-bond 선물계약의 2006년 12월 18일의 가격 $112^{23}/_{32}$는 선물의 매입자가 계약 1단위에 대해 112,718.75달러를 지불하고 매도자는 액면 10만 달러, 20년만기, 표면금리 8%의 T-bond 1단위를 매도자에게 인도하면 된다.[11] 2006년 12월 18일을 기준으로 2007년 3월만기인 T-bond 선물계약의 포지션으로부터의 이익과 손실은 [그림 18-4]에 나

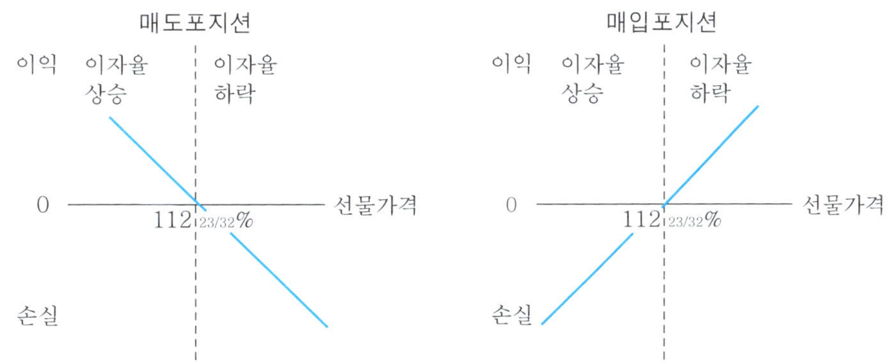

그림 18-4 2006년 12월 18일에 택한 T-bond 선물계약으로부터의 이익 또는 손실

타나 있다. 선물계약의 매도포지션은 이자율이 상승할 경우(기초 자산인 T-bond의 가치가 하락할 경우) 이익을 얻게 된다. 따라서 선물시장에서 매도포지션은 금융회사가 이자율상승으로 대차대조표 상의 손실이 발생할 것으로 예상할 때 (예를 들어 양의 듀레이션갭을 가지고 있을 때) 적절한 헤지방법이 된다. 반대로 선물의 매입포지션은 이자율이 하락하는 경우 T-bond의 가격이 상승하여 이익을 보게 된다.[12] 즉 선물의 매입포지션은 금융회사가 이자율하락으로 대차대조표 상의 손실이 발생할 것으로 예상할 때 (예를 들어 음의 듀레이션갭을 가지고 있을 때) 적절한 헤지방법이 된다.

현실적으로 선물계약 매도자는 T-bond 선물계약의 기초자산인 표면금리 8%, 만기 20년 T-bond를 양도하는 대신 다른 대안을 선택할 수도 있다. 만약 한 종류의 채권으로만 양도해야 한다면 일시적 채권부족현상이 발생할 수 있고, 이 경우 매도자가 실물을 양도하는 것이 매우 어려워질 것이다. 실제로 매도자는 매우 유연한 선택권을 가지고 있는데, 예를 들어 만기 20년 채권을 인도하는 대신 만기 15년 채권을 양도할 수도 있는데, 양도가능채권의 종류는 최대 25가지나 된다. 선물의 기초채권이 아닌 다른 채권이 양도된다면 매입자는 **전환계수(conversion factor)**에 따른 선물가격차액을 지불하게 된다. 전환계수는

---

11) 실제로는 선물계약에 참가한 시점과 만기까지의 기간 동안 선물가격은 매일 변동하기 때문에 매입자와 매도자에게 이익 또는 손실이 매일 정산된다. 본 장의 후반부에서 시장평가의 이러한 특징에 대해 설명할 것이다. 금융회사는 만기가 그 이상 되는 계약들도 매도할 수 있다. 만기 2년의 선물계약들도 존재하기는 하지만 그 이상의 만기를 지닌 계약들은 거래가 뜸하여 상대적으로 유동성이 떨어진다.

12) 만일 이자율이 예상과 반대방향으로 변화한다면 선물거래로부터 손실이 발생하는 것을 알아야 한다. 즉 이자율이 상승하면 선물가격이 하락하고 매입포지션은 손실을 본다. 반대로 이자율이 하락하면 선물가격이 상승하며 매도포지션이 손실을 본다. 그러나 그러한 손실은 현물시장에서의 이익에 의해 상쇄되기 때문에 헤져는 리스크로부터 계속 보호되는 결과가 나타나게 된다.

인도채권의 수익률을 8%라고 가정하여 계산한 채권가격을 액면가로 나눈 비율이다. 액면가 10만 달러, 만기 16년, 표면금리 6%, 일 년에 두 번 이자를 지급하는 국채의 수익률이 5.5%라고 가정하자. 이는 채권의 현재가가 약 105,667달러인 것을 의미한다. 이 채권에 대한 전환계수는 1.057(=$105,667/$100,000)이다. 즉 매입자가 매도자에게 1.057의 전환계수에 공시된 선물가격인 112,718.75달러를 곱한 금액인 119,107.06달러가 된다.[13]

금융산업전망대 **선물계약 청산에 필요한 채권 부족연상이 계속되다**

지난 6월, 세계 최대 채권펀드운용사 중 하나인 Pacific Investment Management사는 일부 트레이더들이 그들 자신은 물론 투자자에게도 수억 달러의 손실을 입혔다고 주장하는 일련의 사건들을 저질렀다. 그리고 손실은 더욱 확대될지도 모른다. 이러한 문제는 만기에 특정채권을 인도 또는 인수하기로 약속한 선물계약 이행에 필요한 채권이 부족하여 발생했다. 부족한 채권을 확보하려는 투쟁은 보기에도 안쓰러웠으며 잘못된 거래를 체결한 거래자에게는 매우 값비싼 노력이 요구되었다.

10년만기 국채선물시장은 최근에 들어 불균형이 심화되고 있다. 이 국채선물의 계약규모는 5년 전 620억 달러에 불과했으나 최근 들어 크게 늘어나 8월 2일 현재 2,000억 달러를 넘어섰다. 반면 이러한 계약을 이행하기 위해 필요한 채권물량은 감소했다. 장기채권물량이 감소한 것은 미 재무부가 재정적자를 만회하기 위하여 10년만기 국채발행을 줄이고 상대적으로 만기가 짧은 채권발행을 확대했기 때문이다. 또한 외국인 투자자들이 미 채권을 매수해 장기보유하고 있다는 점도 채권유통물량이 줄어든 원인이다. 선물계약에는 계약이행시 사용될 수 있는 다양한 종류의 채권들이 명기되어 있는데, 이 중 한 채권이 채권들에 비하여 현저히 저렴할 때 문제가 발생한다. 선물계약을 이행해야 하는 계약자들은 인도가능 채권 중 가장 싼 채권(최저가인도채권, cheapest to deliver)을 구하기 위해 서로 경쟁하게 되기 때문이다. 이러한 불균형 상황에서는 승자가 존재하게 되며 최저가인도채권을 확보한 사람은 이를 선물시장에서 매도하여 이익을 얻을 수 있다. 10년만기 국채선물 계약을 이행하기 위해 필요한 채권의 경우 경쟁은 더욱 치열하다.

시장참여자들이 심각한 수급불균형을 인지한 6월에는 이러한 상황이 극에 달했었다. 이 때에는 1,700억 달러 규모의 9월 선물계약을 이행하기 위해 사용할 수 있는 최저가인도채권이 100억~130억 달러 수준에 불과했다. 이 불균형으로 인해 선물매도포지션을 취한 사람들은 더 비싼 채권을 인도해야 할 것이라는 예상으로 인해 9월 선물가격은 급등세를 나타냈다. 그러나 6월 선물계약 당사자들이 최저가인도채권을 구하기 위해 다투기 시작하면서 선물계약을 위한 최저인도가격채권의 잠재수요가 실제수요가 되었다. 최저가인도채권을 구하기 어려워지자 더 비싼 채권이 인도될 것이라는 기대가 생겨나면서 6월 선물계약의 가격이 상승했다. 이로 인해 최저가인도채권을 보유하고 있는 사람들에게는 흔치 않은 차익거래기회가 발생하게 되었다.

향후 특정일에 대규모의 채권이 인도되는 것을 막기 위하여 시카고상품거래소(CBOT)는 6월 29일 새로운 규정을 발표했다. 이 규정에 따르면 누구도 한정된 계약 수 이상으로 채권 인도를 요구할 수 없다. 그 제한은 10년만기 국채선물의 경우 5만 건이다.

자료: Mark Whitehouse, Aaron Lucchetti, and Peter A. Mckay, *The Wall Street Journal*, August 11, 2005, p. C1. Reprinted by permission of the Wall Street Journal. © 2005 Dow Jones & Company. All Rights Reserved Worldwide. *www.wsj.com*

13) 현실에서의 인도자는 인도할 채권의 실제가격에 비하여 전환계수가 가장 유리한, 즉 인도가능채권 중 가장 저렴한 채권을 선택할 수 있는 권한을 활용한다.

▶**전환계수(conversion factor)**

기준 채권과 다른 채권이 매입자에게 인도될 때 선물계약의 송장가격을 정하기 위하여 사용되는 계수.

금융회사의 대차대조표 상의 이자율리스크를 거시적으로 헤지하기 위해 매도 또는 매입해야 할 선물계약의 수는 다음 절차에 따라 구할 수 있다.

예제 18-2 매도헤지를 이용한 이자율리스크의 거시헤지

앞의 〈예제 18-1〉에서 사용한 정보를 계속 이용하여 선물계약 수를 구하는 방법을 알아보자. 이자율상승으로 인한 순자산의 손실은 209.1만 달러이었으며 기타 정보는 다음과 같다.

$$D_A = 5\text{년},\ D_L = 3\text{년},\ k = 0.9,\ \text{A} = 1\text{억 달러}$$

현재 선물가격이 만기 20년, 표면금리 8%의 기초채권 액면 100달러당 97달러라고 하고 최소계약단위는 10만 달러, 이 채권의 듀레이션은 9.5년이라고 가정하자. 즉 $D_F = 9.5$년, $P_F = \$97,000$이다. 이 값들을 N_F의 식에 대입하여 풀면

$$N_F = \frac{(5-(0.9)(3))\times \$1\text{억}}{9.5\times \$97,000} = 249.59$$

를 얻는데 계약을 분해하여 매도할 수 없으므로 정수내림하면 매도할 계약 수는 249계약이 된다.

대차대소표 상의 손실

이자율이 10%에서 11%로 1% 상승하면 금융회사는 209.1만 달러의 순자산 손실을 얻는 것은 이미 〈예제 19-1〉에서 보인 바 있다.

선물계약으로부터의 부외이익

이자율이 1% 상승하면 선물계약포지션으로부터의 이익은 다음과 같다.

$$\Delta F = -D_F(N_F \times P_F)\frac{\Delta R}{1+R} = -9.5(-249\times \$97,000)\left(\frac{0.01}{1.1}\right) = \$208.6\text{만}$$

결과적으로 부내외거래의 결과는 다음과 같다.

$$\Delta E + \Delta F = -\$209.1 + \$208.6 = -\$5,000$$

이렇게 5,000달러의 손실이 계속 유지되는 것은 −베이시스리스크가 없어도− 선물계약을 정수단위로 거래해야 되기 때문에 완전헤지가 되지 못한 까닭이다. 〈표 19-2〉에서는 소숫점 이하의 계약의 거래가 가능하다고 가정하는 경우 헤지의 특성을 보여 준다.

만일 20년만기 T-bond 선물대신 3개월만기의 T-bill 선물을 이용한다면 어떻게 되겠는가? 액면 100달러당 $P_F = 97$달러,(또는 T-bill의 최소거래단위인 100만 달러당 97만 달러), $D_F = 0.25$를 가정하면,

$$N_F = \frac{(5-(0.9)(3))\times \$1\text{억}}{0.25\times \$970,000} = 948.45$$, 따라서 매도계약 수는 948이 된다.

표 18-2 거시헤지의 부내 및 부외 효과

	부 내	부 외
헤지개시 t=0	1,000만 달러의 자본가치가 이자율상승에 노출됨	249.59개의 T-bond 선물계약 매도
헤지종료 t=1일	자산과 부채의 이자율이 1% 상승 장부상 기회비용 $\Delta E = -[5-.9(3)] \times \$100\text{m} \times \frac{0.01}{1.1}$ $= -\$2.091$ million	249.59 T-bond 선물계약 매입 선물헤지이익 $\Delta F = -9.5 \times (-249.59 \times \$97.000) \times \frac{0.01}{1.1}$ $= \$2.091$ million

1. 대차대조표 상의 손실 : 이자율상승에 따른 금융회사의 순가치의 하락분은 다음과 같다.

$$\Delta E = -(D_A - kD_L)A\frac{\Delta R}{1+R}$$

2. 선물에 의한 부외이익 : 선물계약의 매도에 따른 이익은 다음과 같다.[14)]

$$\Delta F = -D_F(N_F \times P_F)\frac{\Delta R}{1+R}$$

완전헤지는 이자율상승으로 인한 대차대조표 상의 순손실을 선물계약으로부터의 부외이익으로 완전히 상쇄될 수 있을 정도로 충분한 선물계약을 매입 또는 매도하는 것을 말한다. 즉,

$$\Delta F = \Delta E$$

위 식의 좌우변에 각각의 식을 대입하면 다음의 식을 얻는다.[15)]

$$-D_F(N_F \times P_F)\frac{\Delta R}{1+R} = -(D_A - kD_L)A\frac{\Delta R}{1+R}$$

이 식을 정리하면 다음을 얻는다.

$$D_F(N_F \times P_F) = (D_A - kD_L)A$$

이제 N_F(선물의 매도계약 수)에 대해 풀면 된다.

$$N_F = \frac{(D_A - kD_L)A}{D_F \times P_F}$$

---

14) 선물가격이 하락하면 매도자(여기에서는 금융회사)는 이익을 얻게 된다.

15) 여기에서는 현물자산의 이자율변화분과 선물포지션의 이자율변화분이 동일하다는 것, 즉 베이시스리스크가 없는 것을 가정한다. 이 가정은 후반부에서 완화될 것이다.

매도헤지

금융회사는 이자율상승이 예상될 때 선물계약을 매도하게 된다. 즉 이자율이 상승하면 금융회사는 대차대조표 상의 순손실을 보게 되고 적절한 수의 선물계약을 매도하여 순손실분을 상쇄하려고 한다.

예제에서 $D_A > kD_L$ 인 경우 금융회사는 T-bond나 유로달러선물을 매도하는 것으로 대차대조표 상의 이자율리스크를 헤지할 수 있다. 일반적으로 유로달러 선물계약보다 T-bond 계약의 매도수량이 적다. 따라서 거래비용만으로 판단한다면 금융회사는 일반적으로 T-bond 선물계약을 선호한다고 할 수 있을 것이다. 그러나 실제로는 다른 사항들도 고려하여야 하며, 특히 금융회사가 만기까지 선물계약을 보유하고 있다면 더욱 그러하다. 금융회사를 인도하여야 할 금융상품의 공급부족 가능성에 유의하여야 한다. 이런 유동성 문제로 인해 유로달러를 선호할 수도 있다.[16)]

베이시스리스크 문제

채권과 채권선물이 서로 상이한 시장에서 거래되기 때문에 현물 포트폴리오의 가치에 영향을 미치는 채권수익률의 변화인 $\Delta R/(1+R)$는 선물계약의 기초채권가치에 영향을 미치는 수익률변화인 $\Delta R_F/(1+R_F)$과 일치하지 않을 수 있다. 즉 현물과 선물가격의 변화 사이에 완전한 상관관계가 이루어지지 않는데, 이러한 완전상관관계의 부족분을 베이시스리스크라고 부른다. 지금까지는 베이시스리스크가 없는 시장을 가정하였으므로 다음의 관계가 성립되었다. $\Delta R/(1+R) = \Delta R_F/(1+R_F)$.

베이시스리스크는 두 가지 이유 때문에 발생한다. 첫째, 헤지대상인 자산이나 부채가 선물계약의 기초자산과 동일하지 않기 때문이다. 〈예제 18-2〉에서는 금융회사의 전체 대차대조표의 이자율 변동을 만기 20년, 듀레이션이 9.5년인 T-bond 선물계약으로 헤지하였다. 그러나 금융회사의 대차대조표에 나타나는 다양한 자산과 부채의 이자율과 20년만기 T-bond의 이자율이 완전한 상관관계를 갖지는 않을 것이다. 베이시스리스크의 두 번째 요인은 현물이자율과 선물이자율이 서로 동일하게 변화하지 않기 때문이다. 현물증권과 선물계약은 서로 상이한 시장에서 거래되고 있기 때문에 각 이자율의 변동은 서로 다를 수 있다.

현물시장에 대한 선물시장에서의 가격변동성을 고려하면서 리스크를 최소화하는 선물계

16) 그러나 대차대조표 상의 순손실과 선물의 매도로 인한 순이익이 서로 상쇄되기 때문에 채권의 인도 자체는 큰 문제가 아닐 수도 있다. 실제로 금융회사는 일일정산 때문에 반대포지션을 취하여 인도일 이전에 선물포지션을 청산할 수 있다.

약 수인 N_F를 구하기 위해 금융회사의 이자율리스크노출을 나타내는 식을 다시 한 번 살펴보자:

$$\Delta E = -(D_A - kD_L) \times A \times \frac{\Delta R}{1+R}$$

금융회사의 부외 선물포지션은 다음과 같다.

$$\Delta F = -D_F(N_F \times P_F) \times \frac{\Delta R_F}{1+R_F}$$

이제 $\Delta E = \Delta F$로 두고 N에 대해 풀면 다음을 얻는다.

$$N_F = \frac{(D_A - kD_L) \times A}{D_F \times P_F \times br}$$

여기에서 베이시스리스크인 br은 $(\Delta R_F/(1+R_F))/(\Delta R/(1+R))$로서 현물시장에서의 자산과 부채의 이자율에 대한 선물시장에서의 채권이자율의 상대적 민감도를 의미한다. 이 식과 이전 식의 유일한 차이는 현물채권의 가격(이자율)에 비해 선물가격(이자율)이 상대적으로 얼마나 더 많이 또는 적게 움직일 것인가를 측정하는 베이시스리스크 영향을 반영하였다는 점이다.

예제 18-3 베이시스리스크가 존재하는 경우의 거시헤지

앞의 〈예제 18-2〉에서 br = 1.1이라고 가정하자. 이것은 할인 현물이자율의 1% 변화, 즉 $\Delta R/(1+R)$에 대해 선물의 인도가능채권의 내재이자율이 1.1% 변화하는 것을 의미한다. 따라서 선물가격이 현물가격보다 이자율 충격에 대해 보다 민감한 경우이다. 이 경우

$N_F = \dfrac{(5-(0.9)(3)) \times \$1억}{9.5 \times \$970{,}000 \times 1.1} = 226.9$, 또는 226계약이 되어 현물과 선물의 이자율 변동분이 동일한 (즉 베이시스리스크가 없는 경우) 〈예제 18-2〉의 249계약에 비하여 적다. 이 경우 선물가격의 변동성이 현물보다 크기 때문에 적은 수의 선물계약으로도 현물의 변화분을 상쇄할 수 있는 것이다. 반대로 선물가격의 변동성이 현물보다 작다면 $\Delta E = \Delta F$가 되기 위하여 249계약보다 많은 계약을 매도해야 한다.

금융회사가 해결해야 할 중요한 문제 중 하나는 이자율리스크 및 다른 리스크를 헤지하기 위하여 위 식의 베이시스리스크을 어떻게 측정해야 하는가 하는 것이다. 하나의 방법은 현재 시점의 $(\Delta R_F/(1+R_F))/(\Delta R/(1+R))$ 값을 이용하는 것이다. 그러나 이 방법은 단 하나의 관측치만 제공하기 때문에 일정기간의 최근의 과거 자료 및 단순회귀법을 이용하여 두 이자율의 관계를 분석하는 것이 더 바람직할 수도 있다. 이 회귀방법에 대해서는

선물계약을 이용한 헤징의 베이시스리스크측정과 관련된 부분에서 추가적으로 설명할 것이다.[17]

개념질문

1. 미시헤지와 거시헤지의 차이점, 그리고 루틴헤지와 선택헤지의 차이점은?
2. 〈예제 18-2〉에서 자산의 듀레이션이 3으로 부채의 듀레이션 5보다 작다고 가정해 보라.
3. 〈예제 18-3〉에서 베이시스리스크(*br*)가 0.8이라면 20년만기 T-bond와 3개월 유로달러계약을 이용하는 경우 매도해야 할 선물계약의 수는 얼마인가?

18.5 환리스크헤지

금융회사가 이자율리스크뿐만 아니라 환리스크 역시 선도계약이나 선물계약을 이용하여 헤지할 수 있다.

선도계약

제9장에서는 금융회사가 외화자산 및 부채포트폴리오의 규모가 동일하지 않을 때 선도계약을 이용하여 환율변동으로 기인되는 리스크를 축소하는 방법에 대하여 살펴보았다. 이번에는 부채는 모두 달러로 조달하고 자산은 달러와 영국 파운드표시 대출에 절반씩 투자하고 있는 간단한 경우의 금융회사를 살펴보자. 대차대조표는 다음과 같다.

자 산	부 채
미 달러 대출 \$1억	미 달러 CD \$2억
영 파운드 대출 \$1억	

모든 자산과 부채의 만기와 듀레이션은 1년이다. 금융회사가 파운드표시 대출에 있어 순매입포지션이기 때문에 대출기간 동안 파운드화의 가치가 달러와 비교해 하락한다면 달러표시 CD(부채)의 만기가 도래했을 때 CD 상환금액을 지불하지 못할 리스크를 안고 있

17) 최소리스크 선물계약 수를 결정하는 데 있어 단순한 듀레이션갭 방법이 지니는 또 하나의 문제점은 수익률곡선이 평평하다는(flat) 가정이다. 이 가정은 평평하지 않은 수익률곡선에 적용되는 듀레이션 측정방법을 이용하면 완화시킬 수 있다(제4장 참조).

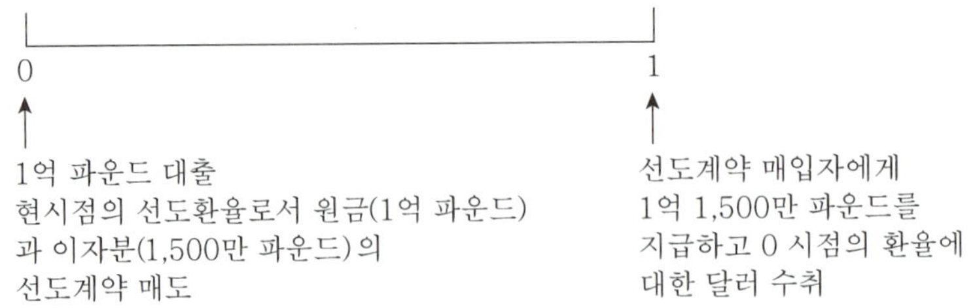

그림 18-5 파운드 선도계약을 통한 파운드표시 자산의 매입포지션 헤지

다. 이 경우 금융회사는 순자산으로 손실을 충당해야 할 것이다. 즉 지급불능리스크가 증가할 것이다.

제9장에서는 금융회사가 연초에 파운드표시 대출의 원금과 고정환율의 1년만기 이자율 선도계약을 함께 매도함으로써 향후 1년간 달러/파운드 환율변화에 따른 파운드표시 대출 자산의 리스크를 헤지할 수 있는 것을 보여 주었다. 선도계약을 이용하여 1억 파운드 대출을 헤지하는 전략은 [그림 18-5]에 나타나 있다.

선물계약

외환선도계약을 이용하는 대신 금융회사는 외환선물계약을 이용해 환리스크를 헤지할 수 있다. 미국 금융회사가 파운드/달러 환율 변동에 따른 만기 1년의 파운드화 대출자산(원금 £100억 + 이자 £0.15억)의 가치하락리스크를 헤지하는 상황을 고려해 보자. 금융회사가 2006년 12월 18일에 파운드표시 대출 자산을 헤지하려 한다고 가정해 보자.

선물시장을 통한 완전헤지를 원한다고 가정한다면 이 금융회사는 얼마나 많은 선물계약을 매도하여야 하는가? 이 질문에 대한 대답은 파운드화 가치하락에 따른 손실을 충분히 상쇄할 만큼의 이익을 낼 수 있을 정도의 파운드표시 선물계약을 매도해야 한다는 것이다. 이를 위해 다음의 두 가지 경우를 고려해야 한다:

1. 헤지기간 동안 달러/파운드 현물과 선물가격 사이에 베이시스리스크가 없는 경우
2. 현물과 선물가격의 변화가 방향은 같지만 완전한 상관관계가 아니어서 베이시스리스크가 존재하는 경우

마지막으로 이 예에서는 시장평가의 이자소득효과를 고려하지 않았다. 그러나 실제로는 나머지 기간 동안 금융회사가 선물포지션으로부터 575만 달러를 수취하며, 이러한 현금흐

예제 18-4 현물과 선물의 완전상관을 가정하는 경우 환리스크의 헤지

2006년 12월 18일자 *Wall Street Journal*의 현물과 선물환율은 다음과 같다.

S_t = 영국 파운드 대 달러 환율 : £1당 $1.9483
f_t = 파운드 대 달러의 근월물(2006년 12월) 선물가격 : £1당 $1.9468

한 금융회사가 이자율 15%로 1억 파운드의 대출을 해 주었고 1년 동안 파운드화의 평가절하로 기인되는 대출금의 달러가치 하락리스크를 완전히 헤지하려고 한다고 가정하자. 아울러 금융회사는 다음과 같이 1년 후 현물과 선물환율을 예측하고 있다.

S_{t+1} = £1당 $1.8983 및 f_{t+1} = £1당 $1.8968

따라서 1년 동안의 환율변화는 $\Delta S_t = -5$센트, $\Delta f_t = -5$센트로 예상하는 것이 된다.

금융회사의 관리자가 이 예측이 적정한 것으로 판단하고 완전헤지를 원한다면 1억 1,500만 파운드의 예상수익을 보호하기 위하여 2006년 12월 18일 동일 금액의 파운드 선물계약을 매도하는 전략이 택해질 것이다. 관리자는 연속적으로 계약을 갱신하는 방법(roll over)을 이용하되 2007년 12월 18일에 선물계약포지션을 청산한다고 가정하자.

파운드선물계약 1단위는 62,500파운드이므로 매도할 선물계약 수(N_F)는 1,840(=£115,000,000/£62,500)이 된다. 이제 예상대로 현선물환율이 변한다면 이 계약으로 파운드 대출의 손실을 정확히 상쇄할 수 있는지 살펴보자.

파운드 대출로부터의 손실
달러로 평가한 파운드 대출의 손실은 다음과 같다.

$$[£원금 + 이자] \times \Delta S_t = £115,000,000 \times [\$1.9483/£ - \$1.8983/£] = \$5,750,000$$

즉 파운드당 1.9483달러에서 1.8983달러로 파운드가 절하된다면 파운드표시 대출가치의 하락은 5,750,000달러가 되는 것이다.

선물계약으로부터의 이익
선물계약으로부터의 이익은 다음과 같다.

$$[N_F \times £62,500] \times \Delta f_t = [1,840 \times £62,500] \times [\$1.9468/£ - \$1.8968/£] = \$5,750,000$$

계약당 62,500파운드의 선물계약을 1,840단위 매도함으로써 계약초기 $1.9468/£이던 선물환율이 포지션 청산시 $1.8968/£으로 하락함에 따른 5,750,000달러의 이익을 얻게 된다. 이 금액은 선물계약의 시장평가로 인한 것이다. 2007년 12월 18일, 차입자가 원금과 이자를 지급할 때 선물계약의 매도자인 금융회사가 1,840개의 동일한 선물계약을 매입함으로써 매도포지션을 청산하는 것에 유념해야 한다.

름은 단기이자율로 재투자되어 575만 달러 이상의 현금흐름을 창출하게 될 것이다. 그렇다면 금융회사가 처음부터 이러한 이자소득을 기대하고 더 적은 수의 선물계약을 매도할 수 있다. 위에서 제시한 1,840개보다 적은 수의 선물계약이 매도되는 것은 헤지기간 동안의 단기이자율의 수준과 동향 그리고 시장평가로부터 기대되는 현금흐름에 따라 달라진다고 할 수 있다. 일반적으로 단기이자율수준이 높을수록 금융회사는 선물계약 수를 더 많이 줄일 수 있다.

예제 18-5 베이시스리스크가 존재할 때의 환리스크헤지

이번에는 전술한 예와 달리 금융회사의 관리자가 달러/파운드에 대한 현물과 선물가격이 정확히 같은 정도로 하락할 것이라는 예측을 믿는 대신 다음과 같은 예측을 한다고 하자.

S_{t+1} = £1당 \$1.8983 및 f_{t+1} = £1당 \$1.9168. 즉 ΔS_t = −5센트, Δf_t = −3센트로 예상하는 것이 된다. 이것은 달러/파운드 선물가격의 가치하락이 현물가격에 비하여 더 적다는 것을 의미한다. 이러한 베이시스 리스크는 현물과 선물계약이 공급과 수요의 기능 차이가 있는 서로 상이한 시장에서 거래되기 때문이다. 이런 경우에는 현물과 선물가격 간의 상관성이 일반적으로 높기는 하지만 1보다 작은 것이 보통이다.

선물과 현물가격이 항상 동일한 정도로 움직이지 않기 때문에 관리자가 이러한 사실을 무시하고 계속 1,840계약을 매도하는 경우 1년 후 크게 놀랄 것이다. 이 결과를 보기 위해 1년 후 달러/파운드 현물가격이 선물에 비하여 2% 더 하락하는 경우를 살펴보자.

영국 파운드 대출로부터의 손실

1년 동안 파운드화의 가치가 5센트 하락하는 경우 대출의 기대손실은 다음과 같다.

$$£1.15억 \times [\$1.9483/£ - \$1.8983/£] = \$575만$$

선물계약으로부터의 이익

선물계약으로부터의 기대이익은 다음과 같다.

$$[1{,}840 \times £62{,}500] \times [\ \$1.9468/£ - \$1.9168/£] = \$345만$$

따라서 금융회사의 순손실은 \$575 − \$345 = \$230만이 된다. 이 손실은 금융회사의 이익을 줄이고 순자산의 가치를 침해하게 된다.

적정 선물계약 수를 파악하기 위해서는 선물가격 변화분에 대한 현물가격 변화분의 상대적인 민감도를 알아야 한다. $h=\Delta S_t/\Delta f_t$이며 우리의 예에서는 h=\$0.05/\$0.03=1.66이다. 즉 현물가격은 선물에 비해 66% 더 민감하다고 할 수 있다.

금융회사는 베이시스리스크가 존재하는 경우 이 h를 적정선물계약 수를 구하기 위한 헤지비율로 사용할 수 있다. 즉

$$N_F = \frac{\text{헤지하려는 자산의 수} \times h}{1\ \text{선물계약의 자산 수}} = \frac{1.15억 \times 1.66}{62{,}500} = 3{,}054.4,\ \text{즉 } 3{,}054\text{계약이 된다.}$$

이 수량의 선물계약을 매도함으로써 기대이익은 다음과 같다.

$$[3{,}054 \times £62{,}500] \times [\ \$1.9468/£ - \$1.9168/£] = \$573만$$

따라서 영국 파운드 대출의 손실과 선물계약으로부터의 이익의 차이는 2만 달러 밖에 되지 않는다.

헤지비율의 측정

전술한 예에서는 환리스크를 완전히 헤지하기 위해 매도하여야 할 선물계약의 수는 다음과 같이 달러/파운드 현물환율 변화(ΔS_t)와 선물환율 변화(Δf_t) 간의 상관관계에 대한 기대치에 의해 결정되는 것을 보여 주고 있다. 만일 아래의 식이 성립한다면,

$$h = \frac{\Delta S_t}{\Delta f_t} = \frac{\$0.05}{\$0.05} = 1$$

이것을 베이시스리스크가 없는 경우이다. 현물포지션의 환리스크를 동일 금액의 외환선물 매도를 통하여 헤지할 수 있다. 그러나 베이시스리스크가 존재한다면 현물과 선물환율의 움직임은 서로 정확히 일치하지 않는다. 만일

$$h = \frac{\Delta S_t}{\Delta f_t} = \frac{\$0.05}{\$0.03} = 1.66\text{이라면}$$

금융회사는 베이시스리스크가 없을 때 보다 많은 수의 선물을 매도해야 된다.

불행히도 우리는 미래의 환율과 선물가격이 어떻게 변할 것인지 정확하게 알 수 없다. 우리가 정확한 예측을 할 수 있다면 처음부터 헤지를 할 필요가 없을 것이다. 따라서 h를 계산하는 일반적인 방법은 최근의 자료를 이용해 선물가격변동에 따른 현물가격의 변동추이를 살펴서 이를 가장 적절한 미래 h의 예측치로 사용하는 것이다. 이러한 과거 패턴을 측정하는 방법 중 하나는 최소자승법을 이용하여 일정 기간의 현물가격의 변동분을 선물가격의 변화분에 단순회귀시키는 것이다.

[그림 18-6]에는 200X년 동안의 가상 파운드/달러 선물환율변화와 현물환율변화 간의 관계가 그려져 있다. 여기에는 1월부터 12월까지 12개의 관찰치가 사용되었으며, 점선이 만나는 부분은 1월의 관찰치이다. 1월에는 달러/파운드 현물환율이 4.5센트 상승하였고 선물환율은 4센트 상승한 것을 알 수 있다. 1월 기간 동안 파운드의 가치가 상승하였지만

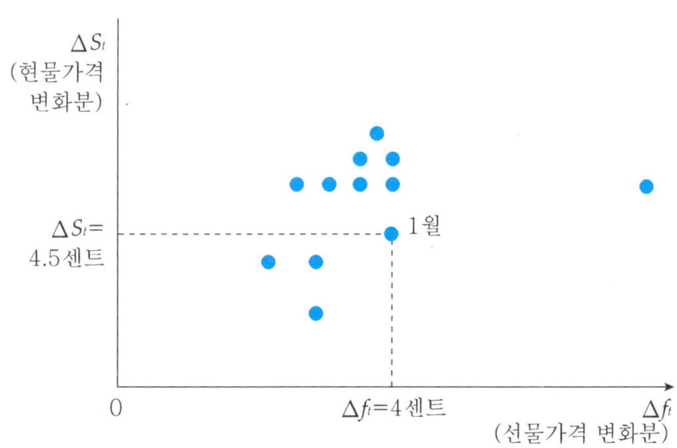

그림 18-6 200X년도의 ΔS_t와 Δf_t의 월간 변화분

현물가격이 선물가격보다 더 많이 상승한 아니다. [그림 18-6]에서 나타나듯 일부 다른 월별자료에서는 선물가격이 현물가격보다 더 상승하고 있다.

최소자승추정회귀분석은 월별 실제 현물환율의 변화 관측치와 예측치(즉 추정선에 의해 주어진 예측치) 차이의 제곱의 합이 최소화되는 선을 찾고자 한다. 이 선은 절편인 α와 기울기인 β로 표현된다.

$$\Delta S_t = \alpha + \beta\, \Delta f_t + u_t$$

u_t는 회귀식의 잔차(실제 ΔS_t값과 회귀식에 의해 예측된 값의 차이)이다.

회귀식의 기울기인 β는 다음과 같이 추정된다.

$$\beta = \frac{\text{Cov}\,(\Delta S_t, \Delta f_t)}{VAR\,(\Delta f_t)}$$

이것은 현물환율 변화와 선물환율 변화 간의 공분산을 선물환율 변화의 분산으로 나눈 값이다. ΔS_t과 Δf_t가 완전히 같이 움직인다면 $\text{Cov}(\Delta S_t,\ \Delta f_t) = \text{Var}(\Delta f_t)$ 그리고 β=1이 될 것이다. 현물환율이 선물환율보다 더 크게 움직인다면 $\text{Cov}(\Delta S_t,\ \Delta f_t) > \text{Var}(\Delta f_t)$가 되어 $\beta > 1$이 된다. 반대로 현물환율의 변화가 선물환율의 변화보다 민감하지 않다면 $\text{Cov}(\Delta S_t,\ \Delta f_t) < \text{Var}(\Delta f_t)$이 되어 $\beta < 1$이 된다. 또한 β의 값은 이론적으로 현물자산과 선물계약으로 이루어진 포트폴리오리스크를 취소화하는 헤지비율(h)을 의미한다.[18] 따라서 금융회사는 회귀식으로 추정된 β를 적절한 헤지비율로 사용할 수 있다.

예를 들어 200X년의 ΔS_t과 Δf_t의 12개 관찰치를 사용하면 다음과 같은 최소자승회귀식을 추정할 수 있다.

$$\Delta S_t = 0.15 + 1.2\ \Delta f_t \qquad \alpha = 0.15 \qquad \beta = 1.2$$

포트폴리오 관리자가 β=1.2를 최소리스크 헤지비율인 h를 사용한다면, 이전에 예측했던 1.15억 파운드 대출에 따른 외환손실에서 금융회사를 보호하기 위해 매도해야 되는 선물계약의 수를 다음과 같이 결정할 수 있다.

$$N_F = \frac{\text{파운드자산에 대한 매수포지션} \times \beta}{\text{1단위 파운드선물계약의 크기}} = \pounds 1.15\text{억} \times 1.2 \ / \ \pounds 62{,}500 = 2{,}208 \ \text{계약}$$

따라서 ΔS_t와 Δf_t의 과거관계를 미래관계의 최적예측치로 사용한다면 이 관리자는 2,208개의 선도계약을 매도해야 한다.

금융회사의 관리자가 이러한 방법으로 적절한 헤지비율을 결정하는 것에 대한 신뢰수준은 회귀선이 관측치의 분포와 얼마나 적합한가에 달려 있다. 회귀식의 적합도를 측정하는 것은 회귀식의 R^2이며 이것은 ΔS_t과 Δf_t 간의 상관계수의 제곱값이다. 즉

18) 이에 대한 증명은 L.H. Ederington, "The Hedging Performance of the New Futures Markets," *Journal of Finance* 34(1979), pp. 157-70 참조.

$$R^2 = \rho^2 = \left[\frac{(\text{Cov}(\Delta S_t, \Delta f_t))}{\sigma_{\Delta S_t} \times \sigma_{\Delta f_t}}\right]^2$$

현물환율 변화와 선물환율 변화가 완전히 상관되어 있다면 $R^2 = \rho^2 = 1$이고 이 경우 ΔS_t과 Δf_t의 모든 관측치는 하나의 직선상에 놓이게 된다. 만일 $R^2 = 0$이라면 ΔS_t와 Δf_t 간의 통계적인 연관성이 전혀 없다는 것을 의미한다.

현물자산포지션의 손실리스크를 헤지하기 위해 선물계약을 이용하고 있으므로 회귀식의 R^2값은 선물계약의 **헤지유효성(hedging effectiveness)**의 측정치가 된다. 낮은 R^2값은 회귀식의 β값이 실제로 적절한 헤지비율로 사용할 수 있는지에 대한 신뢰도가 낮다는 것을 의미한다. R^2값이 1에 가까와짐에 따라 회귀식으로 구한 헤지비율만큼 선물계약을 사용하여 자산포지션의 리스크를 헤지하는 방법의 신뢰도는 증가한다.

▶ **헤지유효성(hedging effectiveness)**
현물자산가격 변화와 선물가격 변화 사이의 상관관계(상관계수의 제곱).

개념질문

1. [그림 18–6]에서 선물가격변화가 현물가격변화보다 큰 경우를 지적해 보라.
2. 당신은 회귀식의 R^2값이 0인 경우에도 선물계약을 이용하여 헤지하려 할 것인가?
3. 추정회귀식이 $\Delta S_t = 0.51 + 0.95\Delta f_t$이고 $R^2 = 0.72$라면 헤지비율은 얼마인가? 헤지유효성은 얼마인가?

18.6 선물과 선도계약을 이용한 신용리스크헤지

제7장에서는 차입자, 산업분야, 지역별로 분산함으로써 금융회사가 대출포트폴리오의 비체계적 리스크인 차입자 고유리스크를 분산시킬 수 있다고 설명하였다. 물론 금융회사 관리자가 충분히 분산시킬 수 있는가 하는 능력은 대출포트폴리오의 규모에 어느 정도 의존하므로, 차입자의 고유리스크를 분산하는 잠재적인 능력은 금융회사의 규모에 따라 증가한다.

그렇지만 최근에 금융회사들은 신용리스크를 더 효과적으로 헤지하기 위하여 새로운 파생상품을 개발하여 왔다. 신용파생상품은 개별대출이나 채권, 또는 대출과 채권의 포트폴리오의 신용리스크를 헤지하기 위해 사용될 수 있다. 〈표 18–1〉에서 나타나듯이 2006년 9

월 미국 상업은행들의 신용파생상품 명목가치는 7억 9,030만 달러나 되었고 전세계적으로는 6.78조 달러나 되었다. 이자율리스크나 환리스크노출보다 신용리스크로 인하여 금융회사들은 더 많은 실패를 맛보았기 때문에 이러한 새로운 파생상품들의 출현은 더욱 중요하다고 할 수 있다. 아래에서는 신용선도거래에 대해 설명할 것이며, 제19장에서는 신용옵션, 제20장에서는 신용스왑에 대해서 설명할 것이다.

신용선도계약과 신용리스크헤지

신용선도(credit forward)는 대출금리가 결정되고 대출이 이루어진 후에 대출의 상환불능리스크를 헤지하는 선도계약이다. 일반적으로 신용선도의 매입자는 보험회사이며 매도자는 은행이다. 신용선도계약에서는 차입금융회사가 발행한 채권의 신용스프레드(상환불능리스크 보상을 위한 리스크프리미엄)가 정해진다. 예를 들어 은행으로부터 대출받는 시점에서 차입회사의 BBB등급 채권의 스프레드가 동일 만기 T-bond에 비하여 2%의 스프레드를 가졌다고 가정하자. 이 때 2%인 CS_F를 신용선도계약이 체결되는 대상의 신용스프레드라고 정의한다. 신용선도의 지급형태는 〈표 18-3〉에 표현되어 있다. 예를 들어, 〈표 18-3〉에서 CS_F는 대출이 발생하고 신용선도계약이 체결된 시점으로부터 1년 후 만기가 도래하는 채권에 대한 실제 신용스프레드이며, MD는 이 BBB 채권의 수정듀레이션, A는 선도계약의 액면금액이다.

▶**신용선도(credit forward)**
대출금리가 결정지고 대출이 이루어진 후에 대출에 대한 회수불능리스크를 헤지하는 선도계약.

이 표로부터 신용선도의 매입자(보험사)는 차입회사가 발행한 채권의 지급불능리스크를 부담하고, 신용선도의 매도자(대출은행)는 차입회사의 지급불능리스크를 헤지하고 있는 것을 알 수 있다. 즉 선도계약의 만기시 지급불능리스크가 증가하여 시장에서 차입회사의 채권에 대해 선도계약에서 동의한 신용스프레드 CS_F보다 더 높은 스프레드 CS_T를 요구한다면 신용선도의 매입자는 매도자인 은행에게 $(CS_T - CS_F) \times MD \times A$만큼 지급한다. 예를 들어 1

표 18-3 신용선도의 지급형태

선도계약만기의 신용스프레드	은행의 신용스프레드	보험사의 신용스프레드
$CS_T > CS_F$	수취 $(CS_T - CS_F) \times MD \times A$	지급 $(CS_T - CS_F) \times MD \times A$
$CS_F > CS_T$	지급 $(CS_F - CS_T) \times MD \times A$	수취 $(CS_F - CS_T) \times MD \times A$

년 동안 T-bond와 BBB 채권의 스프레드가 2%에서 3%로 확대되었고, BBB 채권의 *MD*가 5년이며 선도계약의 액면금액은 1,000만 달러라고 가정하자. 이 경우 신용선도계약에서 매도자의 이익은 \$50만(= $\$10000000 \times 5 \times (3\%-2\%)$)이 된다. 이 크기는 차입자의 지급불능리스크의 증가로 인한 대출가치의 손실이라고 볼 수 있다. 그러나 차입자의 지급불능리스크와 신용스프레드가 작아진다면 반대로 신용선도 매도자가 매입자에게 $(CS_T - CS_F) \times MD \times A$만큼 지불하게 된다(하지만 아래에서 설명하듯이 선도계약 매도자의 최대손실액은 제한되어 있다).

[그림 18-7]은 신용선도계약을 이용하여 대출리스크를 헤지한 결과 은행에 나타나는 손익을 표현한 것이다. 대출리스크가 증가한다면 대출의 가치는 헤지 초기의 가치보다 하락하게 된다. 그러나 은행은 신용선도계약을 매도하여 부도리스크의 변화를 헤지할 수 있다. 차입자 채권의 신용스프레드 역시 증가한다면 은행은 선도계약으로부터 $(CS_T - CS_F) \times MD \times A$를 수취하게 된다. 차입자가 발행한 채권의 특성(신용스프레드변화, 수정듀레이션, 원금 등)이 은행이 차입자에게 해 준 대출의 특성과 동일하다면 대차대조표 상의 손실은 선도계약으로부터의 부외이익에 의해 완전히 상쇄된다. 만약 지급불능리스크가 증가 또는 감소하지 않는다면 선도계약을 매도한 은행은 $(CS_T - CS_F) \times MD \times A$만큼의 금액을 신용선도 매입자(보험사)에게 지불하여야 한다. 그러나 은행의 이런 지급금액에는 상한선이 있다. 이는 CS_T가 0으로 하락하는 경우로서 예를 들면, BBB 채권의 스프레드가 0으로 하락하거나 차입자의 원래 BBB 채권이 T-bond와 동일한 지급불능리스크를 갖게 되었다는 것을 의미한

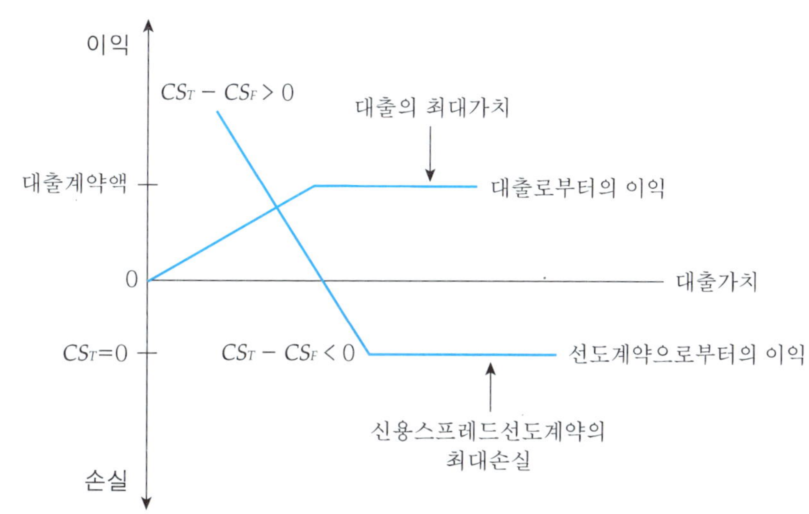

그림 18-7 신용선도계약을 이용한 대출리스크헤지 결과

다. 이 경우 선도계약의 최대손실금액은 $[CS_T-(0)]\times MD\times A$이며 대출로부터의 최대이익을 상쇄한다. 옵션에 대한 지식을 가진 사람은 은행의 대출은 풋옵션의 매도와 유사하다는 것을 알게 될 것이다. 신용선도의 매도는 풋옵션의 매입과 유사하다(제19장 참조).

선물계약과 재난리스크

최근 시카고상품거래소(CBOT)에서는 재난보험(catastrophe insurance)에 대한 선물과 옵션을 소개한 바 있다. 본 장에서는 재난보험선물에 대해 설명하고 재난보험옵션에 대해서는 다음 장에서 설명하기로 한다. 재난보험선물이 도입된 기본 아이디어는 손해보험사들이 이를 이용하여 2004년 플로리다를 강타하여 250억 달러 이상의 재산손실을 일련의 허리케인이나 2005년 2,000억 달러의 손해를 발생시킨 허리케인 Katrina같은 자연재해에 의해 발생할 수 있는 극단적인 손실을 헤지할 수 있게 하려는 것이었다. 대재해가 발생하면 손해율이 상승하기 때문에 재난선물계약으로부터의 지급금액은 손해율과 직접적으로 연계된다. 계약의 청산시 선물계약의 매입자가 받는 금액은 선물계약의 액면가(25,000달러)에 보험사에 의해 발생된 실제 손해율을 곱한 금액과 일치하게 된다. 선물계약의 만기일에 손해율이 1.5라고 가정한다면 헤져인 보험사는 선물계약으로부터 1.5×$25,000=$37,500를 수취하게 된다. 또한 허리케인 발생 3개월 전에 시장의 손해율 예측은 0.8이었다고 가정하자. 이 경우 보험사는 선물계약을 구매하기 위해 0.8×$25,000=$20,000을 지불하면 될 것이다. 실제 손실이 예상손실을 초과하기 때문에 보험자는 계약당 $37,500−$20,000=$17,500의 이익을 얻게 될 것이다. 이 선물계약으로부터의 이익은 허리케인보험계약으로 인해 지불되는 대규모의 보험금을 상쇄하는 데 도움을 줄 수 있다.[19]

선물과 선도에 대한 규제정책

파생상품은 세 가지 단계의 제도적 규제를 받게 된다. 첫째, 파생상품의 이용자들이 할 수 있는 행위들이 구체적으로 규제되어 있다. 둘째, 일단 허용행위가 구체화된 후 이런 행위에 참여하는 회사들은 감독자의 감독을 받아야 한다. 셋째, 규제당국은 파생상품을 이용하는 회사들의 자본적정성을 평가하고 요구수준 이상의 자본을 보유하게 함으로써 이들 회사에 대한 적정성을 평가하려고 노력한다. 증권거래위원회(SEC)와 상품선물거래위원회(CFTC)는 종종 규제자로 간주된다. SEC는 일부 거래소에서 거래되는 파생상품을 포함하

---

19) 재난보험에 대해서는 K. K. Aase, Ⓡ A Mankov Model for the Paricing of Catastrophe Iusrance Futures and Spheads, Ⓒ *Journal of Risk and Insurance*, Morch 2001, pp. 25–49 참조.

여 전국적 거래소에서 거래되는 모든 증권에 대해 규제한다. SEC의 파생상품규제는 가격보고요구, 조작금지규제, 포지션 제한, 감사기록요구 그리고 증거금요구 등을 포함한다. CFTC는 거래소에서 거래되는 모든 파생상품에 대해 고유관할권을 가지고 있다. CFTC는 모든 전국적 선물거래소, 선물거래 및 선물옵션거래를 규제한다. CFTC의 규제는 거래자에 대한 최소수준의 자본요구, 보고와 투명성 요구, 사기 및 조작금지규제 그리고 청산소 조직에 대한 최소한의 기준을 포함한다.

은행들의 핵심규제자인 연방은행, 연방예금보험공사, 통화감독청 역시 선물과 선도계약을 거래하는 은행에 대해 일관적인 가이드라인을 제시하고 있다. 이 가이드라인은 은행이 (1) 헤지와 관련된 행위에 대해 내부 가이드라인을 세우고, (2) 거래한계를 설정하고, (3) 주주나 외부 투자자에 대해 은행의 리스크에 심대한 영향을 미칠 수 있는 대량 거래를 공시할 것을 요구하고 있다. 전체적으로 볼 때 실제 헤지와 투기목적은 차이를 구별하기는 어렵지만 규제기관의 정책은 헤지를 위한 선물의 사용을 권장하고 투기목적으로 사용하는 것을 억제하고자 하는 것이다.

2000년 1월 1일 재무회계기준위원회(FASB)는 모든 금융회사에 대해 재무제표 상에 파생상품을 시가로 공시할 것을 요구하였다. 이는 금융회사가 파생계약으로부터의 이익과 손실을 즉시 인식하고 주주와 규제기관에 보고해야 하는 것을 의미한다.

제15장에서 언급된 것처럼 거래소의 선물계약은 리스크기준자본(risk-based capital) 요구조건에 해당되지 않는다. 반면 장외 선도계약은 잠재적으로 자본 요구조건에 해당된다. 따라서 다른 조건이 동일하다면 리스크기준자본의 요구는 선도계약보다 선물계약을 선호하게 만드는 이유가 된다.

개념질문

1. 금융회사의 신용리스크에 있어 신용선도계약이 유용한 이유는 무엇인가?
2. 보험회사가 대규모손실을 헤지하기 위하여 재난선물계약을 이용하는 경우 발생하는 현실적인 문제점들은 무엇인가?

요 약

이번 장에서는 선물과 선도계약의 리스크관리기능을 분석하였다. 이 양자는 매우 유사하지만 완전한 대체물은 아닌 것을 이해했을 것이다. 만기, 유동성, 유연성, 시장평가, 요구자본 등 다양한 특성 때문에 이 양자간에 차이점이 발생하며 경우에 따라 어느 한 쪽이 다른 계약보다 금융회사에게 더 매력적인 헤지수단으로 간주된다. 이 계약들은 이자율리스크, 환리스크, 신용리스크 그리고 재난리스크 등 금융회사가 주로 대면하는 4가지 리스크의 일부 또는 전부를 헤지하기 위하여 사용될 수 있다. 또한 금융회사는 거시헤지나 미시헤지를 택할 수도 있고 모든 이자율리스크를 대상으로 또는 이 중에서 선별하여 헤지하는 방법을 택할 수도 있다. 그러나 어느 경우에도 베이시스리스크의 존재로 인하여 완전헤지는 매우 어려운 일이다. 마지막으로 회계규칙은 금융회사가 보유한 부외 파생거래포지션을 시장가치로 보고하도록 요구하고 있다.

연습문제

1. 파생상품거래란 무엇인가? 금융회사를 경영하는데 있어서 파생상품거래는 어떠한 가치를 가지는가? 2006년 9월을 기준으로 미국 은행들이 보유한 가장 규모가 큰 파생상품은 무엇이었는가?
2. 금융회사가 파생상품을 잘못 사용함에 따라 어떠한 규제들이 도입되었는가?
3. 선물과 선도계약의 주된 차이점은 무엇인가? 이런 거래들은 현물거래와 어떻게 다른가?
4. 단순헤지(naive hedge)란 무엇인가? 이러한 헤지방법은 금융회사를 리스크로부터 어떻게 보호하는가?
5. 어떤 금융회사가 만기가 15년이고, 만기수익률 7%의 가격이 104인 액면가 1,000만 달러의 채권을 보유하고 있다. 이 채권의 듀레이션은 8년이고, 이 금융회사는 2년 후에 이 채권을 매도할 계획이다. 이 금융회사의 시장분석가는 채권을 매도하려는 시점에서 이자율이 8%가 될 것이라고 예측한다. 대부분의 다른 분석가들은 이자율에 변화가 없을 것이라고 예측하였기 때문에 현재 만기 15년의 채권에 대한 2개월만기 선도계약은 104에 거래되고 있다. 이 금융회사는 이자율이 변할 것으로 예측하고 이를 헤지하고자 선도거래에서 적절한 포지션을 취하려고 한다. 어떤 포지션이 적절한가? 이자율이 예측에 따라 1% 올랐다면 헤지를 통해 얼마만큼의 손실을 막을 수 있는가?
6. 선물계약의 매도포지션과 매입포지션을 비교하여 설명하여라.
7. 어떤 금융회사가 T-bond 선물을 95에 매입했다고 가정하자.
   a. 선물을 매입했을 때 이 금융회사가 이행의무는 무엇인가?
   b. 계약을 매입다면, 이것은 어떤 종류의 헤지에 해당하는 것인가?
   c. 만약 이 T-bond 선물의 가격이 94로 하락하였다면 이 금융회사의 손실 혹은 이익은 얼마인가?
   d. 이 T-bond 선물의 가격이 97로 상승했다고 가정하고 시장평가를 해 보라.
8. Long Bank의 자산은 대부분 만기 30년 모기지론으로 구성되어 있고, 부채는 단기성 정기예금과 요구불예금으로 구성되어 있다. 이 은행이 이자율선물을 매입하는 것은 은행의 리스크를 가중시키는가, 아니면 감소시키는가?
9. 다음 경우에서 각각에 상응하는 리스크를 헤지하기 위해 금융회사는 선도계약을 매입하는 것이 적절한지 아니면 매도하는 것이 적절한지를 밝혀라.

a. 3개월 내에 양도성예금증서를 발행할 계획인 상업은행

b. 2개월 내에 만기가 도래하는 채권을 매입할 계획인 보험회사

c. 다음 달 국채를 매입할 예정인 저축금융회사

d. 프랑스 회사에게 대출한 미국 은행; 대출은 유로화로 상환가능

e. 듀레이션이 6년인 자산과 13년인 부채를 보유하고 있는 금융회사

10. 액면가로 매매되고 있는 만기 20년, 표면금리 8%의 T-bond의 듀레이션이 10.292년이다. 이 채권의 이자는 1년에 두 번 지급되며, 이 채권은 T-bond 선물거래에 대해 인도 가능하다.

a. 이 채권의 수정듀레이션은 몇 년인가?

b. 시장 이자율이 50bp 상승한다면 T-bond의 가격은 얼마나 변하는가?

c. 만약 95에 T-bond 선물을 매도하고 이자율이 50bp 상승했다면 선물가격은 얼마나 변할까?

d. 만약 당신이 이 채권을 액면가에 매입하고 선물을 매도하였다면 이자율상승 후 헤지의 순가치는 얼마인가?

11. 미시헤지와 거시헤지의 차이점은 무엇인가? 일련의 미시헤지보다 한 번의 거시헤지가 금융회사에게 더 효과적인 이유는 무엇인가?

12. 금융회사가 포트폴리오를 선택적으로 헤지하는 이유는 무엇인가?

13. 다음은 Hedge Row Bank의 대차대조표이다. (단위 : 100만)

자산	$150	부채	$135
		자본	$ 15
합계	$150	합계	$150

자산의 듀레이션은 6년이고, 부채의 듀레이션은 4년이다. 이 은행은 이자율이 내년에 10%에서 9%로 하락할 것으로 예측하고 있다.

a. Hedge Row Bank의 듀레이션갭은 몇 년인가?

b. 이 예측이 정확하다면 Hedge Row Bank의 순가치는 얼마나 변할 것으로 예측되는가?

c. 이자율이 100bp 상승한다면 순가치는 얼마나 영향을 받게 되는가?

d. 부채의 현재 이자율이 6%라면 이자율이 1% 상승할 때마다 순가치는 얼마나 변하는가?

14. 일정한 이자율변화에 대해 T-bond 선물가격의 민감도가 T-bill 선물가격의 민감도보다 큰 이유는 무엇인가?

15. T-bond 선물가격이 101-13으로 공시되었다. 이것의 의미는 무엇인가?

16. 금융회사의 대차대조표가 완전히 헤지되었다는 것의 의미는 무엇인가?

17. Tree Row Bank의 자산은 1억 5,000만 달러, 부채는 1억 3,500만 달러, 자본은 1,500만 달러이다. 듀레이션은 자산과 부채가 각각 6년과 4년이고, 시장이자율은 10%이다. 이 은행는 현재 가격이 95에 공시되고 표면금리가 8%인 만기 20년 T-bond 선물계약으로 자산과 부채를 헤지하려고 한다.

a. 거시헤지를 위해 선물계약을 매입해야 하는가? 매도해야 하는가?

b. 이 은행이 완전헤지를 하려면 몇 개의 선물계약을 체결해야 하는가?

c. 시장이자율이 100bp 상승하거나, 50bp 하락하는 상황을 가정하고, 이 상황에서 선물계약의

가치변화가 대차대조표 상의 현물가치의 변화를 어떻게 상쇄시키는지 보여라.

d. 이 은행이 현재 시장가가 98에 공시된 T-bill 선물로 헤지하고자 한다면 자산과 부채를 완전히 헤지하기 위해 몇 개의 선물계약을 체결해야 하는가?

e. 이 은행이 T-bond와 T-bill 선물 중 하나를 택할 때 추가적으로 어떤 것들이 고려되어야 하는가?

18. 위의 문제 17번에서 Tree Row Bank의 부채가 6%의 비용을 갖는다고 가정하고 문제를 다시 생각해 보자.

a. 이 은행이 완전헤지를 하려면 몇 개의 계약이 필요한가?

b. 시장이자율이 100bp 상승거나, 50bp 하락하는 상황을 가정하고, 이 상황에서 선물계약의 가치변화가 대차대조표 상의 현물포지션의 가치변화를 어떻게 상쇄시키는지 보여라.

c. 이 은행이 현재 시장가가 98에 공시된 T-bill 선물로 헤지하고자 한다면 자산과 부채를 완전히 헤지하기 위해 몇 개의 선물계약을 체결해야 하는가?

19. 베이시스리스크란 무엇인가? 베이시스리스크의 원인은 무엇인가?

20. 위의 문제 17번에서, 만약 기초채권의 가격민감도와 선물의 가격민감도의 관계가 br=0.92인 상황을 가정하고, 17.*b*의 문제에 답하여라.

21. 어떤 뮤추얼펀드는 4개월 안에 만기 30년인 T-bond를 50만 달러 구입하려고 한다. 이 채권은 듀레이션이 12년이고, 가격은 96-08로 공시되어 있다. 이 뮤추얼펀드는 앞으로 4개월간 이자율이 변화할 것을 염려하여 잔여만기가 6개월인 T-bond 선물로 헤지하고자 한다. 이 T-bond 선물은 98-24에 거래되고 있고 듀레이션은 8.5년이다.

a. 현물시장의 이자율변화와 선물시장의 이자율변화와 동일하게 변할 때 뮤추얼펀드는 선물의 어떤 포지션을 취해야 하는가?

b. 몇 개의 계약을 체결해야 하는가?

c. 인도 가능한 채권의 내재이자율이 할인된 현물이자율변화보다 12% 초과하여 변한다면 포트폴리오를 헤지하기 위해 몇 개의 선물계약이 필요한가?

d. 선물의 가격민감도를 현물시장에서의 자산과 다르게 만드는 요인은 무엇인가?

22. 어떤 금융회사의 약식 대차대조표는 다음과 같다. (단위 : 100만)

자산		부채	
듀레이션 = 10년	$950	듀레이션 = 2년	$860
		자본	90

a. 이 금융회사의 듀레이션갭은?

b. 이 금융회사의 이자율리스크노출은?

c. 이 금융회사는 선물과 선도계약을 거시헤지의 목적으로 어떻게 사용할 수 있는가?

d. 만약 이자율의 상대적 변화분이 1% 증가한다면, 즉 $\Delta R/(1+R)=0.01$이라면 금융회사의 자본가치는 어떠한 영향을 받을까?

e. (c)에서 거시헤지를 위해 가격이 96에 공시된 T-bond 선물을 이용한다고 하자. 이자율의 상대적 변화분이 1% 증가한다면, 즉 $\Delta R/(1+R)=0.01$이라면 이 금융회사의 선물포지션은 어떤

영향을 받는가? 단, 이 T-bond는 인도 가능하고 듀레이션이 9년이다.

f. 만약 이 금융회사가 완전한 거시헤지를 원한다면, 몇 개의 T-bond 선물계약이 필요한가?

23. 22번의 문제를 다시 생각해 보자. 베이시스리스크를 고려한다면 22번의 답은 어떻게 변할 것인가?

a. 완전한 거시헤지를 위해 몇 개의 선물계약이 필요한지 계산하여라.

단, $[R_f/(1+R_f)/\ R/(1+R)] = br = 0.90$.

b. $br = 0.90$란 무슨 의미인가?

c. $br = 0.90$이라면, 이것은 완전한 거시헤지를 위해 필요한 선물계약 수를 계산하는데 어떤 정보를 제공하는가?

24. 어떤 금융회사가 유로달러 이자율선물을 이용한 교차헤지(cross hedge)로 1억 달러의 채권을 헤지하고자 한다. 이 금융회사는 정확한 유로달러 선물계약 수를 결정하기 위해 어떻게 br을 추정할까? 단, $br = [\Delta R_f/(1+R_f)/\Delta R/(1+R)]$.

25. Village Bank는 듀레이션이 14년인 2억 4,000만 달러의 자산과 듀레이션이 4년인 2억 4,000만 달러의 부채를 가지고 있다. 이자율리스크를 헤지하기 위해 Village Bank는 현재 102-21에 거래되는 이자율선물계약으로 거시헤지를 하려고 한다. 만약 선물이자율과 현물이자율이 같이 움직인다면, 이 은행은 자산과 부채를 완전히 헤지하기 위해 몇 개의 선물계약을 체결해야 하는가?

26. 어떤 금융회사가 자산 2억 5,000만 달러 부채 2억 달러를 소유하고 있다고 하자. 자산의 듀레이션은 6년이고, 부채의 듀레이션은 3년이다. 또한 선물계약의 가격은 115,000달러이고 듀레이션은 5.5년이다.

a. $br = 1.10$일 때 완전헤지를 위해서 몇 개의 선물계약이 필요한가?

b. 만약 $\Delta R_f/(1+R_f) = 0.0990$ 이라면 $\Delta R/(1+R)$는 얼마인가?

27. 어떤 금융회사가 98.50에 거래되는 91일짜리 액면 100만 달러의 유로달러 선물계약을 매입했다고 가정하자.

a. 이 계약이 이틀 후 98.60에 매도된다면 순이익은 얼마인가?

b. 매도된 가격이 98.40이라면 손실 또는 이익은 얼마인가?

28. 어떤 금융회사가 유로화 자산에 투자하고 있다. 이 금융회사는 $/€의 환율이 자산의 만기까지 상승할 것으로 예측하고 있다.

a. 유로에 대해 달러는 평가절상인가? 아니면 평가절하인가?

b. 이 투자에 대한 완전헤지를 위해 금융회사는 유로 선물계약을 매입해야 하는가, 매도해야 하는가?

c. 현물과 선물계약이 서로 완전한 상관관계를 가지고 있다면, 이 금융회사는 이 투자를 완전히 헤지하기 위해 몇 개의 계약이 필요한가?

29. 헤지의 테일링(tailing hedge)이란 무엇인가? 금융회사가 효과적인 헤지테일링을 위해 필요한 요소는 무엇인가?

30. 헤지비율이란 무엇을 측정하는 것인가? 다른 통화에 대한 투자를 완전히 헤지하기 위해 필요한 선물계약 수를 결정할 때, 이 비율은 어떤 상황에서 가치가 있는가? 헤지비율은 베이시스리스크와 어떠한 연관이 있는가?

31. 헤지비율을 예측하는데 일반적으로 사용되는 기법은 무엇인가?

32. 어떤 금융회사가 영국 파운드화로 평가된 1억 2,500만 달러만의 자산과 1억 달러의 부채를 가지고 있다.

a. 이 금융회사의 순노출은?

b. 이 금융회사는 평가절상에 노출되어 있는가? 아니면 평가절하에 노출되어 있는가?

c. 이 금융회사는 환리스크를 헤지하기 위해 선물과 선도계약을 어떻게 이용할 수 있는가?

d. 이 금융회사의 현재 리스크노출을 완전히 헤지하기 위해 사용되어야 하는 선물계약의 수는 몇 개인가?

e. 영국 파운드화가 $1.60/£에서 $1.50/£로 하락하였다면, 이 금융회사의 현금포지션은 어떤 영향을 받게 될까?

f. 영국 파운드화 선물가격이 $1.55/£에서 $1.45/£로 하락하였다면, 이 금융회사의 현금포지션은 어떤 영향을 받게 될까?

g. (*e*)와 (*f*)의 정보를 이용해서 베이시스리스크에 대해 어떤 결론을 내릴 수 있는가?

33. 어떤 금융회사가 스위스 프랑(*Sf*)으로 평가된 1억 달러, 만기 1년의 부채의 환리스크을 헤지하려고 한다. 현재 현물이자율은 $0.60/*Sf*이고, 1년만기 *Sf* 선물계약은 현재 $0.58/*Sf*에 거래되고 있다. *Sf*선물은 *Sf*62,500 단위로 거래된다.

a. 이 금융회사는 *Sf*이 평가절상되거나 평가절하되는 것을 걱정해야 하는가?

b. 환노출에 대해 헤지하려면 선물을 매입해야 하는가? 매도해야 하는가?

c. 만약 과거에 선물가격변화에 대한 현물가격의 변화가 기울기 1.4로 추정되었다면, 몇 개의 선물계약을 매입하거나 매도해야 하는가?

d. 스위스프랑의 현물가격이 연말에 $0.55/*Sf*이고, 선도가격이 $0.5443/*Sf*이라고 할 때, 만약 이 금융회사가 연말에 *Sf*1억을 본국으로 송환한다면, 이 금융회사가 어떻게 헤지하여야 하는지 설명해 보라.

34. 어떤 금융회사가 6개월 내에 인출할 수 있도록 *Sf*1천만의 대출약정(loan commitment)을 해 주었다. 현재 현물이자율은 $0.60/*Sf*이다.

a. 이 금융회사는 달러가 평가절상될 때 리스크에 노출되는가? 아니면 평가절하될 때 리스크에 노출되는가?

b. 6개월 현물이자율이 $0.64/*Sf*라면 대출이 시행되고 이 금융회사가 헤지하지 않을 때 얼마의 달러를 필요로 하게 되는가?

c. *Sf* 선물을 이용하여 헤지하고자 할 때 이 금융회사는 *Sf* 선물을 매입해야 하는가? 매도해야 하는가?

d. 6개월짜리 *Sf* 선물계약이 $0.61/*Sf*에 거래되고 있다. 만약 이 금융회사가 *Sf*1천만의 선물계약을 이용하여 헤지했다면, 6개월 후에 대출에 필요한 금액은 얼마인가? 만기에 현물가격과 선물가격이 일치한다고 가정한다.

35. 어떤 미국 금융회사가 스위스 프랑으로 평가된 7,500만 달러의 자산과 1억 2,500만 달러의 부채를 가지고 있다. 현물이자율을 $0.6667/*Sf*이고, 1년짜리 선물은 $0.6579/*Sf*에 거래되고 있다.

a. 이 금융회사의 순노출은?

b. 이 금융회사는 달러의 평가절상의 리스크에 노출되어 있는가? 평가절하의 리스크에 노출되어

있는가?

c. 스위스 프랑의 현물이자율이 $0.6667/*Sf*에서 $0.6897/*Sf*으로 올랐다면, 이것은 이 금융회사의 통화노출에 어떤 영향을 미치는가?

d. 이 금융회사의 환리스크노출을 완전히 헤지하기 위해서는 몇 개의 선물계약이 필요한가?

e. 만약 *Sf* 선물가격이 $0.6579/*Sf*에서 $0.6349/*Sf*으로 떨어진다면, 이것은 이 금융회사의 선물포지션에 대해 어떤 영향을 미치는가?

36. 신용선도계약이란 무엇이며, 그 구조는 어떠한가?

37. 선물의 벤치마크로 사용되는 T-bond와 차입기업의 부채 간의 신용스프레드가 50bp 감소하였다면 수정듀레이션이 7년인 신용선도계약에 대해 2,000만 달러의 매입포지션을 취했을 때 발생하는 이익은 얼마인가?

38. 신용선도계약을 매도하는 것은 어떤 면에서 풋옵션을 매입하는 것과 유사한가?

39. 어떤 손해보험사는 허리케인 기간 동안의 손실을 헤지하고자 재난선물계약을 매입하였다. 매입 당시, 시장은 손해율을 0.75로 예측하였다. 대규모 허리케인에 대한 보험금 지급 후 손해보험사의 손해율은 1.35가 되었다. 액면 25,000달러의 선물계약당 이 보험사의 이익은 얼마인가?

40. 금융회사의 선물 이용에 관한 규제당국의 최우선 목적은 무엇인가? 규제당국은 은행이 선물과 선도거래를 하는데 있어서 어떤 지침을 제시하는가?

Web을 활용하는 질문

41. 통화감독청의 웹사이트(www.occ.treas.gov)에 가서 상업은행들이 선물, 선도, 옵션, 스왑, 그리고 신용파생상품을 어느 정도 보유하고 있는지 살펴보라.

관련 웹사이트

기관명	웹사이트
American Banker	www.americanbanker.com
Board of Governors of the Federal Reserve	www.federalreserce.gov
Chicago Board of Trade	www.cbot.com
Chicago Mercantile Exchange	www.cme.com
Commodity Futures Trading Commission	www.cftc.gov
Federal Deposit Insurance Corp.	www.fdic.gov
Financial Accounting Standards Board	www.fasb.org
Office of the Comptroller of the Currency	www.occ.treas.goc
Securities and Exchange Commission	www.sec.gov
Wall Street Journal	www.wsj.com

부록 18A WSJ 온라인에 공시된 이자율 선물가격

EuroDollar 3 Mo. Day - cme

Date retrieved at Dec 19 13:08:25 GMT · All quotes are in Greenwich Mean Time · Data provided by eSignal

Contract	Month	Last	Chg	Open	High	Low	Volume	OpenInt	Exchange	Date
EURODOLLAR 3 MONTH (DAY)	Jan' 07	94.6475s	0.0025	94.6475	94.6475	94.6475	16408	32476	CME	12/19/06
EURODOLLAR 3 MONTH (DAY)	Feb' 07	94.6700s	0.0050	94.6700	94.6700	94.6700	5	9191	CME	12/19/06
EURODOLLAR 3 MONTH (DAY)	Mar' 07	94.6950s	0.0050	94.6950	94.7000	94.6900	20196	1330554	CME	12/19/06
EURODOLLAR 3 MONTH (DAY)	Apr' 07	94.7350s	0.0050	94.7350	94.7350	94.7350	44	428	CME	12/19/06
EURODOLLAR 3 MONTH (DAY)	May' 07	94.7450s	0.0050	94.7450	94.7450	94.7450	1	94	CME	12/19/06
EURODOLLAR 3 MONTH (DAY)	Jun' 07	94.8600s	0.0050	94.8550	94.8700	94.8400	23336	1356730	CME	12/19/06
EURODOLLAR 3 MONTH (DAY)	Sep' 07	95.0500s	0.0000	95.0550	95.0650	95.0300	27914	1253648	CME	12/19/06
EURODOLLAR 3 MONTH (DAY)	Dec' 07	95.2000s	−0.0050	95.2050	95.2150	95.1750	22810	126431	CME	12/19/06
EURODOLLAR 3 MONTH (DAY)	Mar' 08	95.2700s	−0.0050	95.2800	95.2850	95.2500	13129	863791	CME	12/19/06
EURODOLLAR 3 MONTH (DAY)	Jun' 08	95.2950s	−0.0100	95.3100	95.3150	95.2800	10871	714127	CME	12/19/06
EURODOLLAR 3 MONTH (DAY)	Sep' 08	95.3050s	−0.0100	95.3200	95.3250	95.2850	15115	493151	CME	12/19/06
EURODOLLAR 3 MONTH (DAY)	Dec' 08	95.2950s	−0.0050	95.3050	95.3150	95.2750	9863	341222	CME	12/19/06
EURODOLLAR 3 MONTH (DAY)	Mar' 09	95.2800s	0.0000	95.2850	95.2900	95.2600	6944	345151	CME	12/19/06
EURODOLLAR 3 MONTH (DAY)	Jun' 09	95.2450s	0.0000	95.2550	95.2550	95.2250	4484	272617	CME	12/19/06
EURODOLLAR 3 MONTH (DAY)	Sep' 09	95.2150s	0.0000	95.2300	95.2300	95.1950	8544	183371	CME	12/19/06
EURODOLLAR 3 MONTH (DAY)	Dec' 09	95.1700s	0.0000	95.1750	95.1850	95.1500	4761	132393	CME	12/19/06
EURODOLLAR 3 MONTH (DAY)	Mar' 10	95.1450s	0.0000	95.1600	95.1600	95.1300	2997	118903	CME	12/19/06
EURODOLLAR 3 MONTH (DAY)	Jun' 10	95.1100s	0.0000	95.1250	95.1260	95.0950	6314	94906	CME	12/19/06
EURODOLLAR 3 MONTH (DAY)	Sep' 10	95.0750s	0.0000	95.0950	95.0950	95.0600	10432	76951	CME	12/19/06
EURODOLLAR 3 MONTH (DAY)	Dec' 10	95.0350s	0.0000	95.0500	95.0500	95.0200	6309	92090	CME	12/19/06
EURODOLLAR 3 MONTH (DAY)	Mar' 11	95.0150s	0.0000	95.0350	95.0350	95.0050	2092	68721	CME	12/19/06
EURODOLLAR 3 MONTH (DAY)	Jun' 11	94.9900s	0.0050	94.9900	95.0050	95.9750	2051	60974	CME	12/19/06
EURODOLLAR 3 MONTH (DAY)	Sep' 11	94.9600s	0.0050	94.9600	94.9750	94.9450	1580	62529	CME	12/19/06
EURODOLLAR 3 MONTH (DAY)	Dec' 11	94.9250s	0.0050	94.9400	94.9400	94.9100	1800	27282	CME	12/19/06
EURODOLLAR 3 MONTH (DAY)	Mar' 12	94.9050s	0.0050	94.9100	94.9200	94.8950	180	13254	CME	12/19/06
EURODOLLAR 3 MONTH (DAY)	Jun' 12	94.8800s	0.0050	94.8850	94.8950	94.8700	180	14046	CME	12/19/06
EURODOLLAR 3 MONTH (DAY)	Sep' 12	94.8550s	0.0050	94.8600	94.8700	94.8450	180	10801	CME	12/19/06
EURODOLLAR 3 MONTH (DAY)	Dec' 12	94.8250s	0.0050	94.8350	94.8400	94.8150	210	5268	CME	12/19/06
EURODOLLAR 3 MONTH (DAY)	Mar' 13	94.8100s	0.0050	94.8250	94.8300	94.8000	651	6619	CME	12/19/06
EURODOLLAR 3 MONTH (DAY)	Jun' 13	94.7850s	0.0050	94.8000	94.8050	94.7750	651	3522	CME	12/19/06
EURODOLLAR 3 MONTH (DAY)	Sep' 13	94.7650s	0.0050	94.7800	94.7850	94.7550	651	3857	CME	12/19/06
EURODOLLAR 3 MONTH (DAY)	Dec' 13	94.7350s	0.0050	94.7500	94.7550	94.7300	621	3170	CME	12/19/06
EURODOLLAR 3 MONTH (DAY)	Mar' 14	94.7250s	0.0100	94.7400	94.7400	94.7150	229	1199	CME	12/19/06
EURODOLLAR 3 MONTH (DAY)	Jun' 14	94.7050s	0.0100	94.7200	94.7200	94.6950	229	1528	CME	12/19/06
EURODOLLAR 3 MONTH (DAY)	Sep' 14	94.6800s	0.0100	94.6950	94.6950	94.6700	229	4038	CME	12/19/06
EURODOLLAR 3 MONTH (DAY)	Dec' 14	94.6450s	0.0100	94.6550	94.6550	94.6400	229	2123	CME	12/19/06
EURODOLLAR 3 MONTH (DAY)	Mar' 15	94.6300s	0.0100	94.6300	94.6300	94.6300	200	745	CME	12/19/06
EURODOLLAR 3 MONTH (DAY)	Jun' 15	94.6100s	0.0100	94.6100	94.6100	94.6100	200	577	CME	12/19/06
EURODOLLAR 3 MONTH (DAY)	Sep' 15	94.5850s	0.0100	94.5850	94.5850	94.5850	200	1482	CME	12/19/06
EURODOLLAR 3 MONTH (DAY)	Dec' 15	94.5500s	0.0100	94.5500	94.5500	94.5500	200	463	CME	12/19/06
EURODOLLAR 3 MONTH (DAY)	Mar' 16	94.5350s	0.0100	94.5350	94.5350	94.5350	200	735	CME	12/19/06
EURODOLLAR 3 MONTH (DAY)	Jun' 16	94.5150s	0.0100	94.5150	94.5150	94.5150	200	1768	CME	12/19/06
EURODOLLAR 3 MONTH (DAY)	Aug' 16	94.6650s	−0.0050	94.6650	94.6650	94.6650	3459	10037	CME	12/19/06
EURODOLLAR 3 MONTH (DAY)	Sep' 16	94.4900s	0.0100	94.4900	94.4900	94.4900	200	1021	CME	12/19/06

US T-Bonds comp – cbot

Date retrieved at Dec 19 13:15:12 GMT · All quotes are in Greenwich Mean Time · Data provided by eSignal

Contract	Month	Last	Chg	Open	High	Low	Volume	OpenInt	Exchange	Date
US TREASURY BOND	Dec' 06	112' 29	0' 06	112' 25	113' 00	112' 25	420	15237	CBT	12/19/06
US TREASURY BOND	Mar' 07	112' 25	0' 02	112' 25	113' 00	112' 21	36002	767627	CBT	12/19/06
US TREASURY BOND	Jun' 07	112' 28	0' 07	112' 09	112' 28	112' 09	4	4303	CBT	12/19/06
US TREASURY BOND	Sep' 07	112' 27	0' 06	112' 29	112' 27	111' 29	2	1	CBT	12/19/06
US TREASURY BOND	Dec' 07	112' 21s	0' 01	112' 20	112' 21	111' 25	6	27	CBT	12/18/06

제 19 장

옵션, 캡, 플로어, 칼라

19.1 서 론

금융회사가 헤지목적으로 사용할 수 있는 매우 다양한 선도 및 선물계약이 존재하는 것처럼 거래소옵션, 장외옵션, 옵션부 증권, 캡, 칼라, 플로어 등 매우 다양한 옵선상품이 존재한다. 금융회사는 제18장에서 설명한 선물거래처럼 옵션을 이용하여 이자율리스크, 신용리스크, 환리스크 등 예상치 못한 변화 때문에 발생하는 순자산가치의 하락을 방어할 수 있다. 최근에는 옵션상품의 종류뿐만 아니라 옵션의 사용빈도 또한 증가하고 있지만 옵션을 잘못 사용하는 경우 금융회사는 상당한 손실을 입을 수도 있다(윤리적 딜레마 참조).

본 장에서는 4가지 기본 옵션전략에 대한 설명을 시작으로 이야기를 전개해 나가기로 한다.[1] 이 전략들은 콜매입, 콜매도, 풋매입, 풋매도이다. 아울러 금융회사가 옵션을 매입하거나 매도하는 경제적 및 규제적 이유를 검토해 볼 것이다. 그 이후 이자율리스크를 헤지하기 위한 이자율옵션이나 확정수입옵션의 사용을 설명할 것이며, 환리스크와 신용리스크의 헤지뿐만 아니라 재난리스크를 헤지하기 위한 옵션의 역할에 대해서도 알아볼 것이다. 마지막 부분에서는 캡, 플로어 그리고 칼라에 대한 설명이 이어진다.

제18장에서 설명한 선물이나 선도계약에서처럼 금융회사는 옵션, 캡, 플로어, 칼라 등을 자신의 리스크를 헤지하기 위해 사용하는 것은 물론, 다른 회사들(금융 및 비금융)이 장부상의 리스크를 헤지하기 위해 사용할 때 이러한 계약들의 거래상대방이 되기도 한다.

1) 가장 기본적인 옵션계약은 콜과 풋이다. 그러나 금융회사는 각 옵션의 매입자도 매도자도 될 수 있다.

19.2 옵션의 기본 특성

옵션(option)은 소유자에게 기초자산을 정해진 가격에 정해진 기간 동안 사거나 팔 수 있는 권리만을 부여한 계약으로 옵션의 소유자는 의무는 지니지 않는다. 옵션은 콜옵션과 풋옵션으로 나뉘어진다. 이 두 옵션에 대해 후에 설명할 것이며, 특히, 기초자산의 가격변화에 따른 옵션으로부터의 이익변화에 초점을 맞추어 논의할 것이다. 시카고옵션거래소(CBOE)는 1973년 설립된, 유일하게 (주식)옵션이 거래되는 최초의 거래소였으며, 1982년에는 금융선물옵션계약(예를 들어, 미국 국채선물계약이 기초자산인 금융선물계약 관련 옵션)이 거래되기 시작했다. 옵션 시장은 1980년대 중반부터 매우 빠르게 증가해 왔고, 2006년 9월 현재, 미국 상업은행들은 26.2조 달러 상당의 거래리스트에 등재된 옵션계약들을 보유하고 있다.

옵션의 거래과정은 선물계약의 거래과정과 동일하다. 옵션거래를 원하는 금융회사는 정해진 만기일과 행사가격에 매도나 매입 주문을 하고, 그 주문은 이행하기에 가장 적합한 거래소의 대리인에게 보내진다. 시카고옵션거래소와 같이 매우 큰 거래소의 거래는 거래피트에서 이루어지는데, 이 피트에 특정 옵션의 인도월별로 거래자들이 비공식적으로 모여 거래가 이루어진다. 선물계약과 마찬가지로 옵션에서도 일반적으로 공개호가 경매방식(open-outcry auction method)으로 거래가 이루어진다. 거래에서 옵션가격이 성립되자마자 양 거래당사자들은 거래의 세부내역들을 옵션청산소로 보내며, 옵션청산소는 매매 거래를 매도와 매입으로 분리하여 각 거래에 대해서 반대 포지션을 취한다. 즉, 옵션계약 매도자에게는 매입자가 되며, 매입자에게는 매도자 역할을 맡는 것이다. 옵션거래소의 장내브로커는 투자자의 브로커와 거래를 확인한다.

2000년대 초반, 시카고옵션거래소에서는 장내브로커들이 주문을 발송하고 계약체결을 더 쉽고 효율적으로 할 수 있도록 포켓용 터치스크린 컴퓨터를 보급하여 주문처리 속도를 증가시켰다. 예를 들어 브로커가 웍스테이션에서 주문을 선택하면 전자 거래카드가 그(녀)의 컴퓨터 스크린에 나타난다. 브로커는 이 카드를 통해 필요한 거래 정보(예를 들어, 거래량, 가격, 반대시장조성자)를 이용하고 주문을 처리할 수 있다. 거래의 세부내역이 완료되면, 브로커는 손가락으로 스크린을 터치하는 것만으로 거래를 실행할 수 있다. 브로커가 거래 실행명령을 발송함과 동시에 시스템은 고객에게 주문보고서를 전공하며 이 결과는 즉시 전세계의 거래자들에게 전송된다.

4가지 옵션전략의 특징을 설명하기 위해 금융회사가 이자율리스크를 헤지하기 위해서 옵션을 사용하는 것을 중심으로 설명하고자 한다. 특히 여기에서는 손익이 이자율과 반대로 움직이는 채권옵션을 고려하기로 하자.

채권 콜옵션의 매입

첫 번째 전략인 채권에 대한 옵션의 콜옵션을 매입하는 경우의 손익은 [그림 19-1]에 나타나 있다. **콜옵션(call option)**은 매입자에게 기초자산인 채권을 미리 정한 특정한 가격(행사가격, exercie price 또는 strike price) X에 매입할 수 있는 권리를 부여한다. 그 대가로 옵션의 매입자는 옵션의 매도자에게 콜프리미엄(call premium)인 C만큼의 금액을 먼저 지불해야만 한다. 이 프리미엄은 매입시점에는 현금유출이지만, 만약 매입자가 기다린 결과 기초자산인 채권의 가격이 프리미엄과 행사가격의 합 이상으로 상승한다면 이익을 얻을 수 있다. 만약 채권옵션의 가격이 결코 X 이상 상승하지 않는다면 콜의 매입자는 옵션을 행사하지 않을 것이다. 이 경우 콜의 매입자에게는 C의 비용이 발생하지만 추가 현금흐름은 발생하지 않는다.

▶**콜옵션(call option)**

매입자가 옵션의 매도자로부터 미래 특정시점에 기초자산을 미리 정한 행사가격으로 매입할 수 있는 권리.

[그림 19-1]에서 보듯이, 만약 옵션의 기초자산인 채권의 가격이 B까지 상승한다면 옵션매입자는 채권가격 B와 행사가격 X에서 프리미엄 C를 차감한 만큼의 이익(π)을 볼 것이다. 만약 채권가격이 A만큼 상승한다면, 콜의 매입자는 행사된 콜옵션의 이익(A–X)과 콜의 프리미엄 C와 동일하기 때문에 이익도 손해도 발생하지 않는다고 할 수 있다.

[그림 19-1]의 채권 콜옵션에 대해 중요한 2가지 사항에 유의하자.

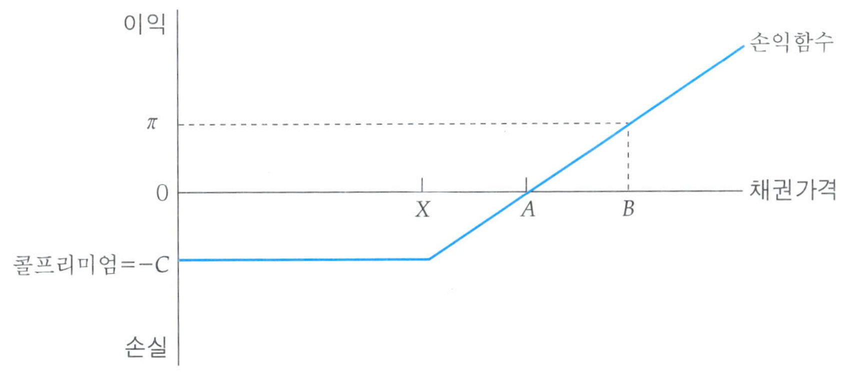

그림 19-1 채권을 기초자산으로 하는 콜옵션매입자의 손익함수

윤리적 딜레마 **호주의 대형 은행, 조사를 확대하다**

국립호주은행(National Australia Bank Ltd.)은 불법거래 스캔들에 대한 수사를 확대하면서 외환거래 관련 손실이 6억 호주달러(4억 8천 5백만 미국달러)까지 늘어날 수 있다고 언급했다. 이 대형 호주은행의 은행장인 Frank Cicutto는 불법 외환옵션거래에 대한 조사를 상품, 현물환, 이자율계약과 같은 다른 시장까지 확대하라고 지시했다. 국립호주은행 조사의 초점은 외환옵션거래에 맞추어지겠지만 운용사업부 전체를 포괄적으로 조사함으로써 동은행에 대한 신뢰를 한층 높일 수 있을 것으로 기대하고 있다.

조사가 확대되자 10월부터 이어진 외환옵션 불법거래로 인한 국립호주은행의 세전손실 추정치가 5백만 호주달러에서 1억 8천 5백만 호주달러로 늘어났다. 애널리스트들은 드러난 손실이 국립호주은행의 2004 회계년도 실적 성장분을 상쇄할 정도라고 추산했다. 지난 주 불법거래에 대해 진술한 4명의 국립호주은행 직원들에 대해서는 정직처분이 내려졌다. 연방경찰과 은행부문의 규제당국 역시 이 사건을 계속 조사 중이다.

자료: Erick Johnston, *The Wall Street Journal*, January 20, 2004, p. A12. *www.wsj.com*. Reprinted by permission of the Wall Street Journal, ⓒ 2004. All Rights Reserved Worldwide.

1. 이자율이 하락하면 채권가격은 상승하고, 콜옵션 매입자는 큰 잠재적 이익을 가진다. 이자율이 하락하면 하락할수록 채권의 가격은 더 높아지고 옵션을 행사할 때 더 큰 이익을 얻게 된다.
2. 이자율이 상승하면, 채권의 가격은 하락하고 채권 콜옵션의 매입자는 잠재적으로 큰 손실을 보게 된다. 만약 채권가격이 X 이하가 될 정도로 이자율이 상승한다면 콜의 매입자는 옵션을 행사할 의무가 없다. 그러므로 매입자는 옵션매입시 지불했던 금액 C로 손실이 제한된다.

따라서 옵션을 매입하는 행동은 이자율이 하락한다는 기대가 있을 때 취해지는 것이다. 이자율선물과 달리 채권 콜옵션의 손익은 이자율과 비대칭적으로 움직인다.

채권 콜옵션의 매도

두 번째 전략은 채권 콜옵션을 매도하는 것이다. 채권 콜옵션을 매도한다는 것은 매도자가 먼저 프리미엄을 받고 행사가격 X에 옵션매입자에게 기초채권을 매도할 준비를 하고 있어야만 한다.

채권 콜옵션매도의 손익도표는 [그림 19-2]와 같다.

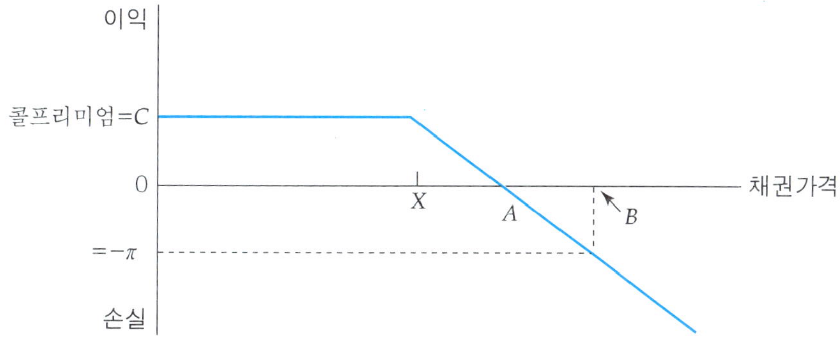

그림 19-2 채권을 기초자산으로 하는 콜옵션매도자의 손익함수

이러한 손익도표에서 다음과 같은 2가지 중요한 사실을 알 수 있다.

1. 이자율이 상승하고 채권가격이 하락하면 옵션매도자가 이익을 얻을 가능성은 증가하게 된다. 반면 콜의 매입자가 옵션을 행사할 가능성은 작아지게 된다. 그러나 이러한 매도자의 최대이익은 콜프리미엄으로 한정된다.
2. 이자율이 하락하고 채권가격이 상승할 때 매도자는 손실을 볼 수 있다. 콜의 매입자는 옵션을 행사하려 할 것이고, 이것은 매도자로 하여금 기초채권을 매도하노톡 만든다. 채권가격은 이론적으로 무한대까지 상승할 수 있기 때문에, 만약 만기에 채권가격이 액면가로 회귀한다고 해도 손실은 매우 커질 수 있다. 그러므로 콜옵션의 매도는 이자율이 상승하리라는 기대가 있을 때 취해지는 전략이다. 하지만 이익은 제한되어 있고 손실은 잠재적으로 매우 크기 때문에 주의를 기해야 한다. [그림 19–2]에서 이자율이 하락하여 채권가격이 B만큼 상승한다면 매도자는 π의 손실을 보게 된다.

채권 풋옵션의 매입

이 세 번째 전략은 채권의 풋옵션을 매입하는 것이다. **풋옵션(put option)**의 매입자는 옵션의 매도자에게 행사가격 X에 기초자산을 매도할 수 있는 권리를 가지고 있다. 이러한 권리에 대한 대가로서 매입자가 매도자에게 프리미엄을 선지급하게 된다. [그림 19–3]에는 풋옵션매입자의 잠재적인 손익이 그려져 있으며 다음을 알 수 있다.

▶ **풋옵션(pall option)**
매입자가 옵션의 매도자에게 미래 특정 시점에 기초자산을 미리 정한 행사가격으로 매도할 수 있는 권리.

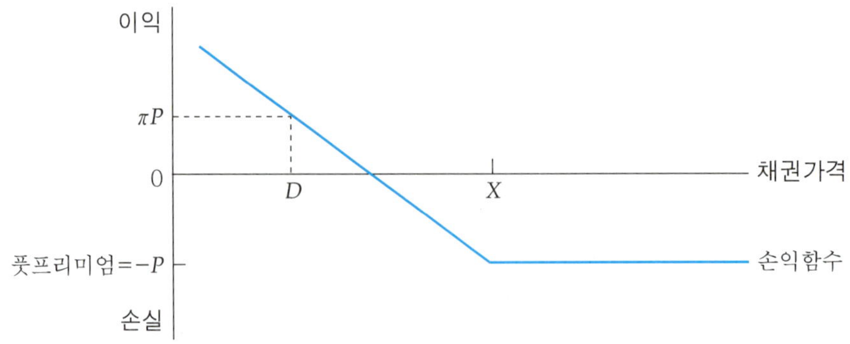

그림 19-3 **채권을 기초자산으로 하는 풋옵션매입자의 손익함수**

1. 이자율이 상승하고 가격이 하락할 때 풋의 매입자는 옵션을 행사함으로써 이익을 얻을 가능성이 높아진다. 그러므로 만약 채권가격이 D로 하락하면 풋옵션매입자는 정해진 가격에 채권시장에서 채권을 매입할 수 있고 더 높은 행사가격 X에 풋을 매도자에게 되 팔 수 있다. 그 결과 매입자는 [그림 19-3]에서처럼 풋의 프리미엄비용을 제외한 나머지만큼의 이익(πP)을 얻게 된다.
2. 이자율이 하락하고 채권가격이 상승하면 풋매입자의 손실이 증가할 가능성이 높다. 만약 행사가격 이상으로 채권가격이 상승하면 풋매입자는 옵션을 행사할 수 없다. 이 경우 최대손실은 먼저 지불한 풋프리미엄으로 제한된다.

채권 풋옵션의 매도

기본전략의 네 번째는 채권 풋옵션을 매도하는 것이다. 매도자는 풋옵션을 매도하여 풋의 프리미엄 P를 받게 된다. [그림 19-4]에는 풋옵션매도의 손익구조가 나타나 있다.

1. 만약 이자율이 하락하고 채권의 가격이 상승한다면, 매도자가 이익을 얻을 가능성은 매우 높아진다. 반대로 풋의 매입자가 옵션을 행사할 가능성(즉 옵션매도자가 기초자산인 채권을 매입할 가능성)은 낮아지게 된다. 그러나 매도자의 최대이익은 풋의 프리미엄 P로 제한된다.
2. 만약 이자율이 상승하고 채권가격이 하락하면, 풋의 매도자는 잠재적으로 큰 손실에 노출되게 된다(예를 들어 만약 [그림 19-4]에서 채권가격이 D까지 하락하면 $-\pi P$가 손실). 그러므로 풋옵션매도자는 이자율이 하락할 것이라 기대될 때 이 전략을 선택할 수 있다. 그러나 최대이익은 제한되고 손실은 잠재적으로 무한대이다.

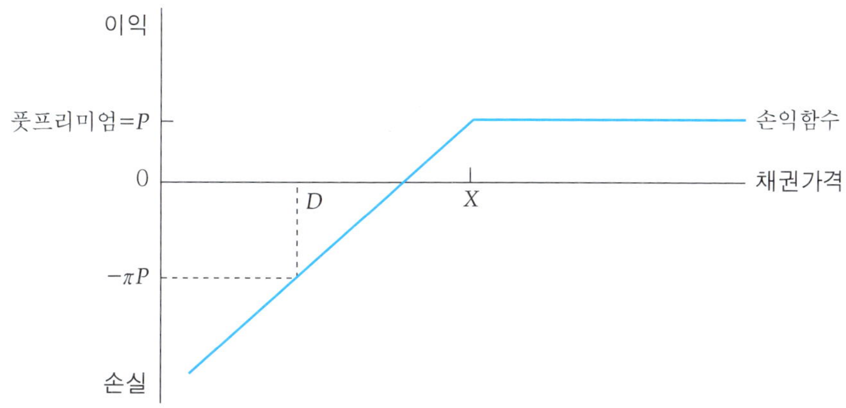

그림 19-4 채권을 기초자산으로 하는 풋옵션매도자의 손익함수

개념질문

1. 이자율의 상승은 채권 콜옵션매입의 손익에 어떤 영향을 미치는가? 콜옵션매도의 손익에는 어떤 영향을 미치는가?
2. 이자율의 상승은 채권 풋옵션매입의 손익에 어떤 영향을 미치는가? 풋옵션매도의 손익에는 어떤 영향을 미치는가?

19.3 옵션 매도와 매입

많은 소규모 금융회사들은 옵션의 이용에 있어 매도보다는 매입을 주로 하도록 한정되어 있다. 그 이유는 2가지가 있다. 하나는 경제적 이유이고 다른 하나는 규제적 이유이다. 그러나 나중에 설명하겠지만 머니센터은행(money center bank)과 같이 대규모 금융회사들은 종종 캡, 플로어, 칼라 등을 포함한 다양한 옵션을 거래한다.

옵션을 매도하지 않는 경제적 이유

옵션을 매도하면 잠재적 이익의 상한선에는 제한이 있으나 손실은 무한대이다. 이러한 리스크는 상이한 행사가격에서 많은 옵션을 매도하거나 기초자산인 채권포트폴리오를 헤

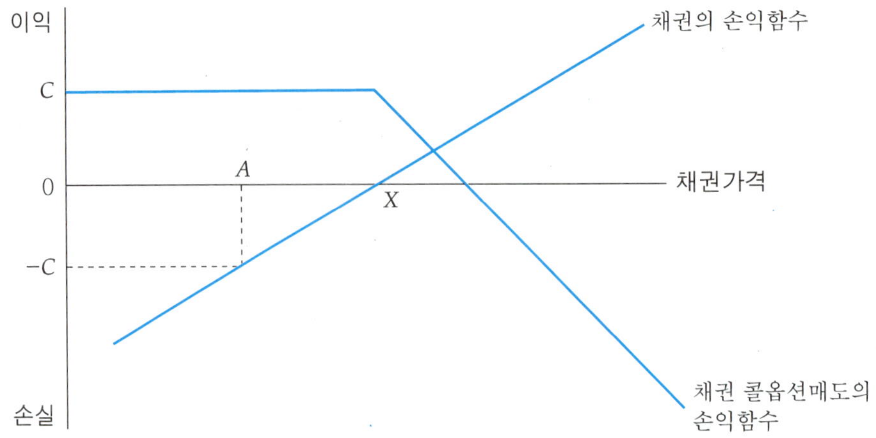

그림 19-5 채권의 이자율리스크헤지를 위한 콜옵션매도

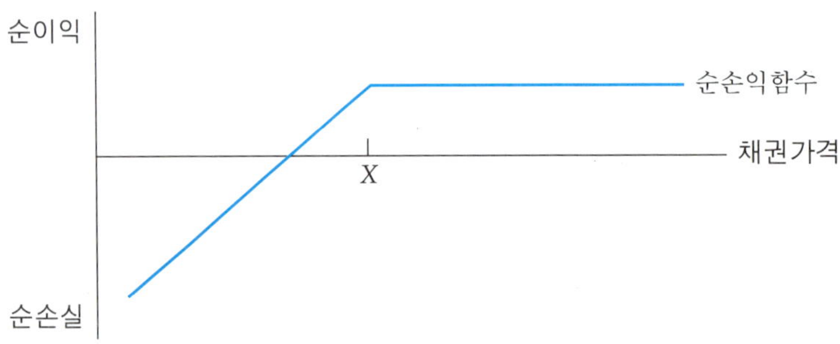

그림 19-6 콜옵션발행과 채권투자로부터 손익함수

지하여 상쇄할 수 있지만 매도자의 손실제한폭은 여전히 크다. [그림 19-5]를 보자. 금융회사가 채권의 매입포지션을 취하고 채권 콜옵션을 매도하여 채권의 이자율리스크를 헤지하려고 하는 경우이다.

[그림 19-6]은 순이익, 즉 채권과 옵션의 이익차이를 보여 준다. 채권가격이 상승한다면 콜옵션매도는 금융회사의 리스크를 헤지할 수 있을 것이다. 즉 채권가치의 증가와 콜옵션의 매도로 인한 손실은 상쇄된다. 그 반대의 상황이 발생하여 이자율이 상승할 때 콜옵션 매도로부터의 이익은 채권의 손실을 상쇄하기에 충분하지 않다. 이것은 이익상승분이 프리미엄수입인 C로 제한되기 때문이다. 만약 채권가치의 감소가 프리미엄수입보다 더 크다면

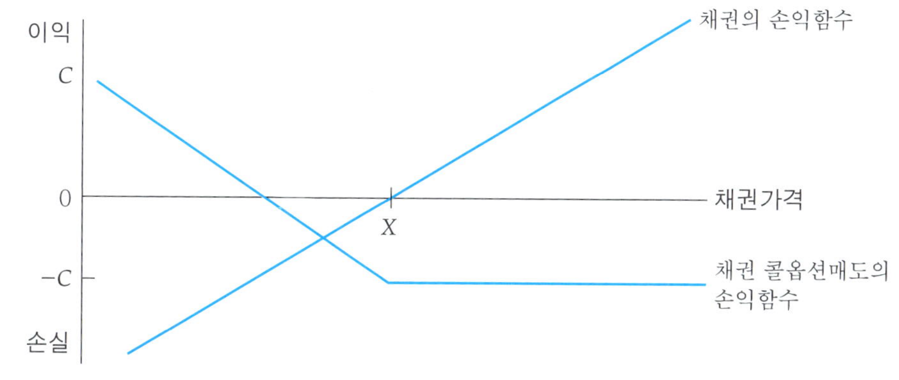

그림 19-7 채권의 이자율리스크헤지를 위한 풋옵션매입

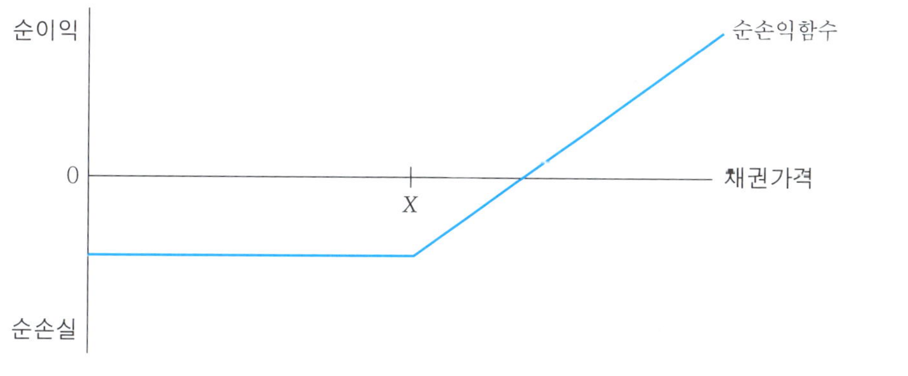

그림 19-8 채권투자와 채권 풋옵션매입의 순손익구조

금융회사는 콜옵션매도로부터의 이익을 이용하여 채권의 손실을 상쇄할 수 없다.

반대로 채권의 풋옵션을 매입함으로써 금융회사의 리스크를 헤지하는 것은 운영자에게는 더 매력적인 대안으로 보이게 된다. [그림 19-7]은 채권과 채권 풋옵션매입으로부터의 손익구조를 보여 주고 있다. 이 경우 채권에서 어떤 손실이 나도 매입한 풋옵션의 이익으로 그 손실을 상쇄시킬 수 있다. 만약 이자율이 하락하면 채권의 가치는 증가한다. 그러나 풋옵션매입포지션에서의 발생하는 손실은 지불한 옵션프리미엄으로 제한된다. [그림 19-8]은 채권투자와 풋옵션매입포지션의 순손익구조를 보여 준다. 이제 다음과 같은 것을 알 수 있다.

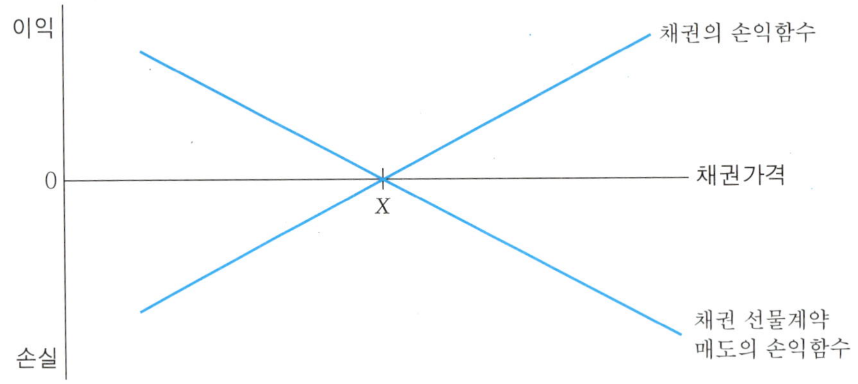

그림 19-9 채권의 이자율리스크헤지를 위한 선물계약 매도

1. 풋옵션을 매입하는 것은 채권에서의 가치하락 손실을 상쇄한다. 그리고 채권가격리스크에 대해 보험을 가입한 효과를 얻으며, 이 보험료만큼 가치상승 이익을 감소시킨다.
2. 채권매입과 채권 풋옵션의 매입포지션은 콜옵션매입의 손익구조를 가지게 된다.

■규제적 이유

금융회사가 옵션의 매도보다 매입에 치중하는 데에는 규제적 이유도 있다. 규제당국은 옵션매도, 특히 기초자산의 헤지가 아닌 **무방비옵션(naked options)**은 큰 손실을 가져올 가능성이 있기 때문에 리스크가 높은 방법으로 간주한다. 실제로 규제당국은 은행이 특정 리스크관리분야에서 풋이나 콜을 매도하는 것을 금하고 있다.

▶**무방비옵션(naked option)**
대응하는 기초자산이나 부채의 헤지와 관련없는 옵션포지션.

선물헤지와 옵션헤지

선물을 이용해서 이자율리스크를 헤지하는 방법과 옵션을 이용한 방법의 차이를 이해하기 위해서 [그림 19-9]와 [그림 19-7]의 손익구조를 비교해 보자. 선물계약을 이용한 헤지는 이자율이 상승할 때와 하락하는 모든 경우에서 변동성을 감소시킨다. 즉 [그림 19-9]에서 이자율상승으로 인해 채권가치의 손실이 발생한다면 선물계약은 손실을 상쇄하게 된다. 만약 금융회사가 이자율감소 때문에 채권가치가 상승한다 해도 선물계약의 이익이 그 손실을 상쇄한다.

반면 풋옵션을 이용한 헤지는 손실은 완전히 상쇄할 수 있지만 이익은 부분적으로 상쇄하게 된다. 즉 [그림 19-7]에서 이자율상승(채권가격은 X점의 왼쪽으로 움직임)에 의해 채권가치의 손실을 본다면 풋옵션의 이익은 이 손실을 상쇄할 것이다. 그러나 이자율하락(채권가격은 X점의 우측으로 움직임)에 의해서 채권가치의 이익을 본다면, 그 이익은 풋옵션의 프리미엄만큼만 상쇄될 것이다. 그러므로 풋옵션헤지는 이자율변동으로 인한 장부상의 가치손실에 대해 금융회사를 보호하게 된다. 그러나 선물헤지와는 달리 풋옵션을 이용한 헤지는 이자율의 변화가 장부상 증권가치에 손실을 발생시키는 경우에는 그 손실에 대해 보호하지만 이자율이 그러한 증권가치에 유리한 방향으로 변화할 때는 증권가치를 완전히 감소시키지 않는 것이다.

개념질문

1. 금융회사가 옵션을 매도하는 경제적 이유는 무엇인가?
2. 금융회사가 옵션을 매도하는 대신 매입에 치중하는 규제적 이유는 무엇인가?

19.4 채권(채권포트폴리오)의 헤지역학[2]

지금까지 금융회사가 투자포트폴리오의 일부분으로서 채권를 보유하고 있을 때 채권의 풋옵션매입이 어떻게 잠재적으로 이자율리스크노출을 헤지할 수 있는가에 대해 알아보았다. 이번에는 헤지수단으로서 풋옵션을 매입하는 경우의 역학구조를 이해하기 위한 간단한 예와 금융회사 관리자가 어떻게 채권 풋옵션의 적정프리미엄을 계산하는지를 살펴보자.

옵션의 적정가격을 계산하기 위해서는 일반적으로 2가지 모형이 사용된다. 하나는 이항모형(binomial model)이고 다른 하나는 블랙-숄즈모형(Black-Scholes model)이다. 블랙-숄즈모형은 콜과 풋의 가치에 대해 완성식 형태(closed-form)로 표현된다. 이 모형은 주식을 기초자산으로 하는 경우에는 적용성이 높지만 채권옵션의 가치계산에 사용될 때는 2가지 중요한 문제점을 지닌다. 첫째는 단기이자율은 일정하다고 가정하는 것인데, 현실에서는 일반적으로 그렇지 않다는 점에서 문제가 된다. 둘째는 기초자산의 수익률 변동성이 일정하다고 가정하는 것이다.[3] 채권옵션의 가치평가에 블랙-숄즈모형을 적용하는 경우 채

2) 이 부분은 매우 전문적인 내용을 포함한다.

권가격이 발행시점과 만기 사이의 채권가격의 변화방식 때문에 문제가 된다. 발행시 액면채권(발행가격이 액면가격의 100%)인 경우가 [그림 19-10]에 나타나 있다. 만약 이자율이 하락하면 채권가격은 액면가의 100% 이상으로 상승할 것이다. 이자율이 상승하면 채권가격은 액면가의 100%를 하회할 것이다. 그러나 채권이 만기에 접근할수록 과거의 가격에 상관없이 모든 가격은 채권액면가치인 100%로 회귀한다. 즉 **액면가회귀(pull-to-par)** 특성 때문에 채권가격의 분산은 시간이 흐름에 따라 일정하지 않고, 초기에는 상승하고 만기에 접근할수록 하락하게 된다. 여기에서는 단순한 이항모형을 이용하여 채권 풋옵션을 사용한 헤지의 역학구조를 설명할 것이다.

▶액면가회귀(pull-to-par)
채권만기가 가까워짐에 따라 채권가격이 액면가에 접근하는(즉 채권수익률의 분산이 작아지는) 현상.

이항모형을 이용한 채권옵션평가와 헤지

금융회사 경영자가 만기 2년, 액면가 100달러인 무이표채권을 구입했다고 가정하자. 만기까지 보유한다면 만기시 무이표채권으로부터 100달러를 얻을 수 있다. 경영자는 액면가당 80.45달러를 지급한다고 가정하자. 즉 만기까지 보유하면 연간만기수익률(R_2)은 아래와 같다.

$$BP = \frac{100}{(1+R_2)^2}$$

$$80.45 = \frac{100}{(1+R_2)^2}$$

$$(1+R_2)^2 = \frac{100}{80.45}$$

$$1+R_2 = \sqrt{\frac{100}{80.45}}$$

$$R_2 = \sqrt{\frac{100}{80.45}} - 1 = 0.115 = 11.5\%$$

만약 첫 해 말에 이자율이 예상치 못하게 상승했다고 가정하자. 높은 수익률을 기대하는 예금자는 예금을 인출할 것이다. 그러한 기대하지 못한 예금인출에 대응하기 위해 금

---

3) 풋옵션과 콜옵션의 블랙-숄즈모형은 다음과 같다:

$$P = Xe^{-rT}N[-D+\sigma\sqrt{T}] - SN[-D]$$

$$C = SN[D] - Xe^{-rT}N[D-\sigma\sqrt{T}]$$

여기에서 S=기초자산의 가격, X=행사가격, T=잔여 만기, r=순간 무위험이자율, ln[.]=자연로그,

$$D = \frac{In(S/X)+(r+\sigma^2/2)T}{\sigma\sqrt{T}}$$, σ=기초자산의 변동성, N[.]=누적정규분포함수.

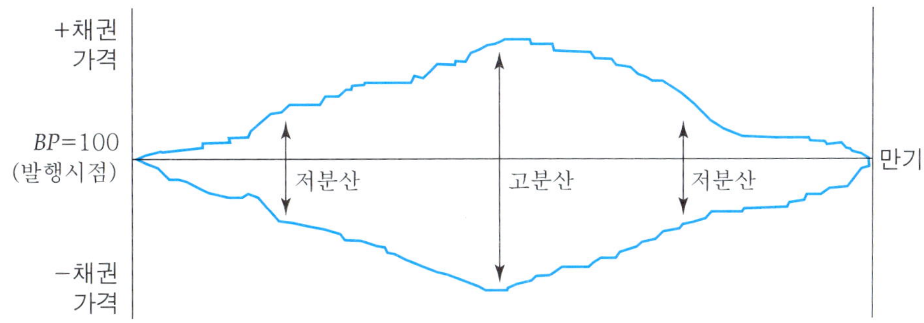

그림 19-10 채권가격의 변동성

융회사는 첫 해 말에 만기가 도래하지 않은 채권을 매도(청산)하게 된다. 제12장에서도 언급했듯이 국채는 금융회사에게 유동성을 제공하는 주요 원천이다.

채권을 매입할 때 1년만기 할인채의 수익률이 R_1=10%이고, 1년 후 시점에서 향후 1년의 이자율(r_1)이 13.82%나 12.18% 둘 중 하나가 된다고 가정하자. 만일 구입시 이자율이 R_1=10%였던 것이 1년 후 r_1=13.82가 된다면 경영자는 만기 1년의 무이표채권을 다음 가격으로 매도할 수 있다.

$$BP_1 = \frac{100}{(1+r_1)} = \frac{100}{(1.1382)} = \$87.86$$

만약 다른 한편으로 1년 이자율이 12.18%가 된다면 관리자는 만기 1년의 무이표채권을 다음 가격으로 매도할 수 있다.

$$BP_1 = \frac{100}{(1+r_1)} = \frac{100}{(1.1218)} = \$89.14$$

이러한 방정식에서 r_1은 1년 후 발생가능한 2가지 경우의 1년 이자율을 의미한다.[4] 즉

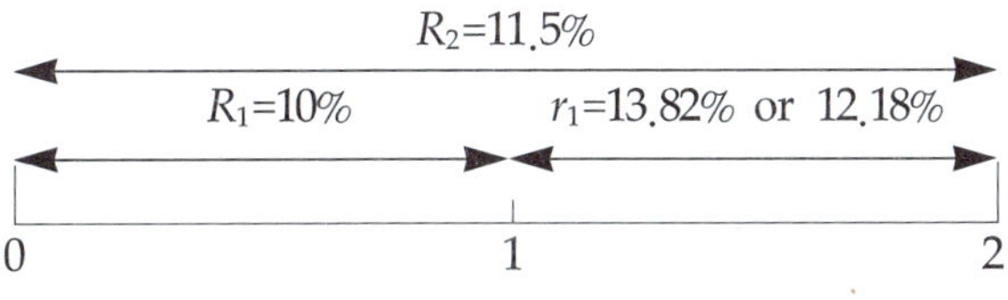

경영자가 1년 후의 1년 이자율(r_1)이 13.82%또는 12.18%로 동등한 확률을 가지고 상승할거라 믿는다고 가정하자. 이것은 1년 후 시점에서의 향후 1년 이자율의 기대치는 다음과 같다.

4) 만일 1년 후 만기 1년의 채권수익률이 금년의 1년 채권수익률과 동일하다면, 즉 $R_1 = r_1 = 10\%$라면 채권은 P_1 = $90.91에 매도될 것이다.

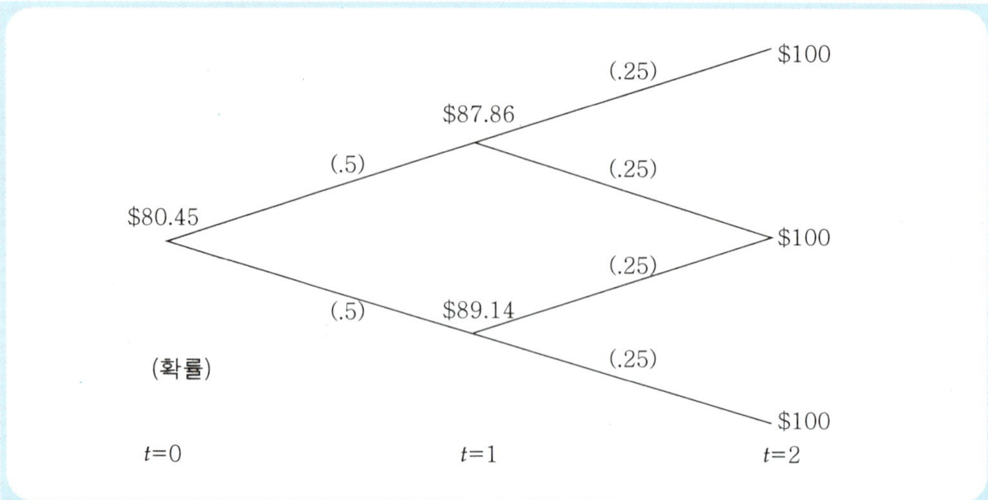

그림 19-11 만기 2년 무이표채권가격의 이항모형

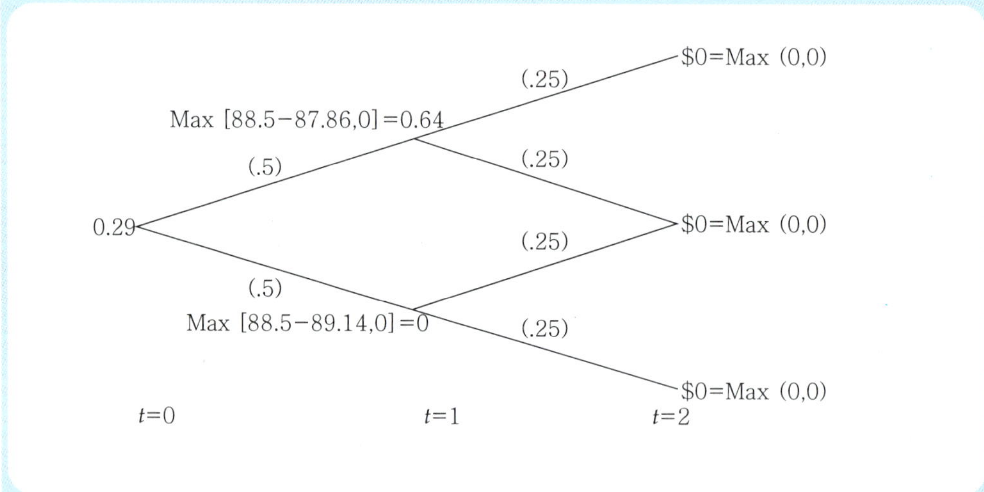

그림 19-12 만기 2년 무이표채권에 대한 풋옵션 가격

$$[E(r_1)]=0.5(0.1382)+0.5(0.1218)=0.13=13\%$$

그러므로 만약 채권가격이 첫 해 말에 매각되었다면 기대되는 가격은 아래와 같다.[5)]

5) 이 예에서는 이자율은 현재의 만기구조상황하에서 차익을 얻을 수 없는 이자율과 동일한 것을 가정한다. 즉 이자율의 기대이론에 의해 다음과 같은 관계가 성립되는 것을 의미한다. $(1+R_2)^2=(1+R_1)\times(1+E(r_1))$.

$$E(P_1) = \frac{100}{(1.13)} = \$88.5$$

경영자가 채권가격이 액면가 100달러당 적어도 88.5달러가 되기를 원한다고 가정하자. 만일 그렇지 않으면 금융회사는 유동성이 높은 다른 대안을 발견해야 한다(예를 들어 금융회사는 중앙은행의 재할인창구를 이용한 차입을 택할 수도 있으며 이 경우 직간접으로 관련된 비용을 지불해야 한다. 제14장 참조). 금융회사가 첫 해 말 채권을 매도하여 적어도 88.5달러를 받기 위한 방법은 1년 후에 88.5달러의 행사가격을 지닌 채권에 대한 풋옵션을 매입하는 것이다. 만약 채권이 88.5달러 미만의 가격으로 거래된다면, 예를 들어, 87.86달러로 거래된다면, 금융회사는 옵션을 행사하여 옵션매도자에게 채권을 되팔 수 있다 그러나 만약 채권이 88.5달러 이상으로 거래된다면, 예를 들어 89.14달러로 거래된다면 금융회사는 옵션을 행사할 필요가 없고 대신에 89.14달러로 시장에서 채권을 매각할 수 있다.

금융회사경영자는 이 풋옵션의 프리미엄을 계산하기를 원할 것이다. [그림 19-11]은 2년 기간 동안 구입시점부터 만기까지 이표채권 가격의 가능한 변화경로를 보여 주고 있다. 관리자는 만기 2년의 채권을 80.45달러에 구입할 것이다. 주어진 기대상승률에서 채권이 1년 후에 87.86달러에 거래될 확률이 50%이고 89.14달러로 거래될 확률이 50%로 되어 있다. 1년 후와 2년 후의 차이에 주목해야 한다. 채권의 액면가 회귀가 존재한다. 즉 모든 가격경로는 만기에 가격 100달러로 수렴해야 한다.

옵션의 가치는 [그림 19-12]에 나타나 있다. 그림에서 옵션은 오직 1년 후(t=1)에 행사할 수 있다. 만약 만기가 1년 남은 무이표채권이 87.86달러로 거래된다면 옵션의 가치는 \$88.5-\$87.86인 0.64달러가 된다. 만약 채권이 89.14달러로 거래된다면 채권시장에서의 가격이 행사가격 88.5달러보다 더 높으므로 옵션의 가치를 갖지 못한다. 따라서 옵션의 가치는 (t=1 시점의 달러기준으로) 다음과 같다.

$$0.5 \times (0.64) + 0.5 \times (0) = \$0.32$$

그러나 금융회사는 $t = 0$ 시점(옵션을 행사하기 1년 전 시점)에서 옵션의 가치를 평가하고 옵션의 프리미엄 C를 지불한다. 즉 관리자가 지불할 풋옵션의 프리미엄(P)의 적정한 현재가치는 옵션매입으로부터 기대되는 수익의 현재가치의 할인금액이 된다. 1년 이자율이 현재 10%이므로

$$P = \frac{\$0.32}{1 + R_1} = \frac{\$0.32}{(1.1)} = \$0.29$$

즉 구입한 채권옵션 액면가 100달러당 29센트 정도이다.

아울러 옵션은 이자율상승의 변동성이 증가할수록 그 가치가 증가하는 것을 알 수 있다. 개념적으로 이항트리의 가지는 변동성이 커질수록 확대된다. 예를 들어 상위 노드의 1년

이자율이 13.82%대신에 14.82%로 증가한다고 가정하자. 이 경우 14.82%의 1년 수익률을 가진 무이표채권의 가격은 87.09달러가 되며, 이 시점에서 옵션의 가치는 \$88.05−\$87.09 = \$1.41이 된다. 그러므로 88.5달러의 행사가격을 가진 풋옵션의 현재 가치는

$$P = \frac{0.5(1.41) + 0.5(0)}{1.1} = \$0.64\text{가 된다.}$$

즉 풋옵션의 가치는 기초자산의 변동성과 함께 같이 증가한다.

개념질문

1. 채권옵션의 적정가치를 평가하기 위해 보편적으로 사용되는 두 가지 모형들은 무엇인가? 어떤 모형이 선호되며 그 이유는 무엇인가?
2. 위의 예에서 행사가격이 88달러인 경우 옵션의 가치를 구하라. (답 \$0.064)

19.5 옵션을 이용한 장부상의 이자율리스크헤지

우리는 전술한 예에서 어떻게 채권옵션이 채권포지션의 이자율리스크를 헤지할 수 있는지 살펴보았다. 이제 전체 대차대조표 상의 이자율리스크를 헤지할 수 있는, 즉 미시헤지보다는 거시헤지를 위한 풋옵션포지션을 고려해 보자.

제3장에서 이자율 충격에 대한 금융회사의 순자산가치 변화분을 다음과 같이 표현했다.

$$\Delta E = -(D_A - kD_L) \times A \times \frac{\Delta R}{1+R}$$

여기에서 ΔE = 금융회사의 순자산 가치변화

$(D_A - kD_L)$ = 금융회사의 듀레이션갭

A = 자산 규모

$\frac{\Delta R}{1+R}$ = 이자율 충격의 크기

k = 금융회사의 레버리지율(L/A)

금융회사 경영자가 이자율상승에 대해서 금융회사의 가치하락을 보호하기 위한 최적의 풋옵션계약 수를 정하려 한다고 가정하자. 양의 듀레이션갭을 지닌 금융회사는 이자율이 상승할 때 대차대조표 상의 순자산가치가 하락할 것이다. 이 경우 금융회사는 풋옵션을

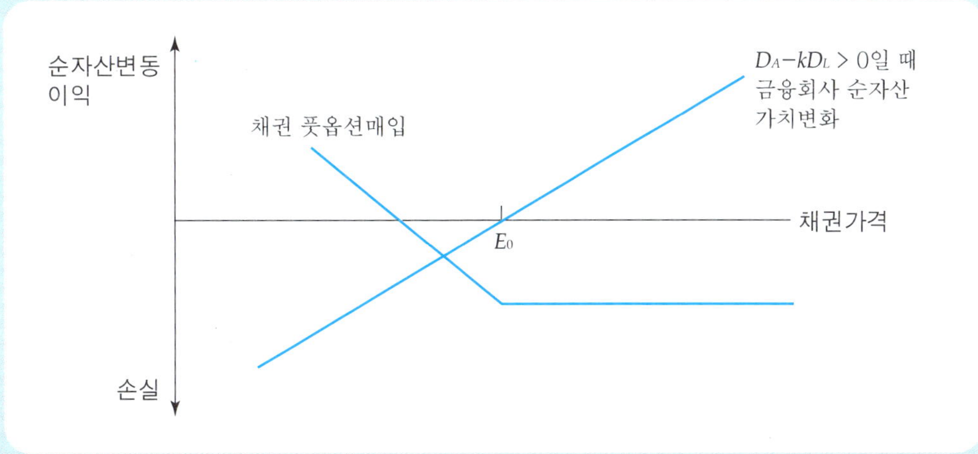

그림 19-13 이자율리스크를 헤지하기 위한 풋옵션매입

매입할 것이다. 즉 금융자산가치는 이자율 충격으로 인한 순자산가치의 하락을 상쇄할 수 있는 옵션포지션을 택할 것이다. [그림 19-13]에서 E_0를 금융자산가치의 초기 순자산가치라고 하자.

ΔP를 T-bond를 기초자산으로 하는 풋옵션포지션의 가치변화라고 한다면 다음과 같이 분해될 수 있다.

$$\Delta P = (N_P \times \Delta p) \quad (1)$$

N_P은 액면가 10만 달러의 T-bond에 대한 풋옵션계약수(금융회사가 매입할 풋옵션계약 수)이며 ΔP는 액면가 10만 달러의 T-bond에 대한 풋옵션의 1단위의 가치변화를 의미한다. ΔP는 추가적으로 다음과 같이 분해할 수 있다.

$$\Delta P = \frac{dp}{dB} \times \frac{dB}{dR} \times \Delta R \quad (2)$$

이 식은 추가 설명을 필요로 한다. 식의 우변의 첫 번째 요소(dp/dB)는 기초자산인 채권의 1달러의 변화에 대한 풋옵션 가치의 변화를 나타낸다. 이것은 옵션의 델타(δ)라고 0과 1 사이에 그 값을 지니지만 풋옵션인 경우에는 풋옵션의 가치가 채권가격이 상승함에 따라 감소하기 때문에 음의 부호를 지니게 된다.[6] 두 번째 요소(dB/dR)는 이자율이 1bp 상

6) 콜옵션의 경우 채권가격이 상승할 때 콜의 가치도 상승하므로 델타는 양의 부호를 갖게 된다. 앞으로 식을 전개해 나갈 때 이 책에서는 풋옵션을 이용한 헤지를 주로 다룰 것이다(즉 금융회사는 양의 듀레이션갭을 지니며 이자율은 상승하리라는 가정을 할 것이다). 콜을 이용한 헤지의 경우에는 도출된 식에서 델타의 부호만 역전시키면 된다.

승시 채권의 시장가치변화가 어떻게 되는지를 보여 준다. 1bp의 가치의 변화는 듀레이션과 연관해서 설명이 가능하다. 우리는 제4장에서 다음과 같은 식을 유도한 바 있다.

$$\frac{dB}{B} = -MD \times dR \tag{3}$$

즉 이자율의 작은 변화에 대한 채권가격의 변화율은 채권의 수정듀레이션(MD)과 비례한다. 식 (3)은 다음과 같이 표현할 수 있다.

$$\frac{dB}{dR} = -MD \times B \tag{4}$$

따라서 dB/dR은 마이너스 수정듀레이션에 풋옵션의 기초자산인 T-bond의 시장가치를 곱한 것이다. 그 결과 식 (2)는 다음과 같이 표현된다.

$$\Delta P = [(-\delta) \times (-MD) \times B \times \Delta R] \tag{5}$$

여기에서 ΔR은 이자율변화를 의미한다. 제5장에서 배운 MD = D/(1+R)을 적용하면 식 (5)는 다음과 같이 표현할 수 있다.

$$\Delta P = N_p \times \left[\delta \times D \times B \times \frac{\Delta R}{1+R}\right] \tag{6}$$

그러므로 풋옵션의 총가치의 변화는 다음과 같다.

$$\Delta P = N_p \times \left[\delta \times D \times B \times \frac{\Delta R}{1+R}\right] \tag{7}$$

예제 19-1 풋옵션을 이용한 이자율리스크의 거시헤지

제18장에서와 같이 금융회사의 대차대조표로 다음을 얻었다고 하자. D_A=5, D_L=3, k=0.9, A=$1억. 이자율은 다음 6개월 동안 10%에서 11%로 상승하리라 예상하며, 그 결과 금융회사는 순가치에서 209만 달러의 손실을 볼 것이다. 또한 풋옵션의 델타가 0.5(풋은 내가격에 가깝다)라고 하자. 풋의 기초채권인 액면가 10만 달러의 T-bond의 듀레이션은 D=8.82이고 채권가격은 B=$97,000라고 하자. 매입하는 옵션의 갯수는

$$N_p = \frac{\$230,000,000}{[0.5 \times 8.82 \times \$97,000]} = \frac{\$230,000,000}{\$427,770} = 537.672$$ 계약이 된다.

소숫점 이하를 버리면 537계약이 필요하다. 만약 이자율이 10%에서 11%로 상승한다면 풋옵션의 가치변화는

$\Delta P = 537 \times \left[0.5 \times 8.82 \times \$97,000 \times \frac{0.01}{1.1}\right] = 209$ 만 달러가 되어 장부상의 순손실을 정확히 상쇄한다.

풋옵션을 매입하는데 필요한 총프리미엄비용은 풋옵션의 가격에 풋옵션 계약 수를 곱한 것이다. T-bond 풋옵션프리미엄이 근월물 100달러당 2.5달러라면 풋옵션으로 장부상의 갭을 거시헤지하기 위한 총비용은 537×$2.5×1000=$1,342,500가 된다.

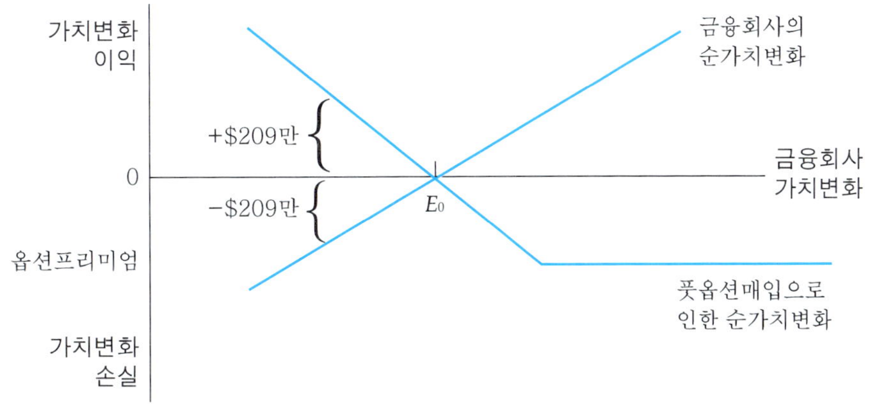

그림 19-14 풋옵션을 이용한 이자율갭의 리스크노출헤지

대괄호 안의 요소는 이자율이 변화할 때 액면가 10만 달러인 T-bond를 기초자산으로 하는 풋옵션의 가치변화이며, N_P는 풋옵션계약 수를 의미한다.

순가치노출을 헤지하기 위해서는 이자율이 상승할 때 장부상의 순손실(ΔE)을 상쇄하기 위한 풋옵션의 부외이익(ΔP)이 필요하다. 즉 $\Delta P = -\Delta E$에 따라 다음 식이 성립한다.

$$N_p \times \left[\delta \times D \times B \times \frac{\Delta R}{1+R}\right] = [D_A - kD_L] \times A \times \frac{\Delta R}{1+R}$$

$\frac{\Delta R}{1+R}$ 를 양변에서 소거하면 다음을 얻는다.

$$N_p \times [\delta \times D \times B] = [D_A - kD_L] \times A$$

이제 매입해야 하는 풋옵션의 수를 다음 식을 얻는다.[7]

$$N_p = \frac{[D_A - kD_L] \times A}{[\delta \times D \times B]}$$

www.mhhe.com/saunders6e의 웹사이트에서 부록 24B를 보면 미시헤지시 매입 또는 매도해야 하는 옵션의 수량을 유도하는 과정을 알 수 있다.

[그림 19-14]는 이자율 1% 상승에 따른 금융회사가치의 변화와 풋옵션을 이용한 헤지로부터의 가치상쇄를 함께 보여 주고 있다. 만약 예상한대로 이자율이 상승한다면 금융회사의 갭노출은 209만 달러의 순가치를 감소시킨다. 이 감소는 금융회사가 보유한 풋옵션포

---

7) 콜옵션의 경우에는 $N_c = \frac{[D_A - kD_L] \times A}{-[\delta \times D \times B]}$ 이다.

지션으로부터의 동일한 금액의 이익에 의해 상쇄된다. 그러나 만약 이자율이 감소한다면 순가치의 증가는 외가격 풋옵션에서의 손실에 의해 상쇄되지 않는다.

베이시스리스크

이전의 예에서는 베이시스리스크가 0이라고 가정했기 때문에 금융회사가 완전헤지를 할 수 있었다는 것을 이해하는 것은 매우 중요하다. 즉 우리는 대차대조표 상의 이자율변화는 옵션계약의 기초자산인 채권의 이자율변화와 같다고 가정했다. 제18장에서 설명했듯이 베이시스리스크가 존재하는 경우에는 옵션의 기초자산인 채권(예를 들어 T-bond)의 이자율이 헤지하려고 하는 자산이나 부채의 현물이자율에 따라 어떻게 변화하는가를 반영하여 옵션계약 수를 조정할 필요가 있다.

베이시스리스크가 존재하면 이자율리스크헤지를 위해 매입해야 하는 풋옵션의 수는 다음과 같이 결정된다.

$$N_p = \frac{(D_A - kD_L)\times A}{\delta \times D \times B \times br}$$

br은 금융회사의 장부상의 채권에 영향을 주는 이자율(R)에 대해 옵션의 기초자산인 채권의 이자율(R_b)이 어떻게 변화하는가를 나타낸다. 즉

$$br = \frac{\Delta R_b}{1+R_b} / \frac{\Delta R}{1+R} \text{ 이다.}$$

예제 19-2 베이시스리스크가 존재할 때 풋옵션을 이용한 거시헤지

〈예제 19-1〉을 참조하라. 추가로 베이시스리스크는 0.92라 하자. 〈예제 19-1〉에서 베이시스리스크가 없는 경우 채권의 이자율리스크 헤지를 위해 필요한 옵션의 수는 537.672였다. br=0.92라면 N_P=\$230,000,000/(0.5×8.82년×\$97,000×0.92)=584.4262가 된다. 즉 베이시스리스크로 인하여 추가적인 풋옵션계약이 필요하다.

제18장에서 설명한 바와 같이 금융회사는 선물옵션계약의 기초자산(예를 들어 T-bond) 이자율과 헤지 대상인 대차대조표 상의 채권이자율 간의 과거의 움직임을 살펴서 양 이자율간의 관계를 분석할 수 있다. 이러한 분석은 T-bond의 이자율변화를 현물이자율의 변화에 단순회기시켜 얻을 수 있는데 추정회귀식의 기울기가 양 이자율이 함께 움직이는 정도를 추정해 준다.

개념질문

1. 이자율이 하락하면 채권에 대한 콜옵션이나 풋옵션을 매입하는 것이 유리한가? 그 이유는 무엇인가?
2. 상기의 예에서 $\delta = 0.25$이고 $D = 6$이라면 매입할 풋옵션계약 수는? (답 1,718)

19.6 옵션을 이용한 환리스크헤지

금융회사가 채권옵션이나 채권선물옵션을 통해 채권매입포지션의 이자율리스크를 헤지할 수 있는 것처럼 옵션을 이용하면 외국통화자산의 매입 또는 매도포지션의 환리스크헤지가 가능하다. 금융회사가 캐나다 달러(C$) 자산을 2006년 12월에 구입했다고 가정하자. 이 자산은 2007년 1월에 C$1억을 지불하는 만기 1개월 T–bill이라 하자. 금융회사의 부채는 미국 달러로 표시되어 있지만 1개월 동안 캐나다 달러의 가치가 하락할 리스크를 헤지하고자 한다. 만일 C$의 가치가 현재 $0.8639/C$1의 환율보다 절하된다면 금융회사는 미국 달러로 측정했을 때 캐나다 T–bill 투자에서 손실을 볼 것이다. 예를 들어, 만약 C$가 2006년 12월 $0.8639/C$에서 2007년 1월에 $0.8459/C$1로 평가절하되었다면 C$1억의 자산은 12월 구입할 때 기대했던 8,639만 달러대신 만기에 8,459만 달러의 가치 밖에 되지 않을 것이다. 만약 평가절하가 상당하다면 이 금융회사는 T–bill의 매입자금으로 사용된

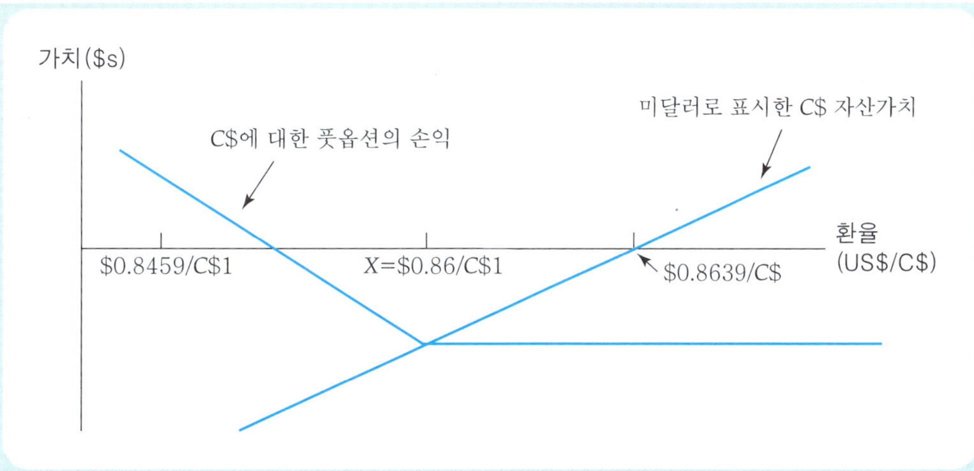

그림 19-15 캐나다 달러의 풋옵션을 이용한 FX 리스크헤지

Currency Futures Options

For Monday, December 18, 2006
All prices are settlement prices. Volume and open interest are from the previous trading day.

Japanese Yen (CME)
12,500,000 yen, cents per 100 yen

STRIKE PRICE	CALLS JAN	CALLS MAR	CALLS JUN	PUTS JAN	PUTS MAR	PUTS JUN
845	...	...	...	0.13	0.59	...
850	...	1.44	2.50	0.24	0.79	0.87
855	0.60	1.18	...	0.44	1.02	...
860	0.38	0.95	...	0.72	1.29	1.27
865	0.23	0.77	1.68	1.07	1.60	1.52
870	0.13	0.61	1.46	1.47	1.94	1.79
875	0.09	0.49	...	1.93	2.31	...
880	0.06	0.39	1.09	2.39	2.71	2.40

Vol 501 calls 453 puts
Op int 34,342 calls 19,587 puts

Canadian Dollar (CME)
100,000 dollars, cents per dollar

STRIKE PRICE	CALLS JAN	CALLS MAR	CALLS JUN	PUTS JAN	PUTS MAR	PUTS JUN
845	...	...	...	...	0.38	...
850	1.68	2.09	...	0.07	0.50	0.89
855	...	...	...	0.13	0.65	...
860	...	...	...	0.24	0.83	...
865	0.52	1.15	...	0.41	1.04	...
870	0.32	0.93	1.56	0.71	1.32	1.68
875	0.18	0.72	...	1.07	1.60	...
880	0.09	0.55	...	1.48	1.93	...

Vol 122 calls 242 puts
Op int 10,031 calls 9,337 puts

British Pound (CME)
62,500 pounds, cents per pound

STRIKE PRICE	CALLS JAN	CALLS MAR	CALLS JUN	PUTS JAN	PUTS MAR	PUTS JUN
1910	4.15	4.86	...	0.18	0.92	...
1920	3.28	4.12	5.17	0.31	1.17	2.30
1930	2.48	3.48	...	0.51	1.52	2.71
1940	1.75	2.91	4.07	0.77	1.94	3.16
1950	1.13	2.40	...	1.15	2.42	3.67
1960	0.75	1.97	3.16	1.77	2.98	4.21
1970	0.49	1.61	...	2.50	3.61	...
1980	0.31	1.27	2.42	3.32	4.26	...
1990	0.22	0.99	...	...	...	...

Vol 103 calls 113 puts
Op int 5,191 calls 4,647 puts

Swiss Franc (CME)
125,000 francs, cents per franc

STRIKE PRICE	CALLS JAN	CALLS MAR	CALLS JUN	PUTS JAN	PUTS MAR	PUTS JUN
800	2.57	2.86	...	0.04	0.36	0.69
805	2.10	...	...	0.07	0.48	...
810	1.64	2.12	...	0.11	0.61	...
815	...	...	...	0.20	0.78	...
820	0.88	1.49	...	0.35	0.97	...
825	0.59	1.23	...	0.56	1.20	...
830	0.39	1.00	...	0.86	1.46	...
835	0.24	0.79	...	1.21	1.75	...
840	0.15	0.64	1.51	1.62	2.09	2.33
845	0.10	0.52	...	2.07	2.47	...
850	0.06	0.41	1.16	...	...	2.96

Vol 130 calls 865 puts
Op int 2,848 calls 2,946 puts

그림 19-16 2006년 12월 18일의 통화선물옵션

달러 부채 약정을 충족시킬 수 없을지도 모른다. 이러한 리스크노출을 상쇄하기 위해서 금융회사는 행사가격 \$0.860/C\$1에 만기 1개월의 캐나다 달러에 대한 풋옵션을 매입할 수 있다. 이 경우 만약 환율이 월말에 \$0.8459/C\$1로 하락하면 금융회사는 옵션의 매도자에게 만기에 풋을 행사할 수 있다. 즉 금융회사는 만약 캐나다 달러가 월말에 현재 환율로 시장에서 거래된다면 8,459만 달러 대신에 8,600만 달러를 받을 수 있다. 만약 C\$가 실제로 평가절상되거나 \$0.86/C\$1 미만으로 평가절하가 되지 않는다면 만기에 옵션은 행사되지 않고 금융회사는 현물환시장에서 미국 달러에 대한 C\$1억의 캐나다 달러를 매도하고 미국 달러를 수취하게 된다([그림 19-15] 참조).

이 1개월 헤지의 비용과 풋옵션의 수는 풋옵션프리미엄, 옵션의 이용 가능성 그리고 통화옵션이 거래되는 거래소에 달려 있다. [그림 19-16]은 시카고상업거래소(CME)에서 거래되는 통화선물옵션계약을 보여 준다. 행사가격 \$0.86/C\$인 2007년 10월 만기의 풋옵션 2006년 12월 18일 기준으로 1개의 프리미엄비용은 C\$당 0.24센트이다. 각 계약은 C\$100,000의 규모이기 때문에 미국 달러 프리미엄비용은 240달러가 된다.

베이시스리스크를 무시한다면 매입해야 할 최적선물옵션 수는

$$\frac{C\$100,000,000}{C\$50,000} = 2,000(\text{계약 수})$$

따라서 이 풋옵션의 총프리미엄은 240,000달러이다.

개념질문

1. 통화옵션과 통화선물옵션의 차이는 무엇인가?
2. 금융회사가 스위스 프랑(Sf)으로 500만 달러의 부채를 헤지해야 한다면 어떤 옵션을 매입해야 하는가? [그림 19-16]을 이용하면 현재 환율이 $0.8185/Sf1일 때, 달러에 대한 스위스 프랑의 가치하락을 헤지하기 위하여 매입해야 할 스위스 프랑 옵션계약은 몇 가지인가? 베이시스리스크는 없다고 가정하라.

19.7 옵션을 이용한 신용리스크헤지

옵션은 금융회사의 신용리스크를 헤지하는데 사용될 수 있다. 이자율리스크헤지와 비교할 때 옵션을 신용리스크헤지에 사용하는 것은 상대적으로 새로운 현상이다. 비록 중개과정에서 금융회사는 항상 어느 정도의 신용리스크를 감수하기는 하지만 옵션을 이용하면 선택적으로 리스크노출수준을 조정할 수 있다. 제18장에서 금융회사가 신용선도계약 매도를 통하여 적절한 신용리스크헤지 방법을 찾는 것을 배운 바 있다. 금융회사는 장부상의 신용리스크헤지에 있어 선도계약을 이용하는 대신 2가지 이상의 신용옵션 파생상품을 사용할 수 있다.

첫 번째는 **신용스프레드 콜옵션(credit spread call option)**이다. 이것은 차입자의 특정 기준 채권(benchmark portfolio)에 대한 리스크프리미엄이나 수익률스프레드가 특정 행사스프레드(exercise spread)인 S 이상으로 증가할수록 수익이 증가하는 콜옵션이다. 금융회사는 대출리스크를 헤지하기 위하여 신용스프레드 콜을 매입할 수 있다.

▶**신용스프레드 콜옵션(credit risk call option)**
수익률스프레드가 특정 행사스프레드 이상으로 증가할수록 수익이 증가하는 콜옵션.

[그림 19-17]은 금융회사의 자본가치의 변화 및 신용스프레드의 함수로 표현된 신용스프레드 콜옵션 수익구조를 보여 준다. 대출의 신용스프레드가 증가함에 따라 대출의 가치 및 금융회사의 순가치는 감소한다. 그러나 만약 기준채권 신용리스크의 특성이 금융회사 대출의 특성과 동일하다면 순손실은 신용스프레드옵션의 이익으로 상쇄될 것이다. 금융회

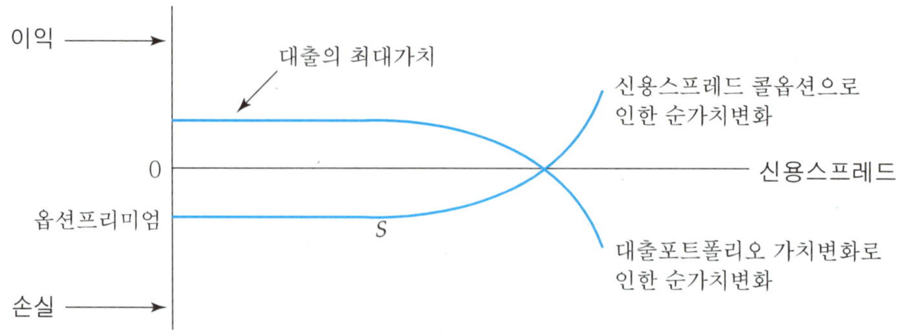

그림 19-17 신용리스크헤지를 위한 신용스프레드 콜옵션매입

사대출의 신용스프레드가 감소한다면 대출의 가치와 순자산은 증가하나 신용스프레드 콜옵션은 만기에 외가격이 된다. 따라서 금융회사의 최대손실은 신용옵션의 프리미엄과 동일하며, 이 손실은 포트폴리오에서의 대출의 시장가치상승에 의해 상쇄된다.

두 번째는 **디지털 채무불이행 옵션(digital default option)**이다. 이 옵션은 대출에 대한 채무불이행시 일정한 금액을 지불한다. [그림 19-18]에서 알 수 있듯이 금융회사는 대출포트폴리오의 액면금액를 보호하기 위해서 이 옵션을 구입할 수 있다. 차입자가 대출을 상환하지 못하는 경우가 발생하면 옵션매도자는 금융회사에게 채무불이행된 대출의 액면금액을 지불하게 되며, 차입자가 대출계약에 따라 대출금액을 상환하면 옵션은 만기에 행사되지 않는다. 그 결과 금융회사의 최대손실은 옵션매입비용(프리미엄)으로 제한된다.

▶**디지털 채무불이행 옵션(digital dcfault option)**
대출이 상환불능인 경우 대출의 액면금액을 지불하는 옵션.

1993년 CBOT는 허리케인과 같은 재난으로 기인되는 손해보험사의 예상치 못하는 손실리스크를 헤지하기 위해 **재난 콜스프레드 옵션(catastrophe call spread option)**을 도입했다. 이 옵션의 손익구조는 [그림 19-19]에 나타나 있다. 옵션프리미엄의 비용을 지불하면 보험자는 일정한 범위의 손해율(loss ratio)을 헤지할 수 있다. [그림 19-19]의 예에서는 보험자가 재난보험의 손해율이 50-80% 사이가 되는 리스크를 헤지하는 콜스프레드를 매입한 것이다. 만약 손해율이 50% 미만으로 되면 이 보험사는 옵션프리미엄을 잃을 것이지만 50-80%의 손해율이 발생하는 경우 손실에 대해서는 매도자로부터 손해율에 비례하는 금액을 받게 된다. 손해율이 80%를 초과하더라도 수취하는 금액은 손해율이 80%일 때 받는 금액으로 한정된다.[8)]

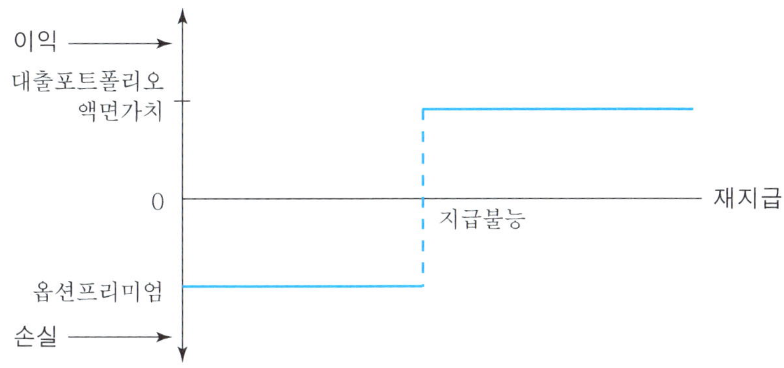

그림 19-18 신용리스크헤지를 위한 디지털 채무불이행 옵션매입

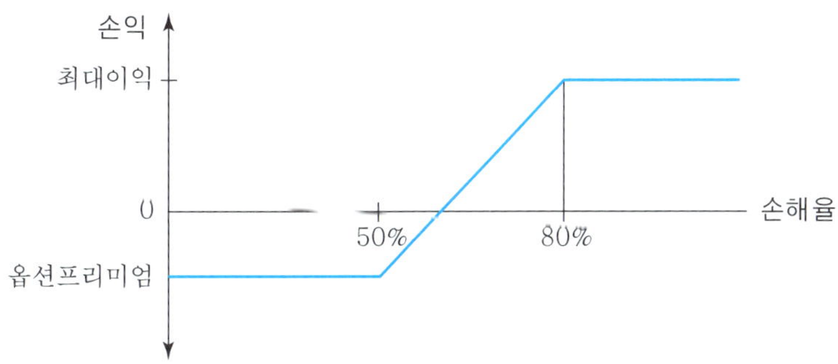

그림 19-19 재난콜 스프레드 옵션

▶**재난 콜스프레드 옵션(catastrophe call spread option)**
재난보험의 손해율에 대한 콜옵션으로 지급액의 상한선이 있음.

개념질문

1. 신용스프레드 콜옵션과 디지털 채무불이행 옵션의 차이점은 무엇인가?
2. [그림 19-19]의 그림의 재난 콜스프레드 옵션과 주식에 대한 일반적인 콜옵션의 손익구조는 어떻게 다른가?

8) J. D. Cummins, D. Lalonde, and R. D. Philips, "The Basis Risk of Catastrophe-Loss Index Securities," *Journal of Financial Economis*, January 2004, pp. 77-111.

19.8 캡, 플로어, 칼라

캡(cap), 플로어(floor), 칼라(collar)는 금융회사가 이자율 노출뿐만 아니라 개별고객의 고유한 리스크를 헤지하는데 광범위하게 사용되는 파생상품이다. 캡을 매입한다는 것은 이자율에 대한 하나 또는 일련의 콜옵션들을 매입하는 것이다. 캡의 매도자(일반적으로 은행)는 매입자(예를 들어 다른 금융회사)로부터 프리미엄을 선수하는 대가로 이자율이 캡이자율 이상으로 상승한다면 매입자에게 보상을 하게 된다. 즉 이자율캡의 매입자는 이자율의 증가라는 리스크에 대해서 보험을 구입한 것과 같다. 캡은 계약에 따라 1회 또는 수 회의 행사일을 가질 수 있다.

플로어(floor)를 매입한다는 것은 이자율에 대한 풋옵션을 매입하는 것과 동일하다. 플로어의 매도자는 프리미엄을 선수하는 대가로 이자율이 플로어 이자율 아래로 떨어진다면 매입자에게 보상을 해 주어야 한다. 플로어 역시 계약에 따라 1회 또는 수 회의 행사일을 가질 수 있다.

칼라(collar)는 금융회사가 캡과 플로어의 포지션을 동시에 취하는 것, 즉 캡을 매입하고 동시에 플로어를 매도하는 것과 동일하다. 이 포지션은 금융회사가 이자율의 상승에 대한 헤지를 원하면서 캡을 매입하는 비용을 조달하기를 원하는 경우에 적절하다. 즉 금융회사는 플로어를 매도하고 그 프리미엄을 캡을 매입할 때 사용하는 것이다. 이러한 세 종류의 장외상품은 특이한 형태의 옵션이라 할 수 있다. 금융회사는 채권옵션이나 채권선물옵션과 마찬가지로 포트폴리오의 이자율리스크를 헤지하기 위해서 이러한 옵션들을 사용한다.

▶ **캡(cap)**
이자율에 대한 콜옵션으로 다수의 행사시점이 존재하는 경우가 많음.

▶ **플로어(floor)**
이자율에 대한 풋옵션으로 다수의 행사시점이 존재하는 경우가 많음.

▶ **칼라(collar)**
캡과 플로어를 동시에 취한 포지션.

일반적으로 금융회사는 이자율이 상승할 때 손실에 노출되면 이자율캡을 구입한다. 일반적으로 이러한 경우는 LIBOR 등 변동이자율과 연계된 부채로서 자산을 조달할 때, 그리고 고정이자율 자산을 보유하고 있거나 채권에 대한 순매입포지션인 경우, 또는 듀레이션갭이 $D_A - kD_L > 0$인 경우가 해당된다. 반대로 금융회사가 고정비용의 부채 및 변동이자율 자산을 보유할 때 채권에 대해 순매도포지션인 경우, 또는 $D_A - kD_L < 0$일 때 플로어를 매입한다. 마지막으로 금융회사가 이자율의 지나친 변동성을 걱정할 때 그리고 캡이나 플

예제 19-3 풋옵션을 이용한 이자율리스크의 거시헤지

한 금융회사가 0시점에서 다른 금융회사으로부터 액면가치 1억 달러의 이자율캡을 9%에 매입한다고 가정하자. 프리미엄을 선수하는 대가로 캡의 매도자는 계약에서 정한 특정일의 이자율지수가 9%를 초과한다면 매입자에게 보상을 해야 한다. 이것은 효율적으로 금융회사의 변동부채의 비용을 고정부채비용으로 전환시켜 준다. 이 예에서 매입자는 0시점(year 0의 시작 시점)에서 캡을 매입하고 year 1의 말과 year 2의 말에 캡을 행사할 수 있다고 가정하다. 즉 캡은 계약시점부터 최종 행사일까지 3년의 만기를 가지고 있다고 가정하자.[9]

그러므로 캡의 매입자는 만약 year 1과 year 2의 캡 행사일에 이자율이 9%를 초과한다면 캡의 매도자로부터 2건의 지불을 요구할 수 있다. 실무에서는 캡의 행사일을 거의 부채의 상환일자(예를 들어 변동금리채권의 이자지급일)와 거의 일치하도록 정하고 있다. 다양한 시나리오 중 한 가지가 [그림 19-20]에 표현되어 있다.

캡의 매도자는 캡의 매입자에게 〈표 19-1〉에서 보여 주는 만큼 지불을 해야 한다. 이 시나리오에서 캡의 매입자는 부채조달비용의 증가 또는 채권과 자산포트폴리오의 시장가치의 손실을 상쇄하기 위해서 캡의 만기 동안 300만 달러(할인 전 가치)을 수취한다. 그러나 [그림 19-20]의 경우는 단지 하나의 가능한 시나리오일 뿐이다. 이번에는 [그림 19-21]처럼 이자율이 다르게 변화하는 시나리오를 고려해 보자. 이 경우 year 1의 말에 이자율은 9% 이하인 8%로, year 2의 말에는 7%로 하락하였다. 그러므로 캡의 매도자는 어떤 금액도 지불할 의무가 없다.

로어 포지션의 비용을 조달하려 할 때 칼라를 이용한다. 여기에서는 지면상 캡을 중심으로 설명할 것이다.

캡

이자율캡 계약하에서는 매도자는 프리미엄을 미리 수취하는 대신 계약에서 정해진 특정 이자율지수가 계약에서 정한 특정일에 캡이자율을 초과할 때 매입자인 금융회사에게 그 차액을 보상해 주어야 한다. 따라서 이자율캡은 금융회사의 변동이자율부채를 고정이자율부채로 변화시키는 기능을 해 준다.

위의 예를 통하여 만기에 이자율이 캡이자율을 하회하기 때문에 캡의 매도자는 어떤 금액도 매입자에게 지불할 필요가 없다는 점에서 캡매입은 이자율 콜옵션의 매입과 유사하다는 것을 알 수 있다. 개념적으로 캡의 매입은 복잡한 이자율 콜옵션의 매입, 또는 하나의 행사가격을 지닌 채권가격에 대한 풋옵션 매입, 또는 행사일이 year 1과 year 2의 말 두 개인 이자율 풋옵션을 매입하는 것과 유사하다.

이제 캡과 관련하여 금융회사가 안고 있는 문제는 이자율의 불확실성에 직면하여 이 이

9) year 0(첫 해)의 말에는 비교할 이자율이 계약시점의 이자율(즉, year 0의 초기이자율)로 정해지므로 행사를 하는 것이 무의미하다. 즉 금융회사는 첫 해(year 0) 동안에는 이자율리스크에 노출되지 않고 둘째 및 셋째 해(year 1 및 year 2)에만 노출되는 것이다.

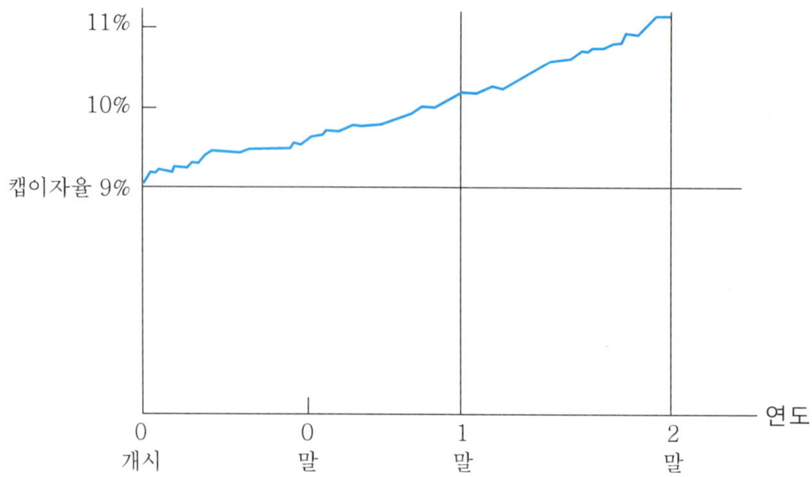

그림 19-20 만기 2년 무이표채권가격의 이항모형

표 19-1 캡계약에서의 지급금액

연도 말	캡이자율	실제이자율	이자율차이	매입자에 대한 지불금액
1	9%	10%	1%	$100만
2	9	11	2	$200만
합 계				$300만

자율 9%인 캡의 적정가격을 계산하는 것이다. 물론 이 관리자는 이자율이 year 1의 말에 10%가 될지 8%가 될지를 알지 못한다. 아울러 이자율이 year 2의 말에 11%가 될지 7%가 될지도 알지 못한다. 그럼에도 불구하고 캡을 이용하여 이자율리스크에 대한 보험을 매입하기 위해서는 캡의 매도자에게 프리미엄을 선지급하여야 한다.

채권옵션의 프리미엄 계산에 이용되었던 이항모형을 사용하여 캡프리미엄의 가치를 계산해 보자. [그림 19-22]에서 캡계약의 이항트리는 0시점에서 시작한다. 캡은 year 1과 year 2의 말에 행사 가능하다.[10] 캡의 현재가치 또는 캡프리미엄은 다음과 같이 year 1과 year 2의 말에 행사 가능한 캡의 현재가치의 합이다.

프리미엄 = P = year 1의 말에 행사 가능한 옵션의 현재가치 + year 2의 말에 행사 가능한 옵션의 현재가치

10) 일반적으로 이자율은 각 기간의 초에 정해지고 각 기간의 말에 지급된다.

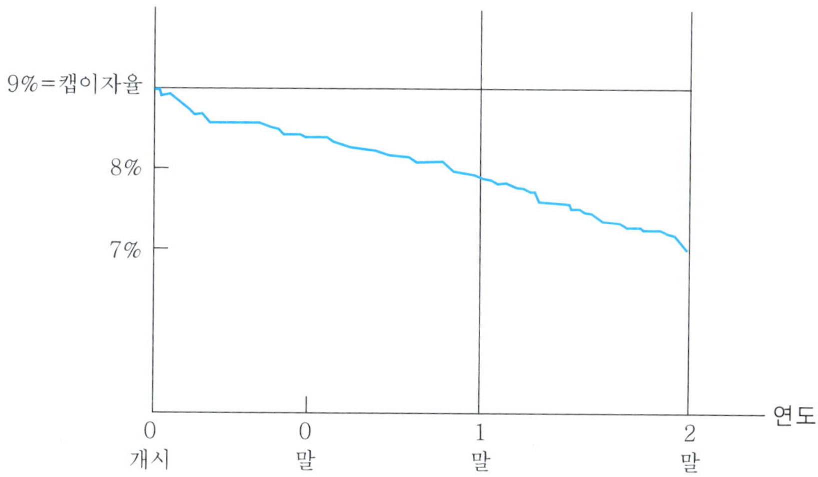

그림 19-21 가상적 이자율변화 시나리오

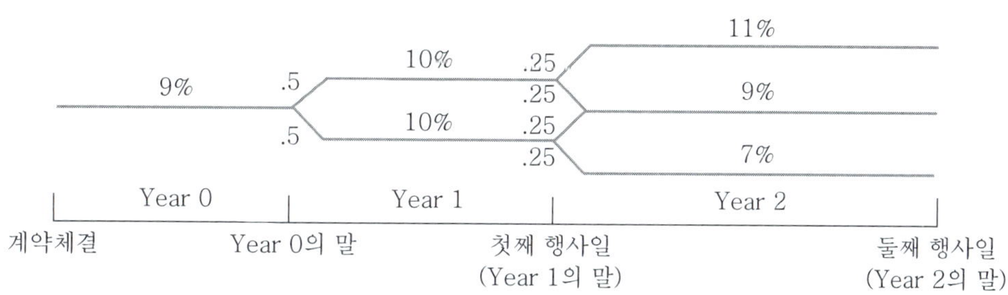

그림 19-22 캡이자율 9%인 이자율캡

캡, 플로어, 칼라 그리고 신용리스크

헤지목적으로 캡, 칼라, 플로어를 매입할 때 발생하는 가장 중요한 특징은 거래소의 선물이나 옵션계약에서 나타나지 않는 잠재적인 신용리스크에 노출되는 것이다. 장외계약에는 다양한 만기가 존재하기 때문에 그러한 상품의 매입자는 다양한 신용리스크에 직면하게 된다. 이것을 이해하기 위해 캡의 예를 들어 보자. 만약 첫 해 말에 이자율이 10% 상승했지만 100만 달러의 금액에 대해서 캡의 매도자가 파산을 했다고 가정하자. 이 경우 매입자는 내가격옵션에 대해 돈을 받지 못할 뿐만 아니라 잠재적으로 두 번째 해 말에 돈

예제 19-4 이자율캡의 프리미엄 계산

Year 2에 행사할 수 있는 옵션의 현재가치

year 2의 말에 11%, 9%, 7%의 세 가지 가능한 이자율 시나리오가 있다고 가정하자. 캡의 행사이자율이 9%라면 9% 또는 7%의 이자율이 실현되는 경우 캡은 매입자에게 어떤 가치도 부여하지 못한다. 즉 만기에 외가격이 된다. 캡이 year 2의 말에 매입자에게 가치를 부여하는 경우는 이자율이 11%가 되는 경우이다. 이 경우 캡이자율과의 차이는 2%가 된다. 그러나 이자율이 year 2의 말에 11%로 상승할 확률은 25%이므로 이자율 차이의 기대가치는 $0.25 \times 0.02 = 0.005(0.5\%)$가 된다. 따라서 액면가 1억 달러의 캡에 대해 year 2의 말에 기대되는 지불금액은 50만 달러이다 그러나 현재 수준에서 캡의 프리미엄의 가치를 계산하기 위해서 year 2의 말의 기대현금흐름을 현재가치가 되도록 다음과 같이 할인해 주어야 한다.

$$PV_2 = \frac{0.5}{(1.09)(1.1)(1.11)} = 0.3757$$

여기에서 9%, 10%, 11%는 year 0, year 1, year 2의 말에 지급하는 금액에 대한 적절한 1년 할인율이다. 따라서 year 2의 말에 행사할 수 있는 옵션의 적정한 현재가치는 0.3757, 또는 캡의 액면가 1억 달러에 대해 375,700달러이다.

Year 1에 행사할 수 있는 옵션의 현재가치

year 1의 말에는 10%로 상승하거나 8%로 하락하는 두 가지 이자율 시나리오가 존재한다. 만약 이자율이 8%로 하락한다면 9%의 캡은 매입자에게 가치가 없다. 그러나 이자율이 10%로 상승한다면 year 1의 말에 1%의 이자율 차이가 나타난다. 그러나 기대이자율의 차이는 이자율이 year 0과 year 1 사이에 9%에서 10%로 상승할 확률이기 때문에 0.5 1%=0.005(0.5%)가 되며, 금액으로는 액면가 1억 달러의 캡에 대하여 year 1의 말에 50만 달러가 된다. 이것을 할인하면 다음과 같다.

$$PV_1 = \frac{0.5}{(1.09)(1.1)} = 0.417$$

즉 옵션의 적정한 현재가치는 0.417, 또는 캡의 액면가 1억 달러에 대해 41,7000달러이다.
최종적으로 금융회사가 지불해야 할 캡의 프리미엄은 이 두 가지 가치의 합이 된다.
즉 캡프리미엄 = $PV_1 + PV_2$ = \$417,000 + \$375,000=\$792,7000

을 수취하게 되는 기회도 잃어버리게 되는 것이다. 일반적으로 첫 해의 파산은 캡의 매입자가 두 번째 해를 포함한 그 이후에 대해서 0시점이 아닌 1시점(첫 해 말)의 캡의 조건으로 대체계약을 찾아야 하는 것을 의미한다. 이에 더하여 매입자는 새로운 계약을 대체하기 위한 거래비용 및 대체계약의 계약비용까지 부담하여야 한다. 캡계약은 경우에 따라 10년까지 유효한 장기계약이므로 신용도가 높은 금융회사들만이 지급보증서(standby letters of credit)와 같은 제3자의 지불보장이 없이도 캡과 플로어를 매도할 수 있다. 다음 장에서 설명하겠지만 스왑은 장기계약의 본성과 장외거래라는 특성 때문에 이와 유사한 신용리스크에 노출된다.

개념질문

1. 〈예제 19-4〉에서 2년 후 최고 및 최저 이자율이 12%와 6%라고 가정하고 캡의 적정프리미엄을 구해 보라.
2. 금융회사가 0.75%의 프리미엄으로 10억 달러의 캡을 매입하고 0.85%의 프리미엄으로 플로어를 매도하였다. 캡매입의 순비용이 0이 되기 위하여 얼마만큼의 플로어를 매도하여야 하는가?
3. 가장 신용도가 높은 금융회사들만이 외부보증 없이 대량의 캡/플로어를 매도할 수 있는 이유는 무엇인가?

요 약

이번 장에서는 금융회사가 개별 자산, 자산포트폴리오, 대차대조표 상의 갭 등에 나타난 리스크를 헤지하기 위해 사용할 수 있는 옵션 형태의 다양한 계약들을 설명하였다. 본 장에서는 이러한 옵션들이 – 거래소에서 거래되는 옵션들도 있고 장외에서 거래되는 옵션들도 있는데 – 금융회사의 이자율리스크, 신용리스크, 환리스크, 재난리스크헤지를 위해 어떻게 사용할 수 있는가 하는 것을 예를 들면서 설명하였다. 특히 옵션 형태의 비대칭적인 손익구조성격 때문에 이러한 계약들이 선도나 선물계약 등의 헤지수단보다 더 선호되는 경우가 있다.

연습문제

1. 옵션의 이용은 선물거래(또는 선도거래)와 어떻게 다른가?
2. 콜옵션이란 무엇인가?
3. 채권에 대한 콜옵션매입자가 이익을 취하려면 이자율이 어떻게 변동하여야 하는가? 또한 콜옵션의 매도자 입장에서는 어떠한가?
4. 풋옵션이란 무엇인가?
5. 채권에 대한 풋옵션매입자가 이익을 취하려면 이자율이 어떻게 변동하여야 하는가? 또한 풋옵션의 매도자 입장에서는 어떠한가?
6. 다음에 관하여 생각해 보자.
   a. 이자율이 하락할 때 T-bond에 대한 콜옵션과 풋옵션을 사용하여 양의 현금흐름을 얻을 수 있는 방법을 두 가지 들어라. 또한 이 두 가지 방법을 그림을 통해 보여라.
   b. 이자율이 하락할 것에 대비하여 자산 혹은 부채를 헤지하려면 금융회사는 대차대조표가 어떠

한 상황에서 T-bond에 대한 옵션을 사용할 수 있는가?

c. 이자율하락리스크를 헤지하고자 한다면 콜옵션매입과 풋옵션매도 중 어떤 것이 더 적절한가?

7. 다음의 각 경우에서 금융회사의 관리자는 어떤 리스크에 직면하고 있으며, 그 리스크는 풋옵션이나 콜옵션을 매입함으로써 헤지될 수 있는지 알아보아라.

a. 3개월 내에 양도성예금증서(CD)를 발행할 계획인 상업은행

b. 2개월 내에 채권을 매입할 계획인 보험회사

c. 다음 달 국채를 매입할 예정인 저축금융회사

d. 프랑스 회사에게 유로화로 상환이 가능한 대출을 해 주는 미국 은행

e. 보유 중인 영국 회사의 주식을 매도할 예정인 뮤추얼펀드

f. 듀레이션이 6년인 자산과 13년인 부채를 보유하고 있는 파이낸스회사

8. 채권포트폴리오에서 이자율리스크를 헤지하기 위해 채권옵션을 이용하고자 하는 금융회사가 있다.

a. 콜옵션매도를 통하여 어떻게 이자율하락리스크를 헤지할 수 있는가?

b. 콜옵션을 매도하여 이자율상승리스크를 완전히 헤지할 수 있는가?

c. 이자율이 상승할 때 풋옵션매도를 통하여 어떻게 채권포트폴리오의 손실을 줄일 수 있는가?

d. 채권 투자 및 채권 풋옵션의 매입으로 구성된 포트폴리오에 대한 콜옵션 매입포지션의 손익구조를 그려 보라.

9. 금융회사들은 어떠한 규제적 이유에 의하여 옵션을 거의 매도하지 않는가?

10. 블랙-숄즈 옵션가격결정모형을 이용하여 채권 옵션의 가격을 측정할 때의 문제점은 무엇인가? 액면가회귀(put-to-par)라는 용어는 무엇을 의미하는가?

11. 어떤 금융회사가 만기 2년, 액면가 1,000달러의 무이표채권을 867.43달러에 매입하였다. 이 금융회사는 유동성 목적으로 1년 후에 이 채권을 매도할 필요가 없는 한 만기까지 보유할 예정이다. 현재 1년만기 이자율은 7%이고, 1년 안에 1년만기 이자율이 8.04%이거나 7.44%가 될 것으로 예측된다(단, 이 두 상황의 확률은 동일하다). 이 채권이 1년 안에 매도해야 하는 경우가 생긴다면, 이 금융회사는 자본손실을 헤지하기 위해 풋옵션을 매입하려 한다.

a. 매입시점에서의 채권의 수익률은 얼마인가?

b. 채권 만기 1년 전의 시점에서 시장에서 결정된 1년만기 내재이자율은 얼마인가?

c. 이 채권이 1년 후에 거래된다면 매도가격은 얼마로 예상할 수 있나?

d. 2년의 기간 동안 이 채권의 가격을 그림으로 표현하라.

e. 만약 이 금융회사가 행사가격이 (c)의 답과 동일한 풋옵션을 매입한다면 1년 후의 가치는 어떻게 변동할까?

f. 현재 풋옵션은 프리미엄은 얼마인가?

g. 2년만기 무이표채권에 대한 풋옵션의 가격을 그림으로 나타내어라.

h. 만약 1년 후 1년만기 이자율이 8.14% 또는 7.34%로 예측된다면, 이 옵션의 프리미엄은 얼마인가?

12. 연기금관리자는 2년 후에 20년만기, 표면금리 8%의 T-bond를 구입하려고 한다. 이자율이 1% 증가하거나 1% 감소하는 가능성이 동일하며, 매년 연말에 한 번 변한다고 가정하자. 이 T-bond는 2년 후 구입할 때 1년에 두 번 이자가 지급된다. 현재 T-bond는 액면가에 거래되고 있다.

a. 이 경영자는 어느 정도의 이자율리스크에 노출되어 있는가?

b. 이 경영자는 이자율리스크노출을 헤지하기 위해 어떠한 옵션을 사용할 수 있는가?

c. 20년만기 T-bond의 가격은 1년 말과 2년 말에 각각 얼마가 될 것인가?

d. 2년 동안의 가격을 그림으로 표현하라.

e. 만약 20년만기, 표면금리 8%, 액면가 100,000달러의 T-bond에 대한 옵션(풋, 콜)의 행사가격이 101일 때, 1년 말과 2년 말에 가능한 각 옵션포지션의 내재가치는 얼마인가?

f. 옵션가격을 그림으로 표현하라.

g. 옵션의 프리미엄은 얼마인가? (8%의 할인률을 사용하라.)

13. 이자율리스크를 헤지하는데 있어서 이자율선물에 대한 옵션이 현물에 대한 옵션보다 선호되는 이유는 무엇인가?

14. 금융회사의 경영자는 공시가격 0-55, 행사가격이 114인 T-bond 선물에 대한 콜옵션을 발행했다.

a. 이 관리자에게 어떤 기회와 의무가 발생하는가?

b. 이 콜옵션의 매입자가 이 옵션을 행사하려면 이자율이 어떻게 변해야 하는가?

15. 옵션에서 델타(δ)는 무엇인가?

16. 어떤 금융회사가 표면금리 8%, 만기 6개월의 유로달러 채권포트폴리오를 1억 달러 보유하고 있다. 이 채권은 액면가에 거래되고 있으며, 듀레이션은 5년이다. 이 금융회사는 델타가 −0.625인 T-bond 옵션을 이용하여 이 포트폴리오의 리스크를 헤지하고자 한다. 옵션의 기초자산인 T-bond는 듀레이션이 10.1년이고 액면가 10만 달러당 96,157달러에 거래되고 있다. 각 풋옵션의 프리미엄은 3.25달러이다.

a. 이 채권포트폴리오를 헤지하기 위해서는 몇 개의 풋옵션이 필요한가?

b. 이자율이 100bp 상승하면 풋옵션으로 헤지했을 때 얼마의 이익 혹은 손실이 예측되는가?

c. 이 채권포트폴리오의 시가는 얼마나 변할 것으로 예측되는가?

d. 헤지를 하는데 소요되는 총비용은 얼마인가?

e. 손익구조를 그림으로 나타내어라.

f. 헤지로부터의 수익이 헤지에 대한 비용을 정확히 상쇄하려면 이자율이 어느 정도 변화하여야 하는가?

g. 채권포트폴리오의 수익이 헤지에 대한 비용을 정확히 상쇄하려면 이자율이 어느 정도 변화하여야 하는가?

h. 이자율의 변화에 따른 채권포트폴리오의 헤지효과(이익, 손실, 비용)를 요약하여 설명하여라.

17. Corporate Bank는 듀레이션이 12년인 자산 8억 4,000만 달러와 듀레이션이 7년인 부채 7억 2,000만을 보유하고 있다. 이 은행은 이자율이 상승하는 경우의 자본의 가치를 보호하기 위하여 이자율옵션을 이용한 거시헤지를 고려하고 있다. 콜옵션과 풋옵션의 델타는 각각 0.4, −0.4이다. 기초지산인 T-bond 가격은 104-17, 수정듀레이션은 8.17년, 만기수익률 7.56%이다.

a. Corporate Bank는 거시헤지를 위해 어떤 옵션을 사용해야 하는가?

b. 몇 개의 옵션을 매입해야 하는가?

c. 이자율이 50bp 상승한다면 자본의 경제적 가치는 어떤 영향을 받는가?

d. 이자율이 50bp 상승하는 경우의 헤지효과는 무엇인가?

e. 만약 각 옵션의 프리미엄이 0.875달러라면 헤지비용은 얼마인가?

f. 헤지의 경제적 상태를 그림으로 나타내어라.

g. 은행의 가치증가가 헤지비용을 상쇄하기 위해서는 이자율은 어떻게 얼마나 움직여야 하는가?

h. 헤지로부터의 이익이 헤지비용을 정확히 상쇄하기 위해서는 이자율이 어떻게 얼마나 움직여야 하는가?

i. 헤지의 성공적인 수행을 위한 경영상의 의사결정규칙을 설명해 보라.

18. 어떤 금융회사가 평균듀레이션이 6.5년인 자산포트폴리오 2억 달러와 평균듀레이션이 4.5년인 부채 1억 6,000만 달러를 가지고 있다. 이 금융회사는 이자율상승에 대비하여 T-bond 풋옵션을 사용하였다. 풋옵션의 평균델타는 -0.3이다. T-bond의 평균듀레이션은 7년이며, 현재 시장가격은 96,000달러이다.

a. 현재 이자율수준이 10%라면, T-bond의 수정듀레이션은 몇 년인가?

b. 이자율상승리스크를 헤지하려면 몇 개의 풋옵션을 매입해야만 하는가? T-bond의 액면가는 100,000달러이다.

c. 만약 이자율이 50bp 상승한다면, 이 금융회사의 자본가치는 얼마나 변하는가?

d. T-bond 옵션을 이용한 헤지포지션의 가치는 얼마나 변하는가?

e. 만약 T-bond에 대한 풋옵션이 액면가 100달러당 1.25달러의 프리미엄으로 거래되고 있다면 T-bond 옵션을 사용하는데 총헤지비용은 얼마인가?

f. 자본의 현재가치변화와 옵션헤지를 그림으로 표현하여라.

g. 대차대조표의 자본가치가 헤지비용을 상쇄하려면 이자율이 얼마나 변해야 하는가?

h. 헤지로부터의 이익이 헤지비용을 보상하려면 이자율은 얼마나 변해야 하는가?

i. (g)의 답이 주어졌을 때, 이 금융회사의 순손익은 얼마인가?

19. 어떤 뮤추얼펀드는 2개월 내에 만기 20년의 T-bond를 1,000만 달러(액면가기준) 매입할 계획이다. 이 채권의 수익률은 7.68%이고 듀레이션은 11년이다. 이 뮤추얼펀드는 앞으로 4개월 동안 이자율이 변할 것을 염려하여 T-bond 선물에 대한 만기 2개월 옵션으로 헤지할 것을 고려중이다. 현재 행사가격이 105이고 가격이 1-25로 공시된 만기 2개월 콜옵션과 가격이 2-09이며 행사가격과 만기는 콜옵션과 동일한 풋옵션이 존재한다. 콜의 델타는 0.5이고 풋의 델타는 -0.7이다. 인도 가능한 T-bond의 현재 가격은 액면가 100달러당 \$103-08이고, 수정듀레이션은 9년, 만기수익률은 7.68%이다.

a. 뮤추얼펀드는 어떤 옵션을 매입해야 하는가?

b. 매입해야 하는 옵션의 수량은?

c. 이 옵션의 가격은 얼마인가?

d. 만약에 이자율이 +/- 50bp 변한다면 T-bond의 가격에 대한 영향은 얼마인가?

e. 만약에 이자율이 +/- 50bp 변한다면 헤지의 가치변화는 어떠한가?

f. T-bond의 현물시장가격과 헤지의 영향을 그림으로 표현하여라.

g. T-bond의 가치변화를 상쇄시킬 정도로 헤지의 가치가 변화하려면 이자율은 어느 정도 변화하여야 하는가?

20. 어떤 금융회사가 CD 만기로 인해 6개월 내에 50만 Sf(스위스 프랑)를 지급해야 한다. 이 금융회사의 애널리스트는 Sf의 현물가격이 \$0.80/Sf 안정적으로 유지될 것으로 예측하였으나, \$0.85/Sf

로 상승하거나 $0.75/Sf로 하락할 것을 우려한다. 이 불확실성 때문에 애널리스트는 옵션이나 선물을 이용해서 CD의 지급을 헤지할 것을 추천하고 있다. 행사가격이 $0.80/Sf인 6개월만기 콜옵션과 풋옵션은 각각 4센트와 2센트에 거래되고 있다. 스위스 프랑의 6개월만기 선물계약은 $0.80/Sf에 거래된다.

a. 애널리스트는 달러의 평가절상 또는 평가절하를 걱정할 필요가 있는가?

b. 이 금융회사가 옵션을 이용해서 헤지하기로 한다면 CD 지급을 헤지하기 위해 풋옵션을 사용해야 하는가? 아니면 콜옵션을 사용해야 하는가? 그 이유는 무엇인가?

c. 만약 헤지하는데 선물이 사용된다면, 이 금융회사는 Sf선물을 매입해야 하는가? 매도해야 하는가?

d. 만약 콜옵션 또는 풋옵션이 사용되었다면 CD의 순지급은 얼마인가? 단, 옵션은 행사되고 6개월 현물가격은 다음 세 가지 경우를 가정하라: 0.75달러, 0.80달러, 0.85달러/Sf.

e. 만약 선물이 사용된다면 CD의 순지급은 얼마인가? (*d*)의 세 가지 경우를 살펴보아라.

f. 그 결과 어떤 방법의 헤지가 더 선호될 것인가?

21. 어떤 미국 손해보험사는 스위스 프랑으로 표시된 만기 1년의 무이표 최소금리보장계약(GICs: guaranteed investment contracts) 1,000만 달러를 5%에 발행했다. 이 보험회사는 보유자산 중 Sf으로 표시된 자산은 없으며, 외환시장에서 스위스 프랑을 사거나 팔지도 않았다고 가정하자.

a. 이 보험사의 스위스프랑에 대한 순노출은 얼마인가?

b. 이 보험사의 환율변동에 대한 리스크노출은 얼마인가?

c. 이 보험회사는 (*b*)의 리스크노출을 헤지하기 위해 선물을 어떻게 이용할 수 있는가? 옵션은 어떻게 이용할 수 있는가?

d. 만약 행사가격이 $0.6667/Sf이고, 현물가격이 $0.6452/Sf이라면, 스위스 프랑에 대한 콜옵션의 만기시 내재가치는 얼마인가? 또한 풋옵션의 만기시 내재가치는 얼마인가(CME에서의 스위스 프랑 선물옵션의 규모는 계약당 Sf125,000이다)?

e. 만약 6월 인도 콜옵션의 프리미엄이 Sf당 0.32센트이고 6월 인도 풋옵션은 Sf당 10.7센트라고 할 때, 한 계약당 달러 프리미엄비용은 얼마인가? 단, 오늘은 4월 15일이다.

f. 콜옵션의 프리미엄이 풋옵션의 프리미엄보다 낮은 이유는 무엇인가?

22. 어떤 금융회사가 6개월 내에 실시될 수 있는 Sf1,000만의 대출약정을 해 주었다. 현재 현물이자율을 $0.60/Sf이다.

a. 이 금융회사는 달러가 평가절상될 때 리스크에 노출되는가? 아니면 평가절하될 때 리스크에 노출되는가?

b. 만약 Sf 선물을 이용해서 헤지하기로 했다면 Sf 선물을 매입해야 하는가? 매도해야 하는가?

c. 향후 6개월의 현물이자율은 $0.64/Sf이다. 이 대출이 실시된다면 6개월 내에 필요한 달러는 얼마인가?

d. 6개월만기 Sf 선물계약이 $0.61/Sf에 거래되고 있다. 만약 이 금융회사가 Sf1천만의 선물을 이용해 헤지하려 한다면 6개월 후에 필요한 순액은 얼마인가? 단, 선물가격은 만기시에 현물가격과 동일다고 가정하자.

e. 헤지를 위해 옵션을 사용하기로 했다면 콜옵션을 매입해야 하는가? 풋옵션을 매입해야 하는가?

f. 행사가격이 $0.62/Sf인 콜옵션과 풋옵션이 각각 0.02달러, 0.03달러에 거래되고 있다. 헤지하기 위해 선물대신 옵션을 사용한다면 6개월 말에 금융회사가 필요로 하는 순액은 얼마인가?

23. 신용스프레드 콜옵션(credit spread call option)이란 무엇인가?

24. 디지털 채무불이행 옵션(digital default option)이란 무엇인가?

25. 신용스프레드 콜옵션과 디지털 채무불이행 옵션에서 대출자의 현금흐름은 어떻게 다른가?

26. 재난 콜옵션(catastrophe call option)이란 무엇인가? 이 옵션의 현금흐름은 매입자에게 어떻게 영향을 미치는가?

27. 캡(cap)이란 무엇인가? 캡의 매입자는 어떤 손익구조를 갖게 되는가?

28. 플로어(floor)란 무엇인가? 플로어의 매입자는 어떤 손익구조를 갖게 되는가?

29. 칼라(collars)란 무엇인가? 어떤 상황에서 금융회사는 칼라를 이용하는가?

30. 캡을 매입하는 것과 콜옵션을 매입하는 것은 어떠한 점에서 유사한가?

31. 어떠한 대차대조표 상황에서 캡의 비용을 조달하기 위해 플로어를 매도하는 것이 바람직한가? 플로어의 비용을 조달하기 위해 캡을 매도하는 것은 어느 상황에서 바람직한가?

32. 다음과 같은 정보를 이용하여 내가격(in-the-money) 캡을 매입하고, 외가격(out-of-the-money) 플로어를 발행한 3년만기 칼라의 가격을 결정하여라.

1년에 이자율이 2% 상승하거나 2% 하락하는 사건이 같은 확률로 발생하는 이항옵션 가격결정모형을 가정하고, 현행 이자율은 7%, 캡이자율은 7%, 플로어이자율은 4%이고, 명목가치는 100만 달러이다. 모든 이자지급은 1년에 한 번 명목가치에 대한 비율로 지급하고, 모든 지급은 1년 말과 2년 말에 발생한다.

33. 다음과 같은 정보를 이용하여 외가격 캡을 매입하고, 내가격 플로어를 발행한 3년만기 칼라의 가격을 결정하여라: 1년에 이자율이 2% 상승하거나 2% 하락하는 사건이 같은 확률로 발생하는 이항옵션 가격결정모형을 가정하고, 현행이자율은 4%, 캡이자율은 7%, 플로어이자율은 4%이고, 명목가치는 100만 달러이다. 모든 이자지급은 1년에 한 번 명목가치에 대한 비율로 지급하고, 모든 지급은 1년 말과 2년 말에 발생한다.

34. 위의 문제 33번의 칼라와 32번의 칼라의 총현금흐름을 비교하여라. 32번의 칼라를 사용한 금융회사는 33번의 칼라를 사용한 금융회사과 목적이 다른가? 만약 다르다면, 그 이유는 무엇인가?

35. 어떤 금융회사가 액면가의 0.65%가 프리미엄인 9% 캡을 2억 달러 매입하였다. 또한 액면가의 0.69%가 프리미엄인 4% 플로어도 2억 달러 매입할 수 있다.

a. 만약 이자율이 10% 상승한다면, 이 금융회사는 얼마를 받게 되는가? 프리미엄을 제한 후의 금액은 얼마인가?

b. 이 금융회사가 플로어도 매입하였다면, 이자율이 11%로 상승할 때 절약할 수 있는 순액은 얼마인가?

c. 만약 이 금융회사가 플로어를 매입하는 대신 매도했다면 이자율이 11%로 오를 때 절약할 수 있는 순액은 얼마인가? 또한 이자율이 3% 떨어진다면 어떠한가?

d. 위의 프리미엄이 주어졌을 때 캡의 매입을 보상할 수 있는 플로어의 매도계약 수는 얼마인가?

36. 헤지의 목적으로 캡, 플로어, 칼라를 매입했을 때 이와 관련하여 어떤 신용리스크에 노출되는가?

Web을 활용하는 질문

37. CBOE(Chicago Board Options Exchange)의 웹주소에서 가장 최근에 거래된 이자율옵션의 자료를 구하여라.

[미니사례분석] 선물과 옵션을 이용한 이자율리스크헤지

2010년 1월 4일 한 금융회사의 대차대조표는 다음과 같다(단위 100만, 이자율=10%).

자 산			부채와 자본		
A	200	D_A = 6년	L	170	D_L = 4년
			E	30	

$$DGAP = [6-(170.200)4] = 2.6\text{년} > 0$$

금융회사 경영자는 이자율이 다음 석 달 동안 0.75%씩 오를 것이라고 생각하고 있다. 이 경우 자본의 가치는 다음과 같이 변경된다.

$$\Delta E = -\left[6-\frac{170}{200}(4)\right]2,000,000\frac{0.0075}{1.10} = \$3,545,455$$

금융회사 경영자는 선물계약 또는 옵션계약으로 이자율리스크를 헤지하려고 한다.

만약 금융회사가 선물을 이용한다면 리스크를 헤지하기 위해서 6월물 T-bond 선물계약을 선택할 것이다. 그 계약의 기초자산인 T-bond의 듀레이션은 14.5년이며, T-bond의 가격은 $10,000(백만)당 114-11, 또는 $114,343.75가 될 것이다. 현재 9%인 T-bond 선물이자율은 석 달 후에 1.25% 오를 것으로 예상된다.

만약 금융회사가 옵션을 사용한다면, 만기 15년, 6월물 T-bond에 대한 풋옵션을 매입할 것인데, 옵션의 행사가격은 113이고, 프리미엄은 1%이다. 또한, 이 옵션을 기초자산으로 하는 T-bond의 현물가격은 $135\%\frac{23}{32}$이며, 듀레이션은 14.5년이고, 이 옵션의 델타는 −0.75이다. 경영자는 이러한 T-bond의 이자율이 7.875%에서 석 달 후에는 1.24% 증가할 것이라고 기대한다.

만약 2010년 4월 4일의 대차대조표 이자율이 0.8%만큼 증가하고, 선물의 이자율은 1.4%만큼, 옵션계약을 기초자산으로 하는 T-bond의 이자율은 0.95%만큼 증가한다면, 금융회사는 리스크헤지방법으로 선물계약과 옵션계약 중 어느 것을 선택하는 것이 유리한가?

만약 2010년 4월 4일의 대차대조표 이자율이 0.75%만큼 감소하고, 선물의 이자율이 1.05%만큼, 옵션계약을 기초자산으로 하는 T-bond의 이자율이 1.24%만큼 감소한다면, 금융회사는 리스크헤지방법으로 선물계약과 옵션계약 중 어느 것을 선택하는 것이 유리한가?

관련 웹사이트

기관명	웹사이트
Chicago Board of Trade	www.cbot.com
Chicago Board of Options Exchange	www.cboe.com
Chicago Mercantile Exchange	www.cme.com
The Wall Street Journal	www.wsj.com

제 20 장

스왑

20.1 서 론

스왑(swap)은 기초자산이나 가격을 기준으로 미래에 정기적으로 특정 현금흐름을 교환하기로 한 두 거래자 간의 합의된 계약이다. 선도, 선물, 옵션 계약처럼 기업들은 스왑계약을 이용하여 이자율, 외환 그리고 신용리스크를 헤지할 수 있다. 스왑계약이 1980년 초기에 처음 소개된 후, 스왑시장은 근래에 괄목할 성장을 보여 왔다.

2006년 미국 상업은행들이 체결한 스왑계약의 액면가치만해도 77조 6천억 달러에 달한다(제18장 참조). 상업은행 및 투자은행들은 딜러, 거래자 그리고 헤져 등의 형태로 스왑시장에 참여한다. 보험회사들은 최근에서야 스왑을 활용하는 헤지전략을 사용하고 있지만 스왑시장에 대한 관심은 빠르게 증가하고 있는 추세이다. 스왑딜러는 스왑계약을 결집시키거나 장외에 2차 스왑시장을 형성하며 중개자 혹은 제3자로 활동한다. 스왑의 양적 팽창으로 인해 시장에 참여하는 은행들의 신용리스크노출과 관련한 규제적 관심도 증가하고 있다. 이러한 성장은 제15장에서 설명한 BIS가 권고하는 리스크기준자본(risk-based capital)이 변경되는 주요 동기가 되었다. 아울러 역변동이자율스왑(inverse floater swap)과 같이 이색적인 스왑계약들도 증가추세에 있는데, 특히 Orange County가 파산하고 스왑을 판매한 상업은행이나 투자은행들을 상대로 소송이 증가하면서 이러한 스왑계약들은 상당한 논쟁을 불러일으키고 있다.

양적인 순서로 볼 때 다섯 가지 기본적인 스왑형태에는 이자율스왑(interest rate swap), 통화스왑(currency swap), 신용스왑(credit swap), 상품스왑(commodity swap), 주식스왑

(equity swap)이 있다.[1] 스왑의 기초가 되는 품목들은 바뀔 수도 있지만 거래당사자들이 선호하는 방향으로 자산과 부채의 현금흐름을 재구성한다는 점에서 스왑계약의 기본적인 원칙은 변하지 않는다. 이번 장에서는 두 개의 중요한 스왑 형태인 이자율스왑과 통화스왑이 금융회사의 리스크헤지에 어떻게 사용되는가 하는 것을 배울 것이다. 아울러 가장 새롭고 빠르게 성장하는 형태의 스왑인 신용스왑에 대해 배우게 된다.

20.2 스왑시장

스왑거래는 일반적으로 계약조건(만기, 지급금액의 결정에 사용되는 지수, 지급시기 등)이 천차만별이며 표준화된 계약은 존재하지 않는다. 스왑딜러들은 각 거래에 있어서 거래상대방을 찾거나 연결해 주는 기능을 담당하거나, 혹은 많은 경우에서는 스스로 거래의 상대방이 되는 등 다양한 기능을 하여 스왑시장에 유동성을 제공한다. 두 당사자 간 직접 스왑거래가 이루어지려면, 각각은 재무적 요구사항이 정확이 반대인 거래상대방을 찾아야 한다. 예를 들어 향후 십년 간 분기별로 2,500만 달러의 부채에 대해 고정이자를 지급해야 하는 금융회사가 이 고정이자지급을 변동이자지급과 교환하고 싶다면, 향후 10년 동안 분기마다 동일한 금액의 원금에 대해 변동이자를 지급하기로 되어 있으나 고정이자로 지급하기를 원하는 상대방을 찾아야 하는 것이다. 따라서 스왑딜러가 없다면 적합한 스왑 상대방을 찾는 비용이 지나치게 커질 수 있다.

스왑딜러가 필요한 또 다른 이유는 그들은 일반적으로 계약이 해지되기 전까지 스왑의 지불을 보증하기 때문이다. 두 거래자 간의 직접 스왑의 경우, 두 당사자 중 한 쪽이 부도가 나는 경우 다른 한 쪽은 더 이상 리스크에 대해서 적당한 헤지를 할 수 없게 되거나, 또는 더 불리한 조건으로 기존 스왑계약을 새로운 스왑계약으로 대체할 수밖에 없다. 반면, 스왑딜러의 중개를 통해 스왑계약을 하는 경우에는 한 쪽의 부도가 다른 한 쪽에게 영향을 미치지 않는데, 그 이유는 스왑딜러가 지급불능이 된 거래자를 대신해서 원래의 스왑계약에 포함된 모든 약정들을 실행하여 지급불능으로 기인된 비용을 자신이 모두 떠안기 때문이다. 상업은행과 투자은행은 금융시장에 대한 긴밀한 연계성과 신용리스크에 관한 전문성 때문에 중요한 스왑딜러로서 성장해 왔다. 각각의 스왑시장딜러들은 스왑의 포트폴리오를 관리하고, 다각화를 통하여 노출된 스왑리스크의 일정 부분을 경감시킨다.

1) 이 외에도 미리받은 프리미엄에 대해 미래 특정 시점에 특정한 조건으로 스왑계약에 참여할 수 있는 옵션인 스왑션(swaption)이 있다.

20.3 이자율스왑

세계 스왑시장의 가장 큰 분야는 **이자율스왑(interest rate swaps)**이다. 개념적으로 이자율스왑은 두 거래 당사자들 사이의 특정 이자율에 대한 연속적인 선도거래라고 할 수 있다.[2] 금융회사들은 이자율스왑을 이용하여 때때로 15년이나 되는 장기헤지를 수행할 수 있다. 이러한 장기헤지를 선물 또는 선도계약으로 이용하는 경우에는 단기간 계약을 순차적으로 갱신(roll over)하여야 하지만 스왑을 이용하는 경우 계약을 갱신할 필요가 없다.

이자율스왑거래에서 **스왑매입자(swap buyer)**는 고정이자를 스왑결제일마다 정기적으로 **스왑매도자(swap seller)**에게 지불할 것을 동의하고 이에 대해 스왑매도자는 변동이자를 스왑매입자에게 동일한 결제일에 지불할 것을 동의한다. 고정이자지급자는 – 관습적으로 스왑매입자라고 부름 – 고정이자지급에 있어 비교우위를 지니고, 변동이자지급자는 – 스왑매도자 – 일반적으로 변동이자지급에서 비교우위를 지닌다. 금융회사은 자산의 수익률이 일정한 경우 이러한 거래를 실행함으로써 변동이자를 지급하는 부채의 변동금리의 속성을 고정이자율 부채로 전환할 수 있는 것이다. 반면 변동이자를 지급하는 금융회사는 고정이자율 부채를 변동이자율 부채로 전환해서 가변적인 자산의 기대수익과 대응시킬 수 있는 것이다.

▶**이자율스왑(interest rate swap)**
계약당사자들 간 고정이자지급과 변동이자지급을 교환하는 계약.

▶**스왑매입자(swap buyer)**
이자율스왑 거래에서 고정이자를 지급하는 계약자.

▶**스왑매도자(swap seller)**
이자율스왑 거래에서 변동이자를 지급하는 계약자.

금융회사의 이자율리스크헤지에 있어 스왑거래의 역할을 간단한 예를 들어 설명해 보자. 두 개의 금융회사를 고려해 보자. 첫 번째는 자금을 모으기 위해 단기예금에 의존하지 않고, 연간 10% 고정이자율로 만기 4년의 채권을 발행하여 1억 달러의 자금을 조달하는 머니센터은행(money center bank)이다(〈표 20-1의 (A) 참조). 포트폴리오의 자산은 기업대출(C&I대출)로 구성되어 있는데 이 대출이자율은 LIBOR에 연계되어 있다. 제6장에서 설명했듯이 대부분 은행은 대규모의 C&I대출을 단기 자금시장의 LIBOR나 페더럴펀드 이자율에 연계한다.

2) 예를 들어, 연간 1회 교환하는 4년만기 스왑계약에서는 계약당사자간의 순현금흐름이 4회 발생한다. 이것은 1년만기, 2년만기, 3년만기, 그리고 4년만기 선도계약을 한 번에 체결하는 것과 거의 유사하다.

표 20-1 머니센터은행과 저축금융회사의 대차대조표

패널 A: 머니센터은행

자 산		부 채	
C&I대출 (LIBOR 연계)	1억 달러	중기채권 (고정이자율)	1억 달러

패널 B: 저축금융회사

자 산	부 채
고정이자율 모기지론 = 1억 달러	단기 CD(1년) = 1억 달러

이 은행은 변동이자율자산과 고정이자율부채로 구성되어 있으므로 이 결과 음의 듀레이션갭을 가지게 된다. 즉 다음과 같이 자산의 듀레이션이 부채의 듀레이션보다 짧다.

$$D_A - kD_L < 0$$

은행이 이 노출을 헤지할 수 있는 한 가지 방법은 듀레이션을 줄이거나 자산포트폴리오의 듀레이션 특성에 상응하도록 부채를 단기 변동이자율부채로 전환시켜서 부채의 이자율 민감도를 줄이는 것이다. 은행은 부내 또는 부외의 변화를 만들 수 있다. 대차대조표 상으로는 자산과 마찬가지로 LIBIOR 이자율에 연계된 단기예금으로 추가적인 1억 달러를 조달할 수 있으며, 이 예금액을 채권상환에 사용할 수 있다. 이러한 방법은 은행의 자산과 부채 사이의 듀레이션갭을 경감시킨다. 이와 대조적으로 은행은 부외거래인 이자율스왑을 매도할 수 있다. 즉 스왑계약에서 변동이자율을 지급하는 포지션을 취할 수 있는 것이다.

스왑계약의 두 번째 금융회사는 장기 듀레이션의 고정이자율 주택모기지에 1억 달러를 투자하는 저축금융회사를 들 수 있다. 〈표 20-1〉의 (B)에서 이 저축금융회사는 주택모기지 포트폴리오를 조달하기 위하여 평균 듀레이션 1년의 단기 CD를 이용해야 한다. 이 CD는 만기일에 단기 자금시장의 이자율로 만기갱신을 하여야 한다.

결과적으로 저축금융회사의 대차대조표 구조는 다음과 같이 머니센터은행과 정반대로 나타난다.

$$D_A - kD_L > 0$$

저축금융회사는 단기변동이자율 부채구조를 자산의 장기 듀레이션과 더 잘 부합하는 고정이자율 부채구조로 전환함으로써 이자율리스크노출을 헤지할 수 있다. 대차대조표 상으로 저축금융회사는 만기가 모기지의 만기와 유사한 장기채권을 발행할 수 있으며, 채권매각대금을 이용하여 CD를 상환하고, 듀레이션갭을 경감시킬 수 있다. 다른 방법은 저축금융회사가 스왑거래를 하는 것이며, 스왑계약에서 고정이자지급자가 되는 것이다.

이 두 금융회사들의 상반되는 대차대조표와 이자율리스크는 두 금융회사가 이자율스왑을 체결하게 만드는 필요조건이 된다. 스왑계약은 양 당사자가 직접 체결할 수 있다. 그러나 다른 상업은행이나 투자은행이 수수료를 받고 양 당사자를 만나게 해 주는 브로커나 대리인의 역할을 하거나, 신용리스크노출을 부담하고 스왑계약의 기초가 되는 현금지급을 보장하는 중개기능을 담당하는 것이 보편적이다. 금융회사가 대리인뿐만 아니라 직접 계약의 당사자로 참여하면 수수료에 신용리스크프리미엄을 추가할 수 있다. 그러나 이번 장의 후반부에서 논의될 것이지만 은행이 부담하는 스왑의 신용리스크노출은 대출상의 신용리스크노출보다는 약간 작다. 제3자인 은행이 스왑을 중개하는 경우 이 은행은 머니센터은행과의 스왑과 저축금융회사와의 스왑이라는 두 개의 개별적인 스왑계약을 체결하는 것이 된다.

이제 스왑의 중개은행이 서로 상반되는 이자율리스크에 노출된 두 금융회사 사이에서 단순한 브로커로서 행동하는 간단한 기본 이자율스왑(plain vanilla swap)을 살펴보자.

〈예제 20-1〉에서 신용리스크가 없다면 오직 머니센터은행만이 완전한 헤지를 성취할 수 있다는 것에 주목해야 한다. 이것은 저축금융회사로부터 머니센터은행이 매년 말 연 10%의 이자를 받기 때문인데, 이 이자를 이용하여 머니센터은행은 일정하지 않은 자산수익을 고려하지 않고도 채권자들에게 약속된 10%의 이자를 지급할 수 있다. 반면에 저축금융회사는 LIBOR + 2%의 이자율에 기초한 변동이자를 지급받는다. 그러나 저축금융회사가 예금부채에 대해 지급해야 하는 이자금액이 머니센터은행이 지급한 변동이자와 정확하게 일

예제 20-1 이자율스왑에서의 기대 현금흐름

스왑의 명목가치는 1억 달러로서 머니센터은행의 중기채의 액면가와 동일하며, 스왑기간은 4년으로서 이 채권부채의 만기와 동일하다고 가정한다. 이 채권의 연이자율은 10%이다. 머니센터은행의 문제는 시장이자율이 하락하여 자산수익률이 떨어질 때, 이러한 가변적인 수익이 채권의 고정이자를 지급하기에 부족할 수 있다는 것이다. 반면 시장이자율이 상승하면 저축금융회사의 모기지포트폴리오로부터의 고정수익은 CD이자를 지급하기에 부족할 수도 있다. 결과적으로 스왑계약을 통하여 저축금융회사는 명목금액 1억 달러에 대하여 머니센터은행에게 매년 10%의 고정이자를 지급하며, 그 대신 머니센터은행은 저축금융회사에게 매년 계약갱신이 가능한 CD의 이자비용에 사용할 수 있도록 1년 LIBOR와 연계된 변동금액을 매년 지급한다. 현재 1년 LIBOR가 8%이고, 스왑계약에서 머니센터은행이 이자를 매년 말 저축금융회사에게 LIBOR+2%의 이자를 지급할 것에 동의하였다고 가정하자. 이러한 고정-변동 이자율스왑 계약은 [그림 20-1]에 표현되어 있으며, 은행에 대한 기대 순금융비용(net financing cost)은 〈표 20-2〉에 나타나 있다.

스왑의 결과로 머니센터은행은 4년간 고정이자지급을 자산에 대한 가변적인 수익에 상응하는 변동이자지급으로 전환하였다. 아울러 이자율스왑을 통해 이 은행은 자금조달비용으로 연 LIBOR+2%만 지급하면 된다. 이전 설명에서 머니센터은행은 채권시장에서 직접 조달하였다면 LIBOR+2.5%의 이자를 지급한다고 가정한 바 있다. 이와 대조적으로 저축금융회사는 작은 변동요소(CD이자율-LIBOR)를 추가해 변동이자지급을 고정이자지급으로 전환한다. 만일 저축금융회사가 채권시장에서 직접 조달하였다면 연 12%의 이자를 지급해야 했을 것이다.

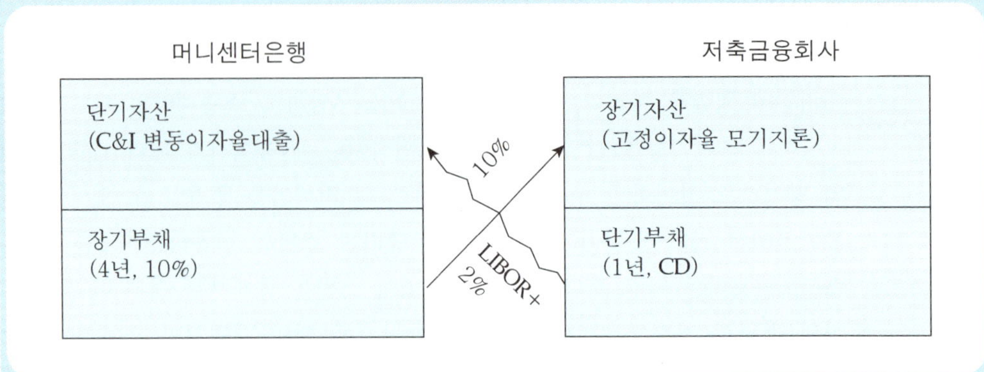

그림 20-1 고정-변동 이자율스왑

표 20-2 이자율스왑으로부터의 금융비용 (단위 100만 달러)

	머니센터은행	저축금융회사
장부상 자금조달로부터의 현금유출	−10%×$100	−(CD)×$100
스왑으로부터의 현금유입	10×$100	(LIBOR+2%)×$100
스왑으로부터의 현금유출	−(LIBOR+2%)×$100	−10%×$100
순현금흐름	−(LIBOR+2%)×$100	−(8%+CD금리−LIBOR)×$100
변동이자율	LIBOR+2$\frac{1}{2}$%	
고정이자율		12%

치하지 않을 가능성이 상당히 있다. 즉 저축금융회사는 스왑계약에 있어서 베이시스리스크에 노출되어 있는 것이다. 이 베이시스리스크는 두 가지 요소로부터 기인될 수 있다. 첫 번째는 CD이자율이 LIBOR 변화와 정확히 일치하지 않는다는 것이다. 전자는 국내통화시장에서 결정되고, LIBOR는 유로달러 시장에서 결정되기 때문이다. 두 번째는 저축은행 CD의 신용리스크프리미엄이 시간에 따라 증가할 수 있다는 것이다. 따라서 LIBOR에 2%를 더한 이자율은 저축금융회사의 펀드를 헤지시키기에 충분하지 못할 수 있다. 저축금융회사는 차라리 LIBOR보다는 미국 내의 CD이자율과 연계된 변동이자를 지급하도록 머니센터은행에게 요구하는 것이 더 나은 헤지방법일 수도 있다. 그러나 이 경우 머니센터은행이 베이시스리스크를 부담하게 되므로 추가적인 보상을 요구할 수 있다. 머니센터은행이 스왑계약상 지급하는 금액은 미국 CD이자율에 연계되나 자산수익률은 LIBOR의 변동에 대해 민감하기 때문이다.

이 스왑을 분석할 때, 우리는 0 시점(계약시점)에 스왑가격(즉 스왑의 개시시점에서 변동이자율(LIBOR +2%)에 대한 고정이자율(10%))이 어떻게 결정되는가 하는 것과 스왑으로부터의

예제 20-2 스왑계약으로 실현되는 현금흐름 계산

계약기간인 4년 동안 실현된 LIBOR가 아래와 같다고 가정한다.

연도 말	LIBOR
1	9%
2	9
3	8
4	7

머니센터은행이 저축금융회사에 지급하는 이자는 다음 수식에 의해 정해진다.

$$(\text{LIBOR} + 2\%) \times 1\text{억 달러}$$

반면 저축금융회사가 머니센터은행에 지급해야 하는 고정이자율는 매년 10%×1억 달러로 동일하다. 4년 동안 양자간에 실현된 실제 현금흐름은 〈표 20-3〉에서 요약되어 있다. 저축금융회사가 스왑으로부터 얻는 순이익은 첫째 해와 둘째 해에 연 100만 달러이다. 개선된 현금흐름은 이자율이 높은 환경에서 CD를 재발행하는 데 소요되는 비용증가분을 상쇄한다. 반면에 머니센터은행은 이자율이 하락할 때, 즉 세 번째 해와 네 번째 해에 순이익이 발생한다. 스왑으로부터의 양의 현금흐름은 머니센터은행의 자산포트폴리오의 수익감소를 상쇄한다. 전체적으로 머니센터은행은 명목상으로 100만 달러의 순이익을 얻을 수 있으며 실제 실현된 이익은 이 금액의 현재가치가가 될 것이다.

현금흐름이 어떻게 실현되는가의 차이를 구분해야 한다. 스왑개시 시점에서의 석성가격결정은 미래의 단기이자율에 대한 시장의 기대치에 의해 좌우되는 반면 스왑으로 실현되는 현금흐름은 스왑계약기간 동안의 실제 시장이자율(여기서는 LIBOR)에 의해서 좌우된다.

스왑은 한 쪽이 다른 쪽에서 제시한 비표준적인 조건에 동의한다면 언제라도 변형될 수 있는 계약이다. 이러한 **비표준스왑(off-market swap)**에서는 표준조건들이 완화되는데, 예를 들면 특정한 이자율이나 지수와 연계된다거나 스왑의 명목가치(notional value)가 변동한다거나 하는 것들이다.

▶ **비표준스왑(off-market swap)**
계약의 한 당사자가 계약상대방에게 보상해야 하는 비표준 조건을 지닌 스왑.

조금 전의 예에서 스왑의 명목가치는 4번의 스왑지급일에 1억 달러로 고정되어 있었으나 비표준스왑에서는 이 금액이 스왑계약기간 중에 감소하거나 증가할 수도 있는 것이다. 이러한 융통성은 저축금융회사처럼 계약당사자 중 한 쪽이 모기지에 상당한 금액을 투자하고 있고 모기지포트폴리오로부터의 고정 현금흐름이 원금과 이자를 상환하는 경우 매우 유용하다(제22장 참조). 고정금리 모기지는 일반적으로 융자기간의 초기에는 이자가 원금보

표 20-3 스왑계약으로 실현된 현금흐름

기간 말	1년 LIBOR	1년 LIBOR +2%	머니센터은행의 현금지급	저축금융회사의 현금지급	머니센터은행의 순현금지급
1	9%	11%	$11	$10	$+1
2	9	11	11	10	+1
3	7	9	9	10	−1
4	6	8	8	10	−2
합계			$39	$40	$−1

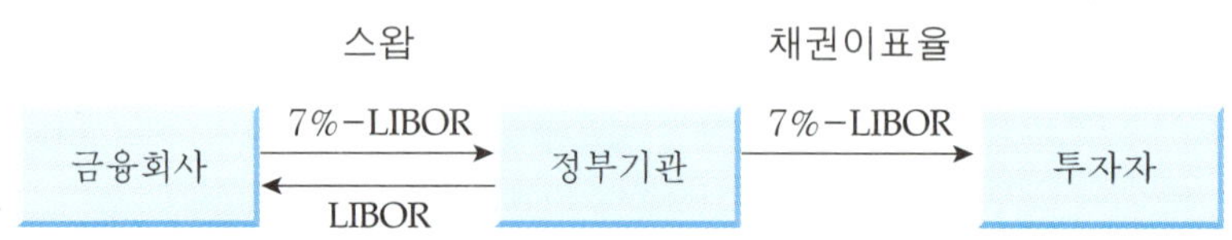

그림 20-2 역변동이자율스왑

다 많고, 만기에 근접할수록 이자부분의 비율이 낮아지는 특성을 보인다. 저축금융회사는 모기지포트폴리오가 상환되는 이러한 특성을 헤지하기 위하여 모기지스왑에 참여하거나, 또는 모기지포트폴리오의 원금부분의 경감과 유사한 비율로 명목가치를 경감시키는 스왑계약에 참여할 수 있다.

특별한 형태의 이자율스왑의 또 다른 예는 역변동이자율스왑(inverse floater swap)이다. 이 스왑은 다양한 정부기관들에게 금융비용을 절감시켜 주기 위해 금융회사들이 설계한 구조채권(structured note) 금융거래의 하나인데, 전체 스왑거래의 일부를 차지하는 지방자치단체나 공사 등 투자자들에게 상당한 문제를 야기하기도 하였다.

구조채권-역변동이자율스왑 계약은 [그림 20-2]에 나타나 있다. 이 계약에서 정부기관은 7%-LIBOR만큼의 표면금리(이것을 역변동이표율(inverse floating coupon라고 한다)의 채권을 1억 달러 발행한다. 이 것의 특징은 시장이자율이 하락할 때(따라서 LIBOR가 낮아질 때), 투자자들로부터 수취하는 이표가 크다는 것이다. 이 정부기관은 딜러 금융회사와의 스왑을 통하여 이 스프레드 부채(7%-LIBOR)를 LIBOR 부채로 전환시킨다. 그 결과 정부기관에게 1억 달러 채권의 발행비용은 LIBOR에 스왑관련 수수료를 더한 것으로 한정된다.

투자자에 대한 이 채권의 리스크는 매우 명확하다. LIBOR가 2%라면 투자자는 표면금리 7%-2%=5%를 받게 될 것이다. 이 5%는 투자자가 LIBOR와 유사한 이자율(이 경우 2%)로 차입할 수 있는 경우에는 매우 높은 수익이 된다. 그러나 이자율이 상승하면 어떻게 되는가? LIBOR가 2%에서 8%로 오르면 약정된 이자는 7%-8%=-1%가 된다. 마이너스의 이자는 지급될 수가 없으므로 실질적으로 투자자에게 지급되는 이자는 0%이다. 그러나 투자자가 채권매입을 위해 LIBOR로 자금을 빌렸다면, 그 자금의 비용은 이 경우 8%가 될 것이며 투자자의 스프레드는 음이 되고 상당한 손실을 입게 된다.

스왑을 이용한 거시헤지

금융회사의 듀레이션갭을 헤지시키는 선물과 옵션의 적정계약 수를 추정하기 위한 듀레이션모형은(제18장 및 제19장 참조) 스왑의 최적계약 수를 정하는데도 적용될 수 있다. 예를 들어 금융회사의 관리자가 금융회사의 전체 리스크노출을 헤지시키기 위해 10년만기 스왑계약이 몇 개나 필요한지 알고 싶어한다고 하자. 이자율이 변화하는 경우 스왑계약의 최적 명목가치는 부외거래인 스왑계약으로부터의 이익이 장부상의 순가치손실을 정확하게 상쇄하도록 정해져야 한다.

저축금융회사가 양의 듀레이션갭을 가지게 되어 다음과 같이 이자율증가에 대해 양의 순가치노출을 보았다고 가정하자 :

$$\Delta E = -(D_A - kD_L)A\frac{\Delta R}{1+R} > 0$$

전술한 바와 같이 저축금융회사는 고정이자를 지급하고 변동이자를 지급하는 이자율스왑을 통해 헤지를 하는 방법을 모색할 수 있다. 그러나 다양한 만기의 스왑계약이 존재한다. 후에 설명하겠지만 이자율스왑의 명목가치의 크기는 스왑계약의 만기(듀레이션)에 따라 달라진다. 이 은행의 관리자가 10년만기의 스왑을 선택했다고 가정하자.

스왑계약의 가치평가는 채권을 평가하는 것과 동일하다. 즉 10년만기 스왑에서의 고정이자지급은 형식적으로 만기 10년의 T-bond에 대해 고정이자를 지급하는 것과 동일하다. 또한 만기 10년의 스왑에서 매년 변동이자를 지급하는 것은 표면금리가 매년 재조정되는 채권의 변동이자를 지급하는 것과 동일하다. 즉 이자율의 변동률, $\Delta R/(1+R)$이 상승할 때 스왑의 가치변화(ΔS)는 1년 채권에 대한 10년 채권의 상대적인 민감도, 혹은 듀레이션으로 표현하면 $(D_{10}-D_1)$에 따라 달라진다. 일반적으로 다음의 식이 성립한다.

$$\Delta S = -(D_{fixed} - D_{float}) \times N_s \times \frac{\Delta R}{1+R}$$

여기서 각 항목은 다음과 같다.

ΔS = 스왑계약의 시장가치 변화

$D_{fixed} - D_{float}$ = 스왑계약에서의 고정이자지급과 동일한 만기와 표면금리를 가진 정부채권과 스왑지급기간과 듀레이션이 동일한 정부채권 간의 듀레이션 차이

N_S = 스왑계약의 명목가치

$\dfrac{\Delta R}{1+R}$ = 이자율쇼크

$D_{fixed} > D_{float}$이면 이자율이 상승할 때 고정이자지급의 시장가치가 변동이자지급의 시장가치보다 더 많이 하락한다는 것에 유의하자. 시장가치 측면에서 고정이자지급자는 이자율이 상승할 때 이익을 얻고, 이자율이 하락할 때 손해를 입는다.

스왑계약의 최적명목가치를 얻기 위해 다음과 같이 설정한다.[3]

$$\Delta S = \Delta E$$

부외거래인 스왑계약에서의 이익은 이자율이 상승할 때 대차대조표 상 순가치의 손실을 정확히 상쇄한다. ΔS와 ΔE의 식을 대체하면 다음을 얻는다.

$$-(D_{fixed} - D_{float}) \times N_s \times \frac{\Delta R}{1+R} = -(D_A - kD_L) \times A \times \frac{\Delta R}{1+R}$$

예제 20-3 **거시헤지에서의 스왑의 명목가치 계산**

D_A=5, D_L=3, k=9 그리고 A=\$100,000,000라고 가정하자. 또한 스왑의 고정이자율과 동일한 표면금리를 지닌 만기 10년의 고정이자율 T-bond의 듀레이션이 7년이고, 매년 새로 조정되는 변동이자율 채권의 만기가 1년이라고 하자.[4] 즉 $D_{fixed} = 7$, $D_{float} = 1$.

그러면

$$N_s = \frac{(D_A - kD_L) \times A}{D_{fixed} - D_{float}} = \frac{\$230,000,000}{(7-1)} = \$38,333,333$$

스왑 1계약의 규모가 10만 달러라면 금융회사가 체결해야 하는 스왑계약의 수는 \$38,333,333/\$100,000 =383.33 혹은 소숫점 미만을 버리면 383개가 된다.[5] 〈표 20-4〉는 T-bond의 개시이자율이 10%이고 1%의 상승을 가정할 때 헤지의 주요 특징을 나타내고 있다. 대차대조표 상에서의 209만 달러의 순가치의 손실는 부외거래인 스왑헤지의 수익에 의해 정확히 상쇄되는 것을 알 수 있다.

만일 금융회사가 $D_{fixed} = 9$, $D_{float} = 1$이 되도록 만기 15년의 장기스왑을 체결한다면 스왑계약의 명목가치는 \$230,000,000/(9−1)=\$28,750,000으로 하락할 것이다. 스왑 1계약의 규모가 10만 달러라면 금융회사는 287개의 스왑계약을 체결해야 한다.

---

3) 금융회사는 이자율상승을 헤지하기 위하여 스왑계약에 참여하는 것에 유의하자. 즉 고정이자를 지급하고 변동이자를 수취하려는 것이다. 스왑거래용어로는 이러한 금융회사를 "스왑을 매입한다"라고 한다.

4) 변동이자율채권의 듀레이션에 대해서는 제3장 참조.

5) 스왑계약은 장외에서 거래되므로 어떤 규모의 명목금액도 가질 수 있다.

양변의 동일한 부분을 없애면:

$$(D_{fixed} - D_{float}) \times N_s = (D_A - kD_L) \times A$$

최종적으로 N_S에 대해 풀면 다음을 얻는다.

$$N_s = \frac{(D_A - kD_L) \times A}{D_{fixed} - D_{float}}$$

이론적으로는 더 적은 계약을 하는 것이 수수료와 헤징에 관련된 기타 비용을 절약한다는 측면에서 바람직한 것처럼 보이지만 장기스왑의 이러한 장점은 상대방의 신용리스크가 증가한다는 점에서 약점이 될 수도 있다.

개념질문

1. 〈예제 20-2〉에서 둘 중 어떤 금융회사의 부채비용이 완전히 헤지되고 어떤 금융회사가 부분적으로만 헤지되는가?
2. 비표준스왑에서 볼 수 있는 비표준적인 조건에는 어떤 것들이 있는가?
3. 〈예제 20-3〉에서 $D_{fixed} = 5$이고 6개월마다 지급이 이루어진다면 스왑의 명목가치는 얼마인가?

표 20-4 스왑헤지의 부내 및 부외 효과

	부 내	부 외
헤지개시, t=0	이자율상승 리스크에 노출	이자율스왑매도
헤지만료, t=1	자산과 부채의 이자율 1% 상승	이자율스왑매입

장부상 기회손실	스왑이익
$\Delta E = -[15-0.9.(3)] \times \$100m \times (.01/(1.1)]$ = −209만 달러	$\Delta S = [(7-1) \times \$38,333,333 \times (.01/(1.1)]$ = 209만 달러

20.4 통화스왑

스왑은 이자율리스크뿐 아니라 환리스크노출을 헤지하기 위해 사용될 수 있다. 금융회사의 자산과 부채가 서로 다른 통화로 표시되어 있을 때 환리스크를 헤지할 수 있는 가장 간단한 **통화스왑(currency swap)**을 간단한 예를 들어 이해해 보자.

▶ **통화스왑(currency swap)**
자산과 부채의 통화가 서로 대응되지 않는 경우의 환리스크를 헤지하기 위해 사용되는 스왑.

고정이자율 통화스왑

모든 고정이자율 자산이 미국 달러로 표시된 미국 금융회사를 고려해 보자(〈표 20-5〉의 (A)). 자산의 일부분을 표면금리 10%, 만기 4년의 영국 파운드표시 채권 5,000만 달러로 조달하였다. 영국 금융회사는 모든 자산이 파운드화로 표시되어 있고, 자산 중 일부를 연 10%의 이자율, 만기 4년인 채권을 1억 달러 발행하여 조달하고 있다고 하자(〈표 20-5〉의 (B)).

영국 금융회사는 달러가 파운드에 대해 화폐가치가 상승하면 파운드 자산으로부터 달러 채권의 이표와 원금을 상환하는 비용이 더 들게 된다. 반대로 달러가 파운드에 비하여 가

표 20-5 통화스왑 참가자들의 대차대조표

패널 A: 미국 금융회사

자 산	부 채
1억 달러 달러 대출(만기 4년, 이자율 10%)	5천만 파운드 파운드표시 CD(만기 4년, 이자율 10%)

패널 B: 영국 금융회사

자 산	부 채
5천만 파운드 파운드 대출(만기 4년, 이자율 11%)	10억 달러 달러표시 채권(만기 4년, 이자율 10%)

예제 20-4 고정이자율 통화스왑에서의 기대현금흐름

전술한 부내거래대신 이 금융회사들은 통화스왑을 이용할 수 있다. 이 통화스왑으로 인해 영국 금융회사는 미국 금융회사가 발행한 파운드채권의 이자와 원금상환을 파운드화로 지급해 주고, 미국 금융회사는 영국 금융회사가 발행한 달러채권에 대한 이자와 원금상환을 달러화로 대신 지급한다.[6] [그림 20-3]과 〈표 20-6〉에는 이러한 통화스왑이 요약되어 있다. 스왑의 결과 영국 금융회사는 고정이자율 달러 지급을 고정이자율 파운드 지급으로 전환할 수 있는데, 후자가 자산포트폴리오로부터의 고정이자율 파운드 현금흐름과 더 적절하게 상응된다. 유사하게 미국 금융회사는 고정이자율 파운드 지급을 고정이자율 달러 지급으로 전환한다. 아울러 두 금융회사는 부내거래를 한 것보다 더 낮은 이자율로 이자를 지급하는 결과를 얻게 된다. 즉 채권시장을 직접 이용했더라면 표면금리가 10.5%이었겠지만 스왑을 이용하여 10%로 낮춘 것이다. 이러한 통화스왑이 체결되기 위해서는 계약 초기에 양측이 현금흐름에 대한 고정스왑환율에 동의하여야 한다. 이 예에서 고정스왑환율은 $2/£1이다.

6) 통화스왑에서는 일반적으로 원금과 이자가 모두 리스크에 노출되어 있기 때문에 원금 및 이자가 스왑계약에 포함된다. 반면 이자율스왑에서는 이자지급만 포함된다.

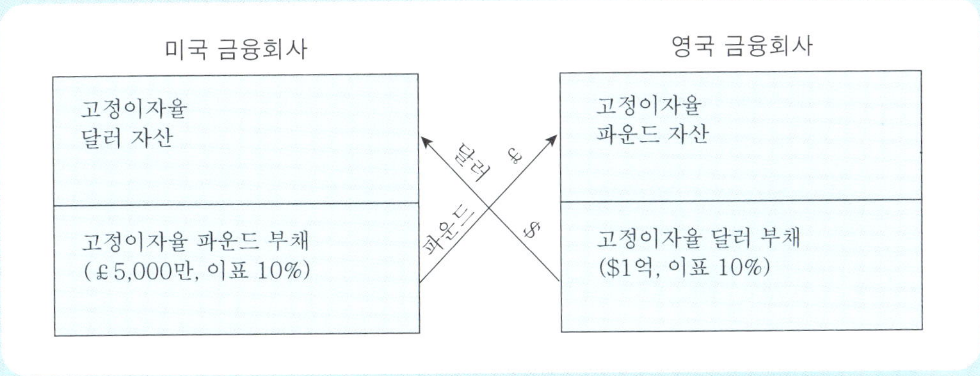

그림 20-3 파운드/달러 고정이자율 통화스왑계약

표 20-6 고정이자율 통화스왑계약으로부터의 금융비용 (100만 달러)

	미국 금융회사	영국 금융회사
장부상 자금조달로부터의 현금유출	−10%×£50	−10%×$100
스왑으로부터의 현금유입	10%×£50	10%×$100
스왑으로부터의 현금유출	−10%×$100	−10%×£50
순현금흐름	−10%×$100	−10%×£50
달러표시 채권이자율	10.5%	
파운드표시 채권이자율		10.5%

치가 하락하면 미국은행이 손해를 입게 된다. 이 금융회사들은 부내 또는 부외거래를 이용하여 환리스크를 헤지할 수 있다. 회사의 달러/파운드 교환환율이 $2/£1로 고정되어 있다고 하자. 미국 금융회사는 만기 4년, 액면가 1억 달러의 달러채권을 발행할 수 있다. 채권매각 대금으로 만기 4년 액면가 5,000만의 파운드채권을 지불하는데 사용한다. 이와 유사하게 영국 금융회사는 파운드채권을 발행하여 달러채권을 상환하는 데 사용할 수 있다. 두 금융회사 모두 부내거래를 한 것이며 더 이상 두 통화 사이의 환율변동리스크에 노출되지 않는다.

이 예에서 두 채권 모두 10%의 고정이자율을 가지고 있지만, 이것은 고정이자율 통화스왑에서 반드시 필요한 사항은 아니다. 예를 들어 영국 금융회사의 채권이자율이 10%일 때 미국 금융회사의 경우에는 5%라고 해 보자. 미국 금융회사의 달러 지급액은 전과 다르지 않지만 영국 금융회사의 파운드 지급액은 전에 비하여 각 지급시점마다 250만 파운드가 줄어든다. 이러한 차이는 영국 금융회사가 상대방에게 각자의 고정현금흐름의 현재가치의 차이만큼 선지급하든지, 또는 스왑계약자 간의 이자지급 차이의 현재가치를 0으로 만드는 금액을 서로 매년 지급하든지 하는 방식으로 조정된다. 또한 스왑에서 합의된 이자율($2/

£1)로부터 환율이 변화한다면 어느 한 쪽이 손해를 입게 된다. 예를 들어, 스왑기간 내에 달러가 파운드에 비해 절상하면 미국 금융회사가 손실을 입게 되며, 반면에 달러가 파운드에 비해 평가절하하면 영국 금융회사가 많은 비용을 치루게 되는 것이다.

전에 설명한 고정-변동이자율스왑을 통화스왑과 결합시키면 고정-변동이자율 통화스왑(fixed-floating currency swap)을 만들 수 있다.

고정-변동이자율 통화스왑

예제 20-5 고정-변동이자율 통화스왑으로부터의 금융비용

자산의 대부분이 단기, 변동이자율과 연계되어 있으며 미국 달러로 표시된 미국 은행을 예를 들어 보자. 이 은행은 자산의 일부을 영국 파운드화로 표시된 만기 4년, 표면금리 10%, 액면가 5,000만 파운드의 채권으로 조달하고 있다. 반면 영국 금융회사는 자산의 대부분이 장기, 고정이자율 자산이며 영국 파운드로 표시되어 있다. 이 회사는 자산의 일부를 단기 Euro CD 1억 달러로 자산을 조달하고 있는데 CD 이자율은 만기 1년 LIBOR에 가산금리 2%이다. 결과적으로 미국 은행은 이자율 및 환리스크에 모두 노출되고 있다. 만약 달러의 단기이자율이 하락하여 달러가치가 파운드에 비해 절하되면 금융회사는 파운드표시 채권의 고정이자와 원금을 상환하는데 문제가 발생할 것이므로 고정이자율 파운드부채를 변동이자율 달러부채로 전환하고 싶어질 것이다. 영국 금융회사 또한 이자율 및 환리스크에 모두 노출되어 있다. 만약 미국 이자율이 상승하고 달러가치가 파운드에 대해 절하하면 영국 금융회사는 고정이자율 파운드자산 포트폴리오로부터의 수익으로 달러표시 CD의 고정이자와 원금을 상환하기가 더욱 어려워질 것이기 때문에 변동이자율, 단기 달러부채를 고정이자율 파운드부채로 전환하길 원할 것이다.

두 금융회사는 모두 이자율과 환리스크를 헤지하기 위해 대차대조표 상의 변화를 시도할 수 있다. 미국 은행은 1억 달러의 단기, 변동이자율(예를 들어, LIBOR + 2.5%)의 달러표시 채권을 발행한 금액으로 5,000만 파운드의 부채를 상환할 수 있다. 영국 금융회사도 만기 4년의 채권(예를 들어, 표면이자율 11%)를 발행하여 단기 유로 CD를 상환할 수 있다. 이 예에서 환율은 $2/1을 가정하자.

이 방법대신 양 금융회사는 고정-변동이자율 통화스왑을 체결하여 부채를 전환시킬 수 있다. 매년, 양자는 미리 확정된 달러/파운드 환율($2/£1라고 가정하자)에 일정액을 서로 교환한다. 영국 금융회사는 미국 은행에게 파운드로 표시된 고정이자를 지급하고, 미국 은행은 영국 금융회사에게 달러로 표시된 변동이자를 지급한다. 반면 미국 은행은 영국 금융회사의 변동이자율 달러 CD를 지불하기 위해 달러로 변동이자율을 지급한다. 이 결과 기대되는 금융비용은 〈표 20-7〉에 나타나 있다. 이러한 스왑의 결과로 양 금융회사는 모두 이자율 및 환리스크를 헤지할 수 있으며, 채권발행 등의 부내거래보다 더 낮은 이자율로 리스크를 헤지할 수 있다. 미국 은행의 스왑에 대한 순금융비용은 LIBOR + 2%이지만 채권시장에서 조달했으면 LIBOR + 2.5%를 지불해야 했을 것이다. 영국 금융회사의 스왑의 순금융비용은 10%이지만 직접 조달하였으면 11%를 지급했을 것이다.

〈표 20-8〉에는 실현된 LIBOR에 대해 계약당사자들이 얼마만큼 지급하였는가 하는 것이 나타나 있다. 이 표에서는 미국 은행이 영국 금융회사에게 스왑기간 동안 200만 달러의 순명목금액을 지불한 결과로 나타난다.

표 20-7 **고정-변동이자율 통화스왑계약으로부터의 금융비용** (100만 달러)

	미국 은행	영국 금융회사
장부상 자금조달로부터의 현금유출	−10%×£50	−(LIBOR+2%)×$100
스왑으로부터의 현금유입	10%×£50	(LIBOR+2%)×$100
스왑으로부터의 현금유출	−(LIBOR+2%)×$100	−10%×£50
순현금흐름	−(LIBOR+2%)×$100	−10%×£50
달러표시 채권 변동이자율	LIBOR+$2\frac{1}{2}$%	
파운드표시 채권 고정이자율		11%

표 20-8 **고정-변동이자율 통화스왑계약으로부터 실현된 현금흐름** (100만 달러)

연도	LIBOR	LIBOR+2%	미국 은행의 변동이자지급	영국 금융회사의 (£s)	영국 금융회사의 고정이자지급	미국 은행의 순지급
1	9%	11%	$ 11	£ 5	$ 10	$+1
2	7	9	9	5	10	−1
3	8	10	10	5	10	0
4	10	12	112	55	110	+2
순지급 합계						$+2

개념질문

1. 〈표 20-6〉의 고정이자율 통화스왑을 참조하자. 스왑의 순현금흐름이 0이라면 양자는 왜 스왑계약을 체결하는가?
2. 〈표 20-8〉을 참조하자. 미국 은행이 LIBOR+1%의 변동이자를 지급하기로 한다면 영국 금융회사에 지급하는 순지급액은 스왑기간인 4년간 모두 얼마인가?

20.5 신용스왑

최근에 가장 빠르게 성장하고 있는 스왑형태는 금융회사들의 신용리스크를 헤지하기 위한 분야인 신용스왑(credit swap) 또는 신용디폴트스왑이다. 2000년을 기준으로 상업은행들의 신용파생계약들의 명목금액은 4,260억 달러였는데 이 금액은 2006년까지 7조 9천억 달러로 증가하였다. 신용스왑은 다음 두 가지 이유에서 중요하다. 첫째, 금융회사들은 이자율리스크나 환리스크에 비해서 신용리스크 때문에 실패하는 경우가 많다. 둘째, 금융회사는 스왑을 이용하면 장기대출 고객관계로 인한 신용리스크를 전부 부담하지 않고도 그러한 관계를 계속 유지할 수 있다. 실제로 연방준비제도이사회 의장이었던 Alan Greenspan은 스왑시장이 2000년대 초반 경기침체시 은행시스템이 기능을 제대로 할 수 있도록 유지하는데 도움을 주었다고 주장하였다. 그에 따르면 은행들이 신용스왑을 이용하여 기업대출 포트폴리오의 리스크를 효과적으로 이전시켰다는 것이다.[7] 예를 들어, 통신회사들의 리스크노출의 상당부분이 은행의 신용스왑을 통해 헤지되었다. 그러나 Greenspan은 또한 이러한 파생상품은 지나친 투기현상을 야기할 수 있기 때문에 규제, 감독, 민영부문의 자체활동을 통해 견제될 필요가 있다고 언급하였다. 상업은행들이 신용스왑을 통한 신용리스크 보호의 주매입자인 반면, Munich Re와 같은 재보험회사 등 보험사들은 신용리스크 보호의 순매도자이다. 따라서 보험사들은 은행보다 신용리스크를 더 기꺼이 인수해 왔다. 결과적으로 대출의 신용리스크를 부담하는 금융회사와 대출해 준 금융회사와는 종종 상이한 환경에 직면한다는 것이다. 실제로 경기후퇴시에 보험사들은 신용리스크의 매입자로서 큰 손실을 떠안게 된 반면 은행은 상대적으로 신용리스크로부터 보호되어 왔다.

신용스왑의 매입자는 스왑계약이 만료되거나 계약기간 중 계약에서 명시한 특정한 사건이 일어날 때까지 정기적으로 매도자에게 일정금액을 지불해야 한다. 이러한 지불은 전형적으로 분기별, 6개월별, 또는 연별로 이루어진다. 채무불이행 사건이 발생하면 스왑은 채권이나 대출채권을 실제적으로 인도하거나 현금지불을 통해 청산된다. 일반적으로 신용스왑에서는 채무불이행시 다수의 상이한 채권들이 인도될 수 있다고 명기되어 있다. 이러한 채권들은 전형적으로 동일한 우선순위를 지니지만, 채무불이행시 액면가의 동일한 금액에 매도되지는 않는다. 따라서 신용스왑 소유자는 최저가에 채권을 인도할 수 있는 옵션을 지니게 된다. 즉, 채무불이행 사건이 발생하면 스왑매입자는 인도가 가능한 채권들을 살펴보고 이 중 가장 낮은 가격으로 매입할 수 있는 채권을 선택할 것이다.

이제부터 신용스왑의 대표적인 유형인 (1) 총수익스왑과 (2) 순수신용스왑에 대해 살펴보자. 그리고 스왑계약 자체의 신용리스크에 관련된 이슈들을 점검해 보자.

총수익스왑

금융회사들은 대출기간 동안 차입자들의 신용리스크 기대변화를 측정하고 이에 대한 이자율을 정하지만 대출 후 차입자의 신용상태가 예상 외로 악화되기도 한다. 대출회사는 **총수익스왑(total return swap)**을 이용하여 이러한 신용리스크노출의 변화를 헤지할 수 있다. 총수익스왑은 특정한 고정 또는 변동이자 지급의무를 특정 금액의 대출이나 채권(이자와 원금가치변화)의 총수익을 지급하는 의무로 교환하는 것을 말한다.

7) 이러한 리스크의 대부분은 현재 또는 외국의 보험사나 재보험사들에 의해 흡수되었다.

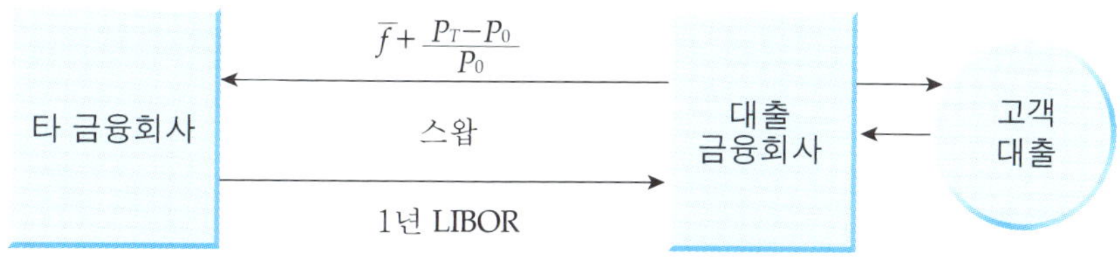

그림 20-4 총수익스왑의 현금흐름

예제 20-6 총수익스왑의 현금흐름 계산

한 금융회사가 브라질 제조업체에 10%의 고정이자율로 1억 달러를 대출한다고 가정하자. 만약 이 기업의 신용리스크가 대출기간 동안 예상보다 커진다면 대출의 시장가치하락에 따라 금융회사의 순가치도 감소한다. 금융회사는 총수익스왑을 통해 차입자의 예기치 못한 신용리스크증대를 헤지할 수 있는데, 이 스왑에서 금융회사는 연고정이자율(f)과 브라질 정부채권(미국 달러표시)의 시장가치 변화(자국의 정치적 · 경제적 사건에 따라 채권의 가치는 변화되며, 이는 브라질 기업의 차입과 관련된 신용리스크와 연관이 있다)를 합한 총수익을 지불한다. 또한 이 채권은 대출과 동일 통화(미국 달러)로 표시된다. 그 대신 금융회사는 매년 시장의 변동이자(예를 들어, 1년 LIBOR)를 수취한다. [그림 20-4]와 〈표 20-9〉는 전형적인 금융회사의 총수익스왑과 연관된 현금흐름을 나타내고 있다.

총수익스왑을 사용함에 있어서 금융회사는 매년 고정이자에 지불과 헤지기간 동안의 브라질 채권의 시장가치변화로 인한 자본이익 또는 손실을 함께 미국 달러로 지급한다. [그림 20-7]에서 P_0는 스왑기간 개시 시점의 채권시장가치를 의미하며, P_T는 스왑 종료시점에서의 시장가치를 나타낸다. 헤지기간 동안 브라질 채권의 가치가 하락한다면 ($P_0 > P_T$) 금융회사는 스왑의 고정이자에서 채권의 자본손실을 차감한 금액인 상대적으로 적은 비용을 상대방에게 지불한다.[8]

예를 들어, 브라질 채권(미국 달러표시)이 개시일에 $P_0 = 100$었다고 가정하자. 스왑기간의 종료일 혹은 지불시점에 국가신용리스크의 증가로 브라질 채권의 유통시장가치가 $P_T = 90$이 되었다 하자. 총수익스왑의 일부인 고정이자율(f)은 12%이다. 이 경우 금융회사는 스왑거래 상대방에게 12%에서 브라질 채권에서의 자본손실인 10%를 차감한 총 2%의 고정이자를 지급한다. 그 대가로 상대방으로부터 변동이자율(예를 들어, LIBOR=11%)을 수취한다. 따라서 금융회사의 스왑거래로부터의 순이익은 스왑계약의 명목금액에 9%(11%−2%)를 곱한 금액이다. 브라질 기업의 신용리스크가 지역경제와 함께 악화된다고 가정할 때 금융회사는 스왑으로부터의 이익을 이용하여 브라질 기업에 대한 대출의 손실보전에 사용할 수 있다. 이 예는 〈표 20-9〉에 정리되어 있다.

▶ **총수익스왑(total return swap)**
특정한 고정 또는 변동이자 지급의무를 특정금액에 대한 총수익을 지급하는 의무로 교환하는 스왑.

8) 전형적인 총수익스왑에서는 자본이득이나 손실이 스왑기간의 말에 지급된다. 그러나 스왑기간 동안 각 이자지급기간마다 자본이득이나 손실이 지급되는 스왑구조도 가능하다.

표 20-9 총수익스왑의 현금흐름

	연간 현금흐름	대출금융회사의 추가지급	총수익률
대출금융회사의 현금유입	연 LIBOR (11%)	—	연 LIBOR (11%)
현금유출	고정이자율($\bar{f}$) (12%)	$P_T - P_0$ (90−100)	$\left[\bar{f}+\frac{P_T-P_0}{P_0}\right]$ $\left(12\%+\frac{90-100}{100}=12\%-10\%=2\%\right)$
	순이익률		9%

이런 방식의 신용리스크헤지를 함으로써 금융회사는 신용리스크를 전적으로 부담하지 않고도 브라질 기업(그리고 그 기업에 금융서비스를 제공함으로써 얻게 되는 수수료수익)과의 고객 관계를 유지할 수 있다. 게다가 대출이 금융회사의 대차대조표에 남아 있기 때문에 브라질 기업은 그 대출이 헤지되고 있다는 사실을 알지 못할 수도 있다. 마지막으로 이 예에서 스왑을 통하여 신용리스크가 완전히 헤지된 것은 아니라는 것을 알아야 한다. 왜냐하면, 브라질 기업의 미국 달러표시 대출과 관련된 신용리스크가 브라질 채권(미국 달러표시) 가격에 반영되어 있는 국가리스크(country risk)와 완전한 상관관계를 지니지 못할 때 발생하는 베이시스리스크가 남아 있기 때문이다.

■순수신용스왑

총수익스왑은 신용리스크노출 헤지에 사용되지만 이자율리스크와 신용리스크의 두 요소를 모두 포함하고 있다. 예를 들어, 〈표 20-9〉에서 연방준비제도의 통화정책에 의해 LIBOR 이자율이 변한다면 스왑의 기초 대출의 신용리스크에는 변화가 없어도 총수익스왑으로부터의 순현금흐름은 변화한다.

총수익스왑에서 이자율에 관련된 부분을 분리하기 위하여 소위 **순수신용스왑(pure credit swap)**이라는 계약이 발전하게 되었다. [그림 20-5]처럼 대출 금융회사는 매 스왑기간마다 상대방에게 고정수수료 형태(보험료와 같이)의 금액을 지급한다. 금융회사의 대출이 상환불능이 되지 않으면 상대방으로부터 한 푼도 받지 못하지만 대출이 상환불능인 경우에는 상대방은 원래 대출금액의 액면가(예를 들어, P_0= 100)에서 부도된 대출채권의 유통시장가격(예를 들어, P_T= 40)과의 차이인 60달러에 해당하는 부도금액을 지급한다.[9] 즉 순수신용스왑은 신용보험(credit insurance)과 (또는) 다기간 신용옵션(multiperiod credit option)을 매입한 것과 유사하다.

9) 순수신용스왑은 제19장의 디지털 채무불이행 옵션과 유사하지만, 스왑수수료는 스왑기간에 걸쳐 지급되는데 반해 옵션프리미엄은 선지급된다는 점이 가장 큰 차이점이다.

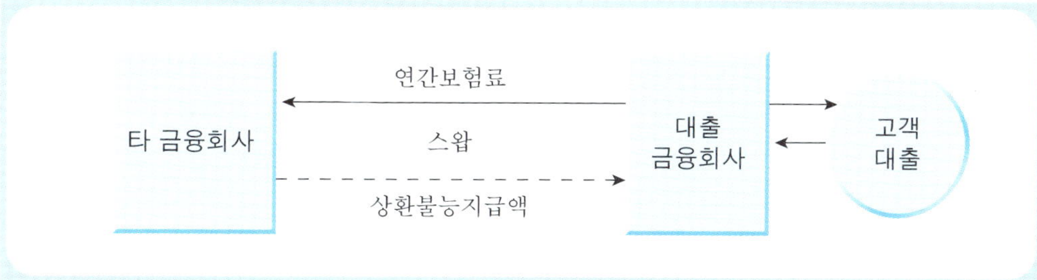

그림 20-5 순수신용스왑

▶**순수신용스왑(pure credit swap)**
금융회사가 정기적인 스왑비용을 지급하고 대출이 상환되지 못하는 경우 대출금액의 원금을 수취하는 스왑.

스왑의 신용리스크 문제

장외 스왑시장의 성장은 1993년 1월 BIS 리스크기준자본 규제가 등장하게 된 가장 중요한 동기의 하나가 되었다(제15장 참조). 장기 장외 스왑거래같은 계약에 있어서 우려되는 점은 외가격 상태의 계약자가 미래와 현재의 손실을 막기 위하여 채무를 이행하지 않을 동기를 갖는다는 것이다. 따라서 BIS 요구안에서는 금융회사들이 보유하고 있는 이자율 및 통화스왑(그리고 최근에는 신용스왑과 같은 형태에 있어서도)에 대해 요구자본비율이 부과된다. 이러한 자본비율은 시장참여자들에게 일종의 비용이나 세금으로 간주되기 때문에 많은 애널리스트들은 이러한 자기자본비율이 스왑시장의 성장을 억제한다고 주장해 왔다.

선물이나 옵션시장과 대조적으로 스왑시장은 거의 규제를 받지 않는다. 실제로 스왑시장운영을 관장하는 중앙통제시스템이 존재하지 않는다. 윤리적 딜레마에 서술되어 있는 것처럼 스왑시장을 제대로 규제할 수 있는 주체가 누구인지도 불명확하다. 국제스왑파생상품협회(International Swap and Derivatives Association; ISDA)는 52개국의 750개 이상의 회원들(세계 주요 금융회사들을 거의 망라한)로 구성된 국제거래협회이며 스왑시장의 약정과 표준을 정한다. 1985년에 설립된 이 협회는 스왑계약서의 표준 용어 및 조항들을 제정하고, 검토하며, 갱신한다. 아울러 이 협회는 규정이 변경되는 경우 스왑산업의 대변자로서 역할을 하며, 스왑딜러들을 위해 리스크관리 발전방안을 제안하고 홍보하기도 한다(예를 들어 금융회사의 자본적정성에 대한 바젤위원회의 가이드라인 제정시 ISDA의 도움이 매우 효과적이었다). 협회는 또한 스왑시장의 참여자들에게 스왑 관련 이슈를 전해 주고 교육시키는 포럼을 개최하기도 하며, 회원들의 상행위 표준을 제정하기도 한다. 상업은행들은 스왑시장의 주요 딜러이므로 스왑시장은 연방준비제도이사회, 예금보험공사 그리고 기타 은행의 리스크를 감독하는 정부기관들과 간접적으로 연계되어 있다. 예를 들어 상업은행들은 리스크 기준자본요구액을 계산할 때 스왑리스크를 반영하여야 한다(15장 참조). 투자은행 및 보험사들도 최근에 스왑시장의 주요 참여자가 되었지만 스왑거래에 대해 거의 규제를 받지 않고 있다.

감독자와 시장참여자가 스왑계약에 내포된 신용리스크에 대해 주의를 기울이는 것은 매우 중요하다. 만약 거래가 신중하게 체결되지 않는다면, 참여자들은 의도하지 않은 리스크까지 부담하게 되어 동일한 금액의 현물포지션을 취하는 것보다 손실횟수가 더 빈번하거나 손실금액이 더 커질 수도 있다. Moody's Investor Service가 정의했듯이, 스왑에 있어서 채무불이행리스크는 다음 세 가지의 원인에서 비롯된다.

1. 이자 또는(그리고) 원금의 지불이 이행되지 못하거나 지연됨
2. 파산 또는 법정 관리
3. 재정악화회복을 위한 교환(이는 채무자가 채권자에게 재무적 의무가 경감된 만큼에 해당되는 새로운 증권을 제공하거나 스왑딜러가 채무자에게 채무불이행을 하지 않도록 도와주는 명백한 목적을 갖고 있는 경우 나타남).

예를 들어 J. P. Morgan Chase는 스왑시장의 중개자로서 비중 있는 참여자이며, 스왑에서 고정과 변동측 양방에서 상대방의 보증인 역할을 한다. 이러한 역할을 성공적으로 수행하고 시장점유율을 유지하기 위해서는 어느 정도 이상의 신용등급이 더 요구된다.

이러한 내용은 스왑에 대해 몇 가지 의문점을 제기한다. 스왑에 있어서 신용 또는 채무불이행리스크는 대출에 있어서의 신용 또는 채무불이행리스크와 동일한가? 실제로 스왑과 대출의 신용리스크에는 세 가지 중요한 차이점이 존재한다. 결론적으로 스왑에서의 신용리스크는 일반적으로 대출에서의 신용리스크보다 훨씬 적다. 이러한 차이점들은 후반부에 논의될 것이다.

스왑 자체에 대해서도 몇 가지의 의문점이 등장하게 된다. 스왑에서의 채무불이행리스크(default risk)란 정확하게 무엇인가? 그 리스크수준은 높은가, 낮은가? 대출의 신용리스크와 동일한가, 다른가? 사실 스왑과 대출의 신용리스크에는 세 가지 중요한 다른 점이 있다. 결론부터 말하면 스왑의 신용리스크는 일반적으로 대출의 신용리스크보다 작다. 여기에 대해 좀더 알아보도록 하자.

■상계와 스왑

스왑의 신용리스크를 경감하는 하나의 요소는 스왑 지급액의 상계(netting)이다. 매 스왑 지급일에 한 쪽은 고정이자를 지급하고 다른 한 쪽은 변동이자를 지급한다고 하자. 그러

나 일반적으로는 당사자들이 두 지급금의 차액을 계산하여 지급금액이 받을 금액보다 많은 쪽에서만 그 차액을 지급한다. 이러한 지급금액의 상계로 인하여 내가격 당사자가 받지 못할 금액이 스왑에서 정한 고정 혹은 변동이자의 총액이 아니라 받을 금액과 지급할 금액의 차액으로 제한된다. 또한 두 당사자가 서로에 대해 아직 많은 수의 계약들이 남아 있는 경우에는 계약에 대해 상계를 하기도 한다. 만약 같은 상대방에 대해 몇몇의 계약은 내가격 상태이고 몇몇은 외가격 상태에 있다면, 이러한 절차, 즉 계약대체에 의한 상계(*netting by novation*)는 어떤 계약들은 내가격 상태이고 어떤 계약들은 동일한 계약당사자

윤리적 딜레마 스왑시장의 감독이 가능한가?

채권시장의 상대적으로 새로운 영역에서 행해지고 있는 비정상적인 거래들은 감독기관의 감독능력이 복잡한 구조를 가진 금융상품들의 발전 속도를 따라잡을 수 없다는 것을 단적으로 보여 준다. 최근 수개월 동안 신용디폴트스왑(CDS)의 가격은 급등세를 보여왔다. 최근에는 주요 인수관련 사건들이 공시되기 몇 주 전부터 스왑가격이 상승하는 사례도 종종 있었다. 이러한 사례들은 일부 트레이더들이 내부정보를 이용했을 것이라는 추측을 가능케 한다. 전통적인 금융상품의 경우에서도 내부자거래를 증명해내는 것은 감독기관에 부여된 매우 힘든 과제였다. 하지만 최근 일련의 변화들은 누가 시장감독자의 역할을 맡을지, 또 비정형구조의 상품이 지속적으로 개발되는 가운데 어떻게 감독기능을 행사할지에 대한 과제들을 더해 주었다.

최근 들어 각광받고 있는 이러한 상품들은 규제당국이 전통적으로 증권이라고 분류하던 범주 밖에 있다. 그러나 우려는 계속 확대되고 있다. 지난 해 규제당국은 은행들에게 빠르게 확대되고 있는 신용시장에서 매일매일의 거래를 보다 효율적으로 처리할 것을 요구했다. 또 다른 우려는 규제를 거의 받지 않고 있는 헤지펀드 사이에서 CDS 거래가 확산되었다는 점이다. 증권거래위원회의 전직 시행검사였던 Michael Piazza는 "은행 직원이 헤지펀드에서 근무하는 친구에게 얘기하는 것만으로도 내부자정보가 확산될 수 있다"고 언급했다.

규제적 어려움에 추가하여 또 다른 문제는, 국제금융의 발달과 규제철폐 확산으로 인해 이들 거래가 때때로 다수 국가들의 관할하에 들거나 혹은 누구의 관할하에도 놓이지 않을 수 있다는 점이다. 관할영역은 규제당국에게 매우 복잡한 문제이다. 내부자정보를 이용한 거래를 금융시장에서 일반적으로 행해지고 있는 소문을 이용한 거래와 구별하는 것은 극히 어려운 일이다. 심지어 일부 학자들은 이런 거래행위들을 고소하는 것은 적절치 못하다고 주장하기도 했다. 오늘날 금융시장에서 정보는 매우 빨리 전달되며 정보를 이용한 범죄로 인해 실제로 피해를 입은 사람들을 찾아 내는 것이 어렵기 때문이다.

증권거래위원회는 이러한 영역에서 규제 권한을 가지고 있지만 실제로 특정 사건을 문제로 삼은 적은 없다. 선물거래를 감독하는 상품선물거래위원회는 감독 권한이 없다고 주장하고 있다. 은행, 뮤추얼펀드, 보험사 등과 같은 일부 스왑시장참가자들은 규제를 받고 있으나, 헤지펀드 등은 규제의 사각지대에 있다. 전직 상품선물거래위원회의 트레이딩부서 책임자였던 Michael Greenberger는 "사람들이 헤지펀드에 대해 우려하는 이유는 헤지펀드에 대한 규제가 미흡할 뿐만 아니라 헤지펀드가 규제되지 않는 거래를 대규모로 하고 있기 때문"이라고 언급했다.

자료: Kara Scannell, Serena Ng, and Alistair MacDonald, *The Wall Street Journal*, August, 31, 2006, p. C1. Reprinted by permission of the Wall Street Journal. www.ws.com

에게 외가격 상태일 때 잠재적 손실발생리스크를 줄여 준다.

■원금이 아닌 이자의 지급

통화스왑이 이자 및 원금의 교환을 포함하는 반면 이자율스왑은 일정액의 액면 금액에 대해 계산된 이자금액만이 교환된다. 즉 후자 형태의 스왑의 채무불이행리스크는 이자와 원금이 모두 신용리스크에 노출되는 일반적인 대출보다 리스크가 작다는 것을 의미한다.

■지급보증서

상이한 신용등급의 계약자들 간에 스왑거래가 이루어지는 경우 한 쪽이 상대방의 심각한 채무불이행의 리스크를 감지한다면, 낮은 신용등급의 계약자는 높은 신용등급의 제3자 금융회사로부터 지급보증서 혹은 다른 형태의 보증서를 구입하도록 요구받을 수 있다. 이 경우 채무불이행이 되면 지급보증서는 채무불이행자를 대신하여 스왑 결제 대행의 효력을 발휘할 것이다. 아울러 저신용등급의 계약자는 채무불이행에 대비하여 담보를 설정할 것이 점차 요구되는 추세이다.

개념질문

1. "고객 관계"의 유지와 총수익스왑과 같은 신용파생상품은 어떤 면에서 서로 상관이 있는가 ?
2. 디지털 채무불이행 옵션과 순수신용스왑 간의 차이점은 무엇인가?
3. 스왑은 동일한 규모의 대출에 비하여 리스크가 더 큰가?

요 약

이번 장에서는 금융회사의 리스크관리 수단으로서의 스왑의 역할에 대해 알아보았다. 스왑의 주요 유형에는 이자율스왑, 통화스왑, 신용스왑이 있다. 제18장과 제19장에서 설명한 선물, 선도, 옵션, 캡 등에 대한 매력적인 대체수단인 스왑계약은 만기가 길며, 유연성이 있고, 유동성이 높다는 특징이 있다. 비록 스왑의 신용리스크가 대출의 신용리스크보다는 낮지만 스왑은 장외에서 거래되며 만기가 길기 때문에 플로어나 캡 등의 다른 장외 파생상품보다 일반적으로 신용리스크가 높다. 아울러 신용리스크가 거의 없는 거래소 선물 및 옵션에 비하여 스왑은 높은 신용리스크를 지니고 있다.

연습문제

1. 스왑과 선도거래는 어떤 면에서 유사한가?
2. 스왑이 소개되기 전에 선도, 선물, 옵션은 금융회사에 의해 리스크를 헤지하는 수단으로 오랫동안 사용되었다. 금융회사가 이미 이러한 헤지상품을 사용할 수 있었는 데도 스왑이 필요했던 이유는 무엇인가?
3. 스왑매입자와 매도자는 어떻게 다른가? 스왑매입자와 매도자는 시장이 어떤 상황일 때 각각 비교우위를 가지는가?
4. 한 보험회사는 LIBOR+1%의 변동이자율을 갖는 대출금을 5,000만 달러 가지고 있다. 이 자금은 고정이자율 10%의 금리보장투자계약으로 조달되었다. 다른 금융회사는 14%의 고정이자율의 자동차대출금을 5,000만 달러 가지고 있으며, 이 대출금은 LIBOR+4%의 변동이자율인 5,000만 달러의 CD로 조달하였다.
   a. 이 보험회사의 리스크노출은 얼마인가?
   b. 이 금융회사의 리스크노출은 얼마인가?
   c. 이 회사들이 서로 스왑계약을 맺는다면, 각 회사의 현금흐름의 목적은 무엇인가?
   d. 스왑계약에서 어떤 회사가 매입자이고 어떤 회사가 매도자가 되는가?
   e. 이 스왑계약에 적절한 현금흐름의 방향을 그림으로 표현하라.
   f. 각 지급액의 흐름에서 상대적인 이자율은 얼마인가?
5. 스왑계약에서의 변동이자율 현금흐름은 종종 베이시스리스크 때문에 대차대조표의 변동이자율 현금흐름을 완전히 헤지하지 못한다.
   a. 이자율스왑에 있어서 베이시스리스크의 원천은 무엇인가?
   b. 스왑매입자는 완전헤지에 실패하는 것을 어떻게 알게 되는가?
   c. 스왑매도자는 완전헤지에 실패하는 것을 어떻게 알게 되는가?
6. 어떤 상업은행은 T-bill이자율 + 2%인 변동이자율 대출금 2억 달러를 가지고 있다. 이 대출금은 9%의 고정이자율을 지급하는 동일금액의 예금으로 조달한다. 어떤 저축은행은 13%의 고정이자율로 2억 달러 모기지대출을 하고 있으며, 이 대출금은 T-bill이자율+3%의 변동이자율을 지급하는 2억 달러의 CD로 조달한다.
   a. 각 금융회사들이 직면하고 있는 이자율리스크에 대해 논하여라.
   b. 각 금융회사에게 같은 종류의 자산과 부채 현금흐름을 가져다 주는 스왑을 제안하여라.
   c. 이 스왑이 각 당사자들에게 받아들여질 것인지 보여라.
   d. 이러한 스왑을 체결하는데 있어 실제 어려움은 어떤 것이 있는가?
7. 은행 1은 연고정이자율 11% 또는 변동이자율 LIBOR+2%로 5년만기 CD를 발행할 수 있다. 은행 2는 연고정이자율 13% 또는 변동이자율 LIBOR+3%로 5년만기 CD를 발행할 수 있다.
   a. 두 은행 모두에게 득이 되는 스왑이 가능한가?
   b. 두 은행의 비교우위는 각각 무엇인가?
   c. 순등급스프레드(net quality spread)는 얼마인가?
   d. 이 경우 가능한 스왑의 예를 들어 보라.

8. First Bank는 12.5%의 고정이자율 또는 우대금리+1%로 1년만기 CD를 발행할 수 있다. Second Bank는 11%의 고정이자율 또는 우대금리+0.5%인 1년만기 CD를 발행할 수 있다.

   a. First Bank에게 유리한 스왑은 무엇인가?

   b. Second Bank에게 유리한 스왑은 무엇인가?

   c. 각 경우를 그림으로 나타내어라.

   d. 최종 스왑의 체결은 어떤 요소가 결정하는가?

9. 두 개의 다국적회사 A, B가 각각 채권시장에 2년만기 채권 1억 달러를 발행하였다. A는 고정이자율 연 11% 혹은 연말에 재조정되는 LIBOR+50bp로 차입할 수 있으며, 연말에 재조정된다. B는 고정이자율 연 10% 혹은 LIBOR로 차입할 수 있으며 연말에 재조정된다.

   a. A가 양의 듀레이션갭을 갖는 보험회사이고 B는 단기 금융시장의 뮤추얼펀드일 때 각 회사가 이자율리스크를 줄이기 위해서는 어떤 시장에서 차입해야 하는가?

   b. A가 B에 비해 비교우위를 갖는 채권시장은 무엇인가?

   c. A가 B에 비해 리스크가 높아 고정이자율과 변동이자율 시장에서 모두 더 높은 이자를 지급해야 한다고 하더라도 스왑거래에서 이익을 얻을 수 있다. B에 대한 A의 비교우위를 이용하는 스왑을 설계하여라. 이 스왑거래에서 총이득은 얼마인가? 단, 스왑중개회사가 10bp의 수수료를 취한다.

   d. 스왑거래를 통한 이득은 A와 B의 협상을 통해 정해지는 것이다. A에게 모든 이득을 주는 거래의 조건은 무엇인가? B에게 모든 이득을 주는 거래의 조건은 무엇인가?

   e. 스왑가격구조가 A에게 모든 이익을 배분하는 방식이라고 가정하자. A가 B로부터 스왑을 매입하고, 스왑중개회사에게 수수료를 지불했다면 LIBOR가 8.25%일 때 연말 순현금흐름은?

   f. 만약 A가 B로부터 (e)의 스왑을 매입하고 스왑중개회사에게 수수료를 지불한다면 LIBOR가 11%일 때 연말의 순현금흐름은? 각 회사에 대해 채권시장에서의 지급에 대한 순스왑지급액을 계산해 보라.

   g. 모든 진입장벽 및 A의 채권시장과 B의 채권시장 사이의 가격비효율성이 사라진다면 스왑거래에 어떤 영향이 미치는가?

10. 비표준스왑계약(off-market swap arrangement)이란 무엇인가? 이 거래는 어떻게 협상되는가?

11. 역변동이자율스왑은 10%의 표면금리와 LIBOR의 차이를 받는 투자자에게 어떠한 이익을 주는지 설명하라. 단 LIBOR는 현재 4%이다. 또한 언제 투자자에게 불이익을 주는가? 발행자는 어떠한 리스크를 감수해야 하는가?

12. 어떤 금융회사가 듀레이션이 9년인 자산 5억 달러와 듀레이션이 3년인 부채 4억 5,000달러를 가지고 있다. 이 금융회사는 듀레이션이 6년인 고정이자지급스왑과 듀레이션이 2년인 변동이자지급스왑의 듀레이션갭을 헤지하고자 한다. 이 금융회사가 이자율변화로 인한 자본가치하락을 효과적으로 거시헤지하기 위한 스왑의 최적계약의 수는 얼마인가?

13. 다음 대차대조표의 정보를 이용하여 이자율리스크노출에 대해 스왑헤지를 설계하라.

(단위: 100만)

자　산		부채와 자기자본	
이자율민감 자산	$ 50	이자율민감 부채	$ 75
고정이자율 자산	150	고정이자율 부채	100
		자기자본	25
총자산	$200	총부채 및 자본	$200

이자율에 민감한 자산은 만기 91일의 T-bill이자율 + 150bp로 분기마다 가격이 다시 조정된다. 고정이자율 자산은 만기까지 5년이 남아 있고, 연 9%를 지불한다. 이자율민감 부채는 만기 91일의 T-bill이자율 + 100bp로 분기마다 가격이 조정된다. 고정이자율 부채는 만기까지 2년이 남아 있고, 연 7%를 지불한다. 현재 만기 91일 T-bill 이자율은 6.25%이다.

a. 이 은행의 현재 순이자소득은 얼마인가? 만약 T-bill이자율이 150bp 상승한다면, 이 은행의 순이자소득은 얼마나 변하는가?

b. 이 은행의 재평가가격차이(funding gap)는 얼마인가? 재가격평가모형을 이용하여 이자율이 150bp 상승할 때 은행의 순이자소득의 변화를 계산하여라.

c. 이 예에서 스왑은 이자율헤지에 어떻게 사용될 수 있는가?

14. 위의 문제 13번에서 이 은행이 자산의 현금흐름에 대한 스왑을 설계하는데 다음과 같은 정보를 이용하고자 한다. 이 은행은 9%의 고정이자율 시장과 T-bill이자율 + 1.5%의 변동이자율 시장의 가격순응자(price taker)이다. 증권사는 고정이자율 부채로 조달한 이자율민감 자산포트폴리오를 가지고 있다. 증권사는 8.5%의 고정이자율 시장과 만기 91일 T-bill이자율 + 1.25%의 변동이자율 시장의 가격순응자이다. 모든 이자는 연 1회 지급된다.

a. 증권사의 이자율리스크노출은 얼마인가?

b. 은행과 증권사는 이자율리스크노출에 대해 스왑을 이용해서 각각 어떻게 헤지할 수 있는가?

c. 이 스왑거래로부터의 잠재적인 총이익은 얼마인가?

d. 다음의 자산 현금흐름에 대한 2년만기 스왑을 고려해 보자: 연간 8.6%의 고정이자율 자산의 현금흐름과 T-bill이자율 + 125bp의 변동이자율 자산의 현금흐름을 교환한다. 총스왑중개수수료는 5bp이다. 이 스왑을 이용해서 각 이자율리스크노출을 헤지한다면 은행과 증권사 간의 스왑이익은 어떻게 배분할 수 있을까?

e. 1년 말에 T-bill이자율이 7.75%이고 2년 말에 5.5%라면 스왑의 순현금흐름은? 단 스왑의 명목가치는 107억 1천 4백만 달러이다.

f. 이 스왑의 이득의 원천은 무엇인가?

g. 현금시장의 효율성에는 어떤 의미를 주는가?

15. 다음과 같은 자산의 통화스왑을 생각해 보자:

고정이자율 5%(이자는 연 1회 지급)의 미국 채권 100만 달러

스위스 프랑(Sf)으로 표시된 고정이자율 5%(이자는 연 1회 지급)의 채권

현물환율은 Sf1.5/$이다.

a. 투자가 현물이자율에서 등가를 이룬다면 Sf 채권의 액면가는 얼마인가?

b. 현물환율이 변하지 않는다고 가정할 때 연말의 현금흐름은 얼마인가?

c. 현물환율이 Sf0.5/$로 하락한다면 현금흐름은? 스왑에서 순현금흐름은?

d. 현물환율이 Sf2.25/$로 상승한다면 현금흐름은? 스왑에서 순현금흐름은?

e. 이 금융회사의 달러와 스위스 프랑을 스왑을 통하여 헤지하려면 기초 현금흐름의 포지션이 어떠해야 하는가?

16. 신용스왑이 최근 가장 빠른 성장을 보여 온 이유를 두 가지 들어라.

17. 총수익스왑(total return swap)이란 무엇인가?

18. 순수신용스왑은 총수익스왑과 어떻게 다른가?

19. 스왑에 대한 신용리스크가 왜 대출에 대한 신용리스크보다 낮은가?

20. 계약대체에 의한 상계란 무엇인가?

21. 한 미국 저축금융회사가 대부분의 자산을 스위스 프랑표시 변동이자율 대출형태로 가지고 있다. 부채는 대부분 달러표시 고정이자율 CD이다. 이 금융회사는 어떤 종류의 환리스크와 이자율리스크에 노출되어 있는가? 이 리스크들을 제거하기 위해 스왑을 어떻게 이용할 수 있는가?

관련 웹사이트

기관명	웹사이트
Bank for International Settlements	www.bis.org
Board of Governors of the Federal Reserve System	www.federalreserve.gov
Federal Deposit Insurance Corporation	www.fdic.gov
International Swaps and Derivatives Association	www.isda.org
Moody's Investor Services	www.moodys.com

제 21 장

대출채권매각

21.1 서 론

전통적으로 은행과 기타 금융회사들은 대출의 신용리스크를 통제하기 위해 다양한 계약 방법들을 사용하고 있다. 이와 같은 계약방법들로는 (1) 리스크가 높은 차입자에 대하여 보다 높은 대출이자율 스프레드와 대출수수료를 부과하는 것, (2) 리스크가 높은 차입자에 대하여 대출을 제한하거나 또는 할당하는 것, (3) 리스크가 높은 차입자의 자산에 대한 은행의 선순위 청구권(담보)을 요구하는 것, (4) 리스크가 높은 차입자들 간에 대출을 분산하는 것, (5) 자산매각으로부터 받은 자금의 사용, 새로운 부채의 발행, 배당금 지불에 대한 제한과 같은 리스크가 높은 차입자의 행동을 제한하는 약관을 부과하는 것들이 있다. 이와 같은 신용리스크를 통제하거나 또는 관리하기 위한 전통적인 방법들이 제6장과 제7장에 설명되어 있다.

이에 더하여 제18장부터 제20장까지에서는 개별대출 또는 대출포트폴리오의 신용리스크를 통제하기 위한 디지털 풋옵션의 사용과 같이 신용리스크를 관리하기 위해 선도시장, 옵션시장, 스왑시장에서 신용파생상품(credit derivatives)의 사용이 증가하는 것에 대한 논의가 이루어졌다. 또한 특히 금융회사는 변동이자 대출을 할 때 차입자가 자신의 리스크를 헤지하도록 점차 더 요구하고 있다. 이자율이 상승할 때 변동이자 대출의 차입자는 이자를 지불하는 것이 더 어려울 수 있다. 그러나 만일 차입자가 파생상품시장에서 이자율

상승의 리스크를 헤지하면(예를 들면, 이자율선물을 판매하거나 또는 이자율스왑으로 변동이자를 수취하고 고정이자를 지불함으로써) 차입자는 금융회사에 대한 계약상의 지불을 충족시키는데 보다 유리한 위치에 있게 된다.[1)]

금융산업전망대 **은행들이 갑자기 채권시장의 브로커와 같이 행동하고 있다**

은행들은 전통적으로 회사의 전망, 경영, 부채를 상환할 능력에 대하여 장기적인 관점을 가지는 금융회사들이었다. 이와는 대조적으로 변덕스러운 채권시장은 회사의 신용도와 리스크프리미엄을 얼마나 부과해야 하는지에 대하여 순간적으로 마음을 바꿀 수 있다. 그러나 많은 차입자들은 은행들의 대출업무가 채권시장을 상당히 닮아간다는 것을 발견하고 있다.

1990년대 초의 경험으로 손상을 입은 은행들은 종종 특히 신용도가 낮은 회사들에 대한 대출을 계속해서 보유하려하지 않는다. 점차 더 은행들은 자신의 대출채권 일부를 다른 은행들, 전문투자펀드들, 보험회사들 또는 기타 기관투자자들에게 매각한다. 또한 은행들은 점점 더 대부자로서 행동하지 않고 차입자들과 투자자들 사이의 브로커와 같이 행동한다.

이와 같은 은행의 전환은 누군가에 대하여 고통스러울 정도의 높은 이자율을 부과한다는 것을 의미하지만 신용을 이용가능하게 하기 때문에 전체 경제에는 이익이 된다. 은행은 특정 차입자가 너무 리스크가 높다고 생각할지라도 이와 같은 리스크를 기꺼이 분담하고자 하는 누군가를 발견할 수 있다. 자본시장은 이와 같은 리스크를 보상하기 위해 필요한 이자율이 얼마인지를 찾는데 도움을 준다. 금년도 초에 연방준비제도이사회 의장인 Alan Greenspan은 "차입자들의 실제 신용도가 낮아졌다. 그러나 적어도 일부 사례들의 경우에는 신용도가 얼마인지에 관계 없이 상업은행으로부터 대출을 받을 수 없었던 10년 전에 우리가 겪었던 신용경색상황과 유사하다는 증거가 없다"고 말했다.

은행대출채권 일부는 이제 점차적으로 더 활발한 유통시장으로 넘어간다. Credit Suisse First Boston에 의하면, 은행대출채권이 유통시장으로 넘어가는 금액은 일일 약 5억 달러로 주식시장과 채권시장에 비하면 보잘 것 없이 적으나 10년 전보다 15배 증가하였다. 한 회사가 현재시점에 차입하고자 할 때, 이 회사의 대부자들은 대출채권 유통시장이 해당 회사의 이전 대출들에 대하여 어떻게 가치를 평가하는지를 살펴보고 새로운 차입의 조건들을 조정할 수 있다. 처음에 많은 회사들은 은행들이 자신들의 대출채권을 매각한다는 것을 불만스러워했다. 보스톤에 있는 Eaton Vance Management의 선순위 부채포트폴리오 공동관리자인 Scott Page는 "오늘날 모든 사람들은 당신이 투자등급이 아닌 대출을 원하면 이것은 채권거래와 매우 유사하다는 것을 받아들인다. 당신은 소수의 은행들과 골프코스에서 악수하면서 하는 거래를 하는 것이 아니다. 그러나 궁극적으로 당신은 더 믿을만한 자금원을 가지게 된다"고 언급하였다.

자료: Greg Ip, *The Wall Street Journal*, September 17, 2002, p. A1. ⓒ 2002, Reprinted by permission of the Wall Street Journal, All Rights Reserved Worldwide. *www.wsj.com*

---

1) 이에 더하여 변동이자 대출은 금융회사가 듀레이션갭 노출을 보다 잘 헤지할 수 있게 해 준다.

이번 장과 증권화에 대하여 논의하는 다음 장은 신용리스크를 통제하기 위해 금융회사가 점차 더 많이 사용하는 대출채권매각과 기타 새로운 기법들을 설명한다(대차대조표 상에서 기존의 대출을 제거하는). 대출채권매각은 오랜기간 동안 사용되었고 금융회사의 신용리스크관리기법들 중에서 점차 더 중요한 방법으로 인식되고 있다(〈금융산업전망대〉 참조). 이번 장에서는 먼저 대출채권매각시장에 대하여 개관한다. 대출채권매각의 종류를 정의하고 누가 대출채권의 구매자이고 판매자인지를 정리한다. 이어서 대출채권매각을 억제하는 요인들과 촉진하는 요인들뿐만 아니라 은행과 금융회사가 왜 대출채권을 매각하는지를 논의한다. 마지막으로 해외대출채권의 매입과 매각에 대한 논의가 이루어진다.

21.2 은행대출채권매각시장

대출채권매각의 정의

제18장에서 제20장까지 논의한 (신용스왑과 같은) 신용파생상품은 금융회사가 대차대조표로부터 대출자산을 제거하지 않고 신용리스크를 감소시킬 수 있도록 해 준다. 대출채권매각은 금융회사가 대차대조표로부터 대출자산을 제거하여 신용리스크를 완전히 또는 상당한 정도 없앨 수 있도록 해 준다. 특히 **은행대출채권매각(bank loan sale)**은 금융회사가 대출을 실행하고 대출채권을 외부구매자에게 상환청구권과 함께 또는 상환청구권 없이 매각할 때 이루어진다.

만일 대출채권이 상환청구권 없이 매각되면, 대출은 금융회사의 대차대조표로부터 제거될 뿐만 아니라 대출이 궁극적으로 부실해지더라도 금융회사는 아무런 명시적 부채를 가지지 않는다. 〈표 21-1〉 패널 A는 상환청구권 없이 2,000만 달러의 대출채권매각이 이루어지기 전과 후 금융회사의 대차대조표를 보여 준다. (대출을 실행한 금융회사가 아니라) 매입자가 모든 신용리스크를 부담한다. 그러나 만일 대출채권이 **상환청구권(recourse)**과 함께 매각되면 구매자는 특정 조건하에서 구매한 대출채권을 매각한 금융회사에게 반환할 수 있다. 따라서 금융회사는 조건부 신용리스크부채(contingent credit risk liability)를 보유하게 된다. 〈표 21-1〉의 패널 B는 대출채권매각으로부터 발생되는 조건부 신용리스크부채를 포함하고 있는 대차대조표를 보여 준다. 실제로 구매자가 금융회사에 대하여 미래의 신용리스크 청구권을 가지고 있지 않을 때 대출은 기술적으로 대차대조표로부터 제거되기 때문에 대부분의 대출채권은 상환청구권 없이 매각된다. 대출채권매각은 제22장에서 설명되는 pass-through증권(현금흐름이 발생 즉시 증권의 보유자에게 전달되는 증권), CMO

표 21-1 2,000만 달러의 대출채권매각 전과 후의 금융회사 대차대조표 (단위: 100만 달러)

대출채권매각 이전				대출채권매각 이후			
패널 A: 상환청구권이 없는 대출채권매각							
자산		부채/자본		자산		부채/자본	
현금자산	$ 10	예금	$ 90	현금자산	$ 10	예금	$ 90
				대출	70		
대출	90	자기자본	10	신규투자	20	자기자본	10
	$100		$100		$100		$100
패널 B: 상환청구권이 있는 대출채권매각							
자산		부채/자기자본		자산		부채/자기자본	
현금자산	$ 10	예금	$ 90	현금자산	$ 10	예금	$ 90
				대출	70		
대출	90	자기자본	10	신규투자	20	자기자본	10
	$100		$100		$100		$100
				부외거래: 대출채권매각(조건부 부채)			$ 20

(collateralized mortgage obligations: 다계층모기지담보부채권), MBB(morgage backed bonds: 모기지담보부채권)와 같은 새로운 형태의 증권들을 만들어 내지 않는다. 대출채권매각은 대출의 소유권이 대출구매자에게 단순히 이전되는 대출채권을 위한 유통시장을 만들어 낸다는 점에서 증권화(securitization)의 원시적 형태이다.

▶**은행대출채권매각(bank loan sale)**
외부구매자에게 상환청구권과 함께 또는 상환청구권 없이 은행이 실행한 대출채권을 매각하는 것.

▶**상환청구권(recourse)**
대출채권구매자가 대출이 부실해지면 대출을 실행한 은행에게 대출채권을 재매각할 수 있는 권리.

대출채권매각의 종류

미국의 대출채권매각시장은 3개의 분리된 시장을 가지고 있다. 이들 중 두 시장은 국내대출채권의 매각과 거래가 이루어지는 시장인 반면 세 번째 시장은 신흥시장대출채권의 매각과 거래가 이루어지는 시장이다. 제10장에서 신흥시장대출채권매각을 충분히 설명하였으므로 여기서는 국내대출채권시장에 초점을 맞추어 논의하도록 하자.

■전통적인 단기대출채권매각

전통적인 단기대출채권매각시장에서 금융회사들은 1개월에서 3개월의 단기 만기를 가진 대출채권들을 매각한다. 이 시장은 대출채권이 유사한 만기와 발행규모를 가지고 있다는 점에서 기업들에 의하여 발행되는 기업어음시장의 특성과 유사한 특성을 가진다. 그러나 대출채권은 일반적으로 유사한 신용등급을 가진 기업어음보다 1베이시스포인트(bp)에서 10 bp 높은 수익률을 가진다. 특히 금융회사가 기업단기대출을 시행하고 매각하는 대출채권매각시장은 직접적으로 또는 딜러를 통하여 발행되는 기업어음시장의 매우 가까운 대체시장이다. 단기대출채권매각시장의 중요한 특성들은 다음과 같다.

- 차입기업의 자산이 담보로 제공된다.
- 투자등급 이상의 차입자들에게 대출된다.
- 90일 미만의 단기 만기를 가진다.
- 기업어음 수익률과 매우 가까운 수익률을 가진다.
- 100만 달러 이상의 단위로 판매된다.

1984년까지 그리고 HLT와 신흥시장대출채권시장이 등장하기까지 전통적인 단기대출채권매각이 대출채권매각시장을 주도하였다. (섹션 20 자회자들을 통한) 은행의 기업어음 인수능력 증가와 (2만 개 이상의 기업들이 접근 가능한) 기업어음시장의 성장이 단기대출채권매각시장의 중요성을 감소시켰다(제16장 참조).

HLT 대출채권매각

고차입거래대출(highly leveraged transaction; HLT)을 통한 M&A와 LBO(차입매입)의 성장과 더불어 특히 1985년–1989년 기간 동안 새로운 대출채권매각시장이 등장하였다. 1987년 1월부터 1994년 9월 사이에 Loan Pricing Corporation이 5,935억 달러로 추정되는 HLT 신규대출로 지원된 4,122개의 M&A거래가 있었다고 보고한 것에서 HLT의 증가추세를 알 수 있다.

HLT 대출의 구성에 대하여는 종종 논란이 있었다. 그러나 1989년 10월 미국의 3개 연방은행규제당국들은 HLT 대출을 (1) 차입매입, 인수(acquisition), 자본구성개편(recapitalization)을 위한 대출과 (2) 기업의 부채를 2배 증가시키고 부채비율을 50% 이상이 되게 하거나, 부채비율을 75% 이상이 되게 하거나 또는 신디케이션 대리인에 의하여 HLT로 지명된 대출로 정의하였다. HLT 대출채권은 주로 HLT 대출이 어려움에 처해 있지 않은가 (매입호가가 1달러의 대출당 90센트을 초과하는가) 또는 어려움에 처해 있는가(매입호가가 1달러의 대출당 90센트 미만이거나 또는 차입자가 채무불이행 상태에 있는가)에 따라서 구분된다.

실제로 모든 HLT 대출채권은 다음과 같은 특성들을 가진다.

- 정기기업대출(term loan: TL)이다.
- 차입기업의 자산이 담보로 제공된다(일반적으로 선순위 청구권 지위가 부여된다).
- 장기의 만기(3년에서 6년의 만기)를 가진다.
- LIBOR, 우대이자율 또는 CD 이자율과 연결된 변동이자율을 가진다(일반적으로 LIBOR, 우대이자율, CD 이자율보다 200 bp에서 275 bp 높다).
- 강력한 제한적 약관에 의한 보호가 이루어진다.

그럼에도 불구하고 HLT는 발행규모, 이자지불일자, 이자율연동, 조기상환의 특성에 따라 매우 다르다. HLT 대출이 이루어진 후 Macy's와 Elpaso Electric같은 일부 HLT 차입자들은 **재무적 곤경(financial distress)**의 기간을 겪었다. 결과적으로 차입자가 재무적 곤경을 겪는 HLT 시장과 차입자가 재무적 곤경을 겪지 않는 HLT 채권시장이 일반적으로 구분된다. HLT 대출채권의 스프레드는 고수익채권보다는 투자등급채권과 더 유사하다. 이것은 HLT 대출채권이 고수익채권보다 파산시에 더 높은 선순위 청구권을 가지는 경향이 있고 더 강한 담보지원을 받기 때문이다.

Bear Sterns, CIBC, Prudential Securities, Goldman Sachs를 포함하여 약 100여개의 은행들과 증권회사들이 브로커 또는 브로커-딜러로서 HLT 채권매각시장을 만든다. 이 금융회사들의 대부분은 HLT 대출의 거래를 정크본드의 거래와 유사하다고 간주한다.

▶**고차입거래대출(highly leveraged transaction; HLT)**
인수합병에 필요한 자금을 지원하기 위해 이루어지는 대출, 차입매입은 차입자의 레버리지비율을 높게 만든다.

▶**재무적 곤경(financial distress)**
차입자가 대부자와 기타 신용공여자에게 지불의무를 수행할 수 없는 상황.

대출채권매각계약의 형태

대출채권이 판매자와 구매자 사이에 이전될 수 있는 두 가지 형태의 기본적인 대출채권매각계약의 형태는 대출채권분할매각(participation)과 대출채권양도매각(assignment)이다. 현재 대출채권양도매각이 대출채권매각거래의 대부분을 차지하고 있다.

■대출채권분할매각

대출채권분할매각(loan participation)의 독특한 특성은 다음과 같다.

- 보유자(구매자)는 기초 신용합의의 당사자가 아니고, 대출채권매각자와 차입자 간의 처음 계약이 대출채권매각 이후에도 그대로 유지된다.

- 대출채권구매자는 대출의 계약조건변경에 대하여 부분적인 통제력만을 행사할 수 있다. 대출채권보유자는 이자율 또는 담보제공과 같은 대출계약의 본질적인 변경에 대하여 투표권만을 행사할 수 있다.

이와 같은 특성들의 경제적 의미는 대출채권분할매각의 구매자는 이중적인 리스크, 즉 차입자에 대한 리스크와 대출채권을 매각한 금융회사에 대한 리스크를 가진다. 특히 만일 대출채권을 매각한 금융회사가 파산하는 경우 어떤 명시적인 또는 묵시적인 상환청구권이 대출채권의 판매자와 구매자 간에 존재한다고 믿을 이유가 존재한다면 외부의 당사자가 구매한 대출채권분할매각은 진정한 대출채권매각이기보다 금융회사의 무담보 부채로 특징지어질 수 있다. 이와 더불어 대출채권을 매각한 파산금융회사에 대한 구매자의 청구권은 이 금융회사의 대출에 의하여 상쇄될 수 있다. 이것은 대출잔고를 감소시키고 대출채권분할매각의 구매자에게 불리한 영향을 준다. 이와 같은 이중적인 리스크 때문에 구매자는 이중적인 감시비용을 부담한다.

■ 대출채권양도매각

대출채권분할매각에 포함되어 있는 감시비용과 리스크 때문에 미국 내 대출채권매각의 90% 이상은 대출채권양도매각방식으로 판매된다.

대출채권양도매각(assignment)의 중요한 특성은 다음과 같다.

- 모든 권리가 대출채권매각 구매자에게 이전된다. 이것은 대출채권구매자는 이제 차입자에 대하여 직접적인 청구권을 보유한다는 것을 의미한다.
- 미국 내 대출채권의 소유권 이전은 일반적으로 (소유권의 변경이 완료되었다는 증거로서) Uniform Commercial Code(미국표준상법) 절차를 밟는 것과 연결되어 있다.

소유권 권리는 일반적으로 대출채권양도매각에 의한 대출채권매각에서 훨씬 분명하지만 자주 계약사항들이 대출채권의 구매자 범위를 제한한다. 특히 대출계약은 금융회사 대리인 또는 차입자에게 대출채권매각에 동의할 것을 요구할 수 있다. 대출계약은 또한 순자산규모의 조건을 충족시키는 금융회사들에게만으로 대출채권매각을 제한할 수 있다(금융회사 대리인은 다수의 은행들로 구성된 신디케이트대출에서 은행들에게 이자와 원금지불을 배분하는 금융회사이다). 제7장에서 논의한 바와 같이 대출채권양도매각은 신디케이트론에서 일반적으로 이루어진다. 신디케이트론에서 두 개 또는 두 개 이상의 은행들은 한 차입자에게 대출을 시행할 것에 합의한다. 신디케이트는 일반적으로 차입자의 관계은행들을 포함하여 대출의 일부분을 유지하고 소액대출 참여자들을 찾는 대출주선자들을 중심으로 형성된다.

▶ **대출채권분할매각(loan participation)**

차입자에 대한 제한적인 계약상의 통제와 권리를 가지면서 신디케이트론의 지분을 사는 것.

▶ **대출채권양도매각(assignment)**

차입자에 대한 상당한 계약상의 통제와 권리를 가지면서 신디케이트론의 지분을 사는 것.

현재의 추세는 대출계약이 매우 엄격한 대출채권양도매각의 제한조건으로 발행되는 것 같다. 이와 같은 추세는 미국의 국내 대출채권매각시장과 신흥시장 대출채권매각시장 모두에서 나타나고 있다. 가장 거래가 가능한 대출채권은 구매자 제한조항 없이 대출채권양도매각이 이루어질 수 있는 대출이다. 그렇다 하더라도 변동이자 대출채권양도매각과 고정이자 대출채권양도매각은 구별되어야 한다. 변동이자 대출의 경우, 특히 페더럴펀드플러스, 재무부채권 플러스, LIBOR 플러스와 같은 변동이자 대출지수들의 이질적인 특성이 주어진 경우 발생이자를 계산하고 이전시키는데 있어서 금융회사대리인이 가지는 복잡성 때문에 대출채권양도매각으로 이루어진 대부분의 대출채권매각은(1년에 두 번 또는 네 번) 대출의 가격재설정일에 발생한다. 이에 더하여 고정이자 대출채권양도매각에서 발생이자지불의 비표준화(거래일, 대출채권양도매각일, 이표지불일)가 이 시장의 복잡성과 마찰을 증가시킨다. 더욱이 금융회사대리인이 대출채권의 처음 소유자에 대한 완전한 기록을 가지고 있지만 대출채권소유권의 변경과 거래 이후의 관련된 대출채권소유권의 이전에 대한 최신정보를 가지고 있는 것은 아니다. 이것은 대출채권의 현재 보유자가 정해진 이자와 원금지불을 받을 것인지를 보장하는 데에 대한 큰 어려움이 종종 차입자, 금융회사대리인, 대출채권구매자에게 발생한다는 것을 의미한다. 마지막으로 대출채권의 구매자는 종종 처음의 대출계약을 점검하고 채무자가 채무불이행할 경우 담보에 대한 구매자의 권리에 관한 사항들을 설정할 필요가 있다.

이와 같은 계약상의 문제점들, 거래상의 마찰, 비용 때문에 일부 대출채권매각은 거래를 완성시키는데 3개월의 긴 시간이 걸린다. 50% 정도의 거래가 완성되지 못한다는 보고가 있다. 많은 경우에 계약당사자가 대출채권매각의 완성을 지연시킬 이유를 발견하거나 또는 궁극적으로 거래를 완성하기를 거부하게 할 만큼 시장가격이 처음에 합의한 가격으로부터 이탈하기 때문에 계약을 위반할 유인이 발생한다.[2)]

대출채권매각 추세

은행들과 기타 금융회사들은 100년 이상 동안 그들 간에 대출채권을 매각하였다. 실제로 **코레스은행영업(correspondent banking)**의 주요 부분은 대출규모가 커서 대출집중리스크

2) 그러나 최근에 10일 이내에 거래를 완성시키는 것이 점차 관례가 되어 가고 있다.

또는 자본적정성 때문에 대차대조표 상에 보유할 수 없는 대출을 시행한 소형은행들이 이와 같은 대출채권을 분할하여 장기간의 예금-대출 거래관계를 가지고 있는 대형은행들에게 매각하는 것이다. 또한 대형은행들은 종종 그들의 대출채권을 분할하여 소형은행들에게 매각하며 이것을 소위 대출채권분할매각(participation)이라고 부른다. 이 시장은 오랜기간 동안 존재하였음에도 불구하고 완만하게 성장하다가 1980년대 초에 차입매입(leveraged buyout: LBO)와 합병 및 인수(M&A)에 필요한 자금을 지원하기 위한 고차입거래대출의 증가로 놀라운 성장기로 들어섰다. 특히, 미국 은행들이 매각한 대출채권의 규모는 1980년의 200억 달러 미만에서 1989년의 2,850억 달러로 증가하였다. 1990년과 1994년 사이에 대출채권매각규모는 1990년-1991년의 경기후퇴에 따른 신용경색의 결과로 인한 LBO와 M&A의 감소와 함께 극적으로 감소하였다. 1994년애 대출채권매각규모는 약 200억 달러로 감소하였다.

▶**코레스은행영업(correspondent banking)**
대형은행이 수많은 예금, 대출, 기타 서비스들을 제공하는 소형은행과 대형은행 간의 영업관계.

1990년대 후반에 대출채권매각규모는 경기확장과 M&A의 증가 때문에 다시 증가하였다. 예를 들면, 대출채권시장을 연구하는 회사인 Loan Pricing Corporation은 1999년의 대출채권 유통시장 거래규모는 770억 달러 이상이라고 보고하였다. 금융회사들이 부실대출채권(대출금액 1달러당 90센트 이하로 거래되는 대출채권)을 매각함에 따라 대출채권매각규모는 2000년대 중반에 1,750억 달러 이상으로 계속 증가하였다. 이와 같은 부실채권매각규모는 1999년에 총대출채권매각규모의 11%이었으나 경기둔화 때문에 2001년에 35%와 2002년의 42%로 급증하였다. 미국 경제가 2000년대 초반과 중반에 회복됨에 따라 부실채권매각규모의 비중은 20% 이하로 감소하였다. [그림 21-1]은 1991년-2006년 3/4분기의 기간 동안 대출채권매각추이를 보여 준다.[3)]

이와 같은 대출채권의 대부분은 많은 대출참여은행들에 의한 신디케이트론이다. 예를 들면, 2006년에 Loan Pricing Corporation은 J. P. Morgan Chase는 전세계 대출채권 유통시장의 대표적 대출채권 신디케이트 참여금융회사로 4,580억 달러에 이르는 858건의 신디케이트론에 참여하였다고 보고하였다. 그러나 J. P. Morgan Chase는 이와 같은 대출채권 중 2,830억 달러에 대한 손실리스크만을 부담하였다. J. P. Morgan Chase와 함께 Bank

---

3) 대출채권 유통시장에 관한 보다 더 상세한 논의는 A. Gande and A. Saunders, "Are Banks Still Special When There Is a Secondary Market for Loans?" New York University Working Paper, October 2006과 E. Altman, A. Gande and A. Saunders, " Informational Efficiency of Loans versus Bonds: Evidence from Secondary Market Prices," paper presented at the American Economics Association Meetings, Chicago, 2007 참조.

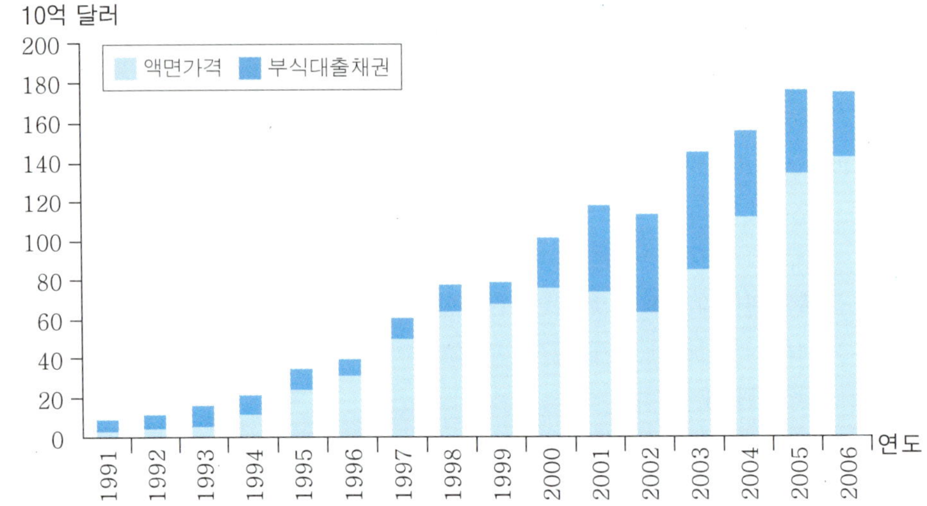

자료: Loan Pricing Corporation Web site, 2006 *www.loanpricing.com*

그림 21-1 대출채권 유통시장 규모의 최근 추이 (1991년-2006년 3/4분기)

of America(3,130억 달러), Citigroup(2,390억 달러), Wachovia(980억 달러), Credit Suisse(730억 달러)가 2006년에 대출채권 유통시장의 상위 5대 신디케이트 참여금융회사들이다.

구매자와 판매자

■구매자

다양한 유형의 잠재적 구매자들 중에서 일부 구매자들은 규제 및 전략적 이유로 어느 특정한 시장부분에 대해서만 관심을 가진다. 특히 차입자가 어려움에 처한 HLT 대출채권의 전문 구매자로 점차적으로 투자은행, 헤지펀드, **벌처펀드(vulture fund)**가 참여하고 있다.

투자은행. (1) HLT 대출채권의 분석은 정크본드의 거래에서 사용되는 분석과 유사한 투자기법을 활용하고 (2) 투자은행은 종종 원래의 정크본드와 HLT 거래를 인수하는데 어려움을 겪고 있는 HLT 차입자와 밀접하게 관련되어 있기 때문에 HLT 대출채권의 주요 구매자이다. 예를 들면, CSFB, Merrill Lynch, Goldman Sachs와 같은 대형투자은행들은 상대적으로 이 시장에 관한 많은 정보를 가지고 있는 금융회사들이기 때문에 시장조성자로서 행동하거나 또는 액면가격으로부터의 할인율변화에 따라 단기포지션을 취한다.

벌쳐펀드. 벌쳐펀드는 어려움을 겪고 있는 대출채권에 투자하기 위해 조성된 전문 헤지펀드이다. 벌쳐펀드에는 George Solos와 Sam Zell과 같은 기업가들에 의하여 운영되는 펀드들도 포함된다. 특히 구조조정 거래에서 저렴한 가격으로 매각되는 대출채권을 사용하고자 하는 사람들에게 이와 같은 투자가 활발하게 이루어질 수 있다. 이 투자는 대출채권구매자에게 매우 큰 유익을 주는 구조조정에 따른 수익률을 창출한다. 이와는 달리, 이와 같은 대출채권은 부실증권들로 구성된 잘 분산된 포트폴리오에 포함되어 있는 고수익증권들과 같은 수동적인 투자수단으로서 보유될 수 있다. 많은 벌쳐펀드들은 실제로 투자은행에 의하여 관리된다. 벌쳐펀드에 대한 일반적인 인식은 벌쳐펀드는 어려움에 처한 대출채권을 할인하여 매입한 후에 차입기업이 구조조정을 하도록 하거나 또는 차입기업의 청산가치를 신속하게 실현시킨다는 것이다. 벌쳐펀드는 달러당 50센트의 투자를 달러당 70달러의 이익으로 신속하게 전환시킨다. 따라서 벌쳐펀드의 평판은 종종 좋은 것만은 아니다. 벌쳐펀드가 나쁜 평판을 가질 수 있는 이유는 은행은 구조조정에서 대출원금의 수익을 추구하는 반면 벌쳐펀드는 투자자본에 대한 수익을 추구하기 때문이다. 다시 말하면, 벌쳐펀드는 관계지향적이 아니라 거래지향적이다. 은행과는 달리 벌쳐펀드는 대상 기업과의 장기관계를 개발하고 유지하는 것에 기초하여 의사결정을 하는 것에 관심이 거의 없다. 그럼에도 불구하고 벌쳐펀드는 투자자와 신용공여자를 위한 퇴출전략을 제공하고 자산이 정상적인 방법으로 청산될 수 있도록 해 준다.

어려움을 겪지 않는 HLT 대출채권시장과 전통적인 미국 내 대출채권 매각시장에서 5대 주요 구매자는 기타 국내 은행, 외국은행, 보험회사와 연기금, 폐쇄형 은행대출채권 뮤추얼펀드, 비금융기업이다.

▶벌쳐펀드(vulture fund)
차입자가 어려움에 처한 대출채권에 전문적으로 투자하는 펀드.

기타 국내은행. 은행 간 대출채권매각은 전통적인 대출채권매각시장의 핵심부분이고 역사적으로 코레스은행관계와 지역은행영업/지점영업제한(McFadden Act of 1927, Bank Holding Company Act of 1956과 1970년 수정조항)과 관련하여 발전되었다. 전국적 은행영업에 대한 제한조치들은 종종 은행들이 지역적으로 분산되지 않고 차입자들도 분산되지 않은 대출포트폴리오를 보유하도록 만들었다. 소형은행들은 종종 지역 및 차입자 분산을 개선하고 동일 차입자 대출집중한도규제를 피하기 위해 그들의 대형코레스은행들에게 대출채권분할매각을 한다. 이와 같은 방식은 또한 반대 방향으로, 즉 대형은행들이 소형은행들에게 대출채권분할매각을 하는 방향으로도 작동할 수 있다.

그러나 전통적인 은행 간 시장은 위축되고 있다. 이것은 적어도 3가지 요인 때문이다.

첫째, 보다 경쟁적이 되어 가고 점점 더 그룹화되는 은행시장에서 전통적인 코레스은행 관계가 붕괴되고 있다. 둘째, 상대방 리스크와 도덕적 해이에 대한 우려가 증가하였다(예를 들면, 소형은행인 Penn Square는 1980년대 초에 대형 코레스은행인 Continental Illinois에게 부실대출채권을 매각하였다). 셋째, 전국적 은행영업에 대한 장벽들이 1994년의 리글-닐 주간 지점설치 및 효율성 법(Riegle-Neal Interstate Branching and Efficiency Act of 1994)의 통과로 크게 제거되었다. 그럼에도 불구하고 일부 소형은행들은 그들의 대출포트폴리오를 지역적으로 분산시키는 방법으로 대출채권매각시장이 매우 유용하다고 생각하고 있다.

외국은행. 외국은행은 미국 국내대출채권의 주요 구매자이다. 최근에 외국은행은 매각된 대출채권의 40% 이상을 구매하였다. 대출채권매각시장은 외국은행이 비용이 많이 드는 전국적인 은행네트워크를 개발하지 않고 잘 분산된 미국 내 대출포트폴리오를 만들 수 있게 허용한다. 그러나 특히 일본은행들의 **자산규모축소(asset downsizing)**에 대한 관심증가가 (제17장 참조) 대출채권의 수요를 위축시켰다.

▶**자산규모축소(asset downsizing)**
금융회사가 자산규모를 축소시키는 것.

보험회사와 연기금. 유동성과 투자등급에 대한 규제적 제한조항들을 충족시키는 조건을 적용받지만 (Aetna와 같은) 보험회사와 연기금은 장기 만기대출채권의 중요한 구매자이다.

폐쇄형 및 개방형 뮤추얼펀드. 1988년에 처음 만들어진 Merrill Lynch Prime Fund와 같은 차입 뮤추얼펀드는 미국의 국내은행대출채권에 투자한다. 이와 같은 펀드들은 대출채권이 재매각되는 유통시장에서 대출채권을 구매하지만 대형 펀드들은 수수료 수입 가능성의 매력 때문에 1차적 신디케이트 대출채권발행시장으로 이동하였다. 즉 이와 같은 펀드들은 상업은행에 의하여 시행되는 대출자금을 지원하는데 참여한다. 그 대가로 이에 참여한 뮤추얼펀드는 수수료 또는 이자지불의 일정한 부분을 받는다. 실제로 J. P. Morgan Chase와 같은 일부 머니센터은행들은 적극적으로 신디케이트 대출채권발행시장에 폐쇄형 펀드의 참여를 권장하였다.

비금융기업. 대출채권을 구매하는 일부 기업들이 존재하나 이러한 활동은 대부분 초대형 미국 및 유럽 기업들(예를 들면, GE Capital과 ITT Finance)의 금융서비스 부서로 제한되어 있고 이들 기업들은 미국 내 총대출채권매각의 5%를 초과하지 않는 금액을 가지고 있다.[4)]

---

4) 비금융기업은 부채-주식 스왑(제10장 참조)의 한 부분인 신흥시장 대출채권매각시장의 주요 구매자이다.

■판매자

국내 대출채권과 HLT 대출채권의 판매자들은 머니센터은행, 외국은행, 미국정부 및 정부기관이다.

머니센터은행. 대출채권매각은 주로 대형 머니센터은행들에 의하여 주도적으로 이루어진다. 최근 대출채권매각 측면에서의 시장집중은 부동산대출채권매각의 증가와 HLT의 증가(주요 머니센터은행들은 HLT 대출을 발행하는데 있어서 중요한 역할을 한다)로 더욱 강화되었다. 최근 대형 머니센터은행들은 대규모 (부동산)대출채권매각에 직접 참여하거나 또는 "굳뱅크-배드뱅크" 구조("good bank-bad bank" structure) 방식을 통한 대출채권매각을 공식화하였다.

굳뱅크-배드뱅크 구조. 배드뱅크는 무수익대출(nonperforming loans) 포트폴리오를 청산하기 위해 조직된 특수목적회사(special-purpose vehicle)이다. 이러한 특수목적회사를 만드는 주요 목적은 ("배드뱅크"에 있는) 부실대출과 ("굳뱅크"에 있는) 우량대출을 분리하여 자산가치를 극대화하는 것이다. 배드뱅크의 예로는 Grant Street National Bank(Mellon Bank에 의하여 설립), National Loan Bank(Chemical에 의하여 설립), National Asset Bank (First Interstate에 의하여 설립)가 있다.[5] 예를 들면, Mellon Bank는 부동산대출로 9억 4,100만 달러의 액면가격을 가지고 있었으나 이 대출채권을 5억 7,700만 달러에 특별히 만들어진 배드뱅크 자회사인 Grant Street National Bank에 매각하였다. 이와 같은 특수목적 배드뱅크는 채권발행과 보통주 및 우선주 발행에 의하여 자금을 조달하였다. 배드뱅크의 경영자들에게는 Mellon Bank로부터 구매한 대출채권을 청산하는 과정에서 (5억 7,700만 달러 이상의 시장 재매각가격을 가지도록) 극대의 가치를 창출하기 위한 인센티브로서 지분(쥬니어 우선주)이 제공되었다.

〈표 21-2〉는 굳뱅크로부터 자회사인 배드뱅크로 이루어지는 무수익대출채권의 매각을 보여 준다. 〈표 21-2〉의 패널 A에서 굳뱅크는 대출채권매각 이전에 대차대조표 상에 25억 달러의 수익대출, 9억 5천만 달러의 무수익대출, 5억 달러의 현금자산을 가지고 있다. 굳뱅크의 자산은 25억 달러의 예금, 7억 5천만 달러의 차입자금, 7억 달러의 자기자본으로 조달되어 있다. 만일 〈표 21-2〉의 패널 B에서 보는 바와 같이 배드뱅크가 채권, 우선주, 보통주 발행으로 조달한 자금을 가지고 5억 8천만 달러에 무수익대출채권을 매입하면, 굳뱅크는 무수익대출의 액면가치인 9억 5천만 달러에서 매각하여 받은 5억 8천만 달러를 뺀 3억 7천만 달러의 손실을 자기자본에서 공제하고 무수익대출을 대차대조표로부터 제거한

---

5) 이 기법은 또한 미국 이외의 국가들에서도 사용되었다. 예를 들면, 1998년에 굳뱅크-배드뱅크 구조는 국내은행산업의 부실부채위기를 해결하기 위한 한 방법으로 인도네시아정부에 의하여 채택되었다. 2000년대 초에 이와 같은 방식은 기타 은행자산들로부터 무수익대출을 분리하기 위한 한 방법으로 일본에서도 활용되었다.

표 21-2 대출채권매각 전후의 굳뱅크와 배드뱅크의 대차대조표 (100만 달러 기준)

대출채권매각 이전				대출채권매각 이후			
자산		부채/자본		자산		부채/자본	
패널 A : 굳뱅크							
현금자산	$ 500	예금	$2,500	현금자산	$ 500	예금	$2,500
대출				대출			
수익대출	2,500	차입자금	750	수익대출	2,500	차입자금	170
무수익대출	950	자기자본	700	무수익대출	0	자기자본	330
	$3,950		$3,950		$3,000		$3,000
패널 B : 배드뱅크							
현금자산	$ 600	채권	$ 300	현금자산	$ 20	채권	$ 300
대출	0	우선주	100	대출	580	우선주	100
		보통주	200			보통주	
	$ 600		$ 600		$ 600		$ 600

다. 이와 같은 무수익대출채권의 매각으로부터 받은 자금은 차입자금을 상환하는데 사용되고 차입자금은 1억 7천만 달러로 감소한다. 배드뱅크는 이제 대차대조표 상에 (5억 8천만 달러를 지불하고 구매한) 9억 5천만 달러의 액면가치를 가지는 대출을 자산으로 보유하게 된다. 이와 같은 대출은 구조조정되거나 또는 처분될 수 있다. 만일 이와 같은 대출이 5억 8천만 달러 이상의 가치를 실현하면, 추가적인 수익이 배당금으로 배드뱅크 보통주 주주에게 이전되거나 또는 채권 또는 우선주를 재구매하기 위해 사용될 수 있다.

배드뱅크를 통한 대출채권매각이 부실대출을 보유하고 있는 것과 비교하여 가치증가를 발생시킬 것이라고 믿는 적어도 다섯 가지의 이유가 있다.

1. 배드뱅크에서 부실자산은 대출채권정리 전문가에 의하여 관리될 수 있다.
2. 부실대출이 대차대조표로부터 제거되면 굳뱅크의 평판과 예금 및 자금시장 접근성이 개선되는 경향이 있다.
3. 배드뱅크는 단기예금을 가지고 있지 않기 때문에 유동성 수요를 우려할 필요가 없어 부실자산들에 대한 최적의 처분전략을 추진할 수 있다.
4. Mellon Bank의 배드뱅크처럼 대출채권매각으로부터의 가치증가를 발생시키고자 하는 경영자의 인센티브를 극대화하기 위한 계약이 만들어질 수 있다.
5. 굳뱅크-배드뱅크 구조는 굳뱅크의 자산가치에 대한 정보의 비대칭성 문제(소위 레몬 문제(lemons problem))를 감소시키고, 위험기피 투자자들에게 굳뱅크의 매력을 증가시킨다.

외국은행. 외국은행은 대출채권의 구매자가 아닌 판매자가 될 수 있다. 외국은행의 대

출채권매각은 California에 있는 일본소유 은행들과 같은 지점망으로부터 이루어지거나 또는 미국 대출채권매각시장에서 자국발행 대출채권을 매각하는 시장조성활동을 통하여 이루어진다. 미국 대출채권매각시장(특히, HLT 대출채권시장)에서 중요한 시장조성자들 중 하나는 네덜란드 금융회사인 ING Bank이다.

투자은행. Bear Stearns와 같은 투자은행은 시장조성기능(발행한 대출채권의 매각)을 수행하기 위한 대출채권판매자로서 또는 적극적인 거래자로서 활동한다. 이와 같은 대출채권매각은 일반적으로 거액 HLT 거래로 제한된다.

미국정부와 정부기관. 최근에 미국정부와 정부기관들은 점차 대출채권매각에 참여하고자 하는 용의를 보이고 있다. 이러한 현상은 연방정부기관들에게 체납되거나 또는 채무불이행된 대출자산들을 매각할 수 있는 권한을 부여한 1996년의 연방부채정리개선법(Federal Debt Collection Improvement Act of 1996)의 통과에 의하여 영향을 받은 것이다. 〈표 21-3〉은 1990년부터 2005년까지의 기간 동안 FDIC의 자산매각 현황을 요약한 것이다. 1996년에 대출채권의 장부가격에 대한 매각가격비율이 가장 낮았던 반면 2005년에 대출채권의 장부가격에 대한 매각가격비율이 가장 높았다. 주택 및 도시개발부(Department of Housing and Urban Development)도 또한 점차 다세대 아파트 재산에 대한 모기지대출채권의 주요 판매자가 되고 있다. 그러나 지금까지 정부기관에 의한 최대의 대출채권매각은 정리신탁공사(Resolution Trust Corporation; RTC)에 의하여 이루어졌다. 1989년에 설립되어 1995년 말에 해체된 RTC는 합병, 폐쇄, 관리를 통하여 700개 이상의 문제 저축금

표 21-3 FDIC의 대출채권매각현황 요약 (1990-2005, 100만 달러 기준)

대출채권종류	장부가치(BV)	감정가치(AV)	매각가격(SP)	매각건수	SP/BV(%)	SP/AV(%)
1996년 수익대출채권과 무수익대출채권매각						
수익대출채권	$ 950	$ 926	$ 910	7,013	95.8%	98.3%
무수익대출채권	3,196	563	548	10,099	17.1	97.3
1996년 합계	$4,146	$1,489	$1,458	17,112	35.2%	97.9%
2005년 수익대출채권과 무수익대출채권매각						
수익대출채권	$0.5	$0.4	$0.4	2	86.8%	107.6%
무수익대출채권	1.1	0.9	1.0	11	89.5	108.6
2005년 합계	$1.6	$1.3	$1.4	13	88.7%	108.3%
총수익대출채권과 무수익대출채권매각						
수익대출채권	$11,833.5	$10,574.4	$10,882.4	332,592	92.0%	102.9%
무수익대출채권	15,225.1	4,356.9	4,504.0	340,340	29.6	103.4
1990-2005 합계	$27,058.6	$14,931.3	$15,386.4	672,932	56.9%	103.1%

자료: Federal Deposit Insurance Corporation, Asset Sales, FDIC Web site, January 2007. *www.fdic.gov*

융회사들을 정리하여만 했다. RTC의 자산매각 대부분은 (다세대 모기지와 같은) 부동산 자산이었기 때문에 RTC의 자산처분은 미국의 기업대출채권매각시장에 상대적으로 적은 공급효과를 미쳤다. RTC의 방법은 우량대출과 부실대출을 대출채권패키지로 결합하여 경매를 통하여 수요자에게 매각하는 것이었다. 예를 들면, 1995년 4월 21일에 RTC는 750만 달러의 총추정시장가치를 가진 뉴저지, 뉴욕, 펜실베니아에 위치한 29개의 상업용 자산들로 구성된 패키지를 최고가를 제시한 수요자에게 매각하였다. 수요자들은 이 자산패키지에 대한 가격을 제시하는 데 4일의 기간만을 가지도록 허용되었다.

개념질문

1. (a) 상환청구권(recourse)을 가지고 매각되는 대출채권 또는 (b) 상환청구권 없이 매각되는 대출채권 중에서 어느 대출채권이 더 높은 수익률을 가져야 하는가?
2. 정크본드 또는 HLT 대출채권 중에서 어느 것이 더 높은 수익률을 가지는가? 설명하라.
3. 대출채권이 판매자와 구매자 간에 이전될 수 있는 대출채권매각계약의 2가지 기본유형을 설명하라.
4. 1980년대에 대출채권매각이 급증한 주요 이유들은 무엇인지 설명하라.
5. 어느 회사들이 전통적인 미국 내 대출채권매각시장에서 주요 구매자들인가? 어느 회사들이 이 시장에서 주요 판매자들인가?

21.3 은행 등 금융회사들은 왜 대출채권을 매각하는가

이 장의 서론에서 금융회사가 대출채권을 매각하는 한 가지 이유는 신용리스크를 보다 잘 관리하기 위한 것이라고 언급하였다. 대출채권매각은 대차대조표로부터 자산(과 신용리스크)을 제거하고 금융회사가 자산포트폴리오의 분산을 보다 잘 할 수 있도록 허용한다. 그러나 신용리스크관리 이외에 금융회사가 대출채권을 매각하도록 하는 많은 경제적인 이유와 규제차원의 이유가 존재한다.

필요지준

은행이 연방준비제도에 보유하여야 하는 이자가 지불되지 않는 필요지준과 같은 규제차원의 요구사항은 대출포트폴리오의 자금비용을 증가시키는 일종의 세금이다. 필요지준과 같은 규제차원의 세금은 은행이 외부의 당사자들에게 상환청구권 없이 대출채권을 매각하여 대차대조표로부터 대출을 제거하는 동기 제공한다.[6] 이와 같은 대출의 제거는 은행이 자산과 예금 모두를 축소시킬 수 있도록 만들고 이에 따라 예금에 대하여 보유하여야 하는 필요지준도 감소시킬 수 있도록 만든다.

수수료 수입

금융회사가 직접 대출로부터 획득하는 이자는 시간이 지나야만 수입으로 발생된다. 그러나 금융회사는 대출을 발행하고 대출채권을 매각하여 버는 수수료 수입을 현재의 수입으로 보고할 수 있다. 이 결과 대출의 발행과 신속한 대출채권의 매각은 현재의 회계원칙 하에서 금융회사의 수입을 증가시킬 수 있다.

자본비용

필요지준과 마찬가지로 금융회사에 부과되는 자본적정성규제는 요구되는 자기자본이 금융회사가 사적으로 적정하다고 여기는 금액을 초과하는 경우 금융회사에게 부담이 된다. 이와 같은 세금이유 때문에 부채가 자기자본보다 더 싼 자금조달원천이 될 수 있다. 따라서 요구되는 자본(K)/자산(A) 비율을 충족시키는데 어려움을 겪는 금융회사는 자본을 증가시키기보다 자산을 감소시킴으로써 이 비율을 증가시킬 수 있다(제15장 참조). A를 감소시키고 K/A 비율을 증가시키는 한 가지 방법은 대출채권을 매각하는 것이다.

유동성리스크

대차대조표 상에 대출을 보유하는 것은 신용리스크와 이자율리스크에 추가하여 금융자산의 전반적인 유동성을 감소시킬 수 있다. 이와 같이 금융자산의 유동성이 낮다는 것은 금융부채의 유동성이 높은 경향이 있기 때문에 문제이다. 이러한 경우 부채 보유자들이 예기치 않게 그들의 청구권을 행사할 때마다 금융회사는 손해를 보고 유동성을 확보하여야 하는 어려움에 노출될 수 있다. 유동성 문제를 완화시키기 위해 금융회사는 보유한 대

6) 현재의 필요지준규제(레귤레이션 D, 1986년 5월 수정)하에서 상환청구권을 가진 은행대출채권매각은 부채로 간주되고 이에 따라 필요지준규제 적용을 받는다. 은행이 상환청구권 조항뿐만 아니라 신용보증을 발행할 때 대출채권매각의 필요지준규제가 적용된다. 상환청구권 없이(또는 매각은행의 신용보증 없이) 매각되는 대출채권은 필요지준규제 적용을 받지 않는다. 비거래계정(nontransaction accounts)에 대한 필요지준규제 적용의 배제, 1991년 거래계정(transaction accounts)에 대한 필요지준의 축소, 예금일소계좌(deposit sweep accounts)(제13장 참조)의 개발과 더불어 필요지준의 세금효과는 미래에 은행대출채권매각을 촉진시키는 데 현재보다 중요성이 감소될 가능성이 크다.

출채권의 일부를 외부 투자자들에게 매각할 수 있다. 따라서 대출채권매각시장은 대차대조표 상에서 자산으로 보유되는 금융회사 대출의 낮은 유동성을 크게 완화시키는 대출채권의 유통시장을 만들어 냈다.

개념질문

1. 금융회사가 대출채권을 매각하는 경제적 및 규제적 차원의 이유들은 무엇인가?
2. 금융회사는 유동성 문제를 완화하기 위해 대출을 어떻게 사용할 수 있는가?

21.4 대출채권매각에 영향을 미치는 요인들

(앞에서 논의한 바와 같이) 최근 대출채권매각시장은 성장과 쇠퇴를 거듭하였다. 그러나 신용리스크의 관리수단으로서 대출채권매각의 가치에도 불구하고, 미래에 대출채권매각시장의 성장과 발전을 촉진하거나 또는 억제할 많은 요인들이 존재한다. 먼저 대출채권매각시장의 성장을 억제할 수 있는 요인들을 논의해 보자.

기업어음시장에의 접근성

1987년에 섹션 20 자회사 조항이 도입됨에 따라 대형은행들은 은행에 의한 증권인수활동은 글래스-스티걸법에 저촉된다는 증권산업의 법적 도전 없이 기업어음(과 기타 증권들)을 직접 인수할 수 있게 되었다. 1999년의 금융서비스현대화법의 통과와 글래스-스티걸법의 폐지에 따라 기업어음인수에 대한 불완전한 대체재로서 단기은행대출채권을 인수하거나 또는 매각할 필요성이 보다 덜 중요하게 되었다. 이에 더하여 더 많은 중간규모의 기업들이 기업어음시장에 대한 직접적인 접근성을 확보해 가고 있다. 이 결과 이들 기업들이 단기지출을 위해 은행대출에 의존할 필요성이 낮아지고 있다.

고객관계의 효과

금융산업이 그룹화되고 판매하는 금융서비스의 범위가 확대됨에 따라 고객관계는 현재보다 더 중요해질 가능성이 있다. 금융회사에 의한 대출채권매각은 대출고객(차입자)의 가치를 불리하게 만든다고 생각하기 때문에[7] 현재 고객들과 잠재적인 미래 고객들은 다른 곳에서 그들의 자금조달을 모색하게 되고 이에 따라 대출채권매각은 금융회사가 창출할 수 있는 수입을 감소시킬 수 있다.

법적 우려

많은 법적 우려가 대출채권매각시장의 성장, 특히 어려움을 겪는 HLT 대출채권매각시장의 성장을 저해한다. 특히 은행은 일반적으로 안전한 신용공여자이지만 대출받은 기업이 파산하면 이 지위는 다른 신용공여자들에 의하여 공격을 받을 수 있다. 예를 들면, **불법양도(fraudulent conveyance)** 소송이 Revco, Circle K, Allied Stores, RJR Nabisco에 대한 대부은행들을 대상으로 제기되었다. 이와 같은 법적인 조치가 인정되면 특정한 대상자에 대한 대출채권매각은 불법적일 수 있다. 이와 같은 법정 소송들이 대출채권매각시장의 성장을 둔화시켰던 요인들 중 하나이다. 실제로 많은 대부분의 최근 HLT 대출채권매각에서 대출채권구매자들은 거래가 불법양도법(Uniform Fraudulent Conveyance Act)하에서 불법인 것으로 판명되는 경우 구매자가 구매가격에 판매자에게 대출채권을 반환할 수 있는 풋옵션을 요구하였다. 더욱이 대출워크아웃의 과정에서 금융회사대부자가 외부채무자보다 주식소유자와 같이 행동하면 다른 유형의 어려움을 겪는 기업 리스크가 발생할 수 있다. 예를 들면, 금융회사는 이 기업의 매일매일 경영에 참여하고 전략적인 투자와 자산매각에 관한 결정을 할 수 있다. 이것이 금융회사의 대출은 담보부 부채라기보다는 주식처럼 취급되어야 한다는 주장의 근거이다. 즉 금융회사의 대출은 청구권 우선순위에서 후순위일 수 있다.

▶**불법양도(fraudulent conveyance)**
특정한 대상자에 대한 증권의 매각과 같은 거래 또는 자산의 불법적인 양도.

미래에 대출채권매각을 증가시킬 수 있는 적어도 여섯 가지 요인들이 존재한다. 이 요인들은 대출채권매각의 신용리스크 "헤지"가치를 증가시킨다.

---

7) S. Dahiya, M. Puri, and A. Saunders "Bank Borrowers and Loan Sales: New Evidence on the Uniqueness of Bank Loans," *Journal of Business*, 2003, pp. 563–582는 차입자들의 주식수익률은 대출채권매각 공표 전후 기간 동안에 상당히 부정적인 영향을 받는다는 것을 발견하였다. 이에 더하여 대출채권매각 이후의 기간은 대출채권이 매각된 차입자들에 의한 많은 파산절차 신청으로 특징지어진다. 이 결과들은 은행대출채권매각 소식은 부정적인 확인효과(certification impact)를 가진다는 가설을 지지한다.

BIS 자기자본규제

BIS의 리스크기준 자본규제와 제안된 개정 자기자본규제(제15장 참조)하에서 은행은 자산 규모를 축소시키고 은행자본비율을 증가시키기 위해 계속해서 상업대출채권을 다른 금융 회사들과 투자자들에게 매각할 강한 인센티브를 가진다.

시장가치 회계

증권거래위원회(Securities and Exchange Commission; SEC)와 재무회계기준위원회(Financial Accounting Standards Board; FASB)는 금융회사들의 경우 장부가치회계를 시장가치회계로 대체할 것을 지지하고 있다(제15장 참조). 이에 더하여 이자율리스크와 시장리스크를 위한 자기자본규제는 은행들이 시장가치회계를 채택하는 방향으로 이동하도록 만들고 있다(제5장 참조). 자산을 시장가치로 평가하는 추세는 은행대출을 증권과 같게 만들고 이에 따라 은행대출채권을 판매하고 거래하기 더 쉽게 만든다.

자산중개와 대출채권거래

투자은행뿐만 아니라 대형 머니센터은행들이 증권거래와 증권거래수입을 점차 더 강조한다는 것은 가격변동성이 높고 이에 따라 잠재적인 거래이익이 만들어질 수 있는 대출채권 매각시장에 대하여 상당한 관심을 가질 것이라는 것을 의미한다. 대부분의 HLT 대출은 (재무부채권과 같은 고정소득증권과는 달리) 변동이자부이기 때문에 HLT 대출의 기초가치는 이자율 수준의 변동으로부터 크게 분리되어 있다. 그럼에도 불구하고 많은 HLT 대출의 낮은 신용의 질과 장기의 만기가 신용리스크 변동성을 증가시킬 가능성이 있다. 이 결과 AAA등급 회사에 대한 3개월 담보부 대출은 재무적으로 어려움을 겪는 회사에 대한 8년만기 HLT 대출과 비교하여 미래의 신용리스크를 더 가질 가능성이 적다. 이것은 투자등급 이하의 회사에 대한 대출채권거래는 시장에 참여하는 자산전환자로서가 아니라 자산거래자로서 전문적인 신용감시능력을 사용할 수 있는 금융회사에게 매력적이라는 것을 의미한다.

정부의 대출채권매각

1996년의 연방부채정리개선법의 통과와 연방정부 부서들의 계속적인 규모축소와 더불어 정부와 정부기관들에 의한 대출채권매각이 미래에 증가할 강한 가능성이 있다.

신용등급 부여

매각되는 대출채권에 "신용등급"을 부여하는 것이 증가하는 추세이다. 채권과는 달리 대출채권의 신용등급은 차입기업의 재무건전성 이상의 내용을 반영한다. 특히 담보의 가치는 대출채권의 신용등급을 표준적인 채권의 신용등급보다 한 단계 높게 변경시킬 수 있다. 보다 많은 대출채권들이 신용등급을 받음에 따라 대출채권유통시장의 구매자에 대한 대출채권의 매력은 증가할 가능성이 있다.

외국은행대출채권의 구매와 매각

일본 은행들은 2000년대 초에 장부가치로 1조 2,000억 달러 이상의 부실대출을 매각하는 거대한 시장을 개설하였다. 실제로 많은 상업은행들과 투자은행들은 이와 같은 부실대출채권의 일부를 사기 위한 펀드를 만들었다. 예를 들면, 2003년에 Goldman Sachs는 일본의 두 번째 대형은행인 SMFG로부터 부실대출채권을 매입하기 위한 93억 달러의 펀드를 공표하였다. 이 펀드는 이와 같은 규모의 부실대출채권 패키지가 일본의 비정부기관으로 처음 이전된다는 것을 보여 주었다. 이와 같은 거래는 한편으로는 기업구조조정과정에 대한 통제력을 여전히 보유하면서 은행들에게 대차대조표로부터 부실대출을 제거하는 한 방법을 제공하기 때문에 주의 깊게 감시되었다.[8]

개념질문

1. 미래에 대출채권매각시장의 성장을 억제시킬 수 있는 요인들은 무엇인가?
2. 대출채권매각시장의 성장을 저해하는 특정한 법적 우려는 무엇인가?
3. 미래에 대출채권매각시장의 성장을 촉진시킬 수 있는 요인들은 무엇인가?
4. FASB와 SEC는 왜 금융회사가 장부가치회계를 시장가치회계로 바꾸는 것을 지지하는가?

8) "SMFG Links with Goldman to Tackle Bad Loans," *Financial Times*, October 9, 2003, p.32 참조.

요 약

대출채권매각은 채권을 패키지화하여 이루어지는 완전한 대출채권 증권화의 원시적인 방법이다. 특히 대출채권매각은 신용리스크 노출을 보다 잘 관리하기 원하는 금융회사에게 매우 중요한 부외거래 방법을 제공한다. 새로운 대출채권매각시장은 1980년대에 급속히 성장하였고 금융회사들에게 신용의 질이 높거나 또는 낮은 단기 및 장기 대출을 매각처분할 수 있도록 허용하였다. 대출채권매각시장이 계속해서 성장할 것이라는 것을 제시해 주는 많은 중요한 요인들이 존재한다.

연습문제

1. 상환청구권을 가지고 매각되는 대출채권과 상환청구권이 없이 매각되는 대출채권의 차이점은 무엇인가?

2. 한 은행이 연간 8%의 이자를 지불하는 3년만기 1,000만 달러 대출을 하였다. 원금의 만기는 3차년도의 말이다.

a. 은행은 연간 8.5%의 이자율로 상환청구권과 함께 대출채권을 매각하려고 한다. 은행은 대출채권에 대하여 얼마의 가격을 받아야 하는가?

b. 은행은 연간 8.75%의 할인율로 상환청구권 없이 대출채권을 매각할 수 있는 옵션을 가지고 있다. 은행은 대출채권에 대하여 얼마의 가격을 받아야 하는가?

c. 만일 은행이 대출의 채무불이행확률이 0.5%로 기대하면, 대출채권을 상환청구권을 가지고 매각하는 것 또는 상환청구권 없이 매각하는 것 중 어느 것이 더 좋은가? 은행은 대출이 채무불이행되면 이자 또는 원금을 받을 수 없을 것으로 예상한다.

3. 단기대출채권매각의 중요한 특성들은 무엇인가?

4. 왜 유사한 만기와 발행규모를 가진 기업어음보다 대출채권매각의 수익률이 더 높은가?

5. 고차입거래(highly leveraged transactions: HLT)대출은 무엇인가? 연방규제당국은 HLT 대출을 어떻게 정의하는가?

6. HLT 대출채권의 특성은 매각되는 단기대출채권의 특성과 어떻게 다른가?

7. HLT 대출의 스프레드와 정크본드의 스프레드를 서로 다르게 만드는 이유는 무엇인가?

8. City Bank는 연간 10%의 이자를 지불하고 10년 만기를 가진 200만 달러의 HLT 대출을 시행하였다. 원금은 만기에 상환될 것으로 예상된다.

a. 이 정도의 리스크를 가진 대출채권의 현재 시장이자율이 12%이면 City Bank는 HLT 대출채권을 매각할 때 얼마를 받을 것으로 예상하여야 하는가?

b. 이 정도의 리스크를 가진 대출채권의 가격은 현재 달러당 88-89센트의 매입-매도 가격에 유통시장에서 호가되고 있다. 이와 같은 호가들을 HLT 대출채권의 실제가격으로 전환하라.

c. 이 가격들은 차입자가 재무적 곤경을 겪는 대출인지 또는 차입자가 재무적 어려움을 겪지 않

는 대출인지를 반영하는가? 설명하라.

9. 대출채권분할매각(loan participations)과 대출채권양도매각(loan assignments)의 차이점은 무엇인가?

10. 대출채권분할매각을 완성하는데 제기되는 어려운 점들은 무엇인가?

11. 미국 대출채권의 구매자들은 누구이고 그들은 왜 이러한 활동에 참여하는가?

a. 벌처펀드(vulture funds)는 무엇인가?

b. 은행 간 대출채권시장을 위축시키는 세 가지 이유는 무엇인가?

c. 소형은행이 신디케이트 대출에 참여하는 것에 관심을 가지는 이유는 무엇인가?

12. 미국 대출채권의 판매자들은 누구이고 그들은 왜 이러한 활동에 참여하는가?

a. 배드뱅크(bad bank)의 목적은 무엇인가?

b. 배드뱅크를 통한 대출채권매각이 가치를 증가시키는 이유는 무엇인가?

c. 1996년의 연방부채정리개선법이 대출채권매각시장에 어떠한 영향을 주었는가?

13. 신용리스크의 관리 이외에 금융회사에 의한 대출채권매각이 이루어지는 다른 이유들은 무엇인가?

14. 미래에 대출채권매각시장의 성장을 억제시킬 수 있는 요인들은 무엇인가?

15. 한 금융회사가 현재 자산의 평균 듀레이션을 3.5년에서 5년으로 증가시키기 위해 500만 달러의 대출채권을 구매할 계획이다. 금융회사는 현재 총자산으로 2,000만 달러, 현금으로 500만 달러(0 듀레이션), 대출로 1,500만 달러를 보유하고 있다. 모든 대출들의 가격은 적정하게 설정되어 있다.

a. 금융회사는 대출채권을 구매하기 위해 현금을 사용한다고 가정하라. 대출채권의 듀레이션이 7년이면 금융회사는 대출채권을 구매하여야 하는가?

b. 자산의 평균 듀레이션을 5년으로 증가시키기 위해 금융회사는 얼마의 듀레이션을 가진 대출채권을 구매하여야 하는가?

16. 신용리스크의 헤지 이외에 미래에 대출채권매각을 촉진시킬 것으로 기대되는 다섯 가지 요인은 무엇인가? 각 요인의 영향을 논의하라.

Web을 활용하는 질문

17. FDIC의 웹사이트(www.fdic.gov)에 가서 은행들의 최근 부동산 대출채권매각에 관한 정보를 구하라. 이와 같은 부동산대출채권매각 중 수익대출채권과 무수익대출채권의 비중은 각각 얼마인가? 이와 같은 부동산대출채권매각의 평균손실률을 계산하라.

관련 웹사이트

기관명	웹사이트
Bank for International Settlements	www.bis.org
Department of Housing and Urban Development	www.hud.gov
Federal Deposit Insurance Corporation	www.fdic.gov
Financial Accounting Standards Board	www.fasb.org
Loan Pricing Corporation	www.loanpricing.com
Securities and Exchange Commission	www.sec.gov
The Wall Strset Journal	www.wsj.com

제 22 장

증권화

22.1 서 론

선물, 선도, 옵션, 스왑, 대출채권매각과 더불어 대출과 증권담보부 기타 자산들을 패키지화하여 판매하는 것을 의미하는 **자산증권화(asset securitization)** (자산유동화라고도 부름)는 금융회사가 이자율리스크노출갭을 헤지하기 위해 사용하는 방법이다. 이에 더하여 증권화의 과정으로 인해 금융회사의 자산포트폴리오의 유동성이 제고되고 수수료 수입을 제공하며(금융회사는 판매되는 자산을 위한 서비스 대리인으로서 활동함), 자기자본규제, 필요지준, 예금보험료와 같은 규제에 의하여 발생하는 세금의 효과를 감소시키는 효과를 준다. 이에 따라 1980년에 모든 주택모기지의 15% 미만이 증권화되었으나 2006년 말 현재 모든 주택모기지의 67% 이상이 증권화되었다.

이 장에서는 금융회사의 수익-리스크 교환관계를 개선시키는데 있어서 증권화의 역할을 살펴보고 자산증권화의 3가지 중요한 형태를 설명하며 그들의 독특한 특성들을 분석한다. 자산증권화의 주요 형태는 pass-through증권, 다계층모기지담보부채권(collaterlized mortgage obligations(CMO), 모기지담보부채권(morgage-backed bonds)이다. 제21장에서는 보다 원시적인 형태의 자산증권화인 대출채권매각에 대하여 살펴보았다. 대출채권매각에서 대출채권은 투자자들에게 매각되거나 또는 거래되지만 새로운 증권은 창조되지 않는다. 증권화의 3가지 형태 모두는 부동산대출시장에서 발행되었지만, 이와 같은 기법들은 현재 모기지가 아닌 대출, 예를 들면, 신용카드대출, 자동차대출, 학생대출, 기업대출에 적용되고 있다.

▶**자산증권화(asset securitization)**
대출과 증권담보부 자산들을 패키지화하여 판매하는 것.

22.2 Pass-Through증권

금융회사는 자주 자신이 발행한 모기지들과 기타 자산들을 풀링해서 투자자들에게 pass-through증권의 형태로 판매한다. pass-through 모기지증권은 가계가 약정한 모기지풀의 원금과 이자 지불금을 기초자산인 모기지에 대하여 청구권을 보유하고 있는 유통시장 투자자(모기지담보증권 보유자)에게 전달한다. 금융회사가 판매한 모기지를 결합하여 모기지 풀의 원금과 이자가 pass-through증권 보유자에게 이전된다. 각 pass-through 모기지증권은 모기지풀의 부분적인 소유권을 나타낸다. 따라서 pass-through 모기지증권 발행분의 1% 소유자는 기초자산인 모기지의 만기 동안에 이루어지는 원금과 이자 지불의 1%를 받을 자격을 가진다. pass-through증권을 발행한 금융회사 (예를 들면, 은행 또는 모기지 회사) 또는 제3의 서비스 공급자는 모기지 매입자로부터 원금과 이자를 받고 이 중에서 서비스 수수료를 공제한 나머지 부분을 pass-through증권 보유자에게 전달한다. 금융회사의 대차대조표 상에 있는 많은 다른 형태의 대출들과 자산들이 현재 증권화되고 있지만 증권화가 처음 사용된 것은 주택 모기지시장의 유동성을 증가시키기 위한 정부보조프로그램의 결과이다. 이 프로그램은 간접적으로 미국에서 주택 소유를 보조한다. 이러한 이유로 정부기관 또는 정부보조에 의한 주택모기지 대출의 증권화를 분석하면서 논의를 시작하도록 하자. 3개의 정부기관 또는 정부후원기관이 모기지담보부 pass-through증권의 창조에 참여하였다. 비공식적으로 3개의 정부기관 또는 정부후원기관은 Ginnie Mae(GNMA), Fannie Mae(FNMA), Fredie Mac(FHLMC)으로 알려져 있다.

GNMA

Government National Mortgage Association(GNMA) 또는 "Ginnie Mae"는 FNMA로부터 분리되어 1968년에 출범하였다. GNMA는 2가지 중요한 기능을 가진 정부소유기관이다. 첫째 기능은 은행, 저축금융회사, 모기지은행과 같은 금융회사에 의한 모기지담보부증권 프로그램을 후원하는 것이다. 둘째 기능은 후원하는 모기지담보부증권의 원금과 이자 상환의 적시 이전에 관하여 모기지담보부증권의 투자자들에게 보증인으로 활동하는 것이다. 달리 말하면 GNMA는 **적시지급보증보험(timing insurance)**을 제공한다. 이것에 관하여 이 장의 후반부에서 보다 충분히 설명된다. 후원자와 적시상환의 보증자로서 활동하는데 있어서 GNMA는 채무불이행리스크 또는 신용리스크가 3개의 정부기관들, 즉 Federal Housing Administration(FHA), Veterans Administration(VA), Farmers Home Association (FMHA) 중 하나에 의하여 보증되는 모기지대출들의 풀에 대해서만 지원한다. 이들 기관들에 의하여 보증된 모기지대출들은 저소득 가계, 젊은 가계, 재향군인과 같이 주택시장에서 지원하지 않으면 불리한 입장에 처하게 되는 집단을 대상으로 이루어진다. 이에 따라 FHA/VA/FMHA-GNMA 증권화프로그램하에서 최대 모기지 규모가 제한된다.

▶ **적시지급보증보험(timing insurance)**
채권의 보유자에게 약속된 일자에 이자와 원금지불을 보증하는 GNMA와 같은 pass-through증권의 후원자가 제공하는 서비스.

FNMA

1938년에 창립된 Federal National Mortgage Association(FNMA), 또는 "Fannie Mae"는 3개의 모기지담보부증권을 후원하는 기관들 중에서 가장 오래된 기관이다. FNMA는 수요 거래소들에서 거래되는 주식을 가진 주주들이 소유하고 있는 민간기업이지만 많은 투자자들은 FNMA를 여전히 정부후원기관으로 인식하도록 실제는 암묵적인 정부지원을 받는다. 실제로 FNMA는 긴급한 상황에서 자금이 필요하면 미국 재무부로부터 이용가능한 신용한도를 가진다는 사실이 이 견해를 지지한다. FNMA는 pass-through증권을 창조하는데 GNMA보다 더 적극적인 기관이다. GNMA는 모기지담보부증권 프로그램을 후원한다. FNMA는 실제로 자기의 대차대조표 상에 모기지를 사서 보유함으로써 pass-through증권을 발행하는데 도움을 준다. FNMA는 또한 이와 같은 모기지 구매에 필요한 자금을 조달하기 위해 직접 채권을 발행한다.

특히 FNMA는 은행들과 저축금융회사들로부터 모기지대출 패키지를 구매하여 모기지담보부증권(mortgage-backed security: MBS)을 발행한다. FNMA는 생명보험회사들과 연금기금들과 같은 외부투자자들에게 MBS를 판매하여 모기지대출 패키지의 구매에 필요한 자금을 조달한다. 이에 더하여 FNMA는 원래의 모기지를 발행한 금융회사와 모기지/MBS 스왑거래에 참여한다. FNMA는 이자와 원금의 완전한 적시상환을 보증하기 때문에 MBS를 받는 금융회사는 자본시장에 MBS를 재매각하거나 또는 포트폴리오에 MBS를 보유할 수 있다. GNMA와 달리 FNMA는 전통적인 대출이 일반적으로 80%를 초과하지 않는 대출/가치비율 또는 대출/담보비율을 가지는 한 FHA/VA이 보증한 대출뿐만 아니라 전통적인 모기지대출을 증권화한다. 높은 대출/가치비율을 가진 전통적인 대출은 FNMA 증권화폐에 수용되기 전에 추가적인 민간부문의 신용보험이 요구된다.

FHLMC

Federal Home Loan Mortgage Corporation(FHLMC) 또는 "Freddie Mac"은 역사적으로 증권화과정에서 저축금융회사들이 참여했다는 점을 제외하고 FNMA와 유사한 기능을 수행한다. FNMA와 마찬가지로 FHLMC는 미국 재무부로부터 신용한도를 가지고 있는 주주 소유의 기업이다. 이에 더하여 FNMA와 같이 FHLMC는 금융회사들로부터 모기지 대출풀을 구매하고 대출과 MBS를 스왑한다. FHLMC는 또한 FHA/VA 모기지풀뿐만 아니라 전통적인 대출풀을 후원하고 자기가 발행하는 증권에 대한 이자의 적시상환과 궁극적인 원금상환을 보증한다.

pass-through증권 창조의 인센티브와 과정

투자자들에게 주는 모기지풀 증권화 과정을 통하여 창조된 증권들의 매력뿐만 아니라 모기지를 발행한 금융회사에게 주는 모기지풀 증권화 과정의 수익-리스크를 이해하기 위해 모기지풀 증권화의 과정을 자세히 살펴보자. [그림 22-1]에 pass-through증권의 창조 과정이 요약되어 있다. 6조 달러 이상의 모기지담보부증권 잔고의 대부분을 GNMA가 보증하는 점을 감안하여 GNMA pass-through증권의 예를 분석해 보자.[1]

한 은행이 영업을 하고 있는 지역에서 1,000개의 새로운 주택모기지를 방금 발행하였다고 하자([그림 22-1]의 Box 1). 각 모기지의 평균규모는 10만 달러이다. 따라서 새로운 모기지풀의 총규모는

$$1,000 \times \$100,000 = \$100,000,000$$

이다. 각 모기지는 소규모이기 때문에 FHA로부터 신용리스크보험의 보호를 받는다([그림 22-1]의 Box 1a). 이와 같은 보험은 모기지를 발행한 은행에게 수수료를 부과한다. 이에 더하여 이와 같은 새로운 모기지 각각은 30년의 만기와 연간 12%의 모기지 이자율(종종 모기지 표면이자율이라고 부른다)을 가지고 있다. 이와 같은 모기지대출을 발행한 은행은 자산을 보유하기 위해 필요한 자금을 조달하기 위해 대부분 자기자본뿐만 아니라 요구불예금과 같은 부채에 의존한다. 현재의 자본적정성 규제하에서 새로운 주택모기지 대출의 1달러는 약간의 자기자본에 의하여 지원되어야 한다. 주택모기지는 카테고리 3(리스크기준 자기자본

1) 2006년 모기지풀 잔고는 9조 1,000억 달러이었고, 이 중에서 GNMA 풀은 4,060억 달러, FNMA 풀은 2조 50억 달러, FHLMC 풀은 1조 4,010억 달러였다.

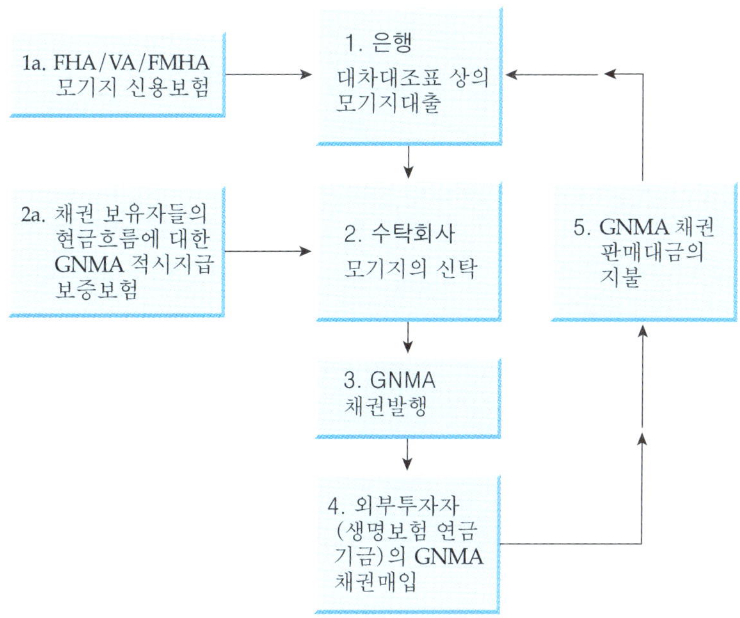

그림 22-1 GMNA Pass-Through증권의 창조과정

기준에서 50%의 리스크가중치를 가짐 ; 제15장 참조)에 속하고 리스크기준 자기자본규제가 8%이기 때문에 1억 달러의 모기지포트폴리오를 지원하기 위한 은행의 필요자본은

$$\text{필요자본} = \$100,000,000 \times 0.5 \times 0.08 = \$4,000,000$$

이다. 모기지포트폴리오에 필요한 나머지 9,600만 달러는 요구불예금에 의하여 조달된다고 가정하자. 현재의 규제하에서 은행은 요구불예금의 1달러에 대하여 연방준비제도에 지급준비로 10센트를 보유하여야 한다(제14장 참조). 은행이 요구불예금에 대하여 요구되는 지급준비에 필요한 자금을 조달하여야 한다고 가정하면, 은행은 모기지대출에 필요한 자금을 조달하기 위해 1억 667만 달러(= $96,000,000 / (1−0.1))의 요구불예금을 수취하여야 한다(1억 667만 달러는 모기지대출에 필요한 자금을 지원하기 위한 9,600만 달러와 요구불예금에 대하여 요구되는 필요지준을 지원하기 위한 1,067만 달러의 합이다). 요구불예금에 대한 필요지준은 본질적으로 은행의 주택모기지 포트폴리오에 필요한 자금에 대한 자기자본규제 이상으로 요구되는 추가적인 "규제에 의한" 세금이다.[2] 현재 CD와 정기예금에 대한 필요지준은 0이기 때

2) 암묵적으로 자기자본규제를 세금으로 간주하는 것은 규제당국이 민간은행의 입장에서 최적인 수준 이상을 최저수준으로 자기자본 규제수준을 설정한다고 가정하는 것이다.

표 22-1 은행의 대차대조표 (100만 달러)

자 산		부채와 자본	
현금지준	$ 10.67	요구불예금	$106.67
장기 모기지	100.00	자기자본	4.00
	$110.67		$110.67

문에 금융회사가 모기지 포트폴리오에 필요한 자금을 조달하기 위해 CD를 사용하면 필요지준을 지불하기 위한 추가적인 자금이 필요하지 않다는 점을 주목하라.

이러한 사항들을 고려하면 모기지대출을 한 후 은행의 대차대조표는 〈표 22-1〉의 대차대조표와 같을 수 있다. 자기자본규제와 필요지준에 더하여 은행은 은행자체의 리스크에 기초하여 FDIC에 연간보험료를 지불해야 한다. 28bp의 예금보험료(최저의 신용등급을 가진 은행의 경우)를 지불해야 한다고 가정하면 예금보험료는

$$\$106,670,000 \times 0.0028 = \$298,676$$

이다.[3]

은행은 모기지 포트폴리오로부터 연간 12% 모기지 표면이자를 벌지만, 세 가지의 규제에 의하여 부과되는 세금, 즉 자기자본규제, 필요지준, FDIC 보험료에 직면한다. 따라서 증권화하는 한 가지 인센티브는 세후 수익률을 증가시키기 위해 금융회사 규제에 의한 세금들을 감소시킬 수 있다는 점이다.[4] 주택모기지 포트폴리오 수익에 미치는 규제에 의한 세금들에 더하여 〈표 22-1〉과 같은 대차대조표를 가진 은행은 두 가지의 리스크에 노출되는 문제를 가진다.

■갭 노출 또는 $D_A > kD_L$

은행은 단기요구불예금으로 30년만기 모기지포트폴리오에 필요한 자금을 조달한다. 따라서 은행은 듀레이션 불일치를 가진다.[5] 모기지 자산에 필요한 자금이 단기 CD, 정기예금 또는 기타 차입자금으로 조달된다 하더라도 이와 같은 현상은 발생한다.

---

3) 2007년 현재 예금보험료는 최고의 신용등급을 가진 은행의 경우 5bp이다(제14장 참조).

4) 증권화의 다른 이유는 대출포트폴리오의 지리적 분산이다. 특히 많은 금융회사들은 지역사회에서 모기지를 발행한다. 증권화는 다른 도시들과 지역들의 모기지들에 기초하여 만들어진 모기지담보부증권들로 모기지를 대체하는 것을 용이하게 한다.

5) 제3장과 제4장에서 논의한 바와 같이 핵심 요구불예금은 일반적으로 3년 미만의 듀레이션을 가진다. 조기상환에 관한 가정에 따라 달라지기는 하지만 모기지는 일반적으로 적어도 4.5년의 듀레이션을 가진다.

■유동성리스크

은행은 매우 유동성이 낮은 장기 모기지 형태의 자산을 보유하고 있으나 초과지준을 보유하지 않고 있다. 따라서 은행은 대규모의 예기치 않은 요구불예금인출을 충족시키기 위해 모기지 자산을 저렴한 가격으로 매각해야 하는 리스크를 포함하여 제12장에서 논의한 유동성 부족의 가능성에 노출된다.

이와 같은 듀레이션 불일치와 유동성리스크문제에 대한 하나의 가능한 해법은 보다 장기인 예금을 발행하거나 또는 중기채권과 같은 부채를 발행함으로써 은행의 대차대조표상의 부채만기를 장기화하는 것이다. 다른 하나의 해법은 은행의 부채들을 장기의 고정이자부 특성을 가진 부채들로 전환시키는 이자율스왑에 참여하는 것이다(제20장 참조). 이와 같은 기법들은 규제에 의한 세금과 금융회사의 수익률에 부과되는 부담 문제를 해결하지 못한다.

이와는 달리 GNMA pass-through증권 창조는 한편으로는 듀레이션과 유동성리스크 문제를 해결하고 다른 한편으로는 규제에 의한 세금부담을 감소시킬 수 있다. 이 경우 은행은 GNMA pass-through증권을 발행하여 1억 달러의 주택모기지를 증권화하여야 한다. 주어진 예에서 은행은 기초자산인 1,000개의 모기지 각각은 FHA/VA 모기지 보험, 30년이라는 동일한 모기지 만기, 동일한 12%의 모기지 표면이자율을 가지고 있기 때문에 GNMA pass-through증권을 발행하여 1억 달러의 주택모기지를 증권화할 수 있다. 따라서 은행이 승인된 대부자이면 GNMA 프로그램하에서 1,000개의 모기지는 증권화의 대상이 될 수 있다.

은행은 1억 달러의 모기지대출을 패키지로 만들어 특수목적회사(special-purpose vehicle; SPV)의 부외거래 형태로 제3의 참여자인 수탁회사에게 맡겨 대차대조표로부터 1억 달러의 모기지대출을 제거시킴으로써 증권화 과정을 시작한다([그림 22-1]의 Box 2). 이와 같은 제3의 참여자인 수탁회사는 신용도가 높은 다른 은행이거나 또는 합법적인 수탁회사일 수 있다. 다음으로 GNMA는 모기지풀을 담보로 발행되는 채권에 대하여 적시의 이자와 원금상환을 보증하고, 은행 자신은 계속해서 모기지풀이 신탁된 후에도 수수료를 얻기 위해 모기지풀에 대하여 서비스를 제공한다([그림 22-1]의 Box 2a). 이어서 GNMA는 기초 자산인 1억 달러의 모기지풀을 담보로 pass-through증권을 발행한다([그림 22-1]의 Box 3). 이와 같은 GNMA 증권 또는 pass-through채권은 자본시장에서 외부의 투자자들에게 판매되고 (인수 수수료를 제외한) 매각대금은 모기지 발행은행에게 지불된다([그림 22-1]의 Box 4와 Box 5). 이와 같은 채권들의 대규모 구매자들은 보험회사들과 연기금들이다.

pass-through증권에 대한 상환구조를 살펴보기 전에 이와 같은 채권들이 투자자들에게 주는 매력을 살펴보자. 특히 pass-through증권에 대한 투자자들은 두 가지 형태의 채무불이행리스크로부터 보호를 받는다.

■모기지 차입자의 채무불이행리스크

급속한 주택가격하락 때문에 주택소유자가 가격이 떨어진 주택을 모기지 잔고보다 낮은 가격에 처분하고 모기지를 해약한다고 하자. 이것은 외부의 보증인이 없다면 모기지 채권 보유자를 손실에 노출시킬 수 있다. FHA/VA의 주택보험을 통하여 정부기관들은 차입자의 채무불이행리스크를 부담하고 이와 같은 손실에 대하여 채권보유자들을 보호한다.

■은행/수탁회사의 채무불이행리스크

모기지를 발행한 은행이 파산하거나 또는 수탁회사가 채권보유자들에게 지불하여야 하는 모기지 이자와 원금을 가지고 도망하였다고 하자. GNMA는 GNMA 증권에 대한 이자와 원금의 신속한 적시상환을 보증하였기 때문에 GNMA 채권보유자들에게 적시에 약속된 상환을 하는 비용을 완전하게 부담한다.

이와 같은 채무불이행에 대한 보호가 있기 때문에 GNMA 채권보유자들(또는 투자자들)의 수익은 풀에 있는 1,000개 모기지들의 월간 이자 및 원금상환금액에서 모기지 발행은행에 의한 모기지 서비스수수료와 GNMA에 지불되는 적시지급보증보험의 수수료를 공제한 금액이다. 이와 같은 수수료의 합은 약 50bp, 즉 1/2%이며 이 중에서 약 6bp는 적시지급보증보험을 위하여 GNMA에 대한 수수료로 지불되고 나머지 44bp는 서비스수수료로 모기지 발행은행에게 지불된다. 이 결과 GNMA 채권의 표면이자율은 기초자산인 모기지의 표면이자율보다 약 1/2% 낮게 설정된다. 주어진 예를 보면 다음과 같다.

모기지 표면이자율	= 12.00 %
(−) 서비스수수료	= 0.44 %
(−) GNMA 보험	= 0.06 %
GNMA pass-through채권의 표면이자율	= 11.50 %

GNMA가 모기지대출풀을 담보로 액면가격의 합이 1억 달러인 채권을 발행한다고 하자. 단일 채권의 최소금액은 25,000달러이다. 각 채권보유자는 은행이 받는 모든 월간 이자와 원금에서 서비스 비용과 보험료를 제외한 부분 중에서 보유한 채권의 비율에 해당하는 몫을 받는다. 따라서 만일 한 보험회사가 GNMA 채권발행액의 25%를 구매하였다면 (1,000채권×$25,000/채권=$25,000,000), 보험회사는 모기지풀에서 발생하는 약속된 월간 상환금액의 25%를 받는다.

매월 모기지 차입자들은 모기지대출 은행에게 일정금액을 상환한다. 은행은 이와 같은 상환금액의 합에서 서비스수수료와 보험료를 공제한 후의 자금을 수탁회사를 경유하여 GNMA 채권투자자들에게 전달한다(pass through). 이와 같은 일을 용이하게 하기 위해 대부분의 고정이자부 모기지들은 모기지대출기간 동안 **완전균등분할상환(full amorti-**

zation) 된다

모기지 차입자가 새로운 주택을 사기 위해서 또는 이자율이 하락하여 모기지를 리파이낸싱(refinancing)하기 위해서 모기지를 조기상환하지 않는 한, 채권보유자들은 확정수입채권에서 발생하는 현금흐름과 유사하게 매월 일정한 현금흐름을 받는 것을 예상할 수 있다. 그러나 실제로 모기지 차입자는 이와 같이 예측할 수 있는 방법으로 행동하지 않는다. 여러 가지 이유들 때문에 모기지 차입자들은 모기지를 재배치하거나(주택을 팔거나) 또는 (특히 현재 모기지 이자율이 기존 모기지 이자율보다 낮을 때) 모기지를 리파이낸싱한다. 이와 같이 모기지대출이 만기가 되기 전에 **조기상환(prepayment)** 되고 새로운 모기지로 전환될 수 있다는 것은 pass-through증권에서 실현되는 표면/현금흐름은 종종 조기상환이 없는 경우에 예상되는 표면/현금흐름과 크게 달라질 수 있다는 것을 의미한다. 이와 같은 독특한 조기상환리스크는 일부 투자자들에게 pass-through증권의 매력을 제공하지만 리스크를 회피하기를 원하는 다른 투자자들에게 pass-through증권을 회피하게 만든다. 조기상환리스크의 독특한 특성을 보다 상세하게 분석하기 전에 먼저 [그림 22-1]에 의해 pass-through증권의 창조과정을 요약하고 이어서 이와 같은 증권화가 금융회사경영자가 직면하는 듀레이션 불일치, 유동성리스크, 규제에 의한 세금 문제들을 어떻게 해결하는가를 분석하도록 하자.

▶**완전균등분할상환(full amortization)**
대출기간 동안 이자 일부와 원금 일부를 반영하는 같은 금액의 정기적인 상환.

▶**조기상환(prepayment)**
차입자가 만기 이전에 대출을 발행한 금융회사에게 대출을 조기상환하는 것.

앞의 논의에서 대차대조표 상에 모기지의 발행([그림 22-1]의 Box 1)에서 외부 투자자들에 대한 GNMA 채권의 매각([그림 22-1]의 Box 4)까지 GNMA 증권화 과정을 살펴보았다. 증권화 과정을 완성하기 위해 인수수수료를 공제하고 GNMA 채권의 매각대금([그림 22-1]의 Box 5)은 모기지 발행 은행으로 이전된다. 결과적으로 은행은 GNMA 증권화 과정을 사용하면서 장기 모기지를 현금으로 전환하였다. 증권화가 이루어진 후 은행의 대차대조표는 〈표 22-2〉와 같다.

표 22-2 증권화 이후 은행의 대차대조표 (100만 달러)

자 산		부채와 자본	
현금지준	$ 10.67	요구불예금	$106.67
모기지 증권화로부터 받은 현금대금	100.00	자기자본	4.00
	$110.67		$110.67

은행의 대차대조표 상에 극적인 변화가 발생하였다. 첫째, 유동성이 낮은 1억 달러의 모기지대출이 1억 달러의 현금으로 대체되었다. 둘째, D_A와 D_L의 듀레이션 불일치 정도가 감소되었다. 셋째, 규제차원에서 부과되는 세금을 감소시킬 수 있는 은행의 능력이 증가되었다. 특히 자본규제기준은 4%의 자본을 요구하는 주택모기지와 비교하여 대차대조표 상에 있는 현금에 대하여 자본을 요구하지 않기 때문에 은행은 필요자본을 감소시킬 수 있다. 만일 은행이 요구불예금을 지불하기 위해 GNMA 채권의 매각으로부터 받은 현금의 일부분을 사용하면 필요지준과 예금보험료도 감소된다.

물론 유동성이 높은 자산포트폴리오를 보유하고 자산규모를 축소시키는 것은 규제차원에서 부과되는 세금을 감소시키는 한 방법이나 이와 같은 전략이 금융회사의 이익을 증가시킬 가능성은 없다. 증권화의 진정한 논리는 GNMA 채권의 매각으로부터 발생하는 현금이 새로운 모기지를 창조하는데 재사용될 수 있다는 것이다. 이와 같은 새로운 모기지도 이어서 증권화될 수 있다. 이렇게 하면서 금융회사는 전통적인 자산전환자(asset transformer)이기보다는 자산중개자(asset broker)와 같이 행동한다. 자산중개자가 되는 장점은 금융회사가 모기지풀에 대한 서비스수수료와 모기지 발행에 따른 수수료에서 이익을 얻는다는 것이다. 동시에 금융회사는 자산전환자로서 행동하여 모기지를 대차대조표 상에 보유할 때 발생하는 유동성 및 듀레이션 불일치리스크와 규제차원에서 부과되는 세금을 더 이상 부담하지 않는다. 더 간단히 말하면 금융회사의 수익성은 이자율스프레드보다는 수수료에 더 의존하게 된다.

이와 같은 증권화의 한계는 분명히 증권화될 수 있는 모기지의 공급과 pass-through증권에 대한 투자자들의 수요에 의존한다. 앞에서 지적한 바와 같이 투자자들의 수요측면에서 pass-through증권의 독특한 특성은 조기상환리스크(prepayment risk)이다. 이러한 조기상환리스크의 독특한 특성과 이러한 특성이 왜 다른 금융회사들과 투자자들에 의한 투자를 억제하거나 또는 제한할 수 있는지를 이해하기 위해 이제 pass-through증권의 특성을 보다 엄밀하게 분석해 보자.

개념질문

1. pass-through증권은 무엇인가?
2. $D_A > kD_L$의 구조를 가지고 있는 금융회사는 자산을 증권화하여야 하는가? 그 이유는 무엇인가?

pass-through증권의 조기상환리스크

조기상환이 pass-through증권의 수익률에 미치는 영향을 이해하기 위해 기초 모기지 포트폴리오로부터 투자자들이 받는 현금흐름의 특성을 이해할 필요가 있다. 미국에서 가장 전통적인 모기지는 완전균등분할상환된다. 이것은 모기지 차입자가 모기지 금융회사에게 일부의 원금과 일부의 이자를 포함하는 일정한 금액을 매달 지불한다는 것을 의미한다. 약속된 총월간상환금액은 변화하지 않지만 모기지 계약기간 동안 이자상환부분은 점차 감소하고 원금상환부분은 점차 증가한다.

은행의 문제는 만기에 모기지대출을 정확히 상환하는 일정한 월간상환액을 결정하는 것이다. 이와 같은 일정한 월간상환액은 모기지 차입자가 상환하는 월간 "연금"("annuity")과 같다. 12%의 연간 모기지 표면이자율로 360개월 동안 매월 상환되어야 하는 1억 달러의 모기지풀을 구성하는 1,000개 모기지의 예를 생각해 보자.

모기지풀의 규모 = \$100,000,000

만기 = 30년 ($n = 30$)

연간 상환의 횟수 = 12 ($m = 12$)

r = 연간 모기지 표면이자율=12%

PMT – 대출기간 동안의 월간균등상환금액

따라서 다음 방정식으로부터 PMT의 해가 구해진다.

$$\$100,000,000 = \left[PMT\left(1+\frac{r}{m}\right)^{-1} + PMT\left(1+\frac{r}{m}\right)^{-2} + \ldots + PMT\left(1+\frac{r}{m}\right)\right.$$

$$= PMT\left[\left(1+\frac{r}{m}\right)^{-1} + \left(1+\frac{r}{m}\right)^{-2} + \ldots + \left(1+\frac{r}{m}\right)^{-360}\right]$$

대괄호 안에 있는 항은 유한등비급수의 합이므로 다음 식의 대괄호 안에 있는 항과 일치한다.

$$100,000,000 = \left[\frac{1-\dfrac{1}{\left(1+\dfrac{r}{m}\right)^{mn}}}{\dfrac{r}{m}}\right] \times PMT$$

대괄호 안에 있는 항은 연금의 현재가치($PVAF$)이다. 따라서 $100,000,000 = PVAF \times PMT$.

모기지의 일정한 월간상환액인 *PMT*에 대하여 풀기 위해 다시 정리하면

$$PMT = \frac{100,000,000}{PVAF}$$

$$PMT = \frac{100,000,000}{\left[\dfrac{1-\dfrac{1}{\left(1+\dfrac{r}{m}\right)^{mn}}}{\dfrac{r}{m}}\right]}$$

$$PMT = \frac{100,000,000}{\left[\dfrac{1-\dfrac{1}{\left(1+\dfrac{0.12}{12}\right)^{360}}}{\dfrac{0.12}{12}}\right]} = \$1,028,610$$

결과적으로 $PMT = \$1,028,610$이다. 개별 모기지가 1,000개이므로 모기지대출당 일정한 월간상환액은 센트 이하에서 사사오입하면 1,028.61달러이다. 따라서 조기상환이 없다고 가정하면 1,028.61달러의 월간상환액을 가진 1,000개의 모기지의 상환액은 30년 동안 총모기지 부채를 상환하게 될 것이다.

1,028,610달러의 총월간상환액은 매달 원금과 이자의 금액이 다르게 구성되어 있다.[6] 〈표 22-3〉은 $PMT = \$1,028,610$의 총월간 균등 모기지 상환액을 이자부분과 원금부분으로

표 22-3 완전균등분할상환 모기지의 상환구조

월차수	상환잔고	고정월간상환액 (*PMT*)	이자부분	원금부분	원금잔고
1	$100,000,000	$1,028,610	$1,000,000	$28,610	$99,971,390
2	99,971,390	1,028,610	999,714	28,896	99,942,494
.	.	.	.	.	.
.	.	.	.	.	.
.	.	.	.	.	.
.	.	.	.	.	.
360	.	.	.	.	.

6) 각 월간상환액의 센트 이하 단위에서 사사오입한 것 때문에 총월간 현금흐름액은 1,000×$1,028.61센트 = $1,028,610이라고 가정한다.

분할한 것이다. 첫 번째 달의 이자부분은 12%를 12로 나눈 것(즉 1%)과 모기지풀의 잔고(1억 달러)를 곱한 것이다. 이 금액은 100만 달러가 되고, 총월간상환액의 나머지 28,610달러는 모기지풀의 원금잔고를 상환하기 위해 사용될 수 있다. 첫 번째 달의 말에 모기지풀의 잔고는 28,610달러만큼 감소하여 99,971,390달러가 된다. 두 번째 달과 그 이후에 이자부분은 감소하고 원금상환부분은 증가하나 이 두 가지 부분들의 합은 1,028,610달러이다. 따라서 두 번째 달의 이자부분은 999,714달러(즉 두 번째 달 초 원금잔고의 1%)이고 원금상환부분은 28,896달러로 증가한다.

주택매입자가 모기지에 대하여 지불하는 표면이자율은 12%이지만 GNMA에게 지불하는 평균 6 bp 보험료와 모기지 발행은행에게 지불하는 44 bp 서비스수수료를 반영하면, GNMA 투자자들에게 이전되는 이자율은 $11\frac{1}{2}$%이다. 모기지대출의 기간 동안 모기지 발행은행에게 적정한 징수/서비스 인센티브를 만들기 위해 서비스수수료는 일반적으로 한 번의 전체금액 지불이 아니라 매월 지불된다. 예를 들면, 서비스수수료를 첫 번째 달에 한 번의 거액 선수금으로 받고 그 뒤에 전혀 받지 않는다면 360개월 동안 효율적인 징수/서비스 대리인으로서 모기지 발행은행이 활동하는 인센티브는 아마도 감소할 것이다.

$\frac{1}{2}$% 수수료의 효과는 GNMA 채권의 보유자에게 이전되는 현금흐름액을 감소시키는 것이다. 당신이 확인할 수 있는 바와 같이 12%의 연간이자율이 아닌 11.5%의 연간이자율을 반영하는 PVAF를 사용하면 GNMA 채권보유자들은 조기상환이 없다는 조건하에서 30년 동안 월간 1,028,610달러가 아니라 990,291달러를 받게 된다.

지금까지 살펴본 바와 같이 pass-through증권의 현금흐름은 기초 모기지로부터 발생되는 이자와 원금 현금흐름에서 서비스 및 보험 수수료를 공제한 것이다. 그러나 시간이 흐름에 따라 모기지이자율은 변화한다. y를 12%보다 높을 수도 있고 낮을 수도 있는 현재 연간 모기지 표면이자율이라고 하고 y를 새로이 액면가격으로 발행되는 pass-through채권의 수익률이라고 하자. 조기상환이 없는 경우 연간 $11\frac{1}{2}$%의 연간 표면이자율로 발행되는 GNMA 채권풀의 시장가치는 다음과 같다.

$$V = \frac{\$990,291}{\left(1+\frac{y}{12}\right)^{1}} + \frac{S990,291}{\left(1+\frac{y}{12}\right)^{2}} + \ldots + \frac{\$990,291}{\left(1+\frac{y}{12}\right)^{360}}$$

만일 y가 $11\frac{1}{2}$%보다 낮으면, GNMA 채권풀의 시장가치는 처음의 가치보다 상승할 것이고, 만일 y가 $11\frac{1}{2}$%보다 높으면, GNMA 채권풀의 시장가치는 처음의 가치보다 하락할 것이다. 그러나 가치평가는 1,000개 모기지들의 조기상환을 무시하였기 때문에 이것보다 훨씬 더 복잡하다. 실제로 조기상환리스크는 2가지의 중요한 원인, 즉 리파이낸싱(refinancing)과 주택변경(housing turnover)으로부터 발생한다.

■리파이낸싱

새로운 모기지의 표면이자율이 하락함에 따라 모기지풀에 있는 개인들이 처음의 고비용 모기지를 상환하고 보다 낮은 이자율로 자금을 재조달하려는 인센티브가 증가한다. 그러나 리파이낸싱은 거래비용과 재계약비용을 수반한다. 많은 은행들과 저축금융회사들은 모기지 잔고의 조기상환에 대하여 조기상환 벌과금 수수료를 부과하고 있다.[7] 이에 더하여 평가 및 신용확인 비용과 더불어 새로운 모기지에 대한 발행비용이 존재한다. 결과적으로 모기지풀에서 상당한 조기상환의 증가가 이루어지려면 모기지 이자율이 기존 모기지 표면이자율 이하로 상당한 크기가 하락하여야 한다.[8]

■주택변경

조기상환에 영향을 주는 다른 하나의 요인은 모기지풀에 있는 모기지가 만기에 이르기 전에 이동하는 경향성이다. 이사하거나 또는 주택을 변경하는 결정은 주택가격수준, 모기지 규모, 경제상황, 계절(예를 들면, 봄이 이사하기 좋은 계절이다)과 같은 복잡한 요인들에 의하여 이루어질 수 있다. 이에 더하여 기존의 모기지가 **인수가능모기지(assumable mortgage)**이면 주택의 매입자는 모기지 잔고의 상환을 인수한다. 따라서 모기지풀에 있는 주택의 매도가 반드시 모기지가 상환되어야 한다는 것을 의미하지 않는다. 이와 달리 모기지의 양도가 불가능한 경우에는 주택의 매도와 모기지 조기상환은 일 대 일 대응관계를 가진다. 대부분의 GNMA 모기지풀은 모기지가 양도되는 것을 허용한다. FNMA와 FHLMC에 의하여 후원되는 pass-through증권의 경우에는 모기지가 양도되는 것을 허용하지 않는다.

▶ **인수가능모기지(assumable mortgage)**
모기지 계약이 주택의 매도자로부터 주택의 매입자에게 양도될 수 있는 모기지.

[그림 22-2]는 현재의 모기지 표면이자율(Y)과 기존의 모기지풀에 있는 모기지 표면이자율(r) 간의 스프레드와 관련된 모기지풀의 조기상환 빈도를 그린 것이다. 현재 모기지 표면이자율(Y)이 모기지풀에 있는 모기지 표면이자율보다 높을 때($Y > r$) 모기지의 조기상환은 적다. 이것은 사람들이 직장, 이혼, 결혼, 기타 이유들로 이동하여야 하기 때문에 어

---

7) 그러나 연방규제는 일반적으로 첫 번째 주택모기지에 대하여 조기상환 벌과금의 부과를 금지하고 있다.

8) Follian and Tzany는 모기지 이자율이 기존 모기지 표면이자율보다 60bp 이하로 하락할 때에만, 평균적으로 잔존 만기가 10년인 모기지를 리파이낸싱할 인센티브가 존재한다는 점을 발견하였다. J. R. Follian and D. Tzang, "The Interest Rate Differential and Refinancing a Home Mortgage," *Appraisal Journal* 56, No.2 (1988), pp.243-51 참조. 예상할 수 있는 바와 같이 보유기간이 증가함에 따라 리파이낸싱을 위해 요구되는 이자율 차이는 감소한다.

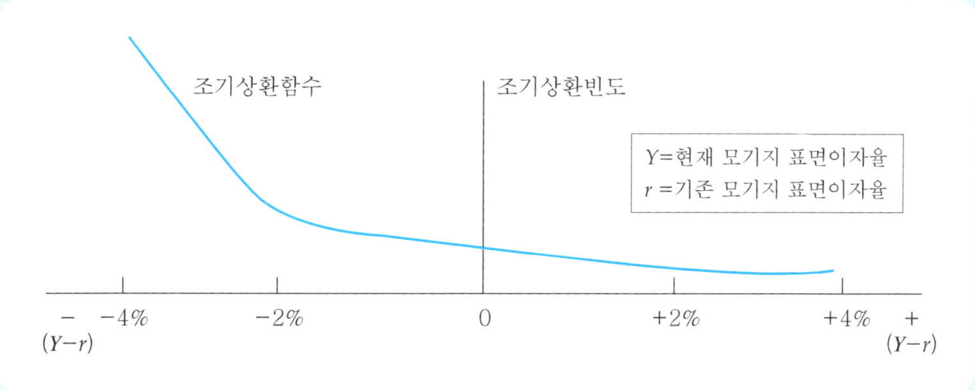

그림 22-2 조기상환빈도와 모기지 표면이자율 스프레드의 관계

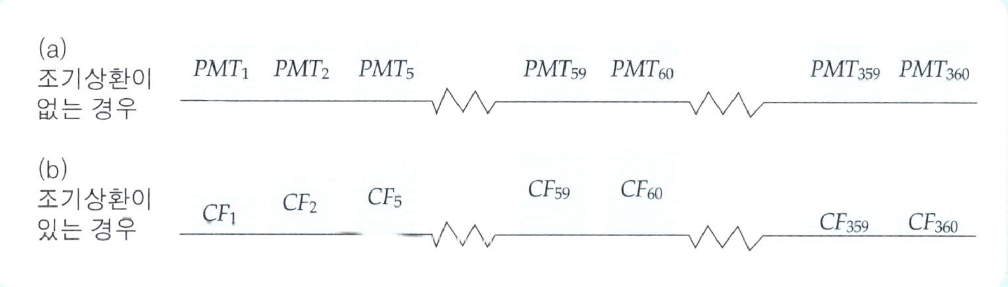

그림 22-3 조기상환이 pass-through 채권보유자의 현금흐름에 미치는 효과

쩔수 없이 주택을 변경하여야 하는 상황만을 반영하기 때문이다. 현재의 모기지 이자율이 r 이하로 하락할 때에도 모기지풀에 남아 있는 모기지들은 리파이낸싱, 계약 및 벌과금 비용이 낮아진 모기지 이자율로부터의 현재가치 저축분을 초과할 가능성이 있기 때문에 서둘러 상환되지 않는다. 그러나 모기지 이자율이 계속해서 하락함에 따라 모기지 보유자들이 조기상환하려는 성향은 크게 증가한다. 개념적으로 보면 모기지 보유자들은 콜옵션이 내가격(in the money)일 때, 즉 자산가격이 행사가격보다 높을 때 모기지에 대하여 매우 가치 있는 콜옵션을 가진다.[9] 즉 현재의 모기지 이자율이 충분히 낮게 하락하여 리파이낸싱에 의한 현재가치 저축이 행사가격(조기상환 벌과금 비용과 기타 수수료 및 비용)을 초과할

9) 이 옵션은 모기지 이자율의 하락이 모기지 차입자인 콜옵션 소유자를 위해 기존의 모기지를 판매하고 낮은 이자율로 새로운 모기지로 자금을 재조달하는 가치를 증가시키기 때문에 모기지 가격에 대한 콜옵션이다. M. J. Brennan and E.S.Schwartz, "Savings Bonds, Retractable Bonds, and Callable Bonds," *Journal of Financial Economics* 5 (1977), pp. 67–88 참조. 이 옵션은 또한 이자율에 대한 풋옵션으로 간주될 수 있다.

때 현재의 모기지가 상환될 것이다.

은행은 GNMA pass-through증권 투자자들에게 모기지 현금흐름을 판매하고 법에 의하여 받는 모든 상환금액(서비스 및 보증비용 공제)을 이전시켜야 하기 때문에 pass-through증권 투자자들의 현금흐름은 직접적으로 조기상환율을 반영한다. 결과적으로 조기상환이 없는 경우에 발생하는 것과 같이 동일한 월간 현금흐름(PMT)을 받는 대신에 GNMA pass-through 투자자들이 받는 실제의 현금흐름(CF)은 조기상환율에 따라 매달 변동한다([그림 22-3] 참조).

조기상환이 없는 경우, 월별 현금흐름은 동일하다. 즉 $PMT_1 = PMT_2 = \cdots = PMT_{360}$. 그러나 조기상환이 있는 경우 모기지풀로부터 실현되는 월별 현금흐름은 다를 수 있다. [그림 22-3]에서 두 번째 달부터 60번째에 최고의 수준에 이르기까지 현금흐름이 증가하는데, 이것은 모기지풀에 있는 1,000개의 모기지들 중 일부가 조기상환된 것을 반영한다. 이것이 후반에 지불되어야 하는 원금잔고와 이자를 적게 만든다. 예를 들면, 만일 300개의 모기지들이 60개월까지 완전히 조기상환되면 700개의 모기지들만이 60개월 시점에 모기지풀에 남아 있게 된다. 조기상환의 효과는 모기지풀의 기간 중 후반 월들에서 받는 원금과 이자의 현금흐름을 크게 감소시킨다는 것이다. 예를 들면, [그림 22-3]에서 360번째 달에 GNMA pass-through채권 보유자들이 받는 현금흐름은 60번째 달과 더욱이 첫 번째 달과 두 번째 달에 비하여 상대적으로 매우 적다. 이것은 모기지풀의 원금잔고가 감소한 것을 반영한다.

현재의 모기지 이자율의 하락과 가속화되는 조기상환은 12%의 모기지풀, 즉 $11\frac{1}{2}\%$ GNMA pass-through채권의 현재 시장가치에 좋은 뉴스 효과와 나쁜 뉴스 효과를 가진다.

좋은 뉴스 효과. 첫째, 시장수익률의 하락은 모기지 현금흐름의 재할인율을 하락시키고 주어진 현금흐름들의 현재가치를 증가시킨다. 이와 같은 일은 확정수입증권의 경우에 발생한다. 둘째, 시장수익률의 하락은 모기지풀 원금의 조기상환을 가속화시킨다. 결과적으로 원금상환이 모기지풀의 만기방향으로 기울어지는 것을 완화시켜 원금이 보다 훨씬 빠르게 상환된다.

나쁜 뉴스 효과. 첫째, 조기상환이 이루어지면서 보다 적은 이자지불이 이루어진다. 따라서 원금잔고가 조기에 상환되기 때문에 360개월 동안 예정된 이자지불의 일부는 불가피하게 상실된다. 즉 모기지 보유자들은 더 이상 보유하고 있지 않은 모기지대출에 대하여 이자를 지불하지 않는다. 둘째, 이자율 하락에 의해 이루어진 조기상환 때문에 발생한 현금흐름은 낮은 이자율에서 재투자될 수 있을 뿐이다. 즉 투자자들은 월간 현금흐름을 12%의 이자율로 재투자하는 대신 8%의 낮은 이자율에서만 재투자할 수 있다.

개념질문

1. pass-through증권 현금흐름의 두 가지 원천은 무엇인가?
2. pass-through증권의 기초자산인 모기지의 조기상환을 발생시킬 수 있는 두 가지 원인은 무엇인가?

주요 조기상환모형

분명히 금융회사의 투자포트폴리오를 관리하는 관리자들이 GNMA와 FNMA/FHLMC 채권포트폴리오의 적정한 가치와 리스크를 평가하려면 모기지의 조기상환행위에 대한 가정을 파악할 필요가 있다. 이어서 Public Securities Association(PSA) 조기상환모형, 실증모형, 옵션가치평가모형을 사용하면서 조기상환 효과를 모형화하는 세 가지의 방법에 대한 논의가 이루어진다.

(1) (2) (3) (4) (5) (6) (7) (8)

Friday, January 19, 2007

MORTGAGE-BACKED SECURITIES

Indicative, not guaranteed; from Bear Stearns Cos./Street Software Technology Inc.

(1)		(2) PRICE (Pts-32ds)	(3) PRICE CHANGE (32ds)	(4) AVG LIFE (years)	(5) SPREAD TO AVG LIFE (Bps)	(6) SPREAD CHANGE	(7) PSA (Prepay Spread)	(8) YIELD TO MATURITY*
30-YEAR								
FMAC GOLD	5.5%	98-23	−02	7.8	97	−2	190	5.75
FMAC GOLD	6.0%	100-18	−02	4.7	107	...	354	5.85
FMAC GOLD	6.5%	101-24	−01	2.7	90	3	654	5.74
FNMA	5.5%	98-22	−02	7.8	95	−2	191	5.73
FNMA	6.0%	100-17	−02	4.5	102	...	376	5.81
FNMA	6.5%	101-25	−01	2.5	73	3	723	5.59
GNMA**	5.5%	99-08	−03	7.6	88	−1	189	5.66
GNMA**	6.0%	101-03	−03	6.0	100	...	264	5.78
GNMA**	6.5%	102-12	−01	3.4	84	1	501	5.67
15-YEAR								
FMAC GOLD	5.0%	98-01	−02	5.2	70	−1	183	5.48
FNMA	5.0%	98-03	−02	5.1	65	−2	178	5.43
GNMA**	5.0%	98-11	−02	5.4	61	−2	166	5.39

*Extrapolated from benchmarks based on projections from Bear Stearns prepayment model, assuming interest rates remain unchanged.
**Government guaranteed.

COLLATERIZED MORTGAGE OBLIGATIONS

Spread of CMO yields above U.S. Treasury securities of comparable maturity, in basis points (100 basis points = 1 percentage point of interest)

MAT	SPREAD	CHG FROM PREV DAY
SEQUENTIALS		
2-year	93	...
5-year	107	...
7-year	118	...
10-year	122	...
20-year	123	...
PACS		
2-year	72	...
5-year	93	...
7-year	108	...
10-year	114	...
20-year	115	...

자료 : *The Wall Street Journal Online*, January 20, 2007. Reprinted by permission of The Wall Street Journal, © 2007 Dow Jones & Company, Inc. All Rights Reserved Worldwide.

그림 22-4 2007년 1월 19일의 Pass-Through증권

한 조기상환모형의 결과를 상세하게 살펴보면서 논의를 시작해 보자. [그림 22-4]에 열거되어 있는 pass-through증권들의 가격과 수익률을 살펴보자. (1)열은 pass-through증권 발행의 후원자(GNMA/FNMA/FMAC), 발행된 증권의 만기(30년 또는 15년), 각 모기지풀에 있는 모기지의 표면이자율(예를 들면, 6%), 서비스제공자/후원자의 이자수취와 채권보유자에 대한 실제 이자지불 간의 최대지연일수에 대한 정보를 보여 준다. FMAC의 옆에 있는 GOLD는 최대지연일수가 55일이라는 것을 의미한다. 이것은 FNMA와 FHLMC와 같고 GNMA보다 10일 길다.[10] 현재 시장가격이 (2)열에 일일 가격변화가 (3)열에 제시되어 있다.

(4)열은 예정된 원금상환일정에 대한 가정을 반영한 채권의 가중평균수명을 보여 준다. 이와 같은 가중평균수명은 현금흐름의 상대적인 현재가치를 가중치로 사용하여 계산된 가중평균만기를 측정하는 듀레이션과 다르다. 가중평균수명은 원금상환의 예상시점에 초점을 맞추고 있는 점에서 듀레이션을 크게 단순화한 것이다. 기술적으로 말하면 **가중평균수명(weighted-average life; WAL)**은 다음과 같이 측정된다.

$$WAL = \frac{\sum(\text{원금상환시점까지의 기간} \times \text{예상원금상환액})}{\text{총원금잔고}}$$

▶**가중평균수명(weighted-average life; WAL)**

원금상환이 이루어지는 시점까지의 기간과 예상원금상환금액을 곱하고 총원금잔고로 나누어 구한 평균수명.

예를 들면, 만기가 2년이고 원금이 1억 달러인 대출을 생각해 보자. 투자자들은 1차년도 말에 원금 중에서 4,000만 달러가 상환되고 나머지 6,000만 달러가 만기에 상환된다고 예상한다고 하자. 아래에 있는 표에서 금액단위는 백만 달러 기준이다.

시점	예상원금상환	시점×원금
1	$ 40	$ 40
2	60	120
	$100	$160

$$WAL = \frac{160}{100} = 1.6\text{년}$$

10) FMAC(또는 Farmer MAC)은 Federal Agriculture Mortgage Corporation의 약어이다. FMAC는 3개의 주요 모기지 후원기관들(GNMA, FNMA, FHLMC)보다 규모가 작고, 농업 모기지에 전문화되어 있다.

(4)열에서 보는 바와 같이 모기지풀들의 WAL은 모두 7.8년 미만이다.

(5)열과 (6)열은 재무부채권과 비교한 모기지담보부증권의 수익률스프레드와 이 스프레드의 일일 변화를 보여 준다. 여기서 제시되어 있는 수익률스프레드는 평균수명에 대한 스프레드이다. 보다 복잡한 (그리고 가장 많이 사용되는) 수익률스프레드는 앞으로 상세하게 설명하는 옵션조정스프레드(option-adjusted spread; OAS)이다.

OAS는 마지막 열((8)열)에 있는 만기수익률을 사용하여 만기가 일치되는 재무부채권의 수익률을 공제하면서 계산될 수 있다. 마지막 열의 만기수익률은 투자은행인 Bear Stearns에 의하여 추정된 조기상환행위에 의하여 계산된다. 앞으로 논의하는 바와 같이 조기상환행위를 고려하면서 채권의 가치가 평가되고 채권의 수익률은 명시적인 조기상환 “옵션” 모형을 사용하면서 계산된다. 이것은 모기지 차입자들의 조기상환행위와 이러한 조기상환행위가 수익률에 미치는 효과를 계산하는 한 가지 방법이다. 조기상환행위를 모형화하는 두 가지 다른 방법은 (1) Public Securities Association(PSA) 모형을 사용하는 방법과 (2) 실증모형을 사용하는 방법이다. 이와 같은 두 가지 방법은 옵션에 의한 방법과 더불어 다음 절에서 논의된다. 여러 가지 증권들의 PSA 조기상환속도가 [그림 22-4]의 (7)열에 제시되어 있다. 이와 같은 스프레드는 PSA 벤치마크 조기상환속도의 183%에서 723%까지 다양하다.

PSA 모형

Public Securities Association에 의하여 개발된 조기상환 모형은 FHA 보험을 가진 모기지풀들의 과거경험에 기초하여 계산된 평균조기상환율을 반영한 실증모형이다. 본질적으로 PSA 모형은 조기상환율이 첫 번째 달에 0.2%(연율)로부터 시작하여 6%에 이르기까지 처음 30개월 동안 매월 0.2%(연율)만큼씩 증가한다고 가정한다. 이 모형은 그 이후 조기상환율은 모기지풀의 나머지 수명기간 동안 연간 6%에서 유지된다고 가정한다[11]([그림 22-5] 참조). 모기지풀 조기상환이 정확히 이와 같은 패턴과 일치한다고 가정하는 경우 모기지 발행자들 또는 투자자들은 100% PSA를 가정하고 있다고 말한다. 현실적으로 한 특정한 pass-through증권을 지원하는 어느 특정한 모기지풀의 실제 조기상환율은 다음과 같은 일반적이고 경제적인 이유들 때문에 PSA가 가정한 패턴과 다를 수 있다.

1. 현재 모지기 표면이자율(가중평균 모기지 표면이자율)과 비교하여 상대적인 모기지풀의 표면이자율 수준.
2. 모기지풀의 수명
3. 완전균등분할상환여부

11) 30번째 달 이후 조기상환은 매월 약 $\frac{1}{2}$%씩 이루어진다.

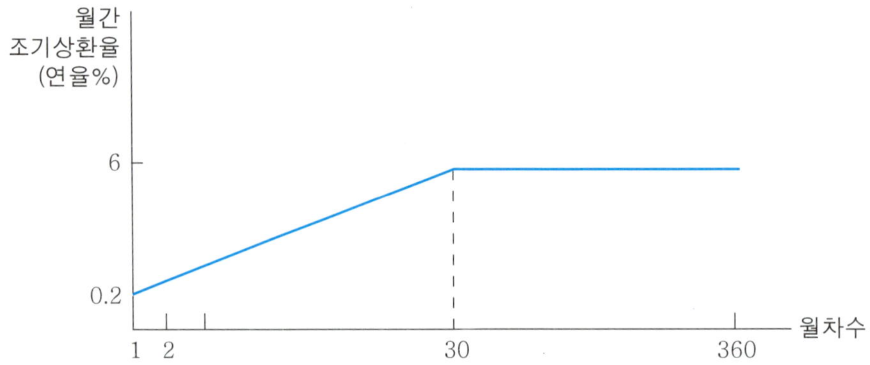

그림 22-5 PSA 조기상환 모형

4. 모기지풀에 포함되어 있는 모기지의 인수가능성
5. 모기지풀의 규모
6. 전통적인 또는 비전통적인 모기지(FHA/VA)
7. 지리적 위치
8. 풀에 있는 모기지 차입자의 연령과 직업

이러한 문제를 다루는 한 가지 방법은 어느 특정한 모기지풀의 조기상환율을 PSA의 평균적인 또는 벤치마크 패턴으로부터 일정하게 이탈하는 정도로 가정함으로써 이와 같은 요

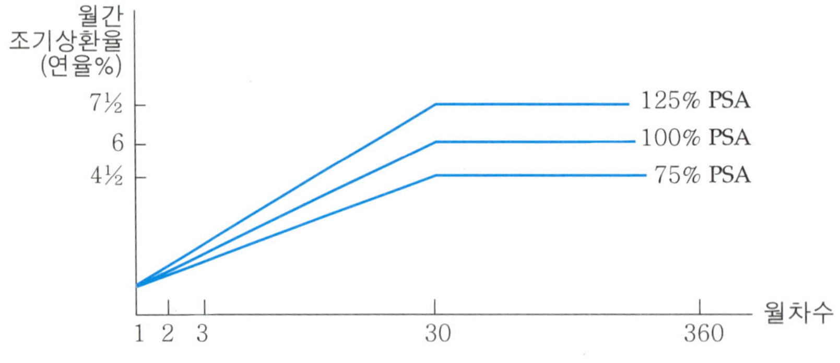

그림 22-6 100% PSA로부터의 이탈

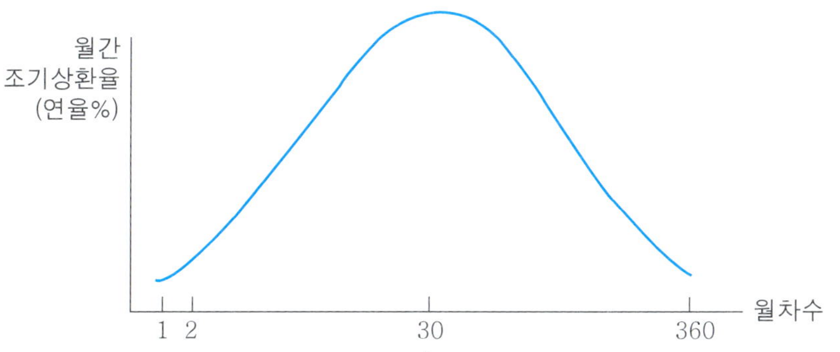

그림 22-7 모기지풀의 추정 조기상환 함수

인들을 대략적으로 통제하는 것이다. 예를 들면, 한 모기지풀에 대하여는 75% PSA, 다른 모기지풀에 대하여는 125% PSA가 가정될 수 있다. 전자는 역사적으로 경험한 것보다 낮은 조기상환율을 가지며 후자는 역사적으로 경험한 것보다 높은 조기상환율을 가진다. [그림 22-4]의 (7)열에서 FMAC GOLD, 6% 30년만기 채권은 354%의 PSA를 가진다. 즉 이 채권은 30년만기 모기지담보채권들이 일반적으로 경험한 것보다 더 빠르게 조기상환이 이루어질 것으로 예상된다. 이것은 모기지 이자율은 2006년에 상승하였지만 2007년 1월에 신규 모기지에 대한 이자율이 역사적 수준보다 크게 낮았기 때문이다.

■실증모형

pass-through증권들을 거래, 판매, 발행하는 금융회사들은 가격우위를 확보하기 위해 조기상환행위에 대한 그들의 독자적인 실증모형을 개발하였다. 분명히 가장 양호하고 정확한 조기상환모형을 개발할 수 있는 금융회사는 이와 같은 채권들을 발행하거나 또는 유통시장에서 거래하면서 큰 이익을 확보할 수 있다. 매우 다양한 실증모형들이 개발되었기 때문에 몇 가지 방법론들에 대하여 간략하게 살펴보도록 하자.

특히 대부분의 실증모형들은 금융회사들이 월간 조기상환의 패턴에 대한 그들 자신의 추정치를 적용한 PSA 모형의 독자적인 버전들이다. 이와 같은 모형화 시도를 통하여 금융회사는 pass-through증권의 적정가격 또는 적정수익률을 추정할 수 있다. 물론 pass-through증권들을 매입하고 매각함으로써 대부분의 이익을 확보하는 금융회사는 가장 정확하게 실제의 조기상환행위를 예측한 금융회사이다.

실증적 가치평가모형을 구축하기 위해 금융회사는 가치평가가 이루어지는 모기지풀과 유사한 모기지풀에서 어느 특정한 기간 동안 조기상환하는 모기지 보유자들의 경험을 관찰하여 조기상환함수를 추정한다. 따라서 조기상환율은 주어진 기간 이전에 조기상환되지 않은 모기지들에 조건부로 결정되는 특성을 가진다. i번째 월에 발생하는 유사한 모기지풀들의 조건부 조기상환율(p_i)은 조기상환을 하게 만드는 중요한 경제변수들의 함수로 모형화된다. 예를 들면, $p_i = f$(모기지 이자율스프레드, 모기지의 수명, 담보, 지리적 요인, **총조기상환율(burn-out factor)**).[12] 이와 같은 모형화에서 모기지 이자율스프레드와 같은 일반적으로 조기상환에 영향을 주는 시장요인들뿐만 아니라 모기지의 수명과 조기상환율같은 특정한 모기지풀에 영향을 주는 특성들이 고려되어야 한다. [그림 22-7]에서 보는 바와 같이 p_i의 확률분포가 추정되면 금융회사는 고려하고 있는 모기지풀의 예상현금흐름을 계산할 수 있고 모기지풀의 현재 시장가격이 주어져 있는 경우 모기지풀의 적정수익률을 추정할 수 있다.

▶**총조기상환율(burn-out factor)**
고려하고 있는 기간 이전에 조기상환된 모기지풀의 비율.

■옵션모형[13]

세 번째 그룹에 속하는 모형들은 pass-through증권들의 적정수익률([그림 22-4]의 (8)열참조)과 특히 재무부채권과 비교한 pass-through증권들의 적정수익률 스프레드를 계산하기 위해 옵션이론을 사용한다. 이와 같은 소위 옵션조정스프레드(option-adjusted spread: OAS) 모형들은 재무부채권과 비교하여 요구되는 pass-through증권의 적정수익률 스프레드의 중요한 결정요인으로 pass-through 채권의 조기상환리스크에 초점을 맞춘다. 따라서 이들 모형들은 조기상환에 대한 리파이낸싱인센티브와 자금재조달에 수반되는 다양한 거래비용과 재계약비용을 적절하게 고려하지 못하고 있다는 비판에 직면하여 있다. 최근 연구는 실증모형접근법과 옵션모형접근법을 통합하는 시도를 하고 있다.[14]

옵션모형은 기본에 충실하게 GNMA pass-through증권과 같은 pass-through채권의 적정가격은 두 부분으로 분해될 수 있는 것으로 간주한다.

$$P_{GNMA} = P_{TBOND} - P_{PREPAYMENT\ OPTION}$$

12) 총조기상환율은 i번째 월 이전에 모기지풀의 조기상환 정도에 대한 요약 척도이다. 따라서 이 지표는 모기지풀들 간보다는 주어진 모기지풀에서 조기상환행위의 이질적 요소들을 포착한다.

13) 이 절은 상대적으로 기술적인 내용을 포함하고 있다. 이 절은 본 장의 연속성을 해치지 않고 독자의 수준정도에 따라 읽는 내용에 포함되거나 또는 제외될 수 있다.

14) 예를 들면, W. Archer and D. C. Ling, "Pricing Morgage-Backed Securities: Should Contingent-Claim Models Be Abandoned for Empirical Models of Prepayments?," paper presented at the AFA Conference, Anaheim, California, January 1993. 참조.

즉 투자자에 제시되는 GNMA 채권의 가격(P_{GNMA})은 동일한 듀레이션을 가진 표준적인 수의상환불가 재무부채권(noncallable Treasury bond)의 가격(P_{TBOND})에서 모기지 보유자의 조기상환 콜옵션가격($P_{PREPAYMENT\ OPTION}$)을 뺀 것과 같다. 특히 모기지 보유자의 조기상환 능력은 모기지 차입자가 이 옵션을 소유하거나 또는 판매할 수 있는 능력과 같다. 만일 이자율이 하락하면 이 옵션은 내가격(in the money)으로 이동하여 보다 가치가 있게 되고 조기상환 옵션이 행사되면서 보다 많은 모기지가 조기상환된다. 이와 같은 관계는 또한 수익률의 차원에서 다음과 같이 간주될 수 있다.

$$Y_{GNMA} = Y_{TBOND} + Y_{OPTION}$$

GNMA 채권에 대한 투자자의 요구수익률은 유사한 듀레이션을 가진 재무부채권의 수익률과 가치 있는 콜옵션을 인수하는데 따른 추가적인 수익률을 합한 것과 같아야 한다. 즉 GNMA 채권과 재무부채권 간의 적정수익률 스프레드 또는 **옵션조정스프레드(option-adjusted spread; OAS)**는 이와 같은 옵션의 가치를 반영한다.

▶**옵션조정스프레드(option-adjusted spread; OAS)**
조기상환리스크를 반영하여 재무부채권 수익률 이상으로 요구되는 pass-through증권의 이자율 스프레드.

옵션모형접근법과 OAS에 대하여 보다 잘 이해하기 위해 GNMA 채권의 옵션조정스프레드 계산방법을 보여 준 S. D. Smith의 방법을 따라서 한 가지 예를 살펴보자.[15] 옵션모형의 특성을 단순화하기 위해 다음과 같이 가정한다.

1. 조기상환의 유일한 이유는 보다 낮은 이자율로 모기지대출을 리파이낸싱하기 위한 것이다.
2. 재무부채권의 현재 할인(무이표)수익률곡선은 수평이다(이 가정은 완화될 수 있다).
3. 모기지 표면이자율은 모기지풀 잔고의 10%이고 모기지 원금잔고는 100만 달러이다.
4. 모기지들은 3년만기를 가지고 있으며 각 연도의 말에 한 번씩 원금과 이자를 상환한다. 물론 실제 세계에서의 모기지들은 15년 또는 30년만기를 가질 것이고 이자와 원금을 월단위로 상환한다. 이 가정은 논의를 단순화하기 위해서 도입된 것이다.
5. 모기지대출은 완전균등분할상환되고 서비스수수료가 없다(이 가정은 완화될 수 있다). 따라서 조기상환이 없는 조건하에서 연간 완전균등분할상환금액은

15) S. D. Smith, "Analyzing Risk and Return for Mortgage-Backed Securities," Federal Reserve Bank of Atlanta, *Economic Review*, January-February 1991, pp. 2-11 참조.

$$PMT = \frac{100,000,000}{\left[\frac{1-\frac{1}{(1+0.10)^3}}{0.1}\right]} = \frac{100,000,000}{2.48685} = \$402,114$$

이다. 조기상환이 없고 채무불이행리스크가 없으며 현재 모기지 이자율(y)이 9%인 경우 GNMA 채권의 가격은 다음과 같다.

$$\begin{aligned} P_{GNMA} &= \frac{PMT}{(1+y)} + \frac{PMT}{(1+y)^2} + \frac{PMT}{(1+y)^3} \\ &= \frac{\$402,114}{(1.09)} + \frac{\$402,114}{(1.09)^2} + \frac{\$402,114}{(1.09)^3} \\ &= \$1,017,869 \end{aligned}$$

6. 조기상환 벌과금과 기타 리파이낸싱비용 때문에 모기지 차입자들은 어느 연도에 모기지 이자율이 모기지풀의 표면이자율(이 예에서 모기지 표면이자율은 10%이다)보다 3% 이상 하락하여야 조기상환을 시작한다.
7. 시간이 흐름에 따라 변동하는 이자율은 각 연도에 최대 1% 상승하거나 또는 하락한다. 이자율의 시간 경로는 이항과정(binomial process)을 따른다.
8. 조기상환이 발생하는 경우, 어느 연도의 현금흐름은 약정된 상환금액(PMT= \$402,114)과 원금잔고의 상환액을 합한 것이 되거나 또는 이전 연도에 모든 모기지들이 조기상환되거나 또는 상환되었으면 0이 될 수 있다.

[그림 22-8]에 관련된 확률들(p)과 3년 동안의 이자율 시간경로가 제시되어 있다.

연도 1의 말. 이자율은 연간 1%만 상승하거나 또는 하락할 수 있기 때문에 첫 해에 이자율이 하락할 것이라고 예상할 수 있는 최대크기는 8%까지이다. 이 이자율 수준에서 모기지 이자율 하락에 의한 저축분이 조기상환의 벌과금 비용에 의하여 상쇄될 것이기 때문에, 즉 모기지 이자율이 적어도 10%의 표면이자율보다 적어도 3% 이상 하락할 때에만 조기상환할 가치가 있다는 가정에 의해 모기지 보유자 어느 누구도 조기상환하지 않을 것이다. 이 결과 GNMA pass-through채권 투자자는 확실하게 PMT = \$402,114를 받을 것으로 예상할 수 있다. 따라서 연도 1 말의 기대 현금흐름은 $E(CF_1)$ = \$402,114이다.

연도 2의 말. 연도 2에서는 3가지 가능성의 모기지 이자율 시나리오가 존재한다. 그러나

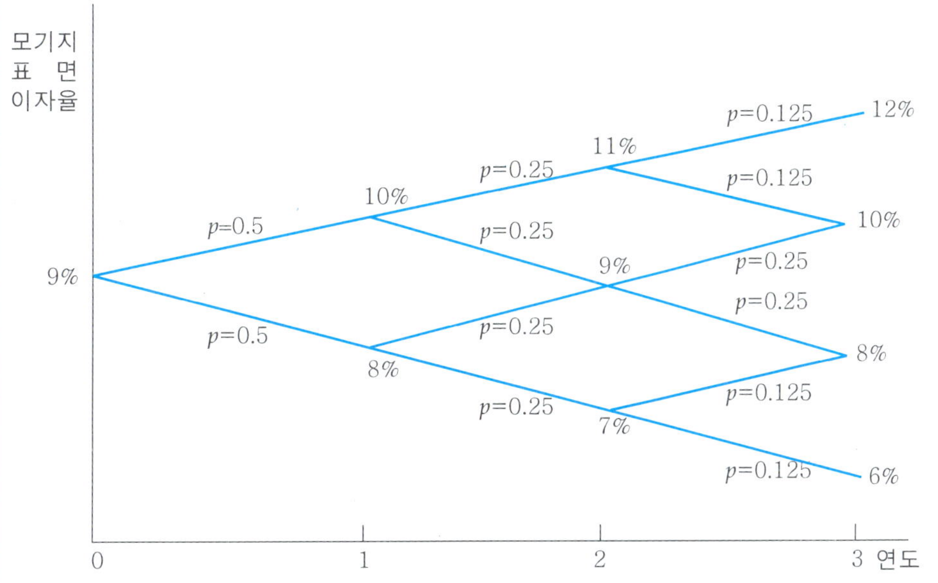

그림 22-8 모기지 이자율변화의 시간경로

조기상환을 발생시키는 유일한 한 가지 시나리오는 모기지 이자율이 (모기지풀의 10% 표면이자율보다 3% 낮은) 7%로 하락하는 경우이다. [그림 22-8]에 의하면 이러한 일은 25%의 확률로 발생한다. 만일 조기상환이 75%의 확률로 발생하지 않는다면 투자자는 *PMT* = \$402,114를 받는다. 만일 25%의 확률로 조기상환이 발생하면 투자자는 *PMT* + 연도 2 말의 원금잔고를 받는다.

연도 2의 말 원금잔고는 다음과 같이 계산될 수 있다. 첫 번째 연도의 말에 균등상환금액 *PMT* = \$402,114를 이자상환분과 원금상환분으로 나눈다. 모기지 표면이자율이 10%이므로 이자상환금액은 0.10 × \$1,000,000 = \$100,000이고 원금상환금액은 \$402,114 − \$100,000 = \$302,114이다. 따라서 두 번째 연도 초에 원금잔고는 \$100,000 − \$302,114 = \$697,886이다. 두 번째 연도의 말에 약정된 균등상환금액 *PMT* = \$402,114는 0.10 × \$697,886 = \$69,788.6의 이자상환금액과 \$402,114 − \$69,788.6 = \$332,325.4의 원금상환금액으로 구분될 수 있다.

두 번째 연도 말에 원금잔고는 \$697,886 − \$332,325.4 = \$365,560.6이다. 따라서 만일 수익률이 7%로 하락하고 조기상환이 발생하면 연도 말 2에 투자자가 받는 현금흐름은 *PMT* + 연도 2 말의 원금잔고 = \$402,114 + \$365,560.6 = \$767,674.6이다. 결과적으로 연도 2

말의 기대현금흐름은

$$E(CF_2) = 0.25(\$767,674.6) + 0.75(\$402,114)$$
$$= \$191,918.65 + \$301,585.5$$
$$= \$493,504.15$$

이다.

연도 3의 말. 모기지가 연도 2에 조기상환될 확률은 25%이기 때문에 투자자가 연도 3의 말에 아무런 현금흐름을 받지 못할 확률은 25%이다. 왜냐 하면 모기지 보유자들이 모든 모기지들을 연도 2에 조기상환하면 연도 3에 아무런 부채를 가지고 있지 않기 때문이다. 그러나 연도 2의 말에 모기지가 조기상환되지 않을 확률이 75%이다. 따라서 연도 3의 말(만기)에 투자자는 약속된 균등상환금액 $PMT = \$402,114$를 받을 75%의 확률을 가지고 있다. 연도 3의 기대 현금흐름은 $E(CF_3) = 0.25(0) + 0.75(\$402,114) = \$301,585.5$이다.

■옵션조정스프레드의 계산

방금 논의한 바와 같이 개념적으로 조기상환리스크를 가진 GNMA pass-through증권 또는 기타 pass-through증권의 요구수익률은 재무부채권의 요구수익률과 모기지 보유자에게 주어지는 조기상환 콜옵션에 대한 요구스프레드로 다음과 같이 분해된다.

$$P = \frac{E(CF_1)}{(1+d_1+O_s)} + \frac{E(CF_2)}{(1+d_2+O_s)^2} + \frac{E(CF_3)}{(1+d_3+O_s)^3}$$

여기서

P = GNMA의 가격

d_1 = 1년만기, 무이표 재무부채권의 할인율

d_2 = 2년만기, 무이표 재무부채권의 할인율

d_3 = 3년만기, 무이표 재무부채권의 할인율

O_s = GNMA pass-through증권에 대한 옵션조정스프레드

재무부채권의 수익률곡선이 수평이라고 가정하면 $d_1 = d_2 = d_3 = 8\%$. 이제 주어진 식으로부터 O_s에 대한 해를 구할 수 있다.

$$1,017,869 = \frac{\$402,114}{(1+0.08+O_s)} + \frac{\$493,504.15}{(1+0.08+O_s)^2} + \frac{\$301,585.5}{(1+0.08+O_s)^3}$$

O_s 대하여 이 식을 풀면 $O_s = 0.96\%$(소숫점 2자리까지 구하면)이고,

$$Y_{GNMA} = Y_{TBOND} + O_s = 8\% + 0.96\% = 8.96\%.$$

조기상환리스크가 존재할 때 GNMA pass-through증권의 기대수익률은 8.96%이고 조기상환이 발생하지 않을 때 수익률인 9%보다 낮다는 점에 주목하라. 이와 같이 약간 낮은 수익률이 발생하는 것은 (원금의 조기상환과 같은) 조기상환의 긍정적 효과가 (이자상환의 손실과 같은) 부정적 효과를 능가하기 때문이다. 그러나 만일 가능한 이자율변화의 폭을 넓게 만들고 조기상환에 대한 벌과금이 크게 되도록 가정들을 바꾸면 이 결과는 역전될 수 있다는 점에 주목하라.

그럼에도 불구하고 옵션조정스프레드접근법은 금융회사들이 포트폴리오 속에 GNMA pass-through증권과 기타 pass-through증권들을 포함시키기 전에 그들이 수용할 수 있는 이들 채권들의 수익률 하한을 설정할 수 있다는 점에서 금융회사들에게 유용하다. 현실적으로 리파이낸싱이 없는 조기상환행위와 패턴에 대한 고려가 이루어져야 한다. 그렇지 않으면 pass-through증권의 가격이 상당히 잘못 설정될 수 있다.

개념질문

1. $D_A < kD_L$의 구조를 가진 금융회사는 보유한 자산들을 증권화하여야 하는가? 그 이유는 무엇인가?
2. 조기상환행위를 모형화하기 위해 애널리스트들에 의하여 개발된 3가지 접근법들을 논의하라.
3. 옵션모형접근법에서 거래비용과 기타 계약비용이 pass-through증권의 적정가격 또는 적정 이자율스프레드에 대한 예측정확성을 저해할 수 있는 3가지 경로를 열거하라.

FNMA/Freddie Mac에 대한 정부 후원과 감독

FNMA와 FHLMC는 미국의 단일가계 모기지풀의 56% 이상을 보유하고 있기 때문에 금융시스템에서 매우 중요하다. 일부의 규제당국들과 정치가들은 정부후원기관인 FNMA와 FHLMC는 너무 과다한 시장점유율을 가지고 있다고 주장한다. 2000년대 초에 그들의 부채/자본 비율이 증가함에 따라 그들의 신용손실이 증가하였다. 두 기관의 부채/자본 비율은 부외거래노출에 대한 가정에 따라서 30%로부터 97%까지의 범위에 이른다.

또한 이들 두 기관은 여러 가지 이유 때문에 비난을 받았다. 첫째, 2002년 9월에 Fannie Mae는 대차대조표 상에 존재하는 이자율리스크의 급격한 증가 때문에 비판을 받았다. Fannie Mae의 주요 규제 당국인 OFHEO(Office of Federal Housing Enterprise Oversight)는 Fannie Mae에게 이자율리스크 노출에 대한 주간 보고서를 제출하도록 요구

하였다. 또한 OFHEO는 Fannie Mae에게 규제당국에 이자율리스크 노출을 보다 더 수용 가능한 수준으로 복귀시키는 것을 어렵게 하는 요인들에 대하여 지속적으로 보고하도록 지시하였고 Fannie Mae가 이자율리스크를 효과적으로 낮추지 못하면 추가적인 조치를 취할 수 있다고 경고하였다. 2003년 10월에 Fannie Mae와 Freddie Mac은 금융회사에게 제공하는 서비스에 대하여 과도한 수수료를 부과하는 문제 때문에 새로운 비판을 받게 되었다. 모기지의 상환을 보증하는 대가로 은행, 저축금융회사, 기타 금융회사에게 부과하는 수수료가 과도하게 부과된다는 것이었다. 만일 이것이 사실이라면, 이와 같은 과도한 수수료 부과는 이익마진을 압박하면서 모기지 금융회사에게 해가 되고 모기지 금융회사가 증가된 수수료를 확보하기 위해 모기지 이자율을 상승시키기 때문에 주택매입자에게 해가 된다. 같은 달의 후반부에 Fannie Mae는 모기지의 가치를 잘못 계산하였다고 발표하였고 주주의 지분가치를 11억 달러 추가하는 재무제표의 재작성을 하지 않으면 안 되었다. 2003년 초에 Freddie Mac은 수익 중에서 45억 달러를 잘못 계상하였다고 발표하였다. 두 기관은 계산착오라고 주장하였지만, 이와 같은 사건은 Fannie Mae와 Freddie Mac이 방대하고 복잡한 업무를 운영하는데 필요한 능력을 가지고 있지 못하다는 두려움을 더욱 강화시켰고 이 때문에 일부 투자자들과 정치비평가들은 이와 같은 사태가 적정히 다루어지지 않으면 미국 금융시스템에 위험을 초래할 수 있다는 우려를 표명하였다. 마지막으로 2004년 2월에 연방준비제도이사회 의장인 Alan Greenspan은 Fannie Mae와 Freddie Mac은 미국 금융시스템에 매우 심각한 위험을 초래하고 있다고 언급하였고 미국 의회가 빠른 시간 안에 두 기관의 성장을 제어할 것을 촉구하였다.

2006년 말 현재 Fannie Mae는 여전히 자신의 문제를 해결하기 위해 노력하고 있었다. 규제당국이 Fannie Mae가 12가지 이상의 회계규칙을 위반하였다는 것을 발견한지 2년이 지난 2006년 12월 6일에 Fannie Mae는 마침내 자신의 2004년 6월 30일 재무제표를 공표하였다. 이와 같은 재무제표 재작성은 2004년까지의 결과를 제공하지만 Fannie Mae는 2005년과 2006년의 결과을 위해 추가적인 작업을 해야 한다. 자신의 문제를 교정하기 위해 Fannie Mae는 2006년까지 컨설턴트들, 변호사들, 회계사들, 컴퓨터 업그레이드, 재무제표 재작성과 규제당국의 요구와 관련된 기타 항목들에 15억 달러 이상을 지출하였다.

두 정부후원기관이 어려움에 처하면 어느 기관도 파산하도록 허용되지 않을 것이라는 투자자들 간에 널리 퍼진 인식이 이와 같은 두 정부후원기관들에 대한 우려가 기저에 깔려 있다. 이와 같은 인식은 두 기관에 대한 보조금 역할을 하고 두 기관이 유사한 대차대조표를 가지고 있는 다른 기업들보다 더 저렴하게 차입할 수 있게 해 준다. 문제는 두 기관이 더 많은 리스크를 선택하고 부채 증가를 통하여 확장에 필요한 자금을 조달하기 위해 암묵적인 연방정부의 지원을 사용하는 데 있다. 이와 같은 두 기관의 행동은 미국 금융시스템의 체계적 리스크를 발생시키는 원인이 되고 있다.

개념질문

1. 왜 Fannie Mae와 Freddie Mac은 2000년대 초에 규제당국으로부터 비판을 받았는가?

22.3 다계층모기지담보부채권(CMO)

pass-through증권이 증권화의 중요한 구조이지만 **다계층모기지담보부채권(Collateralized Mortgage Obligation; CMO)**은 금융회사의 자산들을 증권화하는 두 번째로 성장하고 있는 수단이다. FHLMC와 First Boston에 의하여 1983년에 창안된 CMO는 모기지담보부증권을 투자자들에게 보다 매력적으로 만드는 방법이다. CMO는 다른 유형들의 투자자들을 끌어들이기 위해 모기지와 pass-through증권으로부터의 현금흐름을 재포장하는 일을 수행한다. pass-through증권은 각 투자자에게 보유한 지분의 비율에 따라 모기지풀로부터 발생하는 약속된 현금흐름과 조기상환된 현금흐름을 제공하지만 CMO는 다수의 채권보유자 계층을 가진 다계층 pass-through증권이다. pass-through증권과는 달리, 각 채권보유자 계층은 성기적으로 정상적인 재무부채권과 같이 서로 다른 약속된 이표를 받는다. 보다 중요한 것은 모기지 조기상환에 의한 초기현금흐름의 배분은 어느 한 시점에 이루어지는 모든 조기상환이 다른 계층들의 조기상환은 일정한 기간 동안 이루어지지 않도록 하면서 한 번에 한 계층의 채권보유자들만의 퇴출 원금잔고에 대하여 지불되는 방식으로 이루어진다는 것이다. 따라서 CMO는 조기상환리스크를 완화시키거나 또는 감소시키는 하나의 방법을 제공한다.

CMO의 창조

CMO는 전체 모기지대출들을 묶어서 증권화하거나 또는 보다 일반적으로 기존의 pass-through증권들을 대차대조표와 분리하여 신탁함으로써 창조될 수 있다. 수탁회사 또는 제3의 금융회사는 담보로 GNMA pass-through증권들을 보유하고 새로운 CMO증권을 발행한다. 수탁회사는 3개 또는 3개 이상의 계층을 가지는 형태로 CMO를 발행한다. 예를 들면, Freddie Mac이 10억 달러의 가치를 가지는 20,000개의 전통적인 주택모기지들을 담보로 1983년에 발행한 첫 번째 CMO는 3개의 계층, 즉 2억 1,500만 달러의 A계층, 3억 5,000만 달러의 B계층, 4억 3,500만 달러의 C계층을 가지고 있었다. 이와 같은 3계층의

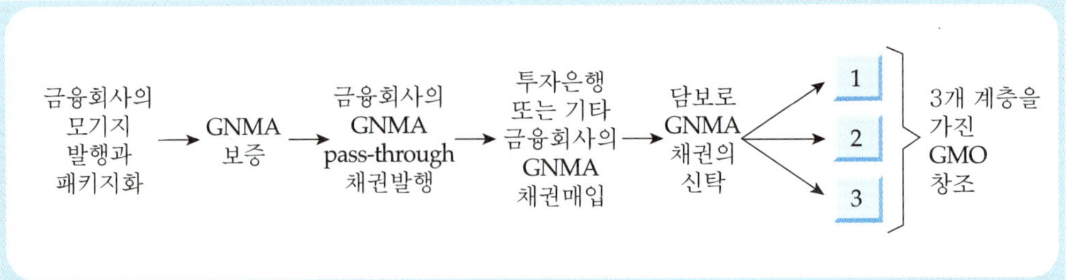

그림 22-9 CMO의 창조과정

CMO가 [그림 22-9]에 제시되어 있다.

▶**CMO**

다계층모기지담보부채권(CMO)은 다수의 계층을 가지는 형태로 발행되는 모기지담보부채권(mortgage-backed bond)이다.

CMO를 발행하는 것은 이중적 증권화(double securitization)와 같다. 모기지들이 패키지화되고 GNMA pass-through증권이 발행된다. Goldman Sachs와 같은 투자은행 또는 FHLMC, 상업은행, 저축금융회사와 같은 다른 CMO 발행자는 GNMA pass-through증권 전체 또는 상당부분을 구매한다. 이어서 Goldman Sachs는 GNMA pass-through증권을 담보로 신탁하고 이와 같은 GNMA pass-through증권을 담보로 하여 3개의 새로운 채권 계층을 발행한다.[16] 이 결과 특수목적회사인 수탁회사가 파산하면, 각 CMO 계층에 속한 투자자들은 GNMA 담보에 대하여 독점적인 청구권을 가진다. 투자은행 또는 기타 CMO 발행자는 이익을 얻기 위해 하나의 형태를 가지고 있는 GNMA pass-through증권으로부터 발생하는 현금흐름을 서로 다른 투자자 그룹들에게 보다 매력적인 현금흐름으로 재포장하여 CMO을 창조한다. 3개의 CMO 채권계층이 판매될 수 있는 가격의 합은 일반적으로 원래의 pass-through증권의 가격보다 높다.

$$\sum_{i=1}^{3} P_{i,CMO} > P_{GNMA}$$

현금흐름을 재포장함으로써 얻는 이익을 이해하기 위해 CMO가 서로 다른 투자자그룹들에게 CMO를 보다 매력적으로 만들기 위해 어떻게 조기상환리스크를 구조화하는지를 이해할 필요가 있다. 다음과 같은 간단한 예를 가지고 이것을 설명하도록 하자

16) 이와 같은 신탁은 종종 REMICs, 즉 부동산모기지 투자도관(real estate mortgage investment conduits)이라고 부른다.

예제 22-1 CMO의 가치 부가방법

한 투자은행이 1억 5,000만 달러의 GNMA 채권을 사서 담보로 신탁한다고 하자. 이어서 투자은행은 다음과 같은 3개의 계층을 가진 CMO를 발행한다.

A계층(Class A): 연간 고정표면이자율 7%와 5,000만 달러 규모
B계층(Class B): 연간 고정표면이자율 8%와 5,000만 달러 규모
C계층(Class C): 연간 고정표면이자율 9%와 5,000만 달러 규모

CMO에서 각 계층은 보증이표 또는 고정이표를 가진다.[17] GNMA 증권을 CMO로 구조화함으로써 투자은행은 C계층채권을 사는 투자자들에게 pass-through증권과 비교하여 더 높은 수준의 모기지 조기상환에 대한 보호를 제공할 수 있다. B계층채권을 사는 투자자들은 평균 수준의 모기지 조기상환에 대한 보호를 받고 A계층채권을 사는 투자자들은 모기지 조기상환에 대한 보호를 받지 못한다.

매월 GNMA 풀에 포함되어 있는 모기지 차입자들은 그들의 모기지에 대한 원금과 이자를 상환한다. 각 상환분에는 약속된 균등상환금액(promised amortized amount (PMT))과 일부 모기지 차입자들이 그들의 모기지를 리파이낸싱하기 위해 또는 주택을 팔아 거주지를 옮기기 위해 원금을 조기상환하기 때문에 발생하는 조기상환금액이 포함된다. 이와 같은 현금흐름은 주어진 예에서 Goldman Sachs와 같은 GNMA 채권의 소유자에게로 이전된다. CMO발행자는 3계층의 CMO 채권보유자들에게 약속된 이표를 지불하기 위해 이와 같은 현금흐름을 사용한다. 첫 번째 달에 GNMA pass-through 증권의 기초자산인 모기지들로부터 발생하는 약속된 균등상환금액이 100만 달러이고 모기지 조기상환으로부터 추가적인 150만 달러의 현금흐름이 발생한다고 하자. 따라서 3계층의 채권보유자들에게 약속된 이표를 지불하기 위해 사용할 수 있는 현금흐름은

$$\text{PMT} + \text{조기상환금액} = 100\text{만 달러} + 150\text{만 달러} = 250\text{만 달러}$$

가 된다. 이와 같은 현금흐름은 수탁회사에게 주어지고, 수탁회사는 다음과 같은 방식으로 이와 같은 현금흐름을 사용한다.

1. *이표지불(coupon payments).* 매월(또는 보다 일반적으로 매분기 또는 매반 년 단위) 수탁회사는 3계층의 채권보유자들에게 각각 연간표면이자율 7%, 8%, 9%로 보증된 이표를 지불한다. 각 계층의 원금이 5,000만 달러이므로 7% 표면이자율을 받는 A계층의 채권보유자들은 첫 번째 달에 이표로 약 291,667달러를 받고 8% 표면이자율을 받는 B계층의 채권보유자들은 첫 번째 달에 약 333,333달러를 받으며 9% 표면이자율을 받는 C계층의 채권보유자들은 첫 번째 달에 약 375,000달러을 받는다. 따라서 3계층에 지불되는 약속된 총이표는 1,000,000달러(이 금액은 GNMA 풀에 있는 모기지들의 조기상환 현금흐름이 없는 경우의 PMT와 같다)이다.

2. *원금상환(principal payments).* 수탁회사는 약속된 모기지 지불과 조기상환의 결과로 채권보유자들에게 지불하기 위해 사용가능한 250만 달러를 가지고 있으나 총이표는 100만 달러이다. 법과 세금 때문에 나머지 150만 달러는 CMO채권 보유자들에게 지불되어야 한다. CMO의 독특한 특성은 수탁회사가 나머지 150만 달러를 A계층의 채권보유자들의 원금을 상환하기 위해 A계층의 채권보유자들에게만 지불한다는 것이다. 이와 같은 지불로 A계층채권보유자들의 원금잔고 일부가 조기상환된다. 첫 번째 달의 말에 B계층 채권의 원금잔고는 5,000만 달러이고 C계층 채권의 원금잔고는 5,000만 달러이나, A계층 채권의 원금잔고는(5,000만 달러에서 150만 달러를 뺀) 4,850만

17) 일부 계층들의 경우 이표는 월단위로 지불되고 일부 계층들의 경우 이표는 분기단위로 지불되며 일부 계층들의 경우 이표는 반 년 단위로 지불된다.

달러가 된다. 이와 같은 지불흐름이 [그림 22-10]의 그림으로 제시되어 있다.

두 번째 달에도 같은 일이 발생한다고 하자. 모기지/GNMA 증권풀로부터 발생하는 현금흐름은 3계층의 CMO채권 보유자들에게 약속한 이표를 초과한다. 다시 한 번 수탁회사는 A계층 채권보유자들의 원금을 상환하기 위해 초과 현금흐름을 사용한다 초과 현금흐름이 150만 달러이면 두 번째 달의 말에 A계층 채권의 원금잔고는 4,700만 달러(=4,850만 달러-150만 달러)가 된다.

이와 같은 조기상환에 의한 현금흐름이 이루어지면 분명히 수 년 안에 A계층 채권은 완전히 상환될 것이다. 실제로 이와 같은 일은 CMO채권이 발행된 후 1.5년과 3년 사이에 발생한다. 수탁회사가 A계층 채권을 상환한 후 B계층과 C계층 채권만 존재한다.

이전처럼 모기지/GNMA 증권풀로부터 받는 현금흐름 중에서 수탁회사는 B계층과 C계층의 채권보유자들에게 보증한 이표로 C_B=333,333달러와 C_C=375,000달러를 합한 708,333달러를 지불한다. A계층의 채권이 완전히 상환된 후 첫 번째 달에 수탁회사가 받는 총현금흐름이 1,208,333달러라고 하자. 이 금액은 모기지풀에 남아 있는 모기지 차입자들이 지불하는 균등분할상환금액과 새로운 조기상환금액의 합이다. 이 경우 500,000달러의 초과현금흐름(1,208,333달러-708,333달러=500,000달러)은 B계층 채권원금을 상환하기 위해 사용된다. 이 달 말에 B계층 채권의 원금잔고는 4,950만 달러가 된다. 이와 같은 지불흐름이 [그림 22-11]의 그림으로 제시되어 있다.

계속해서 수탁회사는 B계층과 C계층 채권보유자들에게 약속한 이표금액 이상의 초과 현금흐름을 B계층채권의 원금을 상환하기 위해 사용한다. 궁극적으로 CMO가 채권을 발행한 후 실제로 5년에서 7년 사이에 5,000만 달러의 B계층 채권의 원금 모두가 상환된다. B계층의 채권에 대한 원금상환이 완료된 후에 발생되는 모든 현금흐름은 C계층 채권보유자들에 대하여 약속한 이표를 지불하고 C계층 채권원금을 상환하기 위해 사용된다. 실제로 C계층 채권은 20년 정도 장기의 평균수명을 가진다.

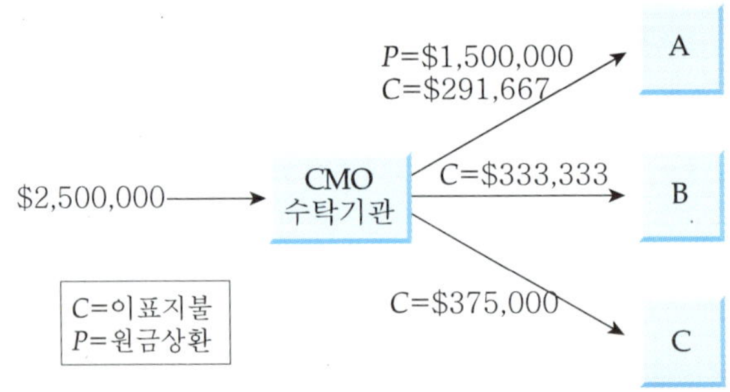

그림 22-10 CMO채권 계층소유자들에 대한 현금흐름의 배분

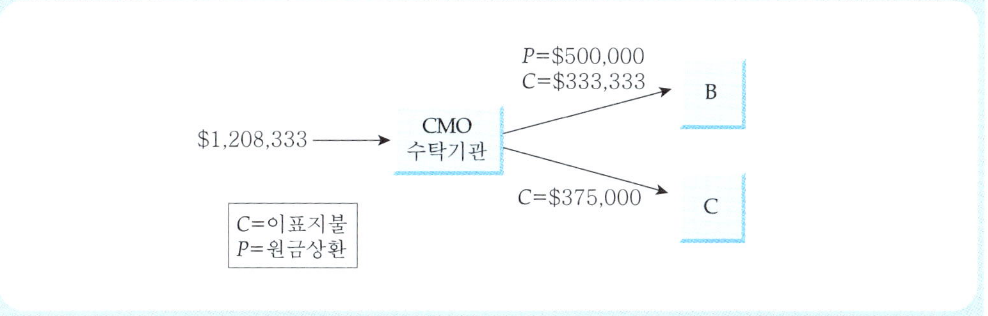

그림 22-11 A계층의 원금상환이 완료된 후 나머지 CMO채권 계층소유자들에 대한 현금흐름의 배분

A계층, B계층, C계층 채권의 구매자

■A계층

A계층 채권은 조기상환에 대한 최소의 보호와 최단기의 평균수명을 가진다. 따라서 모기지 관련 포트폴리오의 듀레이션을 낮추기 위해 단기 듀레이션을 가진 모기지담보부자산을 원하는 투자자들이 A계층 채권에 큰 관심을 가진다. 최근 예금금융회사들이 CMO의 A계층 채궈의 주요 구매자들이다.

■B계층

B계층 채권은 조기상환에 대한 약간의 보호와 이자율의 수준에 따라서 5년에서 7년의 기대 듀레이션을 가진다. 일부의 예금금융회사들이 이 채권을 구매하지만 연기금과 생명보험회사가 주로 이 채권을 구매한다.

■C계층

C계층 채권은 장기의 기대 듀레이션을 가지고 있기 때문에 장기의 듀레이션 부채와 일치시키기 위해 장기의 듀레이션 자산을 원하는 보험회사들과 연기금들에게 매우 매력적이다. 실제로 GNMA pass-through증권은 조기상환에 대한 보호를 제공하지 못하기 때문에 보험회사들과 연기금들에게 매력적이지 않을 수 있다. C계층 CMO는 조기상환에 대한 보호정도가 완전하지는 않지만 높기 때문에 보험회사들과 연기금들의 금융회사 경영자들은 C계층 CMO에 큰 관심을 가진다. 요약하면 채권보유자들을 서로 다른 계층들로 분리하고 현금흐름을 서로 다른 투자자들에게 보다 더 가치 있게 구조화함으로써 CMO 발행자는 이익을 얻는다.

기타 CMO채권 계층

CMO는 앞의 예에서 설명한 3계층보다 더 많은 계층을 가질 수 있다. 사실 17계층을 가진 CMO가 발행되었었다. 분명히 제17번째 계층의 채권보유자들은 이 채권계층의 원금잔고가 조기상환에 의해 영향을 받으려면 앞의 16계층들의 채권들이 상환되어야 하기 때문에 상당한 정도의 조기상환에 대한 보호를 받는다. 이에 더하여 수탁회사는 투자자의 관심을 끌기 위해 기타의 특별한 형태의 계층들을 만들었다. 이와 같은 계층들에 대하여 살펴보자.

■Z계층

CMO채권에는 마지막 계층으로 **Z계층(Z class)**이 자주 포함된다. Z는 암묵적으로 0을 나타내지만 Z계층의 채권은 제로표면채권이 아니다. 이 계층의 채권은 10%와 같은 정해진 표면이자율을 가지고 있고 정해진 월단위의 이자가 발생한다. 그러나 수탁회사는 모든 기타 계층들의 채권이 완전히 상환될 때까지 이와 같은 이자를 지불하지 않는다. 모든 기타 계층들의 채권이 상환된 후에 Z계층 채권보유자는 약속된 이표와 원금 및 증식된 이자지불을 받는다. 따라서 Z계층 채권은 제로표면채권(오랜기간 동안 이표의 지불이 없다)과 정상적인 이표채의 특성을 동시에 가진다.

■R계층

GNMA 증권담보를 수탁회사에 맡기면서 CMO 발행자는 일반적으로 매우 보수적인 조기상환에 대한 가정을 사용한다. 만일 조기상환이 예상보다 완만하면 모든 정상적인 계층들이 상환된 후에 모기지풀에 초과담보가 남아 있게 된다. 이에 더하여 수탁회사는 CMO 채권들에 이자지불을 하기 전의 기간 동안 기초자산인 GNMA 증권들로부터 받은 자금 또는 현금흐름을 재투자한다. 일반적으로 초과담보와 이자에서 발생하는 이자의 크기는 이자율이 높고 이표지불기간이 월단위가 아닌 반 년 단위일 때 더 커진다. 잔여 **R계층(R class)** 또는 "찌꺼기 계층"("garbage class")은 투자자들에게 CMO 수탁회사에 있는 초과담보와 현금흐름에서 발생한 재투자수입에 대한 권리를 부여하는 고리스크 투자계층이다. 정상적인 채권의 가치는 이자율이 증가할 때 감소하지만 R계층채권의 가치는 이자율이 증가할 때 증가하기 때문에 R계층은 종종 음의 듀레이션을 가진다. 따라서 R계층 채권은 정상적인 채권과 고정소득형 자산포트폴리오를 헤지하기 원하는 예금금융회사들에게 잠재적으로 매력적이다.[18)]

---

18) 음의 듀레이션은 이자율이 증가할 때 채권가격이 상승한다는 것을 의미한다. 즉 가격-수익률곡선은 우상향한다.

표 22-4 5개의 계층을 가지고 있는 CMO (100만 달러)

항목	1994	1995	1996	1997	1998	2000	2005	2006*

Fannie Mae REMIC 신탁 1987-1 담보

유형	표면이자율	금액	처음의 만기	평균잔여만기	조기상환율가정
FNMA	9.99%	$500	360월	349월	200% PSA

채권계층	A	B	C	Z	R
금액	$150.9	$238.6	$85.5	$24.0	$1.0
채권형태	고정	고정	고정	이자발생	잔여
표면이자율(%)	7.95	9.35	9.60	9.99	503.88
가격(%)	99.8099	99.3083	N/A	89.4978	1445.1121
수익률(%)	7.85	9.55	N/A	10.86	10.30
가중평균수명(연)	1.6	5.9	11.2	18.4	3.6
벤치마크재무부채권만기(연)	2	5	N/A	20	N/A
스프레드(bp)	15	125	N/A	180	N/A

주 : 모든 데이터는 가격설정일 현재 기준으로 작성됨(FNMA가 C계층채권 보유)
가격설정일 : 1987. 8. 18
이자발생일 : 1987. 9. 1
첫 번째 지불일 : 1987. 10. 25
지불빈도/지연일 : 월간지불, 25일 지연

자료 : GAO/GGD-88-111(1988).

▶**Z계층(Z class)**

모든 이전 CMO 계층들이 상환된 후에만 채권보유자에게 지불이 이루어지는 추가적인 CMO 계층.

▶**R계층(R class)**

모든 기타 채권계층들이 상환된 후 수탁회사에 남아 있는 담보와 수탁회사의 재투자 수입에 대한 권리를 채권보유자에게 부여하는 CMO의 잔여계층.

〈표 22-4〉에 제시되어 있는 A, B, C, Z, R계층을 가진 CMO의 예를 살펴보자. 〈표 22-4〉에서 담보로 보유되는 기초 pass-through채권은 30년만기, 9.99% 표면이자율을 가진 FNMA 채권이고 발행규모가 5억 달러이며 조기상환율은 PSA 모형보다 2배로 가정되어 있다. 5개의 CMO채권 계층들은 다른 금액규모로 발행되었고 이 중에 B계층채권 규모가 최대이다. 5개 계층의 원금은 합하여 5억 달러라는 점을 주목하라.

개념질문

1. 저축금융회사들 또는 보험회사들은 Z계층 CMO를 선호하는가? 당신의 답을 설명하라.
2. Z계층 CMO가 재무부채권 스트립과 정확하게 같은가? 만일 그렇지 않다면, 왜 그렇지 않은가?
3. 주어진 예에서 C계층채권의 표면이자율이 B계층채권의 표면이자율보다 높고, B계층채권의 표면이자율이 A계층채권의 표면이자율보다 높은 것으로 가정되었다. 어떤 이자율기간구조 하에서 이러한 가정이 성립되지 않을 수 있는가?

22.4 모기지담보부채권(MBB)

모기지담보부채권(mortgage-backed bonds; MBB)(또는 자산담보부채권 (asset-backed bonds; ABB)은 제3의 자산증권화 수단이다. 이 채권은 2가지의 핵심적인 차원에서 pass-through증권 및 CMO와 다르다. 첫째, pass-through증권과 CMO는 예금금융회사들이 증권화를 통해 대차대조표로부터 모기지를 제거시키는데 도움을 준다. 둘째, pass-through 증권과 CMO는 기초 모기지로부터 발생되는 현금흐름과 채권으로부터 발생하는 현금흐름 간 직접적인 연계를 가지고 있다. 이와 대조적으로 MBB에서 이들의 관계는 담보의 관계이다. 즉 채권의 담보로 제공되는 모기지에서 발생하는 현금흐름과 MBB에서 발생하는 이자와 원금 간의 직접적 연계가 존재하지 않는다.

금융회사는 보유한 모기지 자산의 일부분에 1차적 청구권을 가지고 있는 MBB 채권보유자들의 리스크를 감소시키기 위해 MBB를 발행한다. 실제적으로 말하면 금융회사는 대차대조표 상에 있는 일단의 모기지를 분리하여 MBB 발행을 위한 담보로 제공한다. 수탁회사는 일반적으로 자산의 분리를 감시하고 담보의 시장가치가 MBB 보유자들의 원금을 초과하는지를 확인한다. 금융회사는 초과담보에 의하여 MBB 발행을 지원한다. MBB 보유자들의 우선권을 초과하여 제공되는 MBB의 초과담보지원은 일반적으로 MBB가 확실하게 AAA등급과 같은 높은 신용등급으로 판매될 수 있게 만든다. 이와 대조적으로 전체적으로 평가되는 금융회사의 신용등급은 BBB등급 또는 그 이하의 등급일 수 있다. 높은 신용등급은 상당한 채무불이행리스크가 신용등급을 낮출 때 요구되는 것보다 낮은 이표지불을 발생시킨다(제6장 참조). MBB를 발행할 때 금융회사에 발생되는 잠재적 이익과 이러한 이익의 원천을 설명하기 위해 다음과 같은 간단한 예를 살펴보자.

예제 22-2 MBB 발행을 통한 금융회사의 이익

자산으로 2,000만 달러의 장기 모기지를 가지고 있는 한 금융회사를 생각해 보자. 금융회사는 예금보험이 없는 단기예금으로 1,000만 달러(예를 들면, 10만 달러 이상의 거액예금)와 예금보험이 있는 단기예금으로 1,000만 달러를 조달하여 이와 같은 모기지에 필요한 자금을 조달하고 있다. 주어진 예에서 자기자본규제와 필요지준은 무시한다. 〈표 22-5〉에 제시된 대차대조표를 살펴보자.

이 대차대조표는 금융회사 경영자에게 여러 가지 문제점들을 제기한다. 첫째, 금융회사는 양의 듀레이션갭을 가지고 있다($D_A > kD_L$). 둘째, 이와 같은 이자율리스크와 금융회사가 보유하고 있는 모기지 자산들의 잠재적 채무불이행 및 조기상환리스크 때문에 예금보험이 없는 예금자들은 그들의 예금에 대하여 상당한 양의 리스크프리미엄을 지불할 것을 요구할 가능성이 있다. 이와 대조적으로 부부예금자들은 그들의 예금이 FDIC에 완전히 보험들어 있기 때문에 그들의 예금에 대하여 무위험 이자율을 요구할 수 있다(제14장 참조).

듀레이션갭을 감소시키고 자금조달비용을 낮추기 위해 금융회사는 대차대조표의 자산으로 있는 모기지 중에서 1,200만 달러를 분리하여 1,000만 달러의 장기 MBB 발행을 지원하기 위한 담보로 제공할 수 있다. 이와 같은 초과담보제공 때문에 금융회사가 모기지담보부채권을 발행하는 데 요구수익률기준으로 보험 없는 예금보다 비용이 적게 들 수 있다. 즉 예금보험이 없는 예금은 BBB등급일 수 있지만 MBB는 AAA등급일 수 있다. 따라서 금융회사는 1,000만 달러의 예금보험 없는 예금을 상환하기 위해 채권발행으로 조성된 1,000만 달러의 원금을 사용할 수 있다.

〈표 22-6〉에 제시된 MBB 발행 이후 금융회사의 대차대조표를 살펴보자. 금융회사는 결과적으로 보다 양호한 D_A와 D_L의 일치와 보다 낮은 자금조달비용을 발생시키는 대차대조표의 구조조정을 기적적으로 만들어 내고 있다. MBB의 발행은 단기예금을 장기 MBB로 대체시킴으로써 부채의 듀레이션을 장기화하였고 AAA등급채권의 표면이자율은 BBB등급의 예금보험이 없는 예금이자율보다 낮기 때문에 자금조달비용을 낮추었다. 그러나 이와 같은 결과는 부보예금자들이 그들의 예금이 FDIC에 의하여 100% 보증되기 때문에 리스크노출에 대하여 우려하지 않을 때에만 발생한다. MBB의 발행과 1,000만 달러의 MBB 발행을 지원하기 위한 담보로 1,200만 달러의 자산분리 결과 때문에 1,000만 달러의 부보예금은 이제 800만 달러의 자유로운 또는 담보로 제공되지 않은 자산에 의해서만 지원된다. 만일 소액예금자들이 FDIC에 의한 예금보증을 가지고 있지 않으면 그들은 분명히 이와 같은 예금을 보유하는 데 매우 높은 리스크프리미엄을 요구할 것이다. 이와 같은 사실이 의미하는 것은 금융회사는 FDIC가 예금자들에 대한 보험보증을 통하여 증가된 신용리스크를 기꺼이 부담할 때에만 이익을 얻는다는 것이다.[19] 결과적으로 금융회사는 실제로 FDIC의 비용지불을 대가로 이익을 얻는다. 따라서 FDIC가 예금금융회사들에 의한 이와 같은 형태의 증권화가 증가하는 것에 대하여 우려하는 것은 놀라운 일이 아니다.

표 22-5 잠재적 모기지담보부채권(MBB) 발행자의 대차대조표 (100만 달러)

자 산		부 채	
장기 모기지	\$20	부보예금	\$10
		무보험예금	10
	\$20		\$20

19) 그리고 이것이 이와 같은 리스크를 반영하기 위해 은행들과 저축금융회사들에 대한 리스크기준 예금보험프리미엄을 충분히 크게 만들지는 않는다.

표 22-6 MBB 발행 이후 금융회사의 대차대조표

자 산		부 채	
담보=(MBB지원을 위한 모기지)	$12	MBB 채권	$10
기타 장기 모기지	8	부보예금	10
	$20		$20

규제적 억제와 규제적 개입 리스크 이외에 금융회사가 MBB를 발행하는 것보다 pass-through증권과 CMO 형태를 선호하는 이유가 있다. 첫째, MBB는 모기지를 금융회사의 대차대조표 상에 장기간 동안 묶어 둔다. 이것은 자산포트폴리오의 유동성을 감소시킨다. 둘째, MBB 발행을 지원하기 위해 담보로 제공되는 모기지의 금액은 MBB의 높은 신용등급을 확보하기 위해 초과담보를 제공하여 할 필요성 때문에 증가한다. 주어진 예에서 초과담보는 200만 달러였다. 셋째, MBB가 모기지를 대차대조표 상에 그대로 유지시키기 때문에 금융회사는 자본적정성과 필요지준에 의한 규제를 받아야 한다. 이와 같은 문제점들 때문에 MBB는 세 가지의 기본적인 증권화 수단들 중에서 가장 적게 사용된다.

개념질문

1. AAA등급의 금융회사는 모기지담보부채권(MBB)을 발행할 것인가? 설명하라.

22.5 증권화의 혁신

이제 금융회사의 자산증권화에서 진행되고 있는 혁신적 방법들을 살펴보자. 이 절에서는 두 가지의 중요한 증권화 혁신을 논의하고 금융회사가 수익-리스크관리를 위해서 이들의 혁신이 어떻게 사용되는지를 논의한다. 이 절에서 논의되는 두 가지의 증권화 혁신은 모기지 pass-through 스트립(mortgage pass-through strips)과 다른 자산들을 대상으로 하는 증권화 개념의 확장이다.

모기지 Pass-Through 스트립

모기지 pass-through 스트립은 2개의 계층만을 가진 CMO의 특수 유형이다. 모기지의 완전균등분할상환 특성은 주어진 매월의 상환분(*PMT*)은 이자부분과 원금부분을 포함하고 있다는 것이다. 1987년부터 투자은행들과 기타 금융회사 채권발행자들은 이자부분과 원금부분을 분리하여 각 상환부분을 다른 채권계층 투자자들에게 판매하였다. 그들은 이자부분(interest only; IO)과 원금부분(principal only; PO)을 판매하였다. 이와 같은 두 채권계층은 특히 채권의 이자율민감도와 관련하여 매우 특별한 현금흐름 특성을 가진다. [그림 22-12]는 이와 같은 현금흐름의 분리과정을 나타낸다. 이제 이자율의 변화가 이와 같이 분리된 채권들의 가치에 미치는 영향을 살펴보자.

■IO 스트립

IO 스트립(IO strip)의 소유자는 GNMA 풀에 속하는 모기지 보유자들에 의하여 이루어지는 이자상환분의 현재가치(P_{IO}), 즉 기초모기지풀로부터 받는 매월의 현금흐름 중 이자상환부분에 대한 청구권을 가진다.

$$P_{IO} = \frac{IO_1}{\left(1+\frac{y}{12}\right)} + \frac{IO_2}{\left(1+\frac{y}{12}\right)^2} + \frac{IO_3}{\left(1+\frac{y}{12}\right)^3} + \ldots + \frac{IO_{360}}{\left(1+\frac{y}{12}\right)^{360}}$$

이자율이 변화할 때 모기지로부터 받는 현금흐름 중 P_{IO}으로 표시된 IO의 가격 또는 가치가 영향을 받는다. 2가지의 효과, 즉 할인효과(discount effect)와 조기상환효과(prepayment effect)에 초점을 맞추어 실펴보지.

할인효과. 이자율(y)이 하락함에 따라 IO 스트립이 받는 현금흐름의 현재가치는 증가하고 채권의 가격(P_{IO})도 상승한다.

조기상환효과. 이자율이 하락하면 모기지 차입자들은 그들의 모기지를 조기상환한다. 투자자들이 받는 IO 상환의 횟수는 감소할 가능성이 있다. 예를 들면, 투자자들은 조기상환

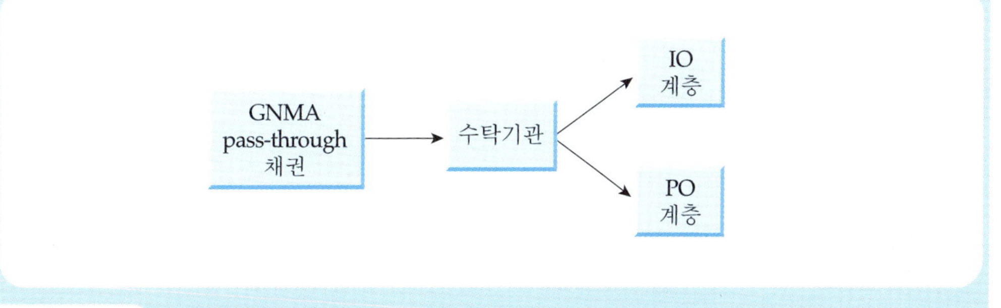

그림 22-12 IO/PO 스트립

이 없는 경우에 기대되는 360번의 월간 IO 지불 대신에 100번의 월간 IO 지불만을 받을 수 있다. IO 지불의 규모와 가치감소는 채권의 가치(P_{IO})를 감소시킬 수 있다.

특히 사람들은 이자율이 모기지풀에 있는 모기지의 표면이자율보다 낮게 하락함에 따라 조기상환효과는 점차적으로 할인효과를 압도하게 되어 어느 이자율범위에서 IO 채권의 가격 또는 가치가 하락할 것이라고 예상한다. [그림 22-13]에 그려진 10%의 모기지 표면이자율을 가지고 있는 pass-through채권에 기초하고 있는 IO 스트립의 가격-수익률곡선을 살펴보자. 이 가격-수익률곡선은 10% 이하의 이자율범위에서 우상향한다. 이것은 현재 이자율이 상승하거나 또는 하락함에 따라 IO의 가치 또는 가격이 상승하거나 또는 하락한다는 것을 의미한다. 결과적으로 가격과 수익률이 역의 관계를 가지는 정상적인 채권과 함께 포트폴리오에 포함될 때 IO는 금융회사를 위한 포트폴리오 헤지수단으로서 매우 가치있는 **음의 듀레이션(negative duration)**을 가진 자산의 회귀한 예이다. 즉 이자율이 상승함에 따라 정상적인 채권포트폴리오의 가치는 하락하는 반면 IO 포트폴리오의 가치는 상승할 수 있다. [그림 22-13]에서 모기지의 표면이자율인 10% 이상의 이자율 범위에서 가격-수익률곡선은 모습이 바뀌고 정상적인 채권의 경우와 같은 모습을 가진다는 것에 주목하라. 최근 저축금융회사들은 모기지의 이자율리스크를 헤지하기 위해 IO를 매입하여 IO

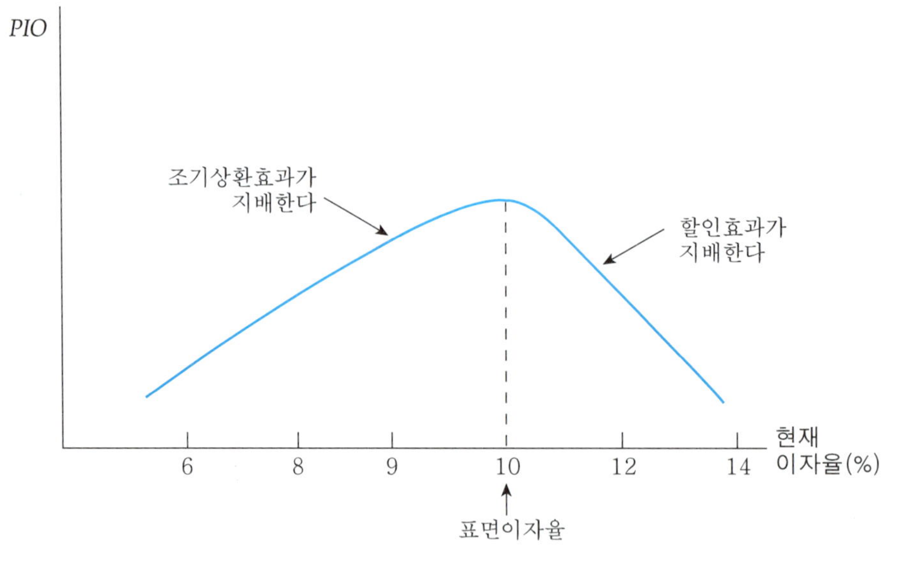

그림 22-13 IO 스트립의 가격-수익률곡선

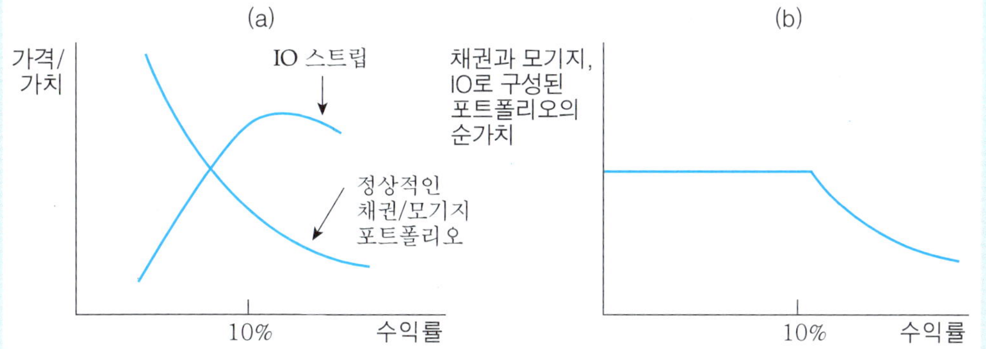

그림 22-14 IO 스트립에 의한 헤징

와 다른 채권들을 포트폴리오의 자산으로 보유하였다. [그림 22-14]는 IO의 헤지능력을 그림으로 보여 준다.

▶**IO 스트립(IO strip)**
투자자들에게 판매된 채권의 현금흐름이 모기지풀로부터 받는 월간이자상환분만을 반영하는 채권.

▶**음의 듀레이션(negative duration)**
수익률이 상승하거나 또는 하락할 때 가격이 상승하거나 또는 하락하는 채권의 듀레이션.

■PO 스트립

PO 스트립(PO strip)의 가치(P_{PO})는 다음과 같이 정의된다.

$$P_{PO} = \frac{PO_1}{\left(1+\frac{y}{12}\right)} + \frac{PO_2}{\left(1+\frac{y}{12}\right)^2} + \frac{PO_3}{\left(1+\frac{y}{12}\right)^3} + \ldots + \frac{PO_{360}}{\left(1+\frac{y}{12}\right)^{360}}$$

여기서 PO_i는 모기지 보유자들에 의하여 이루어지는 i번째월에 상환되는 모기지 원금부분을 나타낸다. 이것은 모기지 PMT의 원금상환분과 모기지 차입자의 원금조기상환분을 모두 포함한다. 이제 이자율변화가 PO의 가치(P_{PO})에 미치는 효과를 살펴보자.

할인효과. 수익률(y)이 하락함에 따라 모든 원금상환분의 현재가치는 상승하고 PO 스트립의 가치는 상승한다.

▶**PO 스트립(PO strip)**
투자자들에게 판매되는 현금흐름이 모기지풀로부터 받는 매월의 원금부분만을 반영하는 채권.

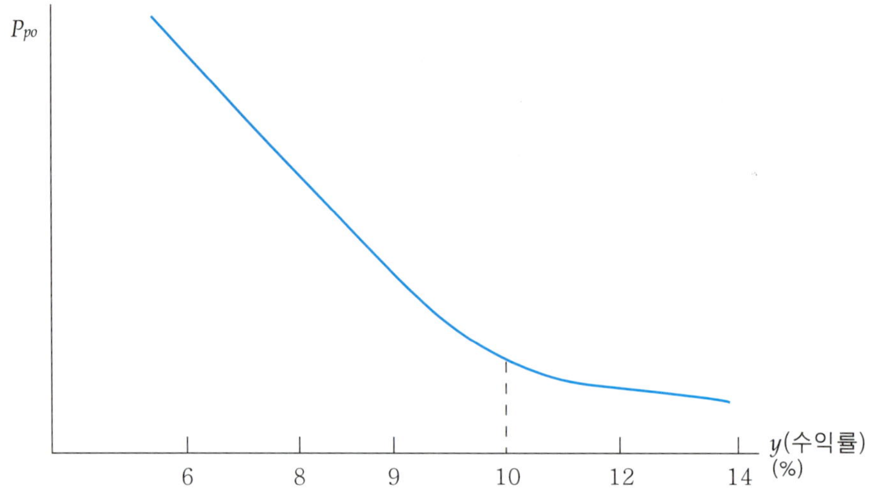

그림 22-15 PO 스트립의 가격-수익률곡선

조기상환효과. 채권 수익률이 하락함에 따라 모기지 보유자들은 조기에 원금을 상환한다. 결과적으로 PO 채권보유자는 정해진 것보다 조기에 모기지풀의 원금잔고를 받는다. 따라서 이와 같은 조기상환효과는 PO 스트립의 가치를 증가시킨다.

이자율이 하락함에 따라 할인효과와 조기상환효과 모두 PO 스트립의 가치를 증가시킨다. PO 스트립의 가격-수익률곡선은 역의 관계를 나타내나 정상적인 채권의 경우보다 더 급격한 기울기를 가진다. 즉 PO 스트립 채권의 가격은 정해진 모기지 표면이자율보다 낮은 채권수익률 범위에서 특히 이자율에 대하여 매우 민감하다. [그림 22-15]는 10%의 표면이자율을 가진 PO 스트립의 가격-수익률곡선을 보여 준다(정상적인 이표채권은 할인효과에 의해서만 영향을 받는다). 당신이 보는 바와 같이 수익률이 10%보다 낮게 하락할 때 PO 스트립의 시장가치 또는 시장가격은 매우 빠르게 상승할 수 있다. 수익률이 10%보다 높은 이자율 범위에서 PO 스트립의 가격-수익률곡선은 조기상환의 인센티브가 사라짐에 따라 정상적인 채권과 같은 모습을 보이는 경향을 가진다.

IO-PO 스트립은 금융공학의 고전적인 예이다. 하나의 주어진 GNMA pass-through채권으로부터 2개의 새로운 채권이 창조되었다. 첫 번째 채권은 일부의 이자율범위에서 우상향의 가격-수익률곡선을 가지며 두 번째 채권은 일부의 이자율 범위에서 급격히 우하향하는 가격-수익률곡선을 가진다. 각 계층의 채권은 다른 투자자들과 투자자 계층에게 매력적이다. IO는 대차대조표 헤지수단으로 예금금융회사들에게 매력적이다. PO는 포트폴리오의 이자율민감도를 증가시키기 원하는 금융회사들, 이자율의 미래변화에 관하여 투기적 포지션을 가지기 원하는 투자자들 또는 거래자들에게 매력적이다. 이와 같은 금융상품의 이자율민감도는 높고 복잡하기 때문에 이자율이 예기치 않게 불리하게 변화하였을 때 헤지펀드와 같은 많은 투자자들뿐만 아니라 J. P. Morgan Chase와 Merill Lynch같은 주요 거래자들은 이와 같은 금융상품들에 대한 투자로 상당한 손실을 입었다.

기타 자산들의 증권화

세 가지 증권화 방법인 pass-through증권, CMO, 모기지담보부채권(MBB)은 고정이자부 모기지 자산을 패키지화하는데 주로 사용되지만 이와 같은 증권화 방법들은 다른 자산들을 대상으로도 사용되었다. 증권화에 사용되는 자산들은 다음과 같은 자산들이다.

- 자동차대출
- 신용카드 매출채권(균등상환되는 회전부채증서)
- 중소기업청에 의하여 보증된 중소기업대출
- 정크본드
- 조정가능이자부 모기지
- 대출담보부채권(collateralized loan obligations; CLOs)

기타 자산들의 증권화를 검토하기 위해 균등상환되는 회전부채증서(신용카드 매출채권 담보부증서)의 예를 살펴보자.

■신용카드매출채권담보부증권

금융회사는 모든 신용카드 매출채권을 상환될 때까지 보유하는 대신 일부의 신용카드 매출채권을 분리하여 부외 수탁회사에 판매할 수 있다. 하나의 좋은 예는 신용카드의 중요한 후원자인 J. P. Morgan Chase이다(J. P. Morgan Chase는 기초자산인 신용카드계좌들의 수금, 관리, 회계처리와 같은 신용카드풀을 지원하는 역할을 수행하고 있다). 최근 J. P. Morgan Chase는 2억 8,000만 달러의 신용카드 매출채권을 한 수탁회사에 판매하였다. 이어서 수탁회사는 투자자들이 신용카드 매출채권으로부터 발생하는 현금흐름에 대하여 비율적 청구권을 가지는 **신용카드매출채권담보부증권(certificate of amortizing revolving debts; CARDs)**을 발행하였다. 수탁회사가 매달 신용카드 매출채권으로부터 상환을 받고 이와 같은 상환분이 채권보유자들에게 이전된다. 실제로 2억 8,000만 달러의 신용카드 매출채권

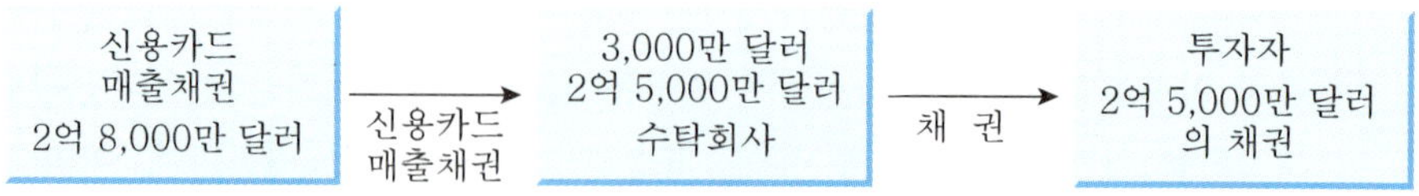

그림 22-16 신용카드채권 증권화의 구조

의 풀보다 적은 원금을 가진 채권이 발행된다. 주어진 예에서 2억 5,000만 달러의 채권이 발행되었고 그 차이인 나머지 3,000만 달러는 J. P. Morgan이 그대로 보유하는 청구권이었다. 이렇게 하는 이유는 신용카드 보유자들이 주어진 시점에 신용카드잔고를 증가시키거나 또는 상환할 수 있기 때문이다. 원금잔고변동의 리스크와 이에 따른 발행채권을 위한 담보는 금융회사가 전적으로 부담하는 반면 투자자들의 담보청구권은 예외적인 부채상환율이 발생하지 않는 한 만기까지 2억 5,000만 달러로 유지된다. 실제로 J. P. Morgan Chase의 부분은 매우 극단적인 신용카드 부채의 조기상환 경우들도 감당하도록 만들어졌다. [그림 22-16]은 이와 같은 신용카드채권 증권화의 예를 보여 준다. 이 그림으로부터 이와 같은 신용카드 자산의 증권화는 pass-through 모기지채권에 사용된 방법과 매우 유사하다는 점에 주목하라.

▶**신용카드매출채권담보부증권(certificate of amortizing revolving debts ; CARDs)**
신용카드 매출채권 담보에 기초한 현금흐름에 대하여 비율적 청구권을 가지는 증권.

개념질문

1. $D_A < kD_L$을 가지고 있는 금융회사는 헤징 목적으로 IO 스트립을 매입하는데 관심을 가지는가?
2. IO 스트립은 어느 투자자들 또는 투자자 계층에 매력적인가? PO 스트립은 어느 투자자들 또는 투자자 계층에 매력적인가? 설명하라.

모든 자산들은 증권화될 수 있는가?

다른 자산들에 대한 증권화 방법의 확장은 증권화의 한계와 모든 자산들과 대출들이 증권화될 수 있는가에 대한 의문을 제기한다. 개념적으로 이에 대한 대답은 증권화하는 것이 이익이 되거나 또는 증권화로부터 금융회사에게 발생하는 이익이 증권화의 비용보다 큰 경우, 모든 자산들은 증권화될 수 있다는 것이다. 〈표 22-7〉은 증권화의 이익과 비용을 요약하여 정리한 것이다.

〈표 22-7〉에서 제시되어 있는 증권화의 이익과 비용이 주어진 경우 충분한 규모와 동질성을 가진 자산패키지를 발견하는 것이 비용이 많이 들고 어려울수록 증권화하는 것이 더 어렵고 비용이 많이 든다. 예를 들면, C&I대출은 수개월에서 8년까지의 만기를 가지고 있다. 또한 C&I대출은 다양한 이자율 조건들(고정이자율, LIBOR 변동부 이자율, 페더럴펀드 변동부 이자율)과 수수료들을 가지고 있다. 이에 더하여 C&I대출은 상이한 계약조건들과 매우 다양한 산업에 속하는 기업들에게 이루어져 있다. 그럼에도 불구하고 금융회사들은 신용의 질이 높고 채무불이행리스크가 낮은 대출을 대상으로 하는 대출담보부채권(collateralized loan obligations; CLOs)과 분산된 정크본드 또는 리스크가 높은 은행대출을 대상으로 하는 부채담보부채권(collateralized debt obligations; CDOs)을 발행할 수 있다. CDO의 이자와 원금은 기초자산인 대출 또는 채권풀의 채무불이행 손실과 조기상환시점과 연계되어 있다. 종종 "독성폐기물"(toxic waste)이라고 부르는 가장 위험이 높은 형태의 CDO는 모든 일이 잘되는 경우에만 지불된다. 최우량의 CDO는 전체 포트폴리오가 채무불이행하지 않으면 지불된다. CDO의 발행규모는 1995년에 100억 달러에서 2007년에 4,800억 달러로 증가하였다. 일반적으로 신용의 질이 낮은 대출을 CDO로 증권화하는 것은 훨씬 더 어렵다. 특히 대출 또는 자산풀의 가치를 결정하는 것이 어려울수록 초과담보(overcollateralization)와 신용리스크보험(credit risk insurance)의 필요성 때문에 증권화의 비용이 더 커진다. 2000년대 초의 경기침체와 Enron과 WorldCom같은 신용등급이 매우 높았던 회사들에서 발생된 대규모의 채무불이행과 사기행위 때문에 많은 CDO의 부채풀은 대규모의 가치손실을 경험하였다. 예를 들면, American Express는 2000년 초에 CDO의 위험을 발견하였다. 1997년과 1998년에 American Express는 2%의 채무불이행률을 가정한 기초자산을 근거로 하는 35억 달러의 CDO를 가지고 있었다. 2001년 초에 실제의 채무불이행률은 8%였고 American Express는 보유한 CDO의 손실로 8억 3,000만 달러를

표 22-7 증권화의 이익과 비용

이 익	비 용
1. 새로운 자금조달원(채권 또는 예금)	1. 사회적/사적 신용리스크 보험과 보증의 비용
2. 금융회사대출의 유동성 증가	2. 초과담보의 비용
3. 듀레이션갭($D_A - kD_L$)의 관리능력향상	3. 가치설정과 패키지화의 비용 (자산의 이질성에 따른 비용)
4. 부외거래형태를 가지므로 발행자는 필요지준, 예금보험료, 자본적정성 규제를 회피할 수 있음	

부담해야만 했다. 이와 유사하게 Barclays는 1999년과 2001년 사이에 35억 달러 이상의 CDO채권을 발행하였고 이 중에서 29억 달러는 Fitch Investors Services에 의해 AAA등급을 받았다. 2003년 3월에 이르러서는 이 중에서 1억 2,800만 달러만이 AAA등급을 유지하였고 기초자산 채무자들은 1억 2,000만 달러의 채권액면가격에 대하여 채무불이행하게 되었다.

증권화의 잠재적인 한계는 자산형태 또는 자산그룹의 이질성과 신용의 질의 상대적 정도에 의해 정의될 수 있다. 30년만기 고정이자 주택모기지가 금융회사의 대차대조표 상에 있는 모든 자산들 중에서 가장 동질적이기 때문에 최초로 증권화된 자산이라는 것은 놀라운 일이 아니다. 예를 들면, 주택유통시장은 기초자산의 시장가치가 적정하고 정확하게 결정될 수 있도록 하는 가격정보를 제공하며 지역별로 모기지의 채무불이행률에 관한 상당한 정보가 존재한다.

개념질문

1. 모든 자산들과 대출들은 증권화될 수 있는가? 설명하라.

요 약

제1장에서는 자산전환자인 금융회사와 자산중개자인 금융회사를 구별하였다. 증권화에 점차 더 의존하게 됨에 따라 은행과 저축금융회사는 자산을 인수하여 만기까지 보유하는 자산전환자로부터 이탈하여 서비스 및 기타 수수료에 더 의존하는 자산중개자가 되어 가고 있다. 이에 따라 은행과 금융회사는 증권회사와 더 유사해지고 있다. 따라서 더 많은 대출들과 자산들이 증권화됨에 따라 상업은행활동과 투자은행활동 간의 전통적인 금융기술 차이는 시간이 흐르면서 감소할 것으로 예상된다. 증권화의 세 가지 주요 형태, 즉 pass-through증권, 다계층모기지담보부채권(CMO), 모기지담보부채권(MBB)에 대하여 논의되었다. 또한 조기상환의 행위가 모기지담보부증권(MBS)의 가치에 미치는 효과가 논의되었다. 마지막으로 최근의 증권화 혁신에 대하여도 논의되었다.

연습문제

1. 증권화(securitization)가 금융회사의 자산포트폴리오에 미치는 효과는 무엇인가?

2. GNMA의 주요 기능은 무엇인가? 적기지급보증보험(timing insurance)은 무엇인가?

3. FNMA와 GNMA는 어떻게 다른가?

4. FHLMC는 FNMA와 어떻게 다른가? FHLMC와 FNMA는 어떻게 같은가?

5. 금융회사는 대출할 때 어떤 세 가지 규제적 세금에 직면하는가? 증권화는 이와 같은 세금들을 어떻게 감소시키는가?

6. 한 금융회사가 1억 달러의 BB등급 기업대출을 시행할 계획이다. 금융회사는 요구불예금으로 대출에 필요한 자금을 조달할 것이다.

a. 바젤협약에 의하여 요구되는 자본의 최소규모는 얼마인가?

b. 요구불예금에 대하여 10%의 평균필요지준이 요구된다고 가정하면서 대출에 필요한 자금을 조달하기 위한 요구불예금의 최소규모는 얼마인가?

c. 요구불예금이 금융회사의 유일한 자금조달방법이라면 총자산, 총부채, 자기자본을 가지는 금융회사의 단순한 대차대조표를 작성하라.

d. 이와 같은 대차대조표는 〈표 22-1〉과 어떻게 다른가? 왜 다른가?

7. 문제 6에 제시된 금융회사에 대한 다음 질문들에 답하라.

a. 금융회사가 직면하는 추가적인 리스크노출문제들은 무엇인가?

b. 듀레이션 불일치와 저유동성 문제의 가능한 해결방법은 무엇인가?

c. 증권화는 금융회사의 리스크노출문제를 다루는데 어떤 장점들을 가지는가?

8. pass-through채권 투자자들은 모기지 보유자들과 금융회사/수탁회사로부터 발생하는 채무불이행 리스크로부터 어떻게 보호되는가?

9. 증권화 과정이 완성될 때 금융회사의 대차대조표 상에 어떤 변화가 발생하는가? 금융회사의 리스크구조에 어떤 조정이 발생하는가?

10. 〈표 22-3〉에 제시된 모기지 pass-through증권의 예를 생각해 보자. 12%의 모기지 이자율을 반영한 모기지 차입자들의 총월간지불금은 1,028,6110달러이다. 11.5% 이자율을 가지는 최종투자자들에게 이전되는 지불금은 990,291달러이다. 이와 같은 지불금의 차이는 누가 받는가? 이와 같은 몫들은 어떻게 결정되는가?

11. 2,000만 달러의 원금을 가지고 있는 GNMA 모기지풀이 있다고 하자. 모기지의 만기는 30년이고 모기지의 표면이자율이 연간 10%이며 월간상환이 이루어진다고 하자. 조기상환은 없다고 가정하라.

a. 100% 균등분할상환(100% full amortization)을 가정하는 경우 모기지풀의 월간 모기지 상환금액은 얼마인가?

b. 만일 GNMA 보험료가 연간 6bp이고 서비스수수료가 연간 44bp이면 GNMA pass-through채권의 수익률은 얼마인가?

c. GNMA pass-through채권에 대한 월간 지불액은 얼마인가?

d. 모기지대출은행에 지불되는 첫 번째 월의 수수료를 계산하라.

e. GNMA에 지불되는 첫 번째 월의 보험료를 계산하라.

12. 만일 시장이자율이 50bp 상승하는 경우 문제 11의 (a) 모기지풀과 (b) GNMA pass-through채권의 현재가치를 계산하라.

13. 만일 pass-through채권이 완전균등분할상환되지 않는다면 이것이 GNMA 채권의 가치에 어떠한 영향을 미치는가? 만일 시장이자율이 5%이면, 연간 8.5%로 월간 모기지 표면이자율이 지불되고 만기가 15년인 1,000만 달러 모기지풀의 현재가치는 얼마인가? GNMA의 보증수수료는 연간 6bp이고 모기지대출은행의 서비스수수료는 44bp이다.

a. GNMA 채권이 완전균등분할상환된다고 가정하라.

b. GNMA 채권의 50%만이 완전균등분할상환된다고 가정하라. 나머지 모기지풀 액면가격의 50%는 만기에 한꺼번에 상환된다.

14. 조기상환리스크는 무엇인가? 조기상환리스크는 완전균등분할상환 모기지대출의 현금흐름에 어떻게 영향을 미치는가? 조기상환을 발생시키는 두 가지의 주요 요인들은 무엇인가?

15. 모기지 보유자들은 어떤 조건하에서 그들의 모기지에 대하여 콜옵션을 가지는가? 언제 이 콜옵션은 내가격(in the money)이 되는가?

16. GNMA 모기지풀의 평균이자율보다 낮은 시장수익률의 이익은 무엇인가? 이와 같은 이자율의 역전이 가지는 단점들은 무엇인가? 좋은 뉴스와 나쁜 뉴스는 누구에게 발생하는가?

17. pass-through증권을 지원하는 모기지풀의 가중평균수명(WAL)은 무엇인가? WAL은 듀레이션과 어떻게 다른가?

18. 만일 6,000만 달러의 15년만기 모기지풀에 있는 150개의 20만 달러 모기지들이 3년에 조기상환되고 나머지 150개의 20만 달러 모기지들이 4년에 조기상환될 것으로 예상되면 모기지풀의 가중평균수명은 얼마인가? 모기지들은 10%의 연간 모기지 표면이자율을 가지며 완전균등분할상환된다.

19. 한 금융회사가 500개의 30년만기 모기지들로 구성된 풀을 인수한다. 각 모기지는 연간 8%의 표면이자율을 가지며 평균 15만 달러의 액면가격을 가진다. GNMA 신용리스크 보험수수료는 연간 6bp이고 금융회사의 서비스수수료는 연간 19bp이다.

a. 모기지풀의 현재가치는 얼마인가?

b. 모기지풀의 월간 모기지 상환금은 얼마인가?

c. 처음 두 달의 상환금에서 이자와 원금상환금은 각각 얼마인가?

d. GNMA 채권보유자들에게 예상되는 월간 현금흐름은 얼마인가?

e. GNMA pass-through채권의 현재가치는 얼마인가? 연간 리스크조정수익률은 월복리로 연간 8%라고 가정하라.

f. GNMA 채권보유자들에 대한 실제 현금흐름은 *d*에서와 같이 예상되는 현금흐름으로부터 이탈하는가? 왜 그런가 또는 왜 그렇지 않은가?

g. 금융회사와 GNMA의 예상되는 월간 현금흐름은 얼마인가?

h. 만일 모기지풀에 있는 모든 모기지들이 두 번째 월말에 완전히 조기상환된다면 모기지풀의 가중평균수명은 얼마인가? 힌트: 문제 *c*에 대한 당신의 답을 사용하라.

i. 모기지풀의 가중평균수명이 문제 *h*에 대한 당신의 답과 일치하는 GNMA pass-through증권의 가격은 얼마인가? 시장이자율의 변화가 없다고 가정하라.

j. 시장수익률이 50bp 하락할 때 모기지풀의 가중평균수명이 문제 *h*에 대한 당신의 답과 일치하는 GNMA pass-through증권의 가격은 얼마인가?

20. 평균수명에 대한 수익률스프레드와 모기지담보부증권의 옵션조정스프레드의 차이는 무엇인가?

21. PSA(Public Securities Association) 조기상환 모형의 조기상환 가정들을 정확하게 설명하라.

22. 금융회사가 모기지풀 조기상환이 100%의 PSA와 같다고 가정한다고 말할 때 이것은 무엇을 의미하는가?

23. 어떤 요인들이 실제의 조기상환 패턴이 가정된 PSA 패턴과 다르게 만드는가? 금융회사는 이와 같은 일부 요인들의 예상되는 발생에 대하여 어떻게 조정하는가?

24. 총조기상환율(burnout factor)은 무엇인가? 총조기상환율은 조기상환행위를 모형화하는데 어떻게 이용되는가? 어떤 기타 요인들이 주어진 모기지풀의 조기상환행위를 모형화하는데 도움이 되는가?

25. 옵션가격이론을 사용하는 조기상환 모형의 목적은 무엇인가? 이와 같은 모형은 PSA 모형 또는 실증모형과 어떻게 다른가? 옵션가격이론을 사용하는 조기상환 모형에 대하여 어떤 비판들이 있는가?

26. 투자자의 관점에서 GNMA 채권의 가격은 GNMA 옵션의 수익률과 어떻게 관련되어 있는가? 옵션조정스프레드(OAS)는 무엇인가?

27. 모기지 표면이자율이 연간 6%이고 3,000만 달러의 3년만기 완전균등상환 pass-through증권의 수익률을 계산하기 위해 옵션조기상환모형을 사용하라. 시장수익률은 연간 6.4%이다. 서비스수수료와 GNMA 보증수수료는 없다고 가정하라.

a. GNMA pass-through증권에 대한 연간 지불금은 얼마인가?

b. GNMA pass-through증권의 현재가치는 얼마인가?

c. 이자율은 연간 최대 0.5% 변화한다고 가정하라. 따라서 이자율의 0.5% 상승과 0.5% 하락 모두가 동등하게 가능하다. 만일 이자율이 현재의 표면이자율보다 1% 이하로 하락하면 모기지풀에 있는 모든 모기지들은 완전히 조기상환된다. 이자율 트리를 그림으로 그리고 각 연결마디의 확률을 결정하라.

d. 3년의 기간 동안 각 가능한 상황을 고려한 연간 현금흐름은 얼마인가?

e. 재무부채권의 수익률곡선은 6%의 할인율에서 수평이다. GNMA pass-through증권의 옵션조정스프레드는 얼마인가?

28. 모기지 표면이자율이 연간 7%이고 1,200만 달러의 5년만기 완전균등상환 pass-through증권의 수익률를 계산하기 위해 옵션조기상환 모형을 사용하라. 시장수익률은 연간 8%이다. 서비스수수료와 GNMA 보증수수료가 없다고 가정하라.

a. GNMA pass-through증권에 대한 연간 지불금은 얼마인가?

b. GNMA pass-through증권의 현재가치는 얼마인가?

c. 이자율은 연간 최대 1% 변화한다고 가정하라. 따라서 이자율의 1% 상승과 1% 하락 모두가 동등하게 가능하다. 만일 이자율이 현재의 표면이자율보다 3% 아래로 하락하면 모기지풀에 있는 모든 모기지들은 완전히 조기상환된다. 이자율 트리를 그림으로 그리고 각 연결마디의 확률을 결정하라.

d. 5년의 기간 동안 각 가능한 상황을 고려한 연간기대현금흐름은 얼마인가?

e. 재무부채권의 수익률곡선은 6%의 할인율에서 수평이다. GNMA pass-through증권의 옵션조

정스프레드는 얼마인가?

29. 어떤 조건들이 조기상환리스크를 가지고 있는 pass-through증권의 수익률이 조기상환리스크가 없는 pass-through증권의 수익률보다 낮게 만드는가?

30. 다계층모기지담보부채권(CMO)는 무엇인가? CMO는 pass-through증권과 어떻게 유사한가? CMO는 pass-through증권과 어떻게 다른가? CMO의 창조가 조기상환리스크를 재배분하기 위해 시장분할을 어떤 방법으로 사용하는가?

31. 분기마다 지불되는 연간 10%의 표면이자율을 가진 2억 달러의 30년만기 모기지들을 고려하라.

a. 분기당 모기지 상환금은 얼마인가?

b. 모기지 수명의 첫 번째 연도 동안의 이자상환금은 얼마인가? 모기지 수명의 첫 번째 연도 동안의 원금상환금은 얼마인가?

c. 모기지풀을 담보로 사용하면서 30년만기 CMO를 구축하라. 모기지풀은 3개의 계층을 가진다. A계층은 조기상환에 대하여 최소의 보호를 제공하고 C계층은 조기상환에 대하여 최대의 보호를 제공한다. 5,000만 달러의 A계층은 연간 9%의 분기 지불을 받고 1억 달러의 B계층은 연간 10%의 분기 지불을 받으며 5,000만 달러의 C계층은 연간 11%의 분기 지불을 받는다. CMO의 구조를 그림으로 나타내라.

d. 원금의 균등분할상환과 조기상환이 없다고 가정하라. 3개의 계층에 대한 총약속된 이표의 지불은 얼마인가? 첫 번째 연도 동안 3개의 계층 각각에 대한 원금상환금액은 얼마인가?

e. 만일 첫 번째 연도 동안 수탁회사가 모기지풀로부터 분기당 1,000만 달러의 조기상환을 받는다면, 이와 같은 자금은 어떻게 배분되는가?

f. 두 번째 연도의 상반기에 조기상환이 분기당 2,000만 달러로 이루어진다면 이와 같은 현금흐름은 어떻게 배분되는가?

g. CMO 발행자는 어떻게 CMO로부터 양의 스프레드를 벌 수 있는가?

32. CMO의 Z계층은 R계층과 어떻게 다른가? 어떤 요인들이 Z계층이 무이표채권과 정상적인 채권 모두의 특성을 가지게 만드는가? 어떤 요인들이 R계층이 음의 듀레이션을 가지게 만들 수 있는가?

33. 왜 다계층모기지담보부채권(CMO)의 C계층 구매자들은 A계층 구매자들보다 낮은 수익률을 기꺼이 수용하는가?

34. 모기지담보부채권(mortgage-backed bond; MBB)은 무엇인가? MBB는 pass-through증권과 CMO와 어떻게 다른가?

35. 리스크관리의 관점에서 금융회사의 MBB 사용이 금융회사가 신용리스크와 이자율리스크를 관리하는데 어떻게 도움을 주는가?

36. 금융회사가 MBB의 사용보다 pass-through증권 또는 CMO를 선호하는 4가지 이유은 무엇인가?

37. 이자부분스트립(IO strip)은 무엇인가? IO 스트립의 할인효과와 조기상환효과가 어떻게 음의 듀레이션 자산을 창조하는가? 어떤 거시경제적 효과가 이와 같은 음의 듀레이션 효과가 가능하기 위해 요구되는가?

38. 원금부분스트립(PO strip)은 무엇인가? 무엇이 PO 스트립의 가격-수익률곡선이 정상적인 채권의 경우보다 더 급격한 경사를 가지게 하는가?

39. 한 금융회사가 만기가 10년이고 연간 9%의 이자율을 지불하는 2,000만 달러의 단기부동산대출풀을 인수한다.

a. 만일 대출의 수명 동안 조기상환이 없을 것으로 예상되면 원금과 이자 모두를 포함하여 금융회사가 받는 연간상환금은 얼마인가?

b. 만일 대출이 pass-through증권으로 전환되고 금융회사가 보험을 포함하여 50bp 서비스수수료를 부과하면 조기상환이 없을 것으로 예상될 때 pass-through증권의 보유자들이 받을 것으로 예상되는 연간상환금은 얼마인가?

c. 상환금은 이자부분(IO)과 원금부분(PO)으로 분리되고 5%의 조기상환이 3차년도와 4차년도의 말에 발생하며 나머지 원금잔고의 상환이 5차년도의 말에 이루어진다고 가정하라. 각 IO 스트립과 PO 스트립의 연간지불액은 얼마로 예상되는가? 할인율은 9%라고 가정하라.

d. 유사한 리스크를 가지는 금융상품들의 시장이자율이 8%로 하락한다면 IO 스트립과 PO 스트립의 시장가치는 얼마인가?

40. 일반적으로 자산이 증권화될 수 있게 하는 요인들은 무엇인가? 증권화 과정에 포함되는 비용들은 무엇인가?

41. 금융회사는 이자율리스크, 신용리스크, 유동성리스크를 관리하기 위해 대출채권매각과 증권화를 어떻게 이용할 수 있는가? 가능한 증권화 방법들 각각이 이와 같은 리스크들을 관리하면서 금융회사의 대차대조표와 수익성에 어떻게 영향을 미치는지를 요약하라.

Web을 활용하는 질문

42. 연방준비제도의 웹사이트(www.federalreserve.gov)에 가서 연방정부후원 모기지풀과 연방기관관련 모기지풀이 보유하고 있는 총모기지에 관한 가장 최근 데이터를 찾아라. 2006년 이후 이와 같은 데이터는 어떻게 변화하였는가?

관련 웹사이트

기관명	웹사이트
Bear Stearns	www.bearstearns.com
Board of Governors of the Federal Reserve	www.federalreserve.com
Federal Home Loan Mortgage Corporation	www.freddiemac.com
Federal National Mortgage Association	www.fanniemae.com
Goverment National Mortgage Association	www.ginniemae.gov
Public Securities Association	www.psa.com
The Bond Market Association	www.bondmarkets.com

용어해설

가격리스크(price risk) 자산의 매도가격이 자산의 매입가격보다 낮아질 리스크.

가중평균수명(weighted-average life; WAL) 원금상환이 이루어지는 시점까지의 기간과 예상원금상환금액을 곱하고 총원금잔고로 나누어 구한 평균수명.

간접호가방식(indirect quote) 자국통화 단위당 외국통화로 나타내는 환율방식.

개방포지션(open position) 리스크회피가 이루어지지 않은 (헤지되지 않은) 특정한 통화의 포지션.

개방형 펀드(open-end fund) 외부 투자자들에게 탄력적이거나 또는 고정되지 않은 수의 지분을 판매하는 투자펀드.

개인퇴직계좌(IRA)와 자영업자연금제도(Keogh Plan) 개인 또는 자영업자가 은행이나 기타 금융회사를 이용하여 가입하는 개인퇴직연금제도.

거래계정(transaction accounts) 계좌보유자가 다수의 인출을 할 수 있도록 허용하는 예금.

거래상대방신용리스크(counterparty credit risk) 계약의 상대방이 지불채무에 대하여 채무불이행할 리스크.

거래상대방신용리스크(counterparty credit risk) 계약의 상대방이 지불채무에 대하여 채무불이행할 리스크.

거시헤지(macrohedge) 금융회사의 전체 듀레이션갭을 헤지하는 것.

겸업금융회사(universal FI) 광범위한 금융서비스 활동들에 참여할 수 있는 금융회사.

고차입거래대출(highly leveraged transaction; HLT) 인수합병에 필요한 자금을 지원하기 위해 이루어지는 대출, 차입매입은 차입자의 레버리지비율을 높게 만든다.

구매력평가이론(purchasing power parity; PPP) 국가들의 인플레이션율 변화에 의해 환율의 변화를 설명하는 이론.

규모의 경제(economies of scale) 금융회사가 증권거래와 기타 거래서비스를 수행할 때 효율성의 증가로 인해 평균비용이 거래규모가 증가함에 따라 감소하는 현상.

규모의 경제(economies of scale) 금융회사의 산출물이 증가할수록 평균생산비용이 감소하는 현상.

규모의 경제(economies of scale) 금융회사의 서비스 생산량이 증가함에 따라 금융서비스를 생산하는데 들어가는 금융회사의 평균단위비용이 감소하는 것.

규모의 비경제(diseconomies of scale) 금융회사의 산출물이 증가할수록 평균생산비용이 증가하는 현상.

기술(technology) 금융회사의 서비스 생산을 위한 컴퓨터, 음향/영상 커뮤니케이션시스템, 기타 정보시스템의 사용을 일컬음.

기업고유 신용리스크(firm-specific credit risk) 수행하는 프로젝트 고유의 리스크와 관련된 차입기업의 채무불이행리스크.

내국인대우(national treatment) 국내은행들과 동일한 방법으로 외국은행들을 규제하거나 또는 동일한 경쟁환경을 만들어 주는 것.

누적갭효과(CGAP effects) 이자율의 변화와 순이자수익 변화의 관계.

누적부도확률(cumulative default probability) 차입자가 특정한 다년도 기간 동안에 채무를 이행하지 못할 확률.

다년간 채무재조정합의(multiyear restructuring agreements; MYRAs) 국가대출채무조정에 대한 공식적 용어.

단순헤지(naive hedge) 선물이나 선도계약을 이용하여 직접적인 금액 대 금액 기준으로 현금자산을 헤지하는 것.

단일은행지주회사(one-bank holding company) 1개

의 은행자회사와 비은행자회사들을 소유하고 있는 모은행조직.

단점은행(unit bank) 하나의 영업소를 가지고 있는 은행.

담보대출(secured loan) 채무불이행이 발생하면 차입자의 자산(담보)에 대한 제1순위 유치권에 의하여 지원되는 대출.

대리인비용(agency costs) 저축자의 자금을 차입한 소유자와 경영자가 이 자금을 가지고 저축자의 이해에 반하는 행동을 취할 리스크와 관련된 비용.

대마불사은행(too-big-to-fail banks) 규모가 너무 커서 청산하면 전체 금융시스템에 큰 영향을 주기 때문에 규제당국이 청산하지 못하는 은행.

대손충당금(loan loss reserves) 부실대출을 상각하기 위해 대차대조표 상에 만들어지는 특별충당금.

대출약정(loan commitment) 차입자가 자금을 인출할 수 있는 최대금액과 최대기간을 가지는 대출.

대출약정합의(loan commitment agreement) 미래에 정해진 이자율로 정해진 금액까지 대출하기로 합의한 약정계약.

대출전이행렬(loan migration matrix) 일정한 기간 동안 대출의 신용등급이 상승하거나, 하락하거나 또는 채무불이행 상태로 되는 확률을 나타내는 행렬.

대출채권분할매각(loan participation) 차입자에 대한 제한적인 계약상의 통제와 권리를 가지면서 신디케이트론의 지분을 사는 것.

대출채권양도매각(assignment) 차입자에 대한 상당한 계약상의 통제와 권리를 가지면서 신디케이트론의 지분을 사는 것.

대형인수합병(megamerger) 두 대형은행들 사이에서 발생하는 인수합병.

도덕적 해이(moral hazard) 보험의 제공이 피보험자로 하여금 보다 높은 리스크를 택하게 함으로써 보험자에게 미치는 리스크노출.

도매 CD(wholesale CD) 10만 달러 이상의 액면가격을 가진 정기예금.

동시지준회계시스템(contemporaneous reserve accounting system) 지준계산기간과 지준유지기간이 중첩되는 회계시스템.

듀레이션(duration) 현금흐름의 상대적인 현재가치를 가중치로 사용하여 측정되는 자산 또는 부채의 가중평균만기.

듀레이션갭(duration gap) 금융회사의 전반적인 이자율리스크노출도에 대한 측정지표.

디지털 채무불이행 옵션(digital dcfault option) 대출이 상환불능인 경우 대출의 액면금액을 지불하는 옵션.

런오프(runoff) 전통적인 모기지대출같은 장기자산으로부터 발생되는 이자 및 중도상환원금 등의 정기적 현금흐름.

레버리지비율(lererage ratio) 금융회사의 자산 장부가치에 대한 핵심자본 장부가치의 비율.

루틴헤지(routine hedoge) 모든 이자율리스크노출을 헤지하려는 것.

리스크기준 예금보험제도(risk-based deposit insurance program) 예금금융회사의 자본적정성과 감독회사의 판단에 의해 예금보험료를 산정하는 제도.

리스크기준 총자본비율(total risk-based capital ratio) 금융회사의 리스크가중자산에 대한 총자본의 비율.

미니미켓 뮤추얼펀드(money market mutual funds; MMMFs) 소액개인투자자들에게 높은 유동성, 수표발행, 머니마켓 수익률을 제공하는 뮤추얼펀드.

머니마켓예금(MMDA) 약간의 제한된 당좌예금 특성을 가진 소매저축예금.

면역화(immunization) 금융회사가 이자율이나 기타 가격리스크를 완전히 헤지하는 것.

명목가치(notional value) 부외거래항목의 액면가치.

무담보대출(unsecured loan) 채무불이행이 발생하면 차입자의 자산에 일반적인 청구권만을 가지는 대출.

무방비옵션(naked option) 대응하는 기초자산이나 부채의 헤지와 관련없는 옵션포지션.

묵시적 보험료(implicit premium) 직접적으로 부과하는 금전적 보험료가 아닌 예금금융회사의 활동제한 등의 방식으로 부과되는 예금보험료 또는 비용.

미사용잔고 수수료(back-end fee 또는 commitment fee) 대출약정 한도 중에서 사용하지 않은 잔고에 대하여 부과되는 수수료.

미시헤지(microhedge) 선물이나 선도계약을 이용하여 특정자산이나 부채의 리스크을 헤지하는 것.

바젤협약(Basel Agreement 또는 Basle Agreement) 주요 선진국들의 은행들에 대하여 리스크기준 자본비율을 부과한 협약.

발행이전증권거래(when issued (WI) trading) 실제로 발행되기 이전에 이루어지는 증권의 거래.

벌쳐펀드(vulture fund) 차입자가 어려움에 처한 대출채권에 전문적으로 투자하는 펀드.

범위의 경제(economies of scope) 금융회사가 다수의 금융서비스 생산물들을 생산함으로써 비용절감을 창출할 수 있는 것.

범위의 경제(economies of scope) 여러 상품을 개별생산하는 것보다 한꺼번에 생산하는 경우 생산요소의 공동사용으로 인해 비용을 절감할 수 있는 것.

범위의 비경제(disconomies of scope) 여러 상품을 개별생산하는 것보다 한꺼번에 생산하는 경우 비용이 더 소요되는 것.

베이시스리스크(basis risk) 대출이자율과 차입이자율 또는 임의의 두 이자율 또는 가격 간의 스프레드 변동으로부터 발생되는 손실.

베이시스리스크(basis risk) 현물(현금)자산의 가격움직임과 선물 또는 선도계약 기초자산의 가격움직임이 완전한 상관관계를 갖지 못함으로써 발생하는 잔여리스크.

보상잔고(compensating balances) 차입자가 대출금융회사에 보유하여야 하는 대출의 일정비율에 해당되는 예금에 해당되는 예금

보험수리적 적정가격(actuarially fair price) 순보험료가 기대손실이 되도록 책정된 보험료.

보험예금자이전(insured depositor transfer) 부실 예금금융회사의 파산시 무보험예금자가 손실을 부담하는 방법.

복수은행지주회사(multibank holding company) 다수의 개별 은행자회사들을 소유하고 있는 모은행조직.

본원적 증권(primary securities) 기업이 발행하고 기업의 실물자산에 의하여 지원되는 증권.

볼록성(convexity) 임의의 이자율수준 주위에서 평가되는 가격–만기수익률곡선의 곡률(curvature).

부외거래부채(off-balance-sheet liability) 조건부 사건이 발생할 때 대차대조표 상의 부채로 나타나는 항목.

부외거래자산(off-balance-sheet asset) 조건부 사건이 발생할 때 대차대조표 상의 자산으로 나타나는 항목.

부채비율(leverage) 자기자본에 대한 부채의 비율.

분산(diversification) 경제주체가 포트폴리오를 구성할 때 다수의 증권을 보유함으로써 리스크를 감소시키는 것.

불법양도(fraudulent conveyance) 특정한 대상자에 대한 증권의 매각과 같은 거래 또는 자산의 불법적인 양도.

브래디채권(Brady bonds) 개도국 대출잔고와 스왑되는 개도국 발행 채권.

비은행은행(nonbank bank) 은행의 기업대출과 요구불예금 부문을 매각한 은행.

비표준스왑(off-market swap) 계약의 한 당사자가 계약상대방에게 보상해야 하는 비표준 조건을 지닌 스왑.

사망률(mortality rates) 채권 또는 대출의 역사적 부도율.

사망리스크(mortality risk) 사망의 리스크.

사모(private placement) 인수대리인으로 역할을 하는 은행이 한 명 또는 소수의 거액 투자자들에게 발행되는 증권 전체를 인수시키는 것.

상업신용장(commercial letters of credit) 보증상품매입자의 거래 또는 상업적 성과를 인수하기 위해 금융회사가 매도하는 조건부 보증상품.

상업은행활동(commercial banking) 예금수취와 대출의 은행활동.

상환청구권(recourse) 대출채권구매자가 대출이 부실해지면 대출을 실행한 은행에게 대출채권을 재매각할 수 있는 권리.

상환청구권(recourse) 매각되는 자산 또는 대출채권의 신용등급이 악화되는 경우 매각자에게 자산 또는 대출채권의 상환을 청구할 수 있는 권리.

선도계약(forward contract) 일정한 가격으로 미래 특정시점에 자산과 현금을 교환할 것을 합의하는 계약.

선도계약(forward contracts) 미래에 자산을 인도하고 지불할 것을 약속한 두 당사자들 간에 이루어지는 비표준계약.

선도이자율(forward rate) 미래의 어느 시점에 발행된 채권에 대하여 현재 시점에서 기대되는 1년 이자율.

선도환거래(forward foreign exchange transaction) 미래의 정해진 일자에 정해진 환율로 이루어지는 통화들 간의 교환 거래.

선도환시장(forward market for FX) 외국통화의 미래 인도를 위해 외환이 거래되는 시장.

선도환율(forward exchange rate) 미래에 통화를 인도하기 위해 현재시점에 합의된 환율.

선물계약(futures contract) 매일 정해지는 가격으로 미래 특정시점에 자산과 현금을 교환할 것을 거래소를 통해 합의하는 계약.

선물계약(futures contracts) 미래에 자산을 인도하고 지불할 것을 조직화된 거래소에 의해 보증되는 표준화된 계약.

선수수료(up-front fee) 대출약정을 통하여 자금을 조달할 수 있게 하는 것에 대하여 부과되는 수수료.

선택헤지(selective hedge) 갭이나 개별 자산 및 부채 등의 일부만 헤지하는 것.

섹션 20 자회사(Section 20 affiliate) 투자은행활동에 참여하기 위하여 설립된 독립적인 은행지주회사의 증권자회사.

소매예금증서(retail CD) 10만 달러 이하의 액면가격을 가지는 정기예금.

수입비율(import ratio) 한 국가의 총대외준비자산에 대한 수입의 비율.

수정듀레이션(modified duration) 듀레이션(D)을 (1+R)로 나눈 것.

수평적 상쇄(horizontal offsets) 동일한 만기구분 내에 속하는 만기가 다른 증권들의 매입포지션들과 매도포지션들이 서로 완전히 헤지시키지 못하기 때문에 부과되는 추가적인 자본부담금.

순규제부담(net regulatory burden) 금융서비스의 생산자들에 주어지는 규제의 사적 비용과 사적 이익의 차이.

순수신용스왑(pure credit swap) 금융회사가 정기적인 스왑비용을 지급하고 대출이 상환되지 못하는 경우 대출금액의 원금을 수취하는 스왑.

순예금유출(net deposit drains) 현금인출이 현금유입을 초과하는 금액인 순현금유출.

순자산(net worth) 자산의 시장가치와 부채의 시장가치의 차이로 정의되는 금융회사의 자본에 대한 한 척도.

순자산가치(net asset value) 투자펀드 지분이 판매되거나 환매되는 가격. 순자산가치는 투자펀드 자산의 총시장가치를 투자펀드의 지분의 수로 나눈 것과 같다.

순포지션노출(net position exposure) 한 금융회사가 주어진 통화로 보유하고 있는 순매입 또는 순매도 포지션의 정도.

스왑매도자(swap seller) 이자율스왑 거래에서 변동이자를 지급하는 계약자.

스왑매입자(swap buyer) 이자율스왑 거래에서 고정이자를 지급하는 계약자.

스프레드효과(spread effect) 이자율이 변화함에 따라 RSA의 이자율과 RSL의 이자율 간의 스프레드변화가 순이자수익에 미치는 효과.

시장가치/장부가치 비율(market to book ratio) 금융회사 자기자본의 시장가치와 장부가치 간의 차이를 나타내는 비율.

시장리스크(market risk 또는 value at risk) 시장상황의 변화로 인해 거래포트폴리오로부터 발생하는 금융회사 수익의 불확실성과 관련된 리스크.

시장평가(marking to market) 현재의 선물시장상황에 따라 만기가 도래되지 않은 선물계약의 가격이 매일 조정되는 과정.

시장평가(mark-to-market) 또는 시장가치(market value) 대차대조표 자산과 부채의 가치가 역사적 가격이 아닌 현재 시장가격을 반영하여 평가되는 것.

시차지준회계시스템(lagged reserve accounting system) 지준계산기간과 지준유지기간이 중첩되지 않는 회계시스템.

신디케이트대출(syndicated loan) 한 금융회사가 아니라 금융회사들의 그룹에 의하여 제공되는 대출.

신용동등금액(credit equivalent amount) 부외항목과

동등한 대차대조표 상의 신용리스크노출금액.

신용리스크가중자산(credit risk-adjusted assets) 신용리스크에 기초하여 가치가 조정된 부내 및 부외 자산.

신용선도(credit forward) 대출금리가 결정지고 대출이 이루어진 후에 대출에 대한 회수불능리스크를 헤지하는 선도계약.

신용스프레드 콜옵션(credit risk call option) 수익률 스프레드가 특정 행사스프레드 이상으로 증가할수록 수익이 증가하는 콜옵션.

신용카드매출채권담보부증권(certificate of amortizing revolving debts; CARDs) 신용카드 매출채권 담보에 기초한 현금흐름에 대하여 비율적 청구권을 가지는 증권.

신용평점모형(credit scoring model) 대출신청자의 부도확률을 나타내는 평점을 계산하거나 또는 차입자들을 부도리스크 그룹으로 분류하기 위해 대출신청자의 특성들을 사용하는 정량적 모형.

신용할당(credit rationing) 개인차입자에게 이루어지는 대출의 크기를 제한하는 것.

암묵적 계약(implicit contract) 평판에 기초하여 형성되는 차입자와 금융회사 간의 장기적 고객관계.

액면가회귀(pull-to-par) 채권만기가 가까워짐에 따라 채권가격이 액면가에 접근하는(즉 채권수익률의 분산이 작아지는) 현상.

양도가능증권(negotiable instruments) 소유권이 유통시장에서 양도될 수 있는 증권.

업무영역 분산이익(금융상품 분산이익)(product diversification benefit) 잘 분산된 금융서비스지주회사로부터 발생되는 수익과 이익의 안정.

에지법회사(Edge Act Corporation) 국제거래관련 은행활동 또는 투자를 전문으로 하고 있는 특별조직형태.

영구채(consol bond) 매년 고정된 이표를 영구히 지급하는 채권.

예금인출사태(bank run) 예금금융회사로부터의 갑작스럽고 예기치 않은 예금인출이 급증하는 현상.

예금중개인(deposit broker) 대규모 예금을 여러 예금금융회사에 분산 예치시켜 각 예금들이 예금지급보장이 될 수 있도록 만들어 주는 중개회사.

옵션가격결정모형(option pricing model of decposit insurance) 예금보험을 예금금융회사의 자산에 대한 풋옵션으로 인식하고 예금보험료를 산정하는 모형.

옵션의 델타(delta of an option) 기초자산의 단위가격변화에 대한 옵션가치의 변화.

옵션조정스프레드(option-adjusted spread; OAS) 조기상환리스크를 반영하여 재무부채권 수익률 이상으로 요구되는 pass-through증권의 이자율 스프레드.

완전균등분할상환(full amortization) 대출기간 동안 이자 일부와 원금 일부를 반영하는 같은 금액의 정기적인 상환.

완충지준(buffer reserves) 신속하게 현금으로 전환될 수 있는 비지급준비 자산.

외부불경제(negative externalities) 한 경제주체의 행동이 다른 경제주체들에게 비용을 부과하는 것.

우대대출이자율(prime lending rate) 은행에 의하여 정기적으로 설정되는 기본대출이자율.

위임감시자(delegated monitor) 소규모의 저축자들을 대신하여 정보를 수집하고 자금을 투자하는 것을 위임받은 경제주체.

유동성(liquidity) 자산을 현금으로 전환할 때의 용이성.

유동성리스크(liquidity risk) 부채인출이 갑자기 증가하는 것이 금융회사의 자산을 매우 짧은 시간 안에 저렴한 가격으로 청산해야만 하는 상황에 처하게 만들 수 있는 리스크.

유동자산비율(liquid assets ratio) 연방준비제도에 의하여 설정되는 총자산에 대한 유동자산의 최소비율.

유로달러거래(Eurodollar transaction) 미국 밖에서 이루어지는 달러를 수반하는 거래.

은행공황(bank panic) 전체 은행산업의 예금에 대하여 발생하는 체계적인 또는 전염적인 자금인출사태.

은행대출채권매각(bank loan sale) 외부구매자에게 상환청구권과 함께 또는 상환청구권 없이 은행이 실행한 대출채권을 매각하는 것.

음의 듀레이션(negative duration) 수익률이 상승하거나 또는 하락할 때 가격이 상승하거나 또는 하락하는 채권의 듀레이션.

이자율민감자산/부채(rate-sensitive asset/liability) 하

나의 만기영역 안에서 현재의 시장이자율 또는 현재의 시장이자율과 가까운 이자율로 다시 가격이 설정되는 자산 또는 부채.

이자율상한(usury ceiling) 금융회사가 소비자대출과 모기지대출에 대하여 부과할 수 있는 최고이자율에 대한 상한규제.

이자율상한(usury ceiling) 소비자대출이나 모기지대출에 대해 주 정부에서 정해 놓은 최대이자율.

이자율스왑(interest rate swap) 계약당사자들 간 고정이자지급과 변동이자지급을 교환하는 계약.

이자율탄력성(interest elasticity) 주어진 이자율의 변화에 대한 채권가격의 %변화.

이자율평형정리(interest) rate parity theorem) 국내이자율과 해외이자율 간의 할인스프레드는 선도환율과 현물환율 간의 % 스프레드와 같다는 정리.

인수가능모기지(assumable mortgage) 모기지 계약이 주택의 매도자로부터 주택의 매입자에게 양도될 수 있는 모기지.

일반시장리스크 자본부담금(general market risk charges) 각 만기에 대한 수정듀레이션과 이자율변화를 반영하는 자본부담금.

일중당좌대월(daylight overdraft) 은행영업일 하룻동안 Fed(중앙은행)에 예치한 은행의 지급불준비금이 마이너스가 되는 현상.

자금조달 필요규모(financing requirement) 자금조달갭과 유동자산의 합.

자금조달갭(financing gap) 예금금융회사의 평균대출과 평균(핵심)예금의 차이.

자본유예정책(capital forbearance) 규제당국이 자본이 완전 잠식된 금융회사를 계속 영업을 하도록 놓아두는 정책.

자산규모축소(asset downsizing) 금융회사가 자산규모를 축소시키는 것.

자산전환자(asset transformer) 금융회사는 기업이 직접 발행하는 금융청구권보다 더 매력적인 금융청구권을 가계에게 발행하는 주체라는 것.

자산증권화(asset securitization) 대출과 증권담보부 자산들을 패키지화하여 판매하는 것.

자회사리스크(affiliate risk) 지주회사의 다른 자회사들의 파산 가능성 때문에 지주회사의 특정 자회사에 부과되는 리스크.

잠재익스포져(potential exposure) 파생상품계약의 상대방이 미래에 채무불이행할 때 발생되는 신용리스크.

장부가치(book value) 역사적 비용에 기초하여 책정되는 자산과 부채의 가치.

재가격갭(repricing gap) 일정한 미래기간 안에 이자율이 변화되는 자산과 부채의 장부가치 차이.

재난 콜스프레드 옵션(catastrophe call spread option) 재난보험의 손해율에 대한 콜옵션으로 지급액의 상한선이 있음.

재무부 스트립과 무이표 회사채(Treasury strips and zero-coupon corporate bonds) 이표가 없고 만기에 액면가격만을 지불하는 채권. 이 채권들은 액면가격으로부터 할인되는 가격으로 발행된다. 또한 이 채권들은 고할인채라고도 부른다.

재무적 곤경(financial distress) 차입자가 대부자와 기타 신용공여자에게 지불의무를 수행할 수 없는 상황.

재조달리스크(refinancing risk) 자금의 재차입비용이 자산투자의 수익률 이상으로 상승할 리스크.

재투자리스크(reinvestment risk) 재투자의 수익률이 자금의 차입비용보다 낮아질 리스크.

재할인창구(discount window) 연방준비제도가 예금금융회사의 단기적인 유동성 요구를 충족시키기 위해 제공하는 기능.

적기시정조치(prompt corrective action; PCA) 은행의 자본비율이 하락함에 따라 규제당국이 취하여야 하는 강제조치.

적시지급보증보험(timing insurance) 채권의 보유자에게 약속된 일자에 이자와 원금지불을 보증하는 GNMA와 같은 pass-through증권의 후원자가 제공하는 서비스.

전이분석(migration analysis) 특정한 부문에 속하는 기업들의 신용등급 또는 예외적으로 하락하는 신용등급군을 추적함으로써 대출집중리스크를 측정하는 방법.

전자거래(e-trading) 인터넷상에서 주식을 거래하는 것.

전환계수(conversion factor) 기준 채권과 다른 채권

이 매입자에게 인도될 때 선물계약의 송장가격을 정하기 위하여 사용되는 계수.

정크본드(junk bonds) Moody's 등 신용평가회사에 의하여 투기등급으로 판정된 채권.

조건부 자산과 부채(contingent assets and liabilities) 잠재적으로 금융회사의 미래 현금흐름을 증가시키거나 또는 감소시킬 수 있는 부외거래항목인 자산과 부채.

조기상환(prepayment) 차입자가 만기 이전에 대출을 발행한 금융회사에게 대출을 조기상환하는 것.

조정가능이자 모기지(adjustable rate mortgages; ARMs) 모기지이자율이 기초적인 시장지표이자율의 변화에 따라 조정되는 모기지.

주말게임(weekend game) 금요일의 예금잔고수치는 지준계산시 세 배로 계산되기 때문에 금요일마다 예금잔고를 감소시키는 것.

즉시대출(spot loan) 대출금액이 차입자에 의하여 즉각적으로 인출되는 대출.

지급결제리스크(settlement risk) CHIPS 자금이체 활동과 관련된 일중 신용리스크.

지급보증서(letter of credit) 금융회사가 수수료를 위해 발행하는 신용보증으로 미래 특정사건이 발생하면 금융회사는 지급의무를 가지게 됨.

지급보증서(standby letters of credit) 거래관련 또는 상업신용장하에서 보호되는 조건부 상황들보다 잠재적으로 더 심각하고 덜 예측가능한 조건부 상황들을 보호하기 위해 발행되는 보증상품.

지급불능리스크(insolvency risk) 금융회사가 부채가치에 대비한 자산가치의 갑작스러운 하락을 상쇄하기 위해 충분한 자기자본을 가지지 못할 수 있는 리스크.

지역은행협약(regional banking pact) 또는 주간 은행협약(inerstate banking pact) 인수에 의한 타 주의 은행의 진입 조건을 규정한 주정부 간의 협약

지준계산기간(reserve computation period) 필요지준이 계산되는 기간.

지준유지기간(reserve maintenance period) 실제 지준이 필요지준 목표를 충족시키거나 또는 초과하여야 하는 기간.

직접호가방식(direct quote) 외국통화 단위당 자국통화로 나타내는 환율방식.

질병리스크(morbidity risk) 질병의 리스크.

집중한도(concentration limit) 개별차입자에게 이루어질 수 있는 최대 대출규모에 대하여 설정되는 한도.

차단벽(Chinese wall) 부서들 또는 업무영역들 간 고객비밀정보의 흐름을 제한하는 조직 내에 내부적으로 만들어져 있는 장벽.

차익의 거래 비존재(no arbitrage) 리스크를 선택하지 않고는 이익을 얻을 수 없는 상황.

채무불이행리스크(default risk) 차입자가 대출계약에서 약속한 조건들을 이행할 수 없거나 이행할 의사가 없는 리스크.

채무상환능력비율(debt service ratio) 한 국가의 수출에 대한 채무의 이자와 균등상환금의 비율.

채무상환유예(debt moratoria) 채무에 대한 이자와 (또는) 원금의 상환을 지연시키는 것.

채무재조정(rescheduling) 만기와 이자지불같은 대출의 계약조건을 변화시키는 것.

채무지불거부(debt repudiation) 차입자의 현재와 미래의 모든 부채 및 지분채무를 단순히 취소하는 것.

체계적 대출손실리스크(systematic loan loss risk) 금융회사의 대출포트폴리오 손실률에 대한 특정 산업의 대출손실민감도 측정치.

체계적 신용리스크(systematic credit risk) 모든 차입자들에 영향을 주는 일반적인 경제 전체 또는 거시경제적 상황과 관련된 채무불이행리스크.

총수익스왑(total return swap) 특정한 고정 또는 변동이자 지급의무를 특정금액에 대한 총수익을 지급하는 의무로 교환하는 스왑.

총액인수(firm commitment offering) 발행기업으로부터 제공된 증권이 인수자에 의해 전량 매입된 후 민간에게 재공모되는 것.

총액인수(firm commitment underwriting) 인수자가 발행자로부터 증권을 매입하여 약간 더 높은 가격에 민간에게 증권을 다시 매도하는 것.

총조기상환율(burn-out factor) 고려하고 있는 기간 이전에 조기상환된 모기지풀의 비율.

총투자 분산한도(general diversification limits) 보험회사가 어느 한 발행자의 증권을 보유할 수 있는 최대 투자금액.

최소리스크 포트폴리오(minimum risk portfolio) 포트폴리오 수익률의 표준편차를 가능한 가장 낮은 수준까지 감소시키는 자산포트폴리오.

최소비용해결(least-cost resolution) 부실 예금금융회사를 청산할 때 사용하는 방법 중 가장 비용이 적게 소요되는 방법을 선택하는 정책.

최초공모(initial public offering; IPO) 인수자를 통한 기업지분 또는 부채증권의 최초공모.

칼라(collar) 캡과 플로어를 동시에 취한 포지션.

캡(cap) 이자율에 대한 콜옵션으로 다수의 행사시점이 존재하는 경우가 많음.

코레스은행영업(correspondent banking) 대형은행이 수많은 예금, 대출, 기타 서비스들을 제공하는 소형은행과 대형은행 간의 영업관계.

콜옵션(call option) 매입자가 옵션의 매도자로부터 미래 특정시점에 기초자산을 미리 정한 행사가격으로 매입할 수 있는 권리.

통화스왑(currency swap) 자산과 부채의 통화가 서로 대응되지 않는 경우의 환리스크를 헤지하기 위해 사용되는 스왑.

투자비율(investment ratio) 한 국가의 GNP에 대한 실질투자의 비율.

투자은행활동(investment banking) 증권 인수, 발행, 배분의 은행활동.

특매가격(fire-sale price) 즉각적으로 청산되어야 하는 자산의 가격.

특정경계지역지정(redlining) 특정지역에 사는 주민들에게 대출하는 것을 거부하는 조치.

특정리스크 자본부담금(specific risk charge) 거래포트폴리오의 유동성 또는 신용리스크의 질이 감소하는 리스크를 반영하는 자본부담금.

특정통화의 순매입(순매도)(net long(net short) in a currency) 하나의 주어진 통화로 표시된 부채보다 자산을 많이 (적게) 보유하는 것.

페더럴펀드(federal funds) 한 예금금융회사가 다른 예금금융회사에게 제공하는 단기무담보대출.

폐쇄형 펀드(closed-end fund) 외부 투자자들에게 고정된 수의 지분을 판매하는 투자펀드.

풋옵션(pall option) 매입자가 옵션의 매도자에게 미래 특정 시점에 기초자산을 미리 정한 행사가격으로 매도할 수 있는 권리.

플로어(floor) 이자율에 대한 풋옵션으로 다수의 행사시점이 존재하는 경우가 많음.

필요지준세(reserve requirement tax) 중앙은행에 예치되어 있는 이자지불이 없는 지급준비를 보유하는 데 따른 비용. 이 비용은 인플레이션이 이와 같은 지준잔고의 구매력을 침식하면 더 증가된다.

한계부도확률(marginal default probability) 차입자가 어느 주어진 연도에 채무를 이행하지 못할 확률.

한계사망률(marginal mortality rate) 주어진 특정 연도에 채권 또는 대출이 부도가 발생할 확률.

합병인수프리미엄(merger bid premium) 피인수은행지분의 매입가격/피인수은행지분의 장부가격 비율.

해약가치(surrender value) 보험을 조기에 해약할 때 보험가입자가 받는 금액.

핵심예금(core deposits) 금융회사에서 장기자금의 원천역할을 하는 예금.

핵심예금(core deposits) 예금금융회사에게 장기자금의 원천을 제공하는 예금.

허핀달-허쉬만지수(Herfindahl-Hirschman Index; HHI) 시장참여자들의 시장점유율을 제곱한 것에 기초하여 계산되는 시장집중도의 척도.

헤지유효성(hedging effectiveness) 현물자산가격 변화와 선물가격 변화 사이의 상관관계(상관계수의 제곱).

현금지준(cash reserves) 시재금과 연방준비제도에 예치하고 있는 예금의 합.

현물계약(spot contract) 자산과 현금의 즉각적인 교환이 발생되는 계약.

현물환거래(spot foreign exchange transactions) 현재(현물)환율로 이루지는 통화들 간의 즉각적 교환 거래.

현물환시장(spot market for FX) 외국통화의 즉각적인 인도를 위해 외환이 거래되는 시장.

현재익스포져(current exposure) 현재의 가격으로 파생상품계약을 대체하는 비용.

환매조건부채권(repurchase agreements) 거래의 한 당사자(예를 들면, 예금금융회사)가 거래의 다른 당사자에게 미래의 정해진 일자와 가격에 (페더럴펀드로) 증권을 재매입한다는 약속하에서 (페더럴펀드를 차입하기 위해) 매각되는 증권.

회전대출(revolving loan) 차입자가 대출계약기간 동안 인출하고 상환할 수 있는 신용한도를 가진 대출.

2차 증권(secondary securities) 금융회사가 발행하고 본원적 증권에 의하여 지원되는 증권.

2차발행(secondary issues) 증권이 이미 시장에서 거래되는 기업의 지분 또는 부채증권의 신규발행.

CMO 다계층모기지담보부채권(CMO)은 다수의 계층을 가지는 형태로 발행되는 모기지담보부채권(mortgage-backed bond)이다.

DEAR(daily earnings at risk) 앞으로 24시간 동안의 시장리스크노출도.

IO 스트립(IO strip) 투자자들에게 판매된 채권의 현금흐름이 모기지풀로부터 받는 월간이자상환분만을 반영하는 채권.

KMV 포트폴리오매니저(portfolio manager) 대출포트폴리오에 현대 포트폴리오이론을 적용한 모형.

LIBOR(London Interbank Offered Rate) 유로달러시장에서 은행 간 우대대출에 부과되는 이자율.

LIBOR(London Interbank Offered Rate) 유로달러시장에서 이루어지는 은행 간 주어진 만기의 달러대출에 부과되는 이자율.

NOW예금(negotiable order of withdrawal account) 요구불예금과 같으나 최소잔고를 가지며 최소잔고를 유지할 때 이자를 지불받는 예금.

PO 스트립(PO strip) 투자자들에게 판매되는 현금흐름이 모기지풀로부터 받는 매월의 원금부분만을 반영하는 채권.

R계층(R class) 모든 기타 채권계층들이 상환된 후 수탁회사에 남아 있는 담보와 수탁회사의 재투자 수입에 대한 권리를 채권보유자에게 부여하는 CMO의 잔여계층.

X-효율성(X-efficiency) 인수은행의 경영효율성이 더 크기 때문에 발생하는 비용의 절감.

Z계층(Z class) 모든 이전 CMO 계층들이 상환된 후에만 채권보유자에게 지불이 이루어지는 추가적인 CMO 계층.

찾아보기

ㄴ

ㄷ

ㄹ

ㅁ

ㅂ

ㅅ

ㅇ

역자약력

이 상 규(李相圭)

서울대학교 경제학과에서 경제학 학사 학위를 취득한 후 미국 University of Illinois at Urbana-Champaign에서 경제학 석사 및 경제학 박사(Financial Econometrics) 학위를 취득하였다. 현재 경희대학교 경영대학 교수로 재직하고 있다. 주요 관심분야는 금융회사경영, 금융산업조직, 통화와 금융 등이며 *Review of Economic Studies, Journal of Business and Economic Statistics, Indian Journal of Statistics* 등 국제 학술지와 금융학회지, 재무연구, 경영학연구, 경제분석, 리스크관리 등 국내 학술지에 다수의 논문을 게재하였다. 또한 다수의 금융회사들을 위하여 신용평가모형과 리스크관리에 대하여 자문활동을 하였으며 국민은행 경제연구소의 연구위원 및 자문위원, 한국금융학회의 이사 및 편집위원, 한국은행의 경제분석편집위원을 역임하였다. 현재 공정거래위원회 경쟁정책 금융분과 자문위원으로 활동하고 있다.

지 홍 민(智弘珉)

서울대학교 경영대학에서 경영학 학사와 석사 학위를 취득한 후 미국 University of Pennsylvania (Wharton School)에서 경영학 박사(Risk Management) 학위를 취득하였다. 현재 이화여대 경영대학 교수로 재직하는 한편 Wharton Financial Institutions Center의 Senior Fellow로 연구활동을 하고 있다. 주요 관심분야는 리스크관리, 보험, 금융회사경영 등이며 *Journal of Banking and Finance*, *Journal of Financial Intermediation*, *Management Science*, *Journal of Productivity Analysis*, *Austin Bulletin*, *Applied Economics* 등 국제 학술지를 포함하여 금융, 보험, 재무경제분야의 국내외 학술지에 다수의 논문을 게재하였다. 한국재무학회, 한국금융학회, 보험학회, 리스크관리학회 등의 이사 및 편집위원을 역임하였으며, 다수의 대기업과 금융회사들의 리스크관리에 대해 자문하였고, *Journal of Financial Intermediation*과 보험학회지로부터 각각 최우수논문상을 수상한 바 있다.

금융회사리스크관리(*Financial Institutions Management*)

2009년 2월 10일 제1판 1쇄 인쇄
2009년 2월 20일 제1판 1쇄 발행

역 자 이상규 · 지홍민
발행인 황 의 민

발행처 **도서출판 석 정**
서울특별시 마포구 동교동 203-3
TEL.332-6293 FAX.334-5367
등록 1980. 1. 24 3-78호

ISBN 978-89-88806-53-1
정가 38,000원